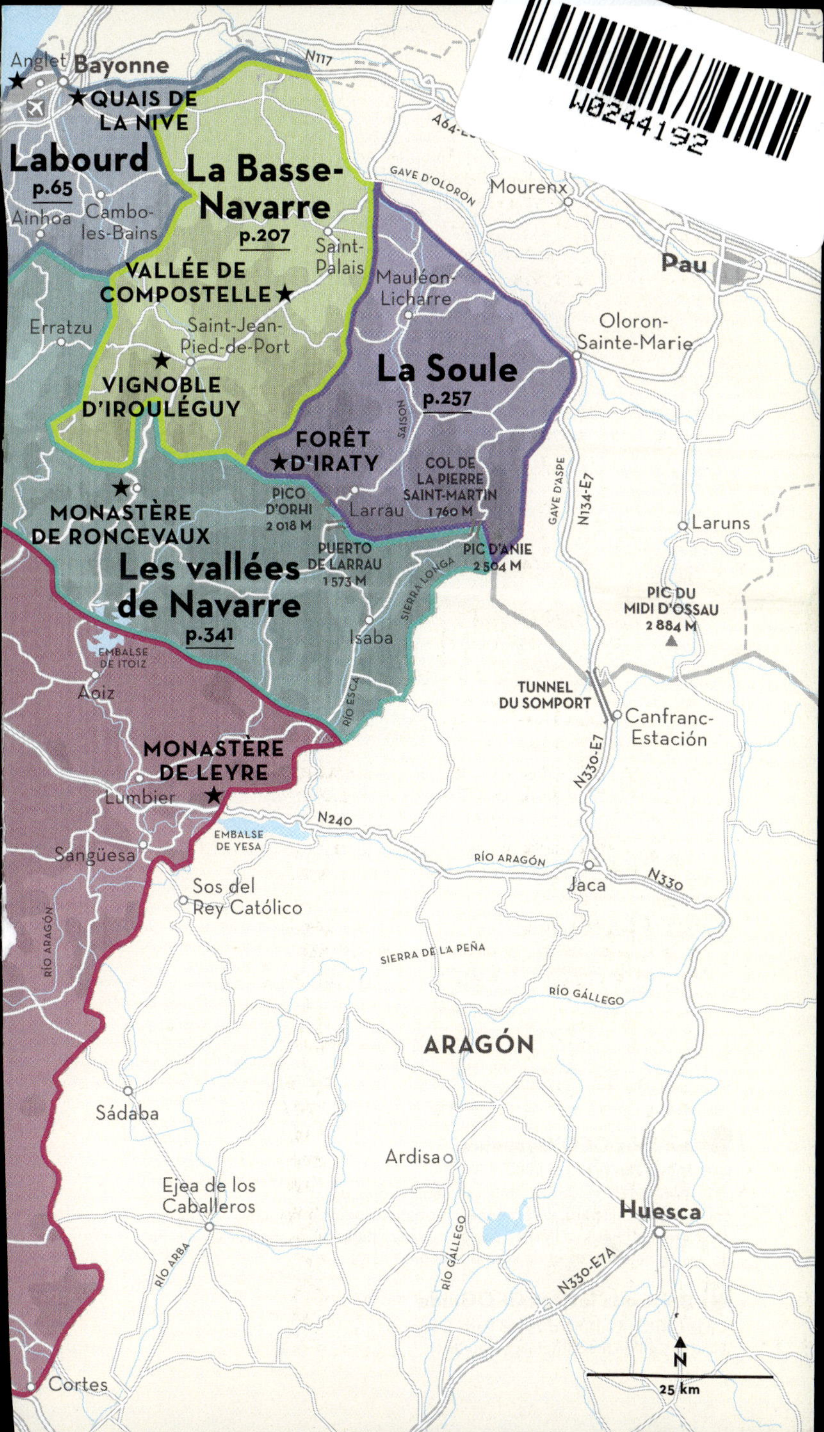

Anglet
Bayonne
QUAIS DE LA NIVE
Labourd
p.65
Ainhoa
Cambo-les-Bains
La Basse-Navarre
p.207
Saint-Palais
VALLÉE DE COMPOSTELLE
Erratzu
Saint-Jean-Pied-de-Port
VIGNOBLE D'IROULÉGUY
Mauléon-Licharre
La Soule
p.257
SAISON
FORÊT D'IRATY
COL DE LA PIERRE SAINT-MARTIN 1 760 M
MONASTÈRE DE RONCEVAUX
PICO D'ORHI 2 018 M
Larrau
PUERTO DE LARRAU 1 573 M
PIC D'ANIE 2 504 M
SIERRA LONGA
Les vallées de Navarre
p.341
Isaba
EMBALSE DE ITOIZ
Aoiz
RÍO ESCA
MONASTÈRE DE LEYRE
Lumbier
Sangüesa
EMBALSE DE YESA
N240
Sos del Rey Católico
RÍO ARAGÓN
N117
A64-E8
GAVE D'OLORON
Mourenx
Pau
Oloron-Sainte-Marie
GAVE D'ASPE
N134-E7
Laruns
PIC DU MIDI D'OSSAU 2 884 M
TUNNEL DU SOMPORT
Canfranc-Estación
N330-E7
Jaca
N330
SIERRA DE LA PEÑA
RÍO GÁLLEGO
ARAGÓN
Sádaba
Ardisa
Ejea de los Caballeros
RÍO ARBA
Huesca
N330-E7A
Cortes
N
25 km

Avis aux GEOVoyageurs

Entre l'enquête faite sur le terrain
et la parution du guide, les établissements proposés
peuvent avoir disparu et certaines informations peuvent
avoir été modifiées : n'hésitez pas à nous faire part
de vos commentaires et de vos corrections !

Boîte aux lettres GEOGuide

5, rue Gaston-Gallimard 75328 Paris Cedex 07
www.geo-guide.fr contact@geo-guide.fr

Pays basque

Lara Brutinot
José Darroquy
Pierre Guitton
Virginia Rigot-Muller

Ont également collaboré à cet ouvrage
Séverine Bascot, Virginie Lavauden,
Maitane Ostolaza, Peggy Picot, Bruno Valcke

PAYS BASQUE

GEOPANORAMA

GEOPRATIQUE

GEOREGION

GEODOCS

PAYS BASQUE

Voyagez à la carte

GEOGuide a sélectionné pour vous des lieux de séjour, des sites à visiter, des adresses-plaisir et des activités multiples. Choisissez ce qui vous ressemble et goûtez pleinement votre voyage...

Phare de Santa catalina, Lekeitio (p.591)

... au gré de vos envies

À deux

Envie de lui dire oui ? Réservez une chambre avec vue à Biarritz ou une *casa rural* dans la vallée du Baztan, dînez sur le mont Igeldo, à San Sebastián, et musardez au clair de lune sur les remparts de Laguardia.

Activités

Vous n'aurez que l'embarras du choix : surf à Anglet, survol des vallées de Navarre en parapente, balade équestre sur les sentiers transfrontaliers ou chaussé de raquettes à neige dans la forêt d'Iraty.

En famille

Proposez aux plus jeunes une rando à dos d'âne en Basse-Navarre, emmenez-les par la main dans les mines d'argent d'Arditurri ou au musée du Chocolat de Biarritz et montez à bord du petit train de la Rhune avant d'aller déjeuner dans une *venta* de la frontière.

Shopping

Conserves de poisson, turrón, vin d'Irouléguy, ventrèche, chocolat amer, piment d'Espelette... Quel souvenir gourmand glisserez-vous dans vos bagages ?

Gastronomie

Chipirons de Ciboure, poisson *a la plancha*, jambon serrano, fromages de Roncal... Des cidreries de l'arrière-pays aux tables étoilées les plus célèbres, la qualité des produits est une invitation à la bonne chère.

Culture

Joyaux romans et gothiques des routes de pèlerinage, forteresses léguées par une histoire mouvementée, tournois de pelote et jeux de force : autant de facettes composites d'une identité singulière.

... au fil de nos itinéraires

GEOPLUS Le Pays basque autrement

GEOPLUS En trois jours

PAYS BASQUE

Dans le parc naturel d'Aiako Harria (p.444)

GEOPANORAMA

COMPRENDRE LE PAYS BASQUE

Géographie et paysages

Accordons-nous d'abord sur le périmètre considéré : le Pays basque dont il va être question ici n'a que faire des frontières – il a un pied en France, l'autre en Espagne, et il surfe autant sur les vagues de l'Atlantique que sur les reliefs des Pyrénées, rattrapé très vite à l'ouest par les premiers monts Cantabriques. C'est au total un territoire de quelque 20 000km^2, sur lequel cohabitent environ 3 millions d'individus, Français et Espagnols confondus – avec une plus forte proportion pour ces derniers : 6/7e du territoire et 11/12e de la population.

Carte d'identité

Situation géographique le territoire du Pays basque s'étend sur le versant occidental des Pyrénées, dans le golfe de Gascogne
Superficie 20 664km^2
Littoral plus de 170km de côtes
Point culminant pic d'Anie (2 504m)
Statuts et régions France : Labourd, Basse-Navarre et Soule ; Espagne : Euskadi (Communauté autonome du Pays basque : Álava, Biscaye et Guipúzcoa, avec pour capitale Vitoria-Gasteiz) et Navarre
Population env. 3 millions d'hab.
Langues euskara, français et espagnol

Géomorphologie

Vu d'avion, le Pays basque apparaît comme un triangle bombé en son centre, une croûte verte et boursouflée sur la face nord de l'Espagne. Plus de 150km de côtes se déploient de Biarritz à Bilbao – un littoral exposé plein nord sur un golfe de Gascogne houleux et poissonneux, au climat et à la végétation très atlantiques. Parallèles au rivage s'étendent un cordon relativement plat, puis une chaîne de montagnes imposante. Qu'elle soit issue des Pyrénées, à l'est, ou des monts Cantabriques, à l'ouest, la montagne basque forme une barre solide, tantôt humide et ondulée, vallonnée, par endroits hérissée de sommets, tantôt presque craquelée, desséchée, striée de sierras – au fond desquelles coulent ruisseaux et torrents. Au total, plus de la moitié du Pays basque est montagneuse, seule sa pointe sud, au-dessous de Pampelune, ne dépasse pas 500m d'altitude : une zone méditerranéenne sous l'influence de sa voisine, la Castille. Là, plus aucune trace de l'humidité océanique : partout règne la sécheresse. Seule la vallée de l'Èbre, fleuve nourricier qui coule d'ouest en est, lui apporte quelque fraîcheur.

Géologie

ÈRES PRIMAIRE ET SECONDAIRE Les premières montagnes, massifs hercyniens, grès, gneiss et schiste mêlés, se sont formées il y a 300 millions d'années. Métamorphisées, elles demeurent visibles en quelques points isolés, ponctuant la ligne de faîte des Pyrénées. Les premiers plissements remontent à 130 millions d'années. C'est aussi à l'ère secondaire que se formèrent des sédimentations et des grès roses, dans la vallée de la Nive en particulier. Les sommets de cette époque culminent entre 1 000 et 1 500m, jamais plus.

ÈRE TERTIAIRE D'importants mouvements se produisirent il y a 70 millions d'années : au contact des plaques européenne et ibérique, les Pyrénées se soulevèrent, et le golfe de Gascogne s'ouvrit complètement. C'est ainsi que le pic d'Anie, à l'est, devint le point culminant de la région (2 504m), dépassant le pic d'Orhy (2 018m), premier "2 000m" en venant de l'océan. Des failles profondes vinrent entailler la plupart des roches à dominante calcaire, tandis que les couches argilo-schisteuses formaient une succession de collines adoucies

ÈRE QUATERNAIRE L'érosion glaciaire n'a pas beaucoup affecté la région : on y rencontre donc peu de montagnes dentelées, mais un relief plutôt imposant. Toutefois, à l'ouest et à l'est de la chaîne axiale, à Cize et Ossès en particulier, l'érosion a ciselé des fosses d'effondrement et autres dépressions dans les roches tendres. Enfin, plus on s'approche de l'océan et plus les massifs s'écrasent, jusqu'à rejoindre le niveau de la mer. L'Atlantique a fini par s'infiltrer dans les roches : tout au long de la côte, des rias ont grignoté les marnes bleues, les flyschs et les grès calcaires, formant des falaises soulignées de quelques longues plages de sable blond.

Climat

La proximité de l'océan Atlantique et la barrière naturelle formée par les montagnes valent à la majeure partie du Pays basque un climat doux et humide toute l'année. Le Gulf Stream adoucit les températures : celle de l'air est de 13°C en moyenne et l'eau ne descend jamais au-dessous de 10°C – mais ne dépasse jamais 22°C. La pluviosité est abondante, jusqu'à 3 000mm d'eau par an en Haute-Soule, sans être permanente : les averses sont fortes, presque tropicales, mais le vent balaie les nuages très rapidement. Surtout s'il vient du sud de

Entre France et Espagne, les sept provinces

En Iparralde (côté français), le Pays basque occupe plus de la moitié du département des Pyrénées-Atlantiques : sa frange sud-ouest, serrée entre les derniers reliefs des Pyrénées et l'Atlantique. Il s'étend ainsi sur 2 995km² et compte env. 285 000 habitants. Il est divisé en trois microrégions historiques : le **Labourd**, sur le littoral, la **Basse-Navarre**, au milieu des collines, et la **Soule**, la plus orientale et la plus sauvage. De l'autre côté de la frontière, en Hegoalde, à cheval sur les Pyrénées et les monts Cantabriques, deux autres régions s'étendent vers l'ouest et le sud de l'Espagne. Tout d'abord, la Communauté autonome du Pays basque (*Euskadi* en basque et *País Vasco* en castillan), qui occupe 7 261km² et compte 2 136 000 habitants. Cette entité administrative regroupe trois provinces : le **Guipúzcoa** autour de San Sebastián, la **Biscaye** jusqu'à Bilbao, et l'**Álava** autour de Vitoria. La **Navarre** forme une communauté autonome distincte, mais de par son histoire et sa géographie, elle est fortement liée à la précédente. Sa superficie est de 10 421km² et sa population de quelque 614 500 habitants, (chiffres 2010).

l'Espagne : il dégage avec force le soleil, même en plein hiver. Le Pays basque français bénéficie également d'un effet de fœhn puissant : l'air qui redescend de la montagne, par vent de sud-ouest en particulier, se réchauffe de mètre en mètre, jusqu'à permettre de siroter un café en tee-shirt aux terrasses de Biarritz en janvier… Sur le versant sud, à l'abri des vents marins, le climat est bien plus continental. Plus on descend de la montagne et plus l'eau est rare. Le caractère méridional du climat se fait très vite sentir dans la moitié sud de la Navarre et de l'Álava : les étés y sont plutôt chauds et arides, les hivers froids et secs. Les vents brûlants de la Castille dessèchent tout sur leur passage, sols et végétation confondus. Seule l'eau de la vallée de l'Èbre permet de fertiliser quelques terres.

Milieux naturels, flore et faune

Le littoral

La côte basque est constituée d'une succession de falaises – de calcaire ou de flysch, de grès, de marnes bleues, hautes d'une trentaine de mètres, cinquante parfois – mais aussi de criques encaissées, tapissées de galets et entrecoupées de belles plages de sable fin. Au bord de l'océan, la végétation se déploie en landes et en prairies maritimes, en rangées de tamaris sur les dunes, en eucalyptus, en pins maritimes. Chaque espèce est adaptée au vent et au sel, agrippée aux falaises ou perchée en haut des plages. Et dans les estuaires, au confluent des eaux douces et salées, entre terre et mer, s'étend une vaste zone nourricière pour les oiseaux, les poissons et les invertébrés.

Des forêts denses et des pâturages d'altitude

Au-dessus de 1 000m d'altitude, le paysage devient grandiose, gorgé d'eau, émaillé de failles déchirées dans la pierre, et entrecoupé de forêts – ce sont les grandes hêtraies d'Iraty et le causse des Arbailles, ainsi que l'arrière-pays espagnol, au pied du Txindoxi et de l'Aitzgorri. Là, au milieu des crêtes calcaires, des rapaces nichent dans les canyons isolés, pendant que les moutons paissent sur le causse et traquent l'herbe rare. Les gorges plongent à pic dans les profondeurs de la terre – à Holzarté, Kakouetta, Lumbier. Sur le sol, semé de trèfles vert tendre, fleurissent bruyère callune et gentiane et prospèrent les myrtilliers. Sous l'écorce, l'eau creuse encore et découvre des grottes, cavités ruisselantes hérissées de concrétions diverses.

Les rivières, collines et prairies

À l'ouest et au nord de ces hautes montagnes, les reliefs sont moins escarpés. La Rhune, côté français, atteint à peine 900m… C'est le pays des rivières – Adour, Bidouze, Nive et Nivelle, sans compter celles de Navarre –, des longues collines étirées, aux sommets dénudés, à l'herbe pelée par des milliers de troupeaux affamés. Quelques friches laissent pousser bruyère et ajoncs, à côté d'un champ de maïs ou d'un enclos à brebis. La fougère s'éparpille au pied d'un chêne, arbre emblématique du pays, ou d'un châtaignier. Plus bas encore, au-dessous de 200m d'altitude, la lande cède la place à la prairie ou à la forêt naturelle – à moins qu'on ne l'ait reboisée en conifères.

Les sierras et les plaines du sud

Sur le versant sud, la roche se fissure, fouettée par les vents : dans les sierras d'Aralar, d'Andia et d'Urbasa, chaque plante doit s'ingénier à retenir l'eau et à lutter contre la chaleur. Plus au sud encore, on plonge dans la dépression de l'Èbre et ses collines arides, rocailleuses. Mais autour du fleuve s'étend une vaste plaine agricole : la Ribera et la Rioja, pays de l'olivier et des cultures vivrières, de la vigne et des blés dorés. Les Bardenas Reales, enfilade de roches ocre et rouges, sculptées par les cours d'eau, forment le dernier rempart minéral avant des terres plus hospitalières.

Une faune exceptionnelle

Le Pays basque est réputé auprès des naturalistes pour être un sanctuaire de la faune ailée : les sierras désertes, les canyons humides et sauvages sont autant de paradis pour les grands rapaces nicheurs. Sur les crêtes des Pyrénées, le long de la frontière, entre Soule et Navarre, on peut apercevoir le vautour fauve, le plus grand d'entre tous, mais aussi le gypaète barbu, très rare, ou encore le percnoptère d'Égypte, petit vautour blanc de 1,50m d'envergure tout au plus. De taille similaire, l'aigle royal et le milan, noir ou royal, se rencontrent aussi dans ces zones, les uns charognards, les autres prédateurs. On a vu s'éteindre de nombreuses espèces, et l'ours des Pyrénées, malgré plusieurs campagnes de réintroduction, reste sévèrement menacé. Le retour du loup, dans les années 1980, a été quant à lui couronné de succès, et on recense aujourd'hui quelque 2 000 individus. Restent les cerfs, chevreuils, sangliers, isards, blaireaux, renards et palombes. Un des moments clés de l'année au Pays basque est celui du passage migratoire : des millions d'oiseaux – cigognes, grues, etc. – prennent la voie des airs, entre juillet et novembre, pour traverser l'Europe entière et atteindre l'Afrique et leurs lieux d'hivernage.

Espaces protégés

Côté français, on compte quelques zones sauvegardées, telles que la forêt d'Iraty et celle des Arbailles. Du côté espagnol, ce sont plus de 20% de la superficie du Pays basque qui sont préservés par le réseau Natura (réseau européen d'espaces naturels, régulé par l'Union européenne), formant ainsi près de 60 espaces naturels protégés. Au Guipúzcoa, on visite le parc naturel d'Aralar, le parc d'Aaiko-Harria (près d'Oiartzur), ceux d'Aizkorri-Aratz et de Pagoeta (près de Zarautz), ainsi que le biotope du Rio Leizaran (près d'Andoin). En Biscaye, le site phare est la réserve naturelle de l'Urdaibai, classée réserve de la biosphère par l'Unesco, non loin du parc naturel d'Urkiola ; à l'ouest, dans les Encartaciones, le parc naturel d'Armañon est protégé depuis 2006. En Álava, le parc naturel de Valderejo (35km^2 de faune et de flore diversifiée) avoisine celui de Gorbea-Gorbeia (200km^2 de massifs boisés au pied du mont Gorbea, à cheval sur la Biscaye), celui d'Izki (dans la sierra d'Acedo) et le biotope des lagunes de Laguardia. En Navarre, enfin, le parc naturel des Bardenas Reales (425km^2 de steppes sculptées par le vent), rivalise avec celui del Señorio de Bertiz (2 040ha de forêt), mais aussi avec les parcs naturels des sierras d'Urbasa et d'Andia.

Histoire

Zone frontalière à plusieurs titres, le Pays basque fut convoité pour son accès au littoral, écartelé entre la France, l'Espagne et, à certaines époques, l'Angleterre – mais aussi entre les ducs et seigneurs des provinces d'Aragon, de Castille et de Navarre.

La préhistoire

Au Pays basque, les plus anciennes traces d'une occupation humaine remontent à quelque 100 000 ans, au moustérien. De cet âge de la pierre taillée, on a retrouvé de nombreux outils à Ilbarritz, dans l'abri d'Olha à Cambo-les-Bains, ainsi que dans le massif d'Urbasa, côté espagnol. Puis les vestiges ont confirmé une présence humaine postérieure : les grottes d'Ekain, dans le Guipúzcoa, de Santimamine, et surtout la grotte d'Isturitz, près de Saint-Martin-d'Arberoue, la plus parlante, avec ses peintures rupestres datant de l'aurignacien ou du magdalénien – c'est-à-dire de 35 000 à 9 000 ans avant notre ère. Le néolithique, âge de la pierre polie, voit les hommes se sédentariser. On a mis au jour des traces de cultures, des vestiges de poteries et des indices de rites funéraires remontant à quelque 6 000 ans : un moulin à Lutmenxa, en Biscaye, une nécropole à Occabe, en Soule, de nombreux dolmens – près d'une centaine côté français et autant côté espagnol, dans les massifs de Gorbea, Urbasa, Aralar et Aitgorri. L'âge du bronze (v. 1800-700 av. J.-C.) a livré les premiers exemples d'objets méditerranéens apportés par des marchands. Les Celtes, qui débarquent dans la région au VIIe siècle avant notre ère, savent travailler le fer et utilisent l'araire, cultivant les fèves et le lin. Ils bâtissent les premières enceintes fortifiées et de nombreux cromlechs, cercles de pierre où ils déposent les cendres de leurs défunts. S'ils se mélangent à la population des plaines, ils ne s'aventurent guère dans les montagnes.

Patrimoine préhistorique et antique

Sites préhistoriques

Grottes d'Isturitz et d'Oxocelhaya (Saint-Martin-d'Arberoue) ____ 243
Admirer les mégalithes d'Azpegi ____ 355
Artajona ____ 389
Grotte d'Ekain ____ 516
Grotte d'Arrikrutz (Oñati) ____ 524

Antiquités romaines

Saint-Jean-le-Vieux ____ 214
Route des Crêtes ____ 217
Museo de Arqueología (Vitoria-Gasteiz) ____ 408
Museo Oiasso (Irún) ____ 437

La parenthèse romaine

Les premières troupes romaines arrivent par la vallée de l'Èbre en 218 av. J.-C. et, au fil de leur avancée, font reculer les autochtones vers les Pyrénées. Les auteurs gréco-romains appellent ces derniers Vascons, en les distinguant de la majorité des Aquitains et encore plus des Celtes de Gaule, et en inscrivant leur aire linguistique dans un triangle Èbre-Océan-Pyrénées. Les Romains s'installent dans les plaines de Navarre et d'Álava. En 76 av. J.-C., Pompée conquiert le bassin de l'Èbre et fait d'Iruinea la ville de Pompeiopolis, future Pampelune. Le nord des Pyrénées est conquis en 27 av. J.-C., et un grand axe routier emprunté par les soldats et servant au transport des marchandises le relie bientôt au sud. Vignes et oliviers émaillent les champs, et l'exploitation des mines et des salines se développe.

Des invasions barbares à la *Reconquista*

Au Ve siècle, les Wisigoths déferlent sur la région, bientôt rejoints par les Francs de Clovis, qui leur disputent le territoire. Les premiers gardent le sud des Pyrénées, les seconds le nord. S'alliant tantôt aux uns, tantôt aux autres, combattant parfois aux côtés des musulmans, les Vascons s'efforcent de conserver une certaine indépendance. Ainsi, le duché de Vasconie, constitué par les Francs entre Pyrénées et Garonne en 601 ou 602, s'unit-il au duché d'Aquitaine pour mieux préserver son autonomie. Néanmoins, les Francs réaffirment leur domination sur toute la région au VIIIe siècle. En 778, quand Charlemagne conquiert la cité vascone de Pampelune, les Vascons s'associent aux Navarrais et déciment l'arrière-garde de l'armée franque à Roncevaux. En 824, avec le concours des Banu Qasi, Wisigoths convertis à l'islam, le Vascon Eneko Arista s'empare de Pampelune et se fait proclamer roi. En reprenant la vallée de l'Èbre aux musulmans en 905, Sanche Ier lance la Reconquista. Sous Sanche III le Grand (1004-1035), le royaume de Pampelune recouvre tout le Nord-Est de l'Espagne actuelle. Il sera ensuite scindé en trois : Navarre, Castille et Aragon.

PANORAMA

Le royaume de Navarre en lutte perpétuelle

Les générations suivantes assistent à l'émiettement du duché de Vasconie (ou Gascogne) et du royaume de Navarre. Quelques puissants vicomtes francs s'emparent de la Soule et du Labourd, mais doivent les céder à contrecœur aux ducs d'Aquitaine. À leur tour, ces derniers les cèdent aux Anglais, en raison du mariage d'Aliénor d'Aquitaine avec Henri Plantagenêt, en 1152. Sanche le Sage (1150-1194) doit se battre pour conserver la Basse-Navarre et attirer des populations nouvelles – des *francos* pour la plupart, empiétant sur les terres du Bas-Adour. Son fils et successeur Sanche le Fort doit céder la Biscaye, le Guipúzcoa et l'Álava au roi de Castille en 1200. Après avoir pris part à la victoire des chrétiens sur les musulmans à Las Navas de Tolosa (1213), il meurt en 1234 sans descendant, laissant ainsi le trône de Navarre à son neveu, Thibault de Champagne. C'est sous son règne (1234-1253) qu'est rédigé le statut politique original du *fuero general*, régulant par contrat le partage du pouvoir entre le roi, la noblesse, la bourgeoisie urbaine et les grands monastères, tout en posant les bases des rapports sociaux. Le royaume de Navarre est rattaché à la France en 1285, lors du mariage de Jeanne de Navarre et de Philippe le Bel. Il recouvre son indépendance sous le règne de Jeanne II de Navarre (1328-1349). Mais au XVIe siècle, sous l'impulsion d'Isabelle de Castille et de Ferdinand d'Aragon, la Castille enlève la Navarre à la famille des Foix-d'Albret. S'ensuivent dix années de luttes sanglantes et d'éradication systématique des élites insoumises, qui donneront naissance à un vaste royaume d'Espagne, catholique et “réunifié”.

L'intégration du nord du Pays basque à la France

Exilée, la famille des Foix-d'Albret reprend possession des territoires situés au nord des Pyrénées pour le compte du roi de France. Saint-Palais devient la capitale administrative de la Soule, du Labourd et de la Basse-Navarre, un *for* moderne qui persistera jusqu'à la Révolution, avec pour la gestion des affaires paroissiales la tenue d'un *blitzar*, système d'organisation communautaire propre à chaque village. Depuis l'accession au trône d'Henri IV, fils de Jeanne d'Albret, en 1589, le roi se dit "de France et de Navarre", préparant un avenir plus centralisé qu'il ne l'était au départ. La signature du traité des Pyrénées, en 1659, entérine la répartition des terres et fixe la frontière entre la France et l'Espagne à ces mêmes Pyrénées. La Révolution française puis la République intègrent la partie française du Pays basque au département des Basses-Pyrénées (futures Pyrénées-Atlantiques) et abolissent les libertés et particularismes liés au régime des *fors* – ce qui signifie, pour beaucoup de Basques, le début de l'exil.

Côté espagnol, les guerres carlistes

Aux XVIIIe et XIXe siècles, deux grands courants s'affrontent en deçà des Pyrénées : une bourgeoisie éclairée, sensible aux idées libérales des nouveaux économistes et à l'intérêt d'une centralisation accrue, fait face aux défenseurs du système des *fueros*, partisans d'une autonomie relative du Pays basque. Or, disputant à sa nièce Isabelle la succession de son frère Ferdinand VII, Charles de Bourbon décide de défendre à son tour les *fueros*, s'assurant ainsi le soutien d'une bonne part de la population rurale. La première guerre carliste (1833-1839) se solde par une défaite des partisans de Charles et la perte de certaines libertés basques : la Navarre n'est plus alors qu'une simple province espagnole. La majeure partie du territoire perd le privilège des *fors* à l'issue de la troisième guerre carliste (1872-1876) : les Basques doivent se soumettre aux mêmes lois que les autres sujets espagnols – hormis quelques exceptions en Navarre et en Álava. Cette fois, ce sont les Basques méridionaux qui choisissent massivement l'exil, souvent en Amérique du Sud ou en Californie.

La guerre civile et la dictature

En 1931, les trois quarts des maires du Pays basque espagnol signent à Estella (Navarre) un projet d'autonomie des quatre provinces – Guipúzcoa, Biscaye, Álava et Navarre. Mais la IIe République, très à gauche et anticléricale, est proclamée avant que ce statut ne soit entériné. La Navarre, toujours très catholique, ne peut la soutenir, et la coalition vole en éclats. En 1936, les républicains accordent leur autonomie aux trois autres provinces et consentent la constitution d'une armée spéciale d'Euskadi, tandis que la Navarre penche pour Franco, suivie de près par l'Álava. L'armée franquiste gagne du terrain et, en avril 1937, l'aviation allemande bombarde Gernika, un symbole des libertés basques. L'autonomie de l'Álava, de la Biscaye et du Guipúzcoa est de courte durée : en 1937, Bilbao tombe et, deux ans plus tard, la dictature l'emporte. La répression s'abat sur le Pays basque et une nouvelle vague d'exil entraîne au loin les rescapés de la guerre civile. On dénombre près de 100 000 prisonniers, 50 000 tués et 200 000 exilés.

Nationalisme et autonomie

La reconnaissance internationale du régime de Franco accentue l'écœurement des Basques et renforce les aspirations nationalistes. L'interdiction de pratiquer la langue basque, entre autres sanctions, incite à créer au sud, en 1959, l'ETA – Euskadi Ta Askatasuna, littéralement Pays basque et liberté – et au nord, Enbata. Les actions se multiplient, de plus en plus violentes : en 1973, l'amiral Carrero Blanco, bras droit et dauphin pressenti de Franco, est assassiné. La mort du dictateur, en 1975, et la restauration de la monarchie ne changent pas grand-chose, du moins dans un premier temps. La nouvelle Constitution espagnole de 1978, approuvée par référendum, prévoit enfin la création de communautés autonomes. Mais nombre de Basques ne votent pas ce texte car le PNV (Parti nationaliste basque) n'a pas été invité à la réunion du groupe d'experts chargés de sa rédaction. Cependant avec la proclamation, en 1979, de la Communauté autonome basque, regroupant le Guipúzcoa, la Biscaye et l'Álava, les nationalistes modérés se considèrent comme satisfaits. Se fait alors connaître une coalition plus extrémiste décidée à poursuivre la lutte jusqu'à l'indépendance : Herri Batasuna. En 1980, les nationalistes remportent la majorité des sièges au parlement régional, ce qui ne fait qu'encourager la pression autonomiste. Ni la gauche, arrivée au pouvoir en 1982, ni la droite de J. M. Aznar, à partir de 1996, ne parviennent à trouver un accord avec l'ETA, et les attentats s'enchaînent, entraînant de 1983 à 1987 les réactions tout aussi violentes des GAL – Groupe antiterroriste de libération. Les revendications s'accumulent du côté français comme du côté espagnol. La demande de rapprochement des prisonniers basques de leur famille est sans cesse rejetée par les gouvernements des deux pays, ce qui déclenche, après une trêve de plusieurs mois, la reprise des hostilités armées en 1999. Madrid et Paris multiplient alors les actions contre l'ETA. Les activités de Batasuna, considéré comme la branche politique de l'ETA, sont suspendues en 2002 et le parti déclaré illégal en 2003. En mai 2005, le Premier ministre socialiste Zapatero présente toutefois au Parlement une motion prévoyant l'ouverture d'un processus de dialogue. En mars 2006, l'organisation indépendantiste annonce un cessez-le-feu. Mais l'atmosphère se dégrade vite et, en décembre, un attentat à la voiture piégée fait deux morts à l'aéroport de Madrid. En juin 2007, l'ETA annonce une rupture du cessez-le-feu. Sur le plan politique, le parti socialiste devance le PNV lors du scrutin législatif de mars 2008. Un an plus tard, le PNV remporte les élections régionales, mais une coalition permet au leader du parti socialiste, Patxi López, d'accéder à la présidence du parlement basque.

UNE LANGUE INCLASSABLE

Les origines de l'euskera ont longtemps été considérées comme un mystère. L'immense majorité des langues parlées en Europe appartient au groupe indo-européen, ce qui n'est pas le cas du basque, langue agglutinante qui ne présente aucun lien de parenté, hormis l'enrichissement de mots d'origine celtes et latines. Il est désormais admis que l'Euskara est un isolat, dernier vestige du continent avant l'implantation des langues indo-européennes. Cette thèse rejoint des travaux de recherches génétiques faisant des basques des proto-indo-européens descendant de Cro-Magnon.

L'identité basque, la renaissance d'une nation

Par **Maitane Ostolaza**, historienne et universitaire

Parmi les traits qui caractérisent l'histoire récente des Basques, deux sont essentiels : la langue basque, ou euskera, et les fueros, lois territoriales conférant aux provinces basques un degré élevé d'autonomie. Sans oublier les conflits politiques de ces dernières décennies.

La langue, aux origines et aux parentés incertaines, constitue sans doute le premier référent clé dans la construction d'une identité commune des deux côtés de la frontière : les territoires groupés sous le nom de Pays basque, ou *Euskal Herria*, l'ont été parce qu'on y parlait l'euskera. Les sept provinces, les "sept sœurs" actuellement divisées en trois unités politico-administratives, partagent aussi une histoire politique. Les *fueros* d'Ancien Régime, supprimés en France à la Révolution, objets d'affrontements armés en Espagne au XIXe siècle, ont forgé en bonne partie l'identité basque actuelle. Les limites de cette entité culturelle, en reprenant leurs frontières, font directement référence aux anciens *fueros*, eux-mêmes déterminés par une communauté linguistique.

La nation basque entre en scène Cette définition éminemment culturelle de l'identité basque rejoint les conceptions de la nation, développées en Allemagne au XIXe siècle, qui façonnent une bonne partie des imaginaires nationaux européens. Si, dès le début de la Révolution française, les frères Garat demandent la création d'un département basque séparé du Béarn, c'est lors des périodes romantique et tardo-romantique que se manifeste un intérêt grandissant pour les origines et les particularités de ce peuple. La *Eusko Pizkundea*, ou renaissance basque, s'inscrit dans cette mouvance. Dans les territoires espagnols ainsi que dans ceux du Nord, ou *Iparralde*, des revues et des associations voient le jour ; elles valorisent le folklore et les traditions, des personnalités s'y engagent et promeuvent la littérature tout comme les études portant sur la langue basque. La revue *Euskara*, d'Arturo Campion, ainsi que la *Revue internationale d'études basques*, de Julio Urquijo, s'inscrivent dans cette mouvance. Côté espagnol, le mouvement littéraire et folklorique se voit vite mêlé aux conflits civils légitimistes qui jalonnent le XIXe siècle. Comme en Catalogne, les provinces rurales basco-espagnoles basculent en faveur du mouvement carliste. Traditionaliste et catholique, celui-ci s'oppose au centralisme prôné par les libéraux et défend le maintien des *fueros*. Les particularités institutionnelles et culturelles se trouvent désormais au centre des priorités politiques.

L'abolition des *fueros* Le mouvement pro-*fueros* coïncide avec les grandes transformations socio-économiques intervenues au sein de la société basco-espagnole à la fin du XIXe siècle, amplifiées par l'issue des affrontements militaires. En 1876, lors de la troisième et dernière guerre civile du XIXe siècle espagnol, la défaite du mouvement carliste antilibéral entraîne l'abolition des *fueros*. Si le gouvernement Cánovas concède en 1878 une autonomie fiscale et financière aux provinces basques – les *Conciertos Económicos*, qui, à la différence de l'Araba et de la Nafarroa, seront supprimés au Guipúzcoa et en Biscaye pendant le franquisme puis rétablis avec l'*Estatuto de Autonomía* de 1979 –, l'abandon des *fueros* devient le premier référent de la vie politique. Ce phénomène est accentué par la rapide industrialisation, au Guipúzcoa et surtout en Biscaye, autour du grand Bilbao où l'arrivée massive d'immigrants accélère la crise de la société traditionnelle. Le malaise se cristallise vite en courant politique avec l'apparition, en 1895, d'un nouvel acteur qui transformera la réalité basque : le nationalisme lié au Parti nationaliste basque (EAJ-PNV) et à son fondateur, Sabino Arana.

GLOSSAIRE

- **ETA** *Euskadi Ta Askatasuna ("Pays basque et liberté"), organisation indépendantiste armée, fondée en 1959 et considérée comme terroriste*
- **Eusko Pizkundea** *Renaissance basque, mouvement intellectuel du XIXe siècle*
- **Herri Batasuna** *Parti indépendantiste de gauche ("Unité populaire") considéré comme la branche politique de l'ETA, fondé en 1978, devenu Batasuna ("Unité") en 2000, interdit en 2003 et dissolu en 2013*
- **Ikurriña** *Drapeau basque*
- **PNV** *Parti nationaliste basque fondé en 1895*
- **Bildu** *Coalition de partis indépendantistes basques classés à gauche et de militants sans étiquette, fondée en 2011*

Le nationalisme conçoit Euzkadi

Le nationalisme basque vise avant tout à préserver la pureté d'une identité menacée. Dans ce contexte, la basquité s'associe fortement aux régions rurales et côtières du territoire. Les positions antilibérales et le catholicisme intégriste donnent naissance à la définition du Basque croyant – *euskaldun fededun*. En ce sens, la "race" et la langue sont présentées comme témoins privilégiés de l'isolement traditionnel des Basques. En outre apparaissent à cette époque de nouveaux éléments symboliques qui joueront désormais un rôle majeur dans la vie sociale : le drapeau national, *ikurriña*, des chants basques, le néologisme *Euzkadi* (communauté de personnes originaires des sept provinces).

Entre autonomie et indépendance Force est de constater que le mouvement basque s'est affirmé dès ses débuts comme beaucoup plus radical que celui de la Catalogne, l'autre grand pôle nationaliste de l'Espagne. Si les Catalans se montrent toujours enclins à jouer un rôle dynamique au sein de l'Espagne, affichant leur volonté de modernisation, le nationalisme basque s'est construit en dressant un antagonisme fondamental entre identités basque et espagnole. L'un des premiers objectifs proclamés du PNV est bien l'indépendance. Cette revendication, pourtant toujours d'actualité, passera au second plan dans l'histoire basque récente. Les désaccords sur ce point crucial, à l'origine de certaines scissions au sein du mouvement nationaliste, telle la naissance de l'ETA en 1959, ont fortement marqué la société basque contemporaine.

Vers la création de la communauté nationale Cette idéologie construite sur la nostalgie des valeurs traditionnelles n'a pas empêché le PNV d'accompagner le processus de modernisation du pays. Et ce point reste essentiel pour comprendre les évolutions d'un modèle social particulièrement réussi. Le PNV a toujours su s'adapter aux défis actuels. Il a épousé les axes de l'industrialisation au Pays basque, plus forte en Biscaye et au Guipúzcoa que dans les provinces d'álava et de Navarre, jouant dès le début un rôle de moteur politique et social. Sa structuration interne, ainsi qu'une implantation locale grandissante, s'accompagne de moyens de propagande modernes : presse populaire (le journal *Euzkadi*), théâtre engagé avec des auteurs comme Viar, Azkue ou Sabino Arana, mouvements associatifs. Le sentiment basquiste se renforce dans la clandestinité pendant la période franquiste. Le PNV et le nationalisme de gauche lié à l'ETA promeuvent alors une "rebasquisation" de la société. En témoignent la multiplication d'écoles basques, *ikastola*, la création d'une radio en euskera ainsi que les manifestations culturelles et folkloriques en faveur de la langue.

> *"L'identité basque sort de son contexte strictement traditionnel pour investir la société moderne : équipes sportives, rock, labels de qualité..."*

Institutionnalisation de la culture Avec la transition démocratique espagnole et la constitution de gouvernements au sein de la Communauté autonome basque (Álava, Biscaye et Guipúzcoa) et en Navarre, les initiatives visant la basquisation de la société bénéficient d'un nouvel élan. L'apparition de journaux (tels qu'*Egunkaria*, aujourd'hui interdit et remplacé par *Berriq*), de radios et de télévisions amplifie les effets d'une politique institutionnelle qui officialise l'euskera et encourage son apprentissage. Parallèlement, l'identité basque sort de son contexte strictement traditionnel pour investir la société moderne : équipes sportives, rock, labels de qualité…

Le Pays basque français On peut établir certains parallèles historiques entre les situations culturelles des deux parties du Pays basque. Le modèle politique proposé par le PNV et ses alternatives nationalistes ont eu une certaine influence du côté français, particulièrement à partir de l'exil nationaliste qui suit la guerre civile espagnole (1936-1939). Ainsi, les mêmes partis nationalistes se retrouvent des deux côtés de la frontière. Néanmoins, les références des uns et des autres à l'unité linguistique et culturelle des provinces basques – *Zazpiak Bat* – masquent de grandes différences entre *Hegoalde*, la partie espagnole, et *Iparralde*, la partie française, fortement marquée par un État centralisateur. Certes, il existe aussi en Iparralde une conscience identitaire : certaines prises de position, à la fin du XIXe siècle, en faveur de la renaissance de la langue et de la culture basques vont de pair avec le renforcement du régionalisme en France. L'expérience traumatique de la Première Guerre mondiale contribuera de façon déterminante à l'assimilation de la population basque au sein de la nation française. Il faut attendre les années 1960 pour voir réapparaître sur la scène les vieilles positions basquistes. Elles regroupent cette fois toutes les sensibilités politiques : d'abord autour d'Enbata (1963), puis en accompagnant la mobilisation en faveur de la création d'un département basque. Si ces revendications sont pour la plupart d'ordre économique, s'y exprime également un intérêt pour la culture et la langue euskera.

Une identité changeante et ouverte Dans le contexte actuel, la perte croissante de légitimité des groupes les plus radicaux ainsi que les nombreuses scissions au sein du mouvement nationaliste favorisent l'essor d'activités économiques et culturelles en marge des institutions. La voie semble désormais ouverte à la libre collaboration entre acteurs sociaux d'horizons divers, indépendamment de leur lieu de résidence ou de leur affiliation politique, dans le cadre du processus de construction d'une Europe qui se pense à partir de ses différences

La fin de la lutte armée

Le 10 janvier 2011, l'ETA, qui n'a commis aucun attentat depuis août 2009, annonce un "cessez-le-feu permanent, général et vérifiable par la communauté internationale". Échaudé par la fin sanglante de la trêve de 2006, le gouvernement socialiste réclame un abandon définitif et sans condition de la lutte armée. Depuis quelques mois, Batasuna a pris ses distances vis-à-vis de la branche militaire de l'ETA, mais s'agit-il d'une tactique passagère à visée électorale ou d'un virage réel et définitif ? La question divise l'Espagne. Le "rejet" de l'ETA est stipulé dans les statuts de la coalition indépendantiste basque Bildu ("Réunir"), fondée le 3 avril 2011 par le parti indépendantiste non-violent Eusko Alkartasuna, Alternatiba, les organisations Herritarron Garaia et Araba Bai et des indépendantistes de gauche non affiliés. Une première décision de justice interdit aux candidats de Bildu, parti jugé trop proche de Batasuna, de se présenter aux élections municipales du 22 mai. Mais l'interdiction est vite levée par le tribunal constitutionnel. La coalition crée la surprise en faisant élire près d'un millier de ses représentants lors de ce scrutin et en devenant la deuxième force politique du Pays basque avec 25,5% des voix, derrière les nationalistes de centre-droit du PNV (30,05%). En bousculant la carte politique basque, les résultats de ces élections marquent une étape majeure vers un processus de

Patrimoine médiéval et classique

Architecture civile

Architecture sacrée

paix. En effet, le 20 octobre 2011, le groupe séparatiste se dit disposé "à aller plus loin sur le chemin entamé" depuis le cessez-le-feu et prêt à signer son renoncement définitif à la violence. Parallèlement, la coalition indépendantiste Amaiur obtient 7 sièges au Congrès des députés lors des élections législatives de novembre 2011 : un triomphe. Enfin, en octobre 2012, les élections régionales marquent le retour de la gauche abertzale au sein du Parlement basque, consacrant l'inscription de l'ensemble des sensibilités souverainistes dans le seul débat public institutionnel. PNV et E.H. Bildu totalisent ensemble 64% des sièges. Le nouveau *Lehendakari* (président du gouvernement basque) issu du PNV, préoccupé en premier lieu par la crise économique qui secoue l'ensemble de l'Espagne, n'exclut pas pour autant la négociation d'un nouveau statut d'autonomie en 2015.

Économie

Le Pays basque de l'intérieur vit surtout d'élevage, quand son littoral draine toutes les énergies : industrie, pêche et services, sans compter le tourisme.

L'agriculture

ÉLEVAGE Activité ancestrale au Pays basque, héritée de ses premiers habitants, l'élevage se prête particulièrement bien au relief et au climat de la région, sur son versant nord surtout. L'humidité entretient des pâturages exquis pour des cheptels entiers de bovins et d'ovins ; il suffit de franchir un col, de passer d'une vallée à une autre, mieux exposée, pour assurer la pitance du troupeau.

L'€usko, un franc succès

En Iparralde (Pays basque nord), vous rencontrerez de nombreux commerces arborant l'étiquette, "Ici, nous acceptons l'eusko". Cette monnaie locale, a été lancée en janvier 2013. L'idée qui la sous-tend est de favoriser les échanges locaux et relocaliser une partie de l'économie. Au taux d'un euro pour un eusko pour le particulier, le taux de change est plus défavorable pour les entreprises, mais celles-ci sont ainsi incitées à se fournir auprès d'autres prestataires du réseau. Pour être membre de ce dernier, il ne faut pas appartenir à un groupe international, ni être dans un secteur fortement polluant ou dans l'agriculture industrielle, et faire appel à un minimum de produits ou prestataires locaux, et favoriser l'utilisation de l'euskara dans sa communication. Quant au fonds de réserve, il est destiné à financer des projets solidaires ou/et écologiques. Dans le respect de la légalité, les utilisateurs de l'eusko doivent adhérer au préalable à l'association Euska Moneta supportant le système (5€). Ce type d'initiative existe de longue date en France et à l'étranger, mais n'avait jamais rencontré un tel succès. Une preuve supplémentaire de l'attachement des populations basques à leur territoire et à des modes d'autogestion.
www.euskalmoneta.org

Les exploitations sont en général de petite taille, familiales le plus souvent, orientées soit vers le lait de brebis et la vache à viande, soit vers le lait de vache et quelques races à viande, en raison de la plus forte demande du marché. Les brebis, des manechs à tête rousse ou noire de la Basse-Navarre et de la Soule à la Biscaye, sont menées à l'estive au printemps et restent sur les hauts pâturages jusqu'en novembre, veillées par des bergers qui, à tour de rôle, assurent une permanence. La production du fromage de brebis, ossau-iraty en tête, ne se fait plus maintenant sur place : on le fabrique à l'exploitation, dans la vallée. On élève également d'autres espèces : des pottoks, race locale de poneys, appréciés longtemps pour leur viande mais de plus en plus pour la prairie et comme montures. Quelques chèvres, enfin, sont élevées dans le Guipúzcoa et la Biscaye, ainsi que des porcs, dans les vallées boisées.

CULTURES La polyculture traditionnelle a laissé la place, longtemps, à une spécialisation unique : la culture du maïs, pratiquée pendant des années sur de petites parcelles de manière intensive. On en revient un peu, et on se tourne vers d'autres récoltes : le piment autour d'Espelette, les pommes à cidre en Guipúzcoa, les cerises du côté d'Ixtassou et de Cambo-les-Bains. Dans la vallée de l'Èbre, on cultive essentiellement du blé, sur d'immenses surfaces et de façon très mécanisée, mais aussi de la vigne et de l'olivier, ainsi que des fruits et légumes, qui apprécient les sols alluvionnaires, riches en sédiments.

L'industrie

AGROALIMENTAIRE Liée au secteur agricole, la production industrielle de fromage de brebis et de jambon de Bayonne fait vivre une bonne partie du Pays basque côté nord. En Espagne, celle du vin a connu une évolution similaire dans certains secteurs de la Rioja, et la qualité des produits s'est en général accrue, tout comme le nombre d'AOC. De la même façon, la production de foie gras a augmenté ces dernières années dans la région, la plaçant en deuxième position pour le marché français, pendant que Bayonne et San Sebastián axaient leur production agroalimentaire sur le chocolat.

DES PETITES UNITÉS DE TRANSFORMATION À côté des grands complexes industriels et portuaires, les vallées du Guipúzcoa, d'une partie de la Biscaye et de l'arrière-pays bayonnais – avec des sociétés souvent implantées dans le BAB, le triangle Bayonne-Anglet-Biarritz – ont développé une grande variété d'activités industrielles. La plupart sont issues de la tradition manufacturière, comme le travail du bois, du cuir et du papier, mais aussi celui du textile, autour de Saint-Jean-de-Luz. L'espadrille sort toujours des ateliers de Mauléon, sa capitale depuis le XIXe siècle.

SIDÉRURGIE ET CHIMIE Le sous-sol du Pays basque a longtemps été un vaste réservoir de minerai : fer, cuivre et plomb, extraits depuis des millénaires, exploités intensivement au XIXe siècle, puis pratiquement abandonnés au tournant du XXe siècle. Bilbao est pourtant restée la ville du fer et de l'acier – sans conteste l'un des pôles métallurgiques les plus importants d'Espagne, ouvert, par l'océan, sur le monde entier. Après la crise des années 1970, puis la fermeture d'un grand nombre de ses chantiers navals, elle s'est reconvertie dans la pétrochimie et les technologies de pointe, pendant qu'alentour se développait une production de biens intermédiaires et de biens d'équipement. Pôle industriel important, Bayonne exporte depuis une quinzaine d'années du soufre, du gaz du gisement de Lacq, des produits chimiques et dérivés du pétrole.

Le commerce et le tourisme

UN COMMERCE OUVERT SUR L'OCÉAN Depuis l'époque des grands armateurs, aux XVIIIe et XIXe siècles, Bilbao et San Sebastián ont su nouer et maintenir d'étroites relations commerciales avec l'Europe du Nord-Ouest et l'Amérique. Un capitalisme dynamique dope toutes les initiatives et les soutient financièrement. Quelques grandes banques ont fait de Bilbao une ville de tradition financière, et ses entreprises ont une dimension nationale, voire internationale. Bayonne entend se hisser à son tour dans la cour des

La pêche, une tradition basque

De la baleine à la morue Dès le haut Moyen Âge, les Basques sont réputés pour leur hardiesse à la pêche à la baleine. Jusqu'au XVe siècle, les baleines franches passent l'hiver dans le golfe de Gascogne – aussi retrouve-t-on sur la côte d'anciens postes de guet, qui permettent de scruter la mer pour déceler la présence des cétacés. Le changement de route des baleines modifie les habitudes de pêche, et les Basques embarquent pour traquer le géant des mers dans les eaux du Labrador, de Terre-Neuve et du Groenland. Mais Anglais et Hollandais reprennent le marché au XVIIe siècle, et hésitant entre émigration et piraterie, les marins basques se tournent vers la pêche de la morue.

Le thon et la sardine Après quelques conflits avec les Bretons, la pêche à la sardine fait son apparition au XIXe siècle, devenant l'objet de toutes les convoitises tandis que la pêche à l'appât vivant attire les premiers thons dans ses filets. Une pêche côtière qui se mue bientôt en pêche au large du Sénégal et de la Côte d'Ivoire. Dans les années 1950, Saint-Jean-de-Luz, premier port sardinier et thonier de France, est concurrencé par Bilbao et Pasajes, Bermeo, Ondarroa et Lekeitio. Les Basques pêchent encore (au filet) la sardine en hiver et l'anchois au printemps, mais dernièrement, la faiblesse des stocks d'anchois a fait interdire la capture de cette espèce dans le golfe de Gascogne. Le thon rouge est pêché en été, et le blanc à l'automne – à la canne et à l'appât vivant, comme jadis. Mais le thon rouge est aussi une espèce menacée, et la Commission internationale pour la protection des thonidés de l'Atlantique (CICTA) fixe désormais des limites de pêche et impose des quotas pour l'Atlantique et la Méditerranée. Au chalut, on capture à pleines brassées quelques soles et rougets, daurades et merlus. La vente est assurée par un système coopératif, hérité des anciennes structures familiales et confréries, les *kofradias,* qui prennent en charge la criée mais aussi l'entretien des quais et des chantiers de réparation.

grands et entreprend de développer son activité portuaire, entre ferroutage et croisières, tout en exportant la production de l'arrière-pays.

LA CONTREBANDE La contrebande était une tradition dans cette zone frontalière mais l'implantation d'un bureau des douanes, en 1717, à la frontière politique entre la France et l'Espagne, fit perdre nombre de privilèges aux populations locales. Aussi ont-elles continué à vendre leurs marchandises des deux côtés de la frontière à des tarifs plus qu'avantageux, des vins au chocolat en passant par le tabac, le sucre mais aussi les brebis et les chevaux. En temps de guerre, ces contrebandiers expérimentés deviennent des passeurs d'hommes, d'armes ou de vivres. Après la première guerre carliste, ils ravitaillent don Carlos, et pendant la Seconde Guerre mondiale, les Basques font traverser clandestinement les Pyrénées à tous ceux qui en ont besoin. Aujourd'hui encore subsiste une activité, secrète bien sûr, sur ces chemins historiques.

LE TOURISME La grande vogue des bains de mer, lancée au Second Empire par la venue à Biarritz de Napoléon III et de l'impératrice Eugénie, a attiré sur la côte basque une foule croissante d'estivants, artistes et célébrités, pionniers du tourisme balnéaire. Coco Chanel et des lignées de princes russes exilés se retrouvaient le soir à la Réserve de Ciboure, dancing extravagant donnant sur la mer. Biarritz a connu son heure de gloire aux XIXe et XXe siècles, mais San Sebastián accueillait déjà les grands du royaume en villégiature au Moyen Âge. Aujourd'hui s'y côtoient les héritiers de la grande bourgeoisie espagnole et basque et des surfers toujours plus nombreux. Sur la côte, aimantées par ces deux pôles, quelques stations touristiques égrènent leurs constructions nouvelles, destinées à accueillir en nombre les vacanciers. L'intérieur des terres a vu se développer un autre tourisme, celui des amateurs de nature et de randonnées. Et les chemins de Saint-Jacques, au tracé multiséculaire, connaissent depuis le milieu des années 1990 un regain d'affluence.

La troisième voie basque

ESPRIT COOPÉRATIF D'un côté l'*etxe*, foyer de la vie familiale, bien matériel autant qu'immatériel consacrant une histoire ancestrale, des valeurs morales et une inscription dans la vie sociale, et de l'autre la terre et la montagne, bien collectif, nourrissent le tissu de relations de solidarité et de partage de la société basque. Ces particularités, cristallisées autour de la spécificité linguistique, et celle, plus politique, des fors ou *fueros*, ont produit au Pays basque des fonctionnements économiques originaux, encore vivaces aujourd'hui. Ainsi, les commissions syndicales entre le pays de Baigorri et la Soule, héritières de droits séculaires, gèrent toujours une bonne partie de la montagne basque. Plus emblématique est le phénomène coopératif.

L'"EXPÉRIENCE" MONDRAGÓN Les structures coopératives sont nombreuses dans l'agropastoralisme, mais s'étendent à l'ensemble des secteurs d'activité, à l'instar de Mondragón, premier groupe coopératif au monde avec 80 000 salariés à travers la planète, dont plus de 30 000 travailleurs associés en Hegoalde (Pays basque sud) et 9 000 étudiants. Cette fédération coopérative porte le nom de la ville du Guipúzcoa où est née cette "expérience", pour reprendre le terme utilisé par José María Arizmendiarrieta (1915-1976), prêtre fondateur de cet "empire" dans les années 1950. Aujourd'hui, Mondragón Corporación Cooperativa (MCC) intervient dans plusieurs secteurs d'activité : industrie, finance, distribution et ingénierie, mais aussi dans la formation, avec notamment la création d'une université dans les années 1990, version modernisée de l'école polytechnique créée par José María Arizmendiarrieta. Ses entreprises les plus connues du grand public sont la banque Caja Laboral et les supermarchés Eroski. Les contraintes de la globalisation lui posent problème, la condamnant à développer son outil productif à l'étranger sans que ne soit, la plupart du temps, exporté et appliqué son modèle coopératif – avec participation au processus de décision, de gestion, et attribution des résultats. Certains n'y voient qu'une stratégie économique pour protéger le statut des 30 000 "patrons" basques. Mais nombre de chercheurs soulignent les différences légales, et surtout culturelles, des autres pays où Mondragón s'est implantée, pointant une réussite première fondée sur des valeurs d'origine religieuse (l'importance accordée au travail et à l'entraide chrétienne contre le libéralisme ou le collectivisme) et une motivation identitaire nourrie de revendications politiques et d'une adaptation d'un droit coutumier précurseur en termes de démocratie. Des valeurs et une motivation qui n'ont rien de conjoncturelles et spécifiques à l'Hegoalde. Alors que le marqueur politique et linguistique y est nettement plus dilué, l'Iparralde (Pays basque nord) représente moins de 9% de la population Aquitaine, mais héberge plus de 20% des coopératives ouvrières de la région.

Fêtes, musique et danses

Pour donner vie à leur identité commune et la célébrer, les provinces du Pays basque organisent depuis des siècles de grandes fêtes populaires, qui mêlent musiques, danses, jeux et sports, expositions d'artisanat et de produits du pays.

LE CARNAVAL

En janvier, dans les campagnes comme en ville, débute la grande période des carnavals : en Soule, les mascarades déferlent dans les villages jusqu'à la mi-Carême, et partout ailleurs processions et défilés mettent en scène des personnages légendaires, costumés et masqués. Les carnavals les plus débridés se déroulent en Navarre, à Lantz, Iturren y Zubieta, Alsasua. Lors des *romerias*, en Álava, sont englouties des tonnes d'escargots.

Les fêtes

On ne peut toutes les recenser ici car elles sont vraiment très nombreuses, rythmant l'année depuis des siècles. Essentiellement rurales, imprégnées de catholicisme mais aussi de mythes et de rites ancestraux, elles sont le ferment et le reflet d'une culture. L'hiver est animé par les fêtes de carnaval. La fin du printemps est marquée par la Fête-Dieu, que l'on prépare depuis des mois dans les campagnes ; chacun de confectionner son costume, de repérer sa place dans le défilé… L'été sont célébrées toutes les fêtes de la Saint-Jean et celles des pêcheurs. Début juillet, les *Sanfermines* enflamment Pampelune pendant une semaine, tandis que la *Virgen Blanca* attire des milliers de visiteurs à Vitoria au début du mois d'août. En Basse-Navarre, l'été s'achève au son de la cavalcade, en un tourbillon de danseurs et de cavaliers.

Les danses

Tout aussi nombreuses que les fêtes, les danses basques sont aussi diverses que colorées – on en dénombre plus de deux cents. Le costume contribue largement à leur renommée, tant son élégance est recherchée – longues jupes, gilets de laine et souliers plats en peau, lacés sur des bas, déclinés selon les villages et les provinces. L'ensemble, en mouvement, est très impressionnant. Certaines des danses pratiquées lors des fêtes et cérémonies rituelles sont ouvertes à tous. D'autres sont réservées aux hommes et enseignées aux jeunes gens par des maîtres. La danse en chaîne est comme une farandole reliant hommes et femmes par des mouchoirs multicolores – "fermée", elle se danse en cercle, "ouverte", elle dessine une file. Le *mutxiko*, ou saut basque, est dansé en cercle par les jeunes hommes, le dimanche, au rythme d'une marche suspendue, très chorégraphiée. Luis Mariano a fait connaître le *fandango* bien au-delà des frontières du Pays basque. Cette danse a progressé au XIXe siècle de l'Espagne vers le nord des Pyrénées. Danse de couple vive, ponctuée de claquements de doigts en remplacement des castagnettes, elle est désormais pratiquée jusqu'en Soule.

La musique

La grande caractéristique de la musique basque traditionnelle tient à son attachement aux sonorités mineures et aux échelles diatoniques. Les rythmes sont très martelés – par les percussions en particulier, tambourins et autres *ttun-ttun*, *txalaparta* ou *soïnua*, ce dernier étant muni de cordes qui sont frappées. L'accordéon diatonique est lui aussi encore utilisé. Les sonorités sont données par la flûte à trois trous, le *txitxu* – il en existe trois tailles différentes, de la plus aiguë, le *txirula*, à la plus grave, le *silbote*. Les mélodies se prêtent tout particulièrement à la danse. Au-delà de cette musique populaire, le Pays basque vit naître de nombreux compositeurs, du XVe au XXe siècle : Antxorena, Antxieta, puis plus tard Guridi, Uzandizaga et Donostia. Le plus connu d'entre tous fut sans conteste Maurice Ravel, né à Ciboure en 1875 – il a parfois adopté certains rythmes basques dans ses compositions. Hommage à sa terre natale, il a laissé un concerto inachevé intitulé *Zazpiak Bat*.

Les chants

Les chants les plus anciens, longs poèmes épiques ou complaintes, sont exécutés par un ou plusieurs chanteurs, lors des fêtes, mariages et autres cérémonies. Le chant choral, très prisé, est réservé aux hommes et entonné à l'église ou lors de fêtes religieuses. Des chorales profanes, comprenant de 8 à 80 chanteurs, existent également, mais leur rythme reste proche de celui des chants sacrés. Des improvisateurs, les *bertsolaris*, excellent dans l'art d'entonner une mélodie sur laquelle ils composent aussitôt des vers. Depuis le XVIIIe siècle, leurs joutes enchantent les spectateurs. Aujourd'hui, de nombreux artistes basques inventent leur propre répertoire à partir de cet héritage multiple, tels Amia Zubira et Beñat Achiary, chanteurs engagés dans la défense de la langue et de l'identité basque, comme, dans un autre genre, Anne Etchegoyen.

Sports et jeux traditionnels

La pelote basque

Les joueurs athlétiques et vêtus de blanc se déplacent comme des chats, souples et élégants. Et s'il leur arrive de sauter comme des cabris ou de plonger comme des désespérés, les pelotaris gardent toujours leur flegme entre les échanges. Seule une ombre de contrariété ou un léger sourire transparaît parfois. Aussi sereines, les tribunes n'encouragent pas, elles saluent. La pelote est sportive mais se fait appeler jeu. Pelote est d'ailleurs le nom de la balle – traditionnellement un noyau de buis enrubanné de latex, puis entouré de fil de laine et de coton resserrés et enfin gainé de peau de chèvre. Mais derrière cette appellation apparentée à un art de vivre, se cachent de nombreuses pratiques définies par des équipements, des installations et des règles spécifiques, fruit de l'histoire et des géographies. La pelote est jouée bien au-delà de ses frontières d'origine, exportée au gré des émigrations : sa fédération internationale, créée à Buenos Aires en 1929, est aujourd'hui basée à Pampelune. Elle compte désormais trente nations, principalement sur les continents européen et américain, et rêve d'intégrer les disciplines olympiques à l'horizon 2020. Lui reste notamment à se féminiser, et peut-être aussi à faire un choix entre les multiples variantes de jeux. La Fédération française de pelote basque recense plus de 300 clubs sur le territoire, plus de 20 500 licenciés et environ 60 000 pratiquants.

JO !

En été, vous pourrez admirer l'ensemble des pratiques, les joueurs basés à l'étranger revenant pour la saison. Vous trouverez des places libres dans chaque village, voire hameau, et des trinquets dans chaque bourg côté Iparralde. Les murs à gauche sont plus nombreux en Hegoalde. Pour la cesta punta, les jaï-alaï les plus actifs sont ceux de Saint-Jean-de-Luz (internationaux de mi-juillet-fin août), Biarritz et Guernika. D'autres à Saint-Jean-Pied-de-Port, Mauléon, San Sebastián, Bilbao, Gasteiz, Pampelune... sans oublier la grande semaine de pelote, à la mi-août, avec les finales des championnats de France. **Fédération française de pelote basque** Calendrier des manifestations et des compétitions *www.ffpb.net*

LA CHISTERA Pratiquée avec son fameux gant de cuir prolongé d'un étroit panier d'osier (*cesta*), la chistera est le jeu le plus connu du grand public français. Son aire de jeu (*la cancha*) à ciel ouvert comporte un mur de frappe (fronton), l'ensemble formant la place libre (*plaza*). Son étendue diffère selon les deux variantes de chistera : de 50m à 70m pour le **joko garbi**, jeu vif où le même geste reçoit et relance, et de 80m à 100m pour le **grand chistera**, qui se joue avec un panier plus long et plus profond qui permet de bloquer la pelote et de prendre son élan avant de la renvoyer avec puissance et grâce. Comme pour tous les jeux de pelote, les équipes de deux ou trois joueurs renvoient alternativement la pelote après un seul rebond au sol ou directement au vol.

XARE, PALETA, PASAKA, MAIN NUE... Autre grande catégorie de jeux de pelote, ceux pratiqués en salle couverte avec un mur de frappe (*frontis*). Les pelotaris doivent obligatoirement faire buter la balle, avec possibilité de la faire rebondir sur les trois autres parois. Pour corser le tout et affoler les trajectoires, une petite niche à pans coupés (*xilo*) est taillée dans le frontis, et une galerie proéminente court le long des murs de gauche et du fond, dont le toit incliné (tambour) est également jouable. Dans cet espace se pratiquent différents jeux, dont le **xare**, où les joueurs utilisent une raquette constituée d'un arceau en bois et d'un filet distendu, la pelote étant relancée vivement et non frappée. Le trinquet accueille aussi toutes les variantes de la **paleta** ("pala corta", "paleta cuir", "gomme creuse", "gomme pleine"), dont les effets et vitesses de jeu varient en fonction de la taille, du poids et de l'instrument servant à frapper, entre raquette pleine et massue. La paleta "gomme pleine", est la spécialité de pelote la plus répandue en France, où elle est connue sous le nom de **pala**. En toute logique, les trinquets abritent aussi le **pasaka**, jeu atypique se rapprochant des origines modernes de la pelote : le jeu de paume. Comme ce dernier, c'est un jeu direct : les joueurs se font face, séparés par un filet et la pelote est jouée avec un gant de cuir par un coup glissé (*xirrist*). Le décompte des points vous rappellera quelque chose : 15, 30, 40, et jeu ! Autre pratique hautement respectée et impressionnante, la **main nue,** qui se joue indifféremment en place libre, en trinquet, et en mur à gauche. Ce dernier, désormais toujours couvert, est constitué d'un mur de frappe, d'un mur latéral sur la gauche, et d'un mur de fond, tous plats. Le quatrième côté est un filet non jouable protégeant les tribunes du public. La cancha est de 30 à 36m selon les disciplines. Le mur à gauche, dans sa version de 50m, prend le nom de **jaï-alaï** pour accueillir la **cesta punta**, variante la plus spectaculaire des jeux de pelote : les pelotaris, toujours casqués, y grimpent parfois sur les murs pour rattraper avec leur chistera des pelotes pouvant atteindre 300km/h. C'est le seul jeu de pelote permettant une carrière professionnelle, mais celle-ci suppose un exil en Floride, où il existe un système de pari mutuel sur les parties.

LE REBOT, UN SPECTACLE 100% BASQUE Jeu de transition entre la paume et la pelote basque, le rebot obéit à un véritable cérémoniel. Le décompte des points suit mêmes règles, mais il est chanté par l'arbitre. La partie débute invariablement à 10h30 le dimanche, et s'interrompt à midi, avant de reprendre ses spectaculaires échanges. Évoluant sur des places libres de 100m, les équipes sont constituées de cinq joueurs, trois avec un petit chistera (joko garbi), deux avec un gant de pasaka. Chacune occupe son aire de jeu, l'une de 35m vers le fronton, l'autre de 65m à l'arrière de la cancha, où un second mur peut servir de relais, incitant les joueurs à de grandioses "retournés". La complexité des règles du rebot ne doit pas vous décourager d'assister à une partie. Nombreux sont les spectateurs d'un jour qui en gardent un souvenir impérissable sans avoir compris grand-chose aux échanges.

Les épreuves de force

Traditionnellement, tous les ans, ont lieu des épreuves, défis et contestes, aussi bien en Espagne que du côté français. Les bûcherons, *aizkolaris*, omniprésents en Navarre, Soule et Basse-Navarre, ont leur épreuve de coupe de bois à la scie. Les maçons, *arrijasotzaile*, rivalisent entre eux lors de levers de pierre – certains ont déjà soulevé plus de 300kg ! Les faucheurs, *segalariak*, s'affrontent lors d'un concours de fauche d'herbe en un temps record, ou lors du lever de botte de paille, de charrette, du port de sacs et du tir à la corde, la *sokatira*, en équipe.

Dans la montagne, les *korrikolaris* (ou coureurs) s'opposent régulièrement ; les bergers ne sont pas en reste, et les compétitions mettant en scène les chiens de troupeaux font l'objet de toutes les attentions. Les bœufs sont savamment préparés toute l'année pour les concours d'attelage, les *idi probak*, où ils doivent traîner sur une place des pierres de plusieurs centaines de kilos.

LE RUGBY
Très populaire dans le sud-ouest de la France, ce sport importé des îles Britanniques s'est établi au Pays basque français à la fin du XIXe siècle. Le BO, Biarritz Olympique, a remporté de nombreux succès depuis les années 2000 (2 finales de coupe d'Europe, un chalenge européen, deux titres de champion de France), mais dernièrement les finances et les résultats vacillent. Quant à l'Aviron bayonnais, méritant, il reste cependant en milieu de tableau. Une fusion a été évoquée. Mais le folklore devrait rester plus fort, chacun aimant détester l'autre. Côté Espagne, l'engouement n'est pas le même.

Les courses de traînières

Les traînières sont des barques traditionnelles utilisées sur la côte cantabrique pour la pêche à l'anchois et à la sardine. Au XVIIIe siècle, des défis et différents sont réglés par des régates utilisant ces embarcations ; à l'aube du XXe siècle, ces courses deviennent l'objet de compétitions sportives populaires (*estropada*). Si les bateaux ont conservé la même silhouette, portant douze rameurs côte à côte, un rameur solitaire et un barreur, le bois a cédé la place aux fibres de verre et de carbone. Le principal rendez-vous de la saison se tient à San Sebastián début septembre, et un championnat se dispute de la mi-juin à la mi-septembre entre Cantabrie, Biscaye et Guipúzcoa. Au nord, on s'entraîne...

La corrida

C'est en Navarre, ne l'oublions pas, qu'a été inventée la corrida. Chaque village de cette province a son arène et, quand il n'y a pas de corrida, celle-ci est remplacée par un lâcher de vachettes. Les combats les plus spectaculaires se déroulent à Bayonne, San Sebastián et Bilbao, et, à Pampelune, les fêtes de San Fermín sont tout entières dédiées au dieu taureau. Si les Basques restent attachés à la tauromachie, la corrida est devenue un sujet de vives polémiques. Un courant antitaurin très influent et des associations de défense des animaux font entendre leur voix. Côté français, la corrida est entrée dans le patrimoine culturel immatériel en avril 2011, et, en 2012, le Conseil constitutionnel a déclaré la corrida conforme à la constitution sur les territoires où cette pratique est reconnue comme une "tradition locale ininterrompue". En Espagne, la communauté basque, n'a pas suivi la Catalogne, autre région nationaliste, qui a interdit les corridas en 2010, mais la situation pourrait évoluer dans les prochaines années.

Artisanat

Indissociable de l'identité basque, l'artisanat s'en fait le prolongement et chaque province recèle encore aujourd'hui des artisans qui perpétuent un savoir-faire ancestral.

Le *makhila*

La grande vedette de l'artisanat basque est sans conteste le *makhila*, bâton de marche mais aussi de défense fait de bois de néflier et surmonté d'un pommeau en corne masquant l'estoc, lame d'acier. Sur les viroles, sont traditionnellement gravés le nom de son futur propriétaire, un proverbe ou un symbole ; on ne s'achète pas un makhila, on se le fait offrir.

PIÈCES UNIQUES Chaque *makhila* est unique : au printemps, la tige de néflier est entaillée sur pied au couteau, de sorte que c'est la sève, en cicatrisant, qui va sculpter le bâton. On la coupe en janvier, on la passe au four puis on la laisse sécher pendant plusieurs années. Alors seulement commence le vrai travail de l'artisan, qui redresse la tige, la teint ou la passe encore au feu, avant d'y ajouter une gaine de cuir, un pommeau, une ou deux viroles et une solide pointe d'acier, cf. Fabrique de *makhilas* Ainciart-Bergara (p.194).

Le mobilier

Certains meubles basques sont tout à fait originaux, tant par leur utilisation que leur ornementation, taillée en creux, au couteau, influencée à la fois par des thèmes "euskariens", typiquement basques – comme la croix basque, *lauburu*, ou des rosaces – et hispano-mauresques, comme l'éventail ouvert. De nombreux motifs religieux prennent pour thème le culte du Soleil, de la Lune et des étoiles. Aux XVIIe et XVIIIe siècles, les meubles étaient confectionnés en chêne et en châtaignier, par la suite à partir d'arbres fruitiers. Les régions du littoral fabriquent des meubles empreints d'influences diverses, alors que les terres de l'intérieur ont leur propre style, en Basse-Navarre et en Navarre en particulier. La Soule et l'Álava, provinces plus pauvres, affichent un mobilier plus dépouillé. L'un des meubles les plus originaux est le *zuzulu*, banc dont la partie centrale du haut dossier, pivotante, peut s'abaisser en une tablette, idéale pour manger au coin du feu. Les coffres, dits *kutxa*, sont également remarquables, aussi bien du côté français que du côté espagnol. Destinés à abriter le linge ou à conserver le pain, ils présentent souvent des motifs de croix discoïdales. Les meubles de maison sont innombrables : vaisseliers, armoires, buffets – les *mankas* de Basse-Navarre notamment. Les tables du sud sont plutôt sobres, dotées d'un seul long tiroir, alors que celles du nord, beaucoup plus imposantes, sont munies de deux ou trois tiroirs. Les sièges, enfin, sont richement décorés au sud, mais peu confortables, quand ceux du nord, paillés, ont une assise large et trapézoïdale.

Le linge et les vêtements

Solide et coloré, le linge basque est désormais bien connu, au-delà des frontières de ce petit pays. À l'origine il était fait de lin, tissé à la main – sur un fond blanc, les différentes largeurs des rayures servaient à identifier son appartenance, afin d'éviter les confusions au lavoir. Les rayures étaient toujours disposées par sept, symboles des sept provinces basques, et de couleur rouge ou bleue. Il y avait plusieurs sortes de linge : le linge de maison, comprenant nappes et serviettes, et les *mantas*, dont on recouvrait les bœufs en été pour les protéger de la chaleur. Aujourd'hui, le tissage est mécanisé et on utilise toutes les couleurs de l'arc-en-ciel. Très souvent, le coton a remplacé le lin, et de nouveaux motifs apparaissent, reprenant les autres symboles basques que sont les croix et les virgules. Dans le sud du Pays basque, on peut également se procurer des foulards d'*arrantzale*, en coton blanc et bleu. La laine y est encore employée pour confectionner les *kaikus*, vestes ornées de pompons, ou bien les bérets, à Tolosa en particulier. Leur renommée doit autant aux acteurs et réalisateurs d'Hollywood qui les ont arborés, John Huston, Billy Wilder, Marlène Dietrich ou Rudolph Valentino, qu'à d'autres personnalités comme Wagner ou le Che.

Architecture et habitat

L'habitat de montagne

En moyenne montagne, on rencontre surtout des *bordaldi*, semblables aux granges des Pyrénées. Construites au bord d'une prairie, elles sont composées de deux parties : une *borde*, dotée d'un rez-de-chaussée pour les bêtes et d'un étage pour le foin, et une *olha*, où résident les hommes. Plus haut, dans l'estive, l'habitat traditionnel est le *cayolar* – une cabane bordant un parc et deux enclos. L'un est réservé à la traite, l'autre au regroupement des brebis. Le tout à côté d'une zone de pacage ouverte aux brebis comme aux porcs.

L'habitat rural

Le paysage et l'activité humaine modèlent des habitats à leur image : les hameaux de montagne, appelés quartiers, regroupaient négociants, bourgeois et artisans. La maison basque, ou *etxea*, est très importante dans l'organisation sociale du Pays basque, et son nom désigne plus facilement une famille que le patronyme. Selon les provinces ou régions, on en rencontre différents types, mais toutes sont orientées à l'est, tournant le dos aux vents de l'Atlantique. La maison de type labourdin est celle qui caractérise en général le style basque : une ossature de bois posée sur un soubassement de pierre, qui compense les irrégularités du terrain, avec des murs de torchis blanchis à la chaux. Les pans de bois apparents sont peints de rouge sang de bœuf ou d'une couleur bleu-vert. La toiture, à l'origine symétrique, devient souvent asymétrique à la suite d'un agrandissement. La maison bas-navarraise est plus massive mais aussi plus travaillée : un linteau ouvragé – sur lequel sont indiqués le nom de la famille, la date de construction et parfois le nom du maçon – surmonte la porte d'entrée, elle-même réunie à la fenêtre du haut par un bel encadrement de pierre, en forme de bouteille. On retrouve également de nombreuses pierres du pays, grès roses et rouges, dans les murs d'angle. L'architecture des maisons et *caseros* de Navarre est assez semblable, avec quelques splendides exemples de demeures seigneuriales blasonnées, construites par des Basques exilés au retour des Amériques, au XVIIe siècle, toutes en pierre, très massives. En Biscaye et au Guipúzcoa, les fermes les plus riches sont également en pierre, assez monumentales, quand les plus modestes se contentent de torchis blanchi à la chaux. Plus large et recouverte d'ardoises, et non de tuiles, la maison souletine est adaptée aux rigueurs du climat montagnard : la forte pente du toit à quatre pans a été conçue pour affronter la neige, comme dans le Béarn voisin. Parfois, sur les murs des maisons ou des clôtures, on retrouve de beaux appareillages en galets de rivière.

L'habitat urbain

Les maisons de ville utilisent les mêmes matériaux de construction que les maisons rurales. Côté français, en Labourd, elles sont à colombages, à trois étages en encorbellement. Du bois pour la façade et de la pierre seulement au rez-de-chaussée. Ce premier niveau sert souvent d'entrepôt, de magasin ou d'atelier. En Basse-Navarre, plus riches, elles arborent plutôt du grès rose ou gris. Sur l'arrière, elles s'ouvrent parfois sur une cour, passé un porche d'entrée. En Soule, les maisons sont séparées par des venelles, pour laisser circuler la pluie et la neige, avec des murs en galets et cailloux, parfois blanchis à la chaux. Les balcons, orientés au sud, servent de séchoir. Côté espagnol, les villes du littoral ont bénéficié du talent des architectes de la Belle Époque : les riches armateurs ont financé la construction de nombreux immeubles et villas de pierre, dotés de balcons ouvragés. Pampelune et Vitoria, à l'intérieur des terres, ont conservé quelques beaux édifices anciens.

LES POLITIQUES D'URBANISME Dans les grandes villes, la période franquiste a marqué l'architecture – seule San Sebastián a conservé une certaine harmonie datant de la Belle Époque. Ailleurs, la beauté de plusieurs édifices a été entachée par la construction hâtive d'immeubles gris et tristes, au centre-ville parfois mais surtout dans les faubourgs. Le talent des architectes contemporains s'exprime désormais avec éclat en Euskadi où l'on ose, le musée Guggenheim de Bilbao (1997) signé Franck Gehry en est une démonstration éblouissante. Citons aussi dans ce même élan le Kursaal (1999) à San Sebastián signé Rafael Moneo (p.458) ; le palacio Euskalduna (1999) à Bilbao (p.561), réalisés par les architectes Federico Soriano et Dolores Palacio ; La Alhóndiga, anciens entrepôts revisités par Philippe Starck en 2010, les bâtiments des domaines viticoles Ysios (2001), dessiné par le "pape de l'architecture espagnole" Santiago Calatrava (p.420) ; l'époustouflant musée-hôtel Cité du vin Marqués de Riscal (2006), avec ses volutes d'acier chères à Frank Gehry, dans la province d'Álava (p.420)… sans oublier L'Artium (2002), œuvre de José Luis Catón, surprenant édifice trapézoïdal au cœur de Vitoria-Gasteiz (p.412), ville dont la politique paysagère et de développement durable, a été saluée en 2012 par la distinction européenne Green Capital. Au nord, côté français, le style néo-basque, surtout labourdin, se décline à satiété, préservant les paysages ruraux mais limitant la créativité et l'imaginaire urbain. À noter cependant l'étonnante Cité de l'Océan (2006) à Biarritz conçue par l'architecte américain Steven Holl (p.109), ou moins spectaculaire, mais innovante et bien intégrée dans son environnement, l'extension du siège Européen de QuickSilver (2010) de l'agence bayonnaise Patrick Arotcharen (p.151).

Le style balnéaire basque

Tout au long du XIXe siècle, jusqu'aux années 1930, les architectes ont donné libre cours à leur imagination… tout était permis, des emprunts au style victorien aux exubérances Arts déco, mêlant très librement les styles néomauresque et néoclassique. Biarritz étale au soleil ses villas et hôtels extravagants néobasque et néo-espagnol – mais aussi quelques édifices aux lignes antirégionaliste comme le casino La Pergola (1928) à Saint-Jean-de-Luz, œuvre de l'architecte Mallet-Stevens. C'est le cas tout le long de la côte, jusqu'à San Sebastián. Dans les années 1920, les architectes empruntent également au style rural – labourdin mais aussi navarrais – ses lignes principales qu'ils adaptent aux contraintes et modes de leur décennie. Le ciment remplace le bois en façade, mais il est peint de sorte que l'on s'y méprenne. De faux blasons sont reproduits, à la manière de ce que l'on trouve dans les maisons nobles espagnoles, avec une profusion de ferronneries et de toits débordants.

Religion

Les chemins de Saint-Jacques

Tous les itinéraires du plus grand pèlerinage chrétien d'Occident se rejoignent au Pays basque, à Puente La Reina très exactement, avant de poursuivre vers Burgos et, ultime étape, Saint-Jacques-de-Compostelle. Depuis le Moyen Âge, les fidèles de France, d'Allemagne, de Pologne, de Hongrie ou encore d'Italie déferlent par centaines de milliers pour se recueillir sur le présumé tombeau de Saint Jacques, l'un des douze apôtres, à qui fut attribuée l'évangélisation de l'Espagne. Quelques siècles plus tard, le monde chrétien se défend contre l'invasion arabo-musulmane et a besoin de renforcer son identité. Au IXe siècle, on reconnait la sépulture de l'apôtre dans le village de Compostelle. Très vite, une église est bâtie, qui devient cathédrale, et les premiers pèlerins font le voyage. Au XIIe siècle, le *Liber Sancti Jacobi* comporte une partie intitulée "*Guide du pèlerin*", rédigée par un certain Aimery Picaud de Parthenay. La dévotion se développe, soutenue par toute la chrétienté, des ordres monastiques aux rois, princes et chevaliers. Du XIIe au XVe siècle, le pèlerinage connaît son apogée et tout au long de la route sont érigés églises, chapelles, autels – mais aussi des gîtes d'étape pour les pèlerins, pour les plus modestes comme pour les plus aisés, et parfois même des villes nouvelles. On distingue quatre voies principales à travers la France : la *via Turonensis* partant de Tours, la *via Lemovicensis* de Vézelay et la *via Podiensis* du Puy-en-Velay se rejoignent peu après Saint-Palais ; la quatrième, la *via Tolosana*, au départ d'Arles gagne Puente La Reina par le col du Somport, cf. Les chemins vers Saint-Jacques-de-Compostelle (p.218).

L'architecture religieuse

Aux premiers temps du Moyen Âge, l'architecture religieuse du Pays basque est influencée à la fois par le style arabe, au sud – stucs ouvragés, coupoles à nervures et arc en fer à cheval – et par les styles aquitain ou languedocien, au nord. L'art roman ne prend son véritable essor qu'avec le développement du pèlerinage de Compostelle – sous le règne de Sanche le Grand en Navarre en particulier, à Sangüesa, Olite et Pampelune. Des maçons et sculpteurs de l'Europe entière impriment leurs styles, leurs motifs et leurs techniques, et les premières voûtes de pierre remplacent les charpentes en bois tandis que pein-

PANORAMA

tures et sculptures viennent orner plafonds, murs, chapiteaux et portails de la région. À la fin du XIIIe siècle, l'influence de l'ordre de Cluny décline au profit de celui de Cîteaux, les lignes s'épurent, la lumière entre par de nombreuses fenêtres et les voûtes s'élèvent, afin de mieux amplifier le chant des moines. L'ère du gothique s'annonce, à Bayonne tout d'abord, pour sa cathédrale, puis à Pampelune et Roncevaux. Quelques châteaux de Navarre et de Biscaye relèvent de ce style qui affiche une plus grande élégance, mais ils restent massifs et robustes, conçus pour la défense. Au XVe siècle, la Renaissance s'incarne dans les courbes et les coupoles, les colonnes, frontons et volutes. La Contre-Réforme encourage le baroque face à la rigueur protestante et l'on voit apparaître une foison de décors et d'ornements, de dorures, dont quelques splendides retables. En général, le plan et les volumes des églises du Pays basque sont relativement simples : une nef unique, rectangulaire et sans transepts ni bas-côtés, avec un chevet carré, en demi-cercle ou à pans coupés, orienté à l'est. En face, à l'ouest, un mur protège la façade principale et le portail d'entrée, généralement surmonté d'un porche ou d'une tour-clocher. À l'intérieur, des galeries en bois ont été rajoutées à partir du XVIe siècle, afin de gagner de la place et de permettre d'accueillir tous les fidèles.

Les stèles funéraires

Ces disques de pierre dressés sur des socles sont orientés vers le lever du soleil. Les stèles en portent d'ailleurs souvent le symbole. Ces stèles allient le cercle et le carré, symbole du ciel et de la terre, le point central du disque, vide ou intersection, comme expression de l'indicible d'où se propage le rayonnement. Des dalles s'y apparentant ont été retrouvées dans la province de l'Álava datant de 2 500 avant notre ère, mais c'est à partir du XVIe siècle qu'elles sont ulisées, concurrencées à partir du XVIIIe siècle par les croix de pierre, avant de connaître un regain de popularité à l'époque contemporaine. La plupart des cimetières de village recèlent de somptueux exemples et on peut visiter à Larceveau le remarquable centre d'interprétation des stèles discoïdales et de l'art funéraire basque (p.214).

La mythologie basque

La mythologie basque n'a pas survécu à la christianisation, et sa faible connaissance est principalement basée sur l'analyse des légendes. La christianisation semblerait dater du IVe siècle, mais uniquement dans les centres urbains, et le catholicisme cohabitera alors avec les croyances païennes jusqu'au Xe siècle. Au centre du panthéon basque figure Mari, christianisation probable du vocable basque *amari* ("ce qui est de la mère"). Les légendes sont ambigües à son sujet, lui attribuant aussi bien tempêtes que secours, féminité et androgynie. Les sorginak, sorciers(es) ou prêtres(ses), l'assistent. Son union avec Sugaar ou Maju, déité mâle, provoque les orages. Mari vit dans les grottes, comme la plupart des figures mythologiques basques. L'autre personnage récurrent des légendes est le lamina, ou lamia au sud, génie infatigable agissant le plus souvent en bande, indifféremment masculin ou féminin, tantôt retors, tantôt serviable. Punissant le menteur, il peut tout aussi bien se jouer des hommes, mais semble bienveillant au pauvre. Plus effrayant est Basajun, seigneur de la forêt, sorte de yéti de la montagne basque qu'il ne faut surtout pas déranger. Serait-ce un anthropomorphisme de l'ours ? D'une manière générale, les mythes basques sont attachés aux forces de la nature, mais ne livrent pas de cosmogonie. Du moins ce qu'il en reste.

Littérature

Les prémices

Les premiers écrits en langue basque apparaissent à la fin du Moyen Âge, au tournant des XIVe et XVe siècles. Ces chants de guerre civile racontent les batailles et les faits d'armes de l'époque, les luttes de Gramont contre Beaumont. Le plus beau d'entre eux est sans conteste la *Chanson de Bereterretche*. Au même moment voient le jour les *eresiak*, sortes de complaintes à plusieurs voix de femmes, conçues pour les mariages le plus souvent. La pastorale souletine est un genre qui se développe autour de 1450 : apparentée aux mystères de l'Europe rurale de cette période, ses représentations en plein air connaissent, aujourd'hui encore, un grand succès populaire. Le premier livre entièrement rédigé en basque est imprimé au XVIe siècle : c'est le grand poème de Bernard Dechepare – Bernat Echeparecoa – en hommage à sa langue : *Prémices de la langue des Basques.* À peu près en même temps, Jeanne d'Albret (mère du futur Henri IV) commande au Labourdin Lissarrague une traduction du Nouveau Testament en basque qui paraît en 1571. Dans les années qui suivent se développe autour de Ciboure et de Sare un groupe d'humanistes éclairés, parmi lesquels on remarque Joanes Etcheberri pour ses poèmes sacrés, ainsi qu'un certain Gasteluzar. En 1643, l'un des chefs-d'œuvre de la littérature basque s'impose : *Guero (Après)* d'Axular, ouvrage

PANORAMA

Le regard des écrivains voyageurs

De tout temps, le Pays basque a attiré les écrivains. Victor Hugo, en route vers l'Espagne avec Juliette Drouet, en 1843, relate ses impressions premières et note que les Basques sont unis par une “mystérieuse chimie selon laquelle se fait et se défait l'humanité”. Pierre Loti, nommé en 1891 à Hendaye commandant de la canonnière *Le Javelot*, s'éprend du pays plus que de raison, au point de courir la montagne avec les contrebandiers, porter le béret et jouer à la pelote, jusqu'à tomber amoureux d'une jeune Basque. *Ramuntcho*, écrit en 1897, atteste ce voyage. Le poète et romancier Francis Jammes, ami de Mallarmé et d'André Gide, ne cessa de rendre hommage à sa terre natale, entre Pays basque et Béarn, dans son *Mariage basque* en particulier, publié en 1926, alors qu'il vivait à Hasparren. Pierre Benoît, installé à Ciboure à la fin de sa vie, composa un tableau de son pays d'élection, intitulé sobrement *Le Pays basque*, et publié en 1954. Roland Barthes, enfin, natif de Bayonne, évoque ses souvenirs d'enfance dans quelques passages de son autobiographie, *Roland Barthes par Roland Barthes*, parue en 1975.

typiquement Renaissance par ses références au monde antique, mais aussi très populaire par sa connaissance de l'homme et du terroir basque.

Les temps modernes

Au Guipúzcoa et en Biscaye, au XVIIIe siècle, les ouvrages de grammaire et de rhétorique – de Larramendi, Lizarraga et Mendiburu – engendrent un renouveau littéraire. Au XIXe siècle se développe une profusion des genres, poésies, fables, textes folkloriques, comme le *Peru Abarka* de Moguel, en Biscaye, influencé par la venue de Humboldt et son travail sur les civilisations primitives. Au moment des guerres carlistes circulent de nombreux ouvrages patriotiques, mais aussi des journaux, des essais historiques et politiques, quelques romans et des poèmes, encore, dont les auteurs s'appellent Etchaun, Vilinch, Ellisamburu et Iparraguirre. Des revues apparaissent : *Euskal-Herria* à San Sebastián, *Eskualduna* au Labourd, et *Askue* à Bilbao, qui ont un certain rayonnement.

Le XXe siècle

En 1919 est fondée l'Académie de la langue basque, *Euskaltzaindia,* renforçant le sentiment d'appartenance à une même communauté. Ce qui vaudra à certains d'être fusillés par les franquistes, quinze ans plus tard, comme l'animateur de la revue *Yakinta*, José de Ariztimuño, dit Aitzol, éliminé en même temps que 118 prêtres basques. On distingue notamment José Maria de Aguirre, plus connu sous le nom de Lizardi, célèbre pour son chef-d'œuvre, *Biotz begetian* (*Aux yeux du cœur*), ainsi qu'un certain Urquiaga, au nom de plume Lauaxeta, auteur de *Bide barrijak* (*Chemins nouveaux*) et *Arrats beran* (*Au crépuscule*). Pío Baroja, natif de San Sebastián, a écrit un roman sur la période des guerres carlistes, *Zalacain l'aventurier*, publié en 1909. La campagne et les ports de pêche sont évoqués dans les œuvres de Domingo de Aguirre – *Kresala* (*Eau de mer*) et *Garoa* (*Fougère*). Orixe, au milieu du siècle, alors qu'il était en exil, a brossé un tableau éloquent de son peuple dans *Euskaldunak* (*Les Basques*). Jon Mirande, Basque né à Paris, incarne la nouvelle génération dans les années 1960, rapidement suivi par Bernardo Atxaga. Né en 1951 près de San Sebastián, ce dernier est bien accueilli par la presse comme par le public.

Peinture

Les premières représentations du Pays basque qui nous soient connues sont les grands tableaux de Joseph Vernet. Chargé d'immortaliser les ports de France, le peintre de cour séjourne à Bayonne en 1759-1760 et en livre deux vues, précieux témoignages sur cette époque. Moins pittoresque et plus proche de la nature, la vision des peintres de la seconde moitié du XIXe siècle s'apparente à celle de l'école de Barbizon. Julien Valette, Lucien Jouin et Léon Bonnat parviennent à capter les nuances subtiles d'un bleu qui ici ne finit jamais.

Gernika

Doit-on encore présenter ce célébrissime tableau de Picasso, commandé par le gouvernement républicain espagnol en 1937 et baptisé du nom de la petite ville basque, après son effroyable bombardement ? Corps disloqués, détresse expressionniste des visages, dans un espace à plans triangulaires, propre au cubisme. Le taureau y symbolise la brutalité aveugle, le cheval représente le peuple, et la colombe blessée, la liberté. Dans cette œuvre éminemment forte, bouleversante, aux teintes crépusculaires, Picasso dit exprimer son "horreur de la caste militaire qui a fait sombrer l'Espagne dans un océan de douleur et de mort". Après avoir été longtemps exposé au Museum of Modern Art de New York, il est conservé depuis 1981 à Madrid.

Gastronomie et boissons

Les produits phares

Sur la côte, le poisson est roi : thon rouge (l'espèce étant menacée, sa pêche est désormais sous haute surveillance) ou blanc, sardine, anchois, mais aussi daurade, sole, merlu. Sur les étals, vous trouverez aussi de petits encornets, les chipirons, et quelques palourdes, les seuls coquillages de la région. Dans l'arrière-pays : le fromage de brebis, l'ossau-iraty côté français, se déguste avec de la pâte de coing ou de la confiture de cerise noire – un régal ! – tout comme l'idiazabal, côté espagnol, meilleur que son cousin, le roncal. Autre vedette : l'incontournable jambon de Bayonne. Attention, il n'est pas toujours issus de porc basque, parfois seul son affinage a été effectué dans la région. À moins qu'il ne soit Ibaïona ou Kintoa. Côté espagnol, goûtez aux ibericos, dont le jabugo issu de porc nourri aux châtaignes et aux glands, ou le serrano de Teruel. Les charcuteries, lorsqu'elles sont artisanales, sont succulentes : plus d'un gourmand se damnerait pour une petite saucisse de foie, un *chichon* (rillon fondant) et quelques tranches de ventrèche (une délicate poitrine fumée, relevée de piment). Les champignons sont aussi à l'honneur, surtout les cèpes. Enfin, le piment, d'Espelette ou des environs, emblème incontournable du Pays basque nord, est utilisé haché ou en purée, en condiment. Au sud, ne manquez pas les *padrones*, ou encore mieux quand ils sont de Guernika, piments verts servis frits. Sans oublier les douceurs traditionnelles : le chocolat amer de Bayonne, San Sebastián et Tolosa, mais surtout les macarons et les *muxu*, des biscuits et pâtisseries à base de pâte d'amandes ou de pignons. Et vous ne repartirez pas sans votre gâteau basque à la crème d'amande ou à la cerise noire d'Itxassou.

LES *PINTXOS*
À l'apéritif, on picore cette variante locale des tapas, généralement plus travaillés. Poulpe, gambas, chipirons grillés parmi bien d'autres *banderillas*, petites brochettes succulentes, tartine de foie gras aux mille condiments ou compotées, croquettes et tempura ter ou mer... De nombreux concours locaux ou régionaux sont organisés démontrant la vitalité créative de cette mini-cuisine, hélas encore peu représentée au Pays basque nord.

Les spécialités

Évoquons en premier lieu la piperade, savoureuse compotée de tomates, poivrons, ail et oignons, qui accompagne maints poissons et viandes, tel le

PANORAMA

thon et l'agneau grillés, ou encore le poulet, qui devient alors "basquaise", et la **morue** mijotée, dite "à la biscayenne". On y ajoute parfois quelques tranches de jambon et des œufs brouillés pour en faire un plat complet. La morue se rencontre aussi *al pil pil*, émulsion à l'ail et piment. Les *kokotxas*, parties fines de leur menton, sont un mets de choix. Le merlu de ligne simplement grillé est succulent. À la *koxkera*, il est passé à la poêle dans l'huile d'olive avec une poignée de légumes frais, accompagné de palourdes et d'œuf. Les chipirons sont à la plancha ou mijotés dans leur encre. Plat traditionnel des jours de foire, l'**axoa** de veau, au piment d'Espelette, est un plat familial apprécié. Le marmitako, ragoût de thon et de pommes de terre, se consomme sur la côte, surtout entre Bermeo et Lekeitio. Le **ttoro**, soupe de poisson typique des environs de Saint-Jean-de-Luz, était cuisiné avec des têtes de morue puis du merlu, épaissi de pommes de terre. Le **txanguro**, araignée de mer farcie et cuite au four, est apprécié à Azpeitia et sur la côte du Guipúzcoa et de Biscaye. Enfin à Noël, on se régale de civelles, ou pibales, servies en cassolette avec de l'ail et du piment.

Les vins

Le Pays basque dispose de plusieurs vignobles. Celui d'Irouléguy, côté français, produit d'excellents vins. Si ses 240ha en font l'un des plus petits vignobles français, il a traversé les siècles : les premiers pieds de vigne furent plantés par les moines de Roncevaux, au XIe siècle, sur des terrasses escarpées, qui demeurent difficiles à travailler. À l'époque, la production était destinée aux pèlerins en route pour Saint-Jacques, mais aujourd'hui l'irouléguy se vend aussi à Paris. Récoltés à la main, les raisins entrant dans la composition des vins rouges ou rosés sont issus de cépages bordelais – tannat, cabernet franc et sauvignon. Les blancs sont assemblés à partir de cépages locaux : courbu et manseng. Côté espagnol, autour de Getaria et de Bakio, entre Guipúzcoa et Biscaye, on produit un vin blanc sec et légèrement perlé surprenant, le txakoli. Ce tout petit terroir (80ha) est planté du cépage curixketu, travaillé à la main et de façon traditionnelle. Mais les vins de renom de la région sont incontestablement ceux de la Rioja – la Rioja Alavesa, en Álava, pour la partie basque, sur quelque 8 000ha autour de Labastida, en particulier. Dans ces rouges très tanniques, le cépage tempranillo est majoritaire. Pour mieux protéger les baies du soleil et de la chaleur, les pieds de vigne sont taillés en godet, non palissés, pour rester assez touffus. Le Navarra, enfin, est le plus grand vignoble (17 000ha) et la qualité de ses vins, notamment des rosés élaborés à base de grenache, progresse sûrement, même si elle n'a pas encore atteint celle de ses voisins.

Le cidre

Jadis répandues dans tout le Pays basque, les cidreries font aujourd'hui la réputation du Guipúzcoa, en hiver surtout, quand on y déguste le cidre tout frais tiré du tonneau, à la *kupela*. Son goût varie selon les pommes : récoltées une fois tombées à terre, elles peuvent être plus ou moins acidulées ou sucrées. Les cidreries offrent également de quoi se sustenter – certaines sont devenues de véritables restaurants où l'on se presse le soir en fin de semaine.

Enfants du pays

JUAN SEBASTIÁN ELCANO (1487-1526) Tout jeune, il navigue sur des bateaux de pêche à Getaria, puis s'embarque au long cours en 1509, vers la Méditerranée. En 1519, il fait route avec Magellan pour les Indes orientales, et à la mort de celui-ci en 1521 aux Philippines, il prend la tête de l'expédition jusqu'au cap de Bonne-Espérance. Juan Sebastián Elcano revient en 1522 en Espagne, après avoir réalisé un tour du monde complet.

IGNACIO DE LOYOLA (1491-1556) L'homme d'Église voit le jour dans l'une des belles demeures fortifiées du Guipúzcoa, à Azpeitia, au sein d'une famille noble. Blessé lors du siège de Pampelune, il revient dans la demeure familiale pour une longue convalescence au cours de laquelle il fait une expérience spirituelle déterminante. Après quelques mois de retraite et un pèlerinage à Jérusalem, il consacre sa vie à l'évangélisation. Avec ses premiers disciples, il fonde la Compagnie de Jésus – une histoire que l'on parcourt pas à pas dans le sanctuaire aménagé en son honneur, à Azpeitia.

JEANNE D'ALBRET (1528-1572) Fille du roi de Navarre Henri d'Albret et de Marguerite d'Angoulême (la sœur de François Ier), elle fut à son tour reine de Navarre, de 1555 à 1572, mariée un temps au duc de Clèves puis à Antoine de Bourbon, dont elle aura un fils, le futur Henri IV. Farouche calviniste et, comme sa mère, grande amie des lettres, elle encourage la traduction du Nouveau Testament en basque, en 1571, par un Labourdin : Lissarrague, l'un des premiers grands écrivains basques avec Dechepare et Axular, tous trois hommes d'Église.

LÉON BONNAT (1833-1922) Le musée des Beaux-arts de Bayonne, sa ville natale, porte son nom. Ce peintre doit sa notoriété aux portraits de Thiers, Jules Ferry, Mme Léopold Stern et Victor Hugo. Grand collectionneur, il rassembla des dessins et peintures du monde entier.

FRANCIS JAMMES (1868-1938) Le poète passe une grande partie de son enfance à Pau, puis après quelques années consacrées à sillonner le monde, vient finir sa vie à Hasparren. Il y reçoit François Mauriac, Roger Martin du Gard et Paul Valéry, dans sa maison d'Eyhartzea.

PÍO BAROJA (1872-1956) Écrivain parmi les plus marquants du début du XXe siècle, il a mis en scène la vie des Basques et des Espagnols et s'est attaché à décrire l'existence des exclus. Dans *Zalacain l'aventurier* (1909), il aborde l'épisode tourmenté des guerres carlistes. Il n'est pas une ville basque qui n'ait une rue à son nom aujourd'hui…

MAURICE RAVEL (1875-1937) Parti jeune de Ciboure, le compositeur n'a cessé de revenir dans son pays natal. On ne présente plus ce créateur, auquel trois œuvres assurèrent une renommée mondiale : le *Boléro* (1928), le *Concerto en sol* et le *Concerto pour la main gauche* (1931). Il fut l'ami de Satie, Larbaud, Diaghilev et Stravinski.

JOSEPH APESTEGUY (1881-1950) Dit “Chiquito de Cambo”, le joueur de pelote le plus célèbre du Pays basque d’avant-guerre, acclamé par les plus grands : Edouard VII d’Angleterre comptait parmi ses plus fervents supporters.

RAMIRO ARRUE (1892-1971) Peintre figuratif, il a célébré l’amour de son pays natal, le culte de la terre, des travaux agricoles, de la mer. Le Musée basque de Bayonne (p.80) conserve quelques peintures et œuvres graphiques.

CRISTÓBAL BALENCIAGA (1895-1972) C’est sur les quais de Getaria, sa ville natale, que, enfant déjà, il rêve de robes pour parer les femmes. Personnalité austère et énigmatique, dotée d’un immense talent, il devient l’un des grands de la haute couture du xxe siècle.

JORGE OTEIZA (1908-2003) Né en 1908 à Orio, ce grand sculpteur basque, poète mystique, fut pendant un temps proche de Chillida, avant de s’en éloigner. Les œuvres des deux artistes sont pourtant souvent réunies, dans les musées, au fil des places et des rues du pays.

LUIS MARIANO (1914-1970) Arcangues, petit village du Labourd où est enterré Luis Mariano, conserve une splendide statue du chanteur, œuvre de Paul Belmondo.

ROLAND BARTHES (1915-1980) C’est à Bayonne que l’écrivain passe ses dix premières années. Dans son autobiographie *Roland Barthes par Roland Barthes*, éditée en 1975, il évoque les différentes atmosphères de cette ville à travers ses odeurs : la corde des sandaliers, la cire des vieux bois, l’huile espagnole et quelques effluves de chocolat…

PEPITA EMBIL (1918-1993) Mère du célèbre ténor Placido Domingo, née à Getaria, elle commence par des cours de chant à San Sebastián, puis débute sa carrière au théâtre Liceo de Barcelone. Grande vedette lyrique espagnole, elle épouse le baryton Placido Domingo père avec qui elle s’installe au Mexique. Ils y créent leur propre compagnie lyrique et y élèvent leurs enfants.

EDUARDO CHILLIDA (1924-2002) Sculpteur philosophe, épris de lumière, de formes, créateur selon Bachelard d’un “cosmos de fer”, il naît à San Sebastián où il passe une grande partie de sa vie. Il revient en 1951 à Hernani dans sa splendide propriété, dotée d’un jardin immense dans lequel ses plus belles œuvres sont rassemblées. Cce jardin-musée a fermé ses portes en 2010, en raison de problèmes financiers, et pour admirer les sculptures de Chillida, il faut désormais sillonner le Pays basque, de la baie de la Concha au jardin de Gernika…

GABRIEL ARESTI (1933-1975) Poète engagé, à la tête du mouvement de renaissance de la littérature basque d’après-guerre. Il prit le relais de Jon Miranda pour faire revivre la poésie basque, mais mourut prématurément, entrant dans la légende.

GEOPRATIQUE

INFORMATIONS UTILES DE A À Z

ALLER AU PAYS BASQUE EN AVION

Air France et Brussels Airlines assurent des vols réguliers et directs entre Paris, Genève ou Bruxelles et Bilbao ou Biarritz. Certaines compagnies low cost assurent des liaisons directes en haute saison. À partir du Canada, il faut transiter par Paris, Francfort, Munich ou Barcelone.

de France

Air France Quatre vols/j. de Paris-Roissy-CDG à Bilbao (durée 1h35, billet AR à partir de 304€). De Paris, 6 vols/j. (4 le samedi) à destination de Biarritz (1h15, billet AR à partir de 133€). Pour Biarritz, départs possibles de Lyon, Marseille et Nice. *49, av. de l'Opéra 75002* ***Paris*** *Tél. 3654 www.airfrance.fr*
Hop ! Lancée en mars 2013, cette filiale du groupe Air France spécialisée dans les vols inter-régionaux programme des liaisons saisonnières vers l'aéroport de Biarritz au départ de nombreux aéroports régionaux, de Genève et de Bruxelles. Tarifs compétitifs. *Tél. 0825 30 22 22 (0,15€/min) ou 09 72 72 22 22 (assistance en ligne) www.hop.fr*
EasyJet Cette compagnie low cost assure 2 liaisons quotidiennes en semaine et le dimanche entre Paris (Roissy-CDG) et Biarritz, AR à partir de 102€. Tarifs et promotions sur Internet. *www.easyjet.com*

de Belgique

SN Brussels Airlines La compagnie belge propose 2 vols/j. (1/j. le week-end entre Bruxelles et Bilbao. Comptez 2h de vol et à partir de 560€ le billet AR. *www.brusselsairlines.com* ***France*** *Aéroport CDG Terminal 1 Roissy-en-France Tél. 0892 64 00 30* ***Belgique*** *Aéroport Bruxelles Ringbaan, 26 Zaventem Tél. 09 025 16 00*

Ryanair Cette compagnie low cost assure d'avril à octobre deux vols par semaine pour Biarritz au départ de Bruxelles (Charleroi). Billet AR à partir de 29€. Tarifs et promotions sur Internet. ***Belgique*** *Tél. 08 92 56 21 50 www.ryanair.com*

de Suisse

Air France Le week-end, 1 vol direct Genève-Biarritz. À partir de 337€ (env. 415CHF) le billet AR. *Comptoir de vente dans l'aéroport de Genève Tél. 022 848 74 71 00 www.airfrance.ch*
Darwin Airline Cette compagnie low cost propose des vols Genève-Biarritz en haute saison, à partir de 170 CHF le billet AR. *Tél. 091 208 70 80 www.darwinairline.com*

du Canada

Air Canada La compagnie propose des vols (1 ou 2/j.) directs Montréal-Paris (AR à partir de 710$ CAD). Correspondance ensuite avec Air France, Iberia ou une compagnie low cost. Également des vols pour Montréal-Bilbao (1049$ CAD) via Toronto. *www.aircanada.com* ***France*** *Aéroport Charles-de-Gaulle Terminal 2A porte 5 Roissy-en-France Tél. 0825 880 881* ***Espagne*** *Av. de Concha-Espina, 65 Madrid Tél. 914 58 55 71* ***Canada*** *Comptoir de vente dans les aéroports de Montréal et de Toronto Tél. 1 888 247 2262*
Air France *2000, rue Manfield* ***Montréal Québec*** *Aéroport international de Toronto Pearson Terminal international - T3* ***Toronto Ontario*** *Tél. (1) 800 667 2747 www.airfrance.ca*

mesures de sécurité pour le bagage de cabine

Rappelons que, lorsqu'ils passent aux points de contrôle de sécurité des aéroports européens et canadiens,

Et si on partait quelques jours ?
SmartCITY
LA CAPITALE "SO BRITISH" EN SAVOIR PLUS
WEEK-END À
Londres
guides Gallimard
Accueil
Top 20
Quartiers
Adresses
Pratique
e-mail + text + phone
© Samott/Fotolia.com
SmartCITY Le guide week-end interactif
Une sélection de bonnes adresses géolocalisées, les activités, les visites et toutes les informations pratiques pour réussir son voyage.
Paris
Londres
New York
Rome
Barcelone
Venise
Berlin
Lisbonne
Bruxelles
Budapest
20 destinations disponibles sur l'App Store
2,69 €
... Amsterdam, Dublin, Florence, Istanbul, Madrid, Montréal, Prague, San Francisco, Stockholm, Vienne.
guides Gallimard

les voyageurs peuvent avoir en leur possession des produits liquides (gels, pâtes, lotions, contenu des récipients à pression, dentifrice, gel capillaire, boissons, potages, sirops, parfums, mousse à raser, aérosols...) à condition que les contenants ne dépassent pas, chacun, 100ml ou 100g, et qu'ils soient regroupés dans un sac en plastique transparent à fermeture par pression et glissière, bien scellé, d'une capacité maximale de 1l (environ 20cmx20cm). Les articles ne doivent pas remplir le sac à pleine capacité ni en étirer les parois. Un seul sac est permis par personne. Les aliments pour bébé et le lait, quand les passagers voyagent avec un enfant de deux ans ou moins, de même que les médicaments vendus sur ordonnance et les médicaments essentiels en vente libre ne sont pas soumis à ces restrictions. Nous vous conseillons donc de placer dans vos bagages de soute, avant l'enregistrement, tous les produits liquides dont vous n'aurez pas besoin en cabine.

ALLER AU PAYS BASQUE EN TRAIN

de France

Des TGV quittent plusieurs fois par jours la gare Paris-Montparnasse pour Irún (5h50 de trajet, AR à partir de 106€), via Bayonne, Biarritz et Hendaye. Dans l'autre sens, départ d'Hendaye. Un train de nuit relie Paris à Irún et un autotrain Paris à Biarritz tlj. en été et 3 fois/sem. en hiver. Également un départ hebdomadaire de Metz et Strasbourg en été. Le Trainhôtel Elipsos relie Paris à plusieurs villes d'Espagne, dont Vitoria-Gasteiz (8h30 de trajet et AS env. 173€ en siège inclinable). **SNCF** *Tél. 3635 www.voyages-sncf.com www.elipsos.com*

de Belgique

Pas de train direct pour le Pays basque, il faut emprunter la ligne Bruxelles-Paris (Thalys, 1h25) et prendre ensuite une correspondance. *Tél. 02 528 28 28 ou 070 79 79 79 www.b-rail.be www.thalys.com*

de Suisse

Un train de nuit (tlj. en été) fait la liaison Genève-Biarritz (départ 17h42, arrivée 8h18) et Genève-Hendaye (départ 17h42, arrivée 8h43) via Paris-Austerlitz. Couchette AS à partir de 205CHF. **CFF** *Tél. 0900 300 300 www.cff.ch*

InterRail

Les compagnies de chemins de fer de trente pays se sont unies pour proposer deux pass, Global Pass et One Country Pass, permettant de voyager en 1re ou en 2e classe sans limite de trajets hors de votre pays. *www.interrail.eu (Rens.)*

ALLER AU PAYS BASQUE EN CAR

de France

Eurolines La compagnie de cars propose des liaisons régulières entre de nombreuses villes françaises et Bilbao, Irún, San Sebastián, Pampelune et Vitoria, en Espagne. Paris-Bilbao : env. 11h30 de trajet et à partir de 122€ AR. *Gare routière internationale Paris Gallieni 28, av. du Général-de-Gaulle 313* ***Bagnolet*** *Tél. 0892 89 90 91 www.eurolines.fr*

de Belgique

Liaisons régulières entre Bruxelles et Bilbao, via San Sebastián : 16h30 de

trajet et à partir de 131€ AR. *Coach Station CCN Rue du Progrès, 80* **Bruxelles** *Tél. 02 274 13 50 www.eurolines.be*

de Suisse

Trois bus par semaine effectuent la liaison Genève-Bilbao : env. 15h et à partir de 237CHF AR. *Alsa + Eggmann Rue du Mont-Blanc, 14* **Genève** *Tél. 022 716 91 10 (agence Genève) www.eurolines.ch*

pass, réductions et promotions

Le pass Eurolines permet de voyager entre 51 villes européennes. Pass à 215€ (15 j.) et 320€ (30j.) en basse saison. Réduction de 10% pour les moins de 26 ans, et promotions ponctuelles. *www.eurolines-pass.com*

ALLER AU PAYS BASQUE EN VOITURE

de France

De Paris, suivre l'autoroute "Aquitaine" (A10) jusqu'à Bordeaux. Prendre ensuite la direction de Bayonne (A63 et RD810), puis l'A8 pour San Sebastián ou Bilbao. Prévoir environ 60€ de péage. Paris-Bayonne : 770km. De Lyon, suivre l'axe autoroutier Saint-Étienne-Clermont-Ferrand-Bordeaux pour rejoindre l'A63 et l'A8. Lyon-Bayonne : 734km. De Marseille, suivre l'A54 jusqu'à Nîmes puis l'A9 avant de bifurquer après Narbonne sur l'A61. À partir de Toulouse, suivre l'A64 vers Pau et Bayonne. Marseille-Bayonne : 700km.

de Belgique

De Bruxelles, prendre la direction de Namur (E19), puis celle de Paris par l'autoroute A2 et l'autoroute du Nord (A1), puis suivre l'itinéraire ci-avant "de France". Pour ce trajet Bruxelles-Bayonne, comptez env. 1 070km et env. 75€ de péage.

de Suisse

De Genève, rejoindre Lyon (A40 et A42), puis Clermont-Ferrand (A6 et A72) pour prendre ensuite l'A89 direction Bordeaux. À proximité de Bordeaux, prendre l'A63 puis l'A8. Comptez env. 930km et 77€ de péage.

formalités

Pour circuler dans l'Union européenne, munissez-vous des papiers du véhicule, de votre assurance de responsabilité civile, de votre permis de conduire et d'une carte d'identité nationale ou d'un passeport.

ASSURANCES

En cas de séjour en Euskadi ou en Navarre, vérifiez avant de partir quels sont les frais engagés à l'étranger que votre compagnie d'assurance et votre mutuelle de santé prennent en charge. Pour une couverture médicale de base, procurez-vous auprès de votre caisse de Sécurité sociale (au moins deux semaines avant le départ) la carte européenne d'assurance maladie (CEAM) : elle vous permet de bénéficier de soins gratuits dans les services de santé et hôpitaux publics. Les cartes bancaires prévoient une assistance médicale à l'étranger plus complète (mais avec une franchise) ainsi que le rapatriement médical – renseignez-vous à votre banque avant de souscrire une éventuelle assurance complémentaire.

Europ Assistance *Tél. 01 41 85 93 65 www.europ-assistance.fr*

Mondial Assistance *Tél. 01 42 99 82 81 www.mondial-assistance.fr*

PANNES OU ACCIDENTS DE VOITURE Les contrats d'assurance automobile comprennent un service d'assistance en cas de panne ou d'accident : frais de remorquage, rapatriement et/ou hébergement des passagers si le véhicule est immobilisé, location d'un véhicule de remplacement.

SPORTS À RISQUES Ils sont rarement couverts par les mutuelles classiques. Il faut alors souscrire une assurance spéciale, ou bien pratiquer ces activités dans le cadre d'un club, qui assure en général ses adhérents.

perte et vol

CARTE BANCAIRE Quelle que soit la carte, appelez le 0892 705 705 (7j./7, 24h/24). N'oubliez pas de déclarer le vol auprès des autorités locales.

Annulation CB Visa en Espagne *Tél. 900 99 11 24*

CHÉQUIER
Contactez immédiatement votre banque pour faire opposition. Vous pouvez en plus déclarer le vol de vos chèques au Centre national d'appel des chèques perdus ou volés (7j./7, 24h/24). *Tél. 0892 68 32 08*

TÉLÉPHONE PORTABLE Pensez à noter le numéro d'identification IMEI de votre appareil (il s'affiche quand vous composez le *#06# sur votre clavier) : il permet de bloquer votre téléphone et vous sera demandé lors de toute déclaration à la police ou à la gendarmerie. Pour suspendre la ligne, contactez votre opérateur.

BUDGET ET SAISONS TOURISTIQUES

budget

Vous vous apercevrez très vite que, dans l'hôtellerie comme dans la restauration, les prix baissent à mesure que l'on s'éloigne du littoral. En haute saison, il vous sera pratiquement impossible de séjourner à proximité des plages si vous n'avez pas réservé, même en camping. Dans l'arrière-pays (Álava, Basse-Navarre, Soule et Navarre), où l'offre hôtelière est plus limitée et moins onéreuse que sur le littoral, gîtes et campings ruraux constituent une alternative abordable pour un séjour en famille. Pour dormir, vous débourserez en moyenne de 20€ (2 pers. en camping) à 60€ la nuit (pour une chambre double confortable). Au restaurant, les menus les moins chers coûtent environ 15€, mais on peut trouver de bonnes formules déjeuner à 10€. À la carte, tablez plutôt sur 30€ minimum le repas dans un bon établissement. Enfin, un déjeuner rapide (salade gourmande ou omelette aux cèpes) vous coûtera de 8 à 12€, cf. Hébergement (p.52) et cf. Restauration (p.57).

saisons touristiques

Les hôteliers observent habituellement trois saisons tarifaires : une basse saison de décembre à mai, une moyenne saison en juin-début juillet et septembre, une haute saison lors du pic d'affluence à partir de mi-juillet jusqu'à fin août. Ce calendrier varie un peu en fonction des vacances scolaires, des jours fériés et des attractions touristiques de chaque endroit. Ainsi, les prix augmentent en hiver à Iraty (pistes de ski de fond et randonnées en raquette) et pour la saison de la chasse à la palombe dans l'arrière-pays : hôtels et restaurants à proximité des cols de chasse affichent très vite complet.

gamme de prix

Sauf mention contraire, nos prix s'entendent en haute saison, sur la base d'une chambre double standard avec salle de bains, sans le petit déjeuner ni la taxe de séjour (fixée par la commune, elle est généralement comprise

GAMME DE PRIX	RESTAURATION	HÉBERGEMENT
Très petits prix	moins de 12€	moins de 45€
Petits prix	de 12 à 18€	de 45 à 60€
Prix moyens	de 18 à 25€	de 60 à 100€
Prix élevés	de 25 à 45€	de 100 à 140€
Prix très élevés	plus de 45€	plus de 140€

dans le prix indiqué au public). Pour les restaurants, il s'agit du prix moyen d'un repas complet sans les boissons.

CARTES ROUTIÈRES

Il vous sera difficile de trouver une carte routière satisfaisante du Pays basque "unifié". Pour circuler côté français, la carte IGN TOP 100 Pau-Bayonne (n°166) s'avère idéale, car elle correspond mieux à la région qu'une carte du département. À l'échelle 1/100 000, elle indique les courbes de niveaux et les curiosités touristiques (musées, chapelles, dolmens et cromlechs, GR®, etc.). Côté espagnol, la carte la plus pratique est celle des éditions Michelin : País Vasco, Navarra, La Rioja (n°573). Editorial Everest publie aussi une carte de l'Euskadi, Comunidad autónoma vasca. Vous trouverez toutes ces cartes sur place, en librairie, dans les grandes agglomérations. Pour les cartes topographiques, cf. Randonnée pédestre (p.60).

FÊTES ET MANIFESTATIONS

Carnavals, *romerias*, foires gastronomiques et fêtes patronales rythment la vie du moindre petit village basque. Ces festivités s'accompagnent le plus souvent de danses et de chants traditionnels ainsi que de défilés costumés. Dans le Sud, il faut ajouter à ces réjouissances les *tamborradas*, *ferias* et *encierros* – les plus importants sont

PRATIQUE

Fêtes et manifestations

Janvier	**San Sebastián, Azpeitia** *Tamborrada*, le 20 janvier
	Espelette Foire du pottok, derniers mar.-mer
	Biarritz Fipa, festival international de cinéma
Février-mars	**Tolosa, Zalduondo, Lanz, Altsasua** Carnavals
	Javier Pèlerinages de Saint François-Xavier, le 1er week-end de mars
Avril	**Bayonne** Foire aux jambons, durant la Semaine sainte
	Balmaseda, San Sebastián Processions de la Semaine sainte
	Vitoria *Romería* de San Prudencio, le 28 avril
Juin	**Oñati** Processions de la Fête-Dieu, le dim. suivant la Fête-Dieu
	Burguete Fête de la Saint-Jean, le 23 juin
	Tolosa Bordon Dantza, le 24 juin
	Saint-Jean-de-Luz Fêtes de la Saint-Jean, 4 jours fin juin
	Lekeitio Fête des pêcheurs (Kaxarranka), le 29 juin
	Irún *Alarde* de San Marcial, le 30 juin
Juillet	**Biarritz** Compétitions de *cesta punta* en juillet-août
	Bayonne Saison des ferias, en juillet-août
	San Sebastián, Vitoria, Getxo Festival international de jazz
	Zumarraga Ezpata-Dantza à l'ermitage de l'Antigua, le 2 juillet
	Pampelune San Fermín, du 6 au 14 juillet
	Santurzi Offrande à la Vierge du Carmen, le 16 juillet
	Antzuola Alarde del Moro, 2e ou 3e sam. de juillet
	Hondarribia Fêtes de la Kutxa, le 25 juillet
	Tudela Fêtes de la Sainte-Anne, sem. autour du 26 juillet
	Ordizia Esku-Dantza de Santaneros, le 26 juillet
	Bayonne Fêtes de Bayonne, 5 j. : fin juillet

Août	**Estella** Fête patronale, autour du 1er dim. d'août
	Vitoria-Gasteiz Fêtes de la Virgen Blanca, du 4 au 9 août
	Mauléon Fête de l'espadrille, le 15 août
	San Sebastián Semana Grande, semaine du 15 août
	Saint-Palais Festival de force basque, 3e dim. d'août
	Tardets Foire aux fromages, 3e sem. d'août
Septembre	**Ochagavia** Romería de la Vierge de la Muskilda, le 8 septembre
	Biarritz Le Temps d'aimer, festival de danse
	Hondarribia Alarde, le 8 septembre
	Zarautz Euskal Jaia – fête basque, 1er-9 septembre
	San Sebastián Régates de traînières, 1er et 2e dim. de septembre
	Sare Sarako bestak, sem. du 2e week-end de septembre (sam.-mer.)
	Oñati Concours international de chiens de berger, les 3e et 4e dim. de septembre
	San Sebastián Festival international de cinéma, 2e quinz. de septembre
	Biarritz Festival de Biarritz, cinéma et culture d'Amérique latine, septembre-octobre
Octobre	**Vitoria-Gasteiz** Festival international de théâtre, à partir du début octobre et pendant 2 mois **Elorrio** Alarde et aurresku d'Errebordillos, le 1er dim. d'octobr **Bayonne** Festival de théâtre franco-ibérique et latino-américain
	Espelette Fête du piment, dernier week-end d'octobre
Décembre	**Segura** San Nicolas Obispillo, le 6 décembre
	Zumarraga et Urretxu Foire de Sainte-Lucie, le 13 décembre
	Bilbao, San Sebastián, Azpeitia Saint-Thomas, le 21 décembre
	Labastida Noël des bergers, les 24 et 25 décembre

ceux de Vitoria, San Sebastián, Bilbao et Pampelune. Pour ne rien manquer de ces manifestations, procurez-vous dans les offices de tourisme le *Guide des fêtes en Pays basque*, très complet. En Espagne, vous trouverez aussi dans les offices de tourisme des brochures détaillant les manifestations par province.

HANDICAPÉS

Seuls les musées et hôtels les plus récents répondent aux normes d'accueil des personnes à mobilité réduite. Cependant, certains campings et chambres d'hôtes, sensibilisés par les associations, font un effort dans l'aménagement de leurs installations. Les villes balnéaires disposent presque toutes d'une plage offrant services (personnel) et équipements adaptés aux handicapés moteurs. En France, elles sont labellisées par Handiplage (rampes d'accès, tiralos, présence de handiplagistes). Cette association édite aussi un guide du Pays basque, *Handi Long*, répertoriant les hébergements, restaurants, piscines et structures de loisirs adaptés aux handicapés moteur ou autres. Le comité départemental de tourisme fournit la liste des établissements, des lieux de visites et des prestataires d'activités labellisés Tourisme et Handicap.

Association des paralysés de France-Délégation départementale Pays basque *2, rue Jacques-Lafitte 64400* ***Bayonne*** *Tél. 05 59 59 02 14 www.apf.asso.fr*

Association Handiplage *39 rue des Faures 64100* ***Bayonne*** *Tél. 05 59 50 08 38 www.handiplage.fr*

PRATIQUE

Comité départemental de tourisme *Tél. 05 59 30 01 30 www.tourisme64.com*

HÉBERGEMENT

campings

La solution la moins onéreuse pour le tourisme de loisirs classique. Les campings sont très nombreux sur la côte, mais le plus souvent bondés (réservation indispensable en été) et suréquipés (piscines, aires de jeux, animations). En saison, les prix atteignent environ 20€ pour 2 pers. (emplacement de voiture compris). Dans l'arrière-pays, l'offre s'élargit du camping 5 étoiles à l'aire naturelle attenante à une ferme où, si le confort est sommaire, la vue sur les Pyrénées ou la campagne déçoit rarement. Pensez à vous renseigner auprès des auberges de jeunesse : certaines disposent également d'un terrain où il est possible de planter sa tente. Les campings ouvrent généralement d'avril à octobre.

Gîtes de France Consultez la sélection de "Campings et châlets à la ferme" : des emplacements spacieux, un cadre rural, un terrain arboré. *56, rue Saint-Lazare Cedex 9* ***Paris*** *Tél. 01 49 70 75 75 www.gites-de-france.com*

Campings de charme en terre basque Cette association regroupe neuf campings en Pays basque nord, qui ont en commun leur taille modeste et un accueil familial. *www.campingsdecharme.com*

Federación de Euskadi de campings La liste des campings fédérés au Pays basque. *Tél. 944 44 72 54 www.campingseuskadi.com*

Asociación de campings de Navarra Un site en français, recensant une vingtaine de terrains de camping en Navarre. *Tél. 948 26 84 12 www.campingsnavarra.com*

PRATIQUE

auberges de jeunesse

On en compte deux en France – à Anglet AJ Gazte Etxea (p.103) et à Biarritz Auberge de jeunesse Fuaj (p.129) – et une bonne vingtaine côté Pays basque espagnol. Elles n'offrent pas toutes le même niveau de confort, mais les meilleures jouissent d'un bel environnement et proposent principalement des chambres doubles ou quadruples, avec salle de bains. Comptez de 15 à 20€/pers. la nuitée selon la saison.

Fédération unie des auberges de jeunesse (FUAJ) *Tél. 01 44 89 87 27 www.fuaj.org*

Red de Albergues Juveniles (REAJ) Le réseau espagnol de la IYHF est géré par les communautés autonomes. Il faut être muni de sa carte FUAJ ou bien l'acheter sur place pour pouvoir y accéder. *Tél. 912 98 72 45 www.reaj.com* **REAJ Euskadi** *Tél. 945 01 80 00 www.gazteaukera.euskadi.net* **REAJ Navarre** *Tél. 948 29 12 06 www.navarra.es*

gîtes, chambres d'hôtes et fermes auberges

CHAMBRES D'HÔTES Ce mode d'hébergement connaît un véritable engouement des deux côtés des Pyrénées. Un succès dû à la modicité des prix (à partir de 40€ la double) et à la réelle qualité de l'accueil. Pour une somme allant de 40 à 75€, il n'est pas rare de se retrouver dans une chambre de caractère (décoration soignée, vue) aux prestations excellentes (literie et propreté impeccables, confitures et pains maison, accueil personnalisé). Sans parler du plaisir de loger dans une ferme traditionnelle restaurée, une maison noble médiévale en pleine campagne, une villa balnéaire du XIXe siècle... Le petit déjeuner est compris dans le prix de la nuitée. Les principaux labels sont décernés par Gîtes de France et Clévacances. En Espagne, on les appelle *casas rurales* – terme qui désigne aussi bien la chambre chez l'habitant que le gîte rural. Pour vous renseigner, consultez les sites officiels www.euskadi.net (renseignements en français sur des hôtels, gîtes, itinéraires, événements... et possibilité de télécharger des brochures) et www.turismo.navarra.es. Si vous prévoyez de loger dans un coin de campagne reculé, pensez à demander si le propriétaire propose la table d'hôtes.

Gîtes de France Pyrénées-Atlantiques À l'offre classique s'ajoute une sélection de gîtes "Pêche" et "Chemins de Saint-Jacques de Compostelle" – conseils du propriétaire, documentation disponible, proximité géographique des centres d'intérêt de la thématique. *Tél. 05 59 46 37 00 (Bayonne) www.gites64.com*

Clévacances Pyrénées-Atlantiques *Tél. 05 59 46 20 23 www.tourisme64.com www.clevacances.com*

Asociación de agroturismo y casas rurales de Euskadi Un site en français, très complet, avec des photos. *Tél. 943 32 70 90 www.nekatur.net*

GÎTES La location au week-end ou à la semaine d'un gîte rural (maison ou appartement équipé) peut s'avérer avantageuse dès que l'on est en famille ou en groupe. Comptez à partir de 300€ la semaine pour 4-5 pers. Les randonneurs et VTTistes s'intéresseront davantage aux gîtes d'étape, situés à proximité des sentiers de randonnée (dortoirs, chambres doubles ou quadruples, cuisine en accès libre). Une formule idéale lorsque l'on est en itinérance ou pour les courts séjours sportifs. Comptez autour de 10€ la nuit.

Comité départemental du tourisme en Béarn Pays Basque *Tél. 05 59 30 01 30 www.tourisme64.com*

Gîtes de France Pyrénées-Atlantiques Gîtes ruraux, gîtes d'étape (à la nuitée) et gîtes de séjour (courts séjours pour randonneurs) consultables en ligne. *Tél. 05 59 46 37 00 (Bayonne) www.gites64.com*

Clévacances Pyrénées-Atlantiques Large offre de locations de vacances (meublés dans résidences, chalets, maisons). *Tél. 05 59 46 20 23 www.clevacances.com*

Asociación de agroturismo y casas rurales de Euskadi *Tél. 943 32 70 90 www.nekatur.net*

Guide des gîtes d'étape et refuges Ce site exhaustif recense les hébergements à petits prix (gîtes d'étape, refuges, maisons de pèlerins, auberges de jeunesse, campings) en France, en Euskadi et en Navarre, à l'intention des adeptes de sports de nature (cavaliers, randonneurs, skieurs, alpinistes, etc.). *www.gites-refuges.com*

FERMES AUBERGES Les exploitations agricoles proposent des formules d'hébergement proches des chambres d'hôtes, des séjours en ferme équestre, des aires naturelles de camping...

Bienvenue à la ferme en Béarn et Pays basque *Tél. 05 59 80 70 13 www.alaferme64.com*

Accueil pays Béarn-Pays basque *www.accueil-paysan.com*

Asociación de agroturismo y casas rurales de Euskadi La rubrique "agrotourisme" concerne uniquement l'hébergement dans des exploitations agricoles en activité. *Tél. 943 32 70 90 www.nekatur.net*

locations saisonnières

Les offices de tourisme disposent d'une liste des locations saisonnières. Plusieurs sites proposent sur Internet des appartements à louer à la semaine ou au week-end, entre particuliers notamment. Vous trouverez leurs offres sur www.abritel.fr, www.location-france.com, www.airbnb.fr.

hôtels et pensions

HÔTELS Du modeste 2-étoiles aux établissements affiliés aux chaînes Relais&Châteaux (www.relaischateaux.com) ou Relais du silence (www.relaisdusilence.com), vous devriez pouvoir trouver votre bonheur. D'autant que l'offre tend à se spécialiser pour répondre à tous les types de loisirs : courts séjours thématiques en partenariat avec les offices de tourisme (forfaits golf, thalasso, charme, etc.), label "Logis Randonnée Pédestre" (www.logishotels.com) pour des services ciblés (petits déjeuners énergétiques, paniers-repas, bulletins météo, topo-guides à disposition, etc.). **En Espagne**, les tarifs sont légèrement moins élevés qu'en France en zone rurale, mais équivalents sur le littoral. Si vous pouvez vous offrir une nuit à plus de 100€, tournez-vous vers la chaîne Paradores de España – de remarquables châteaux classés, et le standing d'un grand palace, pour un honnête rapport qualité-prix ; renseignez-vous sur les offres spéciales et les réductions proposées (www.parador.es). Les budgets plus restreints se replieront sur le réseau des *pensiones (hosteles, fondas, casas de huespedes, hospedajes, residencias, moteles).*

PENSIONS Moins chères que les hôtels, elles offrent un niveau de confort très disparate : mieux vaut se fier au prix au moment de choisir. Dans une pension de caractère, comptez à partir de 45€ la double. Quelques points de vocabulaire : pour obtenir une chambre avec un grand lit pour deux, il faut préciser *con una cama de matrimonio*. Pour obtenir la même avec deux lits jumeaux, préciser *con dos camas* – les confusions sont très fréquentes lors de la prise des réservations. Quand on est seul, on se voit proposer une chambre single, *una habitación sencilla*, moins chère, ou bien une double occupée individuellement, *una doble de uso individual*, plus chère mais en général plus confortable.

Asociación de hoteles rurales de Navarra Des petits hôtels de charme en pleine campagne. *Tél. 948 17 60 05 www.hotelesruralesnavarra.es*

Paradores de España *Tél. 902 54 79 79 www.parador.es*

MÉDIAS

presse écrite

QUOTIDIENS *Sud-Ouest* (www.sudouest.com), le deuxième plus grand quotidien régional de France, est disponible le matin dans tous les kiosques. Selon les villes, vous trouverez également différentes publications locales, avec quelques articles en euskara. Parmi les plus lues, le quotidien bayonnais *Le Journal du Pays basque* (www.lejpb.com) et l'hebdomadaire *La Semaine du Pays basque* (www.semainedupaysbasque.fr), avec toute l'actualité politique, sportive et culturelle. En Euskadi, les deux plus grands quotidiens d'information sont *El Diario Vasco* (www.diariovasco.com), dans la province du Guipúzcoa, et *El Correo* (www.elcorreo.com), en Biscaye. La Navarre compte l'un des plus importants quotidiens régionaux du pays, le *Diario de Navarra* (www.diariodenavarra.es).

MAGAZINES *Pyrénées Magazine* propose tous les deux mois une "édition basque" distribuée uniquement au Pays basque. On y trouve des reportages consacrés à la culture, à l'identité et aux traditions de la région, toujours accompagnés de belles photos. Le magazine publie également une édition régionale du Hors-Série *Balades et randonnées*.

télévision

France 3 Aquitaine diffuse du lundi au vendredi à 19h18 le magazine d'information *Euskal Herri Pays basque*. Une initiative louable, mais insuffisante au regard des défenseurs de la culture et de la langue basques. La plus importante télévision basque, Euskal Telebista, est aussi la première télévision autonome d'Espagne, diffusée de l'Euskadi. Le groupe possède cinq chaînes, dont les hertziennes ETB1 (en euskara), ETB2 (en castillan), et la chaîne satellite ETBSat.

radio

En plus d'une myriade de radios locales, vous capterez la fréquence régionale de France Bleu Pays basque (FM101,3). En Euskadi, le groupe Euskal Telebista gère cinq stations très écoutées : Euskadi Irratia, Radio Euskadi, Radio Vitoria, Euzkadi Gaztea, Radio EiTB Musika. Signalons encore deux radios au Pays basque espagnol : Radio Álava (FM98) et Radio Guipúzcoa (FM97,7).

OFFICES DE TOURISME

Pour les offices de tourisme sur place, reportez-vous à nos rubriques Mode d'emploi.

Comité départemental du tourisme Béarn-Pays basque *22ter, rue Jean-Jacques-de-Monaix 64000* ***Pau*** *Tél. 05 59 30 01 30 www.tourisme64.com*

Office espagnol de tourisme *Tél. 800 10 10 50 50 www.spain.info/fr*

Maison basque de Paris/Pariseko Eskual Etxea *59, av. Gabriel-Péri 93400* ***Saint-Ouen*** *Tél. 01 40 10 11 11 www.eskualetxea.com*

Office de tourisme de Navarre Un moteur de recherche et des informations touristiques diverses (fêtes, traditions, patrimoine, hébergement). *Tél. 848 420 420 www.turismo.navarra.es*

Office de tourisme d'Euskadi Le site Web de cette institution présente des informations en français sur le tourisme, téléchargement de brochures pour l'hébergement. *http://turismo.euskadi.net*

PARCS NATURELS

Ils sont très nombreux en Euskadi et en Navarre. Valderejo, balafré par le défilé du Purón, regorgeant de cascades et d'étangs, Gorbeia, domaine gardé des cerfs, chevreuils et sangliers, Aralar ou Urkolar, avec leurs majestueuses montagnes calcaires, où nichent les vautours fauves, Izki, Aiako Herria... Renseignez-vous auprès du centre d'interprétation des parcs sur les différentes approches proposées : randonnée libre ou accompagnée d'un guide naturaliste, escalade, spéléologie.

PLAGES

De Bayonne à Bilbao, le littoral basque s'étire sur 280km de côtes. Anglet s'apparente encore aux plages landaises, large bande de sable ourlée de pinèdes. À partir de Biarritz, la corniche basque présente un relief tourmenté : falaises plissées battues par la mer, plages encaissées, montagnes vertes dévalant dans l'océan, criques sauvages aux allures d'île aux trésors (baie de Loya, Sakoneta), estuaires et baies aux eaux tranquilles... De quoi satisfaire à la fois les adeptes du farniente et du bronzage, du surf et des sports nautiques. Pour des ambiances plus huppées, reste l'indémodable sable fin de la Grande Plage à Biarritz, d'Ondarreta et de La Concha à San

Sebastián. Les plages de la côte cantabrique sont un peu moins fréquentées que celles de la côte aquitaine.

pavillons de couleur

Plantés dans le sable, ils réglementent la baignade. Leur absence indique que la plage n'est pas surveillée. Le drapeau rouge interdit la baignade, sauf aux surfeurs (minimum 3 personnes dans l'eau). Le jaune autorise la baignade uniquement dans une zone délimitée par deux pavillons bleus. Le drapeau vert signifie que la mer est calme et la baignade sans danger. Les drapeaux verts avec un rond rouge délimitent la zone de surf. Ce code couleur s'applique aussi en Espagne.

naturisme

Aucun arrêté municipal autorise la pratique du naturisme sur les plages de la côte basque nord, mais il est toléré dans certains endroits restreints, principalement la plage des 100 marches, accessible par la plage Pavillon Royal, au nord de Bidart, et la plage des Deux-Jumeaux à Hendaye. La plage des dunes à Anglet est fréquentée par les "non textiles", et l'extrémité de la plage d'Ilbarritz, mais qui est sous l'eau à marée haute. Les clubs, campings et piscines naturistes y sont aussi inexistants. En Espagne, le naturisme n'est pas interdit par la loi et peut être théoriquement pratiqué sur toutes les plages. L'Asociación de naturistas vascos indique les plus fréquentées, à l'instar de Barrika.

Fédération française de naturisme *Tél. 01 48 10 31 00 www.ffn-naturisme.com*

Euskal Naturista Elkartea Asociación de Naturistas Vascos. *Tél. 685 70 27 12 www.ene-naturismo.org*

courants

Sur les plages à fonds sableux ouvertes à la houle, prenez garde aux courants de baïne qui entraînent le baigneur vers le large. Si, malgré tout, vous étiez pris dans l'un d'eux, n'essayez pas de vous dégager, vous risqueriez de vous fatiguer (ces courants circulaires ramènent souvent le baigneur vers le littoral). Attendez qu'il se soit affaibli pour regagner la plage, et évitez de vous épuiser, surtout sur une plage non surveillée dont vous ne connaissez pas les courants.

climat et saisons

Saison touristique	juillet et août	
Prévisions Météo France	Tél. 08 99 71 02 64 ou 3250 www.meteofrance.com	
Températures	**Bilbao**	**Biarritz**
min./max. en février	6°/14°C	5°C/12°C
min./max en août	16°C/25°C	15°C/23°C
Précipitations		
moyenne en février	90mm/14j.	124mm/10j.
moyenne en août	85mm/14j.	111mm/7j.
Ensoleillement		
moyenne en février	4h/j.	4h/j.
moyenne en août	6h/j.	7h/j.
Température de la mer		
moyenne en février		13°C
moyenne en août		22°C

QUAND PARTIR ?

L'été, avec ses nombreuses ferias et ses températures agréables, est la saison idéale pour découvrir la culture basque ou simplement effectuer un séjour balnéaire. Malgré les orages fréquents, les amateurs de randonnées profiteront également de cette saison pour apprécier les Pyrénées, cédant la place aux skieurs les mois d'hiver. Quant à l'automne, il reste très agréable pour visiter la région, partir en forêt pour une cueillette aux champignons ou participer aux fêtes des vendanges. Évitez en revanche le printemps et le début de l'hiver, où les pluies sont plus abondantes.

RESTAURATION

horaires

Au nord des Pyrénées, les horaires de la restauration ne dérogent pas à la règle nationale : le déjeuner se déroule de 12h45 à 13h30, le dîner de 19h45 à 21h. Étant donné la proximité de la frontière espagnole, n'hésitez pas à passer de "l'autre côté" si le rythme de vos vacances a fini par décaler vos horaires : côté espagnol, le déjeuner est servi aux alentours de 14h30, le dîner à partir de 21h. Ces horaires sont valables surtout dans les grandes villes et la zone littorale. Dans les bourgades reculées des vallées de Navarre, déjeuner et dîner sont servis beaucoup plus tôt.

types d'établissements

En plus de la restauration classique, vous trouverez côté sud une série d'établissements à la carte caractéristique. Les bars-restaurants proposent une cuisine bon marché : sandwichs divers, menus du jour *(menu del día)* et *platos combinados* (assiettes de viande, poisson ou charcuterie, garnies d'œuf, de légumes et de frites) autour de 10€. Dans les bars à tapas, les *raciones* et *media-raciones* (anchois marinés, croquettes, chipirons grillés), servis à partir de 11h, peuvent caler les petites faims et parfois remplacer un vrai repas. Les ***ventas*** postées à la frontière espagnole, épiceries où les Basques du nord venaient jadis se ravitailler à la barbe des douaniers, mitonnent de nos jours une cuisine simple et roborative (omelettes, piperades) à l'intention des randonneurs. Dans la campagne, une halte s'impose dans les **cidreries** pour goûter le *txotx*, cidre tiré directement au tonneau. Le menu type de la cidrerie comprend omelette à la morue *(tortilla de bacalao)*, côte de bœuf *(chuleta)* et poisson grillé. Enfin, dans un tout autre registre, ne manquez pas de découvrir la "nouvelle cuisine" basque. La province du Guipúzcoa, et plus particulièrement la zone comprise entre Hondarribia et San Sebastián, détient le record d'établissements étoilés au mètre carré (après Paris). Une expérience gustative qui vous coûtera au moins 60€ le menu, cf. La "cuisine d'auteur" basque (p.466). Un peu moins chers, les restaurants des **Paradores** vous permettront de déguster une cuisine de qualité pour environ 40€.

ROUTES THÉMATIQUES

L'office de tourisme d'Euskadi met à votre disposition des plaquettes thématiques pour une découverte transversale du pays : la route des maisons fortifiées et châteaux forts, la route des îles sur le littoral de Biscaye, celle des phares le long de la côte du Guipúzcoa. En Pays basque nord, la brochure *La Route gourmande des Basques* (www.laroutegourmandedes

PRATIQUE

basques.com) réunit onze adresses de producteurs artisanaux, dispersés en Labourd et Basse-Navarre, qui proposent des spécialités variées, du miel au gâteau basque, du cochon pie noir à la truite. Toujours dans le domaine de la gastronomie, la route du fromage d'Ossau-Iraty (documentation disponible dans les offices de tourisme) vous conduit quant à elle du Labourd au Béarn, entre fermes et bergeries. Enfin, les chemins de Saint-Jacques-de-Compostelle convergent vers la Basse-Navare avant de franchir les Pyrénées, cf. Les chemins vers Saint-Jacques-de-Compostelle (p.218).

SÉCURITÉ ET DANGERS

bulletins météorologiques

Consultez la météo avant de vous aventurer en mer ou en montagne – les orages surviennent brusquement, notamment en août.
Météo France *Tél. 08 99 71 02 64 (département des Pyrénées-Atlantiques) www.meteofrance.com*

écobuage

Les feux pastoraux allumés par les éleveurs pour l'entretien de la montagne constituent une pratique réglementée. L'écobuage, entre janvier et mars, sert à entretenir les pâturages en éliminant principalement les ajoncs, ces épineux qui gênent le parcours des bêtes. Des panneaux obligatoires informent le randonneur des mises à feu mais il est plus prudent, durant cette période, de se renseigner avant le départ auprès de la mairie, de l'office de tourisme ou des pompiers. Des randonneurs se sont déjà retrouvés encerclés par les flammes et l'issue peut être tragique.
Pompiers *Tél. 18 (France) ou 112 (Espagne)*

SHOPPING

Souvenez-vous qu'en Espagne, les magasins ferment de 13h30 à 16h30 environ (à l'heure du déjeuner et de la sieste...). Le soir, les commerces restent ouverts jusqu'à 20h (fermeture le samedi après-midi et le dimanche).

vins et alcools

Parmi les vins du Pays basque bénéficiant d'une appellation, citons les irouléguy (le plus petit vignoble de France) et, plus au sud, les vins très réputés de la Rioja Alavesa voisine. Le txakoli, vin blanc fruité et légèrement pétillant, peut se boire très frais, en apéritif accompagné de *pintxos*. Signalons aussi le patxaran (liqueur de prunelle) et les excellents cidres – une production fortement ancrée dans la province du Guipúzcoa. En France, les bouteilles proviennent majoritairement de la cidrerie artisanale Txopinondo (p.144) et de la coopérative Eztigar.

artisanat

Le béret, originairement béarnais, demeure le couvre-chef favori des Basques, surtout dans les campagnes. En Euskadi, il coiffe notamment la police autonome, Ertzantza. Les espadrilles restent très utilisées lors des démonstrations de danses basques. Dotées de rubans que l'on attache à la cheville, elles sont portées aussi bien par les hommes que par les femmes. On les trouve aujourd'hui déclinées dans tous les styles, matières et couleurs, cf. Le come-back de l'espadrille (p.263). De même, le linge basque s'est transformé en sacs de plage, cabas, nappes, torchons et serviettes aux couleurs chatoyantes – dans le respect fidèle des traditionnelles rayures.

SPORTS ET LOISIRS

randonnée équestre

Des dizaines de clubs et de fermes équestres proposent des sorties allant de quelques heures à plusieurs jours sur les sentiers transfrontaliers, les chemins de Saint-Jacques, les pistes des parcs naturels, les vallées occidentales d'Álava... Les cavaliers confirmés pourront s'aventurer seuls sur le Circuit des contrebandiers, itinéraire équestre de sept jours de Saint-Palais à Aïnhoa (balisage orange marqué au sol).

Comité départemental du tourisme Béarn Pays basque Pour obtenir la liste des hébergements équestres et des informations sur le Circuit des contrebandiers. *Tél. 05 59 30 01 30 www.rando64.com*

Federación Vasca de Hípica *Tél. 944 73 48 95 www.fvh.org*

Federación Navarra de Hípica *Tél. 948 22 74 75 www.fnhipica.com*

cyclotourisme

Avec ses forêts, ses coteaux cultivés et ses montagnes apprivoisées, le Pays basque offre un formidable terrain d'aventure pour la pratique du VTT et du cyclotourisme. En France, les plans locaux de randonnée comportent toujours plusieurs itinéraires cyclistes aux difficultés variées. Côté espagnol, près d'une dizaine de Vías Verdes, ces voies ferroviaires reconverties en "voies vertes" cyclables, parcourent la Navarre et l'Euskadi.

Comité départemental de cyclotourisme *Tél. 05 59 02 53 93 http://pyrenees-atlantiques.ffct.org*

Fundación de los Ferrocarriles Españoles – Departamento de Vías Verdes *www.ffe.es/viasverdes/index.html*

escalade

Pour vous hisser sur les cimes à la force de vos doigts, visez les parois en grès ou en calcaire, abondantes en prises, du massif du Mondarrain, du ravin d'Urio ou du parc naturel d'Aralar. Parmi les plus beaux défis de la région, citons l'Aitzkorri (1 551m), le Gorbeia (1 481m) ou le Txindoki (1 342m), d'où vous narguerez vautours fauves et circaètes Jean-le-Blanc. De nombreux clubs et rochers écoles permettent une bonne initiation.

Comité départemental de la montagne et de l'escalade des Pyrénées-Atlantiques *Tél. 05 59 14 18 90 https://sites.google.com/site/ffme64/*

Euskal Mendizale Federakundea Federación Vasca de Montañismo *Tél. 943 47 42 79 www.emf-fvm.com*

Federación Navarra de Deportes de Montaña y Escalada *Tél. 948 22 46 83 www.mendinavarra.com*

golf

Nichés au creux de la campagne ou bravant l'océan, les parcours basques jouissent de merveilleux cadres naturels. En tout, on en compte près d'une quinzaine en Pays basque nord (Biarritz, Bidart, Saint-Jean-de-Luz) et sud (San Sebastián, Zarautz, Zuia...). Parmi eux, quelques parcours mythiques comme Chantaco, tenu depuis sa création (1928) par la famille Lacoste et ayant reçu Charlie Chaplin et le prince de Galles, entre autres personnalités.

Golf Pass Biarritz Pour découvrir dans des conditions avantageuses quatre parcours autour de Biarritz (de 200 à 240€ selon la saison). *Tél. 05 59 03 71 80 www.golfpassbiarritz.com*

Federación Navarra de Golf *Tél. 948 21 01 32 www.fnavarragolf.com*

Federación Vasca de Golf *Tél. 945 13 12 02 www.euskogolf.com*

PRATIQUE

spéléologie

Les massifs karstiques basques sont pour le spéléologue un véritable paradis : rivières souterraines et eaux de pluie ont conjugué leur action corrosive et creusé fissures, failles, gouffres et un labyrinthe de grottes aux splendides formations calcaires. Plusieurs prestataires proposent de découvrir ces cavités féeriques. Des parcours aisés (largeur des grottes, progression horizontale) peuvent être entrepris avec un équipement minimal (casques et lanternes), d'autres comprennent un peu de rappel. Au final, la découverte d'un sport et de l'histoire géologique de la région. Les sites sont nombreux en Biscaye (Pozalagua aux Encartaciones, le parc naturel Urkiola, le massif d'Aitzkorri), en Navarre (mont Aralar, Valle de Aezkoa), au Guipúzcoa (Mondragon), en Soule (massif des Arbailles).

Fédération française de spéléologie *Tél. 04 72 56 09 63 www.ffspeleo.fr*

Comité départemental de spéléologie des Pyrénées-Atlantiques *Tél. 05 59 14 18 63 www.cds64.org*

Federación Española de Espeleología *Tél. 913 09 36 74 www.fedespeleo.com*

Nafar Espeleologi Batzordea Federación Navarra de Espeleología. *Tél. 948 20 67 39 www.fnespeleo.com*

plongée

SITES À l'image du relief émergé, les paysages sous-marins révèlent le profil irrégulier de la corniche basque : failles, secs, tombants, grottes et quelques fonds sableux. Les meilleurs sites de plongée se trouvent au golfe de Biscaye : les environs de l'île Billano, la plage d'Orrua, à l'embouchure de l'Urola, ou le Ratón de Getaria, paradis des pêcheurs à l'ouest de Zarautz. On y observe une flore et une faune (spirographes, langoustes, poulpes, raies, congres, gorgones) typiques de l'Atlantique sud. La zone entre Zumaia et Deba, aux fonds peu profonds (entre 3 et 8m), est idéale pour une initiation.

TARIFS Le baptême (35-50€) qui permet de goûter rapidement aux plaisirs de la plongée sans en approfondir les connaissances techniques se déroule dans moins de 5m d'eau, et dure env. 30min. Comptez de 20 à 40€ la plongée, et entre 230 et 320€ pour une formation de niveau 1.

Fédération française d'études et de sports sous-marins (FFESSM) *Tél. 04 91 33 99 31 www.ffessm.fr*

Comité interrégional Atlantique sud *Tél. 05 56 17 01 03 www.plongee-cias.org*

Federación Española de Actividades Subacuáticas (FEDAS) *Tél. 932 00 67 69 ou 620 84 06 95 www.fedas.es*

Euskal Herriko Urpeko Ihardueren Federakuntza Federación Vasca de Actividades Subacuáticas. *Tél. 943 47 20 57 www.ehuif-fvas.org*

Federación Navarra de Actividades Subacuáticas *Tél. 948 21 16 82 www.fndas.com*

randonnée pédestre

Vous trouverez tous les conseils pratiques pour vous lancer sur les sentiers, ainsi qu'une sélection de randonnées, dans notre dossier GEOPlus Randonner dans le Pays basque, conçu par Bruno Valcke, accompagnateur en montagne (p.310).

sports en eaux vives

CANOË-KAYAK Rien de tel que le kayak de mer pour explorer la côte découpée en caps et en criques paradisiaques, accessibles seulement par la mer. Les centres nautiques suggèrent le cabotage vers l'île d'Izaro,

PRATIQUE

le cap d'Ogoño, la minuscule baie de Loya ou sur celle de la Concha... Incontournable également, la sortie en canoë dans l'estuaire classé réserve de la biosphère d'Urdaibai, où les oiseaux migrateurs se posent par milliers avant de franchir les Pyrénées. Pour des sensations fortes, glissez en pirogue hawaïenne sur les déferlantes de la baie de Txingudi. Côté rivière, les eaux de la Nive ou du Rio Gallego, tantôt calmes, tantôt tumultueuses, se prêtent à tous les types de navigation : balades en famille sur des cours paresseux, énergiques descentes en raft ou en hydrospeed sur des passages de niveaux 2 et 3. Bidarray, en Basse-Navarre, est l'une des grandes plates-formes de sports en eaux vives de la région.

Fédération française de canoë-kayak *Tél. 01 45 11 08 50 www.ffck.org*

Comité départemental de canoë-kayak des Pyrénées-Atlantiques *Tél. 05 59 14 19 19*

Real Federación Española de Piragüismo *Tél. 911 12 38 05 www.rfep.es*

Euskadiko Kanoe Federakuntza / Federación Vasca de Piragüismo *Tél. 943 47 04 83 www.fvpiraguismo.org*

Federación de Piragüismo de la Comunidad Autónoma de Navarra *Tél. 606 60 64 55 correo@fenapi.es*

voile et planche à voile

Les structures de location de bateaux ou de voile légère (catamaran, dériveur) se concentrent à Saint-Jean-de-Luz/Ciboure, Hendaye (station voile de la FFV), Hondarribia, San Sebastián, Zarautz, Getaria, Leikeitio, Bermeo, Plantzia, Geitxo. De la simple escapade à la journée aux croisières de plusieurs jours, les formules se négocient avec ou sans skipper. Le grand must : la croisière d'une semaine, de Biarritz à Bilbao, avec escales dans des ports de pêche et criques désertes. Par ailleurs, les nombreuses baies de la côte (Hendaye, San Sebastián, Gorliz, Getxo) et les plans d'eau douce de l'intérieur (lacs Urrunaga et l'Ullíbari en Álava) offrent des conditions idéales pour une initiation à la planche à voile.

Fédération française de voile *Tél. 01 40 60 37 00 www.ffvoile.org*

Real Federación Española de Vela *Tél. 915 19 50 08 www.rfev.es*

Federación Vasca de Vela *Tél. 943 45 37 67 www.euskalbela.es*

Federación Navarra de Vela *Tél. 948 22 85 77 www.federacionnavarradevela.com*

surf

Ce n'est pas pour rien que le surf européen est né sur la côte basque, cf. Naissance du surf européen (p.103). D'Anglet à Bilbao, une multitude de spots contribuent à la réputation internationale du littoral. Face à l'affluence, il est indispensable de respecter les règles de base de priorité et de convivialité. Songez aussi à consulter un calendrier des marées (dans les offices de tourisme), car certaines plages deviennent impraticables à marée haute. Pour des informations sur les spots et la météo du jour, cliquez sur le site www.surf-report.com (France) ou www.globalsurfers.com. La bible du surfrider pratique s'appelle *The Stormrider Guide Europe* (Low Pressure Publications) : tous les spots européens y sont passés au crible (les vents, les marées, les caractéristiques des vagues) en français. Enfin, l'association militante Surfrider Foundation (p.109) informe de la qualité des eaux sur le net (www.surfrider-europe.org). Les plus grandes compétitions se tiennent à Anglet, Biarritz, Zarautz, Sopelona, et à Getxo

Fédération française de surf *Tél. 05 58 43 55 88 www.surfingfrance.com*

PRATIQUE

Comité départemental Côte basque de surf *Tél. 06 13 29 42 75 www.surfingaquitaine.com*

Federación Española de Surf *Tél. 981 31 16 66 www.fesurf.net*

Euskal Herriko Surfing Federazioa (EHSF) *Tél. 944 73 51 25 www.euskalsurf.com*

vol libre

Les beaux jours, vous pourrez admirer les parapentes multicolores qui voltigent dans le ciel bleu en un ballet silencieux. Si vous rêvez de flotter ainsi dans les airs, les clubs locaux organisent des vols en tandem ou en solo du haut du Baigura en Basse-Navarre (p.244), du mont Ernio en Guipúzcoa (p.515) et des hauts plateaux d'Entzia, entre autres sites. Pour survoler la mer et atterrir sur les plages, on s'élève dans les airs du haut des falaises de Sopelana, du mont Talaimendi (Zarautz) ou du mont Ulia (San Sebastián). Décollage plus technique et réservé aux détenteurs du brevet de pilote à partir d'Erretgia, à Bidart (maîtrise des basses vitesses, virages serrés, danger à marée haute).

Fédération française de vol libre *Tél. 04 97 03 82 82 www.ffvl.fr*

Real Federación Aeronáutica Española *Tél. 948 20 67 39 (Pampelune) ou 944 39 49 88 (Bilbao) www.rfae.org*

Federación Navarra de Deportes Aéreos *Tél. 948 20 67 39*

Federación Vasca de los Deportes Aéreos *Tél. 944 39 49 88 www.eakf.net*

pêche

COURS D'EAU Le Pays basque intérieur recèle de splendides coins de nature où s'adonner à la pêche à la mouche, dans des cours d'eau classés de 1re et 2e catégories. La Nive, la Nive des Aldudes et le Saison regorgent de truites et il n'est pas rare d'y taquiner le saumon en période de remontée. Goujons et écrevisses se baignent dans la Bidouze, la Joyeuse et autres cours d'eau du pays de Mixe. Pour pêcher l'anguille, le black-bass ou la carpe, aventurez-vous jusqu'en Navarre, sur les rives des *rios* Leitzaran, Baztan-Bidasoa, Orabidea, Urrobi et Irati. Vous trouverez des parcours *no kill* sur des tronçons de la Nivelle, de la Bidouze du Bayas, du Zadorra, du Cadagua et du Mayor. Les amateurs de pêche au large trouveront à San Sebastián, Getaria, Ciboure, des bateaux proposant de les embarquer pour la matinée (matériel fourni).

PERMIS En France comme en Espagne, la pêche est réglementée : il faut posséder un permis et s'être acquitté d'une taxe piscicole. Les pêcheurs vacanciers trouveront des timbres "vacances" à 30€ valables 7 jours consécutifs. Ces documents sont délivrés par les associations agréées et les marchands d'articles de pêche. Si vous vous dispensez des services d'un guide, renseignez-vous bien sur les parcours : il faut parfois un permis supplémentaire pour pêcher dans les cours d'eau appartenant aux commissions syndicales ou à des associations de riverains. Une réglementation y est également en vigueur : zones interdites, taille des prises contrôlée... Côté français, un *Memento Pêche*, guide riche en informations, est disponible dans les sites agréés AAPPMA.

Fédération des Pyrénées-Atlantiques pour la pêche et la protection du milieu aquatique (AAPPMA) *Tél. 05 59 84 98 50 www.unpf.fr/64*

Federación Española de Pesca y Casting *Tél. 915 32 83 52 /53 www.fepyc.es*

Arrantza eta Kasting Euskal Federakuntza (Federación Vasca de Pesca y Casting) *Tél. 943 46 67 90 www.fvpyc.org*
Federación Navarra de Pesca y Casting *Tél. 948 20 67 39 fednavarrapesca@yahoo.es*

sports d'hiver

L'hiver, les pistes de ski de fond et les parcours de randonnée en raquette attirent les amateurs au cœur de la forêt d'Iraty. Vous trouverez des stations équipées en hébergements et en structures d'accueil aux Chalets d'Iraty (Soule), à Larra-Belagua (Valle de Roncal) et à Abodi-Salazar (Valle de Salazar).
Chalets d'Iraty *Tél. 05 59 28 51 29 www.chalets-pays-basque.com*
Abodi *Rens. auprès de l'office de tourisme de Ochagavia Tél. 948 89 06 41*
Larra-Belagua *Rens. auprès de l'office de tourisme de Roncal Tél. 948 47 52 56*

TÉLÉPHONE

Les numéros espagnols comportent 9 chiffres, les deux ou trois premiers correspondant à l'indicatif de la province. Pour un appel international, composez le 00 suivi du **préfixe du pays : 34** pour l'**Espagne, 33** pour la **France**. D'Espagne, vous pourrez appeler la France d'une cabine téléphonique avec une carte prépayée (6 ou 12€, dans les bureaux de tabac) ou d'un *locutorio* où les appels sont facturés à la minute. Pour téléphoner d'un portable à l'intérieur de l'Espagne à moindre coût, demandez dans un *locutorio* la "libération" de votre portable (10€ suivant l'opérateur) pour avoir un téléphone espagnol ; vous pourrez ensuite le recharger dans les *locutorios* ou aux guichets automatiques des banques.

numéros utiles

Renseignements internationaux *Tél. 118 700 www.annuairedumonde.com*
Urgences *Tél. 112 (en France et en Espagne)*

THALASSOTHÉRAPIE ET THERMALISME

Les instituts de thalassothérapie, une dizaine sur la côte (à Biarritz, Saint-Jean-de-Luz, Hendaye, San Sebastián, Deba, Zumaia), adaptent de plus en plus leurs programmes de soins médicaux à la clientèle estivale en simple recherche de bien-être et de détente, cf. Prendre soin de soi (p.121). Pour vous faire chouchouter à la journée ou le temps d'un long week-end, vous trouverez des forfaits antistress, minceur, beauté ou jeune maman, avec souvent l'hébergement intégré. La station thermale de Cambo-les-Bains traite les affections respiratoires et articulaires

TRANSPORTS LOCAUX

voiture

RÉSEAU ROUTIER Il se compose en Espagne comme en France de routes nationales gratuites et d'autoroutes *(autopistas)* payantes. L'A63, Bayonne-Hendaye, se poursuit au-delà de la frontière par Irún, San Sebastián, Bilbao. On conduira avec prudence sur les routes sinueuses des cols pyrénéens. Les limitations de vitesse pour les voitures sont de 120km/h sur autoroute et voie rapide (*autopistas* et *autovías*) (130 et 110km/h en France), 110km/h sur les routes conventionnelles et 90km/h sur les routes secondaires (90km/h en France), 50km/h en ville. En cas de contrôle, vous êtes tenu d'avoir sur vous les documents du véhicule et votre permis de conduire

LOCATION DE VOITURES Les grandes agences ont leurs bureaux dans les aéroports, les principales gares et villes. Pour l'Espagne, il peut s'avérer plus intéressant de réserver de la France.

Avis ***France*** *Tél. 0821 23 07 60* ***Espagne*** *Tél. (00 34) 902 18 08 54*

Europcar ***France*** *Tél. 0825 358 358* ***Espagne*** *Tél. (00 34) 902 50 30 10*

Hertz ***France*** *Tél. 0825 86 18 61* ***Espagne*** *Tél. (00 34) 913 72 93 00*

car

En France de nombreuses lignes régulières du réseau interurbain des Pyrénées (Transport 64) maillent le territoire. En Espagne, les compagnies d'autocars Alsa (www.alsa.es), Bilmanbus (www.bilmanbus.es) sillonnent l'Euskadi et la Navarre. Movelia (www.movelia.es) regroupe plusieurs compagnies, horaires des bus et tarifs sur son site Internet.

Transports 64 Tarifs très attractifs : 2€ le voyage, 10 voyages 15€. Une bonne alternative à la voiture, et une bonne solution pour rayonner ou faire des escapades au départ de son lieu de séjour, nombreuses communes desservies. Sur le site Internet vous trouverez toutes les informations pour la préparation de votre voyage : carte réseau, horaires, et recherche d'itinéraires. *Tél. 0 800 64 24 64 (lun.-ven. 8h30-18h30) www.transports64.fr*

train

EN FRANCE Le TGV Sud-Ouest dessert Bayonne, Biarritz, Saint-Jean-de-Luz et Hendaye, d'où l'on peut poursuivre vers l'Espagne. Le TER Aquitaine relie Bayonne aux villes côtières et au Pays basque intérieur (Cambo, Itxassou, Bidarray, Saint-Étienne-de-Baïgorry, Saint-Jean-Pied-de-Port).

SNCF *Tél. 3635 www.voyages-sncf.com www.ter-sncf.com idtgv.com*

EN ESPAGNE Le réseau ferré, moderne et efficace, est exploité par la compagnie nationale Renfe. Les lignes d'EuskoTren, gérées par la communauté autonome basque, assurent les liaisons interurbaines à l'intérieur des provinces et relient Bilbao à San Sebastián.

Renfe *Tél. 902 32 03 20 www.renfe.com*

EuskoTren *Tél. 902 54 32 10 www.euskotren.es*

Tableau kilométrique

	Bayonne	Saint-Palais	Mauléon	San Sebastián	Bilbao	Vitoria
Saint-Palais	55					
Mauléon	87	23				
San Sebastián	53	104	135			
Bilbao	149	198	221	98		
Vitoria	164	212	209	118	65	
Pampelune	116	105	113	79	154	297

GEOREGION

V

LE LABOURD

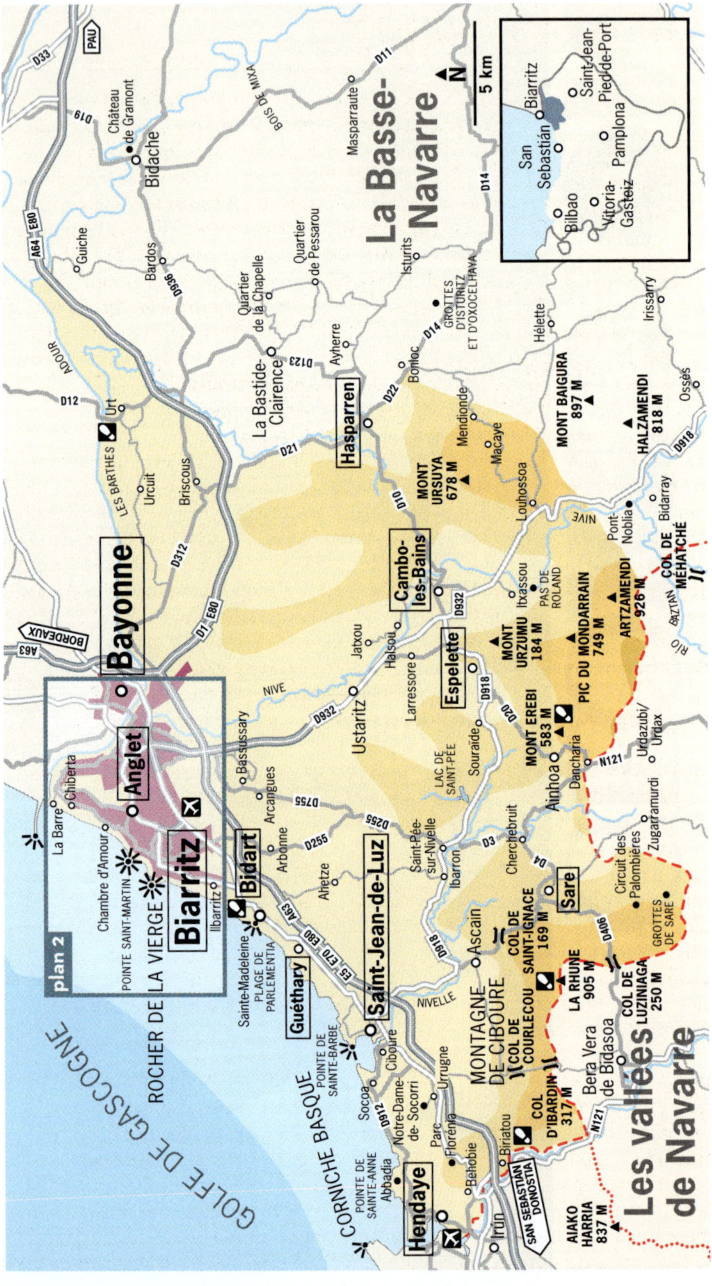

La Basse-Navarre
Les vallées de Navarre
Golfe de Gascogne
Bayonne
Anglet
Biarritz
Bidart
Guéthary
Saint-Jean-de-Luz
Hendaye
Hasparren
Cambo-les-Bains
Espelette
Sare
Ustaritz
Ainhoa
Ascain
Bidache
Château de Gramont
Guiche
Bardos
Urt
Urcuit
Briscous
Les Barthes
La Bastide-Clairence
Quartier de la Chapelle
Quartier de Pessarou
Ayherre
Isturits
Masparraute
Bois de Mixa
Bonloc
Grottes d'Isturitz et d'Oxocelhaya
Hélette
Irissarry
Mendionde
Macaye
Louhossoa
Mont Ursuya 678 m
Mont Baigura 897 m
Halzamendi 818 m
Ossès
Bidarray
Pont-Noblia
Col de Méhatché
Artzamendi 926 m
Pic du Mondarrain 749 m
Mont Urzumu 184 m
Mont Erebi 583 m
Itxassou
Pas de Roland
Jatxou
Halsou
Larressore
Souraïde
Lac de Saint-Pée
Dancharia
Urdazubi/Urdax
Zugarramurdi
Circuit des Palombières
Grottes de Sare
Saint-Pée-sur-Nivelle
Ibarron
Cherchebruit
Col de Saint-Ignace 169 m
La Rhune 905 m
Col de Luzaniaga 250 m
Bera Vera de Bidasoa
Montagne de Ciboure
Col de Courlecou
Col d'Ibardin 317 m
Biriatou
Aiako Harria 837 m
Irún
San Sebastián Donostia
Behobie
Parc Floréna
Urrugne
Notre-Dame-de-Socorri
Socoa
Ciboure
Abbadia
Pointe de Sainte-Anne
Pointe de Sainte-Barbe
Corniche basque
Plage de Parlementia
Sainte-Madeleine
Ilbarritz
Rocher de la Vierge
Pointe Saint-Martin
Chambre d'Amour
La Barre
Chiberta
Arcangues
Bassussary
Arbonne
Ahetze
Nive
Nivelle
Adour
Rio Baztan
plan 2
Bordeaux
Pau
A63
A64 E80
E5 E70 E80
D1 E80
D12
D19
D33
D11
D14
D21
D22
D10
D123
D312
D936
D932
D755
D255
D918
D20
D3
D4
D406
D912
N121
5 km
N
San Sebastián
Biarritz
Bilbao
Vitoria-Gasteiz
Pamplona
Saint-Jean-Pied-de-Port

★ ☺ BAYONNE BAIONA 64100

"Bayonne, ville aux deux fleuves, ville parfaite…" écrivait Roland Barthes. C'est l'eau, en effet, qui est à l'origine du charme puissant que dégage la ville. Celles de la Nive et de l'Adour ont charrié dans leur course des mots basques et gascons, avant d'aller se jeter dans la mer. Elles ont forgé le destin maritime de la cité et son caractère mixte. Aujourd'hui, le mouvement des marées ne rythme plus le va-et-vient des bateaux mais celui des pêcheurs à la ligne, postés sur les ponts de la Nive. De part et d'autre des quais, les maisons à pans de bois colorés, sagement alignées, semblent attendre le déchargement d'une batellerie disparue : gabares, chalibardons, couralins… Curieux mélange que celui de Bayonne, où sans cesse le passé rattrape le présent. Il suffit de fermer les yeux pour entendre le martèlement des enclumes de la rue des Faures ; encore un pas, et c'est l'odeur des morues étalées au soleil qui vient vous chatouiller les narines ; rue Coursic, l'imagination s'enflamme et vous voilà corsaire, partant à l'assaut des ruelles malfamées du Petit-Bayonne. Plus loin, en poussant une porte au hasard, vous volerez les secrets intimes de ces habitations étroites – des escaliers sur cour ouvragés, merveilles de menuiserie ou de ferronnerie. À l'animation du port s'est substituée celle des terrasses de cafés : la nuit, la douceur du climat invite à traîner. Et peu à peu, déambulant ainsi au gré du hasard, vous comprenez qu'à Bayonne, vous n'avez guère besoin de guide : c'est la ville qui vous emporte et qui vous mène, si vous lui laissez le temps de vous séduire…

LE LABOURD Bayonne est la capitale du Labourd (*Lapurdi*), la plus occidentale des trois provinces d'Iparralde (Pays basque nord). La seule, côté français, à bénéficier d'une façade maritime. L'Adour délimite sa frontière au nord, et, au sud, la Bidassoa la sépare de la province de Guipúzcoa. La côte, très urbanisée sous l'impulsion du tourisme balnéaire, contraste avec un arrière-pays encore rural, au relief doux et vallonné, où l'on pratique l'élevage ovin et bovin. Son plus haut sommet, la Rhune, s'élève à peine à 900m, dernier soubresaut de la chaîne pyrénéenne avant son plongeon dans la mer. Loin des fastes du littoral, la campagne labourdine attire les amateurs de tourisme vert et de tranquillité : bonnes tables et hôtels de charme y abondent.

UNE VILLE FORTIFIÉE À Bayonne, on passe de la vieille ville à la ville nouvelle comme on entre et sort d'un musée : la limite est nette, formidablement démarquée par ce corset de pierre qui, pendant 500 ans, empêcha l'expansion urbaine du vieux centre. Les premières fortifications furent élevées par les Romains, qui fondèrent au VIe siècle un castrum sur la butte du Petit-Bayonne. Le site était stratégique : éloigné des abords marécageux de l'Adour, au confluent de deux grands fleuves. Le bourg se développa derrière cette ceinture jusqu'au XIIe siècle, époque à laquelle on démolit des pans du mur pour créer les bas quartiers, sur pilotis, dans les marécages. De nouveaux remparts furent érigés pour contenir ces faubourgs, notamment autour du Bourg neuf, l'actuel Petit-Bayonne. Sous la domination anglaise (en 1151, à la suite du mariage d'Aliénor et d'Henri Plantagenêt, l'Aquitaine passe sous le giron du royaume d'Angleterre), le système défensif est renforcé, d'autant que la capitale se coupe de sa province, demeurée sous l'autorité du vicomte du Labourd, exilé à Ustaritz. Mais c'est pour Bayonne une période de prospérité : avant-poste précieux de la couronne anglaise, elle bénéficie de larges privilèges commerciaux. La flotte commerciale et militaire s'agrandit, son port la met en communication avec l'Aquitaine via l'Adour et avec la Basse-Navarre via la Nive. La réintégration de l'Aquitaine au royaume de France, en 1451, entraîne une nouvelle phase de fortifications. Au cours de ces différentes étapes, et jusqu'au XIXe siècle, le développement urbain devra se conformer à un tracé fixé dès le XIVe siècle, ce qui explique l'extrême densité du parcellaire bayonnais. Ce n'est qu'en 1907 que les remparts sont déclassés, permettant le percement d'avenues qui désenclaveront le centre. Depuis, la ville essaye de conjuguer la préservation de son patrimoine avec les impératifs de logement et ses ambitions de capitale économique et culturelle du Pays basque. Le Nouveau-Bayonne s'est construit au-delà des allées Palmy dans les années 1920. L'activité portuaire s'est déplacée au début du XXe siècle vers l'embouchure de l'Adour, où s'est développée la zone industrielle. Bayonne est aujourd'hui le neuvième port de France et le moteur industriel de la communauté d'agglomération Côte basque-Adour, anciennement BAB (Biarritz-Anglet-Bayonne) – ses deux voisines ayant choisi la carte de l'essor touristique.

MODE D'EMPLOI

accès

EN AVION

Aéroport Biarritz-Anglet-Bayonne (plan 2, B2) Air France relie la Côte basque-Adour à Paris-Orly et Marseille, sa filiale Hop ! prenant en charge Lyon, Nice et Genève. Easyjet assure une liaison avec Paris-CDG et Lyon en été, Volotea programme des vols en provenance de Lille (avr.-nov.), et la compagnie suisse Darwin Airline propose des vols Genève-BAB (juin-sept.), cf. Aller au Pays basque en avion (p.44). La plupart des grandes enseignes de location sont représentées à la gare et à l'aéroport (info sur le site Web), cf. Location de voitures (p.70). *6km au sud-ouest de Bayonne Tél. 05 59 43 83 83 www.biarritz.aeroport.fr*

Tableau kilométrique

	Bayonne	Anglet	Biarritz	Saint-Jean-de-Luz
Anglet	4			
Biarritz	8	4		
Saint-Jean-de-Luz	21	17	16	
San Sebastián	55	51	50	34

Liaisons aéroport centre-ville Liaisons vers le centre-ville par le service de transport en commun Chronoplus, bus ligne C (mairie en 20-30min) et ligne 14 (gare, 30-45min), cf. ci-après, rubrique "En car". En taxi, compter env. 20€. *www.chronoplus.eu*

EN VOITURE

Sur l'axe de l'autoroute A63 (190km au sud-ouest de Bordeaux et 25km au nord de la frontière espagnole), Bayonne est aussi l'extrémité occidentale de l'A64 (à 300km de Toulouse).

EN TRAIN

SNCF TGV quotidiens de Paris. Intercités jour vers Toulouse, nuit vers Nice et Genève. Le TER Aquitaine relie Bayonne à Bordeaux, Pau, Saint-Jean-Pied-de-Port, et la côte basque jusqu'à Hendaye. De la gare, de nombreux bus de la compagnie Chronoplus permettent de rejoindre le Grand-Bayonne (arrêts Mairie ou Place des Basques) et le Petit-Bayonne (arrêts Échauguette, Réduit, St-André). Station de taxi 24/24h dans la cour. *Tél. 3635 www.sncf-voyages.com* **Gare SNCF (plan 1, C1)** *Pl. Pereire Quartier Saint-Esprit*

EN CAR

Chronoplus Ces bus sillonnent la zone BAB, Bidart, Tarnos, Boucau et Saint-Pierre-d'Irube. Plan du réseau à l'OT et au kiosque Chronoplus (à l'arrière de la mairie). Ticket à bord voyage unique (1€) ou libre circulation 24h (2€). *Kiosque Bayonne Pl. Charles-de-Gaulle Tél. 05 59 52 59 52 (lun.-ven. 8h30-12h15 et 13h30-17h30) www.chronoplus.eu*

Transports 64 La ligne 816 longe la côte jusqu'à Hendaye et l'Euskotren, via l'aéroport BAB, Biarritz La Négresse (gare), Bidart, Guéthary, Saint-Jean-de-Luz. Lignes vers l'intérieur pour Arcangues (815), Cambo et Espelette (814), Hasparren et Cambo via Briscous (813), Urt (812, prolongation jusqu'à la Bastide-Clairence sur réservation), et enfin Tardets-Sorholus via Saint-Palais et Mauléon (811). *Tél. 0 800 64 24 64 (lun.-ven. 8h30-18h30)*

Régie départementale des transports des Landes Le réseau interurbain des Landes assure 2 lignes au départ de Bayonne ; l'une vers le pays de Seignanx, l'autre vers Capbreton, Hossegor, Seignosse, Soustons et Vieux-Boucau. Tarif par voyage : 2€ la semaine, 5€ le week-end. Kiosque d'information dans la cour de la gare de Bayonne de juin à septembre. *Tél. 05 59 55 17 59 www.rdtl.fr*

PESA La compagnie espagnole effectue des liaisons régulières entre Bayonne et Bilbao (19,80€) via Irún (5,40€) et San Sebastián (7,75€). Départ place des Basques. *Tél. (34) 902 10 12 10 www.pesa.net*

EDSA Ligne quotidienne estivale (fin juin-fin sept.) pour Pampelune (14€). Départ place des Basques. *Tél. (34) 948 131 933 www.edsa.es*

orientation

Les trois quartiers historiques de la ville se sont développés sur les berges de l'Adour et de la Nive : rive gauche, le Grand-Bayonne ; au confluent des deux cours d'eau, le Petit-Bayonne, solidement amarré au Grand-Bayonne par les quatre ponts qui enjambent la Nive ; de l'autre côté de l'Adour, le quartier Saint-Esprit avec la gare.

Grand-Bayonne (plan 1, B2-B3) Le Grand-Bayonne enroule son dédale de ruelles piétonnes et commerçantes autour de la cathédrale Sainte-Marie.

Petit-Bayonne (plan 1, C2-C3) C'est le quartier des étudiants, des restaurants bon marché et des virées nocturnes. Les deux prestigieux musées de Bayonne, le Musée basque et le musée Bonnat-Helleu, y ont élu domicile.

Quartier Saint-Esprit (plan 1, C1) Le quartier Saint-Esprit, traditionnellement en marge et multiculturel, présente un visage plus populaire.

location de voitures

Europcar *Aéroport Tél. 05 59 43 80 20*
Hertz *Aéroport Tél. 0825 38 78 78*
Avis *Aéroport Tél. 05 59 23 67 92 Gare SNCF Tél. 05 59 55 06 56*
Sixt *Aéroport Tél. 05 59 43 76 61*

circulation et transports

EN VOITURE

Stationnement Le plus simple est de laisser sa voiture sur l'un des parkings périphériques et de visiter la ville à pied : les rues piétonnes ou à sens unique sont nombreuses et les distances à parcourir réduites. De plus, la municipalité a instauré un système de **navettes** gratuites à partir de ces parcs de stationnement, plan disponible à l'OT (circulent lun.-sam. 7h30-19h30). Très pratique, la ligne reliant la porte d'Espagne (Grand-Bayonne) au parking Glain (Petit-Bayonne) de 7h30 à 19h30 (lun.-sam.) et la ligne Pass Adour qui relie la Mairie à la gare via le pont Saint-Esprit. Également service de **prêt gratuit de vélos** accessible aux parcs de stationnement (Tour de Sault, Sainte-Claire, la Gare, Paulmy, à la Maison des associations-parking Glain) et à l'OT, cf. ci-après Deux-roues.

DEUX-ROUES

Demander à l'OT le guide *Découvrir Bayonne à vélo* recensant les itinéraires touristiques à deux-roues. L'OT propose des visites guidées Vélo'découverte.

Cyclocom Service de prêt gratuit de vélos. Plusieurs points d'emprunt sont disséminés dans la ville (OT, parcs de stationnement Tour de Sault, Sainte-Claire, la Gare, Paulmy, la Maison des associations voisine du parking Glain, Bureau information jeunesse, et Centre communal d'action sociale). En échange d'une pièce d'identité et d'un chèque de caution, on y emprunte une bicyclette, pour une durée d'une journée maximum. Prêt possible à partir de 15 ans. *Tél. 05 59 46 60 60 www.cyclocom.fr www.bayonne.fr*

TRANSPORTS EN COMMUN

Chronoplus Réseau d'une quinzaine de lignes sillonnant l'agglomération dont Tarnos, Boucau, et Bidart. Service de soirée de 21h à 24h sur le seul axe Bayonne-Sainsontan-Biarritz Mairie. Ticket 1-2€. *Kiosque Bayonne pl. Charles-de-Gaulle Tél. 05 59 52 59 52 (lun.-ven. 8h30-12h15 et 13h30-17h30) www.chronoplus.eu*

informations touristiques

Office de tourisme (plan 1, A2) Des bureaux toujours grouillants d'activité, bien fournis en documentation sur la ville et le Pays basque nord et sud. Billetterie spectacles et City-pass incluant le transport illimité sur le réseau Chronoplus, l'entrée au Musée basque et à l'Atelier du Chocolat Andrieu, la visite guidée du vieux Bayonne, et des remises chez certains commerçants et partenaires touristiques (Petit Train de la Rhune, château d'Abbadia, musée de la Mer, Cité de l'Océan, Ortillopiz, grottes de Sare, Arnaga). Citypass 1 jour 12€, 3 jours 16€, 7 jours 20€. *Pl. des Basques Tél. 05 56 46 09 00 www.bayonne-tourisme.com Ouvert juil.-août : lun.-sam. 9h-19h, dim. 10h-13h ; début mars-fin juin, sept.-oct. : lun.-ven. 9h-18h30, sam. 10h-18h ; nov.-début mars : lun.-ven. 9h-13h et 14h-18h, sam. 10h-13h et 14h-18h*

☺ **Visites guidées** Pour découvrir un Bayonne méconnu et pénétrer dans des lieux habituellement fermés, l'OT organise des visites thématiques (calendrier sur demande) animées par des guides-conférenciers, dont un circuit gourmand sur les traces de l'histoire chocolatière de la ville. De 6 à 10€/pers. selon le thème, moins de 12 ans gratuit.

accès Internet

Cyber Net Café (plan 1, C1) 4,50€/h ; 0,15€/min. *9, pl. de la République Tél. 05 59 50 85 10 Ouvert lun.-sam. 7h-20h, dim. 10h-20h*

French Coffe Shop Espresso bar avec accès wifi gratuit et un ordinateur à disposition. *11, rue d'Espagne Tél. 05 59 44 88 25 Ouvert mar.-sam. 10h-18h30*

fêtes et manifestations

Les Éthiopiques de mars Rencontres culturelles invitant les arts de la planète aux quatre coins de la ville. *www.ethiopiques.fr Mi-mars*

☆ **Foire au jambon** Incontournable ! Forte de plus d'un demi-siècle d'existence, cette foire gastronomique est la "grande messe" du jambon. Dégustation et vente de jambon et autres spécialités de cochonnaille en provenance de la région. *Jeu.-dim. de la semaine sainte*

Journées du chocolat Parcours gastronomique et historique autour du chocolat doublé d'un concours de pintxos entre les bars et *peñas* de la ville. *W.-e. de l'Ascension*

Fortius, un été aux remparts Spectacles vivants, exposition, mise en lumière, marché médiéval et manège équestre (12-14 juil.)... Et, tous les vendredis de juilet et août, visite guidée (17h-19h, 6€, départ en alternance de la porte d'Espagne ou du mail Pelletier) suivie d'un concert dans les fortifications (gratuit). Dans le cadre d'un projet transfrontalier avec Pampelune, autre ville fortifiée. *Juil.-fin sept.*

☆ **Fêtes de Bayonne / Baionako Bestak** Le rendez-vous obligé du calendrier bayonnais (p.72). Journée des enfants le jeudi, qui ne manqueront pas l'*encierro txiki* (lâcher de taureaux... montés sur brouette). *www.fetes.bayonne.fr Mer.-dim. fin juil.*

☺ **Black & Basque** La rencontre des cultures basque et afro-américaine : musiques, graphisme, littérature. Un festival créé à l'initiative de Christian Borde, alias Jules-Édouard Moustic. *www.blackandbasque.com Fin de la 1re sem. de sept.*

Festival de théâtre des Translatines Le rendez-vous français du théâtre latino-américain contemporain. *www.theatre-des-chimeres.com Mi-oct.*

Baionan Kantuz Ce chœur basque invite le public à chanter avec lui. *Dernier sam. du mois à 11h30*

marchés

Marché des Halles (plan 1, B3) Le samedi, le marché déborde de sa structure métallique et occupe les quais et le parking adjacent. *Quai du Cdt-Roquebert (en bord de Nive) Ouvert lun.-ven. 7h-13h30, sam. 6h-13h30, dim. 8h-13h30*

Marché de la place des Gascons Le marché le plus important de la ville réunit plus d'une centaine de commerçants d'alimentation et vêtements. *Mer. et sam. (plus réduit)*

Pêcherie des Allées Marines Étals des pêcheurs professionnels locaux. *Au bord de l'Adour (un peu avant la Chambre de commerce) Lun.-sam. (horaires en fonction du retour au port)*

Marché de Saint-Esprit (plan 1, C1) Vêtements, fripes. *Pl. de la République Ven.*

Marché bio et artisanat équitable (plan 1, C1) *Pl. de la République 2e sam. du mois 16h-20h*

Brocante (plan 1, B3) Sur le carreau des Halles. *Ven.*

DÉCOUVRIR

☆ Le Grand-Bayonne

☆Les essentiels Les quais de la Nive et la cathédrale Sainte-Marie **Découvrir autrement** Participez aux fêtes de Bayonne au milieu de l'été, promenez-vous au pied des remparts de Vauban, dégustez du chocolat chez Daranatz ou Cazenave, assistez à une corrida

Grand-Bayonne Partez de la place de la Liberté, dominée par le bâtiment à arcades du théâtre municipal et de l'hôtel de ville. Sa configuration date du milieu du XIXe siècle – des travaux de terrassement ont permis d'agrandir sa surface, gagnée sur l'Adour. Sur le dallage, vous lirez la devise de la ville, *Nunque polluta* (jamais souillée), accompagnée des armes de Bayonne, de Saint-Esprit, du Labourd, de Gascogne et d'Aquitaine. La rue du Port-Neuf, qui s'engage dans le quartier, était anciennement un canal, comblé au XVIIe siècle. De nos jours, des maisons à arceaux abritent hôtels, restaurants et boutiques de chocolatiers. En s'enfonçant un peu plus loin, on atteint le cœur du vieux Bayonne, ramassé jusqu'au XIXe siècle autour de la cathédrale. Sur la place Pasteur, à l'emplacement de la fontaine, se dressait le pilori. La rue de l'Argenterie, sur la gauche, débouche sur la place des Cinq-Cantons,

☆Fêtes de Bayonne

Depuis leur création en 1932, ces fêtes inénarrables connaissent un succès toujours grandissant (un million de visiteurs en cinq jours). On vient de partout de France, et désormais d'une Espagne pourtant bien servie, pour "faire les Fêtes" : vivre ces cinq jours de liesse, de fraternisation et de beuveries redoutables. Les festivités s'ouvrent place de la Mairie par la remise des clefs et un feu d'artifice. Les programmes s'enchaînent du matin à tard dans la nuit : cavalcade de grosses têtes, sous le haut patronage du roi Léon, *mutxiko* (danse basque), messes et bénédictions, orchestres populaires, courses de vachettes, corso lumineux (défilé de char), corridas, bals publics, bandas et de plus en plus de concerts. Parmi les temps forts, les tablées conviviales et les comptoirs tenus par les *peñas*, ces associations amicales et festives cousines plus ou moins éloignées des *txokos*, sociétés gastronomiques d'Hegoalde. À la suite des débordements qui ont marqué les années 2000, des actions de prévention - dont la fermeture des bars à 3h - et une diversification des festivités (journée des enfants, programme artistique, animations diurnes) ont réimposé un esprit bon enfant, intergénérationnel et familial. Attention, la tenue blanche, agrémentée d'un foulard et d'une ceinture rouge, est de rigueur ! Rien d'un uniforme réglementaire ou identitaire, mais un moyen de faire fi des différences sociales.

ancienne bourse en plein air où les négociants effectuaient leurs transactions financières. Les ruelles qui entourent la cathédrale ont, pour la plupart, gardé le souvenir des corporations de métiers qui les occupaient : ainsi de la rue des Faures (forgerons), de l'Argenterie (orfèvres et changeurs), de la Sabaterie (cordonniers et savetiers), etc. La rue d'Espagne a, quant à elle, conservé son caractère commerçant. Bordée de maisons hautes et étroites, elle présente un ensemble harmonieux de façades percées de deux fenêtres par étage, ornées de balcons en fer forgé. Remarquez la bonne idée de l'association des commerçants : les plaques portant les numéros de rue relatent la vie du commerce depuis plus d'un siècle.

Remparts et fortifications (plan 1, A2-B4) Les remparts qui enserrent Bayonne sont l'œuvre de Vauban. Entre 1680 et 1684, l'ingénieur militaire de Louis XIV entreprit de perfectionner le système défensif de la ville en le doublant d'une seconde ceinture de protection. Du Château-Vieux (occupé par un régiment, ne se visite pas), forteresse massive construite au XIIe siècle par le vicomte du Labourd, une promenade le long du boulevard du Rempart-Lachepaillet permet de parcourir une bonne partie de ce mur d'enceinte et de visualiser glacis et bastions. Au pied des murs, les fossés ont été transformés en espaces verts. De l'autre côté du boulevard se dégage une superbe vue sur le front de maisons de la ville médiévale, confinée derrière le tracé du premier mur : serrées les unes contre les autres avec leurs volets colorés et brinquebalants, elles traduisent parfaitement la métaphore du corset de pierre qui semble les comprimer ! Çà et là, des tours et des pans du mur romain et médiéval sont toujours visibles, notamment à la hauteur du bastion Lachepaillet et le long de la rue du Tour-de-Sault. Sur votre gauche, la rue des Augustins, prolongée par la rue de la Salie, épouse le tracé du fossé romain.

★☺ **Quais de la Nive (plan 1, B2-B3)** Au Moyen Âge, ces quais grouillaient de l'activité des chantiers navals et du trafic fluvial. Les rues perpendiculaires à la Nive étaient à l'origine des canaux, ou ports : de Bertaco, de Suzeye, de Castets. Les quais, en bois puis en maçonnerie, furent bâtis à la fin du XVIe siècle, après les travaux d'ouverture de l'estuaire de l'Adour (1578), dont l'ensablement progressif avait condamné le port de Bayonne. Les anneaux auxquels on amarrait les galupes (gabarres) qui naviguaient sur la Nive et l'Adour sont toujours là. Des maisons à pans de bois rouges, bleus ou verts forment une haie multicolore et uniforme des deux côtés de la rive. Les verrières des toitures qui scintillent au soleil datent du XIXe siècle – un souci de confort pour éclairer les appartements construits dans les arrière-cours.

☆ **Cathédrale Sainte-Marie (plan 1, B3)** Ce bel édifice gothique rayonnant a fière allure, perché sur les hauteurs de la butte du Grand-Bayonne. Sa construction s'échelonna du XIIIe au XVIe siècle, puis d'importants remaniements menés au XIXe siècle par Boeswillwald lui donnèrent sa physionomie actuelle et les deux flèches de 80m qui pointent vers le ciel. La nef, composée de sept travées à trois étages, présente à la croisée des ogives des clés de voûte armoriées reproduisant les armes de France (fleur de lys) et d'Angleterre (trois léopards). L'une d'entre elles, dans le transept sud, illustre une nef bayonnaise, témoignage de la vocation maritime de la cité. Le déambulatoire dessert sept

Plan 1 Bayonne

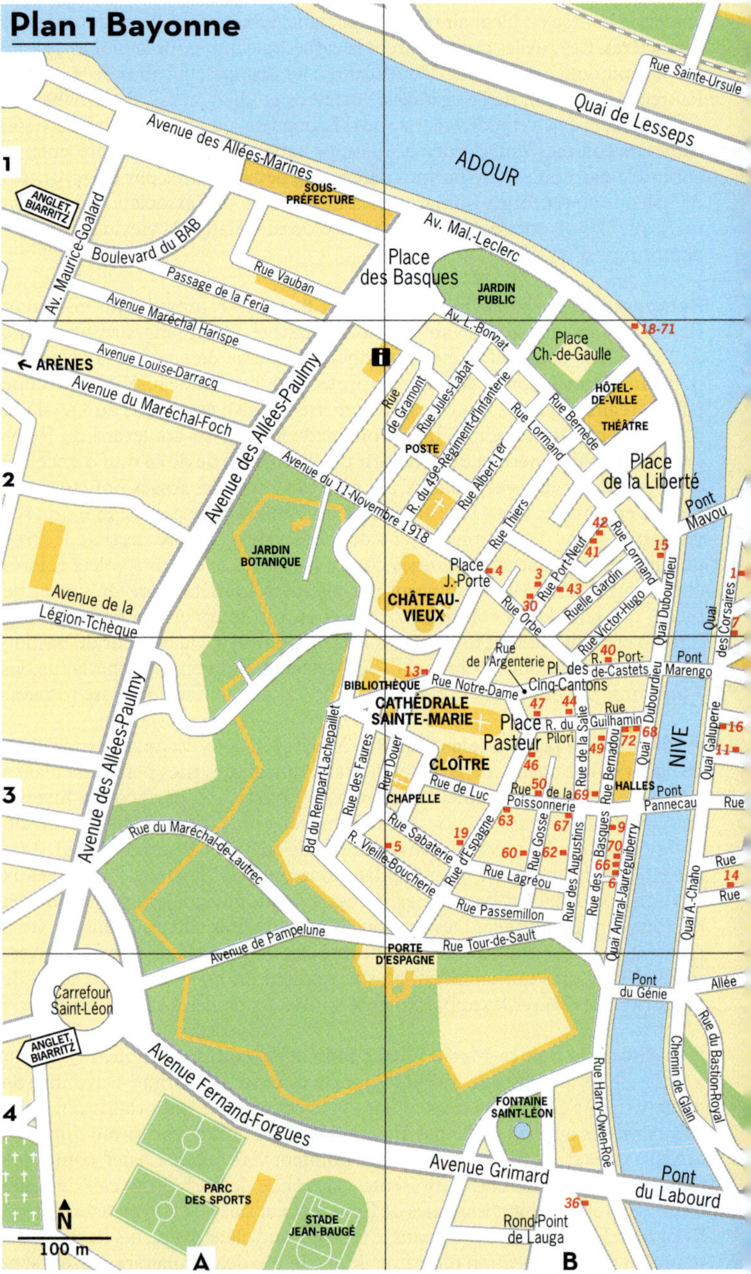

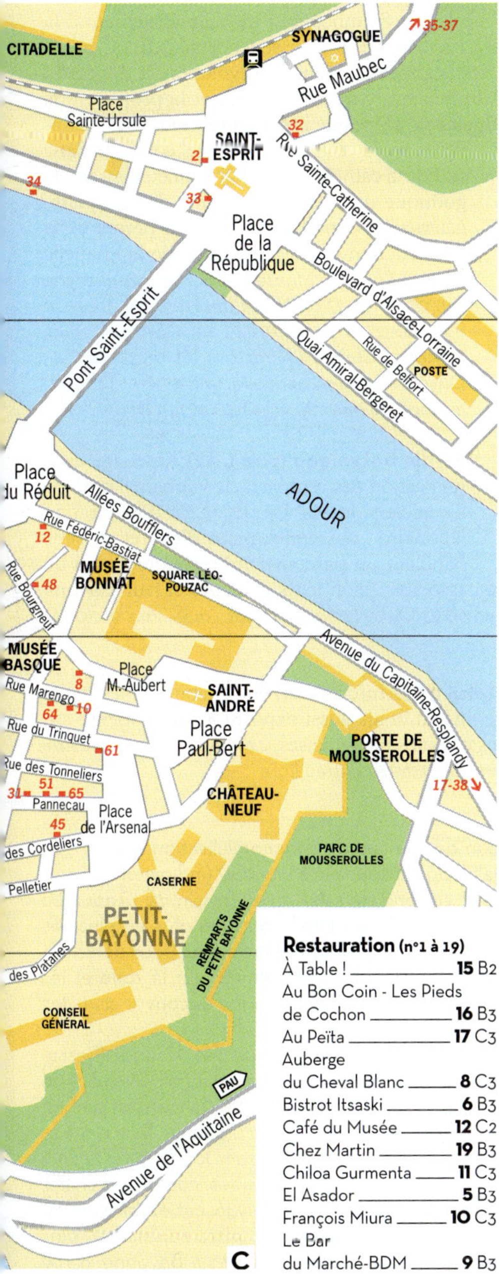

Restauration (n°1 à 19)
À Table ! ____ **15** B2
Au Bon Coin - Les Pieds de Cochon ____ **16** B3
Au Peïta ____ **17** C3
Auberge du Cheval Blanc ____ **8** C3
Bistrot Itsaski ____ **6** B3
Café du Musée ____ **12** C2
Chez Martin ____ **19** B3
Chiloa Gurmenta ____ **11** C3
El Asador ____ **5** B3
François Miura ____ **10** C3
Le Bar du Marché-BDM ____ **9** B3
Le Bayonnais ____ **7** B2
Le Bistrot Sainte-Cluque ____ **2** C1
Le Chistera ____ **3** B2
Le Pavé ____ **13** B3
Lounge Kfé ____ **14** B-C3
Mokofin* ____ **4** B2
Quai Délices* ____ **1** B2
Talaia ____ **18** B1

Hébergement (n°30 à 38)
Chambres d'hôtes Péniche Djebelle ____ **34** C1
Hôtel Côte basque ____ **32** C1
Hôtel La Villa ____ **38** C3
Hôtel Le Bayonne ____ **36** B4
Hôtel Monbar ____ **31** C3
Ibis Styles ____ **33** C1
Le Port-Neuf ____ **30** B2
Le Poteau Rose ____ **37** C1
Le Yay ____ **35** C1

Shopping (n°40 à 51)
Aubard* ____ **40** B3
Cave Beñat* ____ **51** C3
Chocolat Cazenave* ____ **41** B2
Daranatz* ____ **42** B2
Krapo Etik* ____ **48** B2
L'Atelier du Chocolat* ____ **43** B2
Lionel Raux* ____ **49** B3
Maison Ramuntxo ____ **47** B3
Montauzer* ____ **44** B3
Pierre Ibaïalde* ____ **45** C3
Pierre Oteiza* ____ **46** B3
Viandas de Salamanca* ____ **50** B3

Cafés, bars et lieux de sortie (n°60 à 72)
Bar du Curé ____ **60** B3
Bar du Trinquet Saint-André ____ **61** C3
Caveau des Augustins ____ **62** B3
Chez Ramina ____ **63** B3
Ibaia ____ **70** B3
Kalostrape ____ **64** C3
L'Estafête ____ **65** B3
La Karafe ____ **66** B3
La Luna Negra ____ **67** B3
Le Café du Centre* ____ **72** B3
Le Mastroquet - Bar François* ____ **68** B3
Le Xurasco ____ **69** B3
Ontzi Bar ____ **71** B2

*À RETROUVER DANS LA PARTIE DÉCOUVRIR

chapelles décorées au XIXe siècle par Steinheil, qui travailla également à la chapelle Impériale de Biarritz. La sacristie abrite le seul portail (XIIIe s.) ayant échappé aux dégradations des insurgés pendant la Révolution. Il donnait à l'origine accès au cloître. Admirez ses tympans historiés et la profusion de détails de ses voussures sculptées de scènes de la fin du monde. Vous terminerez votre visite par le cloître, contre le flanc sud de la cathédrale, un harmonieux ensemble gothique du XIVe siècle. L'une de ses quatre galeries fut démolie au XIXe pour permettre la construction de la sacristie et de la chapelle Saint-Léon. *Pl. Monseigneur-Vansteenberghe Tél. 05 59 59 17 82 Visite lun.-ven. 10h-11h45 et 15h-18h45, sam. 10h-11h45 et 15h-17h45, dim. 15h-18h45* **Cloître** *Pl. Pasteur Tél. 05 59 46 11 43 Ouvert mi-mai-mi-sept. : tlj. 9h-12h30 et 14h-18h ; mi-sept.-mi-mai : tlj. 9h-12h30 et 14h-17h*

VITRAUX DE VIRTUOSES
Dans la cathédrale, les vitraux (XVe-XVIe s.) des hautes fenêtres racontent des scènes de la Genèse et de la Bible. Mais le plus beau d'entre eux se trouve dans la chapelle Saint-Jérôme (bas-côté gauche) : de composition complexe, avec plusieurs plans en profondeur, il figure la guérison de la fille de la Cananéenne (1531).

Jardin botanique (plan 1, A2) Aménagé dans un bastion des remparts de Vauban, il domine les anciens fossés. Le décor est d'inspiration japonaise : passerelle, pièce d'eau et cascade habillent un parcours qui serpente parmi un millier de variétés étiquetées, associées selon leurs couleurs et leur parfum. *Allée des Tarrides Tél. 05 59 46 60 93 Ouvert mi-avr.-mi-oct. : mar.-sam. 9h30-12h et 14h-18h Entrée libre*

Boutique du patrimoine (plan 1, B3) Information sur l'habitat et les règles d'urbanisme dans le centre ancien, mais aussi exposition permanente sur l'histoire et l'architecture des maisons bayonnaises. *42, rue de la Poissonnerie Tél. 05 59 25 60 83 Ouvert lun.-ven. 13h-17h Entrée libre*

● Où acheter du jambon, de la charcuterie ? Le jambon de Bayonne tient son appellation de son lieu de commercialisation : le port de Bayonne. Aujourd'hui, l'appellation est soumise à une IGP (indication géographique protégée) qui restreint sa zone de salaison au bassin de l'Adour. La zone d'élevage, en revanche, couvre 22 départements ! De plus en plus, les producteurs et éleveurs basques s'organisent en associations pour défendre la spécificité de leurs produits, fondée plus précisément sur la zone et les modalités d'élevage (Ibaïona, Kintoa). N'hésitez pas à les découvrir dans les commerces gourmets de Bayonne.

Pierre Oteiza (plan 1, B3 n°46) Cet éleveur de la vallée des Aldudes (Basse-Navarre) a participé à la réhabilitation des porcs basques pie noir. Évoluant en liberté, ils se nourrissent de glands, d'herbes et de racines et donnent un jambon parfumé, séché au minimum 16 mois (p.231). *70, rue d'Espagne Tél. 05 59 25 56 89 www.pierreoteiza.com (vente en ligne) Ouvert mar.-sam. 10h-12h30 et 14h-19h*

Aubard (plan 1, B3 n°40) Jambon, pâté et boudin basques, confit de canard, tripes, saucisses, etc., de confection maison. Créé en 1946, cet établissement tenu par le petit-fils du fondateur propose aussi des plats cuisinés et, plus rare, de la viande fraîche de porc Kintoa. Deux boutiques à Bayonne. *8, rue*

Port-de-Castets Tél. 05 59 59 52 03 www.charcuterie-aubard.fr Ouvert mar.-sam. 8h-12h30 et 15h-19h ***Autre adresse*** *43, bd Alsace-Lorraine (quartier Saint-Esprit) Tél. 05 59 55 02 27 Ouvert mar.-sam. 7h45-12h30 et 15h-19h*

Montauzer (plan 1, B3 n°44) Une maison réputée pour ses conserves de porc et de volaille et pour ses salaisons (saucissons, jambons secs, ventrèches). Profitez-en pour goûter les jambons Ibaïona, issus de porcs Large White nourris aux céréales. Leur goût musqué, très fin, est le fruit d'une maturation de près de 15 mois. *17, rue de la Salie Tél. 05 59 56 84 04 Ouvert mar.-sam. 7h-13h et 15h-19h15*

Viandas de Salamanca (plan 1, B3 n°50) Fin connaisseur, le Bayonnais gourmet ne mange pas de jambon de Bayonne générique mais uniquement de l'Ibaïona ou du Kintoa, certains serrano et des pata negra espagnoles. Cette boutique en propose une belle sélection, ainsi que des charcuteries et des jambons de la région de Salamanque, dont le fameux Guijuelo, de 36 mois d'affinage minimum. Attention, les prix sont à la hauteur de la qualité. *30, rue de la Poissonnerie Tél. 09 67 26 79 28 Ouvert mar.-sam. 10h-19h*

● Où savourer des chocolats ? Ce sont les Juifs expulsés d'Espagne par l'Inquisition qui introduisirent en France les techniques de fabrication du chocolat. Le breuvage des rois aztèques, tant apprécié des colons espagnols, allait désormais conquérir la France entière à partir de Bayonne. La ville se spécialisa dans cette production au XVIIIe siècle et compte toujours un grand nombre d'excellentes chocolateries artisanales.

Daranatz (plan 1, B2 n°42) Depuis 1890, cette chocolaterie traditionnelle perpétue des recettes jalousement gardées : ganaches aux épices et à la fleur d'oranger, pralinés aux amandes d'Espagne, tablettes parfumées à la vanille... Également des tourons aux couleurs appétissantes. Une jolie boutique à l'ancienne aux allures de comptoir d'apothicaire. *15, rue du Port-Neuf Tél. 05 59 59 03 55 www.daranatz.fr Ouvert lun.-sam. 9h15-19h*

Lionel Raux (plan 1, B3 n°49) Une jeunette en comparaison des vénérables institutions bayonnaises du chocolat ! Mais la maison a su se hisser rapidement au niveau des grands. Plus de 30 sortes de tablettes, de magnifiques pâtisseries, des macarons fondants, et, à midi, un service snack à emporter avec de savoureuses propositions. *7, rue Bernadou Tél. 05 59 59 34 61 www.patisserieraux.fr Ouvert lun.-ven. 9h-19h30, sam. 8h-19h30, dim. 8h-13h*

L'Atelier du Chocolat (plan 1, B2 n°43) Cette enseigne bayonnaise compte aujourd'hui une quarantaine de boutiques dans toute la France... Du chocolat vendu en vrac, et quelques recettes originales, comme celles au gingembre ou au piment d'Espelette. Pour éduquer le palais et apprendre à différencier les "grands crus", optez pour des chocolats extra-noirs (70%) au cacao de São Tomé, d'Équateur, ou de Madagascar... Les assortiments présentés en "bouquets" pourront faire un cadeau amusant. Les plus curieux et les plus gourmands se rendront au site de fabrication (hors centre-ville) pour une visite appétissante : parcours ludique de découverte du cacaoyer au chocolat, avec vue sur les fabrications en cours, et dégustation (visite env. 1h, préférez le matin quand tous les ateliers sont en fonction). ***Boutique*** *37, rue Port-Neuf Tél. 05 59 25 72 95 Ouvert lun.-jeu. et sam. 10h-12h30 et 14h-19h, ven. 10h-19h* ***Atelier de fabrication*** *7, allée de Gibeleou (quartier Saint-Frédéric) Tél. 05 59 55 00 15 www.atelierduchocolat.fr Ouvert lun.-sam. 9h30-12h30 et 14h-18h (18h30 juil.-août) Tarif 5,80€, 4-12 ans 2,90€*

● Où savourer un chocolat chaud ultra-mousseux ?

☺ **Chocolat Cazenave (plan 1, B2 n°41)** Une vénérable institution, dotée d'un joli salon de thé : l'occasion de goûter l'une des spécialités de la maison, le chocolat chaud moussé à la main, accompagné d'un pot de chantilly (5,70€). Au comptoir, de belles idées de cadeaux : les tablettes numérotées comme de célèbres parfums. *19, rue Port-Neuf Tél. 05 59 59 03 16 www.chocolat-cazenave.fr Ouvert lun.-sam. 9h15-12h et 14h-19h Fermé dim. et lun. hors vac. scol.*

● Où boire un café en terrasse ?

Le Café du Centre (plan 1, B3 n°72) Au carreau des halles, cœur de la ville, voici le lieu idéal pour une pause café-croissant. Très fréquentée à l'heure de l'apéritif, la terrasse de ce café est aussi la toute première de Bayonne à bénéficier d'un ensoleillement matinal. Avant de filer aux halles, juste en face, faire son marché, on observe les habitudes des Bayonnais, surtout les jours de match de rugby. Au Café du Centre, on finit par se sentir chez soi ! *4, rue du Port-de-Suzeye Tél. 05 59 59 07 76 Ouvert lun.-sam. 8h-19h*

Le Mastroquet – Bar François (plan 1, B3 n°68) À deux pas des halles, on se presse dans ce café convivial, et tout particulièrement à l'heure de l'apéritif autour de son vieux comptoir. *14, rue Guilhamin Tél. 05 59 59 10 38 Ouvert tlj. 7h-22h*

Bonnes tables

De la simple *casa rural* à la table étoilée, la gastronomie basque est une invitation à la gourmandise.

Le Bar du Marché-BDM (Bayonne) ____ 87
El Asador (Bayonne) ____ 89
Auberge du Cheval Blanc (Bayonne) ____ 89
La Fleur de Sel (Anglet) ____ 102
Le Clos Basque (Biarritz) ____ 127
Chez Albert (Biarritz) ____ 128
La table des Frères Ibarboure (Bidart) ____ 141
Arrantzaleak (Ciboure) ____ 165
Bellevue (Cambo-les-Bains) ____ 198
Maison E. Bernat (Saint-Jean-Pied-de-Port) ____ 223
Les Pyrénées (Saint-Jean-Pied-de-Port) ____ 223
Hôtel-restaurant Saint-Sylvestre (Aldudes) ____ 234
Auberge du Lausset (L'Hôpital-Saint-Blaise) ____ 267
Auberge d'Ahusquy (Aussurucq) ____ 272
Etchémaïté (Larrau) ____ 279
Arts et Délices (Oloron-Sainte-Marie) ____ 304
Restaurant Chez Château (Esquiule) ____ 309
La Koska (Urdazubi-Urdax) ____ 351
Matxete (Vitoria-Gasteiz) ____ 416
Hotel Marqués de Riscal (Elciego) ____ 422
Palacio de Anuncibai (Llodio) ____ 428
Miramón Arbelaitz (San Sebastián) ____ 467
Akelarre (San Sebastián) ____ 467
Arzak (San Sebastián) ____ 467
Mugaritz (Renteria) ____ 467
Martín Berasategui (Lasarte-Oria) ____ 468
Etxanobe (Bilbao) ____ 569
Zortziko (Bilbao) ____ 570
Restaurante Zallo-Barri (Gernika-Lumo) ____ 586

● Où manger sur le pouce, s'offrir des souvenirs gourmands ?

☺ **Maison Ramuntxo (plan 1, B3 n°47)** Épicerie fine au goût du jour, ce concept store "gastro" ravit les fins gourmets : sélection d'huiles, de vinaigres, d'épices, de thés, de cafés... tout incite au péché de gourmandise. On y fait provision de conserves locales, de vins du cru mais aussi de linge basque. À l'étage se tient l'atelier de maître et sa terrasse, ou l'on prendra le temps de se régaler de petits plats du jour maison (6-9€), dans un cadre renouvelé régulièrement par des expositions de peintures et de photos. L'endroit idéal pour un petit déjeuner, une pause grignotage ou un apéritif. *7-9, rue du Pilori Tél. 05 59 59 12 37 www.ramuntcho.com Ouvert mar.-sam. 9h30-19h, lun. 12h-18h30*

● Où faire une pause déjeuner ?

☺ **Mokofin (plan 1, B2 n°4)** Vous voici dans le domaine des sœurs Erguy : Joëlle assure le service en salle, et Maitena, la chef pâtissière, s'active aux fourneaux. Entremets, glaces, viennoiseries, tout est fait sur place, comme la petite restauration en service continu : tarte et soupe du jour, burger gourmand, sandwichs élaborés (6-12€)... Une belle et bonne adresse ! *27, rue Thiers Tél. 05 59 59 04 02 http://mokofin.com Ouvert mar.-sam. 8h-19h, dim. 8h-13h (et le lun. juil.-août et déc.)*

● Où s'offrir des tissages basques ? Vous ne trouverez pas de fabriquant de linge et de tissus basques à Bayonne, mais la plupart des productions locales sont vendues dans les boutiques du centre-ville. Les maisons sérieuses sont installées sur un même axe : rue de l'Argenterie - place des Cinq-Cantons - rue Port-de-Castets. En bas vers la Nive, boutique **Artisanat et Tradition**, puis, en remontant, la **mercerie Hari Piru**, et enfin la maison Jean-Vier, derrière la façade séculaire de la maison de blanc **Berrogain**, et **Artigua** tout en haut.

● Assister à une corrida

Arènes municipales (hors plan 1 par B2) Les arènes néomauresques de Lachepaillet (10 000 places) se trouvent dans le Nouveau-Bayonne, à l'ouest du Grand-Bayonne. La *temporada* (saison) court de juillet à septembre. Au programme : corridas et *novilladas* (affrontements de jeunes toreros et de jeunes taureaux) avec ou sans picador. Les prix, à partir de 15€ pour une *novillada* en plein soleil, grimpent jusqu'à 99€ pour une corrida à l'ombre depuis les *barreras* (premiers rangs). Bayonne est la plus ancienne ville taurine de France. *Av. des Fleurs (quartier du Nouveau-Bayonne)* **Points de vente** *Bureau des arènes Rue Alfred-Boulant Tél. 0 811 80 64 64 www.bayonne.fr Ouvert juil.-sept. : lun.-ven. 10h-13h et 16h-19h* **Office de tourisme** *Pl. des Basques Tél. 05 59 46 09 00 Ouvert juil.-août : lun.-sam. 9h-19h, dim. 10h-13h*

LE LABOURD

☺ Le Petit-Bayonne

> ☆ **Les essentiels** Le Musée basque **Découvrir autrement** Découvrez la pelote à main nue au trinquet Saint-André, explorez le Bayonne arty, et sacrifiez au rite du *tapeo*

Le Petit-Bayonne Partez du pont Mayou, qui offre une belle perspective sur les maisons à arceaux alignées le long des quais. Sur la place du Réduit se dressait autrefois un mur de protection muni d'une échauguette. L'ensemble fut rasé au XIXe siècle et l'échauguette, dernier vestige du système défensif, s'effondra en 1937, au grand dam des Bayonnais… La municipalité l'a reconstruite en 2006. Enfoncez-vous un peu plus dans le quartier. Quelques slogans et drapeaux basques aux façades des maisons témoignent de l'héritage politique des nationalistes basques espagnols, exilés ici sous la dictature de Franco. **Rue Bourgneuf,** remarquez, là encore, l'extrême étroitesse des demeures, construites sur des parcelles de 4m de largeur ! Autres ruelles caractéristiques : la **rue Pannecau**, canal comblé au XVIe siècle dont les arceaux ont été intégrés aux maisons, et les rues des Cordeliers et des Tonneliers, également bordées de maisons à arceaux. L'**église Saint-André** (1856-1862) renferme un tableau de Léon Bonnat, *L'Assomption*, et un bel orgue offert par Napoléon III. C'est sur la **place Paul-Bert** qu'ont lieu les courses de vachettes pendant les fêtes de Bayonne. L'hiver, les cafés de la place attirent les étudiants. Pour accéder aux fortifications de Vauban, remontez la rue Cardinal-Godin et franchissez la première ceinture. Vous arrivez à la porte de Mousserolles, dont le pont-levis et la herse sont en parfait état de conservation. Le Château-Neuf (1460-1489), érigé pour surveiller la population après la reconquête de Bayonne, accueille aujourd'hui une université et le centre de recherche sur la langue et les textes basques. Tout ce quartier se transforme au gré de la réhabilitation des logements et de l'agrandissement du pôle universitaire.

☆**Musée basque (plan 1, C3)** Le musée, qui occupe l'ancienne demeure (XVIe s.) d'un riche commerçant bayonnais, dresse un large panorama de la culture basque et de l'histoire de Bayonne. Sa présentation, claire et ludique, servie par une muséographie résolument moderne, évite l'écueil d'un exposé trop linéaire. Enregistrements sonores et vidéos accompagnent deux mille objets dispersés sur 4 000m² et renseignent le visiteur sur des sujets variés : préhistoire, agropastoralisme, religion, pêche et navigation, artisanat et architecture, sports basques, ou encore la communauté juive au XVIIe et XVIIIe siècle, alors la plus importante de France. Très beau mobilier basque (*zuzulu*, *manka*) dans la section consacrée à l'*etche* (maison familiale), mais aussi une section peintures avec des œuvres de Sonneville, Ramiro Arrue, Tobeen, Roganeau, etc., et une étonnante tapisserie des coiffures. *Maison Dagourette 37, quai des Corsaires Tél. 05 59 59 08 98 www.musee-basque.com Ouvert sept.-juin : mar.-dim. 10h-18h30 ; juil.-août : tlj. 10h-18h30 nocturne gratuite mer. 18h30-21h30 Tarif 5,50€, réduit 3€ Billet jumelé avec le musée Bonnat-Helleu 9€, tarif réduit 4,50€ Gratuit pour les moins de 18 ans et pour tous le 1er dim. du mois (sauf en juil.-août)*

Musée Bonnat-Helleu (plan 1, C2) Les collections exceptionnelles de ce musée sont en grande partie constituées du legs du peintre Léon Bonnat (Greco, Goya, Géricault, Ingres, Delacroix, Corot, Degas...), complété par celui de la famille de Paul Helleu, peintre et graveur de la fin du XIXe siècle. Peu connu, si ce n'est des amateurs étrangers, ce musée fermé depuis 2011 n'a pas annoncé de date de réouverture prochaine. Des expositions temporaires pourraient cependant se tenir dans divers lieux. À suivre sur le site du musée. *5, rue Jacques-Laffitte Tél. 05 59 59 08 52 www.museebonnat.bayonne.fr*

Où trouver une bonne bouteille ?

Cave Beñat (plan 1, C3 n°51) Ce caviste spécialisé dans les vins naturels propose des flacons régionaux (Ilarria en irouléguy et domaines de Souch, Bellauc et Larreydia en jurançon), mais aussi de nombreuses autres productions françaises et étrangères. On apprécie l'ambiance décontractée au comptoir et les assiettes de produits du terroir qui accompagnent les sélections du moment. *47, rue Pannecau Tél. 05 59 44 86 60 www.cavebenat.fr Ouvert mar.-sam. 10h-13h et 16h-22h*

Où visiter un saloir à jambon ?

Pierre Ibaïalde (plan 1, C3 n°45) Cet atelier artisanal de salaisons a pignon sur rue dans le Petit-Bayonne. Au cours de la visite-dégustation, dans les odeurs entêtantes des jambons de Bayonne suspendus au plafond, vous découvrirez les différentes étapes de la fabrication : la salaison au sel gemme, le séchage à basse température et enfin l'affinage, le tout se déroulant ici au fil de 7 à 10 mois et à partir de porcs du Sud-Ouest label Rouge. *41, rue des Cordeliers Tél. 05 59 25 65 30 www.pierre-ibaialde.com Ouvert juil.-sept. : tlj. 9h-12h30 et 14h-18h ; nov. : lun.-ven. 9h-12h30 et 14h-18h ; déc.-mars : mar.-ven. 9h-12h30 et 14h-18h ; avr. : lun.-ven. 9h-12h30 et 14h-18h, sam. 9h-12h ; mai-juin : lun.-sam. 9h-12h30 et 14h-18h*

Où renouveler la garde-robe des petits ?

Krapo Etik (plan 1, B2 n°48) Trouver de beaux vêtements d'enfants fabriqués selon des critères respectueux de l'environnement et à un prix abordable n'est pas simple. Cette boutique répond à cette attente, en proposant une sélection de marques françaises – et originaires des Landes et du Pays basque – engagées et hautes en couleur. *19, rue Bourgneuf Tél. 05 40 07 55 97 www.krapoetik.com Ouvert mar.-sam. 10h30-18h*

Où manger sur le pouce ?

Quai Délices (plan 1, B2 n°1) Une salle pop et chic au rez-de-chaussée d'un immeuble des quais de la Nive, et une terrasse ouvrant sur les façades du Grand-Bayonne. Quelle que soit l'heure, voici une halte sûre et accueillante : du petit déjeuner en amoureux (petite carte de thés, chocolats maison) au goûter des enfants (crêpes maison, glaces artisanales, fruits pressés…), en passant par des collations à midi où tout est fait sur place (formule velouté-tarte salée 12€, salades…). *46, quai des Corsaires Tél. 05 59 64 95 85 Ouvert lun.-sam. 9h-19h*

Suivre une partie de pelote à main nue

☺ **Trinquet Saint-André (plan 1, C3)** D'octobre à juin, tous les jeudis à 16h, les *pilotazale* (amateurs de pelote) viennent assister ou participer aux parties à main nue du fronton couvert du Petit-Bayonne. Un rendez-vous incontournable pour l'ambiance et le cadre : il s'agit en effet du premier jeu de paume (début XVIIe s.) transformé en trinquet. On assiste à la partie, installé dans une des galeries, derrière des filets de protection. *4, rue du Jeu-de-Paume Tél. 05 59 25 76 81 Ouvert lun.-sam. 9h-22h Tarif 10€, moins de 16 ans 2€*

Le quartier Saint-Esprit

☆ **Les essentiels** La sculpture représentant la Fuite en Égypte de l'église Saint-Esprit **Découvrir autrement** Assistez, en octobre, à une représentation du festival de théâtre franco-ibérique et latino-américain dans un des deux cinémas d'art et d'essai du quartier

Sur la rive droite de l'Adour, Saint-Esprit (plan 1, C1) fut pendant longtemps un village à part entière, annexé à Bayonne seulement en 1857. L'histoire de son développement est indissociable de celle des Juifs "portugais", chassés d'Espagne par l'Inquisition et venus s'établir là au XVIe siècle. Si de nombreuses restrictions et interdictions frappaient les Juifs sur les autres rives de Bayonne, Saint-Esprit offrait toutes les libertés. La communauté prospéra au point de devenir, au XVIIIe siècle, la plus grande de France. Le village originel s'organisait autour de la place de la République et de l'église, mais les importants travaux menés au XIXe siècle (construction de la gare, du pont, du boulevard d'Alsace-Lorraine) ont profondément déstructuré le tissu urbain. Sur la place demeure la fontaine où les Bayonnais venaient, au XIXe siècle encore, s'approvisionner en eau potable. L'**église Saint-Esprit**, bâtie sur un prieuré roman et maintes fois remaniée, renferme un joyau : un groupe en bois polychrome sculpté représentant ☆ **la Fuite en Égypte** (XVe s.). La **synagogue** de Bayonne, de style néoclassique (1837), se dresse rue Maubec. C'est sur les hauteurs du bourg que Vauban choisit de construire la citadelle, conçue pour accueillir une garnison de 900 hommes. Saint-Esprit est de nos jours un quartier vivant et métissé, peuplé notamment de restaurants chinois, turcs ou marocains, et de galeries.

LE LABOURD

Les environs de Bayonne

☆ **Les essentiels** La plaine d'Ansot **Découvrir autrement** Observez les oiseaux lors d'une balade dans les barthes, remontez le fleuve à vélo, en voiture ou en bateau

☆ **Plaine d'Ansot** Un Muséum d'histoire naturelle (écologie, zoologie, botanique), un centre d'interprétation (la Maison des barthes), et des circuits de balades dans un poumon vert où vous profiterez de Dame Nature. Située en bord de Nive, la **Maison des barthes** est une ferme du XVIIIe siècle restée en activité jusqu'à la fin des années 1980, et entièrement restaurée selon les principes du développement durable (production d'eau chaude et d'électricité au moyen de panneaux solaires, chauffage assuré par une pompe à chaleur, station d'épuration écologique). L'exposition permanente en deux volets présente les grandes lignes de l'écologie et la richesse d'un écosystème spécifique aux barthes : les zones humides. Une autre salle accueille des expositions sur le thème de l'environnement. Pour prolonger cette visite instructive, partez explorer les quatre sentiers thématiques tracés au cœur de la plaine d'Ansot, un espace naturel protégé. ***Accès du centre de Bayonne*** *À pied (15min de marche) ou à vélo uniquement par le pont Blanc Parking à l'extrémité du pont Service de navettes électriques mer. et sam. 14h30-17h30 (16h30 en hiver) Tél. 05 59 42 22 61*

RANDONNÉE NATURALISTE
Les barthes sont des terres humides, régulièrement inondées par les eaux de l'Adour et riches en faune et en flore. Asséchées pour les besoins de l'agriculture, elles tendent aujourd'hui à disparaître. Pourtant, leur écosystème fragile présente une grande variété de milieux. Une balade de 2h30 à partir d'Urt vous conduira au cœur de ces paysages emblématiques, cf. Randonner en Labourd (p.317).

www.ansot.bayonne.fr ***Plaine d'Ansot*** *Ouvert mi-avr.-mi-oct. : mar.-dim. 9h30-19h ; mi-oct.-mi-avr. : mar.-dim. 10h30-17h30 Entrée libre* **Maison des barthes et Muséum** *Ouvert mi-avr.-mi-oct. : mar.-mer. et ven.-dim. 10h30-12h30 et 13h30-18h ; mi-oct.-mi-avr. : mar.-ven. 13h30-17h, sam.-dim. 11h-12h30 et 13h30-17h (Muséum fermé jeu. hors période vac. scol.) Entrée libre*

La vallée de l'Adour

Du Petit-Bayonne, remontez la rive gauche de l'Adour avant de prendre de la hauteur au château d'Aguerria, actuelle mairie de **Mouguerre**, bourg paisible devenu banlieue de Bayonne. D'un côté l'Adour, de l'autre le piémont et la chaîne pyrénéenne. Derrière l'église, descendez le chemin de Cigaro, traversez la ligne de chemin de fer et contournez les zones portuaires par la droite ; puis prenez à gauche au passage à niveau suivant pour rejoindre la D261, qui épouse le cours de l'Adour jusqu'aux frontières du Béarn. À 12km de Bayonne, faites un détour par **Urcuit**. Légèrement en retrait du fleuve, ce village affiche un caractère plus basque : une église au clocher carré, sertie d'un cimetière aux stèles discoïdales. Le retour sur la D261, **Urt**, première bourgade que croise la départementale, était jadis un port de pêche florissant, entouré d'ateliers de batellerie réputés. L'arrivée du chemin de fer signa le déclin de cette industrie et des nombreux métiers artisanaux qui en dépendaient. Partant du port, une jolie promenade naturaliste borde la rivière. Une dizaine de kilomètres plus loin se dressent les ruines du **château de Guiche** (XIVe s.). La forteresse contrôlait de son promontoire l'embouchure de la Bidouze, aux portes du territoire navarrais. À côté du fronton du village, se tient une table qui ne paie pas de mine mais réserve de belles surprises : le Gantxo (p.92)

Naviguer sur l'Adour

Adour Loisirs (plan 1, C2) Bateau hollandais de croisière suffisamment ramassé pour remonter jusqu'à l'embouchure de la Bidouze et Bidache (35€), le *Croisic* propose également des navigations courtes dans le port de Bayonne (1h, 11€) et vers Urcuit (2h, 16€) et Urt (3h, 18€). Les trajets plus longs demandent la journée, et incluent un arrêt dans les bonnes auberges non loin des rives. À bord, le capitaine Michel Ravel, ravi de partager sa passion pour ces territoires, est intarissable. Départ selon l'importance des groupes constitués. Téléphonez. ***Départ*** *Allée Boufflers Tél. 05 59 25 68 89 ou 06 32 64 11 42 http://adour.loisirs.free.fr Ouvert mi-fév.-déc.*

CARNET D'ADRESSES

Lieux de sortie

En temps normal, les soirées bayonnaises ne sont guère trépidantes... Mais il suffit d'un événement, d'un concert dans les arènes de Lachepaillet pour voir affluer toute la jeunesse du BAB ! Le temps des Fêtes, on vient d'encore plus loin pour vivre une nuit d'ivresse en ville. Cette effervescence demeure palpable pendant les mois d'été.

Cinéma

Dans le paisible quartier Saint-Esprit, deux cinémas d'art et d'essai, le premier étant agrémenté d'un bar-cafétéria. Films primés, avant-premières, documentaires. ☺ **L'Atalante (plan 1, C1)** *7, rue Denis-Etcheverry Tél. 05 59 55 76 63 http://atalante-cinema.org* **L'Autre Cinéma (plan 1, C1)** *3, quai Amiral-Sala Tél. 05 59 55 52 98*

Cabarets, clubs

La Luna Negra (plan 1, B3 n°67) Sympathique cabaret tapi dans la discrète rue des Augustins. Programmation éclectique : café-théâtre, contes, jazz, musiques du monde... Entrée 15€, réduit 8€. ***Grand-Bayonne*** *8, rue des Augustins Tél. 05 59 25 78 05 www.lunanegra.fr Ouvert début sept.-fin juil. : mer.-sam. 19h-2h*

Caveau des Augustins (plan 1, B3 n°62) L'institution mythique des soirées de la côte basque. Avec son décor de cave voûtée plutôt chic, ce bar à vins-cabaret cultive une atmosphère hors du temps. À l'heure de l'apéritif, vous pourrez accompagner votre verre de tapas et de toute une gamme de *finger food* ! Mais c'est les soirs de fin de semaine, quand il accueille un orchestre ou un groupe, que ce lieu réputé pour sa programmation et son acoustique se réveille (programmation tous azimuts, de la *jam session* amateur à quelques affiches plus pointues). À noter, une carte des vins qui mérite le détour à elle seule (150 références), et de belles tapas et assiettes de produits frais à moins de 10€. À découvrir d'urgence pour s'immerger dans l'ambiance festive bayonnaise ! Réservation conseillée. ***Grand-Bayonne*** *7, rue des Augustins Tél. 06 98 18 22 77 www.lecaveaudesaugustins.com Ouvert mar.-sam. 18h-2h*

Ontzi Bar (plan 1, B2 n°71) Amarrée quai Pedro, au pied de l'hôtel de ville, cette péniche a été joliment aménagée en restaurant-bistrot de nuit. Installé dans la cale, avec ses hublots au ras de l'eau, ce bar à l'ambiance feutrée se prête à la détente : à l'heure de l'apéritif, on y sirote des cocktails maison accompagnés de petites assiettes de jambon, de foie gras ou de fromage de brebis. L'ambiance s'échauffe les jours de match de rugby, quand les habitués se donnent rendez-vous devant son écran ! Sinon, ambiance relativement sage et intergénérationnelle jusque vers 2h, puis dansante jusqu'à 5h. ***Grand-Bayonne*** *Quai Pedros (av. du Mal.-Leclerc) Tél. 05 59 44 08 84 www.peniche-bayonne.com Ouvert ven.-sam. 23h-5h Entrée 10€ à partir de 0h*

Bars et *tapeo*

Hors saison et fêtes, la semaine bayonnaise vous paraîtra bien calme le soir venu. À l'heure de l'apéritif, seuls le bas de la rue de la Poissonnerie, le quai Galuperie pour les derniers rayons de soleil, et l'estudiantine place Paul-Bert s'animent. Mais, le vendredi, le rappel est sonné. Fief indémodable des noctambules, le **Petit-Bayonne** doit figurer dans l'itinéraire de vos déambulations nocturnes. Restaurants et bars typés sont regroupés le long des rues Tonneliers, Pannecau et Cordeliers. Pas en reste, de l'autre côté de la Nive, le quai Jauréguiberry accueille une clientèle à la moyenne d'âge un peu plus élevé mais pas moins festive.

Le Xurasco (plan 1, B3 n°69) Même en semaine, quand la ville semble déserte, à l'heure de l'apéritif, le cœur de Bayonne palpite autour du Xurasco. Rien d'extraordinaire pourtant ne distingue ce lieu, sinon une somme de petits détails : une terrasse en plein centre, un cadre à la déco peu travaillée, une carte des vins trop courte mais de bons choix, un appétissant jambon pour accompagner son verre, des cocktails... et des prix raisonnables. ***Grand-Bayonne*** *16, rue de la Poissonnerie Tél. 05 59 59 21 77 Ouvert mar.-sam. midi et soir Fermé 1 sem. en août*

☺ **Chez Ramina (plan 1, B3 n°63)** Une institution bayonnaise qui ne désemplit pas pendant les Fêtes. C'est vrai que l'endroit est tout petit, encombré d'objets incongrus : cages à oiseaux, cornes de taureaux, un aquarium où ont échoué une paire de lunettes et un portable... Au bar, le sport partage toujours les honneurs avec le pastis et les cocktails maison à base de rhum ou de vodka. Chaleureux ! ***Grand-Bayonne*** *11, rue de la Poissonnerie Tél. 05 59 59 33 01 Ouvert mar.-jeu. 9h30-20h, ven.-sam. 9h30-2h*

L'Estafête (plan 1, B3 n°65) Du son et des comptoirs. Ce bar "nouvelle génération" attire une clientèle particulièrement éclectique. Peut-être en raison de sa programmation musicale (électro à plein régime), ou de son décor qui sort vraiment de l'ordinaire – le bar est installé dans une camionnette (d'où son nom) –, ou tout simplement pour son esprit festif. De quoi passer une excellente soirée en dégustant cocktails ou bière ou en se déhanchant sur le dance floor... ***Grand-Bayonne*** *38, rue Pannecau Ouvert jeu.-sam. 22h-2h*

Bar du Trinquet Saint-André (plan 1, C3 n°61) Séparé de l'historique cancha par une charmante cour où il déploie sa terrasse, le Bar du Trinquet figure lui aussi au registre des monuments classés dans le cœur des Bayonnais. Ici, l'eau se boit "jaune", et les en-cas sont appréciés par les joueurs de pelote. Tapas suivant l'humeur (1,50€), assiette charcuterie et brebis (5-8€), assiettes complètes de 12€ (lomo-ventrèche) à 20€ (entrecôte). ***Petit-Bayonne*** *3, rue du Jeu-de-Paume Tél. 05 59 25 76 81 Ouvert lun.-mer. et ven. 9h-15h et 17h-0h, jeu. et sam. 9h-0h Service midi aléatoire, notamment selon la météo (téléphoner)*

☺ **Kalostrape (plan 1, C3 n°64)** Ne vous fiez pas au cadre "cafét" de l'entrée qui donne le ton : ici, pas de chichis ! L'intérieur est plus surprenant : la salle, éclairée d'un puits de lumière, est organisée autour du cloître d'un ancien couvent. Aek, association dédiée à l'enseignement du basque auprès des adultes, a conçu cet espace comme un lieu de brassage intergénérationnel. À midi, un menu attentionné à moins de 15€, et des fins de semaine festives autour du bar, d'un concert ou d'un DJ. ***Petit-Bayonne*** *22, rue Marengo Tél. 05 59 52 94 70 http://kalostrape.blogspot.fr Ouvert lun.-mar. 9h30-20h, 9h30-22h, jeu.-sam. 10h-2h*

La Karafe (plan 1, B3 n°66) Ce bar à vins à la décoration contemporaine propose une fine sélection pour toutes les bourses, où les vins du jour sont carafés. C'est aussi un vrai bar à pintxos : comme chez ses homologues du Pays basque espagnol, les tapas proposés à la carte sont ici des mets cuisinés créatifs. D'autant plus appréciable que plutôt rare de ce côté de la frontière. Crème de brebis, boudin, veau, foie frais, magret, ou encore morue sont travaillés en verrine, en cassolette, mini-burger ou brochettes (2,50-5,50€). Également des planches de charcuteries et fromages (13€). Terrasse. ***Grand-Bayonne*** *25, quai Amiral-Jauréguiberry Tél. 05 59 25 69 26 Ouvert mar. 18h-22h, mer.-sam. 11h30-14h30 et 18h-22h, dim. 11h30-14h30*

Ibaia (plan 1, B3 n°70) Coincée sur les quais, entre deux restaurants, Ibaia est toujours bondée. Si l'on ne trouve pas de place en terrasse à l'une des grandes tables vite prises d'assaut, on ira consommer debout au comptoir ou dans la rue. Pour accompagner le vin, la maison propose une multitude de plats plutôt quelconques, mais l'ambiance bodega s'impose aux heures tardives, quand cela ne tourne pas au dance floor. ***Grand-Bayonne*** *45, quai Amiral-Jauréguiberry Tél. 05 59 59 86 66 Ouvert mar.-sam. 12h30-14h et 19h-0h*

Bar du Curé (plan 1, B3 n°60) Le Bar du Curé est une institution des Fêtes : le seul comptoir où il n'y a pas d'alcool. Entreprise salvatrice, les sirops et cocktails de fruits vont de 50ct à 1€ ! L'ambiance loin d'être morne, et la musique plutôt meilleure qu'ailleurs en font un repère incontournable des *festayres* locaux. Et qui plus situé dans la rue de nombreuses *peñas*. *7, rue Gosse À partir de 22h le premier jour des Fêtes, 15h-02h les jours suivants*

Et aussi...

Bar
Le Café du Centre ____ 78
Le Mastroquet - Bar François ____ 78

Manger sur le pouce
Mokofin ____ 79
Quai Délices ____ 81

Des achats gourmets...
Pierre Oteiza ____ 76
Aubard ____ 76
Montauzer ____ 77
Maison Ramuntxo ____ 79
Pierre Ibaïalde ____ 81

...et gourmands
Daranatz ____ 77
L'Atelier du Chocolat ____ 77
Chocolat Cazenave ____ 78

Restauration

Aux beaux jours, on ne résiste pas au plaisir de dîner près de l'eau, sur l'une des terrasses qui bordent les quais de la Nive. Mais n'attendez pas la pluie pour aller voir ailleurs, Bayonne est une ville de gastronomie qui ne se limite pas aux axes touristiques. Côté Petit-Bayonne, des restaurants animés conviendront aux bourses les moins garnies.

petits prix

☺ **Chiloa Gurmenta (plan 1, C3 n°11)** Annie, femme orchestre de ce petit restaurant de la rue des Tonneliers, concocte un menu local roboratif avec, par exemple, axoa maison ou cassolette de merlu. Simplement bon ! Prix doux : menu 13€ midi et soir, plat du jour 8€. ***Petit-Bayonne*** *7, rue des Tonneliers Ouvert lun.-ven. midi et soir*

Le Bistrot Sainte-Cluque (plan 1, C1 n°2) Une table honnête à prix tenus, à un jet de pierre de la gare. La grande salle, rustique, aux murs de pierre et aux poutres apparentes, s'ouvre sur une vaste terrasse à l'arrière de l'église Saint-Esprit. Carte de brasserie avec des spécialités du Sud-Ouest et quelques exotismes, et copieuses salades. Formule déjeuner 10,50€, plat du jour 7,50€, menu complet 16€. ***Saint-Esprit*** *9, rue Hugues Tél. 05 59 55 82 43 Ouvert tlj. 12h-14h30 et 19h-22h30*

☺ **Le Bar du Marché-BDM (plan 1, B3 n°9)** Le tout-Bayonne s'y est un jour donné rendez-vous ! Cette cantine, tenue par une famille bayonnaise, est la plus courue de la ville. Dans une ambiance unique, on y savoure une cuisine simple, mais réjouissante : la fameuse entrecôte et ses frites maison, le poulet fermier, ou encore l'indémodable omelette (plats 10-15€). Nous vous conseillons aussi le plat du jour, il ne nous a jamais déçus ! ***Grand-Bayonne*** *39, rue des Basques Tél. 05 59 59 22 66 Ouvert lun.-sam. 6h30-19h*

☺ **Café du Musée (plan 1, C2 n°12)** Aux fourneaux, Philippe Lopez compose un menu-carte qui change tous les jours au gré du marché et de la criée. Une cuisine aux accords subtils pour le palais et des prix réjouissants pour le porte-monnaie : plat 10€, formule 16€, menu complet 23€ (+ 2€ le samedi). Un seul regret, le service n'est assuré qu'à midi. ***Petit-Bayonne*** *25, rue Frédéric-Bastiat Tél. 05 59 59 16 39 www.cafe-du-musee-bayonne.fr Ouvert lun.-sam. 12h15-15h Bar 7h30-20h*

Le Pavé (plan 1, B3 n°13) L'adresse n'a rien de très attirant avec sa salle en cave, mais suivons la clientèle, plus très jeune, dans l'escalier étroit. L'effort est récompensé : un menu-carte sérieusement exécuté à 21€, avec des valeurs sûres (carpaccio de saumon, cœur de faux-filet béarnaise, nems de canard aux cèpes), un poisson de saison, et des desserts généreux. Plat 11€. *8, rue des Gouverneurs Tél. 05 59 59 51 74 www.restaurant-bayonne-lepave.com Ouvert lun.-mar. et jeu.-sam. midi et soir, dim. midi*

Lounge Kfé (plan 1, B-C3 n°14) Un cadre résolument contemporain et une cuisine qui réserve de bonne surprises. Le personnel des administrations voisines, qu'on ne trompe pas sur l'assiette, en a fait sa cantine du midi. Une formule salade à composer selon son envie à 9,50€, un plat du jour à la cuisson juste à 11€, un menu à 16€, et une ou deux propositions de produits plus nobles à 17€. Des soupes et tartines pour compléter le tout. Chacun y trouve son compte. En journée, salon de thé. Du vendredi soir au samedi soir, carte d'apparat avec un menu à 32€. ***Petit-Bayonne*** *9, rue Pelletier Tél. 06 98 44 03 94 ou 05 59 70 17 98 http://loungekfe64.wix.com/lounge-kfe-bayonne Ouvert mar.-jeu. 8h-18h, ven.-sam. 8h-18h et 19h15-22h*

GAMME DE PRIX	RESTAURATION	HÉBERGEMENT
Très petits prix	moins de 12€	moins de 45€
Petits prix	de 12 à 18€	de 45 à 60€
Prix moyens	de 18 à 25€	de 60 à 100€
Prix élevés	de 25 à 45€	de 100 à 140€
Prix très élevés	plus de 45€	plus de 140€

LE LABOURD

prix moyens

☺ **Le Chistera (plan 1, B2 n°3)** L'une des institutions de la ville, qui doit beaucoup à la personnalité de son patron : Jean-Pierre Marmouyet est un ancien champion de *cesta punta*, discipline de la pelote basque qui se joue avec la grande chistera, sorte de gant en osier dont vous verrez des exemplaires accrochés aux murs de la maison. L'enseigne n'a pourtant rien de folklorique, pas plus que la cuisine du terroir, aux justes cuissons et préparations, même en pleines Fêtes. Tartare de truite de Banka (7,50€), poulet fermier basquaise (10,50€), merlu *koskera* (15,90€)... Menu simple et savoureux à 15,80€ midi et soir, carte aux alentours de 25€. ***Grand-Bayonne*** *42, rue du Port-Neuf Tél. 05 59 59 25 93 www.lechistera.com Ouvert été : tlj. 12h-14h et 19h30-21h30 ; reste de l'année : mar.-mer. uniquement midi ; jeu.-dim. midi et soir*

☺ **À Table ! (plan 1, B2 n°15)** Une salle à peine plus grande que sa petite terrasse, la cuisine dans un coin. Si telle n'était pas la volonté du couple à la manœuvre, il n'aurait de toute façon pas le choix : pas de place pour le stockage ici, tout est frais. La cuisson à la plancha est parfaite, l'ambiance chaleureuse, la déco cosy, les portions sont généreuses et les prix tenus. Bravo ! Formule déjeuner 11,50€, carte 30€. Réservation recommandée même hors saison. ***Grand-Bayonne*** *27, quai Amiral-Dubourdieu Tél. 05 59 56 79 22 www.atablebayonne.com Ouvert avr.-sept. : mer.-dim. midi et soir ; oct.-mars : lun.-sam. midi et soir, dim. uniquement midi*

Au Bon Coin - Les Pieds de Cochon (plan 1, B3 n°16) Cadre élégant, produits locaux de qualité, les prix grimpent logiquement : menus 22 et 29€. Mais l'intérêt majeur du lieu réside dans ses spécialités de plats canailles, et là, on fait des économies : pieds de cochon et leur sauce secrète, tête de veau gribiche ou tripes à l'ancienne à 13€. ***Petit-Bayonne*** *24, quai Galuperie Tél. 05 59 25 54 60 www.auboncoin64.fr Ouvert lun.-mar. uniquement midi, mer.-sam. midi et soir*

prix élevés

Au Peïta (plan 1, C3 n°17) L'environnement, un peu à l'écart du centre-ville, n'a rien d'engageant, et l'intérieur est tristounet, mais si vous êtes amateur de poisson, ce restaurant est fait pour vous. De beaux produits servis dans leur juste expression : louvine (bar), turbotin, thon, merlu de ligne, dorade, lotte, morue, gambas... Comptez 30€ à la carte, sans les desserts, à prix dérisoires, mais en rien la spécialité de la maison. *7, av. du Capitaine-Resplandy Tél. 05 59 25 41 35 www.aupeita.com Ouvert lun.-mar. uniquement midi, mer.-ven. midi et soir, sam. uniquement soir*

Bistrot Itsaski (plan 1, B3 n°6) Un grand mur couvert de bouteilles embellit la salle et donne le ton. La cuisine, qui se concentre sur le produit frais, est typiquement locale – chipirons et morue à la plancha, lotte rôtie au lomo, boudin, souris d'agneau – mais arrosée de vins du monde entier. Également une carte de tapas alléchante (assez cher, autour de 8-15€) : padrones, panacotta chèvre et jambon, piquillos, sashimi... et des huîtres. Menu midi 13,50€, carte 35€, sélection de vins au verre de 2,80 à 5€. ***Grand-Bayonne*** *43, quai Amiral-Jauréguiberry Tél. 05 59 46 13 96 Ouvert jeu.-lun. 12h-14h et 19h30-22h30, mar. 12h-14h*

Talaia (plan 1, B1 n°18) Arrimée non loin de la mairie, cette péniche restaurant-bar offre un cadre contemporain prometteur. Et nous ne sommes pas déçus. La carte de saison s'élabore autour des produits du terroir et de la mer servis avec une pointe de créativité bien maîtrisée : piperade, œuf sous pression, copeaux de jambon de Bayonne en entrée ; dos de maigre rôti accompagné de jeunes poireaux à l'étuvée et écume de lard fumé ; ballottine de veau au citron confit et son risotto de blé aux courgettes, carré de cochon de lait et son crumble de cacahuètes, douceur de potiron, etc. Plats 17-20€, formule midi 14,50€. Une adresse plus qu'honnête qui ne s'est pas contentée de l'originalité de son cadre. Bar-club dans la cale les week-ends, cf. Ontzi Bar (p.84). ***Grand-Bayonne*** *Quai Pedro Tél. 05 59 44 08 84 www.peniche-bayonne.com Ouvert mar.-sam. midi et soir*

☺ **Chez Martin (plan 1, B3 n°19)** La table gourmande de la rue d'Espagne, avec des recettes "bistronomiques" composées au fil du marché et des saisons. Une offre généreuse et une volonté gastronomique qui se limite aux produits abordables du terroir. À la carte, les entrées ne dépassent pas 10€ (crème de potimarron, cèpes, châtaignes et foie gras), quand les plats tournent autour de 20€ – comme cette lotte rôtie aux girolles et grenaille, infusion de langoustine et citron vert à 19€, ou cette côte de veau, pomme purée, céleri et noisettes à 21€ – et les desserts sont tous à 8€ (pain perdu, glace aux marrons glacés, caramel au lait). Formule déjeuner 15€. *29, rue d'Espagne Tél. 05 59 55 84 41 http://chezmartin-restaurant.com Ouvert tlj. 12h-14h30 Brunch du dim. 11h-14h30, jeu.-sam. 19h30-22h*

El Asador (plan 1, B3 n°5) Voilà plusieurs années que l'adresse séduit les papilles d'une clientèle toujours plus fidèle et nombreuse... C'est que la cuisine de Firmin, autant basque qu'espagnole, ne souffre aucun compromis : tous les produits sont frais, et les poissons de ligne achetés directement auprès des petits pêcheurs (18-20€). Aux choix des assiettes "brutes de produit" ou une mise en œuvre plus sophistiquée, comme le taloa à la piperade, ventrèche de thon et sorbet poivron, les nems de canard aux champignons, et le cabillaud ou le maigre rôti, l'un au beurre vert et ventrèche croustillante, l'autre en écaille de chorizo et sauce piquillos. Menu 25€, carte 40€. ***Grand-Bayonne*** *19, rue Vieille-Boucherie Tél. 05 59 59 08 57 Ouvert été : mar.-dim. ; reste de l'année : mar.-sam. midi et soir, dim. midi*

Le Bayonnais (plan 1, B2 n°7) Si le temps le permet, la terrasse en bord de Nive offrira un cadre plus agréable que la salle. Mais l'unanimité se fera autour du talent du chef, Christophe Pascal. Une cuisine dans l'air du temps qui donne la part belle aux produits du terroir : profiteroles de crabe crème de langoustines (14€), croustade de Saint-Jacques sauce aux cèpes (21€), croustillant de cochon au foie gras et lentilles (20€)... et une parillada à la cuisson parfaite (22€). Soit une carte aux alentours de 40€, ce qui, au regard de la qualité, reste d'un bon rapport, tout comme le menu à 18€ servi en semaine. ***Petit-Bayonne*** *38, quai des Corsaires Tél. 05 59 25 61 19 Ouvert juil.-août : tlj. midi et soir ; sept.-juin : mar.-sam. midi et soir*

☺ **Auberge du Cheval Blanc (plan 1, C3 n°8)** Si l'ambiance est un peu trop guindée, ici, on se concentre surtout sur son assiette, méticuleusement préparée par le chef étoilé Jean-Claude Tellechea. L'inspiration vient des montagnes basques et de leurs eaux claires : truites de Banka, ardi gasna fermier, jambons Ibaïona, palombes en saison. Parmentier de xamango (talon du jambon) au jus de veau truffé, pressé de truite de Banka, foie gras et poires réduites au porto, Saint-Jacques piperade, crème d'amandes au caviar de hareng... du terroir savamment revisité pour une carte courte aux prix cléments (menu entrée-plat-fromage ou dessert à 47€). Un menu du marché servi midi et soir en semaine permet de vivre cette expérience gustative pour un prix très raisonnable : 22€ ! Accueil aimable. ***Petit-Bayonne*** *68, rue Bourgneuf Tél. 05 59 59 01 33 Ouvert mar.-sam. 12h-13h30 et 19h45-21h30, dim. 12h-13h30*

François Miura (plan 1, C3 n°10) La salle est un peu froide. Peut-être la faible lumière naturelle de l'étroite rue, ou le carrelage ? Mais certains plats brisent toute glace, comme ces chipirons farcis au pied de porc, sauce à l'encre et coulis de gambas. Les desserts ne sont pas en reste, tel ce soufflé à la poire de chez Brana, crème anglaise au pralin. Menu du marché 22€, menu Labourd 33€, carte 50€. ***Petit-Bayonne*** *24, rue Marengo Tél. 05 59 59 49 89 Ouvert lun.-mar. et jeu.-sam. midi et soir, dim. uniquement midi Fermé mars*

Hébergement

Le parc hôtelier de Bayonne n'offre pas un choix très large : pour un séjour en haute saison, notamment lors des fêtes de Bayonne, pensez à réserver bien à l'avance.

très petits prix

Hôtel Monbar (plan 1, C3 n°31) Une aubaine, en plein Petit-Bayonne ! Ce n'est certes pas le grand luxe, mais, à ce prix, on ne peut guère se plaindre. D'autant que les chambres sont claires et soignées. Un escalier, large et central, conduit aux étages, surmonté d'une verrière qui laisse filtrer la lumière – une configuration typique des immeubles du quartier. Si le bar attaché à la maison ferme le soir, préférez néanmoins les chambres à l'arrière, particulièrement le week-end, quand la rue Pannecau s'enfièvre. Double 32€, petit déj. 4,50€ (offert oct.-mars). ***Petit-Bayonne*** *24, rue Pannecau Tél. 05 59 59 26 80 www.hotelmonbar.com*

prix moyens

Le Port-Neuf (plan 1, B2 n°30) On ne peut plus central ! Les cinq chambres distribuées de part et d'autre d'une étroite cage d'escalier ont toutes été récemment refaites, avec un bon sens du confort et un goût sobre. Les patrons vous accueillent au bar du rez-de-chaussée. Double de 60 à 85€ selon la saison, petit déj. 7€. ***Grand-Bayonne*** *44, rue Port-Neuf Tél. 05 59 25 65 83*

Hôtel Côte basque (plan 1, C1 n°32) Sans être pour autant une adresse de charme, cet hôtel a du style, à l'image de son fronton et de ses avant-toits Art déco néobasque. Quelques autres détails charmants vous y attendent : la cage d'ascenseur et certaines chambres agrémentées d'un joli arrondi en passage de porte. Le reste est sobre. Un hôtel de gare qui offre un avant-goût de villégiature. Une quarantaine de chambres de 61 à 81€. ***Saint-Esprit*** *2, rue Maubec Tél. 05 59 55 10 21 www.hotel-cotebasque.fr*

Le Yay (plan 1, C1 n°35) Coincé entre Adour, autoroute, zones logistiques et route nationale vers Pau, une ancienne tannerie du XVIIIe siècle a subsisté, protégée par une végétation dense où se croisent encore quelques gibiers. Transformée patiemment en une vaste demeure intemporelle, elle abrite désormais deux chambres d'hôtes cosy (de 55-70€ à 80-95€ en haute saison) et une suite indépendante pouvant accueillir jusqu'à 6 personnes (550-950€/sem., 250-320€/w.-e.). *1, chemin de Loustaounaou Tél. 05 59 93 96 10 ou 06 09 71 22 85*

Hôtel Le Bayonne (plan 1, B4 n°36) L'immeuble des années 1970 a été entièrement refait lors de son intégration au groupe hôtelier Biarritz Thalasso Resort. Si, en été, les 99 chambres affichent des prix élevés (standard 107€), s'adressant notamment à la clientèle des thalassos de Biarritz et Anglet, de septembre à la mi-juillet, vous pourrez bénéficier d'un bon tarif (de 57 à 67€) pour des chambres de standing et l'accès au jacuzzi et hammam. Qui plus est, le centre-ville est à 5min à pied par les bords de Nive. *Av. Jean-Rostand (rond-point de Lauga) Tél. 08 25 12 64 64 www.biarritz-thalasso.com*

prix élevés

Ibis Styles (plan 1, C1 n°33) Du pont Saint-Esprit, on repère la silhouette massive de l'hôtel Loustau, dont les chambres donnent sur le fleuve. Élevé en 1786 par un certain M. Suarez, cet immeuble illustrait alors la réussite de la communauté juive du quartier. L'intérieur a été complètement revu selon les critères de la chaîne Ibis, avec des chambres décorées dans un style plutôt pop, et, pour certaines, bénéficiant de vues extraordinaires. Quarante-cinq doubles de 75 à 135€ selon les dates de réservation. ***Saint-Esprit** 1, pl. de la République Tél. 05 59 55 08 08 www.ibis.com*

Le Poteau Rose (plan 1,C1 n°37) Une ancienne fabrique sur la route de Tarnos, peu après la citadelle, où les murs partagent les passions artistiques de votre hôte, dans une ambiance arty et bohème. Trois vastes chambres avec mezzanine (double de 90 à 100€ selon la saison, 140€-150€ pour 4 pers.) et un lit double dans le Couvent des méduses, atelier-galerie aménagé l'été en loft d'habitation (120-130€). *51, av. Louis-de-Foix **Bayonne** (à 2km de la gare) Tél. 05 59 55 36 01 ou 06 24 59 18 29 www.lepoteaurose.com*

prix très élevés

☺ **Chambres d'hôtes Péniche Djebelle (plan 1, C1 n°34)** Bienvenue à bord de la première péniche d'habitation de Bayonne ! Amarrée quai de Lesseps, sur l'Adour, à deux pas de la citadelle et de la gare, ce mini-hôtel sur l'eau abrite deux chambres spacieuses et ultra-confortables (avec sdb ravissantes et WC) aménagées dans la cabine du marinier et dotées d'une adorable terrasse. Vous y profiterez à loisir de couchers de soleil inoubliables. Pour un séjour aussi insolite que mémorable avec une vue superbe sur la ville, le pont Saint-Esprit et l'échauguette ! Accueil charmant. Double 145€, petit déj. inclus. ***Saint-Esprit** Face au 17, quai de Lesseps Tél. 05 59 25 77 18 www.djebelle.com*

Hôtel La Villa (plan 1, C3 n°38) À 235€ la double supérieure pendant les fêtes de Bayonne, vous trouverez cela cher, mais honnête au regard des prestations ; à 80€ la double dite "standard" en basse saison, vous applaudirez des deux mains. Le calme, un luxe sobre, et les délicates attentions d'une maison d'hôtes en font une bien belle adresse. Hors du centre, son accès reste relativement aisé avec un véhicule. Petit déj. 13€, en-cas brunch 20€. *12, chemin de Jacquette **Bayonne** Tél. 05 59 03 01 20 www.bayonne-hotel-lavilla.com*

Vallée de l'Adour

prix moyens

☺ **Relais Linague** Des chambres d'hôtes fraîches et douillettes dans une ancienne ferme du XVIIᵉ siècle. Derrière les frondaisons du jardin fleuri, la vue embrasse les collines et les monts du Labourd. Les chambres, joliment décorées, allient raffinement et simplicité. Accueil chaleureux. Double de 54 à 64€, petit déj. inclus. Également un gîte aménagé pour 2-3 personnes de 390 à 550€/sem. selon la saison. *Chemin de Linague* ***Urcuit*** *(à la sortie d'Urcuit vers Urt par la crête) Tél. 05 59 42 97 97 ou 06 08 51 64 02 www.relaislinague.com*

☺ **Haize Egoa** Une maison d'hôtes comme on les aime. L'Adour de l'autre côté du jardin, un petit chenal qui y serpente, un pont de bois pour rejoindre la piscine, de grands arbres pour l'ombre, le champ voisin couvert de fleurs sauvages... cette maison construite par les Hollandais venus au XVIIᵉ siècle pour aménager les zones humides (ici nommés barthes) est un havre de douceur. Trois chambres et une suite rénovées et meublées simplement, accès indépendant. Double de 70 à 90€ selon la taille. Cher par mauvais temps, un bonheur dès qu'un rayon de soleil paraît. *Le Canalet Route de Saudan* ***Urt*** *(du port d'Urt, D261 longeant le fleuve vers Guiche) Tél. 05 59 57 92 71 ou 06 65 64 46 37 www.chambres-d-hotes-en-pays-basque.fr*

☺ **Le Gantxo** Accolé au trinquet de Guiche, le Gantxo ne paie pas de mine avec ses airs de cafétéria. Mais c'est bien d'un restaurant dont il s'agit, et du meilleur loin à la ronde. Du frais, du maison dans un menu goûteux à midi (12€ vin et café compris), un autre à 20€, déjà prometteur, et le dernier dit "découverte" à 28€, très tentant. Ce jour : filet de thon laqué et maki aux poivrons, alose d'à-côté aux pruneaux, parmentier de joue de bœuf braisée, filet de merlu aux gambas crispy (+5€), mille-feuille abricot et romarin... Généreux ! *Quartier du port* ***Guiche*** *www.restaurant-le-gantxo.fr Ouvert mer.-sam. midi et soir, dim. midi*

ANGLET

ANGELU 64600

Commune enserrée entre Bayonne et Biarritz, ses prestigieuses voisines, Anglet ne possède ni le charisme de la première, ni le charme de la seconde... Sur son front de mer s'égrènent des constructions modernes sans cachet, au pied desquelles s'alignent des restaurants qui se ressemblent ; le parc hôtelier a été monopolisé par les villages de vacances et les chaînes standardisées. Toutefois, la ville demeure une destination de choix pour les amateurs de glisse et de bronzage : avec ses 4,5km de plages, Anglet dispose du plus long littoral de la côte basque. Un profil rectiligne et sauvage, ourlé d'un cordon de dunes et de pinèdes, qui évoque les côtes landaises. L'Océan, péniblement dompté à l'aide de digues et d'épis, s'y déchaîne en vagues puissantes qui ont fait la réputation de la station. L'été, la ville vit au rythme d'un tourisme balnéaire, plutôt jeune, sportif et familial.

MODE D'EMPLOI

accès

EN AVION
L'aéroport BAB est à 2km du centre d'Anglet (p.105).

EN VOITURE
De l'A63 Bordeaux-Hendaye, prendre la sortie n°5. Du centre de Bayonne (6km) ou de Biarritz(4km), le plus court est d'emprunter le boulevard du BAB (D260), sinon, pour un itinéraire plus touristique, suivre l'estuaire ou le littoral.

EN CAR
Cf. Transports et circulation, Chronoplus, ci-après stationnement et transports.

orientation

Anglet est une ville relativement étendue, mais les plages demeurent son principal attrait ; les visiteurs se concentrent dans le secteur situé entre le littoral et la forêt du Pignada. Les restaurants ouvrent leur terrasse sur le front de mer dans le quartier de la Chambre d'Amour, le plus animé. Une promenade fréquentée par les joggers, et jalonnée de snacks, longe les plages jusqu'à La Barre au nord.

stationnement et transports

Stationnement Il est gratuit en ville (parfois disque bleu) et dans les nombreux parkings des plages. Pour autant, ces derniers ne suffisent pas en saison. La location d'un deux-roues peut s'avérer une bonne option (prêt gratuit à l'OT), cf. ci-après.
Navette Océane En été, la navette Océane conduit Angloys et vacanciers des parkings plus excentrés Minerva (carrefour Bernain sur la RD810), esplanade Qintaou et Stella Maris (promenade de la Barre), jusqu'aux plages. Service gratuit. *Tél. 05 59 52 59 52 Circule juil.-août, tlj. 7h20-20h (fréquence env. 15min)*
Chronoplus De nombreuses lignes régulières du réseau Chronoplus sillonnent l'ensemble du territoire angloy, certaines passant par les plages avant de rejoindre Bayonne ou Biarritz. *Tél. 05 59 52 59 52 (lun.-ven. 8h30-12h15 et 13h30-17h30) www.chronoplus.eu*

informations touristiques

Office de tourisme des Cinq-Cantons (plan 2, B2) Informations sur la ville et la région, mais aussi sur l'offre surf propre à Anglet. *1, av. de la Chambre-d'Amour Tél. 05 59 03 77 01 ou 08 25 84 42 84 (centrale de réservation) www.anglet-tourisme.com Ouvert jjuil.-août : lun.-sam. 9h-19h ; sept.-juin : lun.-ven. 9h-12h30 et 14h-18h, sam. 9h-12h30* **Antenne (plan 2, A1)** *Av. des Dauphins Tél. 05 59 03 93 43*

location de deux-roues

Prêt de vélos Mise à disposition gratuite de vélos pour la journée au parc relais de l'avenue de l'Adour (w.-e. de juin et juil.-sept.), et au parc relais des Cinq-Cantons, école Aristide-Briand (début juil.-août). Plusieurs sentiers à parcourir à vélo dans la forêt du Pignada. Du boulevard des Plages (piste cyclable tout le long), emprunter la piste qui borde l'avenue Marcel-Chassagny et l'avenue du Lac jusqu'à la forêt. *Rens. à l'OT*
Bike Atlantic Location de VTC (20€/j.). Livraison gratuite sur le lieu d'hébergement ou au départ de la promenade dans un rayon de 20km autour d'Anglet. Service randonnée :

conseils d'itinéraires, cartes, transfert de bagages d'étape en étape, excursions accompagnées. *8, rue Mirambeau Tél. 05 47 64 18 91 ou 06 67 72 01 00 www.bikeatlantic.com*

marchés

Marché Alimentaire, vêtements, bazar. *Esplanade de Quintaou Jeu. et dim. 8h-13h*

Marché Biocéan (plan 2, B1) Petit marché uniquement alimentaire et bio. *W.-e. de Pâques-Toussaint À la Barre (devant le parc Izadia, av. de l'Adour), le reste de l'année pl. de la Bécasse*

☺ **Brocante** Les **Puces de Quintaou** sont les plus importantes de la côte avec 100 à 150 exposants (4e sam. du mois, esplanade de Quintaou). Et pour patienter, deux petits déballages : à Cinq-Cantons (1er dim. du mois) et place de la Mairie (2e dim. du mois). *Ouvert 8h-18h*

Marché nocturne Babioles estivales, mais aussi des stands d'artisans. *Kiosque des Sables d'or Esplanade des Gascons Ouvert juil.-août : ven. 19h-0h*

manifestations

Tournoi Pilotarienak Un des grands rendez-vous de pelote à main nue. *Trinquet de verre Haïtz Pean 24, promenade du Parc-Belay 1re quinz. de mai*

Arrêt sur Rivage Plus d'une vingtaine de compagnies des arts de la rue... à la plage. *Espaces verts Plage des Cavaliers 2e quinz. de mai*

☺ **Biennale d'art contemporain d'Anglet** Un rendez-vous de notoriété nationale dans le milieu de l'art contemporain. Des œuvres, créées pour l'occasion, sont exposées trois mois durant, principalement dans l'espace public. *www.biennale.anglet.fr Années impaires Inauguration fin mai-début juin, w.-e. de clôture fin août-début sept.*

International Surf Film Festival Les meilleures productions de l'année en compétition. *Esplanade des Gascons http://surf-film.com Mi-juil.*

Anglet Beach Rugby Festival Ne cherchez pas les poteaux, il n'y en a pas. Le rugby des plages a ses propres règles et Anglet pour rendez-vous majeur. Ici se décerne la coupe d'Europe des nations. *Plage des Sables d'Or Esplanade des Gascons http://beachrugbyfestival.fr Autour du 20 juil.*

Surf de nuit Une compétition de surf sous les projecteurs où seules comptent les figures aériennes. Concerts gratuits la veille. *Esplanade des Gascons Mi-août*

DÉCOUVRIR

☆**Les essentiels** La plage des Cavaliers : spot de surf de renommée internationale **Découvrir autrement** Initiez-vous au surf ou au bodyboard, parcourez la pinède à cheval, faites une pause pintxos dans l'un des bars du bord de mer

Anglet

Pinèdes (plan 2, B1) La commune d'Anglet dispose de près de 250ha de forêt de pins maritimes – un vrai poumon vert. La **forêt du Pignada**, la plus grande, est sillonnée de plusieurs sentiers pédestres et cyclistes balisés par l'ONF ; un plan à chacune de ses entrées désigne les itinéraires par des couleurs différentes. La **forêt de Chiberta**, plus proche de la mer, héberge le golf d'Anglet et un élégant quartier résidentiel, qui, né dans les années folles, vit bien des fastes jusqu'au "bal du siècle" de 1953 organisé par le fantasque marquis de Cuevas. Enfin, moins connue des visiteurs, la **forêt du Lazaret** vous réserve une très agréable promenade le long de ses parcours ombragés en bordure de l'Adour.

Izadia (plan 2, B1) La faune et la flore remarquables des zones littorales humides protégées se découvrent au fil des sentiers pédestres de ce parc écologique qui se déploie sur 14ha à l'embouchure de l'Adour. En préambule ou fin de visite, la Maison de l'environnement propose une scénographie ludique et pédagogique sur le fonctionnement écologique du littoral. *297, av. de l'Adour La Barre Tél. 05 59 57 17 48 www.izadia.fr Ouvert mars-juin, oct.-nov. : mer.-dim. 10h-12h30 et 14h18 ; juil.-sept. : tlj. 10h-12h30 et 14h-18h Ateliers-animations le jeu. jusqu'à 20h Accès libre à la salle d'exposition permanente, à la salle de projection et au sentier du parc, audioguide 4€, visite guidée et ateliers 5€, moins de 17 ans 3€*

Chambre d'Amour (plan 2, B1) Cette grotte creusée au pied de la falaise tirerait son nom d'un fait divers survenu au XVIIe siècle : deux jeunes amants, dont les familles s'opposaient à l'union, y périrent noyés, surpris par la brusque montée des eaux un jour de tempête. Plus prosaïquement, le site permet d'observer l'alternance des couches argilo-marneuses (foncées) et calcaires (plus claires et saillantes) typique des falaises de la côte basque. Leur aspect déchiqueté résulte d'une érosion lente et implacable : en s'infiltrant dans la roche, les eaux de pluie dissolvent les couches calcaires, provoquant l'éboulement des strates.

UN DRAME ROMANTIQUE

Le récit populaire du drame de la grotte de la Chambre d'Amour enflamma l'imagination des auteurs romantiques, qui en échafaudèrent plusieurs versions. La plus connue reste celle d'Étienne de Jouy, dont *L'Hermite de province* (1817) raconte les amours contrariées de Laorens, jeune pêcheur orphelin, et de Saubade, riche héritière d'un cultivateur labourdin.

☺ **Couvent des Bernardines (plan 2, B1)** Fondée en 1842 par le père Cestac, protecteur des jeunes filles abandonnées et des prostituées, la congrégation des Servantes de Marie occupe un vaste espace entre la forêt du Pignada et le centre-ville. Les Bernardines, branche contemplative des Solitaires de saint Bernard, se consacrent à la prière et à la production agricole. La chapelle primitive, dans l'enceinte du couvent, est une humble construction de bois datant de 1847, et rebâtie en 2007. Mais s'il est une visite pleine de grâce, c'est celle du cimetière voisin : plus de 300 petits tumuli de sable, remodelés chaque année pour Pâques, sur lesquels des coquilles Saint-Jacques dessinent une croix et marquent les sépultures. Un lieu émouvant. La visite de ces sites fragiles et dédiés au recueillement est libre. Demandez néanmoins l'autorisation si vous croisez une sœur, et faites preuve d'une extrême discrétion. *Av. de Montbrun Aux horaires d'ouverture de la boutique du potager* **Potager des**

Bernardines Fruits et des légumes cultivés de façon traditionnelle, fleurs, confitures, biscuits. œufs... Paniers complets pour la réalisation de plats traditionnels. N'hésitez pas à vous faire conseiller pour les recettes. *Av. de Montbrun Tél. 05 59 52 81 32 Ouvert mar.-ven. 9h30-12h15 et 16h-18h, sam. 9h30-12h15*

● Où faire une pause sucrée ? En matière d'artisanat et commerces gastronomiques, Anglet n'a pas la réputation de ses voisines Bayonne et Biarritz. Pourtant, deux belles enseignes, voire trois, méritent le détour.

Bamas (plan 2, B2 n°30) Meilleur ouvrier de France, champion d'Europe de pâtisserie, Thierry Bamas est aussi champion du monde des desserts glacés. Une excellente maison. La seule difficulté sera de faire un choix parmi les nombreuses spécialités. Un petit "64", verrine glacée qui associe sorbet framboise-cerise, coulis griotte et parfait au touron ? Ou une "Perle Noire", pâtisserie fine composée de croustillant spéculos, biscuit chocolat, onctueux chocolat, crème caramel-vanille, mousse au chocolat noir ? *3 rue Charles-Kraemer Les Cinq-Cantons Tél. 05 59 59 01 74 www.bamas.fr Ouvert été : tlj. 8h30-13h et 15h-20h Fermé le lun. le reste de l'année.*

Supervie (plan 2, B2 n°32) Du côté du Quintaou, entre l'avenue du BAB et l'ancienne N10, Supervie vaut pour ses pains, pâtisseries et viennoiseries (ouverture très matinale), mais est surtout réputée pour ses galettes. À la période des rois, la file de clients déborde allégrement sur la place. *1, pl. Lamothe Tél. 05 59 63 92 72 Ouvert mar.-dim. 5h30-20h*

Le Pain Fagoa (plan 2, B2 n°33) Les pains au levain naturel et sel de Guérande de Joël Fagoa sont entièrement façonnés à la main. La gamme comprend une baguette croustillante, la Ttipia, plusieurs pains aux farines et fruits secs variés, dont une spécialité au piment d'Espelette. Mention spéciale pour les savoureux pains au grand épeautre, au petit épeautre, et à la châtaigne. En pâtisserie, le choix, également considérable, a ses vedettes : le gâteau basque bien sûr et

Prudence sur les planches

Le littoral angloy se caractérise par ses *beach breaks* – des vagues creuses et puissantes, formées par des bancs de sable que les courants charrient à partir des Landes. Ces vagues sont par définition imprévisibles, car tributaires du relief très mouvant des hauts-fonds sableux.
Les digues et épis qui séparent aujourd'hui les plages ont été construits dans les années 1970 pour lutter contre le recul du littoral. Pour le surfeur, les épis améliorent les conditions de glisse en favorisant la formation des bancs de sable et en facilitant le passage de la barre grâce aux courants qu'ils génèrent. Mais ils présentent un danger évident : mieux vaut ne pas finir sa manœuvre sur eux ! Observez bien les déferlantes avant de vous lancer... Surveillez également l'horaire des marées : dans de nombreux spots, le ressac des vagues *(backwash)* à marée haute rend le surf impraticable. Le calendrier des marées est disponible à l'OT et dans les magasins de surf.

Plan 2 Bayonne Anglet Biarritz

Cafés, lieux de sortie (n°1 à 4)
Beach House ______ **2** A1
Kostadea* ______ **3** A2
La Chope* ______ **1** A1
Vent d'Ouest Café* ______ **4** A2

Restauration (n°11 à 15)
La Concha ______ **12** B1
La Fleur de Sel ______ **13** B1
Le P'tit Resto ______ **11** A1
Le Poisson à Voile ______ **14** B1
Udala ______ **15** B1

Hébergement (n°20 à 22)
AJ Gazte Etxea ______ **21** B1
Camping de Parme ______ **20** B2
Hôtel Arguia ______ **22** B1

Shopping (n°30 à 32)
Bamas* ______ **30** B2
Fromages & Compagnies* ______ **31** B2
Le Pain Fagoa* ______ **33** B2
Supervie* ______ **32** B2

*À RETROUVER DANS LA PARTIE DÉCOUVRIR

le russe. *3, rue du Bois-Belin Tél. 05 59 03 47 67 Ouvert mar.-ven. 7h30-13h30 et 15h30-19h30, sam. 7h30-19h30, dim. 7h30-13h30*

● Où remplir son panier pique-nique ?

Fromages & Compagnies (plan 2, B2 n°31) Vous trouverez certainement d'aussi bonnes tommes de brebis en parcourant la montagne basque, mais ici le choix est sûr. Et cela est valable aussi pour les 150 variétés de fromages affinés venant des quatre coins de France et d'Europe. Les grands restaurateurs de la région font appel à la maison. Rayon épicerie fine. *Centre Erdian 10, allée Vega-Bd du BAB Tél. 05 59 03 23 29 www.fromagesetcompagnie.com Ouvert mar.-sam. 9h30-12h30 et 15h30-19h15*

● Où boire un verre, manger sur le pouce en bord de mer ?

La Chambre d'Amour concentre de très nombreux bars montant le son à une heure avancée. Mais, çà et là, été après été, apparaissent de nouveaux établissements susceptibles de faire parler d'eux. Nous indiquons ici des lieux inscrits dans le temps, et qui accueillent le jour pour une pause avec vue, en soirée pour apéritif et *tapeo*, et plus tard encore pour un dernier verre. La plupart d'entre eux offrent de quoi se restaurer correctement.

La Chope (plan 2, A1 n°1) Une institution du quartier de la Chambre d'Amour qui a traversé toutes les époques et les genres : punk, new wave, rendez-vous de troisième mi-temps… Désormais moins typée, elle reste un rendez-vous indémodable à l'heure de l'apéritif. Grande terrasse face à la mer, cocktails, tapas les soirs d'été (brochettes terre et mer, empanadas, moules en tempura…). *7, esplanade des Gascons Tél. 05 59 03 82 53 Ouvert avr.-sept. : tlj. 10h-2h ; oct.-mars : lun.-ven. 10h-22h, sam. 10h-2h, dim. 10h-21h*

Vent d'Ouest Café (plan 2, A2 n°4) Le "seaside rendez-vous" ! À l'Espace de l'Océan, beau bâtiment Art déco, Vent d'Ouest déploie deux belles terrasses, l'une au rez-de-chaussée et l'autre sur les toits, face à l'un des trésors de la côte, la Chambre d'Amour. Sous vos yeux se déploie un spectaculaire panorama, de l'embouchure de l'Adour au phare de Biarritz – parfois même jusqu'aux côtes landaises. Magique ! Dans ce cadre naturel somptueux, on déjeune simplement : salades, plats de brasserie (15-20€ env.). Mais notre préférence va aux délicats et savoureux tapas, dont les assortiments varient selon l'inspiration du chef (assiette 8-14€, 5 ou 10 pièces). En soirée, jetez votre dévolu sur un cocktail (avec ou sans alcool, 8-12€) avant d'aller vous déhancher sur des rythmes entraînants (soirées salsa, tango, électro…). Un conseil : ne manquez les mojitos aux couleurs du Pays basque (Bipéro, Izarra, Txori Gorri, env. 10€). *5, pl. des Docteurs-Gentilhe Tél. 05 59 03 89 88 Ouvert mi-fév.-déc. : tlj. 10h-2h*

☺ **Kostaldea (plan 2, A2 n°3)** Le cabanon qui fait fureur. Planté en 2010 au bord de la falaise dominant le village de vacances VVF, le Kostaldea s'est rapidement imposé comme un incontournable. À l'heure de l'apéritif, habitués, vacanciers et people s'y retrouvent dans une ambiance décontractée. Assiette de tapas dans une main et verre de rosé dans l'autre, ils profitent des derniers rayons de soleil sur la plage du VVF et des premiers éclats du phare de Biarritz, majestueux… Le réaménagement complet du secteur, début 2013, lui a fait subir quelques vicissitudes, et une cabane en dur est prévue pour les prochaines saisons. Les *happy people* seront-ils toujours là ? Quoi qu'il en soit, la vue sera toujours aussi magnifique. Équipe dynamique, pintxos délicieux, tout donne envie de rester. Aussi

on y retourne pour l'expresso du matin ou une pause déjeuner (plat du jour 8€). *Esplanade Yves-Brunaud* **Anglet** *(au-dessus du VVF, vers Biarritz Saint-Charles)*
Kostaldea II (plan 2, B1 n°10) Plage des Corsaires, une annexe de la cabane Kostaldea. À l'arrière, l'atelier, en façade, un comptoir de vente à emporter, mais aussi des tables et une terrasse pour grignoter sur place et prendre un verre (formule 2 tapas, un verre de vin 2€). Large choix de tapas et pintxos, mais aussi charcuteries, poulets fermiers, pâtisseries et bonnes bouteilles. *33, bd des Plages Tél. 05 59 42 66 97 Ouvert mar.-sam. 8h-20h, dim. 8h-14h*
Beach House (plan 2, A1 n°2) Une adresse tendance. Petit déjeuner, déjeuner, brunch, baignade, dîner, dance floor, pâtés de sable... Vous pouvez passer votre été sans sortir de l'enclos du Beach House. Une première terrasse en façade, une maison des années 1970 réaménagée en loft ouvert de part et d'autre, et une seconde terrasse à l'arrière autour d'une petite piscine, dont le fond monte ou descend au gré des besoins : baignade, piste de danse, ou pataugeoire du dimanche pour le brunch avec les enfants. Nombreuses animations et happenings (DJ sets, concerts, vernissages, projections, cours de yoga...). Cuisine internationale, uniquement tacos le mardi, plus travaillé les autres jours : burger, chipirons, *nasi goreng*, salades, thon snacké et laqué, etc. Plats de 10 à 20€. *26, av. des Dauphins Tél. 05 59 15 27 17 www.beachhouseanglet.com Ouvert avr.-mai, oct.-déc. : mar.-sam. 9h-2h, dim. 9h-19h ; juin-sept. : tlj. 9h-2h*

● Tout savoir sur le chistera et la pelote

☺ **Onena (plan 2, B2)** La famille Gonzalez fabrique des chisteras depuis 1887 et la quatrième génération tient désormais le dernier atelier d'Iparralde. En véritable "showman", Jean-Louis, héritier du savoir-faire de son père et de son grand-père, le fondateur, vous livrera les secrets de fabrication de ce long panier d'osier et de châtaignier emblématique des sports basques. Il vous présentera également les différentes facettes de la pelote, de la main nue à la *cesta punta*. Une petite heure en sa compagnie passe en un clin d'œil, nourrie de ses propos joyeux et passionnés. *6, allée des Liserons Tél. 05 59 03 85 04 Ouvert lun., mer. et ven. 17h précises Libre participation*

● Aller à la plage en famille

Plages surveillées (plan 2, A1-B1) Le VVF, les Sables d'Or, Marinella, les Corsaires, la Madrague, l'Océan, les Cavaliers, La Barre. *Poste de surveillance mi-juin-mi-sept. : tlj. 10h30-19h*
Les Moussaillons (plan 2, A1) Ce club pour enfants propose les activités ludiques et sportives traditionnelles d'un club de plage. Baignade et leçons de natation en piscine et structure gonflable géante. À partir de 3 ans. *Plage de Marinella Tél. 06 16 91 56 99*

● Chasser les bonnes vagues

Si les surfeurs expérimentés vous parleront surtout des spots entre Saint-Jean-de-Luz et Bidart (Lafitenia, Parlementia...), Anglet reste le grand rendez-vous des surfeurs. Voici tous ses spots du sud au nord.
www.surfinanglet.fr Site de l'OT dédié au surf : spots, agenda des compétitions, écoles, marée du jour, météo, webcams, surf shop, shapers...
Le Belambra Club (plan 2, A2) Plutôt pour surfeurs expérimentés. La plage, dominée par la silhouette de ce village de vacances, marque la transition entre

les côtes sableuses caractéristiques du littoral landais et le relief encaissé, hérissé de falaises verticales de la côte basque. C'est le seul spot angloy où la vague vient se briser sur un fond rocheux, garantissant une longue déferlante qui se forme sur les contreforts de la falaise, notamment à marée montante et par grosse houle. La plage conserve des vestiges du mur de l'Atlantique, élevé par l'armée allemande lors de la Seconde Guerre mondiale.

Le Club et les Sables d'Or (plan 2, A1) La première de ces deux plages est le territoire de l'Anglet Surf Club. Un spot réputé pour ses *shore breaks*, ces vagues qui se brisent près du bord et dont raffolent les bodyboarders. Des compétitions internationales consacrées à cette discipline s'y déroulent. La deuxième, séparée par un épi, est aussi un spot "d'après-plage" : une bonne trentaine de bars et de restaurants s'y disputent le front de mer ! Inutile de se rendre à la plage du Club à marée haute, y compris pour la baignade, car la mer recouvre alors entièrement le sable.

Marinella (plan 2, A1) La plage la plus fréquentée d'Anglet, aussi bien dans l'eau que sur le sable. Les conditions de surf y sont toujours optimales et peu risquées, indépendamment des marées, ce qui en fait un site très prisé des écoles de surf. L'affluence s'explique également par la proximité de l'auberge de jeunesse.

Les Corsaires (plan 2, A1) Le cadre se fait ici plus sauvage : la route s'éloigne du littoral et la nature reprend ses droits. Comme Marinella, c'est une plage où le surf se pratique à longueur d'année.

La Madrague et la Petite Madrague (plan 2, A1-B1) La Madrague est un spot instable, variant beaucoup selon les courants et l'emplacement des bancs de sable. Quand les conditions sont réunies, la houle forme un *beach break* des plus réjouissants. Sa petite sœur, plage non surveillée, est le rendez-vous branché de la jeunesse d'Anglet.

☆ **L'Océan, les Dunes, les Cavaliers (plan 2, B1)** À proximité du golf, le littoral, dégagé d'épis, déroule sa langue de sable jusqu'à la plage des Cavaliers. Ces spots, tributaires de bancs de sable très mouvants, demeurent néanmoins réputés parmi les *tuberiders* pour leurs vagues tubulaires et consistantes, idéales par petite houle, à marée basse ou mi-marée. La plage des Dunes est la moins fréquentée (un seul accès possible, par le tunnel du golf). La plage des Cavaliers, d'une grande régularité, est considérée comme le meilleur spot d'Anglet. Les surfeurs de haut niveau sont nombreux à le fréquenter : attention aux embouteillages le week-end.

La Barre (plan 2, B1) La construction de la digue des Cavaliers et le prolongement, au nord, de la jetée de l'Adour ont fait disparaître une vague mythique, de renommée mondiale. Celle-ci naissait au niveau d'une barre de sable créée par les effets conjugués des courants de l'Adour et de l'Océan. De nos jours, la Barre se prête au surf uniquement par grosse houle. Cette plage pâtit par ailleurs de la proximité de la zone portuaire – la propreté des eaux laisse à désirer. À éviter à marée haute.

● Apprendre à surfer

Anglet Surf Club (plan 2, A1) Le seul club associatif d'Anglet à proposer du surf à l'année. Ambiance décontractée, surf sérieux. Cotisation trimestrielle 85€ (2h/sem.) plus 40€ (licence annuelle FFS). *Esplanade des Docteurs-Gentilhe (Chambre d'Amour) Tél. 05 59 03 01 66 www.angletsurf.org*

École de surf Rainbow (plan 2, A1) École affiliée à la FFS, proposant des cours individuels (2 pers. maximum), pour une mise en confiance tout en douceur... Cours à la carte 29€ les 1h30 ; cours particulier (1 ou 2 pers.) 60€/h ; stage surf ou bodyboard (5j., 1h30/j.) 139€. *21, av. de la Chambre-d'Amour Tél. 05 59 03 54 67 ou 06 18 22 37 82 www.ecoledesurf-rainbow.com*

Freestyle Surf Academy (plan 2, A1) École de surf labélisée par la FFS. Cours à la carte : 30€ pour 1h30 ; 6x1h30 149€ ; 10x1h30 229€. *22, av. des Dauphins (Sables d'or) Tél. 06 09 87 15 46 www.ecoledesurfanglet.com*

● Patiner à la plage

Patinoire de La Barre (plan 2, B1) Ou comment passer de la canicule à l'hiver en un clin d'œil. Grande patinoire en bord de mer hébergeant l'Homardi, club de hockey sur glace évoluant en Division 1. Il n'y a pas que la pelote et le rugby au Pays basque ! *299, av. de l'Adour Tél. 05 59 57 17 30 Ouvert juil.-août : dim.-lun. 15h-17h30, mar.-sam. 15h-17h30 et 21h-23h30 ; sept.-avr. : mer. 14h-17h, ven. 21h-0h, sam. 14h-18h, dim. 9h-11h et 14h-18h ; vac. scol. tlj. 14h-18h Tarif 4€, patins 3€*

● Galoper dans la pinède

Club hippique de la Côte basque Un centre équestre idéalement implanté au cœur de la forêt du Pignada. Pour les visiteurs : promenade en main 10€, promenade en forêt 20€, monte libre poneys 23€ (1h), chevaux 25€. *1, route du Petit-Palais Tél. 05 59 63 83 45 www.chcotebasque.com Ouvert juil.-août : lun.-sam. ; sept.-juin : ven.-mer. Horaires en fonction des formules choisies (téléphoner)*

● Défier l'apesanteur

Territoire d'Aventures Passerelles, échelles et une tyrolienne "infernale" (600m) colonisent la cime des arbres sur 4ha de forêt au débouché de l'avenue de l'Adour. Un exercice ludique qui demande plus d'adresse que de force. Cinq parcours pour adultes et enfants à partir de 2 ans, de 5 à 27€. Territoire d'Aventures fédère également de nombreuses autres activités à travers le Pays basque : vous pourrez organiser vos sessions de surf, rafting, canyoning... *Rond-point de la Capitainerie La Barre Tél. 05 59 42 03 06 www.evolution2-paysbasque.com Ouvert haute saison : tlj. 10h-20h ; basse saison : w.-e. et j. fér. 14h-20h*

CARNET D'ADRESSES

Restauration

Pour un déjeuner rapide les pieds dans le sable, reportez-vous également à nos adresses Boire un verre, manger sur le pouce en bord de mer (p.98). Attention, la saison et les jours d'ouverture de ces établissements sont souvent soumis aux conditions météo !

prix moyens

Le Poisson à Voile (plan 2, B1 n°14) Peut-être aurez-vous un sentiment de déjà-vu. C'est qu'à son ouverture ce restaurant en bord d'Adour était constamment fermé... pour cause de shooting photo ou de tournages de cinéma. Si l'intérieur n'a rien d'extraordinaire, le spectacle est assuré derrière les baies vitrées. D'un côté le port de plaisance d'Anglet, de l'autre Tarnos et le port industriel de Bayonne, avec ses grues et ses cargos colorés. En terrasse, vous serez aux premières loges pour profiter de ce superbe panorama. Des produits extra-frais composent un menu-carte (26€) de bonne facture qui évolue au fil du marché et des saisons : flan de boudin, gâteau ou pavé de morue, parmentier de canard, panacotta de cerises noires… Une seule réserve, surtout pour les amateurs de light, évitez la ventrèche de thon, plat vraiment gras. Menu midi 12,50€. *118, av. de l'Adour* ***Anglet*** *Tél. 05 59 29 63 39 Ouvert juil.-août : mar.-dim. midi et soir ; sept.-juin : mar.-mer. et dim. uniquement midi, jeu.-sam. midi et soir*

Udala (plan 2, B1 n°15) Si vous appréciez les produits de la mer aux cuissons justes, cette table, certes un peu éloignée des sites touristiques, vaut le déplacement. Merlu, morue, chipirons, gambas… Petite salle tout de blanc vêtue, accueil particulièrement agréable et prix tenus au vu de la qualité : menus 18€ (midi) et 33€, plats 18-20€. *165, av. de l'Adour Tél. 06 80 07 06 80 Ouvert jeu.-mar. uniquement midi, ven.-sam. midi et soir*

prix élevés

☺ **Le P'tit Resto (plan 2, A1 n°11)** À l'écart de l'esplanade des Gascons, les pieds dans le sable, le P'tit Resto aurait pu jouer la facilité et se reposer sur son emplacement. Il n'en est rien. L'attention est de mise et le service aussi décontracté qu'efficace. Thon quasi bleu mais chaud, servi avec une onctueuse crème de poivron, délicate tarte mascarpone, zeste de citron vert et pointe de fruits rouges, quart de rouge bien choisi, le tout pour 26€. Ça change de bien des adresses alentour. *Esplanade des Gascons Plage des Sables d'Or* ***Anglet*** *Tél. 05 59 03 27 08 Ouvert juin-mi-sept. : tlj. 9h-dernier client ; oct., mars-mai : seulement à midi par beau temps*

Et aussi…

Boire un verre, manger sur le pouce

La Chope ____ 98
Vent d'Ouest Café ____ 98
Kostaldea ____ 98
Kostaldea II ____ 99
Beach House ____ 99

Pause sucrée

Bamas ____ 96
Le pain Fagoa ____ 96
Supervie ____ 96

La Concha (plan 2, B1 n°12) Faisant face à la mer, tout au bout du littoral, à quelques encablures de l'embouchure de l'Adour et du port de Bayonne, un restaurant aux consonances espagnoles réputé pour ses viandes et ses poissons grillés. La carte fait aussi la part belle aux coquillages et aux crustacés – pour un aperçu général, nous vous recommandons l'assiette de l'écailler (17€) : huîtres, langoustines, crevettes roses, bulots, coques, amandes, palourdes… Poisson grillé (merlu, dorade, louvine) servi pour 2 personnes (37-43€), plateau de fruits de mer 35,50€. Une adresse sûre depuis 1970. *299, av. de l'Adour* ***Anglet*** *(patinoire, plage de la Barre) Tél. 05 59 63 49 52 Ouvert tlj. 12h-14h et 19h30-22h*

La Fleur de Sel (plan 2, B1 n°13) Dans cette discrète maison du quartier de Chiberta se cache l'adresse gastronomique d'Anglet. Salle chic et sophistiquée mais chaleureuse, avec cheminée l'hiver et petite terrasse fleurie en été.

Le chef propose deux menus-carte, l'un plutôt cuisine bourgeoise à 35€ – galette de pieds de cochon et oreilles craquantes, calamars frais grillés au beurre de mandarine, canette rôtie sauce à l'infusion de framboise, divin petit baba, espuma vanille, etc. –, l'autre à 45€ pour des mets haut de gamme (foie gras, coquilles Saint-Jacques, filet de bœuf). *5, av. de la Forêt* ***Anglet*** *Tél. 05 59 63 88 66 www.lafleurdeselanglet.fr Ouvert mar.-mer. uniquement soir, jeu.-dim. midi et soir*

Hébergement

Anglet offre tous les types d'hébergement. Mais entre le grand complexe hôtelier du golf et celui du centre de thalassothérapie, les villages de vacances et les résidences hôtelières, il ne reste finalement que peu de choix au voyageur indépendant...

camping

Camping de Parme (plan 2, B2 n°20) Un camping 4-étoiles bien arboré et tout confort : piscines, aire de jeux, bar, restaurant, supérette, laverie... Forfait 2 personnes, emplacement et voiture de 17,50 à 30€ selon la saison. Hors haute saison (juil.-début sept.), possibilité de réserver pour une courte période mobil-homes, tentes en structure rigide et chalets, à partir de 58€ pour 2 nuits (4 pers.). *2, allée Etchecopar* ***Anglet*** *Tél. 05 59 23 03 00 www.campingdeparme.com Ouvert avr.-oct.*

auberge de jeunesse

☺ **AJ Gazte Etxea (plan 2, B1 n°21)** Auberge de jeunesse dynamique et conviviale, située à Chiberta en bordure de pinède, pas trop loin des plages. L'équipe loue pour 10€/j. VTT et planches de surf. Le soir, concerts et bœufs bienvenus au Scottish Pub. Comptez 21€/nuit, petit déj. inclus, dans une chambrée de 5 à 7 personnes. Possibilité de camper dans le parc (20 emplacements) : env. 13€/nuit. Carte d'adhérent obligatoire 16€ (moins de 26 ans 11€) *19, route des Vignes* ***Anglet*** *Tél. 05 59 58 70 00 www.fuaj.org Ouvert mi-avr.-fin avr. : 8h30-11h30 et 18h-21h ; mai-mi-juin, mi-sept.-fin sept. : 8h30-12h30 et 18h-22h ; mi-juin-mi-sept. : 8h30-12h30 et 18h-3h*

prix moyens

☺ **Hôtel Arguia (plan 2, B1 n°22)** Sans aucun doute l'un des meilleurs rapports qualité-prix de la ville ! On s'étonne même d'une telle modicité de prix dans ce quartier considéré comme cossu. Entre le golf de Chiberta et le practice de l'Impératrice, l'hôtel Arguia est un îlot "anar" : plutôt que d'aménager des suites pour jet setters dans leur belle villa Art déco, les propriétaires ont choisi la liberté d'un accueil sans fard. Les chambres sont petites et simples, et seules les salles de bains ont été refaites. Et si les parties communes sont un peu défraîchies, chaque courbe et biseau vous transportera chez Gatsby le magnifique. Une trentaine de chambres de 34 à 48€ hors saison, de 44 à 68€ au plus fort de l'été, selon le niveau de confort et le cachet, celles du bâtiment annexe ayant moins de charme. Petit déj. 4,50€. *9, av. des Crêtes* ***Anglet*** *Tél. 05 59 63 83 82 http://arguia.free.fr Ouvert Pâques-Toussaint*

★ ☺ BIARRITZ

64200

Un relief capricieux, une architecture fantaisiste, une mer d'une beauté insensée… Biarritz ne ressemble à rien d'autre, il faut l'avouer, et cela se remarque dès que l'on entre dans la ville : juxtaposition de villas extravagantes et étourdissant enchevêtrement urbain. Coquette et impétueuse, la cité s'est tout entière développée sur la ligne du littoral, bravant les vents, fascinée par la beauté de l'Océan. Le promeneur d'aujourd'hui s'en réjouit, sillonnant avec le même émerveillement qu'hier ce front de mer accidenté, parcouru d'allées plantées de tamaris. Les points de vue sur la mer et sur la côte se démultiplient au rythme de ses pas. Une vraie station balnéaire en somme, inventée pour les bains et le plaisir des yeux. Moins mondaine qu'autrefois, Biarritz a démocratisé ses loisirs - parmi eux, la plage, le surf, le farniente, le golf, la thalassothérapie. Elle est aussi devenue plus urbaine, et possède largement de quoi satisfaire un visiteur débarquant un jour de pluie…

LA PÊCHE À LA BALEINE Ce sont probablement les Vikings qui enseignèrent à ce peuple d'agriculteurs des côtes basques les techniques de pêche et de navigation. Les Basques s'illustrèrent pendant tout le Moyen Âge en tant que marins, corsaires et pêcheurs émérites. Biarritz connut son heure de gloire du XIIe au XVIIIe siècle grâce à une activité très lucrative : la chasse à la baleine. La côte, vers Bidart et Guéthary, conserve les vestiges de cette pratique : des tours de guet, dénommées *atalaye*, du haut desquelles on surveillait le large. Au passage des baleines, l'alarme était donnée par une cloche ou des signaux de fumée. Les hommes du village se hâtaient de mettre à l'eau les embarcations, garnies de harpons et de provisions. La capture d'un de ces grands cétacés représentait une véritable manne pour la petite communauté. Tout se récupérait : la chair, la langue (un mets de choix, réservé à l'archevêque de Bayonne), la graisse, le foie et même les os, avec lesquels les pêcheurs confectionnaient meubles et charpentes. Le changement d'itinéraire des grands cétacés entraînera les Basques dans des courses au long cours jusqu'à Terre-Neuve.

"Ville-Monde"

Un voyage radiophonique dans Biarritz en compagnie de ses créateurs, écrivains, artistes : Anne Etchegoyen, chanteuse ; Sylvie Santini, journaliste et écrivain ; Frédéric Schiffter, philosophe ; et d'autres hommes et femmes de culture… Lectures par Romane Bohringer (textes de Marie Darrieussecq, etc.). *Deux heures d'émission à écouter et à télécharger librement sur www.franceculture.fr/emissionvilles-mondes-13-14*

BIARRITZ DEVIENT MONDAINE Biarritz n'est encore qu'un modeste village de pêcheurs, avec un quartier bas et un quartier haut perché sur le plateau de l'Atalaye, lorsqu'Eugénie et Napoléon III y séjournent pour la première fois. La bourgade avait déjà reçu la visite de quelques intellectuels bien nés à l'âme romantique et vagabonde, parmi lesquels Flaubert, Hugo, Stendhal. L'installation du couple impérial et la construction de la Villa Eugénie en 1855 scellent son destin de ville balnéaire. Le couple entraîne avec lui sa cour et toutes les têtes couronnées et grandes fortunes d'Europe. Châteaux, parcs, hôtels particuliers poussent au rythme des arrivées. Avec la fin du Second Empire et le morcellement des terrains, cette urbanisation anarchique s'accentue. En moins de dix ans, près de 300 villas voient le jour dans la station ! Toutes affichent leur individualité, rivalisant de faste et de beauté en un ensemble éclectique d'architectures anglo-normandes, néobasques, gothiques, hispano-mauresques ou médiévales… Les Années folles répandent un souffle d'insouciance et de gaieté savamment entretenues par une société brillante et assoiffée de plaisirs : cabarets, casinos, soirées délurées réunissent le Bottin mondain – les rois Édouard VII et Alphonse XIII, Sarah Bernhardt, Coco Chanel, Sacha Guitry, Charlie Chaplin, Pablo Picasso… C'est l'apogée du mythe Biarritz, que viendront briser l'occupation nazie et les bombardements alliés de 1944.

NAISSANCE DU SURF EUROPÉEN En 1957, le scénariste américain Peter Viertel débarque à Biarritz avec son épouse Deborah Kerr pour accompagner le tournage du film *Le soleil se lève aussi*. Entre les prises, l'homme se livre à un sport inconnu des Français, d'origine hawaïenne, déjà pratiqué en Californie : le surf. Cette vision bouleversera une bande de pionniers, les célèbres "tontons surfeurs", à l'origine du premier club de surf européen, le Waikiki Surf Club. La révolution culturelle des années 1968-1970 aidant, c'est tout un état d'esprit qui se trouve lié à cette pratique : le voyage, l'hédonisme, le retour à la nature… De nos jours, le surf fait vivre une industrie florissante qui a ses quartiers bien implantés dans la région : presse spécialisée, compétitions, industrie vestimentaire, événements promotionnels, écoles de surf et, bien sûr, tourisme sportif.

MODE D'EMPLOI

accès

EN AVION

Aéroport Biarritz-Anglet-Bayonne (plan 2, B2) Air France relie la Côte basque-Adour à Paris-Orly et Marseille, sa filiale Hop ! prenant en charge Lyon, Nice et Genève. Easyjet assure une liaison avec Paris-CDG et Lyon en été, Volotea programme des vols en provenance de Lille (avr.-nov.), et la compagnie suisse Darwin Airline propose des vols Genève-BAB (juin-sept.), cf. Aller au Pays basque en avion (p.44). La plupart des grandes enseignes de location sont représentées à la gare et à l'aéroport (info sur le site Web). *Tél. 05 59 43 83 83 www.biarritz.aeroport.fr*

Liaisons aéroport centre-ville L'aéroport est relié au centre (4,5km) par le bus 14 (mairie, 20-25min) ou la ligne C pour la gare SNCF (Bayonne-Bidart), cf. Chronoplus (p.107), fiche horaires sur le site Web, billet 1€. En taxi, compter env. 15€. *www.chrono plus.eu* **Chronoplus** *Tél. 05 59 52 59 52 (lun.-ven. 8h30-12h15 et 13h30-17h30) www.chronoplus.eu*

EN VOITURE

Biarritz se situe sur l'axe de l'autoroute A63 (190km au sud-ouest de Bordeaux, à 20km de la frontière espagnole).

EN TRAIN

SNCF Plusieurs TGV par jour au départ de Paris. Train Intercités vers Toulouse (jour), et vers Nice et Genève (nuit). TER Aquitaine vers Bordeaux, Pau, et la côte basque. Face à la gare, arrêts de bus Chronoplus des lignes A1 pour le centre-ville et C pour l'aéroport. *Tél. 36 35 www.voyages-sncf.com* **Gare SNCF Biarritz La Négresse** *Allée du Moura (à 4km du centre) Tél. 36 35 www.voyages-sncf.com*

EN CAR

Cf. "stationnement et transports", Chronoplus, ci-après.

PESA La compagnie espagnole assure des liaisons régulières entre Biarritz et Bilbao (18,85€) via Irún (4,30€) et San Sebastián (6,60€). Départ Square d'Ixelles. *Tél. (34) 902 10 12 10 www.pesa.net*

orientation

Le cœur commerçant de Biarritz se concentre autour de la place Clemenceau. En remontant la rue Gambetta, vous parvenez aux Halles, bordées de cafés, de restaurants et d'épiceries fines. La rue Mazagran qui descend vers le Port-Vieux rassemble une enfilade de boutiques de mode, décoration, souvenirs et gadgets divers. Plus loin, la rue du Port-Vieux réunit petits bars, restaurants, pizzerias. L'animation nocturne se déploie principalement entre les halles et la rue du Port-Vieux.

informations touristiques

Office de tourisme (plan 3, C1) Installé dans une jolie villa néogothique, ancienne résidence du facétieux et dispendieux marquis de Javal quinto, duc d'Osuna. *Square d'Ixelles Tél. 05 59 22 37 00 http://tourisme.biarritz.fr Ouvert juil.-août : tlj. 9h-19h ; mi-juin-fin juin, sept. : lun.-ven. 9h-19h, sam.-dim. 10h-18h ; avr.-mi-juin : lun.-ven. 9h-18h, sam.-dim. 10h et 17h ; jan.-mars : lun.-ven. 9h-18h, sam. 10h-12h et 14h-17h, dim. 10h-13h* **Antenne gare SNCF** *Ouvert juil.-août : tlj. 8h30-12h30 et 14h-20h45*

stationnement et transports

Comme partout ailleurs dans l'agglomération Côte basque-Adour et sur la côte en général, le trafic devient extrêmement dense en saison. Aux parkings souterrains, souvent complets, préférer les parkings gratuits, reliés au centre par une navette gratuite. Quant au vélo, il demande un minimum de forme physique ; Biarritz est escarpée ! Le scooter est l'autre solution.

EN VOITURE

Parkings gratuits Jaï-alaï d'Aguiléra, Floquet (av. Charles Floquet), hippodrome des Fleurs (av. du Lac-Marion) et lac Marion, phare de Biarritz, plage Marbella et Milady (Cité de l'Océan), et, vers la Négresse : gare SNCF, Atabal (allée du Moura) et Docks (rue Luis-Mariano).

Parkings payants Sept parkings, tous couverts ou souterrains, en plein centre et bien indiqués, ou à peine excentrés : Gare du Midi (rue François-Mauriac), Verdun-Médiathèque (rue Beauséjour). Tarif env. 1,50€/h ; de 11,30 à 14€/24h, excepté parking Gare du Midi (1€/h, 9€/24h). *www.vincipark.com Ouvert 24h/24*

EN BUS

Chronoplus Réseau d'une quinzaine de lignes à travers l'agglomération Côte basque-Adour (plan et horaires sur le site web). Ticket à 1€ pour un "voyage unique" acheté à bord des bus, ou à 2€ offrant la libre circulation durant 24h. Ticket 7 jours à 11€, en vente uniquement dans les kiosques et relais. *Kiosque Biarritz : av. Louis-Barthou pl. Charles-de-Gaulle Tél. 05 59 52 59 52 (lun.-ven. 8h30-12h15 et 13h30-17h30) www.chronoplus.eu*

Navette gratuite Ce service dessert une partie des parcs de stationnement (juil.-août : tlj. ; le reste de l'année : lun.-sam.). Aux beaux jours, une deuxième ligne part du carrefour d'Hélianthe et rallie la Côte des Basques via le Port-Vieux (juil.-août : tlj. ; fin avr.-juin et sept. : sam.-dim. et j. fér.). Plan à retirer à l'OT ou au kiosque Chronoplus installé avenue Louis-Barthou. *Tél. 05 59 41 59 41*

À DEUX-ROUES

Cycle Océan (plan 3, B3) Vélos, scooters, motos avec livraison assurée d'Hendaye à Capbreton. Bureau ouvert tous les jours de l'année et avec bonhomie. Vélo 15€/24h, scooter 38€/24h, moto 69€/24h, tarifs dégressifs en fonction de la durée. *24, rue Peyroloubilh Tél. 05 59 24 94 47 www.cycle-ocean.com Ouvert tlj. 9h-19h*

Plazza Scoot (hors plan 3 par C1) Vélos, scooters, mais aussi des vélos électriques parfaitement adaptés pour cette ville (25€/24h). Remise de 20% hors vacances scolaires. *50, av. de l'Impératrice Tél. 06 47 07 71 00 www.euskal-bike.com Ouvert haute saison : tlj. 9h-18h, en hiver et hors vac. scol. téléphoner*

marchés

Halles (plan 3, B2) Les anciennes halles de la fin du XIXe siècle, entièrement rénovées en 2012, accueillent un marché toujours aussi réputé pour la qualité de ses étals. *www.halles-biarritz.fr Ouvert tlj. 7h-13h30*

Marché d'Iraty Créé en 2013, ce marché associe stands alimentaires, vêtements et bazar dans une ambiance populaire. *Halle d'Iraty Rue de Pitchot Ouvert ven. 8h-14h*

fêtes et manifestations

FIPA Le festival et marché international des programmes audiovisuels est le grand rendez-vous des professionnels du petit écran : fictions, séries, documentaires, grands reportages... Les projections, la plupart libres d'accès et gratuites, ont lieu à la Gare du Midi, à l'espace Bellevue et au cinéma Le Royal. *www.fipa.tm.fr Fin jan.*

Biarritz Maider Arostéguy Cette compétition de surf, parmi les plus anciennes du continent (1984), ouvre la saison du surf en France. Des compétiteurs européens se joignent aux *frenchies*, femmes, hommes, juniors et vétérans, sur le site de la Grande Plage. *W.-e. et lun. de Pâques*

☺ **Roxy Pro** Il n'y a que deux compétitions en France métropolitaine inscrites au calendrier de l'ASP World Tour (championnat du monde professionnel). L'une d'elles se déroule sur la plage de la Côte des Basques et se conjugue au féminin. Mais la Roxy, c'est aussi une programmation artistique, avec des installations plastiques et une scène *indie* plantée sur la plage du Port-Vieux. *http://roxylive.com 10-14 juil.*

BIG Festival Né en 2009, le Biarritz International Groove s'est hissé en peu de temps au niveau des grands rassemblements estivaux des musiques actuelles. Programmation éclectique, cinq jours durant, associant découvertes et têtes d'affiche (de Neil Young à De La Soul en passant par Iggy Pop ou Metronomy). *Halle d'Iraty, stade Aguilera, Atabal, Côte des Basques Tél. 01 53 90 19 35 www.bigfest.fr Mer-dim. de la sem. suivant le 14 juil.*

Gant d'or Le grand rendez-vous de la côte, avec les internationaux de Saint-Jean-de-Luz, de la *cesta punta* professionnelle. Les joueurs de Floride se déplacent pour l'occasion. Éliminatoires courant août et finale vers le 20. *Euskal-Jaï-Parc des sports d'Aguiléra Rue Cino-del-Duca Tél. 05 59 23 91 09 www.cesta-punta.com*

Feux d'artifice du 15 août Un des plus majestueux feux tirés en France, 80 000 personnes réparties entre le plateau de l'Atalaye et le phare. *Grande Plage*

Le Temps d'aimer Festival de danse néoclassique et contemporaine de haute tenue, à l'instar du Malandain Ballet Biarritz, centre chorégraphique national. Partout en ville, salles, plages et autres lieux publics. *www.letempsdaimer.com 1re quinz. de sept.*

☺ **Festival Biarritz Amérique latine** Festival international des cinémas et cultures d'Amérique latine : compétition de longs et courts métrages, fictions et documentaires ; mais aussi littérature, arts plastiques, musique, danse et forums. *Tél. 05 59 23 26 26 www.festivaldebiarritz.com Fin sept.-début oct.*

DÉCOUVRIR

Biarritz

☆ **Les essentiels** La Grande Plage, Biarritz Océan, le musée de la Mer, la chapelle impériale, le musée Asiatica **Découvrir autrement** Appréciez la vue du rocher de la Vierge ; assistez au va-et-vient des bateaux, attablé en terrasse au restaurant Chez Albert (cf. Carnet d'adresses)

Le front de mer

Promenade littorale Parce que la ville s'est développée de façon anarchique en bordure de l'Océan, sans tenir compte de son centre historique ou administratif, nous vous conseillons de débuter votre visite par une promenade littorale. Du phare, qui offre une belle perspective sur la côte, descendez le long du front de mer jusqu'à la Grande Plage. Vous pourrez ensuite continuer en direction du centre, ou bien suivre les contours du littoral, en passant par le port des Pêcheurs, le plateau de l'Atalaye et le Port-Vieux. Une promenade plantée de tamaris vous conduira ensuite d'accéder aux plages de la Côte des Basques, Marbella et Milady, escortées de hautes falaises marneuses. Ces escarpements abrupts, rongés par les vagues et les eaux pluviales, s'ébranlèrent en emportant nombre de villas : leurs propriétaires avaient osé défier les éléments pour s'attribuer la plus belle vue. C'est ainsi que disparut, en 1950, la Villa Marbella (1863), résidence hispano-mauresque de Lady Bruce (surnommée Milady par les Biarrots). On remarquera les importants travaux de consolidation entrepris par la ville de Biarritz sur cette portion du littoral : la falaise a été redessinée en pente douce, la base renforcée par des enrochements, les eaux de pluie ont été drainées, et le paysage a donc été profondément modifié.

☆☺ **Grande Plage (plan 3, C1)** C'est l'une des plages emblématiques de Biarritz, dont le sable se pique en été de tentes qui lui confèrent un charme désuet. Les bains mauresques ont disparu et cédé la place au **casino** (1901), remanié en 1921 selon le goût Art déco de l'époque. Dans les années 1990, le bâtiment échappa de justesse à la destruction et fut entièrement restauré. Admirez le hall d'entrée et ses mosaïques. À l'intérieur se côtoient un restaurant, un cabaret, des salles de jeux et de machines à sous ainsi qu'une piscine municipale d'eau de mer chauffée. Le Bellevue (1858), au bout de la plage, abritait également un casino, le premier de la côte basque. C'est de nos jours un espace muséal équipé de salles de congrès.

☺ **Phare de Biarritz (plan 3, C1)** Érigé au nord de la Grande Plage, sur la pointe Saint-Martin (1834), il domine la mer de 73m. L'ascension de ses 248 marches permet de jouir d'un splendide panorama embrassant jusqu'aux Pyrénées basques au sud, au-delà de l'Adour au nord. Ce phare marque la limite entre la côte sablonneuse des Landes et la côte rocheuse du Pays basque. À son pied, l'**esplanade** offre une vue également remarquable sur la plage Miramar et la Grande Plage, que bordent des façades facilement repérables. Le Miramar, construction moderne du centre de thalassothérapie, s'étage en bandes blanches et noires ; l'hôtel du Palais, bâtisse ocre qui s'avance sur le sable, marque la limite entre les deux plages ; le Victoria Surf, gigantesque résidence hôtelière en triangle de béton, souleva les plus âpres critiques lors de sa construction ; le casino Art déco, avec sa galerie ouverte sur la mer ; enfin, tout au bout, l'espace Bellevue, reconnaissable à sa rotonde. Des sentiers et jardins en terrasses conduisent jusqu'au sable. *Phare (au nord de la Grande*

Surfrider Foundation : les anges gardiens de la côte

Surfrider Fondation Créée en 1990 par Tom Curren, triple champion du monde de surf, Surfrider Foundation Europe s'est engagée dans la lutte contre les pollutions du milieu aquatique. Forte aujourd'hui de 10 000 adhérents rassemblés dans de multiples antennes locales en France et sur tout le continent, cette association, dont le siège est installé à Biarritz, organise, tout au long de l'année, des événements et actions pour mobiliser le grand public autour de la protection et de la mise en valeur de l'Océan et des côtes : observatoire du littoral, conférences, campagnes d'affichage, information sur la qualité des eaux, journée de nettoyage des plages... Consultez le programme des manifestations sur le site et devenez, vous aussi, des anges gardiens de la côte. *Tél. 05 59 23 54 99 www.surfrider64.com*

Plan 3 Biarritz

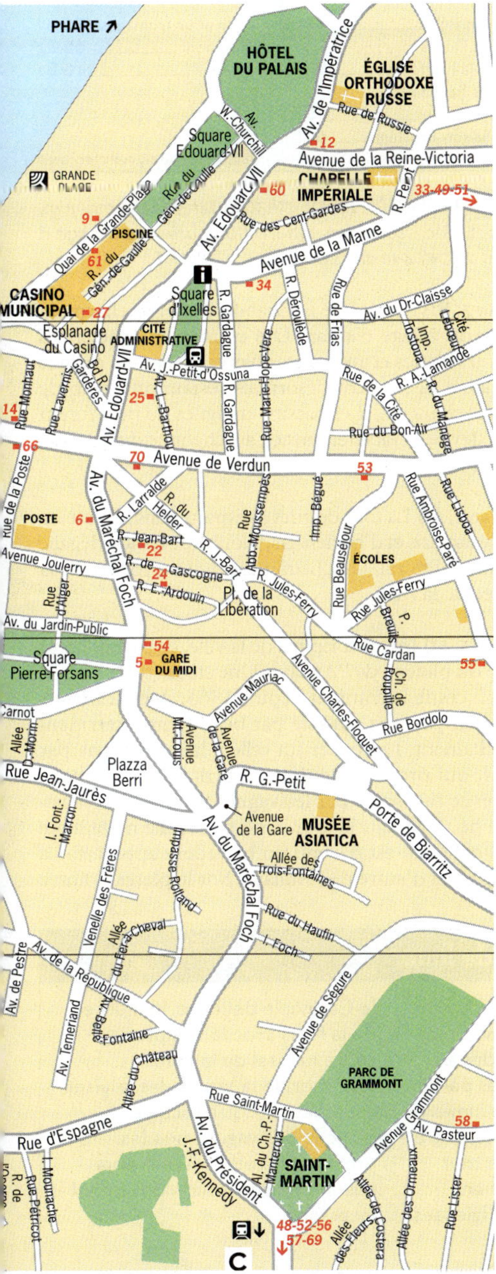

Cafés, bars et lieux de sortie (nº1 à 14)

Bar de l'Hôtel du Palais — **12** C1
Carré Coast — **9** C1
Côte 57* — **3** A3
Gare du Midi — **5** C3
Ilunabar — **13** A2
L'Aréna Café — **8** A2
L'Artnoa* — **2** B2
La Santa Maria* — **1** A2
Le Bar basque* — **10** B2
Le Caveau — **7** B2
Le Play Boy — **14** C2
Le Royal — **6** C2
Transat Sky Bar* — **11** B3
Ventilo Caffe — **4** B2

Restauration (nº20 à 34)

3 salsas — **21** B4
Bar Jean* — **29** B2
Café de la Grande Plage — **27** C1
Chez Albert — **28** B1
Chez Ospi — **22** C2
La Goulue — **24** C2
La Table Basque — **34** C1
La Tantina de Burgos — **23** A4
Le Clos Basque — **25** C2
Le Comptoir — **30** A2
Le Crabe Tambour — **20** B4
Léonie — **33** C1
Saline Ceviche — **31** B3
Sidreria Hernani — **26** B3
Victor — **32** B2

Hébergement (nº40 à 58)

Argi Eder — **41** B2
Auberge de jeunesse Fuaj — **48** C4
Château du Clair de Lune — **57** C3
Hôtel Atalaye — **40** B2
Hôtel La Marine — **43** B2
Hôtel Le Caritz — **45** A2
Hôtel Maïtagaria — **42** B3
Hôtel Mirano — **58** C4
Hôtel Oxo — **53** C2
Hôtel Saint-Charles — **49** C1
Hôtel Saint-Julien — **44** B3
La Ferme de Biarritz — **50** A4
Le Val Florès — **51** C1
Maison Garnier — **46** B2
Nere-Chocoa — **52** C4
Villa Etxe Gorria — **54** C3
Villa Le Goéland — **47** B2
Villa Sanchis — **55** C3
VTF Domaine de Françon — **56** C3

Shopping (nº60 à 70) ➤

Plage) Tél. 05 59 22 37 10 Ouvert juil.-août : tlj. 10h-13h30 et 14h30-19h ; mai-juin, sept. : tlj. 14h-18h ; jan.-avr., oct.-déc. : sam.-dim. 14h-17h (18h après le passage à l'heure d'été) Rés. à l'OT Tarif 2,50€, 4-16 ans 2€

☺ **Port des Pêcheurs (plan 3, B1)** Au sud de la Grande Plage, ce charmant port a conservé le caractère du village d'antan. Des crampottes, anciennes cabanes de pêcheurs aux murs blancs et aux volets colorés, s'alignent en face des bateaux amarrés. Certaines accueillent désormais restaurants, club de plongée et quelques locataires chanceux. Les bassins et digues du port furent bâtis par Napoléon III : ils devaient faciliter l'accès au chantier du port du Refuge, au pied du rocher de la Vierge.

☺ **Plateau de l'Atalaye (plan 3, A1)** La tour de guet a disparu mais le plateau, parcouru d'allées plantées de tamaris et d'hortensias, jalonné de bancs, dégage de très jolis points de vue sur le littoral. Un chemin conduit au rocher de la Vierge et à l'entrée du musée de la Mer.

☺ **Rocher de la Vierge (plan 3, A1)** Image d'Épinal de la ville, ce rocher battu par les eaux émerge en face du plateau de l'Atalaye. Une statue de la Vierge, protectrice des pêcheurs, en coiffe le sommet depuis 1865. Avec les récifs qui l'entourent, il compose un paysage paisible par beau temps, terrifiant lorsque les éléments se déchaînent. Le rocher fut relié à la terre ferme par la volonté de Napoléon III, qui projetait de doter Biarritz d'un nouveau port. La première digue élevée fut brisée par les vagues avant son achèvement, et le port du Refuge ne vit jamais le jour. Une passerelle métallique a remplacé le pont en bois et le lieu est devenu un belvédère apprécié. La vue embrasse le littoral de part et d'autre de l'Atalaye. Sur le plateau, notez

Se balader au clair de lune

Du phare de Biarritz jusqu'au Port-Vieux, le littoral biarrot est nimbé d'un voile de lueurs chaudes et froides savamment dosées par le célèbre concepteur de lumière Pierre Bideau, responsable, entre autres, de l'éclairage de la tour Eiffel. Une réussite, associant la mise en valeur de prestigieuses façades (l'hôtel du Palais, le Casino, le Bellevue, le musée de la Mer) avec le somptueux cadre naturel de la côte : le rocher de la Vierge, les falaises escarpées, jusqu'à l'écume blanche des vagues que les projecteurs réfléchissent pour mieux souligner leur mouvement incessant.

la silhouette grise hérissée de tourelles de la **Villa Le Goéland** (XIXe s.), en pierre de Bidache, brique et pans de bois. Autre habitation emblématique du patrimoine biarrot, la **Villa Belza** semble se dresser contre les flots de son piton rocheux entre le Port-Vieux et la Côte des Basques. Durant les Années folles, la maison abrita un cabaret russe, célèbre pour ses soirées extravagantes. Elle est aujourd'hui compartimentée en appartements. *Accès interdit par gros temps*

☆☺ **Biarritz Océan (plan 3)** Son histoire, sa culture et sa géographie lient Biarritz, reine des plages, à l'Océan. Depuis 2011, Biarritz Océan se déploie sur deux sites : l'aquarium du musée de la Mer, installé au cœur de la ville, et la Cité de l'Océan, au sud de la ville. Deux lieux de visite aussi complémentaires que complets pour mieux connaître un monde marin riche mais fragile. *Ouvert avr.-oct. : 9h30-20h (fermeture billetterie 1h avant), juil.-août nocturne tlj. jusqu'à 22h (cité de l'Océan) et minuit (musée de la Mer) ; nov.-mars : mar.-dim. 9h30-19h (jours et horaires élargis pendant les vac. scol.) Fermé 3 sem. en jan. Tarif Pass Biarritz Océan (musée de la Mer + Cité de l'Océan) 17,50€, étudiants et 6-16 ans 13€, 4-5 ans 8,50€, réductions pour des réservations effectuées sur le site de l'OT*

☆☺ **Musée de la Mer-Aquarium (plan 3, A1)** Ce musée installé dans un très beau bâtiment Art déco (1933), aux lignes pures et au profil en proue de navire, a fait peau neuve. Rouvert au printemps 2011, il réserve une surprise de taille : le doublement de sa surface d'exposition et un nouveau parcours muséographique, avec le fameux Gulf Stream pour guide. Petits et grands expriment la même fascination devant les aquariums géants où évoluent plus de 5 000 poissons et organismes vivants : pieuvres, congres, murènes, raies, homards, anémones, hippocampes, étoiles de mer… Points d'orgue du parcours, un lagon caraïbe, des bassins géants où évoluent squales, requins et barracudas, et le bassin des phoques. Présentation très pédagogique, adaptée aux plus jeunes, tels le fameux bassin tactile et la galerie dédiée aux cétacés, et toujours des maquettes illustrant les différentes techniques de pêche artisanale et de pêche à la baleine. L'exposition se clôt, au dernier niveau, par l'espace ornithologique. À ne pas manquer, le repas des phoques (à 10h30 et 17h) et la vue panoramique de la terrasse. *Esplanade du Rocher-de-la-Vierge Tél. 05 59 22 33 34 www.museedelamer.com Tarif musée de la Mer seul 13€, étudiants et 4-16 ans 9,50€*

Cité de l'Océan (plan 3, B4) Au premier regard, ce "monument" biarrot, conçu par l'Américain Steven Holl et inauguré en juin 2011, évoque une vague qui se déroule. L'étonnant édifice construit aux abords des plages de la Milady et d'Ilbarrirz déploie sur 2 000m² une exposition permanente, dont la scénographie vient appuyer la présentation didactique des courants, des marées, de l'interaction de l'eau et de l'atmosphère. On y

TABLE AVEC VUE

À site exceptionnel, restaurant d'exception ! La Cité de l'Océan abrite le Sin, un restaurant réputé pour la cuisine fraîche et délicate de Txomin Aguirre, que l'on déguste dans un cadre très contemporain face à l'Océan. La formule se décline à la cafétéria sous forme de sandwichs bio et salades à base de produits de saison. **The Sin (plan 3, B4)** *Tél. 05 59 22 51 50 Ouvert mar.-sam. matin et soir*

LA VIE EN COMBI ! Vous rêvez de vacances hors des sentiers battus ? Pour une escapade hippie chic, Campi Camper loue des combis Volkswagen au look pop. Le véhicule vintage nouvelle version s'est adapté au confort d'aujourd'hui, mais la liberté est la même. Couchage queen size transformable en salon, cuisine, un petit pommeau à sortir pour la douche, et roulez jeunesse. Toutes les options et prêt possibles de la frontale au pack media avec GPS, tablette et connexion. De 69€/j. en basse saison (3j. min.) à 109€/j. (7j. min.). ☺ **Campy Camper** *99, rue Pierre-de-Chevigné Tél. 05 33 47 17 41 www.campycamper.com*

parle des vagues, du surf, mais aussi de l'érosion des falaises ou encore du Gulf Stream et de ses secrets… Une véritable immersion au cœur des océans à coups d'effets spéciaux et de films interactifs, le tout dans un décor de cinéma. De véritables qualités pédagogiques, mais qui, malheureusement, perdent en lisibilité à force de contenus scientifiques parfois denses, minimalistes ou conceptuels, et d'animations fades. Que cela ne vous empêche pas d'y faire un saut, il y a suffisamment de matière pour que chacun y trouve, ça et là, son intérêt. *1, av. de la Plage* ***Biarritz*** *Tél. 05 59 22 75 40 www.citedelocean.com Tarif Cité de l'Océan seule 10,50€, étudiants et 4-16 ans 7€*

Port-Vieux (plan 3, A2) Le premier port de Biarritz, autour duquel s'est organisée l'activité de la pêche à la baleine. Les grands cétacés étaient remorqués jusqu'à cette crique et le dépeçage s'effectuait directement sur le sable. Au XIXe siècle, la mode des bains de mer entraîna la construction d'un bâtiment (1858) réservé au déshabillage des baigneurs – disparu lors des bombardements de 1944. Aujourd'hui, les galeries élevées contre la falaise accueillent bars et restaurants. La plage abrite l'association des Ours blancs, dont les membres se baignent toute l'année, et respectent un rituel bien rôdé : les bains de minuit des 24 et 31 décembre.

● Où faire une pause sucrée ?

Dodin (plan 3, C1 n°61) Face à la Grande Plage, ce confiseur chocolatier, réputé aussi pour ses tourons et, surtout, ses caramels, est l'inventeur du "béret basque" : une mousse au chocolat sous une génoise saupoudrée de vermicelles au chocolat. *Quai de la Grande-Plage Tél. 05 59 22 10 43 www.dodin.eu Ouvert juil.-août : tlj. 9h-0h ; sept.-juin : tlj. 10h-19h*

● Où faire une pause tapas à l'heure de l'apéritif ?

☺ **Le Bar basque (plan 3, B2 n°10)** Un arrêt obligé sur le chemin du *tapeo* local : des tapas par dizaines, bocadillos, tortillas et charcuteries locales et ibériques. À ne pas manquer, les petites brochettes de thon mariné, ou les mini-gaspachos au miel et potiron. Sangria, rosés, pastis, punchs, cocktails, chacun y trouvera tout son soûl. *1, rue du Port-Vieux Tél. 05 59 24 60 92 Ouvert tlj. 18h-2h*

● Où boire un verre face au soleil couchant ?

☺ **Côte 57 (plan 3, A3 n°3)** Vous voilà aux premières loges pour ce spectacle quotidien pris très au sérieux : confortablement allongé sur votre transat, les yeux rivés sur la ligne d'horizon, il ne vous reste plus qu'à attendre… et à guetter le fameux "rayon vert", ultime feu du soleil avant de sombrer dans la mer. Le

Côte 57 exploite magistralement son emplacement, un peu comme une salle de cinéma ouverte sur le large. Déco élégante et design, sélection musicale house et trip hop, avec DJ sets à l'occasion. Le nom du lieu est un clin d'œil aux "tontons surfeurs", les premiers chasseurs de vagues sur la Côte des Basques, en 1957. On peut y déjeuner ou y dîner : beaux poissons du jour (env. 30€/pers.), salades et sandwichs 12-15€ (midi), plateau de fruits de mer à la plancha (env. 60€ pour 2 pers.) et assiettes apéritives mer ou charcuteries basques (8-10€). *7, bd du Prince-de-Galles Côte des Basques Tél. 05 59 22 27 83 http://cote57.com Ouvert haute saison : tlj. 10h-2h ; reste de l'année : mar.-dim. 10h-dernier client*
La Santa Maria (plan 3, A2 n°1) La minuscule terrasse de ce restaurant, accrochée aux falaises du Port-Vieux, surplombe l'eau. Juste en face, le rocher de la Vierge et sa passerelle ; à vos pieds, l'Océan invite à un plongeon rafraîchissant. On s'y éternise volontiers dans la journée au prétexte d'une coupe glacée, le soir devant un verre accompagné de tapas sous un ciel chamarré de rose. *6, esplanade du Port-Vieux Tél. 05 59 24 53 11 Ouvert début avr.-sept. : tlj. 9h30-14h30 et 19h-22h Service continu en juil.-août Fermé les jours de pluie*
Transat Sky Bar (plan 3, B3 n°11) Au cœur de la ville, dominant la Côte des Basques, le Transat Restaurant déploie sa splendide terrasse panoramique suspendue entre ciel et Océan. Et ce n'est pas tout : perché sur le toit du luxueux Radisson Blu Hotel, le Transat Sky Bar est doté d'une piscine chauffée. Du petit déjeuner au coucher du soleil, c'est le lieu idéal pour bronzer ou buller dans un des canapés disposés au bord du bassin. Amateurs d'ambiance trendy, vous ne serez pas déçus. Côté cuisine, les formules s'adaptent à tous les horaires et appétits : poisson ou viande à la plancha (env. 25€), un salade-bar, des sandwichs, des tartines et assiettes de tapas à grignoter avec un verre de vin (4-6€) ou un cocktail (8-12€). *1, carrefour Hélianthe Tél. 05 59 01 13 66 www.radissonblu.fr/hotel-biarritz* ***Bar*** *Ouvert avr.-oct. : tlj. 9h-0h Service restauration 12h-14h30 et 19h-22h30*

● **Aller à la plage, surfer** La baignade est surveillée sur toutes les plages biarrotes en saison. *Se renseigner à la mairie pour les horaires Tél. 05 59 41 59 41*
Plage de Port-Vieux (plan 3, A2) Port-Vieux est une plage familiale par excellence, du fait de ses eaux toujours calmes, bien abritées par les falaises et les rochers qui l'encadrent. Les bars et restaurants qui la bordent proposent en prime la vue sur la mer. Le rocher Boucalot, en face, est un site protégé de reproduction des oiseaux marins.
☆ **Grande Plage et Miramar (plan 3, C1)** Amateurs de bronzette et de sable fin, étendez votre serviette ici ! Ces deux belles plages, reliées par un passage sous l'hôtel du Palais, s'ouvrent au grand large, où effleurent çà et là des rochers colonisés par les cormorans et les goélands (l'un d'eux, la Roche ronde, est classé réserve naturelle). Attention aux courants dits de baïne, qui entraînent les baigneurs vers le large ; caractéristiques des plages à fond sableux, ils se forment à mi-marée. La plage est aussi prisée des amateurs de surf : ses vagues de sable *(beach breaks)*, puissantes et tubulaires en toute saison, attirent les adeptes du *powersurfing* – pratique qui consiste à enchaîner les manœuvres musclées et explosives. Clubs enfants.
Côte des Basques (plan 3, A3) La plage est longée par une promenade. Attention, elle ne se prête pas à la baignade à marée haute. La Côte des Basques est un spot mythique : le surf européen y vit le jour... De nombreux longboarders évoluent dans ses eaux.

Marbella et Milady À la suite de la Côte des Basques, l'été, leurs vagues petites et moyennes sont idéales pour la pratique du surf. La plage de Milady, labellisée Handiplage (p.51), offre en juillet-août des équipements adaptés : stationnement réservé, tiralos et handiplagistes.

● S'initier au surf Biarritz compte une dizaine d'écoles de surf et bodyboard, indépendantes ou affiliées à la FFS. Liste disponible à l'OT.

BASC-Biarritz Association Surf Club's Pour assurer la formation des jeunes surfeurs, cinq prestigieuses écoles biarrotes se sont regroupées en association, dispensant un enseignement à l'année. Également des formules pour les vacanciers : formule découverte 2 sessions de surf (15€, non renouvelable), Jardin des vagues pour les moins de 10 ans avec 5 sessions de 1h (110€, licence annuelle de 50€ incluse) ; 5 sessions pour les plus grands (100€ + licence). *Centre de glisse* ***Plage de Milady*** *Tél. 05 59 23 24 42 www.surfingbiarritz.com*

Hastea Cette école labellisée par la FFS propose des cours particuliers ou collectifs et des stages de différents niveaux. Les leçons ont lieu sur la plage de la Côte des Basques. Cours particulier 75€ (1h), en groupe 35€ (1h30), ministage 95€ (3x1h30) ou 160€ (5x1h30). *75, rue du Bon-Air* ***Plage de la Côte des Basques*** *Tél. 05 59 24 23 89 ou 06 81 93 98 66 www.hastea.com*

Lagoondy école de surf L'équipe vous emmène surfer sur la plage de la Côte des Basques ou, plus au sud, au Pavillon royal de Bidart ou encore à Hendaye. L'école propose aussi une formule surf camp : une semaine de stage de surf ou bodyboard, en pension complète, avec hébergement au camping ou à la Villa Lagoondy de Bidart. Affiliée à la FFS. Cours 35€ (1h30), stage 95€ (3x1h30), 160€ (5x1h30), surf camp de 510 à 595€/sem. selon la saison. *Av. du Prince-de-Galles* ***Plage de la Côte des Basques*** *Tél. 05 59 24 62 86 ou 06 09 74 25 19 www.lagoondy.com*

● Se baigner par gros temps

Piscine Émile-Lamothe Installée au sous-sol du casino, cette piscine municipale vous offre la grande plage même les jours de pluie grâce à sa vue panoramique, à contempler du solarium et du jacuzzi. Bassin de 25m, hammam et sauna. *Bd du Général-de-Gaulle Tél. 05 59 22 52 52 Ouvert lun.-sam., dim. matin (horaires variables suivant les jours, téléphoner) Tarif 2,50€ (10,50€ avec l'accès au hammam et sauna), moins de 16 ans 1,20€ Bonnet obligatoire*

La ville

Avenue de l'Impératrice (plan 3, C1) À la vente du parc de 15ha de la Villa Eugénie (1880), des lots furent constitués et achetés par des aristocrates de diverses nationalités. Demeures et hôtels cossus sortirent de terre, affichant des styles disparates et l'opulence de leurs propriétaires. Une promenade le long de l'avenue de l'Impératrice permet d'apprécier cette variété architecturale propre à Biarritz. Au n°1, l'**hôtel du Palais** se dresse à l'emplacement de la résidence impériale. En 1893, celle-ci fut transformée en hôtel-casino, mais un incendie ravagea l'édifice, dont il ne reste que peu de vestiges. L'hôtel actuel (1905), de style néo-Louis XIII, est une structure en béton armé avec un décor de fausses briques et pierres. Au n°9, les chalets Édouard VII, d'allure néonormande, jouxtent les villas mauresques Marrakech et Casablanca

VILLA DÉMONTÉE La Villa Labat devint Cyrano lorsqu'elle fut méticuleusement démontée et reconstituée à une trentaine de mètres de son emplacement original, pour laisser la place à l'hôtel Carlton.

(rue Louison-Bobet), à la forme cubique. Au n°15, la Roche ronde (1884), curieux château néogothique affublé de tours crénelées, échauguettes, mâchicoulis et tourelles pointues, semble s'être échappée d'un conte de fées et de sorcières. La Villa Cyrano (1902), au n°18, arbore un style néogothique (lucarnes, arcs et arcatures en pierre) où se mêlent des éléments décoratifs Art nouveau (ferronnerie et décor sculpté). La Villa Martine ou San Martino (n°54) présente un foisonnement décoratif et un traitement dissymétrique typique de l'éclectisme. À voir également, en bordure de la plage Miramar, les villas Bégonia, Eugénie et Les Vagues. Chacune de ces "folies" raconte l'histoire moderne à travers ses différents propriétaires, de la noblesse russe et britannique aux riches banquiers et affairistes de la première moitié du XXe siècle. Depuis la prise de conscience survenue dans les années 1990 sur la nécessité de préserver le patrimoine architectural biarrot, la majorité des villas de ce quartier se trouve classée.

Église orthodoxe russe (plan 3, C1) Érigée de 1890 à 1892 grâce à des fonds privés, l'église vouée à la protection de la mère de Dieu et de saint Alexandre Nevsky, coiffée d'un dôme, témoigne de l'importance de la communauté russe de Biarritz entre la fin du Second Empire et les années 1930 : l'aristocratie tsariste, d'abord, puis la noblesse exilée après la révolution de 1917 en firent leur lieu de villégiature. L'édifice fut partiellement restauré en 1984, là encore avec le concours financier de la communauté. *8, av. de l'Impératrice (en face de l'hôtel du Palais) Tél. 05 59 24 16 74 Ouvert sam.-dim. 15h30-18h (et jeu. pendant les vac. scol. hors été, mêmes horaires)*

☆ **Chapelle impériale (plan 3, C1)** Cette chapelle (1864), élevée à la demande d'Eugénie juste à la lisière du parc qui entourait sa propriété, demeure le seul souvenir du domaine impérial. Elle illustre à merveille l'éclectisme en vogue au XIXe siècle, mêlant les matériaux (la brique et la pierre) et les répertoires architecturaux (hispano-mauresque et romano-byzantin). Son architecte, Émile Boeswillwald, disciple de Viollet-le-Duc, œuvra également à la restauration de la cathédrale de Bayonne. L'intérieur, richement décoré, contraste avec la sobriété affichée de l'extérieur : plafonds peints, azulejos, motifs floraux et géométriques et les initiales enlacées de Napoléon et Eugénie parent la nef unique et l'abside semi-circulaire. À noter, la Vierge noire entourée de lauriers, de rosiers et de fleurs de lys représentée sur la voûte en cul-de-four par Louis Steinheil. La chapelle fut dédiée à Notre-Dame de Guadalupe dans le contexte de la campagne du Mexique. *Rue des Cent-Gardes Ouvert juin-sept. : jeu. et sam. 14h30-18h ; nov.-déc., mars : sam. 14h30-17h ; avr.-mai, oct. : sam. 14h30-18h (se renseigner à l'OT pour les visites guidées) Tarif 3€*

Église Sainte-Eugénie (plan 3, B2) Une première chapelle fut édifiée sur ce site proche du bord de mer au XIXe siècle, l'église Saint-Martin se trouvant trop éloignée du nouvel épicentre du bourg. L'église actuelle date de 1905 et conserve un bel orgue primé à l'Exposition universelle de 1900.

Musée historique (plan 3, B2) Ce musée associatif installé dans l'église anglicane désaffectée Saint-Andrew (XIXe s.) n'offre pas d'exposé historique détaillé pour les non-initiés, mais, tel un cabinet de curiosités, présente pêle-mêle des objets (piano-forte de la reine Nathalie de Serbie, coffre de corsaire du XIVe s.), des documents (ordonnance d'Henri III réglementant la pêche à la baleine, photos du Biarritz 1900, coupures de journaux, affiches) et des costumes de l'époque du Second Empire, avec, pour seul support, un descriptif concis distribué à l'entrée. *Rue Broquedis Tél. 05 59 24 86 28 Ouvert juil.-août : lun.-sam. 10h30-13h et 14h30-18h30 ; sept.-juin : mar.-sam. 10h-12h30 et 14h-18h30 Tarif 4€, réduit 2€*

☆ **Musée Asiatica (plan 3, C3)** On est surpris par le nombre et la qualité des pièces réunies dans ce musée d'apparence modeste : il vous faudra prévoir une bonne matinée de visite ! Le fonds, exceptionnel, présente objets rituels, bijoux et statuettes originaires de l'Inde (au sous-sol), du Tibet, de Chine et du Népal (au rdc). Parmi les plus intéressants, des jades finement ciselés, certains vieux de 5 000 ans, des masques rituels de l'Himalaya, des bronzes et porcelaines chinois, des *thangkas* (peintures sur soie tibétaines). Accompagnant les pièces, des fiches éclairent l'histoire et les cultures de leur pays d'origine. Aux amateurs non éclairés, nous conseillons la visite audioguidée (1h30). *1, rue Guy-Petit Tél. 05 59 22 78 78 www.museeasiatica.com Ouvert lun.-ven. 10h30-18h30 pendant les périodes de vac. scol., sam.-dim. 14h-19h ; reste de l'année : lun.-ven. 14h-18h30, sam.-dim. 14h-19h, j. fér. 14h-18h Tarif 7€, 13-25 ans 5€, 8-12 ans 2€, audioguide 5€*

Église Saint-Martin (plan 3, C4) C'est l'ancienne église de Biarritz, autour de laquelle se développa le bourg primitif, à l'écart du hameau de pêcheurs. Les documents font mention de son existence dès le XIe siècle, mais elle fut remaniée à plusieurs reprises. L'intérieur abrite un chœur gothique flamboyant (probablement du XVIe s.), mais le porche date du XIXe siècle. Le cimetière qui l'entoure conserve des tombes des prestigieuses familles biarrotes du XIXe siècle. *Allée du Chanoine-Manterola Tél. 05 59 23 05 19 (presbytère)*

Musée du Chocolat (plan 3, A4) Pour en connaître tous les secrets de fabrication : de salle en salle, on découvre moules, outils, machines, et une collection d'affiches et d'objets publicitaires. La visite se termine par une dégustation et un passage par la boutique. *14, av. Beau-Rivage Tél. 05 59 23 27 72 www.planetemuseeduchocolat.com Ouvert tlj. 10h-12h30 et 14h-18h30 pendant les périodes de vac. scol. ; juil.-août : tlj. 10h-19h ; reste de l'année : lun.-sam. 10h-12h30 et 14h-18h30 Fermeture billetterie 17h30 Ateliers d'animation pour les enfants Tarif 6€, 13-25 ans 5€, 5-12 ans 4€*

● Où faire une pause sucrée ?

Henriet (plan 3, B2 n°62) Une minuscule boutique dont les vitrines bleu et chocolat exposent des merveilles chocolatées. *Pl. Clemenceau Tél. 05 59 24 24 15 Ouvert tlj. 9h30-19h30*

Miremont (plan 3, C2 n°66) Une pâtisserie-salon de thé datant de 1872 tout en dorures et moulures inscrites au patrimoine. "À l'heure du thé, il y a chez Miremont moins de gâteaux que de reines, et moins de babas au rhum que de grands-ducs", écrivait Edmond Rostand. Le saint-honoré y est vivement recommandé. Salle avec vue et terrasse à l'arrière, côté Bellevue et Océan. Petit déj. 9,80€, à l'anglaise 15,20€. *1 bis, pl. Clemenceau Tél. 05 59 24 01 38 www.miremont-biarritz.com Ouvert tlj. 9h-20h*

● Où remplir son panier pique-nique ?

Rue de la Bergerie (plan 3, C1) Une rue pour les gastronomes. Quartier Saint-Charles, à l'arrière du quartier 1900 de l'avenue de l'Impératrice, se dissimulent les commerces de bouche des Biarrots chics. Savoureuse boucherie au n°15 (Chez José & Yoan), suivie d'une magnifique "crémerie-bijouterie" au n°17 (Crémerie Saint-Charles). En face, au n°16, poissonnerie haut de gamme (La Marina) et traiteur appétissant maniant le homard quotidiennement (Inopia). Pour compléter ces belles propositions, un jeune caviste a eu la bonne idée de s'installer au n°26 (La Cave de mon père). À côté de la poissonnerie, un restaurant étoilé (L'Atelier), un deuxième 30m plus loin au tout début de la rue d'Alsace (L'impertinent).

Le Pays basque balnéaire

☺ **Maison Arostéguy (plan 3, B2 n°64)** La plus ancienne épicerie fine de Biarritz, jadis fournisseur du couple impérial en villégiature. De vieilles étagères en bois montent à l'assaut de hauts murs, chargées de conserves de piments d'Espelette, de pâtés, de rillettes, de bouteilles d'huile d'olive, de vins d'Irouléguy, de sirop de violette… Également des spécialités venues d'ailleurs, comme le caviar d'Iran. La salle attenante est entièrement consacrée aux thés et confitures. *5, av. Victor-Hugo Tél. 05 59 24 00 52 www.arosteguy.com Ouvert juil.-août : lun.-sam. 9h30-13h et 15h15-19h30, dim. 9h30-13h ; sept.-juin : mar.-sam. 9h30-13h, lun. 15h15-19h30*

Mille et un fromages (plan 3, B2 n°65) Charmante épicerie-crémerie où l'odeur des fromages assaille vos narines dès le pas de la porte. Vous trouverez ici le traditionnel ardi gasna, fromage fermier de brebis produit au *cayolar* (cabane de berger en haute montagne), ainsi que de fabuleux yaourts maison. Également huiles d'olive, pâtes fraîches, foie gras des Landes, et de belles bouteilles de vin. L'enseigne dispose aussi d'un stand aux halles centrales. *8, av. Victor-Hugo Tél. 05 59 24 67 88 Ouvert haute saison : tlj. 8h30-13h et 15h45-20h ; basse saison : lun.-sam. 8h30-13h et 15h45-20h*

● Où acheter des espadrilles, un panama, un sac de plage ?

☺ **Les Sandales d'Eugénie (plan 3, B2 n°63)** Un des musts de l'espadrille, signé Pare Gabia : elles sont cousues main, déclinées dans les modèles et les coloris les plus variés, et dûment assorties aux sacs à main en cuir et en toile. Comptez

Prendre soin de soi

Les bienfaits des bains de mer version "cocon", détente et bien-être : les quatre centres de thalassothérapie de la côte basque offrent tous des formules similaires, dans des cadres somptueux et à deux pas de la plage. Soins pour homme ou pour femme, relaxation musculaire, soin visage et corps… Détendez-vous avec des massages "sur-mesure", balinais ou ayruvédique, des modelages (à partir de 39€ le forfait demi-journée avec deux soins, ou encore six soins sur deux jours à 150€ à l'Atlanthal d'Anglet, ou formule aqua zen à Hendaye à la thalasso Serge Blanco pour 40€), ou profitez des forfaits spa marin (journée douceur à partir de 150€ à Hendaye), des formules à la journée ou pour trois jours ou plus… Un must pour les adeptes du cocooning avec, en général, une vue panoramique sur l'Océan ! Pour la vue sur la campagne basque, direction le Spa Makila à Bassussary, dernier-né des centres de soins et bien-être.

Sofitel Biarritz-Le Miramar Thalassa *13, rue Louison-Bobet* ***Biarritz*** *Tél. 05 59 41 30 00 www.sofitel.com*

Atlanthal *153, bd des Plages* ***Anglet*** *Tél. 0825 12 64 64*

Thalasso&Spa Helianthal *Pl. Maurice-Ravel* ***Saint-Jean-de-Luz*** *Tél. 05 59 51 51 51 www.helianthal.fr*

Thalasso Serge Blanco *125, bd de la Mer* ***Hendaye*** *Tél. 05 59 51 36 36 www.thalassoblanco.com*

Spa Makila *Route de Cambo* ***Bassussarry*** *Tél. 05 59 70 43 72 www.spamakila.com Ouvert lun.-sam. 10h-13h et 14h-19h*

de 11 à 115€ la paire. *18, rue Mazagran Tél. 05 59 24 22 51 www.paregabia.com Ouvert juil.-août : tlj. 10h-20h ; sept.-oct., mars-juin : mar.-sam. 10h-13h et 15h-19h*
Chapellerie Divine (plan 3, B3 n°67) Un modiste comme on n'en fait plus ! Des chapeaux à tomber – cloches, panamas, bérets authentiquement basques, bibis à froufrous –, un choix sublime et, en prime, des conseils avisés. Cette boutique rococo – on se croirait dans un salon d'essayage de la Belle Époque – est tenue par un couple au gout sûr qui saura dénicher chapeau à votre tête. *8, av. Victor-Hugo Ouvert mar.-sam. 10h-19h*
Planetik (plan 3, B2 n°70) Un créateur tendance "réhab". Pour vos escapades à la campagne ou à la plage, vous trouverez chez Planetik des sacs écologiques fabriqués au Pays basque, lieu d'ancrage de la marque. À ces sacs, sacoches et pochettes hors du commun, confectionnés avec des bâches publicitaires récupérées lors des compétitions de surf, Planetik donne une seconde vie en les "réhabilitant" en accessoires respectueux de l'environnement. *120, av. de Verdun Tél. 05 59 23 63 31 (show-room, téléphoner pour prendre rdv) www.planetik-recyclage.com (vente en ligne)*

● Où trouver du linge basque et une jolie vaisselle ?

Boutique Jean-Vier (plan 3, C1 n°60) Jean Vier, grand manitou du linge basque, est à l'origine du formidable coup de jeune qu'a connu cette industrie dans les années 1980, en proposant un travail différent des matières et des couleurs. La marque dicte à chaque saison les coloris à la mode et habille les tables les plus prestigieuses. Nappes, torchons, sets de table en coton damassé ou en lin, striés des sept rayures traditionnelles. Comptez de 10 à 14€ le torchon, de 30 à 50€ le tablier, à partir de 62€ la nappe. Les fins de série s'achètent à prix rabattus. *58 bis, av. Édouard-VII Tél. 05 59 22 29 36 www.jean-vier.com Ouvert juil.-août : tlj. 10h-19h30 ; sept.-juin : lun.-sam. 10h-12h30 et 14h30-19h Autre magasin 25, rue Mazagran (plan 3, B2)*
Assiettes & Compagnie Une joyeuse variante de la vaisselle basque traditionnelle et ses motifs de *lauburu* (croix basque) ! Les créations, tout droit sorties de l'imagination de Béatrice Pene, déclinent avec humour des thèmes liés aux vacances, au Pays basque ou encore des clins d'œil *girly*. À mettre sur votre table pour donner un coup de peps à vos dîners de tous les jours ! *Vente au show-room de Biarritz exclusivement sur rdv Tél. 06 13 17 19 35 ou 05 47 64 01 41*
Galerie culinaire La Cornue (plan 3, B3 n°68) Imaginez une boutique-galerie dédiée à la cuisine où trône, au centre, une table d'hôtes. On y trouve bien sûr la Rolls des fourneaux et tout ce qui se fait de mieux en matière d'ustensiles de cuisine et des arts de la table... Mais, au milieu de ces classiques intemporels, Claudine apporte son brin de fantaisie avec des expositions de tableaux et une jolie sélection d'espadrilles et d'autres objets, tandis que Bob dresse la table pour des démonstrations culinaires. Il sert un menu dont il livre les secrets de préparation : il suffit de réserver (jusqu'à 12 pers., à partir de 40€/pers.). Un univers d'excellence, un bric-à-brac chic et joyeux et une bonne humeur affichée, tels sont aussi les ingrédients ! *4, rue des Halles Tél. 05 59 24 54 17 ou 06 80 07 81 54 www.galerie-culinaire.com*

● Où boire un verre, faire une pause tapas ?

☺ **L'Artnoa (plan 3, B2 n°2)** Ce bar à vins, au cadre sobre et épuré, est tenu par un caviste œnologue originaire de Saint-Émilion. À bon sang ne saurait mentir !

La sélection est sûre et les conseils sont avisés. Mais, à l'heure de l'apéritif, les crachoirs du comptoir central sont délaissés. La foule s'y presse, hésitant entre une trentaine de vins proposés au verre et accompagnés de quelques pintxos maison, ou de charcuteries et fromages. *56, rue Gambetta Tél. 05 59 24 78 87 www.lartnoa.com Ouvert juil.-août : tlj. 10h-13h et 16h-22h ; sept.-juin : mar.-sam. 10h-13h et 16h-22h, dim. 10h-14h*

☺ **Bar Jean (plan 3, B2 n°29)** Les tables en fer rouge dressées sur la petite terrasse, attenante aux halles, sont prises d'assaut à la fin du marché quotidien. On s'y offre quelques huîtres, on y grignote des sardines grillées (14€), on se laisse tenter par les tapas (des canapés tartinés de purée d'olives, d'anchois...) à 1 et 2€. À ceux dont cette mise en bouche aura ouvert l'appétit, le Bar Jean sert une cuisine de marché (poisson grillé, côte de bœuf) dans le joyeux brouhaha de sa salle aux murs couverts d'azulejos. Plébiscité par les locaux, les places au Bar Jean sont chères malgré le récent agrandissement... Anticipez le coup de feu ! *5, rue des Halles Tél. 05 59 24 80 38 http://barjean-biarritz.com Ouvert juil.-août : tlj. 9h-15h et 18h30-2h ; mi-fév.-juin, sept.-déc. : jeu.-lun. 9h-15h et 18h30-2h*

Les faubourgs

Villa Françon Le domaine du VTF (Vacances Tourisme Famille) offre au curieux la possibilité d'entrevoir le fastueux intérieur d'une villa biarrote du XIXe siècle. Le domaine Françon fut bâti de 1879 à 1882 par un architecte anglais au service de John Pennington Mellor, négociant enrichi dans le commerce du coton brésilien. La propriété comprend une villa de style anglo-normand, deux conciergeries et des écuries, complétées après 1900 d'un chalet suisse en provenance de l'Exposition universelle de Paris. Seul le parc et le bâtiment principal se visitent. Sous le porche d'entrée, admirez la reproduction d'une célèbre mosaïque de Pompéi. Le rez-de-chaussée est habillé d'une profusion de boiseries vernies, peintes ou sculptées, agrémentées de miroirs, frises et bas-reliefs, parfois serties d'autres matières nobles. Passé la bibliothèque, les salons florentin et japonais, la salle à manger et la salle de billard, empruntez le monumental escalier entouré de vitraux inspirés des contes de Grimm, réalisés par le maître-verrier de la cour royale de Bavière. À l'étage, le magnifique vestibule, aux entretoises du plafond peintes d'allégories, mène à la salle des paons, les volatiles ornant des plafonds à caisson dorés à l'or fin. Rappelez-vous que ces lieux ne sont pas dédiés à la visite : restez discret, et demandez à l'accueil si toutes les salles sont accessibles (des séminaires y sont organisés hors saison). *81, rue de Salon Ouvert tlj. 14h30-18h30*

● Où s'offrir un après-midi shopping ?

Les Docks de la Négresse (plan 3, C4 n°69) Le quartier des anciennes Tuileries est devenu un lieu de shopping ultra-biarrot. Très tendance, ses boutiques sont toutes plus originales les unes que les autres. Du linge de maison en passant par la déco, les vêtements et les chaussures (boutique Halle Ibaba), sans oublier les bonnes adresses gastronomiques (poissonnerie, boucherie, traiteur italien et restaurant Négresse&Co). Un fleuriste à tomber (Le Nez dans l'herbe), une boutique "bascotilles" vintage (Kiki Ritz et ses fameux bleus de travail customisés, ou ses petits bijoux *home made*), et un hammam. Un secteur tout indiqué pour faire les boutiques, d'autant qu'on y trouve des places de stationnement gratuites, ce qui est loin d'être négligeable à Biarritz ! *44, rue Luis-Mariano (dir. gare SNCF puis Arcangues)*

Les environs de Biarritz

☺ **Arcangues** Charmant village typiquement labourdin, ramassé autour de son église, de son cimetière, de sa mairie et de son fronton. L'église du XVIe siècle conserve de jolies galeries sculptées (XVIIIe s.). Vous pouvez, moyennant une pièce, actionner l'éclairage et admirer le retable et les peintures du plafond. La sépulture de la famille d'Arcangues, seigneurs du village, se trouve dans la chapelle. Du cimetière qui domine la vallée, le panorama s'étend des Pyrénées à l'Océan. Parmi les tombes (quelques-unes aux stèles discoïdales), la plus célèbre – et constamment fleurie – est celle du chanteur Luis Mariano, gravée du nom de Mariano Gonzales. Le château (1900), qui ouvre ses salons et son parc au public en automne, appartient toujours à la famille d'Arcangues. L'office de tourisme distribue les plans d'itinéraires de deux balades bucoliques, Oihana (1h) et Kalika (1h30), qui traversent le golf, la campagne et les sous-bois. ***Arcangues** Sur la D3, 10km au sud-est de Biarritz (suivre la signalisation jusqu'au parking, à l'extérieur du bourg)* **Office de tourisme** *À l'entrée du village Tél. 05 59 43 08 55 Ouvert juin-sept. : tlj. 9h30-12h30 et 14h-19h ; oct.-mai : lun.-ven. 9h-12h et 14h-18h* **Château** *Tél. 05 59 43 04 88 Ouvert début oct.-mi-déc. : mar.-dim. 10h-12h et 14h-18h*

LE LABOURD

CARNET D'ADRESSES

Lieux de sortie

Salles de spectacles, cinémas

Gare du Midi (plan 3, C3 n°5) Cette gare Art nouveau (1911) s'est métamorphosée en 1991 pour héberger le Malandain Ballet Biarritz, centre chorégraphique national. La salle et les deux auditoriums accueillent de nombreux autres spectacles et manifestations. *23, av. du Maréchal-Foch **Biarritz** Tél. 05 59 22 44 66 (billetterie) ou 05 59 24 67 19 (centre chorégraphique) www.biarritz-culture.com*

Le Royal (plan 3, C2 n°6) Trois salles au centre-ville et une programmation panachant films grand public et séances art & essai. Nombreuses avant-premières, ainsi que des rencontres avec les réalisateurs et les acteurs. *8, av. du Maréchal-Foch **Biarritz** Tél. 05 59 24 45 62 www.royal-biarritz.com*

Bars du soir

☺ **Ventilo Caffe (plan 3, B2 n°4)** Sans doute l'un des bars les plus sympathiques de Biarritz. Si, le matin, quelques visiteurs s'y attablent pour le petit déjeuner, c'est en début de soirée que la salle se remplit pour des apéritifs prolongés. Un petit comptoir éclectique, aux meubles disparates et aux canapés moelleux, animé par une équipe soudée et festive. Vers 22h, le volume sonore augmente et retentissent les beats de la house, du hip-hop et de la musique électronique.

DJ sets et musiciens sont invités à l'occasion, parfois quelques belles surprises et une fête de la musique tonitruante, podium sur le toit et public dans la rue. Cocktails de 6 à 8€, snack (croques, salades, omelettes, et petit plat du jour) servi jusqu'à 17h. *30, rue Mazagran* ***Biarritz*** *Tél. 05 59 24 31 42 Ouvert juin-sept. : tlj. 7h-2h ; oct.-mai : mer.-lun. 7h-2h*

L'Aréna Café (plan 3, A2 n°8) La vaste terrasse de l'Aréna est un endroit magique pour prolonger une soirée estivale. Dans ce cadre contemporain assez sage dominant la plage de l'anse de Port-Vieux, le bar s'enflamme à la tombée de la nuit et devient l'endroit parfait pour boire un verre et s'offrir une soirée branchée en jouant les princes et princesses des dance floors jusqu'au bout de la nuit... Un grand bonheur, peut-être le dernier du jour ! *Esplanade du Port-Vieux* ***Biarritz*** *Tél. 05 59 24 88 98 www.arena cafe-biarritz.com Ouvert juin-août : tlj. 12h-2h ; sept.-oct., avr.-mai : jeu.-lun. 12h-2h, mar. uniquement midi ; jeu.-lun. 12h-15h et 18h-dernier client, mar. uniquement midi*

Ilunabar (plan 3, A2 n°13) Le bar se résume à une terrasse dominant le vieux port. Si, au cœur de l'été, la clientèle est plutôt m'as-tu-vu, le cadre prend le dessus. Ambiance néanmoins festive, et qui peut donc ménager des surprises. DJ sets. *14, rue Port-Vieux* ***Biarritz*** *Tél. 05 59 24 41 84 Ouvert été : tlj. 19h-2h Fermé quand il pleut.*

Transat Sky Bar (plan 3, B3 n°11) Sur le toit-terrasse de l'hôtel Radisson (p.115). Soirée salsa enfiévrée le mercredi, fréquents DJ sets les autres jours. *Radisson Blu Hôtel 1, Carrefour Hélianthe* ***Biarritz*** *Tél. 05 59 01 13 13 Ouvert été : tlj. 9h-2h*

☺ **Bar de l'Hôtel du Palais (plan 3, C1 n°12)** Si le port d'une veste est demandé pour les restaurants, vous éviterez juste les tongs, shorts et débardeurs pour vous faire une place au bar de ce palace légendaire. Quelques beaux digestifs et une carte de cocktails à prix relativement raisonnables (du choix à moins de 10€, café avec sa mignardise 5€), pianiste en prime. Le cadre et la balade sur la terrasse dominant l'Océan est un spectacle en soit. Et puis, un lundi soir d'hiver, allez trouver un comptoir à minuit passé. C'est ça le luxe. *1, av. de l'Impératrice* ***Biarritz*** *Ouvert tlj. jusqu'à 2h*

Clubs

Carré Coast (plan 3, C1 n°9) Ce nightclub sélect et glamour de la Grande Plage est un incontournable de la fête biarrote. La discothèque a la faveur des people, happy few et autres noctambules, qui se déhanchent sur la musique électro et les DJ sets ou profitent du bar, l'Océan à vue. Une boîte avec un horizon, c'est classe. *21, av. Édouard-VII* ***Biarritz*** *Tél. 05 59 24 64 64 www.lecarrecoast.com Ouvert juil.-août : tlj. 0h-5h ; sept.-juin : jeu.-sam. 0h-5h et veille de j. fér.*

Le Caveau (plan 3, B2 n°7) L'adresse mythique des nuits gays de la côte, où se presse du beau monde. Deux niveaux et deux ambiances : le rez-de-chaussée, volontiers kitsch et décalé, à grand renfort de Claude François et de Sylvie Vartan ; le sous-sol, fréquenté par les clubbers et les amateurs de house. *4, rue Gambetta* ***Biarritz*** *Tél. 05 59 24 16 17 www.discotheque-caveau.com Ouvert tlj. 22h30-5h*

Le Play Boy (plan 3, C2 n°14) Un club d'aspect quelconque hormis son escalier d'entrée dans la petite rue Monhaut, à gauche des Galeries

Lafayette. Cinquante ans pourtant que ça dure. Sans doute est-ce dû à sa simple bonhomie faisant fi des modes. Toutes les générations et les milieux s'y croisent, touristes de passage, people fatigués des soirées hype et locaux. Piste de danse au son des tubes des 30 dernières années, bar pour la conversation, les actualités locales et la blague, AC/DC pour clore la soirée... l'adresse est bien de bon aloi. *15, pl. Clemenceau Tél. 05 59 24 38 46 Ouvert été : tlj. 23h-5h ; reste de l'année : mer.-sam. 23h-5h*

Restauration

Biarritz est une ville chère. Cela n'étonnera personne. Néanmoins, on trouve quelques bonnes petites tables pour une addition abordable. Quant à la très haute gastronomie étoilée, elle est hors de prix. Les équivalents bayonnais, luziens et hendayais sont plus raisonnables.

prix moyens

3 salsas (plan 3, B4 n°21) Il règne tous les soirs dans cette salle pleine à craquer une ambiance de fête. Le secret d'un tel succès ? Des plats mexicains sans prétention, colorés et abordables, un service jovial... et de bonnes doses de margarita maison, servies au verre (4€) ou au pichet (12,50 et 25€), que d'aucuns affirment être le meilleur cocktail de la ville. L'endroit ne prend pas de réservation : vendredi et samedi soir, il faut donc arriver tôt ou patienter au bar jusqu'à ce qu'une table se libère, devant un cocktail maison et des tacos à la purée de tomates. Plats 10-14€. *5, rue Harispe **Biarritz** Tél. 05 59 23 04 53 Ouvert jeu.-mar. à partir de 19h45*

Saline Ceviche (plan 3, B3 n°31) Le poisson cru, en provenance directe de la criée de Ciboure, est ici servi en marinade. Les condiments et épices viennent des quatre coins du monde pour des déclinaisons d'inspiration créole, thaïe, tahitienne ou locale. Et, pour les rétifs aux produits de la mer, un tataki de bœuf. Portion de 14 à 16€, et supplément de 2€ pour un accompagnement consistant. C'est frais, c'est bon, et ça se déguste dans une ambiance conviviale, autour d'une grande tablée ou à l'une des petites tables et "mange-debout". *62, rue Gambetta **Biarritz** Tél. 05 59 43 65 98 Ouvert été : tlj. 19h-23h ; reste de l'année : mar.-sam. 12h-14h et 19h-22h*

☺ **Le Comptoir (plan 3, A2 n°30)** À deux pas du Port-Vieux, le Comptoir et ses baies vitrées, en léger surplomb de la rue Larre, domine également son sujet. Comme son nom l'indique, le bar, ici à vins, occupe la place centrale. Autour, une ambiance chaleureuse faite d'habitués et de visiteurs satisfaits de leur cru (3-5€) et de pintxos bien travaillés (5-7€). La salle chic, aux accents Art déco, abrite quelques tables pour une cuisine du marché rehaussée de condiments ou compotées savoureuses. Pour ne rien gâcher, les prix sont doux, du moins pour Biarritz (poissons à partir de 14-16€).

Et aussi...

Boire un verre, grignoter des tapas, manger sur le pouce

Le Bar basque ______ 114
Côte 57 ______ 114
La Santa Maria ______ 115
Transat Sky Bar ______ 115

Galerie culinaire

La Cornue ______ 121
L'Artnoa ______ 121
Bar Jean ______ 122

Formule déjeuner 18€ (entrée-plat ou plat-dessert et verre de vin). *5, rue Gaston-Larre* **Biarritz** *Tél. 05 59 22 24 79 www.lecomptoirbiarritz.com* **Restauration** *Ouvert mar.-dim. 12h-15h et 19h30-22h30* **Bar à vins** *À partir de 18h*

☺ **La Goulue (plan 3, C2 n°24)** À l'affiche, le Chat noir, Bruant aux Ambassadeurs, le Moulin rouge, de vieilles réclames… La Goulue ressemble à un piège à touristes montmartrois. Mais, ici, les éléments décoratifs sont nobles, les produits extra-frais, et, bonne surprise, les prix étonnamment tenus pour Montmartre, comme pour Biarritz. Service classique, un brin cérémonieux. Ne manquent plus qu'une régulière perfection des cuissons et une prise de risque créative pour prétendre au registre gastronomique. Menu-carte 25€ avec, par exemple, un tartare de dorade à la mangue et petits légumes, vinaigrette vanillée, suivi d'un filet de bar sauvage à la plancha, jus au pistou et balsamique, et, en dessert, un russe maison. *3, rue Étienne-Ardoin* **Biarritz** *Tél. 05 59 24 90 90 ou 06 88 55 84 24 www.lagouluebiarritz.com Ouvert mer.-ven. et dim. midi et soir, mar. et sam. uniquement soir*

Le Crabe Tambour (plan 3, B4 n°20) Avec sa formule du jour à 13€ (plat, dessert, quart de vin et café) et son menu gourmand à 25€, cette bonne table de quartier réjouira vos papilles sans vider votre portefeuille. Dans une grande salle rustique, on goûte une cuisine basque plus qu'honnête : pavé de merlu de ligne au chorizo frais, morue à l'espagnole, chipirons à l'encre, axoa, ris d'agneau aux cèpes, etc. Fidèle clientèle locale. *49, rue d'Espagne* **Biarritz** *Tél. 05 59 23 24 53 Ouvert mar.-sam. midi et soir, dim. uniquement midi*

La Table Basque (plan 3, C1 n°34) Jougs, chisteras, roue de charrue… Le folklore semble un peu surjoué. La présentation des plats est parfois peu engageante, telle cette salade du pêcheur qui a dû naviguer par forte houle. Et pourtant, cette table très correcte n'a rien d'un piège à touriste. Crevettes charnues, filet de merlu, cassolette de morue, gigot d'agneau, axoa sont bien maîtrisés, et la note également. Si vous n'avez pas prévu de faire une escapade dans la montagne basque, voici un spécimen des nombreuses auberges fiables que vous pourriez y trouver (certes à moindre compte). Menu à 20€ présentant l'essentiel de la carte. *4, av. de la Marne* **Biarritz** *Tél. 05 59 22 23 52 www.restaurant-ltb-biarritz.com Ouvert été : tlj. 12h-13h45 et 19h30-22h ; reste de l'année : jeu.-lun. midi et soir, mar. uniquement soir Fermé vac. scol. de Toussaint, de Noël et d'hiver*

Sidreria Hernani (plan 3, B3 n°26) Dans l'ambiance exaltée des cidreries, telle qu'on la connaît de l'autre côté des Pyrénées, cet établissement tout en longueur sert *txuletas* (côtes d'agneau), croquettes de morue, poisson frais du jour et autres grands classiques, à accompagner de cidre

GAMME DE PRIX	RESTAURATION	HÉBERGEMENT
Très petits prix	moins de 12€	moins de 45€
Petits prix	de 12 à 18€	de 45 à 60€
Prix moyens	de 18 à 25€	de 60 à 100€
Prix élevés	de 25 à 45€	de 100 à 140€
Prix très élevés	plus de 45€	plus de 140€

ou d'une sangria très fraîche. Au bar, copieuses assiettes de tapas. Service affairé et énergique. Attention, l'endroit est bruyant ! Formule entrée-plat-dessert de 22 à 35€. *27-29, av. du Maréchal-Joffre* ***Biarritz*** *Tél. 05 59 23 01 01 www.cidrerie-hernani.com Ouvert tlj. 20h-0h Fermé 2 sem. en jan et 3 sem. en juin*

prix élevés

☺ **Le Clos Basque (plan 3, C2 n°25)** Du charme, et une touche toute féminine dans l'art de l'accueil et de la présentation. Le cadre flatte l'œil : la salle, aux murs en pierre et au sol pavé de tomettes, le linge de table en tissu basque crème et olive, la terrasse ombragée, protégée de la rue par un rideau de verdure. Le menu-carte signe le meilleur rapport qualité-prix de la ville : recuite de thon et caviar d'aubergine, risotto crémeux au vert de persil et chorizo dos de merlu poêlé, dacquoise (pâte meringuée et crème au beurre) pour 26€. Réservation obligatoire. *12, rue Louis-Barthou Tél. 05 59 24 24 96 Ouvert juil.-août : mar.-dim. 12h-13h30 et 19h45-21h30 ; sept.-juin : mar.-sam. 12h-13h30 et 19h45-21h30, dim. 12h-13h30*

☺ **Léonie (plan 3, C1 n°33)** Ah, la belle affaire. Un menu "canaille" à 25€ pour faire connaissance, notamment avec un beau filet de dorade, bouillon de pois chiches, piquillos et chorizo. Et, si affinités, un menu-carte à 36€ pour les gourmets : pressé de queue de bœuf au foie gras, caramel de vin rouge ; dos de merlu en croûte de xamango (talon de jambon), fricassée d'asperges blanches des Landes... et le poisson du marché avec son caviar, sa mousseline ou son émulsion du jour. Une élégante et savoureuse sobriété, à l'instar de la salle. Excentré (du côté d'Aguilera), vous l'aurez compris, le déplacement est récompensé. *7, av. de La Rochefoucauld* ***Biarritz*** *Tél. 05 59 41 01 26 www.restaurant-leonie.com Ouvert mi-juil.-fin août : jeu.-ven. et dim.-mar. midi et soir, mer. et sam. uniquement soir ; reste de l'année : lun. mar. et jeu.-ven. midi et soir, sam. uniquement soir, dim. uniquement midi*

La Tantina de Burgos (plan 3, A4 n°23) Une adresse qui tient la route depuis près de trois décennies pour un voyage en terres basque et espagnole : dès l'entrée, le chef, aiguisant ses couteaux devant des planchas brûlantes et un gril au feu de bois, donne le ton. Tous les ingrédients de la carte y passeront : moules, chipirons, steak de thon, boudin basque... Un vrai bonheur. Poissons 18-25€, viandes 14-18€. *2, pl. Beau-Rivage* ***Biarritz*** *Tél. 05 59 23 24 47 Ouvert été : tlj. midi et soir ; printemps, automne, hiver : mar.-sam. midi et soir*

Victor (plan 3, B2 n°32) Bel espace façon loft arty, verrière, mezzanine, et des murs transformés en cimaises. À l'image des expositions, la cuisine est inspirée, tel ce maigre ravigote, palourdes et poireaux, à la présentation graphique et savoureux. Le lieu étant fréquenté par une clientèle chic, retraités branchés et quadras locaux, bordelais et parisiens, l'addition monte rapidement pour une brasserie : comptez autour de 30€ pour un plat-dessert-verre de vin. Rien de malhonnête pour autant au regard du cadre, du service et de l'assiette. *10, rue Victor-Hugo* ***Biarritz*** *Tél. 05 59 23 07 67 www.restaurant-victor-biarritz.com Ouvert tlj. 9h30-1h*

☺ **Chez Ospi (plan 3, C2 n°22)** La rue est sombre, la salle manque de lumière naturelle et le cadre est aussi moderne qu'impersonnel. Mais il serait bien dommage de s'arrêter à cette première impression. Julien et Fabien Ospital, les deux frères à la manœuvre, se concentrent sur l'assiette, donnant un tour créatif aux spécialités du terroir. Plongez-vous dans la lecture de la carte, qui exprime à merveille l'esprit de cette maison gourmande : foie gras poêlé, chutney carotte, petit sablé, sirop d'orange sanguine ; carré d'agneau rôti, piquillos farcis au ris braisé, purée au chorizo ibérique, jus de romarin ; merlu de ligne, linguines à l'encre, barigoule d'artichaut aux coques et moules, émulsion iodée, etc. Terre et mer sont aussi bien traitées. Formule déjeuner en semaine 14€, menu découverte 29€, et environ 40€ à la carte. Et de belles propositions à prix tenus pour la carte des vins. *6, rue Jean-Bart Tél. 05 59 24 64 98 www.chezospi.com Ouvert mi-juil.-mi-sept. : tlj. 12h-14h et 19h30-22h30 ; mi-sept.-mi-juil. : jeu.-lun. 12h-14h et 19h30-22h30*

Café de la Grande Plage (plan 3, C1 n°27) On est agréablement surpris, en pénétrant dans le restaurant du casino, par son ambiance de brasserie un brin informelle. On déjeune dans une grande salle de style 1930 flanquée sur toute sa longueur d'une baie vitrée ouverte au grand large. Terrasse on ne peut plus agréable pour un verre, quant à la table, chère, elle n'a d'intérêt que pour ses poissons et fruits de mer, de première fraîcheur. Le vendredi soir, le buffet à volonté de fruits de mer (42€) fait un malheur, et la réservation est recommandée. Service efficace et amical. *1, av. Édouard-VII* ***Biarritz*** *Tél. 05 59 22 77 88 Ouvert haute saison : tlj. 12h-15h et 19h30-22h30 ; basse saison : tlj. 12h-14h et 19h30-22h*

Chez Albert (plan 3, B1 n°28) Ce restaurant, installé dans une des crampottes du port de pêche depuis les années 1970, est toujours aussi couru. Le cadre, d'abord. Attablé en terrasse, au creux du promontoire de l'Atalaye, on oublierait presque la ville pour n'avoir d'yeux que pour l'Océan, dont la brise iodée ouvre l'appétit. La carte, ensuite, qui fait honneur aux produits de la mer : poissons frais, fruits de mer, homard... Prix à la hauteur d'une maison consacrée : à la carte, comptez de 40 à 60€. *Port de pêche* ***Biarritz*** *Tél. 05 59 24 43 84 www.chezalbert.fr Ouvert jeu.-mar. 12h15-14h et 19h30-22h*

Dans les environs

prix très élevés

Le Moulin d'Alotz Une adresse de charme et étoilée, perdue dans la campagne d'Arcangues. Dans un ancien moulin à eau, une petite vingtaine de couverts invite à un dîner intime et romantique – au coin du feu ou face au jardin et à ses saules pleureurs, dans la fraîcheur du ruisseau qui coule tout près. Carte élaborée : tourteau assaisonné rhubarbe et concombre, fine gelée de crabe vert et avocat, glace au curry vert et beignet de citron, suivi d'un filet de saint-pierre et couteaux, oignon de Trébons confit, crémeux de pomme de terre ratte, vieux parmesan et touche d'agrume. Menu-carte 66€. *Chemin d'Alotz Errota* ***Arcangues*** *Tél. 05 59 43 04 54 www.lemoulindalotz.com Ouvert fév.-déc. : jeu.-lun. 12h-13h45 et 20h-21h45*

Hébergement

En été, l'hôtellerie à petits prix est rare à Biarritz. Mais les adresses sont séduisantes et offrent de beaux rapport qualité-prix hors saison. Quoi qu'il en soit, réservez le plus tôt possible dès que pointent des vacances scolaires.

auberge de jeunesse

☺ **Auberge de jeunesse Fuaj (plan 3, C4 n°48)** Installée dans le lotissement des Terrasses du lac, l'auberge de jeunesse de Biarritz jouit d'un environnement enchanteur. En pleine verdure, à deux pas du lac Mouriscot, on rejoint facilement les plages d'Ilbaritz et de la Milady ainsi que la Cité de l'Océan en empruntant le sentier en face de l'entrée qui s'enfonce dans les bois. Les chambres, toutes équipées de salle de bains, accueillent 3 ou 4 lits. Location de vélos (11,30€/j.), dîner (10€ env.), cafétéria, machines à laver et sèche-linge, bagagerie... Attention, mieux vaut téléphoner pour connaître les disponibilités de cette auberge "grand luxe", qui affiche souvent complet en haute saison ! Le site étant un peu excentré, mieux vaut être motorisé. De 22 à 27,50€/nuitée selon la saison, petit déj. compris. Carte d'adhérent obligatoire, en vente sur place (11€). *8, rue Chiquito-de-Cambo* ***Biarritz*** *Tél. 05 59 41 76 00 www.fuaj.org*

prix moyens

☺ **Hôtel La Marine (plan 3, B2 n°43)** L'adresse du centre-ville à budget serré : double de 45-50€ en hiver à 55-60€ en pleine saison. Ne vous fiez pas à l'entrée un peu tristounette, les chambres sont impeccables, et plutôt agréables, literie comprise. Légèrement en retrait de l'axe qui mène les noctambules vers le Port-Vieux, le bruit n'est pas si présent et les doubles vitrages se révèlent efficaces. Neuf chambres seulement : réservation fortement conseillée. *1, rue des Goélands* ***Biarritz*** *Tél. 05 59 24 34 09 www.hotel-lamarine-biarritz.com*

VTF Domaine de Françon (plan 3, C3 n°56) Si le domaine (p.122) est essentiellement fréquenté par des familles durant les vacances scolaires, et loué pour des séminaires, VTF offre aussi des formules hôtelières selon les disponibilités. Double à moins de 50€, appartement 66€ (6-7/pers.). *81, rue de Salon Tél. 05 59 41 70 50 http://vtf-vacances.com*

Hôtel Atalaye (plan 3, B2 n°40) Les parties communes ont du cachet, mais l'ensemble est vieillot et fatigué. D'où l'aubaine de prix doux pour un tel emplacement : ce 2-étoiles est juché sur le plateau de l'Atalaye, au-dessus des crampottes du port des Pêcheurs et à deux pas de la plage du Port-Vieux. Vingt-cinq chambres modestes mais très soignées, certaines refaites récemment avec des efforts de décoration. Double à partir de 55€ en haute saison. Les plus chères, dites avec vue sur la mer, ne valent que si vous avez un cou de girafe. Petit déj. 7€. *Plateau de l'Atalaye 6, rue des Goélands* ***Biarritz*** *Tél. 05 59 24 06 76 www.hotelatalaye.com Ouvert mi-déc.-mi-nov. Fermé 3 sem. en jan.*

Le Val Florès (plan 3, C1 n°51) Légèrement excentré, le Val Florès est une ancienne villa placée en retrait de la passante avenue de la Marne. Les parties communes sont plutôt chics, et les vingt-et-une chambres, refaites à neuf, spacieuses et confortables, mais un peu aseptisées. Double de 70-80€ à 92-125€ selon la saison. À l'arrière, un autre bâtiment aux chambres plus anciennes, et aux salles de bains étriquées, mais plutôt mignonnes, de 59 à 75€ selon la saison. Petit déj. 8,50€. Parking privé. *48, av. de la Marne* ***Biarritz*** *Tél. 05 59 24 07 94 www.hotel-valflores.com*

☺ **La Ferme de Biarritz (plan 3, A4 n°50)** Une maison d'hôtes de caractère installée dans une ancienne

LE LABOURD

ferme du XVIIe siècle aux allures de cottage. Les cinq chambres sous les combles ont du charme : poutres peintes en blanc, jonc de mer au sol, meubles patinés, dessus-de-lit indiens (de 60 à 90€ selon la saison). Toutes disposent d'un accès indépendant, d'un petit réfrigérateur, d'une salle de bains éclairée par une lucarne. L'une possède une kitchenette, une autre, en duplex, peut accueillir quatre personnes (75-115€). Deux nuits de location minimum. Également une maisonnette au fond du jardin aménagée en deux appartements de deux chambres (de 700 à 1 500€/sem.). *15, rue d'Harcet **Biarritz** Tél. 05 59 23 40 27 www.fermedebiarritz.com Fermé 3 sem. en déc.*

☺ **Villa Etxe Gorria (plan 3, C3 n°54)** Dissimulée sur un côté de la Gare du Midi, une vaste et belle maison de style basque revisité. Ici, vous serez loin du Biarritz clinquant et trépidant bien qu'à sa porte. Simplicité et sérénité. Le luxe est dans les volumes, et dans la patine des matériaux. Quant aux cinq chambres, elles donnent toutes l'impression d'être celles d'amis plus que d'hôtes de passage. Double de 69 à 95€ en été, 65-82€ le reste de l'année. *21, av. du Maréchal-Foch **Biarritz** Tél. 06 10 69 80 53 www.villaetxegorria.fr*

☺ **Nere-Chocoa (plan 3, C4 n°52)** Cinq chambres d'hôtes baignées de lumière, épurées mais chaleureuses, décorées par un couple passionné d'art, de cuisine et de jazz... Leur villa toute blanche, emplie d'œuvres picturales, est à leur image : ouverte, raffinée, accueillante. Une délicieuse terrasse donne sur le parc privé et ses chênes centenaires ; on peut y prendre un petit déjeuner ensoleillé (jus d'orange, yaourt, confitures maison, viennoiseries...) ou s'y attarder pour discuter au clair de lune. Double de 75 à 80€ selon la saison, suite 100-130€, petit déj. 9,50€. *28, rue Larreguy **Biarritz** Tél. 06 08 33 84 35 www.nerechocoa.com*

Argi Eder (plan 3, B2 n°41) Cet hôtel familial récemment rénové pratique des prix corrects au regard de son emplacement central et néanmoins en retrait de l'effervescence. La décoration de l'entrée ne s'applique pas aux quinze chambres, dénuées de style mais confortables à souhait. Accueil agréable. Double 97€ en août, 87€ en juillet et début septembre, et 62-67€ le reste de l'année. Petit déj. 7€. *13, rue Peyroloubilh **Biarritz** Tél. 05 59 24 22 53 www.hotel-argieder.fr Fermé mi-déc.-fin jan.*

☺ **Hôtel Maïtagaria (plan 3, B3 n°42)** Si l'affaire a été reprise par le fils, l'ancienne propriétaire de l'hôtel n'est jamais loin, chinant les meubles Art déco qui viendront personnaliser chacune des quinze chambres. Elles sont toutes différentes, claires, impeccablement tenues et bien équipées (lits king size, TV, wifi). L'établissement, un hôtel particulier du XIXe siècle avec jardin fleuri, est à deux pas du centre-ville et des halles, face au square Forsans. Double de 64 à 99€ selon la saison, petit déj. 9,50€. *34, av. Carnot **Biarritz** Tél. 05 59 24 26 65 www.hotel-maitagaria.com*

prix élevés

Hôtel Oxo (plan 3, C2 n°53) Au pied de la très contemporaine médiathèque, ce petit hôtel a suivi l'élan et joué la carte d'une décoration tendance osant les télescopages de couleurs. C'est réussi : les vingt chambres exiguës font de chaleureux cocons. Double en haute saison de 100 à 125€ selon le confort, le reste de l'année de 60 à 75€. Petit déj. 8€. *38, av. de Verdun* ***Biarritz*** *Tél. 05 59 24 26 17 www.hotel-oxo.com*

☺ **Hôtel Mirano (plan 3, C4 n°58)** Deux préalables pour apprécier cette adresse : savoir que le centre est à 20min de marche, et ne pas avoir de troubles de la vision, car certains papiers peints, "chefs-d'œuvre" seventies, pourraient vous étourdir. Ce 3-étoiles, véritable "conservatoire" des années psychédéliques, possède de belles pièces design de cette époque, qui meublent le bar et les neuf chambres chics et trendy. Agréable terrasse ombragée. Double de 72-82€ à 122-127€ selon le confort et la saison, petit déj. 9,50€. *11, av. Pasteur* ***Biarritz*** *Tél. 05 59 23 11 63 www.hotelmirano.fr Fermé début nov.- début déc. et 15 jours mi-jan.*

Hôtel Saint-Charles (plan 3, C1 n°49) Pour connaître l'histoire de cette ancienne maison de maître, il faudrait pouvoir interroger le majestueux magnolia du jardin, vieux de plus de 200 ans... D'après le propriétaire, il s'agirait de la résidence d'été d'un prince roumain, construite à la fin du XIXe siècle. Depuis son acquisition, le nouveau maître des lieux veille au maintien de leur charme suranné. On apprécie particulièrement les dessus-de-lit blancs brodés, les meubles chinés dans les brocantes, les grandes têtes de lit en bois et les plantes vertes dans les salles de bains. Bref, une touche personnelle qui rend chacune des treize chambres originales et accueillantes. Joli jardin où poussent platanes, roses grimpantes et hortensias. Double de 68 à 130€ selon la saison, petit déj. 8-11€. *47, av. de la Reine-Victoria* ***Biarritz*** *Tél. 05 59 24 10 54 www.hotelstcharles.com*

prix très élevés

☺ **Villa Sanchis (plan 3, C3 n°55)** Posée sur une butte aux environs de la médiathèque, la Villa Sanchis offre quelques perspectives sur l'Océan. Mais le plaisir d'y résider est loin de se résumer à ces vues. De l'extérieur, la belle demeure, bâtie en 1904, qui jaillit des frondaisons a des allures de castel. Quatre chambres seulement, toutes agrémentées d'un vestibule, décorées avec goût et ponctuées de touches exotiques. Les salles de bains anciennes, comme les craquements des planchers et huisseries, participent au plaisir de goûter ce luxe d'antan. Double de 80 à 125€ selon la période, suite familiale de 100 à 150€. *18, rue Ambroise-Paré* ***Biarritz*** *Tél. 05 59 22 38 54 www.maison-hotes-biarritz.fr*

Maison Garnier (plan 3, B2 n°46) Avec sept chambres seulement, la Maison Garnier s'apparente plus à une maison d'hôtes qu'à un hôtel. Du salon cosy où l'on feuillette des magazines, aux chambres douces où le mobilier en bois sombre s'harmonise parfaitement avec les tons crème des tissus, tout est empreint d'une discrète élégance. Belles salles d'eau, avec grosses pommes de douche style années 1950.

GAMME DE PRIX	RESTAURATION	HÉBERGEMENT
Très petits prix	moins de 12€	moins de 45€
Petits prix	de 12 à 18€	de 45 à 60€
Prix moyens	de 18 à 25€	de 60 à 100€
Prix élevés	de 25 à 45€	de 100 à 140€
Prix très élevés	plus de 45€	plus de 140€

Un escalier central, éclairé par un puits de lumière, dessert les étages. Accueil tout en délicatesse, à l'image du petit déjeuner sain et frais. Double standard de 80 à 110€ selon la saison, chambre "de luxe" 180€ en haute saison. Petit déj. 9,50-12,50€. *29, rue Gambetta* ***Biarritz*** *Tél. 05 59 01 60 70 www.hotel-biarritz.com*

Hôtel Le Caritz (plan 3, A2 n°45) Envie d'une chambre avec vue sur la mer ? C'est l'endroit idéal : toutes les chambres donnent sur l'Océan, une des deux suites, la 201, s'offrant même le luxe d'une salle de bains avec vue sur la mer... Un emplacement unique, juste au-dessus de la plage du Port-Vieux. Les dix chambres de confort standard ne sont pas les moins plaisantes (82-145€ selon la saison). Gigantesque et indispensable solarium à la disposition des clients. Petit bémol : ne comptez pas dormir tôt la fenêtre ouverte, vous êtes au cœur du Biarritz nocturne. Petit déj. buffet 10€. *Pl. du Port-Vieux* ***Biarritz*** *Tél. 05 59 24 41 84 www.lecaritz.com*

Hôtel Saint-Julien (plan 3, B3 n°44) Voilà l'une de ces demeures que le poids des ans rend vénérables : de belles hauteurs sous plafond, des parquets en pitchpin parfaitement entretenus, un large escalier en chêne embelli d'une moquette contemporaine. Osé et de bon goût, comme tout l'établissement, qui s'est récemment refait une beauté, soignant son confort et son allure. Au troisième étage, les chambres donnent sur les toits rouges de Biarritz et les sommets mauves des Pyrénées. La n°26 et la n°27 s'ouvrent quant à elles sur la mer et le phare de la pointe Saint-Martin. Vingt chambres. Double de 89 à 180€ selon la saison, petit déj. 11€. Hôtel non-fumeur (mais terrasse à disposition), parking privé (sur rés.) et ascenseur. *20, av. Carnot Tél. 05 59 24 20 39 www.saint-julien-biarritz.com*

☺ **Château du Clair de Lune (plan 3, C3 n°57)** Un élégant castel du XIXe siècle entouré d'un parc de 8ha, un pavillon de chasse, un bâtiment aux lignes contemporaines au bord de la piscine, une vue embrassant les Pyrénées naissantes... le mot villégiature prend ici tout son sens. Au château, neuf chambres classiques et romantiques, ultra-douillettes (double de 110 à 140€ en basse saison, de 140 à 180€ en été), et un style contemporain pour les huit autres, aménagées avec terrasses privatives, dans le pavillon de chasse (de 120-130€ à 150-160€). Au regard des autres propositions biarrotes, ce 4-étoiles affiche des prix bien tenus et un accueil aimable qui fait la différence. Les collations et brunchs servis au bord de la piscine, avec les Pyrénées pour seul vis-à-vis, sont accessibles aux non-résidents. En fonction de la météo et de la demande, passez un coup de fil. Et, au bout du domaine, un restaurant gastronomique classique travaillant les produits du terroir : Campagne & Gourmandises. Menu 36€ (midi en semaine) et menu-carte 50€. *48, Av. Alan-Seeger Tél. 05 59 41 53 20 www.hotelclairlune.fr* ***Restaurant Campagne et Gourmandises*** *Ouvert mar. et jeu.-sam. 12h15-13h30 et 19h45 (Rés. Tél. 05 59 41 10 11), lun. uniquement soir, dim. uniquement midi*

☺ **Villa Le Goéland (plan 3, B2 n°47)** Dressée telle une sentinelle sur le plateau de l'Atalaye, la Villa Le Goéland domine majestueusement la côte biarrote, le phare pour seul alter ego. La vue embrasse ainsi l'Océan, de la côte landaise jusqu'aux monts du Guipuzcoa. Cette extraordinaire demeure classée (XIXe s.) partage désormais son privilège avec les heureux locataires des quatre chambres d'hôtes au cachet digne du site. Toutes baignées du bleu de la mer, deux disposent d'une terrasse. On se demande pourquoi Eugénie n'a pas choisi ce lieu de villégiature. Double de 130 à 280€ selon la saison, petit déj. inclus pour les lecteurs de GEOguide. *12, plateau de l'Atalaye* ***Biarritz*** *Tél. 05 59 24 25 76 www.villagoeland.com*

☆ ☺ BIDART ET GUÉTHARY

BIDARTE - GETARIA *64210*

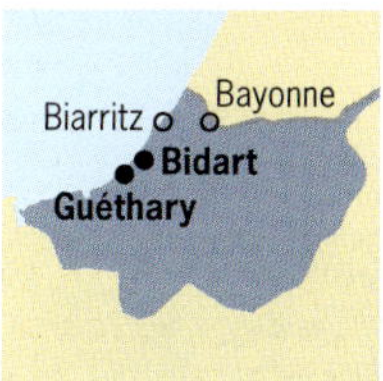

Bidart est une ancienne bourgade de pêcheurs établie sur la falaise. Le centre-ville s'organise toujours autour de l'église, du cimetière, de la mairie et du fronton – bref, de ce qui compose le village basque par excellence. Vous êtes là aux portes du pays de Saint-Jean-de-Luz, à quelques kilomètres de Guéthary. Dans ces deux stations balnéaires, repaires des surfeurs et des touristes branchés, vous attendent certaines des meilleures tables de la côte, pour déjeuner ou dîner face à un Océan impétueux ou à une lande sauvage.

MODE D'EMPLOI

accès

EN VOITURE

Bidart est situé à 5km au sud de Biarritz, sur la D810 (ancienne N10). De l'autoroute A63, sortie 4 (Biarritz). Guéthary est à 3km au sud de Bidart par la même D810. La sortie n°3 St-Jean-de-Luz nord est la plus proche.

EN TRAIN, EN CAR

SNCF Bidart se trouve à 4km de la gare SNCF de Biarritz La Négresse au nord, et à 3km de celle de Guéthary au sud. La gare de Guéthary est desservie par le TER Aquitaine au départ de Bordeaux, Dax, Bayonne, Hendaye. *Tél. 3635 www.voyages-sncf.com www.ter-sncf.com/aquitaine*

Transports 64 La ligne 816 Bayonne-aéroport BAB-Biarritz La Négresse (gare)/Saint-Jean-de-Luz/Hendaye dessert Bidart et Guéthary dans les deux sens.

Chronoplus La ligne A1 de Chronoplus relie Bidart à Biarritz (gare et centre-ville), puis Anglet et Bayonne. *Tél. 05 59 52 59 52 (lun.-ven. 8h30-12h15 et 13h30-17h30) www.chronoplus.eu*

informations touristiques

Office de tourisme de Bidart *Rue d'Erretegia* ***Bidart*** *Tél. 05 59 54 93 85 www.bidarttourisme.com Ouvert juil.-août : lun.-sam. 9h-19h, dim. et j. fér. 9h30-12h30 ; reste de l'année : lun.-ven. 9h-12h30 et 14h-17h, sam. 9h-12h*

Office de tourisme de Guéthary *74, rue du Comte-de-Swiecinski* ***Guéthary*** *(ancienne gare) Tél. 05 59 26 56 60 www.guethary-tourisme.com*

Ouvert mi-juin-mi-sept. : lun.-sam. 9h-12h30 et 14h-18h30 ; reste de l'année : lun.-ven. 9h-12h30 et 14h-17h30, sam. 9h-12h30

marchés et manifestations

Marché de Bidart *Sam.*
Marché saisonnier de Guéthary *Mai-début-oct. dim.*
Marchés nocturnes d'été Nombreux stands de producteurs locaux et d'artisanat. *Mi-juil.-mi-août* ***Bidart*** *Jeu.* ***Guéthary*** *Dim.*

☺ **Baleapop** Créé par Moï Moï, jeune collectif d'artistes touche-à-tout, ce festival confidentiel programme de réjouissantes festivités à Bidart et Guéthary : musique indépendante, expositions et installations. *www.baleapop.com http://baleapop-festival.tumblr.com www.collectifmoimoi.com*

DÉCOUVRIR
Bidart et Guéthary

☆ **Les essentiels** Le village de Bidart et le port de Guéthary **Découvrir autrement** Dégustez un gâteau basque au Moulin de Bassilour à Bidart et déjeunez les pieds dans le sable au Bahia Beach ou au Kostaldea

☆ ☺ Bidart

☺ **Chapelle Sainte-Madeleine** En gravissant la ruelle de la Madeleine au départ de la place du Fronton, à Bidart, vous accédez à ce site qui jouit d'une situation dominante sur la côte et d'où la vue s'étend jusqu'aux Pyrénées. Avancez-vous par le chemin côtier jusqu'à la table d'orientation pour connaître ces pics dont les silhouettes servent de repères dans tout le Pays basque : le mont Baigura, le pic d'Iparla, la Rhune, le mont Jaizkibel, etc. La chapelle offrait jadis une halte aux pèlerins de Compostelle. L'édifice actuel date de 1820.

Hybrid Une agence de communication pointue, créée par une muséologue, une plasticienne et un webmaster travaillant principalement avec des institutions culturelles et très impliqués dans le milieu artistique local : surveillez leurs expositions. *2, pl. Sauveur-Atchoarena Tél. 06 64 46 59 03 www.hybrideditions.com*

Ilbarritz Quartier septentrional de la commune de Bidart, Ilbarritz est un prolongement de la Milady biarrote. Sa plage accueille les locaux fuyant le centre-ville, des surfeurs qui y ont un spot, et des touristes aisés, principalement parisiens. *3km au nord du centre-ville*

Château d'Ilbarritz L'ancienne propriété du baron Albert de l'Espée, personnage excentrique et fortuné, offre une vue à 360° sur le quartier d'Ilbarritz. Les exigences extravagantes de son propriétaire firent de sa construction, achevée en 1897, un long feuilleton épique. Parmi les nombreuses originalités, non dépourvues d'ingéniosité, la principale reste la salle haute de deux étages bordée de galeries, sur le modèle des églises basques, conçue pour accueillir l'orgue du baron (aujourd'hui dans la basilique du Sacré-Cœur à Paris). Le château comptait de nombreuses dépendances – pavillons, pagodes, chenils, usine électrique et sept cuisines utilisées en fonction du sens du vent pour que les odeurs ne parviennent pas à la résidence principale. Le domaine fut vendu en 1910 et connut des fonctions variées : hôpital, asile de réfugiés basques espagnols, hôtel de luxe… Aujourd'hui, seuls subsistent un pavillon – occupé par le Blue Cargo (p.137) – et le château, récemment racheté, et en attente de réhabilitation. *Av. du Château*

● Où acheter un gâteau basque ?

☺ **Moulin de Bassilour** Dans ce vieux moulin à eau datant du XVIIIe siècle, et toujours à l'œuvre, se fabriquent des gâteaux basques qui concourent au titre des meilleurs du pays (p.237), ici dans une version très sablée. Également des biscuits croquants et de la méture, pain traditionnel à base de farine de maïs. *Quartier Bassilour Tél. 05 59 41 94 49 Ouvert tlj. 8h-13h et 14h30-19h*

● S'initier au golf

Golf d'Ilbarritz Un beau parcours de 9 trous sur la côte : le terrain, dominé par la silhouette fantomatique du château d'Ilbarritz, fait face à l'Océan. Le golf dispose d'un centre d'entraînement où officient cinq professeurs indépendants. Nombreuses formules, allant du stage intensif de découverte ou de perfectionnement aux cours particuliers. Green fee de 23 à 36€ selon la saison. *Av. du Château Tél. 05 59 43 81 30 www.golf-ilbarritz.com Ouvert haute saison : tlj. 8h-20h ; basse saison : mar.-dim. 8h-19h Ouvert le lun. pendant les vac. scol.*

☆☺ Guéthary

Ce charmant village égrène ses maisons labourdines sur une majestueuse côte accidentée où se lovent quelques plages étriquées. La fréquentation balnéaire s'en trouve limitée, offrant une relative quiétude estivale. On prend plaisir à déambuler dans ses ruelles en pente jusqu'à son ☆**port** coloré. Sur le front de mer, l'hôtel-casino Itsasoan (1926), aujourd'hui divisé en appartements, évoque le passé sulfureux de la station, très prisée pendant les Années folles. Aujourd'hui, Guéthary, redevenu un pôle magnétique, attire autant de surfeurs que de people.

Église À l'intérieur, on admire de gracieuses galeries en chêne du XVIIe siècle. Le bateau suspendu dans sa nef unique témoigne du passé maritime de cet ancien port baleinier.

Musée municipal Installé dans une immense villa de style néobasque, ce musée présente des vestiges romains, le legs de Georges Clément de Swiecinski (1878-1958), sculpteur guéthariar d'origine polonaise, et évoque, enfin, la vie et l'œuvre de son ami l'écrivain et poète Paul-Jean Toulet (1867-1920), connu pour ses contrerimes. Intéressantes expositions temporaires d'art contemporain, et parcours de sculptures dans le parc. *Parc André-Narbaïts 117, av. du Général-de-Gaulle Tél. 05 59 54 86 37 www.musee-de-guethary.fr Ouvert juil.-août : lun. et mer.-sam. 15h-19h ; mai-juin, sept.-oct. : lun. et mer.-sam. 14h30-18h30 Tarif 2€, moins de 18 ans gratuit*

Providence Une petite soixantaine de mètres carrés dédiés à la création, partagé entre une boutique-galerie qui expose en alternance artisanat créatif et art contemporain, une station de montage cinéma et un studio d'enregistrement de poche. Un lieu atypique ! *1, rue du Comte-de-Swiecinski* ***Guéthary*** *Tél. 09 80 49 16 01 www.providenceguethary.com*

● Où boire un verre, grignoter à portée d'embruns ?

☺ **Bahia Beach** Sur la plage de Parlementia, ce kiosque en bois prolongé d'une grande terrasse abritée propose une cuisine simple et fraîche dans une ambiance joyeuse, notamment au petit bar. Les prix sont élevés, mais les cuissons sont justes, comme les préparations, parmi lesquelles nous vous recommandons le thon façon Bahia (20€). Locaux et Parisiens branchés s'y croisent au coucher de soleil. *Plage de Parlementia Chemin Barognenia* ***Bidart*** *(très près du centre de Guéthary) Tél. 05 59 26 59 69 Ouvert avr.-oct. : tlj. et les beaux w.-e. d'avant saison (horaires variables selon la météo)*

☺ **Kostaldea** Un comptoir tout en longueur face à l'Océan, et le parapet au-dessus des rochers en guise de table. Pas de meilleur endroit pour un café ou un verre à toute heure. Piments de Guernika et couteaux en tapas pour accompagner le txakoli. *Promenade de la Plage* ***Guéthary*** *Tél. 06 16 61 61 00 Ouvert mi-avr.-oct. : tlj. (horaires et fermetures éventuelles en fonction de la météo)*

☺ **Harotzen Costa** La paillote plutôt cossue, mais décontractée et conviviale, de l'été et une belle terrasse avec la mer pour horizon. La vue sur la jetée est paradisiaque, et l'assiette originale, voire sophistiquée : tartare de dorade façon thaïe (14,50€), ventrèche de thon, vinaigrette acidulée d'anchois (14€), morue cendre de bambou, émulsion de petits pois (19€), *txangurro* farci à l'ancienne (21€)… Une adresse fiable et un accueil sympathique. *Jetée des Alcyons* ***Guéthary*** *Tél. 05 59 47 19 74 Ouvert mars-mi-nov. : tlj. (horaires et fermetures éventuelles en fonction de la météo, téléphoner)*

● Apprendre à surfer Bidart et Guéthary comptent à elles deux une dizaine de plages sauvages, spots réputés pour le surf et le bodyboard. À Guéthary se brisent des vagues mythiques : l'Avalanche et les Alcyons au large d'une plage classée réserve naturelle, la Vague de Guéthary à Parlementia, et Cenitz, sur la plage du même nom. La houle se heurte à des hauts-fonds rocheux et déferle en longs rouleaux réguliers pouvant atteindre 5 à 6m. Attention, dès que le vent se lève un peu, ces spots sont réservés aux surfeurs expérimentés. Le littoral de Bidart se distingue par des vagues de sable proches de celles des côtes landaises.

École de surf Christophe Reinhardt Christophe Reinhardt est né avec une planche au pied : son père faisait partie de la fratrie des "tontons surfeurs". Champion de France dans les années 1970, il devient ensuite spécialiste des challenges *big waves*. Son école, affiliée à la FFS, propose les traditionnels stages (5 jours 180€, 2h/j. ; w.-e. 80€), mais aussi des formules plus originales : les sorties "gros surf" (80€, 1h30, 3 élèves maximum) pour les surfeurs confirmés qui n'osent pas s'aventurer seuls dans les vagues les plus puissantes, et les baptêmes en tandem (40€) pour goûter aux sensations de la glisse sans apprentissage. Affiliée aux écoles de surf Quiksilver Pays basque (nombreuses formules de surf camp). *Stand d'accueil Rue du Comte-de-Swiecinski (en face de l'OT)* ***Guéthary*** *Tél. 06 88 57 38 26 ou 05 59 54 78 81 www.ecole-de-surf-bidart.com*

École de surf de Guéthary Cette école affiliée à la FFS propose des séjours d'une semaine destinés aux moins de 18 ans (580€). Stages adultes (6j.) de 495 à 750€ selon la saison et la formule hébergement choisie. Cours découverte Bidart 42€ (1h30), Guéthary 46€ (2h), cours particulier 65€ (1h), stand up paddle 80€ (1h). *582, av. du Général-de-Gaulle* ***Guéthary*** *Tél. 05 59 54 81 78 ou 06 08 68 88 54 http://surf.guethary.free.fr*

Où choisir sa lame ?

Les Couteliers basques Le pluriel cache ici une histoire de famille. La mère accueille, la fille s'occupe du marketing et suit le design, et, à l'origine de l'aventure, le fils, maître-artisan. On l'aperçoit, tantôt affairé, tantôt concentré derrière son établi. L'ancienne ferme qui abrite son atelier a été rénovée de fond en comble, mariant vieilles pierres et lignes contemporaines. Dans le show-room, les trois créations de la marque, déclinées dans tous les matériaux : lame acier, inox ou véritable damas, manches allant du néflier à l'ivoire de mammouth fossilisé... À partir de 72€ pour le pop Bixia en forme de piment, à plus de 1 000€ pour le sobre Mizpira ou l'organique Artzaina sertis de matériaux précieux. D'autres vitrines présentent à la vente des productions d'autres grands couteliers de Thiers, Laguiole, Nontron... *Rue d'Oyhara* ***Bidart*** *Tél. 05 59 50 12 47 www.lescouteliersbasques.fr Ouvert été : lun.-sam. 9h-19h, dim. 11h-18h ; reste de l'année : lun.-sam. 9h-12h et 14h-18h*

CARNET D'ADRESSES

Lieux de sortie

Bars

Le Blue Cargo Des chaises longues disposées sur une élégante terrasse en teck, à l'ombre d'une voile blanche qui vibre au souffle du vent, vous invitent à scruter la ligne d'horizon un cocktail (env. 8€) à la main. Vous êtes à deux pas du golf, au pied du château d'Ilbarritz, entouré de la jeunesse dorée de Biarritz, des professionnels du petit écran et de la numérosphère et de gentlemen golfeurs. Côté restauration, service chic et prix à l'avenant (carte 40-50€). La nuit, on se déhanche sous les étoiles au rythme des tubes de l'été. L'adresse tropézienne de la Côte basque, à l'abri des regards derrière une longue palissade de bois. *Plage d'Ilbarritz* ***Bidart*** *Tél. 05 59 23 54 87 www.bluecargo.fr Ouvert mi-avr.-oct. : tlj. 11h-2h*

☺ **Hétéroclito** Une institution, rendez-vous des surfeurs d'Hendaye à Biarritz. La déco est de bric et de broc, les tables campent à l'extérieur, juste avant les escaliers qui accèdent aux plages. Ambiance informelle et toujours animée. En journée, on guette de la terrasse le déferlement de la Vague de Guéthary, bien connue des amateurs de glisse. *48, chemin du Port* ***Guéthary*** *Tél. 05 59 54 98 92 Ouvert haute saison : tlj. 19h-2h (hors saison, jours d'ouverture et horaires aléatoires, téléphoner)*

Le Madrid Le Madrid, c'est un restaurant de bonne réputation (plats de 17 à 22€), un hôtel de cinq chambres chics dans un goût rustique (double de 100 à 170€), mais aussi un comptoir patiné, une belle terrasse à l'arrière avec vue sur mer, et une seconde terrasse, côté rue, où se presse une clientèle branchée. *563, av. du Général-*

de-Gaulle ***Guéthary*** *Tél. 05 59 26 52 12 www.lemadrid.com* ***Restaurant*** *Ouvert mars-déc. : mer.-dim. midi et soir* ***Hôtel et bar*** *Ouvert avr.-déc. tlj.*

Restauration, hébergement

petits prix

Kafé Loco Dans l'ancienne maison du chef de gare, ce bar-restaurant offre une belle vue sur les voies ferrées, soit la ligne de train sur fond bleu Océan. Rassurez-vous, le trafic n'est pas très dense et la petite terrasse bien paisible l'après-midi. Restauration d'inspiration exotique de bon aloi à prix corrects : formule 12,50€ (midi en sem.), plats 15-18€. Le dimanche, le brunch est des plus copieux. *94, rue du Comte-de-Swiecinski* ***Guéthary*** *(maison du chef de gare) Tél. 05 59 26 57 44 Ouvert Pâques-11 nov. : tlj. été, vac. scol. tlj. sauf mar. midi ; hors vac. scol. : mer.-dim.*

Maupiti Rien de gastronomique, mais une table agréable à deux pas du fronton, et des prix doux. La carte affiche quelques inspirations exotiques, rougail et satay en tête, des entrées autour de 6€, des plats de 12 à 19€, et un menu à 18€. Petite terrasse. *501, av. du Général-de-Gaulle* ***Guéthary*** *Tél. 05 59 54 87 16 Ouvert été : tlj. 12h-14h30 et 19h30-22h ; Pâques-mai, oct.-Toussaint : lun.-mar. et jeu.-sam. 12h-14h30 et 19h30-22h, dim. 12h-14h30*

prix moyens

Venta Gaxuxa Inspirée des *ventas* perchées sur les cols pyrénéens, cette adresse propose une (petite) épicerie, une formule bar à tapas, et un service de restauration qui, ici, a pris le dessus. Assortiment de tapas ou assiette du pays (serrano, fromage de brebis, salade, *pan con tomato*) pour 13-14€, charcuteries Kintoa et Iberico, chipirons à la plancha, omelette aux cèpes, boudin, axoa et txuleta... sans oublier le poisson du jour. Plats de 13 à 17€, menu du pays 20€, très correct. *Pl. de la Mairie* ***Bidart*** *Tél. 05 59 54 88 70 Ouvert été : tlj. 12h-14h et 18h-22h ; reste de l'année : mar.-dim. 12h-14h et 18h-21h30*

☺ **Ahizpak** Trois sœurs à la manœuvre, une en cuisine, deux en salle : la maison ne manque pas de personnalité. Seul le cadre reste discrètement contemporain, avec vue sur l'Océan. L'assiette évite les poncifs locaux pour une bistronomie réjouissante au bon rapport qualité-prix. Mousseline en cappuccino de pommes de terre aux escargots, paleron de bœuf braisé, crêpe en soufflé à l'orange... Une cuisine à la fois sincère et travaillée. Plat du jour 8€, carte aux alentours de 30€. Le succès suit... et la réservation s'impose. *Av. de Biarritz* ***Bidart*** *(peu avant Ilbarritz) Tél. 05 59 22 58 81 www.bistrot-ahizpak.com Ouvert lun.-mar. et jeu.-sam. midi et soir, mer. uniquement soir (midi et soir. en juil.-août)*

Deskantsuan Une maison d'hôtes aux prix doux : la chambre est à 65€ en haute saison et à 42€ hors saison. L'ameublement est certes modeste mais de bon goût, la literie confortable, l'accueil des plus chaleureux, et vous êtes à deux pas du fronton,

Et aussi...

Pause déjeuner

Bahia Beach ______ 136
Kostaldea ______ 136
Harotzen Costa ______ 136

LE LABOURD

et à un jet de pierre du front de mer. *46, impasse Assombrenia* ***Guéthary*** *Tél. 05 59 26 54 12 Ouvert fév.-mi-nov.*

Motel Mil Cette résidence hôtelière loue studios et T2 à la semaine ou à la nuit. Pas de grand cachet, mais rien de hideux, c'est propre, l'accueil est affable, et, surtout, les prix sont doux : de 41 à 69€/2 pers. selon la période, et un maximum de 90€ pour 5 personnes. Cerise sur le gâteau : une grande piscine. *Rue Chiripa* ***Bidart*** *Tél. 05 59 54 71 71 www.hotel-motel-mil.com*

Hôtel Gochoki Cousin du Motel Mil, ce 3-étoiles partage la même parcelle, seulement séparée par un muret. Des studios, et une formule hôtelière avec des chambres nettement plus cosy. Tarifs un peu plus élevés que son voisin mais raisonnables : double de 48 à 86€ selon la période, et 95€ pour 4 personnes en haute saison. *5, rue Caricartenea* ***Bidart*** *Tél. 05 59 26 59 55 www.hotel-gochoki.com Ouvert mi-fév.-11 nov.*

Iguzkia Située dans un quartier résidentiel, non loin du centre et des plages, cette maison accueillante, au jardin envahi de roses grimpantes, possède un charme désuet. Ses huit chambres sont modestes mais spacieuses, et certaines d'entre elles entr'aperçoivent la mer. Double de 47 à 64€ hors saison, tarifs moins cléments en été (70-88€), pour ne pas dire surévalués. Mais ici, cela reste une bonne affaire. Guethappy ! *80, av. Estalo-Harispe* ***Guéthary*** *Tél. 05 59 54 75 27 ou 06 82 60 11 17 www.hoteliguzkia.com*

☺ **Villa Oz** Vous voilà à la campagne, non loin de la route d'Ahetze, mais à seulement 2,5km de la côte. Cette maison d'hôtes est un petit village à elle seule, avec sa cuisine d'été comme place centrale et un fronton ! La salle de petit déjeuner, une véranda agrémentée d'un billard, a des allures de café du commerce. Quant aux trois chambres confortables, à la fois sobres et estivales, elles possèdent chacune une terrasse privative de plain-pied. Accueil agréable et beau jardin pour confirmer ce bon rapport qualité-prix pour le secteur. Double de 75 à 95€ selon la saison. Également un cabanon-studio bien équipé pouvant accueillir 4 personnes, loué de 420 à 850€/sem. *280, chemin Dorréa* ***Bidart*** *Tél. 05 59 54 84 44 www.villaoz.fr*

prix élevés

☺ **La Plancha** Une salle en verre baignée d'azur, une terrasse posée sur le sable de la plage d'Ilbarritz : avec un tel décor, on ne peut faire autrement que commander un poisson de ligne grillé pour deux (louvine, daurade ou merlu), précédé de chipirons à la plancha. Seul bémol, l'addition élevée : comptez près de 40€ le repas complet. En été, le succès faisant, l'attente est parfois un peu longue. Pour patienter, régalez vos yeux avec la vue splendide – et, si vous venez dîner, le coucher de soleil est en prime... *Plage d'Ilbarritz* ***Bidart*** *Tél. 05 59 23 44 95 Ouvert juil.-mi-sept. : tlj. ; mi-sept.-mi-nov., avr.-juin : jeu.-mar. midi et soir ; fév.-mars, Noël : jeu.-mar. uniquement midi*

☺ **Gétaria** Claude Calvet, chef au parcours sans faute (Ducasse, Ostapé, Hôtel du Palais à Biarritz, un des prix 2012 du trophée passion de l'Académie culinaire de France), a laissé tomber les fastes des tables de prestige pour une cuisine à la portée du plus grand nombre. Menu-carte excitant à 33€ : gaspacho de courgette, lait coco, crabe tartare et tomate, foie gras mi-cuit de lotte, beurre d'algues, salicorne gelée au bouillon de poisson, galette croustillante chipiron et boudin noir, bouquet d'herbes potagères, huile noisette... Des propositions sans cesse renouvelées au gré des saisons, jusqu'au sanglier rôti à l'automne. Service en salle, sur la terrasse *lounge* ou le jardin à l'arrière. L'après-midi en saison, café-pâtisseries et dégustation de crème glacée au lait de brebis. Une très belle réussite ! *360, av. du Général-de-Gaulle* ***Guéthary*** *Tél. 05 59 51 24 11 www.bistrot-getaria.com Ouvert juil.-août : mer.-dim. 12h et 22h, lun.-mar. 12h-14h30 ; reste de l'année : jeu.-lun. midi et soir*

Txamara Des tentations façon gastro parfois mal maîtrisées, comme ces chips de chorizo trop cuites ou une polenta désaccordée à l'iode. Mais les produits sont beaux, ultra-frais, et les jus et cuissons des plats principaux toujours bien équilibrées. Le merlu à l'espagnole (34€ pour 2 pers.) ou le tournedos de boudin aux pommes (17€) sont des valeurs sûres. Quant à la vue, de la salle baignée de lumière comme de la terrasse, elle est simplement divine. *195, chemin du port* ***Guéthary*** *Tél. 05 59 26 51 44 Ouvert avr.-oct. : tlj.*

Ostalapia Une belle maison rustique esseulée dans la campagne, la Rhune en vis-à-vis. Les places en terrasse s'arrachent aux beaux jours pour savourer le paysage, mais aussi déguster une cuisine de terroir franche et savoureuse. Les tarifs restent abordables malgré le succès de cette table parfois très show-biz. Cochon de lait rôti et joue de veau aux morilles sont des indémodables (18€). Poissons également (14-18€), et l'on peut faire confiance : cette adresse est l'aînée du fameux Ostalamer (p.161). À l'étage, cinq chambres chics, de 65-125€ à 80-155€ selon la taille, la vue et la saison. *2621, chemin d'Ostalapia* ***Ahetze*** *(à 4km de Guéthary, vers l'intérieur des terres) Tél. 05 59 54 73 79 ou 05 59 54 87 42 (chambres) www.ostalapia.fr Ouvert haute saison : tlj. midi et soir ; basse saison : jeu.-mar. midi et soir*

☺ **La Tantina de la Playa** La Tantina est l'une des rares adresses "de plage" à être ouverte toute l'année – même par gros temps ! Mais s'il est parfois difficile d'y trouver une place, y compris certains week-ends hors saison, c'est tout autant pour sa belle cuisine qui maîtrise les produits de la mer à la perfection. Espadon, gambas et coquillages à la plancha, dorade et merlu à l'espagnol, lotte à la piperade, ttoro, txanguro... Réservez ! Et demandez une table avec vue – le soir, lorsque l'Océan décline son camaïeu de bleus, du turquoise au bleu cendré, le spectacle est inoubliable. *Plage du Centre* ***Bidart*** *Tél. 05 59 26 53 56 http://tantinadelaplaya.com Ouvert mi-déc.-mi-nov. : tlj. 12h-14h et 20h-22h*

Ithurri Ondoa Au cœur du village, quatre très belles chambres d'hôtes alliant cadre rustique et aménagements contemporains. Certaines avec mezzanine pour trois personnes et vue dégagée vers l'Océan ou la Rhune, et toutes avec un accès indépendant. Service de haute tenue, la propriétaire œuvrant également au très chic hôtel Itsas Mendia. Double de 80-105€ à 105-135€ en haute saison. *11, rue de la Grande-Plage* ***Bidart*** *Tél. 06 87 21 01 77 www.ithurriondoa.com*

Hôtel-restaurant Ellissaldia Service complet à l'année : taxi, restauration, hôtellerie, ça ne chôme pas chez Ellissaldia. Et cela depuis 70 ans, et dans un bon esprit. Si la terrasse et la salle, attenantes à la mairie, conservent leur rusticité, les chambres, à l'étage, ont été complètement refaites. Sobres et confortables, la plupart ouvrent sur la montagne et/ou la mer. Double de 69 à 110€ hors saison et de 100 à 140€ en été. *Pl. de la Mairie* ***Bidart*** *Tél. 05 59 54 90 03 Ouvert tlj. nov.-Pâques : fermé le dim. après-midi.*

prix très élevés

La table des Frères Ibarboure Cette table étoilée, perdue dans la campagne, n'est plus tenue que par un seul des deux frères et son fils, pour une cuisine toujours aussi raffinée. La tradition du terroir est revisitée avec bonheur, comme ce poulpe de Getaria rôti, encre de seiche, crémeux à l'ail doux et tomate en concassée, ou cette sublime poitrine laquée, filet mignon rôti au chorizo, oreilles en millefeuille et croustillant canaille. Menus à 39€ (midi, hors dim.), 71 et 95€. Pour profiter pleinement de cette belle demeure basque cachée dans un écrin de verdure, douze chambres, aux saveurs moins équilibrées, certaines frisant la bonbonnière. Double de 134-154€ à 194-214€ selon le confort et la saison. *Chemin Ttaliénéa* ***Bidart*** *Tél. 05 59 54 81 64 http://freresibarboure.com Ouvert juil.-août : mar.-dim. midi et soir, lun. uniquement soir ; basse saison : mar. et jeu.-dim. ; reste de l'année : mar. et jeu.-dim. midi et soir, lun. uniquement soir Fermé mi-nov.-début-déc. et 3 premières sem. de jan.*

Briketenia C'est ici qu'officie Martin Ibarboure, perpétuant l'hôtellerie familiale crée en 1966. Chacune des lignées de la fratrie a ainsi son adresse... et son étoile à maintenir. La cuisine est ici plutôt sage, fondée sur la noblesse du produit (bœuf Wagyu, homard breton, turbot et bar sauvages...), mais relevée d'une touche créative qui fait sa distinction. Tentez le "simple" œuf fermier, jus de truffe, morille et belota, et la perle au citron (sphère soufflée, espuma et sorbet au citron, meringue italienne et crumble aux amandes), vous ne serez pas déçu. Menu de saison 58€, dégustation 96€. À midi, un menu du marché à 35€ qui n'a rien de second choix avec son poisson du jour ou son cochon Ibaïona, sauce diable, chorizo et pommes sautées. Également une quinzaine de chambres, un peu vieillottes mais confortables et à prix très correct au regard de la qualité de service. Double de 65 à 95€ selon la saison. Leur rénovation ne devrait néanmoins pas tarder, et les prix suivront. Foncez ! *Rue de l'Église* ***Guéthary*** *Tél. 05 59 26 51 34 www.briketenia.com Ouvert mer.-lun. midi et soir*

☺ **Arguibel** Vous avez envie de vous offrir une petite folie, vous êtes amateur de design, cette adresse est pour vous ! Mi-show-room, mi-brocante, dans le luxe d'un hôtel haut de gamme et l'intimité d'une maison d'hôtes, il vous est permis d'acheter chacune des pièces choisies avec goût et expertise. Ou simplement de jouir de cette étonnante demeure contemporaine conçue dans un style néobasque Art déco, avec les Pyrénées pour horizon. Trois chambres de 130-170€ à 180-220€ selon le confort et la saison, et deux suites de 210 à 295€. *1146, chemin de Laharraga* ***Guéthary*** *(route d'Ahetze) Tél. 05 59 41 90 46 www.arguibel.fr Ouvert mi-fév.-début jan.*

☺ **Villa l'Arche** Dans le registre chicissime, l'Arche est un hôtel confidentiel, n'offrant que six chambres, deux suites, et deux appartements. La Villa, luxueusement aménagée, décline une harmonieuse partition d'élégance et de raffinement contemporain, jusqu'à posséder une chambre monochrome blanc sur fond blanc, entre Malevitch et Jean-Pierre Raynaud. Mais l'exceptionnel qui vous frappera en premier lieu est son panorama spectaculaire et totalement dégagé, la propriété semblant s'engouffrer dans le bleu de l'Océan. Double de 125-160€ à 185-245€ selon la chambre et la saison. *Chemin Camboénéa* ***Bidart*** *Tél. 05 59 51 65 95 www.villalarche.com Ouvert mi-fév.-mi-nov.*

★ ☺ SAINT-JEAN-DE-LUZ DONIBANE LOHITZUNE 64500

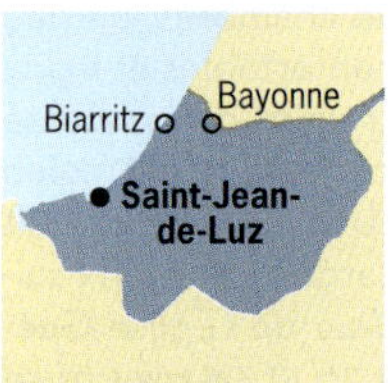

Saint-Jean-de-Luz se pelotonne au creux d'une baie à l'arrondi parfait, dans l'ombre rassurante du massif de la Rhune. La Nivelle, dans un souci de rigueur symétrique, déverse ses eaux douces au milieu de ce havre naturel. Au gré de vos promenades dans le centre historique, vous serez frappé par la superbe de cet écrin. Au détour de chaque rue, la mer grise, le port dans lequel se reflètent les façades de Ciboure, les sommets bleutés des Pyrénées se dégagent furtivement, dans un jeu de cache-cache. Pour apprécier l'ensemble, il faut s'éloigner et gagner les hauteurs de la pointe Sainte-Barbe. L'orgueilleuse cité des Corsaires cultive le souvenir de son passé, et ses fastueuses maisons d'armateurs n'ont pas pris une ride. Les Luziens frémissent encore de l'insigne honneur qui leur fut accordé, lorsqu'ils présidèrent aux festivités du mariage du Roi-Soleil et de l'infante d'Espagne, par une belle journée de juin 1660. Ciboure est établie de l'autre côté de la Nivelle, et sa destinée est indissociable de celle de Saint-Jean-de-Luz, dont elle partage le port. Plus populaire, le centre a gardé des airs de village rythmé par la pêche. À l'extrémité de la baie, protégé des embruns par son fort Vauban, le quartier de Socoa accueille, dans une douce nonchalance, les fondus d'activités nautiques et de plongée et les amateurs de bonnes tables.

UNE MER DESTRUCTRICE ET NOURRICIÈRE Donibane Lohizune (Saint-Jean-des-Marais) s'ancre sur la rive marécageuse d'un fleuve. Une transcription phonétique erronée du vocable *lohitz* (marais) lui vaut le nom espagnol *luz* (lumière). Comme tous les Basques de la côte, les Luziens tirent leur fortune de la mer et s'illustrent dès le XIe siècle dans la chasse à la baleine, puis la pêche à la morue. Au XVIe siècle, une autre activité florissante vient conforter leurs revenus : la course pour le compte du roi de France. Haranader, Cepé, Etcheverry et Ellissagaray, marins chevronnés et guerriers intrépides, font ainsi parler d'eux. Mais, en 1675, les défenses naturelles de la baie – une barre rocheuse qui court de l'Artha à la pointe Sainte-Barbe – s'effondrent sous les coups d'une terrible tempête. Saint-Jean-de-Luz est dès lors à la merci d'inondations calamiteuses et de raz-de-marée dramatiques, tel celui qui engloutit le quartier de la Barre en 1749. L'indifférence des autorités du royaume perpétue ce calvaire pendant plus d'un siècle. Le port se ruine, la population s'exile. Il faut attendre le Second Empire – l'impératrice Eugénie manque de se noyer au large de Saint-Jean-de-Luz – pour que des crédits soient enfin alloués à la construction des digues de Socoa et de Sainte-Barbe et du brisant de l'Artha. Face à la mer, un mur de garantie (l'actuelle promenade littorale), ultime ligne de défense, protège la ville. Le port de pêche peut ainsi reprendre son souffle. Entre 1930 et 1950, Saint-Jean-de-Luz devient le premier port sardinier puis thonier de France. Des conserveries s'installent à Ciboure, embauchant à tour de bras des ouvrières que l'on va chercher jusqu'en Bretagne. Si, depuis, la concurrence internationale a contraint Saint-Jean-de-Luz à se tourner vers le tourisme balnéaire, Ciboure exploite toujours les ressources halieutiques, comptant une criée aux normes européennes sur sa presqu'île et un lycée maritime.

MODE D'EMPLOI

accès

EN VOITURE

Saint-Jean-de-Luz se trouve 16km au sud de Biarritz sur la D810. Sur l'autoroute A63, prendre la sortie 3 (Saint-Jean-de-Luz nord) ou 2 pour Ciboure (St-Jean-de-Luz sud). San Sebastián est à 34km par l'A63 (E05-70-80).

EN TRAIN

SNCF Saint-Jean-de-Luz est desservie par le TGV au départ de Paris-Montparnasse (5h) et le TER Bordeaux-Hendaye. Ligne Intercités vers Toulouse, Nice et Genève. *Tél. 3635 www.voyages-sncf.com www.ter-sncf.com/aquitaine* **Gare (plan 4, C4)** *Bd du Commandant-Passicot*

EN CAR

Transports 64 Ligne 816 Bayonne-Hendaye, via l'aéroport BAB, avec de nombreux arrêts sur le territoire luzien, dont Ciboure. *Tél. 0 800 64 24 64 (lun.-ven. 8h30-18h30) www.transports64.fr*

Le Basque bondissant Liaisons régulières avec Sare, au départ de Saint-Jean-de-Luz via Ascain et le col de Saint Ignace (terminus aux grottes de Sare), ou via Saint-Pée-sur-Nivelle. *Halte routière Gare SNCF Tél. 05 59 26 25 87 www.basque-bondissant.com*

PESA La compagnie espagnole assure des liaisons régulières entre Saint-Jean-de-Luz et Bilbao (15,90€) via Irún (2,10€) et San Sebastián (4,50€). Arrêt face à la gare. *Tél. (34) 902 10 12 10 www.pesa.net*

orientation

Le centre historique forme un rectangle, délimité par le port de pêche, à l'embouchure de la Nivelle, le front de baie, et les boulevards Victor-Hugo et Thiers. Il est parcouru de voies piétonnes, parmi lesquelles la très commerçante rue Gambetta (boutiques de surf, épiceries fines, magasins de linge basque, etc.) et la rue de la République, encombrée le soir par les terrasses des restaurants de poisson qui s'y succèdent. La mairie se dresse sur la place Louis-XIV. Avec son kiosque à musique et ses terrasses de café, cette place concentre l'animation de la ville.

informations touristiques

Office de tourisme (plan 4, D3) Aide à la réservation d'hôtels, visites guidées (6€, enfant 3€) et audioguidées

(4€, en duo 6€), chasse aux trésors pour les 7-12 ans (2,50€). L'OT centralise également toutes les informations sur les nombreuses activités sportives qu'offre la baie (voile, canoë, kayak de mer, surf, stand up paddle, plongée, ski nautique, jet-ski, parachute ascensionnel, etc.). *20, bd Victor-Hugo Tél. 05 59 26 03 16 www.saint-jean-de-luz.com Ouvert juil.-août : lun.-sam. 9h-19h30, dim. 10h-13h et 15h-19h ; avr.-juin, sept. : lun.-sam. 9h-12h30 et 14h-19h ; oct.-mars : lun.-sam. 9h-12h30 et 14h-18h* ***Visites guidées*** *Juin-sept. et vac. scol. : mar. 10h ; juil.-août : mar. 9h30, jeu. 10h*

www.terreetcotebasques.com Derrière l'appellation Terre et Côte basques sont regroupés les offices de tourisme des pays de Saint-Jean-de-Luz et d'Hendaye, compilant l'ensemble de l'information et de l'offre touristique, notamment les visites guidées et randonnées accompagnées.

transports et circulation

Stationnement Saint-Jean et Ciboure se visitent aisément à pied. Une navette estivale (mi-juil.-fin août) relie gratuitement les parkings situés à l'entrée de la ville. D'autres parkings gratuits près du commissariat et de la gare.

Itzulia Ce réseau local possède deux lignes qui circulent de septembre à juin (lun.-sam.), une 3e reliant en été le centre au fort de Socoa (juil.-août). Également une navette estivale qui dessert Hendaye par la corniche (15 juil.-31 août). Ticket 1€, gratuit pour les enfants de moins de 5 ans. *Tél. 0 800 891 091 www.agglo-sud paysbasque.fr*

Le Passeur Cette navette maritime sillonne la baie, des ports de Saint-Jean-de-Luz et Ciboure à la digue aux Chevaux et Socoa. Tarif 2,50€, moins de 5 ans 1,80€. *Tél. 06 11 69 56 93 Ouvert mi-avr.-mi-sept. : tlj. 8h30-20h*

location de deux-roues

La région réserve quelques excursions à VTT, vers Guéthary ou Ascain.

Fun'Bike Location (plan 4, C3) *27, rue Garat Tél. 05 59 26 75 76*

Cyclostation 64 *23, rue Paul-Gelos Tél. 06 65 15 05 15 http://cyclostation64.e-monsite.com*

Scooter Loisirs Vélos (14€/j., 57€/sem.), scooters (38€/j., 48€/24h, 220€/sem.), motos (100€/j.), possibilité de livraison à domicile. *Gare SNCF Tél. 06 31 49 62 89 www.scooter-loisirs.com*

marchés

Les Halles (plan 4, C4) Elles accueillent un marché tous les jours (p.150). Les mardi et vendredi matin, des étals s'installent autour du bâtiment (également le samedi matin en juillet-août). *Bd Victor-Hugo*

Marché de Ciboure (plan 4, A4) *Pl. Camille-Julllian Dim. 8-13h*

Marché de Socoa *Parking de l'Untxin Lun. juil.-août*

Marché d'Ascain *Pl. du village Sam.*

Vide-grenier d'Ascain Brocante réunissant professionnels et particuliers. *Pl. du village 2e sam. du mois, 8h-18h.*

fêtes et manifestations

Festival andalou Danses andalouses, *casetas*, animations dans le centre-ville. *www.saint-jean-de-luz.com W.-e. de Pentecôte*

Fêtes de la Saint-Jean Pendant les fêtes patronales, les Luziens sortent vêtus de rouge et de noir, couleurs de la ville. Concerts, animations et repas de rue, parties de pelote, *toro de fuego*... *Fin juin*

Fête du thon Animations sur le port, grillades, *bandas*, etc. *2e sam. de juil.*

Internationaux de *cesta punta* Différents trophées de *cesta punta* réunissant les meilleurs joueurs professionnels mondiaux. *Au Jaï-Alaï av. Ithurralde Tél. 05 59 51 65 36 www.cestapunta.com Début juil.-août : mar. et jeu. à 21h Tarif à partir de 12€, 10-18 ans et étudiants 9€, moins de 10 ans gratuit*

Fêtes de la mer et du ttoro Festivités sportives, culturelles et gastronomiques. *1er w.-e. de sept.*

Musique en Côte basque-Académie Maurice-Ravel Festival de musique classique dans les églises de Saint-Jean-de-Luz et aux alentours. Concerts et master-classes. *www.academie-ravel.com www.musiquecotebasque.fr 1re quinz. de sept.*

Festival international des jeunes réalisateurs Compétition de courts et longs métrages, avant-premières nationales. Les prix se nomment ici les chisteras ! *www.jeunes-realisateurs.com 1re quinz. d'oct.*

DÉCOUVRIR

Saint-Jean-de-Luz

☆ **Les essentiels** L'église Saint-Jean-Baptiste **Découvrir autrement** Faites une pause gourmande chez Adam ou chez l'un des spécialistes du gâteau basque, baladez-vous dans le jardin Paul-Jovet, offrez-vous une pause zen à la piscine d'eau de mer d'Hélianthal

De la **place Louis-XIV** partent les deux principales artères du centre-ville : la **rue Gambetta**, ancien axe de circulation entre Bayonne et Irún emprunté par les pèlerins de Saint-Jacques, et la rue de la République, qui débouche sur la baie. La première présente un bel ensemble de maisons labourdines à colombages rouges, ornées de balcons en fer forgé. **Rue de la République** subsiste la maison doyenne des luziennes, Esquerrenea (n°17), la seule à avoir réchappé des flammes lorsque les Espagnols incendièrent la ville en 1558 ; elle fut sauvée par son inhabituelle facture en pierres. La **rue Mazarin** traverse l'ancien quartier des armateurs. Remarquez, au n°13, la tour vigie carrée du haut de laquelle le propriétaire pouvait surveiller le passage de ses bateaux dans la rade. D'autres maisons du quartier ont conservé la leur. La jetée du **front de mer**, transformée en promenade, est bordée de villas néobasques, reliées au bord de mer par des passerelles en bois. À mi-parcours entre le port et la pointe Sainte-Barbe trône le casino conçu par Mallet-Stevens (1928), malheureusement défiguré par les remaniements de 1950. Enfin, ne manquez pas de vous balader le long du **quai de l'Infante**, pour la vue sur le port de pêche et Ciboure.

Maison Louis-XIV (plan 4, C3) Construite en 1643 par le puissant armateur Johannis de Lohobiague, cette maison noble eut l'insigne honneur d'accueillir en 1660 le jeune Louis XIV, venu signer le traité des Pyrénées et se marier avec l'infante d'Espagne, pendant les 40 jours de son séjour. Les descendants de l'armateur y résident toujours, et ouvrent au public les somptueux salons et la chambre nuptiale, garnis de meubles authentiques et peuplés de quelques personnages de cire tels que le roi, la reine ou l'armateur, provenant de l'ancien musée Grévin de la ville. La façade côté port, percée d'arceaux, constituait jadis un quai d'embarquement. *Pl. Louis-XIV Tél. 05 59 26 01 56 Ouvert avr.-*

Plan 4 Saint-Jean-de-Luz

POINTE SAINTE-BARBE,
SENTIER LITTORAL,
JARDIN BOTANIQUE PAUL-JOVET
14-17-39
DIGUE AUX CHEVAUX
Promenade des Rochers
Boulevard Thiers
Avenue Pellot
Rue Vauban
Rue de Belzunce
Promenade de la Plage
Rue de la Mer
Rue Vionnois
Rue Dalbarade
Rue Barjonnet
CASINO
THALASSOTHÉRAPIE
Place Maurice-Ravel
Av. Dornaldeguy
Rue Haraneder
Rue Loquin
Avenue Larréguy
DE-LUZ-CIBOURE
Promenade Jacques-Thibaud
Rue Sopite
Rue Gabriel-Deluc
R. Sopite
Allée Perkains
16-20
DE MER
Jacques-Thibaud
Rue Courtade
Rue Garat
Rue Saint-Jacques
Rue Gambetta
31-32
Rue Agent-Fautous
Boulevard Victor-Hugo
Rue A.-Barnetche
Rue de la République
Rue Tourasse
SAINT-JEAN-BAPTISTE
Rue Abbé-Onaindia
Rue Etchegarray
Rue Bague
Rue Sœur-Vincent
Place du Collège
Rue du Midi
Rue Landa-Handi
Rue Biscarbidea
Place Louis-XIV
HÔTEL-DE-VILLE
MAISON LOUIS XIV
Rue Saint-Jean
Rue du 17-Pluviose
Place du Midi
POSTE
Rue de Sallagoity
Rue Chauvin-Dragon
Place Maréchal-Foch
HALLES
Rue du Maréchal-Harispe
Avenue Jauréguiberry
Rue M.-Garay
Avenue de Verdun
Rue Labrouche
Rue A.-Chaho
Rue Ahetz-Etcheber
Rue Ondicola
Avenue des Pyrénées
MONUMENT AUX MORTS
Boulevard du Cdt-Passicot
Avenue de Habas
Gaulle
Rue Axular
Rue Fargeot
Rue des Erables
Avenue du Président-G.-Marañon
1
2
3
4
13
15
18-37
19
21
33
34
35
36
40
51
52
53
60
61
62
63
64
C
D

Cafés, bars et lieux de sortie (n°1 à 5)
Cellier Chantevin* — **4** D3
Chez Kako* — **3** C4
Duke — **2** D2
La Factory — **5** A4
Pub du Corsaire — **1** C3

Restauration (n°10 à 24)
Arrantzaleak — **24** B4
BIBAM Snack* — **14** D1
Chez Mattin — **11** A4
Chez Michel — **15** D3
Guinguette d'Erromardie* — **16** D1
Ilura — **17** D1
La Taverne basque — **10** B3
Le Brouillarta — **18** C3
Le Kaïku — **12** B3
Olatua — **13** D2
Ostalamer — **20** D2
Petit Grill Basque — **19** C3
Pil-Pil Enea — **21** D4
Xabi — **22** B3
Zoko Moko — **23** B3

Hébergement (n°31 à 44)
Agur Deneri — **43** A2
Camping Bord de mer — **31** D3
Grand Hôtel de la Poste — **36** D3
Hôtel de la Plage — **37** C3
Hôtel Maria-Christina — **39** D1
Ibis — **42** B4
La Caravelle — **44** A2
La Devinière — **35** D3
La Marisa — **40** C3
Le Petit Trianon — **33** D3
Les Almadies — **34** D3
Villa Argi-Eder — **32** D3
Villa Erresinolettean — **41** A4

Glaciers, pâtissiers (n°50 à 53)
Etchebaster* — **51** C3
Glaces Lopez* — **50** B3
Maison Adam* — **53** C3
Pariès* — **52** C3

Shopping (n°60 à 64)
Donibaneko Venta* — **60** D3
Laffargue* — **61** C3
Les Halles* — **62** C4
Maison Thurin* — **63** C3
Manufactoum* — **64** D3

*À RETROUVER DANS LA PARTIE DÉCOUVRIR

début nov. : mer.-lun. 10h30-12h30 et 14h30-18h30 (dernière visite 30min avant la fermeture) Hors saison visites guidées juin et sept.-1er nov. : à 11h, 15h, 16h et 17h ; vac. Pâques et w.-e. de Pentecôte : à 11h, 15h et 16h Tarif 6€, réduit 4,80€, moins de 12 ans 3,50€

☺ **Maison de l'Infante (plan 4, B3)** Cette élégante demeure rose (vers 1640), dont la façade rythmée de galeries à arcades se reflète dans les eaux du port, affiche des airs de palais vénitien. Elle fut la demeure d'un autre riche armateur, Johannot de Haraneder, et hébergea l'infante Marie-Thérèse et Anne d'Autriche (la future épouse et la mère de Louis XIV) pendant les jours qui précédèrent la cérémonie du mariage royal. La visite du 1er étage permet d'admirer la cheminée monumentale du salon et des poutres peintes de mystérieux monstres marins, mises au jour seulement lors de la restauration de 1995. *Quai de l'Infante Tél. 05 59 26 36 82 Ouvert juin-15 oct. : mar.-sam. 11h-12h30 et 14h30-18h30, lun. 14h30-18h30 ; Toussaint : lun.-sam. 11h-12h30 et 14h30-18h30 Tarif 2,50€, réduit 1,50€*

BONS, LES MACARONS !
La maison Adam, pâtisserie fondée en 1660 aurait, d'après la légende, séduit les papilles de Louis XIV et de l'infante d'Espagne avec ses macarons aux amandes, tendres et fondants à souhait. La recette en est restée inchangée, et jalousement gardée... **Maison Adam (plan 4, C3 n°53)** *6, rue de la République Tél. 05 59 26 03 54 Ouvert haute saison : lun.-mar. et jeu. 8h-21h, mer. et ven.-sam. 8h-23h ; basse saison : tlj. 8h-12h30 et 14h-19h30 Autre boutique 49, rue Gambetta (fermé lun. hors saison)*

☆☺ **Église Saint-Jean-Baptiste (plan 4, C3)** C'est ici que fut célébré, le 9 juin 1660, le mariage de Louis XIV et de sa cousine l'infante d'Espagne. Le couple quitta l'église par un porche muré après les travaux du grand portail, dix ans plus tard – et non après la cérémonie, comme l'indique la plaque qui y est apposée. Avec sa nef unique cernée de trois étages de superbes galeries en chêne, elle est typique des églises labourdines. Remarquez la belle polychromie et la richesse décorative de l'intérieur : les délicates frises et motifs végétaux peints sur les murs et la voûte, les grilles en fer forgé du chœur. Le **retable baroque** (XVIIe s.), ruisselant d'or et abondamment sculpté, orné de vingt statues, est le plus spectaculaire du Pays basque. *Rue Gambetta Ouvert lun.-sam. 9h-12h et 14h-18h, dim. 8h30-12h et 15h-19h Messe bilingue basque et français le dim. à 8h30*

Jardin Paul-Jovet (hors plan 4 par D1) Situé aux abords des falaises au nord de la pointe de Sainte-Barbe, ce jardin est à la fois botanique (espèces utiles, locales et exotiques) et paysager (découverte des milieux littoraux). Ne manquez pas, en sortant, le panorama qui s'offre à vous de la croix d'Arxiloa. De là, le sentier du littoral remontant à l'arrière du jardin botanique vous conduira à la discrète **plage de la Pile d'Assiettes**, du nom du monolithe de flysch (alternance de couches de grès et de schiste caractéristique de la côte basque) qui émergeait

☆ En randonnée le long de la corniche basque

La côte entre Guéthary et Hendaye fait l'objet d'un important travail de protection mené par le Conservatoire du littoral. Ce paysage de criques découpées et de falaises abruptes passionne les géologues : les plaques de flysch inclinées, avec leur drôle de superposition en pile d'assiettes, permettent en effet d'examiner le plissement de la couche terrestre, provoqué par la poussée des Pyrénées, comme dans un livre ouvert. Les falaises sont tapissées de lande littorale – bruyères vagabondes, ajoncs, fougères. Cette zone préservée de l'urbanisation constitue une halte pour les oiseaux migrateurs avant le franchissement des Pyrénées. On peut y observer l'alouette des champs, le courlis, le milan royal. Au large, les rochers détachés de la côte et baignés par les flots témoignent du recul inexorable du littoral et servent de reposoir pour le grand cormoran.
Le sentier littoral, cf. Randonner en Labourd (p.317). Sur 25km de Bidart à Hendaye, le sentier du littoral longe la côte basque (signalétique au sol et verticale). Vous pourrez admirer d'un côté les montagnes du Labourd et du Guipúzcoa et de l'autre les plages, les falaises et l'Océan. Comptez environ 8h pour le parcourir dans son intégralité. Sept portes y donnent accès : Bidart (plage d'Erretegia), Guéthary (port des Alcyons), Saint-Jean-de-Luz (colline Sainte-Barbe), Socoa (vieux port), Urrugne (site d'Asporotsttipi), Hendaye (domaines d'Abbadia et Sokoburu). À Saint-Jean-de-Luz, le départ peut se faire de la pointe Sainte-Barbe en suivant le parcours de santé : il offre de superbes points de vue sur la côte déchiquetée par les eaux et la crique dite de la Pile d'Assiettes, cf. Jardin Paul-Jovet ci-dessus. Le parcours est jalonné de modules en bois destinés aux exercices de sport. Pour se rendre jusqu'à Guéthary, il faut compter à peu près 45min.

jadis sur la petite crique aujourd'hui totalement érodé ; il était quasiment aussi élevé que l'aplomb des falaises il y a 70 ans. Les rochers affleurant sur la gauche en sont le seul vestige, témoins du travail de sape de l'Océan. *31, av. Gaëtan-Bernoville Tél. 05 59 26 34 59 www.jardinlittoral-saintjeandeluz.fr Ouvert avr.-juin, sept.-1er nov. : mer. et sam.-dim. 11h-18h ; juil.-août : tlj. 11h-19h*

Écomusée basque À la sortie nord de Saint-Jean-de-Luz, l'entreprise de tissus artisanaux Jean-Vier a créé un parcours de découverte de la culture basque dans l'enceinte d'une ancienne ferme. Y sont évoqués les éléments fondateurs de l'âme basque, les symboles populaires et l'artisanat traditionnel. Pour ceux qui ne sauraient pas grand-chose sur le Pays basque, ou pour les plus jeunes, cet écomusée, d'un abord simple et ludique, fera une heureuse introduction au Musée basque de Bayonne, plus discursif. À voir aussi, de beaux alambics et foudres centenaires, clin d'œil promotionnel pour la liqueur Izarra, avec une dégustation ; et une évocation de l'histoire du lin et de son artisanat. En fin de parcours, vous pourrez faire des emplettes à la boutique, qui propose des spécialités locales, et, bien sûr, le linge basque signé Jean-Vier (dernières créations et bonnes affaires de déstockage). *Sur la N10 Tél. 05 59 51 06 06 www.jean-vier.com/ecomusee.aspx Ouvert avr.-juin, sept.-oct., Toussaint, Noël : lun.-sam. 10h-11h15 et 14h30-17h30 ; juil.-août : tlj. 10h-18h30 Tarif 7,50€, 5-12 ans 3,20€*

● Où remplir son panier pique-nique ?

Les Halles (plan 4, C4 n°62) Ce bel édifice de style Baltard accueille un marché alimentaire tous les matins. Le mardi et le vendredi, ainsi que le samedi en été, c'est grand marché : commerçants et producteurs prennent leurs aises et envahissent la place. Il y fait bon remplir son cabas de produits frais ! Ce lieu constitue une bulle où se mêlent authenticité et bonne humeur, au milieu de l'agitation urbaine. Pour un poisson juste sorti de la criée luzienne, dont le fameux merlu de ligne, arrêtez-vous à L'**Écaille d'Argent** ; puis savourez la charcuterie du Pays basque et admirez les produits du **volailler Mayie**. Vous ferez ensuite le plein de conserves sur le stand du fameux **Confit d'Ascain** avant de filer chez **Josie** pour son excellent choix de fruits et légumes de saison. Et, pour le dessert, n'oubliez pas le gâteau basque de chez **Arraya** : régal pour les yeux comme pour les papilles ! Buvette de la halle bien sympathique (huîtres, sardines, gambas...). *Bd Victor-Hugo* **Halles** *Ouvert tlj. 6h-13h* **Grand marché** *juil.-août : mar., ven., sam. ; sept.-juin : mar. et ven.*

Donibaneko Venta (plan 4, D3 n°60) Épicerie fine aux belles propositions (charcuteries, fromages, biscuits, conserves, condiments...), quelques tables pour la dégustation et une savoureuse collation du jour. Signe distinctif majeur, la maison distribue le "russe" de chez Artigarède (p.301). *94, rue Gambetta Tél. 05 59 26 38 02 Ouvert lun.-sam. 9h30-19h30, dim. 10h30-12h30*

☺ **Maison Thurin (plan 4, C3 n°63)** S'approvisionner chez Thurin relève du pèlerinage. D'abord pour saluer la constance de cette épicerie qui, depuis les années 1920, s'évertue à proposer le meilleur de la production basque à des prix abordables. Ensuite pour la somptueuse modestie des lieux, évoquant une petite chapelle couverte d'ex-voto, dédiés à Bacchus et à la gourmandise bien entendu ! *32, rue Gambetta Tél. 05 59 26 05 07 Ouvert lun. 10h-13h et 14h30-19h30, mar. et jeu.-sam. 8h30-13h et 14h30-19h30, mer. 9h-13h et 14h30-19h30, dim. 10h-13h et 15h30-19h30*

● **Où fondre pour un gâteau basque ?** Au concours du meilleur gâteau basque, deux adresses luziennes plus que centenaires prétendent au titre. Pariès, dont il faut saluer la qualité dans la régularité avec cinq boutiques, et Etchebaster, pour son étonnant sablé aérien et fondant, aussi redoutable dans les deux versions, cerise noire ou crème pâtissière. Avouons, notre vote va à ce dernier.

☺ **Pariès (plan 4, C3 n°52)** Le fameux gâteau basque bien sûr, mais aussi de superbes tourons maison, des glaces artisanales, et le *mutxu* (bisou), divin macaron. *9, rue Gambetta Tél. 05 59 26 01 46 www.paries.fr Ouvert été : tlj. 8h30-23h ; reste de l'année : tlj. 8h30-19h30*

☺ **Etchebaster (plan 4, C3 n°51)** Un petit salon de thé pour se faire une idée sur place ! *42, rue Gambetta Tél. 05 59 26 00 80*

● **Où s'offrir un sac ?** Une maison fondée en 1890, et une nouvelle venue. Style classique pour la première, besaces contemporaines pour la seconde : peu importe, la création maroquinière luzienne est reconnue pour sa qualité.

Laffargue (plan 4, C3 n°61) Labellisée "entreprise du patrimoine vivant", la maison Laffargue entretient un savoir-faire séculaire. Célèbre pour sa collection de sacs, pochettes et ceintures cloutés d'une élégance sobre ; l'ensemble de la production faite main n'utilise que de fines peausseries, la plupart tannées dans les Pyrénées. La boutique, la même depuis les origines, vaut à elle seule la visite pour son atmosphère surannée. *25, rue Gambetta Tél. 05 59 26 11 38 www.maisonlaffargue.fr Ouvert mar.-sam. 9h30-12h30 et 15h-19h15*

Manufactoum (plan 4, D3 n°64) Si la toile est utilisée ici pour des sacs amples, le gros de la production est élaboré avec des peaux en provenance de tanneries locales fournissant les grandes maisons. Elles sont découpées et travaillées dans le bel atelier prolongeant la boutique. Les deux créatrices, l'une formée chez Hermès et son ancienne élève, sont à votre écoute. *38, rue du Midi Tél. 05 59 47 39 44 www.sacs-manufactoum.com Ouvert lun.-ven. 9h30-12h30 et 14h30-19h, sam. 10h-13h et 15h-19h*

● **Où choisir sa planche, fouiner dans un surf-shop ?**

☺ **Boardriders 162 Campus** Au bout de la zone d'activité du Jalday, votre étonnement sera grand lorsque vous découvrirez ce prodigieux show-room. Vous êtes au siège de Quicksilver Europe. Plus de 700m² de surface dédiés aux différentes marques du groupe, *streetwear*, *sportwear*, accessoires de mode ou techniques, skate… Mais aussi un coiffeur nomade (mer-sam 11h-19h sur rdv), un bar sympathique avec terrasse proposant des en-cas goûteux et un joli choix de vins, à tester lors des apéro-concerts du jeudi (à 18h30), un espace d'exposition et une bibliothèque. Et les planches ? Au plafond ! Des dizaines de *boards* circulent le long d'un rail, modèles historiques de grands champions. Un écran tactile vous permet de connaître leur histoire et leur technicité, tandis que, sur une autre borne, vous pourrez customiser votre maillot de bain, fabriqué dans la foulée dans des ateliers installés en mezzanine. Et, si vous avez un modèle de surf en tête, vous pourrez en discuter avec les designers de la marque. Un temple de la consommation qui intéressera même les réfractaires. N'oublions pas la location de planches : surf 20€/j., longboard 23€, paddle 25€. Notez en sortant l'architecture des bureaux à l'arrière, sortes de cabanes posées sur pilotis qui s'intègrent harmonieusement à l'environnement. *162, rue Belharra Tél. 05 59 51 44 00 www.quiksilver.com Ouvert lun.-mer. et ven.-sam. 9h-20h, jeu. 9h-21h, dim. 10h-19h*

● Où déguster une glace ?

Glaces Lopez (plan 4, B3 n°50) Elles sont un peu la madeleine des Luziens, avec leur irrésistible parfum d'enfance. Depuis toujours, l'arrivée des camions Lopez sur la promenade de la plage sonne le début des vacances. Glaces et sorbets artisanaux à déguster au cours d'une flânerie le long de la baie. *Promenade de la plage et rond-point du port Tél. 05 59 26 82 33*

● Où grignoter des tapas ?

☺ **Cellier Chantevin (plan 4, D3 n°4)** Cette cave, plus communément dénommée "chez Fifi", fera le bonheur des amateurs en quête d'une bonne bouteille avec sa sélection régulièrement renouvelée. Au fond, un comptoir à l'ambiance bar de quartier, avec de belles charcuteries des Aldudes, et quelques pintxos selon l'inspiration. "Penser local, agir global" pourrait être la devise de cette cave riche en mets régionaux, où l'on saura vous proposer le juste accord – souvent bien au-delà d'un vin du Sud attendu – et déboucher la bouteille qu'il faut pour vous la servir au verre. *3, rue Chauvin-Dragon Tél. 05 59 26 29 31 Ouvert lun. et mer.-sam. 18h-dernier client, ven.-dim. 11h-14h*

Chez Kako (plan 4, C4 n°3) Un choix de tapas, anchois, txistora, risotto, fromages de brebis (2€), foie gras chutney figue (3€), charcuteries (10€), cassolettes (padrones et truite de Banka 5,50€)... Le service au bar est efficace et chaleureux, les habitués sont nombreux. Si l'ambiance vous plaît, vous pourrez enchaîner avec des plats plus consistants : merlu à l'espagnole (43€ pour 2 pers.) ou chipirons à la plancha (17€). Derrière la halle du marché. *18, rue Harispe Tél. 05 59 85 10 70 Ouvert été : lun.-sam. 12h-14h15 et 20h-2h (restauration jusqu'à 22h30) ; reste de l'année : mar.-sam. 12h-14h30 et 20h-22h*

● Où boire un verre, manger sur le pouce en bord de mer ?

BIBAM Snack (plan 4, D1 n°14) Une bonne adresse avec une belle terrasse dominant la plage de Mayarco. Des assiettes composées, des sandwichs, de copieuses salades poulet-chèvre chaud, sans oublier le lomo et le poulet grillé (plat env. 8-12€). On y déjeune rapidement et à prix doux avant de filer à la plage voisine. Mais on y retourne sans faute à l'heure de l'apéritif ! On se laisse alors tenter par une belle assiette de serrano, des *croquetas* ou des *rabas* de calamar. Concerts ou DJ sets. *Plage Mayarco Chemin d'Aguerria Tél. 05 59 54 70 34* ***Service snack*** *Ouvert avr.-oct. : 12-16h et 19h-22h Bar 10h-2h (ouvert tlj. si le temps le permet, téléphoner en cas de doute)*

☺ **Guinguette d'Erromardie (plan 4, D1 n°16)** L'ancienne gare du tramway qui longeait la côte dans les années 1930 est devenue une guinguette chaleureuse et décontractée avec transats à l'extérieur et ambiance bistrot à l'intérieur. Plats à prix tenus à midi : salades copieuses 10-12€, chipirons à la plancha 12€, filet de merlu à l'espagnol 15€... Et de simples cassolettes le soir (chipirons, txistora, éperlans, crevettes, huîtres-verre de blanc) à 8€ pour accompagner l'apéritif jusqu'à tard dans la nuit. Soirées souvent dansantes, et DJ. set. La plage est à deux pas seulement pour un bain à toute heure. *Chemin d'Erromardie Tél. 05 59 43 97 66 Ouvert avr.-mi-oct. : tlj. 10h-2h*

Distraire ses enfants à la plage L'été, sur la plage, se dressent d'immenses portiques signalant les clubs de plage. Plus que les traditionnels clubs Mickey, c'est ici une véritable tradition locale remontant à 1920, et bien des Luziens y ont appris à nager. Jeux libres (volley, ping-pong, trampoline, agrès...), cours de natation, familiarisation aux jeux de ballon et parcours de motricité pour les plus petits, gym, animations, jeux encadrés, tournoi de volley... Accueil de 4 à 16 ans. Inscription à partir de la demi-journée. Le club Donibane est réservé aux Luzien(ne)s et Cibourien(ne)s. **Les Trois Couronnes** *Tél. 06 79 64 62 01* **Le Sporting** *Tél. 06 22 66 09 75 www.club-sporting.com* **Les Dauphins** *Tél. 06 87 12 99 40* **Neptune** *Tél. 06 09 78 30 87*

Aller se baigner, surfer À la grande plage de la baie de Saint-Jean-de-Luz, centrale et abritée, s'ajoutent les trois plages de la côte nord, plus exposées et sauvages : Erromardie, Lafitenia et Mayarco. Hauts lieux des sports de glisse, celles-ci sont réservées aux surfeurs chevronnés. Les spots de la baie – Sainte-Barbe, la Pergola (Saint-Jean-de-Luz) et la Bougie (Socoa) – sont parfaits pour une initiation au surf. Sachez que Saint-Jean-de-Luz compte désormais une vague mythique, **Belharra**, domptée pour la première fois en 2002. D'une hauteur de 10 à 14m, elle se forme au large, 1km au sud de la digue de Socoa, lors de conditions météorologiques exceptionnelles. Les surfeurs doivent la prendre en *tow-in*, c'est-à-dire en se faisant tracter par un jet-ski qui les place directement dans la zone de déferlement. Le spectacle ne manque pas d'attirer un large public qui, muni de jumelles, s'amasse sur la route de la corniche. Les écoles de surf sont généralement installées dans les magasins de surf qui les parrainent, notamment rue Gambetta. **Xabi Jourdes Surf School** La plus grande et la plus ancienne école de surf de Saint-Jean-de-Luz, créée en 1995 par ce champion de longboard. L'école est également implantée à Bidart. Affilié aux écoles Quicksilver, nombreuses formules de l'initiation aux surf camps. *59, rue Gambetta (magasin Tabbou) Tél. 05 59 26 17 58 www.ecoledesurf-quiksilver.com*

LE LABOURD

S'offrir une cure de jouvence
Hélianthal (plan 4, D2) Accès libre au parcours spa bio-marin (40€/j., 34€ la demi-journée, 22€ en fin de journée, et 15€ 12h30-14h30), avec vue imprenable sur la baie de Saint-Jean-de-Luz. Ce bassin de 300m³ d'eau de mer à 33°C est équipé de jets d'eau qui vous massent les jambes, le dos, les épaules, la nuque. Également nage à contre-courant, bains à bulles, hammam, sauna, salle de repos. Forfaits – 4 soins à la carte (massage, application d'algues...) – à partir de 99€ la journée. *Pl. Maurice-Ravel* ***Saint-Jean-de-Luz*** *Tél. 05 59 51 51 00 www.helianthal.fr Ouvert mi-déc.-mi-nov.*

Partir en croisière
Nivelle V Sorties en vedette à partir du port de pêche de Saint-Jean-de-Luz : pêche en mer (4h, 35€, moins de 10 ans 25€), croisière jusqu'à la frontière espagnole (1h45, 17€, moins de 10 ans 10€), cabotage le long des falaises de schiste de la corniche basque (45min, 10€, moins de 10 ans 7€). Également un zodiac pour des balades remontant la Nivelle vers Ascain (15€/pers.) et location d'un voilier avec un skipper pour une sortie en mer (2h, 360€). *Tél. 06 09 73 61 81 ou 06 01 71 92 75 (sorties Zodiac) http://croisiere-saintjeandeluz.com Réservation obligatoire juil.-août.*

Les environs de Saint-Jean-de-Luz

☆ **Les essentiels** Le centre historique d'Ascain, l'église Saint-Vincent d'Urrugne, le château d'Urtubie, la Rhune **Découvrir autrement** Prenez le Passeur jusqu'à Socoa et goûtez-y un vin vinifié dans l'Océan

Ciboure

Ciboure Sœur jumelle et rivale de Saint-Jean-de-Luz, Ciboure ("Zibi buru", tête du pont) est établie sur la rive opposée de la Nivelle. Alors que l'une brillait par l'opulence de ses armateurs fortunés, l'autre recueillait tout ce que cette société comptait de laissés-pour-compte : matelots, *kaskarots* (marchandes de poissons), malades, Juifs, cagots (descendants de lépreux et autres rejetés frappés par différentes mesures ségrégatives, tels les bohémiens). Ciboure a conservé de ce passé une architecture plus modeste, à l'image des maisons de pêcheurs aux couleurs vives de la charmante rue Pocalette. Parmi celles qui se serrent sur les quais, la maison natale de Maurice Ravel est reconnaissable à son étonnante façade en grès rose de style flamand, dont les canons sont braqués vers Saint-Jean-de-Luz. En face du port, sur la presqu'île de la Criée, se dresse l'ancien couvent des Récollets (1613), dont les moines franciscains étaient chargés de pacifier les relations haineuses qu'entretenaient Cibouriens et Luziens (ne se visite pas). La baie de Saint-Jean-de-Luz se ferme au sud par le **fort de Socoa** (XVIIe s., remanié par Vauban). Au début du XXe siècle, Ciboure bénéficia de la mode des bains de mer et sa colline Bordagain se couvrit de villas luxueuses. Sur les rochers à la sortie du port était accrochée la Réserve, établissement de bains, restaurant et dancing qui accueillait têtes couronnées et jet-set internationale. **Office de tourisme (plan 4, B4)** *27, quai Maurice-Ravel* **Ciboure** *Tél. 05 59 47 64 56 www.ciboure.fr Ouvert jan.-avr., oct.-déc. : lun.-ven. 10h-12h30 et 15h-18h (18h30 en avr.) ; mai-juin, sept. : lun.-sam. 9h30-13h et 15h-19h ; juil.-août : lun.-sam. 9h30-13h et 14h30-19h30, dim. 10h-13h*

UN CHEF-D'ŒUVRE ART DÉCO

Pureté des lignes, luxe des matériaux, ciselage des finitions par les plus grands artisans, la Villa Leihorra et son mobilier sont emblématiques des années 1920, période de pleine expression du style Art déco. Son jardin étagé domine la baie sur la colline de Bordagain. Leihorra abrite aujourd'hui des chambres d'hôtes de luxe (350-490€/nuit), et s'ouvre parfois à la visite (rens. à l'OT). **Villa Leihorra (plan 4, A2)** *1, impasse Muskoa Tél. 06 87 68 32 10 www.villa-leihorra.com*

LE LABOURD

Où goûter un vin de mer ?

☺ **Egiategia** Une belle histoire de passion pour ce viticulteur qui désirait travailler la vigne depuis l'âge de 9 ans. Œnologue, agronome, Emmanuel Poirmeur a planté ses ceps sur les hauteurs de la corniche basque, ressuscitant un vignoble depuis longtemps disparu. Sa production, l'egiategia, un vin blanc effervescent pouvant évoquer les plus toniques txakoli – dont il partage les mêmes conditions d'élaboration –, a la particularité d'être vinifié pour moitié en méthode champenoise, l'autre étant immergée par 15m de profondeur dans la baie de Saint-Jean-de-Luz, dans des cuves étanches à l'eau mais pas au gaz : la pression de la mer crée des arômes spécifiques et inédits. Bouteille autour de 10€. Rien d'étonnant donc, si les chais sont installés sur le port, dans une réserve du XVIIe siècle, face à la baie. *Maison des blocs Zone portuaire de* **Socoa** *(à l'embouchure de l'Untxin) Tél. 06 27 29 29 85 www.egiategia.com Ouvert lun.-sam. Visite sur réservation ; 10h30, 14h, 16h (et 18h juin-sept.)*

● Où acheter son poissonr ?

Criée de Ciboure Allez jusqu'au petit parking après la cale du port : l'espace de vente est installé dans le bâtiment bardé de bois, aux lignes contemporaines. Dorades de tous types, bar, maigre, sole, grondin, merlu... extra-frais ! *Pl. des Recollets Ouvert tlj. 7h30-12h*

● Où percer les secrets d'un pâtissier ?

Ateliers Pariès Quelques secrets de fabrication, le travail des matières et leurs origines, et l'histoire d'une maison fondée en 1895, qui a longtemps eu pour slogan "la maison du kanouga", du nom de sa première spécialité, un fameux caramel créé en 1905. Suivront tourons, mouchous, gâteaux basques et chocolats. *Rue Putillenea* **Socoa** *Tél. 05 59 22 06 00 www.paries.fr* **Atelier** *Ouvert été : lun.-sam. 9h-11h30 ; reste de l'année : mar.-sam. 9h-11h30* **Boutique** *été tlj. 9h-19h30, reste de l'année mar.-sam. : 9h-13h et 14h30-19h, dim. 9h-13h*

● Apprendre à naviguer, faire son baptême de plongée Les clubs de plongée et les écoles de voile se concentrent aux alentours du fort de Socoa, sur la jetée du Marégraphe et sur les quais et parkings des dériveurs.

Tech-Océan Des formations PADI, et différentes sorties d'exploration d'épaves, grottes, failles. Pour un baptême, comptez 70€, pour les sorties, 30€ en autonome, 45€ encadré, 55€ de nuit. *45, av. du Commandant-Passicot Socoa Tél. 05 59 47 96 75 ou 06 16 36 11 76 www.tech-ocean.fr*

Yacht Club Basque Cette école de voile labellisée par la FFV est ouverte à l'année et propose des cours aux enfants à partir de 6 ans, et des stages d'initiation ou de perfectionnement aux adultes (dériveur, planche à voile, hobie cat). Pour 5 séances de 2h30, comptez de 130€ en optimist à 240€ en 5.70, planche à voile 170€ (enfant 155€). *Parking des dériveurs Socoa (face à Saint-Jean-de-Luz, de l'autre côté de la baie) Tél. 05 59 47 18 31 www.ycbasque.org Ouvert toute l'année*

Ascain

Un tissu urbain presque continu sépare désormais Saint-Jean-de-Luz et Ascain, et la plupart des Azkaindars vivent au rythme de la cité des corsaires. Néanmoins, le bassin de la Nivelle empêche les deux villes de former une conurbation, préservant le caractère rural d'Ascain. Au pied du massif de la Rhune (Larrun), le village est le point de départ de nombreuses randonnées de moyenne montagne. Sur les hauteurs, les monuments mégalithiques (dolmens, cromlechs), les *cayolars* (bergeries en pierre sèche) et les vestiges de redoutes témoignent du passage des hommes sur ses flancs pelés pour le culte, l'élevage ou la guerre. Passez à l'OT pour recueillir des informations sur les belles randonnées possibles autour d'Ascain, vous procurer le topoguide

LE LABOURD

58 randonnées de la Nive au littoral basque (8€), ou participer à la visite guidée "Ascain, ses coins et recoins" (3€). Vous y trouverez également le programme trimestriel de l'association Ibiltzaile (randonnées tous niveaux). *7,5km au sud-ouest de Saint-Jean-de-Luz* **Office de tourisme d'Ascain** *Rue San Ignacio (déménagement prévu rue Oletako-Bidea) Tél. 05 59 54 00 84 www.ascain-tourisme.fr Ouvert 2 jan.-mi-avr., mi-sept.-déc. : lun.-ven. 9h-12h30 et 14h-17h30 ; mi-avr.-juin, 1er sept.-mi-sept. : lun.-ven. 9h-12h30 et 14h-17h30, sam. 9h-12h30 ; juil.-août : lun.-sam. 9h-12h30 et 14h-18h30 (sam. 18h), dim. et j. fér. 10h-13h*

☆ **Centre historique** Les principaux points d'intérêt d'Ascain se découvrent aisément lors d'une promenade dans le bourg. Au centre se trouve la place du fronton où s'entraînait Jean-Pierre Borda, éminent pelotari qui fut source d'inspiration pour Pierre Loti lors de l'écriture de *Ramuntcho*. Elle est dominée par le clocher-porche de l'**église de l'Assomption** (XVIIe s.), sous lequel siégeait jadis le conseil municipal. À l'intérieur, vous pourrez voir sur votre gauche la porte étroite réservée traditionnellement aux cagots. Le sol est dallé de pierres tombales gravées aux noms des maisons de la commune. Les itinéraires de randonnée qui grimpent sur les contreforts de la Rhune partent du parking aménagé derrière l'église. Prenez ensuite les ruelles secondaires pour rejoindre le bucolique pont romain qui enjambe la Nivelle. Du pont, vous remarquerez l'étrange demeure "gaudienne" en grès rose que les habitants surnomment la "maison du fou" – ce fut la propriété d'un décorateur de cinéma américain des Années folles. Les rives du fleuve sont particulièrement agréables. Le **chemin de halage** qui longe la Nivelle sur environ 1,5km à partir du port fluvial invite à la promenade. Un projet visant à réaménager ce chemin jusqu'à Ciboure est à l'étude.

Où acheter cidre et bière artisanaux ?

Txopinondo Une cidrerie artisanale dont vous pourrez acheter la production dans toutes les boutiques gourmandes de la région. Mais autant aller à sa

☆ L'ascension de la Rhune (905m)

Un sentier de randonnée vous hissera d'Ascain jusqu'au sommet de la Rhune en 2h30, cf. Randonner en Labourd (p.317). De là, la vue à 360° est époustouflante : le collier de cimes des Pyrénées, la vallée de la Nive, les villes littorales du Pays basque nord et sud et, par temps clair, les pinèdes landaises. Le paysage, fortement modelé par le pâturage, s'anime çà et là de troupeaux de pottoks et de brebis manech à tête rousse paissant paisiblement. Ce parcours ne présente pas de difficultés majeures, mais exige des chaussures adéquates et une bonne forme physique en raison du dénivelé (840m). Plusieurs restaurants et *ventas* proposent de quoi se restaurer au sommet avant d'entreprendre le chemin de retour à pied. Vous pouvez aussi redescendre parle petit train à crémaillère (p.178) . *Départ du sentier de la Rhune au parking des Carrières (1re rte à droite après la mairie, dir. Sare)* source, où un documentaire vous présentera les spécificités du sagarno, vin de pomme plus que cidre, avant de vous essayer au *txotx* dans les chais, rituel consistant à se relayer pour emplir son verre au jet fusant de la barrique. Mais Txopinondo, à Ascain, c'est aussi un restaurant, à l'image des cidreries d'Hegoalde, où vous pourrez perfectionner votre geste lors des appels du *txotx*. Menus avec l'incontournable *txuleta* (côte de bœuf), 28 et 36€ selon sa taille (ou plat de poisson). Rien d'un attrape-touriste, la viande est de choix. *ZA Lan Zelai (à l'entrée d'Ascain en venant de Saint-Jean-de-Luz) Tél. 05 59 54 62 34 www.txopinondo.com* **Cidrerie** *Ouvert avr.-oct. : lun.-sam. 10h30-12h et 15h-19h ; nov.-mars : mar.-ven. 15h-19h* **Restaurant** *Ouvert vac. scol. toutes zones tlj. 12h30-13h30 et 19h30-21h30, reste de l'année jeu. midi-dim. midi*

Brasserie Akerbeltz Née en 1999 à Licq-Atherey en Soule, la brasserie Akerbeltz a déménagé à Ascain en 2012 dans un bâtiment équipé de hautes technologies respectueuses du processus artisanal. Vous y découvrirez chacune des étapes avant dégustation. *ZA Larre Lore (à l'entrée d'Ascain en venant de Saint-Jean-de-Luz) Tél. 05 59 23 84 21 www.akerbeltz.fr* **Visites** *Ouvert nov.-mars : jeu.-sam. à 11h, 15h et 17h. ; avr.-juin, sept.-oct. : mar.-sam. à 11h, 15h et 17h. ; juil.-août : lun.-sam. à 11h, 15h et 17h., dim. 15h et 17h* **Boutique** *Ouvert avr.-juin et sept.-oct. : lun.-sam. 11h-19h ; juil.-août : tlj. 11h-19h ; nov.-mars : mar.-sam.11h-18h*

● Où trouver son linge basque ?

Lartigue 1910 Cet atelier est l'un des deux seuls à tisser du linge basque au Pays basque (p.247). Les tissages Lartigue ont vu le jour en 1910 à Bidos, près d'Oloron-Sainte-Marie. Alors spécialisée dans la toile pour espadrilles, l'entreprise s'est naturellement développée en Béarn autour du linge basque pour le compte de nombreuses autres marques, avant de créer, en 2012, cet atelier dédié à la ligne maison. Le parcours de visite, très complet, passe par les ateliers de tissage et de confection, avant de rejoindre la boutique et son beau choix de tissus et articles pour la décoration, linge de maison, accessoires de mode, etc. *ZA Larre Lore Tél. 05 59 26 81 81 www.lartigue1910.com* **Visite** *avr.-mi-oct. : tlj. à 10h, 11h, 14h30 et 15h30 ; mi-oct.-mars : lun.-sam. à 10h et 14h30* **Boutique** *Ouvert avr.-mi-oct. : tlj. 9h-19h ; mi-oct.-mars : lun.-sam. 9h30-12h30 et 14h-19h*

Urrugne

Urrugne L'aspect massif de ☆l'**église Saint-Vincent** (XIe s., remaniée au XVIe s.), ouvrage défensif percé de meurtrières, témoigne de l'histoire mouvementée de cette commune qui, proche de la frontière espagnole, connut invasions et guerres successives. La bourgade est aujourd'hui fréquentée pour ses itinéraires de randonnée pédestre et ses circuits VTT. Vous trouverez à l'office de tourisme un guide des sentiers couvrant les communes d'Urrugne, Biriatou et Hendaye, ainsi qu'un dépliant gratuit détaillant trois circuits de marche (durée 2h et 3h30) et de VTT (18km). À ne pas manquer, l'ascension (facile) jusqu'à la chapelle Notre-Dame-de-Socorri et son cimetière aux stèles discoïdales. Le panorama qu'elle offre sur le massif de la Rhune et l'Atlantique y est absolument spectaculaire. *5km au sud-ouest de Saint-Jean-de-Luz* **Office de tourisme** *Maison Posta Pl. René-Soubelet* **Urrugne** *Tél. 05 59 54 60 80 www.urrugne.com En juil.-août, visite guidée du village mer. 10h et de la corniche basque ven. 10h*

☆ **Château d'Urtubie** L'un des plus importants châteaux du Pays basque, érigé en 1341, puis agrandi aux XVIe et XVIIIe siècles. Il reçut quelques hôtes de marque, dont Louis XI en 1463. La famille qui l'habite, descendant des Urtubie, ouvre à la visite ses salons, meublés dans le style des XVIe et XVIIe siècles. À voir, notamment, les tapisseries exposées lors du mariage de Louis XIV. L'une des dépendances du parc à l'anglaise abrite une exposition sur les plantes qui soignent. Le château fait aussi chambres d'hôtes en saison (80-160€). *Rue Bernard-de-Coral (à l'entrée d'Urrugne) Tél. 05 59 54 31 15 www.chateaudurtubie.net Ouvert avr.-mi-juil., sept.-oct. : tlj. 10h30-12h30 et 14h-18h30 ; 15 juil.-31 août : tlj. 10h30-18h30 Tarif 6,50€, moins de 16 ans 3€*

● Se balader sur les chemins de contrebande

Venta Inzola Partant de la chapelle d'Olhette, à Urrugne, une agréable promenade de 45min dans les sous-bois permet de rejoindre la *venta* Inzola. L'itinéraire emprunte une ancienne voie romaine bien ombragée, et longe ensuite le lit du ruisseau Insolako. Après avoir dépassé la borne marquant la frontière espagnole, il vous restera quelque 400m de marche jusqu'à la *venta*. Dans cette auberge vous attendent souvenirs divers et une bonne table où l'on peut déjeuner de *txuletas* (côtes de bœuf) au feu de bois ou de tortillas variées (menus à partir de 12,50€). La *venta* Zahar se trouve un peu plus loin sur le même chemin. *Tél. (34) 661 345 653 ou (34) 948 631 228 Ouvert avr.-mi-juil., sept.-oct. : ven.-mer. 11h-18h ; mi-juil.-août : tlj. 11h-22h ; mars, oct. : dim. et j. fér. 11h-18h Fermé déc.-fév.* ***Randonnée Durée*** *1h30 (AR)* ***Parcours*** *5,5km (AR)* ***Dénivelé*** *80m* ***Difficulté*** *Facile* ***Accès*** *Du golf de la Nivelle, à Ciboure, suivre la D704 jusqu'à la chapelle*

Sur la route des *ventas*

Les *ventas*, ces épiceries nées de la contrebande et postées sur la crête des montagnes, s'alignent derrière la frontière, côté espagnol. Avec l'entrée de l'Espagne dans l'Union européenne et la libre circulation des marchandises, elles se sont agrandies et ont souvent évolué en de véritables supermarchés, bien approvisionnés en camelote *made in China*, en cadeaux souvenirs incongrus, et, bien sûr, en alcools et cigarettes. Celles, très nombreuses, du col d'Ibardin sont devenues une attraction touristique à part entière (par la D4 au départ d'Urrugne). Leurs produits ne présentent pas grand intérêt, mais la route de montagne qui y accède est magnifique. Les *ventas* de Dantxaria (à côté d'Ainhoa) et de la route d'Arnéguy, près de Saint-Jean-Pied-de-Port, sont du même acabit. Plus discrètes et familiales, certaines jouent la carte de la qualité, et proposent à prix raisonnables des produits espagnols parfois difficiles à trouver en France. Citons Elisabet à Behobia (centre Zaisa, pl. Euskadi), et Arrosagaray à Valcarlos (p.217). Enfin, en retrait des axes routiers, des *ventas* traditionnelles servent une cuisine familiale et constituent un but de balade apprécié par les randonneurs et les amoureux de nature et de bonne chère.

CARNET D'ADRESSES

Lieux de sortie

Saint-Jean-de-Luz n'est pas vraiment réputé pour ses folles nuits... Les jeunes préfèrent largement traverser la Bidassoa, à 15min en voiture, pour vivre à l'heure espagnole, ou bien se replier sur les bars branchés de Guéthary ou de Biarritz. En été, les soirées de la **Guinguette d'Erromardie** (p.152) commencent néanmoins à marquer les esprits. Au centre de Saint-Jean, seules deux adresses veillent avec constance, et ce depuis bientôt 30 ans : le **Pub du Corsaire**, au décor immuable d'une cale de bateau éclairée par des lampes-tempête, et le **Duke**, à l'ambiance surf et aux cocktails fruités.

Pub du Corsaire (plan 4, C3 n°1) *16, rue de la République **Saint-Jean-de-Luz** Tél. 05 59 26 10 74*

Duke (plan 4, D2 n°2) *Pl. Maurice-Ravel **Saint-Jean-de-Luz** Tél. 05 59 51 12 96*

La Factory (plan 4, A4 n°5) Comme son nom l'indique, cette "usine" a des velléités en termes de culture. Concerts, expositions, happenings... mais aussi un service de restauration digne d'intérêt et à prix bien doux pour la côte : entrées (6-9€), filet de dorade à la plancha fondant et croquant de légumes (15€), travers de porc laqué, courgettes à la vanille (13€), etc. Et un bar où l'on croise des activistes de l'art et de la culture. *41, rue Agorette **Ciboure** Tél. 05 59 47 81 58 Ouvert mar.-sam. 18h-dernier client*

Restauration

Vous vous en doutez : en été, pendant les vacances scolaires et les week-ends aux beaux jours, il est prudent de réserver.

petits prix

☺ **Chez Michel (plan 4, D3 n°15)** Saint Michel porte la bonne parole. Formule plat-dessert à 12€ : merlu sauce poivron, steak tartare au couteau, foie de veau, confit ou tournedos de canard, petite entrecôte. C'est extra-frais, c'est bon. Et, pour finir, un buffet de pâtisseries et crèmes maison. Qui dit mieux ? Personne à Saint-Jean ! Courue par tous les retraités luziens fines gueules – et il y en a –, cette table affiche souvent complet. Réservez ! *65, rue Saint-Jacques **Saint-Jean-de-Luz** Tél. 05 59 51 15 79 Ouvert lun.-sam. 12h-14h*

Xabi (plan 4, B3 n°22) Rue de la République, où les déceptions peuvent être nombreuses et coûteuses, voici une escale sans prétention pour les petites faims et repas impromptus. Wrap maison et salades à moins de 10€, risotto correct (8,50-15,50€ selon la taille), crêpes... et, selon l'inspiration ou le temps, plus rarement en saison, un plat du jour irréprochable. Service continu dans une ambiance amicale et un décor soigné. *21, rue de la République **Saint-Jean-de-Luz** Tél. 06 89 15 00 27 Ouvert haute saison : mar.-sam. 12h-0h, dim. 12h-19h*

Et aussi...

Boire un verre, manger sur le pouce

prix moyens

La Taverne basque (plan 4, B3 n°10) Salle chaleureuse aux poutres et vieilles pierres apparentes ou terrasse sur la très fréquentée rue de la République, pour une cuisine simple mais honnête. Depuis des lustres, et malgré le changement de propriétaire, on constate le bon rapport qualité-prix pratiqué par cette maison qui aurait pu se contenter de son emplacement. Plats 15-16€, plat du jour 9,50€ et menu 19€. *5, rue de la République* ***Saint-Jean-de-Luz*** *Tél. 05 59 26 01 26 www.latavernebasque.com Ouvert haute saison : tlj. 12h-15h et 19h-22h30 ; basse saison : mar.-sam. 12h-15h et 19h-22h30, dim. 12h-15h*

Pil-Pil Enea (plan 4, D4 n°21) Dans la rue (et non l'impasse) derrière l'office de tourisme, un modeste chalet héberge ce restaurant reconnu pour ses plats de poisson. Un intéressant menu duo (70€ pour 2 pers.) avec assortiments d'entrées (chipirons, piquillos, serrano, etc.), merlu à l'espagnole ou à la navarraise et dessert. Et, surtout, une formule déjeuner goûteuse à 15€ avec, par exemple, morue en *salsa verde*, crêpe Suzette généreuse, verre de vin encore moins chiche, et café. *3, rue Sallagoity* ***Saint-Jean-de-Luz*** *Tél. 05 59 51 20 80 Ouvert mi-juin-fin sept. : jeu.-mar. midi et soir ; fin sept.-fin juin : lun. et jeu.-sam. midi et soir, dim. uniquement midi Fermé 15 jours nov.-déc., 2e quinz de fév. et juin-juil. (téléphoner)*

prix élevés

Petit Grill Basque (plan 4, C3 n°19) Une institution locale réputée pour sa cuisine du pays familiale et son cadre muséal. Au mur, des représentations de scènes de la vie quotidienne et des *lauburu* (croix basques), œuvres du peintre et céramiste Louis Floutier (1882-1936). Il fut cofondateur en 1919 de la poterie de Ciboure, bien connue pour ses productions mariant styles néogrec et néobasque. Autre singularité du Petit Grill, un système de ventilation à l'huile de coude mémorable... Vous l'aurez compris, l'intérêt majeur n'est pas dans l'assiette, correcte mais un peu chère, mais dans ce cadre hors du temps qui donne un supplément d'âme aux saveurs. Ne manquez pas le soufflé au Grand-Marnier. Menus 21 et 30€, carte de 25 à 45€. *2, rue Saint-Jacques* ***Saint-Jean-de-Luz*** *Tél. 05 59 26 80 76 Ouvert mar. et ven.-dim. 12h15-13h45 et 19h15-21h45, lun. et jeu. uniquement soir*

Le Brouillarta (plan 4, C3 n°18) Le brouillarta est l'épaisse brume qui se forme parfois soudainement sur l'Artha, digue brise-lame qui ferme partiellement la baie. Vous n'avez plus alors qu'une ou deux minutes pour vous abriter. En première ligne face au phénomène, éclairé de larges baies vitrées, ce restaurant cossu est expert en cuisine de la mer. Les cuissons sont justes, les préparations évitent d'inutiles complexités pour se concentrer sur des accompagnements travaillés avec finesse. Un bon rapport qualité-vue. Menu 24€ (midi), dégustation 49€, plat du jour 13€. *48, promenade Jacques-Thibaud* ***Saint-Jean-de-Luz*** *Tél. 05 59 51 29 51 www.restaurant-lebrouillarta.com Ouvert juil.-août : jeu.-mar. 12h30-14h et 19h30-21h30 ; sept.-juin : jeu.-lun. 12h30-14h et 19h30-21h30*

Olatua (plan 4, D2 n°13) Quand deux chefs, un Basque et un Landais, se retrouvent après avoir travaillé aux côtés des plus grandes toques de la région, cela donne une cuisine du Sud-Ouest maîtrisée. Une carte sage qui va à l'essentiel – le produit, la cuisson, le goût- avec, par exemple, une soupe de poisson maison, un risotto Arborio et chipirons frais grillés, une pièce de bœuf béarnaise, des desserts au chocolat... À déguster aux beaux jours sous la tonnelle d'un jardin de curé. Pour mettre un peu de piment dans l'affaire, la paire d'amis a ouvert un bar à vins avec de belles propositions de pintxos. Formules déjeuner 21-23€, menu 25€, un verre de vin inclus ; à la carte, comptez 30-50€. *30, bd Thiers* ***Saint-Jean-de-Luz*** *Tél. 05 59 51 05 22 www.olatua.fr Ouvert été : mar.-sam. midi et soir, dim. midi ; reste de l'année : mer.-dim. midi et soir*

Ostalamer (plan 4, D2 n°20) Sur la plage de Laffitenia, une grande cabane, façon hangar, magnifiquement orientée vers le large. De la terrasse, comme de la vaste salle au style contemporain, on jouit pleinement de la vue. Superbe ! L'Océan est aussi dans l'assiette. Avec un libre choix, y compris pour les vins : on peut s'en sortir à bon compte... comme se ruiner. Couteaux et palourdes à la plancha (13-14€), poissons du jour, morue grillée (14€), queue de lotte rôtie (18€), xanguro (25€), homard rôti (35€)... *160, route des Plages Acotz* ***Saint-Jean-de-Luz*** *Tél. 05 59 85 84 71 www.ostalamer.com Ouvert juin-août : tlj. midi et soir ; sept. : jeu.-mar. midi et soir ; reste de l'année : jours et horaires variables (téléphoner)*

prix très élevés

☺ **Zoko Moko (plan 4, B3 n°23)** En basque, *zoko moko* signifie "coin tranquille". Ne vous y trompez pas, ce restaurant fraîchement étoilé (2012) créé l'effervescence sur la côte. Passé par le Relais de la Poste à Magescq et l'hôtel Crillon, le jeune chef Rémy Escale Benedeyt s'est fait remarquer par les critiques gastronomiques et autres gourmets avec un menu-carte à 43€ et un menu dégustation, avec poisson et viande, à 70€, vins compris ! Du grand art et une créativité subtile résument l'esprit de cette maison tenue par un trublion des fourneaux. La lecture de la carte en dit plus long ; on y a retenu les "crevettes Black Qwehli, ragoût de petits pois, fèves, oignons cébettes, ail des ours, et cœur de romaine au vinaigre balsamique truffé" qui ont la faveur du moment (23€). Foncez ! Cette gastronomie s'aborde aussi à prix doux avec un menu du marché à 25€ (midi, mar.-ven.).***Saint-Jean-de-Luz*** *6, rue Mazarin Tél. 05 59 08 01 23 www.zoko-moko.com Ouvert mar.-dim. 12h30-14h et 19h30-22h*

Le Kaïku (plan 4, B3 n°12) Cette table se maintient dans l'excellence depuis plusieurs décennies. Les murs incitent à cette constance : vous êtes dans la doyenne des maisons de Saint-Jean-de-Luz (1540). Les porcs basques des Aldudes, les canards landais et la pêche locale y sont à l'honneur, traités avec finesse et brio. Maigre de ligne rôti au beurre demi-sel ; *angulas* (civelles) aux épices à la rose, cabillaud de ligne rôti, mousseline de carotte, fenouil braisé à l'orange ; pigeon de Souraïde rôti sur coffre, *fregola sarda*, légumes façon tajine... Une gastronomie de haute volée dans un cadre historique élégant. Menu découverte à 55€ d'un bon rapport qualité-prix, et formule déjeuner, en rien négligée, à 25€. *17, rue de la République* ***Saint-Jean-de-Luz*** *Tél. 05 59 26 13 20 Ouvert haute saison : mar.-dim. 12h30-14h et 19h30-22h ; basse saison : jeu.-lun. 12h30-14h et 19h30-22h*

Ilura (plan 4, D1 n°17) En retrait de la falaise, juste après la pointe de Sainte-Barbe, une adresse en bonne place au palmarès des terrasses dominant l'Océan. Même un sandwich mou n'en altérerait pas le plaisir. Ce ne sera pas le cas. Le restaurant de cet hôtel-résidence de luxe revisite avec finesse et originalité quelques classiques régionaux, comme ces chipirons caramélisés, encre, pimenton, céleri, ou ce merlu de ligne, consommé de crevettes, asperges de Soustons et cacahuètes. Les desserts ne sont pas en reste avec une réjouissante rhubarbe, avocat, sablé au beurre demi-sel. Formule 25-30€ (midi), menu-carte 45€. Également un service snack, sans intérêt, mais idéal pour profiter des lieux. Venez plutôt pour un petit déjeuner complet, viennoiseries, fromage de brebis, serrano, jus... servi jusqu'à 10h (17€). Double de 100 à 195€ selon la saison. *1, av. Gaëtan-de-Bernoville* ***Saint-Jean-de-Luz*** *Tél. 05 59 51 32 00 http://hotel-lareserve.com Ouvert mars-11 nov. : tlj. midi et soir Fermé dim. soir et lun. hors saison*

Hébergement

Les hôtels luziens affichent des prix assez élevés. Hormis les campings, de meilleure qualité qu'ailleurs sur la côte (pas d'allées réservées aux agences de voyages, de la verdure et un emplacement souvent privilégié, près de la mer), mieux vaut se loger dans les environs, selon son budget.

campings

Camping Bord de mer (plan 4, D3 n°31) Un camping qui porte bien son nom... Seul le sentier littoral, bordé d'une haie, vous sépare de la mer. Vous dormirez bercé par le roulement des vagues en respirant l'air marin. Forfait 2 personnes, emplacement et voiture de 16 à 28€ selon la saison. *Plage Erromardie* ***Saint-Jean-de-Luz*** *Tél. 05 59 26 24 61 www.camping-le-bord-de-mer.fr Ouvert avr.-Toussaint*

prix moyens

☺ **Villa Argi-Eder (plan 4, D3 n°32)** Cette plaisante villa entourée d'un grand gazon et de magnifiques bouquets d'hortensias propose quatre belles chambres d'hôtes. Toutes en rez-de-jardin, spacieuses, lumineuses, pratiques, décorées de matières naturelles et de couleurs douces. Les tapis en jonc de mer et les coquillages négligemment posés çà et là vous rappellent que l'Océan n'est pas loin. Calme assuré, accueil amical, réservation indispensable. Double de 66 à 76€ en été. Petit déj. 5,50€. *58, av. Napoléon-III* ***Saint-Jean-de-Luz*** *(plage de Lafitenia) Tél. 05 59 54 81 65 www.chambresdhotes-argi-eder.com*

Le Petit Trianon (plan 4, D3 n°33) Ce 2-étoiles maintient ses vingt-cinq chambres au goût du jour, étape par étape. Toutes différentes, certaines sont vraiment mignonnes. Le 3e et dernier étage (sans ascenseur) abrite des chambres familiales. Double de 63 à 92€ selon la période, chambre familiale (4 pers.) 98-160€, petit déj. 8€. *56, bd Victor-Hugo* ***Saint-Jean-de-Luz*** *Tél. 05 59 26 11 90 www.hotel-lepetittrianon.com*

GAMME DE PRIX	RESTAURATION	HÉBERGEMENT
Très petits prix	moins de 12€	moins de 45€
Petits prix	de 12 à 18€	de 45 à 60€
Prix moyens	de 18 à 25€	de 60 à 100€
Prix élevés	de 25 à 45€	de 100 à 140€
Prix très élevés	plus de 45€	plus de 140€

Hôtel Maria-Christina (plan 4, D1 n°39) Un 2-étoiles de bon aloi situé non loin du boulevard Thiers et des plages. Les parties communes sont plutôt agréables, avec un joli patio. Les onze chambres, simples et un peu exiguës, sont néanmoins chaleureuses avec leur parquet et murs peints à l'essuyé. Double de 55-75€ à 80-105€ selon les chambres et la saison (prix surévalués en été). *13, rue Paul-Gélos* ***Saint-Jean-de-Luz*** *Tél. 05 59 26 81 70 www.hotel-maria-christina.com*

☺ **Grand Hôtel de la Poste (plan 4, D3 n°36)** Cet établissement historique, entièrement rénové en 2012, a conservé l'essentiel de son charme, à commencer par la noble patine des parties communes organisées autour d'un monumental escalier en bois. Si certaines des 34 chambres ont été "retaillées", elles ont toutes des formes différentes, unies par un même style sobre, couleur écru et mobilier ancien. Pour ceux qui dormiront à l'arrière : réveil le dimanche au son de la partie de rebot, variante de la pelote basque, avec ses points chantés. Double de 62 à 72€ selon la saison pour les plus petites chambres, et de 104 à 148€ pour les plus grandes. *83, rue de Gambetta* ***Saint-Jean-de-Luz*** *Tél. 05 59 26 04 53 www.grandhoteldelaposte.com*

prix élevés

Les Almadies (plan 4, D3 n°34) Au milieu de la rue Gambetta, principale artère piétonnière et commerciale, une jolie maison aménagée avec goût, mêlant style rustique et contemporain sans anicroche. Sept chambres sobres et insonorisées. Le petit déjeuner se prend à l'étage dans une belle salle vitrée, ouvrant sur une terrasse. Chambre double de 85-110 à 115-135€ au cœur de l'été, petit déj. 12€, parking sur demande 10€/j. *58, rue Gambetta* ***Saint-Jean-de-Luz*** *Tél. 05 59 85 34 48 www.hotel-les-almadies.com*

Hôtel de la Plage (plan 4, C3 n°37) Hôtel central avec la vue sur la baie pour spectacle. Les rideaux tirés, les 22 chambres de très bon confort manquent juste d'un peu de caractère pour en faire une adresse de charme. Certaines bénéficient d'une petite terrasse. Double avec vue de 119 à 169€ selon la saison. Bon restaurant au rez-de-chaussée, cf. Le Brouillarta (p.160). *33, rue Garat* ***Saint-Jean-de-Luz*** *Tél. 05 59 51 03 44 www.hotel-delaplage.com*

☺ **La Marisa (plan 4, C3 n°40)** Meubles anciens, gravures, boiseries, planchers, tomettes… un bel hôtel familial aux chambres de caractère et de bon confort. Ce 3-étoiles de seize chambres est en plein centre, à deux pas de la plage et pourtant dans une rue calme. Terrasse jardinée fort plaisante pour le petit déjeuner, servi avec le sourire. Un cachet qui justifie les prix : double de 92 à 112€ selon le confort, et de 122 à 172€ en été. *16, rue Sopite* ***Saint-Jean-de-Luz*** *Tél. 05 59 26 95 46 www.hotel-lamarisa.com*

☺ **La Devinière (plan 4, D3 n°35)** Une adresse de charme. On vient là pour partager un art de vivre, et peut-être aussi un goût de la lecture. Les livres des propriétaires garnissent presque toutes les chambres, disposés sur une commode, une étagère, une cheminée. Chacun est libre de les feuilleter dans son coin, au creux du fauteuil en cuir du salon, entre un piano à queue et des œuvres d'art, ou bien dans la fraîcheur du jardin. Huit chambres cossues, mobilier ancien et toile de Jouy – la n°11 dispose d'un salon de lecture, la n°1 a échangé ses livres contre une collection de soldats de plomb. Pas de télévision. Double 120, 160 ou

180€ selon la chambre quelle que soit la saison, petit déj. 12€. *5, rue Loquin* ***Saint-Jean-de-Luz*** *Tél. 05 59 26 05 51 www.hotel-la-deviniere.com*

Dans les environs

prix moyens

Zoko Perdue dans une zone artisanale de Socoa, et voisine des ateliers Pariès, cette maison au cachet contemporain cumule les fonctions de traiteur, d'épicerie fine et de brasserie attentionnée. Plat du jour 8,90€, menu 17€ (midi), et deux belles formules (20 et 30€) le soir. En commun, un assortiment de tapas et la palette de desserts, chipirons ou pièce de bœuf pour la première, merlu de ligne ou magret de canard pour la seconde. *6, rue de Poutillenea Socoa* ***Urrugne*** *(4km au sud de Saint-Jean-de-Luz via Ciboure) Tél. 05 59 41 59 10 Ouvert lun.-jeu. uniquement midi, ven.-sam. midi et soir*

☺ **Villa Erresinolettean (plan 4, A4 n°41)** Louis XIII, Romantique, et Hortensias, les trois chambres annoncent la couleur. C'est chargé, c'est kitsch. Mais, tout autant attaché à la sobriété que vous soyez, quand vous aurez découvert le panorama qui se donne à vous, vous serez conquis. À quelques mètres de la tour de Bordagain, vous prendrez le petit déjeuner en tête-à-tête avec la pointe de Sainte-Barbe à l'autre bout de la baie. Et, à vos pieds, une magnifique piscine. Double 85€, petit déjeuner complet inclus. *4, rue de la Tour Bordagain* ***Ciboure*** *Tél. 05 59 47 87 88 www.chardiet.com*

Ibis (plan 4, B4 n°42) Les deux standards de la chaîne hôtelière, Budget et Ibis, partagent la même adresse à Ciboure, à hauteur du pont reliant Saint-Jean-de-Luz – chaque centre-ville est à portée de marche. Compte tenu de leur grande capacité, ces deux établissements offrent une solution de repli pratique, voire un premier choix tant leurs tarifs restent modérés au regard de l'offre luzienne. Certaines chambres offrent même une vue vers le port. Double de 41-59 à 67-105€ en haute saison. *13, rue Georges-Olascuaga* ***Ciboure*** *Tél. 05 59 41 76 80 www.ibis.com*

Achafla Baita Un peu isolée au pied de la Rhune, la maison Axafla est une ferme du XVIIIe siècle en mutation. Les deux frères, héritiers de l'auberge familiale, la hissent petit à petit vers l'hôtellerie de charme. Il reste du travail, mais la nouvelle terrasse couverte du restaurant donne le ton, associant modernité et tradition rurale avec harmonie. Les chambres sont rustiques mais sobres et confortables, certaines avec de belles vues sur la campagne environnante. Accueil aimable et prix doux. Double de 50 à 68€ selon la saison, menu copieux (*axafla*, en basque, marque l'abondance) à 17,50€ midi et soir. *Quartier Mortzelay* ***Ascain*** *(10km au sud de Saint-Jean-de-Luz par la D4) Tél. 05 59 54 00 30* ***Restaurant*** *Ouvert juin-mi-sept. : tlj. midi et soir ; reste de l'année : mer.-sam. uniquement midi*

Hôtel de la Rhune Pour dormir avec le souvenir de Pierre Loti, qui a écrit ici son roman *Ramuntcho* (1897) en regardant par la fenêtre les pelotes claquer sur le fronton. Chacune des 26 chambres porte le nom d'un lieu ou d'un personnage de son œuvre. Claires et sobres, elles ont toutes été récemment rénovées. Jolie terrasse à l'arrière, sous les platanes, pour le petit déjeuner buffet (12,50€). Double de 69-79 à 79-89€ selon la saison. *Pl. Pierre-Loti* ***Ascain*** *Tél. 05 59 54 00 04 www.hoteldelarhune.net*

Apitoki La vaste propriété campée face à la Rhune marie harmonieusement vieilles pierres et corps de bâtiment moderne. Les trois chambres confortables et spacieuses, aux teintes claires et agrémentées de douches à l'italienne, possèdent chacune une terrasse. Campagnarde à souhait, cette agréable maison d'hôtes est loin de tout trafic, mais à 10km à peine de la côte (l'axe Saint-Jean-de-Luz-Béhobie est à 3min). Double de 60 à 80€ selon la période, petit déj. inclus. *Chemin de Landatxoa* ***Urrugne*** *(7km au sud de saint-Jean-de-Luz) Tél. 05 59 41 82 77 http://fr.apitoki.com*

prix élevés

Chez Margot Vous entendrez peut-être des sons de cloche bien différents sur cette institution datant de 1930. Table savoureuse ou attrape-touriste ? Un peu des deux. Les menus ont peu d'intérêt, il vaudra mieux se concentrer sur les spécialités, la soupe de poisson, un plat à elle toute seule (21€), ou le merlu de ligne aux palourdes (20€). Le cadre vaut à lui seul le détour : la terrasse pour son panorama qui court de la Rhune au fort de Socoa, et la salle, véritable petit cabinet de curiosités où s'alignent objets de marine, vaisselle ancienne, cuivres, etc. *41, av. du Cdt-Passicot Socoa* ***Ciboure*** *Tél. 05 59 47 18 30 www.chezmargot-socoa.fr Ouvert haute saison : ven.-mar. midi et soir, mer.-jeu. uniquement soir ; reste de l'année : ven.-mar. midi et soir*

Arrantzaleak (plan 4, B4 n°24) Un cadre de bistrot marin aux larges baies vitrées ouvrant sur la Nivelle et le spectacle des goélands furetant à marée basse. Les odeurs marines flottent aussi à l'intérieur de cette auberge principalement consacrée aux produits de l'Océan, grillés au feu de bois autant que faire se peut. Sardines (9€), morue piquée au chorizo (20€), turbot sauvage (33€), homard au jerez (44€) et le poisson sauvage du jour en ligne directe du port voisin. Menus à 36 et 46€. Sur commande, ttoro et langoustes. *18, av. Jean Poulou* ***Ciboure*** *Tél. 05 59 47 10 75 Ouvert mer.-sam. 12h-14h et 19h15-22h, dim. 12h-14h*

Chez Mattin (plan 4, A4 n°11) Le décor d'auberge rustique n'a rien ici d'un faux-semblant. Quatre générations de la même famille y ont essuyé les cuivres. La cuisine est à l'avenant, issue de recettes du grand-père. La marée est à l'honneur (la criée est en bas de la rue). Les chipirons à l'encre (13,50€) et le ttoro (24€) sont les plats traditionnels de la maison ; le reste dépend des arrivages de saison. Couteaux rafraîchis à la vinaigrette de soja et citron vert (15€), filet de saint-pierre, risotto de fenouil (24€), dos de merlu laqué d'épices, pommes de terre écrasées au jambon, sauce porto vinaigre (22€). Attention, vous ne pourrez pas vous garer dans la rue : du fronton, montez à pied par la rue de l'escalier et sa grimpée. *51, rue Évariste-Baignol* ***Ciboure*** *Tél. 05 59 47 19 52 Ouvert haute saison : tlj. midi et soir ; reste de l'année : mar.-sam. midi et soir*

Agur Deneri (plan 4, A2 n°43) Sur les hauteurs de Ciboure, un de ces établissements qui vous séduisent par la grâce de l'accueil, la gaieté des chambres et la vue, grandiose, sur la baie de Saint-Jean-de-Luz. Jolies chambres à thème – notre préférée, la Piment, offre, de son balcon, une belle perspective sur l'Océan. Double de 49-100 à 105-155€ selon la vue, le confort (terrasse, balcon, balnéo...) et la période. *14, chemin de Muskoa* ***Ciboure*** *Tél. 05 59 47 02 83 www.hotel-agur-deneri.com*

La Caravelle (plan 4, A2 n°44) Dix-huit chambres grandes et claires dans une bâtisse qui se dresse face à la baie de Saint-Jean-de-Luz. Un détail confère à chacune d'elles un cachet certain : des plantes vertes, des poutres apparentes, une loggia avec vue sur la mer. Un majestueux escalier en bois dessert les étages. Seul bémol, le boulevard Pierre-Benoit, axe très fréquenté ; les chambres donnant de ce côté ont néanmoins le double-vitrage. Double avec vue sur mer de 75 à 145€ selon la période, sinon de 50 à 90€, petit déj. 8€. Parking privé 10€/j. *1, bd Pierre-Benoit* ***Ciboure*** *Tél. 05 59 47 18 05 www.hotellacaravelle-stjeandeluz.com*

☺ **Ferme Lizarraga** Une ferme du XVIIe siècle, au milieu des champs, avec, de la terrasse, la Rhune pour horizon... Le cadre est en parfaite adéquation avec la cuisine "nature" et pleine de relief puisant dans le registre culinaire traditionnel. Tarte fine de boudin grillé, compotée d'oignons, pomme confite (8€), poitrine de cochon Ibaïona, ravioles de champignons (19€), merlu de ligne, jus de gingembre, poêlée de carottes et fenouil (18€), poire pochée au vin rouge, crème à la cannelle (8€)... Tout est juste, y compris les prix ! *Chemin de Lissarraga* ***Urrugne*** *(4km au sud de Saint-Jean-de-Luz, 1re à gauche après le château d'Urtubie en venant d'Urrugne) Tél. 05 59 47 03 76 www.lizarraga.fr Ouvert mars, nov. : ven. soir, sam. midi et soir, dim. midi ; avr.-juin, sept. : mar.-jeu. uniquement soir, ven.-dim. midi et soir ; juil.-août : tlj. uniquement soir ; Noël : tlj. soir, dim. midi et 1er jan. midi*

HENDAYE HENDAIA 64700

Tapie dans l'estuaire de la Bidassoa, entre de vertes collines et le cap du Figuier, Hendaye est l'ultime ville française de la côte atlantique. Cette situation lui a valu d'être maintes fois saccagée au gré des guerres opposant la France à l'Espagne, mais aussi de passer au premier plan en accueillant la signature du traité des Pyrénées (1659) sur l'île aux Faisans, au milieu de la Bidassoa. Ce traité historique entérinait la frontière pyrénéenne entre les deux royaumes et fixait le mariage du jeune Louis XIV avec l'infante Marie-Thérèse d'Espagne. De nos jours, plutôt qu'une frontière, la baie de Txingudi fait office de trait d'union entre la cité basque française et ses deux cousines, Irún et Fontarrabie. Les randonneurs qui se préparent à affronter le mythique GR®10 y croisent les pèlerins qui suivent la voie littorale vers Saint-Jacques ou transitent à la gare d'Irún. La station balnéaire, divisée en deux quartiers, Hendaye-ville et Hendaye-plage, a été quelque peu malmenée par la promotion immobilière et ne présente pas un grand intérêt architectural. Les visiteurs, espagnols pour la plupart, apprécient surtout la tranquillité de ses eaux et sa longue plage de sable. Deux bijoux méritent cependant à eux seuls une halte à Hendaye : le domaine d'Abbadia, écrin de verdure gardé par un surprenant palais néogothique tourné vers le large, et la baie de Loya, charmante crique sauvage aux couleurs de lagon qui s'ouvre au pied des falaises.

MODE D'EMPLOI

accès

EN VOITURE
À 12km au sud-ouest de Saint-Jean-de-Luz par la très belle route de la corniche (D912). La ville est aussi desservie par la D810 et l'autoroute A63 (sortie Biriatou). San Sebastián est à peine à 25km.

EN TRAIN
SNCF Liaisons TGV directes quotidiennes au départ de Paris-Montparnasse (5h15) ; Intercités vers Toulouse, Nice et Genève. Terminus de la ligne Bordeaux-Dax-Hendaye du TER Aquitaine. En sortant dans la cour de la gare internationale, sur la droite, on trouve le quai de départ de l'Euskotren, ligne ferroviaire pour San Sebastián via Irún et Pasaia. *Tél. 3635 www.voyages-sncf.com www.ter-sncf.com/aquitaine* **Gare internationale** *Bd du Général-de-Gaulle (Hendaye-ville)* **Gare Les Deux-Jumeaux** Seuls des TER s'y arrêtent. *Rue Ansoenia (Hendaye-plage)*

EN CAR
Transports 64 La ligne 816 relie Bayonne à Hendaye via Urrugne, Saint-Jean-de-Luz, Guéthary, Bidart, Biarritz La Négresse et l'aéroport BAB. Départ Hendaye-plage, arrêt Croisière, devant l'OT (sept.-juin) ; arrêt (juil.-août) Hendaye-ville (école bd du Général-de-Gaulle). *Tél. 0 800 64 24 64 (lun.-ven. 8h30-18h30) www.transports64.fr*
PESA La compagnie espagnole assure des liaisons régulières entre Hendaye et Bilbao (13,05€) via Irún (1,40€) et San Sebastián (3,05€). Arrêt Hendaye-plage, hôtel La Gitanilla, école (bd du Général-de-Gaulle), gare. *Tél. (34) 902 10 12 10 www.pesa.net*

transports et circulation

Stationnement L'été, la circulation est dense sans être infernale, mais les places de stationnement sont rares. Deux grands parkings à Sokoburu (pointe au sud du bd de la Mer) : l'un à l'extrémité, côté plage (payant), l'autre, en remontant côté baie de Txingudy, juste après le port de plaisance (gratuit hors saison). Deux services de bus, et une navette maritime, facilitent ensuite les déplacements.
Uribil Deux lignes de bus gratuites. Départ de l'OT, sur le front de mer : la Verte dessert Sokoburu, le bas de la ville puis file jusqu'à Biriatou ; la Bleue relie le château d'Abbadia, le haut de la ville puis la gare. En juillet-août, une navette des plages renforce le réseau (également gratuite). *Tél. 05 59 26 30 74 www.agglo-sudpaysbasque.fr*
Itzulia Navette estivale rejoignant Saint-Jean-de-Luz par la corniche (15 juil.-31 août). Ticket à l'unité 1€, moins de 5 ans gratuit. *Tél. 0 800 891 091 www.agglo-sudpaysbasque.fr*
Navette maritime Les bateaux rallient le port de plaisance de Sokoburu et Fontarrabie (Hondarribia) en 10min. Billet 1,70€. *Tél. 06 07 02 55 09 ou (34) 639 617 898 www.jolaski.com Ouvert juil.-mi-sept. : tlj. 10h-1h (toutes les 15min) ; mi-sept.-juin : tlj. 10h-19h (toutes les 30min)*
AUIF La ligne estivale A3 (15 juin-1er sept.) du réseau urbain d'Irún reliant la plage d'Hendaye à Irún-Puiana via les deux centres-villes. Billet 1,35€. *Tél. 943 63 31 11 www.auif.es Ouvert 15 juin-1er sept.*

informations touristiques

Office de tourisme Face à l'Océan. Visite de la ville (mai-sept. mar. et jeu. à 10h30, 4€), chasse au trésor pour les 7-12 ans (7€), audioguide "sentier du littoral" (3€) et "chemin de la baie" (gra-

LE LABOURD

tuit), guides randonnées... Documentation sur Fontarrabie, Irún et tout le Pays basque espagnol. *12, rue des Aubépines Tél. 05 59 20 00 34 http://tourisme.hendaye.com Ouvert juil.-août : lun.-sam. 9h-19h, dim. et j. fér. 10h-12h30 et 15h30-18h ; sept.-oct., avr.-juin : lun.-ven. 9h-12h30 et 14h-18h30, sam. 9h-12h30 et 14h-18h, dim. et j. fér. 10h-12h (avr.-mai et octobre fermé dim.) ; nov.-mars : lun.-ven. 9h-12h30 et 14h-18h, sam. 9h-12h30 et 14h-17h30, j. fér. 10h-12h (fermé 25 déc. et 1er jan.)*

www.terreetcotebasques.com (p.144)

www.bidasoa.mobi Un site web bien conçu réunissant un agenda, des informations sur les transports et les sites touristiques, les loisirs et les programmes de visites pour les trois villes autour de la baie de Txingudy : Hendaye, Irún, Hondarribia.

marchés

Marché alimentaire *Mer. à Hendaye-ville (pl.de la République) ; sam. à Hendaye-plage (sur le port de plaisance)*

Marché aux puces *Dernier w.-e. du mois à Hendaye-plage (pl. Sokoburu)*

Marché artisanal *Jeu. soir à Hendaye-plage (pl. Sokoburu)*

fêtes et manifestations

Filmar Festival international du film de la mer. *http://filmar.hendaye.com Mi-avr.*

Mai du théâtre Théâtre, arts de la rue, danse. *http://theatre-des-chimeres.com 4 jours fin mai*

Fête du chipiron Dégustation de calamars dans les stands qui se dressent pour l'occasion dans les rues, animations musicales, bals, toro de fuego. *13 juil.*

Fête basque Foires artisanales, banquets, parties de pelote, défilés d'enfants en costumes traditionnels, cavalcades et *bandas* investissent pendant 3 jours les rues d'Hendaye. *2e w.-e. d'août*

DÉCOUVRIR

☆**Les essentiels** Le château et le domaine d'Abbadia **Découvrir autrement** Faites du cabotage vers les côtes espagnoles, offrez-vous un plateau de fruits de mer à la Poissonnerie, flânez à Biriatou

Hendaye

Hendaye-ville La vieille ville s'agglutine autour de son ancienne zone portuaire, sur les berges de la Bidassoa. Il faut la sillonner au hasard des ruelles en pente et des escaliers qui, à partir de l'église Saint-Vincent, dégringolent vers la baie de Txingudi. Les terrasses de café et les crêperies de la place de la République s'animent les jours de marché. En empruntant la rue du Port, ou la rue Jaiquizel, vous atteignez l'ancien quartier des pêcheurs, parcouru de venelles. Rue Pierre-Loti, l'une des plus pittoresques, se dresse la maison où vécut l'écrivain. De la rue des Pêcheurs, vous pouvez rejoindre les quais où sont amarrées les barques multicolores.

Église Saint-Vincent L'église (XVIe s.) dédiée au saint patron de la cité a subi bien des outrages et réaménagements au cours des siècles, mais elle affiche néanmoins une belle sobriété. Elle conserve sa statuaire d'origine et possède les attributs classiques de l'église basque avec ses galeries. Remarquez à la sortie, côté mairie, une stèle surmontée d'une colonne et d'une croix. Ce monument, daté du XVIIIe siècle, nommé **croix cyclique d'Hendaye**, a fait l'objet de nombreuses de spéculations, certaines des plus ésotériques, comme les "révélations" de l'énigmatique alchimiste Fulcanelli, auteur du *Mystère des cathédrales* (1926). Les interprétations sont multiples et généralement annonciatrices de la fin d'un monde, voire du monde. Quoi qu'il en soit, ses gravures cosmiques sont atypiques et leur sens reste mystérieux. *Pl. de la République*

Hendaye-plage Le quartier littoral est né avec la nouvelle mode des bains de mer. La plage des Deux-Jumeaux – du nom des deux récifs qui émergent au nord – déroule sa bande de sable de la pointe de Sainte-Anne jusqu'à l'embouchure du fleuve. Le casino mauresque qui trône au centre de la plage détermine le point de départ du GR®10, le célèbre itinéraire de grande randonnée qui traverse toutes les Pyrénées jusqu'à la mer Méditerranée. À l'extrémité sud de la plage s'est développé le nouveau quartier de plaisance, Sokoburu, avec un casino, le complexe hôtelier et centre de thalassothérapie Serge-Blanco, le port de plaisance et le centre nautique.

☆☺ **Château Abbadia** Cet étonnant château néogothique (1862-1870), dressé sur le promontoire de la pointe Sainte-Anne, fut dessiné par Viollet-le-Duc pour l'explorateur et géographe Antoine d'Abbadie (1810-1897). Ses donjons, tours, meurtrières et créneaux, typiques du goût de l'époque, s'articulent en un plan triangulaire. L'intérieur, hétéroclite, reflète la passion que son propriétaire voua à l'Afrique orientale, et à l'Éthiopie en particulier, où il vécut douze ans. Le visiteur parcourt salons, bibliothèque et vestibules richement décorés de statues, animaux naturalisés et fresques de scènes de chasse, de guerre ou de vie quotidienne dans des contrées lointaines. Des inscriptions en une dizaine de langues disséminées çà et là révèlent l'érudition de ce linguiste éclairé et transforment la visite en un véritable jeu de piste et de méditation. L'escalier du donjon conduit à l'observatoire, pour lequel Antoine d'Abbadie avait construit ce château. Des différentes salles, ne manquez pas les points de vue admirables sur la côte. Le château appartient aujourd'hui à l'Académie des sciences. *Route de la Corniche Tél. 05 59 20 04 51 www.chateau-abbadia.fr Ouvert juil.-août : tlj. 10h-12h et 14h-18h en visite guidée, visite libre 12h-14h ; sept.-Toussaint : lun.-ven. 10h-12h et 14h-18h, sam.-dim. 14h-18h en visite libre, visite guidée 14h30 et 16h30 ; fin Toussaint-déc., fin jan.-mars : mar.-dim. 14h-18h en visite libre, visite guidée 14h30 et 15h30 ; avr.-juin : lun.-ven. 10h-12h et 14h-18h, sam.-dim. 14h-18h en visite libre, visite guidée 14h30 et 16h30 Tous les mer. à 10h, visite guidée de l'extérieur et de l'intérieur du château (et ven. 10h juil.-août)*

NATURE POUR TOUS
Pendant les vacances scolaires, la Maison de la lande, à l'entrée du domaine d'Abbadia, organise des stages de découverte naturaliste pour les enfants de 7 à 12 ans (2-5 jours).

☆☺ **Domaine d'Abbadia** Les 64ha du domaine d'Abbadia sont une enclave naturelle gérée par le Conservatoire du littoral. Les nombreux sentiers longent les falaises de schiste, traversent des prairies où paissent des moutons, sillonnent la lande maritime où pullulent lapins de garenne et faisans, se faufilent entre des bosquets pliés par les vents. Un raidillon descend vers l'idyllique baie de Loya (chaussures indispensables). Le verger conservatoire, où sont cultivées des variétés de fruits en voie de disparition, borde le chemin principal. L'ancienne ferme Larretxea (Maison de la lande), à l'entrée du domaine, fournit des plans d'itinéraires ainsi qu'une vaste documentation, et présente une exposition sur l'histoire du domaine et de ses paysages. Vélos et chiens interdits. *Plusieurs entrées sur la route de la Corniche : préférer celle de la rue d'Armatonde (parking), proche de la Maison de la lande Tél. 05 59 20 37 20 www.abbadia.fr www.txinbadia.eu*

● Où s'offrir une douceur ?

Pâtisserie Briais Hendaye n'a pas la réputation de Saint-Jean-de-Luz au rayon des douceurs. Il est pourtant un pâtissier-confiseur hendayais qui ne dépareillerait pas chez les Luziens. Allez donc faire un tour chez le maître artisan Briais, pour ses chocolats, ses macarons, ses pâtisseries, mais aussi pour sa boutique au lustre sobre, avec vue sur le laboratoire. *11, rue du Port Tél. 05 59 20 70 62 Ouvert mar.-sam. 8h-12h30 et 15h30-19h30, dim. 7h30-13h*

● Où dénicher un costume basque ?

☺ **Besta** Il y a deux bonnes raisons de rendre visite à Besta (fête en basque) : sa splendide boutique Art déco baptisée le Palais de cristal, et son joli stock de costumes, du Robin des bois *made in China* aux beaux habits traditionnels basques, en passant par une tenue SM. Du kitsch à gogo dans un écrin subtil. *16, rue du Port Tél. 05 59 48 37 58 www.besta-hendaye.fr Ouvert lun.-sam. 9h30-13h et 15h-19h30*

● Où faire le *tapeo* ?

... À Fontarrabie, vous dira-t-on (p.432). La navette maritime vous y emmène. Mais certains jours, on désire plus d'intimité.

Bistrot L'Hendayais Ce comptoir rustique caché dans une petite rue, près de la place de la République, sert des tapas de bon aloi : piments de Padrón, txistora, calamars (7€), gambas à la plancha (10€)... et, pour une faim plus conséquente, la traditionnelle txuleta, qualité garantie. *1, rue de la Fontaine Tél. 05 59 52 07 03 Ouvert mar.-sam. 18h-dernier client*

☺ **Café Maïtena** Monument historique de la vie hendayaise où l'on parle couramment l'euskara. Toutes les générations encore en vie y sont passées pour un café, un encas, une partie de *mus* (prononcez mouche), sorte de poker basque, ou l'apéritif. Intérieur patiné comme il se doit. *13, bd du Général-de-Gaulle Tél. 05 59 20 62 60 Ouvert tlj. 7h-0h*

Hegoa Café Cette brasserie, installée dans le vieux casino d'Hendaye, a toujours quelques huîtres ou crevettes pour l'apéritif. Mais son intérêt majeur réside dans sa vue panoramique, des Deux-Jumeaux à Fontarrabie ; et, à portée d'embruns, l'étroite terrasse qui court le long de la façade est un poste de vigie d'exception. *2, bd de la Mer Tél. 05 59 20 64 82 Ouvert tlj. 8h30-23h*

● Où manger sur le pouce ?

☺ **Barmout** Avec ses allures de snack et sa devise : "au Barmout, on y boit, on y broute", ce bar n'a rien de gracieux ni d'engageant. Détrompez-vous, le Barmout est une bonne et sympathique adresse pour un encas. Ici, tout est travaillé en frais, le rapport qualité-prix parfait, et c'est ouvert jusqu'à tard dans l'arrière-saison. Une dizaine de sandwichs impeccables avec des produits du pays (5-6€), quelques plats simples - lomo à la plancha (9,50€), chipirons piment d'Espelette (11€), brochettes de crevettes au xupister (12€)... - et des frites maison. Classe, finalement ! *96, bd du Général-Leclerc Tél. 06 64 28 15 91 Ouvert tlj. midi-0h durant les vac. scol. ; reste de l'année : horaires fluctuants*

● Pratiquer des sports nautiques Avec ses eaux calmes et sa situation protégée, la baie d'Hendaye se prête particulièrement bien à l'initiation à la navigation de plaisance et aux sports nautiques, même par gros temps. La ville compte une vingtaine de structures proposant stages de surf, voile, sorties en kayak de mer ou en bateau, location de matériel et bateaux, cours de plongée... La plupart d'entre elles sont installées sur le port de plaisance ou le port de la Floride. Vous en trouverez la liste complète à l'OT.

Arteka Océan Cette école de surf et centre multiglisse propose des cours de surf (2h, 35€, 65€ en solo), de wave-ski (29h/2h), de kayak de mer (29€/2h30), de pirogue hawaïenne (29€/2h30) ou de stand-up paddle (35€/2h, 65€ en solo) pour débutants ou pratiquants confirmés, petits ou grands. Tarifs dégressifs selon le nombre de cours. *2, bd de la Mer Tél. 05 59 20 60 02 ou 06 07 05 49 95 www.arteka-ocean.com Ouvert juil.-août : tlj. 8h-20h ; sept.-déc., fév.-juin : tlj. 10h-18h*

Centre nautique Agréé par la FFV, ce centre nautique dispense des cours et stages de voile et propose à la location kayaks de mer, aviron, paddle (10€/h), dériveurs ou catamarans (24-39€), planches à voile (17€). Si vous séjournez plusieurs jours à Hendaye, ou si vous êtes en famille, les forfaits pour la location de matériel nautique peuvent être avantageux (Pass nautique à 75 et 130€, en vente au centre nautique). Cours particuliers de planche à voile, aviron et paddle 30€/h ; dériveur ou catamaran (6-12 ans) 45€. Tarifs dégressifs. *Bd de la Baie-de-Txingudi Tél. 05 59 48 06 07 www.centrenautique.hendaye.com Ouvert juin-sept.*

● Faire une sortie en mer

Moby Dick Ce prestataire loue des bateaux à moteur et des voiliers (de 6 à 13m), à la demi-journée (de 125 à 355€ selon les modèles), à la journée (de 250 à 600€), ou à la semaine (de 1 340€ à 3 000€). *5, rue des Orangers (port de la Floride) Tél. 05 59 20 45 33 www.mbdck.com*

L'Hendayais II Sorties en mer - cabotage jusqu'à la baie de Loya ou vers les côtes espagnoles - et pêche en mer pour débutants ou confirmés. Croisières de 1h30 (14€, enfant 8€) ou 65min (11€, enfant 6€), pêche (32€, enfant 20€ les 4h, matériel fourni). *Port de Sokoburu Tél. 05 59 47 87 68 ou 06 50 67 03 44 www.hendayais.com*

Ttirit Excursions vers Saint-Jean-de-Luz (70€), Biarritz (90€), ou les côtes espagnoles (Pasajes-Pasaia) avec escale (90€), et apprentissage de la pêche en haute mer. *Quai A Port de Sokoburu www.hendaye-croisieres.com*

Les environs d'Hendaye, au fil de la Bidassoa

☆☺ **Fontarrabie-Hondarribia** Le temps d'une soirée ou d'un week-end, profitez de la proximité de l'Espagne et du service de navettes maritimes pour vous dépayser dans les bars à tapas et ruelles de la ville basque espagnole qui

RANDONNÉE AU SOMMET

De Biriatou, le GR®10 vous hissera au sommet du **Xoldokogaina** (486m), vaste belvédère que l'on rallie en à peine 2h de marche via le col d'Osin et une zone de pâturage où paissent pottoks (poneys basques à la robe fauve et à la crinière blonde élevés en liberté), troupeaux de brebis ou de betisoaks (vaches rustiques), cf. Randonner en Labourd (p.317).

fait face à Hendaye, cf. Hondarribia (p.432). *Départ de la navette du port de plaisance de Sokoburu, cf. Navette maritime (p.167)*

☺ **Biriatou** Ce charmant village enroulé sur lui-même s'adosse au massif du Choldocogaïna. La route qui y conduit au départ d'Hendaye longe la Bidassoa, frontière naturelle avec l'Espagne. Garez-vous au parking, où un panneau de randonnée détaille les étapes du GR®10 jusqu'à Arrens-Marsous (au sud-ouest de Lourdes). C'est d'ici que le sentier part à l'assaut des Pyrénées. La minuscule place du village est enclavée entre le fronton, la mairie, la modeste église en bois et en grès rose et le cimetière aux stèles discoïdales. La visite de cette bourgade peut être l'occasion de s'attabler à l'auberge de la place ou de se délecter de la cuisine du restaurant Les Jardins de Bakea, (p.175), ou encore, pour les plus sportifs, de partir se balader en montagne. *À 5km d'Hendaye*

● Où trouver un bon fromage de brebis ?

Ferme Martingoiti Du centre de Biriatou, suivez les panneaux "ardi gasna" pour rencontrer celui qui fut longtemps le plus occidental des producteurs d'ossau-iraty. Peu nombreux sont ceux qui savent que la zone d'appellation s'étend jusqu'à l'Océan. C'est peut-être pourquoi la ferme Martingoiti a pris quelques libertés, laissant tomber les contraintes du cahier des charges de l'appellation pour laisser les brebis mettre bas plus tard, puis se reposer. Résultat, la production se fait en dehors du calendrier réglementaire… et le fromage n'en a que plus de saveurs ! Autour de 17€/kg. ***Biriatou*** *À 5km d'Hendaye*

● Partir à la rencontre des pottoks

Randonnées accompagnées Au départ de Biriatou, dans le paysage pastoral basque. Une sortie accessible à partir de 5 ans (mer. en juil.-août, se renseigner pour les autres périodes) et une autre balade, au départ d'Urrugne, vers le lac de Xoldokogaina et le col d'Ibardin, pour de sublimes panoramas sur l'Océan (mar. en juil.-août). Tarif 10€, enfant 6-12 ans 5€, famille (2+2) 25€. *Rens. à l'OT des pays de Saint-Jean-de-Luz et d'Hendaye et www.terreetcotebasques.com*

CARNET D'ADRESSES

Lieux de sortie

Entre les bars, clubs et boîtes d'Irún et bars à tapas d'Hondarribia, Hendaye fait figure de cité résidentielle. Mais y subsistent toujours quelques endroits où la lumière s'éteint tard.

Bask Rock Café L'auberge espagnole bon esprit d'Hendaye. Thé, cocktails et bières belges, tapas à l'apéritif, suggestions au dîner, concerts et soirées DJ toutes tendances, spectacles, etc., attirent locaux, vacanciers, jeunes, vieux… et pas seulement en période estivale. *9, rue des Figuiers Tél. 05 59 03 47 72*

Restauration

prix moyens

☺ **La Poissonnerie** Rien de mieux que le travail en équipe ! Un fin connaisseur de la criée luzienne, un bon chef au piano, et un professionnel efficace au service se sont associés pour créer un concept bien ficelé de poissonnerie-restaurant. La carte au tableau se renouvelle au gré des marées pour des assiettes simples qui laissent s'exprimer les produits. Vous pourrez également choisir votre pièce à l'étal ou dans les viviers, ou bien vous laisser tenter, à midi, par la formule à 9,50€ – un poisson du jour et un verre de vin. Pour le turbot et les crustacés, les prix s'élèvent avec clémence au gré de vos envies et de vos moyens. Belle carte des vins. Seuls se plaindront ceux qui recherchent l'intimité. L'adresse est courue, l'ambiance conviviale, et les tables sont serrées. Notez aussi que plus vous arriverez tard, plus le choix se restreindra, il n'y a qu'une criée par jour. Foncez ! *9, rue des Figuiers* ***Hendaye*** *Tél. 09 83 03 40 79 Ouvert juin-sept. : mar.-dim. 12h-14h et 19h-22h ; oct.-mai : mer.-jeu. et dim. uniquement midi, ven.-sam. midi et soir*

L'Odyssée Un bar "aux deux cuissons" pour 15€, un dos de cabillaud en croûte de chorizo à 14€, une tatin aux artichauts et tartare de gambas à 14€, et un menu à 16,50€ avec le dit cabillaud, une poêlée de la mer (et poire rôtie), et une aumônière aux pommes. On doute... et pourtant, les produits sont très corrects, et les recettes bien maîtrisées. Voici une cantine de tout premier choix, en attendant que les accompagnements se perfectionnent et que la salle, tristounette, s'égaye. La terrasse est, elle, bien agréable. *24, bd de la Baie de Chingoudy* ***Hendaye*** *Tél. 05 59 48 01 04 www.restaurant-odyssee-64.com Ouvert juil.-août : mar.-dim. 12h-15h et 19h-dernier client, lun. uniquement soir ; sept.-juin : mar.-dim. 12h-15h et 19h-dernier client*

Olatuan La façade, en arrivant du boulevard de la mer, déconcerte. La lecture de la carte aussi. Café sans bar ? Pizzeria ou bistronomie ? Chic ou clinquant... on ne sait trop comment se positionne cette brasserie pour le moins atypique, ni à quelle clientèle elle s'adresse. Ce serait pourtant dommage de passer à côté. Si, le jour, l'emplacement d'exception s'impose, balcon sur l'Océan dans une aile de l'ancien casino, la cuisine mérite le détour même un soir d'hiver. Les cuissons sont parfaites, les portions généreuses et les prix corrects. Chiprons (10€) et gambas (16€) à la plancha, nem d'agneau confit (16€), omelettes, pâtes, pizza et burger (10-12€), poisson du jour, etc. *2, bd de la Mer* ***Hendaye*** *Tél. 05 59 03 64 68 www.olatuan-brasserie.com Ouvert juil.-août : tlj. midi et soir ; reste de l'année : lun.-sam. midi et soir, dim. midi*

La Cabane du pêcheur Ce restaurant populaire occupe une maison du port de pêche. De la terrasse tranquille, sous la frondaison des bouleaux, on peut observer le mouvement nonchalant des chalutiers amarrés aux quais et apprécier l'ambiance portuaire, très différente de celle du port de plaisance voisin. À l'arrière-plan se découpent les Pyrénées espagnoles et le clocher de l'église de Fontarrabie. Mis à part un croustillant de pied de cochon et une entrecôte, la carte est dédiée à la mer : soupe de poisson et gambas à la plancha (10€), émietté de tourteau à la framboise (11€), chipirons sauce crustacés (16€), dos de cabillaud crème d'ail (17€) et suggestions de la criée. Menu 22,50€. *Quai de la Floride* ***Hendaye*** *Tél. 05 59 20 38 09 Ouvert haute saison : tlj. 12h-14h et 17h30-22h ; basse saison : mar.-sam. 12h-14h et 17h30-22h, dim. 12h-14h*

Battela Ambiance sage, presque sévère dans cette petite salle en retrait de l'effervescence des plages. Le service est réglé, la clientèle parle discrètement, le cadre s'efface, modeste et neutre. Et c'est tant mieux, on est tout à son assiette. Voilà une belle adresse pour une cuisine raffinée attentive aux cuissons, produits et saveurs : croustillant et poêlée d'escargots, filet de maquereau grillé et perle du Japon, serrano, crème au txacoli et lotte... Jamais faux, souvent juste. Menu 23€, carte 35€. *5, rue d'Irún* ***Hendaye*** *Tél. 05 59 20 15 70 Ouvert juil.-août : mer.-dim. midi et soir, lun.-mar. uniquement soir ; sept.-juin : mer.-dim. midi et soir*

prix élevés

☺ **Maison Eguiazabal** Une cave somptueuse, une épicerie fine, un restaurant gastronomique étoilé, et un comptoir sobre et contemporain pour la dégustation de crus et pintxos ; il ne manque qu'un petit jardin pour faire la sieste et y passer la journée. "Lieu dit vin" est son autre nom, pas usurpé, pour une maison créée en 1923 et aujourd'hui tenue par le petit-fils, sommelier reconnu. Assiettes au comptoir de 8€ (txistora, pâté piquant, pintxo foie gras) à 13€ (crevettes Qwehli, poulpe au pimenton...), plateau de fines charcuteries basques à 21€, vin au verre dès 3€. Côté restaurant, au nombre de places très limité, un menu-carte à 48€ ou un menu pintxos au choix du chef (4 services 45€, 6 services 55€) et forfait vin suggéré (de 21 à 35€). Du libre choix aux formules "guidées", du petit au grand service, une adresse pour toutes les bourses et les envies. Réservez ! *3, route de Béhobie* ***Hendaye*** *(un peu avant l'entrée du pont filant vers Irún) Tél. 05 59 20 67 09 www.eguiazabal.com Ouvert mar.-sam. 12h-14h et 18h30-22h Fermé fév.*

Hébergement

campings

Eskualduna Un vaste terrain à l'herbe bien grasse fleuri de bouquets d'hortensias aux teintes pastel. Ce camping 3-étoiles a reçu sa "clé verte", garantie d'un entretien respectueux de l'environnement et d'une faible densité d'occupation des espaces. Attention cependant à ne pas vous installer trop près de la route. Piscine, bungalows et mobil-homes. Selon la saison, comptez de 23 à 33€ l'emplacement avec électricité pour 2 personnes et un véhicule. *Route de la Corniche* ***Hendaye*** *Tél. 05 59 20 04 64 www.camping-eskualduna.fr Ouvert mai-sept.*

Alturan Très bien placé, sur une butte au nord du quartier de la plage. L'air marin iodé vous indique que la mer est à deux pas. Joli terrain en terrasse, bien ombragé. Forfait 2 personnes, voiture et emplacement 28€ au cœur de l'été. Une spécificité : pas de réservation. *Rue de la Côte* ***Hendaye*** *Tél. 05 59 20 04 55 www.camping-alturan.com Ouvert juin-sept.*

prix moyens

☺ **Uhaïnak** Tout au bout de la plage des Deux-Jumeaux, quatorze chambres agréables (volumes amples, murs épais, portes arrondies, tomettes ou parquet lambrissé) dans une vaste villa posée sur le sable. Beaucoup de fraîcheur, et un accueil souriant. Parking privé gratuit. Double de 62-69€ à 83-88€, selon la saison et la vue. *3, bd de la Mer* ***Hendaye*** *Tél. 05 59 20 33 63 www.hotel-uhainak.com Ouvert fév.-nov.*

Valencia Une vingtaine de chambres modernes et abordables dans un établissement du front de mer. À noter également, un formule résidence dans un bâtiment voisin, avec huit studios et appartements à louer à la semaine. Double de 55-70€ à 68-105€ selon la vue et la saison, petit déj. 7€. Studios plutôt agréables (2 pers.) de 430 à 730€ la semaine. *29, bd de la Mer* ***Hendaye*** *Tél. 05 59 20 01 62 http://hotel.valencia.free.fr Fermé vac. Noël-début jan.*

prix élevés

Villa Goxoa L'adresse chic et contemporaine d'Hendaye. Pas le grand luxe – un jacuzzi et une belle piscine tout de même –, mais un vrai confort moderne et sobre dans un environnement arboré et calme à deux pas de la plage. Neuf chambres seulement. Double de 85 à 115€ hors saison, et de 115 à 145€ en été, selon le confort, terrasse ou pas... Petit déj. 10€, parking privé en été 10€. *32, av. des Magnolias* ***Hendaye*** *Tél. 05 59 20 32 43 www.hotel-villa-goxoa.com*

Dans les environs

prix moyens

Auberge Hiribarren Coincée entre les marches montant vers l'église, le fronton, l'ancienne mairie et le dénivelé vers la Bidassoa, cette auberge trône au milieu d'un décor de carte postale. Une bonne formule à 18€ pour en profiter (avec carpaccio ou serrano, puis axoa ou piquillos), et la vue dominant de vallée en prime. Le café en terrasse au son des pelotes pour terminer, et vous pourrez repartir vers la ville... ou vous engager sur le GR®10. *Le Bourg* ***Biriatou*** *Tél. 05 59 20 61 83 www.auberge-hiribarren.com Ouvert mar.-sam. midi et soir, dim. midi*

prix élevés

Arroenia L'Espagne à quelques mètres... de l'Espagne. Dans cette ancienne ferme rénovée, et transformée en restaurant, l'ambiance et le cadre avec matériaux massifs sont ceux que vous retrouverez dans de nombreuses tables cossues de l'autre côté de la frontière. La cuisine aussi, avec des cuissons à la plancha ou au feu de bois. Les produits sont beaux, toujours au gré des arrivages, et servis le plus naturellement possible. Superbe côte de bœuf (42€ pour 2 pers.), carré d'agneau au jus de thym magistral (18€), entrées comme chez *amatxi* (grand-mère) – omelettes aux cèpes ou à la morue, foie gras mi-cuit maison, soupe de poisson, etc. –, et poissons succulents. *8, rue Iturbidea* ***Urrugne*** *(à 3km d'Hendaye) Tél. 05 59 20 16 29 www.arroenia.com Ouvert été : mar.-sam. à partir de 20h, dim. 12h-15h et 20h-dernier client ; reste de l'année : mer.-sam. à partir de 20h, dim. 12h-15h et 20h-dernier client*

Les Jardins de Bakea De la terrasse du restaurant, la vue sur les montagnes donne un bel avant-goût des paysages du Pays basque intérieur. Vous êtes à Biriatou, village séduisant, et le chef Éric Duval sert une cuisine de terroir parfumée et savoureuse. L'étoile a été perdue, pas la précision, magnifiant des mets simples. De nouveaux menus permettent d'en juger à bon compte. "Business lunch" 25€ (mer.-sam. midi), menu du moment 35€, "les Saisons" 50€ (avec son joli tartare de maigre, tomate et citron, parfumé au fenouil et sorbet piquillos), et un pantagruélique menu découverte à 70€. Dans le dédale de l'hôtel, dix-sept chambres d'un style rustique léger, confortables, mais aux moquettes et salles de bains tristounettes (double de 65 à 85€ selon la saison) et huit chambres"prestige", joliment douillettes (de 101 à 134€). *Rue Herri-Alde* ***Biriatou*** *(à 5km d'Hendaye via Béhobie) Tél. 05 59 20 76 36 (restaurant) ou 05 59 20 02 01 (hôtel) Ouvert nov.-mars : mer.-dim. midi et soir ; avr.-oct. : mer.-dim. midi et soir, lun.-mar. uniquement soir Fermé 15 jan.-2 fév. et 18 nov.-6 déc.*

☆ ☺ SARE SARA

64310

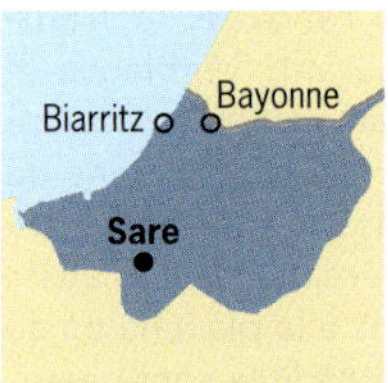

"Saran Astia", dit le proverbe basque : à Sare, on a le temps... Une affirmation qu'il faut prendre comme un conseil, pour profiter pleinement de ce village aux maisons blanches, classé parmi les plus beaux de France. Sa vieille église au retable classé, son cimetière aux stèles séculaires, sa place bordée de façades préservées enchantent d'emblée. Mais Sare s'éparpille en une dizaine de quartiers posés sur les collines alentour. La bucolique allée des Platanes mène à Ihalar, le quartier d'origine au plan de bastide. Dans la campagne environnante, un chemin médiéval et une dizaine d'oratoires dispersés invitent à se mettre au vert. De sa situation transfrontalière, le bourg tire une histoire faite de ruse et de solidarité : la contrebande, érigée en art de vivre, et l'accueil des exilés du Sud fuyant les guerres carlistes et la répression franquiste ont marqué les mémoires. La découverte de Sare passe donc aussi par celle de ces montagnes où se nichent les *ventas*. En automne, elles résonnent du cri des *xatarlari* (rabatteurs de palombes), leurs hôtels et restaurants s'emplissent d'une foule de chasseurs aguerris, venus de loin pour certains. L'été, vous y croiserez plutôt les randonneurs du GR®10 et des visiteurs en quête de nature et de tranquillité.

MODE D'EMPLOI

accès

EN VOITURE
À 15km au sud-est de Saint-jean-de-Luz, via d'Ascain, par la D4.

EN CAR
Le Basque bondissant Liaisons régulières avec Sare, au départ de Saint-Jean-de-Luz via Ascain et le col de Saint-Ignace (terminus aux grottes de Sare), ou via Saint-Pée-sur-Nivelle. *Tél. 05 59 26 25 87 www.basque-bondissant.com*

informations touristiques

Office de tourisme Visites guidées du village (juin-sept. mar. 10h, 4€), de l'église et son clocher au bourdon richement décoré (juin-sept. mar. 14h30, 3€). À disposition, un fascicule de randonnées pédestres et VTT au départ de la commune (6€) et le topoguide *58 randonnées de la Nive au littoral basque* (8€). *Dans les locaux de la mairie Tél. 05 59 54 20 14 www.sare.fr Ouvert mi-juil.-mi-août : lun.-ven. 9h30-12h30 et 14h-18h30, sam. 10h-12h30 et 15h-18h30, dim. 10h-12h30 ; avr.-mi-juil., mi-août-oct. : lun.-ven. 9h30-12h30 et 14h-18h, sam. 9h30-12h30 (fermé sam. en oct.) ; nov.-mars : lun.-ven. 9h-12h30 et 14h-17h30*

fêtes et manifestations

Marché d'été de Sare Artisanat et produits régionaux. *Juil.-sept. jeu.*

Marché Saint-Pée-sur-Nivelle *Sam. (pl. du village)*

Rallye du Labourd Épreuve comptant pour le championnat de France des rallyes tout-terrain. ***Saint-Pée-sur-Nivelle*** *www.rallyedulabourd.fr Début avr.*

Foire artisanale et gastronomique ***Sare*** *Dim. précédant le 14 juil. et dim. suivant le 18 août*

Fête du pottok Le petit cheval basque est célébré lors de banquets, orchestres, et concours équins. ***Sare*** *3e sam. de juil.*

☺ **Sarako bestak (fêtes de Sare)** Un condensé des traditions basques : parties de pelote, jeux de force basque, *kantaldi* (soirées chantées), *bertsolaris* (improvisations), chœurs basques, fandango, *ziriko* (méchoui basque)... Tous les soirs, concerts et bal populaire. *2e w.-e. de sept. (sam.-mer.)*

LE LABOURD

DÉCOUVRIR

☆**Les essentiels** Le village de Sare **Découvrir autrement** En septembre, assistez aux fêtes de Sare (Sarako bestak) ; montez à bord du petit train de la Rhune

☆ Sare

Grottes de Sare (Sarako Lezeak) La visite débute par la projection d'un documentaire sur les chauves-souris, habitantes de ces cavités, protégées par la loi. Un son et lumière invite ensuite à découvrir ces formations géologiques et quelques aspects des mythes et de la langue de la région, à partir des travaux de José Miguel Barandarian, le père de l'ethnologie basque. Un espace muséographique et un parc préhistorique complètent, à l'extérieur, la visite. Pensez à emporter une petite laine (14°C seulement à l'intérieur des grottes). *Route des Grottes (rejoindre la D306, vers le col de Lizarrieta ; la route des grottes est indiquée sur votre gauche) Tél. 05 59 54 21 88 Ouvert fév.-mars, nov.-déc. : tlj. 14h-17h ; avr.-juil., sept. : tlj. 10h-18h ; août : tlj. 10h-19h ; oct., Toussaint : tlj. 10h-17h Fermé en jan. Tarif 7€, moins de 13 ans 3,50€*

Ferme d'Ortillopitz Cette ancienne ferme cidricole du XVIIe siècle, classée patrimoine historique, a été entièrement restaurée et aménagée fidèlement à son époque d'origine. Vous y apprendrez tout sur l'architecture de l'*etxe* labourdine (le *lorio* – porche –, les différentes pièces à vivre et de travail), l'économie rurale (pommeraies, champs de lin, meules de foin, pressoirs) et la vie domestique autrefois (lavoirs en pierre, four à pain, anciens coffres et vaisseliers). *Suivre les indications à partir de la gare du petit train de la Rhune Tél. 05 59 85 91 92 www.ortillopitz.com Ouvert avr.-mi-juil., mi-août-fin sept. : dim.-ven. 14h15, 15h30, 16h45 ; 14 juil.-15 août : lun.-ven. 10h45, 12h, 14h15, 15h30, 16h45, 18h, dim. 10h45, 12h ; fin sept.-fin oct. : dim.-ven. 15h30 Tarif 7€, moins de 14 ans 3€*

Musée du Gâteau basque La visite guidée explique l'histoire et les différentes étapes de la fabrication d'un gâteau basque. Le musée expose par ailleurs le mobilier des cuisines d'antan, de vieux ustensiles en cuivre, des moules à pâtisserie. Atelier de fabrication (1h30) pour ceux qui voudraient repartir avec leur gâteau. Sinon, vous en trouverez à la boutique attenante, ainsi que toutes sortes de gourmandises. *Maison Haranea Quartier Lehenbiscay (au sud du bourg par la D406) Tél. 05 59 54 22 09 www.legateaubasque.com Ouvert début avr.-fin sept. : lun.-ven. 10h-18h Tarif visite 7,50€, 4-12 ans 5,60€ Atelier 15€*

● ☺ Prendre un petit train à crémaillère… ou grimper à pied

Petit train de la Rhune Un bijou tout en bois vernis (toiture en sapin, lambris en châtaignier, plancher en pin, plate-forme en iroko) vous promène jusqu'au sommet de la Rhune à la vitesse spectaculaire de 8km/h ! À cette allure, vous aurez tout le

Sur le circuit des palombières

À pied Plusieurs palombières perchées à la cime des arbres se dissimulent dans la **forêt de Sare**. Cet itinéraire plaisant et ombragé passe au pied ou à proximité de quelques-unes d'entre elles, en longeant la frontière navarraise. Le circuit débute au bord de la D306 et conduit jusqu'au col de Nabarlatz par des chemins bien tracés et balisés. Une route forestière relie ce col à celui de Lizarrieta, ménageant de jolis points de vue sur les collines. À ce deuxième col, le chemin rejoint la départementale, qu'il faut redescendre un peu avant de reprendre la piste forestière. Celle-ci ramène au point de départ. Cette randonnée franchit plusieurs fois des ruisseaux à gué et traverse des forêts de hêtres et de chênes. Attention, il est déconseillé de l'entreprendre à la saison de la chasse (oct.-mi-nov.). N'oubliez pas de vous munir d'une carte appropriée. Renseignements dans les OT d'Hendaye, Saint-Jean-de-Luz ou de Sare. ***Départ*** *D306 (parking de l'aire de pique-nique)* ***Parcours*** *11km en boucle* ***Durée*** *3h-4h* ***Difficulté*** *Facile* ***Dénivelé*** *468m* ***Bibliographie*** *IGN TOP 25-1245 et topoguide* 58 randonnées de la Nive au littoral basque

En voiture Quelques palombières sont également visibles, pendant la saison estivale, au terme d'un agréable parcours en voiture. De Sare, prenez la D306 en direction du col de Lizarrieta. La route traverse la forêt de Sare puis débouche sur le col, occupé par l'ancienne douane et une *venta*. Garez-y votre voiture pour suivre le chemin gravillonné qui part dans les fougères. Au bout de quelques mètres, vous apercevez des palombières rustiques, avec leur échelle de bois. Ce chemin conduit au col de Nabarlatz.

loisir de humer les parfums de la montagne et d'observer les vautours fauves qui tournoient dans le ciel... La ligne fut inaugurée en 1924, bien après que l'impératrice Eugénie eut, à dos de mulet, lancé la mode de cette ascension. Deux autres répliques exactes du train trônent dans le parc. En saison, il faut prévoir une file d'attente de plusieurs heures : n'hésitez pas à réserver par Internet ou à utiliser les navettes prioritaires à la gare de départ. Les plus courageux, ou les moins patients, entreprendront l'ascension à pied à partir de la gare, par le sentier balisé en vert. Ils atteindront le sommet en 2h30, par le plateau des Trois-Fontaines. La descente s'effectue en 2h. Variante pédestre encore plus bucolique au départ d'Ascain, cf. Randonner en Labourd (p.317). *Col de Saint-Ignace* ***Sare*** *(par la D4 en direction d'Ascain) Tél. 0892 39 14 25 www.rhune.com Ouvert juil.-août : tlj. 8h30-17h30 (départ toutes les 35min, AR 17€, enfant 4-12 ans 10€) ; mi-fév.-juin, sept.-11 nov. : tlj. 9h30-11h30 et 14h-16h (départ toutes les 35min, AR 15€, enfant 4-12 ans 8€)* ***Navette gratuite*** *Circule de 10h à 16h30 au départ de la halte routière de Saint-Jean-de-Luz et de la place de Sare (acheter le billet de train en montant dans le bus, pour éviter ensuite la queue à la gare)*

● Galoper sur les cols pyrénéens

Olhaldea De la simple initiation aux vigoureuses balades d'une journée, ce centre équestre vous promène sur le territoire transfrontalier de Xareta (Sare, Ainhoa, Zugarramurdi, Urdazubi), à la découverte de *ventas*, de palombières et de splendides panoramas montagnards. Circuits pour cavaliers initiés et confirmés. Si vous êtes mordu, vous pourrez tenter une randonnée de 2 à 7 jours vers la côte, la forêt d'Iraty ou en Navarre. Comptez 23€ pour 1h30, 30€ les 2h, 40€ la demi-journée et 65€ la journée. *À la sortie de Sare par la D4 vers Ainhoa Tél. 05 59 54 28 94 www.olhaldea.com*

La vallée de la Nivelle

Les eaux de la Nivelle (*Urdazuri* en basque) dégringolent des montagnes espagnoles, se faufilent entre les collines d'Esnaur et Bizkarzun pour se jeter dans la baie de Saint-Jean-de-Luz, à 38km en aval. En chemin, elles ont façonné un paysage vallonné, ponctué de quelques villages ramassés autour de leur église et de leur fronton.

Saint-Pée-sur-Nivelle Saint-Pée-sur-Nivelle attire un tourisme familial venu goûter aux joies de la baignade dans son lac aménagé. Son église recèle un retable monumental et quelques dalles funéraires au sol. Juste à côté, l'ancien moulin à eau abrite une modeste exposition consacrée à son histoire – et fait fonctionner ses meules pour moudre du maïs et exhiber sa mécanique sur demande du visiteur curieux. Au centre du village, une tour rongée par le lierre, ultime vestige du château des Sorcières, rappelle une page sinistre de l'histoire du Labourd : les terribles procès en sorcellerie qu'instruisit au XVIIe siècle Pierre de Lancre, signant la mort de près de 60 à 80 Labourdines. Prenez le temps de vous arrêter à l'office de tourisme, il abrite un **écomusée de la Pelote et du Chistera**. Ce dernier, gant de cuir prolongé d'un étroit panier d'osier devenu un des symboles du Pays basque, a vu le jour ici en 1857. À la belle saison, l'OT propose une visite guidée du village (juin-oct., jeu. 10h). Les amateurs de marche pourront aussi s'y procurer des fiches de randonnées pédestres (4€) et VTT (2€). *8km au nord de Sare* **Office du tourisme de Saint-Pée-sur-Nivelle** *Pl. du Fronton Tél. 05 59 54 11 69 www.saint-pee-sur-nivelle.com Ouvert juil.-août : lun.-sam. 9h30-12h30 et 14h-19h, dim. et j. fér. 9h30-12h30 ; sept.-juin : lun.-ven. 9h30-12h30 et 14h-18h, sam. 9h30-12h30*

Écomusée Pilotari Si vous n'avez pas poussé les portes, à Anglet, de l'atelier de la famille Gonzales, derniers fabricants de chistera en Iparralde (p.99), séance de rattrapage avec de nombreuses vidéos et objets racontant l'improvisation inventive de Jean Dithurbide, les techniques de fabrication du chistera et de la pelote, et une introduction aux différentes disciplines de la pelote basque, de la main nue à la *cesta punta*, via le *xare* ou le rebot. *Pl. du Fronton* ***Saint-Pée-sur-Nivelle*** *Tél. 05 59 54 11 69 www.saint-pee-sur-nivelle.com Même horaires que l'OT Tarif 5€, réduit 2,50€*

● Pagayer sur la Nivelle

Aquabalade Les eaux calmes de la Nivelle se prêtent admirablement au canoë. La base nautique, 1km au nord d'Ascain, est le point de départ d'un parcours qui se prolonge vers le port fluvial en amont ou vers l'estuaire, en direction de Saint-Jean-de-Luz : 6km qui ne présentent aucune difficulté de navigation. Les berges du fleuve, colonisées par les barthes, sont fréquentées par les hérons, aigrettes, colverts, foulques... Location (1h30) de canoës 1 place 15€, de 2 à 4 places 25-30€. *Base nautique de Muntxola* ***Saint-Pée-sur-Nivelle*** *(sur la D918 en direction de Saint-Jean-de-Luz) Tél. 06 62 58 09 97 www.aquabalade.com Ouvert juil.-août : tlj. 10h-18h ; hors saison : sur réservation*

● Passer un après-midi au bord de l'eau

Lac de Saint-Pée-sur-Nivelle Une grande étendue d'eau (plus de 12ha) avec des plages de sable et toutes sortes d'activités : aires de jeux, toboggan, pédalos (10€ 30min, 14€/h), canoë (10€), tennis... Une allée pédestre et cycliste ceinture le lac. Restaurants, snacks et pizzerias bordent l'une de ses rives. Baignade surveillée, aire de camping-car. *À 2km par la D918 vers Cambo-les-Bains Ouvert juil.-août Accès libre*

CARNET D'ADRESSES

Restauration, hébergement

camping

☺ **Telletchea** Simple et modeste, ce camping séduit par son charme bucolique. Vous aurez le choix entre vous abriter sous l'épais couvert des arbres ou vous exposer à la vue des montagnes. Emplacement 11-15€. *Route de la Benta Berrouet* ***Sare*** *(dir. Grottes, puis route vers la venta Berrouet) Tél. 05 59 54 26 01 Ouvert juil.-août*

petits prix

☺ **Bergerie Loretxoa** Au-dessus des grottes de Sare, à flanc de montagne, une bergerie plus que centenaire vous attend au bout d'une quarantaine de minutes de marche pour un menu modeste mais savoureux : assiette de charcuterie, asperges, omelette, lomo et taloa (galette de maïs), fromage accompagné de sa confiture. Comptez seulement 14€ pour le bonheur d'un accueil sincère, la saveur de mets de qualité, la satisfaction du petit effort (accessible aux enfants), le plaisir de l'insolite (sauf si vous êtes berger), et la sérénité de la montagne. Si vous n'avez pas abusé sur la goutte, le sommet de l'Axuria (766m, prévoyez de bonnes chaussures, il y a un peu de caillasse) n'est qu'à 40 autres minutes de marche pour une vue panoramique de premier ordre : de Biarritz à l'Artzamendi. *Col Akoka Montagne Axuira* ***Sare*** *(se garer dès les premières places de parking des grottes ; 200m avant leur entrée, prendre le chemin sur la droite et suivre la petite fleur) Tél. 06 13 65 07 95 Ouvert Pâques-début nov. : tlj. uniquement midi sur réservation*

☺ **Venta Urtxola** Vous pensiez avoir perdu votre chemin lorsque, au bout d'une route de forêt, ont brillé les lumières de la *venta* : vous voilà arrivé face à la verdoyante terrasse d'un des temples du savoir-vivre basque. À l'intérieur, les tablées familiales sont envahies par les convives turbulents qui s'expriment à pleine voix. Menus à 16 et 20€ pour des classiques locaux, terre et mer, savoureux. On ressort de là revigoré, quelque peu étourdi par l'ambiance enthousiaste et survoltée, particulièrement les vendredi et samedi soir, où sont programmés de fréquents concerts. *Route des benta* ***Sare*** *(dir. Zugarramurdi) Tél. 05 59 54 21 31 Ouvert juil.-août : jeu.-mar. midi et soir ; juin, sept.-oct. : lun. et jeu.-sam. midi et soir, mar. et dim. uniquement midi ; nov.-mai : ven.-sam. uniquement soir*

☺ **Les Trois Fontaines** Au col de Saint-Ignace, les snacks et les restaurants touristiques pullulent autour de la station du train à crémaillère. Écartez-vous légèrement de cet épicentre pour rejoindre, après le parking, la discrète demeure des Trois Fontaines, réfugiée dans un parc superbe. La carte, qui suit les saisons, revisite le terroir en lui apportant des saveurs fraîches et fruitées, tels le magret de canard à la framboise ou le filet de louvine à la crème ciboulette. Au regard de son emplacement ultra-touristique, ce restaurant est une aubaine. Formule 11,50€, menus de 15 à 27,50€. *Col de Saint-Ignace* ***Sare*** *Tél. 05 59 54 20 80 Ouvert mi-fév.-nov. : tlj. uniquement midi*

prix moyens

Ttakoinenborda Une charmante ferme du XVIIe siècle, une rivière au fond du jardin, un aménagement à l'image du bâti, modeste mais de goût, le confort d'un bon lit dans les quatre chambres spacieuses, et des prix doux sans emballement estival (double 60€ toute l'année). Cela suffirait pour convaincre. Mais si l'on y retourne, c'est aussi pour la chaleur de l'accueil. *Route de Lizarrieta* ***Sare*** *Tél. 05 59 47 51 42 ou 06 67 73 76 45 www.chambredhotebasque.fr*

Maison Dominxenea Dans le quartier classé d'Ihalar, voilà une maison du XVIe siècle aux trois chambres délicieuses. La moins chère, au toit mansardé et toute fleurie de bleue, dégage l'atmosphère champêtre d'un cottage anglais. Copieux petit déjeuner, avec céréales, jus de fruits frais pressés, confitures et pâtisseries maison. L'établissement appartient aux propriétaires de l'hôtel Arraya : précisez à la réservation que vous appelez pour la chambre d'hôtes. Double de 50-60 à 60-70€ en été, petit déj. compris. Un bémol, 2 nuits minimum hors saison, et la semaine en été. *Quartier Ihalar* ***Sare*** *Tél. 05 59 54 20 46 www.dominxenea.fr Ouvert avr.-12 nov.*

☺ **Maison Olhabidea** En tant qu'hôte, vous aurez droit à votre coin cheminée, mais vous partagerez d'autres pièces du rez-de-chaussée avec les convives, en nombre limité, de cet étonnant restaurant qui distribue ses tables dans la maison familiale. La belle demeure du XVIe siècle porte bien son âge et les objets qui l'emplissent lui donnent une âme. Les cinq chambres, de bon confort, ont tout autant de cachet. Double 75€, petit déj. 5€. Côté table, le menu change chaque jour au gré du marché et de la criée, et les légumes sont cueillis au potager ! Belle terrasse baignée de verdure pour les beaux jours. Menu midi 25€ (sauf dim.), soir 42€, uniquement sur réservation. *Route de Saint-Pée-sur-Nivelle* ***Sare*** *Tél. 05 59 54 21 85 www.olhabidea.com Ouvert fév.-nov., Noël Restaurant : mer.-dim, mar.-dim. juil. et août.*

Arocena Une vraie surprise, au cœur du bourg de Saint-Pée-sur-Nivelle. On ne soupçonne guère, de l'extérieur, que cette grande bâtisse s'ouvre sur un immense jardin avec piscine, transats et balançoires pour les enfants. Les trente-deux chambres sont tout à fait correctes (préférez néanmoins le bâtiment principal à l'annexe), et le personnel est prévenant. On pourra se restaurer dans la salle rustique du rez-de-chaussée, aux tables joliment dressées de nappes basques, donnant sur la place. Double de 54 à 60€. Menus 22 et 28€. *Le bourg* ***Saint-Pée-sur-Nivelle*** *Tél. 05 59 54 10 21 www.hotel-arocena.com Ouvert haute saison : tlj. midi et soir ; basse saison : lun. et jeu.-sam. midi et soir, mar. uniquement midi*

☺ **Ttotta** Le cadre contemporain épuré est un peu refroidissant, mais la cuisine revisitant le terroir réchauffera tous vos sens. Croustillant de pied et jarret de cochon, coulis de piquillos (8€), tartare de truite de Banka au gingembre et citron vert (10€), merlu de ligne aux petits pois, émulsion au persil plat (16€) sont parfaitement exécutés à partir de beaux produits. Accueil plaisant, et prix très mesurés : formule déjeuner 13€, menus 19 et 26€. Une belle adresse cachée sous la façade peu engageante d'un espace commercial. *Espace Ibarrondoan* ***Saint-Pée-sur-Nivelle*** *(entre le centre et le quartier d'Ibarron) Tél. 05 59 47 03 55 www.ttotta.fr Ouvert haute saison : jeu.-mar. midi et soir ; reste de l'année : jeu.-lun. midi et soir, mar. uniquement midi*

prix élevés

Hôtel-restaurant Arraya La belle adresse historique de Sare est tenue depuis trois générations par la famille Fagoaga, dont les fils, redoutables *pelotaris*, font partie des gloires locales. L'admirable demeure du XVIe siècle fut un relais sur le chemin de Compostelle. Meubles patinés, tapisseries choisies, bouquets de fleurs fraîches et une infinité de recoins feutrés, près du feu de cheminée ou à l'ombre d'un saule pleureur, pour goûter au calme des lieux. Le restaurant gastronomique sert des menus à partir de 25€ (avec notamment une belle épaule d'agneau braisée au foin, poêlée de pleurotes et navets glacés au jus de betterave), et une formule terrasse à midi à 19€. Double de 94-130 à 104-140€ en été, et 130-140€ pour des chambres familiales avec 2 enfants. *Pl. centrale* ***Sare*** *Tél. 05 59 54 20 46 www.arraya.com* ***Hôtel*** *Ouvert fin mars-début nov.* ***Restaurant*** *Ouvert juil.-mi-sept. : tlj., hors saison : mar.-mer. midi et soir, jeudi soir-dim. midi*

LE LABOURD

Lastiry Une des adresses les plus sympathiques du bourg, où goûter en toute simplicité la cuisine basque traditionnelle. Installé au frais sous les platanes de la rue principale, on déjeune d'assiettes simples et copieuses, dans une atmosphère conviviale. Le soir, les plats sont plus sophistiqués, pour un moment de pure détente dans une ambiance feutrée. Menus de 19 à 35€. Les onze chambres, chics et cosy, sont louées de 85 à 155€, selon le confort et la saison. *Pl. centrale* ***Sare*** *Tél. 05 59 54 20 07 www.hotel-lastiry.com Ouvert mars-mi-nov.* ***Restaurant*** *Ouvert en saison : tlj. ; hors saison : jeu.-lun.*

Elhorga Isolée, à flanc de colline, et entourée de prés, la belle ferme du XVIIe siècle regarde un paysage bucolique à souhait. À l'intérieur, vous découvrirez avec bonheur une maison d'hôtes aménagée dans un goût contemporain chic et chaleureux où matériaux anciens, lignes épurées et mobilier design se marient harmonieusement. Piscine et jacuzzi au son des bêlements des moutons voisins, illustrant à merveille le charme et le confort de cette adresse. Cinq chambres originales et douillettes, dont une suite de 55m², de 90-150 à 110-170€, selon le confort et la saison. Deux gîtes de 580 à 980€/sem. (4 pers.). *Quartier Helbarron Chemin Karrika Zaharra* ***Saint-Pée-sur-Nivelle*** *(dir. Ascain, 1re route à gauche après camping et ZA d'Ilbarron) Tél. 05 59 85 18 35 ou 06 10 17 06 12 www.elhorga.com*

ESPELETTE EZPELETA 64250

Depuis longtemps, les voyageurs de passage à Espelette tombent sous le charme de ses maisons aux pans de bois colorés, dont les façades se parent en automne d'éclatantes guirlandes de piments mises à sécher au soleil. L'AOC consacre cette épice comme le produit emblématique de la gastronomie basque, apportant du même coup à son village d'origine un incroyable souffle économique. On découvrira plus volontiers Espelette hors saison, quand les cars touristiques ont déserté la place du bourg. Il faut s'y rendre un jour de marché ou, mieux, lors de la traditionnelle foire aux pottoks pour y retrouver son ambiance rurale. De nombreux commerces gourmands méritent que l'on s'y attarde. Le château qui domine le bourg fut la propriété des barons d'Ezpeleta. Leur dernière descendante le légua à la commune, et l'édifice abrite de nos jours la mairie et l'office de tourisme.

LE PIMENT D'ESPELETTE Ce petit fruit rouge d'origine mexicaine aurait voyagé jusqu'à la vallée de la Nive dans les bagages d'un marin basque au XVIe siècle. Il fut adopté par les femmes pour la conservation des viandes et des jambons. Petit à petit, le piment remplaça le poivre, trop cher, et agrémenta les recettes basques comme la piperade ou l'axoa. De nos jours, la variété issue des sols basques, le piment Gorria, se cultive sur dix communes de la vallée. Les plants semés en hiver intègrent les champs en mai. Le fruit vert obtient sa jolie carnation rouge à maturité. La récolte manuelle, à partir du mois d'août, est suivie des étapes du séchage ou de la déshydratation. Le piment se vend frais, en poudre ou séché et noué en corde. L'obtention de l'AOC, accordée seulement en 2000, puis de l'AOP (Apellation d'origine protégée) en 2002, résulte d'un long combat mené par le syndicat des producteurs. Elle a permis avant tout de sauvegarder une culture traditionnelle et de garantir la survie de petites exploitations agricoles. Une exposition, "Le piment dans le monde", qui retrace l'aventure de ce condiment et ses différentes utilisations, se tient dans le château.

MODE D'EMPLOI

accès

EN VOITURE

Par la D918, 22km à l'est de Saint-Jean-de-Luz (dir. Saint-Pée, Cambo-les-Bains). De Bayonne (21km), suivre la D932 jusqu'à Cambo-les-Bains, puis la D918.

EN CAR

Réseau interurbain des Pyrénées-Atlantiques La ligne 814 relie Espelette à Bayonne, via Cambo et Ustariz. *Tél. 0 800 64 24 64 (lun.-ven. 8h30-18h30) www.transports64.fr*

informations touristiques

Office de tourisme Documentation générale et information sur les ateliers travaillant le piment ouverts au public. Exposition gratuite à l'étage, "Le piment dans le monde", et évocation de deux illustres natifs du village : Agnès Souret, première Miss France élue en 1920, et le père Armand David, missionnaire zoologiste et botaniste spécialiste de la Chine. L'office organise en saison des balades au clair de lune sur les crêtes au-dessus d'Espelette, avec casse-croûte composé de produits locaux (mar. 19h-23h, 28€, enfant 18€) : découverte du pastoralisme, de la contrebande, et vues panoramiques. *Tél. 05 59 93 95 02 Ouvert avr.-mai, sept.-oct. : lun.-ven. 9h-12h30 et 14h-18h, sam. 9h-12h30 (fermé sam. avr.-mai) ; juil.-août : lun.-ven. 9h-12h30 et 14h-18h30, sam. 9h30-12h30 et 14h-18h ; nov.-mars : lun.-ven. 9h-12h30 et 14h-17h*

marchés, fêtes et manifestations

Marché de produits locaux *Mer. toute l'année (pl. du Marché), et sam. en été (pl. du Jeu-de-Paume)*
Foire aux pottoks *Derniers mar. et mer. de jan.*
Foire transfrontalière Produits du terroir, concert. *Lun. de Pâques*
Spectacle Ezpeleta Espelette de l'an 1000 à nos jours. Un spectacle son et lumière avec 150 participants présentant l'histoire locale, ses personnages, et des scènes de la vie quotidienne. Chants, danses, récit, etc. Trois ou quatre représentations par saison. Tarif 12€, moins de 14 ans 5€. *Tél. 05 59 93 95 02 (OT) Dates et rens. à l'OT*
Gauargi Ce festival programme des spectacles de danses folkloriques interprétées par des jeunes de 9 à 15 ans. *Tél. 05 59 93 95 02 www.gauargi.com Mi-juil.*
☆ **Fête du piment** Pour fêter la fin des récoltes : marché de produits régionaux, banquets, apéritifs-concerts, défilés, *bandas*, danses, pelote, avec, le dimanche, bénédiction de la récolte et intronisations. *Dernier w.-e. d'oct.*

DÉCOUVRIR

☆**Les essentiels** La Fête du piment fin octobre, Ainhoa **Découvrir autrement** Composez un pique-nique chez Ttipia ou au marché d'Espelette, grimpez à la chapelle Notre-Dame d'Aranzazu, à Ainhoa

Espelette

Syndicat de l'AOP Piment d'Espelette Exposition, projection d'une vidéo sur la filière, atelier de dégustation et, le mercredi matin, une animation culinaire. Un accueil par des passionnés d'une culture moribonde dans les années 1960, devenue fer de lance de l'économie locale et regroupant plus de 130 producteurs indépendants. *Rue principale Tél. 05 59 93 88 86 www.pimentdespelette.com Ouvert mi-juin-mi-sept. : lun.-sam. 10h-13h et 15h-18h ; mi-sept.-fin oct. : mer. et sam. 10h-13h et 15h-18h Entrée libre*

● Où faire provision de produits du terroir ?

Maison Bipertegia Ce producteur de piments propose dans sa petite boutique l'épice pourpre sous toutes ses formes (en poudre, en purée, en corde...). *Pl. du Jeu-de-Paume Tél. 05 59 93 83 76 http://bipertegia.com Ouvert juin-sept. : tlj. 9h45-19h ; sept.-mi-nov., fév.-mai : lun.-sam. 10h-12h30 et 14h-18h*

☺ **Antton chocolatier** Une chocolaterie qui produit des ganaches et pralinés d'une douceur exquise. La visite de l'atelier, conduite par un personnel charmant, est gratuite. Parmi les spécialités originales, mention spéciale pour la ganache au piment, au goût corsé, qui se consomme à l'apéritif, avec un porto, un martini ou du champagne. *Pl. du Marché Tél. 05 59 93 88 72 ou 05 59 93 80 58 (rés. visite atelier) www.chocolats-antton.com Ouvert juil.-août : tlj. 9h30-20h ; fév.-juin, sept.-déc. : tlj. 9h30-12h45 et 14h15-17h30*

☺ **Ttipia** Une halte indispensable pour les amateurs de bonne chère. Une sélection des meilleurs produits issus de petites exploitations de la région : conserves de foie gras, jambons, vins d'Irouléguy, miels et confitures, sans oublier les piments en poudre ou en purée. En saison, petit sentier de découverte des productions locales : cépages du vin d'Irouléguy, minichamp de piments, et canetons élevés en plein air. *Pl. du Marché Tél. 05 59 93 97 82 www.ttipia.fr Ouvert mi-fév.-mars, nov.-déc. : lun.-sam. 10h-12h30 et 15h-18h ; Pâques-juin : tlj. 10h-12h30 et 15h-18h30 ; juil.-oct. : tlj. 10h-19h*

Charcuterie Accoceberry Une charcuterie-traiteur-conserverie qui affiche 50 ans de bons et loyaux services. Une bonne adresse pour faire des stocks d'axoa maison, ici de belle réputation. *Rue principale Tél. 05 59 93 86 49 www.accoceberry.fr Ouvert avr.-mi-nov. : mar.-dim. 9h-12h30 et 14h-19h, lun. 10h-12h et 14h15-19h Et aussi pendant les vac. scol. de fin d'année et d'hiver (même jours et horaires d'ouverture)*

● Où acheter du linge basque ?

☺ **Boutique Artiga** Des toiles basques aux rayures acidulées vendues au mètre ou déclinées en draps de plage, linge, tabliers et sacs à main. Les espadrilles, signées Pare Gabia, sont cousues main. Tout est beau, ensoleillé : difficile de ne pas repartir chargé de paquets... *345, Karrika Nagusia Tél. 05 59 93 94 55*

GEOPLUS

Le Pays basque bio

La région recèle un trésor de productions agricoles, dont quelques fameuses spécialités, telles que les vins d'Irouléguy, le fromage de brebis ossau-iraty, le piment d'Espelette ou encore le cochon basque. Plusieurs paysans bio veillent à maintenir ces productions artisanales exigeantes et de grande qualité.

Shopping gourmand

À LA BERGERIE

Plusieurs producteurs des fameuses tommes de fromage de brebis ossau-iraty vont bien au-delà du cahier des charges de l'AOC. Leur production respecte à la fois les règles de l'agriculture biologique et celles de l'exigeante charte Idoki (cf. p.123) : fabrication manuelle de bout en bout, respect des périodes de lactation – la traite a lieu de mars à août, lorsque les brebis se nourrissent d'herbe –, transformation quotidienne du lait et affinage à la ferme. Ainsi travaillent Gilles et Odile Chabanier dans le Béarn, Alain Domini, Mizel et Yvette Dunate, Beñat Duhalde et Jean-Mixel Aizaguer au Pays basque. On peut leur acheter du fromage à la ferme, sur rendez-vous, du mois de mai à la fin de l'année.

Gilles et Odile Chabanier *Chemin Lapas* ***Buziet*** *(13km au sud-est d'Oloron) Tél. 05 59 21 00 93*
Ferme Kaiku Borda *Chez Alain Domini Maison Kaiku Borda* ***Beyrie-sur-Joyeuse*** *(5km au sud-ouest de Saint-Palais)*
Ferme Jauberria *Chez Yvette et Mizel Dunate (5km à l'est d'Hasparren) Tél. 05 59 29 12 19*
Ferme Betirisastea *Chez Beñat Duhalde* ***Ayherre*** *(5km à l'est d'Hasparren) Tél. 05 59 29 68 79*

Idoki, la charte de qualité

Plus de 200 producteurs fermiers du Pays basque se sont engagés dans une démarche de qualité et ont créé la charte "Idoki, Agriculture paysanne sincère et citoyenne". La priorité est donnée aux variétés et races locales. Les cultures doivent être de plein champ, de saison et récoltées à maturité ; les élevages de petite taille et de plein air, les cycles naturels des animaux respectés. Les OGM sont bien entendu prohibés. Lors de la transformation, les colorants, conservateurs et autres additifs dénaturants sont interdits.
Les volumes de production sont limités, la vente directe est privilégiée. Sans surprise, de nombreux producteurs bio sont signataires de la charte Idoki. *www.idoki.org*

Ferme Murgia *Jean-Mixel Aizaguer (13km au nord de Saint-Jean-Pied-de-Port) Tél. 05 59 37 73 40*

DE VERGER EN POTAGER

Domaine Xixtaberri Jus de fruits frais, coulis, confitures, compotes, sirops, vinaigres, etc., élaborés avec les fruits de cette ferme spécialisée dans la culture des myrtilliers et des cerisiers. *Route d'Hasparren* ***Cambo-les-Bains*** *Tél. 05 59 29 22 66*

Ferme de Laco Ramuntxo Un des pionniers des légumes bio au Pays basque. Plusieurs variétés de tomates anciennes et de piments régionaux. *Salaberia* ***Hélette*** *(12km au sud-est d'Hasparren) Tél. 05 59 37 60 43*

Ferme d'Olivier Millard Ce maraîcher est un précurseur : c'est le fournisseur d'une des premières Amap du Pays basque, créée en 2005. *Quartier d'Ibarron Chemin Aroztegia* ***Saint-Pée-sur-Nivelle*** *(15km à l'est de Saint-Jean-de-Luz) Tél. 05 59 85 87 73*

UNE HISTOIRE PIQUANTE

Loin d'être une variété de piment parmi d'autres, le piment d'Espelette est une épice exceptionnelle, relativement douce mais très parfumée, indispensable, entre autres, pour la piperade et l'axoa (ragoût de veau). Les chefs et gastronomes qui l'utilisent l'estiment irremplaçable. On est donc heureux d'en trouver en bio, exempt de pesticides. Récolté au mois d'août, le petit fruit rouge se vend frais, en poudre ou séché et noué en corde ou encore sous diverses formes plus élaborées chez les producteurs suivants (sur rdv), mais il est plus pratique d'aller à leur rencontre sur le marché d'Espelette du mercredi.

AGENDA BIO

PRODUCTEURS BIO SUR LES MARCHÉS

Lundi Saint-Jean-Pied-de-Port, Tardets
Mardi Bayonne, Saint-Jean-de-Luz
Mercredi Espelette
Jeudi Anglet (place du Quintaou), Bayonne, Lembeye
Vendredi Bayonne, Anglet, Cambo-les-Bains, Oloron-Sainte-Marie, Saint-Jean-de-Luz
Samedi Anglet, Bayonne, Bidart, Hasparren, Laruns, Sauveterre-de-Béarn, Ustaritz
Dimanche Anglet

SALON BIO

Salon Eco'vie Marché bio, habitat et produits écologiques, conférences, restauration bio. *Halle d'Iraty Biarritz Tél. 05 58 41 82 56 www.salonecovie.com Trois jours en janvier*

Vincent Hurpeau Piment labellisé AB en poudre, corde, purée. *125, Kaminiko Patarra* ***Espelette*** *Tél. 05 59 93 93 99*

Laurence Lastiri Sa production a reçu le fameux prix d'excellence du Concours général agricole et la médaille d'argent en 2011. ***Pinpirina*** *(6km à l'ouest d'Espelette) Tél. 05 59 29 78 82 Vente et accueil sur rdv Marché d'Espelette mer. matin*

Gaec Haranea Membre de l'association Idoki, cette exploitation fermière bien connue pour son élevage de porcs basques et ses productions charcutières cultive également le piment et le commercialise sous forme de poudre, de corde, de sauce, ou encore de purée. *Quartier Basaburu* ***Itxassou*** *Tél. 05 59 93 30 13*

Chantal da Costa Cette ahdérente à la charte Idoki assure la transformation de ses cultures : poudre, corde et coulis. *Harrieta*

▶ *Larressore (4km au nord-ouest de Cambo-les-Bains) Tél. 05 59 29 28 80 Vente à la ferme sur rdv*

AU FOUNIL

Le Pain Fagoa (p.96) Une trentaine de pains certifiés AB et fabriqués à l'ancienne dont un 100% basque au piment d'Espelette. Sans oublier une belle gamme de douceurs. *3, rue du Bois-Belin* ***Anglet*** *Tél. 05 59 03 47 67*

À LA CAVE

Domaine Arretxea (p.231) Michel et Thérèse Riouspeyrous ont été parmi les premiers à appliquer les principes de la biodynamie à leur vignoble à Irouléguy. Ils l'ont planté en 1989, sur la ferme familiale, alors consacrée à l'élevage (mais qui fut jadis un vignoble, créé au XIIe s. pour fournir les pèlerins). Les deux cuvées de rouge, un rosé et un blanc sec sont vinifiés sans levures exogènes. Les maîtres du chai revendiquent une absence de "standardisation des goûts" ; c'est sans doute pourquoi leurs vins se classent unanimement parmi les meilleurs de l'appellation. Vins de 10 à 20€. ***Irouléguy*** *(itinéraire fléché) Vente au domaine sur rdv*

Jatsuko Sagar Arnoa Les flacons produits par ce domaine vont du simple assemblage de quinze variétés de pommes locales au cidre de garde, un nectar s'apparentant au sagarno d'Hegoalde, plus vin de pomme que cidre. Pour compléter cette belle palette, de vieilles vignes fournissent un irouléguy confidentiel et un vin doux naturel baptisé Joko (le jeu en basque). Car ici, on aime jouer, ou plutôt expérimenter. Mais aussi partager : un bistrot paysan sert des assiettes simples de produits bio ou Idoki, et se transforme certains soirs en cabaret. Le mercredi et le vendredi, en juillet et août, vous êtes invité à une balade nocturne accompagnée des contes et légendes du pays. *Domaine Bordatto* ***Jaxu*** *Tél. 05 59 49 18 22 ou 06 87 44 80 91 Ouvert avr.-oct. : lun.-ven. 14h-18h Vac. scol. mêmes jours et horaires d'ouverture*

Cave Beñat Ce caviste spécialisé dans les vins naturels propose des flacons régionaux (Ilarria en irouléguy et domaines de Souch, Bellauc et Larreydia en jurançon), mais aussi de nombreuses autres productions françaises et étrangères. On apprécie l'ambiance décontractée au comptoir et les assiettes de produits du terroir qui accompagnent les sélections du moment. *47, rue Pannecau* ***Bayonne*** *Tél. 05 59 44 86 60 www.cavebenat.fr Ouvert mar.-sam. 10h-13h et 16h-22h*

Tables bio

L'Eau Vive Ce supermarché bio s'est doté d'un espace restauration où l'on trouve des plats à base de produits régionaux, des sandwichs, des pâtisseries. Formules de 9 à 12€. *D810(face à l'Intermarché)* ***Bidart*** *Tél. 05 35 45 97 50 www.eau-vive.com Ouvert lun.-sam. 9h-19h30*

Hôtel-restaurant Mendi Alde Pour sa savoureuse cuisine au feu de bois préparée avec des produits en grande partie bio (p.241). *Le bourg* ***Ossès*** *Tél. 05 59 37 71 78 www.hotel-mendi-alde.com Ouvert juil.-mi-sept. : tlj. midi et soir ; mi-sept.-mi-déc., mi-jan.-juin : mer.-lun. midi et soir Fermé mi-déc.-mi-jan.*

Boutiques de producteurs

Kaiku Borda Cette boutique regroupe une dizaine de producteurs fermiers : salaisons de porc basque, fromages de brebis et de vache, confits de canard, foie gras de canard, confitures, cidre, etc. *Village des artisans D918* **Ossès** *(13km au nord-ouest de Saint-Jean-Pied-de-Port) Tél. 05 59 49 10 64 ou 06 83 49 97 34*
Baserria Stand collectif des producteurs fermiers adhérents de la charte Idoki : porc basque, charcuteries, poulets et canards gras, fromages de brebis, de vache et de chèvre, piment d'Espelette, confitures, etc. ***Saint-Jean-de-Luz*** *Tél. 05 59 51 28 23 Ouvert été : mar.-ven. 7h-13h, sam. 8h-13h ; reste de l'année : mar. et ven.-sam. 8h-13h*
Gohetx Taldia Les exploitants de cette ferme ont invité des confrères pour créer un point de vente collectif. À la base de leur association : leur engagement dans une production fermière de qualité (AOC, charte Idoki ou bio). Légumes, fromages, miel, cidre, jus de pommes, tisanes, conserves de mouton, veau, porc gascon et basque. ***Okhinabarre*** *(3km au nord de Tardets) Tél. 05 59 28 51 59 Ouvert 10 juil.-31 août : mar.-jeu. 16h-19h, ven. 10h-13h et 16h-19h, sam. 10h-13h ; reste de l'année : sam. 9h30-13h et sur rdv*

Lieux de séjour

Maison Oyhanartia (p.226) À mi-chemin entre Saint-Jean-Pied-de-Port et Saint-Palais, un cadre chic et champêtre et une succulente table d'hôtes à base des produits de la ferme. ***Larceveau-Arros-Cibits*** *(D918 vers St-Just-Ibarre, à mi-chemin entre saint-jean-Pied-de-Port et Saint-Palais) Tél. 05 59 37 88 16 www.oyhanartia.com*
Cabanes Legordia Borda (p.200) Séjour très tendance dansde confortables cabanes perchées dans les arbres. *Route de l'Artzamendi* ***Itxassou*** *(10km au sud de Cambo-les-Bains) Tél. 05 59 29 87 83 www.legordia.fr*
Hôtel-restaurant Mendi Alde (p.241) 100% basque, 100% charme : réservez ! *Le bourg* **Ossès** *(8km au sud-ouest de Bidarray) Tél. 05 59 37 71 78 www.hotel-mendi-alde.com*

www.maisonartiga.com Ouvert juil.-août : tlj. 10h-19h30 ; sept.-oct., déc.-juin : mar.-sam. 10h-12h30 et 14h30-18h30

● Se balader à dos d'âne

Astoklok Vous pouvez y louer des ânes de bât pour une randonnée balisée en montagne. L'âne portera votre enfant et vos bagages. Sentiers d'interprétation (1h 15€, 3h 25€). Location d'un âne pour un ou plusieurs jours (40€/j., tarif dégressif). Accueil à la ferme, cartes et clés d'observation fournies. Réservation obligatoire. *Belazkabieta (d'Espelette, suivre la D249 dir. Itxassou, à partir du rond-point, compter env. 1,5km et monter à droite dir. Basaburru sur 2km puis suivre les panneaux "Astoklok ânes") Tél. 05 59 93 89 65 ou 06 08 78 31 96 www.astoklok.com*

Les environs d'Espelette

☆☺ **Ainhoa** Ce petit village-rue était autrefois un relais commercial sur la route de Bayonne, avant le poste-frontière de Dancharia. Ses maisons du XVIIe siècle, parfaitement conservées, en font un site architectural unique. Promenez-vous le long de l'unique rue pour apprécier les façades à colombages verts ou rouges, percées du traditionnel *lorio*, porche d'entrée formant un abri en retrait. Elles ont gardé leur linteau en pierre sculpté et daté, les anneaux en fer auxquels on accrochait les mulets, leurs portes à doubles vantaux. Rendez-vous à la **Maison du patrimoine** (dans les murs de l'OT), où un écran panoramique de 30m² vous projettera dans l'histoire et les légendes d'Ainhoa et du pays de Xareta (Sare, Ainhoa, Urdazubi-Urdax et Zugarramurdi). *À 6,5km d'Espelette, par la D20 Tél. 05 59 29 92 60 www.ainhoa.fr* **Office de tourisme d'Ainhoa** *Visite guidée avr.-oct. sur rés. (mer. à 10h. 2,50€) Maison du patrimoine Tél. 05 59 29 93 99 www.ainhoa-tourisme.com Ouvert jan.-fév., déc. : mar.-ven. 9h30-12h30 et 14h-17h30 ; mars-mai, oct.-nov. : lun.-ven. 9h30-12h30 et 14h-18h ; juin, sept. : 9h30-12h30 et 14h-18h30 (matin jusqu'à 13h en juil.-août), sam. 9h30-12h30* **Maison du patrimoine** *(à l'arrière de la mairie, face à l'église)*

Pain d'épice tradition

Depuis 1994, les pains d'épice d'Ainhoa sont confectionnés avec 50% de miel de pays, sans sucre ajouté et sans matière grasse. Fabriqués à la maison mère d'Aïnhoa, ils sont vendus d'avril à octobre sur les marchés du Pays basque. Il ne reste plus qu'à choisir parmi une large gamme de recettes, à moins de les goûter tous : orange, thé à la bergamote, pruneaux-noix-armagnac, gingembre confit, figue fraîche, etc. **Pain d'épice d'Aïnhoa** *Le bourg Ainhoa Tél. 05 59 29 34 17 ou 06 74 44 70 51 www.pain-epice.net* **Atelier fabrication** *Horaires variables Téléphoner* **Sur les marchés** *Saint-Jean-Pied-de-Port Lun. (ou mar. si lun. férié) Saint-Jean-de-Luz Ouvert mar. et ven.* ***Espelette*** *Ouvert mer.* ***Bidart*** *Ouvert sam.*

MONT ÉREBI Un belvédère à portée de main, au départ du village d'Aïnhoa. L'ascension via la chapelle d'Arantzazu vous mènera en moins d'une heure et demie au sommet du mont Érebi (583m), où vous attend un splendide panorama sur les vallées environnantes et l'Océan, cf. Randonner en Labourd (p.317).

Ouvert juin-oct. : lun.-ven. 10h-13h et 14h-18h30, sam. 10h-13h ; nov.-mai : lun.-ven. 10h-12h30 et 14h-18h Tarif 3€, réduit 2€

Chapelle Notre-Dame-d'Arantzazu À côté de la mairie, un chemin de croix monte en lacets jusqu'à la chapelle (15min), et son curieux calvaire entouré de reproductions de pierres tombales basques. Posé sur un replat du mont Atsulai (389m), le modeste sanctaire jouit d'une vue grandiose sur le plan en bastide du bourg, les villages navarrais et la baie de Saint-Jean-de-Luz.

● Où faire une pause déjeuner ?

Auberge Alzate Cette auberge est l'un des rares endroits à servir en continu tout l'après-midi : idéal pour un casse-croûte. Le cuisinier vous prépare sur l'heure des sandwichs de baguette au fromage de brebis, au serrano ou au chorizo (autour de 5€), ou encore des assiettes de charcuterie (10€ env.) à on accompagner d'une bière à la pression ou d'un jus de fruit. Formules à 18 et 22€. Également coupes glacées, à déguster en terrasse ou dans le jardin du fond. Une boutique de produits locaux (linge basque, conserves) prend place à l'arrière de la salle. *Rue principale Tél. 05 59 29 77 15 Ouvert juil.-août : tlj. 9h-21h ; fév.-juin, sept.-nov. : jeu.-mar. 9h-19h*

CARNET D'ADRESSES

Restauration, hébergement

Espelette offre un choix d'hébergement très restreint. On préférera séjourner dans les environs, à Sare ou à Itxassou.

prix moyens

Hôtel Bergara Un 2-étoiles en formule hôtel-résidence au cœur du village, une face rustique, l'autre moderne, pour des chambres et studios très corrects à prix doux. Double de 44 à 66€, studio 64-85€/nuitée ou 294-462€/sem. *Rue principale* ***Souraide*** *(2,5km à l'ouest d'Espelette) Tél. 05 59 93 90 58 www.hotel-bergara.com*

☺ **Hôtel-restaurant Euzkadi** Vous ne pouvez pas rater sa façade, en plein centre d'Espelette : elle est entièrement recouverte de vigne vierge et de chapelets de piments. À l'arrière, un jardin et une piscine. Au restaurant, le chef mitonne une cuisine du terroir d'un très bon rapport qualité-prix : truite de Banka en tartare et rillettes, sauce piquillos (12€), axoa à la viande coupée et non hachée (13€), daurade royale en écailles de chorizo (16€). Vous pouvez aussi commander les yeux fermés le plat du jour (12,50€), tel ce porc Ibaiona aux pommes. Menus de 19 à 36€. Les belles chambres ont les mêmes douceurs. Double de 62-73€ à 75-84€ selon la période, petit déj. 9€. *285, Karrika Nagusia* ***Espelette*** *Tél. 05 59 93 91 88 www.hotel-restau*

rant-euzkadi.com ***Restaurant*** *Ouvert Noël-juil., oct.-début nov. : mer.-dim. midi et soir ; juil.-sept. : tlj. midi et soir Fermé début nov.-Noël*

prix élevés

Hôtel-restaurant Chilhar Que de chemin parcouru depuis la reprise, en 2009, de cette auberge de village au charme spontané, joliment blottie sous son lorio dans une ruelle du centre. Pour autant, les valeurs n'ont pas été laissées sur le bord de la route. Tout est juste, les saveurs, l'accueil, et même les prix. La carte livre avec délicatesse et créativité l'élevage et les produits de la mer locaux (env. 50€), Le menu à 21€ est, lui, un peu attendu dans le registre traditionnel, mais bien exécuté, et l'on peut se faire plaisir avec des pintxos de chipirons farcis (5€) ou une belle assiette de bellota Guijuelo de chez Joselito (21€). Les chambres sont à l'identique, sans faste, mais coquettes et fonctionnelles. Jardin et belle vue à l'arrière sur la montagne environnante. Double de 79 à 95€ selon la saison, petit déj. 12€. *25, Xilarreneko Karrika* ***Espelette*** *Tél. 05 59 93 90 01 www.hotel-espelette.fr* ***Restaurant*** *Ouvert mars-juin, mi-sept.-déc. : ven.-mar. midi et soir ; juil.-mi-sept. : ven.-mer. midi et soir Fermé jan.-fév.*

prix très élevés

Hôtel-restaurant Ithurria Un établissement raffiné et des chambres douillettes perpétuent la tradition d'accueil de cet ancien relais jacquaire du XVIIe siècle. Mais, côté bourse et prestations, l'économie n'est pas la même. Avec un beau jardin, où se love une piscine, et la vue sur les sommets pyrénéens, ce 4-étoiles au charme rustique et au luxe discret propose des doubles de 135 à 155€ selon le confort, et des suites de 240 à 260€ (4-5 pers.). La cuisine, étoilée, est désormais tenue par les enfants avec la même rigueur, et le potager maison toujours productif. Carte 50-80€, menu dégustation à partir de 62€. Sensiblement plus moderne, un menu à 39€ autour du légume ou du cochon permet d'aborder à meilleur compte cette table, ainsi qu'au charmant bistrot où, à midi, on peut déjeuner à la carte pour moins de 30€. Une étape plaisante pour ceux qui souhaitent séjourner dans le joli village d'Ainhoa. *Rue principale* ***Ainhoa*** *(6,5km au sud-ouest d'Espelette) Tél. 05 59 29 92 11 www.ithurria.com Ouvert début avr.-mi-juil., sept.-Toussaint : ven.-mar. midi et soir, jeu. uniquement soir ; mi-juil.-août : tlj. midi et soir*

CAMBO-LES-BAINS KANBO 64250

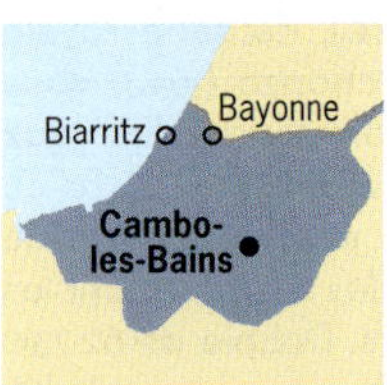

Cette localité anodine connut un développement fulgurant au XIXe siècle grâce à la reconnaissance des vertus curatives de ses sources. Leurs eaux sulfureuses et ferrugineuses étaient recommandées pour le traitement des maladies respiratoires et digestives, des rhumatismes, des problèmes de peau... Conjointement à la mode du tourisme balnéaire sur la côte basque, la vogue du thermalisme attira dans l'arrière-pays des curistes renommés, tels Napoléon III, l'impératrice Eugénie et Édouard VII d'Angleterre.

Edmond Rostand légua à la ville son plus beau patrimoine : venu à Cambo soigner une pleurésie, conquis par la cité autant que par son climat, il s'y fit construire une luxueuse résidence. La Villa Arnaga contribua à la renommée de Cambo, l'écrivain poète y recevant ses illustres relations parisiennes – Jean Cocteau, Sarah Bernhardt, Anna de Noailles, notamment. Moins mondaine de nos jours, la ville ne manque pas de charme, avec ses deux quartiers si contrastés et ses points de vue sur la vallée de la Nive. Elle demeure avant tout pour les Basques la ville natale de l'immense joueur de pelote Joseph Apesteguy, surnommé Chiquito de Cambo. Devenu champion du monde à seize ans, il contribua beaucoup, par son image et son talent, à la popularisation et à la mondialisation de ce sport.

MODE D'EMPLOI

accès

EN VOITURE

À 28km à l'est de Saint-Jean-de-Luz par la D918 et 20km au sud de Bayonne par la D932.

EN TRAIN, EN CAR

Gare SNCF La ligne TER Bayonne/Saint-Jean-Pied-de-Port (env. 30min) marque l'arrêt à la gare, située dans le Bas-Cambo. *Tél. 3635 www.ter-sncf.com/aquitaine*

Réseau interurbain des Pyrénées-Atlantiques La ligne 814 relie Espelette et Cambo à Bayonne. La ligne 813 relie Cambo à Hasparren, puis Bayonne via Briscous. *Tél. 0 800 64 24 64 (lun.-ven. 8h30-18h30) www.transports64.fr*

orientation

La ville se divise en trois parties bien distinctes : le Haut-Cambo, desservi par les départementales 918 et 932, abrite le centre-ville et ses commerces, l'office de tourisme, la mairie ; le Bas-Cambo, la vieille ville bâtie sur les bords de la Nive, s'étend à côté de la gare ; le quartier des thermes, un peu excentré à l'est, accueille comme son nom l'indique les infrastructures thermales. Vous pouvez accéder librement aux jardins qui les entourent.

Location de deux-roues

Cycle Breuille Location de VTT et de VTC, à partir de 10€ la demi-journée à 70€/sem. *Pl. de l'Église Tél. 05 59 29 73 10*

marchés, fêtes et manifestations

Marché des produits régionaux *Rue Chiquito Ven. 9h-13h*

Brocante *Parc Saint-Joseph Mer.*

Fête de la Cerise Banquets, partie de pelote à main nue, spectacle de danses, *mutxiko*... ***Itxassou** 1er dim. de juin*

Fête du gâteau basque Concours, festivités, marché gastronomique et métiers d'art. ***Cambo-les-Bains** Dernier dim. de sept.*

informations touristiques

Office de tourisme Belle documentation sur la région, borne Internet. À disposition, un dépliant décrivant quatre balades dans la ville. Pour les marcheurs, deux randonnées hebdomadaires : "sur les traces des vautours" et "gourmandise au crépuscule" (juin-sept., 16-26€, enfant 11-22€). Également des circuits à télécharger sur le site Web. *Av. de la Mairie (Haut-Cambo) Tél. 05 59 29 70 25 www.cambolesbains.com Ouvert mars-juin, oct. : lun.-sam. 9h-12h30 et 14h-18h ; juil.-août : lun.-sam. 9h-18h30, dim. 10h-12h30 ; sept. : lun.-sam. 9h-12h30 et 14h-18h30, dim. 10h-12h30 ; nov.-fév. : lun.-sam. 9h-12h30 et 14h-17h30*

DÉCOUVRIR

☆ **Les essentiels** La Villa Arnaga **Découvrir autrement** Percez les secrets de la fabrication et de l'utilisation du *makhila* chez Ainciart-Bergara, déambulez dans Ustaritz au gré de ses villas, visitez Itxassou au printemps pour ses cerisiers en fleur

Cambo-les-Bains

Haut-Cambo Le quartier le plus vivant, avec ses restaurants et commerces. La rue des Terrasses, en belvédère sur la vallée de la Nive, offre une belle vue sur le mont Ursuya. Suivez-la jusqu'à l'église Saint-Laurent, qui mérite une visite pour son retable classé du XVIIe siècle, dont les colonnes sculptées de grappes de raisin et d'épis de blé encadrent un remarquable tableau représentant le martyre de saint Laurent. Poussez jusqu'à la colline de la bergerie pour ses points de vue et l'agréable parcours en forêt. Pour gagner le Bas-Cambo, descendez la ruelle escarpée Xerri Karrika et l'escalier qui mène au pont de la Gare.

Bas-Cambo De l'autre côté de la Nive, ce quartier ancien, au caractère rural affirmé, a l'aspect d'un hameau de fermes basques, avec ses vieilles maisons aux façades creusées d'un *lorio* et striées de pans de bois. Sur la rive de la Nive accostaient jadis les chalands, chargés de voyageurs et de marchandises, en route vers Bayonne. En déambulant dans ce quartier, vous découvrirez le fronton, un vieux lavoir et le pont romain en pierre, qui n'enjambe plus désormais qu'un ruisseau.

☆ ☺ **Villa Arnaga - musée Edmond-Rostand** Cette splendide villa néo-basque aux allures de palais fut élevée de 1903 à 1906 sous l'étroite surveillance du poète académicien Edmond Rostand (1868-1918), qui en dessina une partie des plans et des détails de la façade. Un jardin à la française, superbement ordonnancé en une succession de buis taillés, pièces d'eau, vasques, fontaines et pergolas, se déploie devant la façade principale. Un second jardin à l'anglaise, romantique et secret, s'ouvre à l'ouest de la demeure. À l'intérieur, une infinité de pièces aux usages divers, richement décorées de marbres, lambris, fresques et tableaux précieux, reflètent le faste de la famille et le goût de l'éclectisme caractéristique de l'époque. Des objets, des lettres, des documents rendent hommage à l'auteur de *Cyrano de Bergerac* et à son entourage. De Sarah Bernhardt au jeune Cocteau, Arnaga a vu passer bien des personnalités marquantes à la croisée des XIXe et XXe siècles. Visite libre ou guidée sans supplément. *Route du Docteur-Camino Tél. 05 59 29 83 92 www.arnaga.com Ouvert avr.-juin, sept.-mi-oct. : tlj. 9h30-12h30 et 14h30-18h30 ; juil.-août : tlj. 10h-19h ; mi-oct.-11 nov. : tlj.*

14h-18h ; mars : ven.-sam. 14h-18h ***Visite commentée des jardins*** *Juil.-août : lun. 16h et jeu. 11h* ***Balade théâtralisée*** *"Cyrano de Bergerac" (12€) mi-juil.-août : mar. et ven. 10h30 Tarif 7,20€, réduit 3,60€, 7-12 ans 2,50€*

● Où faire une pause sucrée ?

Pâtisserie Bonneau Dès 15h, cette pâtisserie de la rue des Terrasses installe quelques tables de l'autre côté de la rue, sous les platanes, et se transforme en salon de thé. Sur la terrasse, vous dominez le quartier du Bas-Cambo, la Nive et les champs verdoyants de la vallée. Vous accompagnerez cette pause bienvenue de glaces artisanales ou de la spécialité de la maison, les fondantes tartelettes amandines de Cyrano. *Rue des Terrasses Tél. 05 59 29 72 18 Ouvert mar.-dim. 8h-19h Fermé fév.*

Les environs de Cambo-les-Bains

LE LABOURD

Fabrique de *makhilas* Ainciart-Bergara Le *makhila,* ce bâton de marche en bois de néflier, servant aussi d'arme de défense, est un compagnon de vie. Traditionnellement offert pour marquer, tel un rite initiatique, la fin de l'adolescence, il est à la fois un symbole d'indépendance et un lien à la terre et aux ancêtres. Il est aussi présent d'honneur, dans sa version la plus ornée. Sa fabrication requiert de la patience et du savoir-faire – les commandes doivent être passées plusieurs mois à l'avance (p.32). La famille Ainciart-Bergara, dont l'atelier est labellisé "entreprise du patrimoine vivant", en confectionne depuis plusieurs générations. Leurs *makhilas* d'honneur, habillés d'argent ciselé, ont été offerts à de nombreuses personnalités, parmi lesquelles Jean-Paul II et Nelson Mandela. En face de l'atelier, la Maison du *makhila* complète la visite avec une exposition et une vidéo détaillant les étapes de fabrication. ***Larressore*** *Sur le côté du fronton du quartier Inthalatzia, en bordure de la D20 (à 4km de Cambo-les-Bains ou d'Espelette par la D932) Tél. 05 59 93 03 05 www.makhila.com* ***Atelier*** *Ouvert lun.-ven. 9h-12h et 14h-18h, sam. 9h-12h et 14h-17h* ***Maison du makhila*** *Mêmes jours et horaires que l'atelier Tarif 3€*

Église de Jatxou Cette minuscule bourgade abrite une émouvante église rurale labourdine, élevée sur une première chapelle médiévale. Remarquez les très vieilles stèles discoïdales de son cimetière – les plus anciennes étant les plus petites –, dont l'une porte la date de 1597. Les fonts baptismaux d'origine se trouvent à l'extérieur, sous le porche. Comme la plupart des églises du Pays basque, l'édifice fut rehaussé au XVIIe siècle, et équipé de galeries en bois sculpté : cette solution économique était utilisée pour pallier le manque de place dans la nef dû à l'accroissement de la population. Les galeries étaient réservées aux hommes. De gracieuses peintures recouvrent la voûte lambrissée et, au fond de la nef, trône un imposant retable baroque dédié à saint Sébastien. La maison de poupée à encorbellement et colombages à côté de l'église était naguère occupée par la benoîte. ***Jatxou*** *À 5km de Cambo-les-Bains par la D650*

Ustaritz Après la prise de Bayonne par les Anglais, le vicomte du Labourd s'exila, vers 1170, à Ustaritz, et s'installa avec sa cour au château de la Motte (actuelle mairie). Ce port fluvial prospère devint ainsi la nouvelle capitale de la province, et le demeura pendant six siècles. De son histoire, Ustaritz conserve d'imposantes maisons de notables, parmi les plus belles du Labourd, édifiées par des négociants ou des gens de robe. Les surprenants châteaux néo-Renaissance et rococo datent quant à eux de la fin du XIXe siècle : les Basques "américains", de retour au pays, se firent construire à Ustaritz de splendides résidences devant témoigner de leur réussite. Au quartier d'Arrauntz, le musée **La Maison labourdine** vous invite à pénétrer dans une maison bourgeoise du XVIIe siècle, entièrement restaurée et meublée selon l'époque. *À 5km de Cambo-les-Bains par la D932)* **La Maison labourdine** *Hameau d'Arruntz Tél. 06 62 07 35 41 http://lamaisonlabourdine.com Ouvert avr.-juin, oct. : mar.-dim. uniquement sur rdv ; juil.-sept. : tlj. 14h-18h le matin sur rdv Tarif 5€, enfants 3€*

CERISES NOIRES
Il faut se rendre à Itxassou de préférence au printemps pour admirer ses vergers de cerisiers fleuris et s'approvisionner directement au point de vente installé à l'entrée du village. Ces fruits se consomment surtout en confiture, en accompagnement de quelques tranches de fromage fermier de brebis.

LE LABOURD

☺ **Itxassou** C'est aux cerises noires, appelées ici *xapata*, *peloa* et *beltza*, que le village doit sa renommée. Mais Itxassou recèle aussi d'autres atouts. Son église d'abord, splendide – pour 2€, un son et lumière met en valeur son retable sculpté et ses peintures (dont trois tableaux de valeur : un portrait de saint François d'Assise attribué à Murillo, une représentation de la mort de saint Joseph et un portrait de saint Paul). Son emplacement ensuite : situé dans une vallée encaissée que dominent les monts Mondarrain, Artzamendi et Ursuya, il est le point de départ de belles randonnées et descentes en raft des eaux vives de la Nive. Faites un saut à l'espace Ateka, qui invite à une découverte interactive de l'histoire, de la géographie, et de la culture du village, et programme des expositions temporaires. **Ateka** *La Place (D249, dir. Espelette) Tél. 05 59 29 32 74 www.ateka.eu Ouvert mi-juil.-août : lun.-sam. 7h15-12h30 et 14h30-18h et dim. matin ; hors saison : téléphoner Accès libre*

● Apprivoiser lapins chamois, papillon, nain ou géant

La Forêt des Lapins Savez-vous que le lapin n'est pas un rongeur mais que ses dents poussent continuellement ? Pour en savoir plus sur ce drôle de mammifère dont l'histoire remontrait à plus de 400 000 ans, et s'émerveiller devant la multitude de races, du nain au géant des Flandres, vous pouvez compter sur Olivier Escolano. Ce cunicullteur passionné a fait de son vallon arboré un conservatoire reconnu, parcouru par un sentier de découverte. On y passe 1h, 2h... les enfants adorent ! *Chemin Arrokagaray* ***Itxassou*** *(D918, entre Itxassou et Louhossoa) Tél. 05 59 93 30 09 Ouvert mi-juin-sept. : tlj. 10h15-18h30 (visite guidée à 15h) ; reste de l'année : uniquement sur rdv*

● Excursions sur les routes de montagne

Pas-de-Roland D'Itxassou à Bidarray, sur la rive gauche de la Nive, la D349 emprunte le sillage d'un ancien chemin muletier, à flanc de montagne, au-dessus de la rivière. La route est étroite et tortueuse : klaxonnez à chaque virage. Arrivé au captage de Laxia, garez votre voiture et longez le fleuve à pied. Le sentier atteint au bout de quelques mètres ce rocher pourfendu, d'après la légende, par l'épée du preux chevalier. Aux beaux jours, des familles viennent se baigner et pique-niquer au bord de l'eau.

☺ **Mont Artzamendi** Le mont Artzamendi (926m), au sommet duquel trône un monumental radar de contrôle aérien, est accessible par une route en lacet. Assez raide au départ du captage de Laxia – deux véhicules ne peuvent se croiser sans un minimum de courtoisie et de patience –, elle s'assagit à l'approche des estives. Laissez votre voiture à la bifurcation qui conduit à la *venta* Burkaitz et poursuivez la dernière ligne droite à pied. Au col de Mehatché, des cromlechs témoignent d'une présence humaine (certainement des pasteurs) dans ces lieux il y a 3 000 ans. Des sentiers, qui ne présentent pas de difficulté, et un tronçon du GR®10 grimpent parmi les pâturages. Seul le tintement des cloches des moutons et des pottoks vient perturber le silence. La vue côté ouest embrasse toute la côte, à l'est se déploient la vallée de la Nive et le Baigura, au sud les crêtes d'Iparla et la chaîne pyrénéenne.

Mont Ursumu Du quartier de la Place, à Itxassou, une route conduit au sommet (184m), où une table d'orientation décrypte la vue sur 360°. Le plateau abrite aussi une statue de Notre-Dame des Victoires et un monument à la mémoire d'un jeune résistant basque qui passa par Itxassou pour rejoindre les troupes de De Gaulle.

Descendre les gorges du Pas-de-Roland

Évasion En kayak, raft, hydrospeed... les accompagnateurs d'Évasion se proposent de vous faire découvrir les plaisirs de la glisse en eaux vives et les paysages grandioses des gorges du Pas-de-Roland. Également descente des gorges en canyoning. Descente (1h30) 28€, 12-17 ans 20€, 6-12 ans 18€. Sorties toute l'année sur réservation. *Maison Errola Quartier Errobi* ***Itxassou*** *Tél. 05 59 29 31 69 ou 06 16 74 78 93 www.evasion64.fr*

CARNET D'ADRESSES

Restauration, hébergement

camping

Hiriberria Un camping équipé d'une grande piscine et de terrains de jeux (basket, pétanque), aux emplacements bien ombragés. Vous pouvez également louer un chalet ou un mobil-home. Forfait 2 personnes, tente, voiture, électricité : 18,75-25€ selon la période. ***Itxassou*** *À l'entrée du village (4km au sud de Cambo-les-Bains) Tél. 05 59 29 98 09 www.hiriberria.com*

petits prix

☺ **Venta Burkaitz** Il faut une certaine ténacité pour suivre jusqu'au bout

GAMME DE PRIX	RESTAURATION	HÉBERGEMENT
Très petits prix	moins de 12€	moins de 45€
Petits prix	de 12 à 18€	de 45 à 60€
Prix moyens	de 18 à 25€	de 60 à 100€
Prix élevés	de 25 à 45€	de 100 à 140€
Prix très élevés	plus de 45€	plus de 140€

cette route sinueuse qui grimpe à l'assaut du mont Artzamendi. Mais, parvenu au col des Veaux, la récompense est de taille. Agnès vous reçoit avec le sourire et une cuisine qui fleure bon les parfums de la montagne. Les cèpes sont cueillis à l'automne dans la forêt, les chuletas (40€ pour 2), côtes d'agneau grillées (13€), proviennent des troupeaux qui paissent aux alentours. Assiette du montagnard 11€ (ventrèche, saucisse confite, piperade et frites), menus 20 et 28€, à déguster devant la cheminée ou en terrasse selon la saison. Un gîte d'étape accueille les randonneurs, et les visiteurs d'un jour peuvent entreprendre une randonnée à pied jusqu'à la falaise des Vautours. ***Itxassou*** *Pas-de-Roland (Laxia), route vers Artzamendi (fléché) Tél. 05 59 29 82 55 Ouvert début fév.-début jan. : midi en fonction de la météo (qui n'est pas forcément la même qu'en bas) Ouvert parfois le soir (téléphoner)*

prix moyens

Auberge chez Tante Ursule Voilà une adresse du Bas-Cambo qui porte bien son nom, tout empreint d'un esprit chaleureux et familial. C'est le petit-fils qui est désormais à la manœuvre, pour une restauration et une hôtellerie sans prétention, mais attentionnée. Un menu-carte à 28€ (moules farcies au chorizo et piquillos, souris d'agneau confite au miel, pain perdu...) et un menu à 18€ (midi), correct et roboratif. Les sept chambres, coquettes, oscillent de 31 à 63€ (2-4 pers). Formule demi-pension 45-105€. Une tranche de douce authenticité, le spectacle du fronton en prime. *Fronton du Bas-Cambo* ***Cambo-les-Bains*** *Tél. 05 59 29 78 23 www.auberge-tante-ursule.com Ouvert tlj. 12h-13h30 et 19h30-21h*

Bellevue Une des pensions de famille historiques de Cambo et une table réputée. Si l'ambiance de la salle manque d'un peu de chaleur, le menu-carte est plutôt convaincant, invitant à un petit tour régional correctement mené (37€). Mais laubaine est surtout dans le menu à 13€ (midi en sem.). Agréable terrasse dominant la Nive, malgré quelques passages de véhicules dans le dos. Côté hôtellerie, les chambres sont simples et confortables, avec jardin, piscine, et une belle vue pour certaines. Selon la saison, double aménagée avec cuisinette de 60 à 80€, et "suite-appart" de 70 à 115€. Petit déj. 7€. ***Cambo-les-Bains*** *(entrée rue des Terrasses ou allée Edmond-Rostand) Tél. 05 59 93 75 75 www.hotel-bellevue64.fr* ***Restaurant*** *Ouvert haute saison : tlj. 12h15-14h et 19h30-21h ; reste de l'année : mar.-mer. et ven.-sam. 12h15-14h et 19h30-21h, jeu. et dim. uniquement midi*

☺ **Rose Enia** Un décorateur de cinéma n'aurait pas de mal à transformer cette somptueuse demeure néo-labourdine en maison hantée par un Nicholson possédé, ou en pavillon de chasse d'une couronne impériale. Bâtie en 1896, et entouré d'un parc aux arbres parfois centenaires, cette maison fut la propriété du professeur Grancher, éminent collègue de Pasteur, qui fit découvrir Cambo et ses thermes à Edmond Rostand. L'intérieur, à l'avenant, vous charmera par son luxe suranné. Du rez-de-chaussée bourgeoisement habillé de boiseries, un escalier virtuose s'envole vers les étages, desservant cinq chambres à la décoration raffinée et dotées de balcons. Double aux prix sages de 75 à 85€ selon la saison (le jacuzzi vous est offert à partir de la 2e nuit). Une table d'hôtes également, autre preuve du goût de la maison pour l'accueil (22€). Et, pour ajouter à l'exceptionnel des lieux, ouverture en 2014 d'une sculpture sylvestre d'acier de 12m de hauteur portant deux cabanes et leur chambrée aérienne. *Av. du Professeur-Grancher Tél. 05 59 93 67 20 www.rosa-enia.com*

☺ **Hôtel-restaurant du Chêne** Cette auberge est une halte appréciable qui, sans être luxueuse, propose une cuisine délicate et savoureuse, et quinze chambres gaies et cosy dans un environnement au charme rural, la montagne en vis-à-vis. La salle de restaurant, chic et rustique, s'accorde à merveille avec la cuisine, qui honore le terroir de façon subtile et créative. Les cuissons et accords sont justes, et les prix "cadeau" au regard de la qualité : menu-carte 30€. Terrasse aux beaux jours. Double de 48 à 65€ selon la saison, petit déj. 7€, option demi-pension 30€/pers. (dîner et petit déj.). Chapeau bas ! ***Itxassou** (4km au sud de Cambo-les-Bains, dans le bourg, à côté de l'église) Tél. 05 59 29 75 01 www.lechene-itxassou.com **Restaurant** Ouvert haute saison : mar.-dim. 12h30-14h et 19h30-22h ; reste de l'année : mer.-dim. 12h30-14h et 19h30-22h Fermé début jan.-mi-fév.*

Meublé bar-restaurant Ondoria À quelques mètres du Pas-de-Roland, au-dessus des eaux tumultueuses de la Nive, le restaurant Teillerie, comme l'appellent les habitants de la région, jouit d'un emplacement de choix. De la tonnelle ou derrière les baies vitrées, le panorama sur la forêt est superbe. La carte, simple et familiale, propose omelettes, plats de viande, poisson ou volaille garnis, à prix modestes. Menus de 17 à 27€, assiette composée 12€. Possibilité de louer de petits appartements refaits à neuf pour 2 à 6 personnes de 53 à 82€/nuit. *Laxia **Itxassou** Tél. 05 59 29 75 39 Ouvert fév.-mi-déc. : tlj uniquement midi*

☺ **Maison Bereterraenea** Cette vieille demeure servait au XVIIe siècle de relais commercial entre les chalands de Bayonne et les muletiers de Pampelune. Devenue une ferme cidricole, elle conserve dans sa vaste cour intérieure un imposant pressoir à pommes. Ses propriétaires l'ont transformée en maison d'hôtes, mais poursuivent la culture de variétés locales anciennes de pommiers : leurs fruits sont pressés à la coopérative Eztigar. À la beauté du site s'ajoutent celle de la maison et l'accueil de la famille Sindera. Chambre double de 68 à 75€, petit déj. inclus. *Hameau d'Arrauntz **Ustaritz** (11km au nord-ouest de Cambo-les-Bains par la D932 dir. Bayonne) Tél. 05 59 93 05 13 Ouvert avr.-oct.*

Domaine de Silencenia À la sortie de Louhossoa, sur la route d'Hélette, cette maison de maître de la fin du XIXe siècle en impose par sa carrure. Un peu comme Philippe, votre hôte, sportif de toujours, et ancien pilier au Racing. Mais c'est une ruralité délicate qui imprègne les lieux : le rez-de-chaussée, habillé de boiseries, a sa salle de billard ; tous les lits ont leurs baldaquins, mais toutes les chambres n'ont pas le même charme.

GAMME DE PRIX	RESTAURATION	HÉBERGEMENT
Très petits prix	moins de 12€	moins de 45€
Petits prix	de 12 à 18€	de 45 à 60€
Prix moyens	de 18 à 25€	de 60 à 100€
Prix élevés	de 25 à 45€	de 100 à 140€
Prix très élevés	plus de 45€	plus de 140€

Faites votre choix, puis profitez du parc et de son petit lac, ou faites un plongeon dans la piscine. Table d'hôtes 30€, vin compris (belle cave !). Double 90€, appartement chic 840€/sem. pour 2 personnes, 1 220€ pour 4. *Haranaldia* ***Louhossoa*** *Tél.* 05 56 93 35 60 *www.domaine-silencenia.com*

prix élevés

Hôtel Laurent Rodriguez L'ancien troisième ligne du XV de France a eu la bonne idée de reprendre un vieil hôtel en déshérence et d'en faire une adresse simple et moderne. Seize chambres de 70-80€ à 90-110€ selon la saison, et une brasserie au rez-de-chaussée avec une carte métissée trattoria et basque (menu du jour 13€, carte 25-30€). On ne peut pas vraiment parler de gastronomie ni de charme, mais voilà la halte bien tenue et fonctionnelle qui manquait au centre de Cambo. *31-33, allée Anne-de-Neubourg Tél.* 05 59 59 38 10

Cabanes Legordia Borda Ces jolies cabanes perchées dans les arbres, au cœur de la forêt basque, ont un charme très particulier, qui les distingue des nombreux hébergements de ce genre qui se développent en France. Sur ce domaine familial isolé, Sue et Frédéric Jeanniot ont créé trois cabanes dont la décoration et le moindre détail ont été soigneusement pensés. Ils proposent également une savoureuse cuisine à base des légumes et fruits de leur potager (totalement exempt de chimie), ainsi que de produits bio et locaux. Nuit pour 2 personnes de 125 à 155€, copieux "panier" d'hôtes 25€, petit déj. 9€. *Route de l'Artzamendi* ***Itxassou*** *Tél.* 05 59 29 87 83 *www.legordia.fr*

HASPARREN HAZPARNE 64240

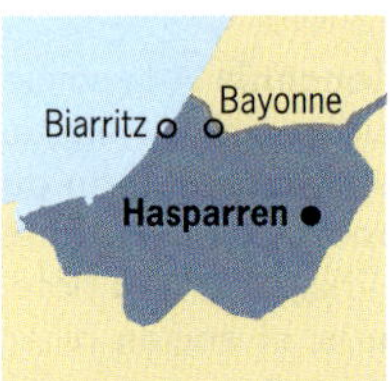

L'étymologie de Hasparren (*haitz barne*, cité des chênes) évoque les chênaies qui couvraient jadis ce paysage doucement vallonné. Le village exploitait le chêne pour son tanin, avec lequel on traitait les peaux. Les coteaux, modelés par le pâturage, présentent aujourd'hui un tout autre aspect. Les routes de campagne traversent des villages agricoles comme Mendionde, Macaye et Louhossoa, organisés autour de leur église rurale et des vieilles pierres d'un cimetière sans âge. À Hasparren, il reste peu de traces de l'industrie florissante de la chaussure, qui employa jusqu'à 3 000 ouvriers au début du XXe siècle. La ville s'intéresse davantage à son riche passé préhistorique, qu'elle a en commun avec le pays d'Arberoue, en Basse-Navarre.

LE FROMAGE DE BREBIS AOC OSSAU-IRATY La zone de cette appellation, soudée par une même tradition pastorale, s'étend des coteaux basques jusqu'aux montagnes basco-béarnaises. Le lait provient de l'une des trois races de brebis spécifiques au terroir : la brebis manech tête rousse (dans la région des coteaux basques), la manech tête noire, aux cornes spiralées (dans les montagnes basques), et enfin la basco-béarnaise, au chanfrein busqué et aux longues cornes (des montagnes du Béarn jusqu'au pic du Midi d'Ossau). La fabrication obéit à un rituel très précis, de la traite, de décembre à juillet, jusqu'à l'affinage. Une fois le lait caillé, égoutté, moulé et pressé, on sale les tommes avec du gros sel ou de la saumure. Pendant l'affinage, elles sont régulièrement brossées et retournées. Les palais contemporains préfèrent le fromage mi-sec, affiné de deux à quatre mois. Les anciens l'appréciaient beaucoup plus mature, jusqu'à un an de vieillissement.

MODE D'EMPLOI

accès

EN VOITURE

À 25km au sud-est de Bayonne sur la D21 (sur l'A64, sortie 3 Briscous) et 10km au nord-est de Cambo-les-Bains par la D10.

EN CAR

Réseau interurbain des Pyrénées-Atlantiques La ligne 813 Bayonne/Cambo-les-Bains marque l'arrêt à Hasparren. *Tél. 0 800 64 24 64 (lun.-ven. 8h30-18h30) www.transports64.fr*

informations touristiques

Office de tourisme Des informations sur les randonnées pour gravir le mont Ursuya dans le topoguide *Nive, Adour, Ursuya : 39 balades et randonnées pédestres* (en vente 8€ sur place). Quelques fiches de randonnées pédestres et équestres à télécharger sur le site Web. *2, pl. Saint-Jean Tél. 05 59 29 62 02 www.hasparren-tourisme.fr Ouvert juil.-août : lun.-sam. 9h-19h, dim. 10h-12h30 ; sept.-juin : lun.-ven. 9h-12h et 14h-18h, sam. 9h-12h*

accompagnateur en montagne

Jean-Luc Chrisostome Descente à vélo ou en trottinette tout-terrain du massif du Baïgura (26-32€). *Base de loisirs de Baïgura* ***Mendionde*** *(sur la D119) Tél. 05 59 37 69 05 ou 06 08 88 28 11 www.loisirs-paysbasque.com*

marché, fêtes et manifestations

Marchés *Pl. des Tilleuls et Saint-Jean* ***Hasparren*** *Marché traditionnel Mar. (tous les 15 jours en basse saison) Marché de produits fermiers Sam.*

Fêtes d'Hasparren Fêtes patronales avec feu de la Saint-Jean, banquets, concerts, bal et *mutxiko* (danse de groupe), pelote. *Autour du 21 juin*

EHZ Festibala Le festival Euskal Herria Zuzenean ("le Pays basque en direct") est le plus grand rassemblement du Sud aquitain dédié aux musiques actuelles et aux cultures urbaines, ici complétées de la scène basque. Accueille les tournées des grands groupes internationaux de la pop, du rock et de l'electro. Également une programmation en danse, théâtre, cirque, etc., ainsi que des ateliers, des stands militants et des débats. Près de 15 000 spectateurs sur trois jours. *Domaine Garroa* ***Mendionde*** *http://ehz-festibala.eu Fin juin*

Championnat d'Irrintzina L'irrintzina est le cri d'appel des bergers en montagne. Formé des racines "irri", le rire, et "intzina", la plainte, il est aussi cri de joie. Sa modulation aiguë peut durer plus de 20 secondes pour un son final lancé plus arrondi. *Quartier d'Urcuray Fronton* ***Hasparren*** *Début août*

DÉCOUVRIR

Hasparren et ses environs

☆ **Les essentiels** La chapelle du Sacré-Cœur **Découvrir autrement** Rencontrez la scène des musiques actuelles basques au festival EHZ, parcourez le sentier sculpturel de Marmau, découvrez l'activité pastorale sur le mont Ursuya

Sans patrimoine majeur, excepté la chapelle du Sacré-Cœur, Hasparren n'en possède pas moins le charme de ces petites villes carrefours de pays ruraux, où l'on prend le temps de vivre. Les admirateurs de Francis Jammes remarqueront, à l'entrée du bourg en venant de Bayonne, la maison Eyhartzea, où le poète, dramaturge et romancier s'installa en 1921 et où il vécut jusqu'à sa mort, en 1938. Il repose dans le cimetière d'Hasparren.

☆ **Chapelle du Sacré-Cœur** Il ne faut pas se fier à l'aspect extérieur quelconque de cette chapelle reconstruite en 1928 sur un édifice primitif élevé vers 1840. L'intérieur abrite une étonnante architecture néo-Renaissance et de riches ornementations inspirées du style Art déco. Le chœur, surélevé et entièrement recouvert d'une éblouissante mosaïque représentant un christ en majesté, est éclairé par une verrière ; et les murs de la nef sont ornés de fresques représentant une procession de saints peinte par un élève de Léon Bonnat. *Route des Missionnaires*

Sentier sculpturel Ce sentier de randonnée de 5km court à travers les doux vallons de la lande communale de Marmau, parsemée de sculptures

Produits du terroir

Charcuterie, viande

Aubard (Bayonne) 76
Montauzer (Bayonne) 77
Pierre Ibaïalde (Bayonne) 81
Charcuterie Ospital (Hasparren) 204
Ferme Elizaldia (Gamarthe) 216
Pierre Oteiza (Aldudes) 231
Fumoir de la Vallée (Bidarray) 237
Elvira (Vitoria-Gasteiz) 411
Embutidos Artziniega (Artziniega) 426
Carniceria Viuda de Olano (Beasain) 535

Poisson

Les truites de Banca (Banca) 230
Fumoir de la Vallée (Bidarray) 237
Conservas Ortiz (Ondarroa) 595

Épices, épiceries fines

Maison Arostéguy (Biarritz) 120
Maison Bipertegia (Espelette) 185
Ttipia (Espelette) 185
Ibaxa (Roncal) 359
Victofer (Vitoria-Gasteiz) 411
Casa Calvo (Irún) 437
Aitor Lasa (San Sebastián) 451

Fromage

Douceurs

monumentales contemporaines. Les propositions plastiques se renouvellent chaque saison dans un registre éclectique, de la figuration classique au land art. Accès libre, visites guidées et contées en été (juin-sept. lun. soir) et autres animations. *Quartier Elizaberri (accès via la D622) http://marmau.eklablog.com Ouvert mai-début sept.*

● Où composer un panier gourmand ?

Charcuterie Ospital Perpétuant fièrement la tradition artisanale basque, la famille Ospital produit et commercialise toute une gamme de charcuteries et de plats cuisinés, dont de fameux jambons (21,40€ le kg) et saucissons (27,85€ le kg) Ibaïona, issus de porcs basques nourris aux céréales sans OGM et affinés 15 à 20 mois. Également des salmis de palombe, magrets, confits et foies gras de canard. *47, rue Jean-Lissar Tél. 05 59 29 64 41 www.louis-ospital.com Ouvert mar.-sam. 7h30-12h30 et 15h-19h30*

Brasserie Etxeko Bob's Beer Bob Worboys a quitté son Angleterre natale pour installer une petite brasserie artisanale à Hasparren. Qu'elles soient blondes, blanches, brunes ou fumées, les bières qu'il élabore sans additif ne sont ni filtrées ni pasteurisées. *69, rue Francis-Jammes Tél. 05 59 29 70 39 www.etxekobobsbeer.fr* ***Boutique*** *Ouvert juil.-août : lun. 8h-16h, mar.-ven. 8h-21h, sam. 14h-21h ; sept.-juin : mar. et ven.-sam. 18h-19h30* ***Visite*** *Mar.-sam. 14-18h, toutes les heures* ***Bob's Bar*** *Ouvert mar.-sam. 14h-21h*

● Découvrir un *gaztetxe*

Ttattola Un *gaztetxe* est une maison des jeunes autogérée. Il y en a une bonne douzaine en Iparralde. Hormis le principe – fondamental – d'autogestion, tous ne se ressemblent pas. Quelques-uns font plus office de lieu de ralliement et de fêtes internes au groupe, d'autres de foyer militant, mais la plupart sont de véritables moteurs de la vie culturelle locale : ouverts à tous, ils affichent une volonté de promouvoir la langue basque et la culture vivante locale. Ttattola, le *gaztetxe* d'Hasparren, fait partie des plus actifs, multipliant concerts, projections, spectacles... *Pl. Harana* ***Hasparren*** *http://ttattola.canalblog.com*

● Partir à l'assaut du mont Ursuya Plusieurs sentiers, décrits dans le topoguide local, permettent d'explorer le massif, sa lande d'ajoncs et de fougères parsemée de bordes (bergeries en pierre sèche) et de troupeaux de brebis témoignant de l'activité pastorale. Au sommet (678m), où gravitent les vautours fauves, subsistent de maigres vestiges d'une occupation protohistorique : quelques terrasses, où furent bâties des fortifications en surplomb de la vallée. Des sentiers bien balisés partent de différents points du massif. De Macaye, Mendionde ou du quartier d'Urcuray, comptez 2h30-3h pour atteindre le sommet, avec des points de vue sur le Baïgura au sud. Le circuit qui part de Celhay (4h) rejoint le sommet en dessinant une large boucle. Un autre itinéraire à partir de Macaye (5h) fait le tour du massif sans passer par le sommet. Tous ces circuits offrent peu d'ombre : pensez à emporter de l'eau et un chapeau.

CARNET D'ADRESSES

Restauration, hébergement

camping

Camping de l'Ursuya Un camping simple, sans location de caravanes ni piscine (mais eau chaude à volonté), bénéficiant d'admirables points de vue. Le terrain se réduit à une vaste surface herbeuse, plantée de chênes centenaires. Le boulanger passe tous les matins. Comptez environ 12€ pour 2 personnes, une tente et une voiture. ***Hasparren*** *Sur la D152, en direction du hameau de Celhay (Zelay) Tél. 05 59 29 67 57 Ouvert juil.-août*

prix moyens

Maison Berheta Olga et Jacky Druon, vos hôtes, ont amoureusement restauré leur ferme du XVIIe siècle. Les vaches qui broutent dans les champs en face ne leur appartiennent pas mais l'illusion y est ! Les quatre chambres, mansardées, agréablement décorées, ouvrent sur les collines. Calme assuré. Accès indépendant. Double 55€, petit déj. compris. *Hameau de Minhotz (route de la Bastide)* ***Hasparren*** *Tél. 05 59 70 20 04*

Hôtel-restaurant Les Tilleuls Une adresse pratique, en plein centre-ville. Le restaurant fonctionne midi et soir et propose les classiques de la cuisine basque (menus de 14 à 30€). Les dix chambres au standing 2-étoiles sont tout à fait correctes. Un peu plus bas dans la même rue, l'annexe de l'établissement, Le Relais des Tilleuls, dispose de chambres plus spacieuses, avec terrasse privative, et ascenseur. Double 60€ (Les Tilleuls) ou 65€ (Le Relais des Tilleuls), petit déj. 8€. ***Les Tilleuls*** *Pl. de Verdun* ***Le Relais des Tilleuls*** *10, rue Pierre-Brossain* ***Hasparren*** *Tél. 05 59 29 62 20* ***Restaurant*** *Ouvert juil.-sept. : tlj. 12h-14h et 19h30-21h ; oct.-jan., avr.-juin : lun.-jeu. midi et soir, ven. et dim. uniquement midi Fermé fév.-mars*

☺ **Hôtel-Restaurant Argia** Ne pas confondre avec Hegia, la chambre d'hôte précieuse de la famille Daguin du côté du quartier Zelhai (650€ la nuitée, dîner gastronomique compris). Argia n'a pas la même prétention, mais joue néanmoins sa partie dans le même esprit contemporain. Voilà une belle hôtellerie traditionnelle qui évolue dans son époque pour offrir de belles chambres pop et cosy. Double de 56 à 65€ selon la taille et le confort de la salle de bains. La table est plus traditionnelle, avec une cuisine de pays de bon aloi aux accords francs. Carte 30-37€, menu du jour 12€ et formules assiettes 11€. *32, rue Jean-Lissar* ***Hasparren*** *Tél. 05 59 29 60 24 www.hotel-argia.com* ***Restaurant*** *Ouvert haute saison : tlj. 12h15-14h15 et 19h30-22h ; reste de l'année : mar.-sam. midi et soir, dim. uniquement midi Fermé 2 sem. en nov.*

Maison Anderetea Le rez-de chaussée de cette vieille ferme, restaurée de fond en comble, a conservé une dominante rustique. Bien que laissant apparaître des bandes de moellons, les deux chambres ont, elles, opté pour une épure zen. La campagne environnante complétera à merveille un séjour de quasi-retraite méditative. Double de 65 à 85€. *Quartier Greciette* ***Mendionde*** *(entre Mendionde et Bonloc, 7km au sud d'Hasparren) Tél. 05 59 29 14 03 http://anderetea.com*

Sainte-Marie d'Eunate, à Muruzábal (p.400), joyau de l'art roman.

Pelote basque (p.29), pratiquée à main nue ou avec un gant en osier (chistera).

LA BASSE-NAVARRE

V

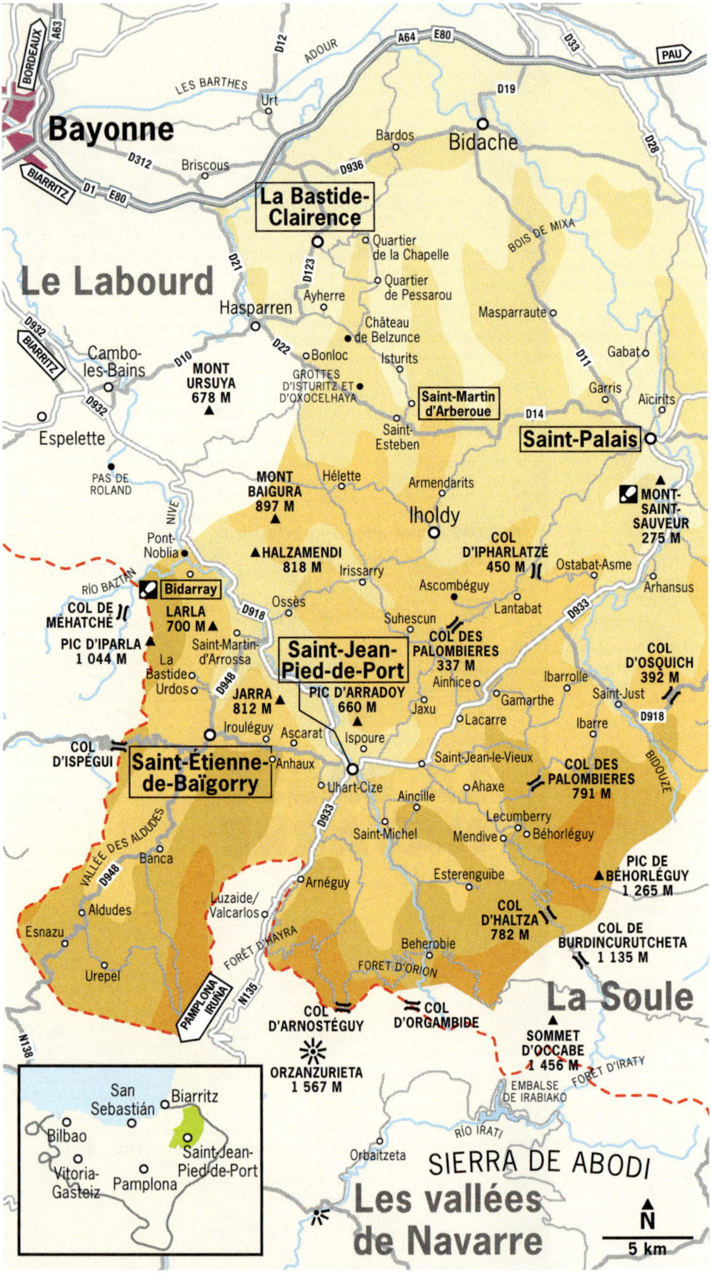
Bayonne
BORDEAUX
A63
BIARRITZ
D1
E80
D312
Briscous
LES BARTHES
Urt
D12
ADOUR
A64
E80
D33
PAU
D19
Bardos
Bidache
D28
D936
La Bastide-Clairence
Quartier de la Chapelle
Quartier de Pessarou
BOIS DE MIXA
D21
D123
Le Labourd
Ayherre
Hasparren
Masparraute
Château de Belzunce
D932
BIARRITZ
Cambo-les-Bains
D10
MONT URSUYA 678 M
D22
Bonloc
Isturits
GROTTES D'ISTURITZ ET D'OXOCELHAYA
Saint-Martin d'Arberoue
D11
Gabat
Garris
Aïcirits
D932
Espelette
Saint-Esteben
D14
Saint-Palais
PAS DE ROLAND
MONT BAIGURA 897 M
Hélette
Armendarits
MONT-SAINT-SAUVEUR 275 M
NIVE
Iholdy
Pont-Noblia
HALZAMENDI 818 M
COL D'IPHARLATZÉ 450 M
Irissarry
Ostabat-Asme
Arhansus
RÍO BAZTAN
Bidarray
Ascombéguy
COL DE MÉHATCHÉ
LARLA 700 M
Ossès
D918
Lantabat
D933
Suhescun
PIC D'IPARLA 1 044 M
Saint-Martin-d'Arrossa
COL DES PALOMBIERES 337 M
La Bastide
Urdos
D948
Saint-Jean-Pied-de-Port
COL D'OSQUICH 392 M
Ibarrolle
Aïnhice
JARRA 812 M
PIC D'ARRADOY 660 M
Gamarthe
Saint-Just
Jaxu
D918
Irouléguy
Lacarre
Ibarre
COL D'ISPÉGUI
Ascarat
Ispoure
Saint-Étienne-de-Baïgorry
Anhaux
Saint-Jean-le-Vieux
COL DES PALOMBIERES 791 M
BIDOUZE
Uhart-Cize
Ahaxe
Aincille
D933
Lecumberry
VALLÉE DES ALDUDES
Saint-Michel
Mendive
Béhorléguy
D948
Banca
Esterenguibe
PIC DE BÉHORLÉGUY 1 265 M
Arnéguy
Aldudes
Luzaide/Valcarlos
COL D'HALTZA 782 M
COL DE BURDINCURUTCHETA 1 135 M
Esnazu
FORÊT D'HAYRA
Beherobie
Urepel
FORÊT D'ORION
PAMPLONA IRUÑA
N135
La Soule
COL D'ARNOSTÉGUY
COL D'ORGAMBIDE
SOMMET D'OCCABE 1 456 M
N138
ORZANZURIETA 1 567 M
FORÊT D'IRATY
EMBALSE DE IRABIAKO
San Sebastián
Biarritz
Bilbao
Saint-Jean-Pied-de-Port
Vitoria-Gasteiz
Pamplona
RÍO IRATI
Orbaitzeta
SIERRA DE ABODI
Les vallées de Navarre
N
5 km

★ SAINT-JEAN-PIED-DE-PORT DONIBANE GARAZI 64220

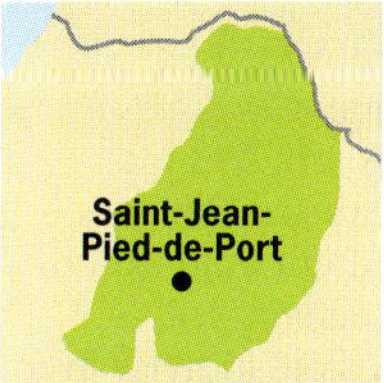

Au carrefour des voies jacquaires, Saint-Jean-Pied-de-Port est la dernière étape française avant le franchissement des Pyrénées. Un village fortifié, établi au XIIe siècle par les rois de Navarre au "pied du port" (ou col) donnant accès à Roncevaux. La ville médiévale, repliée derrière ses remparts, a conservé son plan parcellaire et ses maisons en grès rose d'Arradoy. Elle était le chef-lieu des *tierras de ultrapuertos*, ces "terres d'outre-ports" du royaume de Navarre. Les visiteurs viennent y flâner en nombre, et il semble loin, le temps où seul le bruit des sandales des pèlerins venait perturber le train-train quotidien des habitants... Saint-Jean-Pied-de-Port est aussi la capitale du pays de Cize (Garazi), patchwork de forêts, de landes, de vignobles, de champs et de pâturages. En montagne ou dans la campagne, une myriade de producteurs talentueux vous ouvrent leurs portes pour vous faire partager leurs savoir-faire. Le GR®10, le GR®65 et les chemins de randonnée tracés par les communes offrent bols d'air pur et balades vivifiantes, entre pottoks et brebis.

LA BASSE-NAVARRE La plus grande des trois provinces d'Iparralde (ou Pays basque nord) est coincée entre ses voisines labourdine et souletine. Comme le Labourd, elle s'adosse aux Pyrénées pour s'étirer en pente douce jusqu'aux rives de l'Adour. Les sommets pyrénéens atteignent ici des hauteurs respectables – le point culminant, le sommet d'Occabe, s'élève à 1 456m. Longtemps convoitée par la France, la Castille et l'Aragon, la province connut une histoire mouvementée au fil des alliances politiques et des jeux de succession. Elle constitua au demeurant un royaume uni, à cheval sur les Pyrénées et ayant Pampelune pour capitale, du XIe au XVIe siècle. Coupée en deux en 1530, elle verra sa partie nord définitivement rattachée à la France avec l'accession au trône d'Henri IV, fils de Jeanne d'Albret (reine de Navarre). L'influence ibérique se perçoit au sud de la province dans l'architecture de certaines maisons, couvertes d'un toit à quatre pentes. Par ailleurs, l'*etche* bas-navarraise ressemble à celle du Labourd, maison chaulée d'un seul volume, coiffée d'un toit à double pente à auvent débordant. La façade toutefois, très sobre, n'arbore

Tableau kilométrique

	Saint-Jean-Pied-de-Port	Irouléguy	Saint-Palais	Bidarray
Biarritz	58			
Saint-Palais	31	38		
Bidarray	19	19	38	
Pamplune	75	80	107	93

ni colombages, ni encorbellement, ni *lorio*. Elle privilégie l'usage de la pierre, appareillée le long des murs d'angle et autour des portes et fenêtres. L'encadrement en pierre de la porte se prolonge habituellement aux contours de la fenêtre située juste au-dessus, créant cet effet de "bouteille" si caractéristique de la province.

UNE TRADITION PASTORALE L'activité pastorale a profondément façonné les paysages et les modes de vie au Pays basque. Les communautés de bergers, tributaires des mêmes terres, ont très tôt échafaudé les règles de jouissance commune de la montagne. De ces droits coutumiers découlent nombre de ceux qui régentent aujourd'hui la vie pastorale. Les actuelles commissions syndicales en sont les héritières. Ces collectivités gèrent un territoire en propriété indivise avec charge de l'équiper en pistes et accès, acheminement d'eau, abreuvoirs, etc. Elles fixent le jour de la transhumance, généralement début mai, que les bergers entreprennent à pied ou en camion. Le retour s'effectue en novembre, avec les premiers froids. En estive, la vie s'organise autour de l'*etxola* (ou *cayolar*), la cabane du berger où ont lieu la traite des brebis, l'entretien du troupeau et la fabrication des fromages. Les commissions syndicales s'occupent aussi de questions centrales pour la pérennité des activités agropastorales, comme le développement durable, la protection de l'environnement, la cohabitation avec le tourisme. Leurs fonds proviennent des taxes de pacage, de la vente du bois et de la location des cols de chasse à la palombe. Les commissioins syndicales les plus importantes sont celles des pays de Cize, de Baïgorri, d'Oztibarre et de Soule.

MODE D'EMPLOI

accès

EN VOITURE

À 53km au sud-est de Bayonne, à 8km de l'Espagne par les D918 (sur l'A63, sortie Bayonne puis D932) ou D933 (sur l'A64, sortie Salies-de-Béarn). La vieille ville, qui se déploie sur les rives de la Nive, est interdite à la circulation. Se garer au parking proche de l'OT et de la porte de Navarre, ou bien au sud de l'autre côté de la Nive, autour du marché couvert et le long des remparts près de la porte d'Espagne. Également un parking à côté de la gare, dans la ville moderne, ou au Jaï-Alaï, à côté de l'aire pour camping-cars. La citadelle domine la vieille ville du haut d'une colline à l'est.

EN TRAIN, EN CAR

SNCF Liaison TER directe de Bayonne via Cambo-les-Bains. Un très joli parcours, qui épouse le cours de la Nive, surplombe les gorges du Pas-de-Roland et traverse de splendides paysages. *Tél. 3635 www.voyages-sncf.com*

Gare SNCF *Rue du 11-Novembre (à quelques minutes à pied de la ville intra-muros) Tél. 3635 www.voyages-sncf.com*

Transports 64 Ligne 810 au départ de la gare pour Saint-Palais, et sur demande par téléphone pour Saint-Étienne-de-Baïgorry (à réserver au plus tard la veille avant 17h). *Tél. 0 800 64 24 64 (lun.-ven. 8h30-18h30) www.transports64.fr*

Conda De juin à septembre et pendant la semaine sainte, un ou deux départs quotidiens pour Pampelune (10€) avec arrêt à Valcarlos et Roncevaux (2€). Départ route d'Uhart (au bas de la place des Remparts). *www.autobusesdenavarra.com*

informations touristiques

Office de tourisme Il distribue un plan découverte de la ville, et vend le topoguide 55 *balades et randonnées en Pays basque*. Six parcours de visite guidée, dont un nocturne (en juil.-août, sur rés. le reste de l'année, tarif 4€, nocturne 7€). *14, pl. Charles-de-Gaulle Tél. 05 59 37 03 57 www.saintjeanpieddeport-paysbasque-tourisme.com Ouvert lun.-sam. 9h-12h et 14h-18h*

marchés et manifestations

☆ ☺ **Marché** Le grand événement hebdomadaire des pays de Cize et Baïgorri réunissant les producteurs des environs. Stands d'alimentation et gastronomie jusqu'à 13h au marché couvert, autres étals toute la journée place Charles-de-Gaulle. Une partie de pelote à main nue clôture cette journée (17h, trinquet Garat, ou 16h de nov. à mars) *Pl. Charles-de-Gaulle Lun. (ou mar. si lun. férié)*

Grand chistera *Fronton municipal Av. du Fronton Mi-juin-mi-sept. ven. à 17h Tarif 9€, moins de 15 ans gratuit*

La Noce basque Reconstitution d'une noce basque façon 1900. Défilé de 250 figurants en costume derrière un attelage de bœufs transportant les meubles de la mariée à travers la ville, et fin des festivités au fronton, pour le repas de la noce et les danses. *Vers le 20 juil. Tarif 9€, moins de 12 ans gratuit*

DÉCOUVRIR

☆ Les essentiels Le marché hebdomadaire du lundi, le centre historique
Découvrir autrement Baladez-vous sur les remparts, faites une pause apéritive à la terrasse du Ttipia, initiez-vous à la pelote basque

Saint-Jean-Pied-de-Port

☆ **Centre historique** Il a gardé son cachet médiéval, ses ruelles pavées en pente raide, ses remparts en grès rose percés de portes en arc brisé. Pour y pénétrer sur les pas des pèlerins, il faut passer par la porte Saint-Jacques, sur la route d'Ostabat. À gauche, une rampe donne accès à la citadelle. En face s'engage la rue de la Citadelle, encadrée de maisons en grès rose ou gris. Au n°32, la maison Arcanzola porte la plus ancienne épigraphe (1510) : avec ses pans de bois et son remplage de briques, elle fait figure d'exception. La rue aboutit au parvis de l'église Notre-Dame-du-Bout-du-Pont, de style gothique rayonnant (XIVe s.), adossée aux remparts. En passant sous le clocher, vous traversez la porte Notre-Dame, toujours dotée d'une herse et de vantaux en bois, pour arriver au bord de la Nive. Reculez-vous un peu jusqu'au pont Neuf, afin de mieux apprécier le point de vue sur le pont Notre-Dame, les fragiles balcons de bois accrochés aux vieilles façades au-dessus de la rivière,

BALADE SUR LES REMPARTS
Près de la porte de Navarre, quelques marches conduisent à l'étroit chemin de ronde, qui parcourt une bonne partie des murs de la ville. D'un côté, les meurtrières ménagent des perspectives sur le pays de Cize ; de l'autre, vous dominez les jardins des maisons de la rue de la Citadelle.

la colline de la citadelle. Pour une balade au fil de l'eau, longez l'allée d'Eyheraberry jusqu'au pont romain (1640) qui enjambe la Nive en amont. La rue d'Espagne poursuit l'axe principal vers le sud. Les linteaux de ses maisons d'artisans évoquent la profession de leurs propriétaires. Au bout s'ouvre la porte d'Espagne : Roncevaux, étape mythique du chemin de Compostelle, n'est plus alors qu'à 8h de marche.

Citadelle Elle se dresse depuis le XVIIe siècle à l'emplacement du château des rois de Navarre. Le bâtiment abrite un collège. Vous pourrez vous promener le long des murs pour profiter du panorama grandiose sur la plaine de Cize (table d'orientation). De la porte de l'Échauguette, contre le chevet de l'église Notre-Dame, un escalier de 269 marches grimpe jusqu'à la citadelle en longeant les remparts. *Visite guidée de la citadelle en juil.- août : lun. et mer. à 14h30 (rens. à l'OT)*

Prison des Évêques C'est là que s'établit, pendant le Grand Schisme d'Occident, le siège de l'évêché de Bayonne, rattaché au pape d'Avignon. Le jardin à l'arrière conduit à la prison : un bâtiment médiéval, composé de cellules disciplinaires et, au sous-sol, d'une salle gothique sous une voûte en ogive. Ces lieux servirent de prison de 1795 – bien après le départ des évêques ! – jusqu'à l'occupation allemande de la dernière guerre. Évocation des chemins de Saint-Jacques au Moyen Âge, et accès gratuit à l'étage pour les expositions temporaires (art plastique et culture basque). *41, rue de la Citadelle Tél. 05 59 37 00 92 Ouvert juil.-août : tlj. 10h30-19h ; sept.-juin : mer.-lun. 11h-12h30 et 14h30-18h30 Tarif 3€, moins de 14 ans gratuit*

Où savourer l'idéal ?

Barbier-Millox L'enseigne annonce "le roi du gâteau basque". Ça se discute. Mais il est un gâteau où, sans conteste, la maison Barbier-Millox Artizarra règne au moins jusqu'aux limites de la Haute-Marne, c'est l'"idéal chaumontais". Lointaine cousine du russe oloronais d'Artigarrède (p.301), cette meringue aux amandes et crème au beurre pralinée croustille et fond à la fois. *17, rue d'Espagne Tél. 05 59 37 22 42 Ouvert tlj. 8h-13h et 14h-19h Autre adresse 12, av. Renaud*

Où déguster eaux-de-vie et irouléguy ?

Domaine Étienne Brana Cette famille de distillateurs (depuis 1897) s'est d'abord taillé une réputation dans la fabrication artisanale d'eaux-de-vie de fruits - dont un divin nectar aux poires Williams. Dans les années 1980, Étienne Brana se lance dans le vin en relevant un défi : améliorer la qualité des irouléguys. Sur les flancs de l'Arradoy, striés de 22ha de vignes, se détache la belle tour en grès rose du domaine. Sur place, dégustation des fameux rouges et blancs - profitez-en pour faire la connaissance des eaux-de-vie. ***Distillerie*** *3bis, av. du Jaï-Alaï Tél. 05 59 37 00 44 www.brana.fr* ***Domaine et chai*** *Ouvert* *juil.-août : tlj. 10h30-13h et 14h30-19h30 ; sept.-juin : sur rdv (se rendre au 6, rue de l'Église ou au 3 bis, av. du Jai-Alaï)* **Domaine et chai d'Ispoure** *(après le pont sur l'Arzuby, ou de la D918, croiser la Nive et suivre la route qui longe la voie ferrée jusqu'au domaine)*

● Où faire une pause déjeuner ou apéritive ?

Café Ttipia Cette brasserie à l'ambiance bodega a deux atouts : sa terrasse sous les platanes en bord de Nive et l'honnête rapport qualité-prix de sa cuisine sans fioriture. Tapas 3€, boudin de pays 8€, poisson du jour, desserts maison... *2, pl. Floquet (rive sud, contre le pont) Tél. 05 59 37 11 96 Ouvert avr.-déc. : jeu.-mar. matin et soir ; jan.-fév. : jeu.-lun. matin et soir Fermé 20 nov.-10 déc.*

Xilintxa Saint-Jean-Pied-de-Port n'est pas réputée pour son animation nocturne. Le pèlerin en a sans doute suffisamment son soûl pour ne pas s'ajouter une tournée des grands ducs. Reste la jeunesse locale, qui se retrouve en soirée dans ce bar multiculturel, où se croisent aussi sympathisants de la cause basque et autres *albertzale* ("patriotes"). Assiettes roboratives à base de produits locaux (9€, menu 15€) et concerts, généralement le vendredi. *1, pl. du Trinquet Tél. 05 59 37 01 55 Ouvert tlj. 10h-2h*

● Louer un VTT

Cycles de Navarre Pour s'aventurer sur les sentiers balisés de la région. Comptez 12€, que cela soit pour une heure ou la journée (casque fourni). *Route de Bayonne* **Uhart-Cize** *(sortie de l'agglomération de Saint-Jean-Pied-de-Port, à l'embranchement vers Saint-Étienne-de-Baïgorry) Tél. 05 47 86 90 13 Ouvert lun.-ven. 8h30-12h et 14h-19h Ouverture aléatoire le sam. 8h30-12h, téléphoner*

● Devenir pilotari

☺ **Goizeko Izarra** Initiation de 1h30 à la pratique de la pelote basque : main nue, chistera, *paleta gomme*. Rendez-vous les mardi, mercredi et jeudi à 10h30, 14h30 ou 15h45. Profitez-en, l'occasion est rare d'accéder aussi simplement à un premier apprentissage. *Trinquet Garat Tél. 06 03 28 17 21 Ouvert juil.-août Tarif 10€, moins de 12 ans 8€*

Les environs de Saint-Jean-Pied-de-Port

☆ **Les essentiels** La vallée de Compostelle, le centre d'interprétation des stèles discoïdales, la route des Crêtes, **Découvrir autrement** Parcourez à cheval le sentier des contrebandiers, initiez-vous à la pêche dans l'une des plus belles rivières de France... et de Navarre

☆ La vallée du chemin de Saint-Jacques

Trois des quatre principales voies de Saint-Jacques se réunissent à Ostabat-Asme (p.248) et convergent vers Saint-Jean-Pied-de-Port. La D933 vers Saint-Palais croise ainsi nombre de villages nés de ce pèlerinage – anciens prieurés, commanderies – et une croix de carrefour médiévale à **Galzetaburu**, à mi-chemin entre Soule et Labourd. Capitale du pays de Cize du XIe au XIIIe siècle, **Saint-Jean-le-Vieux** constituait l'étape la plus importante de la vallée, avant la démolition de son château par Richard Cœur de Lion au XIIe siècle et la fortification de sa nouvelle voisine Saint-Jean-Pied-de-Port.

Saint-Jean-le-Vieux Les Romains furent les premiers à s'intéresser à sa situation, au pied des cols pyrénéens : ils y établirent un camp militaire, contrôlant la voie menant de Dax à Pampelune. Un musée archéologique, à côté des vestiges du camp et des thermes, expose les objets mis au jour par les fouilles. *5km à l'est de Saint-Jean-Pied-de-Port par la D933* **Musée du Camp romain** *Tél. 05 59 37 09 10 (mairie) Ouvert juil.-août : visite commentée (2€, réduit 1€) lun., mer., ven. à 16h ; mi-juil.-mi-août : visites avec animations (3,50€, réduit 2,50€) mar., jeu. à 10h et 16h ; hors saison : sur rdv pour les groupes de 5 pers. minimum*

☺ **Chapelles de Saint-André de Bascassan et de Sainte-Croix d'Alciette** Installées de part et d'autre de la D18, à quelques kilomètres de distance, ces chapelles jumelles du début du XVIIe siècle conservent d'émouvantes peintures naïves. Un petit détour par la D117 vous conduira à Behorléguy, village entouré de pâturages accroché au massif des Arbailles. L'architecture de ses maisons et son aspect montagnard annoncent déjà la Soule toute proche. *5km au sud de Saint-Jean-le-Vieux, par la D18, dir. Mendive*

Mont d'Arradoy (660m) En suivant la D22 en direction de Jaxu, on emprunte, à gauche après le pont, une route qui grimpe sur les flancs de l'Arradoy. Suivez-la jusqu'au bout, vous arriverez à une aire de détente agrémentée d'une table panoramique. Le regard embrasse la chaîne des Pyrénées et les vallées des ports de Cize. Un raidillon permet ensuite d'atteindre le sommet en un peu plus d'une heure, entre des châtaigniers et de malingres chênes tauzins. La vue peut néanmoins y être masquée par la végétation… *5km au nord de Saint-Jean-le-Vieux*

Col des Palombières Après Jaxu, toujours sur la D22, à la hauteur de Garatéa, prenez la direction de Lantabat-Saint-Martin. Cette route de campagne sinueuse croise des installations de chasse camouflées par des branchages et plusieurs hameaux. Juste après le col, les amateurs de vieilles stèles prendront à gauche vers **Ascombegui** : quelques fermes épargnées par le temps, une chapelle et un cimetière aux stèles du XVIIe siècle les attendent.

☆☺ **Centre d'interprétation des stèles discoïdales et de l'art funéraire basque** Cet espace d'exposition présente de somptueux spécimens de stèles du XVIe au XIXe siècle, rassemblées dans les années 1950 par l'Abbaye de Belloc, disposées sous un auvent protecteur. En complément, une salle vidéo présente l'art et les rites funéraires locaux à travers les valeurs de la société villageoise et familiale basque. Une visite recommandée pour son intelligent didactisme. *Eliza* ***Larceveau-Arros-Cibits*** *(12km au nord-est de Saint-Jean-le-Vieux, sur la D933, dir. Saint-Palais) Tél. 05 59 37 81 92 (mairie) www.lauburu.fr Ouvert tlj. 9h-20h*

Sur le chemin de Saint-Jacques-de-Compostelle

Partez en Navarre sur les traces des pèlerins en suivant l'étape de Saint-Jean-Pied-de-Port jusqu'au monastère de Roncevaux par le col d'Ibañeta. Premier itinéraire culturel européen, le chemin des Étoiles est inscrit au patrimoine de l'Unesco (p.218).

Étape Saint-jean-Pied-de-Port-Roncevaux

De Saint-Jean-Pied-de-Port, prenez d'abord la direction de Saint-Michel ; vous trouverez ensuite rapidement la direction de Roncevaux. La première partie de l'itinéraire emprunte l'ancienne route Napoléonienne, autrefois passage du commerce de l'or et de l'étain entre l'Orient et l'Occident. Cette route est aujourd'hui goudronnée jusqu'au col de Bentarté. Cela n'enlève rien à la beauté de ces paysages pastoraux, toujours parcourus par les bergers de Cize emmenant paître leurs troupeaux de brebis et de pottoks. Passé le col de Bentarté, une large piste de terre vous conduira au col de Lepoeder, pour enfin plonger sur Roncevaux sous le couvert d'une magnifique forêt de hêtres.

Accès *Se garer à Saint-Jean-Pied-de-Port, porte d'Espagne*

Parcours *AR Durée 8h*

Dénivelée *1 300m De St-Jean-Pied-de-Port (150m), parcours en montagne traversant le col de Bentarté (1 344m) et le col de Lepoeder (1 430m) Roncevaux (952m)*

Difficulté *Itinéraire pour marcheur entraîné*

Balisage *Il se présente sous toutes les formes ; point, trait, flèche et inscriptions toujours en jaune. La fréquence des marques est très élevée, offrant un grand confort d'orientation*

Recommandations *Attention, les conditions météorologiques peuvent rendre le passage des deux cols très difficile. Il est donc indispensable de consulter les services météorologiques ou de se renseigner auprès de l'association jacquaire locale*

Hébergement et restauration
cf. La vallée de Roncevaux (p.352)

Auberge de jeunesse *Roncevaux*
Tél. (00 34) 948 76 03 02

Auberge des pèlerins *Roncevaux*
Tél. (00 34) 948 760 000

Hôtel-restaurant La Posada
Route de France **Roncevaux**
Tél. (00 34) 948 760 225

Pension Casa Sabina *Route de Pampelune Km48* **Roncevaux**
Tél. (00 34) 948 76 00 12

Renseignements *OT de Saint-Jean-Pied-de-Port Tél. 05 59 37 03 57 OT de Roncevaux Tél. (00 34) 948 76 03 01 Association des Amis de Saint-Jacques-de-Compostelle 39, rue de la Citadelle* **Saint-Jean-Pied-de-Port** *Tél. 05 59 37 05 09 VVF Villages au bord du chemin de Saint-Jacques-de-Compostelle Tél. 05 59 37 06 90*

Bibliographie *Topoguide FFRP réf. 653 Sentier de Saint-Jacques, Moissac à Roncevaux*

Col d'Osquich La D918 de Larceveau à Mauléon parcourt de splendides paysages de montagne. À **Saint-Just-Ibarre** débute une très jolie randonnée jusqu'aux sources de la Bidouze (3h, départ de l'aire de pique-nique située au bord du cours d'eau, fléché). À proximité du col d'Osquich, il n'est pas rare d'observer le vol stationnaire des grands rapaces scrutant la montagne. *20km au sud-est de Saint-Jean-le-Vieux*

● Où faire des provisions de charcuterie fine ?

Mayté La maison affiche 130 ans au compteur et perpétue un savoir-faire reconnu. Du canard, du gibier, des conserves de plats traditionnels - et, bien sûr, le porc basque sous toutes les coutures, dont le fameux jambon Ibaïona. Visite des séchoirs et dégustation gratuite. *Le bourg* ***Saint-Jean-le-Vieux*** *Tél. 05 59 37 10 02 www.charcuterie-mayte.com* ***Boutique*** *Ouvert lun.-ven. 8h-12h30 et 14h-19h15, sam. 8h-12h30 et 14h30-19h* ***Visite*** *Juil.-août : lun.-sam. 10h-12h et 14h-18h ; le reste de l'année : lun.-ven.*

Ferme Elizaldia La charcuterie aux nombreuses distinctions, le lomo et les confits que l'on achète à la boutique, mais aussi sur de nombreux marchés de la région, proviennent tous de l'élevage fermier. ***Gamarthe*** *(10km au nord-est de Saint-Jean-Pied-de-Port, par la D933 dir. Saint-Palais) Tél. 05 59 37 23 50* ***Boutique*** *Ouvert lun.-ven. 8h-12h30 et 14h-18h30, sam. 8h-12h et 14h-17h*

● Où boire un cidre avec les laminak ?

☺ **Jatsuko Sagar Arnoa** Les flacons produits par ce domaine vont du simple assemblage de quinze variétés de pommes locales au cidre de garde, un nectar s'apparentant au sagarno d'Hegoalde, plus vin de pomme que cidre. Pour compléter cette belle palette, de vieilles vignes fournissent un irouléguy confidentiel et un vin doux naturel baptisé Joko (le jeu en basque). Car ici, on aime jouer, ou plutôt expérimenter. Mais aussi partager : un bistrot paysan sert des assiettes simples de produits bio ou Idoki, et se transforme certains soirs en cabaret. En juillet et août (mer. et ven.), vous êtes invité à une balade nocturne sur les traces des laminak, farfadets intrigants qui peuplent les contes et légendes du pays. *Domaine Bordatto* ***Jaxu*** *(7km au nord de Saint-Jean-Pied-de-Port par la D22) Tél. 05 59 49 18 22 ou 06 87 44 80 91 http://domainebordatto.com Ouvert avr.-oct. : lun.-ven. 14h-18h Vac. scol. mêmes jours et horaires d'ouverture*

Les ports de Cize

À l'approche de la barrière des Pyrénées, le relief s'élève majestueusement, entaillé par de profondes vallées, autant de passages vers les "ports" pyrénéens. Des routes panoramiques sillonnent ces versants vertigineux, entre landes battues par les vents et sombres forêts de hêtres. À chaque virage, vous risquez de vous trouver nez à nez avec une centaine de brebis, venues passer la belle saison en estive… Ces itinéraires sont à entreprendre par beau temps, pour profiter de points de vue grandioses. Par temps nuageux, la plus grande prudence s'impose : les virages sont serrés et les montagnes ne se révèlent que mètre par mètre.

Vallée de Roncevaux La D933 mène tout droit à Roncevaux en longeant la Nive d'Arnéguy. De l'autre côté de la rivière, on est en territoire espagnol (p.352). De nombreuses *ventas*, façon supermarché, y ont poussé.

UNE VENTA ULTRA-GOURMANDE
Faites un saut en Espagne pour la Venta Arrosagaray ("Maison du jambon"), cette boutique vaut à elle seule le détour pour ses charcuteries et conserves fines. Ramontxo sélectionne, puis suit lui-même l'affinage des *serrano, iberico de cebo* et *bellota*. Autre spécialité à l'exceptionnel rapport qualité-prix : son jambon de truie. **Venta Arrosagaray** *Calle Elizadea* ***Luzaide-Valcarlos Espagne*** *(10km au sud de Saint-Jean-Pied-de-Port, via Arnéguy) Tél. +34 948 79 01 21 http://maison-du-jambon-au-pays-basque.com Ouvert lun.-sam. 8h30-13h et 15h-20h*

À **Arnéguy,** ville à l'architecture navarraise, le pont croise la frontière : la route se poursuit en Espagne, vers Valcarlos (*ventas* traditionnelles) et le col d'Ibañeta, par des gorges fabuleuses. En bifurquant, côté français, sur la D128 vers l'est, on rejoint la route des Crêtes.

☆☺ **Route des Crêtes** Il s'agit du plus ancien passage vers l'Espagne, emprunté tour à tour par les armées romaines, les guerriers francs, les pèlerins, les troupes napoléoniennes (on l'appelle encore route Napoléon) et, de tout temps, par les bergers et leurs troupeaux. À 1 177m, la **D428** passe en contrebas de la redoute du château Pignon, vestige du Castel Peñon élevé par Ferdinand d'Aragon après la conquête de Navarre, en 1512. Au col d'Arnostéguy (1 236m), on aperçoit les ruines de la **tour d'Urkulu,** monument en pierres sèches d'époque augustéenne élevé pour célébrer la soumission des peuples aquitain et ibère à l'Empire romain. Du col, un sentier conduit à la tour (1h30 AR, 3km, 200m de dénivelé). La route s'enfonce ensuite dans la forêt d'Orion, avant de regagner la vallée par Estérençuby (comptez environ 45km pour faire la boucle au départ de Saint-Jean-Pied-de-Port).

Vallée des sources de la Nive La vallée de la Nive de Béhérobie est parcourue par la D301. La départementale surplombe les gorges de Soussignaté, puis rejoint **Estérençuby**, au pied du pic d'Iramendy (866m). Pour gagner les sources, quittez la D301 pour emprunter à droite la D428. Longez la rivière jusqu'au restaurant Les Sources de la Nive ; sur la gauche, un sentier s'engage dans la forêt et mène en une petite demi-heure à la source du cours d'eau. En continuant par la D428, la route traverse la forêt d'Orion ; prenez à la sortie de la forêt la direction du col d'Orgambide. Une piste en cul-de-sac suit la crête des montagnes au sud-est, à 1 000m d'altitude, dans un paysage de landes où seuls s'aventurent les vautours fauves.

● Se promener avec un âne de bât Ancien compagnon du berger transhumant, l'âne est une merveilleuse monture pour initier les enfants dès 3 ans à la randonnée en moyenne montagne. Une formule de plus en plus prisée. Voir également EscapÂne (p.232).
Les ânes de l'Arradoy Cette ferme viticole réputée d'Ispoure loue des ânes pour des promenades non accompagnées entre les vignobles en terrasses de l'Arradoy – cartes et itinéraires fournis. Les parents marchent, les enfants chevauchent avec les sacs. Réservez. Tarif 10€/h, 23€ la demi-journée, 34€/j. *Domaine Mourguy* ***Ispoure*** *(au nord de Saint-Jean-Pied-de-Port par la D933, puis la D22) Tél. 05 59 37 06 23 ou 06 78 84 89 25 www.domainemourguy.com Ouvert juil.-août*

GEOPLUS

Les chemins vers Saint-Jacques-de-Compostelle

Par **Lara Brutinot**, journaliste

Inscrites au patrimoine mondial de l'Unesco depuis 1998, les routes de Saint-Jacques-de-Compostelle convergent vers le Pays basque pour franchir les Pyrénées à Roncevaux. Si l'on peut désormais les emprunter à cheval ou à vélo, c'est à pied que la majorité des cheminants actuels choisissent de les parcourir, comme les pèlerins du Moyen Âge. Voici les conseils pratiques pour préparer et réussir votre randonnée sur ces sentiers renommés.

QUAND PARTIR ?

Impossible de prévoir les meilleures conditions météorologiques tout au long de l'itinéraire. Les régions traversées comportent des climats ou des microclimats variés, notamment en montagne. La neige, le brouillard ou l'orage peuvent vous surprendre pratiquement en toute saison. Pour des raisons d'affluence (saturation des structures d'accueil), le printemps et l'automne sont les périodes les plus indiquées pour le départ. Vous avez aussi toutes les chances d'éviter à ces saisons les canicules et l'enneigement des cimes. Le retour de Santiago de Compostela peut se faire par le train quotidien de la Renfe vers Hendaye ou par bus.

ITINÉRAIRE

Quatre des cinq principales routes européennes traversent le Pays basque nord et la Navarre, et franchissent les Pyrénées via Saint-Jean-Pied-de-Port et le col de Roncevaux. Là, se sont déjà rejoints les cheminants de la **voie de Tours** (via Turonensis, GR®665) venant du nord de l'Europe et d'Angleterre, ceux de la **voie de Vézelay** (via Lemovicensis, GR®664), empruntée par les pèlerins d'Europe de l'Est, et ceux de la **voie du Puy-en-Velay** (via Podiensis, GR®65). La **voie d'Arles** (via Tolosana, GR®653) franchit les Pyrénées par le col du Somport. L'itinéraire du Piémont pyrénéen (GR®78), quant à lui, permet de choisir le col de passage de la chaîne pyrénéenne. En suivant le **Camino navarro** (120km) au départ de Roncevaux, ou le **Camino aragonès** (170km) du Somport, les cheminants confluent à Puente la Reina, d'où un seul itinéraire, le **Camino francés**, rallie Santiago de Compostela. Mais il existe encore une autre voie, moins fréquentée que le Camino francés, pour rallier Santiago de Compostela. En France, c'est la **voie de Soulac**, peu pratiquée, qui longe la côte aquitaine et devient en Espagne le **Camino del Norte**. Cette voie littorale espagnole, probablement l'une des plus anciennes parcourues

Routes de Saint-Jacques-de-Compostelle

La voie de Tours (GR®655)	1458km	60 jours de marche
La voie de Vézelay (GR®654)	1796km	74 jours de marche
La voie du Puy (GR®65)	1522km	65 jours de marche
La voie du Piémont pyrénéen (GR®78)	1281km	52 jours de marche
La voie d'Arles (GR®653)	1588km	62 jours de marche
Camino francés (Saint-Jean-Pied-de-Port - Santiago)	791km	30-33 jours de marche
Camino del Norte (Hendaye - Santiago) Camino del mar (Bayonne-Hendaye)	834km 42km	36 jours de marche 2 jours de marche

par les pèlerins, suit la côte cantabrique en passant par Hendaye, San Sebastian, Gernika… et Arzua (où elle rejoint le Camino francés) pour rallier Santiago de Compostela. Au traditionnel Camino francés, n'hésitez pas à préférer cet itinéraire plus difficile mais bien équipé en hébergements, enjolivé par la proximité de la mer et jalonné par des lieux chargés d'histoire.

Balisage Côté français prédomine le balisage européen (une coquille jaune stylisée sur fond bleu) ou celui des GR®, rouge et blanc. En Espagne, des flèches jaunes peintes au bord des chemins indiquent la bonne direction.

ÉQUIPEMENT

Emportez le strict minimum : votre sac ne doit pas peser plus de 10kg. Quelle que soit la saison, prévoyez des habits chauds (éventuellement un duvet épais) et des vêtements légers, ainsi qu'un chapeau et de la crème

Où s'informer, se procurer la *credencial* ?

CRT Aquitaine Le Comité régional de tourisme fournit de nombreuses informations sur ces chemins jacquaires, dont la brochure *Chemins de Saint-Jacques-de-Compostelle* (itinéraires détaillés, haltes spirituelles ou architecturales et renseignements pratiques). *Tél. 05 56 01 70 00 www.tourisme-aquitaine.fr*

Associations jacquaires Très nombreuses, elles fournissent également informations, aide aux pèlerins, ainsi que la *credencial*, "passeport" indispensable au pélerin.

Association de coopération interrégionale des chemins de Saint-Jacques-de-Compostelle (ACIR) Vous trouverez sur le site de cette association laïque et culturelle un tableau détaillé des différentes voies et étapes. Formulaire de commande de la *credencial* à télécharger (8€). *4, rue Clémence-Isaure 31000* ***Toulouse*** *Tél. 05 62 27 00 05 www.chemins-compostelle.com*

Compostelle 2000 Conseils pour la préparation du pèlerinage, délivrance du carnet de pèlerin (la fameuse *credencial*). *26, rue de Sévigné 75004* ***Paris*** *Tél. 01 43 20 71 66 www.compostelle2000.com*

Les Amis du chemin de Saint-Jacques-de-Compostelle des Pyrénées-Atlantiques Liste des refuges sur le Camino francés, descriptifs des étapes. *www.aucoeurduchemin.org* **Point d'information du pèlerin** *39, rue de la Citadelle* ***Saint-Jean-Pied-de-Port*** *Tél. 05 59 37 05 09 Ouvert 8h-12h et 13h-20h*

www.mundicamino.com Toutes les informations sur les voies en Espagne (en espagnol et en français) : conseils, détail des étapes, hébergements, notices de visites, etc.

www.caminosantiago.com Pour obtenir des informations sur le chemin en Navarre : hébergements, relais cavaliers, conseils pratiques (en français et en espagnol).

solaire. Emportez des chaussures de marche imperméables et une paire de sandales légères pour le soir. Dans votre trousse à pharmacie, glissez des pansements, un antiseptique, de l'aspirine, un traitement contre les ampoules, une crème contre les courbatures. Pendant la marche, barres énergétiques et fruits secs aideront à éviter les "coups de pompe" – veillez aussi à avoir une gourde toujours à portée de main.
Portage Pour ceux qui ont des problèmes de dos ou se sentent incapables de porter leur sac tout le long du chemin, il est possible aujourd'hui de faire transporter vos bagages d'un gîte d'étape à l'autre sur certains tronçons (comptez de 6 à 10€ par étape selon le nombre de sacs).
***En France* La Malle Express** *Tél. 04 71 04 21 79* **Rapid'Bag** *Tél. 05 63 04 22 98* **La Coquille Transport** *Tél. 05 58 71 94 34*
***En Espagne* Bourricot Express** *Tél. +33 (0) 6 61 96 04*

CREDENCIAL ET COMPOSTELA

Que vous cheminiez à pied, à cheval ou à vélo, pensez à vous munir de la *credencial*, le **carnet du pèlerin** délivré par les associations jacquaires, cf. Où s'informer, se procurer la *credencial* ? (p.220), que vous ferez tamponner à chaque étape par les offices de tourisme, les églises, les auberges ou les refuges où vous séjournerez. Il facilite l'accès aux gîtes de pèlerins (*refugios de peregrinos*), surtout en Espagne. La nuitée coûte environ 7€, ou est gratuite dans les institutions religieuses (il convient toutefois de laisser un don). Si jadis un coquillage ramassé sur la plage du Padron était la preuve du pèlerinage accompli, de nos jours, vous pouvez obtenir, en présentant votre *credencial*, la Compostela, document délivré aux pèlerins ayant parcouru au moins 100km à pied et 200km à cheval ou à vélo.

GUIDES

FFRP La Fédération française de randonnée pédestre publie plusieurs topoguides sur les sentiers de Compostelle, dont un du GR®65, *Le Chemin du Puy-en-Velay à Roncevaux*, en 3 volumes, env. 15€ chacun (n°s 651, 652, 653). Ces guides sont enrichis de cartes IGN et existent aussi en format numérique. *www.ffrandonnee.fr*
ACIR L'association de coopération interrégionale publie une importante documentation sur les itinéraires téléchargeables sur Internet, mais aussi une bibliographie. Vente par correspondance. *www.chemins-compostelle.com*
Lepère Éditions Édite avec l'ACIR les guides "Sur le chemin de Saint-Jacques-de-Compostelle" : un titre par chemin (env. 20€). Vente par correspondance. *www.chemin-compostelle.fr*
Éditions du Vieux Crayon Publient le *Miam-Miam-Dodo*, la bible pratique du pèlerin. Ce guide recense la plupart des possibilités d'hébergement et de ravitaillement le long du GR®65, du chemin d'Arles, du Camino francés en Espagne. Très exhaustif dans ce domaine, il comporte cependant des cartes simplifiées et peu d'informations culturelles (env. 20€). *www.levieuxcrayon.com*
Rando Éditions Éditent plusieurs guides : *Le Chemin de Saint-Jacques en Espagne, Le Chemin du Puy vers Saint-Jacques, Le Chemin d'Arles, Le Chemin de Vézelay* et un *Camino francés* (env. 22€). *www.editions-sudouest.com*
Pour les ouvrages généraux, cf. GEODocs (p.609)

S'initier à la pêche Tenkara

Yvon Zill La Nive est au *top ten* des rivières à truite de France. L'occasion est belle de s'initier à la pêche ou de se perfectionner. Pour une rivière d'exception, autant s'adresser à la référence locale, Yvon Zill. Installé à Arnéguy, ce moniteur guide de pêche a une prédilection pour la technique japonaise du Tenkara, d'un abord plus simple que la mouche occidentale. *Maison Biscaya Quartier Ondarolle* ***Arnéguy*** *(8,5km au sud de Saint-Jean-Pied-de-Port) Tél. 05 59 37 34 96 ou 06 28 37 39 75 www.basquecountry-fishing-guide.com Ouvert mi-mars-mi-sept.*

CARNET D'ADRESSES

Restauration, hébergement

petits prix

Portaleburu Une vaste et belle demeure aux abords de Saint-Jean-Pied-de-Port bénéficiant d'une vue dégagée sur la montagne basque. L'intérieur dévoile un ensemble rustique et cossu, et quatre chambres à l'avenant, d'un prix mesuré pour le niveau de confort (double 55€). Également un gîte attenant (6 pers., 550€/sem.). Piscine couverte et chauffée d'où vous pourrez contempler les pèlerins dans leurs derniers efforts avant l'ascension. *13, rte du Maréchal-Harispe* ***Saint-Jean-Pied-de-Port*** *(route Napoléon) Tél. 05 59 49 10 74 ou 06 43 04 62 04 www.portaleburu.com*

prix moyens

Txitxipapa Las de l'axoa, du boudin, de l'agneau, du piment d'Espelette et du gâteau basque ? Txitxipapa ! La cuisine, de bonne tenue, fait le tour du monde : marinade façon thaïe, légumes au wok, parillada à la marocaine, pastilla, coco et mangue... et revient au terroir avec l'ardi gasna en bonne position à la carte, mais aussi accompagné de fromages de vache (behi gasna) et de chèvre (ahuntz gasna). Plats 15€, menu-carte 25€, formule déjeuner 13€. Petite terrasse à l'arrière. *28, rue la Citadelle* ***Saint-Jean-Pied-de-Port*** *Tél. 05 59 37 36 74 http://txitxipapa.over-blog.com Ouvert juil.-août : jeu.-mar. midi et soir ; sept.-juin : ven.-mar.*

Etche Ona Une situation rêvée pour un piège à touristes. Le mérite est d'autant plus grand pour cette table sinon originale, du moins tout à fait honorable et à prix tenus au regard de la qualité des produits et de leur juste expression (plats autour de 15€). Bar à l'entrée, accueil jeune et prévenant. Des chambres à l'étage, un peu veillottes malgré les efforts de décoration. Double 55€. *15, pl. Floquet* ***Saint-Jean-Pied-de-Port*** *Tél. 05 59 37 35 69 Ouvert ven.-mer. 12h15-14h et 19h30-21h*

☺ **Maison Donamaria** Dans son nid douillet, au bord du fleuve, à côté du pont romain, Jean-François vous accueille avec le sourire. Comble du luxe : la vue sur la cascade de son lit, pour un réveil champêtre. Le jeune propriétaire, passionné de montagne, vous aide à choisir vos randonnées ou vous oriente vers les professionnels des environs. Quatre chambres et une suite familiale dignes de cette adresse de charme. Piscine et jardin pour compléter. Double 70€, suite (4 pers.) 115€, petit déj. inclus. À réserver longtemps à l'avance. *1, chemin d'Olhonce* ***Saint-Jean-Pied-de-Port*** *Tél. 05 59 37 02 32 ou 06 61 90 29 21 www.donamaria.fr*

☺ **Maison Ziberoa** En façade, la tonnelle du jardin annonce la couleur. À deux pas seulement du centre-ville, cette maison de style souletin est un havre de paix et de charme. Tout est en matériau noble, sans pour autant viser l'épate et le luxe, hormis peut-être le succulent petit déjeuner, délicate attention, avant le départ, de la part de la maîtresse de maison, conviviale et discrète. Double 70€, petit-déj. inclus. Table d'hôtes sur demande 22€. *3, route d'Arnéguy* ***Saint-Jean-Pied-de-Port*** *Tél. 06 61 23 59 44*

Maison E. Bernat Les chambres mansardées, habillées de lambris et parquets flottants, n'ont pas la noblesse du reste de la maison. Mais, confortables et pimpantes, elles ont pour autre qualité leur situation, au cœur de la cité. Double de 70 à 90€. Vos hôtes, anciens restaurateurs de talent, vous feront bénéficier d'une table d'hôtes de haute tenue, de la formule découverte du Pays basque (20€) au menu gastronomique (55€). *20, rue de la Citadelle* ***Saint-Jean-Pied-de-Port*** *Tél. 05 59 37 23 10 ou 06 84 24 30 79 www.ebernat.com*

Hôtel Ramuntcho En plein centre, à l'intérieur des remparts, cet hôtel familial rénové a hérité d'un bon confort mais aussi, hélas, d'un mobilier moderne standard. Il y flotte néanmoins une ambiance guillerette qui le distingue des hôtels de chaîne. Et tout spécialement dans les chambres avec balcon et vue jusqu'aux sommets dominant les Aldudes. Double de 60 à 81€ selon la saison. *1, rue de France* ***Saint-Jean-Pied-de-Port*** *Tél. 05 59 37 03 91 http://hotel-ramuntcho.com*

prix élevés

☺ **Iratze Ostatua** Ne loupez pas le discret couloir menant de la rue de la Citadelle à la petite salle de ce restaurant familial. Les produits, toujours locaux, sont travaillés avec finesse dans une apparente simplicité. Axoa, agneau sous toutes ses formes, gaspacho bilboète, marée du jour impeccable, et mention spéciale pour le croustillant de pied de cochon aux cèpes et piments doux et l'original gâteau basque à la figue. Agréable terrasse aux beaux jours donnant sur les remparts. Menu 25€, carte 35-40€. *11, rue de la Citadelle* ***Saint-Jean-Pied-de-Port*** *Tél. 05 59 49 17 09 http://iratzeostatua.blogspot.fr Ouvert mer.-lun. midi et soir*

Hôtel-restaurant Le Central Le beau bâtiment de grès rose qui domine la Nive et la place de Gaulle abrite une salle de restaurant lumineuse. Si le service s'annonce un peu ampoulé, la cuisine est plus franche, la marée impeccable et les tentations sont divines, comme ce soufflé Izarra. Terrasse exiguë avec quelques tables en bord de rivière. Menus de 21 à 48€. L'hôtel a de superbes espaces communs, mais les chambres sont trop chères au regard de leur vétusté. Double de 64 à 80€. *1, pl. Charles-de-Gaulle* ***Saint-Jean-Pied-de-Port*** *Tél. 05 59 37 00 22 Ouvert mi-mars-nov. : mer.-lun. midi et soir ; vac. scol. : tlj.*

prix très élevés

☺ **Les Pyrénées** L'incontournable table d'une famille auréolée d'étoiles... Chez les Arrambide, le talent culinaire semble se transmettre de père en fils. Pour vous en convaincre, les gibier, cochon basque, louvine (bar) ou saumon de l'Adour proposés au fil des saisons, toujours accommodés avec la plus grande sobriété, et pourtant surprenants. Du grand art. Chambres confortables et modernes, sans ostentation, certaines donnant sur la piscine.

Menus à partir de 42€, "gourmand" à 110€. Double de 105 à 255€, petit déj. 17€. *19, pl. du Général-de-Gaulle* ***Saint-Jean-Pied-de-Port*** *Tél. 05 59 37 01 01 www.hotel-les-pyrenees.com Ouvert juil.-mi-sept. : tlj. 12h15-13h45 et 19h45-21h ; mi-sept.-oct., avr.-juin : mer.-lun. 12h15-13h45 et 19h45-21h ; nov.-mars : mer.-dim. 12h15-13h45 et 19h45-21h, lun. 12h15-13h45 Fermé 3 sem. en jan.*

Dans les environs

camping

Camping Narbaïtz Les vignobles d'Irouléguy en toile de fond, un camping très vert, aux emplacements bien délimités par des haies de buis. Piscine, supérette et, en saison, des activités de montagne et des sports en eaux vives pour tous les âges, négociés à prix rabattus. Équipe jeune, dynamique et cordiale. Forfait 2 personnes avec voiture et emplacement autour de 16€, et de 25 à 30€ en pleine saison. Également des écogîtes plutôt chics pour 4-5 personnes, de 350 à 1 200€/sem. selon la saison. ***Ascarat*** *(2km à l'est de Saint-Jean, suivre la D918 en direction de Bidarray, bifurquer au panneau) Tél. 05 59 37 10 13 ou 06 09 39 30 42 www.camping-narbaitz.com Ouvert avr.-sept. (écogîtes toute l'année)*

très petits prix

☺ **Refuge Orisson** Halte bienvenue pour nombre de pèlerins venant d'attaquer leur première montée sévère, la maison sert de solides assiettes à prix très serrés. Mais l'intérêt majeur est son ambiance cosmopolite, et sa terrasse à plus de 800m d'altitude dominant la vallée de la Nive de Béhérobie, avec les crêtes de Behorleguy au loin. Chambrées de six lits (32€/pers., dîner et petit déj. inclus). *Orisson* ***Uhart-Cize*** *(1,8km au sud de Saint-Jean) Tél. 05 59 49 13 03 ou 06 81 49 79 56 www.refuge-orisson.com Ouvert avr.-mi-oct.*

Hôtel-restaurant Espellet Une honnête étape au carrefour stratégique entre Saint-Jean-Pied-de-Port, Saint-Palais et Mauléon. Des menus de 14,50 à 28€ déclinant le terroir avec simplicité. Pas d'originalité, mais appétissant, et un menu à midi en semaine à 12€ qui rassemble les artisans et techniciens d'EDF de passage. Chambres modestes, gentiment rafraîchies à 45€ (35€ en solo). ***Larceveau-Arros-Cibits*** *(16km au nord-est de Saint-Jean, dans le bourg, au carrefour de la D933) Tél. 05 59 37 81 91 Ouvert mi-fév.-déc. : tlj.*

petits prix

☺ **Ferme Ithurburia - Refuge Hunto** Terrasse en bordure de la route, petite boutique, refuge, gîte, chambres d'hôtes... Ce qui pourrait passer pour un complexe d'accueil opportuniste sur les premières hauteurs de la route Napoléon est bien plus que ça et traduit la longue histoire nouée entre une famille de bergers et le chemin de Compostelle voisin. Les cinq chambres d'hôtes, confortables et toutes joliment aménagées avec vue panoramique, possèdent un balcon et une large mezzanine pour accueillir une ou deux personnes supplémentaires. Double 50€ (70€ pour 4 pers.). Table d'hôtes pour partager l'ambiance cosmopolite du pèlerinage (17€, assiette du pèlerin 12,50€). Refuge 14€/nuitée, gîte 420€/sem. en haute saison. Accueil sans manière mais attentionné. *Quartier Hontto* ***Saint-Michel*** *(env. 5km au sud de Saint-Jean, sur la D428) Tél. 05 59 37 11 17 www.sejour-pays-basque.fr Ouvert tlj.*

Ferme Altzia Rustique et authentique pourrait être le slogan de cette belle navarraise pimpante à l'extérieur et patinée à l'intérieur. Confort ad hoc, joli jardin à l'arrière, et accueil charmant Double 50€, et deux gîtes pour 5 personnes de 250 à 430€/sem. (w.-e. hors saison 120€). *Chez Marie-Claire Ahamendaburu Jeandune Miquele* **Saint-Michel** *(2km au sud de Saint-Jean-Pied-de-Port, sur la D301, un peu avant le bourg) www.gites64.com/ferme-altzia Ouvert mars-mi-nov.*

Auberge Etchoinia Une adresse comme on en trouve tant de l'autre côté de la frontière, et si rare en France. Etchoinia offre le bout du monde, un comptoir et une table rustique : menu à 12€ (midi en semaine), puis de 15 à 25€, et des chambres sobres. Double 52€. Le tout à 5min en voiture de Saint-Jean. Bien joué ! *Le bourg* ***Lasse*** *(2,5km au sud-ouest de Saint-Jean) Tél. 05 59 37 01 57 www.auberge-etchoinia-pays-basque.com*

Hôtel Clementenia En bordure de route, l'abord n'est pas engageant. Ce serait une erreur de se fier à sa première impression. Les chambres (double vitrage) et les espaces communs sont coquets, avec une volonté arty, et l'accueil est délicieux, tout comme le petit restaurant à prix doux (entrée et dessert du jour 4,50€, plat du jour 12,50€). Double 55€. *Le bourg* ***Arnéguy*** *Tél. 05 24 34 10 06 www.hotelclementenia.com Ouvert fév.-déc. : mar.-dim. ; Juil.-août : tlj.*

☺ **Maison Florenía** Une maison d'hôtes d'inspiration labourdine posée à la lisière du village, avec vue dégagée sur les Arbailles et Iraty. Parmi les quatre jolies chambres spacieuses et confortables, nous vous conseillons celles de l'étage, parquetées, car la seule faute de goût dans cette maison neuve est peut-être le trop-plein de carrelage. Mère et fille sont aux petits soins avec leurs hôtes, et se démènent pour les satisfaire, à commencer par la table d'hôtes du terroir aux saveurs inspirées. Double 56-58€, petit déj. inclus, tables d'hôtes 20€/pers. *Elgamutche (3km au sud est de Saint-Jean, par la D401) Tél. 05 59 37 25 18 ou 06 37 71 49 00 www.chambre-hote-florenia.com*

prix moyens

Hôtel-restaurant des Sources de la Nive Isolé, au départ du sentier qui conduit aux sources, cet établissement familial (la 5e génération aux commandes) sert une cuisine bien typée, aux arômes de la montagne : cuisses de grenouilles, anguilles, cèpes, truites, sanglier, chevreuil. Pour agrémenter le tout, la salle semble suspendue au-dessus de la Nive naissante ; selon la saison, elle se remplit de randonneurs, de chasseurs ou de pêcheurs. Menus de 14 à 32€, civets, ris et salmis 15€. Également des chambres, un peu kitsch mais confortables. Double 55€. Piscine. ***Estérençuby*** *(13km au sud de Saint-Jean, après le bourg, continuer sur la D301, puis la D428) Tél. 05 59 37 10 57 www.hotel-sourcesdelanive.com Ouvert tlj. Fermé en jan.*

Hôtel-restaurant du col de Gamia On vient ici avant tout pour le site, les grandes baies vitrées, la terrasse, le trajet qui y mène et ses magnifiques points de vue. Mais c'est avec plaisir que l'on s'attable dans la grande salle, où même un banquet de mariage ne vous dérangera pas. Au programme ? Le terroir. Seuls les canards, issus des bons élevages de Pomarez, en toute proche Chalosse, ont dû traverser l'Adour ! Préférez cependant les recettes simples aux plats plus élaborés, ici moins bien maîtrisés, telle cette pourtant prometteuse tatin de magret. Menus de 11€ (midi en sem.)

à 45€. Chambres simples, sans TV : le grand écran est ici vert, en relief et panoramique. Double 45€. *Gamalde* ***Bussunarits-Sarrasquette*** *(12km à l'est de Saint-Jean, sur la D120) Tél. 05 59 37 13 48 http://restaurant-gamia.fr* ***Restaurant*** *Ouvert Pâques-11 nov. : tlj. midi et soir ; 11 nov.-Pâques : jeu.-mar. midi Fermeture en jan.* ***Hôtel*** *Ouvert Pâques-11 nov.*

Maison Oyhanartia Une maison d'hôtes qui ne manque pas d'atouts. Dans le désordre : l'excellente cuisine de la maîtresse de maison, les cinq chambres chics, le cadre bucolique – une ferme basque où s'épanouissent brebis, cochons et vaches Highland –, la situation stratégique du domaine, entre Saint-Jean-Pied-de-Port, Saint-Palais et Mauléon, sans oublier l'accueil chaleureux et les conseils avisés de Chantal et Christian Isaac. Double de 69 à 74€, accès séparé pour la plupart, table d'hôtes sur demande préalable (30€, vin compris). ***Larceveau-Arros-Cibits*** *(D918 vers St-Just-Ibarre) Tél. 05 59 37 88 16 www.oyhanartia.com*

☆ ☺ SAINT-ÉTIENNE-DE-BAÏGORRY

BAIGORRI 64430

Bien moins fréquentée que sa voisine du pays de Cize, Saint-Étienne-de-Baïgorry, capitale du pays de Baïgorri, vit au rythme lent de l'intérieur basque. Peu de commerces, un charmant pont romain aux pierres usées pour prétexte d'une balade au bord du fleuve, et quelques maisons navarraises, parmi les plus belles de la province, ornées de balcons de bois et de "bouteilles" en pierre de taille. La bourgade, étalée en une dizaine de quartiers, garde l'entrée de la vallée des Aldudes, enclave française dans les terres de Navarre. Ses parois encaissées et couvertes de forêts, ourlées de sommets où planent les vautours fauves, invitent aux longues randonnées. Là encore, les verts pâturages, la douceur du climat, la pureté des eaux qui dévalent des montagnes ont encouragé l'installation de producteurs renommés qu'il serait dommage de ne pas rencontrer…

LE PAYS DE QUINT Cette région à cheval sur la France et l'Espagne est une survivance des relations complexes qu'entretenaient les communautés pastorales basques – et de leur incompatibilité avec les frontières nationales. Jadis, les vallées du Baztan, de Baïgorri, de Val Carlos et d'Erro, toutes en terre de Navarre, constituaient une zone de pâturages indivis, équipée çà et là de *cayolars* occupés à tour de rôle en période d'estive. Les bergers payaient aux souverains de Navarre un impôt (le cinquième du produit de leur bétail) qui valut à la zone son nom de Quinto Real. Au XVIe siècle, la division de la Navarre en deux provinces sépara les bergers demeurés navarrais de leurs traditionnelles terres de pacage aux Aldudes, qui plus est les meilleures de la région. Ce fut le début d'une longue période de conflits, avec vols de bétail de part et d'autre de la frontière. La situation s'aggrava lorsque les cadets de Baïgorri, privés du droit d'hériter de l'*etche* familiale (réservée, comme le veut la coutume basque, à l'aîné[e] de la famille), s'installèrent dans la vallée et s'approprièrent les bergeries et les terrains. Le traité de Bayonne (1856) désamorça la situation par d'habiles compromis : les terres annexées dans la vallée des Aldudes demeuraient espagnoles, mais l'Espagne les cédait en bail perpétuel à la France ! Ainsi, les familles d'Urepel paient aujourd'hui encore leurs impôts fonciers en Espagne, même si elles touchent leurs allocations en France… Par ailleurs, le bétail des Aldudes continue de paître dans le Quinto Real, moyennant une redevance versée annuellement par la France aux vallées du Baztan et d'Erro.

MODE D'EMPLOI

accès

EN VOITURE

À 11km à l'ouest de Saint-Jean-Pied-de-Port par la D15. En venant du Labourd par la D918, prendre la D948 à Saint-Martin-d'Arrossa. Attention, aucune station-service dans les Aldudes, à moins de pousser jusqu'à la frontière.

EN CAR

Réseau interurbain des Pyrénées-Atlantiques La ligne 810 (sur demande par téléphone) relie Saint-Étienne-de-Baïgorry à Saint-Jean-Pied-de-Port et Saint-Palais (réserver au plus tard la veille avant 17h). *Tél. 0 800 64 24 64 (lun.-ven. 8h30-18h30) www.transports64.fr*

accompagnateurs en montagne

Centre permanent d'initiatives pour l'environnement Pays basque Pour une approche naturaliste et culturelle des montagnes : randonnées "découverte" sur la faune et la flore, mais aussi sur le pastoralisme, les histoires et légendes locales, les spécificités géologiques… Tarif 5€/pers., réduit 3€, inscription au plus tard la veille avant 17h. Programme téléchargeable sur le site web. *Pl. de la Mairie Tél. 05 59 37 47 20*

fêtes et manifestations

Nafarroaren Eguna La Journée de Navarre clôture un mois d'animations et d'événements autour de la culture basque. Défilé de la calvacade, danses, chant, concerts, joute de *bertsularis* (slameurs traditionnels basques)… Rens. auprès de l'association Basaizea. *Tél. 05 59 37 46 77 www.basaizea.com Fin avr.*

Euskal Trail Course de 2x50km sur deux jours entre Urepel et Saint-Étienne-de-Baïgorry par les crêtes et sommets. Pour les moins sportifs et plus gourmands, également une course 2x25km avec haltes dégustation. *www.euskalraid.fr 1re quinz. de mai*

Festival de force basque Lever de charrette, paille et pierre, transport de bidons de lait de 35kg, *soka tira* (jeu de tir à la corde), courses des contrebandiers… Trois rendez-vous dans l'été, dont le trophée Basse-Navarre (fin-juil.) et un tournoi France-Espagne (mi-août). *Juil.-août*

Fêtes de Saint-Étienne-de-Baïgorry Messe solennelle, parties de pelote, bals populaires, danses et chants basques, repas de village. *5 j. début août*

Festival de musique baroque de Basse-Navarre Visite commentée de l'orgue baroque de Baïgorri, concerts et conférences. *Tél. 05 59 26 92 71 ou*

LA BASSE-NAVARRE

06 87 44 03 88 http://festival-basse-navarre.com Mi-août

Fête du vin d'Irouléguy Les producteurs d'irouléguy ouvrent leurs chais, et multiplient les visites. Dégustations, pelote, banquets, chœurs basques... 2e *w.-e. de sept.*

Portes ouvertes de la vallée des Aldudes Expositions, dégustations, concours agricoles et de chiens de berger, pelote, théâtre, rugby... et banquets ! *1re quinz. de sept.*

informations touristiques

Office de tourisme Toutes les informations sur les manifestations organisées dans la vallée, vente du topoguide de la région. Visite accompagnée par un "raconteur de pays", qui se clôture à la chocolaterie Laïa (juil.-août et début sept., jeu. à 15h, 4€). *Pl. de l'Église Tél. 05 59 37 47 28 www.saintjeanpieddeport-paysbasque-tourisme.com Ouvert lun.-ven. 9h-12h et 14h-18h*

DÉCOUVRIR

☆**Les essentiels** La vallée des Aldudes, le vignoble d'Irouléguy **Découvrir autrement** Baladez-vous en famille avec un âne de bât, découvrez le spectacle d'une pisciculture en eaux vives

Saint-Étienne-de-Baïgorry

Église Saint-Étienne De l'édifice originel (XIe s.) subsistent deux colonnes à chapiteau ; le reste de l'église date du XVIIe siècle. À l'intérieur, on remarquera le retable classé, les fresques abondantes sur la voûte du transept et les trois niveaux de galeries en chêne qui longent la nef. L'orgue (1999) – conçu par les ateliers de Rémy Malher, facteur d'orgues réputé – a son festival dédié. Sous la tour, à droite de l'entrée, vous apercevez la porte des Cagots et le bénitier qui leur était réservé… Leur ghetto était au quartier de Mitchelene.

PAUSE CHOCOLAT Ancien de chez Lindt à Oloron, Olivier Casenave est un des très rare couverturiers à maîtriser l'ensemble de la chaîne, torréfiant lui-même ses fèves. Il tient une sympathique boutique, entre écrin de bijoutier et comptoir de quartier. Outre ses propositions à faire fondre ou croquer en bouche, son chocolat chaud est à adopter chaque matin ! Sur demande, vous pourrez voir une vidéo présentant son métier. **Chocolaterie Laia** *Rue de l'Église Tél. 05 59 37 51 43 www.laia.fr Ouvert tlj. 9h-12h30 et 14h-19h Fermé 1re quinz. de fév.*

Château d'Etchauz Cette bâtisse rectangulaire flanquée de quatre tours d'angle se cache dans un parc aux arbres centenaires. Maintes fois restaurée, elle garde néanmoins deux tours d'origine médiévale (XIe s.). La propriété a appartenu à plusieurs familles illustres de la région : les vicomtes d'Etchauz, les Harispe, les Abbadie d'Arrast – dont l'un des enfants bâtit le château d'Abbadia à Hendaye. La visite permet de voir la salle d'armes, la superbe charpente du XVIe siècle, quelques chambres richement meublées, et le parc. On peut séjourner l'été dans le château. *Route Michelene (au bord de la Nive, entre le pont romain et l'église) Tél. 06 31 14 19 13 Visites guidées mai-oct. : mar.-jeu. à 14h30 et 15h30 et sur rdv Tarif 7€, 5-14 ans 5€*

Chambres d'hôtes du château d'Etchauz Chambres et suites Louis XIII, XVIIIe siècle, Empire, Art déco... Double 160-180€. *Tél. 05 59 37 48 58 www.chateauinfrance.net Ouvert mi-juin-fin sept.*

Urdos Ce quartier un peu excentré s'accroche aux premiers contreforts du pic d'Iparla, au nord de Saint-Étienne-de-Baïgorry. Un hameau composé de quelques bâtisses, d'un lavoir, d'une maison noble (ancienne demeure des seigneurs d'Urdos) et d'une chapelle (1666) à l'aspect rustique et montagnard. Vous pouvez rejoindre Bidarray en continuant par la même route, afin de profiter de superbes paysages. Une variante du GR®10 rejoint le col d'Harrieta (808m) à partir du bourg. *5km au nord de la ville (sortir par la D948 vers Saint-Martin-d'Arrossa)*

Les environs de Saint-Étienne-de-Baïgorry

Irouléguy Cette bourgade à mi-chemin entre Saint-Jean-Pied-de-Port et Saint-Étienne-de-Baïgorry a donné son nom à l'unique vin AOC du Pays basque nord. Plusieurs producteurs y sont installés. Sur une colline sommeillent les ruines de l'ancienne église et un vieux cimetière aux stèles discoïdales – l'occasion d'une sympathique promenade récompensée par la vue sur les vignobles en terrasses alentour. ***Irouléguy** 5km à l'est de Saint-Étienne-de-Baïgorry, par la D15*

Col d'Ispéguy La D949 au départ de Saint-Étienne-de-Baïgorry rejoint la vallée du Baztan par le col d'Ispéguy (672m). La route est splendide des deux côtés de la frontière. Au col, pourvu de deux grosses *ventas,* garez votre

☆ Le vignoble d'Irouléguy

L'origine de ce vignoble remonte au XIIe siècle, lorsque les moines de Roncevaux choisirent les terres rouges et bien exposées d'Irouléguy pour installer un prieuré et l'entourer de quelques rangées de vignes... Une culture destinée à approvisionner en vin les relais de pèlerins et leur abbaye - car, à 1000m d'altitude, les terres de Roncevaux étaient impropres à la viticulture.
Le vignoble, relayé par de rares familles pour un usage privé, prospéra doucement, et connut même quelque gloire dans l'Europe du XVIIIe siècle. Mais l'épidémie de phylloxéra et l'exode rural du XIXe siècle eurent raison de ses premiers succès. L'AOC obtenue en 1970 marqua donc la renaissance de cette culture et couronna les efforts d'une poignée de vignerons précurseurs. Elle couvre une zone allant de Bidarray à Saint-Étienne-de-Baïgorry et Saint-Jean-Pied-de-Port : en tout, 1200ha dont pour l'instant seuls 220 sont exploités. Parmi les 15 communes concernées par l'appellation, les plus productives sont Irouléguy, Saint-Étienne-de-Baïgorry, Ispoure et Ascarat.

voiture pour apprécier la vue sur la vallée des Aldudes. Un sentier de randonnée, qui part du parking, sillonne la crête des montagnes vers le sud (col d'Elhorrieta) entre palombières et cromlechs.

Vallée des Aldudes La D948 se faufile dans la vallée des Aldudes en suivant le cours d'un affluent de la Nive. Elle traverse des villages de caractère, établis au XVIIe siècle par les cadets de Saint-Étienne-de-Baïgorry. À l'entrée de Banca, vous apercevrez les vestiges d'une fonderie, fleuron industriel de la vallée du XVIIIe au début du XIXe siècle, du temps où les mines de cuivre de Banca étaient exploitées. Un centre d'interprétation sur le patrimoine minier et métallurgique est en gestation (ouverture 2014-2015). À la sortie du bourg, une route à gauche pénètre dans la forêt d'Hayra, hêtraie primaire de 1 700ha abritant quelques palombières. Plus loin sur la D948, le village des Aldudes resserre ses maisons blanches autour d'une église. Sur votre droite, une bifurcation (D58) conduit au hameau d'Esnazu, puis continue vers Pampelune. La D948 se poursuit quant à elle vers Urepel, dernier village de la vallée. C'est là que, au printemps, les bergers de Baïgorri effectuent le marquage des brebis qui iront paître en Espagne. Une stèle y rend hommage à Xalbador (1920-1976), qui fut le plus fameux *bertsulari* d'Iparralde, cf. ci-après encadré "Le slam basque".

● Où acheter les meilleures truites du pays ?

☺ **Les truites de Banca** Michel Goïcoechea a choisi pour ses truites les eaux cristallines des montagnes du pays de Quint et un élevage raisonné. Ses poissons n'absorbent donc ni antibiotiques ni vitamines et prennent le temps de grandir normalement. Un choix difficile et risqué, mais largement récompensé puisque les plus prestigieux chefs de la région se fournissent chez lui. Une exposition, une vidéo et des aquariums, où l'on observe la croissance comparée des truites d'élevages artisanaux et industriels, complètent la visite de cette champêtre et spectaculaire pisciculture. À la boutique, vous vérifierez par vous-même l'extrême délicatesse des truites de Banca - fumées au bois de hêtre, en terrine, en rillettes, entières, en darne, en filet (l'emballage dans la glace tient

Le slam basque

Témoin de la forte culture orale basque, le bertsularisme est une improvisation chantée en vers et rimes selon une métrique codifiée. Personnalités très populaires au XIXe siècle, les *bertsularis*, à qui l'on accordait un don quasi divin, ponctuaient les réunions de village par de véritables joutes orales. Sans aucun accompagnement musical, ils évoquaient la quotidienneté, apostrophaient les membres de l'assistance - et, souvent, irritaient les pouvoirs par leurs libres propos. En France, l'école de la République marginalisa cette pratique quand, en Espagne, le franquisme la surveilla de près. Elle se perpétua néanmoins, se réinventant par l'apport de nouvelles thématiques et techniques, jusqu'à tenter les jeunes générations, après s'être enfin ouverte aux femmes.

jusqu'à 35h). Une découverte passionnante, surtout si vous avez la chance de discuter avec François, le maître truiticulteur. ***Banca** (à 10km par la D948, à la sortie du village) Tél. 05 59 37 45 97 Ouvert lun.-sam. 8h30-12h30 et 14h-18h*

Où remplir son panier de pique-nique ?

Belaun Belaun, nom d'une montagne de la vallée des Aldudes, signifie "génération future". C'est aussi le nom choisi par une coopérative d'éleveurs fermiers engagés dans la charte Idoki et travaillant les races locales, notamment le mouton manech tête noire et le porc basque, avec des productions d'appellation Kintoa. Leurs fromages, jambons et conserves artisanales, ainsi qu'une sélection de produits d'épicerie labellisés Idoki (p.78), sont à retrouver dans leur magasin, juste après le bourg d'Aldudes. *ZA Erreka Gorri Route d'Urepel **Aldudes** (15km au sud de Saint-Étienne par la D948) Tél. 05 59 37 89 40 Ouvert mi-juin-mi-sept. : lun.-sam. 10h-13h et 15h-19h ; mi-avr.-mi-juin, mi-sept.-mi-nov. : lun.-ven. 15h-18h*

Pierre Oteiza Ce salaisonnier est à l'origine du mouvement de sauvegarde des porcs basques pie noir, déclarés en voie de disparition dans les années 1980. La filière, qui compte aujourd'hui 70 éleveurs, s'est organisée autour du développement de l'appellation Kintoa "pays Quint". Les porcs, élevés à l'air libre pendant au moins douze mois, se nourrissent pour partie des ressources de leur parcelle, sans complément OGM bien entendu. La durée de séchage et d'affinage de leurs jambons est de seize mois minimum, dont au moins dix à l'air libre. Pierre Oteiza, à la tête désormais d'une dizaine de magasins entre Pays basque, Aquitaine et Paris, avec Aldudes comme épicentre, a ouvert aux Aldudes un coin snack pour la dégustation (10-13,50€ la planche de charcuterie pour 2 pers.). Il a aussi créé, à côté de la boutique, un parc pédagogique consacré au porc basque, ainsi qu'un parcours de découverte balisé de 1h30 vers les sites d'élevage (visite libre, chaussures de marche recommandées) pour faire plus ample connaissance avec cette race rustique. ***Aldudes** (15km au sud de Saint-Étienne par la D948) Tél. 05 59 37 56 11 www.kintoa.fr Ouvert tlj. 10h-19h Fermé les dim. de jan.*

Visiter les caves viticoles

Signe de la bonne santé de la filière viticole basque, les gammes de vins et le nombre de vignerons indépendants ont augmenté. La production d'irouléguy, vin AOC, est assurée par une cave coopérative et neuf domaines privés, dont deux en agriculture biologique. Les domaines sont signalés sur les départementales par des panneaux, et pratiquent tous la vente directe.

☺ **Domaine Arretxea** Michel et Thérèse Riouspeyrous cultivent à flanc de coteaux un peu moins d'une dizaine d'hectares de vignes en agriculture biologique. Des pieds bichonnés, soignés avec des décoctions de fougères ou d'orties, vendangés à la main. Leur domaine se distingue d'année en année par des vins d'une grande pureté - un talent toujours renouvelé et plein de promesses. Leur blanc Hegoxuri, à la robe jaune paille et aux arômes de fruits et de miel, s'est déjà fait un nom. Dégustation dans la magnifique ferme bas-navarraise du couple. Thérèse vous raconte son terroir, les techniques du travail de la vigne en terrasses et de la vinification. ***Irouléguy** (itinéraire fléché) Tél. 05 59 37 33 67 http://domaine-arretxea.ardoneo.com Dégustation sur rdv*

Les Vignerons du Pays basque Cette cave coopérative vinifie la production d'environ 65% des vignerons de la zone AOC. Elle propose une belle gamme de rouges aux puissants tannins (dont un fameux domaine de Mignaberry), et quelques rosés et blancs secs et fruités. Dans la boutique, vente et dégustation des vins. En saison, visites des vignobles, du chai et de la cave (env. 1h30). ***Saint-Étienne-de-Baïgorry*** *Tél. 05 59 37 41 33 www.cave-irouleguy.com* **Boutique** *Ouvert avr.-sept. : tlj. 9h-12h et 14h-18h30 ; oct.-mars : lun.-sam. 9h-12h et 14h-18h (18h30 mars et oct.) Hors période de vendange, visite libre et gratuite des chais Tarif 3€*

Se promener avec un âne de bât

Escap'Âne Cet animal accompagne les familles dans leurs randonnées en moyenne montagne. Une formule très appréciée, notamment avec des enfants. Charlotte, guide ânière, organise des sorties thématiques guidées et des circuits libres en compagnie d'ânes parfaitement équipés et éduqués. Les itinéraires par les collines, les vignes ou la moyenne montagne s'entreprennent à la demi-journée, à la journée ou en escapades de 2 à 7 jours. Charlotte propose aussi ses montures dociles pour assister à la marche les personnes aveugles ou les handicapés mentaux, et des séances de contact avec l'âne pour les polyhandicapés. Location d'un âne avec kit circuit (carte IGN, indications, boussole...) 27€ la demi-journée et 40€/j., sacoches en sus. Parcours accompagné (avec 3 pers. et 1 âne) à partir de 60€ la demi-journée. ***Irouléguy*** *(rue à droite après l'église) Tél. 05 59 49 11 10 ou 06 86 81 87 23 http// : escapanes.lesaem.org*

Randonner dans le vignoble d'Irouléguy

Une promenade facile à faire en famille, qui offre de belles vues sur la vallée de Saint-Jean-Pied-de-Port et Saint-Étienne-de-Baïgorry et sur les cultures en terrasses du plus petit domaine de France classé en appellation d'origine contrôlée. De la place de l'église d'Irouléguy, remontez au nord la rue principale vers le quartier Hiriburu. Laissez à droite la route du Jara, continuez à gauche jusqu'au carrefour et prenez la piste qui grimpe, à gauche, à flanc de colline, pour découvrir bosquets frais, lande d'ajoncs, prairies verdoyantes, plantation de jeunes vignes, bordes aux murs de pierres rouges, maisons typiques du Pays basque. Une belle boucle qui retourne à Irouléguy par l'un de ces fameux chemins construits par le génie à l'époque napoléonienne. ***Parcours*** *Boucle par la colline d'Occostey* ***Durée*** *3h* ***Dénivelé*** *300m* ***Difficulté*** *Facile* ***Balisage*** *Tête d'âne rouge* ***Accès*** *À 4km de Saint-Étienne-de-Baïgorry par la D15 et à 6km de Saint-Jean-Pied-de-Port également par la D15 Départ de l'église d'Irouléguy, parking sur la place face à la mairie* ***Bibliographie*** *Topoguide* Les Sentiers de Charlotte et la Compagnie aux longues Zoreilles, *chez l'auteur (Mme d'Anjou, Maison Béhéréko à Irouléguy Tél. 06 86 81 87 23 escapane@neuf.fr)*

À cheval ou à VTT sur le chemin des contrebandiers

Chemin des contrebandiers De Saint-Palais à Biriatou (Hendaye), on peut suivre à cheval ou à VTT un circuit balisé (en orange) qui emprunte d'anciens chemins de contrebandiers, grimpant jusqu'à 1 215m d'altitude et traversant l'une des vallées les plus sauvages du Pays basque, celle des Aldudes. Il faut compter une bonne semaine pour couvrir ces quelque 200km. Cet itinéraire demande une bonne préparation technique et physique des cavaliers et de leur monture (9 étapes de 5 à 7h) comme des VTTistes (7 étapes). **À cheval tous ensemble** *Descriptifs des étapes et informations sur les hébergements sur www.rando64.fr Tél. 05 59 65 64 10 ou 06 03 53 59 58 http://acte64.blogspot.com*

CARNET D'ADRESSES

Restauration, hébergement

camping

☺ **Camping municipal** À proximité du bourg, à un jet de pierre de l'arrêt de bus, du supermarché et de la cave coopérative, et pourtant bucolique, ce camping modèle est lové dans une anse de la Nive des Aldudes. Emplacements spacieux, relativement ombragés, 3,10€/pers., 3€ par véhicule. *Borciriette* ***Saint-Étienne-de-Baïgorry*** *Tél. 05 59 37 43 96 ou 05 59 37 40 80 Ouvert mi-mars-mi-nov.*

petits prix

Maison Agorerreka Une grande et belle navarraise, en retrait et surplomb de la route de Saint-Étienne-de-Baïgorry à Banca. Les jolies chambres, mansardées mais spacieuses, offrent un bon confort. Une prestation plus que correcte au regard des prix : double de 45 à 50€. *Antongorri* ***Saint-Étienne-de-Baïgorry*** *(D948, panneau à gauche 2km avant Banca) Tél. 05 59 37 47 12 ou 06 37 63 81 48 www.agorerreka.com*

☺ **Idiartekoborda** La route pourra vous sembler longue, mais faites confiance aux panneaux, persévérez, et vous serez récompensé. Cette ancienne bergerie est bel et bien perdue. Vous n'êtes qu'à 450m d'altitude, mais la vue est ici parfaitement dégagée, et le panorama somptueux. Base idéale pour des randonnées, la simple contemplation ou, tout simplement, pour se reposer et profiter de ce lieu paisible et de ses cinq chambres, joliment décorées et dotées de grandes salles de bains. Pas de table d'hôtes, mais une kitchenette à disposition. Double de 54 à 60€, petit déj inclus. *Quartier Etzaunalde Route de Belexi* ***Saint-Étienne-de-Baïgorry*** *Tél. 05 59 37 46 29 www.idiartekoborda.com*

☺ **Jaureguia** Cette impressionnante maison forte du XVIe siècle propose trois chambres d'hôtes de caractère : épais murs en pierre, parquets en chêne, vastes volumes (40-50m²), belle hauteur sous plafond. Les propriétaires, guides de montagne, pourront éventuellement vous accompagner dans les environs ou vous conseiller dans vos promenades. La chapelle attenante appartient à cette exceptionnelle maison. Double 55€. *Urdos* ***Saint-Étienne-de-Baïgorry*** *Tél. 05 59 37 49 72 ou 06 87 52 79 24 www.vacances-au-pays-basque.com*

prix moyens

Hôtel-restaurant Manexenea Des nappes à carreaux rouges et blancs bien tirées, des poutres au plafond, une cheminée : pas de doute, vous allez déguster ici la robuste cuisine de l'intérieur basque. Garbure paysanne, excellents ris d'agneau braisés, morue, anguilles, boudin, confit... sont servis sur l'agréable terrasse pavée de grès rose, à l'ombre des platanes, un cours d'eau à proximité. Menus de 18 à 30€. La maison loue aussi neuf chambres simples et confortables, certaines encore un peu désuètes, d'autres pimpantes. Double 53€. *Urdosbehere* ***Saint-Étienne-de-Baïgorry*** *(route de Bayonne, puis vers le quartier d'Urdos) Tél. 05 59 37 41 68 www.manexenea.com Ouvert fév.-nov. Restaurant fermé le soir en hiver*

Amestoïa Cette grande et belle ferme du XVIe siècle tourne le dos à la route pour regarder le vignoble et les monts Jara et Arradoy. Les chambres, de belles dimensions et ultraconfortables, sont meublées dans le goût rustique du XIXe siècle. Double de 62 à 68€. La table d'hôtes, autour de 20€ (week-ends hors saison et sur demande), est une véritable tentation quand on a goûté au petit-déjeuner maison. Entrée séparée pour mener sa vie en parfaite autonomie. *Quartier Eiheralde* ***Saint-Étienne-de-Baïgorry*** *Tél. 05 59 37 67 70 ou 06 28 68 77 04 www.maison-amestoia.com*

prix très élevés

Hôtel-restaurant Arcé L'adresse "classieuse" de la région, au bord de la Nive des Aldudes. On s'installe volontiers sous les platanes, les pieds dans l'eau et la tête sous les étoiles, pour goûter aux merveilles de la cuisine : tarte fine de tartare de truite de Banca, gravelax, crème à l'aneth et à la ciboulette, ravioles de langoustines, bouillon crémeux aux cèpes, foie chaud de canard poché au bouillon de jambon, poêlée de fruits, vacherin aux fraises, chantilly au basilic... La cave fait la part belle aux vins d'Irouléguy et de la Rioja. Pour prolonger le plaisir, on musardera dans le salon d'inspiration Art déco avant de prendre une chambre, habillée de blanc et de boiseries, côté rivière ou montagne. Et, le matin, on traversera la passerelle en bois pour gagner la piscine chauffée et son écrin de verdure. Menus à 31 et 48€. Double 130-150€ selon la saison, petit déjeuner 15€. *Route du col d'Ispéguy* ***Saint-Étienne-de-Baïgorry*** *Tél. 05 59 37 40 14 www.hotel-arce.com* ***Restaurant*** *Ouvert mi-juil.-mi-sept. : tlj. midi et soir ; avr.-mi-juil., mi-sept.-mi-nov. : mar. et jeu.-sam. midi et soir, dim. uniquement midi, lun. et mer. uniquement soir* ***Hôtel*** *Fermé mi-nov.-fin mars*

Dans les environs

très petits prix

Venta Baztan On se restaure pour trois fois rien dans cette grande bâtisse en bord de route : les *platos combinados* (jambon poêlé, côtes d'agneau ou lomo grillés, œufs au plat, frites) sont à 7€ et les tortillas variées à 6€. Pratique : une boutique de produits espagnols (*patxaran*, vins, huile d'olive, etc.) et une station-service. ***Quinto Real*** *(22km au sud de Saint-Étienne, à la frontière, via les Aldudes à 7km) Tél. 05 59 37 57 39 Ouvert haute saison : tlj. ; basse saison : mar.-dim.*

☺ **Gaineko Benta** La montée au col d'Ispéguy (p.229) vaut avant tout pour la somptueuse vue sur le pays de Cize et les Arbailles au loin. Le spectacle est aussi dans cette *venta* traditionnelle, rasée par la frontière, où seul le plafond offre encore quelques mètres carrés de libre. On y achète des produits d'alimentation de Navarre et d'Espagne, de l'artisanat et des babioles d'ici ou de Chine. On s'y restaure aussi, correctement et à moindre frais, de morue, chipirons à l'encre, gigot de mouton ou lomo. Menu complet 17€, vin compris. Promenade digestive de quelques centaines de mètres pour admirer le versant navarrais. *Alto Izpegi* ***Erratzu*** *(8km à l'est de Saint-Étienne par la D949, au col d'Ispéguy) Tél. 34 948 453 105 Ouvert tlj.*

petits prix

Hôtel-restaurant Saint-Sylvestre Institution à l'ambiance de cantine, de celle que l'on rêverait pour les enfants ou au bureau, et un menu défiant toute concurrence à 12,50€ : garbure, saucisse confite-pipérade, ardi gasna et dessert. À la carte, les productions fermières des alentours : porc basque, truite, agneau, confit... tout simplement bon. Une dizaine de chambres desuètes mais à la literie neuve. Double 45€. *Esnazu* ***Aldudes*** *(20km au sud de Saint-Étienne-de-Baïgorry, sur la D58) Tél. 05 59 37 58 13 Ouvert mars-nov. (sur rés. l'hiver)*

Menta Avant les papilles, c'est l'œil qui est régalé dans cette salle lumineuse embrassant la montagne. La cuisine, sans surprise, est plus qu'honnête au regard des prix et du cadre. Pâté maison 6€, truite 8,50€, merlu 10,50€, entrecôte 12,50€. Menu copieux entre 19 et 22€. *Esnazu* ***Aldudes*** *(16km au sud de Saint-Étienne, par la D58, entre Aldudes et la frontière) Tél. 05 59 37 57 58 Ouvert tlj. (sur rés. hors saison)*

☺ **Auberge Koseinia** L'adresse cachée de la vallée. Seul indice, la plaque licence IV sur la façade. Le bouche-à-oreille suffit. C'est que M. et Mme Ernaga mènent une intense vie active : le transport scolaire, la ferme familiale, et cette auberge. On y apprécie une cuisine toute simple qui laisse s'exprimer pleinement les saveurs des produits de la ferme ou du voisinage. Soupe, truite, côtelettes d'agneau, vin, flan – maison bien entendu –, café pour 23€, et dans des portions suffisantes pour jeûner les 24h suivantes... ***Urepel*** *(sur la D948, hameau suivant le bourg de l'église, un petit parking à droite, la maison d'après) Tél. 05 59 37 56 38 Ouvert tlj. midi (sur rés. le soir)*

prix moyens

Hôtel-restaurant Erreguina Au choix, un bâtiment récent avec de grandes chambres chics aux larges baies ouvrant sur un balcon-terrasse et son panorama (double 69€), ou des bâtiments anciens abritant des chambres "éco" ou "tradition", pour ne pas dire vieillottes, certaines rigolotes à force de lambris, d'autres franchement tristounettes (de 12 à 19€). Entre les deux, la salle de restaurant et le bar assurent une transition réussie entre registre contemporain et standards rustiques. La cuisine, à base de produits locaux, se révèle digne d'intérêt : terrine de truite du village et jambon Kintoa, petites seiches à l'encre et piquillos, marmitakoa maison à la morue, cassoulet de mouton manech, civet de sanglier... et desserts maison. Formule 11€ (plat du jour et café), menus 14,50 et 20,50€. *Le bourg* ***Banca*** *Ouvert mars-mi-nov. : tlj.*

prix élevés

Maison Aguerria Une solide et traditionnelle navarraise campée au-dessus de la rivière où, franchi le seuil, l'ambiance bascule. Luxe et design contemporain ont pris subtilement possession des lieux : inox, cuir et laminés blancs répondent aux boiseries et pierres apparentes conservées. La table d'hôtes (5jours/sem.) entend également jouer dans la cour des grands (29€), avec une gastronomie à base de produits de la vallée, bien sûr, mais aussi du potager. Un bémol : quatre jours minimum de réservation sont demandés entre mai et octobre. Mais il faut toujours tenter, un coup de fil peut s'avérer payant. Double de 100 à 120€, et un gîte (pour 4 pers.), dans la même veine, avec une superbe terrasse (700-1 100€/sem. selon la saison, w.-e. 400€ oct-mai). ***Aldudes*** *(D948, au pont sur la Nive des Aldudes, 500m avant le bourg) Tél. 05 59 37 56 17 www.maisonaguerria.com Ouvert début mars-mi-nov.*

BIDARRAY BIDARRAI 64780

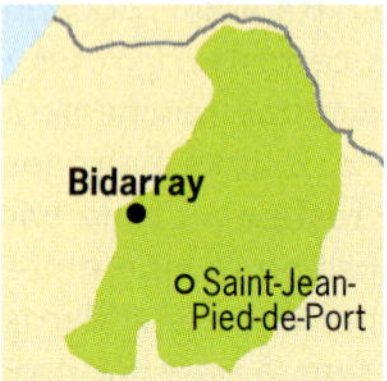

Cet bourg paisible offre peu de distractions aux amateurs de loisirs oisifs, et les visiteurs que l'on croise dans ses ruelles portent souvent un gros sac à dos et de robustes chaussures de marche. D'autres s'y rendent pour les promesses d'adrénaline que procurent les eaux vives de la Nive. Bidarray sommeille dans son coin, en attendant la fin de la saison. Ici, même les vieilles pierres ont une histoire. On murmure depuis des temps immémoriaux que le pont Noblia, bien utile aux habitants pour franchir la Nive, fut bâti en une nuit par les *laminaks*, ces génies de la mythologie basque qui vivent toujours à proximité des hommes. Quant au pont d'Enfer, on lui attribue un récit encore plus fantastique : le diable en personne se serait jeté du haut du pont, dans les eaux du Bastan, désespéré de ne parvenir à apprendre un seul mot d'euskara...

LE POTTOK, PETIT CHEVAL BASQUE Au cours de vos pérégrinations montagnardes, à pied ou en voiture, vous avez certainement aperçu ces petits chevaux ventrus à la longue crinière, broutant en liberté, une cloche autour du cou. Les éleveurs les apprécient pour l'entretien des pâturages. Depuis 1993, l'Association française du pottok de type originel milite pour la protection génétique de cette espèce menacée d'extinction. Réunis jusqu'en 2005 sur le domaine de la Maison du pottok, ils ont été réintroduits en totale liberté sur les massifs de la Rhune et du Choldococagna. Le pottok a souvent été croisé avec d'autres types de chevaux et de poneys en vue de valoriser sa chair, pour l'abattage, ou sa résistance, pour le trait ou la compétition. Le pottok originel se caractérise par une robe noire ou brune, des traits rectilignes et anguleux et une petite taille (moins de 1,30m au garrot). Cette espèce rustique est parfaitement adaptée aux rudesses du climat et à la pauvreté de l'alimentation en montagne.

MODE D'EMPLOI

accès

EN VOITURE
À 15km au sud-est de Cambo-les-Bains et 19km au nord-ouest de Saint-Jean-Pied-de-Port par la D918.

EN TRAIN
SNCF Bidarray est sur la ligne du TER Bayonne/Saint-Jean-Pied-de-Port via Cambo-les-Bains. *Tél. 36 35 www.voyages-sncf.com*

Gare de Pont Noblia-Bidarray *Au bord de la Nive et de la D918, en bas du village*

orientation, informations pratiques

Le village se divise en deux parties. En bas, le long de la Nive et de la départementale, se trouvent la gare, un hôtel-restaurant et les stands des agences de rafting. Vous pourrez laisser votre véhicule sur l'un des parkings ombragés. Dans la partie haute se déploie le vieux centre. Au menu : une mairie, un fronton, une supérette, une église et trois auberges (parkings après le fronton). Il n'y a pas d'office de tourisme à Bidarray. *Rens. à l'OT de Saint-Jean-Pied-de-Port* (p.211)

accompagnateurs en montagne

Arteka Des professionnels aguerris aux sports d'adrénaline : trekking, escalade, VTT, activités en eaux vives. *Mendi Kirolak **Bidarray** Tél. 05 59 37 78 92 www.arteka-eh.com*

Mendi Gaiak Des guides bascophones, éleveurs ou naturalistes de profession. Randonnée sur la route des pèlerins de Compostelle, découverte de la montagne en compagnie d'un agriculteur, sorties nocturnes sur les chemins de contrebande, observation des vautours fauves, escapade en Navarre ou en Aragon, etc. *Errobi Bazterra **Saint-Martin-d'Arrossa** Tél. 05 59 49 17 64 http://mendi-gaiak.fr*

DÉCOUVRIR

☆**Les essentiels** Les églises de Bidarray et d'Ossès **Découvrir autrement** Descendez le cours de la Nive en rafting

Bidarray

☆☺ **Église** Cette ravissante église, dont la couleur ocre tranche avec l'arrière-pays verdoyant, est la dernière trace du prieuré élevé par les moines de Roncevaux. Elle fut bâtie sur l'ancienne chapelle. Sa structure et son clocher-pignon à arcades datent du XVIIe siècle ; le portail roman à chapiteaux sculptés appartient au bâtiment originel (XIe s.). Sur le parvis, on peut voir les armes de Roncevaux. Le cimetière conserve de remarquables stèles discoïdales et croix navarraises.

● Où fondre pour un gâteau basque crème ou griotte ?

Bertrand Naud Certains plébiscitent son gâteau basque comme le meilleur... du Pays basque. Il est vrai qu'il a une sacrée saveur, particulièrement celui à la griotte. C'est ici une version bien sablée, encore que celui du Moulin de Bassilour à Bidart l'est plus. On peut cependant préférer ceux, plus moelleux et fondants, des Luziens Pariès et Etchebaster. Bref, halte comparative obligée ! *Pont Noblia, route de l'église (juste avant de s'engager dans la côte menant au bourg, continuer 100m le long de la Nive, 1re maison à gauche) Tél. 05 59 37 71 09 Ouvert mar.-dim. 9h-12h45 et 15h-18h30*

● Où acheter des produits du terroir fumés ?

Fumoir de la Vallée Cet atelier de fumage artisanal travaille au bois de hêtre et de merisier. Dans la boutique, vous trouverez toutes sortes de produits fumés : truites, saumons, anguilles, fromages de brebis, saucissons, magrets, bœuf, copa, andouille... De quoi remplir son cabas en vue d'inoubliables apéritifs. On y vend aussi du cidre basque, des confitures de cerises noires. *À 1,5km de l'entrée de Bidarray sur la D918 Tél. 06 64 80 84 40 www.fumoirdelavallee.over-blog.com Ouvert avr.-sept. : lun.-ven. 10h-18h ; oct.-déc., mars : lun.-ven. 10h-17h Fermé jan. mars, 10 jours fin mai-début juin, et 15 jours fin nov.-début déc.*

● **Pratiquer des sports d'eaux vives** Plusieurs agences installées sur la D918, à hauteur de Bidarray, proposent des descentes de la Nive à tarifs équivalents. N.B. : savoir nager est obligatoire...

Ur Bizia Ses moniteurs chevronnés ont été les premiers à s'installer au bord des eaux de la Nive, au début des années 1990. La rivière est classée de 2 à 3 sur l'échelle de difficulté (de 1 à 6). Plusieurs parcours possibles, de 4 à 12km. Embarcations diverses : raft, canoë et kayak gonflable, hydrospeed, kayak. Descente 1h30 de navigation 28€ (6 ans minimum), journée 49€ (2 activités au choix, 12 ans minimum), rafting camp 32€ (1 activité au choix et 1 nuit de camping), randonnée canoraft 152€ (2 jours pour descendre la Nive, repas et campement). ***Bidarray*** *Base de loisirs sur la D918, 700m en amont du pont Noblia (dir. Saint-Jean-Pied-de-Port), après deux de ses collègues Tél. 05 59 37 72 37 www.ur-bizia.com Sur rés. hors été*

Arteka Propose des activités sportives en mer à Hendaye, et en eaux vives à Bidarray (mini-raft moins de 12 ans, rafting, hydrospeed, hot-dog, canyoning). Tarif descente 29€, mini-raft 19€. Canyoning découverte 32€, initiation 39€. ***Bidarray*** *Base de loisirs sur la D918, 600m en amont du pont Noblia (dir. Saint-Jean-Pied-de-Port) Tél. 05 59 37 71 34 www.arteka-eh.com*

Evolution 2 Mêmes prestations en eaux vives et conditions que ses collègues, mais aussi déval'bike (32€). Une base à Anglet pour les activités mer. ***Bidarray*** *Base de loisirs sur la D918, 600m en amont du pont Noblia (dir. Saint-Jean-Pied-de-Port) Tél. 05 59 37 76 24 www.cocktail-aventure.com Sur rés. hors été*

Ur Ederra Mêmes prestations en eaux vives et conditions que ses collègues, cata-raft et torpille en sus. ***Bidarray*** *Base de loisirs au pont Noblia Tél. 05 59 37 78 01 ou 06 81 28 46 99 www.rafting-paysbasque.com Sur rés. hors été*

Uhina Rafting Mêmes prestations en eaux vives et conditions que ses collègues, bouée en sus. Journée 47€. ***Bidarray*** *Base de loisirs sur la D918, 1km en amont du pont Noblia (dir. Saint-Jean-Pied-de-Port), à gauche pour repasser sous la route Tél. 05 59 37 76 59 ou 06 15 38 79 38 www.uhina.fr Ouvert avr.-sept. : 9h-19h (activités sur rés.)*

Les environs de Bidarray

Grotte du Saint-qui-sue Au lieu-dit Arpeko Saindua ("le saint de la grotte"), cette cavité jonchée d'ex-voto abrite une stalagmite anthropomorphe, de près de 1m de haut, suintant de l'eau. La croyance locale attribue des vertus curatives à cette eau (elle combattrait, dit-on, les maladies de peau). D'après les historiens, ce lieu de culte d'origine païenne est lié à Mari, principale déesse de la mythologie basque. On accède au site par la route qui remonte le Baztan (traverser la rivière, puis suivre la route jusqu'au bout) ou en suivant le GR®10 de Bidarray en direction du col de Mehatché.

Pays d'Ossès De Bidarray, la D918 remonte le cours de la Nive pour se frayer un passage entre les massifs du Baigura et du Larla jusqu'à Saint-Martin-d'Arrossa. Cette bourgade éclatée était autrefois un quartier d'Ossès. À l'est, la D8 traverse le pays d'Ossès, région de plaines agricoles. On remarquera à **Ossès** ☆ l'**église Saint-Julien** (XVIe s.), au clocher polygonal strié de rayures grises et rouges. L'intérieur renferme un imposant retable baroque, riche en

CRÊTES D'IPARLA
La randonnée à travers l'imposante muraille de grès d'Iparla révèle d'extraordinaires points de vue sur la Navarre, la Basse-Navarre et l'Océan. L'itinéraire, qui emprunte un tronçon du GR®10, mène au pic d'Iparla (1 044m) en 3h de marche, cf. Randonner en Basse-Navarre (p.324).

dorures et angelots. L'importance révolue de la bourgade se lit sur les façades de ses opulentes maisons, où se mêlent les caractéristiques de l'*etche* bas-navarraise et labourdine. La D8 se poursuit en pays d'Arberoue (p.243) vers Irissarry, où trône l'austère commanderie des chevaliers de Saint-Jean-de-Jérusalem. L'ordre s'installa dans le bourg dès le XIIe siècle, pour en faire un de ses greniers, cf. Ospitalea (p.244).

Où trouver souvenirs gourmands et cadeaux artisanaux ?

ZA d'Ossès Sous la dénomination "village d'artisans" sont concentrés des boutiques de producteurs fermiers (fermes Arnabar et Kaiku Borda, collectif de producteurs), un espace de vente des espadrilles mauléonnaises Don Quichosse (p.262), et, locomotive du site, le show-room et les ateliers du potier Goicoechea. *Ihordoqui* ***Ossès*** *(au bord de la D918, à hauteur de Saint-Martin d'Arrossa, dir. Saint-Jean-Pied-de-Port depuis Ossès)*

Galerie Goicoechea Créateurs de pièces uniques traditionnelles ou résolument contemporaines, les ateliers Goicoechea maîtrisent des techniques ancestrales, dont le spectaculaire moulage à la corde, et sont classés Entreprise du patrimoine vivant (EPV), tout comme leur voisin Don Quichosse. Vaste espace d'exposition, galerie pédagogique avec vue sur les ateliers. *Tél. 05 59 37 71 30 Ouvert avr.-oct. : lun.-sam. 8h30-12h30 et 14h-18h ; nov.-mars : lun.-ven. mêmes horaires*

Observer des vautours fauves

Réserve naturelle d'Ichusi Cette magnifique balade dans la réserve naturelle d'Ichusi, aux portes de la Navarre (Espagne), est une expérience à partager avec vos jeunes enfants. La réserve abrite plus de 100 couples de vautours fauves, rapaces d'une envergure de 2,80m, qui nichent dans les falaises d'Ichusi et d'Irubellakaskoa. Le chemin conduit par une bonne piste jusqu'au cœur d'un village abandonné. Les amas de roches visibles non loin de là sont les vestiges de mines d'or d'époque romaine. À la hauteur de l'ancienne école de la vallée, vous pourrez faire une pause et vous baigner dans la rivière qui passe à côté. ***Parcours*** *AR* ***Durée*** *4h* ***Dénivelé*** *150m* ***Difficulté*** *Facile* ***Balisage*** *Aucun* ***Accès*** *De Bidarray, situé sur la route entre Cambo et Saint-Jean-Pied-de-Port, traverser le nouveau pont sur la Nive et tourner à droite ; 150m plus loin, franchir à droite un nouveau pont sur le Baztan et suivre cette rivière sur 1,7km jusqu'au pont d'Enfer ; le franchir et monter sur 100m ; à la bifurcation, prendre à droite et longer le Baztan Passer un autre pont et monter jusqu'à la ferme Bernaténia (4,5km de Bidarray) Garer sa voiture à proximité de l'épingle à cheveux sans gêner le passage* ***Bibliographie*** Circuits pédestres et VTT, *Michel Dusquennoy et François Lapreses, Guides Franck, Éditions Glénat* ***Gîte d'étape*** cf. Gîtes Auñamendi (p.240) ***Ravitaillement*** *Épicerie-dépôt de pain sur la place du Fronton de Bidarray*

Galoper en pleine nature

Ferme équestre Les Collines Aux cavaliers confirmés, Eugène Ondars propose des randonnées de 2 à 7 jours en Pays basque nord et sud et en Béarn. De

320€ (3jours) à 700€ (7jours), hébergement et restauration compris. Aux autres, les promenades de 2h (22€), à la demi-journée (32€) et à la journée (50€), entre monts et vallées. *Maison Heguigorria, quartier Ahaice* **Ossès** *(fléchage) Tél. 05 59 37 75 08 www.fermelescollines.com*

Se balader à VTT

Mendi Gaiak Des circuits balisés en bleu et jaune pour les VTT sont présentés dans le topoguide de Saint-Jean-Pied-de-Port/Saint-Étienne-de-Baïgorry. Comptez à partir de 20€ la demi-journée pour un encadrement professionnel, sans location de matériel. À partir de 12 ans. *Itinéraires d'initiation et parcours pour cyclistes confirmés sur les hauteurs de la forêt d'Iraty et du mont Jara Errobi Bazterra* **Saint-Martin-d'Arrossa** *Tél. 05 59 49 17 64 http://mendi-gaiak.fr*

CARNET D'ADRESSES

Restauration, hébergement

très petits prix

Gîtes Auñamendi Cette structure travaille à l'année avec des classes nature sur différentes approches de la montagne (sportive, naturaliste). Elle dispose de 2 gîtes d'étape à Bidarray ouverts aux randonneurs de passage. Gîte 14€/nuit, 17,50€ avec le petit déj. Pension complète 30€, demi-pension 24€. *Maisons Etxezaharria et Menditarrenea Pl. du Fronton* **Bidarray** *Tél. 05 59 37 71 34 www.arteka-eh.com*

petits prix

Maison Bastanondo À un jet de pierre de la rivière, une solide navarraise avec son entrée typique en forme de bouteille abrite la maison d'hôtes. Déception ! L'intérieur a été complètement refait, et ne subsiste que très peu de matériaux d'origine. Néanmoins, les quatre chambres (1-4 pers.) sont spacieuses, et la décoration et le mobilier suffisament neutres pour en faire une étape satisfaisante. Avec une préférence pour la chambre Baigura, lumineuse et dotée d'un balcon. Double 48-50€, et, dans un bâtiment indépendant, un gîte pour 4 pers. (2 chambres) avec terrasse, de 300 à 530€/sem. selon la saison. *Gastanchoanea* **Bidarray** *Tél. 05 59 37 70 37 www.bastanondo.com Ouvert mi-fév.-mi-nov.*

petits prix

Auberge Etxeko-Borda Un bout du bout du monde. Bâtie sur un replat regardant les crêtes de l'Antzaramendi, cette auberge a pour plus proche voisin un fronton, étrange monolithe solitaire toisant les monts alentours. D'ailleurs, Jean-Pierre, le patron, y organise un tournoi de main nue. À table, toutes

GAMME DE PRIX	RESTAURATION	HÉBERGEMENT
Très petits prix	moins de 12€	moins de 45€
Petits prix	de 12 à 18€	de 45 à 60€
Prix moyens	de 18 à 25€	de 60 à 100€
Prix élevés	de 25 à 45€	de 100 à 140€
Prix très élevés	plus de 45€	plus de 140€

les bourses et tous les appétits seront contentés : de la formule du contrebandier à 11€ au menu de la bergère à 25€ avec, par exemple, merlu beurre blanc aux piquillos, ris d'agneau, dessert. *Ahaice Mendia est* **Ossès** *(12km à l'ouest de Bidarray, d'Ossès, passer à droite du fronton le long de l'église, puis à droite, franchir le cours d'eau et continuer tout droit via le hameau de Ahaice et entamer la montée, accès fléché) Tél. 05 59 37 70 08 ou 06 07 38 47 15*

prix moyens

☺ **Hôtel-restaurant Barberaenea** Une auberge de charme, parfaite pour poser ses valises quelques jours. La terrasse en grès rose à l'ombre des platanes fait face à l'église romane, la façade opposée embrasse les montagnes. Les neuf chambres (2 à 3 pers.) se révèlent très agréables, d'une blancheur éclatante, dotées pour les plus chères de tout le confort nécessaire. Double de 33€ (douche sur le palier) à 63€. Au restaurant, solide menu du randonneur à 22€ pour régaler les marcheurs et jolie carte. Toujours le terroir, mais avec quelques façons distinctives : veau et chorizo, morue en gratin, jus de thym et crème à l'ail… *Pl. de l'Église* **Bidarray** *Tél. 05 59 37 74 86 www.hotel-bidarray.com Ouvert mi-jan.-mi-nov.*

Hôtel-restaurant Mendi Alde L'hôtellerie familiale au mieux de sa forme ! Dans le bourg d'Ossès, cette agréable maison propose une restauration régionale de qualité et 15 chambres coquettes. L'ensemble respire la sérénité, à l'instar de son jardin arrière. L'originalité du lieu tient à sa cuisine au feu de bois – un vieux four où dorent les miches de pain, une broche où rôtit l'agneau de lait… Les produits sont en grande partie bio (les légumes, certaines viandes dont l'agneau et le veau, certains vins). Gage de qualité, une partie de la clientèle porte le béret et s'exprime en euskara. Côté hôtellerie, relaxation assurée dans l'espace chic dédié au spa, sauna et hammam. Formule du jour 15€, menus de 18 à 33€. Selon le confort et la saison, demi-pension intéressante de 110 à 142€ pour 2 personnes, sinon double de 58 à 78€. *Le bourg* **Ossès** *(8km au sud-ouest de Bidarray) Tél. 05 59 37 71 78 www.hotel-mendi-alde.com Ouvert juil.-mi-sept. : tlj. midi et soir ; mi-sept.-mi-déc., mi-jan.-juin : mer.-lun. midi et soir Fermé mi-déc.-mi-jan.*

Hôtel-restaurant Eskualduna-Chez Katina Une valeur sûre des environs, tant pour le gîte que le couvert, tenue par la même famille depuis le relais de diligences et de muletiers de 1745 ! Sensiblement réaménagé depuis aux standards modernes, ce 2-étoiles abrite 36 chambres (2 à 4 pers.) joliment sobres, presque chics. Si les prix s'envolent un peu en été, il constitue le reste de l'année une aubaine au regard de son accueil prévenant et de ses équipements (piscine chauffée, sauna, spa, fitness en accès libre). Double 90€ mi-juillet-fin septembre, et 65-70€ hors saison. Mais, n'oublions pas le restaurant, qui offre d'irrésistibles tentations, comme cette feuillantine de coquilles Saint-Jacques à la crème de piquillos ou le pigeonneau braisé aux morilles. Menus de 18,50 à 42€. *Route de la Gare (au bas du bourg)* ***Saint-Martin-d'Arrossa*** *(9km au sud-ouest de Bidarray) Tél. 05 59 37 71 72 www.chezkatina.fr Ouvert fin fév.-début jan.*

prix élevés

☺ **La Ferme Gourmande** À ceux, un peu las de la cuisine terroir, des axoa, des côtelettes d'agneau, du boudin, du thon et autres merlu, nous recomman-

LA BASSE-NAVARRE

dons cette Ferme Gourmande... et d'en reprendre. Produits locaux et inventivité sont les règles à bord. Pour preuve, le menu-carte, court, change toutes les cinq ou six semaines. Le merlu se marie à la citronnelle et à la mangue, le canard s'associe aux raisins secs, à la noix ou au kiwi, le haricot tarbais s'encanaille avec un caramel de beurre salé. Entrée, poisson ou viande, fromage et dessert 29,50€, poisson et viande 38€ : une heureuse générosité. Pour parfaire le bonheur, côté salle, une même délicatesse dans le panachage des styles, et, côté terrasse, une vue panoramique sur la montagne basque. *Landaburia* **Ossès** *(à 2km d'Ossès par la D8, dir. Irissarry, panneau sur la gauche, puis persévérer dans les lacets) Tél. 05 59 37 77 32 www.restaurant-fermegourmande.com Ouvert mer.-sam. midi et soir, dim. midi*

prix très élevés

Ostapé La page Ducasse est définitivement tournée. Ce dernier, entrepreneur émérite ou colon ou boulimique selon les regards, avait voulu faire de Bidarray un de ses *resorts*. Ostapé, ultrachic et cher, l'auberge Iparla, moins luxueuse, et d'autres projets en tête stoppés par une vague d'attentats. Après de sérieux tangages, à la suite du départ du chef landais, Ostapé a désormais trouvé son rythme de croisière autour de son restaurant gastronomique confié au chef Cédric Roubin, formé chez Amat et... Ducasse. Premier menu "découverte", en rien négligé, relativement accessible à 39€ : truite de Banca taillée cru, condiment d'une sauce vierge, magret farci au foie gras confit, poêlée de girolles vinaigrette au banyuls, cabillaud en écaille de chorizo, écume de lard paysan, bordelaise réduite... Menu terroir 45€, carte à partir de 58€. Coté nuit, 22 suites, toutes différentes, réparties entre la maison principale et des pavillons disséminés dans la montagne (de 170€ la junior hors saison, à 550€ la "prestige" en été). Sans oublier des équipements dignes d'un 5-étoiles (piscine chauffée, sauna, hammam, salles de fitness et de massage, voiturettes électriques...). Dernier détail : site retiré, paisible et enchanteur. *Domaine de Chahatoa* ***Bidarray*** *(suivre la D349, dir. Itxassou par le Pas de Roland, fléché) Tél. 05 59 37 91 91 www.ostape.com Ouvert début juil.-août : tlj. ; début mars-juin, sept.-nov. : jeu.-dim. midi et soir, lun. et mer. uniquement soir*

SAINT-MARTIN-D'ARBEROUE

DONAMARTIRI *64640*

Le pays d'Arberoue s'étend entre le massif du Baigura au sud-ouest et le pays de Mixe au nord-est, le long de la vallée tracée par la rivière Arberoue. Une terre profondément agraire, où il fait bon se perdre en voiture ; les coteaux cultivés ondulent de part et d'autre des routes de campagne. Aucun village ne mérite une halte en particulier, mais chacun possède un petit rien qui fait son charme, une place, une église, des fêtes populaires et des traditions bien ancrées. Saint-Martin-d'Arberoue connut ses heures de gloire lorsque les

seigneurs navarrais des environs y tenaient leur cour ; on aperçoit toujours les vestiges du palais, à côté de l'église. C'est un hameau de vieilles fermes dont seuls quelques bêlements viennent rompre le silence. La grande attraction de la région, ses grottes préhistoriques classées, attire à elle seule plusieurs centaines de visiteurs par jour.

MODE D'EMPLOI

accès

EN VOITURE
À 36km au sud-est de Bayonne, via Hasparren (13km), 14km au sud de La Bastide-Clairence, et 18km à l'ouest de Saint-Palais.

TAXIS
Heletaxi *Hélette Tél. 07 87 95 13 44*
IRRiZ iBiL *Irissarry Tél. 06 84 20 16 22*

fêtes et manifestations

Foire aux chevaux et pottoks *Autour du 20 mars et autour de la Sainte-Catherine, 25 nov.*
Fête-dieu *Hélette Juin*

DÉCOUVRIR

Le pays d'Arberoue

☆ **Les essentiels** Les grottes d'Isturitz et d'Oxocelhaya **Découvrir autrement** Découvrez le petit village d'Hélette au mois de juin à l'occasion de sa fête-dieu et survolez le pays d'Arberoue en parapente

☆ ☺ **Grottes d'Isturitz et d'Oxocelhaya** La colline de Gaztelu cache dans ses entrailles 600m de galeries sculptées par l'Arberoue. Ces grottes aux spectaculaires concrétions calcaires ont connu 70 000 ans d'occupation humaine, commencée avec l'homme de Néandertal. Les fouilles, menées depuis 1913, ont mis au jour quantité de peintures rupestres et objets sculptés (peignes, lames, flûtes en os de vautour…). La visite guidée (45min) vous fera parcourir les principales galeries. Celles abondantes en art pariétal peuvent être explorées lors des visites spéciales en compagnie d'une préhistorienne au fil d'un parcours de 1h30 (sur rés., dim. à 11h, 13,50€). Vous pouvez aussi, sur réservation, tenter la découverte avec un géologue (ven. à 9h en juil.-août, à 17h hors saison). Prévoyez une petite laine (température constante de 14°C). À l'entrée, un petit musée retrace la riche histoire géologique et humaine du site. ***Saint-Martin-d'Arberoue*** *Tél. 05 59 29 64 72 www.grottes-isturitz.com Ouvert mi-mars-mai, oct.-nov. : tlj. 14h-17h (vac. scol. et j. fér. visite sup. à 11h) ; juin-sept. : tlj. 11h-12h et 14h-17h ; juil.-août : tlj. 10h-12h et 13h-18h Tarif 9,30€, réduit 8,30€, 7-14 ans 3,80€*

Hélette La bourgade, avec son fronton rose saumon, rassemble toutes les caractéristiques du village basque. Bien trempée dans ses traditions, elle mérite le détour à deux moments clés de son calendrier : lors de la fête-dieu (en juin), l'une des plus étonnantes du pays, avec parade militaire et danses traditionnelles ; lors de la foire aux pottoks (en mars et en novembre), qui attire un millier de poneys sur la place du bourg. Profitez de votre passage pour jeter un coup d'œil dans l'église, aux belles galeries de chêne (XVIIe s.) et à la remarquable statue de saint Jacques en pèlerin. ***Hélette** 7km au sud-ouest de Saint-Martin via Saint-Esteben*

Iholdy À voir, une église aux fonts baptismaux creusés dans la pierre, les vieilles stèles du cimetière et quelques maisons anciennes : Elizabelarria, maison noble affublée d'échauguettes, Franxistegia avec son linteau sculpté de sacs de blé et demi-lunes. Le château du XVIIe siècle, toujours habité, a appartenu à l'évêque qui bénit le mariage de Louis XIV. L'intérieur est décoré de meubles d'époque et de sculptures décoratives du XVIIe siècle. Jardins à la française. ***Iholdy** D'Hélette, suivre la D245, puis la D745 (8km)* **Château** *Tél. 05 59 37 51 07 Ouvert Pâques, juin-mi-sept. : jeu.-mar. 14h-18h Tarif 6€, moins de 16 ans 3€*

Ospitalea De l'ancienne commanderie fondée au XIIe siècle par l'ordre des hospitaliers de Saint-Jean-de-Jérusalem, il reste aujourd'hui un bâtiment, construit au début du XVIIe siècle par cette communauté de moines militaires devenue ordre de Malte. Transformé au début des années 2000 en centre d'éducation au patrimoine spécialisé dans l'accueil des scolaires, le site ouvre néanmoins ses portes au grand public : salles d'exposition (arts plastiques au rdc, patrimoine et langue au second) et médiathèque, avec son fonds dédié au Pays basque. *Le bourg **Irissarry** (13km au sud de Saint-Martin, ou 16km via Hélette) Tél. 05 59 37 97 20 www.ospitalea.cg64.fr Ouvert lun.-sam. 10h-12h30 et 13h30-17h30*

● Survoler le Baigura, s'initier à la trottinette tout-terrain

Base de loisirs du Baigura De la D119, entre Hélette et Louhossoa, un chemin (interdit aux véhicules motorisés) grimpe au mont Baigura (897m), d'où s'élancent les amateurs de vol libre. Sur les chemins qui sillonnent le massif se retrouvent aussi randonneurs et VTTistes. Un "petit train" tiré par un tracteur exécute l'aller-retour à partir de la base de loisirs au pied du sommet. École de parapente (vol biplace autour de 60€), location de VTT et trottinette tout-terrain (30€ pour la descente sportive de 1h30), aéro-trampoline (5€), café-snack. *6km à l'est d'Hélette* **Petit train** *Ouvert juin-sept. : tlj. 10h-11h et 14h-19h (toutes les heures) ; oct.-mai : tlj. 13h30-17h30 Regroupement de 4 pers. minimum pour un départ*

CARNET D'ADRESSES

Restauration, hébergement

petits prix

Auberge Aguerria L'auberge d'un village bien typé. Au choix, une salle rustique tout en boiseries, une autre plus contemporaine. On y dévore d'excellentes omelettes truffées de gros morceaux de cèpes (12€), une copieuse salade du chef au magret de canard fumé, foie gras, truitelles du Baztan, merlu et dorade, sans surprise et pourtant si réjouissant ! Accueil chaleureux, clientèle locale. Menus de 14 à 28€. Également des chambres de bonne facture. Double 45€. *Pl. centrale* ***Hélette*** *(à 7km au sud de Saint-Martin) Tél. 05 59 37 62 90 www.aguerria.com Ouvert fév.-déc. : mar.-dim.*

Hôtel du Fronton Les chambres, vieille école mais de bon confort, sont équipées de doubles vitrages. Cela reste une énigme, tant la quiétude règne alentour, hormis quelques passages de tracteurs ou claquements de balles les rares fois où le fronton est utilisé. Peut-être est-ce pour les cris d'enfants venant de la piscine ? Ils ne seront plus là quand le soleil disparaîtra derrière le massif du Baïgura. Restaurant avec véranda et terrasse pour une cuisine régionale des plus classiques. Double 56€ en pleine saison. *Pl. du Fronton* ***Saint-Esteben*** *Tél. 05 59 29 64 82 www.hotel-fronton.com Ouvert mars-nov. : jeu.-mar.*

prix moyens

Aire Berria Cette belle demeure du XIXe siècle, entourée d'un parc, abrite des intérieurs bourgeois et trois chambres d'hôtes raffinées. L'une a conservé son style années 1930 (70€), une autre joue le décalage avec une décoration contemporaine (60€), la troisième, parfaitement champêtre, peut se transformer en suite familiale (de 75 à 100€). Table d'hôtes sur demande et à option : basque (27€) ou brasileira (30€). C'est beau la vie de gentleman-farmer. *Jauregia* ***Irissarry*** *(13km au sud de Saint-Martin, ou 16km via Hélette) Tél. 09 79 33 25 22 ou 06 89 75 04 06 www.aireberria.com*

Santa Maria À l'arrière du clocher de l'église (qui ne sonne pas la nuit), cette superbe maison forte du XIIIe siècle conserve un escalier Renaissance, véritable pièce d'art, qui mérite à lui seul une halte. Vous pourrez profiter de ce cadre en séjournant dans l'une des deux charmantes chambres d'hôtes (double 75€) ou dans l'un des deux gîtes tout aussi confortables (selon la saison, de 310 à 525€/sem. pour 2 à 4 pers., de 475 à 750€/sem. pour 4 à 7 pers.). Table d'hôtes sur demande, option végétarienne. ***Hélette*** *(7km au sud-ouest de Saint-Martin via Saint-Esteben) Tél. 05 59 37 98 84 www.santamariaheleta.fr*

prix élevés

☺ **Auberge Goxoki** La table gastronomique de la vallée. De belles et incontournables propositions du terroir, et bien plus encore. Virvoltante, Margaret tourne volontiers le dos à la routine et vous entraîne dans sa fantaisie : improvisations et trouvailles du jour vous seront conseillées au gré de son humeur, de son marché quotidien jusqu'à la pêcherie des Allées-Marines à Bayonne, ou selon ses arrivages de Bretagne, de mer d'Irlande et du Nord, produits dont elle raffole. Si elle a fait ses classes chez les plus grands, il y a une chose dont elle n'a pas voulu hériter : le cérémonial des tables huppées. Tutoiement de rigueur, et brin de conversation si le service le permet. Menu simple 19€, ou carte de 30 à 60€. *Pl. de l'Église* ***Saint-Martin-d'Arberoue*** *Tél. 05 59 29 64 71 http://auberge.goxoki.free.fr Ouvert tlj. midi et soir*

SAINT-PALAIS DONAPALEU 64120

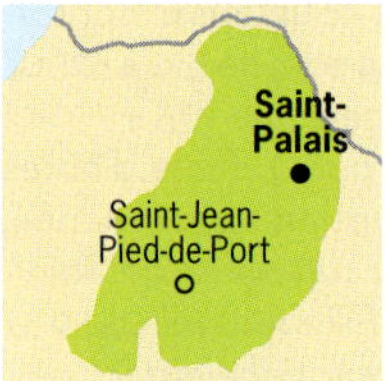

C'est à Saint-Palais, bastide fondée au XIIIe siècle entre la Joyeuse et la Bidouze, que fut transférée la capitale administrative du royaume de Navarre – après la restitution de sa partie nord à Henri II de Navarre et Jeanne d'Albret. De ce passé, la ville garde quelques vestiges : l'ancien hôtel de la monnaie, tout en pierres apparentes ; l'église Saint-Paul, réformée en temple protestant sous Jeanne d'Albret et, en face, la maison noble Derdoy-Oyhenard, surnommée la "maison des têtes", que décorent notamment les effigies des derniers rois navarrais (Henri II, Jeanne d'Albret et Henri III, le futur roi de France Henri IV). Saint-Palais est une bourgade plaisante et une halte indispensable pour visiter le pays de Mixe, terre agricole marquée par les pèlerinages jacquaires.

MODE D'EMPLOI

accès

EN VOITURE
À 31km au nord-est de Saint-Jean-Pied-de-Port par la D933. À 53km au sud-est de Bayonne (rejoindre la D936 jusqu'à Bidache puis la D11 ; sur l'A64, sortir à Urt ou à Salies-de-Béarn).

EN CAR
Transports 64 Ligne pour Saint-Jean-Pied-de-Port (810), et prolongement sur demande jusqu'à Saint-Étienne-de-Baïgorry (rés. au plus tard la veille avant 17h). Départ pour Salies-de-Béarn, Puyoô et Orthez par le 809 (gare SNCF à Puyoô et Orthez sur la ligne Bayonne-Pau-Toulouse). Arrêt de la ligne 811 Bayonne-Mauléon-Tardets. Point de départ sur le côté de l'église, bd Sainte-Madeleine. *Tél. 0 800 64 24 64 (lun.-ven. 8h30-18h30) www.transports64.fr*

fêtes et manifestations

☺ **Foire de Garris** *"Il est impossible de s'entendre, c'est comme à la foire de Garris."* Mille ans que ça dure. Le premier jour voit passer un millier d'équidés, chevaux, ânes, poneys et pottoks, venus de toute la France et d'Espagne, et le lendemain plus de 600 bovins s'y retrouvent. "Manège" des maquignons, marchés, spectacle équestre, initiation à l'équitation pour les enfants, danses andalouses et basques, parties de pelote, banquets... ***Garris** (3km au nord-est de Saint-Palais par la D11) http://foiredegarris.free.fr 31 juil.-1er août*

☺ **Festival de force basque** Cf. Encadré "Plus d'un tour... de force" (p.247). *1er dim. après le 15 août Rendez-vous au fronton de Saint-Palais Tarif 15€, moins de 12 ans gratuit*

marchés

Marché *Marché couvert Rue Gaztelu Zena Ven., et marché au gras nov.-fév.*

informations touristiques

Office de tourisme de Basse-Navarre Plans, documentation sur la province, organisation d'activités sportives. Nombreuses fiches rando pour tous niveaux à télécharger sur le site Internet. *14, pl. Charles-de-Gaulle Tél. 05 59 65 71 78 www.saintpalais-tourisme.com Ouvert mi-juil.-août : lun.-sam. 9h30-12h30 et 14h-18h30, dim. 10h-12h30 ; sept.-mi-juil. : mar.-sam. 9h30-12h30 et 14h-18h*

DÉCOUVRIR

☆ **Les essentiels** Ostabat-Asme et la chapelle d'Harambeltz **Découvrir autrement** Visitez l'atelier de tissage Ona Tiss à Saint-Palais, assistez à la foire de Garris et au festival de force basque

Saint-Palais

Le vieux Saint-Palais Rien d'époustouflant à Saint-Palais, mais une quiétude et un charme suranné immanents. Son passé de capitale affleure discrètement. Outre l'hôtel de la Monnaie, c'est dans la rue du Palais-de-Justice que se croiseront ses traces les plus évidentes, notamment la maison des Têtes. Ne pas hésiter à emprunter les rues descendant vers la rivière. L'une d'elles mène à l'ancien moulin royal de Béhotéguy. Sur la rive opposée, joli parcours verdoyant, avec les façades sur la Bidouze en toile de fond. Pour finir, installez-vous en terrasse sur la place du Foirail, après un coup d'œil au trinquet Saint-Jayme inauguré en 1891 (à l'arrière de l'hôtel du même nom).

Atelier de tissage Ona Tiss L'un des deux ateliers artisanaux de linge basque en Pays basque ! La visite, en compagnie des ouvrières ou de la patronne de cette entreprise familiale, vous fait découvrir toutes les étapes de la fabrication : la confection des bobines, l'ourdissage, le tissage et sa joyeuse

Plus d'un tour... de force

Spectaculaires et très en vogue, les jeux de force basque tirent leur origine des défis que les paysans se lançaient jadis lors des travaux agricoles. Remis au goût du jour dans les années 1950 à Saint-Palais, ils donnent aujourd'hui lieu à l'une des plus importantes manifestations du calendrier basque. Chaque année, en août, les villages dépêchent leurs plus solides gaillards pour une série d'épreuves parfaitement codifiées : le sprint des porteurs de sacs de blé, les défis de scieurs, la levée de pierre ou de ballots de paille, la levée de charrette (qu'il s'agit de faire pivoter sur son timon), etc. La discipline reine demeure la Soka Tira (tir à la corde), car elle oppose deux équipes villageoises de dix hommes.

☺ **Festival de force basque** L'événement oppose huit équipes représentant huit villages et attire plusieurs milliers de spectateurs. *1er dim. après le 15 août Rendez-vous au fronton de Saint-Palais Tarif 15€, moins de 12 ans gratuit*

LA BASSE-NAVARRE

valse colorée, la couture. Vente du linge à la boutique. *23, rue de la Bidouze Tél. 05 59 65 71 84 www.onatiss.com Ouvert juil.-août : lun.-sam. 9h-12h et 14h-17h ; sept.-juin, sept.-oct. : lun.-jeu. 9h-12h et 14h-17h Entrée libre*

Les environs de Saint-Palais

Château de Camou Dans cette belle maison forte (XVIe s.), érigée sur une motte féodale datée du XIe siècle, vous découvrirez l'histoire du site, une évocation de la vie agricole traditionnelle, mais aussi une amusante présentation de maquettes fonctionnelles inspirées de créations de Léonard de Vinci. *Camou sud* ***Aïcirits-Camou-Suhast*** *(2km au nord de Saint-Palais, via la D29) Tél. 06 44 30 04 57 ou 05 59 65 84 03 Ouvert juil.-août : tlj. 14h30-18h Sur rdv le reste de l'année Tarif 3€, gratuit pour les moins de 12 ans.*

STÈLE DE GIBRALTAR
Surmontée d'une stèle discoïdale, la borne d'orientation qui se dresse au lieu-dit Gibraltar marque le point de rencontre des trois voies jacquaires (Le Puy, Vézelay et Tours). Suivant en partie le GR®65, une randonnée mène, en 2h, de Gibraltar à Ostabat via la chapelle de Soyarza et l'ancien prieuré-hôpital d'Harambeltz, cf. Randonner en Basse-Navarre (p.324).

☺ **Garris** Charmante bourgade aux superbes maisons à encorbellement et à pans de bois apparents, parfois au remplage de briques. Sa visite n'a pas à attendre sa célèbre foire (p.246). *3km au nord-est de Saint-Palais par la D11*

☆☺ **Ostabat-Asme** Cette plaisante petite bastide jadis fortifiée constituait une halte importante à la croisée des voies jacquaires du Puy, de Vézelay et de Tours. Le hameau est le point de départ de quelques balades : une boucle de 1h30 conduit aux ruines du château de Laxague (XIVe s.) ; une autre, en épousant le GR®65, mène à la chapelle romane d'Haranbeltz. ***Ostabat-Asme*** *(14km au sud de Saint-Palais)*

☆☺ **Chapelle d'Harambeltz** Magnifique et émouvant vestige d'un prieuré-hôpital, cette chapelle (XIIe-XVIIe s.) était la première halte après le carrefour de Gibraltar, convergence des trois voies jacquaires de Tours, du Puy, et de Vézelay. Du fait de sa situation sur une voie romaine, certains historiens ont émis l'hypothèse qu'elle fut érigée sur un ancien temple, voire un lieu de culte dédié à une déesse basque. L'intérieur très sobre recèle, outre une voûte et quelques lambris peints, un très beau retable en bois polychrome du XVIIIe siècle, dont le panneau central, encadré de colonnes sculptées, illustre la légende de saint Nicolas. ***Harambeltz*** *(bifurcation 6km au sud de Saint-Palais par la D933) Tél. 05 59 56 45 97 www.lesamisdharanbeltz.fr Ouvert Pâques-Toussaint : mer.-lun. 14h-18h Sur rdv le reste de l'année*

CARNET D'ADRESSES

Restauration, hébergement

Au regard de sa taille, Saint-Palais possède une offre hôtelière respectable, concentrée autour de la place du Foirail.

très petits prix

Auberge Mendibilenea Le Pays basque à 30€ la nuit avec une grande piscine à disposition ? C'est ici ! Bien sûr, les chambres sont modestes et désuètes et les toilettes sur le palier, mais avec cabine de douche, et literie neuve. Une pause idéale, en pleine campagne, pour un plongeon familial à moindre coût. Qui plus est la cuisine, ne dépareille pas, simple et honnête. Menus à 12 et 25€. *Copena* ***Amorots-Succos*** *(9km au nord-est de Saint-Palais, dir. La Bastide-Clairence par la D123) www.location-gites-amorots.com Fermé une sem. en sept.*

petits prix

Auberge du Foirail Une adresse pour la paix des générations. La jeunesse s'y donne rendez-vous le soir pour des pizzas ; les anciens et les villages alentour s'y retrouvent les jours de marché pour des boudins, ventrèches et omelettes de saison à moins de 10€. *35, rue du Jeu-de-Paume* ***Saint-Palais*** *Tél. 05 59 65 73 22 Ouvert mer.-lun. midi et soir, mar. uniquement midi Fermé vac. scol. d'hiver et dernière sem. d'août*

Hôtel-restaurant du Midi Une déco kitsch à souhait, mais l'accueil enjoué et les tarifs ultra-doux vous feront oublier le cadre. Honnête morue, dorade, mouton, et un plat du jour à 8€. Côté hôtellerie, ce sera une bonne option de repli si ses deux voisins, bien plus cosy pour quelques euros de plus, affichent complets. Double 52€. *11, Pl. du Foirail* ***Saint-Palais*** *Tél. 05 59 65 70 64 Fermé 3 sem. en mars et fin oct.-début nov.*

Hôtel de la Paix Sans avoir le cachet de la façade, les chambres, la plupart avec grand balcon, offreny un espace plaisant pour une étape de confort à prix raisonnable. Double 59€. Restaurant de bon aloi agrémenté d'une agréable terrasse à l'arrière. Menus 14 et 27€. *33, rue du Jeu-de-Paume* ***Saint-Palais*** *Tél. 05 59 65 73 15 www.hotellapaix.com* ***Restaurant*** *Ouvert juil.-mi-sept. : tlj. midi et soir ; reste de l'année : lun.-ven. midi et soir, dim. midi Fermé mi-déc.-fin jan.*

Maison Etchekunenia Cette grande demeure traditionnelle, désormais enserrée par les entrepôts des faubourgs de Saint-Palais, n'est pas idéale pour un week-end romantique. Néanmoins, une fois à l'intérieur, cette maison d'hôtes se révèle un havre

GAMME DE PRIX	RESTAURATION	HÉBERGEMENT
Très petits prix	moins de 12€	moins de 45€
Petits prix	de 12 à 18€	de 45 à 60€
Prix moyens	de 18 à 25€	de 60 à 100€
Prix élevés	de 25 à 45€	de 100 à 140€
Prix très élevés	plus de 45€	plus de 140€

bienvenu. Entrée séparée avec un grand séjour, et cinq chambres colorées, confortables et de bon goût. Table d'hôtes à base des produits de la ferme (17€). Double 47€. *Etchegoin* ***Aïcirits-Camou-Suhast*** *Tél. 05 59 65 65 54 ou 06 16 09 17 57 http://etchekunenia.pagesperso-orange.fr*

prix moyens

Hôtel-restaurant Le Trinquet Cette table offre un beau menu à 27€ avec son espadon rôti sauce aigre douce ou son croustillant de sole et sa fondue de poireaux. En saison, spécialité de palombes flambées au capucin. Un bar à vins pour parachever le tout dans un décor contemporain. Une valeur sûre depuis quatre générations. Grandes chambres modernes et lumineuses à la décoration neutre. Ddouble 62€. *31, rue du Jeu-de-Paume* ***Saint-Palais*** *Ouvert début jan.-fin avr. : mar.-sam. et dim. midi. ; mi-mai-fin déc. : tlj. Fermé fin avr.-mi-mai, fin sept.-début oct., fin déc.-début jan.*

☺ **Maison d'Arthezenea** Une superbe maison de famille, acquise au XIXe siècle par un grand-oncle fortuné d'Amérique, et que François Barthaburu restaure amoureusement. Il la fait revivre en rouvrant de vieux coffres en bois massif et des armoires chargées de vaisselle d'époque, de linge brodé, de souvenirs d'enfance. Bon vivant, fin gourmet et chasseur de palombes à ses heures, il est aussi une mine d'informations sur son Pays basque natal. Le propriétaire fait lui-même la cuisine avec des produits du terroir. Quatre grandes chambres, avec sdb et WC séparés. Double 70 et 75€. Table d'hôtes 25€. *42, rue du Palais-de-Justice* ***Saint-Palais*** *Tél. 05 59 65 85 96 ou 06 15 85 68 64 www.gites64.com/maison-darthezenea*

☺ **Hôtel-restaurant Portalenia** Portalenia, c'est d'abord un accueil, que vous soyez à l'heure ou pas, avec eau plate ou cru choisi, pour une assiette combinée, un menu ouvrier (12€) ou gastronomique (menu liberté à débattre 48h à l'avance). À l'image de la demeure du XVIe siècle, la cuisine est locale, authentique, charpentée. Canard, agneau, anguille, gibier à la saison... Terrasse à l'arrière dominant le village, et quelques chambres vieillottes parfaitement entretenues. Double de 39 à 49€. *Pl. du Foirail* ***Garris*** *(3km au nord-est de Saint-Palais par la D11) Tél. 05 59 65 74 23 www.hotel-restaurant-portalenia.fr* ***Restaurant*** *Ouvert dim.-ven. Fermé jan.*

prix très élevés

La Cabane Perchée Les tarifs s'envolent, mais l'expérience est hors normes. Vous voici à 7m de hauteur, votre chambre coincée entre les ramures d'un chêne centenaire, les crêtes avoisinantes pour seules égales. La cabane, parfaitement équipée, peut accueillir jusqu'à 4 personnes. Elle dispose d'une salle de bains et d'un coin avec mini-frigo et micro-onde. Comptez de 139€/nuit à 159€ en haute saison (juin-oct.), petit déj. inclus à la prestation. Possibilité de transfert des gares et aéroports des alentours. Coiffeuse, masseuse, garde d'enfants, manucure, panier-repas sur demande. La vie de château, mais vue du donjon. *Succos* ***Amorots-Succos*** *(9km au nord-ouest de Saint-Palais, au virage du hameau de Succos, s'y engager en montant, puis premier chemin à droite) Tél. 06 64 85 08 28 www.lacabaneperchee.fr*

☆ ☺ LA BASTIDE-CLAIRENCE BASTIDA

64 240

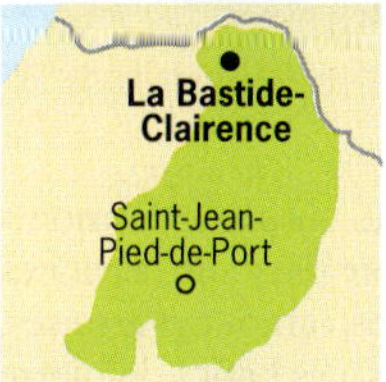

Ni dans la montagne basque, ni près de la côte, La Bastide-Clairence est souvent l'oubliée des circuits touristiques. Pourtant, ses attraits sont indéniables. Cette bastide fut fondée en 1312 par Louis Ier, roi de Navarre, aux limites de son royaume : aux confins du Labourd et de la Basse-Navarre, sur les rives de la Joyeuse, affluent de l'Adour – un emplacement stratégique qui dotait la Navarre d'un accès à la mer. Le plan d'urbanisme en damier, typique des bastides, distribue de chaque côté de la rue centrale des parcelles identiques et, à intervalles réguliers, une rue transversale. Cet urbanisme singulier, encore nettement visible, vaut à cet ensemble d'appartenir au clan des plus beaux villages de France.

MODE D'EMPLOI

accès

EN VOITURE
À 27km de Bayonne par l'A64 (gratuit), sortie n°4. À 14km au nord-ouest de Saint-Martin-d'Arberroue, et 9km au nord-est d'Hasparren.

EN CAR
Réseau interurbain des Pyrénées-Atlantiques La Ligne 808 assure la liaison Mauléon-Oloron en 40min. *Tél. 0 800 64 24 64 (lun.-ven. 8h30-18h30) www.transports64.fr*

informations touristiques

☺ **Office de tourisme** Un petit office, mais actif. Prêt d'un lecteur MP3 pour un parcours audioguidé gratuit. Belle salle attenante présentant des expositions d'arts plastiques. *Pl. des Arceaux Tél. 05 59 29 65 05 www.labastideclairence.com http://labastideclairence.blogspot.fr Ouvert juil.-août : lun.-sam. 10h-13h et 15h-19h, dim. 10h-12h et 15h-19h ; juin, sept. : lun.-ven. 9h30-12h30 et 14h-18h, sam. 10h-12h ; mai, oct. : lun.-ven. 9h30-12h30 et 14h-18h ; jan.-avr., nov.-déc. : lun.-mar. et jeu.-ven. 9h30-12h30 et 14h-18h, mer. 10h-12h*

marchés et manifestations

Marché fermier nocturne Uniquement des produits en direct du producteur. *Juil.-août 19h-22h*
Fêtes du bourg Marché fermier, banquets, concerts, feux d'artifice. *1re sem. d'août ven.-lun.*
Marché potier du Pays basque Une cinquantaine d'artisans européens présentent leurs créations. Démonstrations, ateliers enfants, expositions d'arts plastiques, etc. *Mi-sept.*

DÉCOUVRIR

☆**Les essentiels** Les ateliers des artisans d'art de La Bastide-Clairence, l'église Notre-Dame de l'Assomption, le château de Bidache **Découvrir autrement** Goûtez l'ossau-iraty à la ferme Le Château

La Bastide-Clairence

Procurez vous l'audioguide gratuit à l'office de tourisme ou pistez les nombreuses et discrètes plaques informatives pour en savoir plus sur certaines des maisons caractéristiques du bourg, tantôt labourdines, tantôt navarraises. Prenez aussi le temps de vous arrêter sur l'un des *taoulés*, ces bancs de pierre accrochés aux maisons où les femmes s'asseyaient pour tricoter les bérets et les faisaient ensuite sécher. La production de La Bastide était réputée jusqu'à l'industrialisation de la bonneterie. De votre *taoulé*, imaginez l'activité au XVIIe siècle de cette bastide cosmopolite où se croisaient Basques, Gascons, juifs, cagots et pèlerins. La place rectangulaire, agrémentée d'un lavoir et entourée de maisons à arceaux, accueillait jadis un marché important dans la région.

☆ **Artisans d'art de La Bastide-Clairence** Depuis quelques années, la jolie bastide revit, dynamisée par l'implantation récente d'une activité artisanale autour des métiers d'art, avec un large panorama des pratiques : luthier, tisserand et designer textile, maroquinier, ébéniste-sculpteur, du verrier, bijoutier, potier, sérigraphe, photographe... autant de créateurs à retrouver dans leurs boutiques-ateliers (autour de la place des Arceaux, de la rue vers Hasparren ou du passage jouxtant l'OT et sa galerie).
http://arcades64-accueil.blogspot.fr Le site d'Arcades, l'association regroupant les métiers d'art à La Bastide.

☆ **Église et cimetière Notre-Dame de l'Assomption** L'église actuelle a été presque entièrement reconstruite à la fin du XVIIIe siècle, hormis un porche latéral roman. Sa vaste nef cernée de trois galeries témoigne de l'importance de la cité à cette époque. Mais son intérêt majeur, cas unique en France, réside dans ses couverts abritant les sépultures sur l'ensemble de son pourtour. Sous ce préau-cimetière, toujours utilisé en tant que tel, se tenaient les assemblées capitulaires. Celles-ci réunissaient les 400 maisons de la paroisse pour y décider des affaires communes, sous l'ombre tutélaire des défunts plutôt que du curé ou du noble qui en étaient exclus ! *Route Pessarou*

Cimetière juif Situé au-dessus du cimetière paroissial, une soixantaine de tombes, dont la plus ancienne date de 1610, rappelle qu'une communauté israélite fuyant les inquisitions espagnoles, puis portugaises, s'est installée à La Bastide au tout début du XVIIe siècle avant de disperser doucement à la fin du XVIIIe siècle (la tombe la plus récente est datée du 1785). *Rue Saint-Jean*

Trinquet Il n'y a pas de trinquet plus ancien, de même qu'il n'y a pas de jeu de paume plus ancien au monde encore en activité. L'analyse scientifique d'une poutre daterait le bâtiment de 1512, mais son origine remonte plus probalement au XVIIe siècle, à l'âge d'or de La Bastide – soit trois siècles de paume, voire quatre, avant que ne se distingue son rejeton, la pelote basque. Tripot donc, tel que l'on dénommait les salles de jeu de paume, puis trinquet, les deux sports se partagent aujourd'hui l'espace. Une visite discrète est toujours possible. *Rue Notre-Dame*

● Où se choisir un parfum ?

Parfums et senteurs du Pays basque Maître artisan parfumeur, Christian Louis est avant tout poète. Vous en conviendrez en le voyant s'acharner, les yeux pétillants, les narines tremblantes, à déceler les notes subtiles qui s'accordent à votre caractère et à votre peau. Vous êtes une femme discrète ? À vous, les notes délicates du pamplemousse et du thé vert, soulignées de citron. Charmeuse et sensuelle ? Les fragrances sucrées et épicées, le coco, le safran, la cannelle et la vanille. Femme fatale ? "Robe noire, piment d'Espelette et poivre noir..." Pour les hommes, cuir et tabac pour souligner la virilité, sapin et bois de genévrier pour assouvir les désirs de nature et de grands espaces. Vous ressortirez la tête pleine de paroles et de senteurs - et, peut-être, avec un délicat flacon en bois de cèdre au fond du sac. *Pl. des Arceaux Tél. 05 59 56 14 26 ou 06 11 08 75 01 http://parfumsetsenteursdupaysbasque.com Ouvert juil.-août : tlj. 10h-20h ; juin, sept.-oct. : mar.-sam. 10h-12h30 et 14h30-18h30 ; fév.-mai : mar. et jeu.-sam. 10h-12h et 14h-18h*

● Où goûter un fameux ossau-iraty ?

Ferme Le Château - GAEC Artzainak Dans cette ferme qui possède un troupeau de 400 brebis manech tête rousse, on produit un fromage labellisé ossau-iraty. En visitant cette exploitation (salle de traite, bergerie, laboratoire de fabrication, saloir, chambre froide), vous découvrirez comment ces fromages sont brossés, lavés et bichonnés jusqu'à ce qu'ils dégagent leurs subtils arômes de noisette. Des tomes de 2 à 4kg sont en vente à la boutique, entières ou au détail. Produits vendus aux marchés d'Hasparren et de Saint-Jean-de-Luz. Les routes de campagne qui conduisent à la fromagerie traversent de jolis paysages de collines et de forêts. *Hameau de Pessarou (9km au sud de La Bastide par la D123 dir. Saint-Palais) Tél. 05 59 29 12 83* ***Visite*** *mar. 10h-12h et 15h-18h* ***Vente*** *à la ferme tlj.*

Les environs de La Bastide

Abbaye de Belloc Installée à la fin du XIXe siècle dans une métairie par des prêtres missionnaires diocésains issus de l'abbaye de la Pierre-qui-Vire (Morvan), la communauté bénédictine s'est considérablement développée jusqu'à la fin des années 1960, date de la construction de l'église, archétype de style moderniste brut. Après une histoire tumultueuse menée aux quatre coins de la planète par leurs devanciers missionnaires, la trentaine de moines qui vit là aujourd'hui se consacre à la prière, à la liturgie (offices ouverts au public), à l'accueil pour des retraites et à laproduction du fromage le belloc, tomme de brebis réputée. Boutique des spécialités et une librairie avec un remarquable fonds régionaliste. ***Urt*** *(3km au nord de La Bastide par la petite D510) www.belloceturt.org Ouvert mar.-dim. 10h-11h30 et 14h45-17h45*

Bidache À 15km à peine au nord-est de La Bastide-Clairence, et à 10km au sud de Peyrehorade, on pénètre en pays "sharnègo", un territoire appartenant aux deux cultures basque et gasconne. Connu pour sa pierre de grès et sa rocambolesque principauté, Bidache domine la Bidouze peu avant son embouchure en Labourd. Plusieurs sentiers de randonnée rayonnent dans les environs entre Adour et piémont pyrénéen. Vous trouverez leur descriptif dans le topoguide intitulé *39 balades et randonnées pédestres en Nive, Adour et Ursuya* en vente à l'office de tourisme de Bidache, qui propose aussi un audioguide gratuit pour partir à la découverte du village, de ses vieilles demeures de la **rue Saint-Jacques** et des vestiges du château. *À 15km de La Bastide-Clairence* **Office de tourisme du pays de Bidache** *1, pl. du Foirail Tél. 05 59 56 03 49 www.tourisme-pays-de-bidache.com Ouvert juil.-août : lun.-sam. 9h30-12h30 et 14h-18h32, dim. 14h et 18h30 ; sept.-juin : mar.-sam. 9h-12h et 14h-18h*

Château de Bidache Érigé au XVIe siècle, incendié en 1796, réduit depuis à de majestueuses ruines, cet édifice appartenait aux seigneurs de Gramont. Leurs terres de Bidache, à la limite des royaumes de France et de Navarre, ont un statut ambigu. Antoine Ier de Gramont en profite pour les proclamer principauté en 1570. Toléré, cet État quasi souverain qui exerce sa propre justice sera un havre pour tous ceux fuyant les deux royaumes : les hors-la-loi, et les huguenots, catholiques et juifs selon les vents de concorde ou de crispations religieuses. Cette autonomie perdurera jusqu'à la dissolution sans condition de la principauté dans le découpage départemental de la Révolution. *Ouvert juil.-août : tlj. visites guidées à 15h et 16h30 ; juin, sept. : ven.-dim. visite à 16h (pour les visites guidées, rdv à l'OT, 10min avant, durée 1h)*

Les chaisiers de Came Sans que l'on sache comment ni pourquoi, les tourneurs sur bois de Came se sont spécialisés dans la chaise au début du XIXe siècle. Encore aujourd'hui, huit ébénistes façonnent des assises de tous styles. Ils vous accueilleront avec plaisir et vous montreront les techniques traditionnelles de fabrication. Petit musée présentant un atelier de 1800 chez Jean-Jacques Lataillade, fils et petits-fils de chaisier – comme la plupart de ses collègues. **Came** *À 2km de Bidache par la route de Salies-de-Béarn (D936) www.les-chaisiers-de-came.com*

CARNET D'ADRESSES

Restauration, hébergement

prix moyens

Restaurant des Arceaux Du petit déjeuner au dîner, on savoure à toute heure le plaisir de s'attabler sur la place principale de La Bastide-Clairence. On s'y sustente d'une cuisine traditionnelle de bon aloi, formule du midi 12€ en semaine, assiette du pays 18€, carte à l'ardoise le week-end. En salle, de grandes baies vitrées ouvrent sur la campagne. *Pl. de la Mairie* **La Bastide-Clairence** *Tél. 05 59 29 66 70 Ouvert haute saison : mar. et dim. uniquement midi, mer.-sam. midi et soir ; basse saison : mar.-dim. uniquement midi (le soir, sur rés.) Fermé 3 dernières sem. de jan.*

Iduki Ostatua Ce restaurant, attaché à une résidence de tourisme, est la table inattendue. Impeccable assiette du pays à 18€ avec ses succulentes cassolettes – piperade, ventrèche poêlée, parmentier de boudin noir et *mamia* (caillé de brebis) – et menu du marché à base de produits issus des alentours pour 25€. Ambiance loft à l'intérieur, balnéaire sur la terrasse, et nostalgique dans la coursive avec ses airs de guinguette des années 1930. Les appartements, répartis en pavillons étagés sur la colline et plutôt réussis, se louent à la nuitée (T2, de 64 à 128€/j. selon la saison) ou à la semaine (de 289 à 1 045€ pour 2-4 pers.). *Les collines Iduki, route de la Côte* ***La Bastide-Clairence*** *(au bas du bourg, au bord de la Joyeuse) Tél. 05 59 56 43 04 (restaurant) ou 05 59 70 20 81 (hébergement) www.iduki.net Ouvert tlj. midi et soir*

☺ **La Croisade** Installée dans une ferme basque séculaire, cette maison d'hôtes, possède un sacré cachet, de son carrelage émaillé à ses poutres vernissées. À l'instar du jardin, tout y est à la fois foisonnant et harmonieux, exotisme par ci, brocante par là, dessinant un univers bourré de charme. Quatre chambres, toutes différentes, habillées de teintes délicates et portant les noms des plus belles cités espagnoles, cosy et spacieuses. Double de 57 à 60€. *Caillaba Route de Pessarou* ***La Bastide-Clairence*** *Tél. 05 59 29 68 22 ou 05 59 29 62 99 www.chambre-hote-basque.com*

Maison Marchand Dans une maison de 1592 du bourg de La Bastide-Clairence, Valérie Foix a aménagé trois chambres de charme, avec vue sur le jardin. La restauration des pièces (grenier à foin, étable) a été menée avec beaucoup de raffinement et de goût. Poutres sombres, tommettes, murs blanchis à la chaux donnent à l'ensemble caractère et chaleur. Dans les chambres, une bibliothèque bilingue pour agrémenter vos nuits de lectures. Double de 60 à 80€ selon la saison. Table d'hôtes uniquement les lundi et jeudi soirs (25€). *Rue Notre-Dame* ***La Bastide-Clairence*** *Tél. 05 59 29 18 27 ou 06 82 78 50 95 http://maison.marchand.pagesperso-orange.fr Ouvert avr.-11 nov.*

Argizagita Cette ferme séculaire posée sur une colline regarde le bois de Mixe et les vallons d'Arberoue. Une vue imprenable, dont on jouit en partie de cette maison de charme, mais surtout du jardin amoureusement entretenu par votre hôte. Les trois vastes chambres (35m² !), largement mansardées et aux styles un peu dépareillés, sont agréables et parfaites pour un séjour au calme. Double de 70 à 75€ selon la période. *Quartier Pessarou* ***La Bastide-Clairence*** *Tél. 05 59 70 15 54 www.argizagita.com Ouvert avr.-sept.*

Clos Gaxen Une maison d'hôtes agrémentée d'un jardin et d'une piscine où l'on se baigne en contemplant les monts d'Arberoue. Les chambres donnent toutes sur la verdure. Décoration soignée, accueil jovial. Aux beaux jours, le petit déjeuner se prend au bord de la piscine. Double 75€ (65€ à partir de 2 nuits hors juil.-août), petit déj. compris. Également un gîte pour 4 personnes (de 350 à 650€/sem. selon la saison). *Route d'Hasparren* ***La Bastide-Clairence*** *Tél. 05 59 29 16 44 ou 06 86 27 45 62 www.leclosgaxen.fr Ouvert toute l'année*

Maison Gelous Une belle demeure du XVIIIe siècle, aux moellons apparents égayés de volets de bois et avant-toits outremer. Les cinq chambres, à la décoration un peu trop travaillée à notre goût, n'ont pas tout à fait la même élégance sobre, mais elles sont gaies, spacieuses et confortables. Attardez-vous sur la terrasse qui domine les doux vallons alentour. Magique ! Double 58€, petit déj. inclus, supplément (4,50€) pour le copieux petit déjeuner des bergers avec tomme de brebis et confiture de cerise noire d'Itxassou. Pas de table d'hôtes, mais un cabanon-cuisine à disposition. *Chemin de Gelous* ***Bidache*** *(18km au nord-est de La Bastide-Clairence, embranchement sur la droite à 2km au sud de Bidache par la D11, dir. Saint-Palais) Tél. 05 59 56 00 06 www.chambresdhotesdupaysbasque.com Fermé jan.-fév.*

prix élevés

☺ **Maxana** Un lieu rare et atypique. Si l'art contemporain vous intéresse, sonnez : vous serez bien accueilli et sans doute surpris par ce lieu hors du commun, idéalement installé au cœur de La Bastide. Cette maison d'hôtes est aussi une galerie d'art, riche d'une importante collection d'art africain qui a envahi tous les murs de maison. Vous en profiterez pleinement en y faisant halte dans l'une des trois chambres (de 100 à 120€ selon la saison) ou des deux suites (de 180 à 240€, 3-4 pers.). Comme dans toute la maison, mobilier contemporain, vieilles pierres et esprit "tendance" y offrent un condensé d'élégance. Table d'hôtes sur demande (35€, vin et café inclus). Vous l'aurez compris, l'adresse est luxueuse, jusqu'à la terrasse avec vue disposant d'une piscine. *Rue Notre-Dame* ***La Bastide-Clairence*** *Tél. 05 59 70 10 10 ou 06 32 42 65 99 www.maison-maxana.com*

Les Petites Demeures de Sophie On ne vient pas chez Sophie simplement pour dormir, mais pour vivre une expérience : ces petites demeures ont une âme ! Au choix, parsemées dans une immense prairie, une roulotte lambrissée (2 pers., de 105 à 125€ selon la saison), une yourte mongole (2-4 pers., de 105 à 125€), et plus insolite, une bulle en grande partie transparente vous offrant le ciel comme couverture (2 pers., de 145 à 185€). Bien entendu, chacune possède ses commodités attenantes ou à proximité (coin-cuisine dans la roulotte). Piscine et spa à disposition, petit déj. 7,50€/pers. 200, *chemin de Martinon* ***Bidache*** *(17km au nord-est de La Bastide, via Bidache, 2km, route de Came) Tél. 05 47 02 04 26 www.lespetitesdemeuresdesophie.com Fermé déc.*

GAMME DE PRIX	RESTAURATION	HÉBERGEMENT
Très petits prix	moins de 12€	moins de 45€
Petits prix	de 12 à 18€	de 45 à 60€
Prix moyens	de 18 à 25€	de 60 à 100€
Prix élevés	de 25 à 45€	de 100 à 140€
Prix très élevés	plus de 45€	plus de 140€

GEOREGION

V

LA SOULE

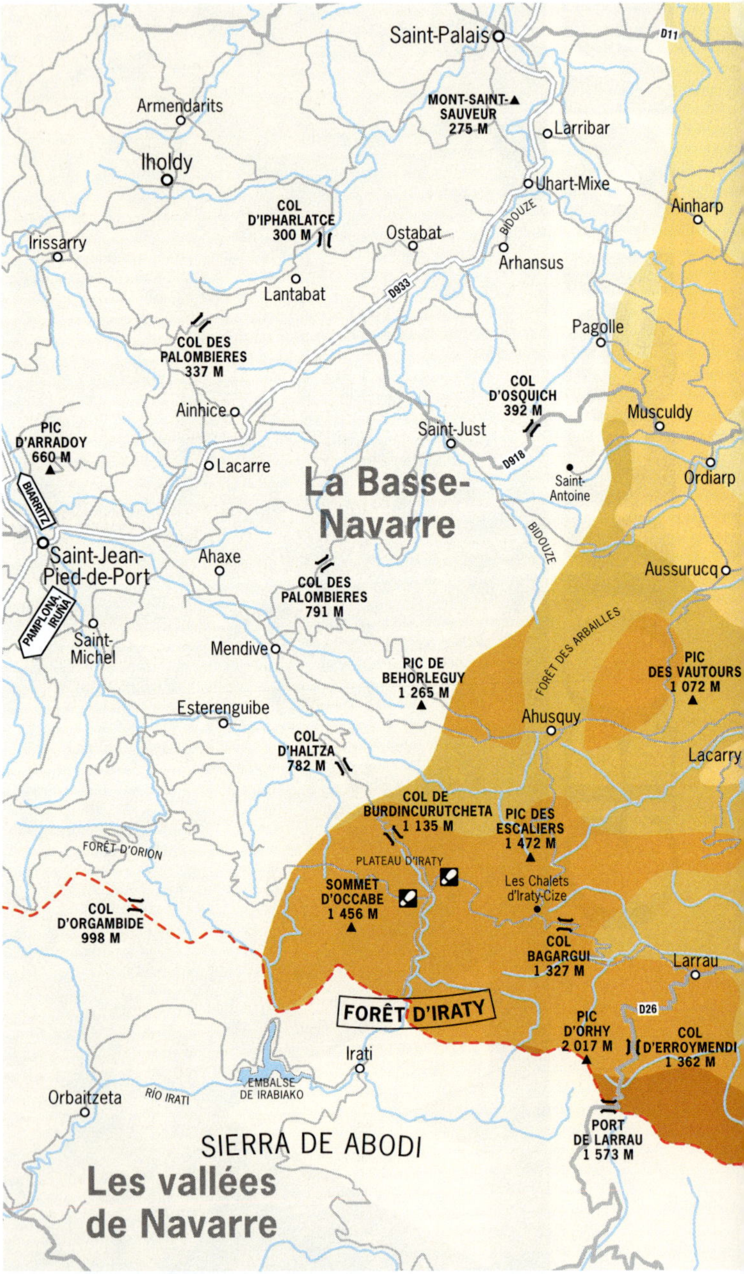
Saint-Palais
D11
Armendarits
MONT-SAINT-SAUVEUR 275 M
Larribar
Iholdy
Uhart-Mixe
BIDOUZE
Ainharp
COL D'IPHARLATCE 300 M
Ostabat
Irissarry
Arhansus
Lantabat
D933
Pagolle
COL DES PALOMBIERES 337 M
COL D'OSQUICH 392 M
Musculdy
Ainhice
Saint-Just
PIC D'ARRADOY 660 M
D918
Ordiarp
Lacarre
Saint-Antoine
La Basse-Navarre
BIARRITZ
BIDOUZE
Saint-Jean-Pied-de-Port
Ahaxe
COL DES PALOMBIERES 791 M
Aussurucq
PAMPLONA, IRUÑA
Saint-Michel
FORÊT DES ARBAILLES
Mendive
PIC DE BEHORLEGUY 1 265 M
PIC DES VAUTOURS 1 072 M
Esterenguibe
Ahusquy
COL D'HALTZA 782 M
Lacarry
COL DE BURDINCURUTCHETA 1 135 M
PIC DES ESCALIERS 1 472 M
FORÊT D'ORION
PLATEAU D'IRATY
SOMMET D'OCCABE 1 456 M
Les Chalets d'Iraty-Cize
COL D'ORGAMBIDE 998 M
COL BAGARGUI 1 327 M
Larrau
FORÊT D'IRATY
D26
PIC D'ORHY 2 017 M
COL D'ERROYMENDI 1 362 M
Irati
EMBALSE DE IRABIAKO
Orbaitzeta
RÍO IRATI
PORT DE LARRAU 1 573 M
SIERRA DE ABODI
Les vallées de Navarre

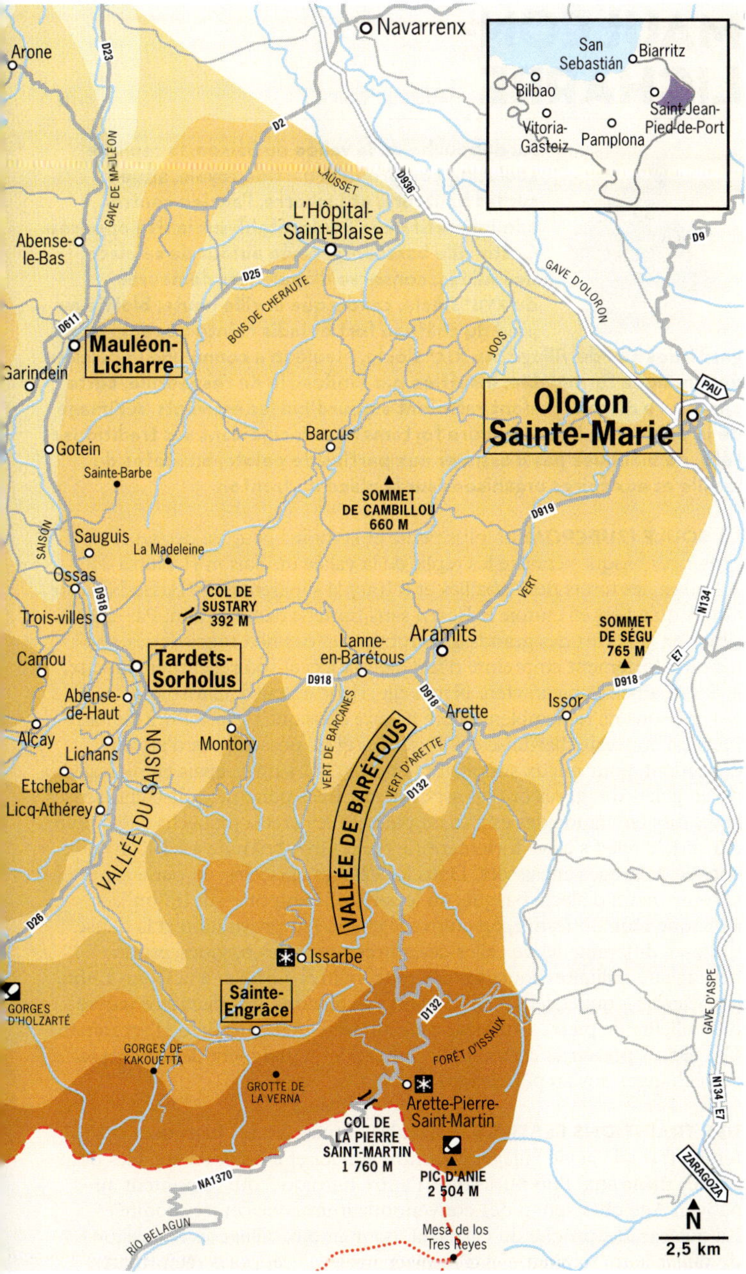

Navarrenx
San Sebastián
Biarritz
Bilbao
Saint-Jean-Pied-de-Port
Vitoria-Gasteiz
Pamplona
Arone
D23
GAVE DE MAULÉON
D2
LAUSSET
D936
L'Hôpital-Saint-Blaise
Abense-le-Bas
D25
BOIS DE CHERAUTE
D9
GAVE D'OLORON
D611
Mauléon-Licharre
Garindein
JOOS
PAU
Oloron Sainte-Marie
Barcus
Gotein
Sainte-Barbe
SOMMET DE CAMBILLOU 660 M
D919
SAISON
Sauguis
La Madeleine
Ossas
D918
COL DE SUSTARY 392 M
VERT
Trois-villes
Aramits
SOMMET DE SÉGU 765 M
N134
Lanne-en-Barétous
Camou
Tardets-Sorholus
E7
D918
D918
Issor
Abense-de-Haut
Arette
Alçay
Montory
VERT DE BARCANES
VALLÉE DE BARÉTOUS
VERT D'ARETTE
Lichans
VALLÉE DU SAISON
D132
Etchebar
Licq-Athérey
D26
Issarbe
GORGES D'HOLZARTÉ
Sainte-Engrâce
D132
GAVE D'ASPE
FORÊT D'ISSAUX
GORGES DE KAKOUETTA
GROTTE DE LA VERNA
Arette-Pierre-Saint-Martin
N134 E7
COL DE LA PIERRE SAINT-MARTIN 1 760 M
PIC D'ANIE 2 504 M
ZARAGOZA
NA1370
RÍO BELAGUN
Mesa de los Tres Reyes
N
2,5 km

LA SOULE

MAULÉON-LICHARRE MAULE LEXTARRE 64130

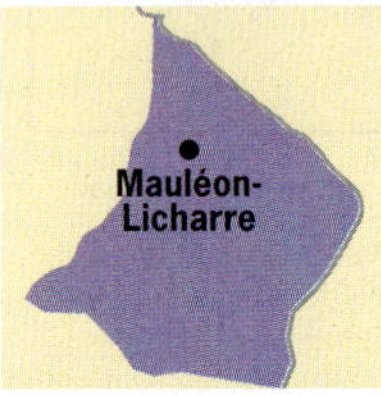

Au débouché de la vallée du Saison, la capitale souletine comprend la bastide royale, située sur les hauteurs, et Licharre, l'ancien centre administratif de la Soule, établi sur la rive opposée. Cette ville basse, organisée autour de sa place des Allées, conserve d'opulentes demeures du XVIIe siècle, tandis que la ville haute, blottie au pied du château fort et jadis ceinte de remparts, a gardé des airs de village. Au XIXe siècle, Mauléon a connu une impulsion économique formidable, insufflée par l'industrie de l'espadrille, cette chaussure du pauvre dont raffolent aujourd'hui les estivants. À l'image de la Soule, Mauléon demeure fortement enraciné dans ses traditions : l'été, ne manquez pas d'assister aux parties de pelote, aux fêtes de la ville et aux foires organisées sur la place du fronton.

LA SOULE (ZUBEROA) La plus petite et la moins peuplée des sept provinces basques épouse les replis de la vallée du Saison (Ühaitza). À l'ouest, les forêts des Arbailles et d'Iraty la séparent de la Basse-Navarre, tandis qu'à l'est elle tutoie le Béarn sans franche démarcation. Par sa situation, à l'écart des grands axes routiers et des flux touristiques, son histoire, fortement empreinte d'indépendance, et son relief montagneux, la Soule affiche un caractère bien à elle, riche en particularismes. Ses maisons ne ressemblent guère à l'*etxe* classique : leur toiture à quatre pans est couverte d'ardoise des Pyrénées et ne possède pas d'auvent débordant, pour mieux supporter la neige ; leurs murs épais en pierraille ou en galets des gaves ont un aspect rude. Elles ponctuent de taches grises le velours émeraude des estives où paissent les brebis manechs à tête noire. Au sud, le relief s'élève fortement (le pic d'Orhy culmine à 2 017m), entaillé de gorges encaissées. Dans les villages agricoles, on parle le souletin, un dialecte basque, où le son "ü" l'emporte sur le "ou", et, à chaque réunion festive, on cultive le chant, l'improvisation et la danse. Celle-ci, différente ici de celles des autres provinces basques, est un héritage de militaires souletins devenus maîtres à danser à la Cour. Enfin, les pèlerins – qui étaient bien souvent des maçons, des maîtres d'œuvre, des tailleurs de pierre – ont légué à cette terre deux joyaux de l'art roman. Ces églises porteuses de multiples influences témoignent de la richesse des échanges dus au pèlerinage.

DES TRADITIONS FESTIVES Pastorales et mascarades marquent deux temps forts de la vie villageoise, entre janvier et avril et en été. Ces deux genres théâtraux, l'un burlesque, l'autre héroïque, qui remontent au Moyen Âge obéissent à des conventions immuables et très codifiées. La mascarade, proche du carnaval, donnait aux villageois l'occasion de railler leurs seigneurs et d'ironiser sur leurs rapports réciproques.

La pastorale, dont l'argument est emprunté à l'histoire biblique ou à la chronique locale, oppose des bons et des méchants clairement identifiables par leurs costumes, leurs démarches, leurs jeux de voix. Tous les participants s'expriment en vers chantés. Ces deux types de spectacles mettent en scène le roi, le châtelain, le saint, le chevalier, le berger, le paysan et l'ours en une savoureuse galerie de personnages. Leur création et leur production mobilisent les habitants pendant de longs mois.

MODE D'EMPLOI

accès

EN VOITURE

Mauléon-Licharre se trouve à 20km au sud-est de Saint-Palais et à 41km au nord-est de Saint-Jean-Pied-de-Port. De Saint-Jean-Pied-de-Port, prendre la D933, puis la D918 à Larceveau. En provenance de Bayonne par l'A64, sortir à Salies-en-Béarn (sortie n°7), traverser Sauveterre-de-Béarn, puis prendre la D23. De Pau, sortir à Artix (sortie n°9), traverser Mourenx et Navarrenx, puis prendre la D2.

EN TRAIN, EN CAR

CAR SNCF Une ligne TER, exploitée par car, relie Mauléon aux gares de Puyoo (ligne Bayonne-Pau-Toulouse) et Dax (TGV). ***Gare routière*** *Pl. de la Résistance Tél. 3635 www.voyages-sncf.com*

Transports 64 Les ligne 811 (Bayonne-Tardets) et 808 (de/vers Oloron) desservent Mauléon. Liaison pour Navarrenx sur demande (ligne 824). *Tél. 0 800 64 24 64 (lun.-ven. 8h30-18h30) www.transports64.fr*

informations touristiques

Office de tourisme de Soule Seul organisme en charge du tourisme en Soule, il possède également un point d'accueil à Tardets. À retirer, le topo-guide des 17 plus beaux sentiers balisés de Soule (5€) et 30 fiches techniques de parcours de marche. Exposition sur la culture et le patrimoine souletin. *10, rue Heugas (Pl. des Allées) Tél. 05 59 28 02 37 www.soule-xiberoa.fr Ouvert juil.-août : lun.-sam. 9h-13h et 14h-19h, dim. 10h-12h30 ; juin, sept. : lun.-sam. 9h-12h30 et 14h-18h (et vac. scol.) ; reste de l'année : mar.-sam. 9h-12h30 et 14h-18h*

marchés, fêtes et manifestations

Marchés *Mar. mat. (marché couvert) pl. de la Haute-Ville ; sam. mat., pl. des Allées (marché de plein air)*

Mai en scène Festival de théâtre et des arts de la rue investissant la ville, des places publiques aux lieux privés. Compagnies amateurs et professionnelles du Pays basque, natio-

Tableau kilométrique

	Mauléon	Tardets	Saint-Jean-PP	Ste-Engrâce	Aramits
Tardets-Sorholus	14				14
Saint-Jean-Pied-de-Port	40	48			63
Sainte-Engrâce	33	19	68		31
Oloron-Sainte-Marie	31	30	81	46	16

nales et internationales. *Tél. 05 59 28 18 67 (mairie) Fin mai*
Fêtes de Mauléon Concerts traditionnels et musiques actuelles, *kantaldi*, danses, force basque, course cycliste... apéritifs et banquets en tout genre. *W.-e. autour du 14 juil.*
Foire de la Haute-Ville Produits régionaux, danses, chants, finale du tournoi de pelote à main nue et grand banquet. *Pl. de la Haute-Ville 1er w.-e. d'août*
Festival de la chanson basque Célèbre *kantaldi*, formations et chanteurs historiques, mais aussi découvertes de l'année se succèdent sur la scène du trinquet de Garindein, et cela depuis plus de 40 ans. *14 août Au trinquet de Garindein (à 2km du centre de Mauléon, sur la route d'Ordiap)*
Fête de l'espadrille Les artisans viennent présenter leur métier et leurs nouvelles collections. Mais aussi chants et danses souletines, grand chistera, spectacle de force basque, banquet. *Pl. des Allées 15 août*

DÉCOUVRIR

☆ **Les essentiels** L'église romane de L'Hôpital-Saint-Blaise et les ateliers d'espadrilles **Découvrir autrement** Accédez au chemin de ronde du château fort de Mauléon pour profiter de la vue sur la vallée du Saison, puis flânez sur la place de la Ville Haute

Mauléon-Licharre

☺ **Château fort de Mauléon** Perchées sur les hauteurs de Mauléon, les ruines de ce qui fut au XIIIe siècle la résidence des capitaines-châtelains représentants du roi d'Angleterre ont encore fière allure. Passé le pont-levis, on accède au chemin de ronde d'où la vue, fantastique, embrasse la vallée du Saison et Licharre en contrebas. Commentée dans un dépliant, la visite se poursuit dans un saisissant cachot et quelques pièces où nous est contée l'histoire tumultueuse des lieux. Mais la forteresse n'a pas encore livré tous ses secrets : des fouilles sont en cours pour exhumer d'importants vestiges de la structure originelle. L'accueil, très courtois, est assuré par des passionnés. *Ouvert juin-sept. : tlj. 11h-13h30 et 15h-19h Tarif 2,50€, réduit 1,50€, moins de 12 ans gratuit*

Château d'Andurain de Maytie Cette imposante demeure du XVIIe siècle, mâtinant influences médiévales et Renaissance, a été construite par la famille de Maytie, puissante lignée dont plusieurs membres ont été évêques d'Oloron. À voir notamment, l'étonnante charpente en carène renversée, œuvre de charpentiers de marine, de monumentales cheminées baroques, le mobilier des XVIIe-XIXe siècles et quelques livres datant du XVIe siècle. *Pl. du Fronton Tél. 05 59 28 04 18 Ouvert juil.-mi-sept. : tlj. 11h-12h et 15h-18h Tarif 5€, réduit 2,40€*

● Où chausser l'espadrille ?

☺ **Don Quichosse** Jean-Jacques Houyou est un homme de passion, et celle qui l'anime est son métier : l'espadrille. Fabriquées entièrement à la main, coutures incluses, ses espadrilles dépassent largement le registre habituel, entre déclinaisons et réinterprétation d'autres formes de chaussures sur les mêmes principes de fabrication. Bien que son atelier soit le plus récent sur la place de Mauléon – 25 ans tout de même ! –, Don Quichosse est désormais entré dans l'histoire bimillénaire de l'espadrille, comme en témoignent quelques-uns de ses fidèles clients de la rue Montaigne, de Mayfair ou de Ginza. Dans son atelier, Jean-Jacques Houyou prendra le temps qu'il faut pour vous présenter les différentes étapes de fabrication de ses espadrilles et leur histoire, que vous soyez Stella McCartney ou simple curieux. Modèles classiques à partir de 15€ en toile (autour de 35€ en cuir), mais aussi quelques échantillons de collections haute couture. *Rue Jeanne-d'Arc Tél. 05 59 28 28 18 www.donquichosse.com Ouvert lun.-mar. et jeu.-ven. 9h-12h et 14h-18h, mer. 14h-18h*

Atelier Prodiso Ce fabricant d'espadrilles cousues main dispose d'une boutique en ville, à côté du château d'Andurain, mais on ira plus volontiers choisir sa paire aux ateliers, où une projection vidéo (30min) raconte l'histoire de l'espadrille et explique les techniques d'une fabrication qui s'orchestre derrière une baie vitrée. *Av. de Tréville (Z.A., route de Tardets) Tél. 05 59 28 28 48 www.espadrilles-mauleon.fr Ouvert lun.-ven. 9h-12h et 14h-18h*

Megam - Espasoule Le plus grand atelier du centre-ville assure une production plus standardisée, mais dont la qualité reste bien supérieure aux imports. *52, bd Gambetta Tél. 05 59 28 13 89 www.espadrille-creation.com Ouvert lun.-jeu. 9h-12h et 13h-17h, ven. 9h-12h Visite des ateliers 4€ (ou 7€ avec offre d'une paire classique)*

● Où boire un verre ?

Café de l'Europe Hormis les fêtes locales, les soirées mauléonnaises brillent par leur quiétude. Ouvert et servant tard des plats de type brasserie, le café

Le come-back de l'espadrille

La spécificité de l'espadrille est sa conception en matière végétale : joncs, genêts, puis sparte et jute, doublée depuis de latex pour la semelle, lin puis coton pour la toile. L'introduction du cuir, très récente, s'est faite sous l'impulsion de stylistes. Sa fabrication, née à Mauléon au début du XIXe siècle, se développe à partir de 1850 à la faveur d'une demande spécifique des sociétés minières, soucieuses d'équiper leurs ouvriers en chaussures souples à bas prix. Le succès commercial aidant, la popularité de ces chaussures aux semelles de corde bientôt synonymes d'été ne cesse de grandir. Les fabriques souletines prospèrent jusque dans les années 1950, puis, incapable de résister à la concurrence chinoise et indienne, la production mauléonnaise entame un long déclin. Dans les années 1990, grâce à quelques entrepreneurs convaincus et artisans passionnés pariant sur la qualité et le design, la chaussure de toile fait son come-back. Désormais, l'espadrille ne se contente plus de "danser le disco, faire du vélo et *bye-bye* boulot" – fameux slogan publicitaire des années 1980 chanté par Gotainer –, elle défile sur les podiums des *fashion weeks*.

de l'Europe, qui déploie sa terrasse face aux allées du fronton, séduit les noctambules, toutes générations confondues. *7, rue du Jeu-de-Paume Tél. 05 59 28 02 35 Ouvert juil.-août : tlj. 8h-1h ; reste de l'année : jeu.-mar. le matin à partir de 8h, fermeture en soirée en fonction de l'affluence, ven.-sam. minuit/1h*

Les environs de Mauléon-Licharre

☆☺ **L'Hôpital-Saint-Blaise** Ce modeste bourg recèle un trésor : son **église romane** (XIIe s.), dernier vestige de la commanderie de la Miséricorde qui accueillait les pèlerins. Depuis son classement au patrimoine mondial de l'Unesco dans le cadre des chemins de Saint-Jacques-de-Compostelle, l'édifice a bénéficié d'une minutieuse restauration. Un audioguide et une mise en lumière discrète et bien faite complètent la visite (gratuite mais contribution bienvenue). On ne manquera pas d'aller jeter un coup d'œil aux maisons du bourg, aux vieux linteaux gravés, voire de se laisser tenter par son Auberge du Lausset (p.267). *12km à l'est de Mauléon, D24 dir. Oloron, puis D25* ***Église*** *Ouvert tlj. 10h-19h Spectacle son et lumière juin-sept. : mar., jeu., ven. 18h30 Tarif 5€, réduit 2,50€*

UN CHEF-D'ŒUVRE L'église de L'Hôpital-Saint-Blaise, trapue et percée de minuscules ouvertures, présente un plan centré. Elle a miraculeusement conservé une partie de sa charpente d'origine, et plus précisément la corniche de chêne sculptée de billettes et damiers, visible au chevet. La voûte nervurée en étoile à huit branches, telle une coupole de mosquée, et les claustras, ajourés comme des moucharabiehs, trahissent une influence hispano-mauresque.

Ordiarp Cette charmante bourgade, née elle aussi d'un relais hospitalier établi sur la voie du Piémont pyrénéen, conserve de nombreuses maisons médiévales, déployées autour d'un fronton, d'une église du XIIe siècle et d'un ruisseau que l'on traverse à gué ou par un vieux pont dit romain. Le dimanche, la messe y est célébrée en basque, en respectant la traditionnelle séparation des hommes (sur les galeries) et des femmes. Sur la vaste place, le café associatif Herriko Ostatua voisine avec un centre d'évocation des chemins de Saint-Jacques et de la culture souletine. *7km au sud-ouest de Mauléon par la D918, dir. Saint-Jean-Pied-de-Port* **Centre d'évocation** *Tél. 05 59 28 07 63 ou 05 59 28 36 47 Ouvert mi-juin-sept. : lun.-ven. 9h-12h et 13h-17h ; oct.-mi-juin : sur rdv Tarif 2€, moins de 10 ans gratuit* ***Herriko Ostatua Tél. 05 59 28 36 47 Ouvert ven.-dim., lun. matin***

Gotein-Libarrenx En route vers Tardets, arrêtez-vous à Gotein pour découvrir son église (XVIe-XVIIe s.), archétype souletin avec son porche au toit d'ardoises, son escalier extérieur menant à la tribune et son clocher-mur dit trinitaire ou calvaire, composé de trois pointes massives de pierre symbolisant la Sainte-Trinité ou le Christ en croix et les deux larrons. À l'intérieur, un éclatant retable baroque (XVIIe s.) contraste avec l'aspect rustique de l'édifice. Le cimetière abrite des stèles discoïdales du XVIIe siècle. *5km au sud de Mauléon*

PAUSE-GOURMANDE
Installée au col d'Osquich, l'auberge Bista Eder est providentielle pour une pause-café, goûter (pâtisseries maison) ou apéritive, le nord de la Soule à vos pieds. Menu traditionnel à 16€ (truitelles, axoa, confit de poule, jambon-piperade...). **Bista Eder** *Ouvert Pâques-nov. : tlj. à partir de 8h30 (service restauration le soir selon l'affluence)*

☺ **Col d'Osquich** Les panoramas spectaculaires ne manquent pas dans la montagne basque. Ceux de la route du col d'Osquich ont pour mérite d'être rapidement accessibles en voiture et de mener à Saint-Jean-Pied-de-Port – on préférera néanmoins le trajet par Ahusquy, plus long mais extraordinaire (p.270). Arrivé au col (392m), offrez-vous une halte à l'auberge Bista Eder (voir ci-contre) et profitez de sa vue panoramique. À quelques mètres, une piste conduit vers la chapelle Saint-Antoine (XIVe s.), l'un des plus beaux belvédères sur la Soule (30min de marche facile ; pour les plus sportifs, départ du bourg de Musculdy, boucle balisée 5h45).

Au trot sur les sentiers souletins

Écuries de Soule Site d'excellence sportive en concours de saut d'obstacles, hôte d'une section sport-études, labellisé Poney-Club de France, ce centre équestre est une référence dans la région avec ses installations ad hoc (manège couvert, carrière éclairée...). Mais les débutants ne sont pas exclus (stage demi-journée 28€ ou 5 jours sous tente 350€), ni les cavaliers occasionnels (monte 1h : 20€ ; 5h : 80€), cheval ou poney. *Quartier Elgarastoy* ***Idaux-Mendy*** *(6km au sud de Mauléon) Tél. 09 83 78 39 69 www.soule-equitation.com Ouvert tlj.*

CARNET D'ADRESSES

Restauration, hébergement

L'offre hôtelière est limitée et peu satisfaisante à Mauléon. On se reportera sur les chambres d'hôtes de la ville et des environs, ou à Tardets (p.268).

campings

☺ **Camping Uhaitza Le Saison** Ce camping longé par le Saison est un coin de paradis que ne laisse pas présager son entrée en bord de route. Sous de grands arbres d'essence locale, l'aire, partout engazonnée, est ponctuée d'arbustes exotiques avec cartel, formant un petit arboretum d'apprentissage de la langue basque. Accès à la rivière pour la baignade, nombreux services, dont un "relais pêche". Emplacement 2 personnes, tente ou camping-car, autour de 20€ au plus fort de la saison, chalets et mobil-homes de 258 à 600€/sem. pour 4 personnes. *Route de Libarrenx* ***Mauléon-Licharre*** *(D918, dir. Tardets) Tél. 05 59 28 18 79 www.camping-uhaitza.com Ouvert Pâques-mi-oct. Accueil juil.-août : 8h30-12h30 et 14h-21h ; reste de l'année : 18h30-20h30*

Ferme Landran Une offre d'hébergement très diversifiée : sur les hauteurs d'Ordiarp, une ancienne bergerie comprenant sept chambres pour 3 à 4 personnes, deux chalets de charme (6 pers.) et un terrain de camping peu arboré mais avec vue sur les cimes pyrénéennes. À l'accueil, la boutique propose des produits fermiers (rillettes de canard, foie gras, confits en conserve) qui feront de bonnes variantes aux menus des campeurs. Gîte 16€/nuit ; chalet de 240 à 350€/sem. (nuitée 50€), camping forfait 2 personnes 11€/j. *Route de Lambarre* ***Ordiarp*** *(6km au sud-ouest de Mauléon) Tél. 05 59 28 19 55* ***Camping*** *Ouvert Pâques-sept.* ***Gîte et chalets*** *Ouvert toute l'année*

petits prix

☺ **Etcheto Ostatüa** Madame est éleveur, monsieur en cuisine. Locavores-canivores, cette adresse est pour vous ! N'hésitez pas sur le bœuf, le veau et l'agneau. Sur le reste non plus : l'attention règne dans cette maison orchestrée par deux générations. Les amateurs de plaisirs carnés, souvent restreints aux deux côtelettes d'agneau habituelles d'un premier menu (15€), seront comblés. Agréable terrasse sous les arcades. *14, rue Bela (pl. de la Haute-Ville)* ***Mauléon-Licharre*** *Tél. 05 59 28 29 81 Ouvert juil.-août : jeu.-mar. midi et soir ; reste de l'année : jeu.-lun. midi et soir, mar. midi*

Chambres d'hôtes de Margaita Deux vastes chambres confortables à la déco très suédoise. Si l'accueil se fait au bar du rez-de-chaussée (le Xibero, fermé le soir), les hôtes ont leur entrée indépendante. Avec la place des Allées juste en face, l'adresse est une bonne option pour flâner dans la ville basse. Double 48€, petit déj. inclus. *7, rue de la Navarre Tél. 05 59 28 43 41 ou 06 85 06 13 69 www.chambresdhotes-mauleon-paysbasque.fr Ouvert toute l'année*

☺ **Maison Zazpian** Cette belle demeure du XVIIe siècle au confort contemporain abrite trois chambres aménagées avec sobriété. Les plus : une terrasse joliment fleurie où est servi le petit déjeuner (avec pâtisseries maison), un salon réservé, et une petite cuisine mise à disposition. Si vous voulez jouer les sauvages, vous profiterez de l'accès indépendant, mais ce serait dommage, car l'accueil est aimable. Une adresse sûre pour les prix tenus au regard de la prestation : double 50-55€, duplex pour 4 personnes 80€. *7, rue des Déportés (pl. de la Haute-Ville) Tél. 05 59 28 27 50 ou 06 98 62 51 74 www.maisonzazpian.fr Ouvert mars-déc. (fermé durant les fêtes de la place, où il ne faut pas espérer dormir)*

☺ **Maison Carriquy** Les dimensions de cette ferme souletine du XIXe siècle s'apparentent à celle d'un castel, agrémenté qui plus est d'un parc de 8ha. Tout y est pensé pour votre indépendance, l'entrée, le salon, et la kitchenette. Pas de table d'hôtes – trop de propositions de qualité au village proche –, mais un plateau-repas à la demande (12,50€). Quiétude et discrétion sont les maîtres mots de la maison. Même esprit pour les chambres et leur salle de bains. Double 59€, suite (4 pers.) 93€. *Etche-*

GAMME DE PRIX	RESTAURATION	HÉBERGEMENT
Très petits prix	moins de 12€	moins de 45€
Petits prix	de 12 à 18€	de 45 à 60€
Prix moyens	de 18 à 25€	de 60 à 100€
Prix élevés	de 25 à 45€	de 100 à 140€
Prix très élevés	plus de 45€	plus de 140€

berryborde ***Barcus*** *(15km au sud-est de Mauléon, route de Montory) Tél. 05 59 28 94 11 ou 06 34 96 62 19 www.maisoncarriquy.com*

prix moyens

Xokottua Le type de restaurant de bord de route dont on rêve ! Un grand parking, une grande terrasse ombragée en retrait, et une cuisine du terroir simple et goûteuse offrant un large choix. Menu 23€, et plat du jour 12€ (midi en semaine). *Route de Tardets* ***Gotein-Libarrenx*** *(4km au sud de Mauléon) Ouvert jeu.-lun. midi et soir, mar. midi*

Azkena La grosse ferme a été radicalement transformée pour recevoir sur sa façade sud une terrasse couverte aux lignes contemporaines. Vaste parc, vue dégagée sur le piémont, et grande piscine chauffée avec coin jacuzzi pour compléter l'équipement "farniente". Compte tenu de l'isolement, la table d'hôtes (20€) est bienvenue, sans prétention mais attentionnée – piperade aux légumes du potager, confits et pâtisseries maison... Les chambres manquent encore de personnalité pour en faire une étape de charme, mais elles sont grandes et confortables, et combleront les amateurs de silence. Entrée indépendante. Double 85€ en pleine saison, petit déj. inclus. *Algaetcheverry* ***Arrast-Larrebieu*** *(11km au nord de Mauléon) Tél. 05 59 28 85 34 ou 06 16 99 62 60 www.laparadisiere.com*

prix élevés

☺ **Auberge du Lausset** La visite de l'église romane est un excellent prétexte pour s'attabler à l'auberge qui lui fait face. En terrasse, sous le couvert des arbres, et dans le calme d'un hameau figé dans le temps, on découvre une cuisine raffinée ne travaillant que les produits frais : croustillant de pied de porc-piperade, cuisses de grenouilles en tempura, sole sauvage à la plancha, agneau de lait confit au romarin, desserts à se damner... Et un personnel charmant pour ne rien gâcher. Menus à 25 et 32€. ***L'Hôpital-Saint-Blaise*** *(12km à l'est de Mauléon, D24 dir. Oloron, puis D25) Tél. 05 59 66 53 03 Ouvert juil.-sept. : tlj. midi et soir ; printemps, automne : mer.-lun. midi, ven.-sam. soir (autres soirs sur réservation) ; hiver : jeu.-lun. midi, ven.-sam. soir (autres soirs sur réservation)*

Hôtel-restaurant Chilo L'une des meilleures tables gastronomiques de la Soule : les gourmets accourent de loin et s'émerveillent toujours de ces produits de terroir si justement mis en valeur par Pierre Chilo. La carte se lit comme un poème (menus 30 et 43€), ou telle une énigme pour le menu surprise avec ses 4 plats et 2 desserts (69€). Les chambres sont coquettes, y compris celles dites "randonnée". Terrasse en bord de piscine. Belle maison. Double de 50 à 110€ selon le confort et la saison, petit déj. 10€. ***Barcus*** *(15km au sud-est de Mauléon par la D24) Tél. 05 59 28 90 79 www.hotel-chilo.com* ***Restaurant*** *Ouvert mai-sept. : mar.-sam. midi et soir, dim. midi ; oct.-avr. : mer.-sam. midi et soir, dim. midi Fermé 3 sem. en jan.*

☺ TARDETS-SORHOLUS ATHARRATZE-SORHOLÜZE 64470

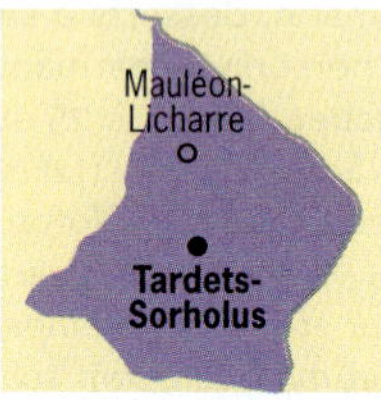

Il faut arriver à Tardets un jour de marché, quand l'animation bat son plein, quand des voix enjouées fusent et se hèlent en euskara, quand les étals de saucissons, de fromages de brebis et de gâteaux basques répandent leurs parfums odorants dans les rues. Concentrant les services de la vallée (dont la seule station-service !), l'ancienne bastide reste active toute l'année. On est ici aux portes de la haute Soule : les reliefs prennent de l'ampleur, les eaux de montagne bouillonnent et gagnent en rapidité. Autant de signes annonciateurs des grands espaces pyrénéens qui n'échapperont pas aux amoureux de la nature.

MODE D'EMPLOI

accès

EN VOITURE
À 15km au sud de Mauléon (D918).

EN CAR
Transports 64 Ligne 811 au départ de Tardets (mairie) pour Bayonne via Mauléon, Saint-Palais et Bidache. *Tél. 0 800 64 24 64 (lun.-ven. 8h30-18h30) www.transports64.fr*

TAXI
Taxi Camou-Ambille Tardets *Tardets-Sorholus Tél. 05 59 28 74 66 ou 06 87 51 68 55*
Taxi Constantin *Tardets-Sorholus Tél. 05 59 28 72 36 ou 06 08 90 31 30*
Taxi Garicoix *Alçay-Alcabéhéty-Sunharette Tél. 05 59 28 69 55 ou 06 45 71 23 88*

informations touristiques

Office de tourisme de Soule L'antenne de Tardets est aussi riche en documentation que celle de la "capitale" souletine, et l'accueil y est particulièrement diligent. *Pl. centrale Tél. 05 59 28 51 28 www.soule-xiberoa.fr Ouvert juil.-août : lun.-sam. 9h-13h et 14h-19h, dim. 10h-12h30 ; reste de l'année : lun.-ven. 9h-12h30 et 14h-18h, et les sam. de juin, sept. et vac. scol.*

marchés et manifestations

Marché *Lun. mat. (toutes les sem. en juil.-août, tous les 15 jours hors saison)*
Carnaval de Tardets Rendez-vous festif de toute la haute Soule, une grande partie du public jouant le jeu de se déguiser pour amener Zan Pansar au bûcher. *Fin fév. ou début mars*
Foire aux fromages Une quarantaine de producteurs de Soule et du Barétous viennent vendre leurs fromages de vache et de brebis. Démonstration de tonte de brebis, danses souletines et banquets en prime. *3e sem. d'août*
Rallye des Cimes Course automobile tout-terrain réputée et populaire se jouant sur l'ensemble du territoire souletin, Licq en étant l'épicentre et

la Madeleine la dernière spéciale, souvent décisive. Durant l'année, il n'est pas rare de croiser de vrombissants buggys préparant l'épreuve. *www.ecuriedescimes.com Début sept.*

DÉCOUVRIR
Tardets-Sorholus et ses environs

☆ **Les essentiels** La chapelle de la Madeleine, la forêt des Arbailles **Découvrir autrement** Dégustez du fromage de brebis le lundi au marché de Tardets

☺ **Tardets** Fondé à la fin du XIIIe siècle (et se dénommant alors Villeneuve-les-Tardets), ce petit village occupa une position stratégique militaire puis commerciale sur les routes des cols pyrénéens. Sa place carrée, typique des bastides, est cernée d'arceaux et de façades colorées du XVIIIe siècle. Sur les berges du Saison, quelques belles demeures sont ornées de délicates galeries de bois sculpté, témoignage d'une époque où la ville, forte de son commerce, nourrissait une bourgeoisie aisée. Mais Tardets vaut aussi pour sa tradition hospitalière. Comme toute la haute Soule, qui, bien qu'enclavée et farouchement attachée à sa "cültüre", est une terre où les visiteurs sont cordialement accueillis et rapidement invités à participer à la vie locale.

Château de Trois-Villes Le château d'Elizabea, dans le village de Trois-Villes, est une demeure d'architecture classique dessinée par Mansart (1663). Il a été édifié pour Arnaud du Peyrer, comte de Tréville et capitaine des mousquetaires du roi, rendu célèbre par Alexandre Dumas. La visite est conduite par les propriétaires : le jardin à la française, le parc à l'anglaise, et une rapide incursion au rez-de-chaussée. Mais l'intérêt réside surtout dans les commentaires évoquant la vie de M. de Tréville et l'histoire de l'édifice. ***Trois-Villes** (2km au nord de Tardets, sur la D91) Entrée par le portail à côté de l'église Tél. 05 59 28 54 01 Ouvert Pâques-fin oct. : sam.-lun. 14h30-18h30 (visite guidée) Tarif 5€, 12-18 ans 3€*

Licq-Athérey Fief des pêcheurs de truites, Licq-Athérey est connu pour une légende qui attribue la construction de son pont à un *laminak*. L'un de ces petits lutins propose aux habitants de bâtir l'édifice en une nuit en échange d'une faveur – celle de choisir pour femme la plus belle fille du village. Le pont est presque achevé lorsque le fiancé de la jeune fille a l'idée de réveiller un coq pour simuler le lever du jour. Le *laminak*, qui, comme tous les siens, redoute la lumière, prend aussitôt la fuite, pensant avoir échoué dans son défi. Une pierre est toujours manquante... Au nord du village, un sentier grimpe jusqu'au sommet du Lexantzumendi, surnommé le "Chapeau de gendarme" (comptez 2h30 de marche). *Env. 6km au sud de Tardets*

☆☺ **Chapelle de la Madeleine** Érigée au sommet d'un mont (795m), sur un ancien lieu de culte païen, elle est encore l'objet de fervents pèlerinages. Remarquez, à l'intérieur, l'inscription votive en latin laissée par un certain Valerius et dédiée à une divinité basque, vraisemblablement équivalente à Jupiter. C'est le seul vestige romain en Soule. Tout autour, la vue à 360° balaie la chaîne des Pyrénées, la forêt des Arbailles et la vallée du Saison. Accessible en voiture, l'ascension peut se faire à pied en suivant des itinéraires balisés au départ de Sauguis (6h, AR), Trois-Villes ou Tardets (5h, AR). *7km au nord de Tardets par la D347*

☆☺ **Forêt des Arbailles** Pittoresque bourg serré autour de son église souletine et de son château fort, **Aussurucq** est la porte d'entrée de la forêt. Du village, la D147 s'enfonce dans une hêtraie primaire reposant sur un karst. Le sol déchiqueté créé un décor mystérieux, à découvrir idéalement par temps de brouillard... D'ailleurs, de nombreux contes situent l'habitat d'êtres merveilleux dans les Arbailles. Des mégalithes complètent le tableau. Au poteau de bois "ithe 1", une chambre funéraire à 50m de la route. Au "potto", au débouché de la forêt, un cercle de pierre protohistorique. Bifurquez à gauche vers la D117, qui redescend vers Alçay et Tardets en traversant un univers pastoral, domaine des pottoks, des blondes d'Aquitaine et des manechs à tête noire. Mais il serait bien dommage de ne pas pousser plus loin pour profiter des paysages somptueux que déroule ensuite la route à flanc de montagne. Dominant l'asphalte, l'auberge d'Ahusquy (p.272) offre une halte gourmande et contemplative avec, selon nous, "la plus belle vue de terre" de la région (n'en déplaise à Lamartine, qui l'attribue à Pau !). Pour une courte balade digestive, gagnez la source en contre-haut, agrémentée d'une fontaine portant en basque la mention "sur la montagne d'Ahuski, l'eau est excellente". De là partent de nombreux sentiers de randonnée (3h pour rejoindre les grottes des sources de la Bidouze, boucle balisée de 4h par le plateau d'Elzarreko Ordokia). Un kilomètre plus loin, la D417, sur la gauche, entame la descente en Basse-Navarre (Mendive). Avant de descendre, avec les mêmes points de vue dominant la vallée de la Nive de Béhérobie, la D117 s'engage sur le plateau, zone d'estive fréquentée. Les bergers y font toujours la fête le dimanche qui suit le 15 août. *Taverser le Saison à hauteur de Menditte (D918 vers Mauléon) pour rejoindre Aussurucq, ou gagner la rive gauche dès Tardets par Ossas-Suhare et les hauts de Suhare Descente vers la Basse-Navarre déconseillée aux camping-cars.*

● Où faire son marché les yeux fermés ?

Gohetx Taldia Les exploitants de cette ferme ont invité des confrères pour créer un point de vente collectif. À la base de leur association : leur engagement dans une production fermière de qualité (AOC, charte Idoki ou bio). Légumes, fromages, miel, cidre, jus de pommes, tisanes, conserves de mouton, veau, porc gascon et basque. *Okhinabarre **Trois-Villes** (2,5km au nord de Tardets, dans le bourg sur la D918) www.producteurs-fermiers-pays-basque.fr Ouvert 10 juil.-31 août : mar.-jeu. 16h-19h, ven. 10h-13h et 16h-19h, sam. 10h-13h ; reste de l'année : sam. 9h30-13h et sur rdv*

● Où remplir son garde-manger pour l'hiver ?

Michel Bozom Outre ses deux boucheries-charcuteries de haute qualité à Tardets et à Arette, Michel Bozom confectionne des conserves que salueront les fins palais comme les amateurs de pop art. Axoa, daube, salmis de palombe, boudin... sont déclinés en conserves parées d'étiquettes aux couleurs vives. Chez Bozom, tout est aussi beau que bon ! *Pl. centrale Tél. 05 59 28 51 96 www.boucherie-bearn.com*

CARNET D'ADRESSES

Restauration, hébergement

camping

Camping du Pont d'Abense Un camping familial de charme, bien entretenu, au gazon parsemé de bouquets d'hortensias, à côté d'un pont sur le Saison. Forfait 2 personnes 18€ en haute saison. Location de bungalows et mobil-homes : selon la saison, comptez de 220 à 400€/sem. pour 2 personnes et de 340 à 450€/sem. pour 4. ***Tardets-Sorholus*** *(rive gauche au pont, à la sortie de Tardets en direction de Licq) Tél. 05 59 28 58 76 www.camping-pontabense.com Ouvert mi-avr.-mi-nov.*

Camping Elizanburu Des équipements réduits au minimum pour ce petit camping néanmoins plein de séduction. Perché sur une colline, le site fait face à des monts verdoyants, la chaîne pyrénéenne en arrière-plan. Séjour paisible assuré : pas une route aux alentours où pourraient se croiser sereinement deux véhicules. Petit bar-snack-épicerie. Accueil des plus amènes. Emplacement 14€ pour 2 personnes, mobil-homes 250€/sem. *Suhare* ***Ossas-Suhare*** *(5km au nord de Tardets) Tél. 05 59 28 42 77 https://sites.google.com/site/campingelizanburu Ouvert à l'année*

petits prix

☺ **Chez Primus** La terrasse de ce restaurant bénéficie d'une superbe vue sur la campagne et les monts environnants, tout comme la salle arrière avec ses baies panoramiques. Cette table est réputée dans toute la région pour sa carte, ses menus à prix doux et sa cuisine juste mettant en valeur les productions locales. Spécialité de galantine de poule, à commander une semaine à l'avance (pour 5 pers. minimum). Menus à 12, 17 et 21€. ***Lacarry-Arhan-Charritte*** *(6km au sud-ouest de Tardets) Tél. 05 59 28 54 87 Ouvert juil.-sept. : tlj. midi et soir ; reste de l'année ouverture aléatoire : téléphoner*

Hôtel Piellenia La vieille maison tarabiscotée a été rénovée avec attention. Ainsi, les cabines-blocs sanitaires sont intégrées comme si elles avaient toujours été là, et chaque chambre a son propre cachet. Double 50€. Au restaurant, ambiance et cuisine traditionnelles de bon aloi. Une adresse plaisante. *Pl. centrale* ***Tardets-Sorholus*** *Tél. 05 59 28 53 49 www.hotel-piellenia.fr Fermé dernière sem. de sept.*

☺ **Xoka Huna** Nanou et Claude, à la retraite, n'entendaient pas rester inactifs. Bien leur en a pris de s'installer à Haux, village entouré de monts en retrait de la vallée du Saison. Leur auberge, avec terrasse pour la contemplation et antiquités seventies pour les amateurs, est un havre de paix. On s'y régale d'assiettes du terroir roboratives à un prix modique : de 8,50€ les œufs frits servis avec ventrèche et piperade, à 11,50€ l'omelette aux cèpes accompagnée de jambon de pays poêlé et de piperade. Dessert du jour 2,80€. Également deux chambres mansardées (sdb commune), pour une nuit bercée par les grelots et sonnailles des brebis (50€, petit déj. inclus). *Au village* ***Haux*** *(7km au sud-est de Tardets) Tél. 05 59 28 72 76 Ouvert mar.-sam. midi et soir, dim. uniquement midi*

Café Alfitcha Un joli café avec ses émaux de Briare au sol, coincé entre le fameux pont de Licq et la route. Deux menus simplissimes à midi (12 et 15€ café et vin compris), autour de la truite, la piperade, l'omelette aux piments, le jambon, le boudin-saucisse et le fromage. Le soir, sur réservation, pour d'éventuelles spécialités. *Licq* ***Licq-Athérey*** *(env. 6km au sud de Tardets) Tél. 05 59 28 61 37*

Chambres d'hôtes Etché Au bout de la vallée d'Ibar Eskun, cette ferme en partie aménagée pour la villégiature et agrémentée d'une petite piscine offre quiétude et confort simple. Les hôtes bénéficient d'une entrée indépendante et de la proximité du restaurant Chez Primus. Une halte bucolique et pratique, et, non négligeable, un accueil très sympathique. Double 50€. *Lacarry* ***Lacarry-Arhan-Charritte*** *(7km au sud-ouest de Tardets) Tél. 05 59 28 55 14 www.etche.online.fr*

prix moyens

Les Pyrénées Sous les arcades de la place centrale de Tardets, le comptoir comme le restaurant Les Pyrénées sont une institution locale et une affaire familiale. Patrick, le petit-fils de Jean et le fils d'Henri Abadie, créateurs du restaurant, est désormais à la manœuvre, et les recettes du terroir s'offrent quelques heureux rajeunissements. Prix serrés et menu dégustation à 23€. *Pl. centrale* ***Tardets-Sorholus*** *Tél. 05 59 28 50 63 www.restaurant-les-pyrenees.fr Ouvert mi-juin-mi-sept. : tlj. midi et soir ; reste de l'année : service uniquement à midi, jour de fermeture aléatoire, téléphoner au préalable*

☺ **Auberge d'Ahusquy** Au cœur du massif des Arbailles, cette maison est bien connue des chasseurs et randonneurs venus humer l'air des montagnes, auxquels se joignent les contemplatifs qui, de la terrasse, savourent l'extraordinaire panorama. Dans la salle rustique, décorée d'animaux empaillés et meublée d'un vieux buffet ployant sous la vaisselle d'apparat, vous vous régalerez d'une cuisine familiale aux garnitures immuables. Depuis toujours, le gigot de mouton, la sole en papillote, le foie frais aux pommes et aux raisins s'accompagnent de délicieux beignets d'aubergines et de haricots blancs. À boire, seulement du vin, ce qui, là encore, nous va très bien, tout comme les desserts maison. Après un tel festin, une promenade digestive s'impose : pourquoi pas un brin de balade jusqu'à la source d'Ahusquy, accessible en 30min (p.270) ? Menus à partir de 22€. *Route d'Ahusquy* ***Aussurucq*** *(env. 10km au nord-est de Tardets par la D147 en venant d' Aussurucq, ou la D117 d'Alçay) Tél. 05 59 28 57 95 Ouvert mi-juin-mi-nov. : tlj. 9h-20h30 ; mai-mi-juin : dim. et j. fér. 9h-20h30 Attention, pas de CB et service du soir finissant tôt*

Hôtel de la Poste Cet hôtel centenaire s'est offert une seconde jeunesse. Ne vous fiez pas à l'entrée et au bar impersonnels, il n'en est rien des chambres, sobres et répondant aux standards contemporains de bon confort. Aux beaux jours, vous pourrez profiter de la belle terrasse du restaurant qui domine la rue. Un bon rapport qualité-services-prix : double de 55 à 60€ selon la saison. *Centre-bourg* ***Tardets-Sorholus*** *Tél. 05 59 28 51 30 www.hotel-poste-tardets.com Ouvert juil.-août, oct. : tlj. ; reste de l'année : jeu.-mar. Fermé mi-déc.-mi-jan.*

Maison Biscayburu Lorsque Marie-Hélène a hérité de la ferme de sa grand-mère, elle n'a pas hésité un instant. Avec son mari Pantxo et leurs deux enfants, elle a plié bagages et est venue s'installer dans sa Soule natale, loin du stress et du béton. Boulangers de profession, Marie-Hélène et Pantxo préparent le matin pains, viennoiseries et confitures maison, que vous dégustez dans l'ancienne grange, tout en admirant les rondeurs de la Madeleine, juste en face. Leur maison d'hôtes vous fait divinement partager le plaisir des choses simples. Piscine. Double 60€ (70€ en juillet et août). ***Sauguis-Saint-Étienne*** *(5km au nord de Tardets par la D918) Tél. 05 59 28 73 19 www.chambres-hotes-pays-basque.com Fermé vac. de Noël*

Hôtel-restaurant des Touristes "Chez Bouchet" est l'autre nom de l'hôtel des Touristes. Rien d'étonnant : c'est aujourd'hui la sixième génération de cette même famille qui est à la tête de l'établissement. Le décor au charme suranné témoigne d'une longue histoire. Le confort n'est pas pour autant exclu des chambres, la plupart avec terrasse. Double de 50 à 60€ selon la saison. Quant au restaurant, il a conservé sa réputation, due à une goûteuse cuisine du terroir (formule à 15€, menu à 18€). Également une salle de billard, une piscine, une jolie aire de camping en bord de gave (10€ pour 2 pers.), ainsi qu'une boutique pour faire des provisions de conserves maison. Mais ce n'est pas tout, l'établissement cultive sa singularité, proposant des balades accompagnées en 4x4 – la famille est à l'origine du rallye des Cimes (p.268) – et la possibilité de vous délivrer un permis pêche pour exercer à l'arrière de l'hôtel, et y faire cuisiner votre poisson dans la foulée. À satisfaire ainsi chacun, l'adresse a encore de beaux jours devant elle. ***Licq-Athérey*** *(6km au sud de Tardets) Tél. 05 59 28 61 01 www.hotel-des-touristes.fr* ***Restaurant*** *Ouvert début mars-fin oct. : tlj. midi et soir* ***Boutique*** *www.conserves-hoberena.fr Ouvert en été : lun.-sam. ; reste de l'année : lun.-ven.*

★ ☺ FORÊT D'IRATY IRATIKO OIHANA

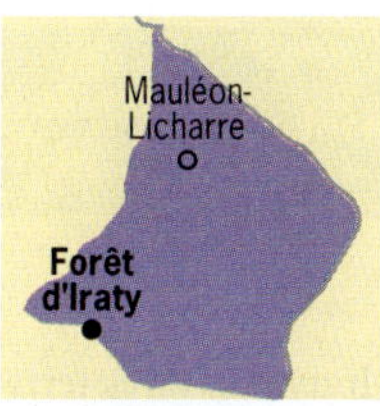

Considérée comme la plus vaste hêtraie d'Europe et la mieux conservée, la forêt d'Iraty s'étire sur plus de 20 000ha à cheval sur la Soule, la Basse-Navarre, et la Navarre pour ses neuf dixièmes. Refuge des *laminaks* et domaine de Basajaun, Iraty est un des sièges des mythes et légendes basques. Du moins dans leur survivance moderne. Si son accès routier date seulement des années 1960, elle fut intensément exploitée au XVIIIe et XIXe siècle par la marine puis les forges. À la saison des estives, ce sont les brebis qui peuplent ses abords avec plus de 15 000 têtes, distraites désormais par des touristes marcheurs parcourant ses reliefs aux dégradés de vert ponctués de magnifiques points de vue vers les hauteurs pyrénéennes ou les vallées du piémont. L'automne, les sommets alentour deviennent l'objet d'une farouche concurrence : les ornithologues se concentrent sur le col d'Orgambideska, tandis que les crêtes plongées dans la brume retentissent des tirs des chasseurs de palombes. L'hiver venu, il n'y a plus qu'à chausser une paire de skis ou de raquettes pour profiter

du spectacle en sillonnant le vaste réseau de traces. En contrebas de la station "quatre saisons", le charmant village de Larrau est la porte d'entrée au toit du Pays basque, le pic d'Orhy.

MODE D'EMPLOI

accès

À 37km au sud-est de Saint-Jean-Pied-de-Port par la D301 via Esterençubi, ou 32km par la D18 via Saint-Jean-le-Vieux et Lecumberry. À 27km au sud-ouest de Tardets. Attention, pas de station-service ni de distributeur bancaire à moins d'une trentaine de kilomètres (Saint-Jean-Pied-de-Port, Tardets).

informations touristiques

Centre d'activités et d'animation des Chalets d'Iraty Plusieurs services sont regroupés ici : information touristique et accueil des chalets d'hébergement et de l'espace nordique, bien sûr, mais aussi location de matériel et cours de tennis (accès gratuit). Vous pourrez vous y procurer gratuitement la carte des sentiers. Sur le site Internet, vous trouverez aussi des fiches randonnées téléchargeables. *Plateau d'Iraty www.chalets-iraty.com Ouvert tlj. 8h-12h et 13h30-17h30 (en continu 8h-17h30 lors des w.-e. et vac. scol.)*

fêtes et manifestations

Bortuaren eguna Fête de promotion de l'euskara et de soutien aux bergers sans terre. Défilé des bêtes, démonstrations, danses, chants, jeux pour les enfants, banquets... *Plateau d'Iraty Vers le 20 juil., matinée et après-midi.*
Trophée Betzüla Compétition à main nue élite pro. ***Larrau** Autour du 15 août*

DÉCOUVRIR

La forêt d'iraty

☆ **Les essentiels** La passerelle des gorges d'Holzarte, les cromlechs du plateau d'Occabe, les gorges d'Holzarté **Découvrir autrement** Allez observer les migrateurs au col d'Orgambideska

☆ Plateau d'Iraty-Cize

L'isolement et les légendes basques associent la forêt d'Iraty aux rares territoires d'Europe restés vierges des activités humaines. Si son cœur n'a souvent été que traversé, le pastoralisme est pourtant pratiqué depuis des millénaires sur sa couronne. C'est notamment le cas sur ces deux plateaux séparés d'un maigre cours d'eau, faisant pencher celui de Cize en Basse-Navarre, et celui dit d'Iraty en Soule, chacun possédant sa commission syndicale. Quant au cours d'eau, l'Iratiko erreka, il déroge à toutes les règles, appartenant au bassin-versant méditerranéen !

★ **Forêt d'Iraty** Le réseau des sentiers d'interprétation qui expliquent l'histoire de la forêt est présenté sur une carte disponible aux Chalets d'Iraty et, depuis

2012, dans le cadre d'un un projet européen transfrontalier, des structures d'accueil ont été développées et des itinéraires aménagés pour les marcheurs, les VTTistes et les cavaliers. La randonnée reine de ce secteur est l'ascension (5h AR) du pic d'Orhy (p.334), le plus haut sommet du Pays basque (2 017m). Une balade panoramique (1h) conduit au **col d'Orgambideska**, haut lieu d'observation ornithologique. La pêche n'est pas en reste avec ses nombreux cours d'eau et deux lacs pour le côté français. Voir également les vallées de Roncevaux (p.354)et du Salazar (p.356)en Navarre. L'hiver venu, la station est le paradis des amateurs de luge, de raquettes et de ski nordique.

VISITE AUX ANCÊTRES

La découverte des ☆ **cromlechs d'Occabé**, étranges cercles de pierres, dressés dans l'herbe d'un plateau à plus de 1 300m d'altitude, a quelque chose de magique. Les hommes du néolithique, ancêtres des pasteurs basques, y incinéraient leurs morts et y accomplissaient probablement d'autres rites. Le site offre une magnifique vue panoramique sur la plaine de Cize, en contrebas. Le pic d'Orhy (2 017m) se dresse au sud-est, dans le ciel de la Soule. Du col de Sourzay, une randonnée facile vous conduira jusqu'à ce lieu remarquable en 45min (p.327).

Chalet de Cize Petite exposition sur le pastoralisme, dépôt-vente de fromages, bar-snack, et départ d'un parcours d'interprétation d'une dizaine de stations (2h) à travers lac, tourbière, espaces forestiers et de pâture... et une baignoire à mouton ! Le chalet peut être un point de départ pour le pic des Escaliers : un itinéraire certes plus long, mais nettement plus boisé que celui, classique, partant des Chalets d'Iraty (p.329). *Plateau de Cize (7km à l'est des Chalets d'Iraty) Ouvert juin-oct.* ***Exposition*** *ouverte toute l'année* ***Visites*** *(animées) juil.-août*

Chapelle Saint-Sauveur À 10min de route du chalet de Cize, sur la D18 (dir. Lecumberry), la chapelle romane Saint-Sauveur (XIIe s.) est un lieu de légende : une jeune fille emportée dans les airs pour avoir bravé la nuit et ses démons aurait été redéposée là grâce à ses prières, et un berger téméraire ayant spolié Basajuan aurait été sauvé des griffes de cette créature mythique en se réfugiant dans la chapelle. La date de 1727 inscrite au-dessus d'une des portes correspond à l'année de sa rénovation. *5km au nord du chalet de Cize, sur la D18*

Où acheter du fromage d'estive ?

Cayolar Itola Au Pays basque français, une trentaine de bergers sans terre exercent leur métier comme jadis. À la belle saison, ils transhument avec leurs brebis jusqu'à des cabanes d'estive, ou *cayolar*. Une vie spartiate, rythmée par la traite manuelle, matin et soir, et la fabrication quotidienne du fromage. Dans ce *cayolar* juché sur les hauteurs d'Iraty (1 000m), vous trouverez d'exquises tomes artisanales et de succulentes charcuteries issues de petits élevages porcins de la vallée. *Sur la D301 (panneau), à 6,3km du plateau d'Iraty-Cize Tél. 05 59 37 08 53 Ouvert mai-oct.*

S'échapper sur les sentiers, suivre les oiseaux migrateurs

Sentier de découverte Erreka Idorra Reliant Iraty-Cize aux Casas d'Irati en Navarre, cette boucle pénètre au cœur du massif. Ici, point de vue panoramique, mais le sombre couvert des arbres et le doux tapis moussu. Tout au long de la boucle, des stations d'interprétation retracent l'histoire et les techniques de l'exploitation du bois. À l'arrivée, un bar-restaurant aux lignes contemporaines. ***Accès*** *Des Chalets d'Iraty, poursuivre jusqu'au plateau, de là, bifurquer sur la D18, dir. Casas de Irati jusqu'au pont d'Orgate (5km), où un chemin empierré de 700m mène à un parking* ***Durée*** *2h30 (possibilité de rejoindre la boucle en VTT au départ des Chalets d'Iraty)* ***Niveau*** *Marcheur* ***Bar-restaurant*** *Casas d'Irati Tél. 034 948 050 700 Ouvert mai-nov. : tlj. 10h-19h*

Col d'Orgambideska Au départ des Chalets d'Iraty, une balade aisée conduit au col d'Orgambideska, haut lieu d'observation ornithologique pendant les périodes de migration (de mi-juil. à mi-nov.) : milans, faucons, palombes, vautours, busards, cigognes y volent par milliers dans le ciel des Pyrénées. En période de migration, vous rencontrez à coup sûr des passionnés de la Ligue de protection des oiseaux (n'hésitez pas à leur demander des explications pour identifier les espèces). ***Départ*** *Chalets d'Iraty* ***Durée*** *2h10* ***Parcours*** *Boucle de 3,6km* ***Dénivelé*** *371m* ***Niveau*** *Marcheur, balade familiale 800m à l'ouest des Chalets d'Iraty*

● Randonner dans la neige Dans un cadre majestueux, à 1300m d'altitude, avec des vues panoramiques uniques sur les vallées de la haute Soule et les montagnes d'Aspe et d'Ossau, le réseau de sentiers de la forêt d'Iraty invite à chausser les raquettes pour fouler la neige vierge du plateau de Cize.

Station des Chalets d'Iraty Quatre circuits de ski de fond, classés du vert au noir, partent de cette station paisible, également dotée d'un espace luge. Accès libre ou forfaits incluant la location du matériel. Pour le ski de fond, comptez 14€ la journée (6-15 ans 9€, moins de 6 ans 4€) ; pour les raquettes, 8€ la journée, moins de 6 ans 5€ (ou 5 et 3€ la demi-journée). ***Larrau*** *(7km à l'ouest de Larrau, 30km au sud-est de Saint-Jean-Pied-de-Port) Tél. 05 59 28 51 29 www.chalets-iraty.com* ***Accueil*** *Ouvert tlj. 8h-12h et 13h30-17h30 (en continu 8h-17h30 lors des w.-e. et vac. scol. d'hiver)*

Larrandaburu Robert et Mertxé Accompagnateurs en moyenne montagne, Robert et Mertxé proposent des balades en raquettes en forêt d'Iraty et à VTT. ***Tardets-Sorholus*** *Tél. 05 59 28 57 01 ou 06 07 90 43 08*

● Galoper en forêt, sillonner les pistes à VTT

Randonnées équestres des Chalets d'Iraty La ferme équestre de la Forge à Arbus, aux abords de Pau, prend ses quartiers d'été à Iraty. Sur les pistes forestières, entre bruyères et myrtilles sauvages, sur les chemins de bergers, franchissant les cols des montagnes, des randonnées adaptées à tous les niveaux, de 1h (14€) à la journée (60€). Les moins de 7 ans pourront facilement suivre les longues excursions pédestres à dos d'âne (de 10€/h à 40€ la journée). Inscriptions à l'accueil des Chalets d'Iraty. ***Larrau*** *Tél. 05 59 28 51 29 ou 06 86 92 64 27 www.ferme-equestre-laforge.fr Ouvert juil.-août*

Station des Chalets d'Iraty Huit parcours VTT à travers la montagne basque. Location de VTT et de *burricletas* (vélos à assistance électrique) toute l'année si les conditions climatiques le permettent. VTT 10€/demi-journée, 15€/j., 65€/sem. ; enfant 7€/demi-journée, 11,50€/j., 48€/sem. Burricletas 8€/h, 25€/demi-journée, 40€/j. ***Larrau*** *(7km à l'ouest de Larrau, 30km au sud-est de Saint-Jean-Pied-de-Port) Tél. 05 59 28 51 29 www.chalets-iraty.com* ***Accueil*** *Ouvert tlj. 8h-12h et 13h30-17h30 (en continu 8h-17h30 lors des w.-e. et vac. scol. d'hiver)*

☺ Larrau

À 600m d'altitude, Larrau est un village pittoresque aux toits d'ardoises grises, pelotonné à l'ombre du pic d'Orhy. Seule l'église rappelle que se tenait ici un hôpital de pèlerins sur la route du port de Larrau. Ses habitants, éleveurs et agriculteurs dans leur majorité, vivent au rythme des saisons et des transhumances. Les visiteurs viennent quant à eux flirter avec le vide au-dessus des gorges d'Holzarté, randonner sous le couvert des hêtres de la forêt d'Iraty et, bien sûr, s'attabler à l'auberge du village, repaire de fins gourmets.

Port de Larrau Les pèlerins franchissaient jadis ce col pour passer en Espagne. La route qui y conduit (D26) traverse de superbes zones d'estive pour les troupeaux de vaches blondes d'Aquitaine et de brebis. Jusqu'aux contreforts du **pic d'Orhy** (2 017m), vous verrez ces dernières, agiles montagnardes, accrochées en équilibre aux versants les plus escarpés. À l'est de la route, la **chapelle Saint-Joseph** (1 300m) constituait un refuge pour les pèlerins et les bergers. Elle est desservie par le chemin de randonnée qui mène de Larrau au col d'Erroymendi par le bois Saint-Joseph. Un autre itinéraire, qui suit la ligne de crête, mène en un peu plus d'une heure au pic d'Orhy et à son panorama époustouflant sur les sommets pyrénéens, cf. GEOplus Randonner en Soule (p.331)

☆ ☺ **Gorges d'Holzarté** De la passerelle, longue de plus de 60m, vous surplombez l'entaille béante creusée dans le calcaire par l'Olhadoko Erreka, 150m plus bas ! Le léger balancement pourra en dissuader certains... On y accède (en moins d'1h) par un sentier assez escarpé mais bien aménagé, cf.GEOplus Randonner en Soule (p.329). *2,5km à l'est de Larrau par la D26, lieu-dit Logibar*

● Faire une halte dans un café de village

☺ **Café-tabac Carricaburu** En haut du village, le passage se fait rare. Le café ne marche que d'un œil, se plaint Julien Barneix, qui ne fait recette que lors du passage de la mascarade. La salle du comptoir bat alors son plein. Sinon, le plus souvent, la table de la cuisine suffit. Une proximité propice à de belles rencontres. C'est que M. Barneix sait recevoir dans son superbe intérieur typique des maisons souletines. Homme d'expérience, il partage volontiers son sentiment et ouvre sa porte tant qu'il est là. *Dans le bourg, remonter après le fronton et le trinquet Tél. 05 59 28 60 98 Ouvert tlj.*

CARNET D'ADRESSES

Restauration, hébergement

camping

Camping d'Iraty Un camping de montagne sur le plateau, sous les sapins et les hêtres d'Iraty. Pour seul luxe, la superbe du site, qui contentera largement les amateurs de vrai camping (avec eau chaude neanmoins !). Forfait 2 pers., voiture et tente 9,50€. ***Larrau** (D19, à proximité des Chalets d'Iraty) Tél. 05 59 28 51 29 Ouvert juin-oct. Accueil sur place en juil.-août*

(8h30-12h et 13h30-17h30), sinon à la réception des Chalets d'Iraty

très petits prix

Auberge Logibar Aux portes des gorges d'Holzarté et sur le tracé du GR®10, cette auberge sans prétention propose deux formules : deux chambres doubles "chez l'habitant" (32€), et huit chambres "étape" pour 3 à 8 personnes (14-15€). Les sanitaires sont le plus souvent partagés, l'équipement est sommaire, mais l'ensemble bien tenu. La table est simple et abordable, avec *platos combinados*, lomo, salades et omelette aux cèpes. Formule à partir de 11,50€ servie jusqu'à 15h, et des en-cas à toute heure. Paniers pique-nique à emporter, et possibilité de déguster le sien sur la vaste terrasse à la condition d'y prendre un verre. ***Larrau** (à 2,5km du bourg par la D26, direction Tardets) Tél. 05 59 28 61 14 www.auberge-logibar.com **Restaurant** Ouvert Pâques-Toussaint : tlj. **Gîte** Ouvert toute l'année.*

☺ **Chez Despouey** Trois générations que cela dure. Despouey, c'était la halte historique des rares voyageurs qui s'enfonçaient si profondément en haute Soule. Le petit hôtel savait recevoir avec convivialité. Désormais, mère et fille accueillent dans leur maison d'hôtes avec la discrétion d'un hôtel. Car tout est question de savoir-vivre au sein de cette maisonnée toute de bois patinée. Au rez-de-chaussée, l'épicerie a été maintenue pour le bien de la communauté villageoise. Tout comme le bar, dont la rusticité lustrée évoque l'ambiance d'un club anglais. Seules les salles de bains des chambres, refaites à neuf, détonnent dans cette *etche* tout en sobriété et délicatesse, notamment côté prix. Double 42€ (48€ à trois), petit déj. 6€. *Rue principale **Larrau** Tél. 05 59 28 60 82 http://chambresdespouey.weebly.com Ouvert Pâques-Toussaint : tlj.*

petits prix

Maison Arozpidia Jeannette et Philippe Etcheto vous ouvrent leur belle maison d'hôtes en pierre, au cœur de Larrau. Monsieur est agriculteur, madame est l'ancienne boulangère du village – tous deux sauront vous parler de leur terroir et vous préparer de fameux petits déjeuners maison. Également un gîte pour 5 personnes sur l'exploitation agricole (350-450€/sem.) et une excellente table d'hôtes. Double 52€, petit déj. compris, table d'hôtes 16€ (3 soirs par semaine). *Le Bourg **Larrau** Tél. 05 59 28 63 22 Ouvert mars-nov.*

prix moyens

Les Chalets d'Iraty Disséminés au cœur de la forêt, 39 chalets de 2 à 30 personnes, pour la plupart entièrement rénovés, offrent confort, autonomie d'une cuisine, et grand air à 1 300m d'altitude. La structure d'accueil de la station, les pistes de ski de fond ou raquettes, et les sentiers de randonnée ou VTT ne sont qu'à quelques minutes de marche, quand ils ne sont pas à quelques mètres de sa terrasse. Un bar-épicerie-restaurant tenu par une jeune équipe propose une carte simple et honnête. Arrêt obligatoire, ne serait-ce que pour un café, sur son belvédère embrassant la vallée de haute Soule et la chaîne pyrénéenne du pic d'Orhy à celui d'Ossau. Hors saison, location pour deux nuitées minimum (95€/sem., 155€/w.-e. le chalet 2 pers.) et, normalement, pour une semaine en haute saison (450€), mais on peut toujours essayer de s'arranger selon les disponibilités. Côté restauration, comptez 25€ à la carte, menu enfant attentionné à 8€, assiette roborative du skieur à 14€ (en semaine uniquement). **Larrau** *(12km à l'est du bourg, D19) Tél. 05 59 28 51 29* **Restaurant** *Ouvert tlj. 11h30-14h et 19h-22h Service du bar en continu dès 9h Fermé dim. soir et lun. hors vac. scol. Certains soirs hors saison, quand le temps se gâte, il est prudent d'annoncer sa venue*

Le Kayolar Le grand-père passait l'estive ici. La petite-fille y monte aux mêmes périodes pour régaler le visiteur, randonneur ou chasseur. Produits locaux, préparations maison pour une cuisine simple et goûteuse. Anguille, omelette aux cèpes, confits... Plats 11-13€. Crêpes toute la journée. ***Plateau d'Iraty-Cize*** *(1re à droite après le chalet de Cize et le petit lac en direction du parking Paxula-Erreka Idorra) Tél. 05 59 28 57 89 Ouvert mai-oct. : tlj. à partir de 10h30, fermeture en fin d'après-midi ou en soirée, selon les réservations et la météo*

Chalet Pedro À 1 000m d'altitude, entre forêt et estives, marcheurs, cavaliers, VTTistes, motards, et chasseurs la saison venue, semblent y signer la paix des braves. Truite, chuleta, côtes de mouton, salmis et palombes rôties en octobre, cèpes, ardi gasna... C'est on ne peut plus locavore, et servi sans apprêt, la qualité des produits en évidence. En été, les tables s'éparpillent sur le gazon dans la fraîcheur des arbres. Plats 13€, menus 24 et 31€, palombe 22€ pour deux. Également cinq gîtes rustiques mais confortables pour une nuit bercée au (seul) son du vif ruisseau voisin. Jacuzzi et sauna à disposition (de 320 à 520€/sem. jusqu'à 5 pers., w.-e. seulement hors vac. scol. 180€ pour deux). ***Plateau d'Iraty-Cize*** *(800m au sud du carrefour D18-D19, en direction du parking Paxula-Erreka Idorra) Tél. 05 59 28 55 98 www.chaletpedro.com* **Restaurant** *Ouvert Pâques-11 nov. : tlj. 12h-14h Fermé mer. hors vac. scol.* **Gîte** *Ouvert toute l'année*

prix moyens à élevés

☺ **Etchémaïté** Un vrai bonheur que de s'installer dans cette belle salle aux tables soigneusement dressées, de préférence près des baies vitrées pour la vue sur les sommets de la Soule. Dans l'assiette, une cuisine de terroir parfaitement maîtrisée, que cette famille de restaurateurs se transmet de père en fils, entre oreille de cochon canaille, agneau mille façons ou poissons et fruits de mer cuits à la plancha. La carte se divise en entrée, poisson, puis plat de résistance (viande donc) et dessert. Formules à 34€ (poisson ou résistance) et 40€ pour les valeureux (poisson et résistance), menu dégustation selon l'humeur du jour à 52€, et un gracieux "amuse-bouche", formule avec entrée ou plat, et dessert à 18€. Le reste du bâtiment abrite seize chambres confortables rigoureusement tenues. En saison, double de 60 à 78€ avec balcon, petit déj. 8€. **Larrau** *Tél. 05 59 28 61 45 www.hotel-etchemaite.fr Ouvert juil.-mi-sept. : tlj. midi et soir ; mi-sept.-1er jan. : mar.-sam. midi et soir, dim. midi Fermé jan.-mi-fév.*

GAMME DE PRIX	RESTAURATION	HÉBERGEMENT
Très petits prix	moins de 12€	moins de 45€
Petits prix	de 12 à 18€	de 45 à 60€
Prix moyens	de 18 à 25€	de 60 à 100€
Prix élevés	de 25 à 45€	de 100 à 140€
Prix très élevés	plus de 45€	plus de 140€

★ ☺ SAINTE-ENGRÂCE SANTA GRAZI OU URDATX 64560

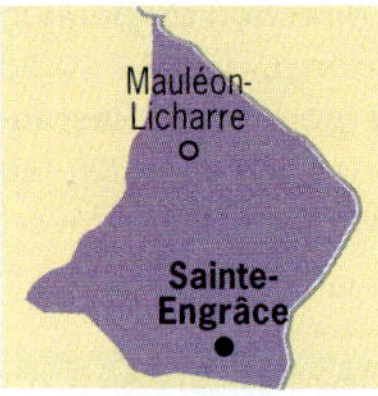

Il est des villages-rues, en voici un à étage, d'une centaine de mètres de dénivelé sur 5km. Comme colonne vertébrale, l'Uhaytza devenant gave de Sainte-Engrâce, fortifié par l'une des rivières souterraines les plus entrepreneuses d'Europe. Tout au long, un chapelet de hameaux. En bas, à 600m d'altitude, Caserne, avec la mairie et l'école ; puis l'élevage et le tourisme en remontant vers Calla, le plus bâti, et enfin Senta pour le culte et la table. En éventail autour de cet axe, saupoudrant adret et ubac, des dizaines de fermes se faisant face d'un versant à l'autre pour se prévenir ou appeler. Et, au plus haut, les *cayolars*. Parvenu là, vous avez atteint l'extrémité orientale de la montagne d'Ipparalde, bout du monde à la fois sauvage et protecteur. Malgré sa situation reculée, Sainte-Engrâce a été pendant le Moyen Âge l'objet d'un fervent pèlerinage sur le chemin de Compostelle, en l'honneur d'une relique de la sainte martyre de Saragosse déposée dans son église. Cette dernière, joyau de l'art roman, les splendides gorges de Kakuetta et d'Ehujarre, ainsi que la stupéfiante salle souterraine de la Verna, font de Sainte-Engrâce une destination incontournable.

MODE D'EMPLOI

accès et informations pratiques

À 19km au sud-est de Tardets par la D26 puis la D113, et à 2,5km au sud de Licq-Athérey. Accès également par l'est via le col du Soudet de la Pierre-Saint-Martin (13km). Commerces, station-service, distributeur bancaire, ligne de bus et taxis à Tardets. Vous trouverez un peu de documentation sur la région et un dépliant décrivant quelques randonnées à l'auberge Elichalt. Juste en face, à côté de l'église, un panneau d'information pour la visite libre des gorges d'Ehujarre.

DÉCOUVRIR

Sainte-Engrâce et ses environs

☆ **Les essentiels** L'église de Sainte-Engrâce, la grotte de la Verna, les gorges de Kakuetta **Découvrir autrement** Régalez-vous avec une assiette des bergers à l'auberge Chez Berriex

☆ **Église de Sainte-Engrâce** Prenant le relais des pèlerins de jadis, les visiteurs viennent toujours de loin admirer la relique de Sainte-Engrâce – non plus le doigt de la sainte, mais sa touchante collégiale à la silhouette asymétrique, élevée au XIe siècle. L'intérieur à trois nefs conserve d'admirables chapiteaux polychromes historiés, représentant des scènes bibliques : on y voit les Rois mages suivant l'étoile qui les conduisit à Bethléem, la Nativité, Salomon et la reine de Saba – ou encore plusieurs scènes burlesques de chasse à courre aux personnages transformés en centaures et de joueurs de luth accompagnés d'un ours dansant… Ne manquez pas de glisser une pièce dans le compteur pour éclairer les retables baroques. À l'extérieur subsistent les ruines du bâtiment conventuel, ainsi que quelques très anciennes stèles discoïdales dans le cimetière.

☆ ☺ **Grotte de la Verna** La Verna ne se dévoile pas en passant une porte après avoir payé un ticket. Elle impose son rythme, nourrit le suspense. De l'aire d'accueil, c'est en minibus ou en 4x4 que vous gagnerez le versant opposé à plus de 1 000m d'altitude. Les plus valeureux mettront 2h pour rejoindre à pied le chalet relais qui domine le ravin d'Arpidia, où on leur donnera quelques consignes et un casque, avant que ne s'ouvre une lourde porte. Derrière, un étroit tunnel de 660m s'enfonce dans la roche. Enfants et amateurs de SF rêveront de base secrète. Bon éclairage, sol lisse, la marche est aisée. Au bout, le bruit lointain d'eaux vives, et la sensation de rejoindre l'extérieur. Sauf qu'il fait nuit noire. C'est cette même sensation qu'ont eue les spéléologues découvreurs de la Verna en cheminant depuis le gouffre de la Pierre-Saint-Martin. C'était en août 1953. Ils pensaient être arrivés au bout de leur excursion, à l'air libre, bons pour bivouaquer à la belle étoile. Jusqu'à ce qu'ils regardent l'heure : 18h, un 13 août… Le reste du spectacle est à découvrir sur place, les superlatifs s'y bousculent. Juste quelques chiffres : la Verna est la plus grande salle souterraine naturelle au monde ouverte au grand public –245m de diamètre, 190m de hauteur, un volume de 3,6 millions de m^3–, et elle hébergerait une dizaine de cathédrales. Pour les plus sportifs, sa visite peut se compléter par la visite de la salle Chevalier en remontant la rivière souterraine, par une escalade jusqu'à la galerie Aranzadi, ancien lit aval, ou encore par une journée complète jusqu'au pied du gouffre Lépineux, entrée historique du réseau souterrain de la Pierre-Saint-Martin. Celui-ci totalise 400km de galeries et passages, 13 rivières, 2 000 gouffres, et des zones encore inconnues. La température constante de la Verna est de 6°C, pensez à vous habiller en conséquence. *Calla* ***Sainte-Engrâce*** *Tél. 09 75 17 75 66 ou 06 37 88 29 05 www.laverna.fr Réservation obligatoire par téléphone : les visites s'effectuent toute l'année au rythme de la constitution d'un groupe de 5 pers. minimum Possibilité néanmoins de tenter sa chance au dernier moment pour se greffer à un groupe*

UN JOUR D'AOÛT 1953

Cheminant depuis le gouffre de la Pierre-Saint-Martin, c'est une étrange sensation qu'ont éprouvée les spéléologues découvreurs de la Verna. C'était en 1953. Ils pensaient être arrivés au bout de leur excursion, à l'air libre, bons pour bivouaquer à la belle étoile. Jusqu'à ce qu'ils regardent l'heure, 18h, un 13 août… Ils découvrirent alors une monumentale sallle de 245m de diamètre, 190m de hauteur, un volume de 3,6 millions de m^3. Pour se la représenter, on dit que cette salle souterraine – la plus grande au monde ouverte au grand public-hébergerait une dizaine de cathédrales.

☆☺ **Gorges de Kakuetta** Une splendide balade de 2h à entreprendre tôt le matin pour éviter la foule. Ici, contrairement aux gorges d'Holzarté, on chemine au fond d'un gouffre étroit, donc on rase les hautes parois humides. La végétation est luxuriante, et il n'est pas rare d'apercevoir les grands rapaces qui nichent dans cet antre naturel protégé. Les passerelles surplombent le torrent, narguent des chutes d'eau vertigineuses et aboutissent à la grotte du Lac, aux stupéfiantes concrétions calcaires. Un parcours saisissant de beauté. Les chaussures de marche sont vivement conseillées. ***Sainte-Engrâce** (entre Caserne et Calla) Tél. 05 59 28 73 44 Ouvert mi-mars-mi-nov. : tlj. 8h-coucher du soleil Tarif 5€, 6-11 ans 4€ (billetterie au snack-bar La Cascade, à l'entrée des gorges)*

CARNET D'ADRESSES

Restauration, hébergement

La capacité d'accueil de Sainte-Engrâce est limitée au regard de son attrait touristique, et il faut bien souvent se rabattre sur Larrau (20km), Licq-Athérey (13km) et Tardets (19km), ou encore sur la vallée du Barétous (15 à 30km).

camping

Camping Ibarra Un joli terrain ombragé en bordure de rivière. Les propriétaires possèdent également deux gîtes à proximité ouverts à l'année, de deux chambres chacun. Emplacement et véhicule 11,50€ pour 2 adultes. Gîtes (5 pers.) 320-350€/sem., 140€ le w.-e. ***Sainte-Engrâce** (sur la D113, avant Caserne en provenance de Tardets) Tél. 05 59 28 73 59 www.ibarra-chantina.com **Camping** Ouvert Pâques-Toussaint **Gîtes** Ouvert toute l'année*

très petits prix

Auberge Elichalt Ce café de village qui déploie sa terrasse face à l'église sert, l'été venu, de sérieux casse-croûtes (sandwichs, omelettes, piperade, etc.) et accueille le soir à sa table d'hôtes (18€) sur réservation pour une cuisine du pays. Ses propriétaires disposent à proximité de 5 chambres d'hôtes, d'un gîte d'étape aménagé pour 15 personnes, et d'un gîte rural pour 4 personnes Ensemble rustique plaisant et bien tenu. Double 46€ (petit déj. compris), gîte d'étape 10€/nuitée, gîte rural de 175€/w.-e. à 440€/sem. en juil.-août. *En face de l'église **Sainte-Engrâce** Tél. 05 59 28 61 63 www.gites-burguburu.com Ouvert jan.-11 nov. : tlj. 8h-21h30*

Auberge Chez Berriex L'intérieur rustique et sans apprêt où trônent une cheminée et un chien des Pyrénées sert de cadre à une cuisine généreuse. Menu simple à 13,50€, concocté maison et agrémenté de petites attentions, telle cette confiture de piquillos au piment d'Espelette. Assiettes des bergers et "montagnarde" tout aussi roboratives à 8 et 10€ (boudin noir, jambon du pays, piperade, omelette à la tome de brebis d'à côté...). Terrasse plaisante. Service du soir en juillet-août ; le reste de l'année, un petit coup de fil et on s'arrange. ***Sainte-Engrâce** (D113 vers la Pierre-Saint-Martin, deux lacets au-dessus de Senta) Tél. 05 59 28 60 54 Ouvert juil.-août : tlj. 11h-21h30 ; sept.-oct., mars-juin : tlj. 11h-16h ; nov.-fév. : jeu.-mar. 11h-16h (fermé mer. et les jours de neige conséquente)*

☺ LA VALLÉE DU BARÉTOUS

Haute-Navarre au sud par le col de la Pierre-Saint-Martin, Soule à l'ouest avec un passage aisé vers Montory, la vallée béarnaise du Barétous est sous influence, ou plutôt en coexistence amicale avec ses voisins d'Euskadi. En témoignent les liens tissés avec la vallée de Roncal, et la table qui ne sait mentir, où le piment d'Espelette, la piperade et l'irouléguy côtoient la garbure et le jurançon. Passé le sommet basque du pic d'Orhy, premier "2 000" côté occidental, puis le Lakhoura (1 877m), les Pyrénées confirment ici leur envol avec les pics d'Arlas (2 044m) et d'Anie (2 504m). La vallée du Barétous s'inscrit au cœur de ces hauteurs, selon un axe nord-sud, entre Féas et la Pierre-Saint-Martin. En aval, irriguées par des torrents vifs, les collines déploient une gamme infinie de verts. Après l'étranglement des cluses, on pénètre dans la forêt, l'une des plus belles hêtraies de France s'étageant de 300m à 1 700m, relayée en altitude par une sapinière. Au sommet, le contraste est troublant : après la luxuriance, le lapiaz du col de la Pierre-Saint-Martin hérisse ses calcaires rocailleux, blancs comme neige, gercés de crevasses. Tout autour, il se trouve assez de pelouses d'estive pour nourrir quelques troupeaux et pérenniser une activité pastorale ici dignement renouvelée par de jeunes bergers. Cette belle vallée, à l'accueil chaleureux, ne bénéficie pas de la popularité ni de la médiatisation de ses voisines, et ce malgré son entrée en littérature dès le XIXe siècle : ce sont en effet des seigneurs locaux, Henry d'Aramitz et Isaac de Portau, qui inspirèrent à Alexandre Dumas ses légendaires mousquetaires, Aramis et Porthos.

MODE D'EMPLOI

accès et orientation

EN VOITURE

De Tardets, prendre la D918, qui mène via Montory à Lanne-en-Barétous, à 10,5km. De là, on peut rejoindre à l'ouest **Aramits** (chef-lieu, supermarché, seule station-service de la vallée), bifurquer au sud dans la **vallée de Barlanès** et l'espace nordique d'**Issarbe** par la D632, ou rallier la station de ski de **la Pierre-Saint-Martin** et l'Espagne par la D132, qui court sur 25km jusqu'à la frontière via **Arette**. De Sainte-Engrâce, Arette-La Pierre-Saint-Martin n'est qu'à 13km.

http://covoiturage.n-py.com Desserte par covoiturage des stations de ski N'PY.

EN TRAIN, EN CAR, EN TAXI

La gare la plus proche est celle d'Oloron, à 15km d'Arette. Il n'existe pas de liaisons vers la vallée du Barétous en été. **Mazeris voyages** Pendant les vacances scolaires de Noël et février, ainsi que les week-ends de la saison d'hiver, une navette en autocar part quotidiennement de la gare d'Oloron vers la Pierre-Saint-Martin (8h20, retour à 16h40, 3€). *Arette Tél. 05 59 88 90 77*

Taxi Louis *Oloron-Sainte-Marie Tél. 05 59 39 53 01 ou 06 89 59 57 69*

Taxi Camou-Ambille Tardets *Tardets-Sorholus Tél. 05 59 28 74 66 ou 06 87 51 68 55*

informations touristiques

Office de tourisme de la vallée de Barétous et de la Pierre-Saint-Martin En plus de centraliser l'information sur les animations et services touristiques de l'ensemble de la vallée, les deux antennes d'Arette et la Pierre-Saint-Martin organisent de nombreuses sorties en juillet et août. ***Bureau d'accueil d'Arette** Pl. de la Mairie Tél. 05 59 88 95 38 www.valleedebaretous.com Ouvert juil.-août : lun.-sam. 9h-12h30 et 14h30-18h30, dim. 10h-12h et 14h30-17h30 ; sept.-juin : lun.-sam. 9h-12h et 14h-18h Fermé les lun. de jan. à avr.* ***Bureau d'accueil de la Pierre-Saint-Martin** Maison de la Pierre **Arette** Tél. 05 59 66 20 09 www.lapierrestmartin.com Ouvert été : lun.-sam. 9h-12h30 et 13h30-17h30, dim. 9h-12h ; hiver : tlj. 9h-12h30 et 13h30-18h*

Visites et sorties de l'OT Parmi les nombreuses sorties organisées par l'OT, signalons la visite du moulin d'Arette (lun. 18h, 2€, moins de 12 ans gratuit), une rencontre avec les bergers en estive à la Pierre-Saint-Martin (mardi à 9h, gratuit), une balade à la recherche des marmottes (jeu. matin, gratuit), une **démonstration de pelote** à Aramits (mar. 18h, gratuit) suivie d'un verre et d'un barbecue *pastech* (2€), ou encore une **balade "Sur les pas des Mousquetaires"**, avec conteur et mousquetaires costumés (jeu. 16h, 3€, moins de 12 ans 2€). Enfin, à ne pas manquer, les **soirées pastorales** du jeudi à partir de 18h, avec visite d'un *cayolar* (cabane de berger) reconstruit à Aramits, démonstration du travail des chiens de troupeau, vidéos sur la fête des bergers, puis souper du berger autour d'une ventrèche grillée, de fromage et de jurançon (10€, vin et café compris).

location de deux-roues

Le Barétous et Roncal se sont associés pour développer un vaste réseau d'itinéraires cyclables transfrontaliers. Au total, une trentaine d'itinéraires de tous niveaux, dont dix-neuf pour VTT, à travers les deux vallées ou vers les cols. À cette offre pléthorique s'ajoutent en été les deux pistes du télésiège d'Arlas à la Pierre-Saint-Martin, et les traces de ski nordique du plateau d'Issarbe. http://baretousroncal.com

Pascal Hourticq Ce moniteur de VTT propose de ludiques circuits de découverte du milieu montagnard par des chemins connus de lui seul. ***Arette** Tél. 05 59 88 90 05 ou 06 82 05 58 43 hourticq-vtt.vallee-baretous.com*

Camping Barétous VTC ou VTT à partir de 12€/j., ou 50€/sem., (p.291). À l'entrée du camping, station vélo, aire de lavage, gonflage, réparation en libre-service et douches (5€). ***Aramits** Tél. 05 59 34 12 21*

domaines skiables

La Pierre-Saint-Martin Sise sur la commune d'Arette, la station est constituée d'un ensemble de trois domaines répartis entre 1 500 et près de 2 200m d'altitude : espace alpin, nordique à la Pierre-Saint-Martin et domaine nordique à Issarbe. *Tél. 05 59 66 20 09 www.lapierrestmartin.com*

Domaine de ski alpin de la Pierre-Saint-Martin Station de 3 000 lits avec ses nombreux services associés : 24 pistes (étendues sur 25km), dont 1 noire, 7 rouges et une avec espace *fun* et *boardercross* ; 14 remontées. Forfait journée 30,50€, semaine 152,50€. Membre du réseau de stations N'PY.

Espace nordique de la Pierre-Saint-Martin A 2km du domaine alpin, la forêt du Braca abrite 25km de pistes de fond, certaines rejoignant un bar d'altitude du domaine alpin. Forfait journée adulte 9,50€.

Espace nordique d'Issarbe 31km de traces, dont un circuit dédié aux raquettes. Entrée sud, côté la Pierre-Saint-Martin (8km), dénuée d'installation. Chalet d'accueil et services, dont la location de skis et de raquettes, à l'entrée nord, accessible de Lanne-en-Barétous (15km), cf. Le grand Tétras (p. 289 et 291). Forfait journée 5,70€. *Damage, entretien des pistes et services les w.-e., j. fér., et tlj. vac. scol. de fin nov. à fin mars, accès libre les autres jours*

marchés

Marché d'Aramits Producteurs locaux. *Dim. mat.*

Marché d'Arette Producteurs locaux *Mer. mat.*

fêtes et manifestations

La Junte de Roncal Une commémoration historique locale (p.290). ***La Pierre-Saint-Martin** (borne frontière) 13 juil.*

Fête des bergers Beaucoup de monde et d'émotion. Après l'isolement en estive, les bergers fêtent leur retour dans la vallée. Descente et souper du berger le premier jour, puis comice des fromages, défilé d'apparat, rencontres vocales de chants pyrénéens, concours de dressage de chiens et ripailles jusqu'à la messe du dimanche. Réservez longtemps à l'avance, car, durant ces quatre jours de fêtes, les hébergements de la vallée sont très vite complets. ***Aramits** 3e w.-e. de sept. (jeu.-dim.)*

DÉCOUVRIR

La vallée du Barétous

☆**Les essentiels** La vallée de Barlanès et le plateau d'Issarbe, le lapiaz de la Pierre-Saint-Martin **Découvrir autrement** Partez à la rencontre des bergers à la Pierre-Saint-Martin, parcourez la vallée à cheval avec les Écuries du Barétous

Aramits

Aramits Un portail à bossages du XVIIe siècle, élégant mais modeste, est le seul vestige du manoir d'Henry d'Aramitz, le futur Aramis des *Trois Mousquetaires*. Désormais, Aramits, petit pôle commerçant et chef-lieu de canton, doit surtout sa notoriété à la Fête des bergers qui s'y déroule en septembre, au retour des estives.

● S'aventurer dans la canopée

Aventure Parc Au sommet du col de Bugalaran, les Pyrénées se dévoilent, du pic d'Aury jusqu'au pic du Midi d'Ossau. Au cœur du piémont, et en pleine forêt (un espace reboisé il y a un siècle avec des essences de toutes sortes, mélèzes, sapins de Douglas, épicéas ou chênes américains), Aventure Parc commence par combler les petits (espace ludique pour les 3-6 ans, cinq parcours pour les 6-10 ans), avant de s'occuper des grands. Pour ces derniers, toute une palette d'émotions et de parcours, qui peuvent se clore par un saut sur airbag. Extrêmement professionnel. Un espace pique-nique et un snack en juillet-août. *Col de Bugalaran (D659), (5km au nord du bourg) Tél. 05 59 34 64 79 ou 06 76 74 21 39 www.aventure-parc.fr/aramits Ouvert juil.-août : tlj. 10h-19h ; mi-avr.-juin : w.-e. 13h30-18h30 ; sept.-début Toussaint : w.-e. 13h30-18h30 Fermeture des caisses 2h au préalable*

● Apprendre la mouche

Etxartia Maison Paris La précision, le volume, la silhouette... Christian Paris vous livrera tous les secrets de la pêche à la mouche, sa passion devenue métier. Guide et moniteur de pêche, ce Rhodanien a opté pour la nature préservée et la profusion de cours d'eau des piémonts basques et béarnais. À commencer par le Vert, qui coule au pied de sa maison, agrémentée d'un étang privé. Quelques chambres d'hôtes dans un pavillon années 1970 de bon confort (env. 50€, petit déj. inclus) font de la Maison Paris la base idéale pour tout lanceur, apprenti ou confirmé. *Chemin de Cambot* ***Féas*** *Tél. 05 59 39 01 10 ou 06 01 92 26 72 http://maison-paris.jimdo.com Prestation guide : 50€/demi-journée ; plus de 3 jours : 70€/j. Double de 49 à 51€, table d'hôtes 19€*

Lanne-en-Barétous

Un village-rue au bord de la D919 qui, s'il est modeste, ne manque pas d'atouts : adresses gourmandes, hébergements de caractère et activités à foison. Lanne pourra se visiter au fil du sentier d'interprétation "1 000 ans d'histoire" (livret à 3€, ou fiches gratuites à retirer à l'office de tourisme d'Arette ou à la mairie de Lanne). À la sortie du village, au lieu-dit Barlanès, un autre sentier d'interprétation (2h, 4km), baptisé "tour de la chapelle de Barlanès", offre de beaux points de vue sur la vallée. *10km à l'est de Tardets via Montory ou 18km au sud d'Oloron*

● Où acheter des fromages fermiers ?

Boutique des bergers du haut Béarn De ce magasin-atelier, vous entr'apercevrez le saloir où s'affinent les tomes confiées par des producteurs indépendants des trois vallées du haut Béarn. Pur brebis (AOC), vache ou mixte sont aux mêmes tarifs que dans les *cayolars*. Également des confitures, dont la fameuse piquillos au piment d'Espelette. *Rue de l'Église Tél. 05 59 34 44 17 www.bergersduhautbearn.fr Ouvert lun.-ven. 9h30-12h30 et 15h-18h, sam. 10h-12h30*

● Où croquer un "chapeau de d'Artagnan" ?

Chez Constanti Dans cette boulangerie-pâtisserie vous attendent d'excellents pains pour le pique-nique (à la farine de maïs ou de châtaigne, épicé au piment d'Espelette, etc.) et d'exquises douceurs : financier à la myrtille, gâteau basque à la cerise noire, et le "chapeau de d'Artagnan", un sorbet au pruneau avec une mousse à l'armagnac sur nougatine coiffée d'un panache de chantilly. Tout y

Le Pays basque des sportifs

Accrobranche, saut à l'élastique

Canyoning, escalade, spéléologie

Eaux vives

Sports nautiques en eau douce

Pêche

Golf

Parapente

Équitation

Ski de fond, raquettes à neige

VTT

est savoureux. On retrouvera cette enseigne à Arette et Oloron-Sainte-Marie. *Route de Tardets-Sorholus Tél. 05 59 34 62 02 Ouvert lun.-sam. 6h30-19h30, dim. 7h-12h30 Fermé 1 sem. en nov.*

● Galoper dans le Barétous

Les Écuries de Barétous Passionnée des équidés, Sabrina Vaast a eu le coup de cœur pour les écuries du Barétous. Depuis 2010, c'est avec grande attention qu'elle veille sur leurs chevaux et poneys. Pour preuve, leur belle santé. Outre l'accueil de pensionnaires et des apprentissages en formule club, les visiteurs de passage peuvent prendre des cours à la journée (enfant 45€, junior 55€, adulte 65€), emprunter une monte (de 15 à 20€/h selon l'âge) ou partir en randonnée de la demi-journée (à partir de 60€, pause restaurant incluse) à 2 jours (150€, par exemple, jusqu'au plateau d'Issarbe avec repas et nuitée). Deux circuits à poney pour les plus petits conduits par leurs parents (de 8 à 13€). *La Papeterie Route de Barcus Tél. 05 59 34 51 58 www.centre-equestre-pyrenees-atlantiques.fr Ouvert toute l'année*

● Pratiquer le canyoning ou la spéléologie

Pyrénées Aventures nouvelles Plus de quinze ans au service du plaisir sportif : l'affaire tourne rond, savant dosage de professionnalisme et de décontraction. Une demi-douzaine de moniteurs diplômés vous entraînent des sources de la Bidouze à la Sierra de Guara en Aragón pour le canyoning, des Arbailles à Ossau pour la spéléologie, et à la falaise d'Arguibelle pour l'escalade. Également des randonnées d'une à trois journées (montagne basque, Barétous et Aspe). Selon les pratiques, comptez de moins de 40€ la demi-journée à 60€ la journée, 85€ pour le canyonning en version sportive, autour de 300€/j. la rando (jusqu'à 15 pers.). À partir de 8 ans, hormis l'option canyon dépassant la demi-journée (12 ans). *Route de Tardets Tél. 05 59 34 10 70 www.pyrenees-aventures-nouvelles.com*

● Voler à cheval… entre Barétous et Soule

Espace et vision dégagée, important dénivelé, belles ascendances à proximité : le plateau d'Issarbe est un rendez-vous privilégié des parapentistes. Aux néophytes, il offre une expérience à couper le souffle, entre sensations fortes, beauté des paysages, et quelques légitimes appréhensions.

Barétous Parapente Des vols biplaces de baptême (80€/15min) et d'apprentissage aux stages haute performance. Barétous parapente est aussi spécialiste de l'accueil des personnes en situation de handicap. ***Lanne-en-Barétous** Tél. 05 59 34 10 70 ou 06 79 55 77 10 www.baretousparapente.com*

☆ Vallée de Barlanès et plateau d'Issarbe

Au départ de Lanne-en-Barétous, la D632 invite à une excursion le long du Vert de Barlanès, torrent dont les rives, difficilement accessibles, s'ombragent de hêtraies et de sapinières, de chênes et de châtaigniers. De ferme en hameau, la balade commence dans la vallée, puis la route entame une montée sévère vers le **plateau d'Issarbe** (1 500m), l'un des plus bucoliques du haut Béarn : paysages doux en lévitation au-dessus de la vallée, champs de myrtilliers et superbes pelouses suspendues où paissent les troupeaux

APPRENTIS ESQUIMAUX
En hiver, le Grand Tétras offre bien sûr un service de location de matériel, mais aussi des collations attentionnées (p.291), et, plus original, vous convie à bâtir un igloo. Les plus téméraires pourront y passer la nuit et voir le soleil se lever sur les pics alentours. Pas besoin de chasser : le service du dîner et le petit déjeuner sont inclus dans la prestation (95€/pers.). **Le Grand Tétras** *Plateau d'Issarbe Tél. 09 88 66 48 35 ou 06 17 96 80 12*

(brebis, vaches et chevaux). On y admire le pic d'Anie, le Pays basque et le haut Béarn, dispersés dans un panorama à 360° ! Les parapentistes y trouvent leur bonheur, tandis que promeneurs et randonneurs s'éparpillent sur les nombreux sentiers de randonnée. Les pistes de ski de fond et raquettes de l'espace nordique d'Issarbe (p.285) sont ouvertes au VTT à la belle saison. Ne pas hésiter à monter sur le plateau même si le temps est couvert, car il arrive fréquemment qu'y domine une mer de nuages argentée d'où surgissent les sommets – un grand spectacle.

Randonner sur le plateau d'Issarbe Le comité départemental du tourisme Béarn-Pays basque édite les guides Rando 64, dont un consacré à la vallée du Barétous. Vendu 6€, vous le trouverez notamment à l'OT du Barétous (p.284).

Pic d'Issarbe (n°26) Circuit sans difficulté, alternant crêtes et forêt, et qui offre des vues sur les canyons de la haute Soule. ***Parcours*** *4km* ***Durée*** *1h45 (à pied)* ***Dénivelé*** *150m* ***Niveau*** *Promeneur* ***Balisage*** *Jaune avec panneaux*

Crêtes d'Issarbe (n°27) Prolongeant la boucle précédente, ce circuit domine les paysages de lapiaz (les Arres d'Anie), et la vallée du Barétous. ***Parcours*** *5km* ***Durée*** *1h30* ***Dénivelé*** *Très faible* ***Niveau*** *Promeneur* ***Balisage*** *Jaune avec panneaux*

Arette

Voilà une aimable "station verte", où l'on prend le temps de bavarder sur le seuil de ses commerces. Oubliée depuis longtemps, cette triste nuit du 13 août 1967 où près du tiers du village s'est affaissé sous l'effet d'un séisme, l'un des plus violents jamais ressentis en France. L'église a été rebâtie selon des techniques antisismiques, et quatre décennies ont fait leur travail de patine. C'est à peine si l'on remarque ces maisons modestes aux lignes modernes, baptisées "maisons à 4 millions", qui furent offertes aux plus démunis. Le **moulin à eau** (visite avec l'OT) et l'**église Saint-Pierre** (retable du XVIIIe et lutrin du XVIe, vitraux modernes représentant le séisme) méritent le coup d'œil, ainsi que le **château** (XVIIe), retranché derrière son portail. Demandez à l'office de tourisme le fascicule de découverte du village (gratuit), et n'oubliez pas d'emprunter le **sentier d'interprétation du bois du Calvaire**, qui sillonne la forêt sur 2km, développant de panneau en panneau une dizaine de thèmes (le milieu forestier, la faune, la flore, le calvaire, etc.).

Maison du Barétous Jouxtant les locaux de l'office de tourisme, ce musée de 500m² s'ouvre sur une rapide présentation géographique, économique et touristique du Barétous et de Roncal, sa jumelle navarraise. La salle suivante, la plus originale, se penche sur les entrailles de la terre, évoquant le réseau souterrain unique de la Pierre-Saint-Martin, ainsi que l'activité sismologique :

retour sur l'événement tragique de 1967, explications géophysiques, et étonnante cartographie numérique répertoriant en temps réel les tremblements permanents de la planète. Suivent deux autres espaces consacrés à l'histoire locale, ses arts et ses traditions (belles pièces ouvragées de pierre et bois). Enfin, vous pourrez jeter un coup d'œil à une projection vidéo hésitant entre didactisme et promotion. *Pl. de la Mairie Tél. 05 59 88 95 38 Ouvert juil.-août : lun.-sam. 9h-12h30 et 14h30-18h30, dim. 10h-12h et 14h30-17h30 ; sept., juin : lun.-sam. 9h-12h et 14h-18h ; reste de l'année : mar.-sam. 9h-12h et 14h-18h Tarif 5€, moins de 12 ans 3€*

La Pierre-Saint-Martin Une station de sports d'hiver créée dans les années 1960, sans intérêt architectural, juchée à 1 640m dans un désert de pierres ciselées par l'érosion qui, lui, mérite un détour, cf. GEOPlus Randonner en Soule (p.329). Quelques genévriers et des pins à crochets parviennent à percer cette chape calcaire, ici appelée “arres”, sous laquelle court un réseau de rivières souterraines (plus de 120km de galeries) et de gouffres, dont celui, impressionnant, de la Pierre-Saint-Martin, découvert en 1950 (visite réservée aux spéléologues confirmés), cf. Grotte de la Verna (p.281). En été, on monte ici pour voir le pic d'Anie, et éventuellement grimper à son sommet (p.332), pour le restaurant Spatule et Fourchette (p.291), et pour rencontrer les bergers. L'hiver, la Pierre-Saint-Martin se transforme en station à taille humaine (p.285) ; l'été, vous profiterez du télésiège accessible aux VTT et Dirt scoot (trottinettes tout-terrain), de la piste de luge “4-saisons”, et des sorties de l'OT (p.284). *25km au sud d'Arette par la D132 www.lapierrestmartin.com*

● Rencontrer un berger dans son cayolar

Cayolars de la Pierre-Saint-Martin Outre les soirées pastorales à Aramitz, l'OT de la Pierre-Saint-Martin (p.284) organise tous les mardis à 9h des rencontres avec les bergers, à la découverte de leur activité en situation. Ces bergers, jeunes pour la plupart, vous accueilleront également avec plaisir les autres jours de la semaine pour vous faire goûter leur fromage et vous raconter l'une de leurs journées typiques, qui commencent généralement à 5h30... Parmi eux, Joseph (*cayolar* au-dessus du premier grand rond-point de la Pierre-Saint-Martin), représentant la cinquième génération d'une famille de bergers :

La Junte de Roncal

Signée en 1375 après deux années d'affrontements ayant fait 300 morts de part et d'autre du col de la Pierre-Saint-Martin, la Junte de Roncal est le plus vieux traité européen encore en vigueur. Cet accord de paix transfrontalier autorise les bergers béarnais à aller faire paître leurs troupeaux sur le versant espagnol du pic d'Arlas, plus riche en estives et en eau, en échange de trois génisses. Chaque 13 juillet, la remise de cette contrepartie obéit à un cérémonial quasi immuable, devenu depuis une attraction touristique et l'occasion de festivités. ***La Pierre-Saint-Martin** (borne frontière)*

"L'estive, c'est plus fort que moi, j'y ai goûté dès l'âge de dix ans, et il me tarde qu'arrive juin pour y grimper." Cédric, lui aussi issu d'une famille de bergers, vit l'été dans une belle cabane en pierres (avec bouquets de fleurs fraîches "pour le plaisir des yeux") : "Je voulais être mon propre patron, ici, je ne suis le domestique de personne" (au rond-point, prendre la route d'Espagne ; la cabane est à 1km sur la droite). Les plus courageux rendront visite à Jean-Marc, dont le *cayolar* se trouve sur le GR®10, à environ 10min de marche, en direction du pic d'Anie.

CARNET D'ADRESSES

Restauration, hébergement

camping

Camping Barétous-Pyrénées En bordure du Vert de Barlanès et sous un ombrage dense, ce camping richement labellisé sait accueillir. Outre les attendues piscine et aires de jeux, vous y trouverez des ateliers pour les enfants de 6 à 12 ans, un sauna et un spa (8,50€/h/pers.), un service de massage (35€/45min), et une station vélo suréquipée accessible à tous (location de VTT, lavage-entretien, borne d'infos sur les itinéraires, douche et sanitaires). Avec seulement 61 emplacements de la tente au chalet de grand confort, l'ambiance reste familiale. Réservez au plus tôt ! Forfait emplacement pour 2 personnes + véhicule de 14,50 à 23€ selon la saison. Location de mobil-homes de 270 à 625€/sem. pour 4-5 personnes, bungalows toilés meublés de 220 à 430€/sem. pour 5 personnes, chalets de 330 à 690€/sem. pour 5, voire 7 personnes. Tarif week-end (hors vac. scol.) pour les locations de 80 à 130€/nuitée. ***Aramits*** *Vers la sortie d'Aramits en direction de Lanne Tél. 05 59 34 12 21 www.camping-pyrenees.com Ouvert fin fév.-mi-oct. pour le camping, mais la plupart des locations sont ouvertes à l'année*

petits prix

☺ **Le Grand Tétras** Tombés amoureux du site, Lydie et Patrick ont posé leurs valises pour vivre les solitudes lyriques du plateau d'Issarbe. Outre la bonne tenue de l'espace nordique (p.284) et l'animation des lieux (p.289), ils assurent la table avec justesse. Les propositions sont réduites, mais tout est maison ou fermier, et délicat pour le porte-monnaie. Garbure (4,50€), charcuterie du pays (7€), plat (8,50€), dessert du jour, fromage brebis et crêpe au sucre (3,50€). C'est tout, et c'est pour le mieux. Arrêtez-vous au moins pour le café : 1€, panorama d'exception compris. *Plateau d'Issarbe* ***Lanne-en-Barétous*** *Tél. 09 88 66 48 35 www.issarbe.eu Ouvert w.-e., j. fér. et tlj. vac. scol. Service continu, bar attenant*

Restaurant Spatule et Fourchette À croire que le plaisir est inversement proportionnel à la taille et au cadre, puisque ce tout petit restaurant (avec vue) installé dans la galerie marchande de la station prodigue de grandes joies. Autour d'une cuisine simple, généreuse et bien tournée : un honnête menu déjeuner à 12€ (pour la carte, c'est sur réservation, déjeuner comme dîner). On vient de loin pour le foie gras, les confits et le saumon fumé préparés maison, ou encore la cuisson au gras de canard, la piperade... Tartiflette et bressiflette (au bleu de Bresse) quand tournent les remonte-pentes. ***La Pierre-Saint-Martin Arette*** *(galerie marchande) Tél. 05 59 66 10 51 Ouvert 12h-14h et 19h30-22h tlj. durant la saison de ski ; juil. et août : le soir sur réservation avant 14h*

Gouaillardeu L'une au service, l'autre aux fourneaux, deux sœurs perpétuent l'affaire de famille et assurent la tradition culinaire de la vallée. Dans cette auberge de campagne qui fait aussi bar-rugby et salle du dimanche, la volonté de bien faire est évidente. Et si l'assiette n'atteint pas des sommets, elle est correcte, à commencer par les prix. Menus 12€ (midi) et 15€, garbure incluse, comme de bien entendu. Côte de mouton 9€, fromage de brebis 2€ ! *47, rue Marcel-Loubens* ***Arette*** *Tél. 05 59 88 90 94 http://barrestaurantgouaillardeu.wordpress.com Ouvert tlj. 12h-14h et 19h30-21h Fermé lun. hors vac. scol.*

Hôtel de l'Ours Une quinzaine de chambres sans grand cachet au confort standard. Unique hôtel de la vallée, son choix pourrait être par défaut. Mais le jeune couple à la manœuvre égaye les lieux, mariant décontraction et attention. Double de 55 à 60€, petit déj. 7€. Bar attenant, avec ses macérations au rhum à siroter au retour des pistes. Les cuisines sont en service durant la saison de ski et l'été : en-cas à midi et un menu unique le soir (16€), renouvelé chaque jour. *Pl. de l'Église* ***Arette*** *Tél. 05 59 88 90 78 ou 06 72 06 27 15 www.hoteldelours.fr Fermé 3 sem. avant les vac. scol. de printemps et nov.*

☺ **Maison Rachou** Les cinq chambres d'hôtes, parfaitement indépendantes, ont été aménagées dans la grange d'une ancienne ferme du XVIIIe siècle. À la fois rustiques et sobrement colorées, elles possèdent chacune une salle de bains bien équipée. Au rez-de-chaussée, un vaste salon pour les petits déjeuners et repas quand les restaurants alentour sont au repos (20€, lun. et mar., sur rés.). Accueil charmant et consciencieux, piscine pour l'agrément, et vue panoramique d'Ossau au pic d'Orhy. Double 50€, petit déj. inclus. ***Lanne-en-Barétous*** *(à la sortie du village, prendre la route de Barcus, D459, passer le cours d'eau puis 1re à droite) Tél. 05 59 34 10 30*

prix moyens

La Ferme aux Sangliers Les porcs gascons qui font le bonheur de la table d'hôtes de cette ferme ne vous dérangeront pas : ils sont élevés en liberté et disposent de près de 20ha, où ils s'ébattent avec quelques blondes d'Aquitaine. Le logis, posé sur une crête à 500m d'altitude offrant de beaux panoramas sur les sommets alentour, abrite quatre chambres joliment patinées. Vu la dimension du potager, les végétariens ne se plaindront pas de cette maison d'hôtes. Double de 60 à 65€, et une suite familiale, table d'hôtes 20€/pers. *Ferme Micalet-Serrebidau* ***Issor*** *(en provenance d'Arette, à gauche à la sortie d'Issor, fléchage) Tél. 05 59 34 43 96 ou 06 08 45 66 97 www.lafermeauxsangliers.fr*

L'Olivé de Haut Humour, érudition et gentillesse : on se souvient longtemps de l'accueil de Nicole et Henri Dugois. Ce couple de retraités bruxellois un peu nomade a posé ses valises face à “l'un des dix plus beaux panoramas de France”, dixit Henri, expert en points de vue. Cette demeure cossue, posée à flanc de coteau sur un pré en pente douce, regarde les Pyrénées à distance idéale. Deux chambres bourgeoisement meublées à 66€ avec petit déjeuner à dominante bio, possibilité de table d'hôtes (autour de 25€), une suite pour 3 ou 4 personnes (95-115€), et un gîte dans la maison des métayers attenante (120 m^2, 4 pers., de 220 à 420€/sem. selon la saison). ***Aramits*** *Tél. 05 59 34 61 18 www.olivedehaut.info*

La Posada Mariposa Légèrement en contrebas de la rue, cette vieille ferme ne paie pas de mine, mais abrite quatre chambres aux tons gais. Deux d'entre elles, avec salle de bains commune (65€ en saison), communiquent pour former une suite familiale (135€). Les autres ont leur propre salle d'eau (75€). Petit jardin et terrasse à l'arrière, table d'hôtes "menu producteurs" (15€) et possibilité de panier à emporter. Les tarifs sont un peu élevés au regard des prestations, mais l'accueil est des plus prévenants, et la situation idéale pour rayonner tant vers la Soule que vers Issarbe et la Pierre-Saint-Martin. *Lahonta* ***Lanne-en-Barétous*** *(dans le village, dir. Barcus) Tél. 05 59 88 02 31 ou 06 10 26 27 25 http://laposadamariposa.com*

☺ **Chambres d'hôtes-auberge Les Trois Baudets** Le vert des pelouses, le mur de galets disposés en épis, le crépi paille d'une vieille demeure aux volets amande, la luxuriance des chèvrefeuilles et des glycines qui escaladent la façade… sont incontestablement béarnais. Et pourtant, sous un rayon de soleil, le site a quelque chose de joyeusement provençal, avec son air de fête, sa sensualité diffuse et ses massifs de lavande pour embaumer la piscine. En pleine campagne, les Trois Baudets offrent le gîte (5 chambres spacieuses, champêtres et séductrices) et le couvert, puisque l'endroit se double d'une auberge épatante. Une adresse parfaite, tout en harmonie et en douceur. Double de 75 à 85€, suite familiale à partir de 130€, petit déj. compris. Menu gourmet "découverte du marché" autour de 25-28€. *Maison Escoubès* ***Issor*** *(prendre la petite route descendante face à la mairie et traverser le cours d'eau) Tél. 05 59 34 41 98 www.3baudets-pyrenees.com Ouvert mars-mi-oct., Toussaint, Noël, fév.*

Ma nuit avec Porthos

☺ **Château de Porthos** Pour le plaisir incomparable d'habiter le manoir du légendaire Porthos, restauré en 2005 avec scrupule, mais selon une partition libre et moderne. Ainsi, le luxe cohabite ici avec la sobriété, dans des tonalités neuves d'ivoire ou de perle, sans fioritures ni manières. L'adresse incite au superlatif : où peut-on voir, à des kilomètres à la ronde, une maison d'hôtes aussi résolument élégante, aussi joliment meublée, aussi plaisamment aristocratique ? Tout cela porte la signature de Michèle Cluzant-Laher, qui prodigue un accueil tout en justesse et en simplicité. Bureau de lecture, parc, salle de billard et spa (extérieur). Trois chambres lumineuses, vastes, aux belles salles de bains, de 75 à 85€ (suite de 125 à 135€), copieux petit déjeuner inclus. Cuisine du Sud-Ouest à base de produits locaux ou maison pour la table d'hôtes (20€, enfant et junior 8-15€). ***Lanne-en-Barétous*** *(à côté de l'église) Tél. 05 59 34 66 74 www.chateau-de-porthos.com*

prix élevés

Cidrerie Lacassie Après une période de fermeture, l'institution du village a été reprise par un jeune couple qui l'a transformée en cidrerie basque avec bar-tapas attenant. Menu unique pantagruélique à 30€, omelette de saison, pavé de morue, belle chuleta (côte de bœuf), dessert, et bien sûr, le cidre à discrétion directement au tonneau. Une clémence est accordée à 26€, permettant d'échapper à l'omelette. Un très bon rapport quantité-prix… et qualité. *Route de Tardets* ***Lanne-en-Barétous*** *Tél. 05 59 34 36 73 ou 06 83 13 22 92 Ouvert ven.-sam. midi et soir, dim. uniquement midi*

★ ☺ OLORON-SAINTE-MARIE

64400

À Oloron, les gaves d'Aspe et d'Ossau se chargent de la mise en scène, séparant les quartiers, sculptant des paysages escarpés qui prennent toute leur dimension quand on les aborde par la route de Pau. Le premier coup d'œil est pour Sainte-Croix, quartier haut perché, puis la ville se dévoile en contrebas, fouillis de toits d'ardoises qui cache un patrimoine exceptionnel, où les Monuments nationaux ont dénombré près de 700 édifices de caractère. La capitale des Pyrénées béarnaises, labellisée "pays d'art et d'histoire", se réveille, s'ébroue et entame une spectaculaire révolution touristique. Après des années de léthargie, Oloron se réapproprie son histoire, réinvente ses musées, renoue avec les crépis traditionnels ocre, paille ou saumon, ouvre de nouvelles adresses… On fait d'émouvantes découvertes dans cette ville de panoramas où les perspectives, sans cesse changeantes, livrent à la vue de belles maisons à pans d'ardoises penchées sur le gave, des venelles en lacet, ou les toits de l'imposante cathédrale Sainte-Marie. Et quand le regard se perd sous les ombrages intimes de la promenade Bellevue, c'est pour s'évader vers la vallée d'Aspe, voie royale vers la montagne toute proche.

DEUX MILLE ANS D'UNE FLAMBOYANTE ÉPOPÉE Tumuli reconstitués au parking Daguzan, vestiges romains visibles sous le chevet de la cathédrale, sarcophages paléochrétiens exposés à la Maison du patrimoine, sanctuaires romans et gothiques, maisons médiévales du quartier Sainte-Croix, friche industrielle à la confluence des gaves… à chaque pas, le visiteur se confronte à la riche épopée oloronaise, entamée il y a plus de vingt siècles. Au débouché du col du Somport, emprunté depuis l'Antiquité, à la croisée des gaves et des chemins de Compostelle (ceux d'Arles et du Piémont), le site fut de tout temps favorable à l'implantation humaine. Plusieurs villes successives ont grandi ici, à commencer par Iluro, cité romaine tardivement christianisée au VIe siècle par saint Grat, avant d'être détruite par les Normands au IXe siècle. Par la suite, plus de mention de la ville jusqu'au XIe siècle, date d'une spectaculaire résurrection urbaine puisque surgissent alors, de part et d'autre des gaves, deux villes rivales : Oloron la vicomtale, cité militaire érigée par Centulle V de Béarn sur la colline Sainte-Croix, et Sainte-Marie l'épiscopale, chrétienne et commerçante, fondée par l'évêque Étienne de Lavedan. Il faut attendre 1858 pour que les deux villes consentent au mariage de raison, créant ainsi Oloron-Sainte-Marie.

UNE TRADITION INDUSTRIELLE Au XVIIe siècle, Oloron est un port fluvial d'où partent vers Bayonne les troncs d'arbres descendus de la montagne et destinés à la mâture des navires de guerre. Au XVIIIe siècle, le textile prend le relais, et si les ouvriers travaillent d'abord à domicile, ils rejoignent bientôt les usines bâties au bord du gave, source d'énergie. Aujourd'hui, des artisans créatifs, stylistes en vêtements et chapeaux (Tous azimuts, Onaïa, Mayalen, L'Anti-Mites), ainsi que deux petites entreprises haut de gamme, les tissages Lartigue 1910 et les bérets Laulhère, perpétuent la tradition textile. Mais quelques mastodontes du bassin industriel oloronais (près de 6 000 salariés, peu de chômage) demeurent, tel le chocolatier Lindt, qui embaume fréquemment la cité avec sa spécialité fabriquée ici : le Pyrénéen.

MODE D'EMPLOI

accès

EN VOITURE

Oloron est à 125km de Biarritz par l'A64 (sortie n°8), 30km à l'est de Mauléon-Licharre et 32km au sud-est de Pau. La ville commande l'accès aux trois vallées de Barétous (D919), Aspe (N134-E7) et Ossau (D934 par Arudy).

EN TRAIN, EN CAR

SNCF Des gares de la côte, il faut transiter par Dax ou Pau. De Pau, 8 liaisons journalières en TER. D'Oloron, la ligne TER se prolonge en car à travers la vallée d'Aspe jusqu'à Canfranc, en Espagne, avant de remonter au Somport. *Tél. 3635 www.voyages-sncf.com* **Gare SNCF** *Pl. de la Gare (à 5min à pied du centre-ville) Tél. 3635 www.voyages-sncf.com*

Transports 64 La Ligne 808 assure la liaison Mauléon-Oloron en 40min. *Tél. 0 800 64 24 64 (lun.-ven. 8h30-18h30) www.transports64.fr*

orientation

Les gaves d'Ossau et d'Aspe se rejoignent ici pour former le gave d'Oloron, cette confluence délimitant trois quartiers. Le premier, le **quartier Sainte-Croix**, prend racine entre les deux premiers gaves et se concentre autour de la rue Barthou, commerçante, et de la place Saint-Pierre, zone résidentielle riche en patrimoine (église Sainte-Croix, Maison du patrimoine, tour de Grède). Sur la rive gauche du gave d'Aspe, le **quartier Sainte-Marie** s'organise autour de la cathédrale et de son parvis (terrasses, concerts et marchés nocturnes en été, quelques commerces de bouche), l'office de tourisme et la rue de la Poste (commerces) étant situés près des bords du gave. Sur la rive droite du gave d'Ossau, le **quartier Notre-Dame**, le plus récent, est dominé par le clocher de son église du XIXe siècle. On trouvera bars et restaurants autour des places de la Résistance et Gambetta, de part et d'autre de l'édifice religieux.

se déplacer en ville

Un conseil : évitez de circuler en voiture ! Pour stationner, entre autres, deux parkings gratuits : Monseigneur-Daguzan, près de la cathédrale, et celui de la poste, à côté de l'office de tourisme. À pied, on passe en 5min de la cathédrale au centre-ville (berges du gave) via la rue de Révol ; des jardins de l'office de tourisme (parc Bourdeu, places de stationnement autour du jardin public), on franchit le gave par une passerelle piétonne pour atteindre la rue Barthou. De là, on pourra rejoindre la promenade Bellevue (prendre les escaliers derrière la Caisse d'épargne) qui, en moins de 10min, mène à l'église Sainte-Croix et à la place Saint-Pierre.

informations touristiques

Office de tourisme du Piémont oloronais Toute visite d'Oloron doit commencer par celle de son office de tourisme, aménagé comme un musée, cf. encadré "En voiture !" (p.299). Service de réservation pour l'hébergement, organisation de séjours à prix intéressants, fiches de randonnées (0,50€ chacune ou téléchargeables gratuitement sur le site), visites guidées de la ville (avr.-oct., tarif 3€, réduit 1€, étudiants et demandeurs d'emploi gratuit). À demander, le bracelet-montre électronique qui permet d'accéder aux commentaires des 11 bornes interactives disséminées dans la ville, au fil d'un parcours historique (2,50€). *Allées du Comte-de-Tréville Tél. 05 59 39 98 00 www.tourisme-oloron.com Ouvert 13 juil.-fin août : lun.-sam. 9h-13h et 14h-19h, dim. 10h-13h ; reste de l'année : lun.-sam. 9h-12h30 et 14h-18h30*

marchés

Marché hedomadaire Grand marché autour de l'hôtel de ville et sous la halle couverte. *Ven. Pl. de l'Hôtel-de-ville*

Halles de l'hôtel de ville Quelques stands ouverts en semaine, d'autres uniquement le vendredi, jour de marché. *Ouvert mar.-sam. 7h30-12h30 et 17h-19h*

Marchés nocturnes Dans le cadre des Quartiers d'été. *Parvis de la cathédrale, pl. Saint-Pierre, pl. de la Résistance ou rue Barthou Juil.-août*

fêtes et manifestations

Festival Des rives et des notes Festival convivial, avec une programmation de qualité accessible au grand public. Off aux concerts gratuits sous un chapiteau dressé au bord du gave. *www.jazzoloron.com Fin juin-début juil.*

Quartiers d'été Programmation estivale éclectique : expos, spectacles vivants, fêtes locales, événements sportifs..., tous gratuits. *www.oloron-ste-marie.fr Juil.-août*

Championnat du monde de garbure Marché du terroir, concours de garbure et banquet final de 1 500 convives. *www.lagarburade.org 1er w.-e. de sept.*

Festival international de l'image culinaire Marché de spécialités, ateliers de dégustation et visites gourmandes en parallèle au concours international de la photo culinaire. *www.fotosculinaires.com 2e quinz. de sept.*

DÉCOUVRIR
Oloron-Sainte-Marie

☆**Les essentiels** Le portail de la cathédrale Sainte-Marie, l'exceptionnel patrimoine de la cité, labellisée "ville d'art et d'histoire" **Découvrir autrement** Pique-niquez à la plage de la Rouquette, goûtez le "russe" d'Artigarrède

☺ Quartier Sainte-Croix

Enclavé sur la colline entre les deux gaves, c'est le site le plus ancien de la ville, où s'est développée la cité vicomtale. Jadis enserré dans un réseau de remparts, le quartier Sainte-Croix s'aborde idéalement par la promenade Bellevue. On arrive alors place Saint-Pierre. Réaménagée à la Restauration, elle forme un ovale parfait ceint de murets "à l'espagnole", et bordé par quelques maisons des XVIIe et XVIIIe siècles, et par l'église Saint-Pierre (XIXe s.), de style Contre-Réforme. Les ruelles aux abords de l'église Sainte-Croix (rues Centulle, Dalmais) méritent une attention particulière : nul commerce, nulle enseigne ne vient troubler un charme intemporel où les maisons à colombages, certaines sur piliers, jouent leur partition médiévale. Par la rue d'Aspe, on peut rejoindre ensuite le cimetière contemporain où repose le poète Jules Supervielle.

PROMENADE BELLEVUE
Conçue au XIXe siècle, quand la mode romantique s'éprend de belvédères sur la montagne, cette promenade est tracée dans l'axe de la vallée d'Aspe, chevauchant partiellement les anciens remparts. Pour contempler le panorama, on s'assoit au creux de la sculpture contemporaine *Le Chi* (de l'Irlandais Michael Warren). Cette œuvre figure parmi les huit que l'association Camino a installées sur le parcours oloronais du chemin de Saint-Jacques. Ne ratez pas, en redescendant vers la ville basse (lacets du Biscondeau), le *Génie des Pyrénées*, œuvre attendrissante et "perturbatrice" de Mark Brusse (plan et liste des œuvres à l'OT).

Église Sainte-Croix Les éléments les plus anciens de cette église d'aspect sévère, défendue par un beffroi, remontent à la fin du XIe siècle. Gaston IV de Béarn, son bâtisseur, vicomte et croisé, guerroie en Espagne aux côtés du roi d'Aragon ; de ses campagnes transpyrénéennes, il rapporte le souvenir d'éléments architecturaux caractéristiques du monde musulman, telle cette coupole nervurée d'une grande originalité. Malgré les remaniements du XIXe siècle, ce sanctuaire reste puissamment roman : la façade nord est bien conservée, et une riche sculpture intérieure anime les chapiteaux. Dans l'abside, on observe plusieurs scènes de la vie du Christ, de facture naïve (de l'adoration des Mages à la tentation au désert). Dans l'absidiole sud, un personnage à trois faces représenterait la Trinité. Du mobilier de l'église (XVIIe et XVIIIe s.), on retiendra un retable en bois doré de style baroque et un autel monumental, tous deux entièrement restaurés. Au sortir de l'église, posée sur les pelouses de l'esplanade Ambroise, une Vierge éplorée (XIXe s.) regarde les toits et les jardins d'Oloron dessiner leur mosaïque vert et bleu ardoise. Visite d'environ 15min et panorama d'une grande quiétude. *Ouvert tlj. 8h-20h Tarif 2€ (pour commentaires enregistrés et éclairage)*

Maison du patrimoine Un escalier d'origine, des boiseries d'exception, des fenêtres à meneaux : cette demeure du XVIIe siècle justifie pleinement la visite. De riches collections y synthétisent l'histoire d'Oloron, du néolithique jusqu'au XXe siècle, avec une évocation du camp de Gurs (près de Navarrenx). Plusieurs salles méritent une attention particulière, dont celle des vestiges gallo-romains (céramiques, bijoux, mosaïque et sarcophage paléochrétien) et la reconstitution d'une cuisine béarnaise, où l'on découvre une foule d'ustensiles (poteries médiévales de Garos, vaisselle de Laàs, etc.) et d'objets liés au pastoralisme (de superbes sonnailles). À l'étage, judicieuse évocation des métiers du textile, et une présentation des personnages illustres de la ville. Le parcours se clôt par une pause dans le jardin médiéval, près de la fontaine. En sortant, jetez un coup d'œil à la **maison du Sénéchal** (face à la Maison du patrimoine, ne se visite pas), belle demeure du XVe siècle à grandes arcades ogivales. *52, rue Dalmais Ouvert 2 mai-30 sept. : mer.-lun. 10h-12h30 et 15h30-18h30 Tarif 3€, moins de 18 ans, étudiants et demandeurs d'emploi gratuit*

Tour de Grède Bâtie entre le XIIe et le XIVe siècle, cette maison-tour devient au XVe siècle la résidence de la famille d'Agréda. Elle est alors dotée de deux étages supplémentaires, et percée de fenêtres géminées et d'arcades qui lui donnent un visage plus souriant. À l'intérieur, trois étages brillamment scénographiés proposent une visite spectaculaire sur le thème de la faune pyrénéenne. L'ours, roi et symbole des Pyrénées, vous accueille, suivi de son escorte d'animaux naturalisés auréolés d'éclairages savants qui les parent d'une présence théâtrale, presque inquiétante. Isards, marmottes, rapaces… chacun a droit à sa fiche signalétique et à son film (5min) qui relate la vie sauvage au fil des saisons. Et l'occasion est ici donnée, fait rare, d'observer les œufs des oiseaux pyrénéens. Par les fenêtres du 3e étage se déploie un panorama à 360° sur Oloron et les paysages du piémont, qu'un audioguide permet de décrypter. La terrasse est équipée de longues-vues pour zoomer à votre gré sur une ville pleine de secrets. *Rue Dalmais Ouvert juil.-mi-sept. : mer.-lun. 10h-13h et 15h-18h Tarif 3€, moins de 18 ans, étudiants et demandeurs d'emploi gratuit*

Quartier de la Confluence Friche industrielle, le confluent des gaves d'Osseau et d'Aspe a fait l'objet d'un heureux réaménagement contemporain (l'architecte Pascale Guédot a reçu le prix Équerre d'argent 2010 pour la médiathèque, le parcours paysager signé Michel Courajoud).

● Où s'offrir un chapeau original ?

Onaïa Vous jetterez un coup d'œil aux fleurs accrochées au plafond avant de vous pencher sur les bibis, bobs, coiffes et chapeaux nés de la fantaisie d'une jeune styliste qui coud depuis l'âge de onze ans. Sisal, feutre ou toile basque, les matières varient, l'inspiration aussi, classique ou fantasque, mais toujours assise sur un solide savoir-faire. *3, rue Labarraque* ***Oloron-Sainte-Marie*** *Tél. 05 59 36 18 31 www.onaia.com Ouvert lun.-mar. et jeu.-ven. 9h-12h et 14h-18h30*

Pique-niquer au bord de l'eau

Plage de la Rouquette De la place Saint-Pierre, filez rue d'Aspe. À hauteur du n°11, descendez vers la fontaine des Maures, d'où une volée de marches dévale vers une plage de galets baignée par le gave d'Ossau, et où sont dressés tables et bancs pour un pique-nique bucolique.

Quartier Sainte-Marie

Quartier résidentiel de l'antique Iluro, puis cité épiscopale, longtemps rivale d'Oloron la vicomtale, Sainte-Marie fut par la suite, et jusqu'au XIXe siècle, une ville autonome placée sous l'autorité de l'évêque, avant de fusionner avec sa voisine sur décision de Napoléon III. Les traces de ce passé sont visibles lorsque l'on aborde le quartier par le parking Monseigneur-Daguzan (reconstitution du tumulus de Soeix). De là part un court sentier paysager vers le passage Saurine qui, aménagé en minimusée, introduit à l'histoire de la ville (évocation d'Iluro, fresque historique, moulages de sculptures…). Au débouché du passage se dresse la cathédrale. Sur le parvis, des terrasses, bars et restaurants, à gauche le pâtissier Artigarrède, spécialiste du "russe". Dans la ville basse, à proximité du gave, le quartier Guynemer a été entièrement rénové. Il accueille un trinquet flambant neuf et son restaurant panoramique, et un jardin à la française a vu le jour dans la cour de l'ancien séminaire.

Cathédrale Sainte-Marie Inscrite au patrimoine mondial de l'humanité par l'Unesco, cette cathédrale aux allures de forteresse, merveille romane rehaussée de gothique flamboyant, trône sur un parvis largement dégagé. Sa construction débuta en 1102 sur ordre du vicomte Gaston IV, qui revenait de croisade ; d'apparence gothique, la nef conserve des vestiges du XIIe siècle, tel son portail roman, joyau célébré pour la qualité de ses sculptures. Ni les guerres de Religion, ni les saccages de la Révolution n'en ont atténué le charme : le porche du XIIIe siècle, lui aussi en partie roman, a fait son office de protection contre les intempéries, et le marbre pyrénéen, connu pour sa robustesse, a résisté aux outrages du temps. *Visite guidée*

En voiture !

Installé dans l'office de tourisme, le **train touristique de la Compagnie du haut Béarn** invite dans l'un de ses trois wagons Belle Époque à un voyage immobile et virtuel : cinq films (10min chacun) présentent Oloron et les vallées pyrénéennes. Ensuite, un tunnel évoque les attraits touristiques de la région, avec, pour chacun d'entre eux, le temps nécessaire au trajet. Et les contemplatifs ne sont pas oubliés avec l'espace rêverie, plus anecdotique, mais l'idée est charmante… *Allées du Comte-de-Tréville* ***Oloron-Sainte-Marie*** *Tél. 05 59 39 98 00 www.tourisme-oloron.com Ouvert mi-juil.-fin août : lun.-sam. 9h-13h et 14h-19h, dim. 10h-13h ; fin août-mi-juil. : lun.-sam. 9h-12h30 et 14h-18h30* *juil.-août à 14h30 sur rdv et réservation à l'OT Tarif 3€, réduit 1€, étudiants et demandeurs d'emploi gratuit*

☆ **Portail** Au pied de la colonne centrale, les deux hommes enchaînés figureraient ceux de l'ancienne loi, qui n'ont pas reconnu le Christ, et restent dans l'attente de la Rédemption. Sur le tympan, une descente de croix d'un réalisme stupéfiant, ciselée en bas-relief, inspirée des ivoires espagnols. Les voussures (XIIe s.) sont l'œuvre d'un autre sculpteur, dont le style est comparable à celui que l'on retrouve sur les églises de Saintonge. Sur la plus haute d'entre elles, consacrée au ciel, les vingt-quatre vieillards de l'Apocalypse jouent de la viole et tiennent un vase à parfum servant à adorer l'Agneau divin. Un thème répandu, traité ici avec une telle variété d'attitudes, une telle virtuosité, qu'il aboutit à un pur chef-d'œuvre. Sur la voussure du bas, dédiée à la Terre, les sculptures évoquent avec vivacité des scènes paysannes de la vie médiévale locale : chasse au sanglier, pêche au saumon, fabrication du fromage, salaison du jambon, vendanges... De part et d'autre du tympan, on observe deux sculptures en saillie : la statue équestre de l'empereur Constantin (la ferveur paysanne y voyait à tort Gaston IV) et un lion dévorant un homme.

Intérieur Le chœur du XIVe siècle, grandiose avec sa voûte de fines ogives culminant à 17m, est éclairé par des vitraux du XVIe siècle. À noter, les chapiteaux sculptés et le buffet d'orgues (XVIIe s.), emphatiquement baroque. Dans la chapelle Saint-Grat trônent le buste de l'évêque évangélisateur et cinq grands tableaux (XVIIIe s.) contant sa légende.

Trésor Certaines pièces d'orfèvrerie sont exposées dans une chapelle, à la vue de tous, mais ce que ce trésor a de plus précieux – et de plus fragile – est installé dans une pièce sécurisée. Sculptée dans un bois de chêne polychromé et doré, l'étonnante crèche se compose d'une *Nativité* du XVIIe siècle et d'une dizaine de santons du XVIIIe siècle, hauts de 60cm pour certains, qui représentent les classes sociales et les petits métiers béarnais. Le plus stupéfiant est scrupuleusement conservé dans le chapier : une collection d'habits sacerdotaux (du XVIe au XXe s.), d'un faste rare, d'une richesse d'ornementation inouïe. Uniquement en visite guidée (env. 30min).

Thermes romains Sous le chevet de la cathédrale, en extérieur, vous pourrez observer, protégés par une verrière, des éléments du système de chauffage par le sol d'une habitation romaine (Ier s. ap. J.-C.) : cet hypocauste est l'un des vestiges d'Iluro, l'Oloron antique.

Le Départ Deux personnages enlacés se regardent avec émotion : cette œuvre de Mohand Amara, figurant la séparation avant le départ en pèlerinage, compte parmi les œuvres du Camino, cf. Promenade Bellevue (p.297). *Haut de la rue Révol*

● Tout savoir ou presque sur le chocolat

Maison des maîtres chocolatiers Lindt Légèrement excentrée et, surtout, impersonnelle, la boutique d'usine Lindt serait bien sinistre, n'était son espace scénographique (gratuit), intime et astucieux, qui raconte de manière ludique l'histoire du chocolat et de l'usine. Vente directe de chocolats, dont les fameux Pyrénéens. *Av. de Lattre-de-Tassigny Tél. 05 59 88 88 88 www.lindt.fr Ouvert lun.-sam. 9h-12h et 13h-18h30 Fermé dim. et j. fér.*

Où acheter du linge basque ?

Lartigue 1910 Le textile basque décliné en une explosion de couleurs lumineuses et servi par une confection de grande qualité, héritage de quatre générations de tisserands. Tissus et linge pour la table, la décoration, linge de toilette, et des accessoires aux airs de fête (sacs, housse pour tablette, espadrilles, transats...). Magasin d'usine, visite des ateliers. *2, av. Georges-Messier (route du Somport, N134) Tél. 05 59 39 50 11 Ouvert juil.-début sept. : lun.-sam. 9h-13h et 14h-19h (visite des ateliers à 10h, 11h, 15h et 16h) ; début sept.-juin : lun.-sam. 9h-12h30 et 14h-18h30 (visite des ateliers à 10h et 15h)*

Où se régaler d'un “russe” ?

☆ **Pâtissier-chocolatier Artigarrède** En 1925, un jeune Russe venu prendre les eaux à Lurbe-Saint-Christau se serait lié d'amitié avec un pâtissier béarnais et lui aurait confié la recette de ce gâteau dont le glaçage évoque les plaines enneigées de Russie. Voilà pour la légende. La vérité, c'est que l'on ne sait rien de cette recette divine (on a reconnu l'amande et la noisette) que la famille Artigarrède, souvent copiée, jamais égalée, continue de nous offrir avec grand talent. *1, pl. de la Cathédrale Tél. 05 59 39 01 38 www.artigarrede.com Ouvert mer.-sam. 8h-12h30 et 14h-19h30, dim. et j. fér. 7h30-13h et 14h30-19h30* **Autre adresse** *Pôle des Pyrénées Rond-point du Tibet-Libre*

Faire une pause au bord de l'eau

Parc Bourdeu La rive du gave a été joliment aménagée, fleurie et agrémentée de sculptures de tous styles, figuratives (effigies du XIXe siècle de gloires locales, comme le chanteur d'opéra Pierre Jéliotte, né à Lasseube en 1719) ou plus contemporaines, telle *Physiochromie pour Oloron* de Carlos Cruz-Díez, féerie de couleurs qui varie selon l'angle du regard, ou encore la *Girouette immobile* de Guy de Rougemont. *Derrière l'OT, en bordure du gave d'Aspe*

Quartier Notre-Dame

L'ancien nom de ce quartier, Marcadet, rappelle la vocation première du site : accueillir, au moins dès le XVe siècle, foires et marchés sur une esplanade déployée au carrefour des routes d'Orthez et de Pau. Trois places mitoyennes dessinent aujourd'hui le cœur de ce quartier : la place Clemenceau, la place Gambetta et la majestueuse place de la Résistance, bordées de nobles demeures aux façades classiques et aux élégants portails à heurtoir. On pourra stationner sur le parking Baraban (gratuit), sur le site des usines textiles du même nom, dont subsistent les charpentes métalliques. De là, deux impressionnantes passerelles enjambent la jonction des gaves et offrent une jolie vue. En amont, le pont d'Ossau, dont l'arche, prolongée par son reflet, forme un rond parfait.

Église Notre-Dame Érigé au XIXe siècle dans un style romano-byzantin (d'autres diront gothico-mozarabe) sur les plans de l'architecte Joseph Auguste Lafollye, “architecte des œuvres impériales”, c'est le dernier-né des sanctuaires oloronais. L'intérieur, grandiose, est animé par les peintures de Paul-Louis Delance, qui illustrent avec finesse le style pompier, injustement méprisé. La **crypte** a été réhabilitée et “théâtralisée”. **Église** *Ouvert tlj. 8h-20h* **Crypte** *Ouvert sur rdv pour les visites guidées (rens. à l'OT) Tarif 3€, réduit 1€*

Se mettre au vert, pique-niquer

Parc Pommé Ce havre de verdure s'étend à deux pas de la ville, sur la route de Pau. Cinquante essences, dont certaines rares (séquoias géants, ginkgos, tulipiers de Virginie), ombragent des gloriettes, le "coin des poètes", et des sculptures contemporaines : *Popas* d'Alexandru Arghira, œuvre gigantesque et drolatique représentant un lit (où l'on peut faire la sieste), et *Galileo* d'Amadeo Gabino, travail abstrait et rigoureux en acier Corten. Un parc où les pique-niqueurs sont les bienvenus. *Route de Pau*

Les environs d'Oloron-Sainte-Marie

Camp de Gurs Un bloc de béton et métal en bordure de la route d'Oloron à Navarenx abrite, en accès libre permanent, une exposition poignante d'archives et d'œuvres d'internés, prolongée par un dispositif vidéo racontant l'histoire du camp de Gurs. Du site, il ne reste que très peu d'éléments, et une forêt adoucit aujourd'hui le paysage. Mais cheminer dans l'allée cen-

Lieu de mémoire, le camp de Gurs

1939, fin janvier, l'armée républicaine espagnole est vaincue. Commence alors la *retirada*, exode de près d'un demi-million de combattants fuyant la répression franquiste. Les autorités françaises décident la construction de camps, dont un pour accueillir des membres des Brigades internationales originaires des pays de l'Axe et les Basques. Aux portes de Gurs, on construit 428 baraquements de bois sur une parcelle sur 2km de long et 500m de large ; 15 000 internés plus que réfugiés s'y entassent dès lors dans une promiscuité totale. Aux Espagnols succéderont, durant la confusion de la débâcle, ceux que l'on nommera les "indésirables" : Allemands, Autrichiens, Polonais, apatrides, principalement juifs, ayant fui le régime nazi, dont Hannah Arendt, mais aussi des réfugiés nationalistes basques, des roms, des Français prisonniers de droit commun ou activistes communistes, et même sympathisants pro-nazis. Dans des conditions d'hygiène déplorables, ce radeau de la méduse s'apprête à recevoir tous ceux et celles que les autorités successives voudront écarter, jusqu'aux déportations des juifs étrangers vers Drancy puis Auschwitz orchestrées par Vichy. Après avoir une dernière fois accueilli une nouvelle population - soldats allemands, collaborateurs, et étonnamment des résistants au franquisme -, le camp ferme en 1945. Près de 65 000 personnes y auront été internées, plus de 1 000 y sont mortes, près de 4 000 directement déportées, et 10 000 autres connaîtront le même sort après avoir transité par d'autres centres. À la fin des années 1970, une association se crée afin de ressusciter cette mémoire. Et, en en 1994, le camp de Gurs est élevé au rang de mémorial national, au côté de la Maison des enfants d'Izieu et du Vél' d'Hiv.

trale vers les colonnades de l'entrée sud-est dénombrant les populations qui s'entassèrent ici, visiter la reconstitution d'un baraquement, arpenter le quai de la gare, embrasser du regard ce territoire, puis pénétrer dans le cimetière entretenu aujourd'hui par les autorités de Bade et du Palatinat, territoires d'où provenait la majorité des juifs internés ici, est une expérience saisissante. ***Gurs*** *16km au nord-ouest d'Oloron, dir. Navarrenx*

● Où rencontrer une styliste ?

L'Anti-Mites L'Anti-Mites (mais aussi antistress, anti-grisaille, etc.), c'est d'abord une ferme de campagne, dont chaque pierre respire la passion. Josiane Delloule parle de son travail de styliste avec la mine taquine d'une gamine qui avouerait un forfait. Et pourtant, voilà quelques années déjà qu'elle taille, coud, expérimente et trouve. Ses vêtements féminins, aux lignes géométriques, déploient des couleurs et des facéties réjouissantes. Une visite vitaminée complétée en juillet et août par des expositions d'artistes et d'artisans, ponctuées des "Mardis de l'insolite" autour d'un spectacle (19h) puis d'un pique-nique partagé. *Le Gabarn (à 2km env. du quatier Notre-Dame, route de Pau) Tél. 05 59 39 55 78 www.anti-mites.com Ouvert sur rdv, et tlj. 15h-20h pour les expos estivales*

LA SOULE

● Rafter sur les gaves

Centre nautique de Soeix-Oloron En bordure du gave d'Aspe, le centre nautique de Soueix organise des descentes en rafting, canoë, kayak, hot-dog ou hydrospeed. Les plaisirs de l'eau vive en Béarn et Soule avec de vrais professionnels. Descente de 2h à 23€, journée 39€, week-end découverte en pension complète 120€. *Rue Palas (D328) Tél. 05 59 39 61 00 www.soeix.com Ouvert toute l'année*

● Passer l'après-midi dans l'eau, en famille

Aqua Béarn Le plus bucolique des parcs aquatiques, égaré dans un joli vallon en bordure du lac du Faget. Piscine à vagues et à courants, rivière à bouées ou à rafting, toboggans, pentaglisse... tous les âges y trouvent leur bonheur. Aire de pique-nique, snack. *Chemin de Ribère* ***Le Faget de Goès*** *(6km au nord d'Oloron par la D24 puis la D103) Tél. 05 59 39 20 75 http://aquabearn.pagesperso-orange.fr Ouvert 2e w.-e. de juin jusqu'à la rentrée scolaire : mer., sam., dim. 11h-18h (tlj. 11h-19h en juil.-août)*

CARNET D'ADRESSES

Lieux de sortie

On ne se lasse pas de marcher, la nuit, dans Oloron, quand les éclairages imaginés par Anne Bureau réinventent la ville et magnifient les perspectives. Direction le quartier Sainte-Marie pour un dernier verre au Café central, face à la cathédrale, ou au bar de **La Cancha** (p.305). En fin de semaine, la jeunesse locale s'éparpille entre le **Loft Café** (p.305) et **Music'Oloron Skate Chope**. L'été jusqu'à la saison de la palombe, **Le Bar des Amis** (p.304), dans le quartier Notre-Dame, sort de son demi-sommeil d'hiver.

☺ **Music'Oloron Skate Chope** Un espace hybride : boutique de skate et café la journée, scène musicale et bar les week-ends. Aux manettes, mère et fils veillent avec bonhomie à la tenue des lieux, plutôt clairs et aérés à l'heure du bar rock (mais aussi pop, slam, folk, reggae...). ***Sainte-Marie*** *35, rue Saint-Grat* ***Oloron-Sainte-Marie*** *Tél. 05 59 39 05 13 Ouvert mar.-mer. 10h-12h et 15h-19h, jeu. 15h-19h, ven.-sam. 10h-12h et 15h-2h Fermé 2 à 3 sem. entre mi-juil. et mi-août*

Café Central-Chez Chabanne ***Sainte-Marie*** *12, pl. de la Cathédrale* ***Oloron-Sainte-Marie*** *Tél. 05 59 39 03 39*

Restauration

Malgré les panneaux indiquant la direction de Pampelune et Saragosse, on est bien loin du rythme espagnol. Hors saison et le week-end, passé 20h30, il est souvent difficile de trouver une table.

petits prix

☺ **La Maisonnette** Installée à un carrefour fréquenté, cette maisonnette n'est pas très attirante. Mais, une fois franchi le seuil, on est séduit par le cadre et la quiète douceur qui règne dans deux petites salles joliment décorées de mobilier et tableaux récupérés ou chinés. La carte, renouvelée quotidiennement au gré du marché, maîtrise ses classiques : soupe paysanne, ballotin de carottes-porc confit, charlotte d'asperges, petits farcis provençaux et de nombreux desserts, maison bien entendu. Menu complet 13,50€ (café compris), formule déjeuner 12€. *57, rue Carrérot* ***Oloron-Sainte-Marie*** *Tél. 05 59 39 59 21 http://la-maisonnette.blogspot.fr Ouvert dim.-ven. 12h-17h45 ; sam. 14h-19h*

Le Bar des Amis Est-ce parce que Gina fut miss en Espagne que Maurice le Souletin a métissé sa cuisine basque de saveurs ibériques (paella, *parilladas*) ? Il pratique la plancha, manie le gril et concocte des plats simples et vaillants. Formule déjeuner à 12,50€. On pourrait passer la journée dans ce bistrot qui porte bien son nom et assure du matin au soir une ambiance sans frime. À la saison du gibier, un menu palombes, repas culte, attire jusque tard les fidèles de tout le département. Maurice n'a pas d'égal pour faire croustiller la peau de l'animal, cuit au feu de bois dans la salle arrière (réservation vivement recommandée). *24, pl. de la Résistance* ***Oloron-Sainte-Marie*** *Tél. 05 59 39 07 21 Ouvert juil.-nov. : 8h-22h (voire minuit en pleine saison de la palombe) ; déc.-juin : lun.-sam. 8h-20h30 (pas de service de restauration en soirée)*

Arts et Délices Une carte pour toutes les bourses qui honore la région : axoa, boudin béarnais, garbure, côte de canard et la *minjaplasé*, subtile déclinaison de la tarte à l'oignon, ici confit au jurançon. Plats entre 9 et 16€, deux formules "assiettes de pays" servies avec un verre de vin à 15 et 17€. Cette table n'ouvre qu'à la belle saison, profitant d'une jolie courette

GAMME DE PRIX	RESTAURATION	HÉBERGEMENT
Très petits prix	moins de 12€	moins de 45€
Petits prix	de 12 à 18€	de 45 à 60€
Prix moyens	de 18 à 25€	de 60 à 100€
Prix élevés	de 25 à 45€	de 100 à 140€
Prix très élevés	plus de 45€	plus de 140€

face au porche de la cathédrale. Arts et Délices se double d'une épicerie fine proposant des pâtisseries maison, ouverte, elle, toute l'année. *13, pl. de la Cathédrale* ***Oloron-Sainte-Marie*** *Tél. 05 59 36 13 04 www.artsetdelices.fr* ***Restaurant*** *Ouvert juil.-août : tlj. ; sept. : mar.-dim.* ***Épicerie*** *Ouvert toute l'année : lun.-sam. 10h-12h et 15h-19h*

prix moyens

Les Instants Gourmands En provenance de Gironde et Dordogne, les propriétaires de ce restaurant ont tout naturellement joué la carte du Sud-Ouest. Leur crème brûlée au foie gras et piment d'Espelette est d'ailleurs devenue un succès local. Mais ils ont su également dépasser le registre régional, associant produits frais du pays et poissons aux saveurs du Grand Sud : romarin, basilic, estragon. Côté décoration, les choix sont plus alambiqués mais pimpants, entre vert pomme électrique et patine chocolat. Une terrasse, hélas un peu proche de la circulation automobile. Menus 13,90€ à midi (quart de vin compris), 19 et 26€ le soir. *3, pl. de la Résistance* ***Oloron-Sainte-Marie*** *Tél. 05 59 34 87 12 Ouvert mar.-dim. 12h-13h30 et 19h30-21h*

prix élevés

☺ **La Cancha** Vaste salle lumineuse dominant le fronton et ses gradins engazonnés, un bar attenant au-dessus du trinquet... l'intérieur présente un attrait que ne le laisse pas présager l'entrée du bâtiment. Mais c'est avec son assiette, terroir et fusion, que l'on finira de se rassurer, tel ce filet de canette parfaitement rosé, préparé en croûte de dragées, sauce soja, nouilles chinoises et légumes croquants (17€). Au bar, honnête pintxos plus que tapas (3€) réveillant les papilles dès leurs évocations : croquette d'agneau, merlu-piperade, œuf mollet en daube de cèpes, sucette de foie gras... Menu 11€ (midi), menu chasseur 23€, dégustation 30€. Belle brasserie ! *Complexe sportif Guynemer Allée du Fronton* ***Oloron-Sainte-Marie*** *Tél. 05 59 39 57 41 www.lacanchaoloron.com Ouvert lun. 12h-14h30, mar.-sam. 12h-14h30 et 19h30-22h30* ***Bar*** *Ouvert lun. 9h-14h30, mar.-sam. 9h-2h*

Loft Café Un bel emplacement en bord de gave, et une terrasse pour en profiter. Le bien nommé Loft Café joue la carte de la déco industrielle : bâche tendue gris anthracite, suspensions d'atelier, chaises translucides... Ce qui pourrait passer pour un cadre branché un peu tape-à-l'œil abrite une adresse honnête, à l'accueil chaleureux et à la cuisine correcte, tablant sur des produits frais pour l'essentiel. Certes, le menu complet paraîtra cher (30-40€), mais la générosité des portions fait d'une entrée (8-15€) ou de l'assiette combinée (ventrèche, œufs, piperade, frites, salade, 11€) un en-cas conséquent permettant de s'accouder au bar pour la fin de soirée – intérêt majeur pour une autre partie de la clientèle. *Parc Bourdeu-Allée du Comte-de-Tréville* ***Oloron-Sainte-Marie*** *Tél. 05 59 39 09 73 Ouvert mar.-jeu. 8h-21h (et jusqu'à 2h en juil.-août) ; ven.-sam. 10h-2h*

La Part des Anges Des prix serrés au regard des ambitions gastronomiques de ce restaurant qui fait face à la cathédrale. Dans le menu à 13€ (midi en semaine), dans le premier menu du soir (21€) ou à la carte (env. 35€), vous trouverez de quoi vous régaler en poisson et cuisine du terroir revisitée, comme cette axoa d'espadon au piment d'Espelette. Préférez la salle du rez-de-chaussée, plus chaleureuse que l'étage. *13, pl. de la Cathédrale* **Oloron-Sainte-Marie** *Tél. 05 59 36 01 96 Ouvert jeu.-lun. 12h-14h et 19h30-21h*

Le Chaudron Légèrement excentrée sur la route de Bayonne (mais un petit jardin fleuri d'hortensias vous attend à l'arrière), cette table plutôt classique vous séduira à coup sûr par sa cuisine sans bluff ni fausse note, à l'image de l'accueil. À midi, le chef fait des merveilles avec un rien : la formule à 12,90€ et un menu complet à 15,90€ attirent artisans et commerciaux de la région, une clientèle fidèle qu'on ne trompe pas facilement. À la carte, les prix s'envolent, mais en juste rapport avec la qualité des produits et la précision des assiettes. Menus de 24 à 42€ ; à la carte, comptez 50€. À noter, le vendredi soir, un menu spécial cuisine du monde à 25€. *18, av. de Lattre-de-Tassigny* **Oloron-Sainte-Marie** *Tél. 05 59 39 76 99 www.restaurant-64.com Ouvert dim.-ven. midi 12h-13h45, mer. et ven. soir 19h30-20h45 Fermé juil. ou août, 1 sem. à Noël, téléphoner*

Hébergement

camping

Camping du Stade Cent soixante-dix emplacements sous les arbres, des chalets de 4 à 6 personnes, une piscine toute proche (sans supplément), et un boulodrome. Forfait tente de 11 à 14€, tarif chalet de 285 à 550€ selon la saison. *Chemin de Lagravette* **Oloron-Sainte-Marie** *Tél. 05 59 39 11 26 www.camping-du-stade.com Ouvert mai-sept.*

petits prix

La Rive d'O Il est ici une musique permanente pour vous bercer, celle de l'Escou, petit affluent des gaves qui passe au fond du jardin et ravira les pêcheurs (1re cat.). Tout ici est charmant, à commencer par votre hôte, ancien marinier qui n'a pu s'éloigner de l'eau. Chambres sobres et confortables, l'une ouvrant sur la bambouseraie, l'autre, familiale, sur le saule pleureur. Double de 55 à 57€, petit déj. inclus, table d'hôtes tout aussi attentionnée à la demande (de 22 à 35€). En lisière de la ville, dont le centre peut néanmoins se rejoindre à pied (15-20min). *6, rue Moulinaire* **Oloron-Sainte-Marie** *Tél. 05 59 34 64 49 www.larivedo.fr Ouvert Pâques-Toussaint*

prix moyens

Chambres d'hôtes L'Amphitryon Cette adresse de charme est située dans le quartier le plus séducteur d'Oloron, Sainte-Croix, petit monde perché à l'ambiance villageoise. Adossé à l'église Saint-Pierre, aujourd'hui désacralisée, cet ancien presbytère a du caractère. Le salon, aux tonalités bordeaux et boisées, se prolonge par une cuisine claire, jaune paille et anis, d'où le regard s'évade sur les jardins en terrasses de la propriété. En toile de fond, les collines du piémont. Corinne et Patrick Diaz savent recevoir : la table d'hôtes (20€, vin et café compris) est gourmande et conviviale, et les 5 chambres (de 45 à 64€, petit déj. inclus) sont vastes et douillettes. Deux communiquent pour former une suite familiale (109€). Également un gîte confortable avec vue panoramique, un kilomètre plus loin sur la route des Crêtes (8 pers. de 595 à 952€/sem. selon la saison). *23, pl. Saint-Pierre* **Oloron-Sainte-Marie** *Tél. 05 59 39 78 50 ou 06 81 57 43 58 www.amphitryon-oloron.com*

Hôtel de la Paix Modernisées sans clinquant, les 24 chambres de ce 2-étoiles sont pour la plupart spacieuses, confortables et fonctionnelles, mais non dénuées d'âme avec les quelques souvenirs de leur passé d'hôtel familial : ici une cheminée, là un encadrement rustique ou un fauteuil Directoire. Situé à côté de la gare, cet établissement convient aussi bien à une soirée étape qu'à une halte d'agrément. Double de 52 à 69€, petit déj. 8€. *24, av. Sadi-Carnot* ***Oloron-Sainte-Marie*** *Tél. 05 59 39 02 63 www.hotel-oloron.com*

☺ **Onigourmand** La belle demeure du XIXe siècle abrite deux chambres, à vous de choisir : l'Orient Express pour ses couleurs chaudes, ou la Zen pour ses teintes pastel. Chacune possède une salle de bains lumineuse aménagée dans une galerie façon bow-window. Au goût pour la décoration de votre hôtesse répond la justesse culinaire de votre hôte : table de haute tenue (22€). Double 65€, petit déj. inclus. *1, av. Saint-Cricq* ***Oloron-Sainte-Marie*** *Tél. 05 59 39 37 90 ou 06 23 77 59 05 www.onigourmand.fr*

☺ **Hôtel L'Astrolabe** Dans une atmosphère digne d'une maison d'hôtes, on fait le tour de la planète en huit chambres (la Chinoise, l'Anglaise, la Marocaine, l'Indienne, etc.), grâce à un décor joyeux et soigné qui exprime avec délicatesse la quintessence de chaque pays. Le raffinement se teinte d'humour, et passer d'une chambre à l'autre équivaut à feuilleter une bonne BD : peut-être pourrait-on suggérer l'ajout d'une chambre himalayenne pour abriter Tintin au Tibet ? Tout est parfait dans cet hôtel tenu avec rigueur et enthousiasme par l'élégante Pétra. Double de 49 à 79€, selon la taille et le confort, petit déj. 7€. *14, pl. Mendiondou* ***Oloron-Sainte-Marie*** *Tél. 05 59 34 17 35 www.hotel-astrolabe.com Fermé 1 sem. à Pâques et 1 sem. en oct.*

Restauration, hébergement

Dans les environs

petits prix

Hôtel-restaurant-bar-tabac Chez Germaine Le seul commerce du petit village de Geüs-d'Oloron est une bonne adresse qui, depuis 1935, a su évoluer au fil du temps et mitonne aujourd'hui des assiettes équilibrées, entre cuisine d'autrefois et goût du jour. Queue de bœuf en aspic, tartelette de cou de canard farci, médaillon de râble de lapin aux pruneaux, émincé de saumon au jurançon et, sur commande, une poule au pot mémorable. On retrouve ces bonnes recettes en conserves à emporter. Pour les amateurs, le chef connaît les coins à truite et consent à les donner (sous un minimum de torture). Menu express à 13€ (midi hors w.-e.) et de 14 à 32€. Des chambres également, mais dont on préférera attendre la rénovation complète, notamment côté literie, qui plus est à 60€ la double. *18, route de Josbaig* ***Geüs-d'Oloron*** *(11km au nord-ouest d'Oloron, dir. Bayonne)* ***Restaurant*** *Fermé dim. soir-lun. (mais plateau-repas chaud pour les résidants)*

Résidences du Parc Un peu nostalgique, très romantique, ce domaine de 80ha a connu les fastes d'une petite station thermale, aujourd'hui fermée. Il reste, sous les arbres centenaires, des pelouses immenses, des massifs à l'anglaise, un plan d'eau avec ses barques, une cascade, des chalets et des demeures du XIXe siècle réhabilitées en studios et appartements, avec l'agrément d'une piscine de plein air. Un peu vieillot, malgré une rénovation en cours, mais toujours sobre, bien tenu et bon marché. Double 55€ en saison, petit déj. sur commande 10€. *Route de Saint-Christau* ***Lurbe-Saint-Christau*** *(D918-D638, 12km env. au sud d'Oloron) Tél. 05 59 34 29 29 Ouvert début mai-mi-oct.*

Chambres d'hôtes Maison Naba Cette béarnaise costaude (fin XVIIIe s.) a traversé les siècles sans dommage : belle façade de galets roulés, dépendances pittoresques, et une cour devenue parc d'agrément. Preuve que l'adresse ne laisse que de bons souvenirs, des petits voyageurs émus par la gentillesse de Jeanne, votre hôtesse, ont laissé dans le livre d'or des dessins la représentant, assortis de déclarations d'amitié ("Jeanne, on t'adore ! "). Quatre chambres indépendantes, impeccables pour 55€ (petit déj. inclus), une cuisine à disposition (le soir) pour les hôtes, la garantie d'être au calme, et bien sûr l'accueil de Jeanne... ***Estialescq*** *(6km au nord-est d'Oloron) Tél. 05 59 39 99 11 www.maison-naba-bearn.com Ouvert toute l'année*

Chambres d'hôtes Domaine Pédelaborde Une valeur sûre et conviviale ! Pédelaborde, autrement dit : "au pied de la grange", celle-ci datant de 1774. Autour, une grosse exploitation estampillée "Sud-Ouest", et une vaste demeure remarquablement tenue abritant quatre chambres sobres et plaisantes, un salon de lecture. En bonus, une piscine, des prêts de VTT (l'adresse est généreuse). Le soir, la table d'hôtes reçoit autour de plats du terroir où le canard, élevage maison, tient la vedette. D'ailleurs, vous pourrez apprendre à le cuisiner dans le laboratoire familial, et vous repartirez maître "ès" confit et foie gras, votre canard travaillé en conserve ou sous vide sous le bras. Double 53€, petit déj. compris. Également un gîte (de 300 à 550€/sem. pour 6 pers.). Dîner 20€ (vin et café inclus), stage cuisine 53€ le premier canard, 29€ les suivants. ***Poey-d'Oloron*** *(par la D27, 10km au nord-ouest d'Oloron) Tél. 05 59 39 59 93 http://civit.pagesperso-orange.fr/ Ouvert toute l'année*

☺ **Maison Millagé** Malicieuse, la route monte et sinue, redescend en ligne droite avant d'attaquer un dernier raidillon qui vous hisse sur l'une des plus belles lignes de crête du piémont oloronais. La maison est là, pimpante, posée entre ciel et terre, au cœur d'un étourdissant panorama. Veillé par un adorable petit bouddha thaïlandais, on fait des rêveries sans fin au sommet de cette colline, entre le potager, envahi par les fleurs, et le vénérable figuier de plus de 650 ans, fétiche de cette maison porte-bonheur. Trois chambres simples et de bon goût à 56€ (petit déj. compris), table d'hôtes 18€. *Le Faget* ***Oloron-Sainte-Marie*** *(7km env. au nord de la ville) Tél. 05 59 36 10 22 ou 06 32 36 89 32 http://site.voila.fr/beatrice-albrecht Ouvert Pâques-Toussaint*

prix moyens

La Métairie Non loin d'Issor et d'Arette, la belle ferme se love au creux d'un vallon aux portes de la vallée d'Aspe. Dessinant une cour, les trois corps du bâtiment en U sont parcourus à l'étage par une galerie ouverte. Celle-ci distribue une vaste chambre et deux suites familiales, avec chacune leur salle de bains tout aussi spacieuse. La décoration, minimale, laisse la part belle aux pierres apparentes. Si la télévision a déserté les chambres, on la retrouve en dolby au salon. Billard et baby-foot complètent la panoplie des distractions. L'idée est de partager des instants, et notamment la table d'hôtes. La configuration des lieux vous permet néanmoins d'être parfaitement indépendant. Une maison du libre choix, en somme. Double 60€ et chambre pour 4 personnes 85€, petit déj. inclus. *4, chemin du Moulin* ***Fusus*** *(8km au sud d'Oloron par la D238) Tél. 05 59 34 47 46 www.metairie.sitew.com Ouvert toute l'année.*

☺ **Domaine Larrey** Adossée à une ferme du XVIIIe siècle, un castel néoclassique du XIXe où le moellon remplace la pierre de taille forme une cour avec galerie ouverte à l'étage. Les grandes chambres de style rustique XIXe siècle, un parc et un jardin à la française, la chaîne des Pyrénées en toile de fond, complètent le décor d'une vie de *gentlemen farmer*. Piscine chauffée comme luxe contemporain et deux vélos à disposition. Charme et confort pour un tarif correct : double 90€, suite familiale 120€ (4 pers.), petit déj. inclus. Pas de table d'hôtes. ***Saucède*** *(12km au nord-ouest d'Oloron par la D27) Tél. 05 59 34 38 16 www.domaine-larrey.com Ouvert avr.-mi-nov.*

prix élevés

Restaurant Chez Château Bien qu'à une dizaine de kilomètres d'Oloron, nous sommes ici aux confins de la Soule, et Esquiule, avec son cimetière qui finit en tribune du fronton, en fait clairement partie. C'est donc ici, sur la place centrale en partie dévolue à la pelote, qu'a fini par se poser la star locale Jean-Bernard Hourçourigaray. Le village l'a vu grandir, devenir maintes fois champion de France de *pala corta*, puis partir sur les routes pour apprendre le métier de cuistot. Puis l'enfant prodige est revenu dans l'auberge familiale, et en a fait un incontournable de la scène gastronomique basco-béarnaise. Il a gardé l'enseigne, adorable et délavée, l'ambiance et les amis d'enfance. Seule la cuisine a changé, toujours ancrée dans le terroir, mais désormais inspirée par le style Hourçourigaray : foie gras poêlé à la rhubarbe, filets de rouget et tagliatelles de seiche façon pibale, pressé d'anguilles fumées au foie frais et à la pomme verte, noix de Saint-Jacques aux gambas et pâté de cèpes... Menus "garburade" (plat unique + dessert) pour 25€, tradition à 27€, plaisir à 50€ et dégustation à 62€ (9 plats). ***Esquiule*** *(10km à l'ouest d'Oloron par la D24, dir. Barcus, Mauléon) Tél. 05 59 39 23 03 Ouvert mer.-sam. midi et soir (et mar. midi en saison), dim. uniquement midi Fermé mi-fév.-mi-mars.*

prix très élevés

☺ **Château de Lamothe** L'expression "la vie de château" prend tout son sens dans cette ancienne résidence d'été des évêques d'Oloron. Mariant antiquités, fines copies, pastiches contemporains, chaque chambre, quasi-suite, est une création originale au goût sûr. Services et équipement à l'avenant : lits king size, produits de marque pour le bain, salle de cinéma, piscine, parc aux justes proportions pour le farniente, belle table et cave... Et une vue panoramique jusqu'aux Pyrénées. Chambre d'hôtes pour le statut, le charme et l'accueil, palace pour la prestation ; la vie de château a un prix : double de 225 à 275€. Pour un groupe d'amis ou en famille, un gîte de trois chambres avec salle d'eau privative pour chacune (1 750€/sem.). *14, rue de l'Embarry* ***Moumour*** *(5km au nord-ouest d'Oloron, dir. Bayonne) Tél. 05 59 36 20 00 ou 06 88 28 38 61 www.chateau-de-lamothe.eu* ***Maison d'hôtes*** *Ouvert toute l'année* ***Restaurant*** *Ouvert oct.-mai (réservé aux hôtes à la saison)*

GEOPLUS

Randonner au Pays basque

Par **Virginia Rigot-Muller, Bruno Valcke**

Chemins forestiers dans la hêtraie d'Iraty, sentiers pastoraux sur les crêtes pyrénéennes, sentier du littoral... Au Pays basque, les randonnées associent au plaisir de la marche celui de la découverte d'un terroir et d'une culture profondément rurale. Tout savoir avant de s'aventurer sur les sentiers de randonnée : informations, conseils, adresses utiles et un test pour déterminer votre "profil" de marcheur.

S'INFORMER

Vous trouverez dans les vallées où vous séjournerez un réseau important de sentiers et de chemins de montagne, ainsi que toutes les informations nécessaires pour préparer vos parcours. Adressez-vous aux offices de tourisme locaux pour connaître la praticabilité des sentiers en fonction des saisons. D'autres lieux, comme les Maisons de la montagne ou les bureaux des guides et accompagnateurs en montagne, pourront également vous renseigner sur les itinéraires et vous proposer des sorties adaptées.

Fédération française de randonnée pédestre (FFRP) *www.ffrandonnee.fr*
Comité départemental des Pyrénées-Atlantiques
Tél. 05 59 14 18 80 ou 06 85 10 93 37 www.rando64.com
Euskal Mendizale Federakundea-Federación Vasca de Montañismo
Tél. 943 47 42 79 www.emf-fvm.com
Federación Navarra de Deportes de Montaña y Escalada
Tél. 948 22 46 83 www.mendinavarra.com

ITINÉRAIRES DE RANDONNÉE

Quelque 5 000km de sentiers de randonnée serpentent dans les

La rando sur la toile

www.rando64.fr Très complet avec, entre autres, des fiches de randonnées et des adresses utiles (guides de haute montagne, hébergement).
www.terreetcotebasques.com Des fiches de randonnées à télécharger pour la zone sud des Pyrénées-Atlantiques.
www.ffrandonnee.fr Des idées de parcours, les adresses des clubs de randonnée locaux, vente en ligne des topoguides, etc.
www.senderismoeuskadi.net Des itinéraires et un guide téléchargeables pour découvrir le Pays basque en marchant.

Pyrénées-Atlantiques. Les circuits sont généralement jalonnés, à intervalles réguliers, de panneaux indiquant les temps intermédiaires. Vous pouvez également vous fier aux balisages de terrain, le plus souvent assurés par les comités départementaux de randonnée pédestre. Vous trouverez leur descriptif dans les topoguides *Sentiers et randonnées en Pays basque*, vendus dans les OT.

GR® Les **Grandes Randonnées** (sur plusieurs jours) sont marquées d'un trait blanc et d'un trait rouge. Dans tous les cas, une croix de couleur indique une mauvaise direction. Le Pays basque est traversé par une dizaine de GR®. Au nord, ce sont le **GR®8** (de l'Aquitaine aux Pyrénées, 240km, 65km dans le Pays basque), le **GR®10** (des Pyrénées-Atlantiques à la Méditerranée, 170km dans le Pays basque) et le **GR®65** (chemin de Saint-Jacques), cf. Des itinéraires mythiques (p.315). Quelques beaux et longs itinéraires sillonnent l'Euskadi : le **GR®34** (de San Sebastián à Aranzazu, par les chemins de transhumance, env. 80km) ; le **GR®35** (chemin de transhumance de la Sierra d'Aralar vers la côte) ; le **GR®121** (tour du Guipúzcoa, en 282km) ; le **GR®38** (la Route du vin et du poisson, 166km de Berméo à Oyón) et le **GR®98** (réserve d'Urdaibai).

PR® Les **Promenades et Randonnées** sont des itinéraires en boucle plus courts (de 1h à 6h, à la demi-journée ou la journée) et balisés d'un trait jaune.

Sentiers locaux ou sentiers de Pays En France, les communes élaborent des plans locaux de randonnée dont les itinéraires sont balisés en jaune, plus ou moins corsés, et qui s'appuient sur ces différents réseaux. En Espagne, les **Senderos locales**, balisés en vert et blanc, constituent des parcours de moins de 10km.

Cartes et topoguides

Procurez-vous en librairie les cartes topographiques ou les topoguides décrivant les différents itinéraires. Sur place, la plupart des OT vendent des sélections d'ouvrages, ainsi que des fiches spécifiques au territoire.

Cartes Les plus précises sont celles au 1/25 000e de l'Institut géographique national (série Top 25). Elles fournissent au randonneur expérimenté de nombreux détails, un carroyage GPS, etc. Celles au 1/50 000e éditées par Rando Éditions sont moins détaillées compte tenu de l'échelle, mais couvrent une zone plus vaste et sont suffisamment précises pour le randonneur débutant souhaitant rester sur les sentiers balisés.

Guides Plusieurs éditeurs proposent une foule d'ouvrages sur la randonnée (Rando Éditions, Cairn, FFRP, Glénat, etc.). Veillez à choisir un titre correspondant bien à votre niveau, à vos aspirations et à votre temps disponible ; par exemple, pour une sortie en famille, consultez Les Sentiers d'Émilie, collection publiée par Rando Éditions. Un bon topoguide doit comporter un descriptif clair et précis, de préférence minuté, accompagné d'une carte détaillée, cf. Bibliographie (p.610).

GEOPLUS

RANDONNÉES EN SOLO
Ces divers sentiers ne présentent pas de difficulté majeure. Ils suivent d'anciens chemins de transhumance ou d'anciennes voies romaines, en moyenne montagne. Sur les plus hauts cols, vous croiserez toujours des sentes de brebis et quelques pottoks aventureux, preuve s'il en faut que la montagne basque est entièrement domestiquée.
Les précautions d'usage doivent cependant être observées : ne jamais partir sans avoir consulté la météo, toujours prévenir quelqu'un de son itinéraire, s'informer sur les risques d'**écobuage**, cf. Conseils (p.313), ne pas s'écarter des sentiers car la végétation peut obstruer des gouffres ou crevasses, nombreux dans ces massifs calcaires.

RANDONNÉES ET BALADES ACCOMPAGNÉES
En saison, les OT organisent des promenades, sportives ou thématiques. Consultez également le calendrier des associations locales de marcheurs, dont vous pourrez intégrer les sorties hebdomadaires. Les **guides de haute montagne** seront vos contacts privilégiés pour la pratique de l'alpinisme, de l'escalade, du canyoning, de la via ferrata ou du ski de randonnée en hiver. Les **accompagnateurs en montagne** sont spécialisés dans la randonnée pédestre en été et à raquettes en hiver. Outre la découverte d'itinéraires originaux, ils sauront aussi vous faire partager, souvent avec passion et parfois avec un véritable talent de conteurs, leur connaissance du milieu montagnard (faune et flore, pastoralisme, écosystèmes sensibles, etc.).

Déterminez votre profil

Cet ouvrage vous propose une quinzaine de randonnées. Grâce à ce tableau, vous pourrez déterminer vos aptitudes et définir votre profil de randonneur, et ainsi mieux, choisir les parcours qui vous conviennent.

Pratique sportive	Expérience de la marche	Équipement	Sens de l'orientation	Vous êtes...
Uniquement pendant les vacances	Faible	Pas de matériel spécifique, juste de bonnes chaussures	Rien que le mot vous effraie	**...Marcheur**
Si possible 1 fois/sem.	Assez fréquente	Des chaussures de marche	Ce n'est pas tout à fait cela...	**Randonneur**
Au minimum 1 fois/sem.	Très régulière	Matériel éprouvé, boussole et altimètre inclus	Vous savez repérer votre parcours sur une carte	**Randonneur expérimenté**

...Vous êtes Marcheur Choisissez des balades de 2 à 3h sur des chemins balisés aux dénivelés modestes - des itinéraires qui conviennent également aux personnes accompagnées d'enfants.

...Vous êtes Randonneur À vous les randonnées de 3 à 5h sur des sentiers pouvant atteindre 1 000m de dénivelé.

...Vous êtes Randonneur expérimenté Vos aptitudes vous autorisent à partir pour des randonnées de plus de 5h et de plus de 1 000m de dénivelé, risquant de comporter des passages hors sentiers et sur tous types de terrains (éboulis, pentes raides...).

Les tarifs, variables en fonction du type de prestations, de la durée, d'une sortie en individuel ou en groupe constitué, tournent autour de 35€ la demi-journée. Enfin, les **balades accompagnées d'un âne de bât** peuvent s'avérer intéressantes lorsque l'on est avec de jeunes enfants, ou tout simplement pour le transport des gourdes et du casse-croûte.

CONSEILS

La montagne reste l'un des derniers terrains de liberté où chacun peut évoluer à sa guise... à condition d'être respectueux des milieux naturels traversés, des autres randonneurs et des populations autochtones. Quelle que soit la randonnée choisie, veillez à bien étudier les parcours pour déterminer votre choix : ne vous surestimez pas et prenez en compte les conditions telles que la température ou le dénivelé, facteurs limitants, notamment pour les enfants ou les personnes peu entraînées.

Les **conditions météorologiques** et la nature du sol (présence de neige ou de verglas) influent énormément sur la difficulté d'un itinéraire. Consultez les bulletins météorologiques "montagne" (et non télévisés !) affichés dans les OT, composez le **08 99 71 02 64** pour écouter les prévisions de Météo France, actualisées trois fois par jour ou allez sur le site Web (www.météofrance.com). Il faut rester vigilant sur les risques d'orages, souvent violents dans les Pyrénées. Si toutefois vous vous faites surprendre par l'orage, évitez de courir, de stationner sur un sommet ou sous un arbre. Sachez renoncer et faire demi-tour en cas de conditions de terrain difficiles (neige dure, orage imminent, brouillard...). Humilité et modestie face au milieu montagnard sont les plus grandes qualités d'un randonneur expérimenté.

Partir tôt en randonnée présente plusieurs avantages : vous aurez tout le temps de profiter des paysages, il y aura moins de monde sur les sentiers, et, surtout, vous ne serez plus sur les crêtes lorsqu'éclatera l'orage de milieu d'après-midi.

En cas d'accident, il suffit de composer le **112** pour entrer en relation avec les services de secours en montagne. Attention, la couverture des réseaux de téléphonie mobile reste médiocre en altitude, et vous serez parfois contraint, après avoir mis la victime en position confortable et sécuritaire, de rejoindre le refuge ou le parking le plus proche pour déclencher l'alerte. Par ailleurs, veillez à évaluer la gravité de la blessure avant d'envisager une intervention extérieure. Gardez en tête qu'un hélicoptère de secours, facturé à la collectivité, ne se déplacera qu'en situation d'extrême urgence. **Secours en montagne** *Tél. 112 (en France et en Espagne)*

Dangers et sécurité Au mois d'octobre, la montagne est le domaine des chasseurs de palombes. Mieux vaut alors éviter les cols ou les crêtes où se pratique la chasse aux filets, en palombière ou à l'affût.

Enfin, n'oubliez pas que la montagne basque est avant tout le domaine des éleveurs : respectez l'activité agropastorale. Ne vous approchez pas des troupeaux, refermez les portails, respectez les clôtures, tenez les chiens en laisse. Entre janvier et mars, méfiez-vous à la saison de l'**écobuage**. Ces feux allumés par les éleveurs sont soumis à une pratique réglementée.

L'écobuage sert à entretenir les pâturages en éliminant les ajoncs, ces épineux qui gênent le passage des bêtes. Des panneaux obligatoires informent le randonneur des mises à feu, mais il est plus prudent de se renseigner avant tout départ auprès des organismes qui gèrent la zone de transhumance (ou auprès de la gendarmerie).

ÉQUIPEMENT

Une randonnée en montagne nécessite un minimum d'équipement individuel ; certains imprudents partent encore trop souvent en expédition comme on va acheter son pain, pour ainsi dire la fleur au sac à dos. De bonnes chaussures à crampons, idéalement à tige montante, seront plus efficaces que les simples paires de baskets à l'origine de bon nombre d'entorses. N'oubliez pas d'emporter au moins un vêtement chaud, un pantalon et un coupe-vent car, même si la température est agréable le matin, elle peut se rafraîchir rapidement. Chapeau, crème solaire et lunettes (verres indice 3 minimum) sont indispensables pour se protéger des rayons UV, plus agressifs en montagne qu'en plaine. Enfin, prévoyez au moins un litre d'eau par personne. Vous pourrez remplir vos gourdes aux points d'eau aménagés ou dans les sources (l'eau sort du sol), mais jamais directement dans les torrents, peu sûrs. Enfin, pour vos observations, n'oubliez pas une paire de jumelles.

HÉBERGEMENT EN REFUGE

Le meilleur moyen d'être un bon usager des refuges de montagne est de s'imaginer quelques minutes à la place des gardiens. Espace restreint, promiscuité, difficulté de ravitaillement et anticipation du nombre de convives sont le quotidien des gardiens de refuges

Randonneur responsable

Pour que la randonnée reste une activité “responsable” et “durable”, il est bon de rappeler quelques principes qui, espérons-le, deviendront vite des évidences.
Prévoyez un petit **sac-poubelle** pour récolter les restes de vos repas et de vos divers grignotages. Vous pourrez ainsi déposer vos déchets dans un container ad hoc de retour dans la vallée.
Les marmottes, hermines et renards se passent très bien de manger du pain ou des biscuits, leur santé ne sera que meilleure sans apport de sel et de sucres.
Dans la mesure du possible, utilisez les WC publics avant de partir en randonnée, plutôt que de vous accroupir derrière un caillou.
Quoi qu'il en soit, le papier toilette doit être conservé dans un sac puis jeté à votre retour.
Le **commerce équitable** prévaut également dans les vallées de montagne : profitez de votre séjour pour acheter les produits locaux (fromages, charcuteries, confitures, miels...). En plus de vous régaler, vous participerez à la (sur)vie d'économies traditionnelles et à l'entretien des espaces montagnards.

qui vous accueillent pourtant avec le sourire. Vous comprendrez vite que la **réservation est indispensable** pour leur permettre d'organiser votre venue, ne pas dépasser les capacités d'accueil et préparer votre repas. Le refuge est un espace partagé et la discrétion de tous permet le repos de chacun. Vous trouverez la liste des gîtes et refuges sur les sites www.gites-refuges.com, www.refugiosyalbergues.com et auprès des fédérations de randonnée pédestre.

Des itinéraires mythiques

Le GR®10 Ce chemin s'adresse aux marcheurs en bonne forme physique, entraînés aux longues distances et aux dénivellations importantes. C'est un itinéraire d'été, qui ne présente aucune difficulté d'escalade ou de glace. Il emprunte sentiers, chemins, pistes et portions de routes le long de la frontière, toujours en territoire français. Sa forte fréquentation est due à la qualité de ses équipements, tant en matière de gîtes que de refuges qu'à celui du balisage. Sa traversée complète, **d'Hendaye à Banyuls-sur-Mer**, sur la côte méditerranéenne, demande près de 2 mois. Il comporte plusieurs portes d'entrée en Basse-Navarre, à Bidarray, Saint-Étienne-de-Baïgorry, Saint-Jean-Pied-de-Port, au plateau d'Iraty. Comptez une semaine pour rejoindre la forêt d'Iraty au départ d'Hendaye-plage. Parmi les massifs qu'il traverse, citons l'Artzamendi (la montagne de l'Ours), les falaises d'Iparla, d'Ixusi, le plateau d'Occabe. ***Bibliographie*** *Topoguide* GR®10 Pyrénées occidentales, Pays basque/Béarn, *Ed. FFRP*

Haute randonnée pyrénéenne (HRP) Cet itinéraire de haute randonnée relie **Hendaye à Banyuls-sur-Mer par la moyenne montagne**. Praticable seulement en été, il ne se soucie pas de la frontière, et évite au maximum les routes goudronnées. L'absence de balisage en fait une véritable course d'orientation s'adressant aux randonneurs expérimentés, habitués à la progression en autonomie, équipés de cordes, piolet, boussole, ration de survie, tente, etc. Comme il demeure en altitude, le HRP comporte moins de dénivelé que le GR®10 ; plus homogène et logique, il peut se faire en 45 jours. Ce grand itinéraire sportif demande cependant une préparation technique et physique attentive. ***Bibliographie*** Haute Randonnée pyrénéenne G. *Véron, Rando Éditions*

Le GR®65 Ce sentier emprunte la voie de pèlerinage vers Compostelle dénommée via Podensis, du Puy jusqu'à Roncevaux. Il ne présente aucune difficulté technique ni physique pour le randonneur correctement équipé. À Roncevaux, les pèlerins poursuivent vers Compostelle par l'itinéraire espagnol Camino francès. **Saint-Jean-Pied-de-Port** est la dernière étape du GR®65 avant les Pyrénées par les cols de Bentarte et d'Ibañeta. ***Bibliographie*** *Topoguide* GR®65 Sentiers de Saint-Jacques-de-Compostelle, Le Puy-Figeac/Figeac-Moissac/Moissac-Roncevaux, *Ed. FFRP (réf. 651, 652 et 653)*

GEOPLUS

DICO RANDO

Adret Versant ensoleillé d'une vallée.
Amont Vers le haut de la montagne.
Antécime Sommet se trouvant plus bas que le sommet principal.
Arête Ligne séparant les deux versants d'une montagne.
Aval Vers le bas de la montagne.
Balise Marques de peinture sur un sentier de randonnée, quelquefois remplacées par des cairns.
Borde Cabane de pierres sèches, le plus souvent, conçue pour abriter le berger mais aussi, parfois, le troupeau, dans les zones de moyenne montagne.
Borne géodésique Repère marquant l'emplacement d'un point géodésique dont on connaît la longitude, la latitude et l'altitude.
Cairn Tas de pierres en forme de cône matérialisant un sentier.
Cayolar Voir Borde
Cirque Fond d'une vallée d'origine glaciaire et de forme circulaire.
Clapier Amoncellement de roches.
Collet Col secondaire.
Corniche Amas de neige sur une crête s'avançant sur le vide.
Couloir Creux plus ou moins profond dans la neige, la glace ou la roche.
Courbe de niveau Sur une carte topographique, la ligne qui relie les points situés à une même altitude.
Cromlech Cercles de pierres.
Croupe Sommet de forme ronde ou arête de forme arrondie.
Dénivelé Différence d'altitude entre deux points ; s'exprime en positive ou négative.
Dévers Forte déclivité. En escalade, dévers est synonyme de surplomb.
Écobuage Défrichement par brûlis de la végétation, en vue d'une mise en culture temporaire, pratiqué de façon ancestrale dans les Pyrénées.
Éperon Partie saillante d'une paroi ou d'une montagne.
Estive ou estibe Transhumance des bovins et des ovins ; désigne aussi les pâturages d'altitude.
Flysch Phénomène géologique particulier, où les formations détritiques se déposent en couches inclinées - dans les géosynclinaux - en présentant au fil des siècles une succession de visages variés : calcaires, grès, schistes...
Glacier Masse de neige et de glace qui se déplace ou s'étale à plus basse altitude.
Moraine Accumulation de pierres sur le front et les bords d'un glacier.
Mur Paroi verticale sans grand relief ou pente très raide à franchir.
Névé Partie supérieure d'un glacier dont la neige ne s'est pas encore transformée en glace. Accumulation de neige qui persiste en été.
Ombrée Versant de la vallée peu ou pas exposé au soleil, cf. Ubac.
Orographique Dans le sens du courant.
Pas Passage étroit.
Port Terme ancien désignant un col, toujours utilisé pour certains passages pyrénéens.
Replat Plateforme succédant à une montée raide.
Ressaut Masse rocheuse verticale.
Résurgence Réapparition d'un cours d'eau souterrain à l'air libre dans un massif calcaire.
Ribère Vallée ou prairie bordant un cours d'eau.
Synclinal Plissement géologique concave.
Ubac Dans une vallée, versant exposé au nord, peu ou pas ensoleillé, cf. Ombrée.
Verrou Étranglement dans un couloir ou une cheminée.

GEOPLUS

Randonner en Labourd

Par **Bruno Valcke**, accompagnateur en montagne

Le Labourd se distingue par ses itinéraires incontournables comme le sentier du Littoral ou l'ascension de la Rhune, mais, pour mieux apprécier la région, il faut sortir de ces "classiques" et partir en balade sur les berges de l'Adour, ou, à deux pas de l'Océan, grimper sur les hauteurs de Biriatou ou du charmant village d'Aïnhoa.

Les barthes de l'Adour

Niveau marcheur À l'extrémité nord du Pays basque, le fleuve Adour marque la limite avec les longues plaines d'Aquitaine. Navigable, l'Adour fut jadis une voie de transport, comme l'attestent les anciens ports, mais aussi un haut lieu de pêche aux saumons, lamproies et aloses. À quelques petits mètres au-dessus du fleuve, les barthes constituent les zones inondables du fleuve, d'une grande spécificité écologique. Une balade à partager en famille, à la rencontre des oiseaux d'eau et autre tortue cistude d'Europe, ou tout simplement pour flâner sur les rives nonchalantes de l'affluent Ardanavy.

Mode d'emploi

Accès routier De Bayonne, emprunter l'A64 direction Pau. Sortir à l'échangeur n°4 pour rejoindre Urt (25km). Parking sur la place centrale du village (OT).
Durée 2h30
Dénivelé + 30m par un escalier !
Cartographie IGN Top25 1344 OT ou Rando Éditions N°1 Pays basque Ouest

Parcours

Au nord de la place d'**Urt** (38m), à l'angle de la rue Lacarra, commencez par descendre les escaliers du chemin de Pigon (glissants par temps humide). Juste en dessous, faites un gauche/droite pour éviter la première maison et trouver la suite des escaliers qui vous mèneront vers le bas du village, à l'ancien port du Vern. Longez alors la route à gauche, le long de la voie ferrée. Au bout (carrefour), décrivez cette fois un droite/gauche pour traverser les rails et poursuivez sur le chemin des Calfats (voie piétonne), chemin de halage en bordure d'Adour qui passe sous le pont Eiffel. Vous voilà au **port d'Urt** (5m-0h15) : sur la rive opposée (landaise), on peut admirer le château de Montpellier (XVIIIe s.). Avancez sur la rue sans issue, agréable voie goudronnée voisine de l'Adour, sans manquer l'intéressant panneau pédagogique dédié à la pêche au cabestan (filet accroché à un tourniquet). Une fois parvenu au bout du goudron, où un ponton en bois fait face à l'île de Bérenx, quittez les berges pour le chemin à gauche, balisé en rouge et blanc. Il vire bientôt à droite pour longer le maïs. Traversez ensuite prudemment la départementale pour prolonger la balade en face, sur une voie secondaire goudronnée (toujours tout droit). Elle s'achève près de la maison Istiayo, sur un coude de la paisible **rivière Ardanavy** (2m-1h) ; longez le cours d'eau à gauche sur un bon chemin. Après le passage sous le pont ferroviaire, vous emprunterez une passerelle métallique pour changer de rive et marcher encore vers le sud (à gauche). Cette promenade plaisante laisse tout le loisir d'apprécier la variété des arbres (saules, platanes, eucalyptus, érables, peupliers, chênes...). Les méandres vous déposent au pont sur la route d'Urcuit (5m-1h25), où vous passerez à nouveau sur l'autre rive (pont routier) pour revenir en sens inverse par le chemin de halage opposé, où a été aménagé un parcours sportif. Juste avant la **borne kilométrique n°2** (2m-1h40) et son platane à six troncs, le parcours quitte la rivière pour suivre à droite le chemin fléché "barthes d'Etchepette". Le chemin, ombragé et rectiligne, longe les zones inondables de l'Adour (les barthes), fréquentées par les oiseaux d'eau. Ignorez les intersections : vous parvenez ainsi au **quartier Pied de Vigne** (1m-2h05), où vous ferez confiance à la voie goudronnée en face. Celle-ci rallie la voie ferrée à quelques encablures du **port d'Urt** (5m-2h15), qui apparaît à gauche. Jetez un dernier coup d'œil sur l'Adour, puis retrouvez le parcours de l'aller, par le passage sous le pont Eiffel, le port du Vern et les escaliers de Pigon, dernier supplice pour vos cuisses avant de retrouver le centre d'Urt.

Le sentier du Littoral

Niveau marcheur à randonneur suivant la longueur du tronçon parcouru Assurant une liaison pédestre de 25km entre Bidart et Hendaye, le sentier du littoral a été aménagé en 2005. À deux pas des vagues, il est devenu un chemin très couru. Visitant tour à tour les multiples petites plages de Bidart, puis Guéthary, il offre une arrivée magique sur la baie de Saint-Jean-de-Luz, située au milieu du parcours. La seconde moitié, plus sauvage, parcourt la corniche basque, visite le domaine d'Abbadia et s'achève sur la plage d'Hendaye, aux portes de l'Espagne. Sélectionnez dans le descriptif ci-dessous la portion qui vous intéresse et empruntez les bus pour vous rendre au point de départ.

Mode d'emploi

Accès routier Pour rejoindre l'extrémité nord du sentier, il faut se rendre à Bidart, par la N10 reliant Bayonne à Saint-Jean-de-Luz, ou emprunter les bus locaux ATCRB (renseignements sur les horaires Tél. 05 59 08 00 33). En contrebas de la N10, descendez vers le long parking de la plage d'Erretegia.

Durée 8h au maximum (25km au total)

Dénivelé Rien d'impressionnant, mais attendez-vous tout de même à une succession de petites montées et descentes (environ 600m en cumulé). **Cartographie** IGN Top25 1245 OT ou Rando Éditions N°1 Pays basque Ouest. **Remarques et conseils** Bon balisage sur l'ensemble du parcours. Une nuit à Saint-Jean-de-Luz permet de couper le parcours en 2 étapes faciles, et laisse le temps pour farniente et baignades. Attention, les chiens ne sont pas admis dans le domaine d'Abbadia.

Parcours

BIDART - SAINT-JEAN-DE LUZ (3H45)

Le sentier du Littoral débute à mi-pente de la voie desservant la **plage d'Erretegia**, à Bidart. Il grimpe d'abord à travers un petit bois, puis, en suivant une rue à droite, rejoint vite la chapelle de la Madeleine et sa vue sur la côte. Descendant ensuite jusqu'à la plage du Centre, il revient à l'intérieur des terres par un quartier résidentiel (les Embruns), retrouve la N10 le temps de franchir un ruisseau, et mène à la belle **plage de sable d'Uhabia** (0h40). On s'écarte ensuite des falaises côtières, très soumises à l'érosion marine, pour traverser un secteur urbanisé (rues Parlementia et Atalaya). Là, la chapelle Saint-Joseph offre un nouveau point de vue sur l'Océan. Le sentier descend vers la plage de Parlementia pour gagner le sympathique **port de Guéthary** (1h10). Il faut longer les paillotes jusqu'à la jetée des Alcyons et sa plage ; à cet endroit, le littoral rocheux est fortement touché par l'érosion aussi. Le sentier remonte vers une petite route, à suivre à droite, en direction de la plage caillouteuse de Senix. Le chemin grimpe sèchement puis serpente sur la colline de Senix. On entre sur la commune de Saint-Jean-de-Luz par la plage de Mayarco. Il faut remonter la route cernée de campings jusqu'à la **plage de Lafitenia** (1h55), puis traverser une colline, un des plus beaux tronçons du parcours, pour atteindre une pointe rocheuse d'où le regard embrasse la longue plage d'Erromardie. Puis suivre jusqu'au bout une route goudronnée, à gauche, et la voie piétonne qui la prolonge. Une boucle à gauche, qui emprunte un pont sur la rivière Isaka, mène à la **plage d'Erromardie** (2h20). Gravissez alors la rampe côtière puis le sentier qui lui fait suite. À l'amorce d'une portion goudronnée, le balisage indique judicieusement de rallier à droite la Croix d'Arxiloa et son point de vue. Débute alors une section très "nature" sur le haut de la falaise (parcours sportif). Une nouvelle incursion dans un quartier résidentiel permet de gagner la **pointe Sainte-Barbe** (3h) et son panorama sur la baie de Saint-Jean-de-Luz dominée par le sommet de la Rhune (table d'orientation). L'itinéraire emprunte ensuite la longue promenade de la plage, vaste arc de cercle jusqu'au port de **Saint-Jean-de-Luz** (3h45).

SAINT-JEAN-DE-LUZ - SOCOA (1H)

Vous devrez contourner tout le port de Saint-Jean-de-Luz et traverser le bruyant pont routier qui enjambe la Nivelle pour rejoindre Ciboure. De là, le sentier balisé longe longtemps la route côtière*, presque en intégralité jusqu'à la **plage de l'Untxin** (4h30). Cette rivière marque l'entrée sur la commune d'Urrugne. Après le pont, bifurquez tout de suite à droite sur la digue menant au petit **port de Socoa** (4h45). *(*) Une alternative plaisante : de mai à septembre une navette maritime traverse la baie pour assurer la liaison Saint-Jean-de-Luz-Socoa. En la prenant, on évite tout le tronçon pédestre qui longe la route reliant le port de Saint-Jean à Ciboure,* cf. Le Passour (p.139)

GEOPLUS

CORNICHE BASQUE-SOKOBURU (3H15)

Par quelques ruelles et une portion de sentier (phare), le parcours s'invite sur la Corniche basque, spectaculaire falaise littorale. Le plus souvent, on chemine parallèlement à la route (rambarde de protection), au sommet de la falaise. Au bout de 2km, à hauteur du virage des Viviers basques, le sentier s'éloigne brièvement du bitume. C'est seulement à **Haïzabia** (6h) qu'il se désolidarise de la route en bifurquant à droite (entre deux piliers) vers l'Océan et des viviers. La montée aménagée dans le domaine d'Abbadia, propriété du Conservatoire du littoral. Le sentier côtier donne alors à voir la baie de Loya (que dessert un sentier raide et malaisé) et, déjà, la pointe Sainte-Anne. Si plusieurs bifurcations permettent de rejoindre cette dernière, le sentier balisé s'écarte des falaises pour passer sous le château d'Abbadia et devant la Maison de la lande (expositions, boutique). Il descend ensuite vers un parking, où un accès direct à la **plage d'Hendaye** (7h10) se profile sous l'hôpital. Il ne reste plus qu'à apprécier la belle plage de sable, sa vue sur les rochers Jumeaux et sur les hauteurs du Jaizkibel. Tout au bout (2km), peut-être après une baignade méritée, la **digue de Sokoburu** marque la fin du sentier du Littoral.

La boucle du Xoldokogaina *(486m)*

Niveau randonneur Au-dessus de Biriatou, la traversée au long cours des Pyrénées par le GR®10 prend naissance sur les pentes du Xoldokogaina ; ou s'y achève, si l'aventure débuta au bord de la Méditerranée. C'est ici que nous randonnerons modestement à la journée, entre vallée de la Bidassoa et col d'Ibardin, bien connu pour ses *ventas*. Parcouru en boucle et associé au mont du Calvaire, le Xoldokogaina permet de dominer la côte basque. Une randonnée agréable, accessible aux enfants endurants, que l'on pourra compléter, en fin de journée, par un bain dans l'Océan, si proche.

Mode d'emploi

Accès routier D'Hendaye, rejoindre Biriatou (5km). Grands parkings dans la partie basse du village.
Durée 3h45
Dénivelé + 500m
Cartographie IGN Top25 1245 OT ou Rando Éditions N°1 Pays basque Ouest
Conseils En cas de brouillard lors de la descente, restez sur le sentier balisé.

Parcours

Rejoignez la place du fronton et de la mairie de Biriatou (50m), avalez une première volée de marches et empruntez un petit passage à gauche de l'auberge Hiribarren. Au débouché, suivez la voie goudronnée à gauche, puis prenez à droite au premier carrefour (panneau "le tour du Xoldo", balisage rouge et blanc du GR®10) par une rue abrupte. Au bout du goudron (parking), poursuivez en face sur le chemin balisé. Il franchit un portillon et sort vite du bois. En à peine 15min, vous arriverez à une intersection de chemins sous un pylône HT ; filez à droite sur le large chemin (balisage rouge et blanc) tracé en balcon sur la vallée de la Bidassoa (rivière marquant la frontière franco-espagnole). Il perd un peu d'altitude en traversant un bois, puis finit par atteindre une **intersection avec un large chemin** (200m-1h), où vous poursuivrez à gauche, en montée ; 700m plus haut, sur le côté gauche du chemin, vous rencontrerez de remarquables poudingues (ou conglomérats), juste avant d'accéder au **col des Poiriers** (316m-1h20) et son point de vue sur le lac de barrage en contrebas. Par le chemin à gauche (nord), continuez à grimper **vers le col d'Osin** (372m-1h35). Ici, prolongez l'ascension par le chemin rocailleux situé sur la croupe en face. Cet ultime ressaut vous hisse au sommet du **Xoldokogaina** (486m-1h50), vaste replat panoramique où l'on observe les sommets (la Rhune, les Peñas de Haya, le Jaizkibel), la Corniche basque et le Labourd.

Retour Pour la descente, ayant la borne géodésique sommitale à main gauche, abandonnez le sentier balisé (qui bascule plein nord) pour marcher vers la droite (est) au milieu des fougères. Vous trouverez alors rapidement l'amorce d'une sente qui passe au-dessus de quelques ruines et avance sur le long plateau de crête. Le sentier, de mieux en mieux marqué, descend au bout d'un moment sur la crête nord-est du Xoldokogaina. Vous passez près d'une ruine et d'une croix à mi-descente. Le final est plus raide et vous dépose sur un plateau herbeux avec clôture en face, quartier **le Filtre** (223m-2h25). Ici, il convient de remonter à gauche sur 50m pour trouver le départ d'un sentier discret. Caché par les fougères l'été, il parcourt la montagne à l'horizontale, visite une source, puis remonte légèrement vers le petit **col du Calvaire** (243m-2h45). À droite, ne manquez pas la courte ascension du **mont du Calvaire** (15min AR) pour y apprécier le point de vue près de la chapelle. De retour au col, des deux sentiers en Y côté sud, optez pour celui de droite ; il continue à flanc vers le **Rocher des Perdrix** (290m-3h15), où une table d'orientation célèbre le panorama, quelque peu endommagé par les câbles et pylônes HT. Basculez ensuite sur l'autre versant par le sentier à gauche. Il dégringole sur la crête et retrouve le chemin emprunté à l'aller.

La Rhune *(950m)*

Randonneur Larrun (nom basque) est une cime emblématique du Pays basque, un panthéon local qui rassemble points de vue grandioses, légendes, rôle historique, et donc attrait touristique, renforcé par la présence du train à crémaillère. Située à quelque 10km de la côte, à cheval sur la frontière, la Rhune offre un splendide panorama à 360°. Nous vous proposons ici une ascension pédestre en boucle sur la montagne sacrée des Basques, un accès original et paisible par la crête orientale, pour un survol vivifiant de l'Euskadi.

Mode d'emploi

Accès routier Rejoindre Ascain (7km au sud de Saint-Jean-de-Luz). Sur la place du fronton, suivre la direction de Sare, puis bifurquer très vite à droite par la route des carrières (panneau "parking la Rhune"). Remonter cette voie abrupte jusqu'à son terme pour atteindre le parking (2km).

Durée 3h45

Dénivelé + 840m

GEOPLUS

Cartographie IGN Top25 1245 OT ou Rando Éditions N°1 Pays basque Ouest
Conseils L'itinéraire décrit à la montée est à éviter les jours de brouillard, il vaut mieux alors se rabattre sur la voie normale, décrite ici à la descente.

Parcours

Le sentier débute à droite du **parking des carrières d'Ascain** (158m), dans un petit bosquet. Il coupe rapidement un chemin perpendiculaire pour grimper la pente. La forêt est déjà derrière vous lorsque le sentier de la Rhune, très rocailleux, s'en va décrire un large lacet panoramique au-dessus de la côte atlantique. Il remonte ensuite la rive gauche orographique du ravin des Trois Fontaines et atteint une première **intersection** (390m-0h40) où, contrairement au balisage, vous laisserez la voie de droite pour continuer en face sur le large chemin. Cela fera près d'une heure que vous marchez lorsque, à la hauteur de gros blocs de conglomérats proches du point coté 471m, le sentier s'apprête à franchir un ruisselet. Sans le suivre, prenez à gauche du gros bloc pour monter dans l'herbe. Vous buterez sur un pré clôturé, que vous longerez à gauche pour atteindre la cabane du **plateau des Trois Fontaines** (532m-1h10). Après cet abri, prenez à gauche pour traverser le ruisseau, et suivez en face le sentier balisé en rouge et blanc qui passe au pied d'un frêne isolé (laissez à gauche le sentier du col de Saint-Ignace). Au **col des Trois Fontaines** (543m-1h20), enjambez la voie du train à crémaillère, descendez à gauche sur 30m (vers Sare), puis bifurquez aussitôt à droite (poteau électrique) pour suivre un sentier ascendant en lisière de forêt. C'est un balisage jaune qui vous guidera dans cette montée rectiligne au-dessus du pays de Xareta jusqu'à la **brèche d'Athekaleun** (710m-1h45), sur la crête orientale de la Rhune. Descendez légèrement sur le versant opposé (sentier), à peine 5min, vers une intersection de sentiers en T (680m) : remontez bien à droite entre les genêts et le pierrier. Le balisage blanc et jaune est discret, mais gardez à l'esprit que la trace cherche à rallier la base des falaises qui vous dominent. Cet itinéraire les frôle en effet et finit par déboucher sur le plateau herbeux de la **source d'Urkila** (815m-2h10), voisine de la borne frontière n°27. Ici, les randonneurs à l'âme botaniste remarqueront la présence de droséras, petites plantes carnivores qui se plaisent dans les zones humides (floraison en juillet-août). Le sentier passe à droite de roches en feuillets, puis dépasse une cabane sur une pente plus douce. Gardez le cap à l'ouest dans l'herbe vers la borne frontière n°25 ; la large piste rencontrée ici vous guide à droite vers le **sommet de la Rhune** (950m-2h30), où, en plus du panorama, nombre de visiteurs apprécient *ventas*, *cañas* et tapas.

Retour Pour la descente, passez à droite de la gare, traversez la voie dès que possible, et suivez le sentier (balisage jaune) côté gauche des rails. En plusieurs lacets, il atteint plus bas un **large col** (576m-3h) entre des bosquets. Rapprochez-vous à droite de pins pétrifiés ; des deux chemins qui basculent sur le versant est (à droite), prenez celui de gauche, balisé en jaune (ignorez le rouge et blanc de part et d'autre). Deux minutes après, à l'intersection, le sentier de droite entame une descente directe vers le parking. Une traversée boisée vous ramène alors sur le sentier emprunté à la montée, à la hauteur des blocs de conglomérats. Le chemin qui suit la rive gauche du ravin du ruisseau des Trois Fontaines vous ramène au point de départ.

Le mont Erebi (583m)

Niveau marcheur Prenez l'un des plus beaux villages du Pays basque, Aïnhoa, sa rue principale où s'alignent des maisons colorées, ornées de linteaux en pierre gravée et serrées les unes contre les autres. Ajoutez un petit sommet de proximité, un oratoire perché en pleine montagne, des stèles discoïdales et un panorama époustouflant. Vous avez là tous les ingrédients d'une randonnée à partager en famille, qu'il ne tiendra qu'à vous de rehausser par quelques piments d'Espelette, bien évidemment !

Mode d'emploi

Accès routier D'Ascain, rallier Aïnhoa (9km). Au milieu de la rue principale du village, suivre le fléchage "parking".
Durée 2h45
Dénivelé + 500m
Cartographie IGN Top25 1245 OT ou Rando Éditions N°1 Pays basque Ouest
Conseils Randonnée à éviter en cas de fortes chaleurs.

Parcours

Du parking voisin de la rue principale d'**Aïnhoa** (120m), descendez vers le carrefour proche de l'hôtel Argi-Eder. Remontez alors la rue du quartier Boxate (également fléché "oratoire"). Au sommet de cette rude côte, poursuivez à droite au carrefour en T ; une bonne piste prend le relais sur la gauche. Elle vous permet de gravir les premières pentes de l'Erebi en profitant très vite de beaux points de vue sur Aïnhoa. Il s'agit en fait du chemin de croix qui rejoint la chapelle de l'Aubépine, ou **chapelle d'Arantze** (388m-0h50). Passez derrière les trois croix et les stèles discoïdales pour avancer vers le pied de l'ultime ressaut du mont Erebi. Laissez alors les sentiers balisés à gauche et à droite pour affronter le chemin ambitieux qui monte sur le fil de la crête. Gérez votre effort car la montée est raide, mais fort heureusement assez courte. Lorsque la pente s'assagit, il suffit de glisser vers la droite pour atteindre le **sommet de l'Erebi** (583m-1h20) et son point de vue panoramique : Mondarrain, Artzamendi, vallées de Sare et d'Urdax, la Rhune, et l'Océan.

Retour Une fois repu du spectacle, quittez le sommet par la crête opposée, moins prononcée. En deux paliers, vous parvenez au **col des Trois Croix** (513m-1h30) – ne cherchez pas les croix ! Là, juste avant d'atteindre l'intersection de plusieurs pistes, bifurquez complètement à droite pour suivre un chemin descendant (au sud-est) entre fougères et genêts. En 5min, la descente s'accentue dans l'herbe ; un panneau indicateur sur la droite (434 m) vous signale le départ du sentier de retour vers Aïnhoa. Qualifié de "panoramique" sur l'écriteau, le sentier est à la hauteur de sa réputation. Il parcourt la montagne à l'horizontale au-dessus du pays de Xareta, le temps de visiter deux vallons, et vous ramène à proximité des trois croix et de la **chapelle d'Arantze** (388m-2h15). Il vous suffira de descendre le chemin de croix emprunté à l'aller pour retrouver le très beau village d'Aïnhoa.

GEOPLUS

Randonner en Basse-Navarre

Par **Bruno Valcke**, accompagnateur en montagne

Au cœur du Pays basque français, nature et patrimoine se donnent rendez-vous sur les sentiers : sur les crêtes d'Iparla, on chemine tout en observant brebis et vautours fauves, du côté d'Ostabat, on part sur les traces des pèlerins, tandis qu'à Occabé on croise les vestiges des premiers pâtres.

Les crêtes d'Iparla *(1 044m)*

Niveau randonneur C'est un des itinéraires les plus prisés des randonneurs locaux, emblématique des montagnes basques, où l'on chemine sur une échine vertigineuse au-dessus de la vallée de la Nive. Si l'itinéraire est raide (surtout au départ), il ne présente néanmoins aucune difficulté technique. Aussi, sur la crête, on se délecte d'une très belle ambiance montagnarde. Les brebis jouent les funambules sur les rochers, tandis que les vautours fauves restent attentifs au faux pas d'une imprudente. Pour la descente, on peut opter pour une variante par le col de Lacho et le ravin de Legarré, un peu plus longue mais qui, en sus d'un panorama sur les Peñas de Ichusi, a l'avantage d'être plus progressive et donc bienveillante pour vos cuisses et genoux.

Mode d'emploi

Accès routier À Bidarray (20km au nord-ouest de Saint-Jean-Pied-de-Port), rejoindre la partie haute du village et se garer sur le grand parking, après l'église romane et le fronton.
Durée 5h
Dénivelé + 900m
Cartographie IGN Top25 1345 OT ou Rando Éditions n°2 Pays basque Est
Conseils Éviter cette randonnée en cas de fortes chaleurs. Bonne visibilité indispensable pour l'option de descente en boucle ; en cas de brouillard, rester sur le sentier balisé du GR®10.

Parcours

Dos au fronton de **Bidarray** (160m), avancez vers l'intersection du gîte d'étape Aterpeak, où vous débutez par la rue à gauche, fléchée "GR®10-Iparla". Arrivé aux dernières maisons (voie réservée aux riverains), suivez le balisage rouge et blanc par la voie goudronnée à droite. Après un petit quart d'heure d'échauffement, le goudron laisse la place à un sentier ambitieux à la hauteur de la ferme d'Urda. Ambitieux, car il ne s'embarrasse pas de beaucoup de lacets pour gravir les pentes raides et faiblement ombragées qui dominent le village. Prenez votre temps. Vous touchez du pied la crête d'Iparla pour la première fois au petit col de Pagalepoa ; le sentier se prolonge côté gauche, puis côté droit de la crête, en passant au pied d'une **ruine** (520m-1h10), doublée d'une **intersection de sentiers**. Poursuivez par la trace de gauche, au plus près de la crête (et donc au plus raide...), toujours balisée en rouge et blanc. Vous passez par un point haut sur le fil de la crête (602m), puis le sentier se faufile sur le versant est (à gauche). En s'appuyant enfin sur une combe partagée entre herbe et fougères, il vous ramène sur un **replat de crête**, encombré de blocs (780m-2h). Traversez le chaos et poursuivez sur le sentier, évitant un éperon (813m) à gauche. Un large col avec **ruine et croix en pierre** (822m-2h15) précède la suite de la montée (repérez cet endroit pour la descente). La piste gravit maintenant de manière rectiligne une grande pente herbeuse pour atteindre un point haut, Larratéko Héguia (962m), déjà très aérien. De là, le sentier de crête perd un peu d'altitude jusqu'à franchir le col d'Iparla (940m), puis gravit l'ultime pente vous séparant du **pic d'Iparla** (1 044m-3h). Le panorama est superbe sur les lointains, et même impressionnant sur les vertigineux cirques rocheux des crêtes d'Iparla, qu'une potentielle mer de nuages ne fera que magnifier.

Retour Pour une descente en boucle, revenez au large col à 822m et passez entre la ruine et la croix en pierre pour suivre une trace discrète au nord. Vous restez juste au-dessous du sentier de montée pendant 3min, puis plongez à gauche dans un vallon (chemin bien marqué en son centre). Visez un petit col (709m) entre deux affleurements rocheux. Une fois le col atteint (enclos en pierre à main gauche), continuez sur le large chemin, tracé le long d'une crête. Au **second collet**, avec cette fois une **ruine à main droite** (640m-4h), suivez en face un sentier balisé en jaune ; il descend droit dans la pente en visant le toit rouge de la bergerie du col de Lacho. Butant sur la clôture d'un pré, il bifurque à l'équerre à droite. Cet ancien chemin muletier poursuit sa progression à flanc de montagne et, par une large courbe, rejoint le fond du ravin de Légarré et sa fraîcheur bienfaisante par temps chaud. Dépassez la ruine et progressez sur la rive droite du vallon par une longue traversée. Lorsque vous apercevrez le village (258m-4h45), descendez à gauche par le sentier balisé (ignorez une sente en face) pour décrire un “S” et retrouver le bitume en contrebas. Allez à droite sur la petite route (gîte) pour revenir au parking de Bidarray.

De Gibraltar à Ostabat, sur la voie jacquaire *(286m)*

Niveau marcheur Voici l'occasion de marcher dans les pas des pèlerins en route vers Saint-Jacques-de-Compostelle. Trois itinéraires jacquaires (Tours, Vézelay, le Puy-en-Velay) se rejoignent à la stèle de Gibraltar et unissent leur destin en cheminant jusqu'à la chapelle de Soyarza et son panorama, l'ancien prieuré d'Harambeltz et le village-étape d'Ostabat. Un chemin de mémoire emprunté aussi par les marchands et les artisans aux temps où l'on voyageait à pied.

GEOPLUS

Mode d'emploi

Accès routier De Saint-Palais, suivre le panneau "toutes directions", au-delà de la poste et de l'église. Au carrefour de la chapelle, prendre à droite la D302 vers le "quartier Gibraltar". Monter sur 3km jusqu'à atteindre l'intersection de Gibraltar (panneau indicatif "stèle") : virer à droite (flèche "Soyarza") et se garer à 300m de là, au départ d'une piste rectiligne.
Durée 4h10
Dénivelé + 450m
Cartographie IGN 1445 O ou Rando Éditions N°2 Pays basque Est
Conseils On peut aussi effectuer cette randonnée au départ du village d'Ostabat-Asme, sur la D933 entre Saint-Jean-Pied-de-Port et Saint-Palais.

Parcours

Après avoir découvert la **stèle de Gibraltar** (151m), bien indiquée dans le quartier du même nom, débutez la randonnée en remontant le large chemin (fléché "Soyarza") qui gravit la colline. Au bout de 1km, il passe un premier point haut puis rejoint la **chapelle de Soyarza** (286m-0h30), son cadre paisible et son remarquable point de vue, des vallées basques environnantes aux cimes béarnaises. Continuez sur le chemin en contrebas de la chapelle (balisé en rouge et blanc), en descente face au pic d'Anie dans un beau paysage agricole. Juste après une stèle (230m), abandonnez le pour un sentier bien fléché sur la droite. Une large piste reprend vite le relais et vous guide jusqu'au quartier **Harambeltz** (155m-0h55) et son ancien prieuré-hôpital, dédié dès le XIIe siècle à l'accueil des pèlerins voyageurs. Sous l'édifice, continuez par le chemin balisé à droite, au pied d'un gros chêne. En bas, traversez le ruisseau et remontez désormais dans le bois d'Ostabat. À un point haut, laissez un chemin à gauche et poursuivez en face jusqu'à une petite route ; suivez alors le goudron à gauche, en descente. À nouveau empierrée, la voie vous guide jusqu'à un carrefour proche d'un ruisseau (124m). Continuez en face sur la route ascendante vers la colline de Bidartia. Au **carrefour de quatre routes** (173m-1h40), descendez en face sur 200m puis optez, à gauche, pour le vieux sentier balisé qui descend vers la ville basse d'Ostabat. Peu après le gîte Ospitalia, une rampe goudronnée vous hisse vers la ville haute d'**Ostabat** (160m-2h), édifiée au XIIIe siècle (commerces). Il fallait à l'époque acquitter un péage pour rejoindre ce quartier qui fut opulent.
Retour Pour un parcours en boucle, prenez à contresens le vieux sentier depuis le gîte Ospitalia (bas du village) jusqu'à atteindre la **petite route** (2h15). Traversez le bitume et prenez en face le chemin balisé en jaune (N°27), puis bientôt une voie goudronnée horizontale sur la gauche. Après la ferme Hourkamendia, suivez sur la droite le chemin agricole (et non le goudron), toujours balisé, qui progresse en lisière inférieure de prés. Passez un portillon (échelle piétons) et cheminez en face, à flanc, en coupant deux chemins successifs. Vous passez un second portillon et continuez en face sur une piste (venant de la gauche) en légère descente ; 300m plus loin, abandonnez-la au profit d'un **sentier sur votre gauche** (220m-2h40). D'abord horizontal, il descend ensuite dans le bois d'Ostabat. Au carrefour de chemins en T, vous bifurquerez à gauche sur

le sentier forestier balisé en orange (délaissez donc ici le balisage jaune). Discret, il parcourt la forêt à l'horizontale, décrit ensuite un virage marqué à gauche (sous le point coté 206m), puis descend doucement vers un petit col (175m) avec un pré à gauche. Remontez nettement sur le sentier en face, entre chênes et châtaigniers, sans balisage. À l'intersection d'un **chemin (balisé en jaune) venant de la droite** (240m-3h20), vous pouvez rejoindre la Fontaine de la Vierge par un rapide aller et retour en empruntant les escaliers. Sinon, continuez en face sur le chemin de crête sur 400m. Un passage pour piétons à gauche permet ici d'escalader une barrière et de rallier la colline ; suivez le chemin fléché "Soiartz N°25". La vue se dégage largement et vous ne tardez pas à retrouver la **chapelle de Soyarza** (286m-3h45). Le chemin emprunté à l'aller, vers la gauche, revient au quartier Gibraltar.

Les cromlechs et le sommet d'Occabé *(1 466m)*

Niveau marcheur La montagne d'Occabé (Okabe en basque) a toujours été un site propice à l'élevage ; les brebis manechs sont encore présentes sur ces vastes pâturages où la montagne semble faire le dos rond au-dessus de la forêt d'Iraty. Sur ces terres fréquentées déjà deux ou trois siècles avant notre ère, les pasteurs ont laissé une série de vingt-six cromlechs, cercles de pierre à vocation funéraire. Cette randonnée côtoie ces vestiges protohistoriques et ne manque pas un crochet vers le sommet et ses étonnants rochers pétrifiés ; le retour se faisant par la lumineuse forêt d'Iraty.

Mode d'emploi

Accès routier De Saint-Jean-Pied-de-Port (env. 29km), prendre la direction de la station d'Iraty, via Saint-Jean-le-Vieux (D18). Après le franchissement d'un col, on atteint le chalet d'Iraty-Cize. Avancer sur le plateau (lac) et bifurquer bientôt à droite, direction Estérençuby, sur la D301. En quelques kilomètres, elle monte au col de Sourzay. Stationner dans le virage qui précède de 300m le col et sa cabane.
Durée 2h45
Dénivelé + 330m
Cartographie IGN 1346 ET ou Rando Éditions n°2 Pays basque Est
Conseils L'orientation devient très difficile par temps de brouillard. Consulter les conditions météorologiques avant de vous mettre en route.

Parcours

Du virage précédant le **col de Sourzay** (1 140m), suivez un chemin caillouteux au sud-ouest sur 150m, puis très vite une sente "cairnée" qui grimpe à l'ouest (sur votre droite) dans l'herbe. Elle vous permet de rejoindre immédiatement une croupe, que vous remonterez au sud en suivant la lisière de forêt. Le sentier pénètre ensuite dans une magnifique hêtraie ; gérez votre allure sur cette crête boisée assez redressée. Après une bonne vingtaine de minutes d'échauffement, le sentier progresse un instant sur un replat (1 308m), puis défie un second ressaut. Faites confiance aux cairns pour bientôt sortir du bois de hêtres et prendre pied sur la crête nord d'Occabé. En même temps qu'un large panorama, vous découvrez immédiatement le site remarquable des **cromlechs d'Occabé** (1 382m-0h45), cercles de pierres levées attribués aux premiers habitants du Pays basque. L'ensemble confère une ambiance très particulière à cette colline en dos de baleine, balayée par les vents, presque hors du temps lorsque la mer de nuages dissimule toute activité humaine dans la vallée. Quittez le site en suivant le bon chemin qui file à gauche sur la croupe, souvent fréquentée par les brebis manechs. Montez d'abord en suivant les balises rouges et blanches du GR®10, puis visez en face les blocs rocheux du sommet de la montagne. Cet amas rocheux couronne le **sommet d'Occabé** (1 456m-1h10), grimpette facile pour apprécier le panorama. Poussez au sud sur le replat herbeux sommital jusqu'au point haut, coté 1 466m.

Retour Revenu aux blocs rocheux, descendez dans l'herbe au nord-est (à main droite) pour retrouver le chemin balisé (flèche sur panneau "retour Iraty"). Après une franche dégringolade, laissez un premier chemin à gauche, puis traversez de lumineux bosquets de hêtres. Parvenu dans une **clairière avec intersection en Y** (1 315m-1h45), optez pour le chemin de gauche, fléché "retour Iraty" (vous abandonnez alors les marques rouges et blanches pour les jaunes et bleues). Après un passage à plat sur une crête boisée, le chemin décrit une ample courbe à gauche et descend sur le versant nord de la forêt. Arrivé à une **intersection** (1 240m–2h), continuez à droite. Cinq minutes de plus, et la descente se prolonge cette fois à gauche (toujours balisée). Après des lacets, vous approchez de quelques clairières (vers 1 160m) ; ici, laissez filer le chemin balisé à droite, à hauteur du troisième panneau "retour Iraty", pour descendre en face dans les clairières. Vous ne tardez pas à toucher la route du col de Sourzay qui, vers la gauche, vous ramène à votre véhicule.

GEOPLUS

Randonner en Soule

Par **Bruno Valcke**, accompagnateur en montagne

Par-delà les premiers cols et les profondes vallées, voici une contrée qui se prête à merveille à la randonnée. La superbe forêt d'Iraty, les vertigineux canyons de haute Soule, le toit du Pays basque, les cimes du lapiaz de l'Anie, autant de sites où l'on apprécie l'aspect sauvage des hautes terres.

Le pic des Escaliers, par la forêt d'Iraty *(1 472m)*

Niveau randonneur Une randonnée pour parcourir une (toute) petite partie de la plus grande hêtraie d'Europe, passer tour à tour des clairs sous-bois embrasés par la lumière matinale aux larges points de vue sur des crêtes dénudées. Si l'on y inclut l'ascension du pic des Escaliers et l'observation des oiseaux, vous avez là tous les éléments d'une journée bucolique, panoramique, ornithologique et, qui sait, mycologique…

Mode d'emploi

Accès routier De Saint-Jean-Pied-de-Port, suivre la direction de la station d'Iraty, par Saint-Jean-le-Vieux et la D18 (env. 25km). Après le franchissement d'un col, on accède au chalet d'Iraty-Cize. Se garer juste après l'intersection des routes D18 et D19, sur un parking proche du petit lac d'Iraty.
Durée 5h
Dénivelé + 850m
Cartographie IGN 1346 ET ou Rando Éditions n°2 Pays basque Est
Conseils Éviter la période de chasse de début d'automne, le col d'Iratzabaleta étant alors un stand de tir.

Parcours

Depuis le **lac d'Iraty-Cize** (1 003m), suivez la route de Larrau sur 100m, puis empruntez à droite le chemin balisé du col Bagargiak (panneau). Après quelques lacets, le sentier entre dans la belle forêt d'Iraty. Gardez toujours en face le chemin ascendant, balisé en rouge et blanc, pour passer un col boisé (1 200m) et descendre sur l'autre versant vers un **petit lac en bord de route** (1 120m-0h40). Ignorez ici tout balisage pour longer la route sur la gauche, en compagnie de la rivière Olzaluré. Après 600m de descente (pont), optez à droite pour une large piste. Bifurquez encore à droite à 200m de là pour remonter le lit du ruisseau d'Iratzabaleta (au-delà d'un arbre marqué 512) et couper ses petits méandres (sans suivre un premier chemin raide à droite). Quittez le lit de la rivière un peu plus loin, lorsque se présente sur la droite un chemin forestier rectiligne, balisé en jaune. Vous reprenez de la hauteur dans la forêt d'Iraty ; au premier carrefour en Y, filez à gauche. La pente étant moins soutenue, les amateurs de champignons auront tout le loisir de scruter les trésors du sous-bois. Parvenu à l'intersection de la **tourbière d'Iratzabaleta** (1 180m-1h20), poursuivez deux fois à gauche pour avancer désormais sur une large piste forestière. Après une très agréable traversée horizontale, le chemin reprend son ascension au-delà de petites clairières. Marchez toujours tout droit pour sortir de la forêt au moment d'atteindre le **col d'Iratzabaleta** (1 248m-2h) et son point de vue vers le pic d'Anie et le haut Béarn d'un côté, la montagne d'Occabé de l'autre. Direction le pic des Escaliers en grimpant à gauche, le long des cabanes de chasse, sur un bon sentier balisé. Après un raidillon, il oblique à gauche en longeant une croupe herbeuse. Suivez les balises rouges et blanches du GR®10 jusqu'à fouler la crête sommitale au col Lepo Chipia (1 423m), où vous abandonnerez le GR®10 pour remonter la crête à droite. En quelques minutes, on atteint le **pic des Escaliers** (1 472m-2h35) et son large point de vue.

Retour Revenez au col d'Iratzabaleta (à toute crête vers le sud) ; prenez alors le chemin de droite (déjà emprunté à l'aller). À la première intersection, optez cette fois pour le chemin de gauche ; il remonte en lacets réguliers vers les **Chalets d'Iraty au col Bagargiak** (1 327m-3h30). En saison, vous pourrez y apercevoir des oiseaux migrateurs, sinon rendez-vous au col d'Orgambideska (p.276) où sont installés des postes d'observation (à 400m par la route de Larrau). Quittez ensuite le col Bagargiak par la route au sud-ouest (D19), vers Saint-Jean-Pied-de-Port. Après l'avoir longée à plat sur 1km, vous atteignez le col Héguichouria ; quittez alors la route en montant à droite sur un large chemin qui parcourt très vite une longue crête dénudée. Après le dernier chalet, faites confiance au balisage bicolore du GR®10 pour descendre un chemin caillouteux en lacets. En bas, vous retrouvez le **petit lac en bord de route** (1 120m-4h30). Empruntez la digue, coupez le bitume et remontez en face dans la forêt d'Iraty (chemin emprunté à l'aller), pour passer à nouveau le petit col boisé et retrouver le parking près du lac d'Iraty-Cize.

La passerelle d'Holzarté *(570m)*

Niveau marcheur Aérienne, vertigineuse, la passerelle d'Holzarté vous invite à franchir de profondes gorges calcaires d'un pas “ondulant”. Construite en 1920 pour faciliter l'exploitation du bois de hêtre, elle est devenue une icône de la montagne souletine, riche en sensations pour les promeneurs et randonneurs d'aujourd'hui. Son accès rapide offre aussi tout le loisir d'apprécier la beauté des canyons, singularités paysagères de la haute Soule.

Mode d'emploi

Accès routier De Tardets-Sorholus, remonter la vallée du Saison vers Licq-Athérey (D26, env. 7km). Après ce village, laisser bientôt à gauche la route de Sainte-Engrâce et rouler en fond de vallée (dir. Larrau, D26),

jusqu'à atteindre le lieu-dit Logibar (env. 8km). Parking derrière l'auberge Logibar (accès à gauche après le pont routier).
Durée 2h
Dénivelé + 200m
Cartographie IGN 1446 ET ou Rando Éditions n°2 Pays basque Est
Conseils Grande prudence (notamment avec les enfants) sur le sentier d'accès à la passerelle.

Parcours

Au départ du **parking de Logibar** (380m), voisin d'une centrale électrique, empruntez le pont en bois de la Mouline et, aussitôt après, prenez à droite le sentier indiquant la direction des gorges. Le début de l'ascension est relativement aisé ; le sentier se tenant juste à gauche du ruisseau d'Holzarté, vous profiterez de beaux éclairages sur les frondaisons de hêtres et le lit du cours d'eau. L'échauffement terminé, le sentier s'élève plus franchement sur la gauche (terrain glissant par temps humide) et sort même du bois pour franchir un ravin noyé de soleil où la fraîcheur du ruisseau n'est déjà qu'un lointain souvenir. Les gorges d'Holzarté prennent forme. Une nouvelle incursion boisée vous mène ensuite à un promontoire qui survole la jonction entre gorges d'Holzarté et d'Olhadubi. La passerelle est déjà impressionnante vue d'ici ; seule une traversée horizontale, sur sentier, vous en sépare. Malgré les aménagements, surveillez les enfants sur ce cheminement au-dessus du canyon. La **passerelle d'Holzarté** (570m-1h) vous attend pour une traversée vertigineuse. Notez que l'édifice est en quelque sorte mal nommé, puisqu'il enjambe les gorges d'Olhadubi (et non d'Holzarté). Et n'ayez crainte quant à sa solidité, car d'importants et délicats travaux ont eu lieu récemment pour restaurer le tablier du pont, que la tempête Xinthia de 2010 avait fini de délabrer.
Retour Par le même chemin. Mais si vous avez des fourmis dans les jambes, il est possible de prolonger la balade sur l'autre rive. Après une montée en lacets, vous parvenez à une intersection, où vous irez vers la gauche dans le bois pendant une bonne heure et atteindrez alors le cayolar d'Olhadubi (840m-2h30).

Le pic d'Orhy *(2 017m)*

Niveau randonneur Entre Soule et Navarre, le pic d'Orhy est une icône pour tout le peuple basque. Visible de loin, affichant un profil singulier, il est aussi le premier sommet occidental qui ose franchir la limite symbolique des 2 000m d'altitude. Il en hérite le caractère montagnard, l'âpreté des crêtes élevées et la magie des cimes isolées. Le panorama est ici remarquable. Le sommet est très justement fréquenté par de nombreux randonneurs car, en l'absence de vent, l'accès au pic d'Orhy est rapide et confortable du départ du port de Larrau.

Mode d'emploi

Accès routier Le point de départ se situe au col frontalier, le **port de Larrau** (12km de Larrau). En Espagne, on peut le rejoindre d'Ochagavia (20km) par la NA-140. Grand parking au col ou en aval côté espagnol, à hauteur du tunnel.
Durée 2h10

GEOPLUS

Dénivelé + 430m
Cartographie IGN 1346 ET ou Rando Éditions no2 Pays basque Est
Conseils De très bonnes conditions météo sont évidemment les plus propices pour profiter du panorama.

Parcours

Au départ du **port de Larrau** (1 585m), le sentier du pic d'Orhy monte tout de suite au nord-ouest sur le fil de la crête frontière. Il évite juste une première bosse par la gauche, en dominant la route, puis retrouve la crête un peu plus loin, en même temps que le sentier venant à gauche du parking du tunnel (dir. Ochagavia). Avancez près de la crête. Le point de vue est déjà intéressant sur les profondes vallées basques. Le sentier évite toujours les difficultés en se déportant sur le versant espagnol de la montagne. C'est le cas lorsque se présentent les escarpements de l'**Orhy Chipia** (1 883m-0h40). Sans l'atteindre, vous traversez donc à flanc sur la gauche, de manière linéaire, pour rejoindre un petit col sur la crête sud-ouest du pic. Quelques mètres à gauche et vous bénéficiez d'un observatoire de choix sur la forêt d'Iraty. Le pic d'Orhy est déjà à portée de chaussures. Il ne vous reste qu'à suivre le sentier ascendant, sur la droite du collet, pour poser les pieds sur la crête d'Alupigna, qui marque la frontière franco-espagnole. Seuls quelques mètres sur la droite, entre herbe et cailloux, vous séparent de la **borne sommitale du pic d'Orhy** (2 017m-1h15). Bannissant toute idée de frontière, la lumière matinale éclaire vers l'ouest les vallées basques et le massif forestier d'Iraty, qui déroule son tapis vert au plus près du sommet. Dans l'après-midi, la lumière sera propice à l'énumération des sommets pyrénéens situés plus à l'est. Parmi eux, pic d'Anie, Table des Trois Rois, pic d'Ansabère ou Bisaurin sont les têtes d'affiche.
Retour Descendre un peu sur la crête d'Alupigna, au nord-ouest, vous permettra certainement d'observer les vautours fauves, en vol plané ou en pause sur l'arête, avant de revenir au port de Larrau par le même itinéraire.

Le pic d'Anie *(2 504m)*

Niveau randonneur expérimenté Aux confins du Pays basque et du Béarn, le pic d'Anie s'apparente à une véritable borne frontière naturelle entre ces deux contrées ; mais, au-delà de ces simples considérations géographiques, c'est ici que les Pyrénées affichent pour la première fois un caractère typiquement montagnard depuis la côte basque. Le sommet siège au milieu du plus grand lapiaz de la chaîne, une curiosité géologique de premier ordre où le calcaire, lacéré par les eaux de ruissellement, ne laisse que peu de place au végétal. Il en résulte une ascension "labyrinthique" à réserver aux randonneurs expérimentés.

Mode d'emploi

Accès routier De Tardets (env. 35km), remonter la vallée du Saison vers Licq-Athérey (D26) et au-delà à gauche vers Sainte-Engrâce (D 113). Au sommet de la vallée, traverser à droite la station d'Arette-la Pierre-

Saint-Martin et continuer jusqu'au col de la Pierre-Saint-Martin (borne frontière 262). Vaste parking sur la gauche. Ou, d'Oloron (44km), par la vallée du Barétous (D132).
Durée 6h
Dénivelé + 900m
Cartographie IGN Top 25 1446 ET Tardets - Arette ou Rando Éditions n°3 Béarn
Conseils Dans ce relief désertique tourmenté, il est prudent d'avoir de bonnes réserves d'eau et de rester sur les sentiers. Renoncez à cette randonnée si des brouillards sont annoncés, car la progression dans le lapiaz, déjà délicate par beau temps, n'en serait que sévèrement accentuée. Réservez cette ascension aux jours d'été ou de début d'automne afin que la neige printanière, qui camoufle creux et gouffres, ait complètement déserté le secteur.

Parcours

L'itinéraire débute au **col routier de la Pierre-Saint-Martin** (1 770m), dont la célèbre borne frontière n°262 accueille toujours, tous les étés, bergers français et espagnols. Ils prêtent ici serment de Paz Abant ("paix avant tout") pour le partage des terres de pacage des troupeaux. Manière civilisée, instituée en 1375, de mettre fin à des querelles autrefois très violentes. Quelques mètres en contrebas du col, versant français, débute un sentier balisé (deux traits jaunes). Il progresse vers l'est au milieu des pâturages, appréciés des brebis, puis croise la frontière pour décrire une traversée ascendante sur le versant sud du **pic d'Arlas**. Vous frôlez alors le col de Pescamou (1 918m) et, en abandonnant le balisage, vous continuez à marcher vers le sud sur un sentier qui contourne une proéminence. L'étape suivante est le large **col herbeux de Boticotch** (1 939m-0h45), d'où le pic d'Anie est impérial. Gardez le sentier principal (passez à droite d'une cabane métallique) ; la pente se redresse sous la falaise du Murlong. Après ce ressaut, vous atteignez un petit col herbeux (2 025m-1h15) aux nombreuses dolines (dépressions). Bifurquez à gauche sur le sentier du col des Anies (ignorez une marque rouge "Anie" en face). Il perd de l'altitude pendant quelques minutes dans un vallon où subsistent quelques pins puis remonte un défilé rocheux. Une traversée horizontale dans les éboulis donne accès au **col des Anies** (2 084m-2h15), juste sous le pic de Soum Couy. Suivez les cairns au sud-est, toujours dans les blocs, pour rejoindre en quelques lacets le sentier issu de la vallée de Lescun. Plus marqué, ce dernier va vous permettre de contourner le pic d'Anie par la droite (versant ouest) pour rejoindre le versant méridional du cône sommital. Une ultime série de lacets dans la pierraille et vous voilà au **sommet** (2 504m-3h30). Le point de vue est remarquable, avec au loin les collines du Pays basque et les cimes du Béarn et de Bigorre, et, plus proches, les orgues de Camplong, Billare et Ansabère.
Retour Par le même itinéraire.

GEOPLUS

Randonner dans les vallées de Navarre

Par **Bruno Valcke**, accompagnateur en montagne

Deux ascensions et autant de panoramas remarquables sur le Pays basque pour randonner au plus près de la frontière franco-espagnole. Voir également l'itinéraire montagnard sur le pic d'Orhy (p. 331)

De Roncevaux à l'Astobizkar, sur la voie jacquaire *(1 497m)*

Niveau randonneur Franchir la montagne, trouver un col est le casse-tête principal de tout voyageur à pied. De la retraite de l'armée de Charlemagne, conduite par Roland en 778, aux pèlerins et marchands du Moyen Âge, nombreux sont ceux qui ont parcouru les paysages d'altitude entre Puerto de Ibañeta et le col Lepoeder. Lieux de passage des pèlerins en route vers Compostelle, ces collines anodines offrent un panorama exaltant, dont vous profiterez à la cime de l'Astobizkar, sommet oublié des circuits habituels.

Mode d'emploi

Accès routier De Saint-Jean-Pied-de-Port (28km), rejoindre Roncevaux (ou Roncesvalles) par la D933 puis la N-135. Grand parking à droite du monastère.
Durée 3h30
Dénivelé + 550m
Cartographie IGN 1346 OT ou Rando Éditions n°2 Pays basque Est
Conseils Un ciel dégagé est indispensable pour profiter du panorama.

Parcours

Commencez par traverser le **monastère de Roncevaux** (952m) par les voûtes, vers l'auberge des pèlerins (*albergue peregrinos*). Après la troisième voûte, sortez du monastère par le nord pour suivre un bon chemin empierré qui s'enfonce dans la vallée du río Otezula. Quelque 600m plus loin, abandonnez-le pour un sentier sur la gauche ; celui-ci remonte un vallon, d'abord sous une ligne électrique, puis en forêt, pour atteindre le **Puerto de Ibañeta** (1 055m-0h25), col très fréquenté par les oiseaux migrateurs au mois de septembre. Jetez un coup d'œil sur la vallée de Valcarlos puis suivez à droite (est) le GR®11 (balisage rouge et blanc), traversée intégrale des Pyrénées par le versant espagnol. Il coupe régulièrement les virages d'une route secondaire, peu fréquentée car en mauvais état, et offre une agréable alternance de landes colorées de bruyères, et de genêts et de bosquets de hêtres. Suivez à loisir le sentier ou la route. Arrivé à un petit col intermédiaire, remarquez la belle vue sur le monastère de Roncevaux et la plaine d'Auritz. Suivez alors la voie goudronnée qui traverse à flanc de montagne, côté sud de la crête. En bout de traversée, parvenant à une pointe de forêt, les balises indiquent de quitter le bitume pour suivre un sentier en contre-haut à gauche. Dès la première intersection (panneau directionnel), montez à gauche pour prendre pied sur le **col Lepoeder** (1 429m-1h40). Quittez ici tout balisage pour suivre un chemin herbeux à main gauche ; d'abord horizontal, il franchit une barrière puis gagne de la hauteur sur les contreforts de l'Astobizkar. Par un passage à gauche d'une crête, rejoignez enfin l'extrémité nord de l'étonnant plateau herbeux du sommet de l'**Astobizkar** (1 497m-2h). Son panorama exceptionnel sur le Pays basque s'étend de l'Océan aux pics d'Orhy et d'Anie. Autour de vous, les tranchées d'une ancienne redoute, aujourd'hui recouvertes de pelouses, témoignent du rôle stratégique de ce belvédère.

Retour Il faut bien quitter ce promontoire méconnu pour revenir au col Lepoeder par le même chemin. Juste au-dessous du col, à hauteur du **panneau directionnel** (1 415m-2h15), descendez à gauche à l'intersection, vers "Roncesvalles-Orreaga" (GR®7). Le sentier coupe le bitume puis plonge vers la forêt. Il marque ensuite un temps de repos à l'horizontale, dans le bois de hêtres, puis entame dans une seconde dégringolade sur votre gauche. En bas, vous irez deux fois à droite (toujours avec le balisage rouge et blanc) vers "Auritz" et, plus près de vous, le monastère de Roncevaux, juste après la passerelle.

Le pic Axturia-Peña plata *(759m)*

Niveau randonneur Au départ de Zugarramurdi, charmant village de la vallée du Baztan, l'ascension au pic Axturia, sommet frontalier au large point de vue, parcourt un environnement pastoral ponctué de vestiges mégalithiques. Cette boucle permet de faire connaissance avec les hauteurs tout autant qu'avec les entrailles du Pays basque, puisque le chemin du retour frôle les grottes de Sare et de Zugarramurdi. Après avoir profité du panorama, rien ne vous empêche d'entreprendre une visite du Pays basque souterrain.

Mode d'emploi

Accès routier Il faut d'abord rejoindre Dancharia et ses *ventas*, à deux pas de la frontière. D'Espagne, prendre la N-121B au nord d'Elizondo (20km), via le Puerto de Otxondo. De France, rallier la frontière près d'Aïnhoa (depuis Sare ou Espelette). Une fois à Dancharia, la route menant à Zugarramurdi est indiquée (NA-4401). Parking signalé au nord du village.

Durée 3h45

Dénivelé + 600m

Cartographie IGN 1245 OT ou Rando Éditions n° 1 Pays basque Ouest

Parcours

Au centre du village de Zugarramurdi (210m), empruntez au sud la rue fléchée "Etxalar", à gauche du bar Marixan. À la première intersection, laissez "Etxalar" pour continuer en face, en légère descente. Juste après le cimetière, vous trouvez sur la gauche le départ d'un chemin en bord de rivière, fléché "Ibaineta" et balisé en blanc et jaune. Après une première portion ombragée de platanes, le sentier change de rive puis s'éloigne du cours d'eau par la droite à la faveur de deux lacets. Vous parvenez ainsi sur un **replat** (325m-0h30) doté

GEOPLUS

d'un groupe de hêtres, avec une belle vue sur la vallée de Sare. C'est désormais une piste discrète (mais balisée) qui se glisse entre fougères et genêts en visitant quelques sources. Plus haut, vous débouchez sur une voie cimentée (435m), à suivre à gauche (remarquez les blocs de poudingues). Après la bergerie rénovée, un chemin prend le relais dans la montée. Bientôt, la traversée d'un bois clair de mélèzes vous annonce la proximité du **col d'Ibañeta** (506m-1h10), souvent fréquenté par les brebis manechs. À quelques pas sur la gauche, dénichez un dolmen au milieu des fougères. Pour la suite de l'itinéraire, laissez devant vous les deux sentiers balisés pour choisir la trace la plus à droite ; elle monte dans l'axe d'une pointe rocheuse qui vous domine (poste de chasse n°4 au départ). La montée est sèche jusqu'au pied de l'éperon rocheux, que le sentier évite par la droite pour finalement prendre pied sur la **crête est de l'Atxuria** (600m-1h30). Très belle vue sur la Rhune au milieu des blocs. Il s'agit maintenant de remonter la crête, en vous tenant toujours sur le versant nord (à droite) ; il n'y a pas vraiment de sentier mais le cheminement reste facile. Un gros quart d'heure plus tard, aux abords d'un petit col, un sentier balisé venant de la gauche vous rejoint. Ses balises jaunes seront vos compagnes de route jusqu'au sommet. Le sentier se tient nettement au-dessous de la crête (à droite), puis finit par la rejoindre pour fouler la **cime de l'Atxuria** (759m-2h). Large point de vue sur le Pays basque, de la vallée de la Bidasoa au pays de Xareta, sans oublier la côte océane et les sommets environnants.

Retour Optez pour un retour en boucle en descendant au nord-ouest par le sentier balisé (désormais en France). Tenez-vous toujours à droite de la crête, jusqu'à l'altitude de 600m, où le balisage s'appuie à droite sur un chemin plus large qui décrit des lacets dans la pente. Il finit par atteindre la pointe ouest d'un bois de pins ; à partir de là, la descente se poursuit dans un léger vallon à gauche, sur un sentier érodé par le ruissellement. Dix minutes plus bas, à l'intersection en T, prolongez la descente à droite (à gauche, accès à une borde convertie en *venta*). Idem au carrefour suivant, où un panneau vous indique à droite le "parking des grottes à 10min" (large chemin). C'est bien par ce dernier que vous atteignez l'entrée des **grottes de Sare** (196m-3h). Montez vers le parking à droite et fiez-vous désormais à un itinéraire balisé d'un petit cheval bleu. Il emprunte immédiatement un vieux sentier pavé qui domine la route de quelques mètres. Parvenu à un carrefour routier, faites 50m sur le goudron à droite puis retrouvez le sentier balisé sur la gauche (retour en Espagne). Arrivé à une *venta*, vous passez au-dessus de petites grottes où les Espagnols aiment pique-niquer au frais. Petite remontée sous quelques arbres têtards puis, en sortant du bois, empruntez une portion de route (à gauche) vers un carrefour : le sentier balisé se prolonge en face. Il finit par descendre nettement, puis vient buter sur l'enclos de la grotte de Zugarramurdi. Contournez-le par la gauche (passerelle puis série de marches) pour remonter sur une petite route. Quelques mètres à droite et vous passez devant l'entrée de la grotte et, à 5min de là, vous retrouverez le village de Zugarramurdi.

GEOPLUS

Randonner en Guipúzcoa

Par **Bruno Valcke**, accompagnateur en montagne

Vigies immanquables du littoral, les cimes des Peñas de Haya et du Jaizkibel méritent d'être gravies. Pour leur point de vue époustouflant sur la côte, mais aussi pour leur intérêt géologique : granit aérien pour les Peñas, calcaire coloré pour la Punta Biosnar.

Les peñas de Haya *(806m, 821m, 836m)*

Niveau marcheur à randonneur expérimenté suivant la cime choisie Site naturel majeur du Guipúzcoa, le parc naturel d'Aiako Harria se déploie sur plus de 6 000ha. Peuplé de majestueuses forêts, ce massif au relief tourmenté culmine en trois sommets frères, les peñas de Haya, rapides d'accès, et pour un excellent rapport effort consenti-panorama ! Si Irumugarrieta (806m) et Txurrumurru (821m) se laissent dompter aisément, l'ascension de l'Erroilbide (836m) est réservée aux randonneurs aguerris compte tenu d'un passage rocheux un peu aérien.

Mode d'emploi

Accès routier Juste après la frontière franco-espagnole (Hendaye-Béhobie), entrer à droite dans Irun en longeant la rivière Bidassoa. Au premier rond-point, faire un tour complet pour reprendre la direction de la France sur 200m, puis bifurquer à droite sur la route de l'Ermita san Martzial. Après quelques carrefours, suivre en face la direction Parque natural Aiako Harria. Rester sur cette route de montagne (GI-3454) sur 8km. Après plusieurs parkings en crête et une incursion en forêt, on atteint enfin le parking du col d'Elurretxe (panneau "randonnées").
Durée 1h45
Dénivelé + 350m
Cartographie Rando Éditions n°1 Pays basque Ouest
Conseils Une corde peut être utile pour assurer la descente entre les 2e et 3e sommets (variante pour randonneurs expérimentés).

Parcours

Au parking du **col d'Elurretxe** (498m), empruntez le sentier ascendant, balisé en jaune et vert, qui passe immédiatement à gauche d'un pylône HT (dir. "Aireko Palazioa"). Il entre dans la forêt et rallie rapidement une intersection de quatre sentiers, proche d'un ancien puits à glace (cavité maçonnée) : bifurquez à droite (flèche "Aiako Harria cime").

GEOPLUS

Ce nouveau sentier (non balisé) longe une clôture dans une clairière, puis reprend l'ascension dans une forêt où se mêlent feuillus et résineux. Grâce à ce bon chemin, vous remontez progressivement le bois, qui tend à s'éclaircir au bout d'une trentaine de minutes de marche et dispense déjà, entre les branches de mélèzes, de belles perspectives sur la baie d'Hendaye. Le bois est résolument dans votre dos lorsque le sentier laisse en contrebas à gauche une grotte visitée par brebis et croyants, pour avancer désormais au plus près d'une crête. Quelques bonds sur les rochers et vous parvenez déjà au premier sommet, **Irumugarrieta** (806m-0h45). Remarquez l'originalité géologique de ce massif, mastodonte de granit aux portes de l'Océan, confirmant l'origine éruptive des lieux (-270 millions d'années). Sous vos pieds, scrutez aussi les éperons rocheux : vous y observerez peut-être des vautours fauves, immobiles telles des vigies. Descendez de cette première cime pour prolonger la découverte des Peñas. Sur le versant est de la crête, passez par une étroiture dans le rocher puis, par une dalle à droite (où l'on s'aidera un peu des mains), vous arrivez à une petite brèche. Suivez alors une ultime sente terreuse sur le fil de la crête. Le **Txurrumurru** (821m-1h) est atteint ; il affiche un caractère assez montagnard, tant par son accès que par son étroite terrasse sommitale. La vue est magnifique sur l'Océan, le Jaizkibel, le versant ibérique de la Rhune, le Mendaur ou l'Adarra, et l'ambiance très pyrénéenne lorsque les brumes glissent sur les pentes raides du sommet, les vautours fauves tournoyant au-dessus de votre tête.

Retour La descente se fera prudemment par le même itinéraire (sentier glissant).

Variante Seuls les randonneurs expérimentés continueront la progression vers la troisième cime, **Erroilbide** (836m). Dans la descente du Txurrumurru, il faut en effet désescalader deux dalles rocheuses successives de quelques mètres, suffisamment exposées pour interdire la chute. Des anneaux scellés pourront servir d'ancrage pour assurer sur corde les moins aguerris. La remontée vers Erroilbide est ensuite très aisée. Ajoutez 30min aller et retour.

Punta Biosnar et le Jaizkibel *(de 0 à 400m)*

Niveau randonneur Aux portes d'Irun, le Jaizkibel dresse ses 545m d'altitude au-dessus de l'Océan, telle l'ultime cime émergée de la chaîne pyrénéenne. À son incomparable panorama sur les baies de Txingudy et du Figuier, s'ajoute une côte rocheuse surprenante et colorée, sublimée aux abords de la Punta Biosnar. Une randonnée insolite entre mer et montagne, un petit voyage où, en été, le maillot de bain complétera la panoplie du parfait randonneur.

Mode d'emploi

Accès routier Passé la frontière d'Hendaye-Béhobie, entrer à droite dans Irun en longeant la rivière Bidassoa. Traverser Irun, direction Fuenterrabia (N1 puis N638). Suivre ensuite "Jaizkibel" et "Guadalupe". Remonter

la GI-3440 sur 3,5km jusqu'à l'église Notre-Dame-de-Guadalupe. Parking en face de l'église ou aire de pique-nique (première rue à droite).
Durée 4h
Dénivelé + 450m
Cartographie Rando Éditions n°1 Pays basque Ouest
Conseils La baignade doit se limiter aux anses les plus calmes (sans vagues), car le fond est rocheux.
Attention aux fortes chaleurs dans la remontée vers le Jaizkibel.

Parcours

De l'église **Notre-Dame-de-Guadalupe** (200m), empruntez à droite la petite route fléchée "Artzu". Elle longe un parking et l'emplacement d'un ancien fort ; il est possible d'en faire le tour par la droite. Descendez sinon en face de vous par une voie cimentée, vers une première **intersection de quatre routes** (170m-0h15) : abandonnez ici les voies carrossables pour choisir sur la gauche un sentier, le long d'un champ. Il contourne la colline par la gauche et retrouve une petite route en contrebas. Faites 100m à gauche sur le goudron, puis optez pour un nouveau chemin, encore sur la gauche (interdit aux véhicules). Il descend dans la forêt en direction de l'Océan pour atteindre au point bas une intersection en Y : poursuivez à gauche sur chemin. Vous décrirez ensuite un rapide droite/gauche (panneau "Pasaia") pour atteindre la **crique d'Artzu** (0m-1h), peu profonde prisée des baigneurs. Rien ne vous empêche de les rejoindre avant de reprendre la marche par un sentier en balcon côté gauche de la crique. Il reprend un peu de hauteur sur l'Océan en dominant la **Punta Argorri**. À hauteur des bâtiments agricoles de Marla, continuez sur le sentier côtier. À l'intersection de la **Punta Kapelu** (1h30) et son anse, laissez un chemin en face (abri de chasse) et poursuivez sur le sentier balisé en rouge et blanc. Vous découvrez ensuite l'anse de Biosnar et sa cabane en pierre en contrebas ; là encore, le sentier en balcon se prolonge sur la droite, assez aérien au-dessus des flots sur un court passage. La **Punta Biosnar** (2h) est bientôt en vue, longue échine rocheuse qui s'avance dans la mer, tel le dernier souffle minéral de la chaîne pyrénéenne. Une fois dépassé la pointe, le site mérite des petits détours sur la droite pour apprécier l'étonnante composition et coloration des roches littorales, de véritables sculptures naturelles. Avancez encore 400m sur le sentier côtier pour atteindre une intersection, où vous choisirez de suivre sur la gauche le chemin herbeux qui gravit la colline (panneau "Pasaia"). Au-dessus d'un pin isolé, poursuivez sur le large chemin, côté sud de la crête. Vous atteignez ainsi un **petit col** (170m-2h30), voisin d'un bosquet de pins à l'ombre salvatrice, car la fraîcheur océane s'est ici volatilisée. Continuez sur les sentes parallèles, au plus près de la crête (abandonnez donc le large chemin balisé). Vous retrouvez la piste plus haut, à suivre à gauche jusqu'à atteindre la route du Jaizkibel. Ici, longez maintenant le goudron à droite, avec encore de belles vues sur l'Océan ; effectivement, vous étiez tout en bas il y a encore quelques minutes ! Après 1,4km (env. 20min), une petite route sur la gauche vous guide vers des **ruines avec table d'orientation** (400m-3h20), où la vue continentale se dévoile. Engagez la descente à toute crête, sur sentier, en passant près d'une ancienne tour de guet ; la vue est remarquable sur Hendaye et la baie de Txingoudy. Sans jamais se lasser du panorama, le sentier plonge par un dernier ressaut raide dans la végétation et retrouve en contrebas l'église Notre-Dame-de-Guadalupe.

Le musée Guggenheim (p.560), Bilbao, dessiné par Frank Gehry.

Plaza de la Constitución (p.450), San Sebastián.

GEOREGION

V

LES VALLÉES DE NAVARRE

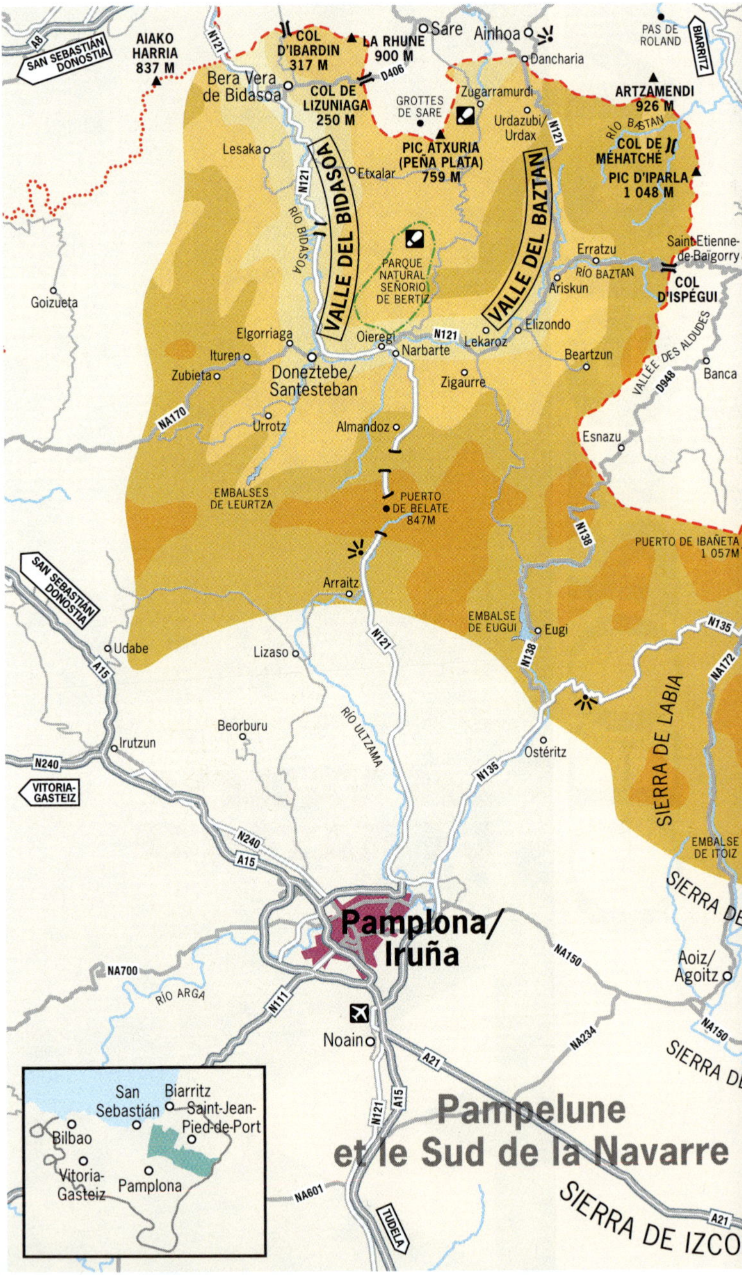
SAN SEBASTIÁN DONOSTIA
A8
AIAKO HARRIA 837 M
N121
COL D'IBARDIN 317 M
LA RHUNE 900 M
Sare
Ainhoa
Dancharia
PAS DE ROLAND
BIARRITZ
Bera Vera de Bidasoa
COL DE LIZUNIAGA 250 M
D406
GROTTES DE SARE
Zugarramurdi
Urdazubi/ Urdax
ARTZAMENDI 926 M
RÍO BAZTAN
COL DE MÉHATCHÉ
PIC D'IPARLA 1 048 M
Lesaka
VALLE DEL BIDASOA
PIC ATXURIA (PEÑA PLATA) 759 M
Etxalar
VALLE DEL BAZTAN
RÍO BIDASOA
PARQUE NATURAL SEÑORIO DE BERTIZ
Erratzu
Saint-Etienne-de-Baïgorry
RÍO BAZTAN
Ariskun
COL D'ISPÉGUI
Goizueta
Elgorriaga
Oieregi
N121
Lekaroz
Elizondo
Ituren
Narbarte
Beartzun
VALLÉE DES ALDUDES
D948
Banca
Zubieta
Doneztebe/ Santesteban
Zigaurre
NA170
Urrotz
Almandoz
Esnazu
EMBALSES DE LEURTZA
PUERTO DE BELATE 847M
N138
PUERTO DE IBAÑETA 1 057M
SAN SEBASTIÁN DONOSTIA
Arraitz
EMBALSE DE EUGUI
Eugi
N135
Udabe
A15
Lizaso
N121
N138
NA172
SIERRA DE LABIA
RÍO ULTZAMA
Beorburu
Irutzun
Ostériz
N240
N135
VITORIA-GASTEIZ
N240
A15
EMBALSE DE ITOIZ
SIERRA DE
Pamplona/ Iruña
NA150
NA700
RÍO ARGA
N111
Aoiz/ Agoitz
Noain
NA150
NA234
A21
SIERRA DE
San Sebastián
Biarritz
Saint-Jean-Pied-de-Port
Bilbao
Vitoria-Gasteiz
Pamplona
N121
A15
Pampelune et le Sud de la Navarre
NA601
TUDELA
SIERRA DE IZCO
A21

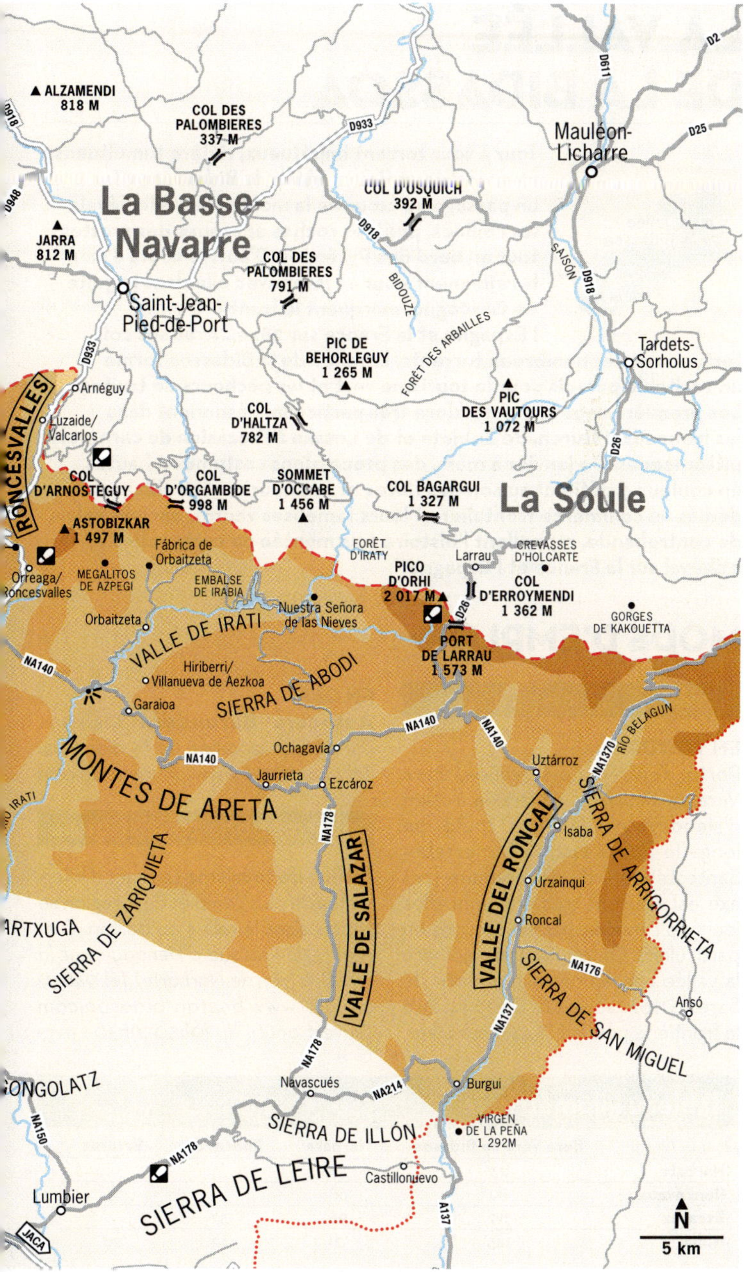
ALZAMENDI 818 M
COL DES PALOMBIERES 337 M
D933
D918
D948
La Basse-Navarre
COL D'OSQUICH 392 M
JARRA 812 M
COL DES PALOMBIERES 791 M
Saint-Jean-Pied-de-Port
BIDOUZE
Mauléon-Licharre
D611
D2
D25
SAISON
PIC DE BEHORLEGUY 1 265 M
FORÊT DES ARBAILLES
Tardets-Sorholus
PIC DES VAUTOURS 1 072 M
D26
RONCESVALLES
Arnéguy
Luzaide/Valcarlos
COL D'HALTZA 782 M
COL D'ARNOSTÈGUY
COL D'ORGAMBIDE 998 M
SOMMET D'OCCABE 1 456 M
COL BAGARGUI 1 327 M
La Soule
ASTOBIZKAR 1 497 M
Fábrica de Orbaitzeta
FORÊT D'IRATY
Larrau
CREVASSES D'HOLCARTE
Orreaga/Roncesvalles
MEGALITOS DE AZPEGI
EMBALSE DE IRABIA
PICO D'ORHI 2 017 M
COL D'ERROYMENDI 1 362 M
Nuestra Señora de las Nieves
GORGES DE KAKOUETTA
Orbaitzeta
VALLE DE IRATI
PORT DE LARRAU 1 573 M
NA140
Hiriberri/Villanueva de Aezkoa
SIERRA DE ABODI
Garaioa
RÍO BELAGUN
NA1370
Ochagavía
Uztárroz
MONTES DE ARETA
Jaurrieta
Ezcároz
RIO IRATI
NA178
VALLE DE SALAZAR
VALLE DEL RONCAL
Isaba
SIERRA DE ARRIGORRIETA
SIERRA DE ZARIQUIETA
Urzainqui
Roncal
ARTXUGA
NA176
SIERRA DE SAN MIGUEL
Ansó
NA137
GONGOLATZ
Navascués
NA214
Burgui
NA150
SIERRA DE ILLÓN
VIRGEN DE LA PEÑA 1 292M
SIERRA DE LEIRE
Castillonuevo
Lumbier
A137
JACA
N
5 km

LA VALLÉE DE LA BIDASSOA

Tour à tour torrent impétueux, rivière tumultueuse et majestueux fleuve côtier, la Bidassoa se fraie un passage au cœur de la montagne – elle dévale les collines, polit les roches et creuse des grottes tout au bord des Pyrénées. D'autres cours d'eau la rejoignent pour se jeter avec elle dans le golfe de Gascogne, marquant la frontière entre l'Espagne et la France sur 28km. Avec ses cols tortueux et ses nombreux torrents, la vallée de la Bidassoa forme un véritable paradis pour le tourisme vert et les pêcheurs de truites. Les premières notes d'un folklore très particulier résonnent dans les hameaux d'Ituren, de Zubieta et de Lesaka à l'occasion de carnavals pittoresques. De janvier à mars, des processions costumées, hautes en couleur, y défilent au son des flûtes et tambourins. Ses villages dédiés au commerce frontalier et leurs fameuses *ventas*, anciens relais de contrebande, rappellent l'histoire tourmentée de cette vallée à cheval sur la France et l'Espagne.

MODE D'EMPLOI

accès

EN VOITURE
Porte d'entrée de la vallée, Bera Vera de Bidassoa, se trouve à 13km d'Hendaye par la N121a, route qui longe le fleuve jusqu'à Doneztebe-Santesteban – dir. Pampelune (cet axe est souvent très encombré les jours de semaine, par les camions en particulier). On peut aussi rejoindre la vallée par le nord-est, à partir de Sare (p.176) : suivre la D406 jusqu'à la frontière, puis la NA4410 sur 12km.

EN CAR
Autocars Burundesa Liaisons dans toute la vallée de la Bidassoa. *Tél. 948 22 17 66 www.laburundesa.com*

informations touristiques

Office de tourisme Le point d'information le plus complet de la région se trouve dans la vallée du Baztan. **Oieregi** *(37km au sud d'Hendaye, sur la N121B, à 3km de Narbarte) Tél. 948 59 23 86 www.baztan-bidasoa.com Ouvert août : tlj. 10h30-19h30 ; avr.-*

Tableau kilométrique

	Bera Vera de Bidasoa	Narbate	Roncevaux	Ezcaroz
Narbate	23			
Roncevaux	89	68		
Ezcaroz	119	96	37	
Isaba	145	121	62	26

juil., sept. : mar.-dim. 10h-13h30 et 16h-19h30 ; oct.-mars : mar.-ven. 10h-14h30, sam.-dim. 10h-14h et 16h-18h

fêtes et manifestations

Romería de San Anton Pèlerinage des bergers de toute la vallée de la Bidassoa. *À Lesaka Dim. le plus proche du 17 jan.*

☺ **Carnaval** Processions costumées avec les Joaldun, personnages mythiques à Ituren et Zubieta. *Fin jan. ou début fév. lun. et mar.*

Fêtes de la vallée Des danses, défilés de chars, etc. ***Juil.** à Lesaka, Elizondo **Août** à Amaiur, Arantza, Bera (Vera de Bidasoa), Etxalar, Labaien, Labaien, Labaien, Mugaire, Narbarte, Oronoz Sunbilla, Ziga, Zugarramurdi*

Saint-Jacques Danses au son du *txistu* et du tambourin. *25 juil. à Elgoriaga et Elizondo*

Joaldunaren eguna Une journée consacrée aux personnages mythiques d'Ituren, les Joaldun, se clôturant par un grand repas. *Mi-sept.*

DÉCOUVRIR

La vallée de la Bidassoa

☆ **Les essentiels** Le palais de Jauregia à Donamaria **Découvrir autrement** Mêlez-vous aux processions du carnaval d'Ituren, randonnez autour du lac de Leurtza

La vallée de la Bidassoa borde la rivière du même nom du nord au sud, de part et d'autre de la route nationale. Des axes transversaux la coupent, longeant (vers l'ouest) les rivières – vers les Peñas de Aya par Lesaka, vers Ituren et Zubieta, ou encore, plus au sud, vers Urrotz et les lacs de Leurtza. Sur la N121, axe principal de la vallée, de nombreux villages méritent une halte : **Lesaka** et **Bera**, de part et d'autre de la Bidassoa, recèlent de beaux *caserios*, ces fermes typiques de forme carrée, bâties sur deux niveaux : l'étable au rez-de-chaussée, les habitations à l'étage. À Bera, ne manquez pas la Casa Itzea, belle maison natale des Baroja. En allant vers l'ouest, par Doneztebe, on arrive au village isolé de **Donamaria,** où s'élève une très belle tour fortifiée, le ☆**palais de Jauregia** (XVe s.), tout en pierre et bois. **Palais de Jauregia** *Tél. 676 16 37 02 Visite guidée en espagnol, tlj. 11h et 17h sur rés. Tarif 5€*

Moulin de Zubieta Au bout d'une passerelle en bois, au bord de l'eau, il accueille une exposition sur la vie rurale. ***Zubieta** (à 29km au sud-ouest d'Hendaye, sur la NA170) Tél. 948 45 19 26 www.zubietakoerrota.net Ouvert août : tlj. 11h-14h et 17h-20h ; juin-juil. : tlj. 11h-14h ; sept.-mai : mer.-dim. 11h-14h Mieux vaut téléphoner avant de s'y rendre Tarif 3€, réduit 1,50€, gratuit pour les moins de 7 ans*

Lacs de Leurtza / Embalses de Leurtza À 7km au sud d'Urrotz, à l'ouest de la Bidassoa, une petite route serpente dans la forêt jusqu'à un plan d'eau arboré très agréable. Ces lacs de barrage créés dans les années 1920 sont devenus un lieu de loisirs et de promenade. Au départ de la maison d'information, vous pourrez emprunter un sentier d'interprétation

(3,5km, dénivelé 60m) qui fait le tour des retenues d'eau, ou un autre plus long (9,6km, dénivelé 390m) pour une approche naturaliste des lieux et de cet environnement de moyenne montagne. *À 12km au sud de Doneztebe www.leurtza.es Parking 2€*

CARNET D'ADRESSES

Restauration, hébergement

camping

Camping Ariztigain Si son emplacement n'est pas idéal (fort trafic routier à proximité), ce camping est implanté sur un terrain bien arboré, à flanc de colline. Comptez 5,25€ la nuit par adulte, 4,10€ par enfant, 4,70€ la tente, 4,90€ la voiture, 5,50€ la caravane, 7,50€ le camping-car et 4,90€ l'électricité. Enfin, 65€/nuit le mobile home pour 4 pers. et une voiture et 85€/nuit le bungalow pour 4 pers. et une voiture. Restaurant et épicerie sur place. Zone wifi. Accès gratuit à la piscine municipale. *Zubizargaina S/N* ***Sunbilla*** *(27km au sud d'Irùn, et à 6km au nord de Doneztebe, sur la N121A) Tél. 948 45 05 40 www.camping ariztigain.com Fermé 15 déc.-15 jan.*

très petits prix

Albergue Beintzako Ostzatua Dans une solide maison de village, 5 grandes chambres de 4, 10 et 16 lits ; 4 sdb communes et un réfectoire où vous pourrez commander vos repas. Pension complète 39€ (adultes), demi-pension 30€. L'entreprise Orbela propose des activités de montagne (randonnée, spéléologie, etc.). Pas de CB. ***Beintza-Labaien*** *(12km au sud de Doneztebe, via Urrotz) Tél. 948 45 00 14 www.orbela-beintza.com Fermé quelques jours autour 15 jan. et tout le mois de fév.*

petits prix

Santamaria Un petit hôtel tout simple, sans prétention aucune, dont le mérite principal est d'offrir des chambres lumineuses à des prix très corrects : 42,80€ la double avec baignoire. L'accueil y est, de plus, très chaleureux. Au rez-de-chaussée, un restaurant propose une carte et des menus du jour copieux (12€). Une halte pratique, dans un village bien situé sur les axes de communication. Bon rapport qualité-prix. *Mayor, 28* ***Doneztebe (Santesteban)*** *(28km au sud d'Irún ou 35km au nord de Pampelune) Tél. 948 45 00 43 Fax 948 45 18 42*

prix moyens

Asador Labasque Dans un village de chasseurs, une adresse rustique et authentique, où l'on dévore des côtes de bœuf, des *alubias rojas* et des poi-

GAMME DE PRIX	RESTAURATION	HÉBERGEMENT
Très petits prix	moins de 12€	moins de 45€
Petits prix	de 12 à 18€	de 45 à 60€
Prix moyens	de 18 à 25€	de 60 à 100€
Prix élevés	de 25 à 45€	de 100 à 140€
Prix très élevés	plus de 45€	plus de 140€

vrons frits. Et, en saison, des palombes, bien évidemment. Plateau de fromages de la région et desserts maison – riz au lait et *cuajada de oveja* succulents. Menu du jour env. 10€ ; à la carte, compter 20-30€. *Iñarreta, 3* ***Etxalar*** *(22km au sud d'Irún, 20km de Sare ou 18km de Doneztebe, sur la NA4400) Tél. 948 63 51 53 Ouvert dim.-lun. 12h-16h, mar.-sam. 12h-16h et 20h-23h*

Auzoa Voici une adresse parfaite pour une première étape. À peine la frontière franchie, on s'arrêtera sur cette petite place, au bord de l'eau, pour grignoter quelques *pintxos*, avant de choisir un menu (environ 10-12€). Chambres décorées dans des tons gais : 60€ la double, 30€ pour une pers. Également deux appartements pour 3 pers. 90€/nuit. Pas de CB. *Illekueta auzoa, 11* ***Vera de Bidasoa*** *(16,5km au sud d'Irún) Tél. 948 63 15 84 (bar-restaurant) ou 654 38 53 63 (pension) www.auzoa.com Restaurant fermé lun. Hôtel ouvert mars-15 oct.*

prix élevés

Donamaria'ko Benta Cette grande maison de village, légèrement en retrait de la route, abrite des chambres vastes et confortables. Accueil souriant de la maîtresse des lieux. On peut choisir de s'y installer quelques jours et de rayonner dans les environs (Pampelune n'est pas très loin, San Sebastián non plus...), ou bien d'y passer une bonne nuit réparatrice avant d'enfiler à nouveau ses chaussures de marche. Comptez 70€ la double avec sdb (80€ en août), petit déj. 7€ et repas au restaurant 20€. Cuisine familiale et roborative, élaborée essentiellement à partir de produits frais. *Barrio Bentas, 4* ***Donamaria*** *(3km au sud de Doneztebe, ou 30km au sud d'Irún) Tél. 948 45 07 08 www.donamariako.com Restaurant fermé dim. soir-lun. et 20 déc.-20 jan.*

LA VALLÉE DU BAZTAN

Du XVIe au XVIIIe siècle, les conditions de vie difficiles contraignirent nombre d'habitants de cette vallée à l'exil, souvent en Amérique du Sud. De retour au pays natal, ces émigrés se firent bâtir de superbes maisons blasonnées, aux façades opulentes. En pierre de taille et colombages en bois peint de couleurs éclatantes, leur architecture tranche sur l'habitat de montagne traditionnel.

MODE D'EMPLOI

accès

EN VOITURE

On arrive à Narbarte (37km d'Hendaye et 25km de Bera Vera de Bidasoa) par la N121A. On peut accéder par le nord à la vallée en partant de Ainhoa (p.177), il faut alors emprunter la D20 jusqu'à la frontière puis la N121B qui mène à Elizondo en 20km. Pampelune est à 43km de Narbarte.

EN CAR

La Baztanesa Liaisons dans toute la vallée du Baztan. *Tél. 948 58 01 29*

informations touristiques

Office de tourisme de Bertiz Le point d'information le plus complet des environs. *(37km au sud d'Hendaye, sur la N121B, à 3km de Narbarte) Tél. 948 59 23 86 www.baztan-bidasoa.com Ouvert août : tlj. 10h30-19h30 ; avr.-juil., sept. : mar.-dim. 10h-13h30 et 16h-19h30 ; oct.-mars : mar.-ven. 10h-14h30, sam.-dim. 10h-14h et 16h-18h*

marchés, fêtes et manifestations

Foire agroalimentaire artisanale *Elizondo Un sam. par mois*

Marché alimentaire *Doneztebe (Santesteban) Chaque ven.*

Baztandarren Biltzarra Fête avec expositions d'artisanat, défilé de chars, groupes de musique et de danse traditionnelles. *Elizondo Vers mi-juil. dim.*

Saint Jacques Danses au son du *txistu* et du tambourin, dans de nombreux villages. *25 juil.*

DÉCOUVRIR

La vallée du Baztan

☆**Les essentiels** Les grottes de Zugarramurdi **Découvrir autrement** Découvrez un intérieur traditionnel au musée ethnographique d'Elizondo, achetez du cidre bio chez Larraldea

La vallée du Baztan suit une courbe qui part le long de la Bidassoa, à l'ouest, oblique vers l'est et remonte vers le nord. Les villages principaux s'égrènent le long de la route nationale, ou à quelques centaines de mètres tout au plus. En venant de la vallée de la Bidassoa et en suivant la N121B vers l'est, on traverse le village d'**Arraioz**. Sur la gauche, remarquez le palais de Jauregizar, une tour médiévale dont la partie supérieure est entièrement en bois ; un peu plus loin s'élève la tour de Zubiria, également fortifiée. À **Irurita,** on peut admirer le palais de Dorrea (ne se visite pas), une maison forte du XVe siècle et une autre tour médiévale, le palais de Jaurégizuria. En bifurquant au sud vers **Ziga**, on rejoint le balcon du Baztan, d'où l'on a une très belle vue panoramique sur la vallée. Puis on filera vers **Elizondo**, bourg commerçant, riche en maisons seigneuriales et en palais baroques. Tous les villages des environs, comme **Arizkun** ou **Erratzu**, conservent de nombreuses demeures blasonnées.

BULLES BIO

Les amateurs de produits naturels, feront une halte à la cidrerie Larraldea qui produit un cidre délicat, issu de l'agriculture biologique. Fait aussi restaurant, (p.351). Pas de CB.

☺ **Larraldea** *Plaza Buru (3km à l'ouest d'Elizondo, sur les hauteurs) Tél. 948 45 21 21 www.sidrerialarraldea.com Ouvert jan.-juin : sam.-dim. aux heures de repas (vers 13h-15h et 20h-22h) et sur rdv en semaine*

☺ **Baztango Museoa** Installé dans une bâtisse exceptionnelle (XVIe s.) parfaitement restaurée, au bord de la rivière, ce musée présente des collections d'objets d'art populaire. Y sont exposés différents modèles de raquettes en bois, de chisteras en cuir ou en osier. Belle reconstitution d'une chambre, avec des meubles traditionnels, ainsi que d'une cuisine, avec son banc-table face à la cheminée. À l'étage, des seaux et des presses à fromage, un atelier de confection de bougies, et de superbes attelages ouvragés. Depuis 2010, le 2e étage accueille une exposition des œuvres de Javier Ciga Echandi (1877-1960), connu pour ses scènes de la vie quotidienne dans la vallée au début du XXe siècle. Dans le jardin, un gigantesque menhir, rapporté d'une colline des environs. *Casa Puriosenea **Elizondo** (45km au sud-est d'Irún, via Doneztebe, 15km) Tél. 948 58 15 17 Ouvert 16 juil.-14 sept. : tlj. 10h-14h et 17h-20h ; 15 sept.-15 juil. : ven.-dim. 11h-14h et 17h-20h Tarif 4€, plus de 65 ans et 8-18 ans 2€, moins de 8 ans gratuit*

☺ **Parc naturel du Señorio de Bertiz** Plus de 2 000ha de forêt de hêtres, chênes, fougères, bruyère et houx, où se tapissent chats-huants, lérots, sangliers et chevreuils… Pendant la première moitié du XXe siècle, Pedro Ciga, dernier seigneur de Bertiz, fit de cet ensemble une véritable splendeur, y élevant un palais en guise de belvédère et créant un jardin botanique de 4ha riche de nombreuses essences exotiques (tulipiers, kakis, ginkgos) pour agrémenter les abords de la demeure. Belle bambouseraie. *Oronoz (à 9km à l'ouest d'Elizondo) Tél. 948 59 24 21 www.parquedebertiz.es **Centre d'interprétation** (dans le jardin) Ouvert mar.-dim. 10h-13h30 et 16h-19h (17h en hiver) **Parc** Ouvert tlj. 10h30-14h et 16h-19h30 (17h30 en hiver) Tarif 3€, réduit 1,50€, moins de 18 ans et plus de 65 ans gratuit*

Museo de Las Brujas Ce musée des Sorcières ravive de lointains et tragiques souvenirs. En effet, le village de Zugarramurdi reste marqué par un procès de l'Inquisition en 1610, qui vit près de 300 personnes accusées de sorcellerie. Zurragamurdi est connu, depuis, comme le "village des sorcières". Le musée propose de nombreux documents sur l'Inquisition et fait découvrir le mode de vie de l'époque pour tenter d'expliquer ce mythe de la sorcellerie. ***Zugarramurdi** (27km au nord d'Elizondo par la N121B, ou 7km au sud d'Ainhoa) Tél. 948 59 90 04 Ouvert 15 juil.-15 sept. : mar.-dim. 11h-19h30 ; 16 sept.-14 juil. : mer.-dim. 11h-19h Tarif 4,50€ (3,50€ avec le billet d'entrée des Grottes) Films documentaires et livret explicatif en français*

☆ **Grottes de Zugarramurdi** Au cœur de la forêt, ces cavités naturelles valent véritablement le détour en dépit du caractère très touristique du site – l'arrivée est impressionnante, surtout lorsqu'on descend sous l'immense voûte de pierre, creusée au fil des millénaires et désormais ouverte à la lumière du jour.

Randonnée transfrontalière

Du village de Zugarramurdi, une boucle de randonnée mène au sommet du pic transfrontalier, l'Atxuria ou Peña Plata, via les grottes de Sare (p.177). La balade, d'une durée de 4h env., donne à voir un paysage pastoral ponctué de vestiges mégalithiques, cf. GEOPlus Randonner dans les vallées de Navarre (p.334).

Zugarramurdi (27km au nord d'Elizondo par la N121B, ou 7km au sud d'Ainhoa) Tél. 948 59 93 05 Ouvert 1er-15 juil. : tlj. 11h-19h30 ; 16 juil.-15 sept. : tlj. 10h30-20h ; 16-30 sept. : mar.-dim. 11h-19h30 ; oct. : mar.-dim. 11h-18h ; nov.-déc. : mar.-dim. 11h-17h30 ; 1er-15 jan. : sam.-dim. 11h-18h ; 16 jan.-mars : mar.-ven. 11h-18h, sam.-dim. 11h-19h ; avr.-juin : mar.-ven. 11h-18h30, sam.-dim. 11h-19h Tarif 4€ (3€ avec le billet d'entrée du Museo de Las Brujas) Accessible aux personnes à mobilité réduite sur demande préalable

Grottes d'Urdazubi-Urdax Tout aussi spectaculaires que celles de Zugarramurdi, ces grottes recèlent mille et un cours d'eau qui jaillissent en tous sens et continuent de tailler la roche. ***Urdazubi-Urdax*** *(22km au nord d'Elizondo par la N121B) Tél. 948 59 92 41 www.cuevasurdax.com Ouvert juil.-août : tlj. 10h-19h ; reste de l'année : mar.-dim. 11h-18h ; fév. : sam.-dim. 11h-18h Visite guidée uniquement (30-40min) Fermé jan. Tarif 5€, réduit 2,50€ Entrée comprise dans le Pass "Urdazubi-Urdax" (musée, cloître, grottes) 8€, 5-16 ans 4€, moins de 5 ans gratuit*

Musée et cloître du monastère d'Urdazubi-Urdax Bâti entre les X et XIe siècle par les chanoines de Saint Augustin comme hospice pour les pèlerins, ce monastère fut intégré à l'Ordre des Prémontrés à la fin du XIIe s. Il constitue aujourd'hui le seul témoignage des chanoines réguliers de Prémontré dans le royaume de Navarre. Support vidéos et panneaux didactiques présente l'histoire du monastère et la vie agricole du village d'Urdax du XIe au XVIIIe s. Plusieurs vitrines contenant des reliques et des vêtements sacerdotaux accompagnent le parcours de visite. Le cloître roman (XVIIe s.) accueille quant à lui l'exposition permanente "50 ans de Peinture au Pays basque" regroupant 300 œuvres des peintres et sculpteurs les plus significatifs de la région tels que José Luis Zumeta, Patxi Aranoa, Aitor de Mendizabal et Eduardo Iturralde. Attenant au monastère et construit par les moines, le moulin à eau a été restauré, et vous pourrez voir, au cours d'une visite guidée, s'actionner les grandes meules. ***Urdazubi-Urdax*** *(22km au nord d'Elizondo par la N121B ou 6km au sud d'Ainhoa) Tél. 948 59 90 31 www.otxondo-urdax.com Ouvert Vac. scol. françaises et espagnoles, ponts et j. fér. : tlj. 11h-19h ; hors des vacances scolaires : mer.-ven. 14h-18h30, sam.-dim. 11h-19h Fermé 31 déc.-mi-fév. Tarifs 2-5€ selon, gratuit pour les moins de 16 ans ; avec le pass "Urdazubi-Urdax" (musée, cloître et grottes) 8€, 5-16 ans 4€ Moulin visite sur rdv (2-4€)*

CARNET D'ADRESSES

Restauration, hébergement

camping

Camping Baztan Ce vaste camping abrite emplacements pour tentes et caravanes (500 places au total). Comptez 17€/pers. avec tente et voiture (20€ en été) ; 72€ pour un appartement de 4-6 pers. (84€ en juil., 100€ en août), et 79€ pour un bungalow de 4-6 pers. (94€ en juil., 118€ en août). Restaurant, 2 piscines, épicerie, terrain de squash et de pelote. ***Erratzu*** *(9km d'Elizondo, sur la NA2600, dir. d'Izpegui et de Saint-Étienne-de-Baïgorry) Tél. 948 45 31 33 www.campingbaztan.com Ouvert mi-mars-oct.*

très petits prix

Etxeberria Dans un charmant village, une auberge parfaite pour une étape à moindres frais : comptez 33€ pour 2 pers. Les treize chambres avec salles de bains impeccables sont réparties dans deux maisons. Vous serez au calme et vous bénéficierez d'un ensemble assez confortable pour un prix modeste. Au restaurant, vous dînerez pour 10 ou 12€, vous prendrez un petit déjeuner pour environ 3€ et vous pourrez commander de quoi grignoter au bar. Dans l'arrière-salle, une épicerie vous fournira tout ce dont vous aurez besoin. *Txuputo, 43* ***Arizkun*** *(3km au nord d'Elizondo ou 20km au sud de la frontière française et d'Ainhoa) Tél. 948 45 30 13 www.baztanetxeberria.com* ***Restaurant*** *Ouvert mar.-dim.*

Casa Marimartinenea Cette belle et noble demeure (escalier en bois massif du xvii s.) au cœur du village d'Erratzu abrite un gîte. Comptez 30€ la double avec petit déj. et salle de bain partagée. Pas de CB. ***Erratzu*** *(sur la NA2600 entre Arizkun, à 6km, et Saint-Étienne-de-Baïgorry, à 8km) Tél. 948 45 31 17*

petits prix

Casa Juanillo Pour le plaisir de loger à la ferme, dans une maison modeste. Environnement isolé. Une dizaine de chambres doubles avec sdb. Comptez 48€ la chambre, 4€ le petit déj. Dîner (13€) sur réservation. Pas de CB. ***Erratzu*** *(sur la NA2600 entre Arizkun, à 6km, et Saint-Étienne-de-Baïgorry, à 8km) Tél. 948 45 33 56 ou 948 45 33 06 ou 646 84 28 47 www.casajuanillo.com*

☺ **Casa Aldekoetxeberria** Ziga est un village pittoresque, perdu dans les contreforts du Baztan. On séjournera avec bonheur dans cette maison immense, aux murs blanchis à la chaux et aux poutres marron. La porte, monumentale, ouvre sur un escalier majestueux. La maison, pour 10 à 18 per., se loue à la semaine (1 400€) ou au week-end (660€). Réservez dès que possible, car l'adresse est connue... *Pas de CB* ***Ziga*** *(8km au sud d'Elizondo via Irurita) Tél. 699 84 26 28 www.aldekoetxeberria.com*

prix moyens

☺ **Larraldea** Dans cette cidrerie, on dîne, selon la saison, au pied de barriques gigantesques ou en terrasse (belle vue). Repas copieux et savoureux : côtes de bœuf ou côtelettes d'agneau, charcuteries et légumes, fromage, noix et *dulce de manzana* – maison, bien sûr. Comptez 27€ pour une formule complète avec cidre à volonté. Pas de CB. *Plaza Buru* ***Lekaroz*** *(3km à l'ouest d'Elizondo, sur les hauteurs) Tél. 948 45 21 21 Ouvert jan.-juin : sam.-dim. 13h-15h et 20h-22h, j. fér. 13h-15h*

La Koska Un restaurant raffiné, situé au rez-de-chaussée d'une maison typique du Baztan, haute et massive. Ici, les spécialités du Pays basque sont accommodées par un chef talentueux et on dégustera omelettes aux champignons, palourdes *a la plancha*, chipirons aux oignons confits et grillades diverses (côtes de bœuf, côtelettes d'agneau, etc.). En saison, gibier varié – cerf, lièvre et *alubias rojas*. Et, en dessert, des *cuajadas* maison. Menu env. 20€. Comptez 30€ le repas à la carte. *San Salvador, 3* ***Urdazubi-Urdax*** *(22km au nord d'Elizondo par la N121B ou 6km au sud d'Ainhoa) Tél. 948 59 90 42 lakoska.restaurantesok.com Ouvert mar.-sam. 12h30-16h et 19h30-21h, dim. 12h30-16h Fermé mi-déc. mi-jan.*

☺ **Irigoienea** Cet *hostal rural* bénéficie d'un environnement superbe et très calme ainsi que de la connexion wifi. Chambres vastes et salles de bains impeccables. Comptez de 76 à 86€ HT la double avec salle de bains et de 86 à 96€ HT la suite. Petit déjeuner copieux (7,80€), avec jus d'oranges fraîchement pressées, toasts et yaourts, fromages, jambon... Possibilité de prendre un dîner léger. *San Salvador, 38* ***Urdazubi-Urdax*** *(22km au nord d'Elizondo par la N121B ou 6km au sud d'Ainhoa) Tél. 948 59 92 67 www.irigoienea.com Ouvert juil.-sept. : tlj. Fermé en semaine d'oct. à juin, dernière semaine de juin et à Noël*

LA VALLÉE DE RONCEVAUX

Étape incontournable sur le chemin de Saint-Jacques et point de départ du Camino francés, Roncevaux se découvre de préférence par le nord (de France), en passant par Luzaide-Valcarlos, le premier village espagnol après la frontière, étiré tout au long de la route principale, avec ses maisons suspendues dans le vide... La route serpente ensuite sur quelques kilomètres, gravit une dernière pente raide avant de rejoindre le plateau au col d'Ibañeta, où, tous les ans, à l'automne, passent des millions d'oiseaux, des plus petits passereaux aux plus grands rapaces. Alors, seulement, se devinent au loin les toits bleutés, les clochers et les murs du monastère de Roncevaux. En poursuivant vers la vallée d'Iraty, vous découvrirez près de la frontière la plus grande hêtraie d'Europe. Puis vous rejoindrez les vallées d'Aezkoa et du Salazar, qui ont conservé leur mode de vie rural.

MODE D'EMPLOI

accès

EN VOITURE

Roncevaux est à 28km au sud de Saint-Jean-Pied-de-Port par la N135, et à 48km au nord de Pampelune par cette même nationale. Pour rejoindre la vallée de l'Aezkoa, prendre, après Auritz-Burguete, la NA140 (direction d'Escaroz) jusqu'à Aribe (7km) puis suivre à gauche la NA2030 qui mène en 4km à Orbaitzeta. De Pampelune, comptez 54km pour rejoindre Orbaitzeta et 72km pour Ochagavia.

EN CAR

Autobuses Artieda De Pampelune, 1 car par jour en semaine à 18h pour Roncevaux, et le samedi à 16h (aucune liaison le dimanche). Pour le retour, 1 car du lundi au samedi à 9h20. *Tél. 948 30 02 87*

fêtes et manifestations

Semaine sainte Danses et processions se succèdent à cette occasion. ***Luzaide-Valcarlos*** *Dim. de Pâques*

informations touristiques

Office de tourisme de Roncevaux Très documenté. *Edificio Antiguo Molino* ***Roncesvalles*** *Tél. 948 76 03 01 www.turismo.navarra.es www.roncesvalles.es Ouverture variable téléphoner*

DÉCOUVRIR

La vallée de Roncevaux

☆ **Les essentiels** Le monastère et le musée-trésor de Roncevaux **Découvrir autrement** Postez-vous au col d'Ibañeta pour assister, à l'automne, au passage des oiseaux migrateurs et montez au cromlech de Soroluze d'où le panorama est splendide

★ Le monastère

En 778, Roland, à la tête de l'armée de Charlemagne, trouve la mort à Roncevaux. *La Chanson de Roland*, première chanson de geste en France, célèbre la résistance de ce preux chevalier. Dès le XIIe siècle, à Ibañeta, un hôpital-monastère est construit pour accueillir les pèlerins en route vers Saint-Jacques. En 1132, une auberge-hôtel est également bâtie dans la plaine, sur l'actuel site de Ronscesvalles, près de l'église collégiale. Tout au long du Moyen Âge, on ne cesse d'agrandir le monastère pour répondre à l'accroissement du nombre de pèlerins (dont le nombre oscille de 30 000 à 50 000 lors des jubilés). Jusqu'au XVIIe siècle, ceux-ci peuvent y faire étape pendant trois jours. Abandonné un temps, le site connaît aujourd'hui un regain d'intérêt – nombre d'étrangers le choisissent comme point de départ pour le pèlerinage de Compostelle. En effet, dans les années 1980, la communauté canoniale (aujourd'hui sécularisée) a restauré la tradition hospitalière. Attention, le site est extrêmement fréquenté en été. ***Roncevaux*** *Tél. 948 79 04 80 (Atz Orreaga Cultural) www.roncesvallesorreaga.blogspot.fr Ouvert avr.-oct. : tlj. 10h-14h et 15h30-19h ; nov.-mars : tlj. 10h-14h et 15h-18h ; 9 déc.-13 fév. : jeu.-mar. 10h30-14h30 Fermé 8 sept., 25 déc., 1er jan. et 6 jan.-12 fév. Attention les conditions climatiques peuvent motiver la fermeture du site sans prééavis et ces horaires sont sujets à modifications téléphoner* ***Église*** *Accès libre* ***Musée, cloître et catacombes*** *Visite guidée (en espagnol, 45min) Tarifs Ensemble monumental 4,30€, réduit 3,65€, 6-12 ans 2,50€ Audioguide en français 1,10€ ; Cloître + salle capitulaire+ audioguide en français 3€ ; Cloître + salle capitulaire : 2,70€, réduit 1,65€, 6-12 ans 1€*

Randonner sur le *camino francès*

À partir du monastère, vous pourrez entreprendre une randonnée qui, via le GR®11, puerto Ibañeta et le *camino francès*, vous hissera au sommet de l'Astobizkar en 2h. À près de 1 500m d'altitude, ce belvédère offre un panorama époustouflant, cf. GEOPlus Randonner dans les vallées de Navarre (p.334).

OISEAUX DE PASSAGE

Le col de Roncevaux ou Puerto de Ibañeta est un important point de passage des oiseaux migrateurs, notamment à l'automne. Un centre d'observation y est installé, animé par des permanences assurées par l'association Gurelur.

☺ **Gurelur** *Puerto de Ibañeta (2km au nord du monastère) Tél. 948 15 10 77 ou 606 98 00 68 www.gurelur.org Ouvert juil.-oct. : tlj.*

Collégiale de Roncevaux-église Santa Maria De style gothique français (XIIIe s.) elle abrite une très belle Vierge à l'Enfant (XIVe s.), presque entièrement plaquée d'argent, d'or et de pierres précieuses, rapportées de Toulouse au XVe siècle. On peut également y voir un saint Jacques et un Christ aux stigmates. Dans le cloître, reconstruit au XVIIe siècle, visitez l'ancienne salle capitulaire gothique (XIVe s.), ou chapelle San Augustín. Sous une voûte sur croisée d'ogive, ne manquez pas les gisants de Sanche VII le Fort, roi de Navarre (1194-1234), et de son épouse. *Tél. 948 76 00 00 ou 948 79 04 80* **église** *Ouvert tlj. 8h30-20h30 (sauf pendant les offices)*

☆ **Musée-trésor** Au rez-de-chaussée de la bibliothèque sont présentées quelques pièces d'orfèvrerie exceptionnelles, tels l'évangéliaire roman (XIIe s.) et un splendide reliquaire émaillé du XIVe siècle, dit "échiquier de Charlemagne". Également de belles peintures sur bois, dont un triptyque de la *Crucifixion*, œuvre de l'atelier de Jérôme Bosch, et la *Sainte Famille* de Luis de Morales (XVIe s.). *Tél. 948 79 04 80 Horaires variables*

Chapelle du Saint-Esprit Érigée au XIIe siècle, cette chapelle funéraire, également connue sous le nom de *Silo de Carlomagno*, de plan carré, est le plus ancien bâtiment de Roncevaux. On y enterrait les pèlerins morts à l'hôpital. *Horaires variables*

Les vallées d'Iraty et de l'Aezkoa

La vallée de l'Aezkoa, qui longe le Rio Irati, lui est parallèle, un peu plus vers l'est ; elle remonte directement vers la forêt d'Iraty au nord. D'un côté ou de l'autre, on peut, par la route, rejoindre la vallée du Salazar, petit cours d'eau s'écoulant lui aussi du nord au sud, jusqu'à Navascuès.

Orbaitzeta Ce village reculé recèle trois greniers surélevés, construits sur pilotis. L'un d'entre eux abrita longtemps la scierie du village, avant d'être restauré en 2002. Vous pourrez découvrir d'autres édifices du même type à Aria, Hiriberri, Villanueva de Aezkoa…

Ancienne armurerie d'Orbaitzeta Bâtie au XVIIIe siècle sur le site d'une forge médiévale – quand abondaient les minerais de fer, d'argent et de plomb, ainsi que l'eau et le bois –, cette manufacture fournissait en armes le corps d'artillerie du roi Carlos III. Elle ferma ses portes en 1873, à la suite de nombreux incendies. Seules les ruines se visitent. *À 3km au nord du village d'Orbaitzeta*

Lac d'Irabia D'Orbaitzeta, on accède au lac par une piste en bon état qui traverse la forêt et longe la retenue d'eau jusqu'au barrage. On peut également emprunter la piste de l'autre côté, à l'est, à partir d'Ochagavia et gagner l'église de Nuestra Señora de los Nieves, tout au nord. Une partie de la forêt se trouve en France, cf. Forêt d'Iraty (p.273).

● Admirer les mégalithes d'Azpegi

☺ **Mégalithes d'Azpegi** Partant de la fabrique d'armes d'Orbaitzeta, un chemin monte sur la droite (2,8km) à travers les bois jusqu'au refuge d'Azpegi, puis débouche devant les deux premiers dolmens. À l'embranchement, prenez sur la gauche pour atteindre le cromlech de Soroluze (1km à peine), d'où la vue sur le sommet d'Urkulu et sa tour romaine est magnifique. Revenez ensuite sur vos pas et vous découvrirez un autre cromlech et deux dolmens (5000 av. J.-C.). ***Parcours*** *5km AR* ***Dénivelé*** *300m*

CARNET D'ADRESSES

Restauration, hébergement

camping

Camping Urrobi À 5km au sud de Roncevaux, près de Burguete, 400 places de camping en lisière de forêt. Piscine, restaurant et accès direct à la rivière. Comptez env. 17€ l'emplacement pour 2 pers., avec voiture et tente. Autres solutions possibles : l'auberge propose des lits (env. 11,50€/pers.) et des bungalows, de 63 à 73€ pour 2-3 pers. et de 93 à 103€ pour 6 pers. selon la saison. *Route Pampelune-Valcarlos* ***Aurizberri-Espinal*** *Tél. 948 76 02 00 www.campingurrobi.com Ouvert avr.-oct.*

petits prix

Casa Etxezuria Cette très belle *casa rural* (XVIe s.), rénovée avec goût, ouvre sur un joli petit jardin de village, au bord de la route venant de Saint-Jean-Pied-de-Port. Elle abrite plusieurs chambres, chambres d'hôtes et un gîte. Consultez le site pour les tarifs, mais comptez 45€ la double et 4€ le petit déj. ***Luzaide-Valcarlos*** *(sur la N135, à 8km au sud de Saint-Jean-Pied-de-Port) Tél. 948 79 00 11 ou 609 43 61 90 www.etxezuria.com*

Casa Iribarren Une *casa rural* douillette, qui offre 2 chambres impeccables avec une salle de bains à partager sur le palier, parfaitement entretenue. Maritxu vous proposera de feuilleter ses livres et guides de randonnée. Comptez 40€ la double, 5€ le petit déj. Pas de CB. *Chez Maritxu Reca San Salvador, 5* ***Hiriberri (Villanueva de Aezkoa)*** *(18km au sud-est de Roncevaux, via Aribe, à l'entrée de Villanueva de Aezkoa, prendre à gauche, passer le grenier sur pilotis et aller jusqu'en haut) Tél. 948 76 41 52 Ouvert après la semaine Sainte-mi-déc.*

Casa Alzat Une belle maison carrée et un charmant jardin, à l'extrémité de la vallée de l'Aezkoa. La maîtresse de maison saura vous conseiller si vous voulez vous balader dans les environs. Comptez 42€ la double et 4€ le petit déj. *Clara Arrese* ***Orbaitzeta*** *(à l'entrée du village, sur la gauche) (NA2030, puis NA140, à 45km de Pampelune) Tél. 948 76 60 55 www.orreaga.net Ouvert Pâques-nov.*

LA VALLÉE DU SALAZAR

En redescendant la vallée de l'Aezkoa, on traversera quelques villages de caractère, tels Jaurieta, Escaroz, puis on longera vers le nord la rivière Salazar avant d'arriver à Ochagavia. Outre ses richesses patrimoniales entretenues avec soin, Ochagavia est un point de départ pour de nombreuses randonnées en été et pour la pratique des sports d'hiver.

MODE D'EMPLOI

accès

EN VOITURE
Ezcaroz, point d'entrée nord de la vallée, est à 70km à l'est de Pampelune, par la N135 puis la NA140. À partir de la France, on accède à la vallée par Larrau, (p.277), en empruntant la D26 jusqu'à la frontière (puerto de Larrau 1573m) puis la NA2011 et enfin la NA140 jusqu'à Escaroz (20km environ).

EN CAR
Conda *Tél. 948 22 10 26*

informations touristiques

Oficina de Turismo de Ochagavia Centre d'interprétation de la Route naturelle Izalzu-Ochagavia. *Tél. 948 89 06 41 www.turismo.navarra.es Ouvert jan.-15 juin, sept.-déc. : mar.-jeu. 10h-14h, ven.-sam. 10h-14h et 16h30-19h30, dim. 10h-14h ; 16 juin-août : lun.-sam. 10h-14h et 16h30-19h30, dim. 10h-14h*

DÉCOUVRIR

La vallée du Salazar

☆**Les essentiels** Le village d'Ochagavia **Découvrir autrement** Baignez-vous dans les piscines naturelles aux environs d'Izalzu et découvrez la vallée du Salazar en ski de fond avec Ekia

☆ **Ochagavia** Ce village, que beaucoup considèrent comme l'un des plus beaux de Navarre, s'organise autour de deux quartiers séparés par le Río Anduño : l'un, assez escarpé, aux ruelles tortueuses pavées de galets – où l'église Saint-Jean-Baptiste (ouverte pendant le culte et avec visites guidées, rens. à l'OT) domine des maisons médiévales à colombages, et quelques maisons blasonnées du XVIIIe siècle – et l'autre, plus aéré. *À 20km au sud de Port de Larrau*

● **Se baigner dans des piscines naturelles** À la sortie d'Ochagavia, l'eau de la rivière est assez profonde pour que l'on puisse esquisser quelques-brasses. Un peu plus loin, vers Izalzu, les roches forment des piscines naturelles.

Faire du sport en montagne

Ekia Pour partir en randonnée, faire de l'escalade, de la spéléo, du rafting ou du canoë... À partir de 4 personnes. Ski de fond et promenades en raquettes l'hiver. **Ochagavia** *Tél. 948 89 05 37 ou 696 89 99 95 ou 639 01 10 77 Fermé nov.*

CARNET D'ADRESSES

Restauration, hébergement

campings

Camping Murkuzuria Environ 200 places à la sortie du village, le long de la N178 allant de Navascués à Ezcaroz. Camping arboré, piscine. Comptez env. 16€ l'emplacement et 5€/pers. Également quelques places à l'auberge de Salazar : 44€ la chambre de 4 pers., 95€ le bungalow pour 6 pers. **Esparza de Salazar** *(7km au sud d'Ochagavia) Tél. 948 89 01 90 ou 661 088 735 www.campingmurkuzuria.com Ouvert tlj. 15 mai-15 oct. et sam.-dim. le reste de l'année*

prix moyens

☺ **Sidreria Kixkia** Perdue dans les collines, dans un cadre bucolique, cette adresse compte parmi nos préférées. On peut opter pour un menu, bien copieux, de 25 à 33€, ou choisir un plat à la carte (boudin noir aux haricots rouges, omelette à la morue, jarret de mouton grillé, etc.). En dessert, fromage, noix et pâte de pommes et coings, mais aussi tarte à la *cuajada*. *Urrutia* **Ochagavia** *Tél. 948 89 05 17 www.kixkia.com Ouvert juil.-oct. : tlj. le reste de l'année : ven.-soir-dim. midi et j. fér.*

Hôtel-restaurant Auñamendi Dans le très beau (et touristique) village d'Ochagavia, sur une place un peu en retrait, un hôtel confortable où l'on peut également boire un verre, déjeuner ou dîner. Cadre rustique bien tenu. Demandez une des chambres sous les toits, plus agréables. De 60 à 70€ la double selon la saison, petit déj. compris. Menu du jour 15€. *Plaza Gurpide* **Ochagavia** *Tél. 948 89 01 89 www.hostalauniamendi.com*

☺ **Besaro** Voici un hôtel rural dans une maison de village traditionnelle en surplomb de la rivière Salazar. Meubles en bois et fer forgé, fibres naturelles et tommettes au sol, environnement très calme. Double de 66 à 86€, petit déjeuner 7,80€. Connexion Internet et possibilité de dîner sur place. *Irigoien* **Izalzu** *(sur la NA140 entre Escaroz et Isaba, à 3km d'Ochagavia) Tél. 948 89 03 50 www.besaro.es*

GAMME DE PRIX	RESTAURATION	HÉBERGEMENT
Très petits prix	moins de 12€	moins de 45€
Petits prix	de 12 à 18€	de 45 à 60€
Prix moyens	de 18 à 25€	de 60 à 100€
Prix élevés	de 25 à 45€	de 100 à 140€
Prix très élevés	plus de 45€	plus de 140€

LA VALLÉE DE RONCAL

Plus on descend vers le sud, en suivant le cours de la Belagua ou de l'Esca, rivières aux eaux claires qui creusent leur lit au cœur de cette longue vallée, et plus la roche se fait présente. La végétation est ici nettement plus méditerranéenne : le chêne kermès remplace le chêne vert, les résineux parfument l'air, et les rapaces - aigles, vautours, faucons et circaètes - survolent ces falaises desséchées. Leurs nids bâtis comme des forteresses imprenables coiffent les arêtes les plus escarpées. Dans les villages à l'architecture montagnarde de cette vallée parsemée de forêts et de pâturages, on goûtera le fameux roncal, fromage de brebis protégé par une appellation.

MODE D'EMPLOI

accès, orientation

La NA137 longe la vallée de Roncal du nord au sud, entre Burgui et Isaba. Elle est accessible de France par le col de la Pierre-Saint-Martin (env. 50km). D'Ochagavia prendre la NA140, Isaba est à 24km via Izalzu.

fêtes et manifestations

Tributo de las tres vacas Commémoration du traité de bonne entente qui régit depuis 1375 les rapports entre le Barétous et la vallée d'Isaba. Banquet, chants et danses (p.290). *Au col de la Pierre-Saint-Martin 13 juil.*

Saint-Jacques Repas, compétitions sportives, danses, théâtre. ***Isaba** 25 juil.*

San Ciprian Un festival de danse, de théâtre, avec repas de rue, etc. ***Isaba** 16 sept.*

informations touristiques

Office de tourisme de Roncal *Julián Gayarre, s/n **Roncal** Tél. 948 47 52 56 www.vallederoncal.es Ouvert juil.-août : lun.-sam. 10h-14h et 16h30-19h30 Hors saison ouverture variable, téléphoner*

DÉCOUVRIR

La vallée de Roncal

☆**Les essentiels** Le Museo del Queso à Uztarroz **Découvrir autrement** Imprégnez-vous de l'ambiance montagnarde de Roncal et goûtez à son fromage de brebis, visitez le musée de la Almadía à Burgui et faites une sortie en raquettes à Larra-Belagua

Isaba Dans cette bourgade, la plus septentrionale de la vallée, au confluent de deux rivières, ne manquez pas la majestueuse église fortifiée de San Cipriano et son retable de style plateresque.

☆ **Museo del Queso** Une exposition permanente sur la fabrication du fromage de Roncal – incontournable. À côté, la fromagerie Ekia, pour faire quelques achats (mêmes horaires que le musée). *Calle Zabalea* ***Uztarroz*** *(sur la NA140, à 3km à l'ouest d'Isaba) Tél. 948 89 32 36 www.quesoroncalekia.com Ouvert jan.-juin : lun.-ven. 8h-13h et 16h-18h, sam. 12h-14h et 16h-18h, dim. 12h-14h ; juil.-15 sept. : lun.-ven. 8h-14h et 16h-20h, sam.-dim. 10h-14h et 16h-20h ; 16 sept.-déc. : lun.-ven. 8h-13h, sam. 12h-14h et 16h-18h, dim. 12h-14h Entrée libre*

UNE BELLE UNITÉ Toutes les maisons de cette petite vallée, d'Isaba à Burgui en passant par Roncal - célèbre chef-lieu de l'appellation du fromage de brebis -, sont bâties en pierre grise et bleue et coiffées de tuiles.

Roncal Ce village aux belles calades en pierre de rivière conserve de superbes demeures montagnardes typiquement navarraises, tout en pierre et en bois, d'allure quelque peu austère. On ne manquera pas de visiter le Museo Julián Gayarre (1844-1890) installé dans sa maison natale pour tout connaître de la vie et de l'œuvre de ce ténor d'opéra originaire de la vallée. ***Roncal*** *(à 8km au sud d'Isaba, sur la NA137)* **Musée Gayarre** *Calle Arana, 38 Tél. 948 47 51 80 www.juliangayarre.com Ouvert avr.-sept. : mar.-dim. 11h30-13h30 et 17h-19h ; oct.-mars : sam.-dim. 11h30-13h30 et 16h-18h Tarif 2€*

Museo de la Almadía Ce musée présente une reconstitution de la vie des *almadieros*, conducteurs de trains flottants de troncs d'arbres. Passionnant. *Plaza la Villa* ***Burgui*** *(à 12km au sud de Roncal, sur la NA137) Tél. 948 47 71 53 www.almadiasdenavarra.com Ouvert pour les groupes uniquement sur rdv Laisser un message sur le répondeur téléphonique ou envoyer un courriel 2€, enfant 1,50€*

● Où acheter des produits du terroir ?

Ibaxa Une petite boutique au bord de la route pour faire le plein de chorizos, fromages de la vallée, pâte de coing, miel, biscuits, vins... ***Roncal*** *Sur la NA137 Tél. 948 47 51 97 Ouvert tlj. 10h-14h et 16h-20h*

● Randonner dans la vallée Dans les environs de la vallée de Roncal, les amateurs de marche trouveront leur bonheur au fil des nombreux sentiers balisés. Raquettes indispensables en hiver. On peut y observer quelques oiseaux rares : le circaète Jean-le-Blanc ou la chouette de Tengalm, entre autres.
☺ **Station de ski de Larra-Belagua** En hiver, ce domaine offre 5 pistes de ski de fond, de niveaux différents, au cœur d'un magnifique massif karstique

À l'assaut du pic d'Orhy

Les 2 000m du pic d'Orhy attirent de nombreux amateurs de randonnée. À cheval sur la frontière franco-espagnole, entre Soule et Navarre, cette vigie reconnaissable à sa forme pyramidale se laisse découvrir, côté espagnol, en 1h15 de marche, cf. GEOPlus Randonner dans les vallées de Navarre (p.334).

– 2 789ha classés en réserve naturelle –, à découvrir également en été. Sur la route du col de la Pierre-Saint-Martin, vous pourrez, en saison, louer des raquettes et des skis de fond. Des associations spécialisées organisent des randonnées accompagnées, pour petits groupes. *(24km au nord d'isaba et 3km de la frontière)*

Mirua Balades naturalistes dans les différentes vallées (20€/1/2 j. et 25€/j.) et traversées plus sportives, rando-raquettes et spéléologie – le tout à la carte. *C/ Abarrategui, 41* ***Lakuntza*** *Tél. 948 46 48 31 ou 608 56 03 69 www.mirua.com*

● **Se baigner en rivière** On peut se tremper les pieds dans la rivière, derrière les maisons du village de Roncal, mais n'hésitez pas à aller jusqu'à Burgui, où les galets forment de véritables plages – une retenue d'eau apporte quelque profondeur. Sinon, il faut descendre jusqu'au splendide lac de Yesa, cf. Sangüesa (p.383).

CARNET D'ADRESSES

Restauration, hébergement

La vallée de Roncal est sans doute l'une des plus belles pour séjourner : elle recèle nombre de villages de montagne de caractère, et l'accueil y est partout chaleureux. On peut également louer des maisons entières ou des appartements : pour cela, procurez-vous le *Guia de Alojamientos de Navarra* (l'équivalent du guide des Gîtes de France), gratuit, téléchargeable sur le site de la Fédération de associations touristiques de Navarre. *Tél. 902 19 64 62 www.turismoruralnavarra.com*

camping

Camping Asolaze Environ 500 places de camping, des chambres en refuge et 13 bungalows (de 4 et 6 pers.), sur la route du col de la Pierre-Saint-Martin et de la réserve naturelle de Larra. Idéal pour randonner dans les environs. Sorties spéléo et canyoning, de juillet à août, au départ du camping avec des moniteurs agréés. Comptez 5,50€/pers. et 5€ pour la voiture ; 40€ la chambre double, 13,50€ la nuitée en dortoir, et de 60 à 75€ par jour pour un bungalow de 4 pers. (75-90€ pour 6 pers.). Sur place, accès aménagé pour des baignades dans la rivière, un bar-restaurant, une cuisine et des douches également accessibles aux non-résidants. *Route Isaba-France Km6* ***Isaba*** *Tél. 948 89 32 34 www.campingasolaze.com Fermé nov.*

petits prix

Venta de Juan Pito Ne vous fiez pas à son allure de *venta* touristique : ce restaurant vous réserve une bonne surprise. En effet, on y mange de façon simple et copieuse une spécialité de Navarre, les *migas del pastor* (miettes de pain frit aux lardons), ainsi que des *alubias rojas* (haricots rouges), des côtelettes d'agneau, des côtes de veau et des truites fraîches. Excellents desserts maison et fromage de Roncal. Menu 13€ *Puerto de Belagua* ***Isaba*** *(15km au nord du bourg, sur la NA137) Tél. 948 89 32 22 Ouvert mi-sept.-juin : w.-e. et j. fér. 12h45-17h30 ; juil.-mi-sept. : tlj. 12h45-17h30 Fermé dernière quinzaine de sept.*

☺ **Casa Catalingarde** Dans une ruelle du village, près de l'église et du fronton, une *casa rural* en pierre sur trois niveaux. Deux chambres doubles avec sdb, une autre avec sdb sur le palier, et, au dernier étage, sous les toits lambrissés, un salon pour se détendre, jouer au scrabble devant le feu et prendre le petit déjeuner. En hiver, on vous donnera tous les conseils pour skier (ski de fond, essentiellement), selon l'enneigement et la difficulté. Double avec sdb 49€, petit déjeuner 5€. Également une maison pour 8 pers. (4 chambres avec sdb), pour laquelle il faut compter 224€/j. *Chez Maria Angeles Ezquer* ***Isaba*** *Tél. 948 89 31 54 www.catalingarde.com*

prix moyens

☺ **Hostal Lola** Une demeure à l'architecture typiquement navarraise, située dans une ruelle de ce village montagnard. Une vingtaine de chambres, avec plancher ciré et pierres apparentes et, à l'étage, un bar réservé aux pensionnaires. On vient là pour profiter de la montagne, dormir dans un joli cadre et savourer des mets de saison – la table est l'une des meilleures des environs. En entrée, un gâteau de *morcilla* (boudin noir), une soupe aux *alubias* (haricots rouges sucrés), ou bien une omelette aux champignons, puis du jarret de porc, une côte de bœuf géante et une *cuajada*, une tarte au fromage frais... Rien que des mets savoureux. Menu à 18€ pour les pensionnaires. Chambre double de 60 à 68€, selon la saison ; simple à 45€. Petit déjeuner 6€. *Mendigatxa, 17* ***Isaba*** *Tél. 948 89 30 12 www.hostal-lola.com*

El Almadiero Cet établissement est l'un des plus agréables de la catégorie des *Hostales Rurales*. En été, on s'y repaît de fraîcheur, en hiver, on profite d'un confort douillet, en toute saison on bénéficie d'un environnement calme et paisible. Comptez 80€ pour une chambre double avec petit déj. ***Burgui*** *(18km au sud d'Isaba, sur la NA137) Tél. 948 47 70 86 www.almadiero.com En basse saison (mi-oct.-23 déc.) ouvert uniquement ven.-sam. Fermé fin déc.-mars*

GAMME DE PRIX	RESTAURATION	HÉBERGEMENT
Très petits prix	moins de 12€	moins de 45€
Petits prix	de 12 à 18€	de 45 à 60€
Prix moyens	de 18 à 25€	de 60 à 100€
Prix élevés	de 25 à 45€	de 100 à 140€
Prix très élevés	plus de 45€	plus de 140€

Rocher de la Vierge (p. 112), Biarritz.

Sur le marché d'Espelette (p.183).

GEOREGION

PAMPELUNE ET LE SUD DE LA NAVARRE

V

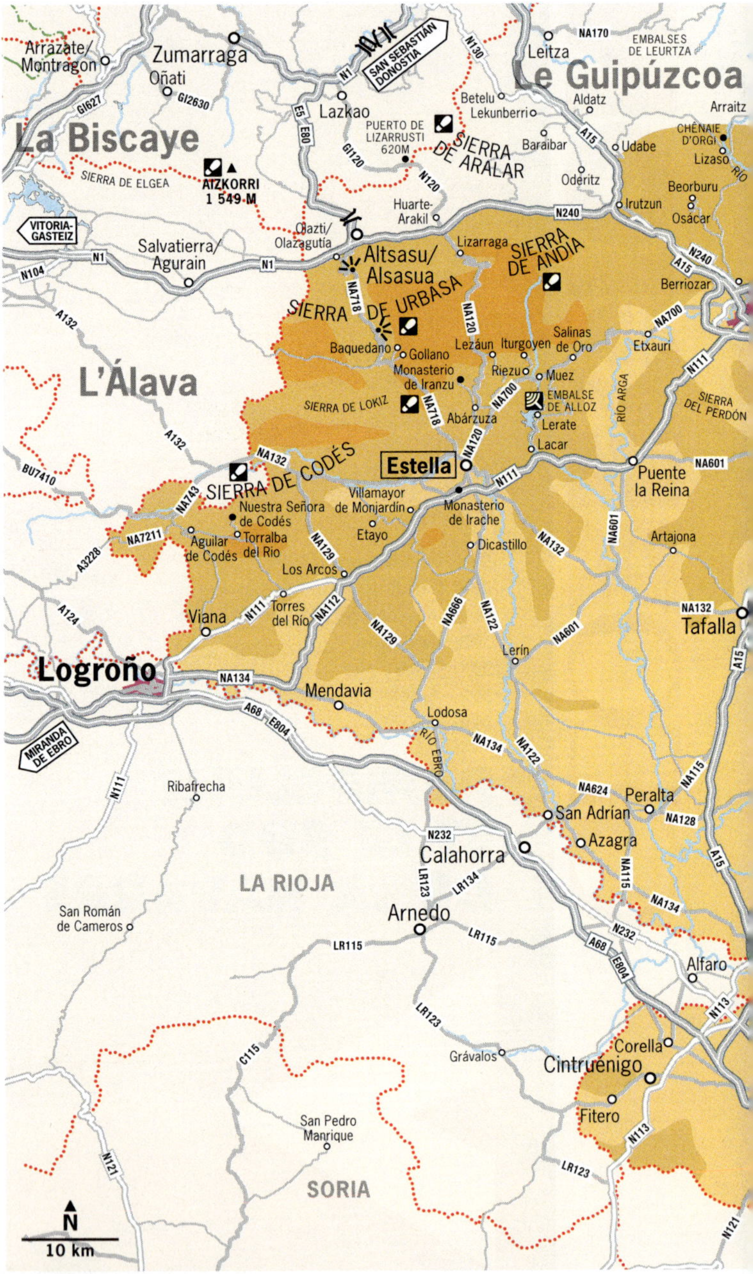
Arrazate/ Montragon
Zumarraga
Oñati
GI2630
GI627
La Biscaye
SIERRA DE ELGEA
AIZKORRI 1 549 M
VITORIA-GASTEIZ
N1
N104
Salvatierra/ Agurain
A132
L'Álava
BU7410
Lazkao
N1
E5
E80
GI120
SAN SEBASTIÁN DONOSTIA
N130
PUERTO DE LIZARRUSTI 620M
SIERRA DE ARALAR
N120
Huarte-Arakil
Olazti/ Olazagutía
Altsasu/ Alsasua
NA718
SIERRA DE URBASA
Baquedano
Gollano
Monasterio de Iranzu
SIERRA DE LOKIZ
NA718
Leitza
NA170
EMBALSES DE LEURTZA
Le Guipúzcoa
Betelu
Lekunberri
Aldatz
Arraitz
Baraibar
A15
Udabe
CHÊNAIE D'ORGI
Lizaso
RÍO
Oderitz
Beorburu
Irutzun
Osácar
N240
Lizarraga
SIERRA DE ANDIA
N240
A15
Berriozar
NA120
Lezáun
Iturgoyen
Salinas de Oro
NA700
Etxauri
Riezu
Muez
NA700
EMBALSE DE ALLOZ
RÍO ARGA
N111
SIERRA DEL PERDÓN
Abárzuza
Lerate
Lacar
NA120
Estella
N111
Puente la Reina
NA601
NA132
SIERRA DE CODÉS
NA743
Villamayor de Monjardín
Monasterio de Irache
Nuestra Señora de Codés
NA7211
Aguilar de Codés
Torralba del Rio
Etayo
NA129
Dicastillo
NA132
NA601
Artajona
A3228
Los Arcos
A124
Viana
N111
Torres del Río
NA112
NA129
NA666
NA122
NA601
NA132
Tafalla
Lerín
A15
Logroño
NA134
Mendavia
A68
E804
Lodosa
RÍO EBRO
NA134
NA122
MIRANDA DE EBRO
N111
Ribafrecha
NA624
Peralta
NA115
San Adrían
NA128
N232
Azagra
Calahorra
LR123
LR134
NA115
A15
LA RIOJA
NA134
San Román de Cameros
Arnedo
LR115
LR115
N232
A68
E804
Alfaro
LR123
N113
C115
Corella
Grávalos
Cintruénigo
Fitero
San Pedro Manrique
N113
LR123
N121
SORIA
N121
N
10 km

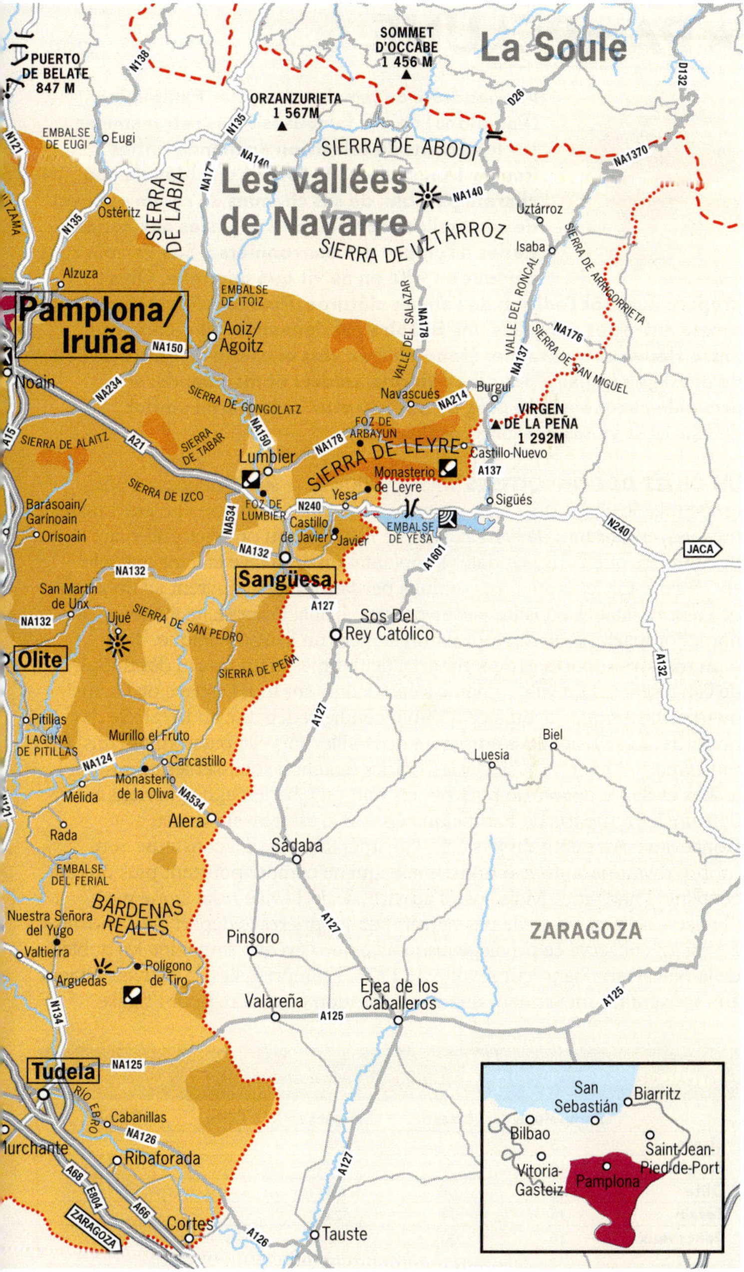
La Soule
Les vallées de Navarre
PUERTO DE BELATE 847 M
SOMMET D'OCCABE 1 456 M
ORZANZURIETA 1 567M
SIERRA DE ABODI
SIERRA DE UZTÁRROZ
SIERRA DE LABIA
EMBALSE DE EUGI
Eugi
Ostériz
Alzuza
Pamplona/ Iruña
EMBALSE DE ITOIZ
Aoiz/ Agoitz
Noain
Uztárroz
Isaba
SIERRA DE ARRIGORRIETA
VALLE DEL RONCAL
VALLE DEL SALAZAR
SIERRA DE SAN MIGUEL
Navascués
Burgui
VIRGEN DE LA PEÑA 1 292M
SIERRA DE GONGOLATZ
SIERRA DE TABAR
SIERRA DE ALAITZ
FOZ DE ARBAYUN
SIERRA DE LEYRE
Castillo-Nuevo
Lumbier
Monasterio de Leyre
SIERRA DE IZCO
FOZ DE LUMBIER
Yesa
Sigüés
Barásoain/ Garínoain
Orísoain
Castillo de Javier
Javier
EMBALSE DE YESA
JACA
Sangüesa
San Martín de Unx
Ujué
SIERRA DE SAN PEDRO
Sos Del Rey Católico
Olite
SIERRA DE PEÑA
Pitillas
LAGUNA DE PITILLAS
Murillo el Fruto
Carcastillo
Monasterio de la Oliva
Mélida
Biel
Luesia
Alera
Rada
Sádaba
EMBALSE DEL FERIAL
BÁRDENAS REALES
Nuestra Señora del Yugo
Valtierra
Arguedas
Polígono de Tiro
Pinsoro
ZARAGOZA
Valareña
Ejea de los Caballeros
Tudela
RÍO EBRO
Cabanillas
Murchante
Ribaforada
Cortes
Tauste
ZARAGOZA
N138 N121 N135 N17 N135 NA140 NA150 NA234 A21 A15 NA150 NA178 NA214 N240 NA534 NA132 A137 NA1370 D26 D132 NA176 NA137 N240 A1601 A127 A132 NA124 NA534 A125 N134 NA125 NA126 A68 E804 A66 A126
San Sebastián
Biarritz
Bilbao
Saint-Jean-Pied-de-Port
Vitoria-Gasteiz
Pamplona

★ PAMPELUNE IRUÑA 31001

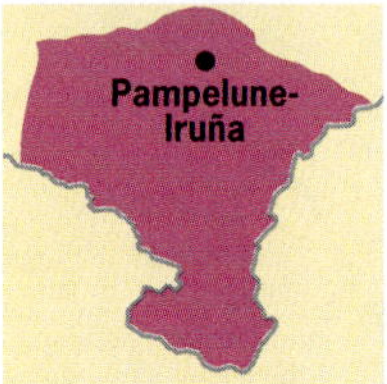

Parviendra-t-on jamais à dissocier Pampelune (Pamplona) de ses fameuses fêtes retransmises sur les écrans de télévision du monde entier ? Pourra-t-on seulement donner une idée de son charme paisible, de ses chemins de ronde oubliés, de ses ruelles secrètes, de ses places aux bancs tièdes à l'ombre des marronniers ? San Fermín : partout en ville on ne vit que pour elle. On s'y prépare aussitôt l'édition de l'année clôturée. Pourtant Pampelune recèle entre ses murailles une histoire passionnante. Ville-carrefour entre fleuve et montagne, étape obligée vers le bassin de l'Èbre et lieu de passage séculaire pour les pèlerins, soldats et marchands, elle accueille chaque année près de 30 000 étudiants, parmi un flot de touristes venus des cinq continents.

UN OBJET DE CONVOITISES Voici 75 000 ans, le site était occupé par un peuple de chasseurs : on a retrouvé leurs outils de pierre sur les terrasses fluviales, en bordure de l'Arga. Mais ce n'est que du premier millénaire de notre ère que l'on peut dater l'implantation de la ville en tant que telle – en 75 av. J.-C., les Romains, conduits par Pompée, découvrent ici un peuple de Vascons, établis dans un village nommé Iruña. Pompée lui attribue son nom, Pompaelo, et en fait tout naturellement un lieu stratégique, doté d'un marché important, de remparts, de thermes, d'un réseau développé de canalisations. La ville romaine s'étend alors sur tout l'espace de l'actuel quartier historique, jusqu'à ce qu'un incendie la détruise au IIIe siècle de notre ère. Les Wisigoths s'emparent de la ville, puis elle passe aux mains des musulmans. Dès le VIIIe siècle, les Francs tentent de chasser les garnisons arabes et de s'emparer du pouvoir, en vain : si Charlemagne parvient à détruire les remparts de Pampelune en 778, il est très vite vaincu à Roncevaux. Au début du Xe siècle, l'aristocratie réussit à constituer son propre royaume, autour d'une capitale qui ne compte pourtant plus qu'une centaine d'habitants. Mais, jusqu'au XIIIe siècle, la ville reste tenue par l'Église – celle-ci n'a-t-elle pas permis par ses prières le départ des Infidèles ? Le roi lui conserve ce privilège jusqu'à ce que l'évêque soutienne les nobles de la Navarreria dans leur révolte de 1276. En représailles, le pouvoir revient aux souverains, moyennant une compensation financière pour l'Église…

Tableau kilométrique

	Pampelune	Lizaso	Sangüesa	Olite	Zerain
Lizaso	23				
Sangüesa	46	71			
Olite	43	68	68		
Zerain	76	78	124	121	
Roncevaux	49	51	66	87	120

LE PRIVILÈGE DE L'UNION À la fin du XIe siècle, il est impératif de repeupler la ville : on attire alors par des privilèges de nombreux migrants. Beaucoup arrivent du midi de la France – ils se regroupent à l'ouest de la cité dans un quartier portant le nom de leur saint préféré : Saint-Cernin, ou San Saturnino. Au siècle suivant, de nouveaux émigrants s'installent un peu plus bas, dans le quartier de San Nicolás, malgré l'hostilité farouche des descendants de la première vague d'arrivés. Face à ces deux groupes, les habitants d'origine de la ville se cantonnent à leur quartier de la Navarreria, dans la moitié est de la cité, et les trois communautés ne cessent de se disputer droits, pouvoirs et territoires. Pour mettre fin à ces querelles sanglantes, le roi Carlos III de Navarre fait raser les murs et combler les fossés séparant les trois bourgs. Puis il bâtit une mairie réunifiant la ville en son cœur : à partir du 8 septembre 1423, le privilège de l'Union, composé des représentants de chacune des communautés, gouverne la ville. Au même moment, le royaume de Pampelune parvient, pour un temps, à s'affranchir de toute tutelle, privilégiant de bons rapports avec ses voisins, français et castillans.

UNE VILLE FRONTIÈRE... EN PLEINE CROISSANCE En juillet 1512, les troupes castillanes du duc d'Alba envahissent la ville. S'ouvre alors une nouvelle ère : en 1515, la Navarre est annexée à la Castille, mais elle conserve son titre de royaume et sa charte de privilèges. Le roi part pour la cour de Castille ; il est représenté sur place, à Pampelune, par un vice-roi. La ville tient un rôle défensif, celui d'avant-poste de l'Espagne face à la France. À partir du XVIe siècle, on redresse les fortifications de la vieille ville, on bâtit une citadelle. Les menaces d'invasion semblent s'affaiblir au XVIIIe siècle ; l'heure est aux réformes et aux rénovations : on réorganise notamment le système des égouts et des fontaines. L'influence baroque bat son plein, et le style néoclassique s'affiche partout. À la fin du XIXe siècle, l'armée se laisse convaincre et accepte l'extension de la ville en dehors des murailles : en 1888 naît le premier Ensanche. Puis, au début du XXe siècle, les murailles sont abattues et débute la construction du second Ensanche. Se développent les quartiers de Rochapea et de Milagrosa dans les années 1950, ceux de San Juan et d'Itturama entre 1960 et 1980, et, pour finir, Mendilorri, dans les années 1990. De nos jours, les deux pôles économiques de la ville sont les universités d'une part, l'industrie automobile de l'autre.

MODE D'EMPLOI

accès

EN AVION

Aéroport de Pamplona-Noain Il relie toutes les grandes villes espagnoles grâce aux services d'Iberia, cf. Aller au Pays basque en avion (p.44). Des taxis et une ligne de bus régulière relient l'aéroport au centre-ville. *Carretera Zaragoza km 5* ***Noain*** *(5km au sud de Pampelune) Tél. 948 16 87 50*

EN VOITURE

À 101km au sud d'Irún par la N121, ou bien par les routes de montagne au départ d'Ainhoa (plus long mais moins de poids lourds). À 82km de San Sebastián, par l'A15, et à 156km de Bilbao par la AP68 via Vitoria (à 95km à l'ouest) ou l'A8 par la côte. À 94km au nord de Tudela par l'A15 ou la N121. Pour accéder au centre historique, suivre la direction Centro Ciudad et se garer dans le premier parking souterrain en vue : celui de la Plaza del Castillo est le plus central, mais celui de l'Aduana, sur la bordure ouest de l'enceinte, ou celui de la Plaza de Toros sont aussi pratiques.

Pendant les fêtes de San Fermín Il est recommandé de garer sa voiture dans un quartier excentré : il risque d'être difficile de trouver une place libre dans les parkings souterrains proches du centre historique et des arènes. Il vous faudra, dans tous les cas, marcher un peu pour rejoindre l'épicentre de la fête. Si vous comptez séjourner à Pampelune tout le temps des festivités, un conseil : oubliez votre voiture pendant une semaine.

EN TRAIN

Renfe (hors plan 5 par B1) Liaisons régulières avec Irún, Barcelone, Vitoria et Madrid. *Gare Plaza Estación Tél. 902 24 02 02 www.renfe.es*

EN CAR

De nombreuses lignes régulières sillonnent la Navarre.

Baztanesa De et vers le Baztan (Elizondo). *Tél. 948 58 01 29*

La Estellesa Liaisons avec Puente La Reina et Estella *Tél. 948 32 65 09 ou 902 10 10 44 www.laestellesa.com*

Conda/Alsa Nombreuses lignes nationales (Madrid, San Sebastián, Zaragoza) et régionales (Tudela, Ochagavia...). *Tél. 902 42 22 42 www.conda.es*

Burundesa Liaisons avec Vitoria, Bilbao et Burgos. *Tél. 948 22 17 66 www.laburundesa.com*

Vibasa Dessert Barcelone. *Tél. 902 10 13 63 www.vibasa.es*

orientation

La ville s'étend au sud de la rivière Arga. Les quartiers récents se sont développés autour du centre historique : tout d'abord les premier et second Ensanche (extension) au sud-est, suivis des quartiers de Milagrosa et de l'université publique, de San Juan et d'Itturama au sud-ouest, puis du quartier de l'université privée vers le sud. Au cœur de cet ensemble trône la citadelle, circonscrite par l'avenue Vuelta del Castillo.

circuler en ville

EN BUS

De nombreux bus desservent toute la ville et ses faubourgs, l'aéroport et la gare.

Gare routière (plan 5, B2) *Yanguas y Miranda, 2 Tél. 948 20 35 66 ou 902 02 36 51 www.estaciondeautobusesdepamplona.com*

informations touristiques et adresses utiles

Office de tourisme (plan 5, B1) On vous y donnera le programme détaillé des fêtes de San Fermín, heure par heure, lieu par lieu : brochure gratuite ou programme officiel à 2€. *Avenida Roncesvalles, 4 Tél. 848 42 04 20 www.turismo.navarra.es Ouvert lun.-sam. 10h-17h, dim. et j. fér. 10h-14h (horaires susceptibles de changement)*

Abarzuza (plan 5, B1) Une librairie bien documentée en cartes, plans et guides sur la région. *Santo Domingo, 29 Tél. 948 21 32 13 www.abarzuza.com Ouvert lun.-ven. 7h30-12h et 17h-20h30, sam. 8h-12h*

visites guidées

Novotur Visites thématiques guidées de la ville, à pied, dans le centre historique. Visites en plusieurs langues (dont le français). *Novotur Guias Avenida Barañáin, 12 2ºA Tél. 629 66 16 04 ou 617 34 88 44 www.novotur.com*

Erreka Guides locaux de Navarre. *Curie, 18 bajo Tél. 948 22 15 06 www.incomingnavarra.com*

Dinamic Eventos *Abejeras, 41B Tél. 618 82 04 14 ou 948 06 57 01 www.dinamiceventos.es*

fêtes et manifestations

San Blas Procession dans le cloître San Nicolas et foire aux bonbons et pâtisseries. *3 fév.*

Pâques Procession de saint Augustin et, pour le retour, de la Vierge des Sept Douleurs. *Jeu. saint et ven. saint*

☆ **San Fermín** Une semaine de folie, culminant avec les courses de taureaux, cf. GEOPlus Fêtes de San Fermín, mascarades et nuits blanches (p.374). *Du 6 au 14 juil.*

San Fermín de Aldapa Célébration plus intime que la précédente, avec moins de foule, pour célébrer le martyre de saint Firmin à Amiens, traîné par un taureau puis égorgé. *Autour du 25 sept.*

San Saturnino Grande procession en l'honneur du saint Cernin, saint patron de la ville. *29 nov.*

Olentzero Un chaudronnier pittoresque descend des montagnes et apporte des cadeaux. *24 déc.*

marchés

Santo Domingo (plan 5, B1) Marché alimentaire sous des halles couvertes, au nord du centre historique. *www.mercadodesantodomingo.es Ouvert lun.-jeu. et sam. 8h-14h, ven. 8h-14h et 16h30-20h*

DÉCOUVRIR

Pampelune

☆ **Les essentiels** La cathédrale, le Museo de Navarra et les fêtes de San Fermín **Découvrir autrement** Installez-vous à l'une des terrasses de la place del Castillo, rapportez des douceurs de la confiserie Doneza et dégustez des *pintxos* de poivron au Café Roch

On peut parcourir la ville au hasard, en déambulant d'un ancien bourg à un autre, ou bien emprunter des itinéraires particuliers : commencer par un tour de la Navarreria, le prolonger par celui des murailles est, puis revenir Plaza del Castillo, cœur de la cité, pour suivre l'itinéraire de l'*encierro* (p.374), qui traverse la partie ouest de Pampelune. Arrivé aux arènes, on poursuivra jusqu'aux premier et second Ensanche, puis aux nouveaux quartiers des universités.

Plaza del Castillo (plan 5, C1) Toute découverte de la ville commence ici, Plaza del Castillo, au pied du kiosque ou bien à l'une des nombreuses terrasses disséminées sur son pourtour carré. Au XVe siècle s'y dressait le château royal, qui sera rasé au siècle suivant. Là se déroulaient jadis toutes les célébrations officielles et populaires, se tenaient marchés, tournois, parades et courses de taureaux.

Plan 5 Pampelune

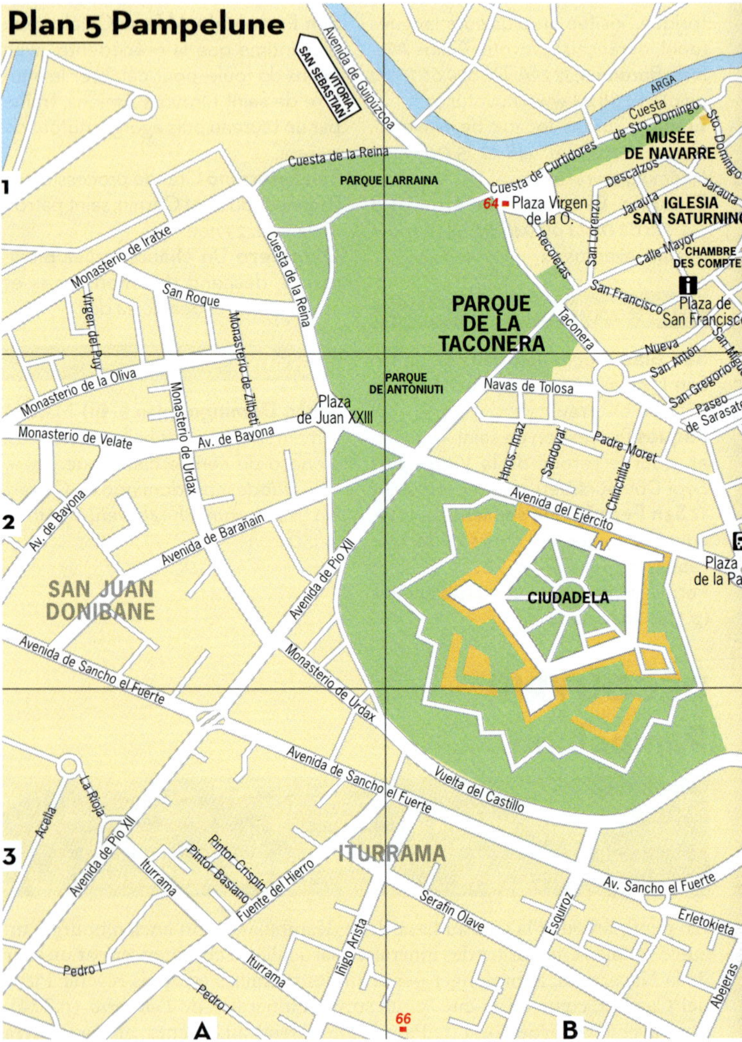

Petit déjeuner (n°1)
Zucitola Pasteleria* — 1 C1

Cafés, bars et lieux de sortie (n°20 à 26)
Kayak — 23 C1
La Dolce Vita — 20 C1
Macumba — 26 C3
Mesón del Caballo Blanco* — 21 C1

Pintxos (n°30 et 31)
Baserri Bar* — 31 C1
Café Roch* — 30 C1

Restauration (n°40 à 47)
Café con Sal — 46 C1
Café Iruña — 41 C1
El Redin — 42 C1
Iru Bar* — 40 C1
Restaurante Europa — 47 C1
Restaurante San Fermín — 45 C1

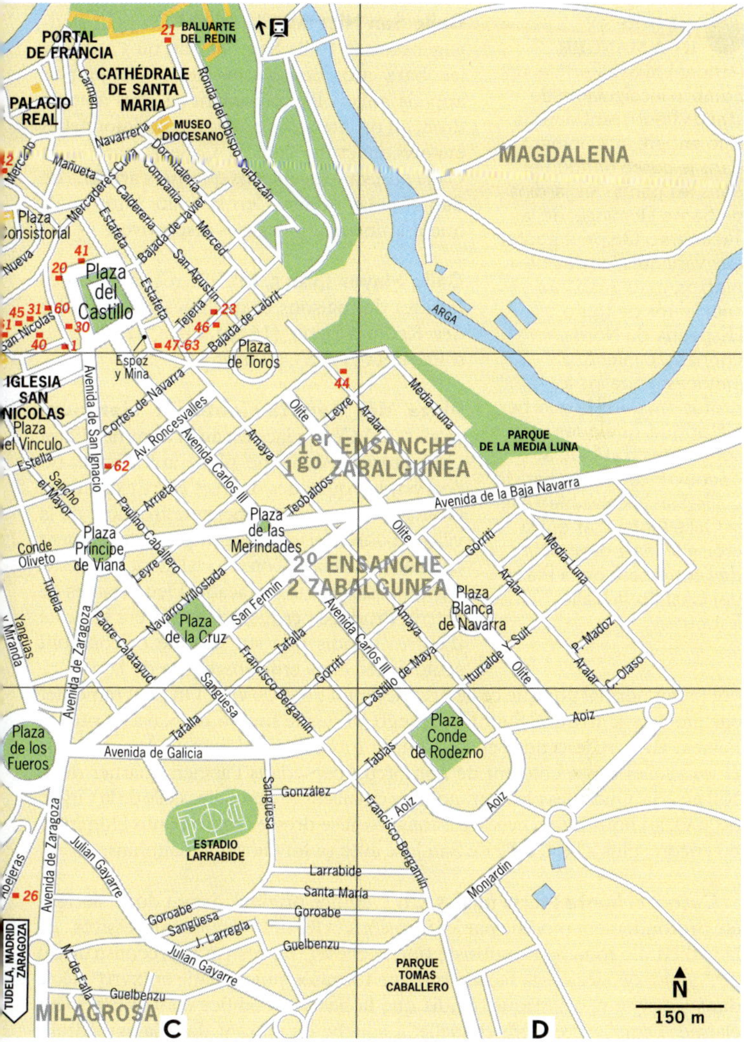

Rodero ____________ **44** C2

Hébergement **(n°60 à 66)**

Hostal Aralar ________ **60** C1

Hotel AC Ciudad de Pamplona ________ **66** B3

Hotel Castillo de Javier ____________ **61** C1

Hotel Eslava __________ **64** B1

Hotel Europa __________ **63** C1

Hotel Yoldi ____________ **62** C2

* À RETROUVER DANS LA PARTIE DÉCOUVRIR

À BOIRE ET À MANGER

Pendant la San Fermín, un nombre incalculable de stands fleurissent dans la ville entière, notamment dans le *casco antiguo* et dans les parcs : les jardins de Santo Domingo, de la Taconera... On peut goûter aux variantes locales de *pintxos*, mais aussi aux spécialités de toute l'Espagne du Nord : chorizos, *pimientos, jamones y paellas* à profusion. Dans le quartier historique, quelques rues sont prises d'assaut, à découvrir de bar en bar : la Calle San Nicolas bien sûr, la Calle Comedias qui la croise à angle droit puis, de l'autre côté de la Plaza del Castillo, la Calle Estafeta.

Calle San Nicolas (plan 5, C1) On peut s'engager dans la Calle San Nicolas, où s'alignent les bars aux comptoirs garnis de *pintxos* appétissants… En remontant les rues à angle droit, on profitera des boutiques traditionnelles encore ouvertes, dans la Calle Zapateria, la Calle Nueva – les anciens quartiers artisans de San Nicolas et San Cernin (San Saturnino), que dominent leurs églises respectives.

Calle Mayor (plan 5, B1) Elle recèle de belles façades de maisons et quelques palais : celui des Redin-Cruzat (1658), au n°31, et celui d'Ezpeleta (1705), au n°65.

Plaza del Ayuntamiento et alentours (plan 5, C1) Cette place est aussi nommée Plaza Consistorial. Ancienne place aux Fruits, où l'on vendait quelques denrées entre exécutions et duels, elle marque l'ancienne frontière de la ville. Aujourd'hui y trône le surprenant bâtiment de l'ancienne Casa Consistorial, dont il ne reste, du XVIIIe siècle, que la façade. Deux statues de pierre, Prudence et Justice, encadrent la porte d'entrée, tandis que sur chaque balcon sont sculptés les lions emblématiques de la cité, ce qui paraît normal puisque ce lieu est devenu l'hôtel de ville. On peut remonter ensuite vers le marché Santo Domingo, visiter le musée de Navarre puis le Palacio Real, redescendre en ville par la muraille nord, jusqu'à la cathédrale et les ruelles où se côtoient de nombreux bars, dans l'ancien quartier de la Navarreria. Quelques places tranquilles émaillent ce parcours : celle de la Virgen de la O, au nord-ouest, celle de Santiago où se dresse l'église Santo Domingo, ou encore, plus à l'est, celle de San José avec sa fontaine aux dauphins.

☆ **Catedral Santa Maria (plan 5, C1)** L'édifice originel, datant du Xe siècle, a été profondément modifié par les invasions et les destructions successives : de la cathédrale romane ne subsiste que le chevet. Le reste a été reconstruit au XIVe et au XVe siècle – la façade romane fut rasée puis rebâtie au XVIIIe siècle dans un style néoclassique, tandis que la base de l'édifice était entièrement élargie. Dans la première chapelle, à gauche en entrant dans la cathédrale, remarquez une sculpture du Christ du XVIe siècle : elle passe pour être l'une des plus belles de cette époque en Espagne. Mais le joyau incontesté de l'édifice est son cloître gothique, élevé entre 1286 et 1472, avec deux portes splendides : la plus récente, la porte Précieuse, représente de bas en haut les derniers moments de la vie de la Vierge ; sur la porte du Bon-Secours, une dormition de la Vierge a été taillée dans la pierre par un atelier de Toulouse au XVIe siècle. En levant la tête, on compte 56 clés de voûte étonnantes, illustrant la Création du monde – fleuves du Paradis, vents et travaux des quatre saisons… Enfin, les chapiteaux mêlent scènes religieuses et populaires des XIIe et XIVe siècles. Un Musée diocésain conserve également de très belles pièces provenant des églises de Navarre. *Plaza Santa Maria Tél. 948 21 25 94 www.catedraldepamplona.com* **Cathédrale et musée** *Ouvert mar.-sam. 10h30-19h, dim. et j. fér. 10h30-14h (horaires susceptibles de changement)* ***Visites guidées*** *(église, cloître et musée) en été sam.-dim. et j. fér. à 12h, l'hiver sur rdv Tarif 5€, enfants 2,50€, pèlerins 3€*

☆☺ **Museo de Navarra (plan 5, B1)** Cet imposant édifice renferme de véritables merveilles. Les cinq niveaux retracent la période préhistorique, l'époque romaine – ne manquez pas les mosaïques magnifiques, notamment celle, octogonale, de Ramalete, près de Tudela –, le Moyen Âge, la peinture Renaissance et baroque, jusqu'à l'art du XXe siècle. Parmi les pièces les plus spectaculaires, citons de splendides stèles funéraires préromanes, des chapiteaux d'une grande finesse datant du XIIe siècle – provenant de l'ancien cloître de la cathédrale de Pampelune – et d'autres encore, hispano-musulmans, issus du cloître de la cathédrale de Tudela. Le musée contient également une collection étonnante de fresques gothiques. *Santo Domingo, 47 Tél. 848 42 64 92 www.cfnavarra.es/cultura/museo/fra Ouvert mar.-sam. 9h30-14h et 17h-19h, dim. et j. fér. 11h-14h Fermé jeu. et ven. saints, 1er mai, 6 et 7 juil., 24-25 et 31 déc. et 1er jan. Tarif 2€, gratuit pour les moins de 18 ans, les plus de 65 ans et pour tous sam. après-midi et dim.*

Palacio Real - Archives Royales (plan 5, C1) Ancienne capitainerie de la ville, ce vaste ouvrage défensif fut restauré par l'architecte Rafael Moneo. Le bâtiment abrite le service des archives de la province, que le gouvernement de Navarre tente de promouvoir en organisant des expositions temporaires à partir de ses fonds documentaires. Elles sont en général très intéressantes, richement illustrées de photos, lettres et manuscrits. *Dos de Mayo Tél. 848 42 46 20 Se visite seulement pendant les expositions temporaires Se renseigner par tél. pour les horaires Entrée libre*

En longeant les remparts

Parc de la Citadelle À la limite du centre historique et de la ville nouvelle, de beaux espaces verts offrent autant de havres de calme et de fraîcheur. À la pointe nord-est du quartier historique (plan 5, C1), on accède aux vestiges des **remparts** de la ville par le Portal de Francia - porte d'entrée dans la cité pour les pèlerins venus de France depuis le Moyen Âge. On longe ensuite l'ancien bastion, avant de s'engager sur un chemin de ronde qui descend sur le flanc est, derrière la cathédrale. Quant au parc de la Citadelle (plan 5, B2), il déploie plus de 350ha d'espaces verts, au centre desquels s'élève une forteresse en étoile bordée de profonds fossés, bâtie entre 1571 et 1645. On trouve là un fronton, très prisé par les habitants, des jeux pour les enfants, un arboretum et plusieurs salles d'exposition. *Avenida Ejercito Tél. 948 42 09 75 Ouvert lun.-ven. 7h30-21h30, sam. 8h-21h30, dim. et j. fér. 9h-21h30*

GEOPLUS

Fêtes de San Fermín, mascarades et nuits blanches

Par **Lara Brutinot**, journaliste

À peine connues avant les années 1920, les fêtes de San Fermín n'attiraient jadis que les paysans venus conclure des affaires à la grande foire aux bestiaux. De nos jours, elles donnent lieu à une semaine de folie, animée par les fanfares et ponctuée de défilés, de spectacles de rue et de courses de taureaux.

Traditionnellement, le premier jour était dédié aux célébrations religieuses en l'honneur du saint patron du diocèse, Fermín. Puis commençaient les courses de taureaux, les joutes et les tournois, mais aussi les spectacles de rue : comédiens, musiciens, équilibristes et acrobates défilaient au son des txistus et dulzainas, petites flûtes basques. Les habitants des provinces voisines, curieux, se joignirent bientôt à la fête, suivis de près par quelques touristes étrangers, attirés à leur tour par la rumeur croissante de l'encierro, cette course folle devant la mort, une troupe de taureaux à leurs trousses dans un labyrinthe de ruelles étroites, aux pavés glissants. En la choisissant comme héroïne de son roman Le soleil se lève aussi (1926), Hemingway fit de la San Fermín une véritable légende, réunissant à elle seule les grands mythes de tous les temps, entre libations et rites religieux, fanatisme et profanation, vie et mort – une semaine de folie et d'excès où toute frontière, toute limite est abolie. Les barrières sociales s'effacent, tous se mêlent et partagent une semaine de fête étrange, violente et singulière.

Aux origines de la fête Fermín, ou Firmin, est le fils d'une famille d'aristocrates de Pampelune convertis au christianisme par San Saturnino, ou saint Cernin, lors de la visite évangélisatrice de celui-ci en Espagne, au premier siècle de notre ère. Alors qu'il occupe le siège épiscopal d'Amiens, après avoir été le premier évêque de Pampelune, Firmin est martyrisé, traîné derrière un taureau puis égorgé. Ce n'est qu'au VIIe siècle que son histoire est rapportée à travers l'Europe – les émigrants puis les pèlerins en route pour Saint-Jacques la véhiculent jusqu'à Pampelune. En 1189, l'évêque Pierre d'Artajona obtient une relique de la tête du saint, et une journée lui est dédiée (le 10 octobre). En 1399, on lui consacre un autel dans l'église de San Lorenzo et les quartiers de San Nicolas et San Saturnino décident de célébrer sa fête tous les ans. En 1591, on en modifie la date, trop automnale et trop pluvieuse, pour la faire coïncider avec un grand rassemblement populaire : la foire aux bestiaux du 7 juillet et ses célèbres courses de taureaux. L'événement connaît dès lors un immense essor, mêlant le caractère religieux et sacré à la fête païenne et populaire.

Le Chupinazo Le premier jour, le 6 juillet, consacre l'ouverture des fêtes : la foule s'amasse en certains lieux clés de la ville, chacun cherchant à être le mieux placé possible pour participer au coup d'envoi des festivités. À midi pile, le maire, du haut d'un balcon de la Casa Consistorial, lance une fusée dans le ciel et, en écho, lui répondent aussitôt mille bouchons de *cava* (variété de champagne locale) sur les acclamations de *Gora San Fermín* ! (Vive San Fermín !). La Plaza del Ayuntamiento, juste devant la mairie, est le théâtre des débordements les plus violents. Nous vous conseillons plutôt la Plaza del Castillo, plus vaste, plus aérée, donc moins dangereuse. Vous n'échapperez pas pour autant aux projectiles d'œufs et de farine. Quelques heures plus tard, quand la cohue s'est égaillée dans les ruelles du centre historique, la place ressemble à un vrai champ de bataille, livré aux employés municipaux ramassant des tonnes de verre brisé.

TENUE CORRECTE EXIGÉE
Il faut absolument arborer la tenue traditionnelle des Sanfermínes : pantalon blanc, chemise blanche, espadrilles blanches et rouges et foulard rouge noué autour du cou. Si vous ne possédez pas ces accessoires, vous pourrez tout acheter sur place, dans les ruelles du centre historique. Inutile de les payer cher : ils subiront certainement, quelle qu'en soit la qualité, des dommages irréparables.

Les vêpres Célébrées le 6 juillet à 20h, elles sont chantées à la chapelle de San Fermín, dans l'église de San Lorenzo, selon un programme inchangé depuis le XVe siècle.

La procession de San Fermín Le cortège s'ébranle à 10h, le 7 juillet – jour le plus important des fêtes. Le conseil municipal quitte la mairie et rejoint à la cathédrale les membres du chapitre. À 10h30, tous vont chercher la statue de San Fermín (XVe siècle) dans l'église de San Lorenzo, pour la porter à travers la ville au son des fanfares, chorales et joueurs de flûtes. Ils défilent Calle San Anton, Plaza del Consejo, San Saturnino, Calle Mayor, Calle San Lorenzo, où la statue réintègre sa chapelle, vers 11h40. Une messe est prononcée ensuite. Vers 14h15, tous se séparent devant la cathédrale, après une grande mascarade où apparaissent pour la première fois les Géants. Le conseil retourne à la mairie, assister à une dernière danse, à 14h45. L'ambiance est plus solennelle et familiale que la veille : les noctambules se reposent de leur première nuit blanche…

Les défilés des Géants À 9h, tous les jours, s'ébranle la grande mascarade des Géants et autres créatures en carton-pâte, pour le plus grand plaisir des enfants. Il est certes impressionnant de voir défiler ces personnages démesurés, portés sur les épaules par quelques jeunes gens, exécutant danses et mimes. Viennent en premier les Cabezudos, les plus sérieux du défilé – de grosses têtes de 2m de diamètre, qui trônent parmi la foule impatiente, précédant le clou du cortège, les huit *Gigantes*.

GEOPLUS

➤ Ces derniers représentent les rois du monde ; fabriqués en 1850, ils mesurent près de 4m de hauteur et pèsent quelque 60kg ! Suivent alors les Kilikis, sortes de guignols à peine plus grands que les humains, figurant les six conseillers municipaux, dotés de fouets en mousse avec lesquels ils feignent de frapper la foule. Ils sont accompagnés des Zaldikos, chevaux rouges et dorés. Tous arrivent le 6 juillet vers 16h30 et repartent le 14 juillet à 13h, à la station d'autobus, leur lieu de rassemblement.

L'*Encierro* L'apogée de la San Fermín est sans conteste le rendez-vous des jeunes hommes en mal d'émotions fortes, au fil d'une course folle de quelques minutes seulement, chaque matin. Pour participer, il faut arriver près de la Plaza Consistorial ou de la Cuesta de San Domingo avant 7h30, heure à laquelle la police ferme les barrières : on ne peut plus alors sortir du trajet prévu pour la course. À 8h précises, les six taureaux sont lâchés avec onze autres bêtes pourvues de sonnailles. Le jeu consiste à courir devant eux, jamais derrière, sans se faire renverser ni piétiner. La horde quitte la Calle Santo Domingo, dévale la pente la plus dangereuse du parcours, traverse la Plaza Consistorial et prend la Calle Mercaderes ; elle tourne à angle droit dans la Calle Estafeta, où les portes des immeubles sont les seuls points de repli, passe dans la Bajada de Javier et l'entonnoir de la Calle Telefónica en se divisant, devenant à nouveau imprévisible et dangereuse ; puis elle déboule sur la foule amassée dans le *callejon* menant aux arènes, où les bêtes font une entrée fracassante et redoutée, sous les manœuvres suicidaires d'individus surgissant soudain au détour d'une corne... Du grand spectacle, que l'on peut suivre à l'abri, broyé derrière les barrières de protection (en arrivant dès 6h pour avoir une chance de voir quelque chose), £ou bien tout à son aise du haut d'un balcon loué pour la matinée (annonces à l'office de tourisme et partout en ville ; comptez env. 75€). La télévision retransmet également, chaque jour, l'intégralité de l'*encierro*. À 8h15, on peut enfin commencer à prendre un petit déjeuner bien mérité : chocolat chaud et *churros* en tête.

SITE INTERNET
La fameuse marque basque de graphistes kukuxumusu propose un site dédié aux fêtes. Outre ses produits - affiches, tee-shirts et autres gadgets estampillés San Fermín - vous trouverez des informations pratiques, une sélection d'adresses pour les noctambules en langues espagnole et anglaise et un "kit de survie" en français. www.sanfermin.com et www.pamplona.net section "turismo", onglet San Fermín la fiesta.

Les arènes Tous les soirs à 18h30, les arènes (plan 5, C1-2) s'enflamment. Côté soleil, c'est le royaume des *peñas* et des bruyants supporters : on crie à tout rompre et vous risquez fort de vous retrouver malmené. Côté ombre, l'ambiance est plus mesurée : on sirote même quelques flûtes de champagne, entre gens de bonne compagnie. Six taureaux sont lâchés dans l'arène. Les places sont assez chères et plutôt rares selon les jours, mais il vaut mieux éviter de se procurer des tickets vendus à la sauvette, encore plus chers et souvent côté soleil. Consultez les tarifs sur www.feriadeltoro.com. À 17h30, entre la Plaza del Ayuntamiento et les arènes, défilent les *mulillas*, chevaux chargés de tirer les dépouilles taurines après la corrida.

CASA DE BAÑOS
Au cas où vous auriez abandonné l'idée de vous coucher, et que vous ayez passé la nuit dehors, vous pourrez tout de même vous offrir au matin une douche réparatrice pour env. 1€. Possibilité de laver et de sécher son linge (pas pendant la San Fermín), env. 10€. *Rio Alzania, 20, Tél. 948 23 24 26 Ouvert tlj. 9h-20h*

Les *peñas* La Calle Jarauta est le temple des *peñas*, cercles d'habitués possédant chacun sa fanfare, son blason, son hymne et son siège dans la rue ; ils défilent à la sortie des arènes, vers 20h30. À 21h, sur la Plaza del Castillo, on peut assister à des concerts de musique traditionnelle, ainsi qu'à des bals, entre 20h et 22h, sur la Plaza de los Fueros. D'autres réjouissances commencent à minuit au parc Antoniutti et sur la Plaza de la Cruz.

Les *dianas* Chaque matin à 6h45, la Pamplonesa, fanfare municipale, part à l'assaut du centre historique et réveille tous ceux qui ont eu la malencontreuse idée de se coucher. Les noceurs encore debout continuent leurs danses folles sur ses pas, invectivant les dormeurs pour les inciter à se lever.

Des feux d'artifice Tous les soirs à 23h – mais surtout le 7 juillet –, les lumières fusent de la citadelle : c'est de la Vuelta del Castillo (plan 5, B2) que l'on apprécie le mieux le spectacle, préparé chaque soir par une compagnie différente.

El pobre de mí C'est la fin ! Le 14 juillet à minuit, tous les *Sanfermínes* se rassemblent sur la Plaza Consistorial pour se donner rendez-vous un an plus tard. Ils entonnent un air de circonstance, un refrain de *Pobre de mí, pobre de mí, que se han acabado las fiestas de San Fermín* (Pauvre de moi, les fêtes sont finies)…

Camara de Comptos (plan 5, B1) Cet ancien palais médiéval (XIIIe s.) abrita de 1525 à 1836 la Chambre des comptes du roi. Ne manquez pas la cour intérieure, de l'autre côté du passage : l'ensemble forme le seul exemple encore debout de gothique civil à Pampelune. *Ansoleaga, 10 Tél. 848 42 14 00 http://camaradecomptos.navarra.es Ouvert lun.-ven. 8h30-14h30 sauf j. fér. Entrée libre*

Iglesia San Saturnino (plan 5, C1) Véritable forteresse, elle assura la protection et le salut des habitants du quartier de San Cernin pendant des décennies. Au XIIe siècle, on entreprit la construction d'un temple de style roman à l'emplacement d'un ancien temple romain dédié à Diane. En 1297, on acheva de bâtir l'unique nef, de style gothique. L'édifice accueille dans l'une de ses ailes une hôtellerie pour les pèlerins, mais il est surtout célèbre pour ses deux hautes tours. *Ansoleaga, 4 Tél. 948 22 11 94 Ouvert lun.-sam. 9h15-12h30 et 18h-20h, dim. et j. fér. 10h15-13h30 et 17h30-20h Entrée libre*

Iglesia San Nicolas (plan 5, C2) Sur les vestiges d'une église romane fortifiée fut élevé en 1231, après un grand incendie, un nouveau temple gothique. En 1888, la façade côté boulevard ainsi que les arcades furent restaurées dans un style néogothique, puis un clocher et une tour crénelée furent ajoutés en 1924. Malgré ces modifications, l'église reste une figure emblématique de la vieille ville, rythmant la vie de ce quartier aujourd'hui encore très commerçant. *San Miguel, 15 Tél. 948 22 12 81 Ouvert lun.-sam. 9h30-12h30 et 18h30-20h, dim. et j. fér. 9h30-13h30 et 18h30-20h30 Entrée libre*

● Où faire des emplettes gourmandes ?

Confiserie Donezar (plan 5, C1) Ce repaire de gourmands décline depuis 1852 toute une variété de sucreries, caramels et chocolats. On y fabrique également des cierges, dans le dernier atelier artisanal de la ville, au premier étage – c'était d'ailleurs la spécialité de la rue Zapatería, avec les cordonneries, les forges et les fabriques de chocolat. *Zapatería, 47 Tél. 948 22 13 38 www.donezar.com Ouvert lun.-sam. 9h15-13h45 et 16h30-20h Fermé j. fér.*

Casa Manterola (plan 5, C1) On y trouve la spécialité de la ville : les fameux bonbons au café au lait, mais aussi des gâteaux aux amandes et pignons. On peut accompagner ces quelques douceurs d'un thé. *Zapatería, 20 Tél. 948 22 37 17 www.casamanterola.es Ouvert lun.-ven. 8h30-13h30 et 17h-20h, sam. 9h-13h30 et 17h-20h*

Vinoteca Murillo (plan 5, B1) Une cave qui propose une vaste gamme de vins naturels, dont les trois cuvées de l'aroa, les deux cuvées biologiques de lezaun, l'azpea, le mendiko et le maztegi. Accueil souriant. *San Miguel, 16-18 Tél. 948 22 10 15 www.vinotecamurillo.es Ouvert lun.-ven. 9h30-13h45 et 16h30-19h45, sam. 9h-14h*

● Où prendre son petit déjeuner ?

Zucitola Pasteleria (plan 5, C1 n°1) Cette pâtisserie propose un choix de viennoiseries appétissantes, que l'on peut déguster sur place, au comptoir, avec un café, un thé ou un chocolat avant de commencer la journée. *Paseo Sarasate, 4* **Pampelune** *Tél. 948 22 31 66 Ouvert lun.-ven. 7h30-14h et 16h-20h30, sam. 8h-14h et 18h-20h30, dim. 9h-14h30 et 17h-21h*

● Où grignoter des *pintxos* ?

Iru Bar (plan 5, C1 n°40) Ce bar bondé du matin au soir propose des menus à 11, 15 ou 21€, servis dans une petite salle donnant sur la rue où trône un long bar. Les salades sont originales et savoureuses, les plats plutôt gourmands. Mais on peut aussi se contenter d'un assortiment de pintxos choisis au comptoir : ils sont frais et délicieux. *San Nicolas, 25 Tél. 948 21 10 94 Ouvert tlj. 9h-23h*

☺ **Café Roch (plan 5, C1 n°30)** Une devanture vert pomme, une toute petite salle où voisinent miroirs et vieux fauteuils, dans une ambiance années 1950. L'ensemble date de 1898 et, au sol, le vieux parquet a vu glisser des semelles célèbres, des artistes de la région ou de passage, Hemingway bien entendu mais aussi Osborne ou d'autres encore. Le *pintxo* (1€-1,70€) de poivron est la spécialité de ce bar, tout comme les croquettes au poisson, jambon, fromage ou champignons. *Comedias, 6 Tél. 948 22 23 90 www.caferoch.com Ouvert lun.-ven. 9h-15h et 18h-23h, sam.-dim. 11h-3h*

Baserri Bar (plan 5, C1 n°31) Dans la rue la plus animée du quartier historique, un comptoir appétissant, garni de *pintxos* originaux (2,40€ env.). Difficile de choisir à la carte tant l'offre est vaste et alléchante. Ambiance conviviale. Dans la salle du fond, un restaurant également réputé, mais dans un cadre plus quelconque. Menus à 15€ (24,70€ le week-end). *San Nicolas, 32 Tél. 948 22 20 21 www.restaurantebaserri.com Ouvert tlj. 9h30-23h*

● Où boire un verre en terrasse ?

☺ **Mesón del Caballo Blanco (plan 5, C1 n°21)** Sur les remparts, une vieille bâtisse tout en pierre blonde avec, à son pied, une terrasse où sont disposés petites tables et parasols, pour boire un verre au calme, dans la journée, ou en musique, à la nuit tombée. Pas de voitures, pas de foule, un souffle d'air frais : le bonheur en été. Le restaurant propose alors des tartines, salades et autres plats légers (5-10€). *Calle del Redín Tél. 948 21 15 04 Ouvert juin-mi-oct. : tlj. 12h-23h (juin-sept. concert gratuit jeu. après 20h) ; mi-oct.-mai : ven.-dim. 12h-0h*

Les environs de Pampelune

La vallée de l'Ultzama

Située à une trentaine de kilomètres au nord de Pampelune, cette vallée peuplée de villages d'éleveurs, de brebis et de vautours est propice à d'agréables balades à travers les pâturages et les forêts de hêtres, de chênes, de sapins et de châtaigniers. On y accède par la N121-A en provenance de Pampelune, puis en bifurquant sur la NA4110 à Ostiz.

Chênaie d'Orgi À l'entrée de la vallée, cette magnifique forêt peuplée de chênes rouvre et d'une cinquantaine d'autres essences couvre 80ha et certains arbres auraient plus de deux siècles. Déclarée zone naturelle de loisirs, la rouvraie a été dotée de sentiers balisés et d'un espace de découverte destiné aux enfants. *Centre de Visite d'Orgilizaso Accès aux sentiers par le village de Lizaso Tél. 948 30 53 00 ou 620 95 54 54 www.bosque-orgi.com Ouvert haute saison : lun.-ven. 10h-14h, w.-e. et j. fér. 10h-14h et 16h-19h ; reste de l'année : w.-e. et j. fér. Se renseigner par tél. pour les horaires Kiosque à l'entrée de la forêt ouvert toute l'année*

Centre de visite d'Orgilizaso *Kuartelenea, c/San Simón, 36 Lizaso Ouvert haute saison : lun.-ven. 10h-14h, w.-e. et j. fér. 10h-14h et 16h-19h ; basse saison : w.-e. et j. fér. (horaires variables, téléphoner)*

CARNET D'ADRESSES

Lieux de sortie

Pour être au courant de l'actualité des concerts et des soirées spéciales, connectez-vous sur www.infoconciertos.com ou consultez le mensuel gratuit *Navarra* (également pour les programmations théâtrales et les expositions).

Cafés, bars

La Dolce Vita (plan 5, C1 n°20) À l'angle de la fameuse Plaza del Castillo, une adresse tendance lounge : la musique s'échappe du bar jusqu'aux tables en terrasse. On y boit des bières fraîches, des cocktails maison, et l'on y goûte des *pintxos*, à base de légumes. Quelques plats à la carte également, pour dîner en regardant déambuler les passants. *Plaza del Castillo, 40 31001* ***Pampelune*** *Tél. 948 20 76 81 Ouvert lun.-jeu. 9h-23h, ven.-sam. 10h-2h30, dim. 11h-23h*

Kayak (plan 5, C1 n°23) Un café-bar ouvert tard le soir, pour commencer la nuit sur fond de musique rock'n'roll. Un grand choix de cafés et de cocktails est proposé. Belle terrasse et quelle ambiance ! *Calle Tejeria, 26* ***Pampelune*** *Tél. 948 22 21 72 Ouvert tlj. 19h-4h*

Club

Macumba (plan 5, C3 n°26) Les deux salles de l'"Eleven Room" ont fait place à une boîte dédiée à la *musica latina*. *Entrée 10€ (ou 12€ avec consommation) Abejeras, 11* ***Pampelune*** *Tél. 948 23 59 37 Ouvert jeu.-sam. 0h-6h*

Restauration

petits prix

Café Iruña (plan 5, C1 n°41) Le café mythique de Pampelune, fondé en 1888 : une grande salle aux plafonds très hauts avec colonnades, lustres et tables de bistrot. où pèlerins et touristes viennent grignoter un morceau : gaspacho maison, sandwich ou menu du jour (13,50€ midi et soir, 22€ le sam. soir), simple et frais. *Plaza del Castillo, 44* ***Pampelune*** *Tél. 948 22 20 64 Ouvert lun.-jeu. 8h-23h, ven. 8h-2h, sam. 9h-2h, dim. 9h-23h*

prix moyens

El Redin (plan 5, C1 n°42) À côté des halles couvertes de Santo Domingo, voici une bonne table, simple et bon marché – à midi, une formule intéressante décline entrée, plat, dessert et boisson pour 13€. À la carte, il faut compter 30€ : poêlée de riz aux fruits de mer, poisson grillé fraîchement pêché, et la spécialité de la région,

Et aussi...

Un déjeuner sur le pouce

Iru Bar — 379
Café Roch — 379
Baserri Bar — 379
Mesón del Caballo Blanco — 379

Une pause gourmande

Casa Manterola — 378
Zucitola Pasteleria — 378

la morue à l'*ajoarriero*, cuisinée avec de l'ail, des oignons, des tomates et des poivrons. *Mercado, 5* ***Pampelune*** *Tél. 948 22 21 82 Ouvert dim.-jeu. 13h30-16h, ven.-sam. 13h30-16h et 20h30-23h*

Restaurante San Fermín (plan 5, C1 n°45) Au premier étage d'un immeuble, ce restaurant sert une cuisine traditionnelle et familiale. Menu du jour à 17€ en semaine et 25€ le week-end en été. À la carte, entrées à env. 13€ et plats de viande et de poisson de 17 à 22€. *San Nicolas, 44-46* ***Pampelune*** *1er étage à droite Tél. 948 22 21 91 www.restaurantesanfermin.com Ouvert mar.-jeu. 13h-16h, ven.-sam. 13h-16h et 21h-23h, dim. 13h-16h*

Café con Sal (plan 5, C1 n°46) Pour manger au cœur de la San Fermín dans une ambiance survoltée en face des arènes, à côté d'une myriade de bars en plein air où tout le monde chante et danse jour et nuit. Cuisine traditionnelle. Comptez 13,20€ à midi et 25€ le soir ou le week-end. On peut aussi se contenter de boire un verre. *Juan de Labrit, 29* ***Pampelune*** *Tél. 948 22 79 27 http://restaurantecafeconsa.wix.com* ***Restaurant*** *Ouvert lun.-jeu. 13h30-16h, ven.-sam. 13h30-16h et 20h-23h*

prix très élevés

Rodero (plan 5, C2 n°44) Une étoile au guide Michelin pour cet élégant restaurant installé au rez-de-chaussée d'un immeuble cossu, entièrement rénové, voisin des arènes. La carte est audacieuse ; on s'y régale d'une *cuajada* de coco aux mollusques, d'un filet de morue confit et, par exemple, d'un dessert coco, chocolat blanc et rhum.Menus à 60€ et 69€ ; environ 60€ à la carte. *Emilio Arrieta, 3* ***Pampelune*** *Tél. 948 22 80 35 www.restauranterodero.com Ouvert lun.-mar. 13h30-16h, mer.-dim. 13h30-16h et 21h-23h*

Restaurante Europa (plan 5, C1 n°47) Une adresse gastronomique traditionnelle prisée des habitants. Pendant la San Fermín, il faut réserver impérativement pour avoir la chance de goûter aux délices de saison, entre l'*encierro* et la corrida du soir. La maison est tenue par une même famille : quatre frères et sœurs se répartissent les rôles et entretiennent une vingtaine de chambres à l'étage, cf. Hotel Europa (p.383). En cuisine, Pilar revisite les plats classiques, et elle est désormais célèbre pour ses raviolis de morue aux pommes de terre, caviar et vinaigrette de fraises... Comptez 53€ pour le menu du jour ou 66€ pour le menu dégustation et env. 60€ à la carte. *Espoz y Mina, 11* ***Pampelune*** *Tél. 948 22 18 00 www.hreuropa.com Ouvert lun.-sam. 13h-15h30 et 21h-23h Fermé 24, 25 et 31 déc. et 1er jan.*

Hébergement

petits prix

Hostal Aralar (plan 5, C1 n°60) Dans une rue animée du centre historique, un hôtel étonnamment calme qui conviendra en dépannage (demandez les chambres donnant sur l'arrière). Si l'accueil est agréable et les tarifs attractifs, en revanche, les chambres très sommaires mériteraient une rénovation énergique et l'entretien laisse à désirer : double avec sdb, TV à 40€ (mais 180€ pendant la San Fermín !). Des travaux sont en projet, une affaire à suivre. Au premier étage, la cidrerie-rôtisserie propose un menu tout à fait correct, autour de 13€ (midi du dimanche soir au vendredi soir et 10€ pour les pensionnaires). *San Nicolas, 12* ***Pampelune*** *Tél. 948 22 11 16*

prix moyens

☺ **Hotel Castillo de Javier (plan 5, C1 n°61)** Un hall d'entrée rénové, tout en pierre et verre, clair et paisible. Ici, vous profiterez d'un cadre historique et de tout le confort moderne : ascenseur, chambres insonorisées, décoration blanc cassé et bois, salles de bains bien tenues, double vitrage, etc. Au rez-de-chaussée, une cafétéria dans le même esprit, pour prendre le petit déjeuner avant de s'engouffrer dans la ville. Une des adresses les plus séduisantes de Pampelune, centrale et d'un très bon rapport qualité-prix. Double de 63 à 69€ pour un chambre avec Jacuzzi – souverain après une journée de visites –, simple à 45€. Petit déjeuner autour de 4€. Pendant la San Fermín, la double passe à 270€ et la simple à 200€, petit déj. inclus. *San Nicolas, 50-52* ***Pampelune*** *Tél. 948 20 30 40 www.hotelcastillodejavier.com*

Hotel Yoldi (plan 5, C2 n°62) Confortable, cet hôtel est à la fois central et calme. Double vitrage et air conditionné. Un standard du genre, sans surprises, sans défauts, où l'on est accueilli avec un professionnalisme souriant. Double à 74-80€ HT (326€ HT pendant la San Fermín !), simple à 64€ HT (220€ HT pendant la San Fermín), petit déj. 10€. *Avenida de San Ignacio, 11* ***Pampelune*** *Tél. 948 22 48 00 www.hotelyoldi.com*

Hotel AC Ciudad de Pamplona (plan 5, B3 n°66) Cet établissement 4-étoiles dressé sur l'un des grands boulevards de la ville offre des chambres confortables. Vous vous y reposerez vraiment, à l'abri des étages et des doubles vitrages, un peu à l'écart des festivités. Doubles (avec 1 ou 2 lits) de 70 à 110€ HT (400€ pendant la San Fermín !). Petit déj. env. 15€. Parking à 16,50€/jour. *Iturrama, 21* ***Pampelune*** *Tél. 948 26 60 11 www.ac-hotels.com*

Hotel Eslava (plan 5, B1 n°64) Dans un coin plutôt tranquille du quartier historique, en bordure nord-ouest des remparts, un hôtel familial reconnaissable à sa belle façade à colombages.

La San Fermín n'a pas de prix !

Pendant la San Fermín, les prix des hébergements grimpent considérablement ; il n'est pas rare qu'ils triplent. D'ailleurs, quelle idée de vouloir dormir... soupireront les *Sanfermínes* les plus fervents, venus pour, justement, ne pas dormir et enchaîner la nuit avec le jour et le jour avec la nuit, sans répit. Sachez toutefois que la ville propose des chambres d'hôtel – ou chez l'habitant – à qui prétend essayer de se reposer. Mais attention, les prix doublent, quand ils ne sont pas multipliés par trois : vous risquez de payer une chambre toute simple au prix d'une suite... Si vous réussissez à en trouver une – elles sont parfois prises d'assaut plusieurs mois à l'avance –, il vous faudra sans doute loger à l'extérieur de la ville et faire la route chaque jour. Au moins dormirez-vous au calme, et pourrez-vous échapper au vacarme des fanfares dans les ruelles dès 7h du matin... Cela dit, les chambres situées à l'écart du *casco antiguo* restent relativement paisibles, et elles permettent d'être à pied d'œuvre, au plus tôt et au plus près de l'*encierro*.

Intérieur au charme suranné, accueil cordial. Double à 70€, petit déj. compris, et 145€ pendant la San Fermín. *Plaza Virgen de la O, 7* ***Pampelune*** *Tél. 948 22 22 70 www.hotel-eslava.com Fermé 25 déc.-7 jan*

prix élevés

Hotel Europa (plan 5, C1 n°63) En plein quartier historique, juste derrière la Plaza del Castillo, un immeuble ancien rénové, où l'on dort dans des chambres sobres et confortables, munies de grands lits, double vitrage et salles de bains impeccables. Très bon rapport qualité-prix, surtout à certaines dates, moins fréquentées, où les prix chutent considérablement (le week-end notamment) : téléphonez pour vous renseigner. Double 80€ en haute saison, simple 70€, petit déj. 10€. Pendant la San Fermín, la double passe à 300€ et la simple à 250€. Si vous souhaitez séjourner ici, réservez très à l'avance ! Mais l'adresse est surtout connue pour son restaurant gastronomique, cf. Restaurante Europa (p.381). Parking 13€. *Espoz y Mina, 11* ***Pampelune*** *Tél. 948 22 18 00 www.hreuropa.com*

SANGÜESA

31400

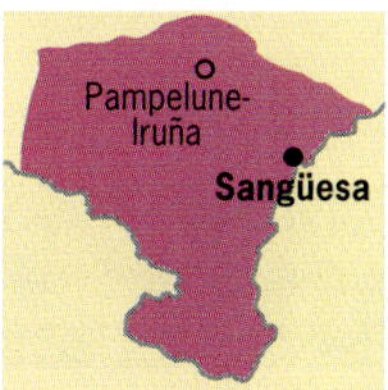

Dès la frontière orientale de la Navarre, on commence à sentir les vents chauds, parfois brûlants, du plateau castillan. La terre se dessèche, la roche est craquelée, entaillée de profondes crevasses. Les cigognes bâtissent leur nid au sommet des églises tandis que les vautours tournoient dans le ciel, avant de se poser à l'ombre d'une falaise. Les pèlerins s'arrêtent à Leyre, près du mirador du mont Arangoiti (1 355m), et visitent son monastère avant de se baigner dans les eaux bleues du lac de Yesa. Puis ils continuent leur route vers Sangüesa, fondation romaine longtemps peuplée de Francs et convoitée par les musulmans. L'art roman y explose de toute sa ferveur, et les portails des églises sont à eux seuls de véritables chefs-d'œuvre.

MODE D'EMPLOI

accès

EN VOITURE

À 46km à l'est de Pampelune, par la AP15 en direction de Zaragoza, puis la N240 en direction de Jaca (comptez 40min de trajet). Pour vous garer facilement, suivez les panneaux indiquant les parkings. Le centre et les alentours de la Calle Mayor sont aujourd'hui piétons.

EN CAR

Veloz Sangüesina Ligne régulière Cáseda-Pampelune via Sangüesa. *Tél. 948 87 02 09*

informations touristiques

Office de tourisme de Sangüesa *Mayor, 2 Tél. 948 87 14 11 oit.sangüesa@cfnavarra.es www.sanguesa.es/turismo Ouvert juin-sept. : lun.-sam.*

10h-14h et 16h-19h, dim. 10h-14h ; oct.-mai : tlj. 10h-14h

Office de tourisme de Lumbier Informations sur les randonnées avec guides spécialisés, sur les balades à cheval dans les environs, ou bien sur les vols en avion ou en deltaplane. *Plaza Mayor* ***Lumbier*** *(à 14km au nord de Sangüesa) Tél. 948 88 08 74 Ouvert juil., 1er sept.-mi-sept. : mar.-jeu. et dim. 10h-14h, ven.-sam. 10h-14h et 16h30-19h30 ; août : mar.-sam. 10h-14h et 16h30-19h30, dim. 10h-14h ; reste de l'année : ven.-sam. 10h-14h et 16h30-19h30, dim. 10h-14h*

marchés, fêtes et manifestations

Marché ***Sangüesa*** *Ven. mat.*
Marché ***Lumbier*** *Lun. mat.*

Mystère des Rois Fête religieuse. *À Sangüesa, 6 jan.*

Javierada Grand pèlerinage à l'occasion de la Neuvaine de Grâce. Des milliers de fidèles convergent alors de toute la Navarre vers le château de Javier pour y vénérer saint François-Xavier. *www.santuariodejavier.org Deux 1ers w.-e. de mars*

Fêtes de San Sebastián *Uen semaine de festivités :* encierros, corridas, défilés de Géants. *À Sangüesa Une sem. mi-sept.*

DÉCOUVRIR

☆ **Les essentiels** L'église Santa Maria La Real de Sangüesa et le monastère San Salvador de Leyre à Yesa **Découvrir autrement** Empruntez les sentiers qui sillonnent la Foz de Lumbier, observez les vautours du mirador d'Iso

Sangüesa

Vieille ville Le joyau de Sangüesa est incontestablement le portail roman de ☆ **Santa Maria La Real**, l'un des plus beaux exemples de l'art espagnol de cette époque. Il illustre le Jugement dernier, la Présentation de Jésus au temple et le Massacre des Innocents, ainsi que quelques scènes tirées de récits rapportés par des pèlerins. Le portail gothique de l'**église San Salvador** (XIVe s.) (ne se viste pas) mérite également un coup d'œil, de même que la sculpture gothique de saint Jacques dans l'**église Santiago el Mayor** (ouvert tlj. 10h-13h30 et 17h-21h), auprès du retable de San Eloy (XVIe s.). Longtemps ville frontalière entre la Navarre, la France et l'Aragon, Sangüesa a accueilli en ses murs la cour des rois de Navarre. C'est pourquoi l'on y retrouve aussi de nombreuses belles demeures : citons, dans la Calle Mayor, le **palais Añues** (XVe s.) qui ne se visite pas et celui, voisin, des Iñiguez-Abarca (XVIIe s.). Dans la rue perpendiculaire Alfonso el Batallador, le palais Vallesantoro (XVIIe s.), dont on remarquera l'immense avant-toit, ouvre désormais son jardin aux visiteurs et propose des expositions temporaires. Plus à gauche, dans la Calle Mayor, l'ancien **palais des princes de Viana** (XVIe s.) abrite aujourd'hui la bibliothèque municipale. ***Palais Vallesantoro*** *Ouvert mar.-sam. 11h30-14h et 19h-21h, dim. 11h30-14h Entrée libre*

Les environs de Sangüesa

★ **Monasterio San Salvador de Leyre** Perché à plus de 700m d'altitude sur une terrasse du versant sud de la sierra de Leyre, ce monastère occupe un site remarquable surplombant le lac Yesa. D'origine carolingienne, il fut détruit par les Maures au xe siècle et rebâti un siècle plus tard. Les trois absides de l'église, les trois chapelles orientales et une partie de la nef, la magnifique crypte et le portail nord sont romans. La voûte ogivale puis un cloître ont été ajoutés aux xvie et xviie siècles. En 1836, la loi de confiscation des biens de l'Église entraîne l'abandon du monastère et la ruine des bâtiments. Ce n'est qu'en 1954 qu'une communauté de bénédictins s'y installe à nouveau et redonne vie au lieu. Ne manquez pas les offices chantés en grégorien plusieurs fois dans la journée. De là, muni de vivres, vous aurez le choix entre deux balades dans la montagne : vers la fontaine des Vierges (à peine 250m) ou celle de San Virila (30min de marche). À moins de grimper vers la sierra par le GR®. ***Yesa*** *(12km au nord-est de Sangüesa) Tél. 948 88 41 50 www.monasteriodeleyre.com Ouvert lun.-ven. 10h15-14h et 15h30-19h (18h en hiver), sam.-dim. 10h15-14h et 16h-19h (18h30 en hiver) Tarif 2,75€, enfants 0,80€*

Castillo de Javier À 8 km de Sangüesa se profilent les tours crénelées de la forteresse médiévale qui vit naître, en 1506, saint François-Xavier, cofondateur de la Compagnie de Jésus et patron de la Navarre. Chaque année, début mars, des milliers de Navarrais convergent vers le château à l'occasion du très populaire pèlerinage connu sous le nom de "Javierada". ***Javier*** *Tél. 948 88 40 24 www.santuariodejavier.org Ouvert tlj. 10h-13h30 et 15h30-18h30 (17h30 nov.-fév.) Tarif 2,75€*

● Où déguster vins et fromages ?

☺ **Bodegas Azpea** Au bord de la rivière, cette petite maison de bois cernée de vigne abrite une bodega. À l'arrière-plan se découpe la silhouette de la Foz de Lumbier, ce défilé taillé au creux des falaises rocheuses... Des terroirs différents caractérisent les cépages : *tempranillo* et cabernet sauvignon pour les rouges, avec quelques pieds de *garnacha*, une variété ancienne qui donne un vin fin et aromatique, singulier. À la vente, un excellent navarre rouge, plaisant en bouche, une cuvée Selección qui demande à vieillir un peu pour s'assouplir, un blanc très agréable et un rosé fruité étonnant, tous issus de l'agriculture biologique. Les prix sont modiques : autour de 3,70€ la bouteille. Un *vino dulce* de Moscatel délicieux, à env. 11€. Dégustation au verre accompagnée de fromage de Roncal 2€, avec 2 verres 3€. On peut aussi y venir pour manger, sur réservation, toute l'année, et déguster un repas complet autour des vins pour 39€ avec, au choix, des asperges de la Ribera, de la terrine de foie au vin doux, une côte de bœuf et du chorizo cuisiné au vin blanc. *Javier Perez Fonseca Camino de Iturbero* ***Lumbier*** *(10km au nord de Sangüesa, suivre dir. Foz de Lumbier et camping Iturbero, accès fléché) Tél. 948 88 04 33 ou 661 09 09 11 www.bodegasazpea.com Ouvert lun.-sam. 11h-14h et 17h-20h (fermeture plus tardive le samedi), dim. 11h-14h Sur rdv Fermé Noël-5 jan.*

● Explorer les gorges de Lumbier et d'Arbayún

Centro de Interpretación de las Foces Ce centre installé au pied de l'église de Lumier, dans les anciennes écoles, expose une maquette des gorges, accom pagnée par des explications sur la géologie, l'adaptation des espèces animales et végétales, mais aussi des informations sur la culture des environs. Également, deux projections audiovisuelles, pour tout savoir de la vie et de la reproduction des grands rapaces. *Plaza Mayor* ***Lumbier*** *(14km au nord de Sangüesa) Tél. 948 88 08 74 www.focesdenavarra.es Ouvert jan.-27 mars, 6 avr.-juin : ven.-sam. 10h-14h et 16h30-19h30, dim. 10h-14h ; Pâques : tlj. 10h-14h et 16h30-19h30 ; juil. : mar.-jeu. et dim. 10h-14h, ven.-sam. 10h-14h et 16h30-19h30 ; août : mar.-sam. 10h-14h et 16h30-19h30, dim. 10h-14h Tarif exposition 1,20€, moins de 18 ans et plus de 65 ans gratuit*

☺ **Foz de Lumbier** Une énorme bosse de calcaire semble avoir surgi de la terre, à moins que l'eau, pendant des millions d'années, n'ait raviné tout le pourtour pour ne laisser que ce promontoire minéral, gris et vert. De ses 150m de hauteur, le plateau calcaire s'est fendu et l'on peut suivre un sentier le long de la gorge, ainsi créée, dans un silence extraordinaire, scruté attentivement par les rapaces qui ne cessent, là-haut, de tournoyer. Une colonie de vautours fauves niche ici. Au départ du parking (2€/voiture), vous aurez le choix entre deux itinéraires, un premier sentier (2,6km AR), longe une ancienne voie ferrée (accessible aux handicapés), tandis que le deuxième sentier (5,5km) passe à la fois dans les gorges et sur le plateau. *À 9km au nord-ouest de Sangüesa*

☺ **Foz de Arbayún** En butant contre l'imposante sierra de Leyre, la rivière Salazar est parvenue à se frayer un chemin dans la montagne. Sur plus de 6km, on dénombre des milieux naturels variés, compris entre 0 et 300m d'altitude, auxquels correspond une grande variété d'espèces végétales (pins, frênes, chênes, aulnes, etc.) et animales, tels ces 250 couples de vautours, et autres dizaines de milans, faucons ou aigles royaux. Sentier pédestre de 3km le long d'un ancien canal (au départ d'Usun, vers l'ermitage de San Pedro). Signalons deux points de vue intéressants sur les gorges : le **mirador d'Iso** (sur la NA178, au km12 entre Lumbier et Ezcaroz), d'où l'on peut observer les allées et venues des rapaces, et le **mirador d'Arangoiti**, de 1 355m de haut, en direction de Bigüézal, après le col d'Iso.

CARNET D'ADRESSES

Restauration, hébergement

campings

Iturbero Un site plutôt plaisant, au bord de la rivière Salazar et à deux pas des splendides gorges de Lumbier. Des arbres font partout de l'ombre, l'eau coule en cascade, et vous pourrez piquer une tête dans deux grandes piscines, juste à côté. À 100m, une bodega providentielle pour goûter quelques bons vins... Cf. Où déguster vins et fromages ? (p.385).

GAMME DE PRIX	RESTAURATION	HÉBERGEMENT
Très petits prix	moins de 12€	moins de 45€
Petits prix	de 12 à 18€	de 45 à 60€
Prix moyens	de 18 à 25€	de 60 à 100€
Prix élevés	de 25 à 45€	de 100 à 140€
Prix très élevés	plus de 45€	plus de 140€

Comptez env. 30€ TTC pour 2 personnes, avec une voiture, une tente et la place de parking. ***Lumbier** (10km au nord de Sangüesa) Tél. 948 88 04 05 www.campingiturbero.com Fermé nov.-avr.*

prix moyens

Asador Mediavilla Un grill honnête où l'on goûte quelques spécialités originales : les *migas del pastor* (pain frit aux lardons), les tartines frottées à l'ail, en saison, une variété extraordinaire de légumes secs, les *pochas*. Les viandes et les poissons sont toujours très frais, passés au feu et servis simplement, dans une salle aux murs en pierres apparentes où il fait bon l'hiver, frais l'été. Menus de 15 à 29€ HT. *Alfonso el Batallador, 15 **Sangüesa** Tél. 948 87 02 12 Ouvert mar.-ven. et dim. 13h-15h, sam. 13h-15h et 21h-22h30 Fermé 18 sept.-30 sept.*

prix moyens

☺ **Hospederia de Leyre** Offrez-vous une brève retraite à l'hôtellerie du monastère. La cuisine est convenable et assez bon marché, et vous passerez une nuit calme, dans une chambre simple, mais rénovée et avec sdb. Le cadre est magique : les chambres donnent sur le parc, les montagnes et le lac de Yesa. Comptez 77€ la double, (40,70€ la simple) en haute saison, 6€ le petit déj. buffet, et env. 18€ le menu. Le week-end, menu à 22,50€ HT pour les non-résidants. Wifi gratuit. *Monasterio de Leyre **Yesa** (12km au nord-est de Sangüesa) Tél. 948 88 41 00 www.monasteriodeleyre.com Ouvert mars-10 déc.*

Hotel Xabier En face du château de Javier – lieu de naissance de saint François du même nom –, ce grand hôtel-restaurant est l'une des meilleures adresses des environs. Hall d'entrée monumental chargé de dorures, chambres immenses et meublées à l'ancienne, avec tapis, rideaux épais, secrétaire en bois sombre. On peut se contenter d'une grande assiette de légumes de saison, cuisinés avec des herbes et quelques dés de jambon fondant. Si la faim vous taraude, vous opterez pour un menu complet. Accueil efficace et serviable. Double 77€, taxes et petit déjeuner inclus. Menu du jour 18€. Parking gratuit. ***Javier** (8km à l'est de Sangüesa, sur la N5410) Tél. 948 88 40 06 www.hotelxabier.com Fermé 22 déc.-15 fév.*

OLITE

31390

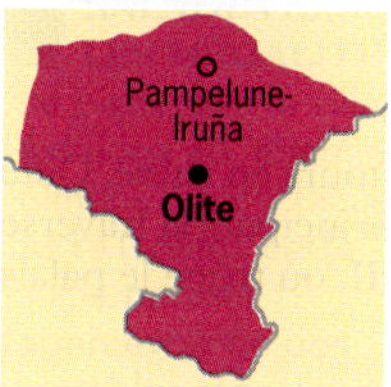

Ancienne capitale des rois de Navarre, Olite recèle un centre historique digne d'intérêt. Vous pourrez déambuler à l'abri des remparts de la vieille ville, de venelle ombragée en place ensoleillée. Le tracé romain de la cité se devine dans sa partie ouest, tandis que ses quartiers orientaux ont conservé un aspect médiéval, ponctué de quelques maisons du XVIe au XVIIIe siècle. Les villages fortifiés des environs, Ujué et Artajona, méritent également une visite ; la région invite aussi à de belles excursions et les ornithologues amateurs pourront observer barges et foulques d'eau sur la lagune de Pitillas.

les voûtes de l'église fortifiée. Sur le portail, d'époque gothique, on reconnaît Philippe le Bel et Jeanne de Navarre, priant San Saturnino. *À 18km au nord-ouest d'Olite, via Tafalla*

Observer des oiseaux

☺ **Observatorio de Pitillas** Au cœur d'une zone presque désertique, les 200ha de la lagune de Pitillas attirent quantité de limicoles et autres espèces d'oiseaux : barges, chevaliers, et quelques rapaces affamés... Dans les roselières nichent foulques et poules d'eau, canards et passereaux. Des familles de cigognes viennent s'exercer à la capture de proies, sans un bruit, au côté de hérons pourprés. Plusieurs observatoires en bois ont été aménagés le long des sentiers, et un centre d'accueil informe les visiteurs sur les caractéristiques des espèces de la lagune. ***Pitillas** (12km au sud-est d'Olite, dir. Santacara) Tél. 619 46 34 50 www.lagunadepitillas.org Ouvert sept.-déc. : dim. et j. fér. 10h-14h ; juil.-août : dim. 10h-14h et 17h-19h (horaires sujets à modifications, téléphoner avant de se rendre sur place) Entrée libre*

CARNET D'ADRESSES

Restauration, hébergement

prix moyens

Hôtel Casa Zanito Dans la rue principale de la ville médiévale, il se signale par sa belle façade ancienne et son grand escalier qui mène à la réception. Accueil cordial, confort (avec baignoire et clim.). Double 60€, (simple 50€), petit déj. 6€, et supplément demi-pension 18€. À la carte comptez de 55 à 70€ *Rua Mayor, 16* ***Olite** Tél. 948 74 00 02 www.hotelolite.com Fermé mi-déc.-mi-jan.*

prix élevés

Asador Sidreria Erri Berri Accueil cordial dans ce petit restaurant, qui sert une cuisine sans prétention mais soignée. On ne résiste pas au menu "cidrerie" : omelette, morue frite aux poivrons ou merveilleuse côte de bœuf. On finira sur le traditionnel fromage de brebis aux noix et à la pâte de pommes et coings, en l'accompagnant d'un dernier verre de cidre. Le tout pour env. 30€ par personne. *Rua del Fondo, 1* ***Olite** Tél. 948 74 11 16 ou 619 29 13 31 www.asadorerriberri.com Ouvert Pâques-sept. : tlj. 13h-16h et 20h-23h ; sept.-Pâques : jeu.-mar. 13h-16h et 20h-23h*

prix très élevés

Principe de Viana Le plus prestigieux hôtel de la région – un Parador national –, aménagé dans un château du XVe siècle, très fréquenté par les touristes américains, aux alentours de la San Fermín en particulier : Pampelune n'est qu'à une trentaine de kilomètres. Réparties dans une extension récente, les chambres adoptent toutes un style médiéval revisité au goût du jour. On peut y passer un séjour très tranquille, entre les murs de la jolie ville close d'Olite. Double de 90 à 213€ en haute saison, petit déjeuner inclus. Comptez 450€ pour l'un des quatre chambres uniques, en demi-pension. Sans y séjourner, vous pourrez également y boire un verre ou une tasse de thé, ou encore y dîner.

À la carte, comptez 50€, – et menus à 22, 32 et 56€ –, pour un repas servi dans un cadre historique. *Plaza de los Teobaldos, 2* **Olite** *Tél. 948 74 00 00 www.parador.es*

Dans les environs

petits prix

☺ **Casa rural El Chofer** L'une des chambres d'hôtes les plus sympathiques aux environs d'Olite vous attend à l'est de la ville, face à la plaine – soyez attentif, car seul un petit sigle l'indique aux promeneurs. Au rez-de-chaussée, demandez à voir le magnifique pressoir, que le propriétaire a lui-même reconstitué – son grand-père produisait déjà de l'huile. Au dernier étage, les chambres ont gardé leurs murs en pierres apparentes ; bon confort et calme total. Double 45€, simple 29€, maison pour 4 pers. 294€ la semaine et 178€ le week-end. Ajoutez 3€ pour le petit déj., pris dans le salon des hôtes. *CB refusée.* ***Ujué*** *(18km à l'est d'Olite) Tél. 948 73 90 11 ou 673 51 84 15 Ouvert Semaine sainte-31 oct.*

prix moyens

☺ **Palacio de Orisoain** Un village hors du temps, tout en pierres blondes au cœur des collines aux reflets d'or. La plupart des meubles et objets de cette demeure ont été chinés dans les brocantes et les greniers. Les chambres sont agréables, nichées dans des recoins de la maison. Double 62€, petit déj. compris, et 78€ le studio avec cuisine et sdb. Repas sur commande (15€). Aux alentours, de nombreux circuits de découverte des églises romanes, des villages de la Valdorba à explorer (demandez des explications détaillées sur place). ***Orisoain*** *(21 km au nord d'Olite, dir. Pampelune via Garinoain et Barasoain, tourner à droite vers Orisoain) Tél. 948 72 05 01 www.palaciodeorisoain.com*

prix très élevés

Tubal Cet établissement porte l'ancien nom de la ville. On y savoure morue, légumes, gâteau d'agrumes cuit à la vapeur, accompagné d'une soupe de chocolat blanc – un régal... Prix moyen 50-55€. Une terrasse donnant sur la place invite à prendre l'apéritif et le café et une boutique propose des produits du terroir et des plats à emporter. *Plaza Navarra, 4* ***Tafalla*** *(3km au nord d'Olite) Tél. 948 70 08 52 www.restaurantetubal.com Ouvert mar.-mer. et dim. 13h-15h, jeu.-sam. 13h-15h et 20h30-22h*

GAMME DE PRIX	RESTAURATION	HÉBERGEMENT
Très petits prix	moins de 12€	moins de 45€
Petits prix	de 12 à 18€	de 45 à 60€
Prix moyens	de 18 à 25€	de 60 à 100€
Prix élevés	de 25 à 45€	de 100 à 140€
Prix très élevés	plus de 45€	plus de 140€

TUDELA

31500

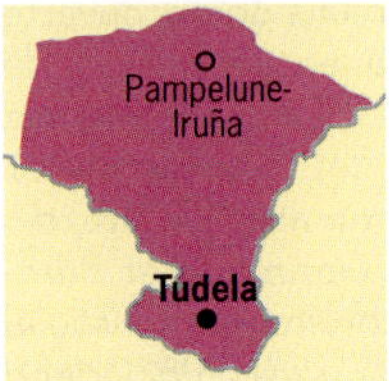

Établie dans l'extrême sud de la Navarre, aux confins de l'Aragon, de la Castille et des terres arides des Bárdenas Reales, Tudela a servi pendant des siècles de centre d'échanges et nœud de communications. Les Arabes fondèrent la ville au IXe siècle (et y demeurèrent quatre siècles), faisant du site un avant-poste de leur résistance contre les chrétiens. Maîtrisant les techniques d'irrigation et de cultures, ils firent de Tudela, qui dépendait du califat de Cordoue, la capitale maraîchère de la province. Mais, en 1199, Alphonse Ier s'empara de la cité et l'annexa au royaume de Navarre. À la fin du XIVe siècle, artisans et marchands juifs, arabes et francs s'y côtoyaient. La conquête de Tudela par la Castille, en 1512, ouvrit une nouvelle ère : l'expulsion des étrangers diminua considérablement son rayonnement intellectuel. Aujourd'hui deuxième ville de Navarre après Pampelune, elle vit essentiellement de son commerce agricole.

LE DÉSERT DES BÁRDENAS REALES Sur plus de 40 000ha, sable, roche et poussière à perte de vue forment un véritable désert, ponctué de quelques pics ou cheminées de fée et sillonné de pistes qui ne semblent mener nulle part. Pourtant, y paissent tranquillement des milliers de brebis menées par des bergers solitaires. Dès le mois de septembre, les troupeaux affluent de toutes les communes environnantes pour passer là l'hiver : sept longs mois pendant lesquels la neige recouvre les pâturages alentour.

MODE D'EMPLOI

accès

EN VOITURE
À 96km au sud de Pampelune, par l'A15 en direction de Madrid/Burgos, ou bien par la N121 (moins rapide). À l'est de Logroño, par l'A68 ou la N232 (94km). On trouve des places de stationnement gratuit aux abords de la vieille ville et des parkings à l'entrée de Tudela, notamment au bord du fleuve.

EN TRAIN
Renfe Liaisons avec Pampelune (env. 1h15), San Sebastián (un peu moins de 3h), Bilbao (3h30), Vitoria-Gasteiz (env. 2h), Logroño (env. 1h)... *Tél. 902 32 03 20 www.renfe.com*

EN CAR
Conda/Alsa Liaisons avec Saragosse, Pampelune, San Sebastián. *Tél. 902 42 22 42 www.conda.es*

orientation

La ville est bâtie sur la rive droite de l'Èbre. Au nord-ouest s'étend le quartier historique, en grande partie piéton, et au sud-est la ville nouvelle.

informations touristiques

Office de tourisme Visites guidées en juil.-août, lun.-sam. *Plaza de los Fueros, 5-6 Tél. 948 84 80 58 www.tudela.es Ouvert juil.-août : lun.-mar. 8h-*

15h, mer.-sam. 9h-14h et 16h-20h, dim. 10h-14h ; sept.-juin : lun.-ven. 8h-18h30, sam. 9h-14h et 16h-19h, dim. 10h-14h

fêtes et manifestations

Semana Santa Tout un folklore, débridé lors de la Semaine sainte. Consacrée en 2002 "fête d'intérêt touristique national", elle met en scène la mort et la résurrection du Christ (Angel) et la mort de Judas Iscariote (Volatin). *Sem. précédant Pâques Plaza de los Fueros, sam. : el Volatin dim. : la Bajada del Angel*

Jornadas de Exaltacion de la Verdura Tudela met à l'honneur les productions maraîchères de la ville et de ses environs : concours gastronomique, dégustations, visites chez les producteur, ateliers culinaires, etc. *Fin avr., début mai*

Santa Ana Processions, *encierros*, corridas, défilés de Géants et danses, *ceremonias des Angel y del Volatin. À Tudela, une semaine fin juil.*

DÉCOUVRIR

☆**Les essentiels** La cathédrale et le musée de Tudela et les Bárdenas Reales **Découvrir autrement** Flânez dans les ruelles de la vieille ville de Tudela jusqu'à la Plaza de los Fueros et parcourez le désert des Bárdenas Reales à VTT

Tudela

Vieille ville Parcourir à pied le cœur historique, ancien quartier maure, ou Morería, reste la meilleure façon de s'imprégner du charme de Tudela. En partant des bords de l'Èbre, près du parking, on franchit la porte d'entrée de la ville pour découvrir l'église Santa Magdalena. Construite sur les vestiges d'une église mozarabe, elle est l'une des seules de Navarre à avoir conservé sa tour romane. Par la Calle Portal, on arrive à la ☆**cathédrale**, dont on fera le tour pour admirer les trois portails romans, splendides. Élevée en 1180 sur les fondations d'une ancienne mosquée, elle conserve, dans son cloître, quelques beaux éléments arabo-musulmans. La ville compte également des palais remarquables : celui de San Adrian, Renaissance, celui de l'hôtel de ville et celui du marquis de Huarte, de style baroque. Un ancien couvent de Jésuites du début du XVIIe siècle, abritant aujourd'hui le centre culturel Castel Ruiz, accueille des expositions, mais vous pouvez simplement jeter un coup d'œil à son beau patio, sa voûte baroque et ses trois caves en pierre de taille. En passant par les ruelles animées à l'heure des *pintxos*, on pénètre enfin sur la Plaza de los Fueros, épicentre de la ville, bordée d'arcades et de galeries datant de la fin du XVIIe siècle.

☆☺ **Museo de Tudela** Un des plus beaux musées de Navarre, installé dans le Palacio de Canal. Cet édifice du XVIe siècle, doté d'une belle galerie à arcades et de quelques vestiges de sa tour mudéjare, recèle de précieuses collections d'orfèvrerie et de peinture. De là, on accède au cloître roman de la cathédrale et à la chapelle (XIIIe et XIVe siècles) également de style mudéjar. *Calle Roso, 2 Tél. 948 40 21 61 www.palaciodecanaldetudela.com Ouvert lun.-ven. 10h-13h30 et 16h-19h, sam. et j. fér. 10h-13h30 Tarif 4€ (comprend l'accès au cloître - en travaux à l'heure où nous mettons sous presse - et à la cathédrale)*

Museo Muñoz Sola Une collection de peinture de la seconde moitié du XIXe siècle, française essentiellement, réunie par un artiste natif de Tudela, Cesar Muñoz Sola. Quelques belles toiles de sa main, figurant les bords de l'Èbre, les Bárdenas Reales. Le bâtiment qui accueille cet ensemble date de l'époque gothique, mais a été remanié à l'époque baroque – il appartenait à l'une des grandes familles nobles de la ville, les Beraiz. *Plaza Vieja, 2 Tél. 948 40 26 40 www.castelruiz.es Ouvert jeu.-ven. 10h-13h30 et 17h-19h, sam. 10h-13h30 et 17h-19h30, dim. et j. fér. 10h-13h Tarif 1€, moins de 16 ans et plus de 65 ans gratuit*

Casa del Almirante Rouvert en janvier 2011, après d'importants travaux de restauration, ce palais Renaissance abrite désormais la fondation Maria Forcada, qui organise des expositions temporaires d'art contemporain (Demander le programme à l'OT). *La Rua, 13 Tél. 948 41 71 08 www.fondationmariaforcada.es Ouvert pour les expositions Se renseigner par tél.*

● Où boire un verre et manger des *pintxos* ?

Taberna Bar Sur une des places les plus animées du centre historique, plusieurs bars, dont celui-ci, le plus original, avec sa barrique de cidre au comptoir. Spécialité de la maison : des pommes de terre au four nappées de fromage et de txakoli (le vin blanc de la côte basque) à env. 3 €. *Calle Carnicerías, 12 Tél. 948 82 57 00 Ouvert tlj. 11h-15h et 18h30-23h Fermeture plus tardive le week-end*

Bar Rancho Grande Au comptoir, des montagnes de *pintxos* à base de légumes (la spécialité de la maison), de fruits de mer, de charcuterie. Une adresse très fréquentée par les habitants, idéale pour dîner en multipliant les raciones, car il n'y a pas de meilleur restaurant aux environs ! *La Rua, 6 Tél. 948 82 27 80 Ouvert jeu.-mar. 9h-0h Fermé 15 derniers jours août*

Les environs de Tudela

★Désert des Bárdenas Reales Le désert se compose de deux grandes entités : au centre la vaste dépression appelée Bárdena Blanca – comprenant la Blanca Alta et la Blanca Baja, toutes deux constituées de gypse et de marnes, à la végétation clairsemée – et au sud, la Bárdena Negra, formée d'argile rouge et de calcaire, plus fertile. En voiture, vous pourrez avoir un premier aperçu des deux premières Bárdenas en suivant les pistes (fléchées en bleu) qui relient Rada, au nord, à Arguedas, au sud, puis vers l'est au polygone de tir jusqu'à Carcastillo, au nord. Cette boucle vous prendra une demi-journée, avec quelques arrêts en route, près d'Aguilares notamment. Quatre sentiers permettent d'avoir une vue d'ensemble du haut de quelques points culminants. Mais le moyen le mieux adapté pour sillonner ce vaste désert reste le VTT : une dizaine d'itinéraires sont fléchés à travers tout le parc. L'OT de Tudela vous fournira des plans détaillés et des guides très complets.

● Se distraire en famille

Sendaviva Un parc de loisirs pour les familles, sur le thème de la nature et des animaux. ***Arguedas** (15km au nord de Tudela, sur la N134) Tél. 948 08 81 00 www.sendaviva.com Ouvert juil.-août : tlj. 11h-23h ; sept.-oct., Pâques-juin : sam.-dim. 11h-20h Tarif haute saison 27€, 5-11 ans et plus de 65 ans 20€, moins de 5 ans gratuit*

CARNET D'ADRESSES

Restauration, hébergement

très petits prix

Pension La Estrella Dans l'une des ruelles du quartier historique, le bar du même nom loue dix chambres au deuxième étage de la maison qui lui fait face. Elles sont propres, fonctionnelles et calmes – la rue est piétonne –, avec une sdb commune dans le couloir. Prix très intéressants : double de 30 à 35€, simple 25€. *Carniceria, 12* ***Tudela*** *Tél. 948 82 15 18 ou 606 57 56 31 www.pensionlaestrella.com*

prix élevés

Restaurante 33 L'établissement est tenu par la même famille depuis 1952. La spécialité de la maison : les légumes de la Ribera. Les poissons aussi sont excellents, tout comme les desserts, raffinés. Menu du jour à 20€, menu *business* à 40€, et sur réservation uniquement un menu dégustation de légumes à 44€. De nombreuses autres formules autour de 45-50€ à la carte. *Capuchinos, 7* ***Tudela*** *Tél. 948 82 76 06 www.restaurante33.com Ouvert dim.-mer. 13h30-15h45, jeu.-sam. 13h30-15h45 et 21h-23h Fermé 1re sem. août et 24-25 déc, 31 déc. et 1er jan.*

☺ **Hostal Torre Monreal** Une façade de verre très contemporaine et, à l'intérieur, un espace d'accueil lumineux et clair. Aux étages, des chambres vraiment agréables, meublées avec goût et simplicité, des murs couleur crème et du plancher. Le confort est parfait, tout ici est neuf et de bonne qualité. On se croirait dans un hôtel de grand standing et pourtant les prix sont très doux : 60€ la double, petit déjeuner 6€. Propose également quatre appartements meublés pour 4 pers. (121€/nuit). À côté, une cafetería où vous pourrez boire et manger sur le pouce. Accueil cordial. Parking 11€/j. *Cuesta Loreto, 8* ***Tudela*** *(ville nouvelle, à deux pas du centre historique) Tél. 948 40 26 82 www.torremonreal.com Fermé 25 déc.-7 jan.*

Près des Bárdenas Reales

très petits prix

Cuevas de Valtierra Huit logements troglodytiques étonnants pour 5 à 9 personnes, aménagés dans de petites grottes à la température constante de 18-22°C toute l'année. Certaines sont tout de même chauffées et climatisées, et l'une d'entre elles est aménagée pour les personnes à mobilité réduite. L'ensemble est réellement original, meublé et décoré de façon simple : quelques notes de couleur ponctuent les murs blanchis à la chaux. Un bar troglodytique accueille les pensionnaires. Compter env. 30€ par pers. Grotte pour 5 pers : 350€ le week-end et 950€/sem. ; grotte 8-9 pers. 550€ le week-end et 1 350€/sem. Petit déj. buffet 12€. Location à la nuitée du dim. au jeu. Parking gratuit, Wifi. Accès à la piscine (à 200m) 7€/pers. *De los Palomares* ***Valtierra*** *(9km au nord de Tudela, sur la N134) Tél. 948 84 32 25 ou 661 84 67 57 www.lasbardenas.com*

prix moyens

Casa La Bárdena Blanca Une petite maison accolée aux autres, dans le village d'Arguedas, sans grand caractère mais à l'atmosphère chaleureuse,

Chambres aux murs ocre, poutres apparentes et mobilier en bois et métal. Cet établissement permet de séjourner assez près des Bárdenas pour y programmer une randonnée. Chambre double 61€, petit déj. 6€. Appartement pour 4 pers. avec cuisine équipée 120€. Également une cuisine à disposition des hôtes. ***Arguedas*** *(15km au nord de Tudela par la N134) Tél. 948 83 17 22 www.casarurallabardenablanca.com*

ESTELLA

31200

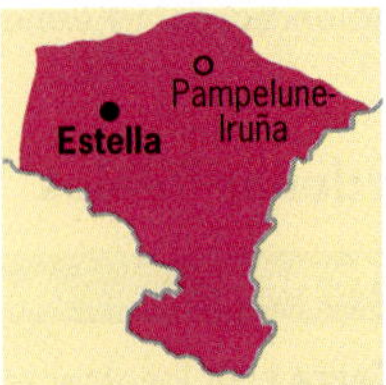

Entourée de crêtes et adossée à la montagne, Estella (étoile en occitan), anciennement Lizarra, étape sur le chemin de Saint-Jacques, fut bâtie en bordure de l'Ega par le roi Sanche Ramirez au XIe siècle, sur un site occupé dès l'époque romaine. Façades ouvragées en pierre de taille, fenêtres en ogive, portails romans et maisons blasonnées témoignent de la splendeur passée de la ville.

MODE D'EMPLOI

accès

EN VOITURE
À 43km à l'ouest de Pampelune (35min) par la N111 ou bien par Etxauri et la NA700 (plus long mais plus agréable).

EN CAR
La Estellesa Plusieurs liaisons quotidiennes avec Pampelune, Logroño, San Sebastián, Hendaye. *Plaza de la Coronación Tél. 948 32 65 09 www.laestellesa.com*
Pinedo Pour Vitoria, deux cars par jour minimum. *Tél. 945 28 27 87*
Urederra Liaisons avec Zudaire et Larraona. *Tél. 948 54 62 14 www.autobusesurederra.com*
Gare routière *Tél. 948 55 01 27*

informations touristiques

Office de tourisme *San Nicolas, 4 Tél. 948 55 63 01 www.turismotierraestella.com Ouvert Pâques-12 oct. : lun.-sam. 10h-14h et 16h-19h, dim. 10h-14h ; 13 oct.-Pâques : lun.-ven. 10h-17h, sam.-dim. 10h-14h (horaires sujets à modifications)*

accès Internet

La Aljama Connexion Internet au bar-restaurant. *Calle La Rúa,6*

marchés

Estella Depuis le XVe siècle. *Jeu.*
Puente La Reina *Sam.*
Viana *Ven. (la veille si férié)*
Los Arcos *Mar. et sam.*
Foire artisanale *3e dim. de juil.*

fêtes et manifestations

Semaine médiévale Des animations de rue, des repas et des concerts, des marchés... *À Estella, 3e sem. de juil.*
San Andrès Foire au bétail, produits régionaux, parties de pelote. *À Estella, le w.-e. le plus proche du 30 nov.*

DÉCOUVRIR

☆ **Les essentiels** L'église San Pedro de la Rua à Estella et la chapelle Santa Maria-d'Eunate **Découvrir autrement** Franchissez le pont roman au bout de la Rua Mayor à Puente La Reina, pique-niquez au bord du lac d'Alloz et randonnez dans la sierra d'Urbasa

Estella

La ville s'est lovée dans un coude de l'Ega. Son quartier le plus ancien s'est développé sur la rive est, puis a gagné la rive opposée. Le quartier historique forme ainsi un vaste parallélépipède, tissé de ruelles pavées et de places où les habitants se rassemblent à tout moment de la journée.

Vieille ville La "ville des pèlerins" est assurément la partie la plus intéressante de la cité, celle qui a conservé un charme très médiéval, avec ses ruelles pavées, sa petite place circulaire ombragée entourant une fontaine. Sur l'ancienne voie des pèlerins, la Calle San Nicolas relie la porte de Castille, entrée de la ville, à la colline sur laquelle trône fièrement l'Iglesia San Pedro de la Rua – le joyau d'Estella. L'ancien palais des rois de Navarre de style roman, actuellement **musée Gustavo de Maeztu**, conserve de superbes chapiteaux sculptés, dont l'un relate la rencontre de Roland avec le géant Ferragut (ouvert mar.-ven. 9h30-13h, sam.-dim. 11h-14h ; entrée libre). En face se dresse un autre beau bâtiment : l'ancien hôtel de ville, érigé au XIVe siècle et remanié au XVIIe, aujourd'hui tribunal. On empruntera le pont de l'Azucarero (du sucrier), datant de l'époque médiévale – tout comme celui, piétonnier, de la Cárcel (la prison), à l'autre bout de la rue. Passé sur l'autre rive, on remontera la Calle Mayor, très commerçante, jusqu'à la Plaza de los Fueros, où l'on peut voir palais et maisons blasonnées du XVIIIe siècle, bien conservés. De là, on remontera jusqu'à la Plaza de Santiago et Plaza de los Fueros, où se tient, le jeudi, le grand marché alimentaire d'Estella.

☆ **Iglesia San Pedro de la Rua** Le joyau d'Estella (ouv. Pâques-12 oct 10h-13h30). Son magnifique portail du XIIIe siècle, d'inspiration mozarabe, ouvre sur un très beau cloître roman, aux précieux chapiteaux, finement ciselés. L'ancien palais des rois de Navarre de style roman, actuellement musée Gustavo de Maeztu, conserve de superbes chapiteaux sculptés, dont l'un relate la rencontre de Roland avec le géant Ferragut. *Ouvert Pâques-mi-oct. : 10h-13h30*

● Où déguster un gâteau du pèlerin ?

☺ **Bombones Torres** Sur la Plaza de los Fueros, laissez-vous séduire par les douceurs exposées en vitrine : biscuits aux pignons, aux amandes, au miel ou au chocolat, et puis des spécialités, les *rocas*, enrobées de chocolat noir, blanc ou au lait, les tablettes entières recouvertes de pistaches ou de noix. *Plaza de los Fueros, 13 Tél. 948 54 68 88 http://bombonestorres.com Ouvert tlj. 9h30-14h et 17h-20h30*

Pastelería Angela Spécialité de cette pâtisserie : le gâteau du pèlerin, moelleux et fondant, à base de poudre d'amandes et de sirop de fleur d'oranger, nappé d'un léger glaçage. *Plaza de los Fueros, 2 Tél. 948 55 07 95 Ouvert lun.-sam. 9h-14h et 17h-21h, dim. 9h-14h*

● Où faire une pause déjeuner ?

Katxetas Un bar de quartier fréquenté avec, aux beaux jours, une terrasse. À midi, plusieurs formules : menu du jour à 10,50€, menu *de la sidrería* (entrecôte ou morue, selon la saison) à 25€ et menu *mixto* à 31,50€ avec cidre ou cuvée du patron à volonté. Sinon au comptoir, une grande variété de *raciones* : poulpe, chorizo, fromage, et même sardines grillées... avec un assortiment de ces portions vous pourrez faire un véritable déjeuner. À la carte, des viandes, dont une entrecôte magnifique. *Estudio de Gramática, 1 Tél. 948 55 00 10* ***Horaires de service*** *Ouvert mar.-dim. 13h30-15h30 et 19h30-23h30* ***Bar*** *ouvert mar.-jeu. 11h-0h ; ven.-dim. 11h-4h*

Les environs d'Estella

Monastère d'Iranzu Au XIe siècle, l'évêque de Pampelune lègue à son frère Nicolas l'ancienne église d'Iranzu pour qu'il y bâtisse un monastère selon les préceptes de l'ordre cistercien. On visite encore aujourd'hui le cloître, la salle capitulaire, le presbytère (fin XIIe s.) et l'église, tous de style gothique (quelques vestiges romans). Les lieux sont désormais habités par des moines théatins qui ont aménagé sur place un centre d'interprétation. Le site en lui-même est un enchantement : un large vallon bordé de collines aux essences de pins, de chênes et de garrigue d'où résonne le chant des cigales. Du monastère part un chemin très agréable, au bout duquel on a une vue plongeante sur l'édifice. ***Abarzuza*** *(5km au nord d'Estella) Tél. 948 52 00 12 ou 948 52 00 47 www.monasterio-iranzu.com Ouvert mai-sept. : tlj. 10h-14h et 16h-20h ; oct.-avr. : tlj. 10h-14h et 16h-18h Tarif env. 2,50€*

UN VERRE ET ÇA REPART !
À l'extérieur du monastère d'Iratxe, en souvenir de la tradition de secours au pèlerin, une fontaine aménagée dans les caves du domaine permet aux pèlerins de se servir un petit verre... de vin !

Monastère d'Irache Édifié sur les fondations d'un hospice élevé au XIe siècle, ce monastère conserve une belle église bénédictine (XIIe s.), un cloître plateresque (XVIe s.) et quelques communs datant du XVIe siècle. Son emplacement sur la route de Saint-Jacques et la charte de privilèges accordée par les rois en ont fait l'un des plus importants du royaume de Navarre. ***Ayegui*** *(2km au sud d'Estella) Tél. 948 55 44 64 Ouvert mer.-dim. 10h-13h et 16h-19h messe à 11h dim. Entrée libre*

● Passer un après-midi au bord de l'eau

Lac d'Alloz Il offre une halte bienvenue dans ces contrées arides. Vous pouvez également vous rafraîchir dans des piscines très agréables, en pleine nature, à **Muez** et **Riezu**, au nord du lac.

Sources d'Urrederra Si l'eau glacée ne vous effraie pas, vous pouvez piquer une tête dans des rivières d'eau limpide comme celles de l'Urederra (qui signifie "eaux belles") : au sud du massif d'Urbasa et non loin de Baquedano, sa source, classée réserve naturelle, est un formidable terrain de jeu pour les amoureux de nature. Une spectaculaire chute d'eau de 100m de haut lieu dans un paysage forestier enchanteur avec cascades et vasques naturelles aux eaux translucides. Il faut suivre le sentier facile et balisé qui suit le cours de la rivière et vous mènera en 5,3km à la source (départ du parking à l'entrée de Baquedano). En fin de journée, allez goûter les bonnes charcuteries et fromages servis dans le village de Baquedano, au bar Urederra (p.401) sinon, un peu plus loin, vous pourrez vous régaler des parfaites spécialités de Casa Faustina (p.402), pour des prix tout aussi doux. *Accès par Baquedano (18,5km au nord-ouest d'Estella)*

Source du Rio Ubagua Au nord du lac d'Alloz, aux alentours de la commune Riezu, le rio Ubagua forme un beau canyon. Au départ du camping de Riezu, un chemin bucolique rejoint en 5,7km (env. 2h30), via l'ermitage San Blas, la source du rio Ubagua, entourée de hautes falaises. *Accès par Riezu (15,5km au nord d'Estella)*

● Faire une excursion dans les sierras Au nord d'Estella se dressent trois navires de pierre : les massifs d'Urbasa, Andía et Aralar. Trois véritables murailles de roche grise où les seules activités humaines sont la cueillette, l'élevage et la fabrication de fromages. En effet, nous sommes ici au pays de l'idiazabal, l'appellation phare de la région. Sur les plateaux herbus paissent aussi brebis et pottoks, ou encore quelques vaches dont on entend au loin tinter les cloches.

Sierra de Urbasa On y accède par la NA718 qui remonte au nord d'Estella vers Olazagutia. On se garera au centre d'information, tout au nord, pour suivre l'itinéraire des montagnards – une promenade de 3,8km passant par les bergeries, les meules à charbon et la hêtraie, jusqu'au point le plus haut de la sierra, à 1113m. Il est également possible de laisser sa voiture un peu plus bas, aux abords de l'aire d'interprétation, en plein air – on y découvre le mode de vie des bergers –, avant de s'engager sur un autre chemin de randonnée, l'itinéraire des sources (4,5km). À noter : quelques espèces animales intéressantes telles que le triton palmé, la grenouille rousse, et surtout des colonies entières de vautours fauves qui nichent sur les falaises. **Centre d'information du parc naturel de Urbasa et Andía** *(34km au nord d'Estella, Sur la N718, au sud-est d'Olazti-Olazagutía) Tél. 848 42 07 00 www.parquedeurbasa.es Ouvert juil.-août : tlj. 11h-18h ; Pâques-juin, sept.-oct. : sam.-dim. 11h-18h Fermé nov.-Pâques*

Sierra de Andía On l'aborde plutôt par la NA120 en direction de San Sebastián, par le col de Lizarraga. Pour y pénétrer plus avant, plusieurs options : en voiture, suivre Riezu, Iturgoyen puis tout en haut du village, à la fontaine, emprunter le chemin qui part sur la droite, sur le flanc de la montagne, jusqu'au sommet. Là-haut vous attendent un ermitage, **Alto de la Trinidad**, des troupeaux de vaches en liberté et une vue époustouflante sur les environs. À pied, une autre balade permet de se frayer un passage dans la roche d'Andía : de Riezu, un sentier fléché part vers la Source du Rio Ubagua.

Sierra de Aralar Moins étendue que les deux précédentes, la sierra de Aralar, classée parc naturel, se déploie à la fois sur la frontière nord-ouest de la Navarre et sud-est du Guipúzcoa, cf. Tolosa (p.525). Toujours utilisée comme zone de pâturage pour le bétail, vous pourrez la parcourir à pied, c'est un superbe site de randonnée (sources, vestiges de moulins). Attestant d'une occupation humaine dès le paléolithique, certains sentiers sont ponctués de stations mégalithiques, dont le dolmen d'Albi. L'un des lieux magiques du massif se trouve tout au sud, face aux deux autres sierras : en haut d'une falaise, sur les vestiges d'un temple carolingien, a été bâtie une église romane aux XIIe-XIIIe siècles, le Santuario de San Miguel in Excelsis. **Santuario de San Miguel in Excelsis** *Uharte-Arakil (48km au nord d'Estella) Tél. 948 37 30 13 Ouvert avr.-oct. : tlj. 10h-19h ; nov.-mars : tlj. 10h-14h et 16h-18h Entrée libre ou visite guidée 1€*

Sur le chemin de Compostelle

Puente La Reina Célèbre pour son pont roman – franchi par les pèlerins depuis des siècles –, Puente La Reina est le point de rencontre des deux chemins venant du nord : celui de Roncevaux et celui du col du Somport. Un monument moderne marque la jonction des deux voies à l'entrée du village. Fondée au XIIe siècle, la ville joua un rôle primordial de ville étape. Trois églises méritent une visite, à l'intérieur des remparts : l'Iglesia Santiago, tout d'abord, dans la Rua Mayor, d'époque romane – remarquez l'arc polylobé d'inspiration mozarabe sur le portail – rénovée au XVIe siècle ; de l'autre côté, l'Iglesia San Pedro, au bord de la rivière, datant du XIVe siècle et, à l'opposé, l'Iglesia del Crucifijio, formée de deux nefs, l'une romane, l'autre gothique, et d'un splendide portail roman, orné de coquilles de pèlerin. *À 21km à l'est d'Estella, sur la N111 dir. Pampelune* **Office de tourisme** *Tél. 948 34 13 01*

☆ **Chapelle Sainte-Marie-d'Eunate** Cette petite église singulière, de plan octogonal, est attribuée tantôt aux Templiers, tantôt aux Hospitaliers de Saint-Jean de Jérusalem. Construite en 1170, elle n'a pratiquement pas été modifiée par la suite. D'après les fouilles entreprises, elle aurait servi de chapelle funéraire sur le chemin de Compostelle. Un joyau de l'art roman à visiter en fin d'après-midi, quand la lumière se reflète sur les pierres. Informations à l'OT de Puente La Reina. ***Muruzábal*** *(5km à l'est de Puente La Reina, par la NA601) Ouvert jan.-fév., nov.-mi-déc. : mar.-dim. et j. fér. 10h30-13h ; mars-juin, oct. : mar.-dim. 10h30-13h30 et 16h-19h ; juil.-sept. : mar.-dim. 10h30-13h30 et 17h-20h Fermé mi-déc-mi jan. Entrée libre*

Torres del Rio Un hameau d'allure médiévale, dont l'église romane du Saint-Sépulcre, de forme octogonale, rappelle Santa Maria d'Eunate. L'influence mauresque y est très présente, en particulier dans sa voûte en étoile. *À 15km au sud-ouest d'Estella, sur la N111 dir. Logroño*

● Où choisir un vin bio ?

Bodegas Lezaun L'un des meilleurs domaines de la région, dont la plupart des vignes sont désormais travaillées en agriculture biologique : les vins, à base de syrah, de cabernet ou de merlot, entre autres, sont droits en bouche, très parfumés. Différentes visites proposées (3-25€) et menus dégustation à 30 et 40€. *Egiarte* ***Lacar*** *(à 8km à l'est d'Estella) Tél. 948 54 13 39 www.lezaun.com* ***Vente*** *Ouvert lun.-ven. 8h-13h et 15h-18h, sam.-dim. 11h-14h (horaires variables, téléphoner avant de se déplacer) Visite sur rdv*

CARNET D'ADRESSES

Restauration, hébergement

Il existe peu d'établissements intéressants : Estella est surtout une halte pour les pèlerins, qui ont leur auberge attitrée. Nous vous conseillons de venir vous y promener la journée, et de loger plutôt dans les environs.

petits prix

Restaurante Izarra Dans une ruelle menant de la Plaza de los Fueros à celle de Santiago, ce restaurant sert des légumes en salade (épinards, poivrons grillés...), des viandes ou des poissons à la braise, ou encore une assiette combinée très complète - œufs sur le plat et croquettes variées,ou bien merlu *a la plancha* et salade. Un menu du jour à 12€ (18€ le week-end). Et, en dessert, une *cuajada* maison servie avec du miel et des noix... Quelques chambres sans sdb à l'étage. Comptez 30€ la double. *Caldereria, 20* ***Estella*** *Tél. 948 55 00 24 (bar) ou 948 55 06 78 (restaurant) Ouvert tlj. 13h-16h et 20h-23h*

Fonda San Andrés Une petite pension sur la très belle place de Santiago, au premier étage, avec des chambres donnant sur l'arrière ou sur la place, propres et fonctionnelles. Comptez 40€ la double avec sdb, 32€ la double avec lavabo. Accueil chaleureux. *Plaza de Santiago, 50 et Calle Mayor, 1* ***Estella*** *Tél. 948 55 04 48 ou 948 55 41 58 Fermé déc.*

prix moyens

Astarriaga Sur la Plaza de los Fueros, ce bar en terrasse cache une salle à manger agréable et lumineuse. On y savoure d'excellentes grillades - des côtes de bœuf, du poisson. Menu du jour à 15€ (midi en semaine), deux menus à 25 et 30€ le week-end. Goûtez à l'*ajoarrierro* (morue aux poivrons) puis enchaînez par un sorbet au citron, à la framboise ou à la mandarine. Un brin touristique mais bien pratique, et d'un bon rapport qualité-prix. *Plaza de los Fueros, 12* ***Estella*** *Tél. 948 55 08 02 www.asadorastarriaga.com Ouvert jeu. et dim. 13h30-16h, lun.-mer. et ven.-sam. 13h30-16h et 20h30-23h30*

Dans les environs

camping

Camping Riezu Un environnement très calme, au bord de la rivière Ubagua, avec des emplacements pour 2 personnes en tente env. 30€. Location de bungalows et de mobil-homes, épicerie, snack-bar, restaurant et piscine. *Riezu* ***Yerri*** *(15km au nord-est d'Estella) Tél. 948 54 21 77 www.campingriezu.es Ouvert mi-mars-mi-oct.*

petits prix

Urederra Un bar qui sert à manger dans son arrière-salle, ouverte sur la vallée. On s'y arrête avec plaisir à midi, après ou avant une balade vers le

Et aussi...

Un déjeuner sur le pouce

Katxetas 398

Une pause gourmande

Bombones Torres 397
Pastelería Angela 397

Nacedero del Urederra (p.398). Les produits de la région sont préparés simplement. On peut picorer des crudités, de la charcuterie ou du fromage, commander des viandes grillées ou des truites fraîches. Menu à midi à 11€ en semaine et à 15€ HT le week-end. *Calle la Fuerte, 15* ***baquedano*** *(18km au nord d'Estella) Tél. 948 53 90 95 Ouvert dim.-ven. 13h30-15h30, sam. 13h30-15h30 et 21h-23h*

Casa Faustina Une adresse étonnante, dans un petit village perdu de la sierra de Urbasa. Ana Isabel, la cuisinière, propose un menu unique, composé au gré de son inspiration : elle confectionne des soupes de *cocido*, des *menestras* de légumes, des *alubias*. La morue est accommodée de mille et une façons, le cochon ou le poulet sont longuement mijotés. En dessert, d'excellents fromages des pâturages voisins, ou bien quelques mousses maison. Et le tout à un prix imbattable : 16€ seulement ! Menu enfant à env. 10€. Pour ses vins, la patronne s'approvisionne, entre autres, aux très recommandables Bodegas Lezaun. *Calle Magdalena, 58* ***Barindano*** *(à16,5km au nord d'Estella, sur la NA718) Tél. 948 53 94 93 www.casafaustina.es Ouvert août : tlj. ; reste de l'année : w.-e. et j. fér. Fermé 24 déc.-7 jan.*

prix moyens

☺ **Palacio de Riezu** Une de nos adresses préférées dans la région – tant pour le charme de la bâtisse que pour la chaleur de l'accueil. Les quatre chambres, toutes sous les toits, sont assez vastes, certaines avec une salle de bains privée. Le petit déjeuner est servi dans la salle à manger, au rez-de-chaussée, à l'heure qu'il vous plaira. Le maître de maison, Esteban, organise des visites aux caves voisines, en fin connaisseur : vous découvrirez avec lui des vins issus de vignes travaillées dans le respect de la terre. Double de 59€ sans sdb à 69€ avec, petit déj. 7,80€. Tarifs dégressifs à partir de deux nuits. Le propriétaire loue aussi la maison (pour 10 pers.) le week-end (2 nuits minimum) pour 395 à 475€ selon la saison. *Plaza de la Fuente, 1* ***Riezu*** *(15km au nord d'Estella) Tél. 948 54 23 12 ou 600 40 56 60 www.palacio-riezu.com*

Bidean Cet *hostal rural* est installé dans une demeure du centre historique de Puente La Reina. Une vingtaine de chambres, avec poutres apparentes et meubles rustiques – dont deux, sous les toits, jouissent d'une vue exceptionnelle sur la tour de l'église. Double 69€ en demi-pension, simple 47€. Le soir, le dîner est servi dans une salle aux murs de pierre ; menu tapas à env. 10€. A la carte, comptez 30-35€ sans les boissons. *Calle Mayor, 20* ***Puente La Reina*** *(21km à l'est d'Estella) Tél. 948 34 11 56 ou 948 34 04 57 www.bidean.com Fermé mi-déc.-fin jan.*

prix élevés

☺ **Asador Lezaun** Dominant un minuscule hameau, une grande maison de pierre avec, en façade, un portail gigantesque, en réalité l'entrée d'un chai. Les menus à base de produits bio sont à 30 et 40€. Ils proposent une salade composée, des raviolis de courgettes ou des calamars, puis un magret de canard accompagné d'une compotée de tomates ou du poisson grillé, avant un dessert maison. Simple et bon. Dégustation de vins maison et bio. *Calle Egiarte s/n* ***Lakar*** *(10km à l'est d'Estella) Tél. 948 54 12 31 www.lezaun.com Ouvert ven.-sam. et j. fér. midi et soir, dim. midi (et tlj. sur rés. à partir de 10 pers.)*

GEOREGION

L'ÁLAVA

V

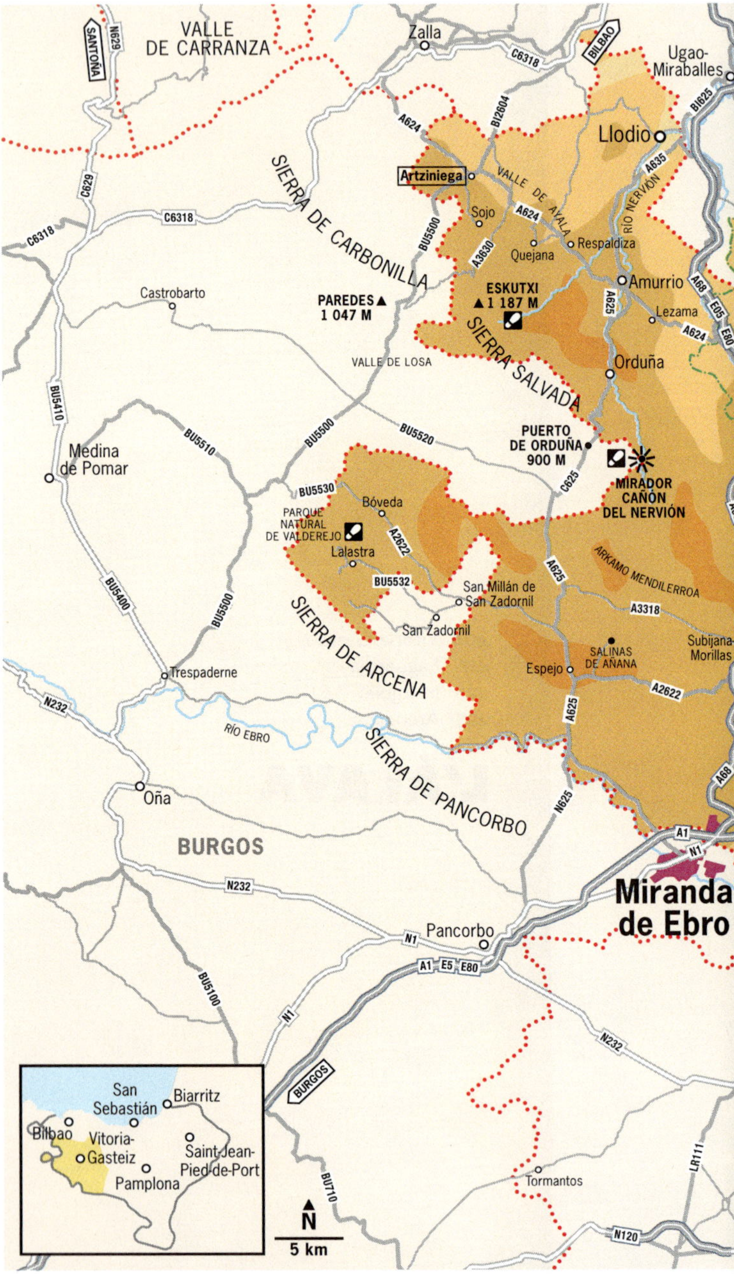
VALLE DE CARRANZA
Zalla
Ugao-Miraballes
Llodio
Artziniega
VALLE DE AYALA
Sojo
Quejana
Respaldiza
RÍO NERVIÓN
Amurrio
Lezama
SIERRA DE CARBONILLA
ESKUTXI 1 187 M
PAREDES 1 047 M
Castrobarto
VALLE DE LOSA
SIERRA SALVADA
Orduña
PUERTO DE ORDUÑA 900 M
MIRADOR CAÑÓN DEL NERVIÓN
Medina de Pomar
Bóveda
PARQUE NATURAL DE VALDEREJO
Lalastra
ARKAMO MENDILERROA
San Millán de San Zadornil
San Zadornil
SIERRA DE ARCENA
SALINAS DE AÑANA
Subijana-Morillas
Espejo
Trespaderne
RÍO EBRO
SIERRA DE PANCORBO
Oña
BURGOS
Miranda de Ebro
Pancorbo
Tormantos
San Sebastián
Biarritz
Bilbao
Vitoria-Gasteiz
Saint-Jean-Pied-de-Port
Pamplona
N
5 km

La Biscaye
BILBAO
SAN SEBASTIÁN DONOSTIA
Azpeitia
Durango
Eibar
Artea
ARRIETABASO 1 018 M
Bergara
PARQUE NATURAL DE URKIOLA
AMBOTO 1 327 M
Zumarraga
Le Guipúzcoa
Gantzaga
Ibarra
ARAMAJO 1 130 M
Arrazate/ Montragon
PARQUE NATURAL DE GORBEIA
GORBEIA 1 481 M
GORBEA MENDIALDEA
Otxandio
EMBALSE DE GORBEA
RÍO DEBA
EMBALSE DE URKULU
RÍO INDUSI
RÍOUROLA
Legutiano
Leintz-Gatzaga
Altube
Zigoitia
Elosu
Murua
AIZKORRI 1 549 M
Sarria
EMBALSE DE URRUNAGA
Ametzaga
Murguia
Gopegui
SIERRA DE ELGEA
SIERRA URKILLA
Ullibarri-Gamboa
Ozaeta
EMBALSE DE ULLIBARRI
Foronda
Maturana
Mendijur
Argomaniz
Salvatierra/ Agurain
Elorriaga
Estilabiz
PAMPLONA IRUÑA
Armentia
Vitoria-Gasteiz
Alegria-Dulantzi
MONTES DE VITORIA
Treviño
BURGOS
Armentia
TOLOÑO 1 264 M
PEÑA DEL CASTILLO 1 430 M
CERVERA 1 384 M
PEÑA DEL LEÓN 1 391 M
Labastida
BALCÓN DE LA RIOJA
KANTAURI MENDILERROA
Haro
La Hoya
Samaniego
San Vicente de la Sonsierra
Laguardia
Baños de Ebro
Viana
RÍO EBRO
Elciego
Lapuebla de Labarca
LA RIOJA
Logroño
TUDELA

★ VITORIA-GASTEIZ

01000

Capitale de la province d'Álava, Vitoria, anciennement Gasteiz, est aussi le siège du gouvernement de la communauté autonome basque. Elle naquit officiellement au XIIe siècle au sommet d'une colline, sur un site déjà occupé du temps des Romains. En 1181, souhaitant en faire une place forte face à l'ennemi castillan, Sanche le Sage, roi de Navarre, lui accorda des *fueros*, ou chartes. Le nom actuel de la cité, Vitoria, fait référence à cet épisode. Passée aux Castillans en 1200, elle allait constituer pendant longtemps l'un des principaux foyers commerçants du Pays basque. De hautes murailles entourent le bourg, qui a conservé son plan ancien et un quartier médiéval presque intact. Serrées les unes contre les autres, les ruelles Herrería, Cuchillería et Zapatería évoquent les corporations de jadis (forgerons, couteliers et cordonniers). La cité recèle de magnifiques églises et demeures gothiques ainsi que des palais Renaissance (son quartier historique a été classé en 1997). Au XVIIIe siècle, Vitoria s'étendit vers le sud, se parant de façades néoclassiques et de parcs romantiques. Depuis, elle n'a cessé de croître afin de loger une population en constante expansion. Son statut de capitale basque lui confère un attrait supplémentaire, renforçant sa réputation de villeoù il fait bon vivre.

MODE D'EMPLOI

accès

EN AVION

Aéroport de vitoria-Gasteiz L'aéroport de Foronda se trouve à 9km du centre-ville, sur la N624 en direction de Bilbao. Trajet en taxi environ 15-20€. **AENA** Informations sur les aéroports espagnols. *Tél. 902 40 47 04 www.aena.es*

EN VOITURE

À 95km de Pampelune par la N104, la N1 puis l'AP15, à 66km de Bilbao par la N622 et l'A68, et à 102km de San Sebastián par la N1 ou l'AP1.

EN TRAIN

Renfe (plan 6, C3) Liaisons directes avec Irun-Hendaye, (2h, 8-10 trains par jour), cf. Aller au Pays basque en train

Tableau kilométrique

	Vitoria	Laguardia	Artziniega	Durango	Bilbao
Laguardia	45				
Artziniega	56	104			
Durango	43	100	58		
Bilbao	66	113	31	32	
Pampelune	95	107	147	142	157

(p.46). Nombreux trains pour Pampelune (1h de trajet), et pour Logroño (même ligne), et 4 à 6 liaisons/j. avec Madrid (de 3h30 à 5h45 de trajet selon les trains). *Tél. 902 32 03 20 www.renfe.com*

EN CAR

Autobús Interurbano Des liaisons avec tout le Pays basque, la Navarre et l'Espagne. *Tél. 945 25 84 00 (informations)*

orientation

Pour entrer en ville, suivre la direction du centre historique puis se garer au premier parking souterrain rencontré – en surface, vous pourrez aussi trouver de la place (surtout le soir), mais n'oubliez pas de mettre des pièces dans l'horodateur en semaine, les contrôles sont fréquents. En voiture, vous pouvez errer longtemps autour du centre avant d'en trouver l'entrée. Si vous arrivez du nord par l'Avenida de Gasteiz, le centre est très bien indiqué. Vous pouvez aussi tenter de vous garer vers le parc de la Florida (plan 6, A2) et la gare Renfe (plan 6, B3), puis marcher. Le centre historique se découvre uniquement à pied. Les principaux centres d'intérêt se regroupent dans le quartier médiéval et au sud de celui-ci.

informations touristiques

Office de tourisme (plan 6, B2) À côté du parlement basque et du parc de la Florida. Il propose une visite guidée du centre historique et plusieurs parcours thématiques (en espagnol et en français, min. 4 pers., rés. 48h avant). *Plaza España, 1 Tél. 945 16 15 98 www.vitoria-gasteiz.org/turismo Ouvert oct.-juin : lun.-sam. 10h-19h, dim. et j. fér. 11h-14h ; juil.-sept. : tlj. 10h-20h*

circuler en ville

BUS

La station principale se situe du côté de l'Artium, dans la partie est de la ville. La ligne "Casco Viejo" permet de faire le tour du quartier médiéval. *Départ toutes les 30min de la Calle de la Paz, 8h-12h30 et 17h30-19h30*

Station principale *Calle de los Herran, 70 Tél. 945 25 84 00*

VÉLO

Possibilité de louer un vélo à l'heure ou à la journée. *Rens. à l'office de tourisme*

marchés

Marché (plan 6, B1) Il investit la Calle Correria et tout le quartier médiéval : présentation de divers produits gastronomiques, vente d'antiquités et animations de rue. *1er sam. du mois*

Marché de Santo Tomas (plan 6, B2) Produits agricoles et bétail. *Plaza de España Jeu. avant Noël*

fêtes et manifestations

Semaine du cinéma basque *Fév.*

Fête de San Prudencio Défilés et pèlerinage jusqu'à Armentia. *28 avr.*

Festival international de jazz Musiciens du monde entier. *www.jazzvitoria.com Une sem. mi-juil.*

Fête de Santiago Défilés dans les rues et foire à l'ail sur la côte San Francisco. *25 juil.*

Fête de la Virgen Blanca La grande fête de Vitoria. *Du 4 au 9 août*

Marché médiéval Stands de produits gastronomiques et animations de rue dans tout le quartier médiéval. *Dernier w.-e. de sept.*

Magialdia Festival de la magie. Animations de rue et spectacles dans les commerces. *www.magialdia.org 2e sem. de sept.*

FesTVal Projections de séries et diffusion de programmes en direct dans différents lieux du centre historique. *www.festivaltelevisionyradio.com Sept.*
Festival international de théâtre *Oct.-nov.*
Festival du court-métrage *Déc.*
Festival international du cinéma de montagne *Déc.*
Noël Une crèche géante dans le parc de la Florida. *1er déc.-6 jan.*

DÉCOUVRIR VITORIA

☆Les essentiels Le Bibat, l'Artium et le musée des Beaux-Arts **Découvrir autrement** Écoutez un concert de musique classique dans le parc de la Florida à Vitoria, promenez-vous sur les rives du lac d'Ullíbari, au cœur des salines d'Añana ou dans le parc du Valderejo

Le quartier médiéval

Serré au cœur de la ville moderne, cet îlot apparemment figé dans le temps vit pourtant au rythme d'aujourd'hui. Son atmosphère est très particulière : ses ruelles sont pavées et piétonnes, aucun immeuble moderne n'est venu rompre son harmonie d'ensemble, seuls se distinguent quelques édifices des XVIIe et XVIIIe siècles. Vitoria est avant tout une ville d'art et d'histoire.

Catedral Santa Maria-Catedral Vieja (plan 6, B1) Il s'agit sans doute du plus beau bâtiment de la vieille ville. Sa construction commença au XIIIe siècle et s'étendit jusqu'à la fin du XIVe, époque à laquelle furent sculptés chapiteaux et piliers. Une partie du monument est en cours de rénovation mais, normalement, son accès n'est pas interdit pendant la durée des travaux : des visites guidées sur réservation sont même spécialement organisées pour suivre les différentes étapes de la restauration. *Plaza Santa Maria/Calle Cucheria 95-97 Tél. 945 25 51 35 www.catedralvitoria.com Ouvert tlj. 10h-14h et 16h-20h (dernière visite 1h avant fermeture, matin et soir) Tarif 8,50€, réduit 5,50€, moins de 6 ans gratuit*

☆Bibat (plan 6, B1) Depuis 2009, les musées d'Archéologie et Fournier de Naipes forment le Bibat, ensemble culturel dont l'architecture contemporaine s'appuie sur le magnifique palais de Bendaña, érigé au XVIe siècle, restauré et modernisé ces dernières années. *Cuchilleria, 54 Tél. 945 20 37 07 Ouvert mar.-ven. 10h-14h et 16h-18h30, sam. 10h-14h, dim. et j. fér. 11h-14h Fermé 1er jan. et ven. saint Tarif 3€, réduit 1€, moins de 12 ans et 1er sam. du mois gratuit*
Museo de Arqueología Il présente les riches collections d'objets mis au jour lors de fouilles dans la région. Les collections sont réparties sur trois niveaux de façon chronologique. Sont d'abord exposés des outils en pierre, des poteries, et les premiers objets métalliques, suivis au premier étage par la présentation du développement de l'usage du fer, pour terminer au dernier niveau par la colonisation romaine et, enfin, par la période médiévale.
Museo Fournier de Naipes Ce musée conserve une extraordinaire collection de cartes à jouer du monde entier, reconstituée par Felix Fournier, le petit-fils du fabricant installé en 1868 à Vitoria. Le gouvernement de l'Álava rachète le tout

Plan 6 Vitoria

Cafés, bars et lieux de sortie (n°1 à 4)

Baztertxo* **1** B2
Café Rio Dato* **3** B2
La Ferretería* **2** B2
Prado Café* **4** A3

Restauration (n°20 à 26)

El Portalón **25** B1
Elvira **20** B1
Hor Dago* **21** B2
Izaga **24** A1
Matxete **23** B2
Restaurante Ikea **26** A3
Xixilu **22** B3

Hébergement (n°30 à 33)

Hotel Achuri **31** B3
Hotel La Bilbaina **30** B2
Hotel Silken Ciudad de Vitoria **33** A3

*À RETROUVER DANS LA PARTIE DÉCOUVRIR

en 1986 et en fait un splendide musée, de renommée mondiale. Le nombre de pièces ne cesse d'augmenter, atteignant pour le moment quelque 21 000 exemplaires, dont de très précieux jeux de tarot, mais tous ne sont pas exposés en même temps. Au rez-de-chaussée, dans une étonnante cour intérieure, une exposition de machines retrace l'évolution de leur fabrication, entre le XVe et le XXe siècle : matrices xylographiques puis presses lithographiques, presses offset.

Casa del Cordón (plan 6, B2) Bâtie au XVe siècle, cette demeure tire son nom du cordon de pierre qui orne sa façade. Son constructeur, un riche marchand du nom de Juan Sanchez de Bilbao, l'a dotée d'une très belle tour défensive au plafond polychrome. *Calle Cuchillería, 24 Tél. 945 16 21 50 Ouvert lun.-ven. 8h30-14h et 15h30-19h Entrée libre*

Palacio Villa Suso (plan 6, B2) Installé sur la Plaza del Machete, ce palais a été élevé au XVIe siècle par la famille de Salinas – proche des grands d'Espagne et très influente à Vitoria, sa ville d'origine. On l'autorisa à englober une partie des murailles de la ville, moyennant quelques consignes de sécurité à respecter : ainsi, la maison possède deux entrées, à des niveaux différents – autrefois seule celle située à l'arrière était autorisée. Aujourd'hui, elle abrite le département municipal de la Culture et quelques expositions temporaires. *Tél. 945 16 12 60 Visites guidées pendant la semaine sainte et juil.-sept. (rens. à l'OT)*

L'ÁLAVA

Los Arquillos et la Plaza del Machete (plan 6, B2) Cet ensemble architectural a été bâti en 1802 par Justo Antonio de Olagibel. Avec la Plaza del Machete, ces arcades relient le cœur médiéval à la ville nouvelle, ou ville basse. Prenez le temps de déambuler parmi les maisons à colombages et les palais médiévaux. *Pas de visite*

Églises gothiques (plan 6, B2) Plaza del Machete se dresse depuis le XIVe siècle l'église **San Miguel**, la plus connue de Vitoria, où l'on célèbre le culte de la Virgen Blanca (à Pâques et en été, on peut visiter sa tour, 1€, rens. à l'OT). L'église **San Vicente**, cuesta San Vicente, a été bâtie au XVe siècle à l'emplacement d'un ancien château fort, tout comme l'église **San Pedro**, qui a vu le jour au XIVe siècle sur les fortifications de 1202. L'église San Miguel renferme une sculpture de la Virgen Blanca ainsi qu'un éclatant retable baroque. Son portail gothique est considéré comme l'un des joyaux du Pays basques. *Horaires d'ouverture variables, se renseigner auprès de l'office de tourisme*

CŒUR DE VILLE
Dominée par l'église San Miguel, la Plaza de la Virgen Blanca (plan 6, B2) marque le véritable cœur de la ville depuis le XVIIe siècle. Elle s'appelait jadis Plaza Vieja, et accueillait le marché extra-muros de la ville. En son centre se dresse une statue de Wellington célébrant la bataille de Vitoria contre l'armée napoléonienne, au début du XIXe siècle.

Plaza de España (plan 6, B2) Bâtie au XVIIIe siècle sur le modèle de toutes les places d'Espagne de cette époque – un carré bordé d'arcades, de style néoclassique –, elle communique avec la plaza de la Virgen Blanca et offre un vaste lieu de promenade ensoleillé et bordé de terrasses ombragées l'été. On l'appelle aussi Plaza Nueva.

Museo de Ciencias Naturales (plan 6, A1) Il est installé dans la tour de Doña Otxanda – une structure datant du XVIIe siècle, remaniée pour accueillir les collections. Au rez-de-chaussée, une exposition interactive, à la pointe de la technologie, permet de découvrir la richesse du sous-sol d'Álava, où, dans des gisements d'ambre, ont été retrouvés quantité de fossiles d'insectes et d'animaux étonnants. Dans les étages, vous découvrirez des salles dédiées à la faune et à la flore de la région, avec une impressionnante collection de minéraux et fossiles. *Siervas de Jesus, 24 Tél. 945 18 19 24 Ouvert mar.-ven. 10h-14h et 16h-18h30, sam. 10h-14h, dim. et j. fér. 11h-14h 3€, réduit 1€*

El Portalón (plan 6, B1) Cette ancienne maison de commerce date du XVe siècle. Autrefois lieu d'escale somptueux pour les marchands de passage en ville, elle abrite aujourd'hui un restaurant réputé cf. El Portalón (p.416).

● Où faire des emplettes gourmandes ?

Victofer (plan 6, B2) Située dans le quartier médiéval, la plus ancienne conserverie de Vitoria encore en activité est tenue depuis trois générations par la même famille. La sélection repose sur la qualité rigoureuse des produits, aussi bien pour les poivrons cuits maison puis mis en boîte, que les cœurs d'artichaut en bocaux, les asperges, et tous les chorizos, saucissons, légumes et fromages vendus à la coupe, trônant parmi quelques bouteilles de vin. *Cuchillería, 14 Tél. 945 25 53 05 www.victofer.com Ouvert lun.-ven. 9h-14h15 et 17h-20h30, sam. 9h-14h30*

Elvira (plan 6, B1 n°20) Une charcuterie très appétissante, au pied du quartier médiéval. Vous serez impressionné par les montagnes de jambons, fromages, les petites salades à emporter ou les plats cuisinés. Mais on peut aussi y acheter de quoi se confectionner un sandwich - avec un pain délicieux et, en dessert, pourquoi ne pas s'offrir une *cuajada* ? *Siervas de Jesus, 37 Tél. 945 14 27 43 Ouvert lun.-ven. 9h-20h, sam. 9h-14h Fermé apr.-midi en août*

● Où faire une pause déjeuner ?

Hor Dago (plan 6, B2 n°21) Voici un jardin-terrasse, dans la vieille ville, parfait pour faire une pause-déjeuner entre deux visites de musées, ou tout simplement siroter un café ou un thé en fin d'après-midi. Menu dégustation à 35€. Comptez 15-20€ à la carte pour un apéritif dînatoire (pinxtos, salades). Concerts de musique en fin de semaine. *Calle Fray Zacarias, 2 Tél. 619 18 13 12 http://hor-dago.com Ouvert dim.-ven. 10h-0h, sam. 11h-3h Service restaurant mar.-jeu. 20h30-23h, ven.-sam. 13h-16h et 20h-30-23h, dim. 13h-16h*

● Où boire un verre ?

☺ **Baztertxo (plan 6, B2 n°1)** Tapi dans un angle sombre de la Plaza Nueva, un bar tout en bois - plancher rustique, tables et bancs massifs - dédié au vin et au plaisir de le savourer. Pour mieux l'apprécier encore, il faut commander quelques assiettes de charcuterie, de fromages de montagne ou de croquettes chaudes. Clientèle d'habitués, accueil décontracté. Terrasse en été. *Plaza de España, 14 Tél. 945 15 74 00 Ouvert tlj. 10h-0h*

La Ferretería (plan 6, B2 n°2) Vitrée de tous côtés, sa terrasse se déploie sur la Plaza Nueva, la Plaza de la Virgen Blanca et la rue piétonne. Très fréquenté, à toute heure de la journée. *Plaza de la Virgen Blanca, 10/Postas Tél. 945 13 39 22 www.laferre.com.es Ouvert tlj. 9h-23h30*

La ville nouvelle

À peine a-t-on franchi la Plaza de la Virgen Blanca que l'on pénètre dans la ville nouvelle : l'Ensanche. Son extension date des XIXe et XXe siècles, et elle recèle de nombreux immeubles et villas de caractère, parcs et larges avenues.

Calle Dato (plan 6, B2-B3) C'est l'axe commerçant et historique de l'Ensanche. Entièrement piétonnier, il offre un lieu de promenade où l'on vient faire ses courses en flânant. Confiseries centenaires, cafés aux terrasses ombragées, boutiques de toutes sortes ponctuent les ruelles alentour.

Plaza de los Fueros (plan 6, B2) Cette place a été dessinée par Chillida y Peña Gauchegui, et les grands motifs de briques rouges sur lesquels les enfants jouent à la balle forment en réalité un dessin géométrique, dont on ne mesure l'impact que vu du ciel.

☆ ☺ **Artium (plan 6, B1)** Musée-phare de la ville contemporaine, l'Artium est un surprenant ensemble architectural, composé de cubes de verre, de bois et de béton, dont la majeure partie des 3 000m^2 d'exposition se concentre au sous-sol. Deux salles, de 1 500m^2 chacune, auxquelles ont été ajoutés deux autres volumes de 500m^2, présentent d'un côté une partie de la collection permanente, et de l'autre des expositions temporaires. Le but de l'Artium est de faire connaître la richesse de l'art contemporain en Espagne, et plus particulièrement au Pays basque, en exposant les artistes qui ont incarné l'avant-garde du XXe siècle et en soutenant ceux qui en sont aujourd'hui les acteurs – tant dans les domaines du dessin que de la peinture, de la sculpture ou de la photographie. La présentation des œuvres, les textes et la scénographie sont très bien faits, les œuvres elles-mêmes étant d'une grande qualité. On passe de Dalí, Picasso, Miro à Tapies, Oteiza et Chillida, avant de découvrir les très contemporains Miguel Barceló et Txomin Badiola, photographe de Bilbao (tous deux nés en 1957). En sortant, vous trouverez une salle de documentation, une boutique et un café. Rétrospectives de cinéma d'auteur et conférences tout au long de l'année. *Francia, 24 Tél. 945 20 90 00 www.artium.org Ouvert mar.-ven. 11h-14h et 17h-20h, sam.-dim. 11h-21h (et les lun. fér.) Tarif 6€, participation libre pour les étudiants, chômeurs, plus de 65 ans et moins de 14 ans, et mer. pour tous*

Parque de la Florida (plan 6, A2) Une enclave de verdure dans la ville nouvelle. Recoins et terrasses permettent de s'isoler un peu pour lire ou se reposer, avant d'aller se désaltérer près du kiosque où se donnent des concerts de musique classique. À côté, l'ombre de la Catedral Nueva est impressionnante – difficile de trouver du charme à cette imposante œuvre néogothique du XXe siècle.

La Senda (plan 6, A2-A3) La ville s'est dotée de belles promenades, bordées de grands arbres, avec une piste aménagée pour les cyclistes. C'est un vrai bonheur que d'y marcher d'un pas léger. Le Paseo de la Senda traverse le parc de la Florida et rejoint, au sud, le Paseo de Fray Francisco, au bord duquel s'élèvent de splendides demeures romantiques. De là, on peut faire une incursion dans le parc del Prado, véritable forêt d'arbres centenaires. Puis le Paseo de Cervantes rejoint le parc del Mineral, où une nouvelle promenade, le Paseo de San Prudencio, vous conduit jusqu'à la basilique d'Armentia. Au total, une balade très agréable qui chemine sur près de 3km.

☆ ☺ **Museo de Bellas Artes (plan 6, A3)** Le premier étage de cette gigantesque maison du XIXe siècle, dotée d'une extension moderne tout en verre, recèle des toiles magnifiques – de la peinture basque du XIXe et du début du XXe siècle (œuvres de Iturrino, Regoyos, Zuloaga), réaliste à la manière de l'école de Pont-Aven. Parmi les plus émouvants, citons les tableaux de Gustave Colin, de Julian Tellaeche (né à Bergara et mort au Pérou), d'Aurelio Arteta (né à Bilbao, mort à Mexico en 1947), de Diaz Olano et de Gustavo Maeztu, tous deux natifs de Vitoria. On y voit aussi de très belles lithographies de Jacques Le Tourneur et Ramiro Arrue, ainsi que des eaux-fortes, des gouaches et des encres de Jean-Paul Tillac. *Paseo de Fray Francisco, 8 Tél. 945 18 19 18 Ouvert mar.-ven. 10h-14h et 16h-18h30, sam. 10h-14h et 17h-20h, dim. et j. fér. 11h-14h Fermé ven. saint Tarif 3€, réduit 1€*

Basílica San Prudencio d'Armentia Il faut absolument aller admirer les tympans, représentant le Sauveur et l'agneau de Dieu, ainsi que les deux splendides bas-reliefs datés du XIe siècle de cette basilique romane. Si la façade a malheureusement été modifiée au XVIIIe siècle, de même que le parvis, l'intérieur conserve un certain charme – l'abside du XIIe siècle en particulier. De la basilique, un sentier boisé permet de monter sur une butte d'où la vue embrasse toute la plaine. *Alto de Armentia (à 2km du centre-ville) Tél. 945 13 39 05 Horaires d'ouverture variables. Se rens. par tél.*

● Où dénicher des poupées Mariquita Pérez ?

Blanca Regalos (plan 6, B2) Une boutique entièrement dédiée aux poupées de collection. On y trouve les fameuses poupées Mariquita Pérez, fabriquées dès 1940 en Espagne et recherchées par les collectionneurs du monde entier. *Eduardo Dato, 25 Tél. 945 13 95 48 www.blancaregalos.com Ouvert lun.-ven. 10h30-13h30 et 17h-20h30, sam. 10h30-14h et 18h-20h*

● Où faire des emplettes gourmandes ?

Goya (plan 6, B2) Une confiserie incontournable : depuis plus de cent ans, elle produit des bonbons de toutes sortes, dont les fameux *vasquitos* et *neskitas*, mais aussi du *turrón*, et des gâteaux, tels l'*urbia*, un irrésistible biscuit au rhum, et la *communia de Aratia*, un régal à base de maïs, amandes et noix. Sept boutiques en ville : deux Calle Dato, une Calle Ortiz de Zarate, une Calle Wellington, deux autres Avenida de Gasteiz et une Av. Juan Carlos Ier. La fabrique se trouve Calle Barrachi. *Barrachi, 35 Tél. 945 12 80 59 www.confiturasgoya.com Ouvert lun.-sam. 9h30-14h et 16h45-20h, dim. 9h30-14h30*

● Où boire un verre ?

Café Rio Dato (plan 6, B2 n°3) Un café-club ouvert nuit et jour et où la musique est reine – du jazz à l'électro en passant par des rythmes latinos, selon le programme. Pendant le festival de jazz, concert tous les soirs à partir de minuit. Terrasse donnant sur la rue piétonne en été. *Calle Dato, 20 Tél. 945 23 00 67 Ouvert lun.-sam. 12h-1h*

Prado Café (plan 6, A3 n°4) Le rendez-vous estival des trentenaires, avant ou après dîner, pour boire un verre ou grignoter un *pintxo*, en prélude à un concert. La structure est étonnante, tout en métal gris, avec des silhouettes découpées en ombres chinoises qui, la nuit, semblent courir à travers le parc. *Parque del Prado Tél. 945 13 11 07 Ouvert lun.-ven. 9h-23h, sam.-dim. 10h-1h*

Les environs de Vitoria

À l'est de Vitoria, la vallée de Salvatierra est bordée au nord par la sierra Elgea et la sierra Urkilla et, au sud, par la sierra Urbassa. La N1 qui relie Vitoria à Pampelune se faufile dans la plaine entre ces massifs montagneux dont les sommets dépassent 1 000m d'altitude.

Salvatierra-Agurain Une petite ville au tracé médiéval, étape jacquaire ceinte de remparts, où se côtoient palais baroques et Renaissance et maisons de caractère – dont une du XIVe siècle, la Casa de las Viudas. On visitera également l'église San Juan Bautista, du XVIe siècle, et la place du même nom qui lui fait face, avec ses arcades bâties à la même époque. À l'autre bout de la Calle Mayor, l'église de Santa María date également du XVIe siècle (fermée à la visite). À l'est de la vieille ville, derrière l'église, se dresse un couvent de sœurs clarisses où l'on peut acheter des biscuits confectionnés par les religieuses. La mairie abrite une chapelle romane du XIIIe siècle, l'église Saint-Martin (libre d'accès, lun.-ven. 8h-13h). *(30km à l'est de Vitoria, dir. Pampelune et San Sebastián)* **Office de tourisme** *Visites guidées de la ville en français (env. 5€), sur réservation. Calle Major, 8 Tél. 945 30 29 31 www.agurain.biz www.cuadrillasalvatierra.org*

Salinas de Añana Transformée en écomusée à ciel ouvert, la vaste mosaïque des salines d'Añana est une curiosité qui mérite une escale. Une résurgence

Le spectacle des églises peintes

La région à l'est de Vitoria recèle plusieurs trésors d'art sacré. En direction d'Alegria-Dulantzi, dans le petit village d'**Añúa**, l'église Nuestra Señora de la Natividad, du XIIIe siècle, mérite une visite pour ses plafonds ornés de très belles peintures monochromes – dans les grisés – datant du XVIe siècle. À **Alaiza**, 8km plus loin vers Salvatierra (par l'A3110), une autre église, Nuestra Señora de la Asuncion, du XIVe siècle, conserve dans son abside de superbes fresques illustrant de spectaculaires scènes de guerre. À 4km au nord, à **Gazeo**, l'église Saint-Martin-de-Tours, du XIIIe siècle, est couverte, pour sa part, de fresques polychromes représentant le Ciel et l'Enfer, inspirées de scènes tirées de l'Évangile. *Visites guidées (env. 5€ la visite complète, 2€ pour une église) Rens. et rés. auprès de l'office de tourisme de Salvatierra-Agurain Tél. 945 30 29 31* d'eau salée a été décelée ici, puis captée vers la surface pour être chauffée au soleil – sous l'action conjointe du vent et du soleil, le sel se cristallise et peut être récolté. Ainsi transformé, le paysage ressemble à un patchwork de miroirs gris, roses ou bleutés. Visite guidée sur rdv. (env. 1h). *Fundacion Valle Salado de Añana Añana (sur la route du Valderejo, à 20km à l'ouest de Vitoria par l'A2622) Tél. 945 35 11 11 www.vallesalado.com Tarif 5€, réduit 3€, mois de 12 ans gratuit*

● Passer un après-midi au bord d'un lac

Au nord de Vitoria, au pied des montagnes, les lacs *(embalses)*, créés à l'origine pour approvisionner la ville en eau, ont fait l'objet d'aménagements de loisirs : promenade, baignade, sports nautiques... Ces paysages insolites et paisibles attirent aussi les ornithologues amateurs. En effet, oiseaux nicheurs ou migrateurs s'ébattent nombreux dans ces zones humides, devenues des sites protégés.

☺ **Parc ornithologique de Mendijur** Sur la rive du lac de barrage d'Ullíbarri-Gamboa, vous pourrez assister à un ballet d'oiseaux aquatiques et limicoles – vivant sur les limons –, et deviner quelques passereaux dissimulés dans les roselières. À l'inventaire des espèces observées en été, citons les grèbes huppés, les poules d'eau et les milans noirs – tous nicheurs. Aux passages migratoires, vous apercevrez des échasses blanches, des nettes rousses et des balbuzards pêcheurs. Et, en hiver, des grands cormorans, des grèbes à cou noir, des hérons cendrés, des vanneaux huppés... Au cœur de la réserve, des sentiers et des postes d'observation ont été aménagés, pour profiter du spectacle tout en respectant les espèces protégées. Des rives du lac, on peut remonter vers la sierra de Urkiola, au nord, puis vers l'ouest sur le massif du Gorbea cf. Les environs de Murguia (p.423). ***Mendijur** Tél. 945 18 18 18*

Parc provincial de Garaio Sur la rive sud du lac d'Ullíbarri-Gamboa, près des ruines du château de Guerava se déploient de véritables plages et aires de baignade fréquentées par quelques cigognes nicheuses et canards migrateurs. Une zone de fraîcheur, entre ville et montagnes, où l'on peut se promener à pied ou à vélo. Le centre d'information est installé à Muturana qui organise entre autres des visites guidées à VTT. **Casa de Información** *Visites guidées et la location de VTT. **Maturana** (20km au nord-est de Vitoria par l'A1, dir. Pampelune, sortie 364, dir. Ozatea) Tél. 695 78 24 98 ou 695 78 24 97 Ouvert juin-août : lun.-ven. 9h30-20h30, w.-e. et j. fér. 9h30-21h30 ; reste de l'année : tlj. 9h-15h*

● Randonner dans un parc naturel

☺ **Parc naturel du Valderejo** Au nord-ouest de Vitoria, à la frontière de l'Álava et de la province de Burgos, ce parc créé en 1992 couvre quelque 3 500ha. Il possède une faune et une flore particulièrement riches, d'autant que la vallée qui l'abrite a perdu pratiquement tous ses habitants. Entouré de massifs calcaires, dont les sommets dépassent 1 200m, le parc est traversé du nord au sud par le río Purón, qui a creusé un profond défilé. Dans le charmant petit village de Lalastra – un des seuls bourgs encore occupés –, porte d'entrée du parc, vous trouverez les départs de sentiers balisés. **Maison du Parc** *Lalastra (65km à l'est de Vitoria) Tél. 945 35 31 46 www.parquevalderejo.galeon.com Ouvert avr.-sept. ; mar.-dim. 10h-19h ; oct.-mars : mar.-ven. 9h-13h, w.-e. et j. fér. 10h-18h Fermé 25 déc. et 1er jan. visite guidée gratuite du parc (en espagnol) mar.-ven. matin Durée : 2 à 3h*

CARNET D'ADRESSES

Restauration

prix moyens

☺ **Matxete (plan 6, B2 n°23)** Sur une petite place camouflée au regard des passants, ce restaurant sert de délicieuses *morcillas* à la tomate (boudin noir maison), salades de pommes de terre et moules au vinaigre de Jerez, poireaux vinaigrette, ail frais *a la plancha*, *chipirones* aux oignons, et puis une foule de desserts : tarte de riz au lait, glace au fromage de brebis, *cuajada* maison, glace au riz au lait, et bien d'autres… Prix doux : entrées autour de 11€, plats autour de 15€, desserts autour de 4€. *Plaza del Machete, 4-5* ***Vitoria-Gasteiz*** *Tél. 945 13 18 21 www.matxete.com Ouvert mar.-sam. 13h30-16h et 20h30-23h, dim. 13h30-16h Fermé 15 j. en août*

Xixilu (plan 6, B3 n°22) Un petit restaurant de quartier très populaire à Vitoria. L'intérieur est sobre – grandes tables de bois verni en face d'un long comptoir, briquettes rouges et azulejos au mur – la cuisine savoureuse, concoctée à base de produits frais et de qualité. En été, quelques tables sont dressées en terrasse sur la petite place. Comptez 25-30€ le repas. *Plaza Amarica, 2* ***Vitoria-Gasteiz*** *Tél. 945 23 00 68 Ouvert tlj. 13h30-16h et 21h-0h Fermé 2 sem. en jan. et 10-17 août*

prix élevés

Izaga (plan 6, A1 n°24) La cuisine est inventive et colorée, servie dans un cadre lumineux et ouvert, blanc crème ponctué de bleu. Excellente carte de saison. Comptez 40-50€ à la carte. Menus 30-40€. Pour les petites faims, la *media ración* (demi-portion) est parfois proposée. Desserts gourmands. *Beato Tomás de Zumarraga, 2* ***Vitoria-Gasteiz*** *Tél. 945 13 82 00 www.restauranteizaga.com Ouvert mar.-sam. 13h-15h30 et 21h-23h30, dim. 13h-15h30 Fermé 10-31 août et début sept.*

El Portalón (plan 6, B1 n°25) Connu pour son cadre magnifique – une maison médiévale de la vieille ville –, cet établissement est aussi réputé pour sa table. Le mobilier des six salons date des XVIIe et XVIIIe siècles. La cuisine, à base de produits frais, est simplement préparée : merlu en sauce légère, pieds de porc farcis à la sauce aux truffes et tartes maison. Comptez de 36 à 52€ à la carte. Menus 35-61€ (rés. 24h avant). *Correria, 151* ***Vitoria-Gasteiz*** *Tél. 945 14 27 55 www.restauranteelportalon.com Ouvert mar.-sam. 13h-15h30 et 20h30-23h30, dim. 13h-15h30 Fermé à Noël*

prix très élevés

Restaurante Ikea (plan 6, A3 n°26) Une très bonne adresse, située dans une villa du XIXe siècle. Il faut absolument goûter les carpaccios du chef – celui de gambas fait désormais école dans la région –, en prêtant tout particulièrement attention à ses assaisonnements, très finement tra-

Et aussi…

Sur le pouce

Elvira ____ 411
Hor Dago ____ 411
Baztertxo ____ 411
La Ferretería ____ 411

L'ÁLAVA

vaillés. Puis on passera aux pigeons braisés, à la soupe d'*alubias* garnies de jambon *iberico* en lamelles et de *morcilla*... Plats de 20 à 30€. Comptez 65€ pour un repas complet à la carte. Menu à 49, 60 et 75€ *Portal de Castilla, 27* ***Vitoria-Gasteiz*** *Tél. 945 14 47 47 www.restauranteikea.com Ouvert mar.-sam. 13h-15h30 et 20h45-23h30, dim. 13h-15h30 Fermé 3 sem. en août, à Noël et jour de l'an*

Hébergement

petits prix

Hotel La Bilbaina (plan 6, B2 n°30) Un grand édifice faisant face à l'Artium, proposant des chambres propres et fonctionnelles, équipées de sdb individuelles, TV et téléphone, pour un prix très intéressant. Décoration standard, ascenseur, restaurant au 1er étage et cafétéria au rez-de-chaussée. Accueil souriant et aimable. Double 55€, petit déj. 2,75€. *Prudencio María Verastegui* ***Vitoria-Gasteiz*** *(angle Calle Francia) Tél. 945 25 44 00 www.labilbaina.es Fermé 25 déc.*

Hotel Achuri (plan 6, B3 n°31) Une des meilleures adresses dans cette catégorie. Une étoile seulement, mais un accueil chaleureux, une sympathique salle du petit déjeuner et des chambres très correctes – sdb individuelle, TV et téléphone –, propres et calmes pour un hôtel aussi central. Demandez tout de même une chambre sur cour pour être assuré de bien dormir. Comptez 50€ la double et 33€ la simple. Petit déjeuner 3,50€. *Rioja, 11* ***Vitoria-Gasteiz*** *Tél. 945 25 58 00*

prix élevés

Hotel Silken Ciudad de Vitoria (plan 6, A3 n°33) Si l'architecture extérieure cultive l'esprit "villa" du début du siècle, avec ses toits à coupoles et œil-de-bœuf, le hall d'accueil, lui, penche plutôt pour l'esprit "paquebot américain", un rien clinquant. Mais, dans les chambres, le confort est total, la décoration plus sobre, le calme irréprochable (très bonne insonorisation). Un 4-étoiles à des prix abordables selon les périodes (entre deux congrès, les week-ends hors saison, etc.). Chambre double de 80 à 330€, selon le taux d'occupation de l'hôtel. *Portal de Castilla, 8* ***Vitoria-Gasteiz*** *Tél. 945 14 11 00 www.hotelciudaddevitoria.com*

L'ÁLAVA

LAGUARDIA

01300

La "ville qui monte la garde" domine la plaine ondoyante de la Rioja du haut de ses murailles. Au sud serpente l'Èbre – le fleuve nourrit dans ses méandres des terres souples et fertiles que l'on retrouve, rouges et légères, au pied des fameux vignobles de la Rioja Alavesa. Au nord se découpe la sierra Cantabrique, formidable vaisseau de pierre barrant l'horizon, hérissé de pics dentelés, aux sommets parfois enneigés. Des toits de Laguardia, en été, on aperçoit des cigognes effectuer quelques longs vols d'une lagune à l'autre. La Rioja Alavesa est avant tout une terre de vignoble,

que l'on parcourt par des sentiers formant sur les collines un entrelacs de rouge et de vert. Au loin, sur les pitons rocheux, se dressent les villages, éperons solitaires entre ciel et terre. Et, depuis quelques années, les plus grands architectes rivalisent de talent pour poser dans cette contrée retirée des édifices avant-gardistes pour la plus grande gloire du vin !

UNE VILLE D'HISTOIRE Laguardia est née au XIIe siècle, quand le roi de Navarre Sanche le Sage lui accorda sa première charte – son *fuero de población*. Située sur un axe stratégique, très proche de ses voisins castillans, elle fut corsetée au XIIIe siècle d'une muraille de grès renforcée de plusieurs donjons. Démantelées au fil des guerres, ces fortifications ont été entièrement restaurées au XXe siècle ; aujourd'hui on se promène à leur pied avec délice, en fin d'après-midi, avec le vignoble à l'horizon. Intra-muros, la ville a conservé ses ruelles médiévales bordées de maisons massives bâties entre le XVe et le XVIIe siècle, parfois agrémentées de patios, avec de belles calades en galets de rivière.

MODE D'EMPLOI

accès

EN VOITURE
À 45km au sud de Vitoria par l'A2124 et l'A124 en traversant les montagnes de la sierra de Cantabria. À 18km de Logroño par l'A124.

EN CAR
Il faut compter 1h30 de trajet à partir de Vitoria et 1h de Bilbao.
Alsa *Tél. 902 42 22 42*
La Union *Tél. 944 27 11 11*

orientation

Laguardia est une ville fortifiée, dont le centre est piétonnier. Il faut donc se garer alentour, sur les parkings aménagés. Il n'est pas rare de tourner un moment le dimanche et les jours de grande affluence.

fêtes et manifestations

Concerts Classique, jazz, musiques du monde à l'hôtel de ville. *Tous les dim. du 19 mars à fin sept.*

Semaine sainte Une descente de croix spectaculaire, avec un Christ en bois du XVIIe siècle. *Sem. précédant Pâques*

Fête de la Dulzaina Des joueurs de cornemuse sillonnent la ville. *Un dim. de mai*

Saint-Jean et Saint-Pierre Fêtes traditionnelles avec jeux, danses et processions. *Du 23 au 29 juin*

informations touristiques

Office de tourisme Casa Garcetas. *Cale Mayor, 52 Tél. 945 60 08 45 www.laguardia-alava.com Ouvert lun.-ven. 10h-14h et 16h-19h, sam. 10h-14h et 17h-19h, dim. et j. fér. 10h45-14h*

DÉCOUVRIR

☆ **Les essentiels** La Iglesia Santa María de los Reyes, l'architecture extravagante de la cité du Vin **Découvrir autrement** Observez les oiseaux dans les lagunes de Laguardia, arpentez les *fairways* du golf d'Izki sur les traces de Severiano Ballesteros

Laguardia

Plaza Mayor Une belle place à portiques, avec en son centre l'hôtel de ville du XIXe siècle. Un carillon muni d'étranges automates sonne à 12h, 13, 14h, 17h, 20h et 22h de mai à octobre (à 12h, 14h, 17h et 20h nov.-avr.). À l'opposé, l'ancienne mairie, du XVIe siècle, arbore sur sa façade les armoiries de Charles Quint et les mesures utilisées jadis par les marchands.

☆ **Iglesia Santa María de los Reyes** Plusieurs styles caractérisent cette église, du roman lombard du XIIe siècle au baroque du XVIIe (retable), en passant par la Renaissance (transept et chevet). Le portail, lui, est purement gothique – quoique fermé au XVIe siècle, pour mieux le protéger. De merveilleuses sculptures illustrent la vie de la Vierge. *Ouvert uniquement dans le cadre des visites guidées, mar.-dim. matin en espagnol (anglais et français sur rés.) Tarif : 2€ Rés. à l'OT*

Villa Lucia Dans une très belle bâtisse, un vaste espace d'exposition met en scène le travail de la vigne. Impressionnante collection de machines agricoles et

L'ÁLAVA

Caves à vins-bodegas et domaines viticoles

Le pays basque est une terre viticole. Goûtez – avec modération – aux fameux vins irouléguy, rioja et txakoli dans une bodega.

Domaine Étienne Brana (Saint-Jean-Pied-de-Port) — 212
Domaine Arretxea (Irouléguy) — 231
Les Vignerons du Pays basque (Saint-Étienne-de-Baïgorry) — 231
Vinoteca Murillo (Pampelune) — 378
Bodegas Azpea (Lumbier) — 385
Museo del Vino de Navarra (Olite) — 389
Bodegas Lezaun (Lacar) — 400
Villa Lucia (Laguardia) — 419
Bodega Ysios (Laguardia) — 420
Cité du Vin (Elciego) — 420
Bodegas Remelluri (Labastida) — 420
Vinos Martínez (San Sebastián) — 451
Bodega Talai Berri (Zarautz) — 472
Bodega Txomin Etxaniz (Getaria) — 477
Vinoteca Manu Martín (Bilbao) — 557
Doniene Gorrondona Txakolina (Bakio) — 581

viticoles. Dégustation possible de vin, commentée et accompagnée par quelques *pintxos*. *Route de Logroño Tél. 945 60 00 32 www.villa-lucia.com Ouvert mar.-sam. 10h-14h et 16h30-20h, dim. 10h-14h Tarif 6,50€ (avec dégustation 11€) Visites (epagnol et anglais) lun.-sam. 11h, 12h30, 17h et 18h30 ; dim. 11h et 12h30*

Museo de La Hoya Sur le site d'un village protohistorique, le produit des fouilles est exposé. À l'extérieur, quelques vestiges ont été mis au jour, comme le sol des habitations, les rues et l'enceinte fortifiée. *Camino de la Hoya Tél. 945 62 11 22 Ouvert mai-sept. : mar.-ven. 11h-14h et 16h-20h, sam. 11h-15h, dim. et j. fér. 10h-14h ; oct.-avr. : mar.-sam. 11h-15h, dim. et j. fér. 11h-14h Fermé 1er jan., 25 déc. et les lendemains de lundi férié Entrée libre*

● Où admirer une bodega avant-gardiste ?

Bodega Ysios Les amateurs d'architecture contemporaine feront un détour pour admirer les surprenantes courbes ondulantes de cette bodega dessinée par l'Espagnol Santiago Calatrava. Inauguré en 2001, le bâtiment élégant cerné de vignes abrite cuves et barriques de crus de la Rioja. Visites en espagnol et en anglais, sur réservation (12€ avec dégustation). *Camino de la Hoya* ***Laguardia*** *(à 2,5km du centre-ville) Tél. 945 60 06 40 ou 902 23 97 73 www.ysios.com Visites lun.-ven. à 11h, 13h et 16h ; sam.-dim. à 11h et 13h*

L'ÁLAVA

Les environs de Laguardia

☆ **Cité du Vin** Plus qu'un hôtel– cf. Hotel Marqués de Riscal (p.422) –, il s'agit de la plus ancienne bodega de Rioja métamorphosée en œuvre d'art architecturale en 2006 par l'architecte canadien Frank Gehry, à qui l'on doit notamment le musée Guggenheim de Bilbao. Alejandro Aznar, qui dirige le vignoble Marqués de Riscal, admiratif des différents travaux de l'architecte, a su le convaincre de réaliser un lieu unique pour les amoureux du vin, situé aujourd'hui sur le domaine viticole. Des bâtiments, reliés par une passerelle d'acier et de verre, s'échappe une chevelure en titane flottant au vent. La décoration intérieure, très minimaliste, allie des formes anguleuses et ondulantes, créant ainsi une atmosphère harmonieuse. Les matériaux utilisés rappellent les constructions locales (la pierre areniza), la vigne (le bois), le vin (la couleur rouge), les bouteilles de vins du domaine (le verre et le titane)… *Calle Torrea, 1* ***Elciego*** *(à 8km de Laguardia) Tél. 945 18 08 88 Visite sur rdv Tarif 10,25€ (avec 2 verres de vin)*

● Où acheter du rioja ?

Bodegas Remelluri À la cité du Vin, bien sûr, mais aussi dans cette bodega qui propose l'un des meilleurs vins de la Rioja Alavesa, et dispense un accueil très cordial. Superbe propriété, avec une émouvante nécropole médiévale. *Dégustation et visite guidée sur rdv Gratuit Route de Rivas de Tereso* ***Labastida*** *Tél. 945 33 18 01 www.remelluri.com*

● Observer hérons et cigognes

Lagunas de Laguardia Au sud-est de Laguardia, plusieurs milieux humides naturels et une retenue d'eau artificielle accueillent tout au long de l'année une faune ailée variée dans les lagunes d'El Prado de la Paul, Carralogroño, Musco et Carravalseca. On accède facilement aux deux premières en empruntant quelques pistes à partir de la grand-route. Quelques panneaux explicatifs vous aideront à vous y retrouver parmi l'avifaune : poules d'eau, foulques macroules, hérons, cigognes et rapaces divers. *Route de Logrono (2,5km au sud du centre ville)*

● Faire un parcours de golf

Golf d'Izki Au cœur des chênaies des environs d'Álava, le champion espagnol Severiano Ballesteros a dessiné deux parcours : un 18 trous à Urturi et un 9 trous à Lagran, juste à côté. ***Urturi** (28km au nord de Laguardia, dir. Bernedo par l'A3228 puis Treviño par l'A126, à droite par l'A4154) Tél. 945 37 82 62 izkigolf.com*

CARNET D'ADRESSES

Restauration, hébergement

prix élevés

Hotel Posada de Migueloa Une adresse pour qui veut loger en plein cœur de la vieille ville, dans une maison de caractère, tout en pierre et en bois, faite de dédales et de portes secrètes... Au rez-de-chaussée, il faut visiter la bodega qui descend dans les profondeurs de la terre, et boire un verre accompagné de *manchego* mariné à l'huile d'olive (un délice) dans le petit patio du bar. Malheureusement, l'accueil laisse fortement à désirer, surtout en saison. Demandez de préférence la chambre 21. Double 115€, simple 90€, petit déjeuner et visite de la bodega compris. *Mayor de Migueloa, 20 **Laguardia** Tél. 945 62 11 75 www.mayordemigueloa.com*

El Castillo del Collado C'est sans doute le meilleur établissement de la ville. Ce palais de caractère, bâti à l'abri des remparts, sous les arbres et les vieilles pierres, réserve à ses hôtes un excellent accueil. Les 10 chambres sont étonnantes – certaines ont un plafond en bois sculpté –, spacieuses et confortables. L'ensemble est un rien kitsch – profusion d'éléments de décor, de matières et de couleurs – mais l'on s'y sent bien. Le petit déjeuner se prend dans l'une des salles à manger, où l'on peut aussi déjeuner ou dîner, à des prix très raisonnables. À la carte, entrées et plats de 9 à 22€. Menu à 25 et 40,50€. Double 125-185€, petit déj. 10,50€ (prix HT) *Paseo del Collado, 1 **Laguardia** Tél. 945 62 12 00 www.hotelcollado.com*

Dans les environs

petits prix

Barkero Etxea Un hôtel tranquille tout au sud de la Rioja Alavesa, installé dans un tout petit village entouré de vignobles brûlé par le soleil. Les chambres sont exiguës mais confortables, les salles de bains en bon état, et l'on s'y sent bien. Accueil aimable et prévenant. Double 45€, simple 30€. *Calle Mayor, 25 **Lapuebla de Labarca** (6km au sud de Laguardia, par l'A3216) Tél. 945 62 72 18 www.nekatur.net/barquero*

prix moyens

Palacio de Samaniego Dans un village de charme de la Rioja, une très élégante bâtisse du XVIIIe siècle, rénovée avec goût, dans des tons verts. Les chambres, à la décoration agréable, offrent un bon confort et une literie douillette. Au rez-de-chaussée, vous trouverez un bar fréquenté par les habitants du village et un bon restaurant, où l'on peut dîner d'un menu unique, très convenable, pour env. 27€. Simple 77€, double 88€, supérieure 99€, petit déj. 8€ (prix HT). *Calle Constitución, 12* ***Samaniego*** *(7km à l'est de Laguardia) Tél. 945 60 91 51 www.palaciosamaniego.com Fermé mi-déc.-mi-jan.*

prix élevés

☺ **Palacio Pujadas** À la frontière de l'Álava et de la Navarre, à la limite de la Rioja, un hôtel 3-étoiles aménagé dans un ancien palais. Les 28 très belles chambres ont été meublées avec goût, parées de teintes sobres et claires, reposantes. On apprécie le confort et le silence troublé seulement par le carillon de l'église voisine et par les pas délicats, à l'aube, des pèlerins en route pour Saint-Jacques. Accueil souriant et service efficace. Chambre double 90€ en semaine et 110€ le week-end, avec le petit déj. Elle est louée 80€ aux pèlerins de Compostelle sur présentation du carnet *Calle Navarro Villoslada, 30* ***Viana*** *(29km à l'est de Laguardia, sur la N111 dir. Pampelune) Tél. 948 64 64 64 www.palaciodepujadas.com Fermé 25 déc.-31 jan.*

prix très élevés

Hotel Marqués de Riscal La cité du Vin est l'occasion de s'offrir une nuit dans une œuvre d'art futuriste, cf. Cité du Vin (p.420). Cet hôtel de grand luxe, inauguré en 2006, a été conçu par le célèbre architecte du musée Guggenheim de Bilbao, Frank Gehry. Il rassemble 43 chambres et suites, toutes décorées par l'architecte, un spa exploité par Caudalie, un restaurant gastronomique dirigé par *Juan Bautista* Peñas Vargas, élève du chef Francis Paniego, un bar à vins et enfin un fumoir-bibliothèque situé au dernier étage. Pour une nuit dans cet établissement hors du temps, il vous en coûtera de 325 à 1 550€ pour deux personnes selon la saison et la catégorie. Mais vous pouvez vous contenter d'un verre au bar ou d'un repas au restaurant (menu autour de 80€). *Calle Torrea, 1* ***Elciego*** *(8km au sud de Laguardia) Tél. 945 18 08 88 www.marquesderiscal.com* ***Restaurant*** *Ouvert mar.-sam. 13h30-15h30 et 20h30-23h* ***Hotel*** *Fermé 7-31 jan.*

GAMME DE PRIX	RESTAURATION	HÉBERGEMENT
Très petits prix	moins de 12€	moins de 45€
Petits prix	de 12 à 18€	de 45 à 60€
Prix moyens	de 18 à 25€	de 60 à 100€
Prix élevés	de 25 à 45€	de 100 à 140€
Prix très élevés	plus de 45€	plus de 140€

MURGUIA

34860

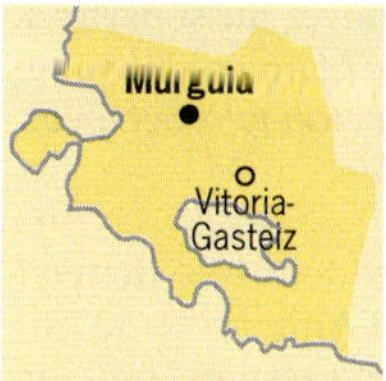

Situé au cœur de la vallée de Zuia et au sud du massif du Gorbeia, Murgia constitue une étape idéale pour ceux qui veulent grimper à l'assaut des massifs qui s'étendent entre la Biscaye et l'Álava - parc naturel du Gorbeia et d'Urkiola - et partir d'une vallée à l'autre, sur les routes de montagne, à la découverte d'un monde rural encore préservé.

MODE D'EMPLOI

accès

EN VOITURE
À 15km au nord-ouest de Vitoria, par la N622 en direction de Bilbao.

manifestation

Foire du cheval *À Ondategui, Dernier dim. de juin*

informations touristiques

Office de tourisme *Plaza Ayuntamiento, 1 Tél. 945 43 04 40 ou 945 43 01 67 Ouvert juil.-août : tlj. 9h30-14h et 15h30-19h (mêmes horaires pendant la semaine sainte) ; mars-juin, sept.-oct. : mar.-dim. 9h30-12h30 et 15h-17h ; nov.-déc. : j. fér. 9h30-13h30*

DÉCOUVRIR

Les environs de Murguia

☆ **Les essentiels** Les parcs naturels de Gorbeia et d'Urkiola **Découvrir autrement** Admirez le four séculaire conservé au musée de la Céramique, et partez à l'assaut du sommet du parc de Gorbeia au départ de Sarria

Musée de la Céramique Dans une ancienne ferme, découvrez un panorama de la céramique basque à travers les siècles – de la vaisselle à cuire aux matériaux de construction, en passant par les objets d'art populaire. Une collection permanente et des expositions temporaires pour admirer plusieurs milliers de pièces, originaires du Pays basque mais aussi de toute la péninsule. Le musée détient également un four à céramique de 300 ans, haut de 9m, encore en état de marche. Enfin, des visites d'ateliers s'accompagnent d'explications détaillées sur les techniques traditionnelles. *Ollerias Elosu (à 12km à l'est de Murguia via Zigoitia) Tél. 945 45 51 45 Ouvert lun.-ven. 10h-13h et 16h-19h, sam. 10h-14h Entrée libre Visite guidée (en espagnol) sur rés.*

★ **Parc naturel de Gorbeia** Ce vaste parc couvre plus de 21 000ha. Massif montagneux sauvage, cet océan houleux de roches traversé de nombreux ruisseaux et sentiers recèle une faune et une flore abondantes et préservées.

L'ascension du sommet (1 481m) s'effectue au départ de quelques points précis – en plus de ceux évoqués dans la Biscaye (p.603). Le plus intéressant est celui de Sarria. On accède en voiture au parking situé à côté de la maison du Parc. Ainsi, la balade commence en pleine montagne. Vous pouvez aussi partir de Murua ou Zarate. **Maison du Parc** *Sarria (3,5km au nord de Murguia) Tél. 945 43 07 09 www.gorbeiaeuskadi.com Ouvert avr.-sept. : mar.-dim. 10h-19h ; oct.-mars : mar.-ven. 9h-15h, w.-e. et j. fér. 10h-18h Fermé 25 déc. et 1er jan.*

☆ **Parc naturel d'Urkiola** Créé en 1989, ce parc naturel dont 15% du territoire se situent en Álava, a pour point culminant le pic d'Amboto (1 327m). Ce territoire, voué à l'agropastoralisme et à l'exploitation forestière, présente une série de massifs calcaires entaillés de ravins et de profondes vallées parcourues par de nombreux cours d'eau. Au retour des balades, les villages de la vallée déclinent leurs terrasses, leurs rivières, leurs fermes monumentales. Faucons, vautours et percnoptères nichent sur les falaises de l'Anboto cf. Les environs de Durango (p.601). De Murgia on peut rejoindre le sud du parc via Ibarra, à 30km au nord-est de Murguia, pour explorer la vallée d'Aramaio. **Centre d'Interprétation** *Tél. 946 81 41 55 www.alavaturismo.com www.urkiola.net Ouvert avr.-oct. : tlj. 10h-14h et 16h-18h ; nov.-mars : tlj. 10h30-14h30 et 15h30-17h30 Fermé 25 déc. et 1er jan.*

CARNET D'ADRESSES

Restauration, hébergement

petits prix

Caserio Muru Au pied des montagnes de l'Urkiola, cette majestueuse maison d'hôtes réserve un accueil cordial, souriant et chaleureux. Les 3 chambres, d'un confort correct et dotée chacune d'une salle de bain, n'ont toutefois guère de charme ; l'intérêt est surtout d'être au plus près des sentiers, et de se réveiller avec le chant des oiseaux... Comptez 45 à 55€ HT la double, 5€ le petit déj. ; accès libre à la cuisine. *Pas de CB Gantzaga Auzoa* ***Aramaio*** *(à 20km au nord-est de Murguia, par l'A2620 après Legutiano et à 30km de Vitoria) Tél. 945 44 53 65 ou 619 51 77 08 www.nekatur.net/caseriomuru*

prix moyens

La Casa del Patrón Une adresse incontournable ! L'accueil est convivial et chaleureux, tout en étant parfaitement efficace. Au rez-de-chaussée, vous trouverez un bar-brasserie où l'on mange de tout, à n'importe quelle heure : des omelettes, des sandwichs, des poivrons frits, du chorizo, du

GAMME DE PRIX	RESTAURATION	HÉBERGEMENT
Très petits prix	moins de 12€	moins de 45€
Petits prix	de 12 à 18€	de 45 à 60€
Prix moyens	de 18 à 25€	de 60 à 100€
Prix élevés	de 25 à 45€	de 100 à 140€
Prix très élevés	plus de 45€	plus de 140€

boudin noir, de la morue… La qualité des mets est irréprochable, tant au bar que dans la salle de restaurant, et les prix restent très doux : menu à 15 et 19€ (17€ pour les clients de l'hôtel) et 30-35€ à la carte. Les 14 chambres, très propres, sont bien équipées – literie confortable, sdb et TV. De 59 à 64€ la double, de 46 à 52€ la simple, selon la saison. Prix TTC. *San Martin, 2 Murguia **Zuia** Tél. 945 46 25 28 www.casadelpatron.com Fermé Noël, 31 déc. et 1er jan.*

☺ **Guikuri** Près du massif de Gorbeia, cette maison magnifique, tout en pierre, propose 4 appartements de charme : parquet, pierres apparentes ou tons chauds aux murs… Spa et sauna sur réservation (16,50€). Comptez 125€/nuit pour un appartement de 4 pers. et 100€ pour un appartement de 2 pers. Possibilité de louer uniquement une chambre double 62,50€ HT avec salle de bains et accès à la cuisine. Petit déj. à 6,60€. Location de toute la maison (8 pers.) à 250€ TTC par nuit (2 nuits min. en fin de semaine). *Calle Guikuri, 1 Murua **Zigoitia** (3km à l'est de Murguia) Tél. 945 46 40 84 www.guikuri.com*

ARTZINIEGA

01474

Petite cité de caractère située sur la route de Vitoria à Bilbao, Artziniega recèle nombre de ruelles pavées, de belles maisons anciennes et blasonnées des XVIe, XVIIe et XVIIIe siècles, ainsi que quelques palais baroques. C'est au XIIIe siècle qu'Alphonse X, dit le Sage, octroya à la cité sa charte de privilèges. Artziniega passa aux seigneurs d'Ayala au siècle suivant, mais elle demeura une ville-étape sur le chemin de la Castille à la mer. Avant le développement d'Orduña, les commerçants de la province de Burgos en route vers la côte de Biscaye s'arrêtaient à Artziniega. S'y tenaient alors deux marchés hebdomadaires et une grande foire annuelle, en septembre. Depuis, les remparts ont été abattus, et les gens de la région viennent se promener sur l'ancien chemin de ronde.

MODE D'EMPLOI

accès

EN VOITURE

À 56km au nord-ouest de Vitoria en direction de Bilbao (N622), puis vers Amurrio par l'A624 et Balmaseda. À 28km de Bilbao par la BI2604. La ville, bâtie sur une bulle, forme un rectangle de taille moyenne, au plan orthonormé. On peut la traverser en voiture, mais mieux vaut se garer à l'entrée et la parcourir à pied.

EN CAR

La Unión Liaisons avec Vitoria. *Tél. 945 26 46 26*

Bizkaibus Liaisons avec Bilbao. *Tél. 902 22 22 65 ou 902 22 22 65 (horaires)*

fêtes

Mercado de Antaño (Marché d'Antan) Marché médiéval. *1er dim. de sept.*

Fête de la Vierge d'Encina Danses et autres animations culturelles. *1re quinz. de sept.*

informations touristiques

Office de tourisme Demandez le classeur sur la région d'Ayala. *Aldal, 1* **Amurrio** *Tél. 945 39 37 04 Ouvert mar.-sam. 10h-14h et 17h-19h, dim. et j. fér. 10h-14h*

DÉCOUVRIR

☆ **Les essentiels** Le musée ethnographique d'Artziniega **Découvrir autrement** Goûtez les meilleures *morcillas* de l'Álava à l'Embutidos Artziniega et découvrez les tours défensives de la vallée d'Ayala

Artziniega

☆☺ **Musée ethnographique** Ce musée, l'un des plus beaux du Pays basque, possède une remarquable collection d'art populaire. Dans un ancien collège, sur 3 500m², l'association Artea a reconstitué un atelier de forgeron, une menuiserie, une cordonnerie, une étable et une cuisine d'autrefois. *Calle Arteko Aldapa, 12 Tél. 945 39 62 10 www.artziniegamuseoa.org Ouvert mar.-sam. 11h-14h et 16h30-19h30, dim. et j. fér. 11h-14h Tarif 4€, réduit 3€, 6-12ans 2€*

● Où faire des emplettes gourmandes ?

☺ **Embutidos Artziniega** On trouve ici les meilleures *morcillas* (boudins noirs) de toute l'Álava. *Carretera de Burgos, 14 (sortie du village, direction Trespaderne) Tél. 945 39 60 05 www.embutidosarceniega.com Ouvert lun.-ven. 9h30-13h30 et 16h-19h30, sam. 9h-14h*

● Se balader à cheval

Turismo Ecuestre de Artziniega Comptez 24€ pour 2 heures de balade *Geltoki plaza, 6 Tél. 945 39 60 60 rutasacaballo@jet.es*

Les environs d'Artziniega

La vallée d'Ayala

Sa position frontalière amena, au Moyen Âge, ses habitants à ériger des postes défensifs sur ses hauteurs.

Llanteno La tour de Zubiete, rénovée au XVIIe siècle, contrôlait le passage du pont sur la rivière Ibaizabal. *À 3km d'Artziniega par l'A624*

Zuaza Dans ce village, non loin de Quejana, la tour de Negorta est une belle maison forte de plan carré, sur deux étages, de la fin du XVe siècle. On peut en admirer d'autres autour d'Arespalditza, de Llodio, d'Amurrio et de Baranbio. *À 8km au sud d'Artziniega par l'A624 puis l'A3641*

Murga On peut y admirer une tour du XIIIe siècle, à laquelle fut accolé au XVIe siècle un palais, quand elle perdit sa vocation défensive. *À 12km au sud d'Artziniega, prendre l'A624, puis l'A3622*

Quejana Ce village perché dans les collines, entre bois et pâturages, abrite le palais-forteresse de la famille d'Ayala. L'ensemble, entièrement fortifié, est imposant : il comprend l'aile principale du palais, un haut donjon, une église et un couvent de sœurs dominicaines. Le musée installé dans le palais primitif retrace l'histoire de la lignée des Ayala à travers maquettes, documents, objets d'art et pièces d'orfèvrerie. **Museo Solar de los Ayala** *Quejana (6km au sud-est d'Artziniega) Tél. 945 39 94 14 Ouvert juil.-sept. : tlj. 9h-14h et 16h-19h ; reste de l'année : mar.-dim. et j. fér. 10h-14h Entrée libre*

La vallée du Nervión

Orduña Un peu terne au premier abord, la ville se révèle pleine de charme, notamment autour de sa grande place où, au sommet de l'église, nichent les cigognes. Au fil des ruelles au tracé médiéval se dressent de belles demeures des XVIe et XVIIe siècles, et, sous les arcades, s'alignent des boutiques d'antan, avec leurs grandes vitrines et leurs comptoirs de bois. L'office de tourisme propose des visites guidées (sam. 12h30 et sur rdv les autres jours, 2,50€) en espagnol et en français (sur rés.) et des parcours adaptés aux personnes à mobilité réduite. *À 20km au sud-est d'Artziniega, sur l'A625 après Amurrio* **Office de tourisme** *Tél. 945 38 43 84 ou 616 57 41 32 (guide) ou 696 87 48 99 www.ordunaturismo.com www.atezabalturismo.com (visites guidées)*

CARNET D'ADRESSES

Restauration

petits prix

Bideko Situé dans un *caserio* du XVIIe siècle, ce restaurant est prisé autant pour la qualité de ses produits que pour sa cuisine traditionnelle. Les poivrons rouges sont préparés maison, la salade de morue et pommes de terre est assaisonnée à la crème de *cuajada*, le filet de bœuf est cuisiné au foie gras, et les tartelettes aux pommes sont confites au miel... Menu du jour à midi autour de 15€ et env. 35€ à la carte (prix HT). *Lezama* ***Amurrio*** *(à 11km au sud-est d'Artziniega, direction Vitoria) Tél. 945 89*

GAMME DE PRIX	RESTAURATION	HÉBERGEMENT
Très petits prix	moins de 12€	moins de 45€
Petits prix	de 12 à 18€	de 45 à 60€
Prix moyens	de 18 à 25€	de 60 à 100€
Prix élevés	de 25 à 45€	de 100 à 140€
Prix très élevés	plus de 45€	plus de 140€

06 33 http://restaurantebideko.com Fermé 3e dim. du mois, Pâques, août et Noël

prix élevés

☺ **Palacio de Anuncibai** Dans ce palais fortifié, rénové avec goût, les chefs, Ramón Gastaca et Martina Alonso, sont aidés en salle des trois fils de cette dernière. On leur doit l'une des meilleures tables des environs. Excellents poissons à la vapeur, viandes rouges exquises – aux truffes ou au fromage... À midi est servi un étonnant menu à 12,30€. Sinon, à la carte, comptez 50-55€. *Quartier d'Anuncibai* ***Llodio*** *(à 20km au nord-est d'Artziniega) Tél. 946 72 61 88 www.palacioanuncibai.com Ouvert dim.-ven. 12h30-15h45, sam. 12h30-15h45 et 20h-22h30 Fermé Sem. sainte, 2 sem. en août et Noël*

Hébergement

prix moyens

Hotel Torre de Artziniega Une occasion unique de dormir dans une ancienne tour – plus résidentielle que défensive, au vu de ses grandes fenêtres et de sa porte monumentale, au tympan ouvragé. D'inspiration médiévale, elle a été bâtie au XVIe siècle pour héberger la famille Ortiz de Molinillo de Velasco, qui lui ajouta un palais baroque quelques années après. Dans les chambres, les murs en pierres apparentes et la décoration surannée contribuent au charme de l'ensemble. Double de 73 à 84€, simple 62€, petit déj. autour de 8€. *Cuesta de Luciano* ***Artziniega*** *Tél. 945 39 65 00 www.torredeartziniega.net*

V
LE GUIPÚZCOA

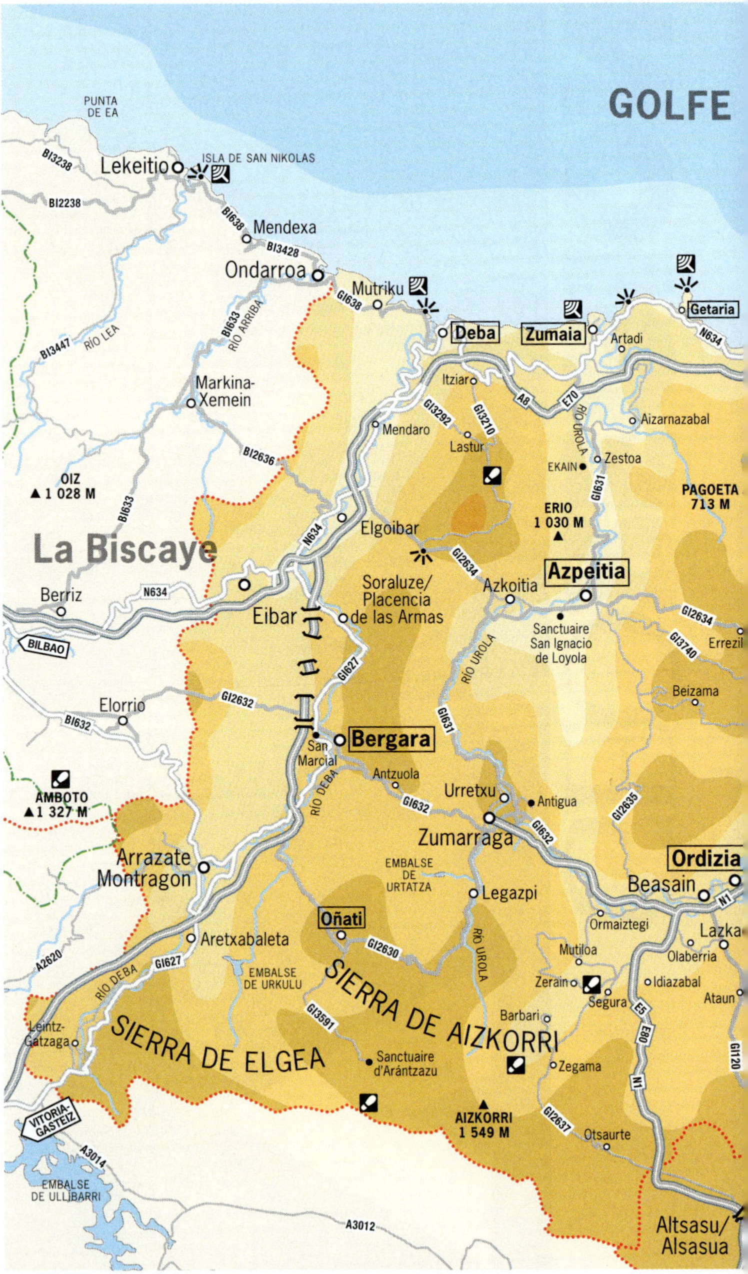
GOLFE
PUNTA DE EA
ISLA DE SAN NIKOLAS
Lekeitio
BI3238
BI2238
BI638
Mendexa
BI3428
Ondarroa
Mutriku
GI638
Deba
Zumaia
Getaria
Artadi
N634
BI3447
RÍO LEA
BI633
RÍO ARRIBA
Markina-Xemein
Itziar
A8
E70
GI3292
GI3210
Mendaro
Lastur
Aizarnazabal
RÍO UROLA
Zestoa
EKAIN
BI2636
OIZ
1 028 M
BI633
GI631
PAGOETA
713 M
ERIO
1 030 M
Elgoibar
N634
La Biscaye
GI2634
Azpeitia
Azkoitia
Berriz
N634
Soraluze/
Placencia
de las Armas
Eibar
Sanctuaire
San Ignacio
de Loyola
GI2634
Errezil
GI3740
BILBAO
RÍO UROLA
GI627
Beizama
GI2632
Elorrio
BI632
GI631
Bergara
San
Marcial
Antzuola
AMBOTO
1 327 M
RÍO DEBA
Urretxu
Antigua
GI632
GI2635
GI632
Zumarraga
Ordizia
Arrazate
Montragon
EMBALSE
DE
URTATZA
Beasain
Legazpi
N1
Ormaiztegi
Lazka
Oñati
Aretxabaleta
A2620
GI2630
Mutiloa
Olaberria
GI627
RÍO DEBA
EMBALSE
DE URKULU
RÍO UROLA
Zerain
Idiazabal
SIERRA DE AIZKORRI
Segura
Ataun
E5
E80
Leintz-
Gatzaga
GI3591
Barbari
SIERRA DE ELGEA
GI120
Sanctuaire
d'Arántzazu
Zegama
N1
VITORIA-
GASTEIZ
AIZKORRI
1 549 M
GI2637
Otsaurte
A3014
EMBALSE
DE ULLIBARRI
A3012
Altsasu/
Alsasua

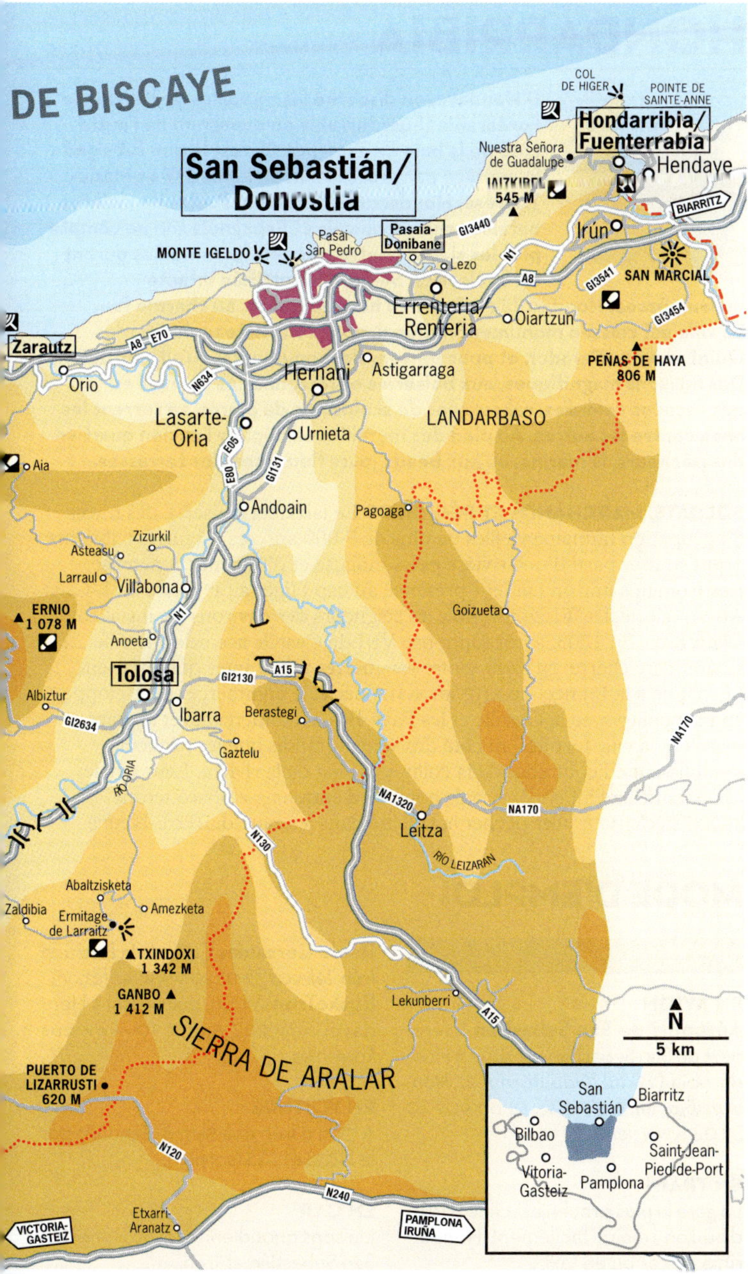
DE BISCAYE
San Sebastián/
Donostia
Hondarribia/
Fuenterrabia
Hendaye
COL
DE HIGER
POINTE DE
SAINTE-ANNE
Nuestra Señora
de Guadalupe
JAIZKIBEL
545 M
BIARRITZ
Irún
Pasaia-
Donibane
Pasai
San Pedro
MONTE IGELDO
Lezo
SAN MARCIAL
Errenteria/
Renteria
Oiartzun
PEÑAS DE HAYA
806 M
Zarautz
Orio
Hernani
Astigarraga
LANDARBASO
Lasarte-
Oria
Urnieta
Aia
Andoain
Pagoaga
Zizurkil
Asteasu
Larraul
Villabona
ERNIO
1 078 M
Goizueta
Anoeta
Tolosa
Albiztur
Ibarra
Berastegi
Gaztelu
RÍO ORIA
Leitza
RÍO LEIZARAN
Abaltzisketa
Zaldibia
Ermitage
de Larraitz
Amezketa
TXINDOXI
1 342 M
GANBO
1 412 M
Lekunberri
SIERRA DE ARALAR
PUERTO DE
LIZARRUSTI
620 M
N
5 km
Etxarri-
Aranatz
VICTORIA-
GASTEIZ
PAMPLONA
IRUÑA
A8
E70
N634
E05
E80
GI131
N1
A15
GI2130
GI2634
GI3440
GI3541
GI3454
NA1320
NA170
N130
N120
N240
San
Sebastián
Biarritz
Bilbao
Saint-Jean-
Pied-de-Port
Vitoria-
Gasteiz
Pamplona

HONDARRIBIA FONTARABIE 20280

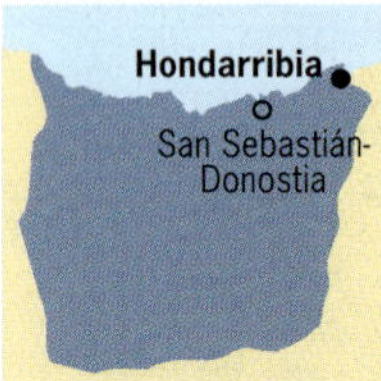

D'Hendaye, on discerne les murailles de l'ancienne Fontarabie (Fuenterrabia en espagnol) de l'autre côté de la baie de Txingudi. Si c'est là que fut signé le mariage par procuration de Louis XIV et Marie-Thérèse, Hondarribia fit surtout l'objet de maintes batailles entre Français et Espagnols : on ne compte plus les sièges contre lesquels les murailles durent être relevées. Seule ville fortifiée intacte du Guipúzcoa, Hondarribia est un lieu hors du temps, au charme fou. La ville est classée monument national, pour son château de Charles Quint, devenu Parador, et pour l'ensemble monumental qu'elle abrite. Des maisons magnifiques, aux boiseries et ferronneries ouvragées, aux façades colorées, rehaussées de sculptures de pierre, se serrent les unes contre les autres. Au pied des murailles se déploie l'ancien quartier des pêcheurs, la marina, où aux beaux jours fleurissent les terrasses.

SOLDATS, MARCHANDS ET PÊCHEURS Le Jaizkibel conserve des traces d'occupation humaine vieilles de plus de 7 000 ans, ses premiers habitants ayant su tirer parti d'une rivière poissonneuse et d'une mer généreuse. Les Romains impriment leur présence au cap Higer au Ier siècle av. J.-C. Au VIIe siècle, les Wisigoths, puis les seigneurs des environs s'y installent à leur tour. En 1203, le roi Alphonse VIII de Castille accorde à la ville sa première charte, ou *fuero*. Entre les guerres incessantes qui opposent l'Espagne à la France, du XIIIe au XVIIIe siècle, le commerce se développe, en particulier avec la Castille et les Pays-Bas. Commerçants et artisans peuplent la ville fortifiée au côté des soldats, tandis que les pêcheurs s'établissent en contrebas de la colline, le long de la rivière. Leur pêche est essentiellement côtière, mais nombre d'entre eux embarqueront au XVe siècle pour aller pêcher la baleine dans les eaux de Terre-Neuve.

MODE D'EMPLOI

accès

EN AVION

Aéroport de San Sebastián L'aéroport de San Sebastián est situé à Hondarribia (22km). *Gabararri 5-22* ***Hondarribia*** *Tél. 943 66 85 01 ou 902 40 47 04 www.aena.es*

EN TRAIN

La gare la plus proche est celle d'Irún, d'où l'on rejoint facilement Hondarribia en car ou en taxi.

Renfe Cercanías *Calle de la Estación* ***Irún*** *Tél. 902 32 03 20 www.renfe.com*

EuskoTren À Irún, mais aussi à Hendaye. *Tél. 902 54 32 10 www.euskotren.es*

EN VOITURE

À 3km d'Irún et à 5km d'Hendaye par la N638 et l'A8 (sortie 1).

EN CAR

Liaisons quotidiennes avec Donostia-San Sebastián et Irún.

Interbus Hondarribia-Irún-San Sebastián *Tél. 943 64 13 02 www.interbus.com.es*
AUIF Ligne Hondarribia-Irún et Hondarribia-Txingudi *Tél. 943 63 31 11 www.auif.es*

orientation

Une série de ronds-points marquent l'entrée de la ville : en tournant à gauche au premier, on gagne le Jaizkibel ; en prenant à droite et en suivant le fléchage, on pénètre dans le centre historique (*zahar aldea*) ; en poursuivant tout droit, le long de la Bidassoa, on atteint la marina et le centre urbain plus récent – et, tout au bout, la plage ! Vastes parkings au bord de l'eau.

informations touristiques

Bidassoa tourisme Vous y trouverez une documentation très complète sur Irún et Hondarribia. Visite guidée dans la ville fortifiée d'Hondarribia (en espagnol). *Minatera, 9* ***Hondarribia*** *Tél. 943 64 54 58 www.bidasoaturismo.com Ouvert été : tlj. 10h-13h30 et 15h30-20h ; hiver : mar.-sam. 10h-13h30 et 15h30-18h30, dim. 10h-14h*

marchés

Irún *Urdanibia Plaza Sam. mat.*
Hendaye *Place Sokoburu Mer. et sam. mat.*
Hondarribia Marché médiéval *Place d'Armes 3e w.-e. de juin*

fêtes et manifestations

Semaine sainte *Mars ou avr.*
San Marcial Fêtes patronales d'Irún. *30 juin*
Fête de la Kutxa entrega Fête traditionnelle des pêcheurs. La *kutxa* (coffre) est traditionnellement portée par une danseuse, fille d'un marin. *25 juil.*
Alarde Tous les ans, depuis 1639, Hondarribia commémore par un défilé la victoire qu'elle remporta lors du siège de 1638. *8 sept.*

circuler en ville

Radio-Taxi Bidassoa *Tél. 943 63 33 03*
Station de taxis Hondarribia *Zuolaga Tél. 943 64 12 56*

location de voitures

Legasa *Lope de Irigoyen, 9* ***Irún*** *Tél. 943 61 28 66*
Atesa *À l'aéroport Tél. 943 64 73 39*
Europcar *À l'aéroport Tél. 943 66 85 30*
Hertz *À l'aéroport Tél. 943 66 85 66*
Avis *À l'aéroport Tél. 943 66 85 48*

Tableau kilométrique

	Hondarribia	Bayonne	San Sebastián	Getaria	Autun
Bayonne	41				
San Sebastián	23	55			
Getaria	44	76	25		
Autun	67	99	47	59	
Zerain	72	104	52	64	13

DÉCOUVRIR

Hondarribia

☆**Les essentiels** La place d'Armes et les petites rues de la ville fortifiée **Découvrir autrement** Goûtez l'ambiance du port et les *pintxos* de la Calle San Pedro, poussez les portes du château de Charles Quint, le Parador de Hondarribia

☆ La vieille ville

De l'office de tourisme, on découvre le charme des vieux quartiers en gravissant les **rues escarpées** de la ville fortifiée. Sur la **place d'Armes**, premier ravissement avec le Parador. Ce **château** aux airs de forteresse qui domine de son imposante silhouette l'estuaire de la Bidassoa fut fondé par un roi navarrais au xe siècle, mais est entré dans l'histoire grâce à Charles Quint. Ses six étages abritent aujourd'hui un hôtel luxueux. Tout près, l'église Santa Maria de l'Asunción y del Manzano, élevée au xve siècle, offrit son cadre à nombre de célébrations historiques, dont les noces par procuration de Louis XIV et de Marie-Thérèse. Plus loin, la rue principale de la cité, la Calle Mayor (en basque la Kale Nagusia), aligne les édifices les plus remarquables d'Hondarribia : au n°28 la mairie (Casa Consistorial), au n°5 le palais Casadevante, au n°8 la maison Zuloaga, ancienne résidence aristocratique devenue siège de la bibliothèque municipale.

● Où goûter des pâtisseries locales, boire un thé ?

Pâtisserie Kai-Alde Dans le bas du quartier historique, elle vend les meilleurs gâteaux basques de la ville et des spécialités à la frangipane. Petit déjeuner servi de 8h à 14h30, "goûter" de 16h30 à 20h30 (21h le week-end). *Bernat Etxepare, 3 Tél. 943 64 10 47*

Parador de Hondarribia Une façon peu onéreuse de pénétrer dans cet établissement superbe : prendre un thé dans son petit salon – ou, pour ceux qui préfèrent au thé d'autres breuvages, boire un verre et grignoter au bar. *Plaza de Armas, 14 Tél. 943 64 55 00 Tél./fax 943 64 21 53 Ouvert tlj. 11h30-23h30*

Le quartier des pêcheurs

Quartier très vivant, déclaré monument historique et artistique, la marina s'articule autour de trois rues principales – San Pedro, Santiago, et Zuloaga. Entre leurs maisons de pêcheurs aux façades peintes de couleurs vives et aux murs blanchis à la chaux se faufilent des ruelles pavées, s'ouvrent des terrasses fleuries, des boutiques et des bars où se régaler en soirée de délicieux *pintxos*…

● Où savourer des *pintxos* ?

Hotel Jauregui Le restaurant de l'hotel Jauregui est l'un des temples du *pintxo* à Hondarribia. Belles associations de produits du terroir basque relevées d'une pointe de fantaisie. Dans une ambiance décontractée, goûtez le *pintxo* de *kokotxas* de morue. *Zuloaga, 5 Tél. 943 64 14 00 (hôtel) ou 943 64 10 54 (restaurant) www.hoteljauregui.com* **Restaurant** *Ouvert lun.-ven. 13h-14h45 et 20h-22h30, sam.-dim. 13h-14h45 et 20h-23h*

Gran sol Le bar à *pintxos* le plus réputé de la ville. Bixente Muñoz, disciple de Martín Berasategui, travaille ses compositions en orfèvre. Goûtez au *jaizkibel*, délicat équilibre de jambon et de champignon à l'aïoli, ou au classique *hondarribia*. *San Pedro, 63-65 Tél. 943 64 27 01 www.bargransol.com Ouvert mar.-dim. 12h30-15h30 et 19h30-23h*

Txantxangorri L'un des bars les plus en vue de la rue San Pedro et la plus agréable terrasse du quartier ! Vous devrez jouer des coudes pour attraper quelques *pintxos* sur le comptoir, assailli le soir. Délicieux tapas "japonisants", comme le *tataki* de thon. *San Pedro, 27 Tél. 943 64 21 02 Ouvert tlj. 11h30-23h*

● Lézarder au soleil

Plage d'Hondarribia Profitant d'un parking et d'équipements à proximité, la plage de sable fin d'Hondarribia s'étire à l'abri des vents et des houles du large : les enfants s'y baignent sans danger – ce qui est rare sur cette portion de la côte basque. Belle vue sur les falaises d'Hendaye, en face, de l'autre côté de la Bidassoa. Et si l'envers du décor vous tente, des bateaux font la navette avec Hendaye-Plage. Au Cabo de Higuer (cap Figuier, à 2km du centre), les nudistes profitent d'une jolie anse.

● Profiter de la mer

Jolaski Balades en bateau dans la baie, sorties naturalistes en mer, à l'heure, à la demi-journée ou à la journée pour les groupes. À partir de 8,50€/h par personne. Liaison Hondarribia-Hendaye toutes les 30mn (1,70€). *Paseo Butron* ***Hondarribia*** *(port) Tél. 639 61 78 98 (Sur rés.) ou 943 61 64 47 www.jolaski.com*

Hondarribiko Surf Elkaltea : Uhingain Hendaye est le rendez-vous des surfeurs aguerris, mais Hondarribia dispose aussi d'un spot. Uhingain organise des cours de surf pour tous les âges et tous les niveaux. S'adresser à la boutique d'Irún. *Paseo Colon, 27* ***Irún*** *Tél. 620 94 44 54 ou 666 54 12 32 uhingainsurfeskola@hotmail.com Ouvert lun.-sam. 10h30-13h et 16h30-20h*

Les environs d'Hondarribia

☺ Le Jaizkibel

Entre ciel et mer, cette colline haute de quelque 500m offre un lieu de promenade pittoresque, jalonné de belvédères et d'aires de pique-nique, traversé de sentiers de randonnée. Les vestiges de l'ancien fort de San Telmo (aujourd'hui résidence privée), construit en 1598, rappellent le rôle stratégique du site. Vous croiserez certainement des cyclistes sur le Jaizkibel : chaque année s'y dispute la course "Classica de San Sebastián". Mais ils sont loin d'être les seuls à apprécier ces hauteurs verdoyantes qui dominent majestueusement le cap du Figuier, l'embouchure de la Bidassoa et le port de Pasaia. Agréable balade panoramique à partir du parking qui jouxte l'ermitage Nuestra Señora de Guadalupe. *À 5km à l'ouest d'Hondarribia Accès par la GI3440*

Ermitage Nuestra Señora de Guadalupe À la vue de cette église bâtie au XVIe siècle surgissant au détour de la route en lacet qui gravit le Jaizkibel, on a du mal à imaginer les fastes de la procession qui, le 8 septembre, vient remercier la Vierge d'avoir protégé Hondarribia lors du siège de 1638. Rénové au XVIIIe siècle, l'édifice recèle deux retables de style Renaissance tardif et un retable baroque.

● **Partir en randonnée** Dix itinéraires balisés (de 4,5km à 12,7km) vous invitent à découvrir le Jaizkibel à pied, cf. GEOPlus Randonner en Guipúzcoa (p.337). *Documentation disponible à l'OT*

Irún

Ville de passage asphyxiée par la circulation, la ville natale de Luis Mariano n'offre pas vraiment un visage riant. Si les Basques français aiment l'ambiance *caliente* de ses bars et si son patrimoine n'est pas dénué d'intérêt, Irún peine à retenir le voyageur. Et pourtant… *À 3km au sud d'Hondarribia*

Centre historique Calle de la Iglesia, un portail baroque signale le palais d'Arbelaitz, renconstruit après l'incendie de 1936. Sur la place du Juncal, l'austère église Nuestra Señora del Juncal (XVIe s.) abrite la Vierge gothique la plus ancienne de la région.

Sorties et balades nature

Museo Oiasso Un musée dédié à la cité romaine d'Oiasso. La colonie dut sa prospérité du Ier au IIIe siècle à l'exploitation des mines d'argent et de cuivre du massif Aiako Harria. Le ticket d'entrée du musée donne droit à la visite de la nécropole romaine et au temple païen (IIe s.) de l'ermitage Santa Helena, au bout de la rue Ermita. *Eskoleta, 1 Tél. 943 63 93 53 ou 943 63 93 53 (Visites guidées sur rés.) www.irun.org/oiasso/ Ouvert avr.-août : mar.-sam. 10h-20h, dim. 10h-14h ; sept.-mars : mar.-jeu. et dim. 10h-14h, ven.-sam. 10h-14h et 16h-19h Tarif 6 €, 6-14 ans et plus de 65 ans 3,70€, moins de 6 ans, 18 mai et 25 juillet gratuit*

Parc écologique de Plaiaundi Poste d'observation privilégié des amoureux de faune et de flore, ce parc protège 24ha de marécages et de marais côtiers, dans l'estuaire de la Bidassoa. Quelque 175 espèces d'oiseaux migrateurs y font escale au printemps et à l'automne ! Le centre d'interprétation propose des activités pédagogiques et des plans et itinéraires à ceux qui veulent profiter du site en famille. Une façon ludique de sensibiliser les enfants à la sauvegarde de l'environnement. **Maison du parc** *Av. Pierre-Loti (suivre panneau sur la route Irún-Hondarribia) Tél. 943 61 93 89 www.euskadi.net/txingudi Ouvert printemps, été : dim.-lun. 10h-14h et 16h-19h, mar.-sam. 9h-15h et 16h-19h ; automne, hiver : dim.-lun. 10h-14h et 15h30-17h30, mar.-sam. 9h-14h et 15h30-17h30 Fermé 24, 25 et 31 déc., 1er et 6 jan., 30 juin*

Île des Faisans L'espagnole Irún et la française Hendaye se partagent cette petite île sur la Bidassoa, jadis propriété de Hondarribia. Le cardinal Mazarin y signa le traité de paix des Pyrénées en 1659, ratifié par les fiançailles de Louis XIV avec l'Infante Marie-Thérèse. Aujourd'hui, l'île change de nationalité tous les six mois !

Chapelle San Marcial Au XVIe siècle, le capitaine Don Beltrán de la Cueva fait élever sur le mont Aldabe une chapelle pour saluer la victoire remportée sur les Français le 30 juin 1522, jour de la saint Martial. De son mirador, vue superbe sur la baie du Txingudi, Fontarribia et le Jaizkibel. *À 4km au sud-est d'Irún*

● Où acheter des douceurs ?

Brasil Cinquante ans de succès pour ce chocolatier du Guipúzcoa souvent primé en France et en Espagne. Difficile de choisir parmi l'assortiment irrésistible de truffes et de bouchées à la poire ou à la framboise. À offrir : *les piedras del Bidassoa*, ou les rochers du Txingudi. *Paseo de Colón, 62* ***Irún*** *Tél. 943 61 50 79 www.brasilirunen.com Ouvert mar.-sam. 9h30-14h et 16h30-20h (ouvert lun. en été), dim. 9h30-14h30 Fermé 15 jours en juil. et fév.*

● Où acheter des produits régionaux ?

Casa Calvo Dans cette épicerie fine, vous trouverez une belle sélection de vins et de produits régionaux, dont d'appétissantes charcuteries et des fromages locaux. *Plaza Ensanche, 3 Tél. 943 61 53 28 Ouvert lun.-sam. 9h-14h et 16h-20h, dim. 9h-14h*

● Où boire un *café con leche* ?

Mientras tanto Face au musée Oiasso, ce café au décor design propose un vaste choix de thés, des sandwichs, salades et de pâtisseries. Jolie terrasse en saison. Possibilité de dîner (sur rés.). Wifi gratuit. *Escuelas, 6* **Irún** *Tél. 943 53 67 79 Ouvert lun.-jeu. 9h-0h, ven.-sam. 9h-2h30, dim. 11h-0h*

● Faire une excursion en train

Train vert En partenariat avec l'office de tourisme d'Irún, le musée Oiasso propose une excursion jusqu'aux hauts fourneaux d'Hirugurutzeta à bord du Train vert, celui qui reliait jadis les mines d'Arditurri au port de Pasaia. Après avoir traversé la vallée d'Ibarla, il rejoint Hirugurutzeta où il propose une visite du patrimoine industriel du XIXe siècle. *Départ en face du musée Tél. 943 63 93 53 Départ en face du musée Circule juil.-août : mar.-ven. 17h ; nov.-mai : 11h ; reste de l'année : dim. 11h (horaire sujet à modification, se renseigner par tél.) Sur réservation, au plus tard la veille, au musée Oiasso Tarif 5,40€*

CARNET D'ADRESSES

Restauration

petits prix

Yola Berri Ce bar-restaurant du port est particulièrement animé le soir. Grand choix de tapas, mais aussi de sandwichs et de salades. Le menu s'écrit selon la pêche du jour. C'est simple, frais et servi avec bonne humeur. Menu du jour à 11€ en semaine et 16€ le week-end. *San Pedro, 22* **Hondarribia** *(marina) Tél. 943 64 56 11 Ouvert tlj. 13h-16h et 20h-23h30 Bar ouvert tlj. 7h30-23h45*

prix élevés

Hermandad de Pescadores Ce restaurant chaudement recommandé par les habitants de Hondarribia est installé dans l'ancienne confrérie des pêcheurs. Ambiance marine et longues tablées conviviales garanties. Et produits de la mer dans l'assiette, cela va de soi ! Comptez 30-40€ à la carte. *Zuluaga, 12* **Hondarribia** *(marina) Tél. 943 64 27 38 Ouvert lun.-jeu. 13h-15h30, ven.-sam. 13h-15h30 et 19h45-23h Fermé fév.*

☺ **Sebastián** La devanture en bois sombre est celle d'une épicerie historique du centre d'Hondarribia. Petite salle chaleureuse et pleine de cachet, aux présentoirs chargés d'un véritable capharnaüm. À la carte, généreuse, se distingue un filet de merlu en sauce verte ainsi qu'un plat de lotte et gambas poêlées au Txakoli (vin régional). Menu du jour à 26€ le midi et menus à 42,50 et 50€ le soir. *Mayor, 11* **Hondarribia** *(centre historique) Tél. 943 64 01 67 www.sebastianhondarribia.com Ouvert mar.-dim. 13h-15h30 et 19h45-23h*

prix très élevés

Alameda Dans cet hôtel du XIXe siècle restauré, Gorka Txapartegi renouvelle avec talent les classiques de la cuisine basque : coquilles Saint-Jacques marinées aux artichauts croquants et aïoli, morue confite à basse température et son bouillon fumé. Menu Gartzine à 40€, Hondarribia à 58€, dégustation à 80€. *Minasorroeta, 1* **Hondarribia** *(près du centre historique) Tél. 943 64 27 89 www.restalameda.com Ouvert mar. et dim. 13h-15h30, mer.-sam. 13h-15h30 et 20h-23h Fermé à Noël, 10 j. en avril et 10 j. début juil.*

Ramón Roteta Des apparitions à la télévision et des livres de recettes ont fait de Ramón Roteta l'un des hérauts de la gastronomie basque. Dans son restaurant au décor rococo, on déguste une cuisine classique de haute volée qui revisite les incontournables, tels les *kokotxas de merluza* ou les raviolis au tourteau. Menus dégustation à 30 et 60€. À la carte, comptez 70€. *Irún, 1* ***Hondarribia*** *(près du centre historique) Tél. 943 64 16 93 www.roteta.com Ouvert lun. et mer.-sam. 13h30-15h30 et 20h30-22h30, mar. et dim. 13h30-15h30 Fermé fév.*

Iñigo Lavado Le style d'Iñigo Lavado ? Conceptuel, innovant. Ce jeune chef passé chez les plus grands, Ducasse et Ferran Adrià en tête, vaut à Irún sa meilleure adresse gastronomique. Dans le même lieu : deux ambiances, deux restaurant à l'esprit brasserie chic. Le restaurant Iñigo Lavado propose une carte complète de plats régionaux revisités tels que ventrêche de thon, merlu rôti ou salades de saison créatives ainsi qu'un menu "Dégustation" à 70€. Au *Singular Food*, de bons plats de saison pour les budgets plus modérés. Menus 13-20€. *Iparralde, 43* ***Irún*** *Tél. 943 63 96 39 www.inigolavado.com www.singular-food.com Ouvert ven.-sam. 13h-15h30 et 20h-23h, dim. 13h-15h30*

Singular Food *Ouvert tlj. midi, ven.-sam. midi et soir*

Hébergement

camping

Camping Jaizkibel Au pied du Jaizkibel, un camping ombragé et bucolique qui profite d'une situation idéale à quelques minutes du centre historique. Très bon accueil. Emplacement 31€/j., adulte 5,30€, enfant 4,90€. Bungalows 2 pers. 75-120€/j. selon la saison. ***Hondarribia*** *Guadalupe (km 22), sur la route du Jaizkibel Tél. 943 64 16 79 www.campingjaizkibel.com*

prix très élevés

☺ **Hotel Palacete** Neuf chambres lumineuses dans un palais médiéval en pierre et briquettes de la vieille ville. Une adresse de charme au calme des rues piétonnes. Double 78-105€ selon la saison, petit déjeuner 7€. *Plaza de Gipuzkoa, 5* ***Hondarribia*** *(centre historique) Tél. 943 64 08 13 www.hotelpalacete.net*

Obispo Ce palais du XIVe siècle abrite aujourd'hui l'un des hôtels-restaurants les plus agréables de la ville. Des prestations soignées (prêt d'ordinateur, salon d'accueil chaleureux) dans un cadre au mobilier raffiné. En été, on prend le petit déjeuner sur une terrasse bucolique. Seize chambres : double 80-198€ selon la saison. Wifi, prêt de bicyclettes. *Plaza del Obispo* ***Hondarribia*** *(centre historique) Tél. 943 64 54 00 www.hotelobispo.com Fermé entre déc. et mars (dates variables, téléphoner)*

PASAIA

20110

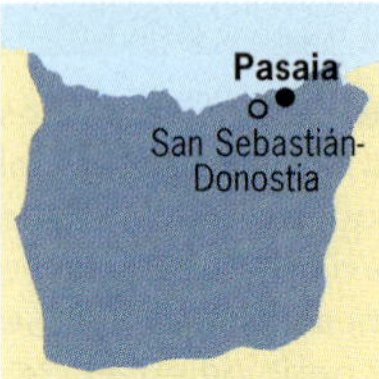

Cette petite ville étrange retranchée du monde déploie ses différents quartiers de part et d'autre de l'estuaire de la rivière Oiartzun. On longe un quai du port de commerce et, au gré d'une ruelle pavée qui serpente entre les maisons, on découvre çà et là des voûtes et des escaliers en pierre. Victor Hugo s'était laissé séduire par le bourg : c'est sur ses pas que l'on parcourra aujourd'hui Pasaia – "Le Passage" –, que la modernité menace hélas chaque jour davantage : les autorités portuaires prévoient de la remodeler d'ici 2020...

MODE D'EMPLOI

accès

EN VOITURE
À 3km de San Sebastián en sortant par le quartier de Gros. À 15km d'Hondarribia par la N1 (direction San Sebastián). Par l'autoroute A8, prendre la sortie 4, après Errenteria en venant de France.

EN TRAIN
EuskoTren Ligne 2 (dite "Topo") entre San Sebastián et Hendaye. *Tél. 902 54 32 10 www.euskotren.es*
Renfe Cercanías Ligne C1 Irún-Brinkola (vers Legazpi), à 10min de San Sebastián. *Tél. 902 24 02 02 www.renfe.com*

EN CAR
Bus Liaisons entre Pasa Donibane et San Sebastián. *Tél. 943 00 01 17 www.ekialdebus.net*

orientation

Réparties le long de l'estuaire de la Ría Oiartzun, quatre entités distinctes se partagent la commune de Pasaia : Pasai Antxo et Trintxerpe, zones industrielles et commerciales, Pasai San Pedro, sur la rive occidentale de l'estuaire et Pasai Donibane, le village de pêcheurs. C'est ce dernier surtout que l'on visite, en se garant sur le grand parking à l'entrée du quai (suivre les panneaux).

informations touristiques

Office de tourisme *Maison Victor-Hugo Donibane, 63 Tél. 943 34 15 56 www.oarsoaldea-turismo.net Ouvert juil.-août : tlj. 9h-14h et 16h-19h ; sept.-juin : dim.-lun. 10h-14h, mar.-sam. 10h-14h et 16h-18h*

locations de deux-roues

Escuela de Mountain-Bike Pasaia (CA Trintxerpe) Location de vélos et de VTT à l'heure (12€) ou à la journée (24€). *Borda Enea, 4 Bajo Trintxerpe Tél. 670 63 55 52 www.trintxerpe.com*

fêtes et manifestations

Semaine sainte Procession du Cristo del Santo Entierro. *Mars ou avr.*
Fête patronale de Pasai San Pedro *29 juin*
San Fermín à Pasai Antxo *7 juil.*
Fiestas de Santiagos Régates de *bateleros. Dernière sem. de juil.*

DÉCOUVRIR

☆**Les essentiels** Les ruelles de Pasaia Donibane **Découvrir autrement** Découvrez le Centre de la culture maritime Ondartxo et son atelier de construction d'embarcations traditionnelles, partez en excursion au fil des sentiers du mont Ulia, et visitez les mines d'argent d'Arditurri en train

Pasaia

☆**Quartier historique de Donibane** C'est en 1770 que Pasai Donibane (San Juan en espagnol) se sépara de Hondarribia (Fontarabie). La plupart des hautes et étroites maisons de ce port de pêche bordent une rue sinueuse qui suit la rive orientale du goulet. Dans ce centre préservé, tout en recoins et vues pittoresques, se dressent le palais de Villaviciosa, du XVIe siècle (fermé au public), la basilique du Santo Cristo de Bonanza et l'église paroissiale San Juan Bautista, du XVIIe siècle (ouvertes en été uniquement), le palais Arizabalo (édifice baroque qui héberge la mairie) et l'ermitage Santa Ana, du XVIIIe siècle (ouvert uniquement le 26 juil. pour la fête de Santa Ana).

Maison-musée Victor-Hugo Au cours de l'été 1843, Victor Hugo visita par hasard Pasaia. Tombé sous le charme de la bourgade, il prolongea son séjour d'une dizaine de jours et en profita pour enrichir son carnet de voyage d'une description de la région. L'auberge où il était descendu, une belle demeure du XVIIe siècle, fut transformée en musée en 1902, bien avant d'héberger l'office de tourisme. Le premier étage accueille un petit musée dédié à l'écrivain – ses écrits et ses dessins – et à son époque à travers l'exposition "Victor Hugo, voyage vers la mémoire" (film en français). Le deuxième est réservé à des expositions temporaires. Les balcons des trois étages offrent une vue privilégiée sur la baie. *Donibane kalea, 63 Tél. 943 34 15 56 www.victorhugopasaia.net Mêmes horaires que l'office de tourisme Fermé 25 déc. et 1er jan. Entrée libre*

☺ **Chantier-Musée Maritime Ondartxo** Depuis sa rénovation en 2013, ce centre de la culture maritime est encore plus proche de l'atelier vivant que d'un musée. Installé sur un ancien chantier naval du quartier de San Pedro, à l'entrée du port, il perpétue la construction artisanale des navires. On peut désormais suivre la construction quotidienne de la réplique scientifique exacte du San Juan, baleinier du XVIe s., retrouvé au Canada en 1978. Une initiative qui prend place dans le cadre de l'évènement San Sebastian, "Capitale européenne de la culture en 2016". Comme pour *l'Hermione*, située dans l'ancien Arsenal maritime de Rochefort, le baleinier San Juan est contruit sous les yeux du public qui découvre ainsi le travail des charpentiers, forgerons, gréeurs, calfats... Une exposition thématique sur la chasse à la baleine et la fonte de la graisse ainsi qu'un circuit de visite accompagnent la construction du navire. *Ondartxo Pasealekua, 1 Tél. 943 39 24 26 www.albaola.com Ouvert tlj. 10h-18h Horaires sujets à modifications Tarif 7€, 6-18 ans, étudiants et pers. à mobilité réduite 5€, moins de 6 ans gratuit Visites guidées en français (sur rés., min. 12 pers.)*

● Explorer l'estuaire Si vous voulez découvrir Donibane, on vous dira que San Pedro, sur la rive occidentale du goulet, a plus de charme et d'authenticité... Pour le vérifier, vous n'avez qu'à prendre la navette qui relie ces deux ports de pêche !

Hermanos Berrotaran Daguer *Pasaia (l'embarcadère se trouve à quelques pas de l'OT) Tél. 630 44 88 13 Ouvert lun.-jeu. 6h30-23h, ven. 6h30-0h, sam. 7h-0h, dim. et j. fér. 7h45-23h Tarif 0,70€*

Itsas Gela Visite des expositions du bateau *Mater* (6€, enfants 4€) et sorties dans la baie de Pasaia. *Pasai Gipuzkoa Tél. 619 81 42 25 www.itsasgela.org*

● Se balader sur les sentiers De Pasai San Pedro, l'itinéraire (11km) des sentiers du **mont Ulia** rallie San Sebastián en passant par les phares de Senokozuloa et de La Plata. Une belle balade, balisée et fléchée, qui convient à tous. *Renseignements à l'OT*

● Pédaler au bord de l'eau

Piste cyclable d'Arditurri Une voie verte longe le cours de la rivière Oiartzun sur 7km. Elle épouse le tracé de l'ancienne voie ferrée reliant la mine d'Arditurri au port de Pasaia.

L'Oarsoaldea

Composée des municipalités de Pasaia, d'Errenteria, de Lezo et d'Oiartzun, la contrée d'Oarsoaldea se déploie le long de la ría Oiartzun jusqu'au parc naturel d'Aiako Harria. **Office de tourisme de la comarca de Oarsoaldea** *Aialde, 2* **Oiartzun** *Tél. 943 49 45 21 www.oarsoaldea.net*

Errenteria

Derrière des abords impersonnels, Errenteria cache un riche noyau historique : maisons-tours, manoirs blasonnés et fondations religieuses comme l'église Nuestra Señora de la Asunción, de style gothique basque, et le couvent de la Trinidad. *À 4km au sud-est de Pasaia par la GI3440 puis la GI2638*

Office de tourisme *Camino de San Marco Fuerte de San Marcos Tél. 943 44 96 38 www.oarsoaldea-turismo.net Ouvert Pâques-sept. : mer.-dim. 11h-14h et 16h-18h*

Fuerte de San Marcos Construit sur les hauteurs d'Errenteria dans les années 1880 pour veiller sur San Sebastián et ses satellites, ce fort à la Vauban contemple la baie de Pasaia et une bonne partie du littoral basque. Il accueille aujourd'hui des expositions, un centre d'information touristique et un café-restaurant. *Ouvert Pâques-sept. : mer.-dim. 11h-14h et 16h-18h*

● Où acheter du fromage fermier ?

Caserío Aparola Vente de fromages de vache et de brebis idiazabal, et même de haricots noirs de Tolosa (*alubias* de Tolosa). *Altura aldea, 8* **Errenteria** *Tél. 629 54 66 29*

Caserío Eguzki-Borda Vente de fromage de brebis d'appellation idiazabal. *Barrio Zamalbide **Errenteria** (au pied du fort San Marcos) Tél. 943 35 40 75*

● Galoper sur les chemins

Hipica Listorreta Ce centre équestre dispense des cours et organise des balades à cheval dans le parc naturel d'Aiako Harria. *Aldura, 55 **Errenteria** (Parque Listorreta) Tél. 943 51 03 99 Ouvert mar.-dim. 9h-14h et 16h-20h30*

Lezo

Basilique Santo Cristo Lezo, petite ville industrielle assez inhospitalière, possède un beau quartier ancien doté d'une intéressante basilique. Postée sur le chemin côtier de Saint-Jacques-de-Compostelle, celle-ci recèle un Christ imberbe du XIIIe siècle, l'un des trois recensés en Europe. ***Lezo** À 4km au sud-est de Pasaia par l'A8 puis la N1 (attention, la circulation est dense)*

Oiartzun

Ses quartiers dispersés dans le parc naturel d'Aiako Harria feraient presque oublier la proximité de la mer. Ce village paisible revendique haut et fort son identité basque. En témoignent les immenses portraits de prisonniers politiques placardés sur la façade de la mairie. *À 6km au sud-est de Pasaia*

Musée Herri Musikaren Txokoa Un centre de documentation sur la musique populaire où l'on peut découvrir quelque 1 400 instruments de musique basques et d'ailleurs de très belle facture, profiter d'une phonothèque, d'une bibliothèque, d'archives photographiques et de films… Unique ! *Tornola, 6 (Barrio Ergoien, accès derrière le fronton) Tél. 943 49 35 78 www.herrimusika.org Ouvert mer.-ven. 10h-14h et 15h30-19h30, sam. 10h30-14h et 15h30-19h30 Tarif (expo + audioguide musical) 3€ Visite guidée en français (à partir 5 pers.) sur demande 6€ Billet couplé donnant accès au Luberri, au train vert et aux mines d'Arditurri 13,25€, réduit 9,15€*

Centre d'interprétation géologique de Luberri Ce petit musée retrace l'évolution géologique et paléontologique de la vallée d'Oiartzun depuis l'ère primaire à travers une collection de roches, de minéraux et de fossiles. Une bonne introduction à la visite du parc naturel d'Aiako Harria. *Barrio Ergoien Polygone Pagoaldea, 41-42 Tél. 943 26 05 93 www.luberri.org Ouvert mar.-ven. 9h30-14h et 16h-18h, sam. 10h-14h et 16h-18h Fermé j. fér. Tarif 2€*

● Où acheter du fromage fermier ?

Ferme Galtzata Cette coopérative produit un très bon fromage idiazabal. La preuve : il a été primé lors de concours régionaux. *Camino Pullegi, 3 **Oiartzun** (Barrio Ergoien) Tél. 943 49 34 22*

● Se détendre dans un bain de vapeur

Thermes Elorsoro Après une randonnée dans le parc d'Aiako Harria, quoi de plus agréable qu'un moment de détente dans une piscine hydromassante ou au hammam ? *Udal Kiroldegia-Salle omnisports Elorrondo, 24 **Oiartzun** Tél 943 49*

25 52 www.elorsoro.com Ouvert lun.-ven. 9h-21h (20 en été), sam. 9h-14h et 16h-20h, dim. 9h-14h

Parc naturel d'Aiako Harria

Sur les contreforts des Pyrénées, à moins de 10km de la côte, le massif d'Aiako Harria (Peñas de Aia en espagnol) partage ses beaux reliefs entre le Guipúzcoa et la Navarre. Ses sommets granitiques – les monts Irumugarrieta (806m), Txurrumurru (821m) et Erroilbide (837m) – ont reçu le surnom de "Trois Couronnes". Le parc, créé en 1995, protège 6 145ha d'alpages, de hêtraies et de chênaies, ainsi que d'impressionnants ravins, tel celui d'Aiztondo, connu pour sa cascade haute de 100m. Itinéraires de randonnée disponibles à l'OT d'Oiartzun. Tous les week-ends d'avril à octobre, des visites guidées sont organisées dans différents secteurs du parc. Réservation (au moins 48h avant) à l'OT d'Oiartzun (Aialde, 2). *Tél. 943 49 45 21 www.oarsoaldea.net*

Mines d'argent d'Arditurri Du fond de ces mines, qui déploient leurs galeries au pied du massif d'Aiako Harria, vingt siècles nous contemplent ! Leur visite vous fera découvrir les procédés d'extraction du minerai utilisés sur ce site de l'Antiquité romaine jusqu'en 1984, année de leur fermeture. On y exploita successivement la galène pour en extraire de l'argent, puis le fer pour alimenter les forges de la vallée au Moyen Âge, le plomb et enfin la fluorine et le sulfure de zinc, ou blende. Pour rendre compte de l'ampleur des excavations, l'ingénieur Thalacker estima vers 1804 que 400 hommes creusant sans relâche pendant 200 ans ne suffiraient pas à percer les 42 galeries et les 82 puits du site ! On visite d'ordinaire le centre d'interprétation, installé dans les anciens laboratoires des mines (panneaux informatifs et écrans tactiles), avant de visionner une courte vidéo sur le travail de la mine et de traverser une petite galerie avec effets sonores et illuminations… Une visite plus approfondie entraîne le visiteur dans les entrailles de la grande mine. **Centro de interpretación de Arditurri** *Bidea, 3* **Oiartzun** *Tél. 943 49 45 21 (OT) www.arditurri.com Ouvert juil.-août : mar.-sam. 10h-14h et 16h-18h, dim. et j. fér. 10h-14h ; sept.-juin : mar.-ven. 10h-14h, sam. 10h-14h et 16h-18h, dim. et j. fér. 10h-14h* **Visites de la Mine** *"Essentiale" (1h) mar.-dim. "La mine à fond" (1h15) mar.-dim. Tarif visite 5,10€, réduit 3,05€ ; "La mine à fond" Tarif 7,15€, réduit 6,10€ (à partir de 10 ans) Rés. obligatoire*

● **Gagner les mines d'argent en train** L'office de tourisme organise une excursion à bord du "train vert" jusqu'aux mines d'argent d'Arditurri pour des groupes d'au moins dix personnes. Une façon originale de découvrir "l'Ardituriko Bidegorria" et le parc d'Aiako Harria, qu'il traverse. *Rés. au moins 24h avant à l'OT d'Oiartzun Tél. 943 49 45 21 De 11,20 à 13,25€ selon la formule choisie pour la visite de la mine*

CARNET D'ADRESSES

Restauration

prix élevés

Izkiña Une maison familiale où l'on vient déguster une *ración* de fruits de mer et quelques *pintxos* marins de première fraîcheur au bar, ou s'attabler devant un poisson grillé de la mer Cantabrique (la *parrillada* maison vaut le détour). Belle cave de plus de 500 étiquettes. Ambiance assurée. À la carte, comptez 40€. Menu dégustation de fruits de mer pour 2 pers. 110€. *Euskadiko Etorbidea, 19 Trintxerpe* ***Pasaia*** *(bajo) Tél. 943 39 90 43 www.restauranteizkina.com Ouvert mar. et jeu.-sam. 12h-15h et 20h-23h, mer. et dim. 12h-15h Fermé une sem. fin jan., la semaine suivant Pâques et 10 jours fin août*

Casa Mirones Ce coquet restaurant offre la plus belle vue sur le vieux port de Pasaia. Dans l'assiette, de bons plats traditionnels, solides et bien faits, avec une préférence pour le poisson grillé et les fruits de mer. Des menus (une dizaine) pour toutes les bourses de 20 à 50€ ! À la carte, comptez 50€. *Donibane, 80 Donibane* ***Pasaia*** *Tél. 943 51 92 71 www.casamirones.com Ouvert tlj. 12h-16h et 20h-0h*

Matteo Un cadre classique pour ce restaurant ouvert depuis 1902 et qui propose une belle cuisine régionale : menu 18€ en semaine et 35€ le week-end, menu Dégustation à 38€ (sur commande). *Ihurrita Bidea, 2* ***Oiartzun*** *(Barrio Ugaldetxo) Tél. 943 49 11 94 www.restaurantematteo.net Ouvert dim.-mer. 13h-15h30, jeu.-sam. 13h-15h30 et 20h30-23h*

★ SAN SEBASTIÁN DONOSTIA

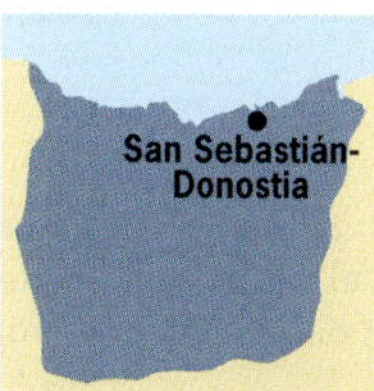

La ville se déploie entre les monts Urgull et Igeldo, l'îlot de Santa Clara fermant sa magnifique baie, surnommée la Concha, ou coquille, joyau de sable et d'eau turquoise. Station balnéaire en vogue au XIXe siècle, la cité s'enrichit à cette époque de grandes avenues ombragées et de superbes demeures néoclassiques, dont le palais Miramar est le plus bel emblème. Mais San Sebastián est aussi une métropole universitaire et culturelle – elle sera même la capitale européenne de la culture en 2016 –, comme en témoigne le très contemporain palais des congrès du Kursaal, œuvre de Rafael Moneo. Un campus moderne s'étend dans ses quartiers ouest et sa vie nocturne doit autant à cette présence estudiantine qu'à son Casco Viejo, cœur d'une tradition festive qui se prolonge souvent jusqu'au petit matin. Bar à tapas, restaurants et boutiques branchées ponctuent les ruelles du quartier de Gros. Capitale gastronomique enfin, San Sebastián séduira les amateurs de bonne chère : ses tables comptent parmi les plus renommées de la province.

UN PEUPLE DE MARINS L'histoire de San Sebastián remonte au Moyen Âge. Le roi de Navarre Sanche le Sage convoite cet accès à la mer et accorde en 1174 le premier *fuero* – acte de naissance, ou de reconnaissance, de la ville. À cette époque, les Donostians, peuple de pêcheurs et de marins, excellent à traquer les baleines, toutes proches. Plus tard se développe la pêche à la morue, en même temps qu'un commerce maritime de plus en plus important. On construit des bateaux sur des chantiers navals dispersés entre San Sebastián et Bilbao, et l'on s'embarque pour le Nouveau Monde. En 1728 naît la Real Compañia Guipúzcoana de Navegación à Caracas – le Venezuela devenant le théâtre privilégié du grand commerce donostian. La ville s'étend alors sur l'actuel périmètre de la Parte Vieja, et se protège derrière ses remparts d'incessantes attaques françaises. En 1719, elle capitule pourtant, et ce n'est qu'en 1813 que les Anglais et les Portugais parviennent à la libérer – au terme de combats sanglants et d'un gigantesque incendie qui détruit tout sur son passage. Une "Calle de 31 de Agosto" perpétue le souvenir de cette terrible journée.

LA VILLE MODERNE Le XIXe siècle s'ouvre sur une série de reconstructions qui annoncent la naissance des temps nouveaux – la ville prend alors son visage actuel. Vers 1845, la reine Isabelle II, succombant au charme du site, lance la mode des bains de mer. Pour lui offrir des établissements dignes de son rang, on construit sans répit hors de l'ancienne enceinte – démolie en 1864 – et le long de l'Urumea, sur les prairies et marécages, le long de la plage, à l'abri des monts. Le Gran Casino, actuel hôtel de ville, et des dizaines d'autres immeubles sortent de terre. En 1887, la reine Maria Cristina fait bâtir le palais de Miramar, résidence d'été de la Cour. La Concha devient une plage royale… Ces quinze dernières années, San Sebastián a renoué avec son dynamisme d'antan, accueillant de nouvelles structures résolument avant-gardistes et originales, dignes d'une station balnéaire de renom – le palais des congrès du Kursaal fut l'un de ces paris audacieux, tantôt décrié, tantôt plébiscité, incontournable.

MODE D'EMPLOI

accès

EN AVION

L'aéroport de San Sebastián est situé à Hondarribia, à 22km à l'est de la ville.

Aéroport de San Sebastián *Gabarrari 5-22* ***Hondarribia*** *Tél. 943 66 85 01 ou 902 40 47 04 www.aena.es*

Interbus Ekialde E21 Navette directe pour le centre-ville toutes les heures, de 6h30 à 21h10 du lun. au sam. et de 10h15 à 21h30 le dim. Arrêts Puente Maria Cristina (plan 8, C3), Plaza de Guipúzcoa (plan 8, C3) et terminus Avenida Sancho el Sabio, 26 (près de la gare). *Tél. 943 64 13 02 www.ekialdebus.es*

EN TRAIN

Un TGV relie Paris-Montparnasse à Hendaye (env. 5h de trajet), d'où vous pourrez prendre l'EuskoTren pour San Sebastián.

EuskoTren Arrêt sur la ligne Lasarte-Hendaia et terminus de la ligne Bilbao-San Sebastián. *Tél. 902 54 32 10 www.euskotren.es*

Plan 7 San Sebastián/Donostia

Bar, lieu de sortie (n°1)
Branka* — **1** A1

Restauration (n°10 à 12)
Akelarre — **10** A1
Arzak — **11** B1
Miramón Arbelaitz — **12** B2

Hébergement (n°20 à 23)
Albergue Juvenil Ulia — **20** B1
Albergue Ondarreta La Sirena — **21** A1
Camping Igueldo — **22** A1
Villa Soro — **23** B1

*À RETROUVER DANS LA PARTIE DÉCOUVRIR

Estación de Amara (plan 8, B4) *Plaza Easo Tél. 902 54 32 10*
Renfe Relie San Sebastián aux grandes villes d'Espagne (Barcelone, Madrid...). Liaisons régionales (Renfe Cercanías) Irún-San Sebastián *Tél. 902 32 03 20 www.renfe.com*
Estación del Norte (plan 8, C3) *Paseo de Francia*

EN VOITURE

Aux nationales N1 (Irún) et N634 (Bilbao), encombrées par les camions, préférez l'autoroute A63 (France), l'A15 (Pampelune) et la A8 (Bilbao) qui permet de se déplacer aisément sur toute la côte du Guipúzcoa.

EN CAR

De nombreuses compagnies relient San Sebastián au reste du Pays basque, de l'Espagne et de l'Europe.
Estación de Autobuses – Gare routière (plan 7, B2) *Plaza Pio XII*
La Guipúzcoana Liaisons avec Zestoa, Azpeitia et Azkoitia. *Tél. 943 85 11 59 www.laguipuzcoana.net*

Autobus PESA Liaisons avec Bilbao, Irún, Saint-Jean-de-Luz et Bayonne. *Avenida Sancho el Sabio, 33 Tél. 902 10 12 10 www.pesa.net*
Alsa Nombreuses liaisons en Espagne et à l'étranger, notamment en France. *Avenida Sancho el Sabio, 31 Tél. 902 42 22 42 www.alsa.es*
Iparbus Liaisons avec Pasaia Donibane. *Tél. 943 49 18 01 www.iparbus.com*

orientation

La ville est organisée en T, l'Urumea formant l'axe vertical et la mer l'axe horizontal. Sur la rive gauche du fleuve se déploient le quartier d'Amara, le Centro puis, tout en haut, de l'autre côté du Boulevard, la Parte Vieja et le port ; vers l'ouest se déroulent la plage de la Concha et celle, voisine, d'Ondarreta. Sur la rive droite s'étendent le quartier de Gros et la plage de la Zurriola.

informations touristiques

San Sebastián Turismo-SST (plan 8, B2) Renseignements en français, boutique de souvenirs, centrale de réservation et billetterie. *Alameda del Boulevard, 8 Tél. 943 48 11 66 www.sansebastianturismo.com www.sansebastianreservas.com (Pour réserver, s'informer) www.gipuzkoaturismo.net www.paisvascoturismo.net www.donostia.org Ouvert été : lun.-sam. 9h-20h, dim. 10h-19h ; reste de l'année : lun.-jeu. 9h30-13h30 et 15h30-19h, ven.-sam. 10h-19h, dim. 10h-14h Point info sur la plage de la Concha (l'été uniquement)*

accès Internet

Ceux qui disposent d'un ordinateur personnel pourront se connecter facilement et gratuitement dans la majeure partie des hôtels et dans de nombreux bars.

Harkochat (plan 8, B2) *Tarif 0,50€ les 15min, 2€/h Fermin Calbetón, 39 Tél. 943 43 20 87 Ouvert lun.-ven. 10h30-22h30, sam.-dim. 11h30-22h30 ; juin-sept. : lun.-ven. 10h30-23h30, sam.-dim. 11h30-23h30*

visites guidées

San Sebastián Esencial L'office de tourisme propose des visites guidées thématiques de la ville (en espagnol et en anglais), à pied ou à vélo. Au choix : "La Parte Vieja et le Barrio Romántico", "Les saveurs de San Sebastián" ou "San Sebastián, ville de cinéma"... *Tarif 10€, moins de 12 ans gratuit Renseignements et réservation à l'OT* ***Visites*** *juil.-août : tlj. 11h30 (espagnol) et 16h30 (espagnol et anglais) ; reste de l'année, téléphoner*
San Sebastián Card Valable 5 jours, cette carte vendue 15€ (+1€ de caution) donne droit à 12 trajets en bus, à une visite guidée gratuite ainsi qu'à des réductions dans les musées, bars et boutiques. *Renseignements et achat à l'OT*
Donostia San Sebastian City Tour – Bus touristique Visites guidées en car avec vue panoramique, audioguide en français. *Tarif 12€, étudiants et 5-12 ans 6€, moins de 5 ans gratuit Départ et information Paseo de la República Argentina, en face du théâtre Eugenia Victoria Tél. 629 65 03 76 Ouvert 15 mars-15 nov. : tlj. 11h-21h ; 16 nov.-14 mars : ven.-dim. et j. fér. 11h-17h Départ toutes les heures*

location de voitures

Les principaux loueurs sont représentés à l'aéroport et à la gare.
Avis *Tél. 943 66 85 48*
Europcar *Tél. 902 40 50 20 (centrale de réservations) ou 943 66 85 30*
Hertz *Tél. 943 66 85 66*

location de vélos

De nombreuses voies cyclables sillonnent San Sebastián, profitez-en. Plan disponible à l'OT. La ville propose aussi un service de location "D Bizi " du type des Vélib' parisiens, mais les démarches d'inscription sont un peu fastidieuses.

Bici Rent Donosti (plan 8, C1) Face à la plage, location, excursions, vente et réparation de vélos et tandems. *Prix 4€/h, 17€/j. Avenida Zurriola, 22 Tél. 639 01 60 13 ou 943 27 11 73 www.bicirentdonosti.es Ouvert été : tlj. 9h30-20h15 ; hiver : lun.-sam. 10h-14h et 16h-20h15*

Grosgreen (plan 8, C1) Location, vente et réparation de vélos par une équipe dynamique et sympathique ! *Prix 4€/h, 16€/j. Peña y Goñi, 3 Tél. 943 28 89 40 www.grosgreencenter.com Ouvert lun.-ven. 10h-13h30 et 16h-20h, sam. 10h-13h30*

circuler en ville

VOITURE

Le stationnement est difficile en ville, payant partout, réservé aux habitants dans les quartiers plus résidentiels (R peint sur la chaussée). Les parkings souterrains sont incontournables : places limitées, surtout le week-end.

BUS

Une vingtaine de lignes d'autobus urbains quadrille la ville. La **ligne 16** mène au pied du funiculaire du mont Igeldo et longe la prome-

Fêtes et manifestations

Toutes les occasions sont bonnes pour faire la fête au Pays basque et San Sebastián n'échappe pas à la règle ! Petite sélection des temps forts :

Janvier	**Tamborrada** Défilé de tambours pour la fête du saint patron de laville. Ne manquez pas la *tamborrada* de plus de 5 000 enfants ! *Du 19 janvier à minuit au 20 janvier à minuit, place de laConstitución*
Février	**Carnaval** Défilé des *calderos* (chaudronniers) le premier samedide février, danses des *inudes y artzaias* (enfants bergers etpasteurs) le samedi suivant. Le carnaval en lui-même est l'occasiond'un défilé festif multicolore et cosmopolite...
Juillet	**Jazzaldia** La renommée du festival de jazz de San Sebastián n'estplus à faire : toute la scène internationale, de Chick Corea àJames Brown, s'y produit depuis plus de 40 ans. Unincontournable de l'été. *Dernière quinzaine de juillet www.heinekenjazzaldia.com*
Août	☺ **Semana Grande** Une semaine de frénésie festive : concerts,animations folkloriques, corridas, et surtout concoursinternational de feux d'artifice chaque soir à partir de 23h, àadmirer de la plage de la Concha. Magique ! *Semaine du 15 août*
Septembre	**Euskal** Jaiak Fêtes autour de la culture basque avec, les deuxpremiers dimanches du mois, les Estropadak, régates de trainièresdans la baie de la Concha, le principal trophée en Cantabrique.
	Zinemaldia Le 7e art est à l'honneur à San Sebastián avec cefestival international de cinéma, suivi en octobre du festival ducinéma fantastique et de terreur et du festival du film de surf. *Tél. 943 48 12 12 www.sansebastianfestival.com*
Décembre	**Feria de Santo Tomás** Sur la place de la Constitución, la villecélèbre ses traditions agricoles avec un grand marché fermieroù la cochonaille est à l'honneur. L'occasion idéale pour goûterla *txistorra* (chorizo frais). *Le 21 décembre*

nade de la Concha, la **36** parcourt toute la zone de San Roque jusqu'au Gros, et la **39** dessert le mont Urgull et le Casco Viejo (fonctionne tlj. en juil.-août, sam.-dim. en juin et sept.). Ticket 1,60€ (peut s'acheter dans le bus). *Plan-guide disponible à l'hôtel de ville et sur www.dbus.es*

TAXIS
Radiotaxi Donosti *Tél. 943 46 46 46*
Vallina Teletaxi *Tél. 943 40 40 40*

marchés

Mercado de la Bretxa (plan 8, B2) L'ancien marché aux bestiaux accueille des commerces dans sa partie couverte, avec une belle offre de poisson et de charcuterie. À l'extérieur, dans la Calle San Juan, de petits producteurs viennent vendre leurs fleurs, fruits et légumes le matin. Très animé. *Alameda del Boulevard, 3 Ouvert lun.-sam. 8h-20h*

Mercado de San Martín (plan 8, B3) Le marché San Martín a perdu son charme d'antan depuis sa rénovation et sa transformation en 2005 en petit centre commercial, mais il abrite encore de jolis stands de charcuterie, fruits, légumes et produits locaux au niveau de la rue, et un bel étalage de poisson au niveau inférieur. *Urbieta, 9 Ouvert lun.-sam. 7h-15h*

DÉCOUVRIR
La Parte Vieja, le port et le mont Urgull

☆ **Les essentiels** La vieille ville , le mont Urgull et le Paseo Nuevo **Découvrir autrement** Emmenez les enfants visiter l'aquarium et le Museo Naval, régalez-vous de *pintxos* dans la vieille ville, il n'y a que l'embarras du choix !

☆ La Parte Vieja (vieille ville)

Au pied du mont Urgull, la vieille ville (Parte Vieja ou Casco Viejo) a été largement reconstruite après le grand incendie de 1813. Dans ce rectangle parfait où bat toujours le cœur palpitant de San Sebastián, les ruelles pavées ont conservé leur tracé médiéval. On s'y retrouve pour trinquer entre amis autour d'un verre de *txikito* (vin) ou de *zurito* (bière), pour déguster les fameux *pintxos* ou faire des emplettes.

Plaza de la Constitución (plan 8, B1-B2) "La Consti", ainsi que la surnomment les habitants, est le théâtre des grandes fêtes annuelles comme la Saint-Thomas. Les numéros inscrits sur ses 147 balcons rappellent l'époque où elle était utilisée comme arène taurine – les balcons servant alors de tribunes aux aficionados. L'édifice central, de style néoclassique, abrita l'hôtel de ville jusqu'en 1947. Offrez-vous une pause à la terrasse de l'un de ses bars : ce sont les plus joyeux de la Parte Vieja.

Basílica de Santa María del Coro (plan 8, B1) Élevée en 1743 sur les restes d'une église romane, elle offre une façade baroque de style churrigueresque ornée d'une exubérante statue de saint Sébastien martyrisé et abrite une statue de la Virgen del Coro (XVIe s.), patronne de la ville. Derrière la basilique, la Plaza de la Trinidad est le cadre de jeux de force basque et de marchés d'artisanat. Des concerts de jazz y sont donnés l'été. *31 de Agosto, 46 Ouvert tlj. 10h15-13h15 et 16h45-19h45*

☺ **Calle 31 de Agosto (plan 8, B1)** Son nom rappelle le jour (31 août 1813) où les troupes anglo-portugaises libérèrent la ville de la domination française. Mais les "libérateurs" mirent la cité à sac avant de l'incendier… La Calle 31 de Agosto échappa par bonheur aux flammes, et l'on peut y découvrir des vestiges de la période médiévale (les maisons les plus anciennes portent les n^os^42 et 44).

Iglesia de San Vicente (plan 8, B1) Cette austère église de style gothique, érigée de 1507 à 1570, est le plus vieux monument de San Sebastián. À l'intérieur, on admirera les voûtes sur croisées d'ogives et le beau maître-autel du XVIe siècle attribué à Ambrosio Bengoechea et Joannes d'Iriarte. Depuis 1999, l'église offre son cadre à une *Pietà* signée Jorge Oteiza. *Calle San Vicente, 3 Ouvert tlj. 9h-13h et 18h-20h*

Museo San Telmo (plan 8, B1) Ce musée occupe un couvent dominicain du XVIe siècle (classé en 1913) qui fut utilisé par l'armée au XIXe siècle pour l'artillerie. L'église conventuelle a été décorée en 1932 par le peintre catalan José Maria Sert. Récemment rénové, le musée arbore à présent une façade contemporaine grise percée de mille trous (2011) à travers lesquels poussent des herbes folles. L'église ainsi que les salles du rez-de-chaussée accueillent des expositions temporaires et le magnifique cloître Renaissance renferme une collection de stèles antiques. Dans les étages, une splendide pinacothèque (riche d'œuvres du Greco et de Rubens) et les intéressantes collections ethnographiques bénéficient d'une muséographie des plus modernes. *Plaza Ignacio Zuloaga, 1 Tél. 943 48 15 80 www.museosantelmo.com Ouvert mar.-dim. 10h-20h Tarif 5€, réduit 3€, moins de 18 ans et mar. gratuit*

● Où se régaler de tourons, goûter la *pantxineta* ?

Casa Otaegui (plan 8, B2 n°52) Depuis 1886, la famille Otaegui régale les Donostiarras de ses excellents tourons artisanaux et, surtout, de sa fameuse *pantxineta* (feuilleté à la crème pâtissière). *Narrica, 15 Tél. 943 42 56 06 www.pasteleriaotaegui.com Ouvert mar.-sam. 9h30-14h et 17h-20h30, dim. 9h30-14h30 et 17h-20h* **Autres adresses** *San Martín, 30 (plan 8, B3, près de la Plaza Buen Pastor) Matia, 3 (plan 7, A1, près du Parque de Miramar) Av. Sancho el Sabio, 24, bajo (plan 7, B2, près de la gare)*

● Où trouver vin et produits régionaux ?

☺ **Vinos Martínez (plan 8, B1 n°62)** Vous ne connaissez pas les vins basques ? Dans cette cave, vous goûterez les meilleurs crus de la région. *Narrika, 29 Tél. 943 42 08 70 www.vinosmartinez.com Ouvert été : lun.-sam. 10h-20h30 ; hiver : lun.-sam. 10h-14h et 17h-20h30, dim. 12h-14h*

Aitor Lasa (plan 8, B1 n°50) Une boutique tenue par des passionnés des bons produits à l'origine contrôlée ! Vaste choix de conserves, de fromages, d'*embutidos* ibériques et d'*alubias* (haricots). *Aldamar, 12 Tél. 943 43 03 54 Ouvert lun.-ven. 8h30-14h et 17h-20h, sam. 8h30 14h30*

Plan 8 San Sebastián/Donostia

Petit déjeuner (n°1 et 2)
Barrenetxe* — **1** B2
Pastelería Oiartzun* — **2** B2

Pintxos (n°10 à 19)
A Fuego Negro* — **10** B1
Antonio Bar* — **11** C2
Bar Haizea* — **13** B2
Casa Gandarias* — **14** B1
Egosari* — **15** B2
Ganbara* — **16** B2
Martínez* — **18** B1
Meson Martín* — **19** B2

Restauration (n°20 à 28)
Bernardo Etxea — **20** B2
Bodegon Alejandro — **22** B2
Bokado* — **23** A2
La Cepa — **25** B1
La Muralla — **26** B2
La Rampa — **27** A2
Ni Neu — **28** C1

Cafés, bars et lieux de sortie (n°30 à 39)
16 bis Ondarra — **39** C1
Altxerri Bar & Jazz — **30** B2
Bataplan Disco — **31** A4
Be-Bop — **32** C1
Café La Perla — **33** A3
Discoteca
La Rotonda — **34** B3
Museo del Whisky — **35** B2
Txurrut — **37** B1-B2
Zurriola Maritimo — **38** C1

Hébergement (n°40 à 46)
Hotel de Londres
y Inglatera — **40** B3
Pensión Aldamar — **41** B2
Pensión Amaiur — **42** B1
Pensión Edorta — **44** B2
Pensión Kursaal — **46** C1
Pensión La Perla — **45** C1

Shopping (n°50 à 62)
Aitor Lasa* — **50** B1
Casa Otaegui* — **52** B2
Casa Ponsol* — **53** B2
Chocolates de Mendaro
Saint-Gerons* — **54** C2
Enbata* — **55** B2
Gelateria Boulevard* — **56** B2
Joyería Eguzkilore* — **57** B2
Kukuxumusu* — **58** B2
Montes + Múgica* — **59** B3
Pukas* — **60** C1
Vinos Martínez* — **62** B1

* À RETROUVER DANS LA PARTIE DÉCOUVRIR

● Où acheter un béret basque ?

Casa Ponsol (plan 8, B2 n°53) Cette chapellerie fondée en 1838 est la plus ancienne de la ville. Spécialisée dans les bérets *(txapela)* et les panamas, elle connaît bien son affaire ! *Narica, 4 Tél. 943 42 08 76 www.casaponsol.com Ouvert lun.-sam. 10h-13h et 16h-20h*

● Où faire des emplettes dans les rues piétonnes ?

☺ **Kukuxumusu (plan 8, B2 n°58)** Une marque 100% régionale qui séduit avec ses vêtements aux couleurs vives décorés de croix basques, de brebis ou de petits personnages rigolos. La bonne adresse si l'on souhaite rapporter des cadeaux originaux aux enfants (gourdes, couverts, sacs, gadgets). *Mayor, 15 Tél. 943 42 11 84 www.kukuxumusu.com Ouvert juin-sept. : tlj. 10h30-20h ; oct.-mai : lun.-sam. 10h30-20h30, dim. et j. fér. 10h30-20h*

☺ **Enbata (plan 8, B2 n°55)** Au cœur de la Parte Vieja, une adresse pour les amateurs de vêtements marins, de maquettes de bateaux, etc. Les grenouillères sont irrésistibles ! *Mayor, 14 Tél. 943 42 47 97 Ouvert juil.-sept. : lun.-sam. 10h-20h ; oct.-juin : lun.-sam. 10h-13h30 et 16h-20h*

● Où grignoter des *pintxos* ?

Egosari (plan 8, B2 n°15) Le soir, il faut se frayer un chemin au milieu de la foule dans ce bar qui ne désemplit pas. Si vous parvenez jusqu'au comptoir, commandez vite les meilleurs *pintxos* de la maison, composés de poissons et de fruits de mer, ainsi que le fromage de chèvre sur un lit de jambon et tomate relevé de sauce à la mangue. Le très bon restaurant basque du sous-sol sert un délicieux *txangurro* (tourteau). *Fermín Calbetón, 15 Tél. 943 42 82 10 www.egosari.es Ouvert ven.-mar. 11h30-17h et 19h-0h, mer. 11h30-17h*

A Fuego Negro (plan 8, B1 n°10) Un bar *caliente* décoré de rouge vif, où le *pintxo* se fait innovant, esthétique, dans un esprit "fusion". Goûtez le *chicharro, queso de oveja e menta* (chinchard et fromage de brebis). *31 de Agosto, 31 Tél. 650 13 53 73 ou 943 43 05 79 www.afuegonegro.com Ouvert mar.-dim. 12h30-16h et 20h-23h*

Casa Gandarias (plan 8, B1 n°14) L'une des adresses les plus conviviales d'une rue emblématique de la vieille ville où la concurrence est rude. Les *pintxos* sont simples, sans façon, d'une fraîcheur irréprochable. Beau choix de charcuterie. Nous vous recommandons les champignons au jambon à la sauce à l'ail. À noter également : la carte propose plusieurs plats sans gluten. *31 de Agosto, 23 Tél. 943 42 63 62 www.restaurantegandarias.com Ouvert tlj. 11h-1h*

Martínez (plan 8, B1 n°18) Dans un cadre un peu impersonnel réchauffé par l'affluence des fidèles, voilà un classique du genre, où l'on dégustera les meilleurs *pintxos* au poisson de la ville. *31 de Agosto, 13 Tél. 943 42 49 65 Ouvert juin-sept. : tlj. 11h-18h30 ; oct.-mai : lun.-mer. 11h30-16h et 19h-23h30, ven. 18h30-0h30, w.-e. 11h-0h30 Fermé 2e sem. de jan. et 1 sem. en juin*

Ganbara (plan 8, B2 n°16) Il y a tant d'assiettes sur le comptoir que l'on ne saurait dire s'il est en bois ou en zinc ! Cette adresse réputée est très pro. Brochettes variées, mini-croissants au jambon et un *pintxo* star, le *hojaldre de txistorra* (feuilleté à la saucisse txistorra). *San Jerónimo, 21 Tél. 943 42 25 75 www.ganbarajatetxea.com Ouvert sept.-mai : mar.-sam. 11h-15h15 et 18h30-23h45, dim. 11h-15h15 ; juin-août : mar.-dim. 11h-15h15 et 18h30-23h45 Fermé 2e sem. juin et 2e sem. nov.*

Bar Haizea (plan 8, B2 n°13) Un café charmant à deux pas du marché de la Bretxa. Parmi les spécialités de *pintxos* chauds, signalons les bajoues de porc ibériques aux cèpes. *Aldamar, 8 Tél. 943 42 57 10 Ouvert lun.-sam. 6h30-23h30, dim. 10h30-15h30 Fermé semaine de Pâques*

Le port

Au pied du mont Urgull, en longeant les quais du port, on observe les derniers chalutiers encore armés, les caisses débordant de poisson empilées le long de la criée. Soudain, on débouche sur la mer, derrière l'aquarium. Au rythme du ressac, on contourne le mont jusqu'à l'embouchure de l'Urumea, au nord de la vieille ville. Sur l'autre rive se découpent les "cubes" de verre du fameux Kursaal. Arrivé là, on pourra continuer de l'autre côté du pont, ou bien poursuivre en direction de la plage de la Zurriola et admirer les évolutions des surfeurs. Ou encore traverser la vieille ville, y flâner de bar en bar, et emprunter la promenade de la Concha jusqu'à la plage d'Ondarreta, d'où l'on prend le funiculaire pour le mont Igeldo.

Aquarium (plan 8, A2) Créé en 1926 et totalement rénové en 1998, l'aquarium de San Sebastián convie à un sympathique voyage aquatique. Les enfants adoreront plonger la main dans la vasque tactile et traverser le *tiburonario*, un tunnel aux parois transparentes qui livreront à leur regard requins taureaux (Txuri et Kontxita), raies, et toute une bande de drôles de poissons. *Plaza Jacques Cousteau, 1 Tél. 943 44 00 99 www.aquariumss.com Ouvert juil.-août : tlj. 10h-21h ; oct.-Toussaint : lun.-ven. 10h-19h, w.-e. et j. fér. 10h-20h ; Toussaint-juin, sept. : lun.-ven. 10h-20h, w.-e. et j. fér. 10h-21h Tarif 13€, réduit 9€, 4-12 ans 6,50€, familles nombreuses 38€*

"PINTXOS" À QUAI Grimpez l'escalier à droite de l'aquarium jusqu'à la cafétéria Bokado : ses *pintxos* et salades sont délicieux ! **Bokado (plan 8, A2 n°23)** *Plaza Jacques Cousteau, 1 Tél. 943 43 18 42 http://www.bokadogrupo.com Ouvert mer.-sam. 13h30-16h et 21h-23h, mar. et dim. 13h30-16h* ***Bar*** *mar.-dim. 11h-18h*

Museo Naval (plan 8, A2) Cité de commerçants et de pêcheurs, San Sebastián entretient une relation forte avec la mer. Dans un entrepôt du XVIIe siècle, ce musée retrace sept cents ans d'histoire navale basque : maquettes, instruments de navigation et de pêche (reconstitution d'une chaloupe baleinière). Pédagogique, à la fois simple et complet. *Paseo del Muelle, 24 Tél. 943 43 00 51 www.gipuzkoakomuseoak.net Ouvert mar.-sam. 10h-14h et 16h-19h, dim. et j. fér. 11h-14h Tarif 1,20€, réduit 0,60€, moins de 10 ans et jeu. gratuit*

Découvrir la ville de la mer

Ciudad San Sebastián **(plan 8, A2)** Promenades en mer à bord du *Ciudad San Sebastián* : contournement du mont Urgull et de l'île Santa Clara, cabotage dans la baie de la Concha. *Paseo del Muelle Tél. 943 28 79 32 www.ciudadsansebastian.com Sorties été : tlj. à 12h, 13h, 14h, 16h, 17h, 18h, 19h et 20h ; printemps et automne : seulement le week-end (et si le temps le permet) à 12h, 13h, 14h, 16h, 17h, 18h et 19h Durée : 40min env. Tarif 9€, 3-10 ans 5€*

LE GUIPÚZCOA

☆ Le mont Urgull

☆ ☺ **Paseo Nuevo (plan 8, A1)** Derrière l'aquarium, contournant le mont Urgull, le Paseo Nuevo déroule un lieu de promenade à l'écart de la frénésie urbaine. Les jours de forte houle, en particulier lors de l'équinoxe d'automne (en septembre), les plus hardis vont y défier les vagues spectaculaires qui grimpent à l'assaut des rambardes. Certains préféreront sans doute admirer l'œuvre de Jorge Oteiza (sculpteur basque emblématique) : *Construcción vacía* ("construction vide").

☆ ☺ **Mont Urgull (plan 8, A1)** Dire que la citadelle militaire du mont Urgull est aujourd'hui un paisible lieu de promenade ! On peut y voir les restes des fortifications et du château de Santa Cruz de la Mota, élevé là au XIIe siècle par le roi don Sancho de Navarre. Les canons postés sur les tours de guet rappellent que San Sebastián fut une ville fortifiée du xiie au XIXe siècle. La statue du Sacré-Cœur qui coiffe la colline depuis 1950 est devenue l'un des emblèmes de la cité. *Accès à pied ou par le bus 39*

Castillo de la Mota (plan 8, A1) Juchée sur les hauteurs du mont Urgull, au centre de la ligne de défense courant sur la crête, la statue monumentale du Christ du Sacré-Cœur veille sur le château de la Mota. Cette citadelle rappelle que du XVe au XVIIIe siècle, San Sebastián fut une place militaire sous haute tension dans cette région frontalière. De nos jours, le château abrite la Casa de la Historia, qui retrace de façon ludique huit siècles d'histoire de la ville. *Castillo de la Mota Ouvert juil.-août : tlj. 11h-20h ; sept.-déc., Pâques-juin : mer.-dim. 10h-17h30 Entrée libre* ***Casa de la Historia*** *Tél. 943 42 84 17 Ouvert juil.-août : tlj. 11h-20h ; sept.-déc., Pâques-juin : mer.-dim. 10h-17h30 Entrée libre*

Cementerio de los Ingleses (plan 8, A1) Une balade au fil des fortifications, de batterie de canon en plateforme d'observation, vous amènera jusqu'au cimetière des Anglais. Créé en 1924 sur le versant nord du mont Urgull, c'est un site des plus romantiques. Face à la mer, dans un silence souverain, vous profiterez d'un panorama inoubliable. *Ouvert mai-sept. : tlj. 8h-21h ; oct.-avr. : lun.-sam. 8h-19h*

Le front de mer et les plages

☆ **Les essentiels** La plage de la Concha **Découvrir autrement** Échappez-vous sur l'île de Santa Clara en été, baignez-vous en famille à la plage d'Ondaretta, initiez-vous au surf à la plage de Zurriola

☆ La Concha

Ayuntamiento (plan 8, B2) Au bout de la promenade de la Concha, l'élégante architecture Belle Époque de l'hôtel de ville (1887) rappelle que l'édifice abrita le casino municipal. Avant sa fermeture, en 1927, nombre de personnalités foulèrent les tapis de ses splendides salons de jeu, parmi lesquelles Trotsky, Sarah Bernhardt, Mata-Hari et le roi des Belges, Léopold II. À deux pas, les jardins Alderdi-Eder sont noirs de monde en fin d'après-midi. *Calle Ijentea, 1*

Parque de Miramar (plan 7, A1) Entre la plage de la Concha et celle d'Ondarreta, sur les collines du Pico del Loro, ces beaux jardins ont été dessinés par le Français Pierre Ducasse autour d'un palais en brique rouge – le Palacio de Miramar, construit à l'époque de la reine Maria Cristina pour être la résidence d'été de la Cour. Au détour des sentiers, on découvre une vue magnifique sur la baie.

Isla de Santa Clara (plan 7, A1) En été, on peut accéder à cet îlot haut de 48 m dressé au milieu de la baie de la Concha, pour y boire un verre, y pique-niquer, ou bien se baigner au pied des rochers, sur son minuscule – mais agréable – banc de sable. C'est, en somme, la quatrième plage de San Sebastián…
Navette maritime Seul moyen de transport permettant de rejoindre l'île, elle circule pendant la semaine sainte (départ toutes les 30min de 11h à 19h) et de juin à septembre (départ toutes les 30min de 10h à 20h). *Caseta del Puerto Tél. 943 00 04 50 www.motorasdelaisla.com Tarif 3,80€, moins de 4 ans gratuit*

● Où prendre le petit déjeuner en terrasse ?

Pastelería Oiartzun (plan 8, B2 n°2) Derrière l'hôtel de ville, cette pâtisserie propose les meilleures viennoiseries de San Sebastián. À déguster comme les habitués, accoudé au bar devant un *café con leche*, ou en terrasse, où se pressent les touristes. Les pâtisseries et les chocolats sont excellents (essayez le gâteau basque), comme les spécialités régionales (tuiles de Tolosa, *rellenas* de Bergara). *Calle Ijentea, 2 Tél. 943 42 62 09 Ouvert juil.-août : tlj. 7h45-0h ; sept.-juin : lun.-ven. 7h45-21h, sam. 8h-21h30, dim. 8h-21h*

● Boire un verre face la mer

Café La Perla (plan 8, A3 n°33) La plus jolie terrasse de la ville, idéale pour siroter un cocktail ou un jus de fruit en contemplant la baie. On y mange aussi sur le pouce à toute heure. À moins de se laisser tenter par le menu dégustation de son restaurant. *Paseo de la Concha Tél. 943 46 24 84 www.la-perla.net Ouvert dim.-jeu. 8h30-23h, ven.-sam. 8h30-0h30 Service restaurant en continu 12h-0h Fermé dim. soir, lun. et mar. soir d'oct. à mars Terrasse ouverte de mai à oct.*

● Aller à la plage

☆☺ **La Concha (plan 8, A3)** La "plage royale" n'a rien perdu de sa superbe : urbaine, animée, c'est la plage à la mode. S'y côtoie un public hétéroclite : les habitués font leur jogging, les anciens discutent, les jeunes jouent au volley-ball, les adeptes du soleil bronzent. Magnifique à marée basse, offrant une baignade tranquille (attention tout de même aux zones rocheuses à ses extrémités), elle se réduit à une bande de sable à marée haute. Toilettes publiques (bien entretenues) sous les arcades.
Ondarreta (plan 7, A1) Située à l'ouest de la baie, c'est la plage familiale par excellence, comme le confirment ses nombreux équipements (rampes d'accès pour les poussettes, douches adaptées, clubs de jeux pour les enfants). L'ambiance y est beaucoup plus relax que sur la Concha. À l'écart du cœur de la ville, elle déroule un espace de détente idéal. Le long de l'avenue Satrustegui, les enfants dégusteront avec bonheur un goûter ou une glace à l'ombre des jardins publics.

Se détendre dans des bains de bulles

☺ **Centre de thalasso-sport La Perla (plan 8, A3)** Un centre de thalassothérapie pour évoluer dans une eau à 30°C en contemplant la mer ! Les anciens thermes ont laissé place à un centre de thalassothérapie de près de 4500m² voué à la remise en forme, avec une belle offre de soins, de massages et de prestations esthétiques. Le week-end, pensez à réserver. *Paseo de la Concha Tél. 943 45 88 56 www.la-perla.net Ouvert tlj. 8h-22h*

Gros, rive droite de l'Urumea

Kursaal (plan 8, C1) Symbole du renouveau de San Sebastián, ce Kursaal est sorti du sable de la plage de Zurriola en 1999. Conçus par l'architecte Rafael Moneo, lauréat du prix Pritzker en 1996, les deux immenses cubes en verre translucide du palais des congrès et des expositions abritent des

Le Pays basque avec des enfants

Activités

Club hippique de la Côte basque — 100
Territoire d'Aventures (Anglet) — 100
Aquabalade (Saint-Pée-sur-Nivelle) — 156
Lac de Saint-Pée-sur-Nivelle — 180
Astoklok (Espelette) — 185
Petit train de la Rhune (Sare) — 191
Les ânes de l'Arradoy (Ispoure) — 217
Escap'Âne (Irouléguy) — 232
Aventure Parc (Aramits) — 285
Aqua Béarn (Oloron-Sainte-Marie) — 303
Observatorio de Pitillas (Pitillas) — 390
Train vert (Irún) — 438
Hipica Listorreta (Errenteria) — 443
Funiculaire (San Sebastián) — 462
Parque de Atracciones (San Sebastián) — 462
Funicular de Artxanda (Bilbao) — 553

Musées et sites

Musée de la Mer-Aquarium (Biarritz) — 109
Cité de l'Océan (Biarritz) — 109
Musée du Chocolat (Biarritz) — 117
Grottes d'Isturitz et d'Oxocelhaya — 243
Maison des maîtres chocolatiers Lindt (Oloron-Sainte-Marie) — 300
Museo de Ciencias Naturales (Vitoria-Gasteiz) — 411
Artium (Vitoria-Gasteiz) — 412
Parc écologique de Plaiaundi (Irún) — 437
Aquarium (San Sebastián) — 455
Museo Vasco del Ferrocaril (Azpeitia) — 514
Grotte d'Ekain (Azpeitia) — 516
Grotte d'Arrikrutz (Oñati) — 524
Puente Bizkaia-pont transbordeur (Getxo) — 575
Torre de Ercilla-musée du Pêcheur (Bermeo) — 579
Parque de Basondo (Kortezubi) — 589
Cuevas de Pozalagua (Karrantza Harana) — 607

espaces polyvalents : un auditorium de 1 800 places, des salles de réunion, des zones d'exposition modulables, mais aussi des boutiques et le fameux Ni Neu, restaurant emblématique de la nouvelle cuisine basque (p.465) et son bar-terrasse, tout indiqué pour boire un verre en profitant du panorama… *Avenida de Zurriola, 1 Tél. 943 00 30 00 www.kursaal.com.es*

Plage de la Zurriola (plan 8, C1) Bien plus exposée que les plages de la baie (Concha et Ondarreta), souvent balayée par les vents et soumise à une forte houle, la Zurriola est la plage préférée des surfeurs et des jeunes de la ville. Réaménagée en 1993, elle est dominée par les structures avant-gardistes du Kursaal qui accueillent tous les grands événements culturels de la ville.

● Où boire un verre en terrasse, grignoter des *pintxos* ?

Zurriola Maritimo (plan 8, C1 n°38) Sur la plage de la Zurriola, ce lieu polyvalent (bar, restaurant et boîte de nuit), animé du matin au soir, a les faveurs des jeunes et du gratin des surfeurs locaux. *Avenida de la Zurriola, 41 Tél. 943 29 78 53 Ouvert lun.-mer. 10h-22h, jeu.-dim. 10h-6h*

● Trouver un surf-shop, surfer sur la vague

Pukas (plan 8, C1 n°60) La boutique d'origine, dans les rues piétonnes de la Parte Vieja, se faisait trop petite pour satisfaire les besoins de la planète surf donostienne. Depuis l'expansion de la Zurriola, voilà donc un "temple" de la glisse tout neuf où les surfeurs de la ville viennent s'équiper entre deux vagues. Loue également planches et combinaisons. *Avenida Zurriola, 24 Tél. 943 32 60 35 www.pukassurf.com Ouvert lun.-sam. 10h-14h et 16h-20h*

Pukas Surf Eskola (plan 8, C1) Le spot de surf de la ville est situé sur la plage de la Zurriola. Le swell y rentre à plein… On y pratique également le bodyboard sans danger. On peut prendre des cours de surf toute l'année sur la plage de la Zurriola. Comptez 70€ les 5h en semaine, 52€ le cours particulier (équipement et assurance inclus). Propose également des leçons adaptées aux personnes à mobilité réduite. *Avenida Zurriola, 24 (1er étage) Tél. 943 32 00 68 www.pukassurfeskola.com*

La ville moderne et le mont Igeldo

☆ **Les essentiels** Le mont Igeldo **Découvrir autrement** Allez admirer le *Peigne du vent* de Chillida, empruntez le funiculaire pour monter au sommet du mont Igeldo

Le centre

El Centro, ou Barrio Romántico, est le cœur commerçant de la ville. Au tournant des XIXe et XXe siècles s'y épanouit le "modern style" de la Belle Époque, révélant un autre visage de San Sebastián, d'inspiration française celui-là. Impossible de résister au charme de la **Plaza de Guipúzcoa**, où se dresse le palais néoclassique de la Députation. Les Donostiarras déambulent sous ses élégants portiques et profitent de la quiétude de son joli jardin botanique, à l'énigmatique horloge florale. Les rues piétonnes (Churruca et Getaria) débouchent sur la petite place ronde de Bilbao. À deux pas, ne manquez pas les surprenants édifices modernistes de la Calle Prim (n°s 17 et 28).

Teatro Victoria Eugenia (plan 8, C2) Face à l'Urumea et au quartier du Gros, cet élégant bâtiment néoplateresque (1902), restauré en 2007, a perdu un peu de sa splendeur d'antan, mais il reste un catalyseur de la création artistique à San Sebastián. Théâtre, danse et cinéma occupent le devant de la scène et de nombreuses expositions (peintures, photos...) complètent son agenda culturel. *Paseo de la República Argentina, 2 Tél. 943 48 11 60 www.victoriaeugenia.com* ***Billetterie*** *Ouvert tlj. 11h30-13h30 et 17h-20h*

Catedral del Buen Pastor (plan 8, B3) De style néogothique germanique, la cathédrale du Bon-Pasteur fut édifiée à la fin du XIXe siècle avec des pierres extraites du mont Igeldo. Sa tour de 75m domine un quartier très commerçant. Sur sa façade, on admirera *La Croix de la paix* d'Eduardo Chillida. *Urdaneta, 4 Tél. 943 46 45 16 Ouvert lun.-sam. 8h-12h30 et 17h-20h, dim. 9h-12h30*

Biblioteca Koldo Mitxelena Kulturunea (plan 8, B3) Conçu par Ramon Cortazar et Luis Elizalde à la fin du XIXe siècle, cette bibliothèque, qui porte le nom d'un éminent linguiste basque, accueille toute l'année des expositions (art basque, art contemporain...). *Urdaneta, 9 Tél. 943 11 27 60 http://kmk.gipuzkoakultura.net Ouvert lun.-ven. 8h30-20h30, sam. 8h30-14h Fermé 19 jan. après midi, sam. saint, 21 déc. après-midi, 24 et 31 déc, 2 sem. en août pour inventaire*

Parque de Aiete (plan 7, B2) Site romantique, déployé sur une colline retirée, le parc d'Aiete fut dessiné par le Français Pierre Ducasse. Le palais construit en 1878 pour les ducs de Bailén hébergea quelque temps le roi Alfonso XIII et son épouse, puis Franco. Le parc est devenu public en 1977, pour le bonheur des habitants qui profitent, depuis lors, de ses plans d'eau et de ses essences variées.

● Où acheter des douceurs ?

Chocolates de Mendaro Saint-Gerons (plan 8, C2 n°54) La famille Saint-Gerons, basco-française, régale les amateurs de chocolat depuis 1850. Cette boutique du Barrio Romántico fourmille d'idées de cadeaux gourmands. Les assortiments de *turrones* et les *trozos* (lamelles de chocolats variés) sont irrésistibles : impossible de sortir du magasin les mains vides... *Etxaide, 6 Tél. 943 42 48 04 www.chocolatesdemendaro.com Ouvert lun.-ven. 9h30-13h30 et 16h30-20h, sam. 10h-14h*

● Où s'offrir un bijou original ?

☺ **Joyería Eguzkilore (plan 8, B2 n°57)** L'*eguzkilore* est un porte-bonheur que les habitants des campagnes basques accrochent sur leur porte pour les protéger des sorcières et du mauvais sort. À défaut d'acheter ce chardon, aujourd'hui protégé, vous craquerez pour des bijoux qui reproduisent la fameuse "fleur du soleil" : boucles d'oreilles, pendentifs, broches et même pin's en or ou argent. *Hernani, 13 Tél. 943 43 15 58 www.eguzkilorejoya.com Ouvert lun.-ven. 10h-13h30 et 16h-20h, sam. 10h-14h et 16h-20h*

Où dénicher un accessoire tendance ?

Montes + Múgica (plan 8, B3 n°59) Tout pour relooker son intérieur avec style ! Un beau choix de lampes industrielles et de mobilier scandinave des années 1940-1950 dans une boutique aux allures de loft. Chic ! Fort de son succès Montez+Múgica a ouvert une autre boutique dédié aux vêtements et accessoires de créateurs, une sélection pointue. *Easo, 6 Tél. 943 42 85 81 http://montesmugica.com Ouvert lun. 16h30-20h, mar.-ven. 10h-13h30 et 16h30-20h, sam. 10h-13h30* ***Boutique mode*** *Narrica, 1 (vieille ville, plan 8, B2) Tél. 638 17 25 54 Ouvert lun. 16h30-20h, mar.-sam. 10h-13h30 et 16h30-20h*

Cidreries

Sidreria Hernani (Biarritz)	124
Txopinondo (Ascain)	144
Larraldea (Lekaroz)	351
Sidreria Kixkia (Ochagavia)	357
Hostal Aralar (Pampelune)	381
Asador Sidreria Erri Berri (Olite)	390
Katxetas (Estella)	398
Sidrería Gartziategi (Astigarraga)	463
Rezola (Astigarraga)	463
Pension Txiki Polit (Zarautz)	475
Cidrerie Txindurri-Iturri (Itziar)	512

Où prendre un petit déjeuner ?

☺ **Barrenetxe (plan 8, B2 n°1)** Une pâtisserie historique – elle ouvrit ses portes en 1699 ! –, sans conteste la meilleure de la ville pour déguster les spécialités locales aux amandes *(txintorros, donostarrias)* ou l'une des 35 variétés de pain proposées. On prendra aussi avec plaisir un petit déjeuner ou un goûter gourmand dans ce décor Belle Époque au charme suranné. Service stylé et sympathique. *Plaza Guipúzcoa, 9 Tél. 943 42 44 82 www.barrenetxe.net Ouvert tlj. 8h-20h30*

Où savourer une glace ?

Gelateria Boulevard (plan 8, B2 n°56) Sous les arcades, le plus grand choix de glaces de la ville. Parfums classiques, spécialités gourmandes ou adaptées aux diabétiques, à emporter en cornet ou en pot et à déguster tranquillement près du kiosque romantique de l'avenue. *Alameda del Boulevard, 34 Tél. 943 43 15 23 Ouvert juin-août : tlj. 12h-0h ; mai, sept. : dim.-jeu. 12h-0h, ven.-sam. 12h-2h30 ; avr., oct. : dim.-jeu. 12h-0h, ven.-sam. 12h-1h30 ; fév.-mars, nov.-déc. : dim.-jeu. 12h-23h, ven.-sam. 12h-1h*

Où manger des *pintxos* ?

Meson Martín (plan 8, B2 n°19) Commandez un verre de *txakoli*, grignotez un *pintxo* de calamar au jambon ibérique, une brochette de poisson ou quelques gambas grillées... Installé à proximité de la place de Guipúzcoa, ce bar spacieux à l'ambiance familiale ne vous décevra pas. *Elkano, 7 Tél. 943 42 28 66 www.mesonmartin.com Ouvert lun.-ven. 7h30-23h, sam. 9h30-23h30*

Antonio Bar (plan 8, C2 n°11) Ce petit bar ne paie pas de mine, mais ses créations gastronomiques ont été récompensées par le "label basque de qualité" et il mérite le détour. Spécialités : *pintxos* à base d'anchois et de piments verts (doux) ou foie gras grillé avec sauce à l'oignon. *Bergara, 3 (bajo) Tél. 943 42 98 15 www.barantonio.net Ouvert lun.-sam. 7h30-23h*

☆ Le mont Igeldo

☺ ***Peine del Viento* (plan 7, A1)** À l'ouest de la plage d'Ondarreta, au bout de la promenade, on découvre une œuvre saisissante du sculpteur Edouardo Chillida (1924-2002). Au pied du mont Igeldo, là où, enfant, il aimait contempler les éléments déchaînés, l'artiste a installé en 1977 la sculpture *Peine del Viento* : trois pièces d'acier accrochées aux rochers sur lesquelles les vagues se brisent avec force. L'ensemble fascine toujours.

☺ **Funiculaire (plan 7, A1)** Le plus vieux funiculaire du Pays basque (il fut inauguré en 1912) reste le meilleur moyen d'accès au sommet du mont Igeldo (le mont "froid") et à son point de vue imprenable. Les wagons, qui ont conservé leur carrosserie en bois d'origine, gravissent les 312,50m de voies en moins de 4min. Une balade hautement pittoresque ! Départ tous les 15min, horaires variables *Plaza del Funicular, 4 Tél. 943 21 05 64 www.monteigueldo.es (Renseignements) Billet AR 3€, enfant 2,25€*

● Boire un verre, manger sur le pouce face la mer

Branka (plan 7, A1 n°1) À un jet de pierre du *Peine del Viento* de Chillida, face à la mer, une terrasse privilégiée aux beaux jours. Pour les petits creux, *camarones* de Getaria (crevettes) et poisson grillé de première fraîcheur *(Itsaskrabra de temporada)... Paseo Eduardo Chillida, 13 (au pied du mont Igeldo) Tél. 943 31 70 96 www.branka-tenis.com Ouvert tlj. 8h-0h*

● S'amuser en famille

Parque de Atracciones (plan 7, A1) C'est en 1911 que naît l'idée d'installer un parc de loisirs sur le mont Igeldo. D'abord dédié au casino, le site accueille en 1925 des attractions mécaniques à destination des enfants : montagne suisse, rivière mystérieuse, labyrinthe... Ces joies d'un autre temps ont aujourd'hui un parfum suranné qui amuse surtout les parents. L'accès au parc est libre, mais chaque attraction coûte de 1 à 2,50€. *Parc d'attractions Paseo del Faro, 134 Tél. 943 21 35 25 www.monteigueldo.es Ouvert été : lun.-ven. 11h15-14h et 16h-20h, w.-e. et j. fér. 11h15-14h et 16h-20h30 ; printemps : w.-e. et j. fér. 11h-14h et 16h-20h30 ; automne : w.-e. et j. fér. 11h30-14h et 16h-20h ; hiver : w.-e. et j. fér. 11h30-14h et 16h-19h Semana Grande : tlj. 11h15-23h30*

MINI, MINI, MINI... Les jardins du Miramón Kutxaespacio présentent le Guipúzkoa en miniature, grâce à des maquettes reproduisant des monuments emblématiques, comme les sanctuaires de Loyola et d'Arantzazu, et l'université d'Oñati.

Les faubourgs

Miramón Kutxaespacio de la Ciencia (plan 7, B2) Le parc des Sciences Miramón est un musée interactif destiné au jeune public – pour preuve, son credo "interdit de ne pas toucher". Fort d'un planétarium multimédia et d'un observatoire astronomique, il propose des attractions éducatives regroupées en aires thématiques (le Vaisseau Terre, le Monde mécanique, Jeux de lumière, etc.). *Paseo Mikeletegi, 43-45 Tél. 943 01 24 78 (bus 28, 31 et 35) www.miramon.org* **Musée** *Ouvert juil.-août : lun.-ven. 10h-20h, w.-e. et j. fér.*

11h-20h ***Planétarium*** *Séances en espagnol sept.-juin mar.-ven. 18h, sam.-dim. et j. fér. 13h et 18h ; juil.-août : tlj. 13h et 19h* ***Simulateur*** *(Formule 1, avion, montagne russes) juil.-août : tlj. 12h-14h et 17h-20h ; sept.-juin : sam.-dim. et j. fér. 11h-19h Tarif 9€, 4-17 ans, plus de 65 ans et famille nombreuse 7€, moins de 3 ans gratuit Tarif musée + planétarium 11€, réduit 9€, moins de 3 ans gratuit*

Museo Cemento Rezola (plan 7, A2) Ce musée original, installé sur le site d'une cimenterie, veut redorer l'image de cette industrie en présentant son matériau – le ciment –, de sa fabrication à son utilisation dans l'ingénierie, l'architecture et l'art. *Avenida de Añorga, 36 Tél. 943 36 41 92 www.museumcemento.rezola.net Ouvert juil.-août : lun.-ven. 10h-14h et 17h-19h, sam. 10h-14h ; sept.-juin : mar.-dim. 10h-14h Entrée libre*

LE GUIPÚZCOA

Les environs de San Sebastián

Découvrir autrement Rendez-vous au Sagardo Etxea d'Astigarraga pour en savoir plus sur le cidre

Astigarraga, la route du cidre

Vous l'ignorez peut-être, mais c'est au Pays basque qu'est né le cidre, la Normandie se contentant de l'importer au Moyen Âge. À la fin du XIVe siècle, la région produisait en grande quantité ce vin de pomme à la saveur si particulière. Après des décennies difficiles, le cidre basque fait l'objet d'un nouvel engouement. Si certains parlent d'un rite, le *txotx* (se prononce "tchotch", signifie "petite branche d'arbre" et désigne ce qui bouche l'orifice du tonneau) est avant tout un art. Devant le tonneau, il faut recueillir le liquide mousseux sous pression dans un verre bas très fin. Deux doigts, pas plus, pour éviter l'évaporation du gaz. À déguster d'un trait, pour apprécier son goût unique. ***Astigarraga*** *À 10km environ au sud-est de Donostia par la GI131*

☺ **Sagardo Etxea-musée du Cidre basque** Une exposition didactique, du verger au pressoir, pour tout connaître des secrets de fabrication du *sagardo* (cidre) basque. La dégustation dans la boutique est un grand moment : il faut un peu d'entraînement pour remplir son verre sans tremper ses chaussures… Le musée fonctionne à plein régime à la saison de la production, de janvier à avril. *Nagusia, 48* ***Astigarraga*** *Tél. 943 55 05 75 www.sagardoetxea.com Ouvert juil.-août : tlj. 11h-13h30 et 16h-19h30 ; sept.-juin : mar.-sam. 11h-13h30 et 16h-19h30, dim. 11h-13h30 Tarif 4€, moins de 10 ans gratuit*

● Manger dans une cidrerie

☺ **Sidrería Gartziategi** Cette cidrerie traditionnelle du XVIe siècle est la plus ancienne d'Astigarraga (ouverte hélas seulement à la saison du *txotx*). *Paseo de Martutene, 139* ***Astigarraga*** *Tél. 943 46 96 74 www.gartziategi.com Ouvert mi-jan.-avr. : lun.-jeu. 20h-23h30, ven.-sam. 12h30-16h et 20h-23h30, dim. 12h30-16h Vente de cidre toute l'année*

Rezola Une cidrerie ouverte toute l'année où l'ambiance bat son plein chaque fin de semaine. Menu traditionnel avec de très bons produits préparés de façon simple et gourmande. Comptez 28€ le menu complet, boisson incluse. *Santio Zeharra* **Astigarraga** *(dans le village, au feu à droite puis deuxième route sur la gauche en montant) Tél. 943 55 27 20 ou 606 78 51 30 http://rezolasagardotegia.infotres.com Ouvert jan.-avr. : lun. 20h-23h, mar.-sam. 13h-16h et 20h-23h30, dim. 13h-16h ; mai-déc. : mar.-ven. 20h-23h30, sam. 13h-16h et 20h-23h30, dim. 13h-16h*

CARNET D'ADRESSES

Lieux de sortie

Bars

☺ **Be-Bop (plan 8, C1 n°32)** Un jazz-bar où l'on vient siroter une bière en fin d'après-midi, et assister à quelques concerts en fin de semaine. Décor chaleureux, tendance cosy, ambiance détendue. ***Parte Vieja*** *Paseo de Salamanca, 3 Tél. 943 42 98 69 www.barbebop.com Ouvert dim.-jeu. 16h-5h, ven.-sam. 16h-6h30*

Txurrut (plan 8, B1-B2 n°37) Sur la place phare des nuits donostiarras, un bar animé du matin au soir. Agréable terrasse aux beaux jours. ***Parte Vieja*** *Plaza de la Constitución, 9 Tél. 943 42 91 81 Ouvert dim.-jeu. 11h-3h30, ven.-sam. 11h-4h30 Fermé 15 j. en nov.*

Museo del Whisky (plan 8, B2 n°35) En exposition, une collection de plus de 3 000 bouteilles en provenance du monde entier. À la carte, 200 références qui feront la joie des amateurs de bourbon et d'ambiance feutrée. ***Parte Vieja*** *Alameda del Boulevard, 5 Tél. 943 42 46 78 www.museodelwhisky.com Ouvert jeu.-mar. 15h30-3h30*

☺ **Altxerri Bar & Jazz (plan 8, B2 n°30)** Après avoir visité la galerie d'art du rez-de-chaussée, il faut descendre quelques marches pour entrer dans ce temple du jazz et du blues ! La programmation, nuancée de flamenco et de musiques du monde, attire une foule de mélomanes bohèmes. ***Parte Vieja*** *Reina Regente, 2 Tél. 943 42 16 93 www.altxerri.com Ouvert mar., jeu. et dim. 17h-2h, ven.-sam. 17h-3h*

Clubs

Discoteca La Rotonda (plan 8, B3 n°34) Un classique inoxydable, au point de vue exceptionnel sur la plage de la Concha. ***Centro*** *Paseo de la Concha, s/n Tél. 943 42 90 95 www.rotondadisco.com*

Bataplan Disco (plan 8, A4 n°31) Un lieu de nuit à la déco "pop" qui attire les jeunes avec une programmation trendy et des fêtes en terrasse qui se donnent des airs d'Ibiza. ***Centro*** *Paseo de la Concha Tél. 943 47 36 01 www.bataplandisco.com*

16 bis Ondarra (plan 8, C1 n°39) Une adresse où l'on passerait bien la journée entière ! Au rez-de-chaussée, un bar de plage où baigneurs et surfeurs se retrouvent autour de bières ou de *kalimutxos* (1/3 de Coca, 2/3 de vin), face aux vagues de Zurriola. Au sous-sol, une "boîte d'allumettes" pour s'étourdir sur des sonorités pop-rock. ***Centro*** *Avenida de Zurriola, 16bis Tél. 943 28 93 07 Ouvert lun.-jeu. 8h-1h, ven.-dim. 9h-4h*

Restauration

Tradition, innovation et passion : San Sebastián réserve aux gastronomes de succulents moments. Les prix sont élevés (30-40€/pers. en moyenne), mais les assiettes sont généreuses et les produits irréprochables. Pour manger à petits prix, et déguster de bons produits sans vous ruiner, privilégiez les bars à *pintxos*. Les menus du jour proposés par de nombreux restaurants offrent aussi une bonne solution, équilibrée et peu onéreuse – autour de 15€, avec entrée, plat, dessert et boisson.

prix moyens

La Cepa (plan 8, B1 n°25) Un bar au décor original apprécié pour son assortiment de *pintxos* et un restaurant qui sert un très bon jambon de Jabugo, des *cazuelitas* de poulpe (cassolettes), de la queue de bœuf et, en saison, du gibier (ragoût de cerf, perdrix). Menu du jour 15€ le midi en semaine (18€ en été) et 30€ le week-end. ***Parte Vieja*** *31 de Agosto, 7-9 Tél. 943 42 63 94 www.barlacepa.com Ouvert juil.-août : tlj. 11h-0h ; sept.-juin : mer.-lun. 11h-0h*

La Muralla (plan 8, B2 n°26) Derrière une façade discrète, ce petit restaurant au décor sage propose des menus d'un rapport qualité-prix imbattable. Une cuisine moderne et inventive : riz crémeux aux seiches et champignons sauce foie gras, brochette de lotte et langoustines aux pommes de terre confites et vinaigrette au piment doux, infusion de fruits rouges et glace au yaourt. Menus à 24-31€ en semaine et à 36-39€ le week-end. Également des menus pour personnes diabétiques et végétariennes. L'entreprenant chef Iñigo Bozal tient aussi La Fabrica (Puerto, 17). ***Parte Vieja*** *Embeltrán, 3 Tél. 943 43 35 08 www.restaurantelamuralla.com Ouvert tlj. 13h-15h30 et 20h-23h*

Et aussi...

Une pause *pintxos*

Egosari 454
A Fuego Negro 454
Casa Gandarias 454
Martínez 454
Ganbara 454
Bar Haizea 455
Bokado 455
Café La Perla 457
Meson Martín 461
Antonio Bar 461
Branka 462

Un petit déjeuner, une pause sucrée

Casa Otaegui 451
Pastelería Oiartzun 457
Barrenetxe 461
Gelateria Boulevard 461

Ni Neu (plan 8, C1 n°28) Ce gastropub au cadre épuré prend ses aises dans le Kursaal de verre et d'acier. Les mets mêlent audace gustative et recherche esthétique, et les menus (25,40-38,50€) proposent des recettes de saison raffinées à prix doux. Service attentionné de table étoilée... En été, la terrasse est le spot idéal pour voir et être vu ! ***Gros*** *Avenida de Zurriola, 1 Tél. 943 00 31 62 www.restau-*

GAMME DE PRIX	RESTAURATION	HÉBERGEMENT
Très petits prix	moins de 12€	moins de 45€
Petits prix	de 12 à 18€	de 45 à 60€
Prix moyens	de 18 à 25€	de 60 à 100€
Prix élevés	de 25 à 45€	de 100 à 140€
Prix très élevés	plus de 45€	plus de 140€

rantenineu.com Ouvert mi-juil.-août : mar.-dim. 13h-15h30 et 20h30-22h30 ; sept.-mi-juil. : mar.-jeu. 13h-15h30, ven.-dim. 13h-15h30 et 20h30-22h30

☺ **La Rampa (plan 8, A2 n°27)** Sur le port, au premier rayon du soleil, les tables sortent les unes après les autres, et, sur leurs nappes à carreaux, on mange d'excellents poissons *a la plancha*, des fruits de mer ultra-frais, servis avec le sourire. Le soir, il faut y déguster les spécialités iodées de la région : ration de *txopitos* (poulpe, 12€), *cogote de merluza* (nuque de merlu, 40€ pour deux) ou les fameuses *kokotxas de merluza* (bajoues de merlu, 24€). ***Parte Vieja*** *Muelle, 26-27 Tél. 943 42 16 52 www.restaurantelarampa.com Ouvert oct.-mai : mar. et dim. 12h-15h45, lun. et jeu.-sam. 12h-15h45 et 20h-22h45 ; juin-sept. : jeu.-mar. 12h-15h45 et 20h-22h45 Fermé 15-31 oct. et mi-déc.-mi-jan.*

LE GUIPÚZCOA

prix élevés

Bernardo Etxea (plan 8, B2 n°20) Ce restaurant de poisson et de fruits de mer sert aussi un excellent jambon ibérique. Le bar du rez-de-chaussée propose un bel assortiment de *pintxos* et dans l'élégante salle du sous-sol, *txangurro al horno* (18€), turbot sauvage grillé (25€) ou côtelettes d'agneau (20€) combleront les estomacs vides. ***Parte Vieja*** *Puerto, 7 Tél. 943 42 20 55 www.bernardoetxea.com Ouvert ven.-mar. 13h-15h30 et 20h-23h30, mer. 13h-15h30 Fermé 20 j. en fév.*

☺ **Bodegon Alejandro (plan 8, B2 n°22)** Quelques marches et l'on s'engouffre, au sous-sol, dans l'une des deux petites pièces de ce restaurant au décor soigné, pour une cuisine qui l'est tout autant. Soupe de poisson et de fruits de mer à la donostiarra (13€), chipirons en sauce avec leur encre (18,50€) ou joue de veau cuisinée à basse température, puis *mamía* (caillé au pur lait de brebis) maison au miel pour un échantillon des saveurs de saison. Menu du jour le midi à 16€ en hiver et 23€ en été. Le soir, toute l'année, menu à 38,50€ HT. ***Parte Vieja*** *Fermín Calbetón, 4 Tél. 943 42 71 58 www.bodegonalejandro.com Ouvert sept.-juin : mar. et dim. 13h-15h30, mer.-sam. 13h-15h30 et*

La "cuisine d'auteur" basque

La gastronomie basque a connu une véritable révolution vers le milieu des années 1970 quand, à l'instar de la nouvelle cuisine française, un groupe de jeunes cuisiniers décide de dépoussiérer les classiques de la cuisine d'Euskadi. La région de San Sebastián, bastion de cette "cuisine d'auteur", s'enorgueillit de son nombre élevé d'étoiles au guide Michelin par mètre carré. Les établissements renouvelant leur carte à chaque saison, les plats mentionnés dans ces pages le sont à titre purement indicatif. Les prix vous sembleront élevés, mais ils restent bien inférieurs à ceux qui sont pratiqués en France : alors, ne passez pas à côté, l'expérience en vaut la peine. Parmi ces tables, nous avons sélectionné Miramón Arbeltaitz, Akelarre, Arzak et, dans les environs, Mugaritz et Martín Berasategui.

20h30-22h30 ; juil.-août : mar.-sam. 13h-15h30 et 20h30-22h30, dim. 13h-15h30 Fermé fin jan.-début fév.

prix très élevés

Bokado (plan 8, A2 n°23) Sur le Paseo Nuevo, ce restaurant est un beau cadeau pour les passants affamés ! Servis dans un pavillon de verre ou en terrasse face à la baie, thon à la ciboulette et aux piments rouges d'Ibarra, coing aux noix caramélisées sur soupe froide d'Idiazabal signent une cuisine aux accents basques, créative et plutôt iodée... Les menus du restaurant vont de 48,50 à 57€, mais on pourra se délecter au bistrot de *pintxos* inventifs (1,70-3€) ou de plats copieux (8,50-18€). ***Parte Vieja*** *Plaza Jacques Cousteau, 1 Tél. 943 43 18 42 www.bokadogrupo.com* ***Restaurant*** *Ouvert mar. 13h30-16h, mer.-dim. 13h30-16h et 21h-23h* ***Bistrot*** *Ouvert mar.-dim. 11h-18h*

Miramón Arbelaitz (plan 7, B2 n°12) Ce restaurant au cadre contemporain est installé au cœur du parc technologique de Miramón. Son chef, Joxe Mari Arbelaitz, étoilé, est à suivre ! Au menu dégustation (100€ HT), des compositions comme le ragoût de calamars et légumes grillés, ou le pigeonneau rôti. Menu de saison à 60€ HT. ***Ville moderne*** *Paseo Mikeletegi, 53 (Parque tecnológico Miramón) Tél. 943 30 82 20 www.arbelaitz.com Ouvert dim.-jeu. 13h-15h45, ven.-sam. 13h-15h45 et 20h15-22h30 Fermé 1re semaine août, 24 et 31 déc. et 1re semaine jan.*

Akelarre (plan 7, A1 n°10) Pedro Subijana est le maître d'œuvre de l'un des 3-étoiles les plus beaux de la région, juché sur le mont Igeldo : la vue panoramique sur le golfe de Gascogne de la salle en rotonde sublime l'expérience gustative ! Au choix trois menus à 155€ HT (sinon comptez env. 150€ à la carte) : araignée de mer sur blini de corail, foie gras poêlé, fleur de sel et poivre en grain ou rouget et *fusili* en sauce... ***Mont Igeldo*** *Paseo Padre Orcolaga, 56 Tél. 943 31 12 09 www.akelarre.net Ouvert jan.-juin : mer.-sam. 13h-15h30 et 20h30-23h, dim. 13h-15h30 ; juil.-déc. : mar.-sam. 13h-15h30 et 20h30-23h, dim. 13h-15h30 Fermé fév. et 2e quinzaine d'oct.*

Arzak (plan 7, B1 n°11) De la taverne de sa grand-mère (1897), Juan Mari Arzak a fait une vitrine de réputation internationale de la *nueva cocina* basque, une table aussi inventive que raffinée qu'il tient désormais avec sa fille Elena. Chaque jour, dans la "cuisine d'investigation", l'équipe recherche de nouveaux goûts, textures et procédés d'élaboration en puisant dans une "banque de saveurs" d'un millier de produits. Menu dégustation à 189€ HT. Comptez 170-190€ le repas, à la carte. ***Gros*** *Alcalde José Elosegui, 273 (Alto de Miracruz, 21) Tél. 943 27 84 65 www.arzak.info Ouvert mar.-sam. 13h-15h et 21h-23h Fermé 15-30 juin et nov.*

Dans les environs

prix très élevés

☺ **Mugaritz** Formé par les plus grands chefs espagnols et adepte de la "créativité naturelle" (avec plus de 300 herbes et plantes utilisées toute l'année), Andoni Luis Aduriz doit sa célébrité à une pièce de bœuf confite 35 heures durant. Il dirige aujourd'hui une brigade de 30 cuisiniers pour 40 couverts. Des plats "historiques", comme la soupe de fleurs de pissenlit au lait d'avoine ou les carottes violettes laquées au jus de canne à sucre et vanille et glace au lait de chèvre sur un lit d'herbes glacées au sucre... La composition des plats change tous les jours. Soit un immense talent récompensé par 2 étoiles au Michelin, et un restaurant classé le quatrième du monde ! Deux menus à 170€ HT. *Caserio Otzazulueta Aldura Aldea, 20* ***Renteria*** *(à 13km de San Sebastián, sur les hauteurs de Renteria) Tél. 943 51 83 43 www.mugaritz.com Ouvert mi-avr.-mi-déc. : mar. 20h-21h30, mer.-sam. 12h30-14h30 et 20h-21h30, dim. 12h30-14h30*

Martín Berasategui Chef 3 étoiles médiatique, Martín Berasategui signe une cuisine expérimentale et équilibrée qui séduit les palais les plus blasés. Foie braisé aux algues, rouget accompagné de cristaux d'écailles comestibles, pieds de cochon ibériques farçis aux coings et crème de choux verts et, pour finir, gâteau tiède d'amande grillée avec sorbet au miel... Menu dégustation 185€ HT ; à la carte, comptez autour de 160€. *Loidi, 4* ***Lasarte-Oria*** *(à 7km au sud de San Sebastián, suivre fléchage dans le bourg) Tél. 943 36 64 71 www.martinberasategui.com Ouvert mer.-sam. 13h-15h30 et 20h30-22h45, dim. 13h-15h30 Fermé 20 déc.-15 jan.*

Hébergement

Si les hôtels et les pensions ne manquent pas à San Sebastián, les prix sont souvent élevés et s'envolent en saison. Réservez au plus tôt !

camping

Camping Igueldo (plan 7, A1 n°22) Sur les hauteurs, un camping arboré, bien équipé et bien tenu. Petit emplacement (une tente et 2 pers.) de 14 à 16€, grand emplacement (caravane, voiture et 2 pers.) de 17 à 28€. ***Mont Igeldo*** *Paseo Padre Orkolaga, 69 Tél. 943 21 45 02 ou 943 28 04 90 (Rés.) www.campingigueldo.com*

très petits prix

Albergue Juvenil Ulia (plan 7, B1 n°20) Une incroyable auberge de jeunesse, juchée sur les hauteurs de la ville dans un écrin de verdure, à 20min à pied de la plage de Zurriola. Les lits (18,40-21,65€/pers.) occupent des bungalows à partager, face à la baie, et les plus grands disposent d'une cuisine (suppl. 2€/j.). Parking gratuit. ***Gros*** *Paseo de Ulia, 297 Tél. 943 48 34 80 www.donostialbergues.org*

Albergue Ondarreta La Sirena (plan 7, A1 n°21) Une auberge pour petits budgets d'une centaine de lits. Comptez 16,50-23,85€/pers. selon votre âge, en haute saison. Petit déjeuner inclus. ***Mont Igeldo*** *Paseo de Igeldo, 25 Tél. 943 31 02 68 www.donostialbergues.org*

prix moyens

Pensión La Perla (plan 8, C1 n°45) Une petite pension sympathique, prise d'assaut par les étudiants américains : réservez ! Chambres calmes, avec sdb correctes. Accueil familial. Double à 72€ en haute saison. ***Centro*** *Loyola, 10 1er étage Tél. 943 42 81 23 www.pensionlaperla.com*

Pensión Amaiur (plan 8, B1 n°42) Dans une des plus vieilles demeures de la Parte Vieja, rescapée du grand incendie de 1813, une pension pimpante et conviviale à souhait, pour qui aime faire la fête ou peut dormir avec des boules Quiès ! Une chambre simple avec petite fenêtre à 45€ en haute saison, double de 57€ (sans vue) à 90€ et grandes chambres familiales (1 lit double et 2 lits simples) de 90 à 120€. Sdb et cuisine communes. ***Parte Vieja*** *31 de Agosto, 44 Tél. 943 42 96 54 www.pensionamaiur.com*

Pensión Kursaal (plan 8, C1 n°46) Cette pension installée dans un immeuble élégant, à deux pas de la plage de Zurriola, face au palais des congrès, est idéale pour profiter du quartier du Gros le soir. Elle loue 21 chambres rénovées en 2012, aux couleurs douces, avec sdb (sèche-cheveux), chauffage, TV satellite et accès Internet (wifi). Double de 50 à 91€ selon la saison et la vue. Petit déjeuner 4€. ***Gros** Pena y Goni, 2 (1er étage) Tél. 943 29 26 66 www.pensionesconencanto.com*

☺ **Pensión Edorta (plan 8, B2 n°44)** Dans une ruelle menant au port, des chambres spacieuses, avec parquet et décoration simple. Les lits sont confortables, les salles de bains impeccables, refaites à neuf, et l'entretien de l'ensemble est parfait. Accueil chaleureux. De 60€ (avec sdb commune) à 100€ la double, en haute saison. Préférez les chambres côté cour, plus calmes, au deuxième étage si possible. ***Parte Vieja** Puerto, 15 Étages 1 et 2 Tél. 943 42 37 73 www.pensionedorta.com*

Pensión Aldamar (plan 8, B2 n°41) Dix chambres tout confort (accès Internet et wifi) aménagées avec goût en face du théâtre Victoria, à deux pas des rues animées de la Parte Vieja. Celles qui donnent sur la rue sont un peu bruyantes, mais bénéficient d'une vue splendide sur l'avenue. À partir de 65€ HT la double, 86€ HT la suite double et 115€ HT la suite triple. ***Parte Vieja** Aldamar 2, Tél. 943 43 01 43 www.pensionaldamar.com*

prix très élevés

☺ **Hotel de Londres y Inglaterra (plan 8, B3 n°40)** Construit au XIXe siècle face à la plage de la Concha, ce palace apprécié de la reine Isabelle II servit d'hôpital pendant la Seconde Guerre mondiale. Les salons du rez-de-chaussée ont conservé des notes Belle Époque, tandis que les chambres et suites allient cadre classique et confort moderne (sdb en marbre blanc, TV à écran plat, wifi...). Pour séjourner dans ce 4-étoiles de rêve où descendirent Toulouse-Lautrec et Mata Hari, il faut mettre le prix : chambre double à partir de 135€ (170€ avec vue sur mer), prix majorés en saison haute. ***Centro** Zubieta, 2 Tél. 943 44 07 70 www.hlondres.com*

Villa Soro (plan 7, B1 n°23) À 500m de la plage de la Zurriola, dans un manoir classé de la fin du XIXe siècle, ses 25 chambres raffinées, décorées d'œuvres d'art, se prêtent bien à une escapade en amoureux. Confort sans faille : sdb avec douche et baignoire, minibar, Internet, lecteur de DVD. Romantisme garanti jusque dans le jardin paysager. Délicieux petit déjeuner (16€ HT) servi dans l'ancienne serre. À partir de 270€ HT la double. ***Gros** Avenida Ategorrieta, 61 Tél. 943 29 79 70 www.villasoro.com*

GAMME DE PRIX	RESTAURATION	HÉBERGEMENT
Très petits prix	moins de 12€	moins de 45€
Petits prix	de 12 à 18€	de 45 à 60€
Prix moyens	de 18 à 25€	de 60 à 100€
Prix élevés	de 25 à 45€	de 100 à 140€
Prix très élevés	plus de 45€	plus de 140€

ZARAUTZ

20808

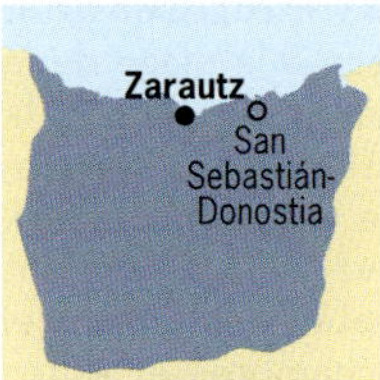

La plage qui se déploie sur près de 2,5km au pied des falaises de Santa Bárbara et de Mollari a fait de Zarautz l'une des stations balnéaires les plus fréquentées de la côte basque... et un paradis pour les surfeurs. Hélas, l'omniprésence du béton entache la beauté d'une promenade maritime bordée de singulières sculptures contemporaines et de cabines de bain rayées, souvenirs de l'époque où la reine Isabelle II aimait venir s'y baigner. Jadis étape obligée sur le chemin de Compostelle, Zarautz n'est cependant pas dénuée de charme : les ruelles et les maisons fortes en pierre de taille de la vieille ville invitent à la balade.

MODE D'EMPLOI

accès

EN VOITURE

À 16km à l'ouest de San Sebastián par l'A8-E70 et à 84km à l'est de Bilbao.

Stationnement Zarautz s'étire le long de sa fameuse plage, face à la mer Cantabrique. Se garer s'y révèle difficile en été : privilégiez les parcs de stationnement souterrains (le plus pratique étant le parking aménagé derrière l'hôtel de ville). Attention, le parking souterrain de la plage ("Hondartza") est parfois réservé aux résidents.

EN TRAIN

Sur la ligne San Sebastián-Usurbil-Orio-Zarautz-Getaria-Zumaia et la ligne Orio-Aia.

EuskoTren *Tél. 902 54 32 10*

EN CAR

Plusieurs compagnies rallient Zarautz.

La Guipúzcoana Ligne Zarautz-Azkoitia. *Tél. 943 85 11 59*

Alsa Turitrans Ligne Irún-Zarautz-Bilbao-Gijón. *Tél. 902 42 22 42*

La Burundesa Ligne Zarautz-Pampelune (uniquement l'été). *Tél. 943 46 23 60 ou 948 22 17 66*

informations touristiques

Bureau d'information touristique
Nafarroa Kalea, 3 Tél. 943 83 09 90 www.turismozarautz.com Ouvert été : lun.-sam. 9h-20h30, dim. 10h-20h ; hiver : lun.-ven. 9h30-13h et 15h30-17h30, sam. 10h-14h

fêtes et manifestations

San Pelayo Grande fête folklorique avec défilés, *tamborrada, etc. 26 juin*

Semana grande Fêtes avec régates de traînières, feux d'artifice et concerts... *Du 14 au 16 août*

Euskal Jaia Célébration de la Vierge d'Aranzazu. Le 9 septembre, tous les habitants de Zarautz sortent en costume traditionnel, et des danseurs basques (*dantzaris*) évoluant au son du *txistu* (flûte) dans les rues de la ville. *Du 1er au 9 sept.*

Dia del Txakoli Fête des vendanges du txakoli. *3e sam. de sept.*

DÉCOUVRIR

Zarautz

☆ **Les essentiels** Le centre historique (Casco antiguo), la plage **Découvrir autrement** Entre deux bains de mer, allez admirer les sculptures qui jalonnent le front de mer

☆ **Casco antiguo** Fondée en 1237, Zarautz se limitait à l'origine au rectangle formé par les rues Trinidad, Orape, Azara et San Inazio. Au cœur de ce quadrilatère historique s'élèvent toujours quelques vénérables maisons-tours, construites à l'époque troublée où les seigneurs se disputaient la province : en particulier, la tour Luzea (Calle Nagusia), bel exemple d'architecture gothique du XVe siècle, et la maison-tour Makatza, de XVIe siècle, qui a conservé ses meurtrières en dépit de plusieurs remaniements.

Palacio de Narros Bâti en 1536 dans le style Renaissance castillane, ce palais à l'élégant portail devint au XIXe siècle la résidence estivale d'Isabel II, qui lança ainsi la station balnéaire. *Ne se visite pas*

Conjunto arqueológico-monumental de Santa María la Real La visite débute avec le musée d'Art et d'Histoire de Zarautz installé dans la Torre Campanario (clocher-tour fortifié), le plus vieil édifice de la cité (XVe s.). Sur quatre niveaux, objets du quotidien et œuvres d'art font revivre l'histoire locale. La nécropole des IXe-XVIe siècles excavée au sous-sol se prolonge sous Santa María la Real, église paroissiale de la fin du XVe siècle. Un film (en français) nous explique comment cet édifice gothique adopta au XVIe siècle un plan en croix latine par l'adjonction de chapelles latérales. Les verrières ménagées dans le dallage dévoilent les vestiges des édifices antérieurs et l'emplacement de tombes de la nécropole. **Musée** *Elizaurre, 1 Tél. 943 83 52 81 www.menosca.com Ouvert juil.-15 sept. : mar.-sam. 10h-14h et 16h30-18h30, dim. et j. fér. 16h30-18h30 ; 16 sept.-juin : ven.-sam. 10h-14h et 16h30-18h30, dim. 16h30-18h30 Fermé jan.-14 fév. Tarif 2€, moins de 14 ans gratuit* **Visite guidée du Conjunto** *Rés. à l'OT ou Arazi ikt (en français sur demande) Tél. 943 83 09 90 (OT) ou 943 83 36 41 (Arazi ikt) Ouvert Pâques, 15 juin-15 sept., 6-8 déc. : mar.-sam. 11h30 et 17h30 ; reste de l'année : ven.-sam. 11h30 et 16h30, dim. 16h30 Fermé 18 déc.-8 fév. Tarif 2,50€*

Photomuseum-musée basque de la Photographie Pour les amateurs, un petit musée de qualité dédié à l'histoire de la photographie, conçu de façon chronologique. Pour en savoir plus sur cette technique et sa dimension artistique. Expositions temporaires. *Villa Manuela San Inazio Kalea, 11 Tél. 943 13 09 06 www.photomuseum.es Ouvert mar.-dim. 10h-14h et 17h-20h Fermé 1er jan., 26 juin, 9 sept. et 25 déc. Tarif : 6€, réduit 3€*

● **Où goûter le txakoli ?** Le vignoble de Zarautz, qui couvre une centaine d'hectares, fait partie de l'appellation d'origine txakoli de Getaria. Un gage de qualité qui fait de son vin blanc l'un des plus appréciés de la région.

LE GUIPÚZCOA

Bodega Talai Berri Bixente Eizagirre Aginaga et ses filles exploitent avec passion et professionnalisme ce vignoble de 12ha accroché au flanc du Talaimendi. Visite de la bodega et dégustation. *Visites sur rdv Barrio Talaimendi* ***Zarautz*** *(accès par la N634, près du camping) Tél. 943 13 27 50 www.talaiberri.com Ouvert ven. 11h, sam. 12h Fermé 15 sept.-15 oct.*

Où manger sur le pouce ?

Jai Txiki Taberna Un bar convivial où l'on peut se régaler à toute heure d'un assortiment de charcuterie ibérique ou picorer des *pintxos* froids au bar. Le tout accompagné d'un verre de *txakoli* bien frais... *Nagusia, 14* ***Zarautz*** *Tél. 943 83 51 22*

Profiter de la mer et des dunes

☆ **Plage** Sur cette jolie plage urbaine de sable fin (la plus longue de la côte du Guipúzcoa), on peut louer une tente de plage (*toldo*) ou un transat à la journée. Les jeunes jouent au volley dans sa partie orientale, plus sauvage – c'est celle que fréquentent aussi les surfeurs. La promenade du front de mer (Paseo del Malecón) est jalonnée de sculptures aux lignes déconcertantes (notamment la série de Dora Zalazar intitulée "Structure/Forme", trois bronzes sur le thème de l'alchimie).

Zarauzko Surf Eskola La renommée des vagues de Zarautz attire des surfeurs du monde entier : l'école de surf locale est donc très active ! Bonnes prestations et nombreuses formules de cours individuels (à partir de 60€) ou collectifs (à partir de 30€) pour débutants ou surfeurs confirmés et pour les personnes à mobilité réduite (en été, 60€). Initiation à partir de 8 ans. *Plaza Donibane, 5* ***Zarautz*** *Tél. 943 01 95 07 www.surfeskola.com*

Biotope d'Iñurritza À l'extrémité orientale de la plage de Zarautz, la plus grande zone dunaire du Guipúzcoa abrite une flore particulièrement bien préservée comprenant des variétés rares comme la luzerne maritime et le gaillet des sables. Dans le petit marais, dont la surface se réduit hélas d'année en année, les oiseaux migrateurs – échasses, bécasses ou courlis – viennent hiberner. Une passerelle permet depuis peu d'approcher au plus près cet environnement si fragile et riche.

Jouer au golf

Real Club de Golf Au pied du Talaimendi, entre la mer et les marécages, ce 9-trous de prestige a été fondé en 1916. On ne manquera pas de vous rappeler qu'Édouard VIII, du Royaume-Uni, et Alphonse XIII ont foulé ses greens ! *Lauaxeta, 7* ***Zarautz*** *Tél. 943 83 01 45 www.golfzarauz.com Tarif : 75€ (lun.-ven. en basse saison), 95€ (sam.-dim., j. fér. et haute saison)*

Les environs de Zarautz

Orio

Dans ce port de pêche à l'embouchure de l'Oria, on se targue d'avoir chassé la dernière baleine de la mer Cantabrique en 1901, signant la fin d'une pratique séculaire en Euskadi. La pêche ayant perdu de son attrait lucratif, Orio s'est tourné vers le tourisme balnéaire. Car ce bourg de cinq mille âmes ne manque pas d'atouts : des rues au tracé médiéval, les banderoles jaunes déployées sur les balcons en soutien à l'équipe d'aviron locale, célèbre dans tout le Pays basque, les ramendeuses de filets à l'œuvre sur le port et, surtout, la daurade cuite à la braise sur le gril (*besugo a la parilla*), une spécialité fêtée en grande pompe en juillet ("Bisiguaren Festa Orio Estilora"). *À 7km à l'est de Zarautz par la N634* **Office de tourisme** *Palacio Iturriaga-Kale Nagusia, 17* **Orio** *Tél. 943 83 55 65 www.oriora.com Ouvert mi-juin-mi-sept. : lun.-sam. 10h-14h et 16h-20h, dim. 10h-14h ; mi-sept.-mi-juin : mar. 16h-19h, mer.-ven. 9h30-13h et 16h-19h, sam. 9h30-14h et 16h-19h, dim. 10h-14h* **Centre d'interprétation de Saint-Jacques** *Même horaires*

Vieille ville Fondé au XIIe siècle, Orio surveille la route côtière de Saint-Jacques-de-Compostelle, comme en témoignent les vestiges de son chemin pavé. Les pèlerins grimpent aujourd'hui jusqu'à l'ermitage de San Martín de Tours pour profiter d'une vue spectaculaire. Dans les ruelles pentues de la vieille ville, ou Goiko Kale, s'admirent quelques édifices médiévaux et les trésors baroques de l'église San Nicolás de Bari – saint patron des pêcheurs –, consacrée au XIIIe siècle et remaniée au XVIIe. Depuis 2009, le Palacio Iturriaga, qui abrite l'office de tourisme au rez-de-chaussée, accueille un centre d'interprétation du Chemin de Saint-Jacques qui propose une information historique et pratique très complète.

● **Aller à la plage** Principale plage d'Orio, la **plage d'Antilla** a été aménagée près de l'embouchure de l'Oria. Bien équipée (jeux pour enfants, *paseo* maritime, sanitaires, restaurants), elle attire les amateurs de sports nautiques. De l'autre côté de l'estuaire, la **plage d'Oribazar** (sur la commune d'Aia), plus petite et dénuée d'infrastructures, séduit les pêcheurs amateurs et les estivants en quête de tranquillité.

● **Randonner autour d'Orio** Orio offre de nombreux itinéraires de randonnée, et une agréable promenade longe l'Oria jusqu'à la plage d'Antilla et le belvédère d'Itxaspe. Le parcours Orio-Itxaspe (PR®GI158) est d'ailleurs idéal pour découvrir la baie d'Orio de la vieille ville à l'ermitage San Martín. Dénivelé 195m, longueur 7,4km. *Renseignements et documentation à l'OT*

● **Faire une balade en bateau ou en kayak** Au mois d'août, balade en bateau à la découverte de l'histoire d'Orio et de son patrimoine naturel. De mai à septembre, promenade originale en kayak sur le río Oria. *Renseignements et réservations à l'OT Tarif 9€, moins de12 ans 6€*

Parc naturel de Pagoeta

Aménagé par le conseil général sur le mont Pagoeta (678m), contrefort nord du massif d'Ernio-Gatzume, ce parc naturel de 2 860ha protège plusieurs communes rurales, des vestiges préhistoriques (mégalithes et abris sous roche), des pâturages et des forêts mixtes de conifères, de chênes et de hêtres (Pagoeta signifie "hêtraie" en basque) aussi giboyeuses que propices à la randonnée. Accès par la N634 puis la GI2631 en direction de Villabona. *Passé Laurgain, sur la route d'Aia, tourner à gauche au panneau indiquant "Iturrarán", le centre d'interprétation*

PAUSE FRAÎCHEUR Près de 2 300 espèces végétales de la région et d'ailleurs poussent dans le jardin botanique d'Iturrarán, paradis luxuriant de 25ha. Un agréable lieu de balade et de pique-nique (tables près du parking). *Commune d'Aia Ouvert tlj. 9h-19h accès libre*

Centro de Interpretación del Parque Installé dans une ferme du XIVe siècle remarquablement restaurée, il propose différentes activités aux visiteurs du parc. Une exposition interactive, déployée sur les trois niveaux de l'édifice, invite à se familiariser avec la faune, la flore et les traditions agricoles de cette région montagneuse et à s'interroger sur la protection de l'environnement. Visites guidées du rucher du parc (se renseigner). Accueil très sympathique (en espagnol). *Caserío-Maison rurale Hameau d'Iturrarán* ***Aia*** *(11km au sud de Zarautz par la N634 et la GI2631) Tél. 943 83 53 89 www.aiapagoeta.com* ***Centre d'interprétation*** *Ouvert juil.-sept. : mar.-ven. 10h-14h et 16h30-18h30, w.-e. et j. fér. 10h-14h ; oct.-juin : w.-e. et j. fér. 10h-14h Visite guidée du Parc sam. 11h30* ***Jardin Botanique*** *Ouvert tlj. 10h-19h Entrée libre*

Moulin et forge d'Agorregi Ces installations hydrauliques qui remontent au XVIe siècle ont été reconstituées par le conseil régional dans leur état du XVIIIe. On y découvre le fonctionnement de la forge, alimentée avec du charbon de bois provenant des forêts voisines, et des moulins à eau qui lui fournissaient l'énergie nécessaire à la fabrication du fer. *Iturraran* ***Aia*** *(11km au sud de Zarautz par la N634 et la GI2631) Ouvert juil.-sept. : ven.-dim. et j. fér. 10h-14h ; oct.-juin : dim. et j. fér. 10h-14h Entrée libre Visite guidée avec démonstration à 11h30*

● **Randonner dans le parc** Le parc de Pagoeta offre de nombreuses possibilités de randonnée pédestre. Ainsi, le PR®GI-84 "Aia-Pagoeta-Iturrioz-Zelatun" propose un bel itinéraire sur le versant oriental du parc. *Brochure disponible au centre d'interprétation*

CARNET D'ADRESSES

Restauration, hébergement

Les recettes de poisson sont à l'honneur. Sur le *paseo marítimo*, les cafétérias avec terrasse se suivent et se ressemblent… Leurs menus du jour rassasieront les appétits aiguisés par l'air de la mer pour environ 12€.

petits prix

Kirkilla Enea Jatetxea Artisanat basque, murs couleur de miel, grandes tablées conviviales, carte inventive (carpaccio de magret de foie frais, dos de merlu confit et sa gelée de bière, tarte fine aux pommes et son sorbet). Menu du jour autour de 15€ (midi, en semaine) ou 20€ (sam.-dim.) et un menu dégustation autour de 30€. *Santa Marina, 12* ***Zarautz*** *Tél. 943 13 19 82 www.kirkilla.com Ouvert mar.-sam. 13h-15h30 et 20h30-23h, dim. 13h-15h30*

prix élevés

Asador Joxe Mari Pour goûter la fameuse daurade grillée au charbon de bois. Andoni Manterola tient cette rôtisserie traditionnelle de main de maître. Salle typique au plafond bas et poutres apparentes, agréable terrasse l'été : réservez ! Comptez 50-60€ à la carte. *Plaza Herriko* ***Orio*** *(à 7km à l'est de Zarautz par la N634) Tél. 943 83 00 32 Ouvert juil.-août : tlj. 13h-16h et 20h-23h ; sept.-juin : mar.-jeu. et dim. 13h-16h, ven.-sam. 13h-16h et 20h-23h Fermé déc.*

Pension Txiki Polit À la fois cidrerie, bar à tapas, cafétéria, pension de famille, Txiki Polit donne sur la très agréable place de la Musique, qui prête souvent son cadre à des concerts dominicaux. Un menu "cidrerie" avec omelette à la morue, morue frite, côte de bœuf, fromage et sa pâte de coing à 27€, et un menu du jour honnête à 10,50€ en semaine, à 16€ le samedi et 18€ le dimanche. Et, pour couronner le tout, l'accueil est très sympathique ! Chambres doubles (80€ en haute saison) sobres et bien tenues, avec wifi. *Musika plaza* ***Zarautz*** *Tél. 943 83 53 57 www.txikipolit.com Ouvert tlj. 13h-16h et 20h30-23h*

Karlos Arguiñano Dans les années 1980, Karlos Arguiñano a transformé la villa Aiala, un castel néomédiéval sur la plage, en un hôtel-restaurant 4-étoiles. On goûtera ses meilleures recettes : brochette de lotte et crevettes sur crème de langoustines, mérou accompagné d'une sauce aux cèpes, cochon de lait désossé à la sauce aigre-douce de tomates. Plat autour de 15€. Desserts succulents env. 9€. Menu Dégustation 34€. Chambres avec terrasse sur la mer Cantabrique. Double 135-199€ HT selon la saison, petit déjeuner buffet compris. *Mendilauta, 13* ***Zarautz*** *Tél. 943 13 00 00 www.hotelka.com* ***Restaurant*** *Ouvert juin-oct. : lun.-mar. et jeu.-sam. 13h30-15h30 et 20h30-23h, dim. 13h30-15h30 ; nov.-mi-déc., fév.-mai : jeu. et dim.-mar. 13h30-15h30, ven.-sam. 13h30-15h30 et 20h30-23h Hôtel et restaurant fermés mi-déc.-jan.*

★ GETARIA

20808

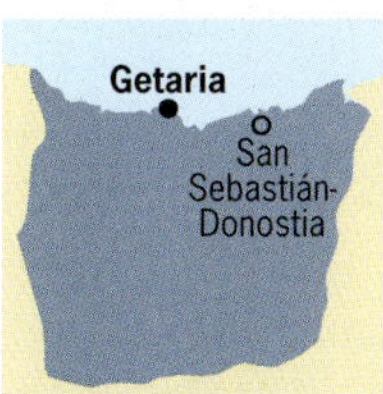

Ce port de la côte cantabrique adossé au mont San Antón – un îlot désormais arrimé à la ville par une digue et qui s'avance telle une figure de proue dans la mer –, a longtemps vécu de la pêche. L'anchois, le thon, le maquereau et la sardine ont fait la prospérité de Getaria, sans parler de la baleine, qui fréquentait jadis le golfe de Biscaye et qui figure sur le blason de la petite cité. Getaria est aussi le berceau de deux personnages célèbres : le grand couturier Cristóbal Balenciaga (1895-1972) et le capitaine Juan Sebastián Elcano (v. 1486-1526), unique survivant de l'expédition de Magellan et premier marin à avoir accompli le tour du monde !

JUAN SEBASTIÁN ELCANO Parmi ses enfants, Getaria honore ce marin qui ramena à Sanlúcar de Barrameda, le 6 septembre 1522, au terme de la première circumnavigation du globe, les dix-huit survivants de l'expédition lancée par Magellan en 1519. Sur le fronton du monument édifié en 1924 pour le quatrième centenaire de son retour est inscrite la devise figurant sur les armoiries (un globe) que Charles Quint lui décerna en même temps qu'une rente viagère : "*Primus circumdedisti me*" (C'est toi qui le premier m'as contourné). Tous les quatre ans à la San Salvador, on commémore le périple de l'intrépide navigateur : un spectacle unique.

MODE D'EMPLOI

accès

EN VOITURE
À 25km à l'ouest de San Sebastián et à 82km à l'est de Bilbao par l'A8. Prendre la sortie 11 à Zarautz, puis la N634 sur 4km.

EN TRAIN
Sur la ligne 1D "Durangaldea" entre San Sebastián et Bilbao.
EuskoTren *Tél. 902 54 32 10 www.euskotren.es*

orientation

La vieille ville est adossée au port, en contrebas de la route nationale. Il est facile (et gratuit) de se garer dans les rues voisines de l'office de tourisme.

informations touristiques

Office de tourisme *Parque Aldamar, 2 Tél. 943 14 09 57 www.getaria.net Ouvert tlj. 10h-14h et 16h30-19h30*

visites guidées

En saison estivale, la municipalité propose notamment une visite archéologique "Raices de Getaria", et une visite de la cathédrale San Salvador... *Réservation au téléphone ou au bureau d'information Nagusia, 3 (à côté de l'entrée de la cathédrale) Tél. 943 00 58 31*

fêtes et manifestations

San Antón On fête ce jour-là l'incontournable txakoli, vin dont la région est l'un des centres de production ! Au programme : dégustations, sports basques et concerts. *17 jan.*
San Salvador Pelote, concerts, etc. pour ces festivités qui a pour point d'orgue la journée du 6. *Du 6 au 8 août*

LE GUIPÚZCOA

DÉCOUVRIR

Getaria

☆**Les essentiels** Les ruelles escarpées de la vieille ville, l'église San Salvador, le musée Balenciaga **Découvrir autrement** Dégustez le txakoli dans les caves de la région

Il ne faut pas longtemps pour faire le tour de cette charmante bourgade, dont les ☆**ruelles** enchevêtrées, drôlement pentues, attirent irrésistiblement vers le port. Mais on s'attardera volontiers autour de l'église San Salvador pour admirer les maisons-tours du XVe siècle, un décor de théâtre animé par l'agitation quoti-

UN CRU PERLANT Vous pourrez déguster le txakoli dans certaines bodegas de Getaria. Ce vin blanc sec et fruité, légèrement pétillant, se boit très frais et aéré. Pour obtenir la liste des domaines qui proposent des dégustations, renseignez-vous auprès du bureau du syndicat viticole. **Syndicat du Cru Getariako Txakolina** *Parque Aldamar, 4 Tél. 943 14 03 83 www.getariakotxakolina.com Ouvert lun.-ven. 8h15-13h et 14h30-17h30*

dienne du quartier commerçant. La Calle San Roke recèle encore de beaux édifices gothiques, tandis que la Calle Elkano présente un alignement pittoresque de maisons de pêcheurs.

☆ **Iglesia de San Salvador** Monument le plus imposant de la vieille ville, l'église Saint-Sauveur (XIIIe-XVe s.) est un joyau gothique. Alors qu'une douce lumière baigne ses trois nefs, on est décontenancé par le dallage qui épouse curieusement l'inclinaison de la rue. L'église, inscrite jadis dans les remparts de la cité, accueillit les *juntas generales* (états généraux) qui constituèrent en 1397 la Hermandad Guipúzcoana. La province était née. *Nagusia Tél. 943 14 07 51 Ouvert lun.-sam. 10h-20h, dim. 10h-12h*

☆ **Cristóbal Balenciaga Museoa** Il occupe un élégant bâtiment de verre et d'acier accolé au palais Aldamar, ancienne résidence des marquis de Casa Torres, où Cristóbal Balenciaga Eizaguirre, fils d'un modeste pêcheur de Getaria, fit ses débuts dans la couture en 1915. La collection compte quelque 1 200 pièces, et l'exposition permanente 90 tenues, réparties en six espaces thématiques (Débuts, Jour, Cocktail, Soir, Mariées et Balenciaga Essentiel), tel le press-book géant de toute une vie. *Parque Aldamar, 6 Tél. 943 00 88 40 www.cristobalbalenciagamuseoa.com Ouvert juil.-août : tlj. 10h-20h ; juin, sept. : mar.-dim. 10h-20h ; oct.-mai : mar.-jeu. 10h30-17h, ven.-sam. 10h30-20h, dim. et j. fér. 10h30-18h Tarif 10€, réduit 7€ Panneaux explicatifs en français*

Monte San Antón Le mont San Antón, dit el Ratón ("la souris"), est bien une île, reliée au port par une digue depuis le XVe siècle. Suivez la route qui serpente jusqu'au sommet : un sublime panorama vous récompensera de vos efforts.

Où acheter du vin et autres produits du terroir ?

Salanort Une épicerie fine à la déco marine dont l'enseigne stylisée évoque les chasses à la baleine d'antan. Très belle cave de txakoli (dont le millésimé Txomin Etxaniz), conserves artisanales (thon, anchois, etc.), poulpe... *Nagusia, 22 Tél. 943 14 06 24 www.salanort.com Ouvert été : tlj. 10h-20h ; hiver : tlj. 10h-19h*

Bodega Txomin Etxaniz Ce chais produit le txakoli le plus réputé de la région ! Pas étonnant, c'est à la famille Etxaniz, qui cultive la vigne depuis le XVe siècle, que le Getariako Txakolina doit son appellation d'origine. Sur les pentes du mont Garate, Txueka Etxaniz et les siens cultivent 35ha de vignes. Leur *txakoli* est équilibré, aux arômes fruités. Visite du vignoble et dégustation. *Visite sur rés. Gurutze Baserria* ***Getaria*** *(barrio Eitzaga) Tél. 943 14 07 02 (réservation) www.txominetxaniz.com*

Où faire une pause sucrée ?

Panederia Izarri Cette boulangerie propose un grand choix de pains spéciaux, de biscuits secs et de gâteaux. Petite salle agréable où commencer la journée avec un croissant (l'étonnant "multicéréale" sans beurre) et un bon *café con leche*. Glaces artisanales. Déco à l'esprit marin. *Nagusia, 23* **Getaria** *Tél. 943 14 03 55 www.izarri.com Ouvert été : tlj. 7h-20h30 ; hiver : 7h-13h et 16h30-20h*

● Où boire un verre en terrasse ?

Asador Mayflower La vaste terrasse de cet *asador* (bistrot), fréquentée hiver comme été, offre une vue imprenable sur les activités portuaires. Sous l'enseigne en forme d'ancre, le gril entretenu avec soin par un serveur dès potron-minet rappelle que le lieu est aussi l'un des *asadores* les plus appréciés de Getaria. *Katrapona, 4* **Getaria** *Tél. 943 14 06 58 Ouvert été : tlj. 11h-23h ; hiver : tlj. 11h-16h*

● Où boire un verre en soirée ? Les rues Elkano et Nagusia comptent plusieurs bars animés midi et soir. Ne soyez pas surpris : l'ambiance est plutôt politisée et les discussions vont bon train... Mais tout se passe toujours dans la bonne humeur, puisque le *txakoli* coule à flots !

Bar Xagu Un bar familial où toutes les générations se retrouvent et qui soigne ses habitués avec quelques *pintxos* et *bocadillos* simples mais bien faits. *Elkano, 4* **Getaria** *Tél. 943 14 02 74 Ouvert été : mar. 16h-23h, mer.-dim. 12h-23h ; hiver : ven.-dim. 12h-0h*

● Plonger, surfer ou voguer sur la vague

Ksub Un centre de plongée agréé et certifié Padi. Baptêmes (à partir de 12 ans), cours et stages, location-vente et réparation de matériel, organisation de sorties (tlj. en été). *Txoritonpe, 34-35* **Getaria** *(sur le port) Tél. 943 14 01 85 ou 627 93 03 30 www.ksub.net Ouvert mars-oct. : mar.-dim. 8h30-19h30*

Gaztetape Surf Elkartea Cours de surf. *Tél. 615 76 12 64*

Getari Charter Organise des parties de pêche et des sorties en mer Cantabrique. *Txoritonpe, 34* **Getaria** *(sur le port) Tél. 600 52 18 22 www.getari.com*

● Aller à la plage Tranquille et familiale, la **plage de Malkorbe**, voisine du port de plaisance, permet de profiter des joies d'une mer paisible tout en contemplant le Ratón. Bien aménagée (douche, toilettes, accès handicapés, jeux pour enfants, restaurants à proximité), elle bénéficie du drapeau bleu. À l'ouest du mont Antón, la **plage de Gaztetape** (200m de long), plutôt ventée, fait la joie des surfeurs et des amateurs de sports nautiques. *Parking*

CARNET D'ADRESSES

Restauration, hébergement

La qualité des poissons et le savoir-faire des restaurateurs se paient le prix fort : il est difficile de manger à moins de 40€ par personne à Getaria. Mais, à l'heure du déjeuner, le parfum de grillade qui remplit la ville est irrésistible !

petits prix

Taberna Politena Un bar de quartier renommé pour ses *pintxos*, mais qui propose aussi des *platos combinados* roboratifs et un intéressant menu du jour à 10€ (midi) et 23€ le week-end, tourné vers les plats régionaux. Ambiance chaleureuse et très bon accueil dans un décor de mosaïques colorées. *Nagusia, 9* ***Getaria*** *Tél. 943 14 01 13 Ouvert lun.-mer. 10h-17h, jeu.-dim. 10h-0h Fermé à Noël*

prix moyens

Pension Getariano En face du restaurant Elkano, une pension familiale et bon marché, idéale pour découvrir la région. Petit salon cosy et chaleureux ouvrant sur la rue. Chambre double correcte à 70€ en haute saison. Petit déjeuner 5€. *Herrerieta, 3* ***Getaria*** *Tél. 943 14 05 67 www.pensiongetariano.es*

prix élevés

☺ **Saiaz Getaria Hotel** Un hôtel de charme au cœur de la vieille ville, aménagé dans deux maisons-tours du XVe siècle. Ses 17 chambres tout confort sont agrémentées de meubles anciens et de tableaux. Certaines ouvrent sur la mer. À partir de 109€ TTC la double en haute saison. Petit déjeuner buffet 9€. En haute saison, il faut réserver 2 nuitées minimum. *Roke Deuna, 25* ***Getaria*** *Tél. 943 14 01 43 www.saiazgetaria.com*

prix très élevés

Elkano Une table gastronomique tenue depuis les années 1960 par Pedro Arregui, le pionnier de la grillade à Getaria. Petits calamars *a la pelayo*, œufs brouillés aux cèpes et foie gras, langoustes ou coquillages cuits sur les braises en plein air, glace au fromage : qualité des ingrédients, simplicité dans la façon de les accommoder. Tout un art ! Réservation recommandée. Repas autour de 80€. *Herrerieta, 2* ***Getaria*** *Tél. 943 14 00 24 www.restauranteelkano.com Ouvert mi-juil.-août : tlj. 13h-15h30 et 20h30-23h ; sept.-mi-juil. : mar. et dim. 13h-15h30, mer.-sam. 13h-15h30 et 20h30-23h Fermé 2 sem. en nov. et fin mars-mi-avr.*

Kaia-Kaipe À deux pas de l'église San Salvador, l'immense gril extérieur de ce classique de Getaria agit comme un aimant sur les passants, qui hument avec envie les effluves du poisson sauvage en train de cuire. Au rez-de-chaussée, l'*asador* Kaipe ; à l'étage, le restaurant Kaia, plus chic et offrant une vue splendide sur la mer. Spécialité de *kokotxas* (26€). À la carte, comptez 60-70€. *General Arnao, 4* ***Getaria*** *Tél. 943 14 05 00 www.kaia-kaipe.com Ouvert tlj. 13h-16h et 20h-23h Fermé 1er-15 mars et 15-30 oct.*

GAMME DE PRIX	RESTAURATION	HÉBERGEMENT
Très petits prix	moins de 12€	moins de 45€
Petits prix	de 12 à 18€	de 45 à 60€
Prix moyens	de 18 à 25€	de 60 à 100€
Prix élevés	de 25 à 45€	de 100 à 140€
Prix très élevés	plus de 45€	plus de 140€

Villa Belza (p.113), Biarritz.

Danse traditionnelle, village de Legazpi (p.519), province du Guipúzcoa.

Piments d'Espelette (p.183), mis à sécher à la fin de l'été.

La bodega Ysios (p.420), signée Santiago Calatrava, Laguardia.

Train touristique de la Rhune (p.191), près de Sare.

La plage de Zarautz (p.472), paradis des surfeurs.

31

Désert des Bárdenas Reales (p.394), Navarre.

Pottoks en liberté (p.23), dans les environs d'Iraty.

Ainhoa (p.177), près de Sare (Labourd).

Bayonne (p.67), façades traditionnelles.

SI·DO

***Rasa mareal* ou flysch côtier**, curiosité géologique de Zumaia (p.504).

Motif de croix basque ou *lauburu*.

Sur le port (p.455), San Sebastián.

Surf à Biarritz (p.103).

ZUMAIA

20750

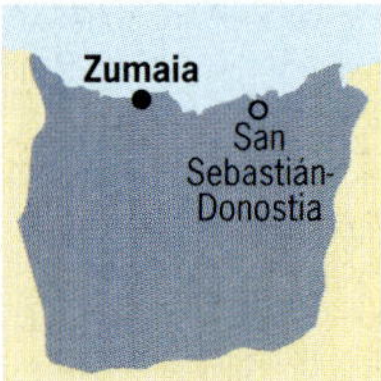

Nichée au confluent de l'Urola et de la Narrondo, au cœur d'une baie cernée de falaises spectaculaires et sur fond de collines verdoyantes, Zumaia recèle assurément les plus belles plages de l'Urola Kosta. Placée sur le chemin côtier de Saint-Jacques-de-Compostelle, la petite cité a su assécher les marais environnants pour mieux développer ses activités portuaires. La qualité de la *ventresca* de thon à l'huile d'olive et des anchois en salaison de ses conserveries ont fait sa renommée.

LE FLYSCH DE ZUMAIA Les falaises érodées par la houle qui s'élèvent sur 8km de Zumaia à Deba donnent à voir un curieux mille-feuille vertical de strates tendres (argiles et marnes) et dures (grès et calcaires), formé par l'accumulation de sédiments durant près de 50 millions d'années. Ce flysch constitue une source d'informations incomparable pour les géologues et les climatologues du monde entier. Par ailleurs, la plateforme d'abrasion, ou *rasa mareal*, l'une des plus étendues d'Europe, que le recul des falaises a laissée à leur pied, accueille une vie foisonnante : les trous d'eau que l'on y découvre à marée basse sont de véritables aquariums ! Tout ce site est désormais classé et protégé.

MODE D'EMPLOI

accès

EN VOITURE
À 34km à l'ouest de San Sebastián et à 75km à l'est de Bilbao par l'A8-E70 (sortie 12), puis la GI631.

EN TRAIN
EuskoTren Liaisons quotidiennes Bilbao-Zumaia, San Sebastián-Zumaia. *Gare Barrio Estación Tél. 902 54 32 10 www.euskotren.es*

EN CAR
EuskoTren Ligne San Sebastián-Zumaia. *Tél. 902 54 32 10*

transports

Navette maritime En été, un bateau relie le centre de Zumaia au port de plaisance (esplanade Astilleros Balenciaga) et à la plage de Santiago. *Fonctionne mi-juin-mi-sept. tlj. 11h-20h Départ du quai Txomin Agirre toutes les 30min*

informations touristiques

Office de tourisme Renseignements sur les différentes visites guidées (payantes, sur rés.) et randonnées locales. Accès wifi. *Kantauri Plaza, 13 Tél. 943 14 33 96 http://zumaia.net Ouvert mi-juin-mi-sept. : tlj. 10h-14h et 16h-20h ; mi-sept.-mi-juin : mar.-sam. 10h-14h et 16h-19h, dim. 10h-14h*

Géoparque de la Côte basque Le géoparque de la Côte basque, qui réunit les communes de Zumaia, Deba et Mutriku, organise de nombreuses visites guidées (payantes, sur rés.) et randonnées : observation d'oiseaux, trekking, promenades en bateau ou à cheval et découverte des falaises de flysch avec un géologue... Le calendrier des activités est disponible dans les offices de tourisme de Zumaia, Mutriku et Deba et sur le site Internet *www.geoparkea.com*

fêtes et manifestations

San Telmo Fête des pêcheurs, avec *tamborradas*, régates et dégustation de poulpe séché au soleil. *8 j. après le dim. de Pâques*

San Pedro Défilé de grosses têtes, feu d'artifice, concert... *29 et 30 juin*

Été musical Festival international de musique et concerts. *Début août*

En août Tournoi de pelote basque, jeux aquatiques, fêtes basques.

DÉCOUVRIR

Zumaia

☆**Les essentiels** Le musée Ignacio Zuloaga, les falaises de flysch et La plage d'Itzurun **Découvrir autrement** Poussez les portes de l'église San Pedro et du centre d'interprétation d'Algorri

Iglesia San Pedro Cette église gothique du XIVe siècle veillant sur l'embouchure de l'Urola a des allures de forteresse prête à défendre Zumaia des dangers venus du large. Une austérité qui contraste avec la richesse de sa décoration intérieure : la nef est dominée par un imposant retable polychrome exécuté par Juan de Anchieta dans les années 1570.

☆ **Museo Ignacio Zuloaga** Une étrange maison, empreinte de nostalgie, sur la plage de Santiago, au cœur d'un jardin très soigné. À côté de toiles de l'artiste – ami des poètes et penseurs français du début du XXe siècle –, de véritables trésors de collectionneur : une *Crucifixion* du Greco, des portraits de Goya et de Zurbarán, *La Piété* de Luis Morales et des sculptures de Rodin. Sur le maître-autel de la chapelle trône un Christ en croix sculpté par son ami Julio Beobide… *Casa Santiago Etxea, 4 (à l'entrée de la ville en venant de Getaria) Tél. 943 14 33 96 (OT) ou 677 07 84 45 www.espaciozuloaga.com Ouvert ven.-dim. 16h-20h*

☺ **Museo taller de Julio Beobide** Tout au bout du quai de Zumaia, au pied du phare, dans la jolie maison de famille où il avait installé son atelier, sont exposés les outils, dessins préparatoires et œuvres (bustes expressionnistes, tailles religieuses, études de mains, etc.) du sculpteur Julio Beobide (1891-1969). *Casa Kresala Paseo Julio Beobide Tél. 943 86 22 55 ou 645 70 62 12 Entrée libre, sur rdv uniquement*

TREK CÔTIER
Profitez des sentiers côtiers qui relient Zumaia à Deba pour observer de près le flysch. Durée 7h AR. *Rens. à l'OT et sur le site www.geoparkea.com*

Centro de Interpretación de Algorri Ce centre d'interprétation moderne installé dans l'ancien abattoir municipal vous renseignera sur la formation des ☆ **falaises de flysch** et leur importance pour la communauté scientifique internationale (brochure en français). *Juan Belmonte, 21 Tél. 943 14 31 00 www.algorri.eu Ouvert mar.-ven. 10h-13h30 et 16h-18h30, sam. 10h-13h30 et 16h-19h30, 10h-13h30 Tarif 3€, réduit 1,50€*

● Où acheter des spécialités gourmandes ?

Sartaia Un bon endroit où faire provision de souvenirs gourmands, de la charcuterie aux conserves d'anchois locales Nardin. *Txomin Agirre Kaia, z.g Tél. 943 86 01 71 Ouvert lun.-ven. 9h-13h30 et 17h-20h30, w.-e. 9h-14h*

● Où manger des *pintxos* ? Vous trouverez les meilleurs bars à *pintxos* de la ville entre la place Eusebio Gurrutxaga et la rue Erribera, et le long de la promenade maritime.

Kalari Ce petit bar sert d'excellents *pintxos* d'anchois et de fruits de mer (goûtez la brochette de seiche). Restaurant installé à l'étage. *Plaza Upela, 8 Zumaia Tél. 943 86 25 17 Ouvert mar.-dim. 11h-1h*

Garoa Une *taberna* chaleureuse, dont la terrasse jouit d'une vue imprenable sur le port. Des *pintxos* variés, dont le spécial jambon cru haché et aïoli, et de roboratifs *platos combinados*. *Txomin Agirre Tél. 943 86 21 81 Ouvert jeu. et dim.-mar. 9h-22h, ven.-sam. 10h-0h Fermé une semaine en juil.*

● Profiter de la mer

☆☺ **Playa de Itzurun** Proche de la vieille ville, cette plage offre une vue superbe sur la mer Cantabrique et les services d'un bar-restaurant. Elle arbore le drapeau bleu, mais mieux vaut empêcher les enfants de s'approcher des zones rocheuses (invisibles à marée montante). L'eau et le sable particulièrement iodés de cette plage auraient un effet bénéfique sur la santé... *Au bout de la Calle Itzurun Garez-vous dans les rues adjacentes (attention aux sens uniques)*

Arenal de Santiago Cette plage de sable fin, prise d'assaut aux beaux jours par les estivants, s'étire à l'est de la ville, près de l'embouchure marécageuse de l'Urola et du musée Zuloaga. Les enfants peuvent s'y ébattre sans danger.

● Surfer et plonger

Centro de Deportes marítimos Cours de surf mais aussi de canoë, location de matériel. *Gernika Idildea Tél. 943 86 07 76 Ouvert juil.-août*

CARNET D'ADRESSES

Hébergement

prix moyens

Casa rural Jesuskoa (agrotourisme "Chez Jésus") Construite à la fin du XVIIIe siècle par les jésuites, cette ferme classée profite du cadre champêtre de la vallée de l'Urola. Huit chambres au décor de pierres et de poutres apparentes et au mobilier ancien ainsi que deux appartements pour 4 personnes. Le petit déjeuner (5€) se prend dans un salon que réchauffe une cheminée. Comptez 60-75€ la double selon la saison, plus 10€ pour utiliser la cuisine et 85-110€ pour un appartement. Dîner sur réservation (carte 17-20€). Connexion wifi, activités pour les enfants et possibilité de participer aux travaux de la ferme. *Oikina* ***Zumaia*** *(à 3km du centre, près de l'A8) Tél. 943 14 32 09 ou 635 75 88 49 www.jesuskoa.net*

prix élevés

☺ **Talasoterapia Zelai** Les délices de la thalassothérapie vous attendent dans cet hôtel-restaurant qui domine la plage d'Itzurun. Au programme : piscine d'eau de mer chauffée à 33°C avec hydrojets, spas ("circuit marin", 16€ pour 1h30), séances d'algothérapie (32€ les 20min), massages relaxants (30€ les 30min). En haute saison, chambre double à 129€ (150€ avec vue sur mer), petit déj. 11€. Parking privé. *Larretxo, 16* ***Zumaia*** *(plage d'Itzurun) Tél. 943 86 51 00 Fermé 24-26 déc.*

DEBA

20820

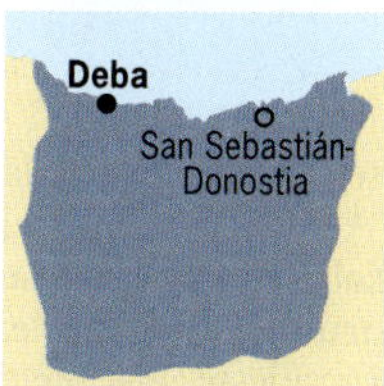

Cette commune paisible de l'ouest de la province, sise à l'embouchure du río Deba, est une station balnéaire réputée depuis la Belle Époque. Les plages enchanteresses de Mendata et de Sakoneta et les falaises vertigineuses de la fameuse route du flysch sont ses principaux atouts. Mais son arrière-pays recèle d'autres trésors : plus de cinquante grottes, gouffres et gisements préhistoriques.

MODE D'EMPLOI

accès

EN VOITURE

Par l'A8-E70 San Sebastián-Bilbao, sortie Itziar-Deba (n°13), ou la N634 (route de la corniche) direction Bilbao.

EN TRAIN

EuskoTren Liaison Bilbao-Deba-San Sebastián. *Tél. 902 54 32 10 www.euskotren.es*

Gare *Arakistain Plaza Tél. 943 19 10 37*

EN CAR

EuskoTren Liaisons Deba-Itziar, Mallabia-Deba-Ondarroa. *Tél. 902 54 32 10 www.euskotren.es*

Alsa Irún-Deba-Santander. *Tél. 902 42 22 42 www.alsa.es*

Lurraldebus (Pesa) San Sebastián-Lekeitio. *Tél. 902 10 12 10 www.pesa.net*

orientation

La ville s'étire le long du fleuve, jusqu'à son embouchure. Le stationnement s'y avère plutôt difficile, surtout en haute saison. Tentez votre chance sur le parking de la gare et celui de la plage, les plus pratiques.

fêtes et manifestations

Zoro Feri (foire du fou) Foire agricole. *1er sam. de jan.*

Fête du maquereau À Mutriku *Dernier sam. de mars*

San Roke Grandes fêtes patronales avec *tamborradas*, *encierros* (lâchers de taureaux dans les rues) et animations musicales. *Sem. du 15 août*

informations touristiques

Office de tourisme Location d'audioguides. *Ifar, 4 Tél. 943 19 24 52 www.deba.net www.debabarrenaturismo.com Ouvert mai-sept. : lun.-sam. 10h-14h et 16h-20h, dim. et j. fér. 10h-14h ; oct.-avr. : lun.-jeu. 10h-14h, ven.-sam. 10h-14h et 15h-19h, dim. et j. fér. 10h-14h*

DÉCOUVRIR

☆**Les essentiels** Le sanctuaire de Nuestra Señora de Itziar **Découvrir autrement** Profitez de la petite plage de Lapari, dénichez de jolis cadeaux souvenirs artisanaux, offrez-vous un moment de détente à la thalasso Kresala, visitez la chocolaterie Saint-Gerons à Mendaro

Deba

Fondée au XIe siècle sur les hauteurs d'Itziar, Deba se transporta par la suite sur le littoral. Dans la rue Astillero, la maison Agirre offre un bel exemple d'architecture civile du XVe siècle. Sur la place Zaharra trône l'église Santa María (ouverte tous les jours 9h30-13h), reconstruite au XVIe siècle. De dimensions bien ambitieuses pour un village aussi modeste, elle mêle les styles gothique basque (admirez son portail) et Renaissance (le cloître, notamment) et renferme des retables polychromes monumentaux de style baroque.

Deba Fondée au XIe siècle sur les hauteurs d'Itziar, Deba se transporta par la suite sur le littoral. Dans la rue Astillero, la maison Agirre offre un bel exemple d'architecture civile du XVe siècle. Sur la place Zaharra trône l'église Santa María, reconstruite au XVIe siècle. De dimensions bien ambitieuses pour un village aussi modeste, elle mêle les styles gothique basque (admirez son portail) et Renaissance (le cloître, notamment) et renferme des retables polychromes monumentaux de style baroque. **Église** *Ouvert tlj. 9h30-13h*

● Où acheter de l'artisanat basque ?

Zuriñe Gredilla Originaire de Biscaye, la jeune Zuriñe Gredilla crée du mobilier et des objets décoratifs en bois sculpté qui conjuguent la tradition basque à une esthétique délicate. Coffres (*kutxas*, de 145€ à plus de 3 000€ !), *argizaiolas* (porte-flambeaux, 100€), horloges, berceaux, lampes, écriteaux... Un vrai travail d'artiste. *Kalbeton Zumardia, 5 Tél. 666 72 03 13 www.euskalnet.net/zugor1/ Ouvert lun.-ven. 9h30-13h et 16h30-20h*

Martin Zukia Martin Zukia est l'un des rares artisans maroquiniers encore en activité au Pays basque. On trouve une large sélection de sa production dans son atelier : *abarkas* et *kutxaks*, chaussons, coffres et coffrets basques en cuir. *San Roque, 4 Tél. 943 19 11 38 www.martinzukia.com*

● Aller à la plage

Plage de Deba La grande plage familiale de Deba, aussi appelée Santiago, bénéficie de la proximité d'un parking et des services du centre urbain (mais pâtit malheureusement du voisinage de la voie ferrée Bilbao-San Sebastián). La promenade maritime qui la borde, le Paseo de Sorozabal, dessert aussi la petite plage de sable fin de Lapari. *À la sortie du bourg, le long de la N634 en direction de Zumaia*

Crique de Sakoneta Au pied des falaises, la sublime crique de Sakoneta réserve son cadre préservé aux nudistes. *À 9km à l'ouest de Deba (à la sortie du bourg, suivre la N634, dir. Zumaia)*

● Surfer sur la vague L'association des surfeurs de Deba organise tout l'été des cours et des sorties sportives.

Zurrunbilo *Polideportivo Municipal Tél. 943 19 22 62*

Yako Surf *Arakistain Plaza Tél. 943 02 96 00 Ouvert juin-sept.*

● S'accorder un moment de détente

Talasoterapia Kresala Fourbu après une journée de surf ou d'excursion ? Allez à la thalassothérapie de la plage de Deba : piscine d'eau de mer chauffée avec multi-jets, Jacuzzi, sauna... Et un catalogue impressionnant de massages et de soins (y compris la chocothérapie pour les gourmands !). Circuit thermal 15€ (1H30), massages à partir de 27€. Divers forfaits séjours avec hébergement dans le complexe hôtelier, double à partir de 106€ en haute saison et promotions sur le site Web. *Markiegi, 6 Tél. 943 60 80 52 www.aisiahoteles.com Ouvert toute l'année*

Les environs de Deba

Mutriku

Cet ancien port baleinier, à l'extrémité occidentale de la côte du Guipúzcoa, près de la province de Biscaye, est à 5km à l'ouest de Deba. Des hauteurs du village, fondé en 1209, un dédale de ruelles descend jusqu'au port. L'église néoclassique Nuestra Señora de la Asunción (XIXe s.) donne sur la Plaza Cosme Damián Churruca – du nom d'un grand navigateur et cartographe qui trouva la mort lors de la bataille de Trafalgar, en 1805. Le héros naquit Calle Konde, dans un palais (le Palacio Arrietakua) construit au XVIIIe siècle par l'autre gloire locale, l'ingénieur naval Francisco de Gaztañeta. Les ruelles alentour et le port recèlent de belles demeures blasonnées et maisons-tours du XVIe siècle, dont la tour Berriatua, épargnée par le grand incendie de 1543. *À 5km à l'ouest de Deba par la BI633 puis la GI638* **Office de Tourisme** *Txurruka Plaza* **Mutriku** *Tél. 943 60 33 78 www.mutriku.net www.geoparkea.com Ouvert été : tlj. 10h-14h et 16h-18h ; reste de l'année : mar.-sam. 11h-13h et 16h-18h, dim. 10h-14h Visite guidée du centre historique de Mutriku mars-oct., (1 fois par mois sur rdv, 5€)*

Nautilus, centro de Interpretación Geológica Ce centre didactique détaille l'évolution géologique de cette portion du littoral depuis quelque 120 millions d'années. Exposition de la collection de fossiles constituée par Jesús Narváez Amasorrain : pour tout savoir sur les ammonites du crétacé.

Visite “en famille” à 25€(musée, atelier de fossiles et promenade en bateau sur la côte, env. 3h), visite naturaliste à 28€ (musée, falaise et promenade d’1h30 en bateau, env. 3h30). *José Antonio Ezeiza, 3 Tél. 943 60 33 78 ou 689 13 79 18 Ouvert Pâques, juil.-août : mar.-sam. 10h-14h et 17h-19h, dim. 10h-14h ; reste de l’année : sam. 10h-14h et 17h-19h, dim. 10h-14h Tarif 1,50€, visite guidée (en français, sur rés.) 3€*

● Aller à la plage

Saturraran Repérable à ses deux rochers pointus face au port d’Ondarroa, la plage de **Saturraran**, la plus occidentale du Guipúzcoa, est très appréciée des surfeurs. *Sur la GI638 entre Deba et Mutriku*

Sieteplayas Les criques et petites plages sauvages qui festonnent la côte entre la plage de Saturraran et Mutriku ont reçu le surnom de Sieteplayas (“Sept plages”). Accessibles seulement à marée basse, par des sentiers escarpés, elles sont plutôt fréquentées par les nudistes et les amateurs de plongée.

Crique d’Arbe Entre la pointe d’Alkolea et l’embouchure du río Deba, la crique d’Arbe, où se retrouvent les collectionneurs d’ammonites, attire aussi les planchistes en quête de sensations fortes. *Sur la GI638 entre Deba et Mutriku*

LE GUIPÚZCOA

● Explorer les fonds marins

Buceo Euskadi Une bonne adresse pour partir explorer les fonds de la sublime crique d’Arbe. Sorties toute l’année à partir de 28€, plongée à plus de 40m 60€. *Puerto **Mutriku** Tél. 943 19 50 88 ou 617 33 30 03 Ouvert tlj. 10h30-13h30 et 16h30-20h30 (appeler avant de se rendre sur place)*

● Partir en randonnée

Les nombreux sentiers de petite randonnée qui partent de Deba et de Mutriku sont autant d’occasions de jouir de vues panoramiques sur la mer ou de goûter le charme de vallées verdoyantes de l’arrière-pays. De la plage de Deba, le PR®GI44 grimpe jusqu’à l’église d’Itziar, puis suit une ancienne conduite d’eau, des moulins de Plazaola à Lastur, dans la vallée du même nom (22km). Le PR®GI47 relie, lui, Mutriku à Olatz, dans le massif de l’Arno, en passant près de plusieurs fours à chaux, grottes et gouffres. *Renseignements et itinéraires à l’OT de Deba et de Mutriku*

Itziar

☆**Sanctuaire de Nuestra Señora de Itziar** Fondé au VIIIe et restauré au XVIe siècle, il recèle une remarquable Vierge romane du XIIIe siècle. Particulièrement révérée des pêcheurs, la statue fait l’objet d’un pèlerinage en mai. On peut aussi admirer un magnifique retable plateresque dû à Andrés de Araoz (XVIe s.). Devant le sanctuaire trône une Maternité (*Amatasuna*) contemporaine signée Jorge Oteiza. *Plaza principal Itziar (6km au sud-est de Deba par la N634 puis la GI3210)*

Mendaro

Chocolaterie de Mendaro Si vous traversez la basse vallée du río Deba, faites un détour par Mendaro, paisible bourgade établie au pied du mont Garailuz dont le nom rime dans tout l’Euskadi avec gourmandise. La chocolaterie familiale Saint-Gerons y est implantée depuis 1850. Laissez-vous tenter par les truffes ou par les tourons artisanaux vendus dans la boutique près de l'église Nuestra Señora de la Asunción. *Azpilgoeta, 21* ***Mendaro*** *(8km au sud de Deba par l'A8 San Sebastián-Bilbao jusqu'à Elgoibar puis la N634) Tél. 943 75 51 15 www.chocolatesdemendaro.com Ouvert lun.-ven. 9h30-19h30, sam. 10h30-13h30*

● Où acheter des produits régionaux ?

Arruan-Haundi Dans la vallée de Lastur, où paissent en semi-liberté des *betizuak* – vaches basques descendant en droite ligne des aurochs de la préhistoire –, l'agriculture biologique a le vent en poupe. La ferme d'Arruan-Haundi, spécialisée dans l'élevage écologique de petits chevaux pottoks et de brebis, vend du fromage et des yaourts au lait de brebis toute l'année et, l'été, du fromage de vache, du beurre, des confitures et d'autres produits artisanaux de la région (pain, légumes, cidre, *txakoli*, etc.). ***Lastur*** *(6km à l'est de Mendaro par la GI3292 et 12km au sud de Deba par la GI3210 puis la GI3292, suivre les panneaux "Lastur queso artesano") Tél. 943 60 37 04 http://lastur.net/*

Ferme Goikola Cette belle ferme de Lastur, une ancienne forge du XVIe siècle, produit artisanalement du fromage de brebis de l'AOC idiazabal. On peut visiter la fromagerie, suivre les différentes étapes du processus de fabrication... et déguster. *Lastur Goia* ***Lastur*** *(6km au sud d'Itziar par la GI puis la GI3292) Tél. 943 19 90 82 www.goikola.com*

LE GUIPÚZCOA

Elgoibar

Museo de la Máquina-Herramienta Grand centre industriel de l'ouest du Guipúzcoa, Elgoibar n'est pas vraiment une ville de charme... Son musée de la Machine-Outil expose sur près de 400m² fraiseuses, tours et perceuses, témoins de la place qu'occupait cette production dans l'économie locale au début du XXe siècle. *Azkue, 1 Barrio San Roque* ***Elgoibar*** *(14km au sud de Deba) Tél. 943 74 84 56 www.museo-maquina-herramienta.com Ouvert juil., sept. : sam.-dim. 10h-13h ; août : mar.-dim. 10h-13h ; reste de l'année : lun.-ven. 8h-13h et 14h30-17h Tarif : 2€*

● Faire une randonnée à vélo

☺ **Centre VTT Debabarrena** Ce centre VTT est très complet : location de vélos, infos touristiques, sanitaires... Parmi les 14 itinéraires balisés dans la région, citons la balade Elgoibar-Deba (R06 : 29,05km, dénivelé de 1 469m), pour cyclistes aguerris, et l'itinéraire familial (R02 : 4,75km, dénivelé de 185m) qui longe le lac d'Aixola. Demandez les fiches au centre (gratuites). *Complexe sportif Mintxeta Hameau d'Azkue* ***Elgoibar*** *(15km au sud de Deba) Tél. 943 74 73 56 www.euskadibttzentroak.com Ouvert été : lun.-ven. 10h-22h, w.-e. et j. fér. 10h-20h ; hiver : lun.-ven. 10h-22h, sam. 10h-13h et 16h-19h, dim. et j. fér. 10h-14h*

CARNET D'ADRESSES

Restauration, hébergement

camping

Itxaspe Un camping tranquille, avec vue sur les stupéfiantes falaises qui dominent les plages d'Aitzuri et de Sakoneta. Emplacement de 8 à 20€ (selon la taille) + 5,60€ par adulte, bungalow de 50 à 80€ selon la saison, mobil homes de 70 à 110€, appartements 2-4 pers. de 80 à 130€. *Itziar* ***Deba*** *De la N634, bifurquer sur la GI3291 en dir. du quartier d'Itxaspe Tél. 943 19 93 77 www.campingitxaspe.com Ouvert Pâques-sept. : tlj. ; le reste de l'année : sam.-dim. et j. fér.*

prix moyens

Urgain Le cadre n'a rien d'exceptionnel, mais vous dégusterez là la meilleure cuisine basque de Deba. Poisson et fruits de mer de saison. En hiver, optez pour les *angulas* (pibales), l'été, pour les petits calamars. La morue *al pil-pil* aussi est excellente. Menu 42€ midi et soir. À la carte, de 15 à 100€. *Hondartza, 5* ***Deba*** *Tél. 943 19 11 01 Ouvert tlj. 12h30-16h et 19h30-23h Fermé mar. soir jan. et fév.*

Cidrerie Txindurri-Iturri De janvier à septembre, cette cidrerie familiale du col d'Itziar sert un bon menu traditionnel. Rien de tel qu'un Txotx entre amis, accompagné de chorizo au cidre, d'une *tortilla* aux piments basques et *chuleta* (côte de bœuf). Si vous abusez du *sagardoa*, vous pourrez toujours louer l'une des 6 chambres d'hôtes de la ferme (40-55€ la nuitée selon la saison) ou encore l'appartement disposant de 2 chambres (100-120€). Réservation impérative. *Mardari Auzoa, 12* ***Itziar*** *(11km au sud-est de Deba, via la N634, tourner à droite pour rejoindre le quartier de Mardari) Tél. 943 19 93 89 www.txindurri.com Ouvert mi-jan.-mi-sept. : ven. 21h30-23h, sam.-dim. 14h-16h30 et 21h-23h30 Chambres d'hôtes fermées vac. de Noël*

Hotel Zumalabe Une excellente adresse dans une région qui manque d'hôtels de charme. Six chambres avec sdb, un peu petites mais jouissant toutes de la vue sur le port de Mutriku et, pour certaines, d'un balcon. Cadre sobre mais soigné, accueil attentionné. De 70 à 90€ selon la saison. Petit déjeuner 5€. *Bajada Puerto, 2* ***Mutriku*** *Tél. 943 60 46 17 www.hotelzumalabe.com*

AZPEITIA

20730

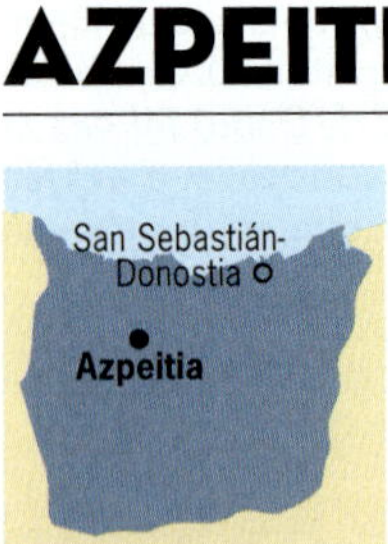

Cette tranquille cité commerçante établie sur la rive de l'Urola, à l'abri du mont Erlo, vit naître Ignace de Loyola en 1491, avant de devenir, aux XVIe et XVIIe siècles, un foyer de la métallurgie. De nos jours, on visite dans ses environs immédiats la maison natale du fondateur de la compagnie de Jésus et la basilique baroque dédiée à ce "soldat de Dieu" canonisé en 1622. À proximité,

les crêtes calcaires du massif d'Izarraitz, qui séparent les vallées du Deba et de l'Urola, invitent à de belles balades au cœur de hêtraies-chênaies qui cachent de mystérieuses grottes.

MODE D'EMPLOI

accès

EN VOITURE
À 42km au sud-ouest de San Sebastián et à 70km à l'est de Bilbao par l'A8-E70 (sortie 12), puis la GI631.

EN CAR
EuskoTren Ligne Zumaia-Zumarraga. *Tél. 902 54 32 10 www.euskotren.es*
PESA Liaison avec Bilbao *Tél. 902 10 12 10 www.pesa.net*
Guipúzcoana Lignes San Sebastián-Tolosa et Zarautz-Azkoitia. *Tél. 943 85 11 59 www.laguipuzcoana.net*

orientation

Se garer dans les rues étroites du centre d'Azpeitia (surtout les jours de marché !) relève de l'exploit. Préférez le stationnement gratuit à proximité de l'ancienne gare.

informations touristiques

Centre d'information touristique Le plus complet sur Azpeitia, Azkoitia et la " terre ignacienne", installé dans l'enceinte du sanctuaire de Loyola (à côté du parking, à droite après le pont). *Tél. 943 15 18 78 www.azpeitia.net www.azpeitia.net Ouvert été : lun.-sam. 10h30-13h30 et 15h30-18h30, dim. et j. fér. 10h-14h ; nov.-déc. : lun.-sam. 10h30-13h30, dim. 10h-14h ; reste de l'année : mar.-sam. 10h-14h (horaires sujets à modifications)*

marché, fêtes et manifestations

Marché *Plaza Mayor Mar.*
Fiestas Sansebastianes On fête ces jours-là la Saint-Sébastien, avec *tamborradas* d'enfants. *19 et 20 jan.*
Fiestas Sanignacios Fête de Saint-Ignace. Animations taurines et foire régionale agricole. *Sem. du 30 juil.*
Santo Tomas Foire et *sokomuturras* (courses de vachettes). *21 déc.*

LE GUIPÚZCOA

DÉCOUVRIR

☆**Les essentiels** Le musée du Train, le sanctuaire de Loyola, la grotte d'Ekain **Découvrir autrement** Partez en excursion dans la vallée d'Errezil

Azpeitia

Centre historique Le principal monument de la vieille ville est l'église paroissiale San Sebastián de Soreasu, édifiée au XVIe siècle dans le style gothique et remaniée au XVIIIe. Elle renferme un retable baroque et, surtout, les fonts baptismaux sur lesquels aurait été porté saint Ignace de Loyola… Sur son flanc, l'ancien lavoir municipal (1842), récemment restauré, mérite

À TOUTE VAPEUR
Le samedi et le dimanche, le museo del Ferrocaril propose des balades d'un autre temps jusqu'à Lasao dans un authentique train à vapeur. Inoubliable ! *Circule Sem. sainte-déc. : sam. à 12h30 et 18h, dim. et j. fér. à 12h30 Tarif 6€*

le détour. Le cœur d'Azpeitia regorge aussi de belles maisons des XVe-XVIe siècles, telles la Casa Antxieta (en face de l'église) et la casa Altuna (Plaza Txikia), toutes deux de style mudéjar.

☆☺ **Museo Vasco del Ferrocaril** L'ancienne gare de chemin de fer de l'Urola accueille une collection attrayante. Wagons en bois ou en métal, trains à vapeur ou diesel, tramway moderne, autobus des années 1960… l'exposition regorge de trésors. Quel que soit leur âge, les visiteurs contemplent ces machines avec des yeux d'enfants. *Julian Elorza, 8 Tél. 943 15 06 77 www.bemfundazioa.org Ouvert juil.-août : mar.-dim. 10h30-14h et 16h-19h30 ; sept.-juin : mar.-ven. 10h-13h30 et 15h-18h30, sam. 10h30-14h et 16h-19h30, dim. 10h30-14h Fermé 19-31 déc. Tarif 3€*

Où acheter des pâtisseries basques ?

Gozotegia Egana Depuis 1902, la confiserie-pâtisserie Egana régale Azpeitia de ses chocolats et petits fours sucrés. Goûtez ses ignacios, de délicieux gâteaux fourrés à la crème et saupoudrés d'amandes effilées, vendus dans de jolies boîtes. Terrasse. *Goiko, 10* ***Azpeitia*** *Tél. 943 81 18 85 www.eganagozotegia.com Ouvert tlj. 7h45-13h30 et 16h30-20h15*

Les environs d'Azpeitia

Vers la vallée d'Urola

☆☺ **Santuario de Loyola** L'ensemble fut bâti aux XVIIe et XVIIIe siècles autour de la Casa-Torre de Santo Ignacio de Loyola, né ici en 1491. Important lieu de pèlerinage, l'imposant édifice baroque conçu par le Romain Carlo Fontana, célèbre disciple du Bernin, fut pensé comme un "petit Vatican" et "pour la plus grande gloire de Dieu", selon la devise de la compagnie de Jésus : il est coiffé d'un dôme de 65m de haut et 24m de diamètre, ponctué d'une élégante lanterne ; son maître-autel porte un retable exubérant dû à Ignacio de Ibero, au centre duquel trône une statue en argent du saint qui fait son effet ! Blessé au combat lors de la bataille de Pampelune, Loyola renonce définitivement à la carrière des armes et se consacre à la Mission. Il meurt à Rome, en 1566, et sera canonisé en 1622. On découvre sa vie au fil de la visite de sa maison natale, dite Santa Casa, une demeure sobre et splendide, en bois et en pierre discrètement ouvragés (panneaux explicatifs en français).

LE PREMIER DES JÉSUITES
La petite commune commerçante d'Azpeitia vit son destin basculer le 24 décembre 1491 lorsque naquit entre ses murs Iñigo de Loyola, fondateur de la congrégation des Jésuites, un soldat de la Contre-Réforme dont la pensée révolutionna l'histoire de l'Église catholique. La terre ignacienne porte les traces de son cheminement, de sa maison natale à la basilique.

Entre Azpeitia et Azkoitia, sur la GI631 Tél. 943 02 50 00 www.santuariodeloyola.org www.tierraignaciana.com Ouvert tlj. 10h-12h30 et 15h30-18h30 **Sanctuaire** *Entrée libre* **Santa Casa** *2€*

Azkoitia Très animée le matin (ne vous engagez pas dans ses ruelles en voiture), la vieille ville se déploie de part et d'autre du fleuve Urola. L'église de Santa María la Real, qui s'ouvre sur une placette fréquentée, abrite de précieux retables du XVIe siècle et un orgue du XIXe siècle, l'une des dernières réalisations d'Aristide Cavaillé-Coll – le facteur des orgues de Notre-Dame et de Saint-Sulpice, à Paris. Si tout village basque a son fronton, Azkoitia est gâtée en la matière… Le sculpteur Jorge Oteiza imagina pour ce "berceau de la pelote" un ensemble de six frontons symbolisant les provinces basques historiques. Le site inauguré en 2006 réunit toutes les générations autour d'un sport enraciné dans la culture locale, qui se joue à main nue ou à la *pala* (ici, point de chistera). *Frontons Jorge Oteiza Aingeru (avant la bifurcation vers Elgoibar)*

● Où boire un verre en terrasse ?

Paulaner Quelques tables entre la rive de l'Urola et l'église Santa María la Real : la plus jolie terrasse d'Azkoitia pour déguster un verre de txakoli en observant l'animation de la place. Pratique aussi pour grignoter un *bocadillo. Plaza Jesús Bihotzaren* **Azkoitia** *Tél. 943 85 07 71*

● Randonner dans la vallée d'Urola

Vallée d'Urola Des nombreux chemins de randonnée tracés dans la vallée, le plus connu est le GR®120, ou "route des Trois Temples", un itinéraire très sportif de 44km qui relie le sanctuaire de Loyola à la basilique d'Arantzazu via l'église d'Antigua de Zumárraga (p.519). *Rens. OT d'Azpeitia Tél. 943 15 18 78 (OT d'Azpeitia) www.urolaturismo.net*

Vers la vallée d'Errezil

Ses vues amples sur les monts environnants ont valu à Errezil le surnom de "balcon du Guipúzcoa". La vallée ne manque pas d'intérêt avec ses hameaux noyés dans la verdure et leurs pommeraies (reinettes). *À 10km à l'est d'Azpeitia par la GI2634*

Monte Ernio C'est l'un des sommets emblématiques de la province : son occupation remonte à l'âge de fer et il fait l'objet de plusieurs pèlerinages, tel celui de la Romería de las Cintas, comme en témoignent les nombreuses croix qui le couronnent, à 1 072m. L'occasion pour les habitants de la région de randonner en famille jusqu'au col de Zelatun (et sa buvette !). *Accès 400m après Errezil (direction Tolosa), tourner à gauche Durée 3h45* Dénivelé 665m Niveau Randonneur

Zestoa

Au nord d'Azpeitia, en allant vers le littoral, la petite ville de Zestoa connut son heure de gloire à la fin du XIXe siècle quand l'aristocratie européenne s'enticha de ses eaux thermales.

☆ **Grotte d'Ekain** Découverte en 1969, cette grotte de 150m de long ornée de peintures du magdalénien (chevaux, bisons, cerfs et chèvres…) a été inscrite au patrimoine mondial de l'Humanité en 2008. Selon le préhistorien André Leroi-Gourhan, Ekain recèle "l'ensemble de chevaux le plus parfait de tout l'art du Quaternaire". Pour protéger ces chefs-d'œuvre de l'art pariétal vieux de 13 000 ans, la grotte a été fermée au public, mais depuis 2008, on peut en admirer la reproduction à quelque 600m de là, dans un étonnant bâtiment en béton et acier Corten conçu par Jose María Alberdi. *À 1,5km à l'ouest de Zestoa Ouvert juil.-août : mar.-dim. 11h-19h ; sept.-juin : mar.-ven. 10h-16h, sam.-dim. 11h-17h Tarif : 6€, réduit 5€, moins de 6 ans gratuit* **Bureau d'information** Achat ticket et rés. pour visite guidée (en espagnol) *Portale Kalea, 1* ***Zestoa*** *Tél. 943 86 88 11 www.ekainberri.com Ouvert juil.-août : mar.-dim. 10h-13h30 et 15h-18h30 ; sept.-juin : mar.-ven. 9h30-13h30 et 15h-17h30, sam.-dim. 10h-13h30 et 15h-18h30*

● Prendre les eaux dans un hôtel rétro

Gran Hotel Balneario de Cestona Sinistré par des inondations, ce grand hôtel thermal de la Belle Époque a retrouvé sa superbe et dispose d'infrastructures de soins performantes. Parcours aquatonique à partir de 48,70€. Ne manquez pas de jeter un coup d'œil à la salle principale du restaurant de l'hôtel (520m², une hauteur sous plafond de 12m…) *San Juan 30* ***Zestoa*** *(à 8km au nord d'Azpeitia par la GI631) Tél. 943 14 71 40 www.balneariocestona.com*

● S'adonner à une activité sportive

Sastarrain Ce centre propose maintes activités sportives : tir à l'arc, escalade, spéléologie, parapente, équitation, canoë sur l'Urola et voile sur la mer Cantabrique ainsi que plusieurs ateliers (en français) pour les enfants. Il est doublé d'une auberge de jeunesse aux installations bien tenues. Différentes formules de prix selon les activités. *Ekain bidea, 6* ***Zestoa*** *Tél. 943 14 81 15 www.sastarrain.com*

CARNET D'ADRESSES

Restauration, hébergement

prix moyens

Kiruri Jatetxea Un restaurant de cuisine basque traditionnelle, à l'entrée d'Azpeitia. Ses 4 salles lui valent d'accueillir souvent communions, noces et autres banquets. Spécialité de *lubina* (bar) au *txakoli*, pigeon rôti aux cerises, pâtisseries maison. Classique et efficace. Si le temps le permet et si la circulation ne vous incommode pas trop, optez pour la terrasse, elle donne sur le sanctuaire de Loyola… Parking de l'autre côté de la route. Menu 23€,

GAMME DE PRIX	RESTAURATION	HÉBERGEMENT
Très petits prix	moins de 12€	moins de 45€
Petits prix	de 12 à 18€	de 45 à 60€
Prix moyens	de 18 à 25€	de 60 à 100€
Prix élevés	de 25 à 45€	de 100 à 140€
Prix très élevés	plus de 45€	plus de 140€

à la carte 30-40€. *Loiola, 24* ***Azpeitia*** *Tél. 943 81 56 08 www.kiruri.com Ouvert tlj. 12h-23h (service continu)*

Joseba Jatetxea Joseba Olaizola a installé son restaurant dans le Palacio Floreaga, une imposante maison-tour du XVIe siècle, soigneusement restaurée. Spécialités : *lomos de merluza*, colin farci au tourteau, pigeon en sauce. Jolie salle aux murs en pierre décorés de blasons. On y célèbre souvent des mariages, aussi mieux vaut-il réserver. Menus à 15€ (midi en semaine) et à 25€ le soir et le week-end. Plusieurs autres formules. Au bout du quai Behobide, une petite place sans voitures où manger des salades ou des poissons grillés, face à la mer. *Palacio Floreaga Aizkibel, 10* ***Azkoitia*** *Tél. 943 85 34 12 www.josebajatetxea.com Ouvert mar. et dim. 12h30-15h, mer.-sam. 12h30-15h et 20h-22h Fermé semaine sainte, 15 jours en août et Noël*

☺ **Hôtel Larrañaga** Ce *caserío* du XVIIIe siècle abrite un hôtel de charme accueillant. Huit chambres meublées à l'ancienne, chacune dans une tonalité différente. On accède à celle du dernier étage par un petit escalier. Grand salon avec billard. Dans la belle salle à manger voutée du rez-de-chaussée, de bons plats basques sont servis par un personnel chaleureux, habillé en costume médiéval. Double 72-89€ selon la saison. Menus à 12€ et 24€ HT. *Quartier Urestilla* ***Azpeitia*** *(à 3km du centre par la GI3740 jusqu'au panneau indiquant l'hôtel) Tél. 943 81 11 80 www.hotel-larranaga.com Fermé dim. soir, les 24, 25, 31 déc. et 1er jan.*

BERGARA

20570

La ville surprend par l'élégance de son architecture, dans cette région rurale ponctuée de vallées industrialisées. C'est au XVIe et, surtout, au XVIIe siècle, que s'est dessiné son visage actuel : l'essor du commerce et de l'industrie enrichit une bourgeoisie qui la dota de palais et de maisons opulentes. Une brillante université, le Real Seminario Patriotico Bascongado, fondée en 1776, paracheva sa renommée. On se rappellera que c'est à Bergara que, par un *abrazo* (accolade), les généraux Maroto (carliste) et Espartero (libéral) mirent fin à la première guerre carliste en 1839. Les industries métallurgique et textile font encore vivre Bergara. Sa population, majoritairement ouvrière et étudiante, participe en nombre aux festivités de la semaine sainte, période la plus animée de l'année.

MODE D'EMPLOI

accès

EN VOITURE

À 61km au sud-ouest de San Sebastián, à 60km au sud-est de Bilbao par l'A8-E70 jusqu'à Eibar (sortie 15a), puis l'AP1 et à 18km au sud-ouest d'Azpeitia par une route en lacet (GI 627).

EN CAR
PESA Liaison San Sebastián-Bergara (ligne San Sebastián-Onati). *Tél. 90210 1210 www.pesa.net*

informations touristiques

Office de tourisme Accueil charmant, riche documentation sur Bergara et ses alentours. Visites guidées de la ville tlj. (2€). *Plaza San Martin de Aguirre Tél. 943 77 91 28 www.bergara.net Ouvert juin-oct. : lun.-sam. 10h-14h30 et 15h30-18h30 (mêmes horaires pendant la semaine sainte), dim. et j. fér. 10h30-13h30*

fêtes et manifestations

Semana Santa Quatre jours de concerts, de danses, d'épreuves sportives, etc.
Romería de San Marcial *Dim. suivant Pâques, autour de l'ermitage San Marcial*
Fêtes patronales, fêtes de la Pentecôte *49 j. après Pâques*
Feria de Santa Lucia Grandes foires à Zumarraga et Urretxu. *13 déc.*
Fête du Berger (Artzai-Eguna) À Legazpi. *1er dim. de sept.*

DÉCOUVRIR

☆**Les essentiels** Le centre historique de Bergara et l'ermitage de La Antigua à Zumárraga **Découvrir autrement** Empruntez les routes de la vallée du fer à partir de Legazpi

Bergara

☆**Centre historique** La vieille ville, foyer commerçant de Bergara, constitue un bel ensemble architectural des XVIe et XVIIe siècles. Ses ruelles médiévales convergent vers la **Plaza San Martín de Aguirre**, que cernent de belles maisons seigneuriales et les palais d'Ondartza et Jauregi. L'hôtel de ville, dont la façade porte des inscriptions tirées de L'Ecclésiaste, s'élève face au **Real Seminario Patriotico Bascongado**, un collège jésuite devenu une université de renommée européenne au XVIIIe siècle. Le chimiste français Joseph Louis Proust (1754-1826), l'un des précurseurs de la théorie atomique, y enseigna. Derrière la mairie, l'église Renaissance **San Pedro de Ariznoa** récemment rénovée renferme un précieux retable baroque de Juan de Mesa (1622) et une *Adoration des bergers* attribuée à Ribera dans sa nef droite (ouv. le matin). Remarquez aussi, dans Barren Kalea, la Casa Arrese (au n°30) et la Casa Aroztegui (au n°7). Dans un cadre plus bucolique, au bord du río Deba, l'église **Santa Marina**, élevée de 1542 à 1672 dans le style gothique basque, se distingue surtout par son imposant retable du XVIIIe siècle (ouv. le matin).

● Où savourer des *rellenos* ?

Raizabal Les spécialités de cette pâtisserie centenaire sont réputées, et leurs emballages séduisants. Goûtez les véritables *rellenos* de Bergara, fourrés à la noisette et aux amandes, de plus en plus difficiles à trouver. *Artekale, 9 Tél. 943 76 11 83 www.pasteleriaraizabal.com Ouvert mar.-sam. 9h-13h30 et 16h30-20h30, dim. 9h-14h*

● Où acheter des produits régionaux ?

Txukun Un petit magasin où l'on trouvera tous les produits gourmands qui font le succès de la région : charcuterie, vin, haricots, fromages, et même des plats cuisinés. *Fraiskosuri, 6 Tél. 943 76 51 62 Ouvert lun.-ven. 9h-13h30 et 16h30-20h30, sam. 9h-13h30 Fermé 10 jours en août*

● Où boire un verre en terrasse ?

Eusebio II La plus jolie terrasse de la ville, qu'ombragent deux grands arbres. Que ce soit pour le *café con leche* du matin, les rafraîchissements de l'après-midi ou l'apéritif, ses tables sont toujours occupées ! Le soir, les jeunes y parlent politique. *Irala, 1 (au bout de la place) Tél. 943 76 07 92 Ouvert lun.-sam. 7h-23h, dim. 11h-23h*

Les environs de Bergara

Zumárraga

☆ **Iglesia Nuestra Señora de la Antigua** L'église, dont la silhouette austère et massive se détache sur les contreforts du mont Beloki, a des allures de forteresse sur le qui-vive. Passé le portail roman (XIVe s.), on découvre une étonnante nef rustique, dont les solides piliers de pierre soutiennent une galerie et une charpente complexe en chêne ornée de motifs géométriques et de figures de femmes. L'ancienne église paroissiale de Zumárraga, délaissée en 1576 pour une église de la vallée, est l'un des joyaux de l'architecture religieuse basque des XIIIe-XIVe siècle. Si vous le pouvez, assistez à l'Ezpatadantza (danse des épées) qui s'y tient le 2 juillet, pour la Sainte-Isabelle. *Carretera Antigua s/n* ***Zumárraga*** *(à 14km au sud-est de Bergara par la GI632, à 2km de Zumárraga par la GI3801 à partir du quartier d'Elizkale) Tél. 943 73 04 28 (OT Zumárraga) Ouvert mai-oct. : mar.-dim. 11h30-13h30 et 16h30-19h30 ; nov.-avr. : w.-e. et j. fér. 11h30-13h30 et 16h-18h Entrée libre*

● Se balader à vélo Un agréable circuit qui part de Zumárraga (GI2630) et suit le cours de l'Urola. En chemin, on découvre les villages d'Urretxu et de Legazpi, le parc de Mirandoala et les forges, d'où la GI3540 serpente jusqu'au viaduc d'Ormaitzegi. Parcours de 24km, sans difficulté. *Renseignements à l'OT de l'Urola-Garaia de Legazpi*

Legazpi et la vallée du fer

Sa richesse forestière et son activité minière firent de Legazpi, bourgade de la haute vallée de l'Urola voisine du mont Aizkorri (1 528m), le berceau de la métallurgie du Guipúzcoa il y a un millénaire. Mais, sur le cours de l'Urola ("eau de forges" en basque), l'industrie du fer a toujours cohabité avec l'agropastoralisme. Le premier dimanche de septembre, Legazpi célèbre d'ailleurs l'Artzain Eguna, la Journée du berger, fête de grande ampleur avec concours du meilleur fromage, championnat provincial de chiens de berger, exposition de brebis et foire artisanale. *À 15km au sud-est de Bergara par la GI632 jusqu'à Urretxu puis par la GI2630* **Office de tourisme de l'Alto-Urola**

Parque de Mirandaola ***Legazpi*** *(Urola-Garaia) Tél. 943 73 04 28 www.lenbur.com Ouvert juil.-sept. : tlj. 9h30-14h30 et 16h-19h ; oct.-juin : mar.-dim. 10h-14h*

Musée du Fer basque Aménagé dans les anciennes fonderies San Miguel par la fondation Lenbur (Legazpi Natura eta Burdina, "nature et fer"), ce musée présente l'industrie métallurgique sous ses aspects technique, humain et culturel, éclairant combien cette activité a profondément transformé la vallée et le quotidien de ses habitants depuis le Moyen Âge. Tous les dimanches (à 11h30 et 14h30), de la semaine sainte à septembre, on peut y voir fonctionner la reproduction fidèle d'une forge du XVIe siècle. Un vrai voyage dans le passé ! Pour aller plus loin, renseignez-vous à l'accueil pour suivre une balade originale dans le très populaire parc de la Mirandoala. Le fer est l'occasion d'un circuit de 1h30 qui ravira les enfants. Parmi les parcours thématiques proposés, citons "Un voyage dans les années 1950 : la route ouvrière" et "Le martèlement des forges". *Mirandaola Parkea Telleriarte auzoa s/n* ***Legazpi*** *Tél. 943 73 04 28 www.lenbur.com Ouvert juin-sept. : mer.-lun. 10h-19h ; oct.-mai : lun. et mer.-ven. 10h-17h30, w.-e. et j. fér. 10h-18h Tarif 4€, moins de 12 ans gratuit*

Ekomuseo del Pastoreo Pour découvrir tous les aspects du métier de berger, de la garde du troupeau à la production de fromage. *Caserío Erraizabal* ***Legazpi*** *Visite guidée dim. et j. fér. 11h30 Tarif 2,50€, enfant 2€*

El Ricón del Pan Au "Coin du pain", vous saurez tout sur la fabrication de cet aliment familier, du grain au four à bois. Réservations à l'accueil du parc, cf. Musée du Fer basque ci-avant. *Hameau Igaralde-Goena Quartier Brinkola* ***Legazpi*** *Tél. 943 73 04 28 Visite guidée dim. 10h30 Tarif 2€, enfant 1,50€*

Caserio-Museo Igartubeiti Dans un *caserio* (maison rurale) du XVIe siècle fidèlement reconstitué, un petit musée d'art populaire vous familiarisera avec l'économie rurale et la vie domestique d'antan au Guipúzcoa. Un pressoir à pommes d'origine en constitue l'attraction principale. Un centre d'interprétation est aménagé sous le parking. Aires de pique-nique avec une vue splendide sur la vallée. *Ezkio bidea, s/n* ***Ezkio Itsaso*** *(sur la GI632 – attention aux cyclistes dans les virages ! – à 17km au sud-est de Bergara) Tél. 943 72 29 78 www.gipuzkoakultura.net www.igartubeitibaserria.net Ouvert mars-oct. : mer.-dim. 10h-14h et 16h-19h ; nov.-fév. : mer.-ven. 10h-14h, w.-e. et j. fér. 10h-14h et 16h-19h Tarif 1,20€ Gratuit pour les moins de 10 ans et le jeu. pour tous*

CARNET D'ADRESSES

Restauration, hébergement

petits prix

☺ **Lamaino Etxeberri** Maite Aristegi Larrañaga se plie en quatre pour rendre agréable le séjour de ses hôtes dans sa jolie maison rustique dressée sur les hauteurs de Bergara. Six chambres confortables, meublées avec goût, et un petit déjeuner à base de produits bio du potager en saison. Réservez à l'avance, l'endroit est très recherché... Chambre double

47,29€ HT, appartement 61,11€ petit déj. 4,40€. *Quartier San Martzial* ***Bergara*** *Tél. 943 76 35 06 ou 657 79 53 62 ou 685 72 98 30 www.nekatur.net/lamaino*

prix moyens

Kabia Jatetxea Juanma Hurtado, qui a fait ses armes chez Pedro Subijana, à l'Akelarre cf. Akelarre (p.467), s'emploie à concilier tradition et innovation, élégance et convivialité. Dans son coquet restaurant, on déguste une cuisine tournée vers les belles viandes *(solomillo de ternera)* et les poissons de saison (bar fumé aux petits pois). Menu du jour 20€ avec le café, menu dégustation autour de 42€ renouvelé toutes les semaines. *Legazpi, 5* ***Zumárraga*** *(à côté de la mairie) Tél. 943 72 62 74 http://restaurantekabia.com Ouvert mar.-jeu. et dim. 13h-15h30, ven.-sam. 13h-15h30 et 21h-23h Dîner sur rés. uniquement Fermé 1 sem. en août*

☺ **Hôtel Ormazabal** Un hôtel familial un peu vieillot avec ses meubles anciens massifs, ses tableaux religieux et ses tapis épais, mais c'est bien ce qui fait son charme ! Certaines chambres sont plus agréables et confortables que d'autres, mais tous les sanitaires sont récents. Le petit déjeuner (5€) se prend dans une jolie salle, l'accueil est plus que cordial. Double 50€, chambre supérieure, exagérément appelée "suite" 70€ HT. Parking 6€/j. *Barrenkale, 11* ***Bergara*** *(donne aussi sur la Calle Irala) Tél. 943 76 36 50 ormazabalreservas@infonegocio.com*

prix élevés

☺ **Lasa** L'adresse gastronomique des environs. Le cadre est splendide, un palais du XVIe siècle, classé monument historique, où vécut la sœur d'Ignace de Loyola. À l'intérieur, murs gris et parquets cirés, meubles Belle Époque. Dans l'assiette, la belle cuisine de Koldo Lasa : poisson fumé maison, terrines et, de fabuleux desserts, dont un *turrón* exceptionnel. Menu du jour 28€, Menu dégustation Debagoina 46,20€. Env. 70€ à la carte. *Palacio Ozaeta Zubiaurre, 35* ***Bergara*** *Tél. 943 76 10 55 www.restaurantelasa.es Ouvert mar.-sam. 13h-15h30 et 20h30-23h (dîner mar.-jeu. sur rés. uniquement, à partir 6 pers.), dim. 13h-15h30 Fermé 3 semaines en août et à Noël*

LE GUIPÚZCOA

OÑATI

20560

On l'appelle la Tolède basque : son université du Sancti Spíritus, de style Renaissance plateresque, est éblouissante. En face, la tour de l'église San Miguel, néoclassique, domine un édifice du plus pur style gothique basque. À l'intérieur, à côté du retable, également plateresque, on aperçoit le mausolée du fondateur de l'université, Rodrigo Mercado de Zuazola. Mais l'enfant le plus célèbre de la ville est Lope de Aguirre (1510-1561), le démoniaque conquistador incarné par Klaus Kinski dans *Aguirre, la colère de Dieu* de Werner Herzog. Et si l'on ne sait plus très bien ce qui a valu à ses habitants

le surnom de *txantxiku* (grenouilles), le visiteur saura apprécier le charme bucolique des espaces verts aménagés à proximité du río – où ne coasse aucun batracien ! – et des ponts qui l'enjambent.

MODE D'EMPLOI

accès

EN VOITURE

À 74km au sud-ouest de San Sebastián et à 72km au sud-est de Bilbao par l'autoroute A8-E70 jusqu'à Eibar (sortie 15a), l'AP1 jusqu'à Bergara (sortie 16), la GI627 jusqu'au carrefour de San Prudencio, à 11km au sud de Bergara, puis la GI2630. Vous trouverez plusieurs parkings (payants) à l'entrée de la ville, d'où il est aisé de rejoindre le centre historique et ses rues piétonnes.

EN CAR

PESA Liaisons avec San Sebastián et avec Bilbao. *Tél. 902 10 12 10 www.pesa.net*

informations touristiques

Onatiko Turismo Bulegoa Une mine d'informations pour toutes les activités. Très bon accueil, en français, et documentation abondante. *San Juan, 14 Tél. 943 78 34 53 www.oinati.eu Ouvert avr.-sept. : lun.-ven. 10h-14h et 15h30-19h30, sam. 10h-14h et 16h30-18h30, dim. 10h-14h ; oct.-mars : lun.-ven. 10h-13h et 16h-19h, sam.-dim. 11h-14h*

VISITES GUIDÉES

l'OT programme des visites de l'université Sancti Spíritus, de l'église Saint-Michel, ainsi que des circuits "Oñati pour tous"(adapté aux personnes à mobilité réduite) et "Oñati monumental". À partir de 2,50€/pers., en fonction du nombre de participants. Visite en français sur réservation à l'OT *Tél. 943 78 34 53*

marché, fêtes et manifestations

Marché alimentaire Excellents fromages d'Urbia. *Sam. mat.*
Corpus Christi Cette grande fête, célébrée depuis le Moyen Âge, donne lieu à une procession qu'animent des danses traditionnelles. *Mai-juin*
Pèlerinage à Notre-Dame d'Arantzazu *9 sept.*
Concours international de chiens de berger *3e et 4e dim. de sept.*
Saint-Michel *29 sept.*

DÉCOUVRIR

☆**Les essentiels** L'université Sancti Spíritus et le centre historique d'Oñati, le sanctuaire de Notre-Dame d'Arántzazu **Découvrir autrement** Visitez la grotte d'Arrikrutz

Oñati

☆ **Universidad Sancti Spíritus** L'architecture Renaissance de ce vaste édifice rectangulaire contraste avec tout ce que l'on a pu voir jusqu'à présent en Euskadi. Bâtie dans les années 1540 à la demande de l'évêque Rodrigo Mercado de

Zuazola, cette université bénéficia d'un grand rayonnement jusqu'à sa fermeture, en 1901. Sa façade principale, œuvre du Français Pierre Picart, est ornée de remarquables bas-reliefs et statues de guerriers et de martyrs, qu'égayent quelques gargouilles gothiques. Le fondateur est représenté en orant au-dessus de la porte. À l'intérieur, admirez le patio, dont les deux niveaux d'arcades sont rythmés de portraits en médaillon de personnalités du XVIe siècle et de figures mythologiques, ainsi que le plafond *artesonado* de la cage d'escalier qui relie les deux étages. Le retable de la chapelle mérite aussi le détour. *Unibertsitate Etorbidea, 8 Visites guidées sur rés. au plus tard la veille à l'OT*

Iglesia San Miguel Cette paroisse gothique fut élevée au XVe siècle sur des fondations romanes du XIe, et remaniée au XIIIe. En témoignent sa tour baroque, conçue par Manuel Martín de Carrera, et le retable churrigueresque du maître-autel. L'église abrite la chapelle funéraire de l'évêque Zuazola, dont le tombeau en marbre, dû à Diego de Siloé, représente le prélat en prière. Le cloître de style gothique flamboyant (XVIe s.) est particulièrement impressionnant. *Plaza de los Fueros, 2*

☆ **Centre historique** La ville a gardé le tracé médiéval de ses anciens quartiers – *zaharra* en basque, par opposition à *berria*, qui signifie “nouveau”. Sur l'imposante **Plaza de los Fueros** trônent le palais gothique de Lazarraga, remanié au XVe siècle, et la mairie, qui doit sa belle façade baroque à Manuel Martín Carrerera (1778). En remontant **Bakardadeko Ama Kalea** vers l'est jusqu'à la Plaza de Santa Marina, on admirera trois autres palais du XVIIIe siècle : les Casas Antia, Madinabeitia et Baruena (ne se visitent pas). À l'angle de **Patrue Kalea** et de **Kale Barria**, un balcon signale la Casa Otadui-Jausoro, élevée au tournant des XVIe et XVIIe siècles. Dans l'est de la ville, dans Lazarraga Kalea, le **Monasterio de Bidarreta**, fondé en 1510 par le secrétaire des Rois catholiques et son épouse. Son église, dans laquelle reposent les deux bienfaiteurs, recèle l'un des premiers retables Renaissance de la région (1533), œuvre de Juan de Olazarán (église fermé sam. matin, messes lun.-sam. à 20h, dim. et fêtes à 10h, 12h30 et 20h).

● Où boire un verre en terrasse ?

Taberna Arkupe Cet établissement possède la terrasse la plus agréable, et donc la plus fréquentée, de la place de la mairie. Ambiance familiale en journée : aux beaux jours, les parents y sirotent un *café con leche* tandis que les enfants jouent sur les pavés. On peut aussi y manger de bons *bocadillos* et des *pintxos*. *Foruen Enparantza, 9 Tél. 943 78 16 99 Ouvert tlj. 9h-23h*

Les environs d'Oñati

☆ **Sanctuaire de Notre-Dame d'Arántzazu** Bâti par Francisco Saiz de Oiza et Luis Laorga dans les années 1950 dans un esprit résolument contemporain, le sanctuaire, perché à 750m d'altitude, s'intègre bien au site agreste qui l'environne. On y vénère une Vierge à l'Enfant découverte, dit la légende, sur le site en 1469. Les franciscains s'établirent en 1514 sur les lieux et, depuis, le sanctuaire attire les pèlerins. Au milieu du ravin s'élève aujourd'hui une tour de pierre, immense campanile hérissé de pointes, symbolisant l'aubépine. La basilique se dresse en contrebas. Sur le frontispice, quatorze apôtres ont été sculptés dans de grands blocs de calcaire par Jorge Oteiza. Les portes, sous le porche, sont d'Eduardo Chillida et, à l'intérieur, le retable, plus de 600m² de bois polychrome, a été peint par Luis Muñoz. Xavier de Eulate réalisa d'étonnants vitraux à dominante bleutée, et Xavier Egaña recouvrit les murs de la chapelle de fresques. Le dimanche, vous pourrez assister à la messe en basque (9h, 10h, 12h et 18h30 ou 17h30 en hiver). *À 9km au sud d'Oñati par la GI3591 Tél. 943 78 09 51 (Communauté Franciscaine) ou Tél. 943 71 89 11 (point info) www.arantzazukosantutegia.org* ***Basilique*** *Ouvert tlj. 9h-20h Visites guidées (en espagnol) juin-sept. : 10h30, 11h30, 12h30, 16h et 17h Tarif 2€* ***Point info*** *Ouvert juin-sept. : tlj. 10h-14h et 15h-18h30 ; oct.-mai : sam.-dim. au mêmes horaires*

Grotte d'Arrikrutz Sur la route du sanctuaire d'Arántzazu, sous le massif d'Aizkorri, la grotte d'Arrikrutz constitue l'un des sites pionniers de l'exploration spéléologique, archéologique et paléontologique en Euskadi. On y découvrit notamment un squelette complet de lion des cavernes et des crânes de panthères... Au cours de la visite (env. 1h), vous y explorerez 500m de galeries sur 35m de dénivellation et emprunterez une passerelle flottante qui surplombe d'étonnantes concrétions minérales savamment éclairées. Prévoyez des vêtements chauds et des chaussures fermées, même en été. *Route d'Arántzazu (dir. quartier d'Araotz) Tél. 943 08 20 00 Ouvert mars-mai, oct. : mar.-dim. 10h-14h et 15h-18h ; juin-sept. : mar.-dim. 10h-14h et 15h-19h ; nov.-fév. : mar.-dim. 10h-14h et 15h-17h Tarif 9€, 5-10 ans 6€, moins de 5 ans gratuit*

Se balader à pied

Parc naturel d'Aizkorri-Aratz Une dizaine de PR® ont été tracés dans ce parc naturel pour faire découvrir aux visiteurs la beauté de ses paysages et son patrimoine archéologique et architectural – la chaussée médiévale et le site mégalithique des plaines d'Urbia, notamment. Informations auprès du Parketxe Arantzazu *Tél. 943 78 28 94 www.gipuzkoamendizmendi.net Ouvert juil.-sept. : mar.-sam. 10h-14h et 16h-19h, dim. 10h-14h ; avr.-juin, oct. : mar.-sam. 10h-14h et 16h-18h, dim. 10h-14h ; nov.-mars : mar.-ven. et dim. 10h-14h, sam. 10h-14h et 16h-18h Tarif 1€, réduit 0,50€*

CARNET D'ADRESSES

Restauration, hébergement

très petits prix

Etxebarria Un petit restaurant familial, pris d'assaut à midi, qui propose un sympathique menu du jour à 9€ (12€ le week-end). Plats simples et roboratifs : asperges mayonnaise, jambon ibérique, *tortilla*, merlu de la maison, crevettes *a la plancha*. À la bonne franquette ! *Kalebarria, 19* ***Oñati*** *Tél. 943 78 04 60 Ouvert lun.-ven. 12h45-14h45, sam. 13h30-15h et 21h-22h30, dim. 13h30-15h Fermé 3 sem. en août*

petits prix

Ongi Cet hôtel de 18 chambres ne paie pas de mine, mais son rapport qualité-prix et sa situation, en plein centre d'Oñati, en font une très bonne adresse. Double à 56€ HT. Petit déjeuner buffet à 8€. *Kale Zaharra, 19* **Oñati** *Tél. 943 71 82 85 www.hotelongi.com*

Goiko Benta Une grande demeure dominant la vallée, à la salle à manger vaste et accueillante. À la carte : des produits traditionnels – agneau et morue –, légumes de saison en entrée et desserts copieux. Chambres à l'étage, simples et confortables. Atmosphère rustique. Double de 52 à 55€. Menu 18-20€ *Goiko Benta, 12 Aránzazu* **Oñati** *Tél. 943 78 13 05 Fax 943 78 03 21 Restaurant fermé jeu. hors saison et j. fér.*

prix élevés

Zelai-Zabal Cette maison centenaire a vu passer bien des pèlerins. Son chef, Alberto Elorza, accommode les classiques basques au goût du jour : ravioli au crabe sauce safran, *taco* de foie gras à l'aigre-doux, *chuletón de buey* (veau aux pommes de terre et poivrons) et des desserts irrésistibles, tel le trio de chocolats. Jolie terrasse et jardin avec une vue époustouflante sur la vallée. Comptez 50€ à la carte. Menus à 40 et 50€ (midi). *Route d'Arántzazu, 38* **Oñati** *(sur la GI3591, à 9km d'Oñati) Tél. 943 78 13 06 www.zelaizabal.com Ouvert mar.-sam. 13h30-15h et 21h-22h, dim. 13h30-15h Fermé 20 déc.-15 fév.*

TOLOSA

20400

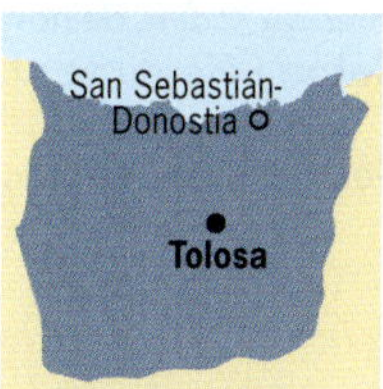

Fondée en 1256 par Alphonse X de Castille pour mieux défendre la frontière de son royaume avec la Navarre, la cité dûment fortifiée, baignée par le río Oria, devient un grand centre de foires et un foyer artisanal. La réputation de ses forgerons, bien établie au XVIe siècle, lui vaut d'accueillir une armurerie royale en 1630. Dévastée par les troupes françaises en 1794, elle renoue avec la prospérité grâce à l'industrie papetière au XIXe siècle et elle est promue capitale du Guipúzcoa de 1844 à 1854. Aujourd'hui, son centre historique regorge de jolies boutiques et son marché du samedi draine des acheteurs de toute la province… Cette enclave urbaine entre le parc naturel d'Aralar et le mont Ernio est aussi une étape gourmande incontournable : Tolosa est célèbre pour ses *alubias* (haricots) rouges et noirs, son boudin, son chocolat et autres gourmandises. Venez donc goûter son art de vivre !

MODE D'EMPLOI

accès

EN VOITURE
À 25km au sud de San Sebastián et à 112km à l'est de Bilbao par l'A8-E70 (sortie n°10) et la N1 (sortie n°436).

EN TRAIN
Renfe Ligne C1 Irún-Brinkola, arrêt Tolosa. *Tél. 902 32 03 20 www.renfe.com*

EN CAR
Tolosaldea Bus Lignes régulières locales. *Tél. 943 65 06 21*

TSST Liaisons avec San Sebastián. *Tél. 943 36 17 41 www.tsst.info*

orientation

Tolosa se développe de part et d'autre du fleuve Oria, principalement à l'est. On se garera dans les avenues du centre-ville (payant), puis on se rendra à pied dans le centre historique (attention : il est quasiment interdit à la circulation), derrière la grande halle jaune du marché, au bord de l'eau.

informations touristiques

Tolosaldea Tour *Santa María Plaza, 1 Tél. 943 69 74 13 www.tolosaldea.net Ouvert août : tlj. 10h-14h et 15h-19h ; sept.-juil. : mar.-sam. 11h-14h et 15h-18h, dim. 10h-14h*

location de deux-roues

BTT Begiristain Location de VTT 12,50€/j. *Eskolapiotako lorategial, 3 Tél. 943 67 56 34 Ouvert lun.-ven. 9h30-13h et 15h30-20h, sam. 9h30-13h*

marchés

Marchés de Tolosa Plusieurs grands marchés animent Tolosa tous les samedis : aux **halles du Tinglado** (produits locaux), sur la **place Euskal Herria** (vêtements et fruits et légumes), et **place Berdura**, au cœur de la vieille ville (fleurs et plantes).

fêtes et manifestations

☺ **Carnaval** Une semaine de défilés joyeux, particulièrement animée. *Du jeu. au mar., la sem. précédant le mer. des Cendres*
Foire au bétail *2e w.-e. de mars*
Tolosa Goxua. Concours de pâtisserie. *3e sam. d'avr.*
San Juan Cérémonies, feux et foire agricole écologique. *24 juin*
Foire d'élevage *Oct.*
Babarrunaren Eguna Fête du haricot de Tolosa. *Du 3e mer. au 3e dim. de nov.*
Fiesta del chuletón Fête du veau. *1re sem. de déc.*
Tolosaldblues Festival de blues. *Juin*

DÉCOUVRIR

Tolosa

☆ **Les essentiels** La vieille ville et ses commerces, le marché **Découvrir autrement** Savourez une viande grillée dans une rôtisserie et terminez par la dégustation d'une spécialité sucrée de la maison Eceiza, louez un vélo et partez explorer la voie verte du Plazaola

☆ **Vieille ville** On traversera d'abord le pont de Navarre (Naparzubia), pour contempler Tolosa de la rive droite de l'Oria. De cette passerelle du XIIIe siècle maintes fois restaurée, Tolosa livre son meilleur profil : dans les eaux calmes du fleuve se reflètent les arcades du Tinglado (les halles, à gauche du pont) et la façade rose du Palacio de Idiakez (à droite), construit au début du XVIIe siècle. Puis on retraversera le fleuve pour se rendre place Zaharra, que se partagent l'hôtel de ville (1657-1672) et d'autres édifices baroques. On gagnera ensuite l'église Santa María, probablement consacrée au XIIIe siècle et relevée de 1548 à 1643. Son imposante façade baroque (1761) dissimule un intérieur représentatif du gothique basque. Sur son parvis se célèbrent toutes

Le Pays basque en amoureux

Une balade romantique

Une table pour deux

Une chambre de charme

les grandes fêtes religieuses. Juste à côté, le Palacio de Aramburu, édifice du XVIIe siècle à la façade blasonnée, abrite les archives municipales.

Museo de Confitería Gorrotxategi Lorsque José Gorrotxategi entreprit de rénover la confiserie fondée en 1680 par ses ancêtres, il n'eut pas le cœur à jeter les vieux ustensiles de cuivre qui dormaient dans son grenier. Il eut alors l'idée de les exposer, persuadé que ces drôles d'alambics, de passoires et de cuves cabossées intéresseraient bien quelqu'un. C'est ainsi que naquit ce petit musée placé sous le signe de la gourmandise… *Letxuga, 3 Tél. 943 69 74 13 www.museodelchocolate.com Ouvert été : tlj. 10h-13h30 et 15h30-19h30 ; hiver : mar.-sam. 10h-13h30 et 15h30-19h, dim. 10h-14h Visite guidée uniquement ur rés. auprès de Tolosaldea Tour (cf. Mode d'emploi, informations touristiques) Tarif 2€*

● Où remplir un panier pique-nique ?

☆ **Halles du Tinglado** Construites en 1899 et agrandies en 1927, les halles du Tinglado (ou Zerkausia) accueillent tous les samedis un marché fort réputé dans la région. On pourra y acheter les fameux haricots secs, mais aussi des légumes frais et des fruits de saison, du *pan de horno de leña, setas y hongos*, miel…

● Où acheter les *Tejas y Cigarrillos* de Tolosa ?

Maison Eceiza Une référence ! Les fameuses tuiles aux amandes et cigarettes russes de Tolosa sont présentées dans de jolies boîtes en métal aux couleurs de la maison. Également d'autres biscuits et pâtisseries, et quelques glaces artisanales. Salon de thé à l'étage. *Rondilla, 34 (près de la place Iturrixiki) Tél. 943 65 51 61 www.pasteleriaeceizatolosa.com Ouvert tlj. 7h30-20h30*

● Où faire une pause gourmande ?

Gorrotxategi Une belle pâtisserie, spacieuse et vitrée sur toute sa façade. Dégustation sur place et vente à emporter de viennoiseries, *delicias* à la pâte d'amande, glaces, *xaxus* (de moelleux gâteaux aux amandes), mais aussi de "produits du terroir" (haricots noirs, conserves…). Au bar, le chocolat est d'une onctuosité exceptionnelle. *Plaza Zarra, 7 Tél. 943 67 07 27 www.gorrotxategi.com Ouvert lun.-ven. 9h-13h et 16h30-20h, sam. 9h-13h et 17h-20h, dim. 8h30-14h*

Vagabonder d'églises en chapelles

La région de Tolosa est riche en édifices gothiques et baroques dont, en premier lieu, l'église **Santa María**, à Tolosa même. À Larraul, au nord, ne manquez pas **San Esteban** et, à Amezketa, au sud de Tolosa, San Bartolomé, sans doute la plus belle avec ses bougies votives posées à même le plancher. En chemin, vous découvrirez également de nombreuses chapelles : l'ermitage de **Santa Marina** à Albiztur (à l'ouest de Tolosa), ou encore celui de **Larraitz** à Abaltzisketa (au sud de Tolosa), non loin du portail roman de l'église **San Juan Bautista**.

● Visiter des ateliers d'artisans En collaboration avec l'office de tourisme, certains artisans de la région ouvrent les portes de leur atelier. *Renseignements et réservation à l'OT Tél. 943 69 74 13*

José Manuel Aguirre Instruments de musique. ***Tolosa*** *Tél. 943 67 05 04*

Martin Txiki Producteur de fromage pur brebis de l'AOC idiazabal ***Tolosa*** *Tél. 943 69 74 13*

Juan Carlos Otero Pelotes en cuir. ***Anoeta*** *(à 3km au nord de Tolosa) Tél. 943 65 00 91*

Igor Obeso Créations en verre soufflé. ***Irura*** *(à 4,5km au nord de Tolosa) Tél. 943 69 31 11*

Iñaki Gorostidi Tailleur de pierre. ***Aduna*** *(à 7km au nord de Tolosa) Tél. 943 69 34 96*

Luis Eraso Sculpture et *motosierra*. ***Berastegi*** *(à 11km à l'est de Tolosa) Tél. 943 68 33 33*

● Explorer les environs à pied

Plus de 40 itinéraires de randonnée, de 3 à 15km et d'une difficulté faible à moyenne, ont été balisés dans la région. Une invitation à découvrir à son rythme les alentours de Tolosa. *Fiches (gratuites) à l'OT de Tolosa Tél. 943 69 74 13 (OT de Tolosa)*

Les environs de Tolosa

Vallée de la Leitzaran-Réserve de biosphère D'Elduain, de Berastegi et de Villabona on pourra rejoindre le cours de la Leitzaran, une rivière à truite protégée. L'occasion d'une belle incursion dans une nature préservée. *Centre des visiteurs Leitzaran Bisitarien-Otieta Parkea Barrio de Leizotz, 48 behea* ***Andoain*** *Tél. 943 30 09 29 ou 943 59 04 09 (point Information d'Andoain) www.leitzaran.org*

Musée ethnographique de Larraul Charrues, bêches, charrettes, fouloir, pressoir, *kutxas* (coffres), pétrin, livres et autres objets du quotidien : la collection témoigne de la vie des paysans basques d'hier et d'aujourd'hui. *Plaza San Esteban* ***Larraul*** *(à 14km au nord-ouest de Tolosa, via Villabona) Tél. 688 80 36 08 www.larraulgoekomuseoa.com Ouvert 1er dim. du mois 11h-14h Reste de l'année : sur rdv pour les groupes*

● Se balader sur une voie verte

Voie verte du Plazaola Cet itinéraire suit un tronçon de l'ancienne voie ferrée San Sebastián-Pampelune. Long de 44km, il relie ainsi Andoain (à 14km au nord-est de Tolosa) à Mugiro, en Navarre, pour le plus grand bonheur des randonneurs, des cavaliers et des cyclistes. *Tél. 948 50 72 05 www.plazaola.org*

CARNET D'ADRESSES

Restauration, hébergement

Parmi les spécialités régionales, il faut goûter bien sûr les haricots noirs (*alubias*) de Tolosa, le boudin (*morcilla*) et les piments (*guindillas*) d'Ibarra, ainsi que les savoureuses viandes grillées servies dans les *asadores* de la ville.

prix moyens

Frontón Dans ce bar-restaurant logé dans un immeuble des années 1930 doté d'un fronton, on déguste d'excellents *pintxos* au bar du rez-de-chaussée, et des *alubias* et du boudin de Beasain au restaurant de l'étage. Les plus affamés opteront pour l'un des deux menus (36 et 46€ HT). *San Frantzisko, 4* ***Tolosa*** *Tél. 943 65 29 41 www.restaurantefronton.com Ouvert mar.-sam. 13h-15h30 et 20h-23h, dim. 13h-15h30 Fermé fin déc. début jan.*

Hotel Oria Que ce soit dans sa partie moderne (où se tient la réception), Calle Oria, ou dans la jolie maison bourgeoise de la Calle San Francisco, dont les chambres profitent d'une ambiance plus feutrée, l'hôtel Oria offre de bonnes prestations à deux pas du vieux Tolosa. Wifi gratuit. À partir de 82€-90€ HT la double comptez 165€ HT en haute saison. Parking 14€/j. Au rez-de-chaussée, le restaurant Botarri affiche midi et soir un menu très correct à 15€ HT. *Oria, 2* ***Tolosa*** *Tél. 943 65 46 88 www.hoteloria.com*

prix très élevés

☺ **Casa Julían** Dans une petite salle, près d'une cheminée où se consument quelques braises, Julian s'affaire en gardant l'œil sur ses pièces de bœuf. Ici, les *chuletas* (côtelettes grillées) sont un art. Vous aurez le choix avant entre un assortiment de charcuterie et des asperges fraîches en saison. Mention particulière pour les poivrons rouges passés au four, tout simplement exquis. Choix de vins excellents, rouges essentiellement. Comptez 60€/pers., avec un verre de vin. *Santa Clara, 6* ***Tolosa*** *Tél. 943 67 14 17 www.restaurantecasajuliantolosa.com Fermé dim. (jours d'ouverture variables, téléphoner)*

ORDIZIA

20214

Cette bourgade, dont le centre médiéval a été classé, est connue dans tout l'Euskadi pour son marché du mercredi : le prix de ses denrées sert de référence dans toute la région. Ordizia est le chef-lieu du Goierri, contrée verdoyante du sud-est du Guipúzcoa, frontalière de la Navarre. Si le nord de la région s'est tourné vers l'industrie, le sud est resté attaché à ses traditions agropastorales. On y confectionne un fameux fromage au lait cru de brebis : l'idiazabal !

MODE D'EMPLOI

accès

EN VOITURE
À 40km au sud-ouest de San Sebastián par l'A8-E70 (sortie 10) et la N1 (sortie 422), à 12km au sud-ouest de Tolosa.

EN TRAIN
Renfe Cercanías Liaison San Sebastián-Brinkola. *Tél. 902 32 03 20 www.renfe.com*

EN CAR
Plusieurs compagnies desservent la commune :
Goierrialdea Ligne Beasain-Ordizia-Idiazabal-Zegama-Segura-Zerain. *Tél. 943 88 59 69 www.goierrialdea.com*
PESA Ligne San Sebastián-Ordizia-Beasain-Ormaiztegi. *Tél. 902 10 12 10 www.pesa.net*

informations touristiques

Office de tourisme *Barrenetxe Etxea Santa María, 24* **Ordizia** *Tél. 943 88 22 90 www.ordizia.org www.goierritu rismo.com Ouvert lun.-ven. 10h-13h et 16h-19h, w.-e. et j. fér. 11h-14h et 16h-19h*

VISITES GUIDÉES
L'OT programmes des visites culturelles classiques comme la découverte du centre historique d'Ordizia avec entrée à D'Elikatuz (tarif 3,20€/pers.), mais également des sorties thématiques dans le Goierri (10h-19h) : routes du fromage idiazabal (34€/pers. à partir de 20 pers.), du Goierri médiéval ou de la foire d'Ordizia (mer. 11h-17h) Tarif 35€/pers. avec le repas (mais sans le transport). *Rés. auprès de l'OT*

marchés, fêtes et manifestations

Marché À Ordizia se tient le plus grand marché de la région : légumes, fruits, fromages et produits de saison – son origine remonterait à 1512 ! *Mer. mat.*
Artzain eguna Foire du berger. *Mercredi Saint*
Santa Ana Fêtes patronales. *26 juil.*
Foire agricole et fêtes basques Moment fort de l'année dans la région avec le célèbre concours de fromage. *Sept.*

DÉCOUVRIR

Ordizia et ses environs

☆ **Les essentiels** Le marché d'Ordizia, l'ensemble médiéval d'Igartza, le fromage idiazabal, le parc naturel d'Aralar **Découvrir autrement** Faites une randonnée dans le parc naturel d'Aralar, visitez le village de Zerain, observez les *eguskilore* sur les portes des maisons de Segura

Ordizia

☆ **Marché** Le marché hebdomadaire d'Ordizia, dont l'origine remonterait à 1512, est un rendez-vous incontournable dans la région. Chaque semaine, en effet, on y fixe les prix de référence qui seront utilisés dans tout le Pays

Traditions du Pays basque

Les musées ethnographiques permettent de mieux comprendre l'identité basque. Et quoi de mieux que les fêtes pour partager la culture locale ?

Musées et sites

Fêtes et manifestations

LE GUIPÚZCOA

basque. Ses stands maraîchers s'abritent sous la halle construite en 1925 sur la Plaza Mayor. Marché Plaza Nagusia (Plaza Mayor) et rues adjacentes le mer. *www.ordiziakoazoka.com*

D'elikatuz-Centro de interpretación de Goierri Un lieu agréable, bien conçu, qui présente de manière ludique les habitudes alimentaires et traditions culinaires du Goierri. Projection d'un film sur l'histoire du marché d'Ordizia et animation sur le renouveau de la cuisine basque et quelques vidéos en français. *Barrenetxe Etxea Santa María, 24 Tél. 943 88 22 90 www.delikatuz.com Ouvert lun.-ven. 10h-13h et 16h-19h, w.-e. et j. fér. 11h-14h et 16h-19h Tarif 3,20€, réduit 2,20€*

● Où faire une pause sucrée ?

Unanue La pâtisserie la plus réputée du Goierri expose dans sa vitrine un irrésistible assortiment de truffes au chocolat. On peut s'y attabler pour savourer une part de gâteau à l'idiazabal ou de tarte "Guipúzcoa" (aux pommes et amandes), à moins de fondre pour les mignardises de la maison, Bomba ou Milhoja. *Nagusia, 17 Tél. 943 88 15 51 www.unanuegozotegia.com Ouvert lun.-sam. 7h30-13h30 et 16h-20h, dim. 7h30-13h45*

Les environs d'Ordizia

☆ **Beasain-Ensemble monumental d'Igartza** À l'entrée de Beasain, on découvre un ensemble médiéval remarquablement restauré comprenant une forge, un moulin, un pressoir mais surtout le palais Yarza, édifié au xve siècle sur des ruines du xiiie siècle, que flanquent une modeste chapelle et un pont gardé par une haute croix en pierre. *Tél. 943 88 98 88 www.igartza.net Visite tlj. sur rdv, pris la veille à l'Hôtel Dolarea, qui gère le site Tarif 2,50€*

Ormaiztegi Cette petite ville tristounette doit d'être connue à son viaduc de 1884 qui enjambe la rivière Eztanda. Cet ouvrage d'art construit pour supporter la ligne ferroviaire Madrid Paris est attribué à Alexander Lavalley, ingénieur du canal de Suez. Dans le bourg, on visitera le musée Zumalacárregi. *10km à l'ouest d'ordizia via Besain, dir. Bergara*
Museo Zumalacárregi Dédié au général carliste Tomás de Zumalacárregi (1788–1835), ce musée présente une intéressante collection illustrant la vie des frères Zumalacárregui et l'histoire de la première guerre carliste (p.16). *Casa Iriarte Erdikoa Muxika egurastokia, 6* ***Ormaiztegi*** *Tél. 943 88 99 00 Ouvert mars-oct. : mer.-dim. 10h-14h et 16h-19h ; nov.-fév. : mer.-ven. 10h-14h, sam.-dim. 10h-14h et 16h-19h Fermé 30 nov., 24, 25 et 31 déc., 1er et 6 jan.*

☆ **Idiazabal** Ne vous attendez pas à croiser quelques brebis égarées dans ce bourg tranquille, dont le nom rime avec fromage dans tout l'Euskadi ! Il existe bien un centre d'interprétation consacré à la fameuse production, mais il ferme parfois à l'improviste. Aussi, pour apprendre tout ce que vous avez toujours voulu savoir sur le métier de berger et sur l'idiazabal, mieux vaut prendre rendez-vous pour une visite de la fromagerie Ondramuño. On vous y dévoilera les secrets de fabrication de ce fromage au lait cru de brebis avant de vous en proposer à la dégustation… et à la vente. *10km au sud d'Ordizia, via la N1 dir. Vitoria* **Centre d'interprétation** *Nagusia, 37* **Idiazabal** *(signalé par des panneaux à l'entrée du village) Tél. 943 18 82 03 www.idiazabalturismo.com Ouvert juil.-août : tlj. 11h-14h et 16h-19h ; reste de l'année : w.-e. et j. fér. 11h-14h et 16h-19h Tarif 2,10€ ; centre d'interprétation + dégustation 3,10-4,10€* **Caserio Ondramuño** *ou rens. à l'OT Tél. 628 24 09 37 ou 943 18 82 03 (OT)*

☆**Segura** Prenez le temps de flâner dans ce beau bourg médiéval dont le quartier historique a été classé. Les portes en bois finement ciselées des demeures de pierre de sa rue principale, fort anciennes pour certaines, sont ornées de symboles religieux et de l'emblématique fleur du soleil, l'*eguskilore*, un chardon qui protège, dit-on, du mauvais œil. La **Casa Ardixarra** serait la plus vieille maison de bois de tout le Guipúzcoa. Cette maison à pans de bois du XVIe siècle héberge l'office de tourisme et un centre d'interprétation médiévale, qui replace la cité du XVe-XVIe siècle dans son contexte régional, et en décrit l'urbanisation et les structures sociales (on y découvrira la symbolique phallique du bonnet que portaient les femmes mariées). *À 10 km au sud d'Ordizia, via la N1 (sortie Idiazabal, puis la GI2637)*

☆Randonner dans le parc naturel d'Aralar

Parc naturel d'Aralar Dans un univers minéral ponctué de pâturages, de bosquets et, sur les versants navarrais, d'une immense hêtraie, le Txindoxi (1 342m), le Ganbo (1 412m), l'Irumugarrieta et le Putxeri se découpent au loin. La Sierra de Aralar recèle l'une des concentrations préhistoriques les plus importantes du Pays basque, dont de nombreux mégalithes et 13 abris sous roche, protégés par le parc naturel d'Aralar, qui s'étend sur 10 956ha. Zaldibia (à 5km d'Ordizia par la GI2133) en est l'un des principaux points de départ de randonnée. Le PrGi61 propose un aller-retour au pied du Txindoxi en 10km (balisage jaune et blanc). Le *Rutas para descubrir Euskal Herria 1* détaille une boucle de 22km, qui passe par le dolmen de Jentilarri et les chemins de transhumance pour découvrir la route des Gentiles, ces créatures mythologiques chères au cœur des Basques. Il existe de nombreux autres chemins – PR®GI de 1 à 7, n'excédant pas 8km, autour de Lazkao et d'Ataun. Les GR®20 et 35 passent également par ici. À partir du hameau d'Abaltzisketa, le SL-Gi7 dessine une petite boucle de 2,8km (balisage vert et blanc) sous le Txindoxi. Procurez-vous les topo-guides correspondants, dont le *Aralar Parque Natural*, de Mendi Ibilbideak (1999), et le *Goierri mendiz-mendi*, de Goitur. Fiches des sentiers disponibles chez Tolosaldea Tour. Vous pourrez loger et vous informer au col de Lizarrusti, après Ataun (de nombreux sentiers y convergent). **Centro de Interpretación del Parque de Aralar** *Lizarrusti Parketxea Aia auzoa, 2 (sur la NA 120) Tél. 943 1858 0220 8569 www.gipuzkoamendizmendi.net Ouvert tlj. 9h-13h et 15h-18h*

Casa Ardixarra *Nagusia, 12* ***Segura*** *Tél. 943 80 17 49 ou 943 80 10 06 http://www.seguragoierri.net/es/casa_ardixarra/ Ouvert juil.-août : lun.-ven. 10h30-13h30 et 15h30-18h30, sam.-dim. 11h-14h et 16h-19h ; sept.-juin : sam.-dim. 11h-14h et 16h-19h Tarif 2€ Vidéos en français et visite guidée en français (sur rés.)*

Zegama Si la ville de Zegama ne présente pas un intérêt fou, la route qui relie Segura à Zegama a beaucoup de charme. Au pied de l'Aizkorri, l'ancienne auberge des pèlerins (XVIIe s.) abrite un point d'information touristique et un musée dédié au bois : 173 troncs d'arbres d'essences différentes, pour la plupart issus des forêts de la région, y sont entreposés. *À 16km au sud-est d'Ordizia et à 4km de Segura par la GI2637*
Centre d'interprétation du bois- Museo de la Madera *Casa Andueza* ***Zegama*** *(signalée à l'entrée du village) Tél. 943 80 21 87 www.zegama.net Ouvert lun.-ven. 10h30-13h30 et 15h30-18h30, w.-e. et j. fér. 11h-14h et 16h-19h Tarif 2€, enfants 1€*

Zerain Ses habitants ont décidé de tout faire pour maintenir en vie ce hameau agricole niché au cœur des collines boisées du Goierri, dans les contreforts de l'Aizkorri ! Ils ont aménagé un petit musée ethnographique dans une belle maison ancienne en chinant des outils, ustensiles et costumes anciens dans les fermes des environs. La boutique de l'office de tourisme vend de l'artisanat et autres produits locaux (confitures, cidre, fromage et haricots secs). *À 13km au sud-ouest d'Ordizia par la N1 puis la GI2637* **Office de tourisme** *Herriko Plaza, z/g* ***Zerain*** *Tél. 943 80 15 05 Ouvert lun.-ven. 10h30-13h30 et 15h30-18h30, sam.-dim. 11h-14h et 16h-19h*
☺ **Musée ethnographique** Ce musée a pour cadre un bâtiment magnifique coiffé d'une charpente impressionnante. Au rez-de-chaussée, un diaporama (en français) présente le village et ses habitants, tous très attachés à préserver leur mode de vie. À l'étage, on découvre une collection d'objets d'art populaire passionnante, complétée par des pièces provenant de la mine voisine d'Aizpea. *En contrebas de l'OT Tél. 943 80 15 05 www.zerain.com Ouvert lun.-ven. 10h30-13h30 et 15h30-18h30, sam.-dim. 11h-14h et 16h-19h Tarif 3€ Brochure en français*

● Où acheter la fameuse *morcilla* de Beasain ou la tarte de Segura ?

Carniceria Viuda de Olano Beasain est renommé dans tout l'Euskadi pour son boudin (*morcilla*), qui accompagne si bien les haricots du Goierri ! Chaque année, un concours départage les nombreuses boucheries du village. Celle-ci est l'une des plus réputées... *Andre Mari, 3* ***Beasain*** *Tél. 943 88 07 78 Ouvert juil.-août : lun.-jeu. et sam. 8h-13h30, ven. 8h-13h et 17h-20h ; sept.-juin : lun.-ven. 8h-13h et 16h30-20h, sam. 8h-13h30*
Pastelería Julki Son décor impersonnel ne le laisse pas deviner, mais c'est une excellente pâtisserie ! On y croquera un *martintxo*, petit gâteau typique de Beasain, ou la tarte de Segura, une spécialité aux amandes que la famille Ibañez a sauvée de l'oubli. *Calle Mayor, 11* ***Beasain*** *Tél. 943 88 82 37 www.julki.com Ouvert lun.-ven. 7h30-13h30 et 16h30-20h, w.-e. et j. fér. 8h-14h et 15h-20h*

● Randonner dans le Goierri Amateurs de randonnée, vous serez comblés (attention toutefois aux brumes et brouillards) ! Signalons, parmi les

LE GUIPÚZCOA

nombreux sentiers qui sillonnent la région, le PR®Gi59, qui dessine une boucle de 9km allant de Segura à Santa Engracia et Zerain (balisage jaune et blanc). Plus court, le SLGi1 mène de Zerain à Mutiloa (5km, balisage vert et blanc). Dans le *Rutas para descubrir Euskal Herria 1*, un bel itinéraire (8km) à la découverte des mines de fer relie Zerain à Aizpea, passant par les galeries et les anciens fours. De Zegama, vous pourrez approcher de près le massif de l'Aizkorri à l'occasion d'une randonnée de 22km sur le PR®Gi70 (balisage jaune et blanc). Plus modeste, un circuit de 8km en donne déjà un très bel aperçu, le long des pâturages et forêts du PR®Gi69 (balisage jaune et blanc). Une autre superbe balade vous conduira au col d'Otzaurte à partir de Zegama par la GI2637. D'Aldaola, point de départ du sentier, vous franchirez le tunnel de San Adrian, passage obligé du chemin de Saint-Jacques depuis des millénaires. Le *Rutas para descubrir Euskal Herria 1* propose une marche de 11km autour du mont Arratz. Tous les circuits sont décrits dans le *Goierri mendiz-mendi*, de Goitur.
Centre d'information *Tél. 943 16 18 23 ou 610 40 51 49 www.goierriturismo.com*
Office de tourisme d'Ordizia *Tél. 943 88 22 90*

CARNET D'ADRESSES

Hébergement

très petits prix

Chambres d'hôtes Ondarre Karmele et sa famille tiennent avec beaucoup de gentillesse cette magnifique maison au bord de la rivière, qui offre des vues superbes sur les sommets de l'Aizkorri. Six chambres simples, mais bien tenues (demandez l'une de celles qui donnent sur l'arrière), et 2 appartements pour 4-6 personnes. Double 38-45€ HT selon la saison. Appart. 2 pers. 70€ HT, appart. 4 pers. 80€ HT. Petit déjeuner à 3,50€ servi dans la salle commune mansardée, avec accès à la cuisine. Ne manquez pas de visiter la fromagerie du lieu et son petit musée. ***Segura*** *(10km au sud-ouest d'Ordizia, sur la route reliant Idiazabal à Segura, prendre à droite après le rond-point, un panneau indique le baserria) Tél. 943 80 16 64 /03 26 www.acvmultimedia.com/ondarre www.nekatur.net/ondarre*

☺ **Arrieta Haundi** Cette maison d'hôtes bénéficie d'un environnement des plus calmes : seules quelques cloches tintent au loin. La demeure est confortable, avec poêle et tapis moelleux. Cuisine moderne et bien équipée à disposition. Les chambres, vastes et lumineuses, offrent de bons lits garnis d'épaisses couettes. Comptez 41€ TTC la double, 32,40 TTC la simple, 4,50€ le petit déj. *Arrieta Haundi Baserria* ***Zegama*** *(suivre le panneau sur la droite avant le bourg de Zegama, indiquant "Arrietahaundi" puis monter tout en haut de la colline, suivre les panneaux "Nekazalturismo") (à 13km au sud-ouest d'Ordizia) Tél. 943 80 18 90 ou 656 72 12 65 www.arrietahaundi.es*

V

LA BISCAYE

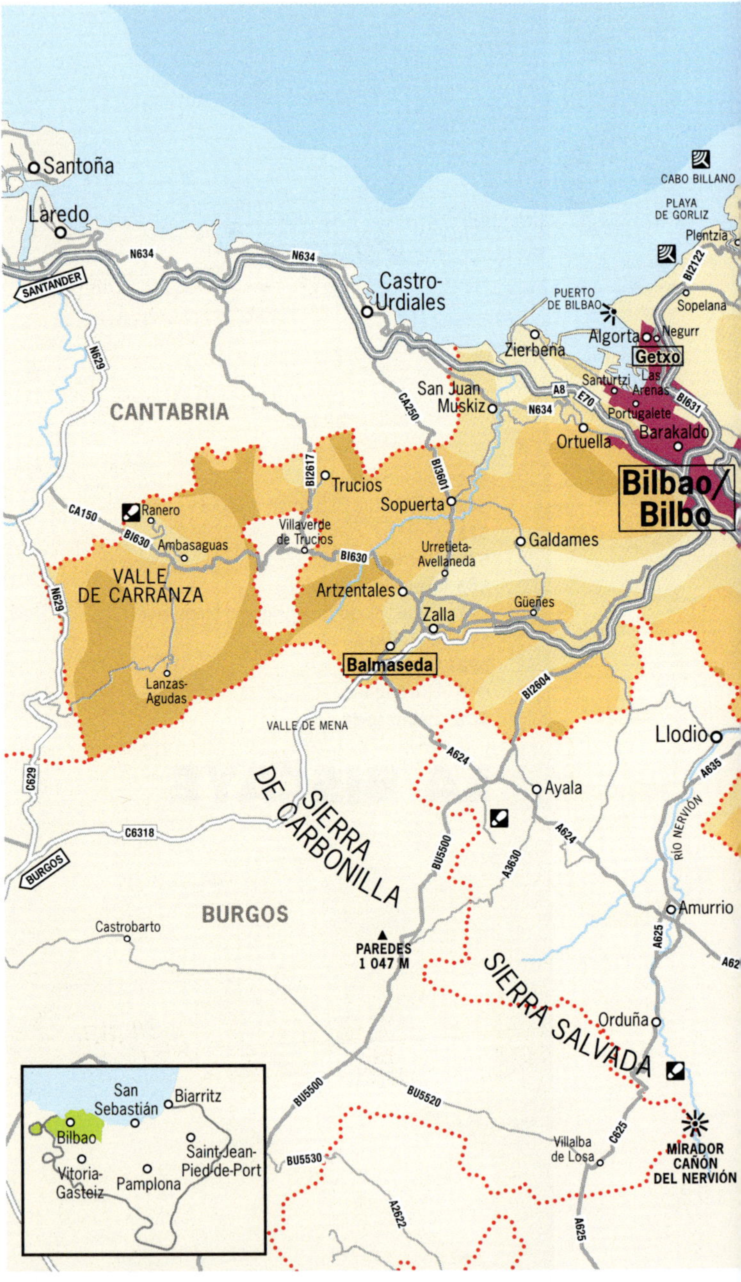

Santoña
Laredo
N634
SANTANDER
Castro-Urdiales
CABO BILLANO
PLAYA DE GORLIZ
Plentzia
BI2122
Sopelana
PUERTO DE BILBAO
Algorta
Negurr
Getxo
Zierbena
Santurtzi
Las Arenas
Portugalete
BI631
A8
E70
San Juan Muskiz
Ortuella
Barakaldo
Bilbao/ Bilbo
N629
CA250
CANTABRIA
BI2617
Trucios
BI3601
Sopuerta
CA150
Ranero
BI630
Ambasaguas
Villaverde de Trucios
Galdames
Urretieta-Avellaneda
VALLE DE CARRANZA
Artzentales
Zalla
Güeñes
Balmaseda
Lanzas-Agudas
BI2604
VALLE DE MENA
Llodio
A624
A635
Ayala
C629
SIERRA DE CARBONILLA
RÍO NERVIÓN
C6318
BUS500
A3630
BURGOS
Amurrio
Castrobarto
PAREDES 1 047 M
A625
A62
SIERRA SALVADA
Orduña
San Sebastián
Biarritz
Bilbao
Saint-Jean-Pied-de-Port
Vitoria-Gasteiz
Pamplona
BU5500
BU5520
BU5530
Villalba de Losa
C625
MIRADOR CAÑÓN DEL NERVIÓN
A2622
A625

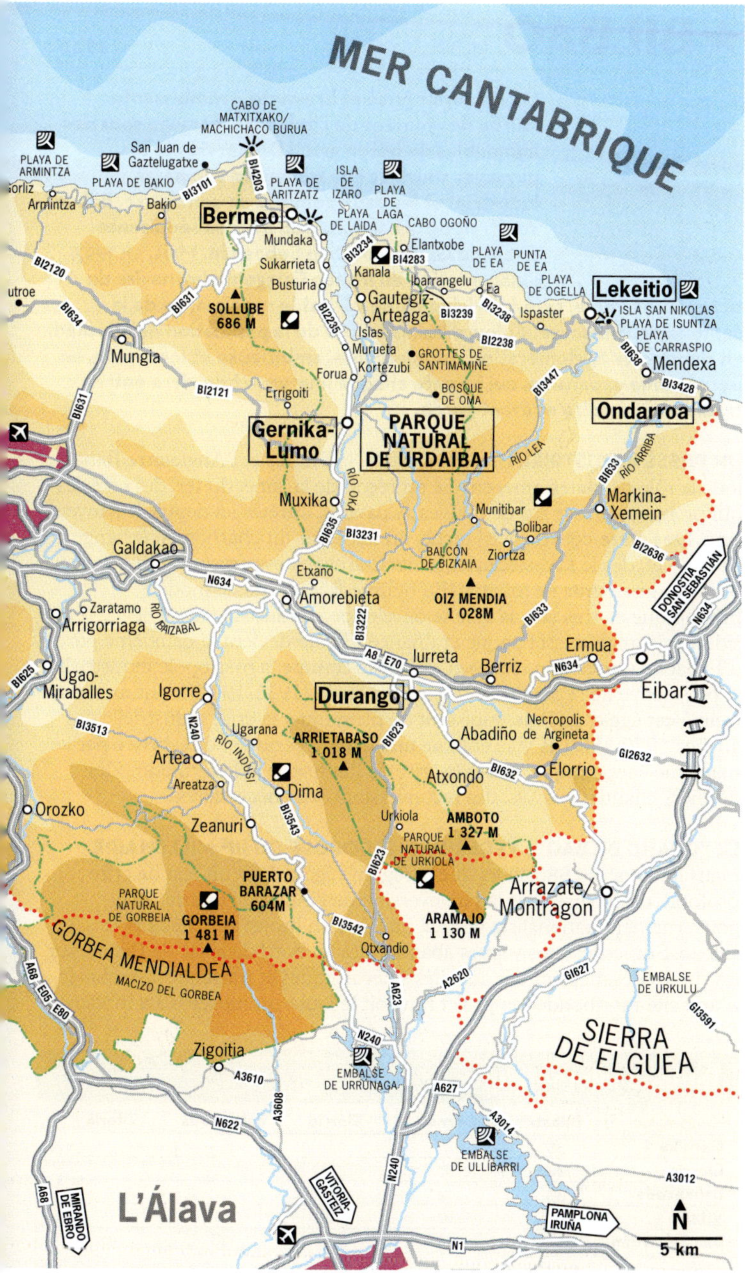
MER CANTABRIQUE
CABO DE MATXITXAKO/ MACHICHACO BURUA
PLAYA DE ARMINTZA
San Juan de Gaztelugatxe
PLAYA DE BAKIO
PLAYA DE ARITZATZ
ISLA DE IZARO
PLAYA DE LAGA
PLAYA DE LAIDA
CABO OGOÑO
PLAYA DE EA
PUNTA DE EA
PLAYA DE OGELLA
ISLA SAN NIKOLAS
PLAYA DE ISUNTZA
PLAYA DE CARRASPIO
Gorliz
Armintza
Bakio
Bermeo
Mundaka
Sukarrieta
Busturia
Elantxobe
Kanala
Ibarrangelu
Ea
Gautegiz-Arteaga
Ispaster
Lekeitio
Mendexa
Ondarroa
Plentzia
SOLLUBE 686 M
Mungia
Islas
Murueta
Kortezubi
Forua
GROTTES DE SANTIMAMIÑE
BOSQUE DE OMA
Errigoiti
Gernika-Lumo
PARQUE NATURAL DE URDAIBAI
RÍO OKA
RÍO LEA
RÍO ARRIBA
Muxika
Munitibar
Bolibar
Markina-Xemein
Ziortza
BALCÓN DE BIZKAIA
Galdakao
Etxano
Amorebieta
OIZ MENDIA 1 028M
Zaratamo
Arrigorriaga
RÍO IBAIZABAL
DONOSTIA SAN SEBASTIÁN
Ugao-Miraballes
Igorre
Iurreta
Berriz
Ermua
Eibar
Durango
Abadiño
Necropolis de Argineta
Elorrio
Ugarana
RÍO INDUSI
ARRIETABASO 1 018 M
Artea
Areatza
Dima
Atxondo
Orozko
Zeanuri
Urkiola
AMBOTO 1 327 M
PARQUE NATURAL DE URKIOLA
PUERTO BARAZAR 604M
ARAMAJO 1 130 M
Arrazate/ Montragon
PARQUE NATURAL DE GORBEIA
GORBEIA 1 481 M
Otxandio
GORBEA MENDIALDEA
MACIZO DEL GORBEA
EMBALSE DE URKULU
SIERRA DE ELGUEA
Zigoitia
EMBALSE DE URRUNAGA
EMBALSE DE ULLIBARRI
L'Álava
MIRANDO DE EBRO
VITORIA-GASTEIZ
PAMPLONA IRUÑA
N
5 km
BI3101
BI4203
BI3234
BI4283
BI2120
BI631
BI634
BI2235
BI3239
BI3238
BI2238
BI638
BI3428
BI3447
BI2121
BI633
BI635
BI3231
BI2636
N634
BI3222
A8 E70
BI625
BI3513
N240
BI623
BI632
GI2632
BI3543
BI3542
A623
A2620
GI627
GI3591
A627
A3610
A3608
N622
A3014
A3012
A68
E05
E80
N1

★ BILBAO BILBO 48000

On la croyait grise et bruyante, vrombissante, lourde des fumées de l'industrie, écrasée sous des immeubles de béton gris… Desservie par les paysages sinistres des friches de son passé industriel et les eaux polluées de son fleuve, Bilbao souffrait de la comparaison avec sa séduisante rivale du Guipúzcoa, San Sebastián. Mais, en 1997, l'inauguration du musée Guggenheim, navire de titane et de verre, sera à l'origine d'une véritable renaissance de la capitale de la Biscaye. Aujourd'hui, la moitié de la population de l'Euskadi vit dans cette agglomération commerçante, ambitieuse et innovante, en perpétuelle expansion, qui invente chaque jour un art de vivre entre tradition, mémoire et avant-garde.

UN PASSÉ INDUSTRIEL Entre la Castille, la France et l'Angleterre,Bilbao joue le rôle de plateforme, envoie ou reçoit de la laine, du fer, des céréales qui prennent la mer sur de nouveaux navires, affrétés ici depuis le Moyen Âge. De l'autre côté de la Manche, on fait venir du charbon en échange de l'acier – et, dès le XIXe siècle, les hauts fourneaux essaiment en Biscaye, au pied des gisements de minerai. La bourgeoisie adopte le modèle britannique et, très vite, la ville se développe – industrie navale et sidérurgie, mais aussi banque et finance. Bilbao devient le deuxième port d'Espagne (après Barcelone) et s'impose comme la métropole industrielle la plus active de la péninsule. La guerre civile (1936-1939) vient mettre un frein à cet âge d'or. Puis, subissant de plein fouet la crise industrielle des années 1970-1980, la ville entame une longue période noire, brisée par le marasme économique. Après la crise de l'industrie et la fermeture des derniers chantiers navals, des reconversions sont nécessaires.

LE "GRAND BILBAO" : VERS UNE MÉTROPOLE DU IIIE MILLÉNAIRE Dans les années 1980, alors que la région végète dans un état de crise profond, destabilisée par la reconversion de l'industrie lourde, le gouvernement nationaliste basque imagine un projet ambitieux pour Bilbao. Sur les terrains vagues abandonnés au bord de la ría de Bilbao, sur les ruines désaffectées des activités sidérurgiques et portuaires, symboles d'une cité moribonde, un projet fou voit le jour : un musée d'art moderne

Tableau kilométrique

	Bilbao	Gernika	Elorrio	Balmaseda	Vitoria
Gernika	35				
Elorrio	44	37			
Balmaseda	33	64	72		
Vitoria	65	67	46	70	
San Sebastián	100	92	73	128	110

et contemporain. Aujourd'hui, l'"effet Guggenheim" est incontestable. En six ans, l'investissement initial a été remboursé, des dizaines de milliers d'emplois ont été créés et, surtout, Bilbao a accédé au rang de pôle culturel européen. Dans le sillage de Frank O. Gehry, qui mit tout son génie dans la conception du musée Guggenheim, les architectes se précipitent pour forger cette métropole du IIIe millénaire : Norman Foster (qui dessine son métro), Santiago Calatrava, Arata Isozaki… Les hôtels de luxe se multiplient, de nouvelles tables voient le jour, les visiteurs se font toujours plus nombreux. Le port développe ses activités à destination du continent américain, le chômage baisse. Le succès de Bilbao a aujourd'hui un effet positif sur tout l'Euskadi. Un "miracle" qui fait figure d'exemple, et un modèle de reconversion pour les friches industrielles du monde entier. Les crises économiques de ce début du XXIe siècle ont, certes, affecté le Pays basque espagnol. Mais si l'euphorie générale est retombée, Bilbao reste un modèle de dynamisme et de réussite en Espagne.

MODE D'EMPLOI

accès

EN AVION

L'aéroport est situé à Loiu, à 5km au nord du centre-ville. Nombreux vols nationaux et internationaux.

Aéroport de Bilbao *Tél. 902 40 47 04 www.aena.es* **Accueil et informations touristiques** *(à l'étage des départs) Tél. 944 03 14 44 Ouvert tlj. 10h-14h et 15h-19h*

Air France *Tél. 944 86 98 01 ou 902 20 70 90*

Bizkaibus A3247 Navettes directes pour le centre-ville toutes les 30min en semaine, de 6h15 à 0h. Arrêts Gran Vía 79, Plaza Moyúa, Alameda Rekalde 11, Termibus. *Gurtubay 1 Tél. 902 22 22 65 www.bizkaia.net*

EN TRAIN

EuskoTren Trois lignes au départ de Bilbao, desservant la côte, la vallée du Txorierri et le Guipúzcoa. *Tél. 902 54 32 10 www.euskotren.es*

Estación de Atxuri (plan 9, D2) *Atxuri, 6-8*

Feve Liaisons avec Balmaseda, Santander et Léon. *Tél. 944 25 06 15 www.feve.es*

Renfe Relie Bilbao aux principales villes d'Espagne (Alicante, Barcelone, Burgos, Málaga, Saragosse ou Madrid). *Tél. 902 32 03 20 www.renfe.com*

Estación de Abando (plan 9, C2) *Plaza Circular, 2*

Estación de Santander (plan 9, C2) *Bailén, 2*

EN VOITURE

À 100km à l'ouest de San Sebastián par l'A8, à 108km de Santander et à 65km de Vitoria-Gasteiz par l'A68.

Stationnement Vous trouverez des parkings souterrains payants dans toute la ville (les plus pratiques étant, pour le Casco Viejo, celui de l'avenue de l'Arenal et, pour la ville moderne, le parking aménagé sous la Alhóndiga, près de la Plaza Moyúa).

EN CAR

De nombreuses compagnies desservent la région et les principales villes d'Espagne.

Gare routière Termibus (plan 9, A3) *San Mamès Gurtubay, 1 (sur la ligne 1 du métro) Tél. 944 39 50 77 www.termibus.es*

Alsa Liaisons avec Santander, Barcelone, Valladolid. *Tél. 902 42 22 42 www.alsa.es*
Bizkaibus Dessert toute la Biscaye. *Tél. 902 22 22 65 ou 902 22 22 65 (horaires) www.bizkaia.net*
PESA Desserte quotidienne avec San Sebastián. En été, liaisons régulières avec la France (Bayonne, Lourdes). *Tél. 902 10 12 10 www.pesa.net*

orientation

En arrivant de l'est (San Sebastián), on pénètre dans Bilbao par l'**Ensanche**, la partie moderne située sur la rive gauche de la ría de Bilbao, en traversant le pont de la Salve, qui enjambe le musée Guggenheim et subjugue d'emblée le visiteur. Sur la rive droite se serre le quartier du **Casco Viejo** (plan 10), avec au sud le marché de la Ribera et, vers l'ouest et l'océan, l'université de Deusto. S'il est facile de découvrir à pied l'essentiel de la ville, le métro s'avère utile pour relier le vieux Bilbao aux quartiers commerciaux de l'**Ensanche** (plan 9, B2-B3), où se concentrent boutiques, services, administrations et restaurants.

visites guidées

À PIED

Bilbao Walking Tours Chaque samedi et dimanche, l'office de tourisme organise deux visites guidées en espagnol et en anglais (90min, 4,50€). Pour découvrir le Casco Viejo, rendez-vous à l'annexe du théâtre Arriaga à 10h et, pour une balade sur les quais de Abandoibarra et dans l'Ensanche, à 12h à l'annexe du musée Guggenheim.

EN BUS

Bus Turistikoa Un parcours à la découverte de Bilbao, du Guggenheim au Casco Viejo. Départ Alameda Mazarredo, 67 (plan 9, B1). Les billets, valables 24h, s'achètent directement dans le bus ou à chacun des 13 arrêts. *Tél. 943 44 18 28 www.busturistikoa.com Juil.-août et semaine sainte : tlj. à 11h, 12h, 13h, 15h, 16h, 17h et 18h ; juin, sept.-oct. : lun. et merc.-dim. à 11h, 12h, 13h, 15h, 16h et 17h ; Toussaint-déc. : lun. et merc.-dim. à 11h, 12h, 13h, 15h Tarif 14€, réduit 12€, moins de 12 ans 6€*

EN BATEAU

Bilboats Une croisière de 1h sur la ría. Embarquement Plaza Pio Baroja face à l'Ayuntamiento (plan 9, C1). *Tél. 644 44 20 55 ou 946 42 41 57 www.bilboats.com Départs avr.-juin : tlj. à 13h, 16h, 17h30, 19h ; juil.-sept. : tlj. à 13h, 16h, 17h30, 19h, 20h15 ; oct.-mars : tlj. à 13h, 16h, 17h30 (et 19h le sam.) Tarif 12€, plus de 65 ans et moins de 10 ans 6€, moins de 4 ans 1€*

informations touristiques

Bilbao Turismo-office de tourisme principal (plan 9, B1) C'est le bureau principal et le point d'information le plus complet de la ville. Petit plus : il offre un service de réservation très performant. Vous y trouverez en vente la **Bilbaocard** (entre 6 et 12€), une carte de transport valable de 1 à 3 jours donnant droit à des réductions dans les musées, les commerces et les salles de spectacles, ainsi que la revue bimestrielle gratuite *Bilbao Guide*, une mine d'informations culturelles et d'adresses. *Plaza del Ensanche, 11 Tél. 944 79 57 60 www.bilbao.net Ouvert lun.-ven. 9h-14h et 16h-19h30*
Annexe du théâtre Arriaga (plan 10, A1) *Plaza Arriaga, s/n Ouvert juil.-août : tlj. 9h30-14h et 16h-19h30 ; sept.-juin : lun.-ven. 11h-14h et 17h-19h30, sam. 9h30-14h et 17h-19h30, dim. et j. fér. 9h30-14h*
Annexe du musée Guggenheim (plan 9, B1) *Avenida Abandoibarra, 2 Ouvert lun.-ven. 11h-18h, sam. 11h-19h, dim. et j. fér. 11h-15h*

Infoline *Tél. 944 03 14 44 Ouvert tlj. 10h-14h et 15h-19h*

location de voitures

La plupart des agences de location ont un comptoir à l'aéroport.
Avis *Tél. 944 86 96 49*
Europcar *Tél. 944 39 78 70*
Hertz *Tél. 944 53 09 31*

se déplacer en ville

MÉTRO

Metro Bilbao Le métro inventé par l'architecte anglais Norman Foster passe pour le plus beau du monde... Moderne, très facile d'accès, il vous transporte en un rien de temps d'un point de la ville à un autre et même au-delà : on peut aller à la plage en métro ! La ligne 1 relie Plentzia à Basauri, la ligne 2 Kabiezes à Basauri. Les stations du centre-ville entre San Ignazio et Etxebarri sont communes aux deux lignes. Tarification en fonction de la zone où se trouve la station : dans la zone A/centre-ville, le ticket se vend 1,50€. *Tél. 944 25 40 25 www.metrobilbao.net Circule dim.-jeu. 6h-23h, ven. et veilles de fête 6h-2h (toute la nuit en été), sam. 6h-toute la nuit*

TRAMWAY ET BUS

EuskoTran Le tramway *(tranvia)* traverse la ville et relie les quartiers de Basurto à Atxuri. Une manière simple de parcourir la ville en la visitant. Tarif 1,45€/trajet ou 4€/j. *Tél. 902 54 32 10 www.euskotran.es Circule de 6h à 23h45 (7h30 sam.-dim. et j. fér.), avec une fréquence de 5 à 10min*
Bilbobus Une quarantaine de lignes de bus quadrille Bilbao. Parmi les plus pratiques pour découvrir la ville, citons la 1 (Arangoiti-Plaza Biribila), la 56 (La Peña-Jesusen Bihotza) et la 76 (Moyúa-Rekalde) *Tél. 944 79 09 81 www.bilbao.net*

TRAINS DE BANLIEUE

Renfe Cercanías Trois lignes de train de banlieue desservent les alentours de Bilbao au départ de la gare d'Abando : la C-1 (vers Santurtzi), la C-2 (vers Muskiz) et la C-3 (vers Orduña). *Tél. 902 32 03 20 www.renfe.com*

TAXIS

Radio Taxi *Tél. 944 44 88 88*
Radio Taxi Nervión *Tél. 944 26 90 26*

accès Internet

Laser Bilbao (plan 9, C1) Le cybercafé préféré des étudiants, à quelques minutes du Casco Viejo. Connexion 0,06€/min. Impressions, fax et photocopies. *Sendeja, 5 Tél. 944 45 35 09 Ouvert lun.-ven. 10h30-1h, sam.-dim. 11h-1h*

marchés

☺ **Mercado de la Ribera (plan 10, B2)** Cette grande halle couverte (p.552) accueille une centaine de producteurs de la région. *Ribera, 22 bis Ouvert lun.-jeu. 8h-14h30, ven. 8h-14h30 et 17h-20h (et veille j. fér.), sam. 8h-15h*
Mercado del Ensanche (plan 9, B1) Voisin de l'office de tourisme, ce marché est plus petit que celui de la Ribera. *Plaza del Ensanche Ouvert été : lun.-sam. 7h30-15h ; hiver : lun.-sam. 7h30-14h30*
Mercado de Santo Tomás (plan 10, A1-B1) Un marché traditionnel de produits locaux. *Plaza Nueva 21 déc.*
Marché aux puces (plan 10, A1-B1) *Plaza Nueva Dim. mat.*

fêtes et manifestations

Dantzaldia Festival de danse contemporaine. *www.dantzaldia.org Fév.*
Carnaval (Inauteriak) *Fév.-mars*
☺ **Semaine sainte** Les processions se succèdent dans la ville. *Mars ou avr.*

Plan 9 Bilbao/Bilbo

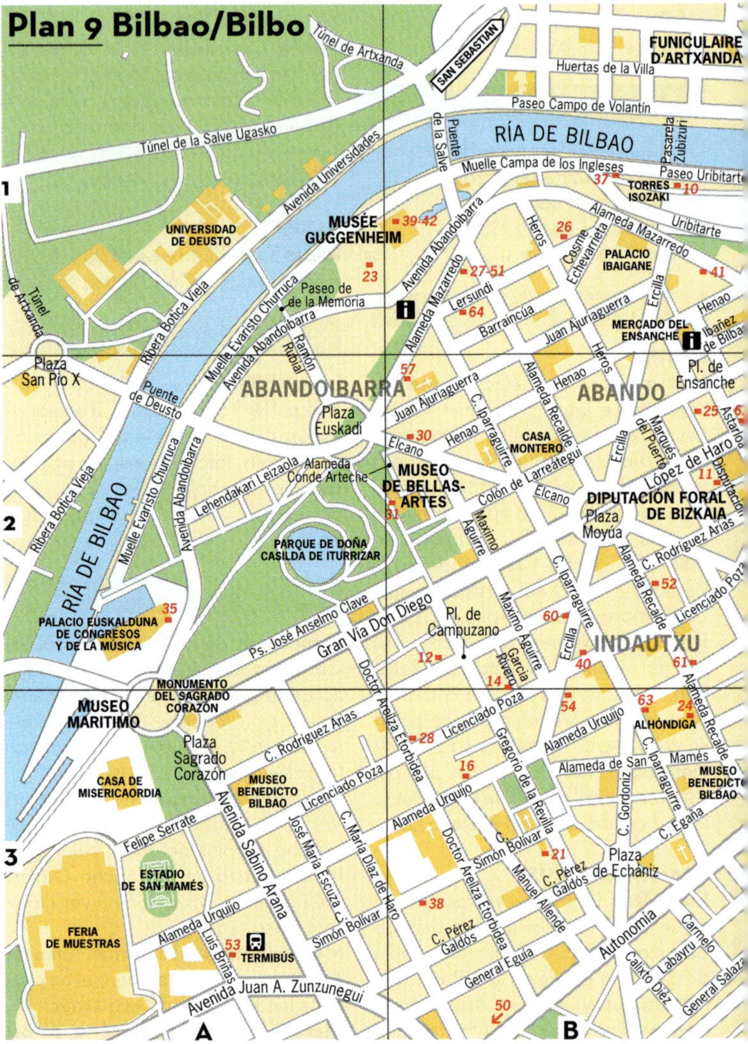

Pintxos (n°10 à 16)

- Atea* — **10** B1
- Bar El Globo* — **11** B2
- Bitoque* — **12** B2
- Café Iruña* — **13** C1
- El Huevo Frito* — **14** B2
- Izaro* — **16** B3

Cafés, bars, lieux de sortie (n°20 à 29)

- Congreso — **20** C1
- Cotton Club — **21** B3
- Kafe Antzokia — **22** C1
- Kiosko La Terraza* — **23** A1
- La Terraza de la Yandiola* — **24** B3
- Lekeitio* — **25** B2
- Pastelería New-York* — **29** C1
- Pub Otxoa — **26** B1
- Splah & Crash — **27** B1
- Ziripot* — **28** B3

Restauration (n°30 à 42)

- Abaroa — **30** B2
- Arbola-Gaña — **31** B2
- Asador Getaria — **32** C1
- Asador Ibáñez de Bilbao — **33** C1

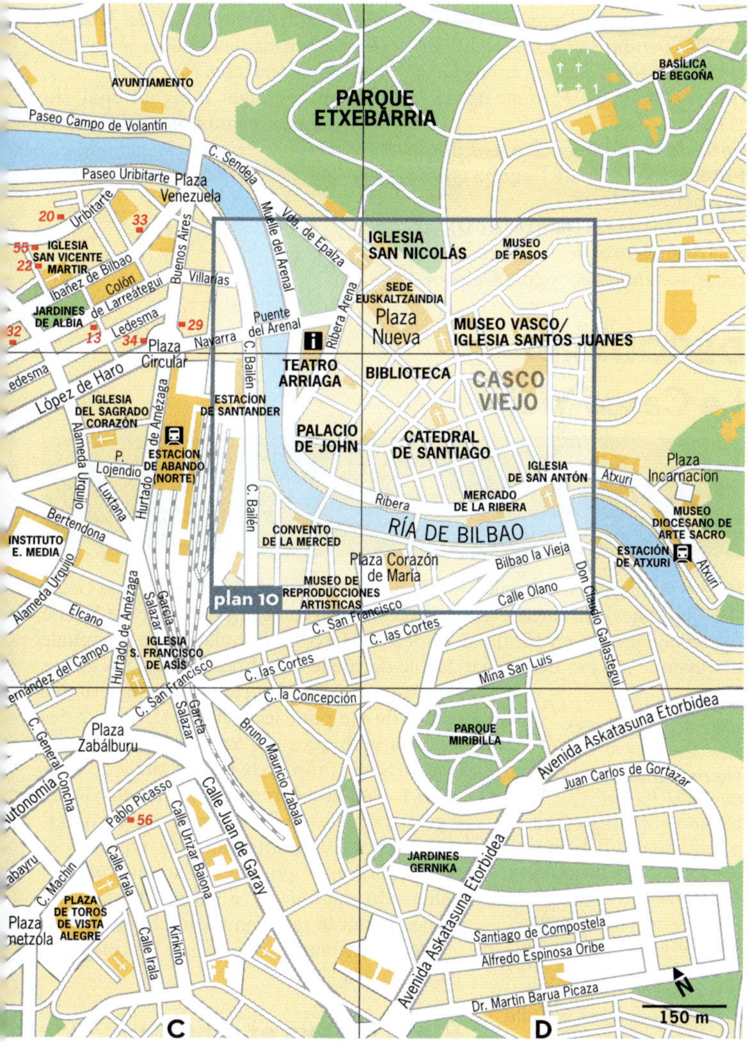

Bistró Guggenheim ____ **42** B1
Café La Granja ____ **34** C1
Etxanobe ____ **35** A2
La Taberna de los Mundos ____ **38** B3
Larruzz ____ **37** B1
Nerua ____ **39** B1
Serantes ____ **40** B2
Zortziko ____ **41** B1

Hébergement (n°50 à 57)

Albergue Bilbao Aterpetxea ____ **50** B3
Gran Hotel Domine ____ **51** B1
Hostal Central ____ **52** B2
Hostal San Mamés ____ **53** A3
Hotel Ercilla ____ **54** B3
Hotel Husa Jardines de Albia ____ **55** C1
Hotel Vista Alegre ____ **56** C3
Miró Hotel ____ **57** B2

Shopping (n°60 à 64)

Alma de Cacao ____ **60** B2
Morango Baby* ____ **61** B2
Pastelería Arrese* ____ **62** B2
Shópa* ____ **63** B3
Vinoteca Manu Martín ____ **64** B1

* À RETROUVER DANS LA PARTIE DÉCOUVRIR

Semana grande Dans les rues de la ville, pendant une semaine, s'enchaînent feux d'artifice, bals et corridas. *Autour du 1er dim. après le 15 août*

Feria de corrida *Dernière sem. d'août*

Fête de la Vierge de Begoña *15 août et 11 oct.*

Bilbao Antzerkia Dantza (BAD) Festival de théâtre et de danse contemporaine. *www.bad-bilbao.com Oct.-nov.*

Festival Internacional de Títeres Festival de marionnettes créé en 1982. *www.pantzerki.com Nov.*

Zinebi Festival international du cinéma documentaire et du court-métrage. *www.zinebi.com Nov.-déc.*

DÉCOUVRIR

Le Casco Viejo

☆**Les essentiels** La Plaza Nueva et ses bars à *pintxos*, la balade médiévale à travers les Siete Calles **Découvrir autrement** Approfondissez vos connaissances au Musée basque et au musée des Pasos, faites le tour des étals du marché de la Ribera

Bilbao la Vieja, la vieille ville de Bilbao, souvent surnommée les *Siete Calles* (les sept rues) ou encore *Barrenkale*, conserve la physionomie de la cité médiévale fondée en 1300 par López de Haro. La population de la capitale biscayenne n'a pas déserté ce dédale de ruelles sombres au tracé irrégulier. Le Casco Viejo demeure en effet un véritable centre de vie pour les Bilbaínos : autour des temples gothiques des XIVe et XVe siècles, de l'église San Antón et de la cathédrale de Santiago, la tradition commerçante née au Moyen Âge se perpétue, forte d'une offre commerciale riche, associant magasins typiques et boutiques contemporaines à l'animation journalière du marché de la Ribera. Le soir, les jeunes y font la fête, tandis que les gourmets goûtent l'ambiance des bars à *pintxos* de la Plaza Nueva.

ASCENSEURS PUBLICS

Ne manquez pas une curiosité locale, totalement intégrée au quotidien des Bilbaínos : les six ascenseurs publics qui desservent les quartiers juchés sur les hauteurs du vieux Bilbao. À une centaine de mètres de la station de métro Casco Viejo, dans la Calle Esperanza, le plus connu, l'ascenseur de Begoña, permet d'accéder aux environs du parc Etxebarria. *Tarif* 0,45€

Plaza Nueva et alentour

☆**Plaza Nueva (plan 10, A1-B1)** Achevée en 1851 après vingt ans de travaux, elle n'usurpe pas son nom de place neuve. Son architecture néoclassique, sa forme rectangulaire, ses 64 élégants arcs de pierre claire soutenus par des colonnes doriques tranchent avec les rues sombres du reste du quartier. Si seuls quatre arbres rappellent le jardin qui s'épanouissait à l'origine en son cœur, elle offre toujours les terrasses les plus agréables et les plus prisées de Bilbao. Tous les dimanches s'y tient un sympathique marché aux puces et, chaque 21 décembre, le marché agricole de Santo Tomás y réunit des producteurs venus de toute la région. *Plaza Nueva*

Iglesia San Nicolás de Bari (plan 10, A1) Erigée au XVIIIe siècle en l'honneur du saint patron des navigateurs par l'architecte Ignacio de Ibero, elle présente une architecture sobre, d'inspiration baroque "modérée". Deux tours symétriques dominent un portique orné du blason de la ville : une église, deux ponts, une tour et des loups, symboles de la famille López (du latin *lupus*) de

Sur la Plaza Nueva... à l'heure des *pinxtos*

Les bars-restaurants ouverts sous les arcades de la plaza Nueva constituent un passage obligé pour les Bilbaínos, qui s'y retrouvent nombreux, pour déjeuner, boire un verre pendant que les enfants jouent sur les pavés, ou pour grignoter quelques pintxos entre amis le soir venu.

☺ **Victor Montès (plan 10, B1 n°13)** Véritable institution bilbaína, le Victor Montès n'a pas volé son excellente réputation. Ce bar à vins à la cave impressionnante a tout pour plaire : une déco exceptionnelle, un service parfait, une clientèle de passionnés, des portions généreuses rehaussées d'une touche rétro irrésistible. Si les panneaux de bois de la devanture indiquent *quesos, pates e ahumados* (fromages, pâtés et charcuterie), les *pintxos* de la maison font la part belle aux produits de la mer (thon en escabèche, saumon fumé, poulpe et tourteau). Très jolie terrasse sous les arcades. *Plaza Nueva, 8 Tél. 944 15 70 67 www.victormontes.com Ouvert lun.-jeu. 10h-23h, ven.-sam. 10h-0h, dim. 11h-16h*

Café Bilbao (plan 10, B1 n°10) Créé en 1911, ce café chaleureux à l'atmosphère familiale se distingue par un décor d'azulejos dans les tons bleu et jaune, superbement restaurés. Une clientèle d'habitués, parmi lesquels des anciens du quartier qui apprécient ses petites tables carrées, s'y régalent de croquettes de jambon, de brochettes ou de *pintxos* froids, comme le classique Bilbaínito (œuf et crevettes), la morue marinée ou les "truffes" de fromage aux noix. *Plaza Nueva, 6 Tél. 944 15 16 71 www.bilbao-cafebar.com Ouvert lun.-ven. 6h30-23h, sam. 9h-23h, dim. 9h-13h fermé dim. en août*

Zuga (plan 10, A1 n°14) L'emblème du bar à *pintxos* le plus jeune de la Plaza Nueva est une drôle de grenouille. Le soir, il y a foule : faites comme les Bilbaínos, restez debout près du comptoir et de ses plats alléchants, ou installez-vous, un verre à la main, sur les bancs dehors. Il faut goûter les *pintxos* de très haut niveau concoctés par cette équipe dynamique et souriante : le spécial Zuga, au magret de canard et martini rouge, foie au vinaigre de Modène et fruits rouges, ou les cuillères de gazpacho. *Plaza Nueva, 4 Tél. 944 15 03 21 Ouvert lun.-jeu. 9h-22h30, ven.-sam. 10h-23h, dim. 10h-16h*

Haro, fondatrice des lieux. L'intérieur, de forme octogonale, conserve cinq retables et des sculptures de Juan Pascual de Mena. *Plazuela San Nicolás, 1 Tél. 944 16 34 24 Ouvert lun.-sam. 10h30-13h et 17h30-20h, dim. 10h30-13h*

El Arenal (plan 10, A1) Ancienne bande sableuse bordant la ría de Bilbao, aménagé dès le XVIIIe siècle, le Muelle del Arenal constitue un lieu de promenade très apprécié des habitants avec ses grands arbres, ses fontaines et son kiosque à musique Art déco. Il matérialise la séparation entre le Casco Viejo et le reste de la ville.

Teatro Arriaga (plan 10, A1) De style néobaroque, généreux en cariatides, angelots et guirlandes, il fut construit à la fin du XIXe siècle par les architectes Joaquín Rucoba et Octavio de Toledo sur le modèle de l'opéra de Paris. Il doit son nom au compositeur natif de Bilbao Juan Crisóstomo de Arriaga. Restauré en 1987, il a conservé la plupart de ses décorations d'origine et accueille aujourd'hui concerts, ballets et opéras. *Plaza Arriaga, 1 Tél. 944 79 20 36 www.teatroarriaga.com*

Iglesia Santos Juanes (plan 10, B1) Construite au XVIIe siècle dans un style baroque biscayen par Martín Ibañez de Zalbidea, elle faisait partie de l'ancien collège San Andrés, aujourd'hui Musée basque. Après l'expulsion des jésuites d'Espagne en 1767, elle fut attribuée au culte des Santos Juanes de Ibeni. Remarquez la richesse de sa décoration intérieure, en particulier le très bel autel dédié au Sacré-Cœur de Jésus, du XVIIIe siècle. *La Cruz, 4 Tél. 944 15 39 97 Ouvert lun.-ven. 10h-13h et 17h30-20h*

☺ **Museo Vasco-Musée basque (plan 10, B1)** Ce musée établi dans l'ancien collège des jésuites San Andrés (XVIIe s.) se déploie sur quatre niveaux pour éclairer l'histoire de la Biscaye de la préhistoire au XXe siècle. Enrichies année après année, ses collections nous racontent le berger comme l'homme de la mer, les premières manifestations de la vie humaine jusqu'aux activités industrielles. Au rez-de-chaussée, d'intéressantes expositions temporaires s'emploient à dépasser le seul registre de la culture basque. Ne manquez pas le cloître, de toute beauté, et sa sculpture zoomorphe du Ve-Ier siècle av. J.-C, l'idole de Mikeldi. Borne territoriale ou figure magique, les interprétations concernant cette dernière varient. *Plaza Miguel de Unamuno, 4 Tél. 944 15 54 23 www.euskal-museoa.org Ouvert mar.-sam. 11h-17h, dim. 11h-14h Fermé j. fér. Tarif 3€, réduit 1,50€, plus de 65 ans, moins de 10 ans et jeu. pour tous gratuit*

"Ville-Monde"

Un voyage radiophonique dans Bilbao en compagnie de ses créateurs, écrivains, artistes : Juan Bás, écrivain ; Javier Viar, conservateur du musée des Beaux-Arts de Bilbao ; Luisa Etxenike, écrivain ; et d'autres hommes et femmes de culture… *Deux heures d'émission à écouter et à télécharger librement sur www.franceculture.fr/emissionvilles-mondes-13-14*

Plan 10 Bilbao Casco Viejo

Pintxos (n°10 à 14)
Café Bilbao* ____ **10** B1
Café Nervión* ____ **11** A2
Gatz* ____ **12** A2
Victor Montès* ____ **13** B1
Zuga* ____ **14** A1

Glaces, turrones (n°20 et 21)
Turroneria Adelia Iváñez* ____ **20** A1
Turrones y helados Iváñez* ____ **21** B1

Cafés, bars et lieux de sortie (n°30 à 34)
Bilborock ____ **30** A2
Bullitt Groove Club ____ **31** A2
El Surtidor ____ **34** A2-B2
El Último Tranvía ____ **32** A2-B2
Lamiak ____ **33** A2

Restauration (n°40 et 41)
Borne* ____ **40** A2
Victor ____ **41** A1

Hébergement (n°50 à 55)
Bilborooms ____ **50** A1
Hotel Arriaga ____ **51** A1
Hotel Ripa ____ **52** A1
Pensión de la Fuente ____ **54** A1
Pensión Itturiena ____ **53** A2
Petit Palace Arana ____ **55** A1

Shopping (n°60 à 65)
Alacena del Victor Montès* ____ **60** A1
Kukuxumusu* ____ **62** B1
Sombreros Gorostiaga* ____ **64** A1
Zergatik* ____ **65** A1

*À RETROUVER DANS LA PARTIE DÉCOUVRIR

Museo Arqueológico de Bizkaia (plan 10, B1) Au flanc de la colline, face à la statue de Miguel de Unamuno, ce petit musée retrace sur deux niveaux l'histoire de la Biscaye à travers des vestiges de la préhistoire à la période médiévale : outils et armes (harpons en corne) des cueilleurs et des pêcheurs du paléolithique ainsi que des agriculteurs du néolithique, poteries de l'époque romaine, stèles et bijoux du Moyen Âge, etc. La muséographie soignée aide à comprendre dans quels contextes géographique et historique ces objets sont apparus. *Calzadas de Mallona, 2 Tél. 944 04 09 90 www.bizkaia.net Ouvert mar.-sam. 10h-14h et 16h-19h30, dim. et j. fér. 10h30-14h Tarif 3€, réduit 1,50€, moins de 12 ans et dernier ven. du mois pour tous gratuit*

☺ **Museo de Pasos de Semana Santa (plan 10, B1)** Si vous n'avez pas la chance de vous trouver à Bilbao durant la semaine sainte, ce musée vous donnera un aperçu des fastes de la fête religieuse la plus importante de l'année, célébrée depuis les inondations de 1553. Les *pasos*, ce sont les chars qui transportent d'immenses reconstitutions de scènes de la Passion. Chaque confrérie (*cofradia* ou *hermandad*) entretient précieusement ces statues, dont certaines datent parfois du XVIe siècle. Le musée expose aussi des costumes et blasons, ainsi que de nombreuses photographies qui témoignent de l'ampleur de la manifestation. *Iturribide, 3 Tél. 944 15 04 33 www.museodepasosbilbao.com Ouvert mar.-ven. 11h-13h30 et 17h-19h30, sam. 11h-14h et 17h-20h, dim. 11h-14h Fermé août, semaine sainte (3 sem.) et j. fér. Tarif 2€, plus de 65 ans et moins de 10 ans gratuit*

LA BISCAYE

● Où acheter des produits régionaux et autres souvenirs ?

Alacena del Victor Montès (plan 10, A1 n°60) Épicerie fine du temple gastronomique Victor Montès, situé à deux pas, cette *alacena* (littéralement "placard à provisions" !) est l'endroit idéal pour des achats gourmands. Jambons, foie gras, pâtés, vins, liqueurs et petits gâteaux : le vaste assortiment de produits du monde entier et d'articles de cuisine fait de cette boutique à la déco très étudiée un must pour tous les amoureux de l'art culinaire. *Plaza Nueva, 12 Tél. 944 15 43 85 Ouvert lun.-sam. 10h30-14h30 et 17h30-21h*

Kukuxumusu (plan 10, B1 n°62) Cartes postales originales, bouteilles isothermes décorées de brebis ou de cactus, articles pour bébés, textiles aux motifs amusants : il y en a pour tous les goûts et à tous les prix dans cette jolie boutique de la petite marque régionale. *La Cruz, 13 Tél. 944 79 29 66 www.kukuxumusu.com Ouvert lun.-sam. 10h15-20h30*

● Où dénicher un béret ou un T-shirt 100% basque ?

Sombreros Gorostiaga (plan 10, A1 n°64) Fondée en 1857, cette maison de tradition sise au cœur du vieux Bilbao vend de vrais bérets basques. Pour une vingtaine d'euros, les connaisseurs rapporteront une belle pièce de fabrication artisanale, à moins qu'ils se laissent tenter par un bibi à plumes ou un feutre distingué de cette boutique au charme suranné. *Victor, 9 Tél. 944 16 12 76 Ouvert lun.-ven. 10h-13h30 et 16h-20h, sam. 10h-13h30 et 16h30-20h (été : ouvert matin seulement)*

Zergatik (plan 10, A1 n°65) "Pourquoi", un grand nom de la mode créée par les stylistes basques, détourne allègrement le boutonnage et les fermetures éclair, transformant ainsi l'usage de ses vêtements. Tuniques, tops, robes ou vestes aux jeux de découpe novateurs pour un look urbain, coloré et décontracté. *Victor, 4 Tél. 946 79 20 08 www.zergatik.com Ouvert lun.-sam. 10h30-20h30*

La cathédrale Santiago et les Siete Calles

☆**Las Siete Calles (plan 10, B2)** Passé le Portal de Zamudio, l'ancienne porte de la ville où l'on prêtait serment aux *fueros*, vit le noyau originel de Bilbao. À ses trois rues les plus anciennes, Somera, Artekale et Tenderia,

DE SURPRISE EN SURPRISE
Prenez le temps de flâner dans les Siete Calles, elles sont toujours très vivantes et vous réservent quelques surprises, à l'instar de cette "fontaine du chien", dans la rue du même nom (près de la cathédrale Santiago), et ses drôles de têtes de… lions d'inspiration égyptienne !

datant d'environ 1300, se sont ajoutées en 1350 les rues Belostikale, Carniceria Vieja, Barrenkale et Barrenkale Barrena : sept rues enchevêtrées où l'on commerça activement dès le XVIe siècle.

Catedral de Santiago (plan 10, B2-B2) Dédiée à saint Jacques, saint patron de Bilbao depuis 1643, elle constitue l'une des étapes du chemin côtier de Saint-Jacques-de-Compostelle. Édifiée à la fin du XIVe siècle dans un style gothique, elle forme une croix latine divisée en trois nefs surmontées de voûtes en croisée d'ogives. Son élégant cloître du XVIe siècle communique avec l'extérieur par la porte dite de l'Ange, décorée d'étoiles, qui ouvre sur la Calle Correo. La tour et la façade principale, néogothique, furent achevées par Severino Achúcarro en 1887. Ses volumes de dimension modeste s'expliquent par le fait que l'édifice, à l'origine simple église, n'accéda au rang de cathédrale qu'en 1949. *Visites guidées S'adresser au Musée diocésain Plaza de Santiago, 1 Tél. 944 15 36 27 ou 944 32 01 25 (Musée diocésain) Ouvert lun.-sam. 11h-13h et 17h-19h dim. lors des messes uniquement*

● Où s'offrir une glace, se régaler de *turrones* ?

Dans la **Calle Correo**, deux magasins se livrent une guerre particulière. Au n°12 et au n°23, les descendants d'Eladio Iváñez Coloma se disputent en effet l'héritage de leur illustre ancêtre, originaire d'Alicante, qui commercialisa à Bilbao ses *turrones* avec succès. L'été, les Bilbaínos s'y délectent des meilleures glaces de la ville, l'hiver, ils font le plein de *turrones* artisanaux en vue des fêtes de fin d'année. Car, au cœur de ce conflit de confiseurs, les deux adresses concurrentes ont en commun de succulents produits…

☺ **Turroneria Adelia Iváñez (plan 10, A1 n°20)** Adelia, la petite-fille d'Eladio Iváñez Coloma (dont une grande photo à l'entrée atteste la filiation !), propose un large choix de parfums, sorbets et spécialités pour diabétiques. Cadre moderne assez impersonnel, mais on peut s'asseoir à une table pour déguster sa glace. *Correo, 12 Tél. 944 16 93 26 www.adeliaivanez.com Ouvert juin-août : lun.-ven. 11h-21h30, sam.-dim. 11h-0h ; sept.-déc., mi-mars-mai : tlj. 11h30-14h et 16h-21h*

☺ **Turrones y helados Iváñez (plan 10, B1 n°21)** Une minuscule boutique décorée d'authentiques ustensiles anciens. Crèmes glacées aux parfums classiques. Belles présentations à l'esthétique rétro pour offrir des *turrones* de Jijona au miel (tendres) ou d'Alicante (durs). *Correo, 23 Tél. 944 79 24 07 www.turronbilbao.com Ouvert mai-déc. : tlj. 12h-20h30*

● Où grignoter des *pintxos* ?

☺ **Gatz (plan 10, A2 n°12)** Habitué des palmarès des concours régionaux de *pintxos*, ce bar ne décevra pas l'amateur de haute cuisine en miniature. Tartare de bœuf, "caprice" de fromage et framboise sur lit de saumon : le comptoir en bois sombre est couvert de plats créatifs, à déguster dans une ambiance détendue. *Santa María, 10 Tél. 944 15 48 61 Ouvert lun.-jeu. 13h-15h et 19h-23h, ven. 13h-15h et 19h-0h, sam. 13h-16h et 19h-0h, dim. 13h-16h Fermé sept.*

Le marché de la Ribera et ses abords

☺ **Mercado de la Ribera (plan 10, B2)** Si la renommée du marché remonte au XIVe siècle, le bel édifice qui abrite aujourd'hui l'un des plus grands marchés couverts d'Europe date de 1929. L'architecte Pedro Ispizua conçut un bâtiment d'une grande modernité pour l'époque, ouvert pour éviter les mauvaises odeurs (plaie des marchés d'antan !) et laisser la lumière se diffuser harmonieusement. Les commerçants se répartissent sur trois niveaux : au rez-de-chaussée les poissonniers, au premier étage les bouchers et charcutiers, au second les primeurs, fruits et légumes. Le marché est un art de vivre pour les Bilbaínos ! *Ouvert lun.-jeu. 8h-14h30, ven. 8h-14h30 et 17h-20h (et veille j. fér.), sam. 8h-15h*

Museo Diocesano de Arte Sacro (plan 9, D2) Aménagé dans l'ancien couvent des religieuses dominicaines de l'Incarnation construit au début du XVIe siècle, ce musée diocésain d'art sacré abrite depuis 1995 un fonds réunissant quelque 2 000 pièces du XIIe au XXe siècle : des vêtements sacerdotaux du XIVe siècle, de l'orfèvrerie et une collection de peinture contemporaine, dont des œuvres du Bilbaíno Quintín de Torre et du Castillan López Villaseñor. *Plaza Encarnación, 9B Tél. 944 32 01 25 www.eleizmuseoa.com Ouvert mar.-sam. 10h30-13h30 et 16h-19h, dim. et j. fér. 10h30-13h30 Tarif 2€, réduit 1€, gratuit jeu.*

Museo de Reproducciones artisticas (plan 10, A2) Empruntez le pont Merced ou le pont piétonnier de la Ribera et son armature métallique datant de 1881 pour rejoindre la rive gauche de la ría de Bilbao, désignée sous le nom de *Bilbao la Vieja* (Bilbao la vieille), et y visiter le petit musée des reproductions installé dans l'ancienne Iglesia del Corazón de María. Les inconditionnels de statuaire grecque seront comblés. *San Francisco, 14 Tél. 946 79 02 55 www.museoreproduccionesbilbao.org Ouvert mar.-sam. 10h-13h30 et 16h-20h, dim. 10h-14h Tarif 3€, réduit 1,50€, plus de 65 ans, moins de 10 ans et jeu. pour tous gratuit*

● Où boire un verre, manger sur le pouce ?

Café Nervión (plan 10, A2 n°11) Un grand café, jeune et coloré, à l'ambiance bohème, couru en journée pour avaler quelques *pintxos* ou *bocadillos*, froids ou chauds, tout en profitant du calme et des vues sur la ria et le Casco Viejo. Le soir, une foule mixte (hétéro et gay) et conviviale s'y presse, soit pour le premier verre, soit pour le dernier ! *Naja, 7 Tél. 944 16 91 89 Ouvert lun.-ven. 11h-1h30, sam.-dim. 13h-2h*

● Où manger végétarien ?

Borne (plan 10, A2 n°40) Sur la pente de San Francisco, ce petit restaurant attire chaque midi légumivores et adeptes du "tout équilibré" avec un menu du marché strictement végétarien (10,50€). À la carte, lasagnes de légumes, risottos, grandes salades (plats 4-5€). Une adresse ouvertement antimalbouffe ! *General Castillo, 3 Tél. 679 62 37 41 Ouvert lun.-sam. 13h-16h Fermé 15 août-5 sept.*

Hôtel de ville et parc Etxebarria

Ayuntamiento-hôtel de ville (plan 9, C1) La Casa Consistorial de Bilbao, réalisée entre 1883 et 1892 selon les plans de Joaquín Rucoba, a une apparence assez spectaculaire pour une structure dédiée à des activités administratives. Au centre, un large balcon fermé par des arcades soutenues par huit colonnes, surmonté d'une tour et son horloge. Sur la façade, une profusion de décorations, médaillons, guirlandes et pilastres néoclassiques. Il faudra se joindre à un groupe pour pouvoir admirer l'intérieur, notamment la salle plénière et le salon arabe inspiré de l'Alhambra de Grenade. *Plaza Ernesto Erkoreka, 1 Tél. 944 20 52 97 ou 944 20 50 06 Visite lun.-ven. sur rendez-vous uniquement (fermé en août)*

Basílica de Begoña (plan 9, D1) Elle fut construite au début du XVIe siècle en l'honneur de la patronne de la Biscaye, sur les vestiges d'un ancien ermitage où serait apparue la Vierge, ou *Amatxo*. Les Basques lui vouent un culte particulier : chaque année, un pèlerinage attire jusqu'à elle de nombreux fidèles venus de toute la région. Bâtie dans un style gothique d'après les dessins de Sancho Martínez de Arego, l'église renferme un beau retable néoclassique et un carillon du début du XXe siècle, dont les 24 cloches tintent 7 mélodies différentes. *Virgen de Begoña, 38 Tél. 944 12 70 91 www.basilicadebegona.com Ouvert tlj. 8h30-13h30 et 17h-20h30 (petit musée d'art sacré ouvert aux mêmes horaires)*

PRENDRE DE LA HAUTEUR

Depuis son inauguration, en 1915, ce funiculaire (rénové) permet de rejoindre le parc Etxebarria et le mont Artxanda, où se trouve le complexe sportif municipal. Les wagons gravissent un peu moins de 800m en 3min. *Départ au bas de la Calle Castaños (près de l'hôtel de ville)* **Funicular de Artxanda (plan 9, B1)** *Tél. 944 45 49 66 Ouvert oct.-mai : lun.-sam. 7h15-22h, dim. et j. fér. 8h15-22h ; juin-sept. : lun.-ven. 7h15-22h, w.-e. et j. fér. 8h15-23h (départ toutes les 15min) Tarif 0,95€*

Parque Etxebarria (plan 9, C1-D1) Le principal attrait de ce vaste espace vert qui domine le Casco Viejo est d'offrir l'une des meilleures vues sur Bilbao. Difficile de croire qu'il y a encore 25 ans une usine métallurgique occupait les lieux. De l'histoire ancienne, dont seule témoigne une cheminée exposée pour la mémoire collective au centre du parc. *Avenida Zumalacárregui*

L'Ensanche

☆**Les essentiels** Les boutiques de la Gran Vía, le musée des Beaux-Arts, la Alhóndiga le musée Guggenheim **Découvrir autrement** Admirez les collections du musée basque, flânez dans le parc Doña Casilda de Iturrizar

Sur la rive gauche du fleuve, l'Ensanche, la ville moderne, correspond à l'urbanisation du XIXe siècle, une période prospère pour la cité qui vit alors l'expansion de ses activités industrielles, minières et financières. Plusieurs architectes, à l'instar de Severino de Achúcarro, furent chargés en 1876 d'en concevoir le plan. À peine franchi le pont de l'Arenal, le changement de paysage urbain est frappant : aux ruelles étroites et sombres du Casco Viejo succèdent de larges avenues, des immeubles bourgeois, des espaces verts.

Les rues Gran Vía et Alameda Recalde constituent les axes principaux de ce périmètre où les voies se croisent à angle droit, suivant un plan à la géométrie très étudiée. Dans l'Ensanche, qui continue de s'étendre des deux côtés de la ría de Bilbao, la ville prend de l'ampleur, une tout autre dimension.

Sur la rive gauche du fleuve, l'Ensanche, la ville moderne, correspond à l'urbanisation du XIXe siècle, une période prospère pour la cité qui vit alors l'expansion de ses activités industrielles, minières et financières. Plusieurs architectes, à l'instar de Severino de Achúcarro, furent chargés en 1876 d'en concevoir le plan. À peine franchi le pont de l'Arenal, le changement de paysage urbain est frappant : aux ruelles étroites et sombres du Casco Viejo succèdent de larges avenues, des immeubles bourgeois, des espaces verts. Les rues Gran Vía et Alameda Recalde constituent les axes principaux de ce périmètre où les voies se croisent à angle droit, suivant un plan à la géométrie très étudiée. Dans l'Ensanche, qui continue de s'étendre des deux côtés de la ría de Bilbao, la ville prend de l'ampleur, une tout autre dimension.

Quartier Abando

Plaza Circular (plan 9, C1-C2) Point de jonction entre la vieille ville et l'Ensanche, la place circulaire, cernée par des immeubles modernes, est un nœud de circulation plutôt dense. Au centre, une colonne de marbre supporte la statue élevée au XIXe siècle en l'honneur de don Diego López de Haro, seigneur de Biscaye qui fonda la ville en 1300.

Estación de Santander (plan 10, A1) Connue aussi comme gare de La Concordia, elle fut construite en 1898. Aujourd'hui gare de la compagnie ferroviaire de la Feve (qui assure en particulier des liaisons vers Balmaseda et Santander), elle tourne vers le fleuve et le vieux Bilbao sa superbe façade de style moderniste. *Bailén, 2*

☆ **Gran Vía de don Diego López de Haro (plan 9, B2-C2)** Principale artère commerçante de la ville, la Gran Vía attire le long de ses 1 600m les fous de shopping : enseignes espagnoles de prêt-à-porter, auxquelles s'ajoutent le grand magasin Cortès Inglès (les Galeries Lafayette ibériques) et des boutiques de luxe. C'est aussi le quartier des banques… À savoir : les magasins sont fermés en général le samedi après-midi et le dimanche, et en semaine entre 15h et 17h.

Palacio de la Diputación Foral de Bizkaia-Palais du gouvernement autonome (plan 9, B2) Appelé aussi Palacio Foral, ce bâtiment d'influence baroque a été édifié en 1900 par l'Aragonais Luis Aladrén. L'architecte conçut une décoration éclectique, à la hauteur de l'essor et du succès de la capitale de la Biscaye, un symbole pour les bourgeois de la ville qui vivaient alors une sorte d'âge d'or. C'est là que se tient aujourd'hui le siège du gouvernement autonome. Admirez, à l'arrière, la bibliothèque régionale et sa façade de verre sérigraphié. *Gran Vía don Diego López de Haro, 25 Tél. 946 08 35 37*

Jardines de Albia (plan 9, C1) À deux pas du palais de justice, au cœur de la zone commerciale et d'affaires de Bilbao, ce petit parc inauguré en 1895 accueille souvent à l'heure du déjeuner des Bilbaínos en costume-cravate, venus profiter de l'ombre des grands arbres. L'église San Vicente Mártir de Abando adjacente, bel exemple de gothique basque du XVIe siècle, abrite le tombeau du poète Antonio de Trueba, dont la statue orne les jardins d'Albia. *Ibáñez de Bilbao, 18*

Plaza del Ensanche (plan 9, B1) Les anciens et les mères de famille ont leurs habitudes sur les nombreux bancs disposés autour du bâtiment qui héberge le bureau principal de l'office de tourisme de la ville, et surtout le marché de l'Ensanche. L'ancienne structure métallique a été remplacée en 1944 par l'édifice actuel, œuvre de l'architecte Germán Aguirre Urrutia. Si le marché de l'Ensanche n'a pas l'ampleur ni l'intérêt de celui de la Ribera (p.552), de l'autre côté de la ville, les Bilbaínos sont attachés aux quelques marchands qui y vendent encore.

● Où s'offrir des souvenirs gourmands ?

☺ **Pastelería Arrese (plan 9, B2 n°62)** Cette jolie boutique ouverte en 1925 par la maison Arrese (fondée en 1852) dans la plus grande avenue de Bilbao entretient l'esprit de la Belle Époque avec ses dorures et ses marbres élégants. Ici, la spécialité est la truffe au chocolat (62€ le kg), délicatement emballée dans un papier au look rétro, ainsi que les chocolats fourrés *(bombones)*. Mais Arrese se distingue également par une offre alléchante de petits fours secs, tartes et viennoiseries. *Gran Vía, 24 Tél. 944 23 40 52 www.arrese.biz Ouvert juil.-août : lun.-sam. 9h-21h ; sept.-juin : lun.-sam. 9h-21h, dim. 9h-13h et 17h-21h Autre adresse Rodríguez Arias, 35 (plan 10, B2)*

● Où prendre un bon petit déjeuner, manger sur le pouce ?

☺ **Café Iruña (plan 9, C1 n°13)** Ce café merveilleusement décoré d'*azulejos* et de boiseries ouvragées d'inspiration mudéjare est l'un des plus beaux de la ville. Véritable lieu de socialisation pour les Bilbaínos depuis 1903, il réunit dès le petit déjeuner une population bigarrée : hommes d'affaires tirés à quatre épingles, touristes en goguette, habitués agrippés au comptoir (formules autour de 3-4€ lun.-ven.). Le café y est particulièrement bon et les garçons à l'ancienne, pas vraiment expansifs mais très professionnels, servent aussi un intéressant menu du jour (14€ env.), des *pintxos* au jambon *serrano* et de succulentes brochettes d'agneau (2,30€), à déguster au comptoir ou dans un des salons du bar. *Colon de Larreátegui, 13 (en face des Jardines de Albia) Tél. 944 23 70 21 www.cafesdebilbao.net Ouvert lun.-ven. 7h-1h, sam. 9h-2h, dim. et j. fér. 12h-1h*

☺ **Pastelería New-York (plan 9, C1 n°29)** Cet adorable salon de thé – qui n'évoque en rien la ville américaine dont il porte étrangement le nom – propose une pâtisserie de grande qualité dans un décor Art déco soigné. Commandez une assiette de mini-viennoiseries, un *pastel de arroz* ou le traditionnel *bollo de mantequilla* (pain au lait fourré au beurre), accompagnez-les d'un *café con leche* et prenez place au fond de la salle, décorée de totems aux couleurs de l'Amérique du Sud. Petit déjeuner autour de 2-3€. *Buenos Aires, 13 Tél. 944 23 25 17 www.pastelerianewyork.com Ouvert lun.-ven. 8h-22h30, sam.-dim. 9h-22h30*

● Où grignoter des *pintxos*, boire un verre en terrasse ?

☺ **Bar El Globo (plan 9, B2 n°11)** Un incontournable du *poteo* (tournée des bars) à Bilbao ! Maintes fois primé lors de concours gastronomiques, ce bar chaleureux et dynamique sert des *pintxos* innovants, à l'esthétique recherchée. On y déguste aussi de copieuses *raciones* (4-12€) et des salades (5-10€), dans la salle toujours bondée ou, aux beaux jours, en terrasse. *Diputación, 8 Tél. 944 15 42 21 www.barelglobo.com Ouvert lun.-jeu. 8h-23h, ven. 8h-0h, sam. 11h-0h*

Lekeitio (plan 9, B2 n°25) À quelques mètres de l'agitation de la Gran Vía, la rue piétonne Diputación offre une halte bienvenue. La terrasse de ce bar-restaurant, envahie à l'heure du déjeuner par les cadres des banques du quartier, attire le soir une clientèle plus jeune. Parmi l'assortiment de *pintxos*, on goûtera en priorité la *tortilla paisana*, une omelette aux légumes (comptez 1,80€ la portion) qui fait la réputation de la maison depuis près de trente ans. *Diputación, 1 Tél. 944 23 92 40 Ouvert lun.-sam. 9h-23h Fermé 15 jours en août*

La Plaza Moyúa et ses alentours

Plaza Federico Moyúa (plan 9, B2) Il s'agit du cœur névralgique du Bilbao commerçant, débordant de boutiques, de banques et de cafés, desservi par le métro et un grand nombre de lignes d'autobus. Au n°5, le **Palacio Chávarri**, propriété au XIXe siècle des frères Chávarri, deux ingénieurs qui contribuèrent au développement industriel de la région, abrite aujourd'hui la délégation du gouvernement. Au n°2 se dresse l'**hôtel Carlton**, symbole international du luxe, et vestige d'une autre époque. Construit en 1927, le prestigieux établissement se veut un mélange du Ritz parisien et de son homologue londonien. S'il s'enorgueillit d'avoir accueilli Federico García Lorca, Albert Einstein, Luciano Pavarotti ou Maria Callas, il revêt surtout une valeur historique pour Bilbao : en 1936, le gouvernement d'Euskadi s'y installa durant la guerre civile.

Se mettre au vert

Parque de Doña Casilda de Iturrizar (plan 9, A2) Cet espace arboré de 115 200m² fut longtemps désigné comme le parc de l'Ensanche. Il porte aujourd'hui le nom de la bienfaitrice qui permit, au tout début du XXe siècle, son aménagement en un parc romantique ponctué de quelques touches de style français par l'architecte Ricardo Bastida et l'ingérieur Juan de Eguiraun. Il est difficile de résister au charme de ce vaste jardin valloné d'esprit plutôt éclectique : une végétation luxuriante (pas moins de 1 500 arbres de 70 essences différentes, venus du monde entier), un étang aux canards, un colombier, des sculptures à foison (dont un buste en l'honneur du peintre Ignacio Zuloaga), des fontaines, et surtout la pergola de Juan de Ispizua (1927), qui entoure un petit jardin botanique. Des terrains de sport sont venus compléter l'ensemble, pour le grand plaisir des jeunes, qui s'y retrouvent très nombreux l'après-midi. Et pour une pause-déjeuner ou pour le goûter, la cafétéria du musée des Beaux-Arts, à l'orée du parc, est tout indiquée. *Ouvert tlj. De l'aube au coucher du soleil*

Casa Montero (plan 9, B2) Édifiée au tout début du XXe siècle, la Casa Montero est un bel exemple du style moderniste. Classée monument historique, elle est surnommée la Casa de Gaudí, même si elle n'a aucun lien avec Antoni Gaudí. Sa façade ouvragée, ses nombreux balcons aux lignes complexes et ses sculptures d'inspiration végétale présentent en effet quelques similitudes avec l'œuvre de l'architecte barcelonais. *Alameda Recalde, 34*

☆**Museo de Bellas Artes (plan 9, B2)** En 1924, le musée des Beaux-Arts, fondé en 1908 à l'initiative de la Diputación de Biscaye et de la mairie de Bilbao, s'est enrichi du fonds d'art moderne de la ville. Le bâtiment actuel, de conception contemporaine, inauguré en 2001, renferme une collection riche de plus de 6 000 œuvres du XIIe au XXe siècle, présentées de façon chronologique. La section consacrée au XXe siècle comporte de belles pièces signées Oteiza, Chillida ou Tàpies. À l'entrée, au rez-de-chaussée, un espace accueille tout au long de l'année des expositions temporaires de qualité. Et une délicieuse surprise au dernier étage : le restaurant gastronomique **Arbola-Gaña** (p.569), dans une salle baignée de lumière face au parc verdoyant de Doña Casilda de Iturriza. *Plaza del Museo, 2 Tél. 944 39 60 60 www.museobilbao.com Ouvert mar.-dim. et j. fér. 10h-20h Tarif 6,50€, réduit 4,50€, moins de 12 ans et le mer. pour tous gratuit Billet couplé avec le musée Guggenheim 15,50€ Visite guidée (en espagnol) le dim. à 12h, sur réservation obligatoire préalable (Tél. 944 39 61 37) Tarif 5€*

Monumento del Sagrado Corazón de Jesús (plan 9, A3) Ce Sacré-Cœur de près de 5m de hauteur, plutôt massif, fut réalisé par Ángel Calahorra grâce à une souscription populaire à la fin des années 1920. Il se dresse de façon assez spectaculaire au bout de la Gran Vía, au croisement avec l'Avenida Sabino Arana, artère importante qui rejoint l'autoroute.

● Où acheter des souvenirs gourmands ?

Alma de Cacao (plan 9, B2 n°60) Âme de cacao : le nom de ces chocolateries contemporaines, nées il y a quelques années à Bilbao, donne déjà le ton. Présentations élégantes, produits innovants : on se croirait presque dans une parfumerie au design épuré ! Palettes de saveurs, truffes, fondues au chocolat, les idées de cadeaux ne manquent pas. Et le parfum de chocolat, que l'on peut aussi déguster chaud, est irrésistible. Délicieuses crèmes glacées l'été. *Rodriguez Arias, 15 Près de la Plaza Moyúa Tél. 944 21 13 68 www.almadecacao.com Ouvert lun.-sam. 10h30-14h30 et 16h30-20h30*

● Où choisir un vin basque ?

Vinoteca Manu Martín (plan 9, B1 n°64) Un magasin aux innombrables références où vous bénéficierez des conseils avisés de vendeurs connaissant particulièrement bien leurs produits. Vous y trouverez notamment l'incontournable txakoli de Biscaye, ainsi que celui de Getaria (Guipúzcoa). *Lersundi, 15 Tél. 944 13 22 30 www.vinotecamanu.com Ouvert lun.-ven. 8h-20h, sam. 10h-14h*

● Où croquer des *pintxos* ? Sur la Plaza Campuzano et dans les rues environnantes, une ribambelle de bars à *pintxos* attirent une foule en quête de détente et de saveurs inédites.

Bitoque (plan 9, B2 n°12) Dans ce tout petit bar vainqueur du concours local de *pintxos* 2008, Darren Williamson marie avec bonheur saveurs anglaises et basques. Au menu, donc, des tapas "fusion" : risotto de fromage de brebis et truffes, oignons caramélisés, crème de pomme de terre à la poitrine fumée, artichauts confits... *Rodríguez Arias, 32 Tél. 944 41 88 30 www.bitoque.net Ouvert mar.-jeu. 12h15-15h30 et 19h15-23h, ven.-sam. 12h15-15h30 et 19h15-0h, dim. 12h15-15h30*

El Huevo Frito (plan 9, B2 n°14) On joue volontiers des coudes jusqu'à ce comptoir tout jaune pour quelques bouchées gourmandes originales, aux œufs de caille frits bien sûr, mais aussi à la morue ou aux légumes (1,80€ env.). Belle sélection de vins basques. *Maestro García Rivero, 1 Tél. 944 41 22 49 www.elhuevofrito.com Ouvert lun.-sam. 9h-0h*

Le quartier Indautxu

Autour de la Plaza Indautxu s'étend un quartier plutôt résidentiel, plus calme que le secteur de la Plaza Moyúa. Les rues Iparraguirre, Ercilla et Rodríguez Arias alignent de nombreuses enseignes de prêt-à-porter et de décoration. Le soir, les étudiants se donnent rendez-vous dans les bars de la Calle Licenciado Poza.

Plaza de Toros de Vista Alegre et Museo Taurino (plan 9, C3) C'est en 1882 que Bilbao se dota pour la première fois d'une "place de taureaux", c'est-à-dire une arène. La structure actuelle fut inaugurée en 1962 après qu'un incendie eut détruit l'édifice ancien. Des corridas se déroulent tous les étés dans ces lieux qui accueillent quelque 15 000 spectateurs passionnés. Le musée taurin créé en 1995 sur la place vous apprendra tout de l'histoire de la tauromachie à Bilbao et en Biscaye. Si les corridas y sont moins répandues qu'en Navarre, la collection d'affiches des Ferias de Bilbao prouve à elle seule que cette culture fait partie intégrante de l'histoire de la ville. *Martín Agüero, 1 Tél. 944 44 86 98 www.plazatorosbilbao.com Ouvert lun.-ven. 10h-13h et 16h-18h Tarif 3€*

SHOPPING BOBO
Un concept-store au cœur de la Alhóndiga : les enfants y ont leur espace pour jouer, s'habiller ou apprendre, tandis que les plus grands s'en vont renouveler leur bibliothèque, leur garde-robe ou même réapprovisionner leur garde-manger, feuilleter des catalogues d'exposition, fouiner parmi les objets imaginés par Starck et les souvenirs du lieu... Unique et éclectique ! **Shópa (plan 9, B3 n°63)** *Plaza Arriquibar, 4 Tél. 944 05 76 16 www.shopa.es Ouvert lun.-ven. 10h30-20h30, sam.-dim. 11h-20h30*

☆ **La Alhóndiga (plan 9, B3)** Cet entrepôt à vin et huile d'olive conçu en 1909 par Ricardo Bastida et abandonné dans les années 1970 fut un temps pressenti pour accueillir le musée Guggenheim. Ce projet n'ayant pas abouti, l'édifice fut confié aux bons soins de Philippe Starck pour être transformé en un espace pluridisciplinaire dédié à la culture et aux loisirs. Le designer et architecte français a conservé les façades aux accents modernistes et fait parler tout son génie entre les murs : un atrium aussi colossal que théâtral dénommé "Gran Plaza Central", où trois cubes en brique prennent appui sur 43 colonnes toutes différentes, qu'il s'agisse du matériau (marbre, bronze, pierre de Lecce, brique, acier, bois…) ou du style (Art déco, Renaissance, néoclassique, oriental…), et imaginées avec la complicité du scénographe italien Lorenzo Baraldi. En mai 2010, Bilbao découvrit un complexe époustouflant de 43 000m^2 facilement accessible et ouvert à tous : médiathèque, auditorium, salles de spectacle et d'exposition, restaurants, bars, boutiques et même deux piscines sur le toit-terrasse ! *Plaza Arriquibar, 4 Tél. 944 01 40 14 www.alhondigabilbao.com Ouvert lun.-ven. 7h-23h, sam.-dim. 8h30-23h*

Estadio de San Mamés (plan 9, A3) La Mecque du football basque où, depuis 1913, la ville entière, parée de blanc et rouge, semble converger pour soutenir ses "Lions". Club mythique en Europe, l'Athletic Bilbao figure en première division depuis la création de la ligue espagnole ! *Rafael Moreno Pitxitxi Tél. 944 41 39 54 www.athletic-club.net* ***Salle des Trophées*** *Ouvert mar.-sam. 10h-14h et 16h-19h, dim. 10h-14h (le matin, uniquement les jours de match) Tarif Visite guidée du stade : 7€, 4-14 ans 4,50€, moins de 4 ans gratuit*

● Où trouver de jolis vêtements d'enfants ?

Morango Baby (plan 9, B2 n°61) Une jeune couturière talentueuse tient cette boutique spécialisée dans la confection de vêtements pour enfants de 0 à 2 ans. Une vraie maison de poupée qui mêle aux imprimés fleuris d'inspiration anglaise la touche innovante qui caractérise le style espagnol. Robe pour bébé à partir de 30€. *Plaza Arriquibar, 2 Tél. 944 21 79 76 Ouvert lun.-ven. 10h-13h30 et 16h30-20h, sam. 10h30-14h*

● Où boire un verre en terrasse, croquer des *pintxos* ?

Izaro (plan 9, B3 n°16) Ce bar à l'entrée discrète, encadrée de lourds rideaux de velours, est en passe de devenir l'un des incontournables de Bilbao. Récompensé aux championnats régionaux, il a déjà su s'imposer comme le meilleur endroit de la ville pour déguster une bonne *tortilla*. Mais il faut aussi y goûter le foie *a la plancha*. Simple et efficace. *Alameda Urquijo, 66 Tél. 944 41 10 48 Ouvert juil.-août : lun.-ven. 7h30-22h ; sept.-juin : lun.-ven. 7h30-22h, sam. 11h-15h30*

Ziripot (plan 9, B3 n°28) Les étudiants prennent littéralement d'assaut la mini-terrasse de ce bar atypique, décoré de personnages mythiques des carnavals ruraux de Navarre. Ambiance musicale même en journée et barman très détendu ! *Licenciado Poza, 46 Tél. 944 27 05 30 www.ziripot.es Ouvert lun.-jeu. 7h-23h30, ven.-sam. 9h-1h30*

La Terraza de la Yandiola (plan 9, B3 n°24) Sur le toit de la Alhóndiga, la vaste terrasse du restaurant La Yandiola accueille le tout-Bilbao venu profiter des rayons du soleil en journée ou trinquer au champagne sous les étoiles en soirée. Un endroit unique, à l'image du bâtiment qui l'abrite ! *Plaza Arriquibar, 4 Tél. 944 13 36 36 www.yandiola.com Ouvert été : tlj. 13h-0h (attention : entrer avant la fermeture de la Alhóndiga) ; hiver : mer.-dim. 13h-0h (Ouvert selon la météo)*

Sur la rive gauche de la ría de Bilbao

Torres Isozaki et Pasarela Zubizuri (plan 9, B1) Dressé en 2008 à l'extrémité de l'aérienne passerelle toute blanche (1997) conçue par Santiago

PAUSE GOURMANDE AU GUGGENHEIM
La cafétéria du musée offre une excellente introduction à la cuisine d'auteur, à moindre coût, avec sa formule express à 18€ HT (midi) ou des menus bistrot de 20,50 à 32€ HT, pain et boisson compris. Plus huppé, le restaurant étoilé Nerua sert un menu haut de gamme autour de 70€ (p.570). **Bistró Guggenheim (plan 9, B1 n°42)** *Tél. 944 23 93 33 http://fr.bistroguggenheim bilbao.com*
Cafetería *Ouvert mar.-dim. 9h30-20h30 (tlj. en été)*
Bistró *Ouvert été : tlj. midi et soir ; reste de l'année : mar.-mer. et dim. 13h-15h15, jeu.-sam. 13h-15h15 et 20h30-22h30*

Calatrava, le complexe édifié par le Japonais Arata Isozaki se veut une porte ouverte entre la ville et la ría. Résolument contemporains, cinq immeubles d'habitations et de locaux commerciaux dominés par deux tours jumelles en verre (83m), sur une base revêtue de brique, tranchent sur les édifices du XIXe siècle qui l'entourent. *Paseo de Uribitarte*

☆☺ **Museo Guggenheim (plan 9, A1-B1)** Est-il nécessaire de présenter ce musée d'art contemporain célèbre dans le monde entier ? Cousin du Guggenheim new-yorkais, il partage avec lui la singularité audacieuse de son architecture, extérieure autant qu'intérieure. Construit en 1997 d'après les plans de Frank O. Gehry, il trône au bord de la ría de Bilbao, comme un navire scintillant recouvert d'écailles de titane et de feuilles de verre. Le thème du poisson est d'ailleurs omniprésent dans le musée, à l'instar de la forme des ascenseurs transparents et de la grande galerie principale (ArcelorMittal) où sont exposées les œuvres monumentales de l'Américain Richard Serra. À partir de l'atrium central (de près de 55 m de hauteur), où se diffuse harmonieusement la lumière grâce à un ingénieux système de verrières asymétriques, on accède à la terrasse, d'où la vue sur le fleuve et le pont autoroutier de la Salve est spectaculaire. Dix-neuf salles, déployées sur trois niveaux, entourent l'atrium. Le fonds du musée, présenté par roulement, réunit au gré de quelque 11 000m² d'espace d'exposition des œuvres d'Edouardo Chillida, Yves Klein, Robert Rauschenberg, Antoni Tàpies ou Andy Warhol. Devant l'entrée, le chien *Puppy* de l'Américain Jeff Koons (13m de hauteur pour 15t, un "pelage" de 40 000 fleurs renouvelées deux fois par an) se prête volontiers à la photo souvenir pour les touristes. De l'autre côté de l'édifice, sur la promenade, la *Maman* de Louise Bourgeois, une inquiétante araignée de bronze, d'acier et de marbre de 10m de hauteur, fait partie intégrante du

Croisière sur la ría

Bilboats Croisières sur la ría pour découvrir la ville sous un autre angle (1h) ou voguer jusqu'à l'Océan (2h). *Départ sur le paseo Uribitarte (Plaza Pio Baroja) face à l'Ayuntamiento* (plan 9, C1) *Tél. 644 44 20 55 ou 946 42 41 57 www.bilboats.com Avr.-juin : tlj. à 13h, 16h, 17h30, 19h ; juil.-sept. : tlj. à 13h, 16h, 17h30, 19h et 20h15 ; oct.-mars : tlj. à 13h, 16h et 17h30 (et 19h le sam.) Tarif de la croisière de 1h 12€, plus de 65 ans et moins de 10 ans 6€, moins de 4 ans 1€*

paysage de ce musée unique au monde. La bibliothèque, impressionnante, est passionnante. *Avenida Abandoibarra Etorbidea, 2 Tél. 944 35 90 80 www.guggenheim-bilbao.es* **Musée** *Ouvert juil.-août : tlj. 10h-20h ; reste de l'année : mar.-dim. 10h-20h Tarif 13€ (audioguide en français compris), réduit 11€, moins de 12 ans gratuit Billet couplé avec le musée des Beaux-Arts 15,50€* **Bibliothèque** *Ouvert mar.-jeu. 10h-17h Fermé août*

Paseo de la Memoria (plan 9, A1-A2) Le *paseo* (la promenade) tient de l'art de vivre en Espagne. Depuis la renaissance de la ville, les Bilbaínos ont tout loisir de sacrifier à ce rituel de début de soirée dans les nouveaux lieux aménagés à travers la cité. Réconciliés avec le fleuve et une zone portuaire qui n'avait jusqu'alors rien de très séduisant, ils peuvent ainsi déambuler au fil de la Promenade de la mémoire (ou Muelle Evaristo Churruca), entre l'emblématique musée Guggenheim et le palais Euskalduna, ainsi que sous le pont de la Salve. Inauguré en 2003, cet itinéraire de sculptures a été pensé comme un musée en plein air, jalonné d'œuvres de Chillida ou de Dalí, pour ne citer qu'eux. Avec, pour toile de fond, les dernières créations d'architectes de renom comme Legorreta, Pelli ou Moneo.

Palacio Euskalduna de Congresos y de la Música (plan 9, A2) Conçu par Federico Soriano et Dolores Palacios, le Palais des congrès et de la musique Euskalduna incarne depuis son inauguration en 1999 l'un des symboles de la renaissance de Bilbao. Ce complexe polyvalent prend la forme du dernier bateau (très destructuré !) sorti des cales de l'ancien chantier naval Euskalduna, qui se trouvait auparavant sur le site. L'auditorium et les nombreuses salles de conférences font du palais un lieu d'accueil événementiel incontournable. Ce secteur de la ville n'a pas achevé sa mutation : d'importants travaux y sont en cours. *Avenida Abandoibarra, 4 Tél. 944 03 50 00 www.euskalduna.net Visite guidée le sam. à 12h en espagnol et anglais (en fonction du calendrier des congrès) Tarif 2€*

Museo Marítimo Ría de Bilbao (plan 9, A3) Pour les amoureux de la mer, ce musée inauguré en 2003 entreprend de reconstituer et d'entretenir la mémoire de l'activité fluviale et du port de Bilbao. L'histoire de la ría de Bilbao et de la vocation marine de la ville est évoquée à travers une exposition didactique passionnante et à l'esthétique particulièrement soignée. Des animations la complètent, éclairant l'essor du commerce et des activités portuaires depuis le XVIe siècle. *Muelle Ramón de la Sota, 1 Tél. 946 08 55 00 www.museomaritimobilbao.org Ouvert été : mar.-dim. 10h-20h ; hiver : mar.-ven. 10h-18h, sam.-dim. 10h-20h Tarif 6€, réduit 3,50€, moins de 6 ans et mar. gratuit*

● Où croquer des *pintxos*, manger sur le pouce ?

Atea (plan 9, B1 n°10) Le petit frère décontracté du Zortziko (p.570) s'est installé au pied des tours Isozaki. Dans un cadre contemporain tout en transparence, on se régale en semaine d'un menu de haute volée pour seulement 16,50€ (assortiment de 3 *pintxos* et 2 plats, dessert et boisson), à moins de se laisser tenter par une belle assiette gourmande (7,50-18€) concoctée par l'équipe de Daniel García ! *Paseo Uribitarte, 4 Tél. 944 00 58 69 www.atearestaurante.com Ouvert mar.-sam. 13h30-16h et 20h30-23h, dim. 13h30 16h*

GEOPLUS

Bilbao en 3 jours

À bicyclette, en tram ou à pied, tous les moyens sont bons pour découvrir Bilbao, ses rues semblables à des laboratoires où s'exprime le génie d'architectes de renom, son agenda culturel riche en tous domaines et le tempérament chaleureux et festif de ses habitants !

Vendredi

Commencez la journée en explorant le centre historique, le **Casco Viejo**, au gré ses ruelles médiévales serrées autour de la cathédrale. Poursuivez ce voyage au fil du temps en longeant le fleuve, acteur principal du développement de la ville, jusqu'au musée Guggenheim et, le soir, retournez dans la vieille ville pour un aperçu de ce que faire la fête entre amis veut dire !

MATINÉE

9h30 **Marché de la Ribera** (p.552) Sur trois niveaux d'une blancheur immaculée, plus de 180 poissonniers, bouchers et primeurs. Idéal pour faire le plein de souvenirs gourmands ou remplir son panier pique-nique.
10h15 **Balade dans le Casco Viejo** (p.546) Découvrez le centre névralgique de la fondation de la ville : le pont et l'**église San Antón**, et, de l'autre côté de la rue, les **Siete Calles** (p.550). D'ici, vous finirez forcément par déboucher au pied de la **cathédrale de Santiago** (p.551). Admirez son charmant cloître gothique puis dirigez-vous vers la **place Miguel de Unamuno**, toujours très animée avec son carrousel. En face, des escaliers interminables gravissent la colline jusqu'à la **basilique Notre-Dame-de-Begona** (p.553). Pour une montée à moindre effort, optez pour les ascenseurs publics dans la station de métro.
12h **Visite au Musée basque** (p.548) Immergez-vous dans la culture du Pays basque, son histoire, ses traditions ancestrales, et projetez la suite de votre voyage en Euskadi sur l'immense carte en relief.
Déjeuner **chez Victor** (p.568) À deux pas du musée, sous les arcades néoclassiques de la Plaza Nueva, goûtez aux excellentes spécialités basques dans l'un des plus anciens restaurants de la ville.

APRÈS-MIDI

15h **Visite au musée Guggenheim** (p.560) Profitez de ce joyau de l'architecture contemporaine et des exceptionnelles expositions

GUGGENHEIM HIGH TECH
Au sein du musée, Zero Espazioa est un espace interactif très bien équipé en écran et tablettes : vous pouvez y imprimer votre parcours de visite, consulter l'agenda des activités ou vous amuser des jeux multimédia... à compléter éventuellement par le téléchargement de l'application mobile “Guggenheim Bilbao” (gratuite).

temporaires qu'il abrite, avant que ne débarque la foule du week-end ! À l'extérieur, tout autant qu'à l'intérieur, laissez-vous hypnotiser par le pouvoir de séduction de cet incroyable navire futuriste qui semble ignorer tout de la pesanteur.

17h **Pause-café à la terrasse du Kiosko** (p.566) Pour retrouver votre souffle, installez-vous en plein air dans la verdure du paseo, toujours face au musée sculptural conçu par Frank O. Gehry. Entre des jets d'eau aléatoires à traverser sans se mouiller et de grandes aires de jeux, les plus jeunes apprécieront !

17h30 **Croisière sur la ría** (p.560) De retour sur le *Paseo* Uribitarte, n'hésitez pas : inutile d'avoir le pied marin pour embarquer sur une navette et découvrir la ville vue du fleuve !

19h **Ascension du mont** Artxanda (p.553) Profitez de la brise du soir et grimpez en funiculaire jusqu'au parc de Artxanda pour admirer les variations de la lumière sur la ville, les montagnes, le musée Guggenheim et son enveloppe de titane.

SOIRÉE

Dîner Il est grand temps à présent de vous engager sur la **route des bars à *pintxos***. Commencez par un grand classique de la Plaza Nueva, le **Café Bilbao** (p.547), faites ensuite une escale au **Zuga** (p.547), puis convergez, comme tout le monde, en direction de la Calle Santa Maria, pour goûter vous aussi aux *pintxos* de chez **Gatz** (p.551).

0h **La tournée des bars dans les Siete Calles** (p.550) Vous ne pouvez ignorer la rumeur joyeuse qui monte des sept rues du cœur du Casco Viejo ! C'est qu'ici chaque porte semble dissimuler un bar, et il faut jouer des coudes pour atteindre l'un de ces innombrables comptoirs pour quelques bières bien fraîches...

> **POUR LES MÉLOMANES...** Il y en a pour tous les goûts musicaux à Bilbao : musique de chambre, opéra, comédies musicales au théâtre Arriaga (p.548), rock et pop dans tous leurs états du côté de Bilborock Bilborock, musique classique et encore de l'opéra au palais Euskalduna (p.561)...

Samedi

Une journée consacrée à la ville moderne sur la rive gauche de la ría : architecture, art, gastronomie, shopping, sport... pour ne citer que quelques-unes des surprises qui vous y attendent !

MATINÉE

Petit déjeuner **à La Granja** (p.568) Pour partir du bon pied, installez-vous confortablement dans cette brasserie, le temps de tremper de bonnes tartines toastées dans un *café con leche* ou un chocolat crémeux.

10h **Dans le quartier Abando** (p.554) Le long et aux environs de la Gran Vía, de nombreuses façades valent le coup d'œil : d'abord, la banque BBVA, d'inspiration classique, colossale avec Mercure couronnant son entrée. Plus loin, c'est le palais de la Diputación qui en impose.

12h **Musée des Beaux-Arts** (p.557) Les amateurs d'art classique iront de merveilles espagnoles en joyaux flamands dans les sections gothique et baroque ; ceux qui préfèrent l'art contemporain monteront directement admirer les œuvres de Chillida, Bacon ou Tàpies.

GEOPLUS

▶ Déjeuner **chez Arbola-Gaña** (p.569) Installée au sein du musée, cette table raffinée sert d'excellentes spécialités de poisson. Si vous aimez la paella ou les plats à base de riz, attablez-vous dans le très populaire restaurant Abaroa (p.568), en face du musée.

APRÈS-MIDI

15h **Promenade dans le parc de Doña Casilda Iturrizar** (p.556) Allongez-vous quelques instants sur les pelouses qui se déploient autour de l'étang ou déambulez sous la pergola romantique.

16h **Séance shopping** Mêlez-vous à la foule du samedi et arpentez les grands magasins, boutiques et show-rooms qui s'alignent sur la **Gran Vía**. Les **rues Iparraguirre, Elcano et Ercilla** se prêtent aussi très bien au lèche-vitrines et vous aurez l'embarras du choix pour vous refaire une beauté ou décorer votre intérieur ! Profitez-en pour goûter aux délicieuses truffes de chez **Arrese** (p.555), dont l'évocation fait pétiller les yeux de générations de bilbaínos.

18h **La Alhóndiga** (p.558) Envie de vous faire du bien ? Laissez-vous happer par l'énergie positive de ce centre culturel hors normes. Après quelques longueurs dans une des deux piscines de son toit, visitez l'exposition du moment ou offrez-vous une séance de ciné. À moins que vous ne préfériez écouter le dernier album de votre artiste favori à la médiathèque...

> **POUR SE DÉLASSER...** Rien de tel qu'un petit tour au **spa de l'hôtel Husa Jardines de Albia** (p.572) : massages, soins esthétiques, sauna, hammam et jacuzzi !

SOIRÉE

20h Apéritif **à la Terraza de la Yandiola** (p.559) Comme il est difficile de quitter la Alhóndiga... faites durer le plaisir en terrasse. Accoudé à la balustrade, vous embrasserez toute la ville du regard. Si vos jambes vous portent encore, partez du côté de la **Plaza de Campuzano** (p.557) pour grignoter des *pintxos* aux meilleurs comptoirs de la ville.

Dîner **au Zortziko** (p.570) Laissez-vous surprendre par le talent de Daniel García et faites-en voir de toutes les couleurs à vos papilles !

23h30 **Kafé Antzokia** (p.567) Pour une meilleure vue sur le concert du soir, installez-vous au balcon : vous surplomberez cette scène phare des nuits de la ville. Plus tard, il faudra se joindre à la foule mixte et bigarrée pour se déhancher en rythme jusqu'à l'aube.

Dimanche

Un dimanche tranquille qui vous emmènera jusqu'à l'océan, au gré de la ría. Décryptez son histoire au musée avant de partir tester votre résistance au vertige sur le pont de Biscaye et respirer un air iodé à Getxo !

MATINÉE

Petit déjeuner **à la pâtisserie New-York** (p.555) Prenez place sous le totem au fond de la salle pour un petit déjeuner généreux dans un décor au charme suranné. Laissez-

vous tenter par un *pastel de arroz* ou un fondant *bollo de mantequilla*.
10h30 Paseo de la Memoria (p.561) À pied, à rollers ou à vélo, profitez de cette promenade aménagée entre le palais Euskalduna et le musée Guggenheim. Chemin faisant, admirez la **passerelle Pedro Arrupe**, en forme d'insecte enjambant les eaux sombres de la ría face à l'université, le pont basculant de Deusto ou encore l'Edificio del Tigre sur la rive opposée !
11h30 Museo Marítimo (p.561) En prévision de l'excursion de l'après-midi, rendez-vous au Musée maritime pour faire connaissance avec la ría, comprendre son histoire, découvrir les activités de ses berges et son rôle dans le développement de la région.
Apéritif-déjeuner chezBitoque Un bar aussi petit que réputé où l'on se régale de tapas "fusion" : risotto de fromage de brebis et truffes, croquetas cremosas de patata con lascas de jamón, sandwich de foie mi-cuit et agrumes, chips maison con espuma de vinagre de Moden et d'autres belles surprises... à accompagner d'un cru de la Rioja.

POUR LES AMATEURS D'ARCHITECTURE CONTEMPORAINE... En bordure du *paseo*, admirez de près plusieurs édifices d'architectes de renom : face au Guggenheim, l'édifice de la Paraninfo de l'université du Pays basque signé par Álvaro Siza, puis la bibliothèque de l'université de Deusto conçue par Rafael Moneo. Derrière, la tour Iberdrola de César Pelli et, un peu plus bas, le centre commercial Zubiarte de Robert Stern (2004) ainsi que l'hôtel Meliá de Ricardo Legorreta (2004), juste avant le palais Euskalduna (1999).

APRÈS-MIDI

14h Excursion au pont de Biscaye (p.575) Engouffrez-vous dans une des curieuses chenilles de verre translucides de la Plaza de Indautxu : ce sont les *Fosteritos*, les entrées du métro. Empruntez la ligne 2 jusqu'à Portugalete, vous serez alors à deux pas du fameux pont transbordeur, le premier du genre construit dans le monde, inscrit au patrimoine mondial de l'Unesco. Découvrez cet ouvrage surprenant de la passerelle piétonne perchée à 45m de haut ! Arrivé à Las Arenas, marchez un peu jusqu'à l'arrêt Areeta, sur la ligne 1 du métro. De là, deux possibilités : rentrer à Bilbao ou poursuivre votre périple jusqu'à l'arrêt Algorta et flâner dans le village de pêcheurs de Getxo (p.575).

SOIRÉE

19h30 Apéritif au Café Iruña (p.380) au grand comptoir de ce café historique, exubérant de fresques, d'azujelos et de plafonds polychromes, face à la valse perpétuelle d'olives, de brochettes d'agneau, de ballons teintés ou de choppes dorées...
Dîner chez Serantes (p.569) Pour votre dernier repas à Bilbao, optez pour les saveurs de la mer et réservez une table dans ce restaurant réputé.

● Où boire un verre en terrasse ?

Kiosko La Terraza (plan 9, A1 n°23) Halte bienvenue après la visite du musée Guggenheim pour se rafraîchir en plein air, ce kiosque tout en rondeurs étale sa terrasse parfois jazzy près de deux grandes aires de jeux. Pour le bonheur des petits comme des grands ! *Muelle Campa de los Ingleses, 2 Tél. 944 27 03 85 Ouvert tlj. 10h30-21h (0h juin-sept.)*

CARNET D'ADRESSES

Lieux de sortie

Bars

El Último Tranvía (plan 10, A2-B2 n°32) Ce bar de nuit à la clientèle très jeune décline dans un esprit BD la thématique du "dernier tramway" sur le décor de ses murs. Il faut jouer des coudes parmi la foule qui se déchaîne sur des airs de musique bakalao pour se faire servir un verre de txakoli. **Casco Viejo** *Barrencalle Barrena, 12 Ouvert ven. 20h-2h, sam. 6h-10h et 20h-2h, dim. 6h-10h*

El Surtidor (plan 10, A2-B2 n°34) Ses murs de brique, ses totems indiens et sa programmation musicale variée font de ce "pub" chaleureux l'un des lieux du vieux Bilbao les plus appréciés des jeunes Bilbaínos. Sessions pour les jeunes (sans alcool), le samedi de 18h à 22h30. **Casco Viejo** *Barrenkale Barrena, 8 www.pubelsurtidor.com Ouvert ven. 22h-2h, sam. 18h-2h*

Lamiak (plan 10, A2 n°33) Musique lounge et ambiance tranquille dans ce joli bar cosy où il est agréable de prendre un thé en fin d'après-midi ou un verre en début de soirée. Clientèle gay et gay friendly. **Casco Viejo** *Pelota, 8 Tél. 944 15 96 42 Ouvert lun.-jeu. 16h-0h, ven.-sam. 15h30-2h30, dim. 16h-23h30*

Bullitt Groove Club (plan 10, A2 n°31) Ce *bar de copas* toujours bondé du quartier alternatif de San Francisco affiche une déco des années 1970. Le week-end, le dancefloor de poche invite à *groover* sur des rythmes rock, soul ou funk. **Casco Viejo** *Dos de Mayo, 3 Ouvert jeu.-sam. 20h-2h30, dim. 8h-12h*

Vivre à l'heure espagnole jusqu'au bout de la nuit

Bon à savoir : à Bilbao, la plupart des bars-restaurants proposent pour le **déjeuner** un menu du jour à moins de 15€, servi généralement entre 13h et 16h. **Le soir**, les Bilbaínos se retrouvent souvent pour déguster quelques *pintxos* et profiter de l'ambiance des bars de la Plaza Nueva. Le **Casco Viejo** attire aussi de très nombreux noctambules chaque week-end, en particulier la Calle Barrencalle Barrena, l'une des plus animées en soirée. Autour de la **Plaza Moyúa**, les lieux de sorties nocturnes ont la faveur d'une clientèle un peu plus âgée. Tandis que, non loin, la **Calle Licenciado Poza**, dans le quartier Indautxu, constitue le point de ralliement des étudiants.

Pub Otxoa (plan 9, B1 n°26) Des habitués de 40-50 ans et une clientèle éclectique, à l'image de l'excentrique patronne, dont les photos aux côtés de célébrités espagnoles (dont Pedro Almodóvar) ornent les murs. C'est depuis vingt ans un incontournable des nuits (transformistes) de Bilbao. ***Ensanche*** *Lersundi, 8 Tél. 944 24 18 48 Ouvert tlj. 20h-4h30*

Splah & Crash (plan 9, B1 n°27) À défaut de passer une nuit dans l'hôtel le plus huppé de Bilbao, vous pourrez toujours boire un verre dans son bar du rez-de-chaussée, au design rouge et blanc très *Sixties*. Il offre, le soir, une ambiance musicale aux accents lounge. Cocktail à partir de 10,50€. ***Casco Viejo*** *Alameda de Mazarredo, 61 (au rez-de-chaussée du Gran Hotel Domine, cf. Hébergement) Tél. 944 25 33 00 Ouvert lun.-jeu. 18h-1h, ven.-sam. 18h-3h, dim. 18h-0h*

Cotton Club (plan 9, B3 n°21) Un excellent endroit pour prendre un premier verre et peut-être assister à un concert rock, pop ou jazz, dans une grande salle aux murs tapissés de capsules de bouteille. Spécialisé en bières et whiskys (plus de 100 références). ***Casco Viejo*** *Gregorio de la Revilla, 25 Tél. 944 10 49 51 www.cottonclubbilbao.es Ouvert lun.-jeu. 20h30-3h, ven.-sam. 20h30-6h30 Ouvert jeu. et ven. en août*

Salles de concert

Bilborock (plan 10, A2 n°30) L'église de la Merced (1673) a été transformée en 1997 par la municipalité en temple du rock et des musiques endiablées ! Ses studios d'enregistrement, son aide à la création et à la diffusion et sa programmation soutenue d'artistes espagnols et étrangers en ont vite fait l'une des scènes incontournables de la ville. ***Ensanche*** *Muelle de la Merced, 1 Tél. 944 15 13 06 www.bilbao.net/bilborock*

Kafe Antzokia (plan 9, C1 n°22) Cet ancien théâtre a su s'imposer comme un centre culturel polyvalent. La programmation, très axée sur la culture basque, s'est progressivement ouverte à la world music, au reggae et au rock alternatif. Une vraie réussite. Entrée de 10 à 20€ selon le concert. ***Ensanche*** *San Vicente, 2 Tél. 944 24 46 25 www.kafeantzokia.com Ouvert sept.-juin : lun.-mer. 9h-22h, jeu. 9h-20h, ven.-sam. 9h-6h ; juil.-août : lun.-mer. 10h-19h, jeu.-sam. 10h-6h*

Club

Congreso (plan 9, C1 n°20) Discothèque à la mode, le Congreso est le temple des musiques électroniques. Jolies filles, gogo dancers, animations régulières et fêtes étudiantes toute l'année. ***Ensanche*** *Uribitarte, 8 Tél. 944 24 73 82 www.salacongreso.com Ouvert ven.-sam. 1h-6h30*

LA BISCAYE

Restauration

très petits prix

☺ **La Taberna de los Mundos (plan 9, B3 n°38)** Décorée dans un esprit "voyageurs", avec jeux de boiseries et peintures de cartes sur les murs, cette taverne rencontre un grand succès auprès des jeunes, qui adorent ses sandwichs originaux (à choisir parmi la vingtaine proposée au menu pour environ 5€), ses *raciones* bon marché (assiettes de fromage, de jambon) et ses *cazuelitas* roboratives (*huevos a la plancha*, œufs aux patates, poivrons et chorizo). Pour les gros appétits, formules tout compris de 11,75 à 25€. ***Ensanche*** *Simón Bolívar, 17 Tél. 944 41*

35 23 www.delosmundos.com Ouvert lun.-jeu. 10h-23h, ven.-sam. 11h-2h, dim. 12h-23h

petits prix

Café La Granja (plan 9, C1 n°34) Un décor rétro inspiré des brasseries parisiennes, avec de petites tables octogonales et des banquettes de velours écarlate. Dans l'assiette, un honnête menu du jour autour de 15€ (17€ sam.) des plats régionaux simples et copieux comme le *marmitako* (ragoût de thon). En soirée, pour changer des *pintxos*, on y mange sur le pouce, pour environ 3€, le *talo*, une crêpe de maïs garnie de chorizo ou de boudin noir. ***Ensanche*** *Plaza Circular, 3 Tél. 944 23 08 13 www.cafesdebilbao.net Ouvert lun.-ven. 8h-22h, sam. 12h-0h*

Larruzz (plan 9, B1 n°37) De grandes poêlées de riz aux légumes, aux fruits de mer, à l'encre de seiche, à déguster au bord du fleuve, à proximité du Guggenheim. Menu du jour à 15,50€ en semaine, trois menus le week-end (29-50€). Paella de 12 à 16€. ***Ensanche*** *Uribitarte, 24 Tél. 944 23 08 20 www.larruzzbilbao.com Ouvert tlj. 12h-0h*

prix moyens

Abaroa (plan 9, B2 n°30) Dans une grande salle face au musée des Beaux-Arts, ce restaurant chaleureux où s'alignent vieux outils et mobilier de brocante connaît un franc succès. Œufs au boudin noir, burger de veau à l'idiazabal (fromage de brebis) signent une cuisine simple, entre tradition et innovation. Menus de 11 à 28€ HT, boisson et pain compris. ***Ensanche*** *Plaza del Museo, 3 Tél. 944 24 91 07 www.abaroa.net Ouvert lun.-jeu. 13h-16h et 20h30-23h30, ven.-sam. 13h-16h et 21h-0h, dim. 13h-16h et 21h-23h30*

Et aussi...

Un verre en terrasse, une pause *pintxos*

Victor Montès — 547
Café Bilbao — 547
Zuga — 547
Gatz — 551
Bar El Globo — 555
Lekeitio — 556
Bitoque — 558
El Huevo Frito — 558
Izaro — 559
Ziripot — 559
La Terraza de la Yandiola — 559
Atea — 561
Kiosko La Terraza — 566

Asador Ibáñez de Bilbao (plan 9, C1 n°33) Ce restaurant de grillades ne lésine pas sur l'accueil du client : sa décoration est particulièrement exubérante, mélange de folklore espagnol de style médiéval (pierres apparentes, boiseries, mosaïques colorées, vitraux...) et d'artisanat basque. À table, les viandes cuites à la braise sont parfaites, de l'entrecôte à la côte de bœuf. Spécialité de la maison : l'agneau de lait rôti au four. Menus 14-59€ HT. ***Ensanche*** *Ibáñez de Bilbao, 6 Tél. 944 23 30 34 www.asadoribanezdebilbao.com Ouvert mer.-sam. 13h-16h et 20h30-23h30, lun.-mar. 13h-16h*

prix élevés

Victor (plan 10, A1 n°41) Ouvert en 1940, ce grand classique bilbaíno remporte toujours un franc succès. Si l'on apprécie l'ambiance bistrot du bar-cafétéria au rez-de-chaussée, c'est dans la salle à l'étage, plus élégante, que se déguste l'excellente cuisine régionale de la maison, accommodée d'une touche de gastronomie

LA BISCAYE

française : morue servie de quatre façons, chateaubriand de bœuf à la Victor, *bullabesa* (soupe de poisson). Menus à partir de 36€ HT (boisson incluse). ***Casco Viejo*** *Plaza Nueva, 2 Tél. 944 15 16 78 www.restaurantevictor.com* ***Restaurant*** *Ouvert lun.-sam. 13h-16h et 20h30-23h* ***Bar*** *Ouvert lun.-sam. 8h-23h Fermé 15-30 avr. et 10 jours fin août-début sept.*

Asador Getaria (plan 9, C1 n°32) Juste après le bar, vous serez accueilli par un large gril d'où proviennent d'irrésistibles odeurs. Autant dire qu'ici la grillade est un art pris très au sérieux. Une salle aux teintes chaleureuses où déguster des sardines marinées, des *chipirons pelayo* ou une daurade grillée. Menu dégustation 50€ HT ; à la carte, comptez environ 40€ HT. ***Ensanche*** *Colón de Larreátegui, 12 Tél. 944 23 25 27 www.guetaria.com* ***Restaurant*** *Ouvert tlj. 13h30-15h30 et 21h-23h30* ***Bar*** *Ouvert lun.-ven. 7h30-0h ; sam.-dim. 10h-0h Fermé 1er dim. d'août et semaine sainte*

prix très élevés

☺ **Serantes (plan 9, B2 n°40)** Au rez-de-chaussée, un vivier et un espace bar tout en longueur, accueillant, où domine le brouhaha d'afficionados visiblement ravis. À l'étage, un restaurant décoré de boiseries et de vitraux aux motifs marins, doté d'une carte généreuse. À goûter : les fruits de mer, le poisson bien sûr (morue à la biscayenne, piments farcis au tourteau) et de savoureuses viandes (filet de bœuf Wellington, côtelettes de bœuf grillées). Repas autour de 45-50€. ***Ensanche*** *Licenciado Poza, 16 Tél. 944 10 20 66 www.marisqueriaserantes.com* ***Restaurant*** *Ouvert tlj. 13h-16h et 20h-0h (fermé 10 jour fin août)* ***Bar*** *Ouvert tlj. 8h-1h* ***Autres adresses*** *Alameda de Urquijo, 51 (plan 9,B3) et Alameda Mazarredo, 65 (près du Guggenheim)*

Et aussi...

Un petit déjeuner

Pastelería New-York — 555
Café Iruña — 555

Manger sur le pouce

Café Nervión — 552
Borne — 552
Bistró Guggenheim — 560
Atea — 561

Une pause sucrée

Turroneria Adelia Iváñez — 551
Turrones y helados Iváñez — 551
Pastelería Arrese — 555
Alma de Cacao — 557

☺ **Arbola-Gaña (plan 9, B2 n°31)** Au dernier étage du musée des Beaux-Arts, dans sa partie vitrée. On mange dans une salle vaste et lumineuse, ouverte sur le ciel et les collines alentour. À la carte, des spécialités : foie frais poêlé, glace au vinaigre balsamique et fromage Idiazabal ; comptez environ 45-50€ HT. Goûtez la cuvée recommandée par la maison. Service raffiné. ***Ensanche*** *Alameda Conde Arteche (angle Plaza Eduardo Chillida) Tél. 944 42 46 57 www.arbolagana.com Ouvert mar.-jeu. et dim. 13h30-15h30, ven.-sam. 13h30-15h30 et 21h-22h30 Fermé 25 déc. et 1er jan.*

Etxanobe (plan 9, A2 n°35) Une adresse haut de gamme installée dans le Palais des congrès et de la musique, l'un des lieux emblématiques du renouveau de Bilbao. Fernando Canales, récompensé par une étoile au Michelin, œuvre dans ce restaurant élégant à l'atmosphère lumineuse, où dominent le blanc et l'ocre.

Parmi les plats phares de la maison : les lasagnes froides d'anchois à la soupe de tomate, la morue *al pil-pil* ou à la braise, les œufs pochés au foie gras et les desserts au chocolat. Menu dégustation 60€ HT, menu découverte Etxanobe 120€ HT. Terrasse aux beaux jours. ***Ensanche*** *Avenida Abandoibarra, 4 (Palacio Euskalduna) Tél. 944 42 10 71 www.etxanobe.com Ouvert lun.-sam. 13h-16h et 19h45-0h*

Zortziko (plan 9, B1 n°41) Le plus fameux restaurant de Bilbao, dont le chef, Daniel Garcia, est célèbre dans le monde entier. Sa cuisine est d'une grande subtilité, assez simple, axée sur la qualité des produits, le respect des textures et des accords. Les arômes sont intenses et subtils à la fois, les légumes croquants, les sauces légères, confectionnées avec talent. Au printemps, il faut goûter son assortiment de verdures, sublime, et puis un de ses nombreux plats autour de la morue – poisson fétiche de Biscaye. Notre préférence : un pavé de morue vapeur passé quelques secondes à la poêle, servi sur une nage de palourdes dans une soupe tiède aux herbes vertes. Le cadre, lui, reste très classique, mais néanmoins plaisant. Menu dégustation 85€. ***Ensanche*** *Alameda Mazarredo, 17 Tél. 944 23 97 43 www.zortziko.es Ouvert mar.-sam. 13h-15h30 et 20h30-23h Fermé dernière semaine d'août*

Nerua (plan 9, B1 n°39) Issu de la pépinière de chefs de l'incontournable Martín Berasategui, Josean Martínez Alija dirige avec brio ce restaurant-cafétéria haut de gamme au cadre tonique, qu'abrite le musée Guggenheim. À midi, excellente introduction à une cuisine d'auteur à moindre coût avec des menus bistrot à partir de 18€ HT (salade tiède de pâtes, échine de colin grillée) boisson comprise. Plus chic, le menu du restaurant gastronomique, à 62€ HT, propose des plats comme les joues de colin, navets et infusion de persil ou le rôti de bœuf et sa poire laquée au soja. Egalement un menu du jour à 25,40€ HT. Il faut impérativement réserver sous peine d'être déçu : l'endroit, prisé des touristes comme des gastronomes, est toujours plein. ***Ensanche*** *Avenida Abandoibarra, 2 (accès par l'esplanade du musée Guggenheim) Tél. 944 23 93 33 www.restauranteguggenheim.com* ***Restaurant*** *Ouvert juil.-août : tlj. 13h-15h15 et 20h30-22h30 ; sept.-juin : mar.-mer. et dim. 13h-15h15, jeu.-sam. 13h-15h15 et 20h30-22h30* ***Bistrot*** *Ouvert hiver : mar.-mer. et dim. 13h-15h15 ; jeu.-sam. 13h-15h15 et 20h30-22h30 été : tlj. 13h-15h15 ; 20h30-22h30*

Hébergement

Si vous choisissez un hôtel situé dans le Casco Viejo, quartier noctambule par excellence, n'oubliez pas de glisser dans vos bagages une petite boîte de boules Quiès ! Si vous cherchez la tranquillité, privilégiez plutôt le quartier central de l'Abando, animé en journée mais calme la nuit. Pensez à réserver (surtout en été et lors de la semaine sainte), et n'oubliez pas d'ajouter aux prix les 10% d'IVA.

très petits prix

Albergue Bilbao Aterpetxea (plan 9, B3 n°50) Une vaste auberge de jeunesse sur 8 étages qui propose 48 chambres simples et fonctionnelles (pour 1 à 6 pers.). Nombreux services : laverie, accès Internet et salle de restaurant (menu 10€). Comptez autour de 20€/pers. pour un lit en dortoir ; et de 25 à 30€ pour une double selon la saison, petit déjeuner compris. 10% de réduction accordées aux moins de 25 ans, en toute saison. *Réservations par Internet ou téléphone de 8h à 21h Carretera*

Basurto-Kastrexana, 70 **Bilbao** *À 4km du centre-ville (accès par les bus 58 et 80) Tél. 944 27 00 54 http://albergue.bilbao.net*

petits prix

Pensión de la Fuente (plan 10, A1 n°54) Une vieille dame discrète et charmante accueille les voyageurs en escale dans son grand appartement. Très propre, mais confort sommaire. Notre meilleure adresse dans cette catégorie, au calme qui plus est. Double avec sanitaires sur le palier 33-35€, avec sdb 42€, et chambre individuelle 22€. Pas de réservation : téléphonez ou passez le jour même. ***Casco Viejo*** *Sombreria, 2 (2e étage) Tél. 944 16 99 89 www.pensiondelafuente.com*

Hotel Ripa (plan 10, A1 n°52) À deux pas de la gare d'Abando, ce petit hôtel ne paie certes pas de mine, mais il propose 15 chambres correctes et fonctionnelles à prix doux en plein centre-ville. Double de 52 à 60€. Wifi gratuit, parking 10€. ***Casco Viejo*** *Ripa, 3 Tél. 944 23 96 77 www.hotel-ripa.com*

Hostal Central (plan 9, B2 n°52) Un "hostal" de 8 chambres confortables, décorées dans des tons pastel, à 5min du métro Moyúa et à proximité des principales artères commerçantes de Bilbao. Accueil très gentil. Pas de petit déjeuner. Double 53€ (dim.-jeu.) et 55€ en saison haute, triple 80-90€. Wifi gratuit. ***Ensanche*** *Alameda Recalde, 35 A (1er étage) Tél. 944 10 63 39 www.hostalcentral.com*

Hostal San Mamés (plan 9, A3 n°53) Ce petit hôtel assez impersonnel est pris d'assaut par les jeunes touristes étrangers qui apprécient sa situation, à quelques mètres du Termibus, d'où partent des autocars pour toute l'Espagne. Dix-huit chambres doubles à 57€. ***Ensanche*** *Luis Briñas, 15 Tél. 944 41 79 00 www.sanmames.net Fermé 24, 25 et 31 déc.*

☺ **Bilborooms (plan 10, A1 n°50)** Au cœur du Casco Viejo, cet *hostal* de 7 chambres spacieuses offre de bonnes prestations et un excellent rapport qualité-prix. Double à 50€ (60€ ven.-sam.) petit déj. inclus. ***Casco Viejo*** *Victor, 3 (1er étage) Tél. 944 79 35 91 www.bilborooms.com*

Hotel Arriaga (plan 10, A1 n°51) Un hôtel de famille au sens propre du terme : le fils et la fille ont succédé à la mère, qui vient toujours donner un coup de main. Les chambres sont spacieuses et lumineuses. Préférez celles qui donnent sur l'arrière : côté rue, c'est vraiment bruyant, le tram circule devant l'hôtel dès le petit matin ! Pas de petit déjeuner. Double 55€ en haute saison. Parking 10€/j. ***Casco Viejo*** *Ribera, 3 (1er étage) Tél. 944 79 00 01 www.hotelarriaga.es*

prix moyens

Hotel Vista Alegre (plan 9, C3 n°56) À quelques pas de la Plaza Zabálburu, près des arènes de Bilbao, une adresse de 35 chambres convenables, idéales pour les petits budgets et les jeunes voyageurs. Internet gratuit. Double à 65€ en haute saison, petit déj. 6€. Parking 8,80€/j. ***Ensanche*** *Pablo Picasso, 13 Tél. 944 43 14 50 www.hotelvistaalegre.com Fermé 24, 25 et 31 déc.*

☺ **Pensión Itturiena (plan 10, A2 n°53)** Dans l'une des rues les plus fameuses du Casco Viejo, là où la foule des bars à *pintxos* déborde sur les pavés, cette petite pension de 9 chambres pleine de charme n'a pas droit au nom d'hôtel car elle n'a pas d'ascenseur. Mais rassurez-vous, il n'y a qu'un seul étage à monter. Pierres apparentes, murs ornés de curieux objets de brocante, boiseries, petits balcons en fer forgé, et confort digne d'un bon 2, voire 3-étoiles : literie confortable, chambres insonorisées et salles de bains impeccables. Quant à l'accueil, il est souriant et efficace, nuit et jour. Double de 55 à 66€ simple 50€ et de 70 à 80€ la triple, petit déj. complet 2,50€. **Casco Viejo** *Santa María, 14 Tél. 944 16 15 00 www.iturrieneaostatua.com*

Petit Palace Arana (plan 10, A1 n°55) La belle façade du XIXe siècle qui fait face au théâtre Arriaga cache un hôtel moderne à l'aménagement particulièrement soigné. "Palace", l'appellation manque certes un peu de modestie, mais l'on appréciera le niveau de confort des chambres dites "supérieures", équipées d'un PC avec accès Internet, d'une télé à écran plasma et d'un lit king size. Wifi gratuit dans tout l'hôtel. Une quarantaine de chambres doubles à partir de 65€ HT (promotions sur le site Internet pour les réservations anticipées), mais attention, durant la semaine sainte, les prix grimpent jusqu'à 180€ ! Petit déjeuner 9€. **Casco Viejo** *Bidebarrieta, 2 Tél. 944 15 64 11 www.petitpalacearanabilbaohotel.com*

prix élevés

Miró Hotel (plan 9, B2 n°57) À 150m du Guggenheim, cet hôtel doit son aménagement intérieur au couturier Antonio Miró, qui a habillé ses beaux volumes de lumières tamisées, tissus veloutés et couleurs chaudes. Dans les chambres (45 chambres, 3 "juniors suites" et 2 "master suites"), pas de surenchère, du blanc et un design sobre. Bon équipement dès les chambres standard (lecteur DVD, télé LCD, mini-bar). Bar et Spa réservés à la clientèle de l'hôtel. Petites attentions agréables selon la période de l'année : tarif réduit au musée Guggenheim offerte, prêt de DVD gratuit... Double à partir de 108€, comptez env. 170€ en haute saison. Petit déjeuner parfois inclus dans des forfaits, sinon 18,50€. **Ensanche** *Alameda Mazarredo, 77 Tél. 946 61 18 80 www.mirohotelbilbao.com*

☺ **Hotel Husa Jardines de Albia (plan 9, C1 n°55)** À l'intérieur d'un grand bâtiment impressionnant, 140 chambres lumineuses, décorées dans des tons blancs, bleus et orangés. Design sobre, lits de 2m de large, confort parfait. Comptez 90-110€ pour une chambre double et 15€ pour un petit déjeuner complet. En bas, un espace spa complet, avec circuit hammam, jets et Jacuzzi à 30€, et de nombreux soins de massage et beauté. Installations neuves et impeccables. Location de vélos. **Ensanche** *San Vicente, 6 Tél. 944 35 41 40 ou 944 35 50 26 (Spa) www.hotelhusaspajardinesdealbia.com*

prix très élevés

Gran Hotel Domine (plan 9, B1 n°51) Ce 5-étoiles fait face au musée Guggenheim. Une fontaine extravagante ruisselle sur des alignements de vaisselle, à l'ombre d'une gigantesque colonne de galets. Des fauteuils de couleurs vives, années 1970, tranchent sur le blanc et l'anthracite, dans un rayon de lumière jailli du plafond. Chaque étage présente également sa propre tonalité vive, rappelée par touches dans les chambres aux murs crème. De 135 à 164€ la double (moins cher en semaine), petit déj. 26€. Restaurant, bistrot, Spa et salle de fitness. **Ensanche** *Alameda de Mazarredo, 61 Tél. 944 25 33 00 www.hoteles-silken.com/hoteles/gran-hotel-domine-bilbao/*

Hotel Ercilla (plan 9, B3 n°54) Situé dans la partie résidentielle du quartier de l'Indautxu, ce grand hôtel de 325 chambres, aménagé par les designers Philippe Starck et Ingo Maurer, jouit également de l'excellente réputation de son restaurant le Bermeo. Prestations de haut vol (salons élégants, terrasses dans certaines chambres), même si les chambres au confort "standard" sont assez petites. Double standard à partir de 160€ en saison, supérieure à partir de 195€ en saison. Petit déjeuner buffet 16€. *Ensanche Ercilla, 37-39 Tél. 944 70 57 00 www.hotelercilla.es*

GETXO

48990

Getxo, c'est un peu le Deauville des Bilbaínos, le port industriel et la pollution en plus… Sur la promenade Zugazarte, où se dressent le palais de Churruca et le manoir Bake-Eder, villas balnéaires et palaces reflètent bien l'ambition de cette banlieue chic de la capitale de Biscaye où les plus aisés acquièrent un bien immobilier, histoire de changer d'air en fin de semaine. Pour découvrir le cœur de la ville, il faut longer la plage d'Ereaga jusqu'au vieux port d'Algorta, dont les ruelles conservent d'anciennes maisons de pêcheurs, serrées les unes contre les autres. Mais, pour le visiteur, l'attrait principal réside dans l'étonnant pont transbordeur, passerelle impressionnante suspendue entre les deux rives de la ría de Bilbao, qui relie Getxo à Portugalete.

LA RÍA DE BILBAO L'agglomération de Bilbao s'étire le long du fleuve pour trouver, enfin, un accès à la mer, au terme d'une succession d'usines et de chantiers navals. Sur la rive gauche de l'estuaire, Portugalete et Santurzi voient défiler les plus gros navires, prompts à charger ou à décharger, puis à repartir. De la chimie aux métaux en passant par le bois, le papier et les objets manufacturés, tout y transite et parfois s'en échappe. On dit qu'il vaut mieux éviter de se baigner trop près des installations portuaires et préférer les plages de la rive droite, vers Plentzia. Pour s'y rendre, le spectacle est grandiose : on emprunte le pont transbordeur, inauguré en 1893, dont la nacelle suspendue au-dessus de l'eau brave vents et tempêtes. Arrivé sur la rive droite, à Neguri, on profite du spectacle des superbes villas balnéaires érigées par la haute bourgeoisie, qui contemplent la mer depuis plus d'un siècle.

MODE D'EMPLOI

accès

EN VOITURE

Puente Colgante À 16km au nord de Bilbao par l'A8, la N637, la BI711 et la BI631. Attention : aux heures de pointe, la circulation se révèle très dense sur ces axes (beaucoup de poids lourds). On peut embarquer avec sa voiture sur le pont transbordeur, ou bien traverser à pied, tout en haut. *Tél. 944 80 10 12 www.puente-colgante.com Ouvert tlj. 24h/24 Tarif 0,35€/pers. et 1,35€/voiture*

EN MÉTRO

La ligne 1 (direction Plentzia) part toutes les 10min de Bilbao : 6 arrêts dans Gexto, dont Areeta (centre-ville), Neguri (port de plaisance), Algorta (vieux port). Comptez un peu moins de 20min pour faire le trajet entre les station Abando et Areeta (AR 3,50€). Pour Portugalete, empruntez la ligne 2. Fréquence en journée 5-6min. *Tél. 944 25 40 25 (Rens.) www.metrobilbao.com*

EN CAR

Bizkaibus Compagnie proposant les lignes les plus pratiques au départ de Bilbao, avec une fréquence de 20-30min : A3413 (Bilbao-Aizkorri), A3414 (Bilbao-Getxo) et A3411 (Bilbao-Getxo). AR 2,80€ *Tél. 902 22 22 65 www.bizkaia.net*

EN TRAIN

Renfe Cercanías Un train de banlieue relie Bilbao à Portugalete. *Tél. 902 32 03 20 www.renfe.com*

TAXIS

Radio Taxi Getxo *Tél. 944 91 53 53*

orientation

La ville de Getxo s'étend sur plusieurs kilomètres le long du littoral, du pont transbordeur (Puente Colgante) jusqu'à l'ancien village de pêcheurs d'Algorta, le port de plaisance étant situé à mi-chemin. Elle se parcourt aisément à pied – la voiture, en été, est plutôt déconseillée, surtout le week-end. La plage d'Ereaga, notamment, est prise d'assaut, et le stationnement le long de la mer se révèle très difficile.

informations touristiques

Office de tourisme Vous y trouverez des brochures sur Getxo et ses environs, un service de réservation ainsi qu'un large catalogue de visites et de propositions de loisirs sportifs. *Playa de Ereaga Tél. 944 91 08 00 www.getxo.net Ouvert 15 juin-15 sept. : tlj. 10h-20h ; reste de l'année : lun.-ven. 9h30-14h30 et 16h-19h, w.-e. et j. fér. 10h30-14h30 et 16h-20h*

Point d'information au pont de Biscaye *Tél. 615 75 62 90 Ouvert Pâques-15 oct. : tlj. 10h30-14h30 et 16h-20h*

visites guidées

Getxo Taxi Tour Visitez Getxo en taxi ! Deux circuits au choix : "Getxo a fondo" (1h, 28€/taxi), ou formule "Gexto monumental", à partir du pont Colgante (20min, 15€/taxi). *Tél. 944 91 08 00 (OT) ou 944 91 53 53 (Taxi) Renseignements et réservation à l'OT ou Radio Taxi Getxo*

location de deux-roues

Ekobizi Location de vélos 2€/j. de 6h45 à 21h. *Tél. 900 84 03 45 (Rens.) ou 944 91 08 00 (OT)*

fêtes et manifestations

Foire de l'artisanat *Fin mai-juin*
Festival international de jazz de Getxo Une sélection très européenne. *1re sem. de juil.*
Fêtes patronales de San Roque À Portugalete *Août*
Fêtes du vieux port de Getxo (Algorta) Processions. *31 juil.*
Fêtes de San Ignacio *31 juil.*

DÉCOUVRIR

☆Les essentiels Le vieux port, le pont transbordeur **Découvrir autrement** Déambulez dans la vieille ville de Portugalete, profitez de la mer sur les plages de Sopelana

Getxo

☆ **Algorta-Vieux port** Dans la baie de l'Abra, le quartier des pêcheurs est l'un des sites les plus pittoresques de Getxo. Les Bilbaínos viennent le dimanche sur le port d'Algorta profiter de l'animation permanente de ses bars, flâner au gré de ses ruelles escarpées jusqu'à la chapelle dédiée à saint Nicolas de Bari, goûtant l'ambiance populaire de ses maisons colorées. Au-dessus de la plage d'Arrigunaga et du moulin à vent d'Aixerrota, le fort de la Galea, connu sous le nom de "château du prince", est un bel exemple de construction militaire du XVIIIe siècle : il protégeait la côte de la menace des troupes anglaises.

Casa de Náufragos Le *paseo* qui longe la plage d'Ereaga attire les promeneurs tout au long de la journée. Sur le quai de Arriluce, qui mène au port de plaisance, cette maison des naufragés, un phare à l'architecture étonnante, est le siège de la Croix Rouge maritime. La baie, longtemps considérée comme une zone maritime très dangereuse, fut sécurisée par l'ingénieur Evaristo Churruca, auquel la ville dédia un monument.

☆☺ **Puente Bizkaia-pont transbordeur** Contemporain de la tour Eiffel, haut de 63m et long de 160m, le pont conçu par l'ingénieur Alberto de Palacio en 1893 connaît une renaissance depuis qu'il a été inscrit sur la liste du patrimoine de l'humanité par l'Unesco en 2006. Mais l'imposante structure métallique du premier pont suspendu et pont transbordeur au monde fait avant tout partie du quotidien des habitants des municipalités de Getxo et de Portugalete : ils l'empruntent à pied, en voiture ou en scooter, comme ils prendraient l'autobus. Un ascenseur vous montera jusqu'à la passerelle piétonne d'où, à 50m du sol, vous observerez les allers et retours de la nacelle, chargée de voyageurs et de véhicules. De là, le panorama sur l'embouchure de la ría de Bilbao est spectaculaire – mais l'aventure est formellement déconseillée si vous souffrez de vertige (ainsi qu'aux jeunes enfants). *Barria, 3 (quartier Las Arenas) Tél. 944 80 10 12 www.puente-colgante.com*

Pont *Ouvert tlj. 24h/24 Tarif 5h-22h : 0,35€/piéton et 1,35€/voiture ; 22h-0h : 0,55€/piéton et 1,70€/voiture ; 0h-5h : 1,25€/piéton et 2,50€/voiture*

Passerelle panoramique *Ouvert avr.-oct. : tlj. 10h-21h ; nov. : mar., w.-e. et j. fér. 10h-18h Tarif 7€, groupes 5,60€, moins de 5 ans gratuit*

● Où acheter des douceurs ?

Pastelería Arrese Si vous n'avez pas encore goûté les délicieuses truffes Arrese dans la maison-mère de Bilbao, vous pourrez vous rattraper dans cette petite pâtisserie-confiserie. *Mayor, 9 (quartier Las Arenas) Tél. 944 80 01 72 Ouvert lun.-ven. 9h-20h30, sam.-dim. 9h30-14h30 et 17h30-20h30 Fermé dim. en juil.-août*

● Où grignoter des *pintxos* ?

Arrantzale Un bar très animé du vieux port, où l'on déguste en toute convivialité les produits typiques de la région. À l'honneur, l'omelette de morue, le boudin noir, le chorizo au cidre et les piments farcis. Petite terrasse l'été pour humer l'air marin. *Puerto, 3 (vieux port d'Algorta) Tél. 944 60 12 44 www.arrantzale.com Ouvert tlj. 12h-0h Fermé 15 j. en nov*

Itxas Bide Ambiance et déco marines dans le bar-restaurant le plus réputé de la ville. Jeunes et moins jeunes s'y retrouvent pour picorer quelques portions replètes d'anchois, de poulpe et des *pintxos* variés. Idéal pour l'apéritif ou pour grignoter à petits prix sur la plage d'Ereaga. *Muelle de Ereaga, 42 Tél. 944 91 05 89 (Restaurant) ou 944 91 19 87 (Bar)* ***Bar*** *Ouvert tlj. 9h15-23h* ***Restaurant*** *Fermé dim. soir et mar.*

● Profiter de la mer

Plages d'Ereaga et d'Arrigunaga Inutile de raconter des histoires, les plages de Getxo sont assez peu recommandables pour la baignade : polluées par la proximité des activités portuaires, elles n'offrent pas une qualité et une sécurité suffisantes. Faites comme les habitants : cantonnez-vous au bronzage, à la promenade ou au footing, elles sont parfaites pour cela.

A toda vela Propose des excursions sur toute la côte basque et des sorties en mer en voilier dans la baie de l'Abra à partir de 50€ la demi-journée. *Renseignements et réservation au moins 10 jours à l'avance auprès de l'OT Tél. 944 91 08 00*

Les environs de Getxo

Portugalete

De l'autre côté du pont transbordeur, la tranquille commune de Portugalete, ancienne forteresse médiévale fondée en 1322 par María Díaz de Haro, connut avec la construction du chemin de fer un essor important à la fin du XIXe siècle. Les rues pavées et les édifices baroques et néoclassiques de sa vieille ville méritent le coup d'œil, en particulier la basilique de Santa María, un joyau de style gothique-Renaissance du XIVe siècle, et la tour de Salazar, une maison-tour du XVe siècle. *Accès en métro ligne 2 (compter env. 25min)*

Rialia-Museo de la Industria C'est tout naturellement au bord de la ría de Bilbao que s'est installé ce musée dédié à l'histoire de l'industrie basque. Rénové en 2011, il présente sur trois étages des photos, documents anciens, outils, maquettes et œuvres d'art illustrant l'histoire industrielle de la région, dominée par le fer. Le quatrième étage accueille des expositions temporaires. *Paseo de la Canilla Tél. 944 72 43 84 www.rialia.net Ouvert juin-sept. : mar.-ven. 10h30-14h30 et 17h-19h, w.-e. et j. fér. 11h-14h30 ; oct.-mai : mar.-ven. 10h-13h et 15h30-18h, w.-e. et j. fér. 11h-14h30 Entrée 2€, 14-26 ans 1€, moins de 14 ans et plus de 65 ans gratuit Dernière entrée 30min avant fermeture*

Sopelana et la route de la côte

Principal attrait de la commune de Sopelana, ses plages plutôt sauvages sont les plus agréables de la région, idéales pour la baignade et les loisirs nautiques. Pendant l'été, un service d'autobus (Sopelbus) les dessert. Accès routier par la BI634 ou en métro (Bilbao-Plenzia), ligne 1.

Sopelana Principal attrait de la commune de Sopelana, ses plages plutôt sauvages sont les plus agréables de la région, idéales pour la baignade et les loisirs nautiques. Pendant l'été, un service d'autobus (Sopelbus) les dessert. *Accès routier par la BI634 ou en métro ligne 1 (compter env. 40 min)* **Office de tourisme** *Sabino Arana, 1 Tél. 944 06 55 19 Ouvert juil.-août : tlj. 10h-13h et 16h-19h ; juin, sept. : lun.-sam. 10h-14h et 16h-18h, dim. et j. fér. 10h-14h ; mai-juin, oct. : mar.-sam. 10h-14h et 16h-18h, dim. et j. fér. 10h-14h ; nov.-avr. : mar.-sam. 10h-14h et 16h-18h, dim. et j. fér. 10h-14h*

● Aller à la plage

Plage Meñakoz Cette petite plage est le domaine des surfeurs. Quelques nudistes s'y risquent, mais la mer y est agitée et peu indiquée pour la baignade.
Plage Arrietara-Atxabiribil La plus longue plage de Sopelana est aussi la plus fréquentée : se garer à proximité n'est souvent pas une mince affaire. Public familial, possibilité de pratiquer de nombreux sports.
Plage Barinatxe Une très belle plage de sable fin, fréquentée à la fois par des familles et des nudistes, à des endroits différents. Une course à pied réservée aux nudistes s'y déroule d'ailleurs tous les ans en septembre... Douches, toilettes et snack-bar l'été. Grand parking payant (4€/journée en été).

● S'initier au parapente, au surf

Quiksilver Surf Eskola Cours de surf et initiation à partir de 8 ans. *Plage Arrietara Tél. 667 55 78 39 Ouvert en été*
Parapente Sopelana SL Vols biplace, cours de parapente avec ou sans moteur. *Plage de Barinatxe Tél. 607 21 34 31 Ouvert toute l'année*

CARNET D'ADRESSES

Restauration, hébergement

prix très élevés

Asador El Puerto-Zabala Un *asador* au plafond bas et poutres de bois sombre, décor basque de carte postale avec nappes à carreaux et objets artisanaux hétéroclites : cette ancienne maison de pêcheur a du charme à revendre. On mange une cuisine familiale tournée vers la mer (si vous avez envie de viande, passez votre chemin !). Poisson *a la plancha* (colin, chinchard), fruits de mer. Mention particulière pour les gâteaux maison au citron ou à la pomme. À la carte, comptez 50-60€. Réservation conseillée l'été et le week-end. *Aretxondo, 20 (station de métro Algorta, ligne 1) Tél. 944 91 21 66 Ouvert mar.-sam. 13h30-16h et 21h-23h30, dim. 13h30-16h Fermé les 2 premières semaines d'août et 1 semaine en déc.*

Jolastoky Dans ce très joli restaurant du quartier Neguri, Sabin Arana ajoute une touche d'avant-garde à la tradition culinaire biscayenne. La spécialité la plus aboutie du maître de maison est le turbot grillé à la purée de chou-fleur truffée. Les amateurs de douceurs ne manqueront pas la *pantxineta* au chocolat. Menus à 50€ et 68€ HT. Les grandes verrières de la salle qui donne sur la terrasse-jardin ont un charme fou. Réservation recommandée. *Av. de los Chopos, 21* **Getxo** *(quartier Neguri/ station de métro, ligne 1) Tél. 944 91 20 31 www.restaurantejolastoki.com Ouvert mar. et dim. 13h30-15h15 et 20h30-23h, mer.-sam. 13h30-15h15 et 20h30-23h Fermé Semaine sainte et 1re quinzaine d'août*

Hotel El Embarcadero À deux pas du Muelle de las Arenas, sur le front de mer, cet hôtel luxueux appartenant au groupe Ercilla a été aménagé dans une belle demeure bourgeoise de style basque du début du siècle dernier. Ses chambres, très confortables, ont un petit côté anglais, à la fois très cosy et contemporain. Terrasses sur la mer. Son restaurant est l'un des plus fréquentés des environs. Vingt-sept chambres doubles avec wifi et TV à écran plat, à partir de 159€ en semaine, 160€ le week-end (ajoutez 33€ pour la vue sur la mer) HT. Petit déjeuner 15€. *Zugazarte, 51 Las Arenas* **Getxo** *(quartier Las Arenas/ sation de métro Gobela, ligne 1) Tél. 944 80 31 00 www.hotelembarcadero.com*

BERMEO

48370

Quand le soleil décline, les silhouettes des bateaux de pêche qui rentrent au port se profilent à l'horizon. Protégée des courants de la mer Cantabrique par le cap Matxitxako, la bourgade de Bermeo se consacre aux activités maritimes, depuis sa fondation, en 1234, et son actif port de pêche continue de faire vivre ses habitants grâce à ses conserveries de poisson. Avant d'aller faire un tour à la nouvelle criée, à la sortie de la ville, sur la route de Mundaka, prenez le temps de flâner sur les quais du vieux port en regardant les embarcations de bois flotter au soleil.

MODE D'EMPLOI

accès

EN VOITURE

À 29km de Bilbao par la N637 et la BI631 via Derio et Mungia. Empruntez la BI3101 de Gorliz et Bakio, et la BI2235 de Gernika.

EN TRAIN

Ligne 3 Urdaibai De Bilbao (gare d'Atxuri ou Bolueta), comptez 1h10 ; sur la même ligne, de Gernika, 25min.

EuskoTren Ligne 3 Bilbao-Bermeo *Tél. 902 54 32 10 (horaires) www.euskotren.es*

EN CAR
Bizkaibus Lignes A3515 (Bermeo-Gernika-Bilbao) et A3527 (Bilbao-Mungia-Bermeo). *Tél. 902 22 22 65 www.bizkaia.net*

orientation

Bermeo est bâtie autour de ses deux ports : le quartier historique, piétonnier, au-dessus du vieux port, et la partie plus récente de la ville, autour du nouveau port. Inutile de le cacher : se garer relève ici du parcours du combattant ! Pas grand-chose à faire, à part tenter sa chance dans les rues à la périphérie de la commune. Évitez absolument de vous engager en voiture dans le dédale de ruelles du centre historique.

informations touristiques

Office de tourisme *Lamera Tél. 946 17 91 54 www.bermeo.org Ouvert été : lun.-ven. 10h-19h, sam. 10h-14h et 16h-19h, dim. 10h-14h ; hiver : lun.-sam. 10h-14h et 16h-19h, dim. 10h-14h*

fêtes et manifestations

Feria del Pescado *Fin mai*
Saint-Jean Pèlerinage traditionnel à San Juan de Gaztelugatxe. *24 juin*
Fêtes de la Madalena Processions maritimes de Bermeo à Elantxobe. *22 juil.*
Jour des pêcheurs Groupes de musique et festivités dans toute la ville. *9 sept.*
Concours agricole et artisanal de la Santa Eufémia *16 sept.*
Feria de San Martín Foire agricole. *11 nov.*

DÉCOUVRIR

☆**Les essentiels** L'ermitage de San Juan de Gaztelugatxe **Découvrir autrement** Imprégnez-vous de l'ambiance du parc de la Lamera et du port de Bermeo, buvez un verre de txakoli à Bakio

Bermeo

Toute la vie du vieux Bermeo s'organise autour du **parc de la Lamera**. Contigu au port, où le mouvement des bateaux rythme les activités de toute la ville, il se déploie en contrebas de l'enchevêtrement des ruelles du Casco Viejo.

Cloître du couvent de San Francisco Commencé en 1357, il ne fut achevé qu'au XVIe siècle. Cette construction gothique décorée de représentations de moines en prière, qui servit successivement de caserne, de prison, d'école et de marché, abrite aujourd'hui des sculptures données par l'artiste contemporain et enfant du pays Néstor Basterretxea. *Plaza Taraska Tél. 946 17 91 54 Messe lun.-sam. 9h et 20h, dim. et j. fér. 9h, 11h, 12h, 13h et 20h*

Torre de Ercilla-musée du Pêcheur La Torre de Ercilla, une superbe maison-tour du XVe siècle – l'une des plus anciennes et des mieux conservées du Pays basque –, abrite un musée entièrement dédié à la gloire des marins pêcheurs. Vous y découvrirez tout un bric-à-brac de maquettes, de gravures, d'outils, de petites embarcations et d'objets liés au labeur des pêcheurs comme à leur vie quotidienne, à bord et sur terre. *Plaza Torrontero, 1 Tél. 946 88 11 71 Ouvert mar.-sam. 10h-14h et 16h-19h, dim. 10h et 14h15 Entrée 3€*

● Où boire un verre, se régaler de *pintxos* ?

Kafe Loidxie Bar Bondé à l'heure de l'apéritif, ce bar sert de très bons *pintxos* à base de morue et de chipirons. Ambiance jeune et populaire. *Nardiz Tar Benancio, 11 Tél. 946 18 60 84 Ouvert mer.-lun. 9h-23h30*

● Naviguer, pêcher en mer ou observer les cétacés

Matxitxako Nautica, S.L. Cours de voile et sorties à la journée (ou plusieurs jours) le long de la côte basque avec ou sans skipper. Départ du vieux port. *Tél. 678 84 41 28 www.matxitxako.net*

Atuntxo Organisation de sorties de pêche et pêche sous-marine, de juin à octobre. *Tél. 662 25 00 11 (Renseignements) www.atuntxo.com*

Hegaluze Deux petits bateaux parcourent la zone de l'Urdaibai de San Juan de Gaztelugatxe jusqu'à Mundaka et Lekeitio. Au programme : l'observation de cétacés. À partir de 12€ par personne. *Départ du vieux port Tél. 666 79 10 21 (Rens. et rés.) www.hegaluze.com*

Les environs de Bermeo

☆☺ San Juan de Gaztelugatxe

Sur la côte ouest du cap de Matxitxako, la petite presqu'île de Gaztelugatxe, reliée à la terre par un petit chemin de pierre raide et étroit, fut longtemps un belvédère stratégique où s'abattirent les pirates comme les tempêtes pendant des siècles. Un escalier de 231 marches conduit à cet ermitage de pierre dédié au Xe siècle à San Juan, qui aurait laissé là l'empreinte de ses pas. Une corde fouette le mur sous l'effet du vent – en l'attrapant, on fait sonner une cloche et l'on formule ses vœux devant l'infini bleu azur. L'endroit est vraiment magique, tout indiqué pour un pique-nique. *Entre Bermeo et Bakio, sur la voie piétonne BI3101 (attention, la nouvelle route carrossable porte le même numéro – BI3101)* **Ermitage** *Ouvert juil.-août : mar.-sam. 11h-16h, dim. 11h-15h Messes célébrées les 24 juin, 31 juillet, 29 août et 30 déc.*

● **FERVEUR EN FÊTE** Le meilleur jour pour visiter l'ermitage de San Juan, haut lieu de l'Euskadi, est le 24 juin : le grand pèlerinage organisé chaque année pour la Saint-Jean révèle alors l'importance du rocher pour les habitants de Bermeo et de Bakio, qui célèbrent cette journée en grande pompe, avec fanfares et animations.

Bakio

Bakio est situé à 12km à l'ouest de Bermeo. À l'entrée de la ville, la succession de résidences récentes à l'architecture sans âme ne rend pas justice à cette petite station balnéaire accueillante, dont le nom dérive de *bakea*, "paix" en basque. Si le bourg a longtemps pâti de ne pas avoir de port, contrairement à sa voisine Bermeo, elle s'enorgueillit de posséder la plus vaste plage de Biscaye, bien entretenue et bordée de restaurants élégants et modernes. La qualité de ses vagues attire les surfeurs et les amateurs de sports nautiques. Une station balnéaire sympathique pour passer une journée de plage en famille. *À 27km de Bilbao par la BI2101, desservi par les autocars de la compagnie Bizkaibus, ligne A3518 (Bilbao-Mungia-Bakio)* **Office de tourisme** *Bakio Tél. 946 19 33 95 www.bakio.org Ouvert juil.-août : tlj. 10h-15h et 16h-19h ; sept.-juin : mar.-dim. 10h-14h*

● Où déguster un txakoli ? Il semble que la situation géographique et le micro-climat dont jouit Bakio ont beaucoup favorisé la culture de raisins. Le *txakoli* est l'une des ressources les plus importantes de la ville, puisque l'on produit ici plus de 100 000l par an de ce vin blanc fruité, légèrement pétillant (9,5-11,5°). Les trois bodegas de Bakio (Abio, Zabala et Gorrondona) bénéficient de l'appellation d'origine "Bizkaiko Txakolina". Et, le 6 décembre, on fête le *txakoli* dans toute la région. *Visites de bodegas réservées aux groupes*

Gotzon Jatetxea Un peu en retrait de la plage, la terrasse de ce bar-restaurant décoré dans un style marin particulièrement élégant est certainement la plus agréable de Bakio. Calé dans l'un de ses fauteuils en rotin, on sirote à l'ombre un verre de *txakoli*, à moins d'être tenté par les *pintxos* disposés sur le comptoir à l'intérieur. Beaucoup d'habitués se retrouvent là à l'heure de l'apéritif. Clientèle chic, mais ambiance détendue et sympathique. *Luzarragako Bidea, 2 Tél. 946 19 40 43 www.gotzonjatetxea.com Ouvert été : tlj. 10h30-0h ; hiver : mar.-dim. 10h30-19h Fermé jan. et fév.*

Doniene Gorrondona Txakolina Ce domaine produit l'un des meilleurs txakolis de Biscaye. Téléphonez pour prendre rendez-vous. *Gibelorratzagako San Pelaio, 1 Tél. 946 19 47 95 www.donienegorrondona.com Ouvert toute l'année*

LA BISCAYE

Mundaka

La vie de ce modeste village de pêcheurs à l'embouchure de la ría de Gernika (quelques kilomètres au sud de Bermeo) a basculé au début des années 1970 avec l'arrivée du surf. La "gauche" de Mundaka l'a en effet propulsé au premier plan des spots les plus reconnus de la planète surf, à tel point que la compétition du Billabong-pro s'y tient chaque année en octobre depuis 1998. Si les villageois profitent de l'activité économique générée par ce sport à la mode, ils ne délaissent pas pour autant leur culture et leurs traditions : ils brûlent toujours, au solstice d'été, la représentation d'une sorcière – un rite païen ancestral haut en couleur, célébré au son strident des *txistus* (flûtes basques). *À 44km de Bilbao par la BI2235, desservi par les autocars de la compagnie Bizkaibus, ligne A3515 (Bermeo-Gernika-Amorebieta Etxano-Bilbao)* **Office de tourisme** *Joseba Deuna (sur le port) Tél. 946 17 72 01 www.mundaka.org Ouvert 15 juin-15 sept. : tlj. 10h-14h et 16h-20h ; 15 sept.-15 juin : mar.-dim. 10h-14h*

● Où boire un verre en terrasse ?

Hotel El Puerto À la terrasse de ce charmant hôtel familial, vous serez aux premières loges pour apprécier toute l'authenticité de Mundaka. Sous les platanes, l'endroit ne manque pas de pittoresque, et les anciens du bourg s'y donnent rendez-vous le midi. *Portu Kalea, 1 Tél. 946 87 67 25 www.hotelelpuerto.com*

S'initier au surf

Mundaka Surf Shop Le club de surf de Mundaka organise toute l'année des cours et des initiations. Fabrication de planches, location de matériel. Cette boutique créée par un "pionnier" australien dans les années 1980 est une référence. *Txorrokopunta Ibiltokia, 8-10 Tél. 946 87 67 21 ou 656 79 80 56 www.mundakasurfshop.com*

CARNET D'ADRESSES

Restauration, hébergement

camping

Portuondo Le site est sublime : en plein été, il faut absolument penser à réserver. Vues magnifiques sur la ría de Gernika et la plage de Laida, en face. Piscine. Comptez de 7-8€ par adulte, de 6-7€ pour les moins de 10 ans, et de 14 à 16€ l'emplacement (7-8€ la tente seule). *Route de Gernika* ***Mundaka*** *(3km à l'est de Bermeo) Tél. 946 87 77 01 www.campingportuondo.com Fermé mi-déc.-mi-jan.*

petits prix

Asador San Pedro Cofradía La "cantine" des pêcheurs de Bermeo fait dans l'authentique : grandes tablées, soupe de poisson, omelette à la morue, convivialité assurée. Toute l'ambiance du port de Bermeo dans une assiette pour moins de 15€. *Erroxapeko* ***Bermeo*** *(sur le quai) Tél. 946 88 35 64 Ouvert dim.-ven. 8h-0h*

prix moyens

Hotel Mundaka Un petit hôtel très bien placé au cœur de la ville, pris d'assaut par la clientèle internationale des surfeurs. Les chambres, simples et meublées dans un style moderne, sont d'une propreté méticuleuse. Accueil particulièrement sympathique. Chambre 86€, petit déj. buffet (jus de fruits, céréales, gâteaux) 8,50€. Parking 9,50€/j. Wifi gratuit. *Florentino Larrínaga, 9* ***Mundaka*** *Tél. 946 87 67 00 www.hotelmundaka.com Ouvert mars.-début déc.*

prix élevés

Jokin Sa vue imprenable sur le port et ses spécialités de poisson ultra-frais sont les atouts de ce bar-restaurant au décor plutôt quelconque. On s'y régale d'un merlu à la biscayenne, d'une lotte grillée ou de quelques palourdes en *salsa verde*. Délicieux sorbets maison. Menus à 30 et 39€. *Eupeme Deuna, 13 48370* ***Bermeo*** *Tél. 946 88 40 89 www.restaurantejokin.com Ouvert lun.-sam. 13h30-16h et 20h30-23h, dim. 13h30-16h*

Zintziri Errota Au bord de la rivière, cette bâtisse du XVIIe siècle construite par la puissante famille des seigneurs de Bùtron servit de fabrique de fer avant d'être transformée en moulin au XIXe siècle. Ce musée-restaurant sert une cuisine traditionnelle dans un cadre très original : morue *al pil-pil*, entrecôte grillée, assortiment de glaces maison. Repas autour de 50€. De nombreux mariages y sont célébrés : il est plus prudent de réserver. *Arza-alde auzoa, 5* ***Bakio*** *Tél. 946 19 32 23 www.zintzirierrota.com Ouvert mar.-dim. 13h-16h et 21h-23h Fermé fév.*

☺ **Eneperi Jatetxea** Un splendide *caserio* du XVIIe siècle au cadre rustique et authentique (murs en pierre, boiseries) particulièrement séduisant. Dans l'assiette, une solide cuisine bourgeoise et des spécialités de la région : magret aux pommes, bouchées de langoustine, daurade grillée, *lomos* de morue aux piments. Le lieu, d'où l'on profite d'un point de vue extraordinaire sur San Juan de Gaztelugatxe, est aussi un véritable musée ethnographique : il abrite une collection d'objets liés à l'artisanat du bois et à la mer. Menu à 34,50 HT. Comptez 60€ à la carte. *Carretera Bakio* ***Bakio*** *(sur la route entre Bakio et Bermeo) Tél. 946 19 40 65 www.eneperi.com Ouvert mer.-jeu. et dim. 13h30-16h, ven.-sam. 13h30-16h et 21h-23h Fermé jan.*

GERNIKA-LUMO

48300

LA BISCAYE

La première chose que l'on vous montrera à Gernika (Guernica), ce sont les vestiges épargnés par le bombardement de 1937, c'est-à-dire pas grand-chose. La seconde, ce sont les monuments que les Gernikarras ont édifiés pour se souvenir de ce jour-là. Mais dans cette cité emblématique des libertés basques (les représentants de Biscaye y siègent depuis le Moyen Âge), la vie a repris le dessus depuis longtemps. Après l'école, les enfants s'ébattent joyeusement dans les rues, les places neuves s'animent et l'affluence des jours de marché reflète l'importance des traditions agricoles.

LE BOMBARDEMENT DU 26 AVRIL 1937 La guerre civile éclate en Espagne le 18 juillet 1936, et le Pays basque va vite constituer un front d'opposition aux forces franquistes. Il semble donc que ce soit à la demande des chefs militaires de Franco (une thèse que réfutent certains historiens) que les avions allemands de la légion Condor bombardent Gernika le 26 avril 1937. C'était un lundi, jour de marché : on estime à 6 000 le nombre de personnes présentes cet après-midi-là dans la petite ville de Biscaye. Le bilan est lourd : 1 654 morts et plus de 800 blessés. Quelque 50t de bombes incendiaires dévastent le bourg, qui est détruit à 80%. La communauté internationale est révoltée. Pablo Picasso commence dès le 1er mai un tableau où il exprime toute sa colère : *Guernica*. Moins d'un mois plus tard, le 25 mai 1937, la toile est exposée pour la première fois à l'Exposition universelle de Paris. Souvent considérée comme une vision prophétique de la Seconde Guerre mondiale, œuvre majeure du XXe siècle à la symbolique toujours discutée, la toile monochrome qui accède au rang d'emblème international de la paix appartient aujourd'hui à la collection du musée de la Reine Sofía à Madrid. À Gernika, on peut tout de même admirer sa reproduction grandeur nature, réalisée en mosaïque, Calle Pedro Elejalde (en face du centre médical).

MODE D'EMPLOI

accès

EN VOITURE
À 35km à l'est de Bilbao par la BI635. Il est possible également de gagner Gernika par la BI2238 de Lekeitio et la côte est, et à 13km au sud de Bermeo par la BI2235.

EN TRAIN
EuskoTren La ville est bien desservie : liaisons Bilbao-Gernika-Bermeo et San Sebastián-Amorebieta-Gernika. *Tél. 902 54 32 10 www.euskotren.es*

EN CAR
Bizkaibus Accessible par les lignes A3514 et A3515. *Tél. 902 22 22 65 www.bizkaia.net*

orientation

Gernika est traversée par une grande rue principale, dans laquelle on peut, parfois, trouver à se garer. La circulation est particulièrement difficile dans le centre le lundi et le samedi, jours de marché. Le plus simple est encore de laisser son véhicule dans le grand parking gratuit situé à l'entrée de la ville après le pont de Rentería (direction Mundaka-Bermeo). Sinon, rendez-vous au parking gratuit qui est situé près du Parc "Pueblos de Europa" ou aux abords de la gare, le long de la voie ferrée : le stationnement y est également gratuit.

informations touristiques

Office de tourisme de Gernika-Lumo Documentation riche sur Gernika-Lumo (nom officiel de la ville) et la région. En saison, distribution de bons (8,80€) de dégustation de *pintxos* pour découvrir les bars de la ville, dont une liste vous sera fournie. Vend aussi un pass donnant accès aux deux musées de la ville (4,50€). Un tour de Gernika (en espagnol, basque ou anglais) est proposé du lundi au samedi à 10h30 (minimum 10 pers.). Tarif 2,50€. D'autres visites thématiques de la ville sont organisées tout au long de l'année. *Artekale, 8 Tél. 946 25 58 92 www.gernika-lumo.net Ouvert lun.-sam. 10h-14h et 16h-19h (10h-19h en juil.-août), dim. 10h-14h*

marchés

Marché du lundi Marché traditionnel alimentaire parmi les plus réputés du Pays basque. Sur la place de Gernika, les halles accueillent des stands de primeurs, fleuristes, fromagers, volaillers, bouchers. À l'extérieur, sous le vaste auvent, de petits producteurs de fruits et légumes viennent vendre leurs produits. *Chaque lun. mat.*
Marché du samedi Le premier samedi du mois, de juin à décembre, il se consacre à un produit différent : fromage idiazabal et *txakoli* de l'Urdaibai (juin), vin de Rioja Alavesa (juillet), piment de Gernika et lapin de Biscaye (août), cidre de Biscaye et fromage de chèvre (sept.), haricots de Gernika (oct.). *Sam. mat. de juin à déc.*

fêtes et manifestations

Carnaval L'occasion de jouer à des jeux très anciens, comme le *juego del gallo*, où il faut trouver un coq les yeux bandés. *Fév.*
Anniversaire du bombardement Journée de commémoration marquée par de nombreuses conférences. *26 avr.*
San Roque et Santa María Fêtes patronales. *Autour du 15 août*
Concours de bétail pyrénéen *1er lun. d'oct.*
Foires artisanales et agricoles *Dernier lun. d'oct.*

DÉCOUVRIR

Gernika

☆ **Les essentiels** La Casa de Juntas et l'arbre de Gernika, le musée de la Paix **Découvrir autrement** Profitez de l'ambiance de la ville les jours de marché, assistez à une partie de pelote basque sur le fronton Jai-Alai

☆ **Casa de Juntas (Batzarretxea)** Flanqué du nouvel arbre de Gernika, ce bâtiment néoclassique édifié en 1826 accueille désormais les assemblées générales de Biscaye. On peut y admirer un magnifique vitrail représentant l'arbre de Gernika et une collection d'objets historiques. *Allende Salazar Tél. 946 25 11 38 Ouvert juin-sept. : tlj. 10h-14h et 16h-19h ; oct.-mai : tlj. 10h-14h et 16h-18h Entrée libre*

TOUT UN SYMBOLE L'arbre de Gernika figure sur le blason de la ville comme symbole d'histoire et de liberté pour le peuple basque. Si l'on conserve le tronc d'un chêne du XVIIIe siècle sous un dôme soutenu par des colonnes, un nouvel arbre a été planté pour rappeler celui qui abritait jadis les *juntas*, les assemblées des représentants des villages de Biscaye. Sous ses branches, les seigneurs prêtaient serment de respecter les *fueros* garantissant les privilèges de ces communautés.

☆ **Fundación-museo de la Paz de Gernika** "Un musée pour le souvenir, un musée pour le futur." Inauguré en 1998, ce musée est un modèle de pédagogie. Quelques belles salles, dont celle consacrée au bombardement, où les vitrines exposant des gravats constituent un saisissant témoignage, et celle présentant l'explication détaillée du célèbre tableau de Picasso, conservé à Madrid. Pistes de réflexion intéressantes sur l'action en faveur de la paix et l'identité basque. *Foru Plaza, 1 Tél. 946 27 02 13 www.museodelapaz.org Ouvert mars-sept. : mar.-sam. 10h-19h, dim. 10h-14h ; oct.-fév. : mar.-sam. 10h-14h et 16h-18h, dim. 10h-14h Tarif 5€, réduit 3€, moins de 12 ans gratuit*

Museo Euskal-Herria Ce musée, installé dans une belle demeure baroque du XVIIIe siècle explore les origines et l'histoire du peuple basque. Sont convoqués à cette fin maquettes, dessins, gravures, et une belle collection d'instruments nautiques du XVIe siècle. *Palacio Alegría, Allende Salazar, 5 Tél. 946 25 54 51 www.bizkaia.net Ouvert mar.-sam. 10h-14h et 16h-19h, dim. 10h30-14h30, j. fér. 10h30-14h30 et 16h-19h30 Tarif 3€, réduit 1,50€*

Parque "Pueblos de Europa" Le parc des Peuples d'Europe offre un joli cadre de verdure à la sculpture massive d'Eduardo Chillida intitulée *Gure aitaren etxea* (La maison de notre père), un monument à la paix haut de près de 8m, réalisé pour le cinquantenaire du bombardement de Gernika. *Allende Salazar (à côté de la Casa de Juntas) Ouvert tlj. 10h-19h (21h en été)*

Où acheter la *tarta* de Gernika ?

Cafetería Omago La tarte de Gernika ressemble beaucoup au classique gâteau basque. De forme rectangulaire, fourrée de crème à la frangipane, elle

LA BISCAYE

a néanmoins une particularité : elle peut se conserver pendant près d'un an ! Mais n'attendez pas : goûtez-la dans cette pâtisserie-cafétéria très fréquentée qui sert aussi de bons petits déjeuners (succulent chocolat chaud) dans un décor d'inspiration marine. *Plaza Alegria, 1 (en face du marché) Tél. 946 25 04 67 Ouvert lun.-ven. 7h-14h et 16h30-21h, w.-e. et j. fér. 7h30-14h30 et 17h30-21h*

● Où boire un verre en soirée ?

Musutruk Bar chaleureux, certainement le plus animé de Gernika, le Musutruk organise régulièrement en fin de semaine des concerts pop-rock. Décor design et expositions d'artistes locaux. Belle carte des vins et nombreux cocktails. *Industria, 10 Tél. 946 25 24 08 www.musutruk.com Ouvert mer.-lun. 12h-15h et 18h30-1h*

● Assister à une partie de *cesta punta*

Fronton Jai-Alai Un véritable sanctuaire de la *cesta punta* – pelote à grande crosse en paille tressée, la plus impressionnante. Vous pourrez assister à des matchs professionnels (de juil. à oct.). *Rens. par tél. ou à l'Office de tourisme. Carlos Gangoiti, 14 Tél. 688 63 34 46 ou 946 25 58 92 (OT)*

CARNET D'ADRESSES

Restauration, hébergement

petits prix

Boliña Zaharra La tradition avant tout ! Telle pourrait être la devise de ce restaurant qui réunit à midi une clientèle d'habitués, à deux pas du marché. Cuisine basque solide (comme les lourdes armoires en chêne de la grande salle), à base des meilleurs ingrédients de la région et avec une préférence pour le poisson : piments de Gernika farcis à la morue, merlu, soupe de poisson (seulement 6€ !), merlu *a la plancha*. Menu déjeuner 12€ en semaine, 20€ le week-end. *Adolfo Urioste, 1* ***Gernika-Lumo*** *Tél. 946 25 05 87 www.hotelbolina.net Ouvert tlj. 13h-16h et 21h-0h Fermé 2 sem. en jan.*

Caserío Garro Une très belle maison du XVe siècle : plafonds bas, poutres anciennes, murs en pierres apparentes, cheminées... l'endroit a un cachet rustique indéniable. Les 6 chambres, meublées avec beaucoup de goût par la propriétaire, offrent un confort plus que correct. Double à 48€ HT, petit déjeuner à base de produits fermiers à 5,50€. Supplément de 5€ pour pouvoir utiliser la cuisine. Ne prend pas la CB. *Hameau Gerrikaitz Munitibar* ***Gernika-Lumo*** *(près de la rivière) (à 13km au sud-est de Gernika par la BI-2224) Tél. 946 16 41 36 www.nekatur.net/garro*

prix moyens

Restaurante Zallo-Barri Un décor minimaliste dans les tons crème pour un restaurant haut de gamme, dirigé par le chef Iñigo Ordorica. Sa cuisine mixe avec créativité les saveurs basques et méditerranéennes et respecte la qualité première du produit : entrecôte aux piments grillés et crème de gorgonzola, morue à la soupe de haricots de Gernika, ventrêche de thon au pesto. Menu du jour 10€ (vin compris). Menus Dégustation à 26 et 28€ (sans le vin). À la carte, comptez environ 50€. *Juan Calzada, 79* ***Gernika-Lumo*** *Tél. 946 25 18 00 www.zallobarri.com Ouvert dim.-jeu. 12h45-15h30, ven.-sam. 12h45-15h30 et 20h-23h*

Gernika Hotel Un établissement moderne en brique et pierre grise aux prestations correctes. Sur la route de Mundaka-Bermeo, il constitue un point de départ pratique pour rayonner dans la région. Quarante chambres doubles de 80 à 90€ en haute saison, petit déjeuner 6€. Wifi gratuit. Bar et cybercafé. *Carlos Gangoiti, 17* ***Gernika-Lumo*** *Tél. 946 25 03 50 www.hotel-gernika.com Fermé 22 déc.-22 jan.*

★ RÉSERVE DE BIOSPHÈRE D'URDAIBAI

C'est en 1984 que l'Urdaibai a été déclaré réserve de biosphère. Ce territoire de 23 000ha bordant l'estuaire de l'Oka offre une grande diversité de paysages : landes côtières et plages s'étirant au pied des falaises d'Ibarrangelu à Bermeo, forêts luxuriantes couvertes de chênaies, villages ruraux s'égrenant au gré de vallées sinueuses. Sans oublier l'extraordinaire richesse de son écosystème : des milliers d'oiseaux, hérons cendrés, cormorans, balbuzards pêcheurs, sternes ou encore vanneaux huppés viennent hiberner dans les franges sableuses des méandres de ses marais. En circulant au fil des petites routes qui quadrillent la zone, on passe de la mer à la montagne, de la plage de sable fin au sous-bois broussailleux en l'espace de quelques kilomètres. Une beauté naturelle qui fait de l'Urdaibai une destination idéale pour les adeptes du tourisme vert.

MODE D'EMPLOI

accès

EN VOITURE

De Bilbao, par la N634 jusqu'à l'intersection avec la route BI631 pour Bermeo ou la BI635, qui traverse la réserve du nord au sud en passant par Gernika-Lumo. De San Sebastián, par l'A8-E70, puis la BI635. De Lekeitio, par la BI2238. Les BI2235 et BI2237 desservent la plupart des communes de la réserve. De Bermeo au nord-ouest à Elantxobe, de l'autre côté de l'estuaire, au nord-est, en passant par Gernika-Lumo, au sud, la réserve couvre quelque 23 000ha. Soyez attentif : les routes sont souvent très étroites.

EN CAR

Bizkaibus Les autocars de la compagnie régionale desservent la plupart des communes de la réserve. Ligne A3513 *Tél. 902 22 22 65 www.bizkaia.net*

EN TRAIN

Euskotren Les communes de la réserve sont desservies par la ligne Bilbao-Bermeo : arrêts à Gernika-Lumo, Busturia et Mundaka. *Tél. 902 54 32 10 www.euskotren.es*

informations touristiques

Office de tourisme de Gernika-Lumo Le plus pratique est de s'adresser à l'office de tourisme de Gernika, qui dispose de plusieurs brochures sur l'Urdaibai. Renseignements disponibles également dans les bureaux d'information des villes de Mundaka et de Bermeo. *Artekale, 8* **Gernika-Lumo** *Tél. 946 25 58 92 www.gernika-lumo.net www.urdaibai.org Ouvert lun.-sam. 10h-14h et 16h-19h (10h-19h en juil.-août), dim. 10h-14h*

fêtes et manifestations

Foire écologique de l'Urdabai À Busturia ***Busturia*** *Août*

DÉCOUVRIR

La réserve d'Urdaibai

☆**Les essentiels** Le Centre de la biodiversité, les plages de Laga et Laida
Découvrir autrement Allez observer avec vos enfants les animaux du parc de Basondo, sillonnez la réserve à VTT, descendez l'estuaire en canoë

Sur la rive gauche de l'estuaire

☆ **Torre Madariaga-Centro de la Biodiversidad de Euskadi** La biodiversité ! Voilà le maître mot de ce centre aménagé dans une maison-tour du XVe siècle. Protéger et valoriser la diversité du vivant (des hommes comme des animaux) et la richesse du patrimoine naturel des écosystèmes de la réserve est le fil conducteur des expositions permanentes qu'il présente. Le centre organise aussi des sorties dans la zone protégée des marais de l'Urdaibai, et des activités, payantes ou gratuites, qui changent tous les mois (consultez le programme sur le site Internet). Possibilité d'observer les oiseaux (plus de 100 espèces) qui séjournent dans les marais en compagnie d'un guide du Centre de la biodiversité. Se renseigner sur les jours et les horaires. *Quartier San Bartolome* ***Busturia*** *(8km au nord de Gernika et 5km au sud de Bermeo) Tél. 946 87 04 02 www.torremadariaga.net Ouvert juil.-août : mar.-dim. 10h-20h ; sept.-juin : mar.-dim. 10h-19h Tarif 3€, réduit 1€, moins de 8 ans gratuit Visite guidée (en espagnol) 5€*

Biosphère, vous avez dit biosphère ?

Créées en 1971 par l'Unesco, les réserves de biosphère sont des territoires où l'activité humaine est réglementée afin de pouvoir répondre aux besoins des générations actuelles sans menacer le patrimoine des générations à venir. En mettant l'accent sur le développement durable et la biodiversité, les quelque 500 sites choisis dans plus de 100 pays s'emploient à promouvoir un mode de développement économique et social basé sur la conservation et la valorisation des ressources locales, ainsi que sur la participation citoyenne.

● Partir en randonnée

Boucle du mont Katillotxu De Sukarietta, le GR 98-1 effectue une boucle sur les hauteurs du mont Katillotxu, déroulant une vue extraordinaire sur Mundaka, et même jusqu'aux forêts au-dessus de Laida et l'ermitage de San Martín. ***Parcours*** *8,3km* ***Durée*** *2h30* ***Difficulté*** *moyenne* ***Dénivelé*** *325m* ***Fiche*** *Disponible à l'OT de Mundaka*

● Sillonner la réserve à VTT

Busturialdea Centro BTT Ce point d'information dédié aux vététistes délivre les brochures de 10 itinéraires balisés de la réserve. Des parcours de 8 à 32km pour découvrir, en pédalant, la vallée d'Oma, les beautés du "balcon de Biscaye", sur le mont Oiz, ou encore le col de Gerekiz. Location de VTT. *Quartier Eleixalde* ***Mendata*** *(8km au sud de Gernika) Tél. 946 25 72 04 www.mendata.es Ouvert mai-oct. : mer.-sam. 9h-14h et 16h30-19h30, dim. et j. fér. 10h-14h et 17h-19h30 ; nov.-mars : mer.-dim. 10h-14h*

Sur la rive droite de l'estuaire

Parque de Basondo Attention, ce n'est pas un zoo, mais un refuge pour les animaux sylvestres menacés, fondé par un vétérinaire aujourd'hui disparu (et géré par sa fondation). Bisons, cerfs, reptiles, renards, tortues et lynx peuplent ainsi le parc, pour le bonheur des enfants. *Quartier Basondo, 8* ***Kortezubi*** *Accès par la BI2238 (Gernika-Lekeitio) : suivre le panneau à droite indiquant Basondo-Bosque d'Oma-Cuevas de Santamine Tél. 946 25 44 36 www.basondo.com Ouvert Pâques-nov. : tlj. 11h-19h Tarif 8€, réduit 5€*

Cuevas de Santimamiñe Découvertes en 1916, les grottes paléolithiques de Santimamiñe ont été fermées après 90 années de visites pour préserver leurs précieuses peintures rupestres de la période magdalénienne : un ensemble artistique vieux de 14 000 à 16 500 ans, mettant en scène 32 bisons, 7 chèvres, 6 chevaux et un ours ! Une consolation tout de même, vous pourrez découvrir à l'occasion de visites guidées une réplique virtuelle des grottes en 3D. Les fouilles continuent sur le site : il n'est pas exclu que les grottes soient rouvertes au public un jour. *Quartier Basondo* ***Kortezubi*** *(après le parc, suivre le panneau : parking devant le restaurant) Tél. 944 65 16 57 Ouvert mar.-dim. 10h-13h30 et 15h-19h Visites guidées (en français) : mar.-dim. sur rés. Tarif 5€, réduit 3€ Visite guidée inclue dans le ticket*

● Descendre l'estuaire en kayak, surfer sur la côte

UR, centre d'activités de l'Urdaibai Le meilleur prestataire de la réserve ! Il y en a pour tous les goûts : location de kayaks 12€ /h (36€/j.), de planches de surf 7€ /h (29€/j.). Initiation et leçons de surf pour tous niveaux. Organisation de descentes de l'estuaire en canoë 30€ /pers. (matériel et guide inclus), traversées de la ría 28,10€ /pers. (matériel et guide inclus), sorties en kayak de mer pour explorer le littoral de la réserve (Mundaka, Elantxobe, Bermeo, île d'Izaro) 49€ /pers. Réservation préalable impérative pour toutes les activités (4-5 pers. minimum). *Plage de Laida* ***Ibarrangelu*** *(quartier Arketa), sur la BI3234, à côté du camping Tél. 946 27 66 61 www.urdaibai.com Ouvert mi-juin-août : tlj. 10h-20h ; mars-mi-juin, sept.-mi-oct. : ven. 15h-19h, w.-e. et j. fér. 10h-19h lun.-jeu. sur rdv*

● Expérimenter une randonnée artistique

Bosque pintado forêt d'Oma L'artiste Agustín Ibarrola a littéralement investi depuis 1984 un bois escarpé sur les flancs du mont Ereñozar. Sur les troncs, il a peint avec des couleurs primaires près de 45 figures géométriques, un patchwork de bandes aux teintes alternées qui inventent des histoires répondant au nom de "géant rouge", "grand œil", "fillette rose" ou "feu rupestre"... Une forme de land-art ludique et récréative. Boucle totale de plus de 7km avec un dénivelé de 204m, comptez Durée environ 3h (ne convient pas aux enfants). *Accès En face du parking du restaurant Lezika : le Bosque d'Oma se trouve à 3km Tél. 944 65 16 57 (rés.) Visite guidée ven.-dim. (en français) 3€, réduit 1€*

● Aller à la plage

☆☺ **Playas de Laga et Laida** Au pied du cap Ogoño, au nord-est de l'estuaire, la plage de Laga, adorable petite étendue de sable fin aux eaux claires couleur d'azur, est littéralement prise d'assaut aux beaux jours. Difficile de trouver une place dans le parking. Faites comme tout le monde : garez-vous sur la route d'Ibarrangelu et marchez ! Plus vaste que sa voisine, la plage de Laida se prête parfaitement à la pratique des sports nautiques. Très fréquentée par les habitants des communes environnantes (attendez-vous à une circulation dense sur la route de Gernika le week-end et l'été), elle offre les plus belles vues sur l'estuaire de l'Urdaibai. ***Ibarrangelu** (15km au nord-ouest de Gernika par la BI3234) Accès en bus la ligne Gernika-Ibarrangelu (A3526) de la compagnie Bizkaibus dessert les deux plages*

Playa de Ea Dans un environnement boisé, au cœur du village d'Ea, une petite plage de sable familiale et tranquille. ***Ea** Sur la route BI3228 (10km à l'ouest de Lekeitio) Accès en bus La ligne Gernika-Lekeitio (A3513) de la compagnie Bizkaibus dessert le village*

Playa de Ogella Cette plage sauvage bordée de forêt plaît tellement aux amateurs de tranquillité qu'il n'est pas exclu que vous y rencontriez des nudistes ! Peu adaptée aux enfants : elle présente quelques bandes de flysch. Attention si vous vous baignez ! ***Ispaster** (à 20km de Gernika et à 6km à l'est de Lekeitio, à la sortie du village d'Ispaster, suivre le panneau en direction d'Ea, sur la BI3238 Accès en bus La ligne Gernika-Lekeitio (A3513) de la compagnie Bizkaibus dessert le village*

CARNET D'ADRESSES

Hébergement

prix moyens

Lur deia Il faut prendre de la hauteur pour accéder à cette belle maison d'hôtes qui jouit d'une vue imprenable sur Bermeo et la mer. Ses 8 chambres, aux murs colorés et aux meubles rustiques de style basque, offrent un équipement parfait (salle de bains privée, TV écran plat, chauffage). Double à partir de 65€ HT (85€ avec balcon). Le petit déjeuner (5€) est préparé avec les produits de l'exploitation horticole biologique (possibilité de participer aux récoltes). Wifi gratuit. Réservez longtemps à l'avance : cette adresse accueillante est très courue. *Quartier Artike **Bermeo** (hameau sur les hauteurs de la ville, accès par la BI4209) Tél. 666 47 76 65 www.lurdeia.com*

Iturbe Une barque dans le jardin rappelle la proximité de la mer Cantabrique. Sur les hauteurs d'une campagne verdoyante, au cœur de la réserve d'Urdaibai, cette belle demeure assure à ses hôtes un séjour calme et détendu. Six chambres doubles à 69€ HT en haute saison. Petit déjeuner complet et généreux avec viennoiseries et fruits frais 4€. Droit pour utiliser la cuisine : 4€ par chambre. Possibilité de louer des appartements pour 2 pers. 85€ (dim.-jeu.) et 174€ (ven.-sam.) *Quartier Altamira* ***Busturia*** *(sur la BI4232), route de San Bartolome Tél. 636 32 81 35 ou 946 18 64 91 www.nekatur.net/iturbe*

☺ **Hotel Gametxo** Des chaises longues sur la terrasse (le lieu rêvé pour déguster son petit déjeuner) invitent à profiter pleinement du magnifique panorama sur la plage de Laida et de l'île d'Izaro. Les 18 chambres doubles, confortables et habillées de couleurs chaudes, disposent de belles salles de bains. Double 70-100€ HT en haute saison. Copieux petit déjeuner buffet à 7€. Appartements équipés pour 4 personnes à louer dans un bâtiment indépendant pour 125€ HT. Wifi gratuit. Spa réservé à la clientèle de l'hôtel. *Quartier Gametxo* ***Ibarrangelu*** *(sur la BI3234 entre les plages de Laida et de Laga, suivre les panneaux) Tél. 946 27 77 10 www.hotelgametxo.com Fermé 4 j. à Noël*

prix très élevés

☺ **Castillo de Arteaga** Assurément l'adresse la plus prestigieuse de la Biscaye ! Un château d'exception édifié en 1856 sur un édifice du XIIIe siècle par deux architectes français en l'honneur du fils d'Eugénie de Montijo et de Napoléon III, qui compte désormais parmi les "Relais et châteaux". Treize chambres au mobilier ancien et à la décoration parfois un peu tape-à-l'œil. La plus surprenante est la suite "Napoléon" (315€ en haute saison tout de même...), dont le petit escalier en colimaçon conduit à une terrasse privée avec piscine. Deux autres suites à 280€, 3 Junior Suites à 255€ et des chambres doubles de 160 à 190€ selon la saison, petit déjeuner inclus. Le site accueille fréquemment des mariages : il est prudent de réserver. *Gaztelubide, 7* ***Gautegiz-Arteaga*** *(3km au nord de Gernika par la BI3223) Tél. 946 27 04 40 www.castillodearteaga.com Fermé 24, 25, 31 déc. et jan.*

LEKEITIO

48380

Sur le blason de la ville, une baleine malicieuse esquive les coups de harpon : depuis le Moyen Âge, les pêcheurs de Lekeitio sont réputés pour leur adresse au lancer. Si le port vit toujours de la pêche, il ne pratique plus le grand commerce et la navigation qui ont contribué à sa renommée. Le tourisme, quelques conserveries et un atelier de charpenterie maritime maintiennent le site en activité. Le matin, les habitants font leurs courses chez les petits marchands ambulants postés à l'angle des rues et, très vite, l'heure du déjeuner approchant, s'élève en ville un délicieux fumet qui pousse le

visiteur vers les bistrots du quai. En face, l'île San Nicolás accueille au rythme des marées le ballet des oiseaux marins virevoltant entre les pins. Ce village de pêcheurs aurait même fasciné le peintre mexicain Diego Rivera, qui en immortalisa l'atmosphère dans plusieurs de ses toiles.

MODE D'EMPLOI

accès

EN VOITURE
À 55km à l'est de Bilbao. Vous pouvez rejoindre Lekeitio de Gernika (22km) par la BI2238, et d'Ondarroa (8km) par la BI2405 ou la route côtière BI3428 (pittoresque mais étroite, attention aux randonneurs et aux cyclistes), qui ménage de beaux points de vue sur la mer Cantabrique.

EN CAR
Bizkaibus Ligne Lekeitio-Markina-Bilbao. Un car toutes les heures. *Tél. 902 22 22 65 www.bizkaia.net*
PESA Ligne Lekeitio-San Sebastián : 4 cars par jour en semaine, 2 le week-end. *Tél. 902 10 12 10 www.pesa.net*

orientation

La ville s'organise autour de sa place principale, devant le port où se concentre l'essentiel des activités. Les parkings (payants) sont souvent complets, mais on trouvera facilement un stationnement à la périphérie du centre-ville (inutile d'essayer sur le port). Le week-end, il est préférable de se garer en direction de Markina (parking plus vaste).

informations touristiques

Office de tourisme de Lekeitio
Large documentation sur la ville et sur la communauté de communes de Lea-Artibai, et renseignements sur les sorties à bord d'un bateau de pêche. Audioguides (en 4 langues) portant sur les monuments du village. *Independentzia Enparantza Tél. 946 84 40 17 www.lekeitio.org Ouvert juil.-août : tlj. 10h-14h et 16h-20h ; sept.-juin : mar.-sam. 10h30-13h30 et 16h-19h, dim. et j. fér. 10h-14h*

fêtes et manifestations

San Pedro Fête des pêcheurs, avec processions et danses. *29 juin*
San Antolin Cette "fête" des oies célébrée depuis 350 ans, spectaculaire et très barbare, attire des milliers de curieux. *1re sem. de sept.*

DÉCOUVRIR

☆**Les essentiels** Le quartier des pêcheurs et l'église Santa María de la Asunción **Découvrir autrement** Profitez de la plage d'Isuntza, dégustez des anchois sur le port en observant le ballet des bateaux de pêche

Lekeitio

☆ **Quartier des pêcheurs** Son succès, Lekeitio le doit à ce quartier resserré autour du vieux port, ses maisons colorées où dominent le rouge, le vert et le bleu, ses tavernes chaleureuses et ses restaurants d'où s'échappent d'alléchantes odeurs de poisson grillé à l'heure du déjeuner. La Calle Arranegi, où se vendait le poisson autrefois, aligne de belles demeures blasonnées des XVIe et XVIIe siècles.

☆ **Iglesia Santa María de la Asunción** Sur la place principale, en face de l'office de tourisme, l'Iglesia Santa María de la Asunción fut édifiée au XVe siècle sur les vestiges d'un sanctuaire du XIIIe. De style gothique basque tardif, elle renferme l'un des plus célèbres retables d'Espagne (XVIe s.), polychrome et couvert de dorures.

● Où prendre un petit déjeuner ?

Willows Tavern Une taverne sympathique à l'heure du *café con leche* du matin : sa terrasse est un poste d'observation idéal pour regarder les manœuvres des bateaux de pêche dans le port. *Quai Txatxo Tél. 946 24 35 70 Ouvert tlj. 7h-1h*

● Où manger des *pintxos* ?

Serenga Taberna Café Un pub à l'ambiance jeune, dont on aime la déco recherchée, les boiseries aux tons chauds et les affiches originales. Sur le comptoir, *pintxos* à profusion avec jambon et anchois à gogo. Bière et *txakoli* coulent à flots. *Quai Txatxo Tél. 946 84 11 87 Ouvert tlj. 8h-23h (2h en été)*

● Gravir un sommet et remonter le temps

Monte Lumentza À gauche du palais Arostegi, rue Abaroa (au-dessus de l'église Santa María), on gravit les marches qui mènent au cimetière et l'on emprunte le chemin plus loin qui conduit au mont Lumentza. À mi-parcours, une bifurcation permet d'accéder à la grotte de Lumentza (fermée au public) où, dans les années 1930, des fouilles ont mis au jour des traces de vie humain, allant du paléolithique supérieur à l'époque romaine. Au sommet du mont, vous profiterez d'un superbe panorama sur Lekeitio et l'île de San Nicolás. ***Durée*** *20min* ***Dénivelé*** *120m* ***Difficulté*** *Promenade facile (Renseignements à l'OT)*

● Aller à la plage

Playa de Isuntza De l'autre côté de l'embouchure, cette petite plage, un peu plus isolée que sa voisine de Karraspio, est à la fois familiale et tranquille.
Playa de Karraspio À l'embouchure de la Lea, une jolie plage de sable fin bien équipée, avec snack-bar accueillant et grand parking. Le public est familial. À marée basse, on peut rejoindre l'île de San Nicolás (connue aussi sous le nom de Garraitz, "le Rocher"), qu'ombragent des pins.

CARNET D'ADRESSES

Restauration, hébergement

prix moyens

Kaia Cette ancienne taverne de pêcheurs qui profite de l'une des meilleures vues sur le port, sert une très bonne cuisine à base de poisson. Plats recommandés : *piquillos* farcis à la morue, morue à la biscayenne, poisson du jour *a la plancha*. Menus déjeuner à 13€ (16€ en été) et 30€. À la carte, comptez 30€. *Quai Txatxo, 5* ***Lekeitio*** *Tél. 946 84 02 84 Ouvert juin-sept. : mar.-sam. 13h-16h et 21h-23h, dim. 14h-16h ; oct., mars-mai : mar.-jeu. et dim. 13h-16h, ven.-sam. 13h-16h et 21h-23h Fermé nov.-fév.*

prix élevés

Zubieta Dans le parc du palais de Zubieta, un bel édifice du XVIIIe siècle où logeaient autrefois les gardiens des jardins a été aménagé en petit hôtel de charme. Meubles anciens, poutres apparentes, couleurs vives... l'ambiance est soignée et l'accueil attentif. Dix chambres doubles à 108€ en saison haute, petit déjeuner 10€. Réservation conseillée en été. *Portal de Atea* ***Lekeitio*** *(au sud de la ville, sur la route en direction de Bilbao-Durango-Markina) Tél. 946 84 30 30 www.hotelzubieta.com Fermé nov.-fév.*

ONDARROA

48300

À l'embouchure du petit fleuve côtier Artibai, Ondarroa est la ville des ponts. Ancien comme le Zubi Zaharra du centre historique, piéton à l'image de la passerelle métallique surnommée "Perra Chica", ou résolument moderne à l'instar de l'avant-gardiste Itsas Aurre imaginé par Santiago Calatrava. Cette construction à l'architecture décriée fait le lien avec la zone portuaire, qui concentre toutes les activités de la ville. On prendra plaisir à flâner dans le quartier historique, en évitant soigneusement les infrastructures disgracieuses de ce port, l'un des plus actifs de la mer Cantabrique.

MODE D'EMPLOI

accès

EN VOITURE

À 72km de Bilbao par l'A8 (sortie 17) puis la BI633 (attention aux promeneurs et aux cyclistes). À seulement 5km de Mutriku (Guipúzcoa) par la GI638.

EN CAR

Bizkaibus Des autobus des lignes A3915 (Bilbao-Durango-Ondarroa) et A3916 (Bilbao-Ermua-Ondarroa) partent toutes les 30min du Termibus de Bilbao. *Tél. 902 22 22 65 ou 902 22 22 65 (horaires) www.bizkaia.net*

orientation

Pour accéder au port, vous devrez emprunter le nouveau pont d'Itsas Aurre. Le stationnement se révèle assez facile dans les rues du centre-ville, mais vous pouvez aussi laisser votre voiture à l'entrée de la ville ou au centre sportif.

informations touristiques

Office de tourisme Point d'information dans le bâtiment de la confrérie des pêcheurs. *Erribera, 9 Tél. 946 83 19 51 www.ondarroa.eu Ouvert 15 juin-14 sept. : tlj. 10h-14h et 16h-20h ; 15 sept.-14 juin : lun.-sam. 10h30-13h et 16h-19h, dim. et j. fér. 10h30-14h30*

fêtes et manifestations

Regates de trainières *Août*
San Juan Défilés de personnages mythologiques et feux de la Saint-Jean. *24 juin*
Zapatu Azule Fête où tout le monde s'habille en bleu ! *Dernier sam. de juin*
Fêtes des Marins *17 août*

DÉCOUVRIR

Ondarroa et ses environs

☆**Les essentiels** Le centre historique d'Ondarroa et son église Santa María **Découvrir autrement** Goûtez aux cocottes de Markina, allez à Bolibar rendre hommage au Libertador

Ondarroa

☆**Centre historique** Les habitants d'Ondarroa sont très attachés à la Cofradía Vieja, l'ancienne confrérie des pêcheurs. Si l'édifice abrite aujourd'hui l'office de tourisme, c'est surtout un point de rencontre intergénérationnel lors des fêtes qui rythment les saisons. Juste à côté se dresse le Zubi Zaharra, vieux pont de pierre bâti au XVIIIe siècle (et largement reconstruit après les inondations de 1953) en remplacement d'un pont-levis du XIVe siècle, où les embarcations devaient s'acquitter d'un impôt.

☆**Iglesia Santa María** Plus loin sur le quai s'élève cette église consacrée en 1482 dans le style gothique tardif et remaniée aux XVIIIe et XIXe siècles. Levez la tête pour admirer son *Kortxeleko mamuak*, un groupe scupté de style flamand représentant une cour médiévale. Des personnages devenus mythiques, puisque la légende veut qu'ils descendent parmi les hommes lors des fêtes de Santa María pour s'amuser avec eux.

● Où acheter des conserves de poisson ?

Conservas Ortiz Depuis un siècle, les conserveries Ortiz mettent en boîte des anchois et du thon pêchés dans les eaux du golfe de Biscaye. Mais attention, ne croyez pas que le poisson en conserve soit un mets de second choix. En Euskadi, il est préparé avec art. Essayez le thon germon à l'huile d'olive, qui se bonifie en vieillissant, la ventrêche de thon ou les anchois en salaison. *Iñaki Deuna, 15 Tél. 943 86 26 00 www.conservasortiz.com*

● Où acheter des vêtements basques ?

Beheko Torre Foulards, chaussons de cuir, pantalons, chemises, robes, lainages... Vous trouverez dans cette boutique un large éventail de vêtements et d'accessoires traditionnels basques, d'une qualité artisanale remarquable. *Iñaki Deuna, 22 Tél. 946 83 28 13 www.behekotorre.com Ouvert lun.-ven., sam. matin*

● Aller à la plage

Playa de Arrigori Sur la rive droite, la petite plage d'Arrigori n'est guère conseillée pour la baignade en raison de la proximité du port. Mais elle est très appréciée des promeneurs, qui vont s'y détendre l'après-midi ou en début de soirée. À un kilomètre vers l'est, la belle plage de Saturraran est déjà dans le Guipúzcoa, cf. Les environs de Deba (p.509).

Markina-Xemein

Ce petit bourg fondé au XIVe siècle est connu dans tout l'Euskadi comme le berceau de la pelote basque. Pourtant, plus que le fronton surnommé l'"université de la Pelote", c'est l'imposante église des carmélites de style baroque tardif (XVIIe s.), à quelques mètres de la grande place arborée – où les anciens se retrouvent pour jouer… aux boules ! –, qui s'impose comme l'édifice le plus important du village. Mais lors des fêtes patronales de Santa Carmen, à la mi-juillet, un championnat de *cesta punta* voit tout de même l'affrontement des meilleurs *pelotaris* de la région. *Goiko Portala, 3* ***Markina-Xemein*** *À 12km au sud d'Ondarroa par la B1-633, à 51km de Bilbao par l'A8 (sortie 17 Iurreta) puis la BI633 Accès en bus Les lignes Lekeitio-Bilbao, Ondarroa-Lekeitio-Bilbao et Ondarroa-Ermua-Bilbao de Bizkaibus s'arrêtent Plaza Abesua Point d'information à la mairie Tél. 946 16 74 54 www.markina-xemein.com*

● Où déguster les cocottes de Markina ?

Tate Gozotegia Les cocottes de Markina, de petits gâteaux à base d'amande recouverts de glaçage, sont la grande spécialité de l'unique pâtisserie de la ville. Les Markinarres qui vont y acheter du pain s'attardent souvent au bar pour prendre un café accompagné d'une pâtisserie ou de quelques chocolats. *Abesua, 3* ***Markina-Xemein*** *Tél. 946 16 60 69 www.tatemarkina.com Ouvert tlj. 7h30-21h*

Bolibar

C'est un petit village blotti dans les collines, dont les environs invitent à de jolies promenades sur les flancs du mont Oiz, derrière le monastère. Mais on s'y rend surtout pour visiter la maison familiale du Libertador – une belle demeure de trois étages qui entretient la mémoire de l'enfant du pays. *À 5km au sud-ouest de Markina-Xemain par la B1-633 puis B1-2224*

Museo Simón Bolívar Le second étage de ce musée abrité dans un ancien *caserio* est entièrement dédié à la gloire de Simón Bolívar (1783-1830), figure emblématique de l'émancipation des colonies espagnoles d'Amérique du Sud au début du XIXe siècle, dont la famille était originaire de ce tout petit village de Biscaye. *Beko Kale, 4* ***Ziortza-Bolibar*** *Tél. 946 16 41 14 www.simonbolivarmuseoa.com Ouvert juil.-août : mar.-ven. 10h-13h et 17h-19h, w.-e. et j. fér. 12h-14h et 17h-19h ; sept.-juin : mar.-ven. 10h-13h, w.-e. et j. fér. 12h-14h Entrée libre*

CARNET D'ADRESSES

Restauration, hébergement

prix moyens

Sutargi Ce bar-restaurant sert de bons *pintxos* (sa *tortilla* de pommes de terre a même été primée lors d'un concours régional) mais, plutôt que de vous accouder à son bar, nous vous conseillons de vous attabler confortablement pour déguster la spécialité de la ville, le merlu à la Ondarresa (grillé en tronçons avec de l'ail), des brochettes de lottes ou un bon *marmitako* de thon blanc. Menus 20, 25, 30 et 35€. *Nasa, 11* ***Ondarroa*** *Tél. 946 83 22 58 www.sutargi.com Ouvert mar.-dim. 13h30-15h et 20h30-22h30 Fermé sept.*

prix élevés

☺ **Hotel Ansotegi** La bâtisse massive, où fonctionnèrent jusqu'au XIXe siècle un moulin et une forge hydraulique, abrite aujourd'hui un hôtel de charme particulièrement séduisant. Ses 14 chambres, très confortables et décorées de tons chauds, assurent un séjour au calme. De bons plats sont servis au restaurant de l'hôtel. A la carte, comptez 20€. Chambre double avec terrasse 110€ (120€ en saison haute), sans terrasse 100€ (110€ en saison haute). Le petit déjeuner buffet est compris dans les prix. *Quartier Altxa, Ansotegi Errota, 15* ***Etxebarria*** *(après Markina-Xemein en direction d'Elgoibar) Tél. 946 16 91 00 www.hotelansotegi.com*

GAMME DE PRIX	RESTAURATION	HÉBERGEMENT
Très petits prix	moins de 12€	moins de 45€
Petits prix	de 12 à 18€	de 45 à 60€
Prix moyens	de 18 à 25€	de 60 à 100€
Prix élevés	de 25 à 45€	de 100 à 140€
Prix très élevés	plus de 45€	plus de 140€

DURANGO

48200

Il faut pénétrer au cœur de cette vieille cité ouvrière, protégée par le somptueux massif d'Anboto, pour saisir l'esprit qui y souffle : celui d'un tempérament d'acier, forgé par une histoire cruelle, entre procès en sorcellerie et persécutions franquistes. Sous le porche de l'église retentissent les cris des enfants, la balle résonne sur le mur devenu fronton, un vent nerveux gémit… Durango a du caractère, mais sa position stratégique, à mi-chemin entre les capitales régionales de Bilbao et de Vitoria-Gasteiz, ne lui fait jamais oublier sa vocation commerçante.

UNE HISTOIRE SANGLANTE La ville fut fondée au XIIe siècle au cœur du royaume de Navarre. En 1442 y débute la terrible période des "hérétiques de Durango". Un frère franciscain, Alonso de Mella, conteste alors le dogme de l'Église. Ses idées sont plutôt originales : il prêche pour une nouvelle interprétation de la Bible et le partage des richesses, contre le mariage et le célibat des prêtres ! En 1444, la répression est impitoyable : plusieurs disciples du religieux sont brûlés. Près de 500 ans plus tard, un autre événement tragique marquera l'histoire des Durangarrak. En pleine guerre civile, le 31 mars 1937 au matin, les Italiens bombardent le centre-ville. Le bilan de 500 morts se révèle moins lourd qu'à Gernika, attaquée quelques semaines plus tard, et aucun peintre génial ne fixe sur sa toile l'étendue du drame. Si l'événement n'a aucun retentissement international, il laissera une empreinte douloureuse, difficile à cicatriser.

MODE D'EMPLOI

accès

EN VOITURE

À 30km au sud-est de Bilbao par l'A8-E70 (sortie 17) ou par la N634 (un peu plus long). Le centre de Durango est entièrement piétonnier, ne vous y aventurez pas en voiture. Dans les rues périphériques, vous trouverez facilement des places (attention : lignes bleues uniquement, les lignes orange indiquent les places réservées aux résidents), la solution la plus pratique étant encore de se garer dans le grand parking souterrain Landako (suivre les panneaux "Landako Gunea").

EN TRAIN

EuskoTren Ligne 1 Bilbao-San Sebastián. De Bilbao (gare Atxuri ou Bolueta), comptez de 30 à 40min de trajet ; de San Sebastián, le voyage s'effectue en 1h30. *Tél. 902 54 32 10 www.euskotren.es*

EN CAR

Trois compagnies desservent Durango

Bizkaibus *Tél. 902 22 22 65 www.bizkaia.net*

Alsa Continental Auto *Tél. 945 28 64 66 www.alsa.es*

PESA *Tél. 902 10 12 10 www.pesa.net*

informations touristiques

Office de tourisme Accueil très sympathique et importante documentation en français. Possibilité de réserver diverses activités sportives (équitation, spéléologie, etc.) à Durango et dans ses environs. *Lariz Torre, 2 Tél. 946 03 39 38 www.durango-udala.net Ouvert mar.-mer. et sam.-dim. 10h-14h30, lun. et jeu.-ven. 10h-14h30 et 16h-18h30*

fêtes et manifestations

La Passion de Durango Mise en scène de la passion du Christ dans les rues du centre historique. *Pendant la semaine sainte, en mars ou avr.*
Euskal Astea (semaine basque) Foire agricole et danses folkloriques. *Mi-juin*
Fêtes patronales de San Fausto Jeu du *Zezenak dira* (lâcher d'un taureau sur la place Santa Ana) et dégustation de l'*artopillek*, un gâteau à base de maïs. *13 oct.*
Euskal Denda Grande foire d'artisanat. *Autour de la 1re sem. de déc.*
Foire du livre et du disque basques *1re sem. de déc.*

DÉCOUVRIR

☆**Les essentiels** Le portique de la basilique Santa María de Uribarri et la place Santa Ana **Découvrir autrement** Promenez-vous dans le parc naturel d'Urkiola

Durango

Le cœur du centre historique de Durango bat sous le superbe ☆**portique** en bois, soutenu par des piliers de pierre, de la **basilique Santa María de Uribarri** (XVIe siècle pour la basilique, XVIIIe pour le portique) ouverte tous les jours, le matin. C'est le plus grand du Pays basque, et il abrita longtemps les marchés et les réunions publiques. Les habitants ont gardé l'habitude de s'y retrouver. Dans la rue Artekale, vous découvrirez les peintures étonnantes (et un peu clinquantes), avec angelots et fioritures "à la française", de la façade de la Casa Consistorial (hôtel de ville) du XVIe siècle, restaurée après les bombardements de 1937.

Centre historique Le cœur du centre historique de Durango bat sous le superbe ☆**portique** en bois, soutenu par des piliers de pierre, de la **basilique Santa María de Uribarri** (XVIe siècle pour la basilique, XVIIIe pour le portique). C'est le plus grand du Pays basque, et il abrita longtemps les marchés et les réunions publiques. Les habitants ont gardé l'habitude de s'y retrouver. Dans la rue Artekale, vous découvrirez les peintures étonnantes (et un peu clinquantes), avec angelots et fioritures "à la française", de la façade de la Casa Consistorial (hôtel de ville) du XVIe siècle, restaurée après les bombardements de 1937. ***Église*** *Ouvert tlj., le matin*

☆**Plaza Santa Ana** La place, au pavement orné d'une grande étoile à huit branches, est dominée par l'église Santa Ana, édifiée au XVIe siècle mais largement reconstruite au XVIIIe, qui dégage une impression de sobriété et d'aus-

GARE AU TAUREAU ! Au bord de la rivière Mañaria, la place de Santa Ana accueille le *Zezenak dira*, où, lors des fêtes de San Fausto, les plus courageux (ou inconscients…) se font courser par un jeune taureau.

térité. L'arc de style baroque (1566), rénové en même temps que l'église, est le dernier vestige des six portes des anciens remparts qui protégeaient la cité. N'hésitez pas à traverser la rivière et à vous attarder dans le romantique jardin Pinondo pour admirer avec un peu de recul cet ensemble architectural bucolique.

Museo de la Cruz de Kurutziaga Ce petit musée, inauguré en 2010, conserve le symbole de Durango : la Cruz de Kurutziaga. Cette croix gothique du XVIe siècle, décorée de sculptures représentant les apôtres, les symboles de la passion du Christ et le péché originel, fut érigée comme monument expiatoire après un grand procès en hérésie. L'Inquisition condamna à une mort atroce des habitants de Durango. *Kurutziaga, 38 Tél. 946 03 00 20 ou 946 55 05 50 Ouvert sam. 18h30-20h30, dim. 12h-14h Entrée libre*

Museo de Arte y Historia de Durango Pour ceux qui souhaitent approfondir leur connaissance de l'histoire de la ville, ce musée installé dans le beau palais baroque d'Etxezarreta (XVIIIe s.) expose des fonds historiques (gravures, maquette de la ville, documents divers) ainsi qu'une collection de peinture basque moderne et contemporaine. *San Agustinalde, 16 Tél. 946 03 00 20 Ouvert juil.-août : mar.-sam. 11h-13h et 18h-21h, dim. et j. fér. 11h-13h ; sept.-juin : mar.-ven. 11h-13h30 et 16h30-20h, sam. 11h-14h et 17h-20h, dim. et j. fér. 11h-14h Fermé 15 j. en août Entrée libre*

Iglesia San Pedro de Tabira Édifié au début du XVIe siècle sur un temple du XIIe, cet édifice gothique est souvent présenté comme la plus ancienne église de Biscaye. Elle abrite deux sarcophages historiques, qui renfermeraient les corps des comtes de Durango. *Calle Tabira (à l'extérieur de la ville, près du rond-point de la N623 en direction de Vitoria-Gasteiz) Ne se visite pas*

Où acheter des souvenirs gourmands ?

La Oca Cette épicerie fine propose les meilleurs produits labellisés "Euskadi". Vaste gamme de charcuterie, fromage de brebis, haricots secs et *txakoli*. *Andra Mari, 3 Tél. 946 81 79 36 Ouvert lun.-ven. 9h-13h30 et 17h-20h, sam. 9h-13h30*

Pasteleria La Exquisita Une pâtisserie minuscule tenue par une mamie sympathique. On y trouve toutes les spécialités de la région : *tarta* de Gernika, cocottes de Markina, *turrones* et chocolats. *Andra Mari, 4 Tél. 946 81 08 36 Ouvert lun. 9h-13h30, mar.-ven. 9h-13h30 et 16h30-20h, sam. 9h-14h et 17h-20h, dim. 9h-14h Fermé j. fér.*

Où fondre devant des chocolats ?

Confitería Zenitagoia Dans cette petite confiserie décorée de tableaux, vous goûterez de délicieuses créations au chocolat, comme les bonbons de *txakoli*. Choix alléchant de chocolats fourrés et truffes, et jolies présentations. *Goienkalea, 6 Tél. 946 81 62 86 Ouvert lun.-sam. 10h-13h15 et 16h30-20h, dim. 10h-14h30*

● Où boire un verre en terrasse ?

El Arco Une adorable terrasse dont les tables empiètent sur la place Santa Ana. Le bar tient d'ailleurs son nom de sa situation originale : il occupe la maison de pierre qui jouxte l'arche historique. *Bocadillos* et *raciones* variés à manger sur le pouce. *Plaza Santa Ana Tél. 946 81 09 41 Ouvert tlj. 7h30-0h*

● Où sortir le soir ? Faites comme les jeunes de la ville le week-end : la tournée des bars de la Goienkalea.

Rugby taberna Même si, dans la région, on manie avant tout la pelote et la chistera, ce bar, siège de l'équipe locale de rugby (créée il dans les années 1990 avec 1 500 pesetas - soit moins de 10€ - et un seul ballon ovale !), est devenu l'un des hauts lieux de la fête à Durango. Ambiance assurée. *Goienkalea, 18 Tél. 946 20 00 07 Ouvert tlj. 8h-22h (2h le w.-e.)*

Les environs de Durango

Elorrio

Le bourg d'Elorrio a été fondé en 1356 pour défendre les seigneurs de Biscaye des attaques de leurs ennemis de Guipúzcoa. Il conserve de beaux palais des XVIIe et XVIIIe siècles ainsi qu'un nombre conséquent d'édifices religieux. La place Gernikako Arbola est le lieu de rendez-vous favori des habitants, qui apprécient d'y prendre un verre en terrasse. Sur le parvis, la Basilica de la Purísima Concepción (fin XVe s.) associe au style gothique de ses lourdes portes et de son portique un clocher Renaissance aux volumes délicats. À l'intérieur, le retable baroque chargé de dorures (XVIIe s.) a des dimensions particulièrement imposantes. Le premier dimanche du mois d'octobre, il ne faut pas manquer la fête des *errebombillos*, où des salves de fusil sont tirées pendant la procession de la Virgen del Rosario. Elorrio se distingue aussi par l'agilité de ses danseurs, qui sont réputés figurer parmi les meilleurs de la région pour les démonstrations de Dantzari Dantza. *À 10km au sud-est de Durango par la BI632*

Necrópolis San Adrián de Argiñeta Dans l'enceinte de l'ermitage San Adrián, cette nécropole d'une vingtaine de tombeaux datant du VIIe au IXe siècle, répartis dans un petit espace de verdure ombragé par de grands arbres et délimité par des pierres plates, constitue un lieu particulièrement paisible sur les hauteurs d'Elorrio. *Quartier Zenita (à 1,5km du centre, suivre les panneaux)*

☺ Parc naturel d'Urkiola

Parc naturel depuis 1989, l'Urkiola se partage entre les territoires historiques de Biscaye (85%) et d'Álava (15%) : 6 000ha de forêts verdoyantes et d'impressionnants sommets rocheux calcaires. Si les hêtraies et les chênaies occupent la majeure partie de ses zones boisées, c'est au bouleau, *urkia* en basque, qu'il doit son nom. Dans cette région de forte tradition pastorale, on rencontre surtout dans les pâturages des troupeaux de brebis *latxa*, dont le lait est destiné à la fabrication de fromage et de *mamia* ou *cuajada* (caillé). Mais la faune du parc est riche de rapaces (vautour, faucon pèlerin), de sangliers et de fouines. Les cavernes dissimulées sur les hauteurs de l'Urkiola conservent des mythes et des légendes millénaires : le sommet le plus élevé, l'Anboto (1 328m), serait le lieu de prédilection de la déesse-mère Andra Mari. *De Bilbao (env. 45km) suivre la A8-E70 ou la N-634 jusqu'à Durango puis la BI-623 et les panneaux signalant la direction de Puerto de Urkiola (col d'Urkiola) où se tient un le Centre d'interprétation De Vitoria-Gasteiz (env. 30km) par la N-240 jusqu'à Legutiano, puis la BI-623 qui passe par Otxandio*

Toki-Alai-Centre d'interprétation du parc naturel d'Urkiola Après avoir laissé votre véhicule sur le parking à côté du restaurant, vous rejoindrez à pied la Maison du parc. Vous y trouverez une abondante documentation, des itinéraires gratuits de randonnée très complets (en espagnol), ainsi que des fiches de balades naturalistes pour observer les oiseaux (*La senda de la sombra*) et la flore de l'Urkiola (*La senda magica*). *Puerto de Urkiola, Caserio Toki-Alai* ***Abadiño*** *Tél. 946 81 41 55 www.urkiola.net Ouvert été : tlj. 10h-14h et 16h-18h ; hiver : tlj. 10h30-14h30 et 15h30-17h30*

Partir en randonnée

Sanctuaire des saints Antonio de Urkiola et Antonio de Padua Plusieurs fois par an, des processions convergent vers Puerto de Urkiola où s'élève cette grande le sanctuaire d'Urkiola. Le 13 juin en particulier s'y déroulent les fêtes de saint Antoine de Padoue. Si beaucoup de fidèles prient le saint de les aider à retrouver un objet égaré, les célibataires l'invoquent pour dénicher enfin chaussure à leur pied… Un chemin fléché à côté du sanctuaire vous mènera en 1min à pied, après le petit ermitage Santo Cristo, au panorama superbe du mirador des Trois Croix.
Itinéraire de montagne Puerto de Urkiola-Mañaria Empruntez le chemin qui part en bas du centre, sur la gauche en direction du mont Saibi. La piste forestière déroule des vues impressionnantes sur les montagnes. Par temps clair, on peut même voir la plage de Laida de la réserve d'Urdaibai. La randonnée, particulièrement recommandée à l'automne, permet de découvrir le mont Saibi (945m) avec sa croix de pierre, le lieu-dit Akelarre où se réunissaient les sorciers sorginak et les hauteurs de l'Untzillatx jusqu'au village de Mañaria. Demandez la fiche gratuite au centre Toki-Alai. ***Parcours*** *9,3km* ***Durée*** *3h30 environ* ***Dénivelé*** *240m en montée, 700m en descente* ***Difficulté*** *moyenne*

Artea

À une vingtaine de kilomètres à l'ouest de Durango, ce petit bourg rural lové dans les contreforts du parc naturel de Gorbeia vaut un arrêt pour son musée. Tous les troisièmes samedis de septembre, sa foire de produits alimentaires et d'artisanat basques attire beaucoup de monde. ***Artea*** *À 25km au sud-est de Durango par l'A8 et la N240 Accès en bus a ligne Bilbao-Artea (A3928) de la compagnie Biskaibus dessert le bourg Tél. 902 22 22 65*

Ecomuseo del Caserío Vasco Dans un *caserio* construit dans le style d'une ferme traditionnelle du XVIIe siècle, ce musée d'ethnographie nous raconte les travaux agricoles et la vie quotidienne du XVIIIe au XXe siècle en terre basque. *Herriko Plaza s/n Tél. 946 31 70 86 www.euskalbaserria.com Ouvert sam.-jeu. 10h-16h Fermé 23 déc.-23 jan. Tarif 3€, 6-12 ans 2,40€*

★☺ Parc naturel de Gorbeia

Fort de 20 000ha de montagne aux paysages sublimes, entre Biscaye et Álava, le plus grand parc naturel du Pays basque est souvent représenté par la Cruz de Gorbeia, une croix juchée sur une structure métallique haute de 18m et installée à la demande du pape Léon XIII en 1901 au sommet du massif (1 480m). Références pour les amateurs de randonnée et d'alpinisme, les sommets du parc – Gorbeia, Aldamin, Oketa ou Berretin – offrent des points de vue spectaculaires. Le massif, où la ría de Bilbao et l'Arratia prennent leur source, abrite des forêts denses, où s'enracinent nombre de légendes basques... et des arbres millénaires, ou "singuliers", dont certains sont protégés (Tejos d'Aginalde et d'Aginarte sur le territoire de Zeanuri). Des villages d'Areatza, de Zeanuri, d'Orozko, d'Artea, de Zuia et de Zigoitia partent des sentiers de randonnée dans le parc. Les petites routes pittoresques qui les relient sont bordées de caserios en pierre et de maisons blasonnées qui valent le détour. *Les trois principales voies d'accès au parc sont la N622 Bilbao-Vitoria-Gasteiz par le col d'Altube, la N240 Bilbao-Vitoria-Gasteiz par Barazar ou encore l'autoroute A-68 (Bilbao-Mirando)*

Centre d'interprétation du parc naturel de Gorbeia Une exposition didactique vous expliquera tout ce qu'il faut savoir sur la faune et la flore du parc. Large documentation pour partir en randonnée (sentiers, espèces végétales et animales, etc.), des fiches et le bimensuel *Gorbeiako* disponibles en basque et en espagnol. Un lieu très accueillant. *Gudarien Plaza, 1* ***Areatza*** *(à 20km environ au sud-ouest de Durango, sur la place principale du village) Tél. 946 73 92 79 www.areatza.net www.gorbeialdea.com Ouvert tlj. 10h-14h et 16h-18h Fermé 25 déc., 1er et 6 jan et 24 août.*

● Où se régaler de *bizkotxoak* ?

Panaderia Zamakona On ignore pourquoi ces *bizkotxoak* "Guardias Civiles", biscuits triangulaires couverts de glaçage blanc, ont hérité de ce nom de gendarmes, mais ils font la renommée d'Areatza ! *Quartier Villaro Goikokalea, 5* ***Areatza*** *(2km au sud d'Artea) Tél. 946 73 90 45 Ouvert lun.-sam. 4h30-15h30 et 18h-20h, dim. 5h50-14h*

● Partir en randonnée

PR®BI1 (Zeanuri-San Juan-Landreabe-Zeanuri) Muni des nombreuses fiches techniques délivrées par le centre d'interprétation, vous pourrez partir au fil de l'un des sept sentiers balisés (entre 2 et 10km) qui quadrillent le parc. Une vingtaine de PR® sont aussi l'occasion de sorties d'une journée ou d'une demi-journée à la découverte des beautés naturelles et ethnographiques de la zone. La boucle du PR®BI1 part ainsi de la place Aita Urraburu, derrière la mairie du joli village de Zeanuri. Ce sentier forestier passe devant trois moulins (Errotaberri, Landreabe et Ibargutxi) et près de l'ermitage de San Juan : une belle balade entre fermes et moulins. ***Parcours*** *11,3km* ***Durée*** *3h30* ***Difficulté*** *moyenne* ***Dénivelé*** *220m*

Orozko

Dans la vallée baignée par l'Altube et l'Arnauri, ce village très typique, dont l'habitat est dispersé dans différents hameaux, compte de belles bâtisses en pierre. Dans le quartier de Zubiaur, le Palacio Legorburu, une maison seigneuriale du XVIIIe siècle, accueille un musée ethnographique et un point d'information touristique. Les collections mettent en valeur le patrimoine historique de la vallée, la vie quotidienne de ses habitants et le cours des activités agricoles. *À 40km à l'ouest de Durango par la N634, la N240 puis l'agréable BI3513* **Musée ethnographique/Point info tourisme** *Casa-Palacio Legorburu Plaza Mayor de Zubiaur* **Orozko** *Tél. 946 33 98 23 www.orozkoudala.com Ouvert été : mar.-dim. 9h-13h ; mar.-jeu., dim. et j. fér. 10h-14h, ven.-sam. 10h-14h et 17h-19h*

● Où remplir son panier pique-nique ?

Le samedi, sur la Plaza de Zubiaur, se tient un petit marché alimentaire très vivant. Dans les commerces aux alentours, vous trouverez tous les meilleurs produits locaux (pain, fruits, légumes, charcuterie, dont le chorizo d'Orozko) et des gâteaux basques, spécialités des pâtissiers du village. *Plaza Mayor de Zubiaur* **Orozko**

CARNET D'ADRESSES

Restauration, hébergement

très petits prix

☺ **Makaztui** Au-delà du village de Dima, sur la crête entre Gorbeia et Urkiola, en suivant une route unique d'où vous apercevrez chevaux, poneys et brebis dans un environnement forestier, vous trouverez sur la droite, à mi-chemin, une longère. Dans une ambiance familiale et chaleureuse, vous dormirez dans des chambres on ne peut plus confortables, avec du parquet et un mobilier ancien, pour une somme modique. Double autour de 40€, petit déj. 3€. Accès libre à la cuisine, au rez-de-chaussée. *Barrio Makaztui-Bekoa* **Dima** *(à 15km au sud-ouest de Durango) Tél. 946 33 81 60 ou 656 79 10 01 www.nekatur.net/makaztui*

prix moyens

Ibarluze Ce gîte, aménagé dans une maison typique du XVIIe siècle tenue par des agriculteurs sympathiques, offre 4 belles chambres très spacieuses avec murs en pierres apparentes et poutres au plafond. Double à 45€ HT, petit déj. 3€. Location de la maison à la semaine (8 pers.) 200€ HT. *Iguria, 18* **Elorrio** *(à la sortie du village sur la BI-2632) Tél. 946 58 29 74 ou 635 71 20 36*

☺ **Axpe Goikoa Erretegia** Une bâtisse impressionnante, dressée au sommet d'une colline face au massif de Gorbeia. On y boit un verre en terrasse, au soleil, avant de filer à l'étage pour déguster une cuisine fine et goûteuse. Carte variant au fil des saisons, autour du foie gras, des poissons de la côte et des viandes de pâturages. Accueil souriant, service soigné. Menu déjeuner 23€ et à la carte 40€. *Barrio Iturrioz, 11* **Dima** *(à 15km au sud-ouest de Durango) le restaurant se trouve du côté d'Artea, sur l'autre versant Tél. 946 31 72 15 www.axpegoikoa.com Ouvert mar.-ven. et dim. 13h-16h, sam. 13h-16h et 21h-23h fermé 22 déc.-22 jan. et 15 derniers jours d'août*

prix très élevés

☺ **Etxebarri** Le hameau fait rêver, au pied du mont Amboto, avec son église de pierre, sa place fleurie et ses splendides maisons restaurées. Dans l'une d'elles, une des meilleures tables des environs, avec une carte appétissante de viandes et poissons braisés, et une offre de desserts originale – en été, l'infusion de fruits frais est un pur bonheur pour le palais. Comptez de 20 à 30€ pour les plats, soit de 100€ pour un repas à la carte. Menu Dégustation 120€. *Plaza San Juan, 1 Axpe-Atxondo (à 7km au sud-est de Durango) Tél. 946 58 30 42 www.asadoretxebarri.com Ouvert mar.-ven. et dim. 13h-15h30, sam. 13h-15h30 et 20h30-22h30 Fermé 23 déc.-8 jan. et août*

BALMASEDA

48800

Comme endormie le long du río Cadagua, la cité la plus ancienne de Biscaye – son *fuero* (charte médiévale) date de 1199 – est l'une de ces bourgades tranquilles dont la physionomie change radicalement lorsque débutent les fêtes qui rythment son calendrier. Des milliers de curieux accourent alors de toute la région pour prendre part aux processions costumées ou aux foires artisanales associées à ces festivités religieuses ou profanes. Cette effervescence perpétue la vocation commerçante qui est celle de Balmaseda depuis le Moyen Âge, comme le rappelle l'architecture opulente de ses plus vieilles demeures.

★ **LES ENCARTACIONES** Cette région de 500km² située dans l'extrême l'ouest de la Biscaye, entre Castille et Cantabrie, réunit dix communes (Lanestosa, Karrantza, Turtzioz, Artzentales, Sopuerta, Galdames, Gordexola, Güeñes, Zalla et Balmaseda), avec, entre les villages d'El Peso et d'El Suceso, une petite enclave cantabrique. On pense qu'elle doit son nom aux tractations passées entre les seigneurs locaux et celui de Biscaye, maître de la province. Les premiers auraient rédigé et signé, en 1576, une charte *(carta)* en échange de privilèges, et leurs terres auraient été incorporées à la province. Depuis le déclin des activités minières qui firent leur richesse au XIXe siècle, ces vallées verdoyantes vivent principalement d'élevage et d'agriculture.

MODE D'EMPLOI

accès

EN VOITURE
À 28km à l'ouest de Bilbao par l'A8, puis la BI636.

EN TRAIN
Feve Liaison régulière Bilbao-Santander, avec arrêt à Balmaseda. *Tél. 944 25 06 15*

EN CAR

Bizkaibus Les lignes A3334 et A0651 de cette compagnie relient Bilbao à Balmaseda. *Tél. 902 22 22 65 www.bizkaia.net*

Alsa Liaisons directes Bilbao-Balmaseda. *Tél. 902 42 22 42*

orientation

Balmaseda s'étend sur les rives du río Cadagua, organisée en une rue principale et des ruelles piétonnes. Garez-vous dans l'un des parkings aménagés près de la gare, sur le Paseo Martín Mendia, et allez visiter la ville à pied en traversant l'un des ponts.

informations touristiques

Turismo Enkartur Vous y trouverez une large documentation sur la ville ainsi qu'une carte gratuite, la "Enkarterri Biskaia Card", qui donne divers avantages dans les musées de la région. *Martín Mendia, 2 Tél. 946 80 13 56 www.balmaseda.net www.enkartur.net Ouvert lun.-ven. 10h-14h et 16h-19h, w.-e. et j. fér. 10h-14h Ouvre à 9h en été*

fêtes et manifestations

Foire médiévale Spectacles de rue avec rapaces et charmeurs de serpents, marché folklorique, animations musicales... *Mai*

☺ **Semaine sainte** Processions de grande ampleur et reconstitution de la passion du Christ, les jeudi et vendredi saints, avec plus de 500 participants costumés. *Mars ou avr.*

Fêtes de Nuestra Senora del Carmen Fêtes taurines, feux d'artifice. *16 juil.*

Fêtes patronales de San Severino Concours de *putxera* (ou *olla ferroviaria*), la "marmite" traditionnelle des machinistes des trains à vapeur : haricots secs, chorizo, lard et boudin cuisent dans des chaudrons en pleine rue ! 23 oct.

DÉCOUVRIR

☆ **Les essentiels** Le patrimoine médiéval de Balmaseda **Découvrir autrement** Profitez de l'ambiance de la place San Severino le soir, découvrez l'univers du béret au musée Boinas La Encartada, explorez les grottes de Pozalagua à Karrantza Harana

Balmaseda

☆ **Vieille ville** La place San Severino concentre les monuments les plus intéressants de la ville. Construite au XIVe siècle, l'église gothique San Severino présente des ajouts baroques, en particulier un clocher du XVIIIe siècle, et renferme un orgue Cavaillé-Coll et un retable du Calvaire de style plateresque. Juste à côté, la Casa Consistorial (hôtel de ville), du XVIIIe siècle, développe une architecture surprenante. Sous son porche à arcades, surnommé *la Mezquita* en référence au décor des mosquées d'Andalousie, se tient parfois un marché. Dans la Calle Martín Mendia, vous découvrirez au n°14 le Palacio Horcasitas, un palais néoclassique blasonné datant du XVIIe siècle. Plus loin, sur la place, l'Iglesia San Juan del Moral abrite un petit musée qui retrace l'histoire de Balmaseda. **Iglesia San Juan-Museo de la Historia de Balmaseda** *Plaza Martin Mendia Tél. 657 79 58 06 Ouvert été : mar.-sam. 10h30-13h30 et*

SUR LE PONT Le Puente de la Muza, ou Puente Viejo (vieux pont), l'édifice le plus emblématique de Balmaseda, fut longtemps un point de passage obligé vers la Castille. Il est amusant d'emprunter encore aujourd'hui ce pont de pierre, construit au XIIIe siècle, comme tant de voyageurs sur la route de la Castille le firent avant nous dès le Moyen Âge.

17h-19h30 Mêmes horaires à Pâques, dim. et j. fér. 10h30-14h ; hiver : mar.-sam. 10h-13h30 et 16h30-19h, dim. et j. fér. 10h30-14h30 Entrée 1€

Museo Boinas La Encartada Comme l'affirme le proverbe, “un béret sur la tête et on fait le tour du monde”. L'ancienne manufacture de La Encartada (fermée en 1992 après un siècle d'activité) s'est reconvertie depuis 2007 en une usine-musée dédiée à l'emblème de la région : le béret basque. Un voyage dans le temps, à travers une magnifique collection de machines-outils de la fin du XIXe et du début du XXe siècle, comme si rien n'avait bougé, ici, depuis les années de prospérité industrielle. *Quartier El Peñueco, 11 (à la sortie de la ville en direction de Burgos) Tél. 946 80 07 78 www.laencartadamuseoa.com Ouvert été : mar.-ven. 10h-14h et 16h-19h, sam. 10h30-19h, dim. et j. fér. 11h-15h ; hiver : mar.-ven. 10h-14h, sam. 10h30-19h, dim. et j. fér. 11h-15h Entrée 5€, réduit 3€ Fermé 25 déc. et 1er jan.*

LA BISCAYE

Où boire un verre de txakoli, manger sur le pouce ?

Pintxo i Blanco Ce cocktail-bar à la déco design dans les tons blanc, rouge et noir, propose un bel assortiment de *pintxos* (boudin noir, fromage de brebis, piments farcis) et la traditionnelle *putxera* (marmite) de haricots secs le week-end (15€). La vue sur le río Cadagua est imprenable. *Martín Mendia, 5 Tél. 637 80 35 16 www.pintxoiblanco.com Ouvert dim.-jeu. 8h30-23h, ven.-sam. 8h30-1h*

Les environs de Balmaseda

Museo de las Encartaciones Logé dans l'ancienne Casa de Juntas (maison des Assemblées) édifiée au XIVe siècle mais presque entièrement reconstruite au XIXe à la suite de nombreux dommages, le musée des Encartaciones retrace l'histoire de la région et de ses habitants, de la préhistoire à nos jours, cf. Les Encartaciones (p.605). *Quartier Abellaneda* ***Sopuerta*** *(à 12km au nord de Balmaseda par la BI630 et la BI2701) Tél. 946 50 44 88 www.enkarterrimuseoa.net Ouvert mar.-sam. 10h-14h et 16h-18h (17h-19h en été), dim. et j. fér. 10h-14h Entrée libre*

☺ **Cuevas de Pozalagua** Un conseil : couvrez-vous bien, hiver comme été, pour partir à la découverte de ce site exceptionnel creusé dans les entrailles du massif calcaire des Peñas de Ranero. C'est par hasard que des ouvriers qui dynamitaient la montagne en 1957 découvrirent ces grottes où aucun homme n'avait jamais pénétré. Du spectaculaire lac intérieur qu'ils eurent la chance alors de contempler, il ne reste que quelques flaques, mais le reflet des stalagmites y est toujours saisissant. On déambule au gré d'un labyrinthe de pierre aux couleurs subtiles, où des stalagtites très rares composent un étonnant plafond, tapissé d'une sorte de corail des profondeurs. À l'extérieur, un auditorium pouvant accueillir jusqu'à 2 000 personnes offre son acoustique inégalable à de fréquents concerts. *(visite guidée en espagnol de 45min environ) Quartier de Ranero* ***Karrantza Harana*** *(à 30km au nord-ouest de Balmaseda par la BI630, desservi par la ligne A0652 de la compagnie Bizkaibus) Tél. 946 80 68 57 www.karrantza.com Ouvert avr.-mi-oct. : mar.-dim. 11h-20h ; mi-oct.-mars : ven.-dim. 11h-18h La billetterie ferme 1h avant Entrée 7€, réduit 4€*

CARNET D'ADRESSES

Restauration, hébergement

très petits prix

Bar Los Gemelos Dans ce petit bar de quartier, on entend souvent *"Bai"*, *"Ez"* ou *"Handiak"* : des mots prononcés avec une certaine solennité par les joueurs de *mus* (prononcez "mouche"), un jeu de cartes basque, quasiment incompréhensibles pour qui ne pratique pas l'euskara. L'assiette est simple mais bonne, avec des menus du jour composés de spécialités locales roboratives : pommes de terre à la balmasedana ou aux anchois, poulet rôti. Très agréable terrasse l'été sous la pergola. Menu du jour 7€ en semaine et 11€ le week-end, dessert et vin compris. *CB refusée Pío Bermejillo, 13* ***Balmaseda*** *Tél. 946 80 16 22 Ouvert tlj. 11h-0h*

petits prix

Casa rural Enkartada Dans le bourg de Sopuerta, 4 chambres confortables aux murs en pierres apparentes et peinture aux coloris toniques. Meubles récents et sanitaires irréprochables. Accueil très gentil, rapport qualité-prix remarquable. Wifi. Double 54€ HT en saison haute. Petit déjeuner 4€. *Barrio Mercadillo, 34* ***Sopuerta*** *À 9km au nord de Balmaseda Tél. 946 10 40 05 ou 638 57 91 83 www.enkartada.com Fermé 24, 25, 31 déc. et 1er et 7 jan.*

prix moyens

☺ **Hotel-restaurant Convento San Roque** Dans cet ancien monastère édifié en 1666, les cellules des religieux ont cédé la place à des chambres confortables et pleines de charme. Une vingtaine en tout, au mobilier rustique, réparties sur deux niveaux autour d'un patio superbe. Les ambiances sont recherchées, avec jeux de lumières tamisées et bougies qui éclairent de petits coins salon romantiques sous les arcades. Parking privé. Double 59 à 74€ HT. Petit déjeuner buffet 6€ HT. Possibilité de pension complète. Accueille souvent des mariages et des célébrations : pensez à réserver, en particulier pendant la semaine sainte. L'excellent restaurant sert, dans un cadre élégant, une cuisine raffinée et des viandes grillées au feu de bois. Menus à 16€ HT la semaine et 32€ HT le week-end. *Campo de la Monjas, 2* ***Balmaseda*** *Tél. 946 10 22 68 www.sanroquehotel.net Restaurant fermé dim. soir et 25 déc. Hôtel Ouvert toute l'année*

GEODOCS

EN SAVOIR PLUS

BIBLIOGRAPHIE

architecture, arts

Architecture art déco sur la Côte basque Ségot Jean-Philippe, Éd. Atlantica, Biarritz, 2000
Maison basque : au plus profond d'une culture Christian Aguerre, Éd. Atlantica, Biarritz, 2003
Maison rurale en Pays basque (La) Jean Loubergé, Éditions CRÉER, Brionde, 2002
Pays basque vu par les peintres 1900-1945 (Le) Séverine Berger, Éditions Atlantica, Biarritz, 2001
Peinture basque : œuvres choisies des collections publiques et privées (La) collectif, Éd. Pimientos, Urrugne, 2009

histoire et société

Corsaires du Pays basque (Les) Caroline Lugat, coll. "Histoire", Éd. Elkar, Bayonne, 2011
Euskal Herria : les 40 lieux qui font l'histoire Peio Etcheverry- Ainchart, Éd. Elkar, Bayonne, 2008
Goût du Pays basque (Le) textes choisis et présentés par Stéphane Baumont, Éd. Mercure de France, Paris, 2011
Histoire générale du Pays basque (voll. 4), Jean Goyhenetche, Éd. Elkar, Bayonne, 2002
Initiation à l'histoire du Pays basque Peio Etcheverry- Ainchart, Éd. Elkar, Bayonne, 2011
Mouvement culturel basque (Le), 1951-2001 (voll. 2), collectif, Éd. Elkar, Bayonne, 2002
Pays de Cize (Le) collectif, Éd. Izpegi, Saint-Étienne-de-Baïgorry, 1991
Théâtres basques : une histoire du théâtre populaire en marche Hélène Etchecopar Etchart, Éd. Gatuzain, Larressore, 2001
Tontons surfeurs : aux sources du surf français (Les) Gardinier Alain, Éd. Atlantica, Biarritz, 2004

littérature

Anonyme *La Chanson de Roland*, coll. "Le livre de poche", Éd. LGF, Paris, 2003
Atxaga, Bernardo *Obabakoak : les gens d'Obaba*, Éd. Christian Bourgois Paris, 2007 ; L'Homme seul, Éd. Christian Bourgois, Paris, 1995
Barthes, Roland *Roland Barthes par Roland Barthes*, Points, Paris, 2010
Borda, Itxaro *100% basque*, Éd. du Quai Rouge, Bayonne, 2003
Elorriaga, Unai *Un tranvía en SP*, Éditions Punto de lectura, 2008
Lafaurie, André-Jean *La Maison Etcheverry (voll. 3)*, Éd. Anne Carrière, Paris, 2005
Loti, Pierre *Ramuntcho*, coll. "Folio", Éd. Gallimard ; *Le Pays basque : récits et impressions de l'Euskal-Herria*, Aubéron, Anglet, 2007
Martinez de Lezea, Toti *La Calle de la judería : una familia judeoconversa en el siglo XV*, Éd. Embolsillo Maeva, Madrid, 2010
Saizarbitoria, Ramòn *Guardame bajo tierra*, Éd. Alfaguara, Madrid, 2002

guides et beaux livres

Corniche basque (La) Alban Larousse, coll. "Carnets du littoral", Gallimard-Jeunesse, Paris, 1998
Pays basque collectif, coll. "Encyclopédies du voyage", Éd. Gallimard Loisirs, Paris, 2010
Pays basque vu d'en haut (Le) collectif, Éd. Atlantica, Biarritz, 2007
Sentiers de la Côte basque : tracés des itinéraires sur la base de photos (Les) collectif, Éd. Atlantica, Biarritz, 2003

guides de randonnée

Balades nature au Pays basque collectif, Éd. Dakota, Paris, 2010
Sentier vers Saint-Jacques-de-Compostelle via Le Puy, Figeac-Moissac, Rocamadour-La Romieu collectif, coll. “Topo-guides”, Éd. FFRP, Paris, 2010
Escaladas sencillas a grandes cumbres del pirineo Éd. Sua, Bilbao, 2007
Pays basque à pied (Le) collectif, coll. “Topo-guides”, Éd. FFRP, Paris, 2010
Pyrénées Basques Miguel Angulo, coll. “Cahiers pyrénéens”, Éd. Sua, Bilbao, 2009
Pyrénées occidentales : Pays basque - Béarn collectif, coll. “Topo-guides”, Éd. FFRP, Paris, 2011
Randonnées sur les sentiers du Pays basque Anne-Marie Minvielle, coll. “Rando-évasion”, Glénat, Grenoble, 2005
Sentiers d'Émilie au Pays basque (Les), Nathalie Magrou, Rando Éditions, Ibos, 2006
Vos 30 itinéraires au Pays basque Pierre Marcia, coll. “Label Rando”, Rando éditions, Ibos, 2008

Saint-Jacques-de-Compostelle

Caminos de Santiago por Euskadi (Los) *Abella, Cobreros, Imaz, Lecanda, 1991*
Cantilène du chemin : journal de pèlerinage de Saint-Jean-Pied-de-Port à Saint-Jacques-de-Compostelle *Nanou Saint-Lèbe, Aubéron, Anglet, 2004*
Chemins de Saint-Jacques collectif, coll. “Encyclopédies du voyage”, Éd. Gallimard loisirs, Paris, 2009
Compostelle, le grand chemin Xavier Barral i Altet, coll. “Découvertes Gallimard”, Éd. Gallimard, Paris, 1993
En avant, route *Saint-André, Alix de, Éd. Gallimard 2010, coll. Folio*
Guide du pèlerin de Saint-Jacques-de-Compostelle : texte latin du XIIe siècle éd. et trad. en français d'après les manuscrits de Compostelle et de Ripoll (Le) Jeanne Vielliard, Éd. Vrin, Paris, 1984
Immortelle randonnée, Compostelle malgré moi *Rufin, Jean-Christophe Éd. Guérin, Chamonix, 2013 ; ouvrage décliné dans la col. Albums hors série avec les photographies de Marc Vachon Éd. Gallimard 2013*
Sur les routes de Compostelle Sophie Martineaud et Arlette Moreau, Flammarion, Paris, 1999

cuisine et gastronomie

Bacalao collectif, Éd. Montagud, Barcelona, 2005
Cuisine basque (La) J-P. Louvencourt, Éd. J.-P. Gisserot, 2009
Dónde comer bien en el País Vasco Mikel Zeberia, coll. “Visita”, Éd. Everest, León, 2003

écouter

Ville-Monde Biarritz
Un documentaire de France Culture, produit par Martin Quenehen, réalisé par Julie Beressi (2012), 2h d'émission à écouter et à télécharger librement sur http://www.franceculture.fr/emission-villes-mondes-villes-mondes-biarritz-2012-04-01
Ville-Monde Bilbao
Un documentaire de France Culture, produit par Philippe Modol, réalisé par Christine Diger, prise de son et mixage de Frédéric Cayrou (2011), 2h d'émission à écouter et télécharger librement sur http://www.franceculture.fr/emission-villes-mondes-villes-mondes-bilbao-2011-11-06

GEOPLUS

Lexique

Le Pays basque espagnol a deux langues officielles : le basque (euskara) et l'espagnol, dit castillan (castellano). On retrouve souvent les deux sur toute la signalétique routière, administrative et touristique – mais parfois seule la langue basque est employée, ce qui peut décontenancer au départ. Mais on repère assez vite les termes les plus importants, afin de pouvoir se nourrir et se diriger... Au Pays basque nord, la langue officielle est le français, mais la double signalétique est de rigueur au moins sur tous les noms de lieux. Et des deux côtés de la frontière, les bascophones apprécieront vos quelques rudiments d'euskara...

● PRONONCIATION

En castillan Certaines consonnes placées en fin de mot ne se prononcent pas, comme le "d" de "ciudad" (la ville), celui de "mitad" (la moitié). La "ñ" se prononce "gn", le "s" est comme un "ss" et non un "z", le "g" est un "gu", le "c" est un "k" sauf devant le "e " et le "i" où il devient comme le "th" anglais. Le "j", appelé la jota, a une prononciation proche de r. Le "ch" se dit "tch", les "ll" deviennent "y", le "z" se prononce lui aussi "th", et le "x" se dit comme le "j". Pour ce qui est des voyelles, le "e" se prononce "é", le "u" se dit "ou", et le "y" comme un "i".
En basque Pas de consonnes muettes : toutes les lettres se prononcent. En revanche, on n'utilise pas les lettres "c", "q", "v", "w" et "y". Le "j" se prononce "di", le "s" et le "x" se disent tous deux "ch", et le "z" se dit "ss". Comme en castillan, le "u" se prononce "ou"

Premiers contacts

Ils se font, la plupart du temps, en castillan.
Comment allez-vous ? ¿ Qué tal ?
Je ne parle pas bien espagnol, ni basque No hablo mucho castellano, nor euskara.
Pardonnez-moi Lo siento.
Pardon ! ¡ Disculpe ! ou ¡ Perdon !
Je ne comprends pas No entiendo.
Je cherche... Estoy buscando...
Quelle heure est-il ? ¿ Que hora es ?
Quels sont les horaires d'ouverture ? ¿ Cuales son los horarios de apertura ?
À quelle heure arrive le train ? ¿ A que hora llega el tren ?
Où peut-on louer une voiture ? ¿ Donde se puede alquiler coche ?

À l'hôtel

Avez-vous une chambre de libre ? ¿ Tiene habitacion libre ?
Une double ou une simple ? ¿ Una doble o una individual ?
Avec un lit double ou 2 lits ? ¿ Con una cama de matrimonio o dos camas ?
Avec une douche ou une baignoire ? ¿ Con una ducha o un baño ?
Combien coûte la chambre ? ¿ Cuanto cuesta la habitaciòn ?
Toutes taxes comprises IVA incluido.
C'est trop cher Es demasiado caro.
C'est très bon marché Es muy barato.

À table

Peut-on manger, à deux ? ¿ Se puede comer, para dos personas ?
Je voudrais réserver une table pour 20h Quisiera reservar una mesa para las ocho.
Avez-vous un menu du jour ? ¿ Tiene menu del dìa ?
Qu'avez-vous en entrée ? ¿ Que primer plato tiene ?
Et en plat de résistance ? ¿ Y de segundo plato ?
Ce sont des desserts maison ? ¿ Son postres caseros ?
Et comme boisson ? ¿ Y para beber ?
Un verre de vin rouge avec un sandwich Un vaso de vino tinto con un bocadillo.
Une grande bière et un galopin Una cerveza grande y un zurito.
L'addition, s'il vous plaît La cuenta, por favor.
Je voudrais un reçu Necesito un ticket.

Se repérer dans l'espace

À gauche A la izquierda.
À droite A la derecha.
Tout droit Todo recto.
Près de... Cerca de...
Un peu plus loin Un poco mas lejos.
Où se trouve... ? ¿ A donde es... ?
Je me suis perdu Me he perdido.

Se repérer dans le temps

Jour Dia
Nuit Noche
Tôt Temprano
Tard Tarde
MatinMañana
Après-midi Tarde
Aujourd'hui Hoy dia
Demain Mañana
Demain matin Mañana por la mañana
Hier Ayer
Lundi Lunes
Mardi Martes

Mots utiles

Français	Espagnol	Euskara
Oui	Si	Bai
Non	No	Ez
Bonjour	Buenas	Egunon dìas
Salut	Hola	Kaixo
Au revoir	Adios	Agur
S'il vous plaît	Por favor	Mesedez
Merci	Gracias	Eskerrik asko
Pardon	Perdon	
Bienvenue	Bienvenido	Ongi etorri
Pays basque	País vasco	Euskadi
Office de tourisme	Oficina de Turismo	Turismo buleoga
Mairie	Ayunta-miento	Udaletxea
Police	Policia	Ertzaintza
Plage	Playa	Hondartza
Restaurant	Restaurante	Jatextea
Parking	Aparca-miento	Aparlekua

➤ **Mercredi** Miércoles
Jeudi Jueves
Vendredi Viernes
Samedi Sàbado
Dimanche Domingo
Week-end Fin de semana
Jours fériés Festivos

Compter

Un Uno
Deux Dos
Trois Tres
Quatre Cuatro
Cinq Cinco
Six Seis
Sept Siete
Huit Ocho
Neuf Nueve
Dix Diez
Onze Once
Douze Doce
Vingt Veinte
Vingt et un Veinte uno
Vingt-deux Veinte dos
Trente Treinta
Quarante Cuarenta
Cinquante Cincuenta
Cent Cien, ciento
Mille Mil

Lieux publics et transports

Toilettes Servicios
Vieille ville Casco antiguo
Poste Correos
Banque Banco
Église Iglesia
Gare ferroviaire Estacion de trenes (Renfe)
Gare routière Estacion de autobuses
Station de métro Estacion de metro
Station-service Gasolinera
Supermarché Supermercado
Boutique Tienda
Boulangerie Panaderia
Boucherie-charcuterie Carniceria
Rue Calle
Autoroute Autopista
Voiture Coche
Vélo Bici

Glossaire

Abside Généralement orientée vers l'est, terminaison arrondie de la nef qui renferme le chœur d'une église.
Bastide Ville ou village dans le Sud-Ouest, fondé(e) entre 1229 et 1373 sur des principes urbanistiques, économiques et politiques.
Borde ou cayolar Cabane de pierres sèches, le plus souvent, conçue pour abriter le berger mais aussi parfois le troupeau, dans les zones de moyenne montagne. Autrefois les bergers y passaient presque six mois de l'année, pendant l'estive – un usage aujourd'hui en passe de disparaître.
Casa-torre On appelle ainsi les tours fortifiées qui parsèment tout le Pays basque espagnol. Elles datent en général du Moyen Âge, mais ont été parfois réaménagées aux XVe et XVIe siècles pour être plus confortables. Certaines ont ainsi perdu une partie de leur aspect défensif d'origine, avec l'ouverture de fenêtres plus grandes.
Caserio (*baserria* en basque) Ferme, de grande taille et de construction robuste, conçue pour abriter les nombreux membres de la famille aux étages, et les bêtes au rez-de-chaussée.
Chevet De l'exterieur, partie de l'église à l'extrémité de la nef principale.
Croisée du transept Intersection de la nef principale et du transept.
Etche ou Etxe Maison traditionnelle basque.

Flysch Phénomène géologique particulier, où les formations détritiques se déposent en couches inclinées – dans les géosynclinaux – en présentant au fil des siècles une succession de visages variés : calcaires, grès, schistes...
Fors, fueros À l'origine, ensemble de privilèges accordés à une ville par le souverain ou le seigneur, pour inciter à sa fondation et y attirer une population. Au Pays basque, les *fueros* sont également une sorte de code territorial – avec des lois économiques, financières, commerciales et judiciaires propres.
Hegoalde Pays basque sud (territoire espagnol).
Iparralde Pays basque nord (territoire français).
Kaiku Récipient à traire taillé traditionnellement dans du bois de bouleau, au profil légèrement penché vers l'avant. Une fois rempli de lait, on y plonge des pierres brûlantes pour faire la *cuajada*.
Makhila Bâton de bois traditionnel, ouvragé, utilisé pour la marche mais aussi pour la défense grâce à son embout de métal.
Pays basque nord/sud (Iparralde-Hegoalde) C'est ainsi que les Basques désignent les parties française et espagnole du territoire basque.
Pottok Espèce basque, descendant du poney sous-pyrénéen des temps quaternaires – semblable aux petits chevaux des fresques de Lascaux... Cette variété de poney est ici abondante, et vit encore en semi-liberté.
Transept Nef transversale qui coupe à angle droit la nef principale d'une église.
Tympan Pièce de remplissage d'une voûte.
Ventas Épiceries-restaurants postées à la frontière espagnole où les Basques du Nord venaient s'approvisionner en alcools et marchandises moins chères qu'en France.

Gastronomie

Alubias Variété locale de haricots rouges, blancs ou noirs. Les plus célèbres : ceux de Tolosa.
Ardi-Gasna ou Ardi gazta Fromage à pâte mi-dure au lait cru entier de brebis, souvent accompagné de confiture de cerises noires.
Axoa Ragoût de veau aux piments et aux poivrons.
Cuajada (*mamia* en basque) Crème dessert, sorte de lait caillé de brebis chauffé à l'aide de pierres incandescentes, que l'on plonge traditionnellement dans un seau en bois, le *kaiku*.
Chipiron Calamar cuisiné dans son encre ou à la tomate à la Luzienne.
Dulce Habituellement *dulce de membrillo* ou *dulce de manzana* : pâte de fruits sucrée à base de pulpe de coings ou de pommes, consommée, du côté espagnol, avec du fromage de brebis et des noix.
Guindillas Petits piments verts-jaunes, longs et fins, marinés dans le vinaigre. Ils ont leur appellation propre, liée à la région d'Ibarra, au Guipúzcoa.
Mamia Yaourt au lait caillé de brebis (voir aussi Cuajada)
Piperade Spécialité à base de tomates, de piments et d'œufs brouillés.
Pintxos La variante basque des tapas : une variété infinie d'amuse-bouches à déguster au comptoir des bars, à l'apéritif.
Ttoro Soupe de poisson à base de merlu, de crustacés (langoustines) et coquillages (moules).
Txangurro Araignée de mer farcie d'oignons, de poireaux et de carottes.

GEO BOOK

À CHACUN SON ENVIE DE VOYAGE

Où aller ? Quand partir ? Que voir ? Que faire ?

La collection de livres indispensables pour bien choisir votre prochain voyage !

ESCAPADES AUTOUR DU MONDE
Pour un long week-end ou un court séjour

110 PAYS 6000 IDÉES
Pour un maximum d'idées de voyages à travers le monde

SÉJOURS EN FRANCE 5000 IDÉES
Pour des vacances partout en France

1000 IDÉES ORIGINALES
Pour voyager hors des sentiers battus

Disponibles en librairie à partir de 22,50€ - www.editions-prisma.com

INDEX

A

B

C

INDEX

N-O

P

Q -R

S

T

U

V

Z

DANS LA COLLECTION GEOGUIDE

France

- Alpes du Nord
- Alsace
- Ardèche Drôme
- Auvergne
- Balades à Paris
- Basse-Normandie
- Bordelais Landes
- Bourgogne
- Bretagne Nord
- Bretagne Sud
- Charente-Maritime Vendée
- Châteaux de la Loire
- Corse
- Corse des villages
- Côte d'Azur
- Dordogne Périgord, Lot Quercy, Agenais
- Guadeloupe
- Haute-Normandie et Côte fleurie
- Lot Aveyron Tarn
- Languedoc
- Marseille
- Martinique
- Paris
- Paris la nuit
- Paris les immanquables
- Pays basque
- Provence
- Provence des villages
- Pyrénées
- Réunion
- Roussillon Pays cathare
- Tahiti Polynésie française
- Volcans d'Auvergne
- Week-ends bio en France
- Week-ends dans les îles

Monde

- Andalousie
- Argentine
- Baléares
- Barcelone
- Belgique
- Canaries
- Crète
- Croatie
- Cuba
- Égypte
- Espagne, côte est
- Fès, Meknès
- Florence Sienne
- Grèce continentale
- Îles grecques et Athènes
- Irlande
- Istanbul
- Italie du Nord
- Italie du Sud
- Lacs italiens
- Lisbonne
- Londres
- Maroc
- Marrakech et le sud marocain
- Maurice
- Mexique
- Naples et la côte amalfitaine
- New York
- Pays basque
- Portugal
- Québec
- Rome
- Sénégal
- Seychelles
- Shopping à Londres
- Shopping à New York
- Sicile
- Toscane Ombrie
- Tunisie
- Turquie
- Vallée du Nil
- Venise

LÉGENDES DES CARTES ET DES PLANS

Cartes

Aaa Ville ou site étape
Autoroute et 2x2 voies
Route principale
Route secondaire
Autre route
Zone urbaine
Frontière d'État
Limite administrative
Parc naturel
Site remarquable
Sommet
Col, tunnel
Point de vue

Profondeur (en mètres)
Plus de 200
De 50 à 200
Moins de 50

Altitude (en mètres)
De 0 à 100
De 100 à 200
De 200 à 500
De 500 à 1 000
De 1 000 à 1 500
Plus de 1 500

Plans

Axe urbain
Zone urbaine
Espace vert
Cimetière
Liaison maritime
Voie ferrée
Office de tourisme
Aéroport
Gare ferroviaire
Gare routière
Gare maritime
Plage
Départ de randonnée

● AUTEURS
GEOPANORAMA Virginia Rigot-Muller, José Darroquy
GEOPLUS L'identité basque Maitane Ostolaza **Le Pays basque bio** Bruno Moysoulier
Dossier Rando Bruno Valcke
GEOPRATIQUE Virginia Rigot-Muller, José Darroquy
GEORÉGION
Le Labourd, la Basse Navare Virginia Rigot-Muller, Virgnie Lavauden, José Darroquy
La Soule Virginia Rigot-Muller, Pierre Guitton, José Darroquy
Les vallées de Navarre, Pampelune et le sud de la Navarre, l'Álava Lara Brutinot
Le Guipúzcoa, la Biscaye Lara Brutinot, Peggy Picot, Séverine Bascot
● CRÉDITS PHOTOGRAPHIQUES **Couverture et 3** © L. Zébulon/Vandystadt. **5** © Oscar Calero/Fotolia.fr. **8** © Poliki/Fotolia.fr. **208 haut** © D. Barnes/Photononstop. **bas** © Gilles Rigoulet. **340 haut** © Navia/Agence Vu. **bas** © Yvann K/Fotolia.fr. **362 haut** © Yann K/Fotolia.fr. **bas** © Mimon/Fotolia.fr. **480-481** © Fulcanelli/Fotolia.fr. **482** © Javier Larrera/Age/Eyedea. **483** © Romain Cintract/hemis.fr. **484-485** © Marc Dozier/hemis.fr. **486-487** © Jerhal/Fotolia.fr. **488-489** © Franck Guiziou/hemis.fr. **490-491** © Gérard Defay/Fotolia.fr. **298-299** © Jacques Sierpinski/hemis.fr. **494-495** © Tilio&Paolo/Fotolia.fr. **496-497** © Laiotz/Fotolia.fr. **498-499** © Lianem/Fotolia.fr. **500** © Laiotz/Fotolia.fr. **501** © Yavnn K/Fotolia.fr. **502-503** © Bacalao/Fotolia.fr.
● CARTOGRAPHIE INFOGRAPHIQUE Édigraphie.
● MISE À JOUR 2014 José Darroquy (Pays basque nord), Céline Chabaud (Pays basque sud et GEOPratique)
● PUBLICITÉ **Régie publicitaire** LM la Pub 112 bis, rue Cardinet 75017 Paris.
Responsable de clientèle Laurence Ountzian Tél. 01 44 29 04 66.
● GALLIMARD LOISIRS 5, rue Gaston-Gallimard 75328 Paris Cedex 07.
Tél. 01 49 54 42 00 contact@geo-guide.fr www.geo-guide.fr

© Gallimard Loisirs 2014. **Premier dépôt légal** Mars 2005
Dépôt légal Janvier 2014. **Numéro d'édition** 252570 **ISBN** 978-2-74-243496-1.
Photogravure ARG (Gentilly). **Impression** LEGO (Italie).

Les erreurs ou omissions involontaires qui auraient pu subsister dans ce guide malgré les soins et les contrôles de l'équipe de rédaction ne sauraient engager la responsabilité de l'éditeur. Tous droits de traduction, de reproduction et d'adaptation réservés pour tous pays.

Pays basque

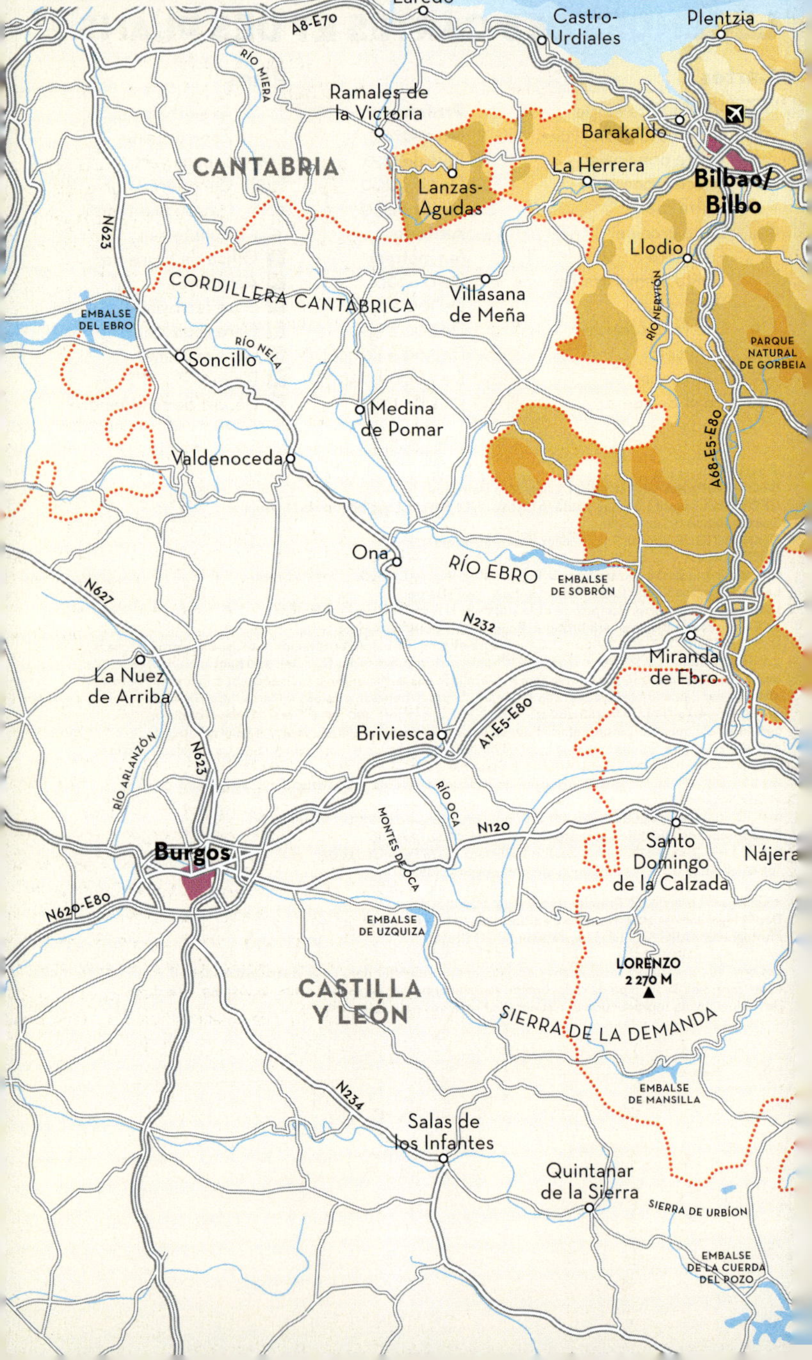

Laredo
A8-E70
Castro-Urdiales
Plentzia
Río Miera
Ramales de la Victoria
Barakaldo
CANTABRIA
Lanzas-Agudas
La Herrera
Bilbao/Bilbo
N623
Llodio
Villasana de Meña
Cordillera Cantábrica
Embalse del Ebro
Río Nervión
Parque Natural de Gorbeia
Río Nela
Soncillo
Medina de Pomar
A68-E5-E80
Valdenoceda
Ona
Río Ebro
Embalse de Sobrón
N627
N232
Miranda de Ebro
La Nuez de Arriba
A1-E5-E80
Briviesca
Río Arlanzón
N623
Río Oca
Montes de Oca
N120
Santo Domingo de la Calzada
Nájera
Burgos
N620-E80
Embalse de Uzquiza
Lorenzo
2 270 m
Castilla y León
Sierra de la Demanda
Embalse de Mansilla
N234
Salas de los Infantes
Quintanar de la Sierra
Sierra de Urbión
Embalse de la Cuerda del Pozo